ENCICLOPÉDIA NEGRA

ENCICLOPÉDIA

NEG

Flávio dos Santos Gomes
Jaime Lauriano
Lilia Moritz Schwarcz

RA

BIOGRAFIAS AFRO-BRASILEIRAS

Companhia Das Letras

Grafia atualizada segundo o Acordo Ortográfico da Língua Portuguesa de 1990, que entrou em vigor no Brasil em 2009.

Capa e identidade visual do projeto Enciclopédia Negra
Oga Mendonça

Imagem de capa
Mônica Ventura

Imagem de quarta capa
Antonio Obá

Projeto gráfico
Victor Burton

Preparação
Adriane Piscitelli
Alexandre Boide

Checagem
Érico Melo

Assistente de pesquisa
Sonia Balady

Índice remissivo
Luciano Marchiori

Revisão
Jane Pessoa
Carmen T. S. Costa

Dados Internacionais de Catalogação na Publicação (CIP)
(Câmara Brasileira do Livro, SP, Brasil)

Gomes, Flávio dos Santos
Enciclopédia negra / Flávio dos Santos Gomes, Jaime Lauriano e Lilia Moritz Schwarcz. – 1ª ed. – São Paulo : Companhia das Letras, 2021.

Bibliografia.
ISBN 978-85-359-3400-7

1. Negros - Brasil - Biografia I. Lauriano, Jaime. II. Schwarcz, Lilia Moritz. III. Título.

20-52752 CDD-920.009296081

Índice para catálogo sistemático:
1. Brasil: Negros: Biografias 920.009296081
Cibele Maria Dias – Bibliotecária – CRB-8/9427

2ª reimpressão

APOIO: IBIRAPITANGA

PARCERIA: PINACOTECA DE SÃO PAULO

COLABORAÇÃO: SOMA CIDADANIA CRIATIVA

[2021]

EDITORA SCHWARCZ S.A.
Rua Bandeira Paulista, 702, cj. 32
04532-002 — São Paulo — SP
Telefone: (11) 3707-3500

www.companhiadasletras.com.br
www.blogdacompanhia.com.br
facebook.com/companhiadasletras
instagram.com/companhiadasletras
twitter.com/cialetras

AS IMAGENS DA CAPA E DA QUARTA CAPA

A capa e a quarta capa desta *Enciclopédia negra* trazem dois personagens — Afra Joaquina Vieira Muniz e Chico Rei — num elenco de mais de 550 biografias. Também selecionam uma mulher e um homem; ela que viveu na Bahia e ele, em Minas Gerais. Afra no século XIX, Chico Rei no XVIII. Da existência dela, temos comprovação por um processo em que tomou parte; quanto a ele, não sabemos os limites entre a história e a lenda; lenda que vira história. Por outro lado, aqui estão as obras de dois pintores, Mônica Ventura e Antonio Obá, num time de mais de sessenta artistas .

Afra Joaquina vivia em Salvador e era casada com seu ex-senhor, Sabino Francisco Muniz, de origem africana como ela, que, uma vez liberto, pagou pela liberdade da esposa ao mesmo tempo que se tornou proprietário de escravos. Sabino morreu entre 1870 e 1872, deixando todos os seus bens para a mulher e a liberdade para duas escravizadas, Severina e Maria do Carmo, contanto que permanecessem ao lado de Afra até a morte desta. As relações de Afra com essas cativas não foram, porém, amistosas, tendo levado até a um processo cível. O exemplo de Afra mostra como era complexo o mundo que a escravidão concebeu.

A Afra criada por Mônica Ventura está desprovida de qualquer conflito. Bonita, forte, ela olha resoluta para a frente e se destaca do fundo azul profundo selecionado pela artista. Com um turbante de nação, brinco e broche de ouro, revela a riqueza e o patrimônio que acumulou. Sua roupa não permite que se lhe adivinhem as linhas do corpo, numa representação que se afasta daquela feita por viajantes estrangeiros, os quais em geral destacavam a sensualidade das escravizadas, sempre expostas com o colo nu. Essa é uma Afra digna, altiva, dona de seu destino, como outras tantas escravizadas e libertas, que legaram seus exemplos.

Chico Rei viveu na região das Minas Gerais, em tempos de muita mineração e trabalho escravo, mas também de ameaças de insurreições e muita boataria. Chico Rei, que fez história e virou lenda, era um africano da família real do reino do Congo. Com a esposa, filhos e poucos súditos, fora embarcado como escravizado para o Brasil. Conta-se que, durante a viagem, sua esposa e alguns filhos teriam morrido. Não se sabe a que porto chegou, contudo é certo que foi parar nas minas de Ouro Preto. Foi batizado com o nome de Francisco e escravizado juntamente com um dos seus filhos. Passados alguns anos e depois de muito trabalho, Chico Rei, já reconhecido pelos demais africanos por sua distinção, não só conseguiu pagar por sua própria liberdade, como comprou a alforria de vários escravizados africanos, quiçá malungos (colegas de navio negreiro) e outros do reino do Congo.

Antonio Obá traz um Chico Rei mais velho, com cabelos brancos, olhar penetrante e roupas que remetem a sua origem real e africana. Usa também colares de contas que vinculam à religiosidade afro-brasileira. Igualmente altivo, no seu olhar cândido transparece bondade. Transparece ainda riqueza combinada a solidariedade, rara no ambiente da mineração. O fundo verde-oliva dialoga com o que parece ser uma coroa e uma estrela de ouro. Chico Rei sorri.

Foram muitas as Afras e tantos os Chicos Reis invisíveis durante muito tempo por uma historiografia colonial e de heróis exclusivamente brancos. Hoje eles vão voltando para mudar nossa imaginação e a maneira como pensamos nosso passado, nosso presente e sonho de futuro.

SUMÁRIO

INTRODUÇÃO

Flávio Gomes, Jaime Lauriano, Lilia Moritz Schwarcz

Senhores
O sangue dos meus avós
Que corre nas minhas veias
São gritos de rebeldia

— Carlos de Assumpção,
NÃO PARAREI DE GRITAR

Um grande e constrangedor silêncio habita a maior parte dos arquivos brasileiros e coloniais, e, sobretudo, dos nossos manuais e livros didáticos. Neles, enquanto os registros de atos empreendidos pela população branca estão por toda parte, as referências acerca da imensa população escravizada negra que viveu no país, desde meados do século XVI até praticamente o fim do século XIX, são bem escassas. Ainda são muito pouco mencionados os negros e as negras que conheceram o período do pós-abolição; aquele que se seguiu à Lei Áurea, de 13 de maio de 1888, a qual, longe de ter sido um ato isolado e "redentor", fez parte de um processo coletivo de luta incessante pela liberdade, protagonizado por negros, libertos e seus descendentes. Por fim, se hoje as fontes documentais se multiplicaram, fora da bibliografia especializada são raros os registros das atuações desses grupos, e também do racismo e da violência cotidianos, com seus personagens sendo condenados, ao menos numa história mais oficial, a uma dupla morte: a física e a da memória.

Esta *Enciclopédia negra* pretende ampliar a visibilidade das biografias de mais de 550 personalidades negras, em 417 verbetes individuais e coletivos, apoiando-se na vasta produção historiográfica, antropológica, literária, arqueológica e sociológica que se debruçou sobre a escravidão e sobre o pós-abolição. Utilizamos também fontes primárias e secundárias, matérias de jornais e obras que trataram desses personagens, direta ou indiretamente. Muitas dessas trajetórias foram invisibilizadas pela maneira como são fundados e organizados os nossos arquivos, bem como pelo modo como as narrativas são construídas e divulgadas; mais ainda quando se trata de mulheres negras e de pessoas LGBTQIA+ negras.

Narrar é uma forma de fazer reviver os mortos, afirma a escritora Saidiya Hartman. Por isso mesmo, nesta obra, diversas vezes deixamos explícito quando não temos tantos detalhes da infância de um personagem ou quando nos faltam dados sobre determinado período da vida de certas pessoas. Sobram lacunas acerca da maior parte da trajetória dos indivíduos retratados — por vezes não sabemos nem mesmo aproximadamente seus anos de nascimento e morte. Todavia, cada biografia narra, sempre, uma linda história: foram pessoas que se agarraram ao direito à liberdade; profissionais liberais que romperam com as barreiras do racismo; esportistas que desafiaram as amarras de seu tempo; mães que lutaram pela alforria de suas famílias; professoras que ensinaram seus alunos a respeito de suas origens; indivíduos que se revoltaram e organizaram insurreições; curandeiros e médicos que salvaram doentes; músicos que criaram e expandiram maneiras diferentes de se fazer cultura; ativistas que escreveram manifestos, fundaram associações e jornais; líderes religiosos que reinventaram outras Áfricas no Brasil.

Por meio de detalhes, de fragmentos, de registros deixados pelas autoridades coloniais, por fontes da polícia, por descrições legadas por senhores que pretendiam reclamar a "propriedade", por referências jornalísticas, por raros diários, procuramos trazer de volta o que poderia ser dito e contado, mas que permanece, o mais das vezes, inacessível. Trata-se de perscrutar os arquivos, na sua instabilidade e inconstância. Fazer uma "contra-história" ou uma "meta-história" — como defende uma série de historiadores — que devolva ao leitor pessoas de carne e osso.

Outra preocupação desta *Enciclopédia* foi a de introduzir as histórias de personagens afro-brasileiros espalhados por toda parte do Brasil, de Norte a Sul. Não apenas africanos recém-chegados que acompanharam os alardeados ciclos econômicos do açúcar, da mineração e do café durante a escravidão, mas também uma população negra no pós-abolição, supostamente só existente no Nordeste ou nas periferias das grandes capitais. Em diferentes espaços vamos encontrar uma série de personalidades negras em Roraima ou Amapá, entre as fronteiras caribenhas com Suriname, Guiana Francesa e Venezuela. Ou através das migrações negras que alcançaram o Acre e o Mato Grosso do Sul, partes do que ainda não eram Brasil nas últimas décadas oitocentistas. No Sul não foi diferente, borrando as fronteiras do Uruguai e da Argentina. Esses são pedaços de histórias que juntaram gente, desejos e projetos de diásporas em construção. Buscamos também uma representação mais paritária de marcadores como gênero/sexo, haja vista que as histórias racionais são ainda mais excludentes diante das memórias de mulheres e de pessoas LGBTQI+, que não raro desaparecem das narrativas.

Restabelecer a trajetória desses mais de quinhentos personagens significa, pois, tirá-los das estatísticas ou dos registros que não lhes conferem identidade ou singularidade e reconstruir seu passado, nomeando, assim, a violência do nosso presente e também a atuação incansável desses que foram verdadeiros protagonistas da nossa história. É lamentável constatar a existência de um racismo estrutural e institucional, que atinge todas as áreas sociais — educação, saúde, mortalidade, natalidade, moradia, oferta de emprego — e também os nossos arquivos.

Uma *Enciclopédia* como esta não pode nem deve ter como objetivo ser exaustiva. Pretende, em vez disso, provocar o debate e animar novas pesquisas. E se o critério para constar neste livro foi a morte, o objetivo é a vida. Ou seja, esta obra se concentra nos rastros do nosso passado, que ainda têm imensa ressonância no presente. Trata-se de uma narrativa feita em verbetes, em fragmentos, de certos nomes conhecidos pelos brasileiros e sobretudo de outros basicamente ignorados, mas que tiveram seu protagonismo em diferentes momentos e regiões do país. A intenção é trazer de volta esses corpos e também vozes tantas vezes sequestrados e sobre os quais, até então, só restava o silêncio. Um projeto como este será sempre incompleto, e deixará de fora muitas vidas que certamente merecem ser contadas e recontadas, e que aparecerão em sites vinculados a este projeto.

Mas o projeto não se encerra com a publicação deste livro. Trinta e seis artistas negras, negros e negres, numa referência a outras identidades de gênero, foram convidados para produzir retratos dos biografados. Boa parte das personalidades abordadas nesta *Enciclopédia* não possui imagens nem de sua época nem mesmo posteriores, e a explicação para esse fato está, mais uma vez, na invisibilidade imposta a eles. Portanto, também no campo visual, destacou-se uma política que pretendeu tornar transparentes ou invisíveis os heróis e as heroínas que escapavam da régua e do compasso de uma história mais colonial, europeia e, assim sendo, branca. Para cobrir esse tipo de lacuna, convidamos artistas para colaborarem nessa missão coletiva de resgate dessas trajetórias, para que eles nos ajudassem a retratar uma história mais plural, inclusiva e ampla. Os artistas-parceiros que aderiram ao projeto deram rosto a vários desses personagens — aqueles sobre os quais não restaram imagens —, fazendo com que tenhamos, daqui para a frente, uma "pinacoteca negra" e uma imaginação mais generosa e diversificada acerca da história do Brasil.

O projeto da *Enciclopédia negra* inclui ainda uma exposição de mesmo nome, organizada pela Pinacoteca de São Paulo. Além disso, o Núcleo de Estudos Afro-Brasileiros (NEAB) da Universidade Federal do Recôncavo da Bahia (UFRB), com a coordenação das professoras Isabel Reis, Luciana Brito, Rosy de Oliveira e Antônio Liberac, encomendou a pesquisadores de todo o país a redação de verbetes sobre personalidades e grupos de negras, negros e negres atuantes no momento presente. O material será divulgado em revistas acadêmicas de acesso gratuito e está na origem de um novo projeto de livro.

Os personagens são analisados nesta *Enciclopédia* a partir de um olhar renovado, que destaca a maneira como as ideias desses homens, dessas mulheres e dessas pessoas LGBTQIA+

circularam no eixo afro-atlântico, criado forçosamente pela linguagem da escravidão e, depois, durante o largo período do pós-emancipação — que tem data de começo, mas não de fim. Assim, se chegaram ao Brasil tumbeiros carregados de pessoas com suas histórias, também vieram filosofias, teorias, religiões, plantas, práticas corporais, ritmos, ativismos, linguagens, cantos, padronagens, culturas materiais e imateriais — uma série de experiências que não se restringiram às fronteiras e às margens delineadas pelos europeus que colonizaram o Brasil. Notícias de uma revolução iniciada no Haiti logo alcançavam as Américas, e exemplos de rebeldes geravam alvoroço nas várias pontas que esse comércio negreiro estabeleceu. Da mesma forma que a insurreição dos malês, ocorrida em Salvador, logo alcançou os ouvidos dos escravizados que viviam nos Estados Unidos, projetos idealizados na Jamaica se inseriram rapidamente em nosso país. No século XX, com as experiências conectadas de lutas por cidadania, direitos civis, igualdade racial e movimentos antirracistas, ocorreria algo similar: uma ampla circulação de ideias, de valores, de costumes e de práticas compartilhadas nesse amplo espaço afro-atlântico.

Foram muitos os intelectuais que escreveram biografias de negras e negros que viveram em vários momentos da história brasileira — e que se encontram devidamente indicadas nas referências bibliográficas. Nas últimas décadas, destacamos a iniciativa de Haroldo Costa, que em 1982, no livro *Fala, crioulo*, entrevistou personagens conhecidos e anônimos. Com apoio da pesquisa primorosa de Milton Cobrinha, foram incluídas pessoas reconhecidas (muitas ainda vivas) — como o ator Milton Gonçalves, o escritor, sambista e pesquisador Nei Lopes, e os jogadores Pelé e Paulo César Lima —, e também ícones como Mestre Didi, Raimundo de Souza Dantas e tantos outros. A maior originalidade ficaria por conta dos quase quarenta personagens anônimos apresentados no livro, entre eles feirantes, garis, cabeleireiros, eletricistas, caftens e donas de casa. Gente que falava de sua própria identidade, de suas trajetórias e do racismo existente no Brasil.

Em meados da década de 1980, Oswaldo de Camargo publicaria o livro *A razão da chama: Antologia de poetas negros brasileiros* (1986). Ainda na mesma década, Emanoel Araújo organizou uma importante obra de referência chamada *A mão afro-brasileira* (1988), que recupera perfis, trajetórias e obras de artistas negras e negros de várias gerações. Em 1998, Eduardo de Oliveira lançou *Quem é quem na negritude brasileira*, com um ampliado repertório de pequenas biografias de artistas, intelectuais, ativistas e personagens históricos desde o século XVI até o fim do século XX. Em 2004, o *Dicionário da escravidão negra no Brasil*, organizado por Clóvis Moura e Soraya Silva Moura, apresenta verbetes de personagens e de eventos da escravidão. Depois do *Dicionário mulheres do Brasil* (2000), Schuma Schumaher e Érico Vital Brazil lançaram o livro *Mulheres negras do Brasil* (2006), apresentando um amplo painel, desde o primeiro período da escravidão até a contemporaneidade.

No Brasil, nas últimas décadas, vários historiadores introduziram reflexões fundamentais sobre a vida cotidiana e sobre a religiosidade difundida durante o período escravocrata, tendo como objeto estudos biográficos de escravizados e libertos, homens, mulheres, africanos e nascidos no Brasil. Com uma obra pioneira no gênero da biografia de escravizados e ex-escravizados, Luiz Mott analisou, em 1993, a vida de Rosa Egipcíaca. O ineditismo da trajetória de Rosa passa por sua transformação em santa, venerada por todos em plena sociedade escravista colonial, num ambiente religioso efervescente.

Depois do imenso avanço acerca da vida religiosa, a temática das relações de gênero tendeu a ficar mais forte nos estudos biográficos de escravizados e ex-escravizados. Júnia Furtado ofereceu, em 2003, uma análise da vida real de Chica da Silva, talvez a escravizada mais conhecida do Brasil, por meio de lendas e de romances. Mergulhou no cotidiano de mulheres forras no século XVIII, investigando as expectativas de mobilidade social e criticando a imagem de sedução e sensualidade das mulheres negras forras no Brasil colonial.

João José Reis publicou duas biografias de africanos que foram cativos e conquistaram a alforria. Na primeira, de 2008, examinou a vida religiosa do liberto africano Domingos Sodré, na Bahia do século XIX, reconstituindo os cenários religiosos dos africanos em Salvador bem como suas redes sociais. Na segunda, de 2010 — escrita em conjunto com os historiadores Marcus J. M. de Carvalho e Flávio Gomes —, acompanhou a vida do liberto africano Rufino José Maria em quatro cidades brasileiras (Salvador, Porto Alegre, Rio de Janeiro e Recife), além de suas várias viagens em navios negreiros como cozinheiro.

Essas biografias de africanos e vários outros estudos que exploraram as trajetórias de negros escravizados e livres representaram importantes inspirações teóricas e metodológicas na busca de articulações que se mostraram bastante férteis entre a história atlântica e suas vidas. Essas investigações se somam a tantas outras que revelam os esforços da historiografia brasileira no sentido de reconstituir a vida, o cotidiano e a mentalidade de escravizados, africanos e seus descendentes, numa perspectiva microscópica, articulando narrativas individuais, formação de identidades e sentidos religiosos em contextos mais amplos da escravidão e do pós-emancipação. Em 2012, surgiria a coletânea *Mulheres negras no Brasil escravista e do pós-emancipação*, de Giovana Xavier, Juliana Farias e Flávio Gomes, reunindo quase duas dezenas de pesquisadores, cobrindo várias regiões do país e apresentando perfis, trajetórias e biografias de mulheres negras, escravizadas, libertas, africanas e crioulas. No ano anterior, a coletânea *Experiências da emancipação*, de Petrônio Domingues e Flávio Gomes, trouxe biografias de personagens negras e negros que participaram de instituições e de movimentos sociais no pós-abolição, entre 1890 e 1980. A lista de autores e de contribuições é enorme, com dissertações, teses, artigos e livros cobrindo diversas trajetórias. Consideramos todos eles nos verbetes aqui publicados.

No período mais recente, entre as inúmeras publicações que são essenciais na colaboração acerca das histórias de vida de personagens negras e negros, destacam-se as obras de Nei Lopes — *Enciclopédia brasileira da diáspora africana*, de 2004, e *Dicionário literário afro-brasileiro*, de 2007. A primeira conta com edições constantemente atualizadas, sendo a última datada de 2011. Num projeto de fôlego, o autor tem produzido milhares de verbetes, cobrindo personagens, eventos, conceitos e terminologias que abrangem toda a diáspora. Em 2019, publicou *Afro-Brasil reluzente: 100 personalidades notáveis do século XX*. Eduardo Assis organizou, em 2014, *Literatura afro-brasileira: 100 autores do século XVIII ao XXI*, que trouxe um grande painel dessa produção no país. *Histórias afro-atlânticas* — resultado de uma exposição realizada em 2018 no Museu de Arte de São Paulo (MASP) e no Instituto Tomie Ohtake e curado por Adriano Pedrosa, Ayrson Heráclito, Hélio Menezes, Lilia Moritz Schwarcz e Tomás Toledo — apresenta um retrato compósito dos vários artistas que circularam pelo Atlântico negro. Por fim, publicações como as de Ligia Fonseca Ferreira sobre Luiz Gama (2008, 2011, 2012 e 2020) e as alentadas biografias sobre Cruz e Sousa e Carolina Maria de Jesus (Tom Farias, 2008 e 2018) e Lima Barreto (Lilia M. Schwarcz, 2017), entre outras, mostraram diversos caminhos para localizar obras, trajetórias e percursos de intelectuais negras e negros dos séculos XIX e XX, bem como exploraram narrativas muitas vezes fragmentadas e com várias lacunas.

Além das publicações citadas, inúmeros sites e acervos digitais foram disponibilizados nas últimas décadas, com farto material aberto ao público leitor, destacando-se o Dicionário Cravo Albin de Música Popular Brasileira, o Museu AfroBrasil, o Geledés, o Instituto de Pesquisas e Estudos Afro-Brasileiros (Ipeafro), o portal Literafro da Faculdade de Letras da Universidade Federal de Minas Gerais (UFMG), a Enciclopédia Itaú Cultural, a Brasiliana da Biblioteca Nacional, o site do Instituto Moreira Salles, entre tantos outros.

Neste projeto, retomamos os conhecimentos das obras acima listadas e procuramos inovar a partir das experiências de uma série de pessoas negras que circularam no eixo afro-atlântico. Mais que isso: recuperamos centenas de estudos e pesquisas — muitos recentes e inéditos — que têm analisado processos, eventos e experiências da escravidão e do pós-abolição, descortinando vidas e fazendo emergir personagens e suas vidas. Foi fundamental incorporar à bibliografia clássica, e com destaque, a produção historiográfica de mais novas e potentes gerações de historiadores negros e negras.

Como tratar de escravizados que viveram ou nasceram no Brasil, que até bem pouco tempo eram tomados apenas como variáveis demográficas? Como entender a escravidão, que durou no Brasil quase quatro séculos e cruzou diferentes tempos, espaços e vários ciclos econômicos, devidamente intersecionados? Como escrever estes verbetes levando em conta marcadores sociais de diferença como raça, gênero, geração e região? Esses são alguns dos desafios que aqui enfrentamos.

A pesquisa para esta *Enciclopédia* começou em fins de 2014, quando surgiu a ideia de escrever uma síntese alentada sobre a escravidão no Brasil. Durante o trabalho de manusear clássicos e de dar conta da vasta bibliografia atualizada — expressa em artigos, livros e capítulos, além de centenas de dissertações e de teses inéditas produzidas em programas de pós-graduação espalhados de norte a sul do país —, acabamos por concluir que seria um trabalho hercúleo e com resultados basicamente incompletos. O risco de generalizar demais e de não localizar diferentes temporalidade e geografias, no limite, inacessíveis — porém, muito importantes no que se refere às experiências coloniais — nos fez desistir desse compêndio. O *Dicionário da escravidão e liberdade: 50 textos críticos* (Lilia M. Schwarcz e Flávio Gomes, 2018) virou, então, um grande projeto coletivo, juntando dezenas de pesquisadores, estudiosos e estudiosas da escravidão, com investigações em diversas áreas. Ainda assim, avaliamos que várias paisagens atlânticas acabaram por ficar de fora dessa coletânea, bem como, e sobretudo, não apareciam com a devida importância as vivências de personagens incríveis, mas que escapavam das diversas abordagens.

O certo é que não há mais espaço para tratar de África no singular, tampouco para retomar convenções coloniais utilizadas e canonizadas durante tantos séculos. Foram inúmeras as escravidões, desenhadas por escravizados e escravizadas, senhores, feitores e pessoas que descobriram e lutaram pela liberdade. Pau-brasil, cana-de-açúcar, ouro, café não foram apenas economias transmutadas em "bastões de revezamento econômico" ou ciclos presos a padrões de evolução fixos. Os territórios e as fronteiras eram muito mais amplos, incluindo trigo, algodão, fumo, arroz, drogas do sertão, gado, diamantes, tropeiros, mandioca, salsaparrilha, charque e tantas outras culturas que constituíram e que foram constituídas por pedaços de sociedades escravistas, compostas de indígenas e, fundamentalmente, de africanos e de seus descendentes escravizados ou libertos. Esses são cenários complexos, inseridos em paisagens mutantes. Nesses lugares, mulheres e homens, negras e negros não só atravessaram o tempo — aquele de suas próprias vidas — como organizaram memórias, relataram a originalidade de suas vivências e deixaram muitas pistas sobre suas expectativas, projetos e utopias. Procuramos, assim, recuperar histórias da escravidão e da liberdade, dando tempo, espaço, lugar e rosto a essas múltiplas experiências e a esses diversos e diversas protagonistas. Aí estão esses mais de 550 biografados, reais, complexos, intensos, contraditórios. As nossas histórias nacionais, contadas como uma linha do tempo contínua e sucessiva, entremeada de uma série de efemérides, acabaram relegando ao esquecimento pessoas que foram apagadas por narrativas que as trataram apenas como números, em meio a produções com claro caráter generalizante. Para captar desejos, redes familiares, ressentimentos, medos, dúvidas, sucessos, horrores, amores, tragédias, alegrias, esperanças, choros, fracassos, ódios, decepções, angústias e recordações foi necessário tirar da névoa rostos, retratos, nomes e personagens múltiplos, que espelham a riqueza e a variedade das experiências afro-brasileiras. Estes foram alguns passos que tomamos, visando revelar vozes e opções subjetivas, para além de nomes e registros temporais.

Não se trata, aqui, de inventar heróis ou enumerar vítimas, muito menos de construir narrativas subalternas ou subalternizadas. Partindo da fundamental contribuição historiográfica, antropológica, literária e sociológica dos últimos quarenta anos, tentamos reler contextos, processos sociais, horizontes de expectativas, envolvendo vários personagens, auscultando dessa forma vidas e trajetórias repletas de propósitos e de planejamentos. Incompletos para aqueles que viveram no mesmo período e, sobretudo, para nós, que tentamos encontrá-los tantos séculos depois, esses protagonistas ergueram mosaicos de experiências, movimentos históricos profundos, ainda bem pouco conhecidos entre nós.

O objetivo desta *Enciclopédia* é, portanto, contribuir para que os brasileiros incluam em suas narrativas outros sujeitos históricos, em geral silenciados ou esquecidos pelos nossos manuais, livros didáticos e compêndios mais tradicionais. Ao cruzar tempos, espaços e gerações, de modo a compor um painel não só amplo mas equânime e equilibrado em termos geográficos, temporais e de gênero, este livro traça um panorama inclusivo, com a presença de intelectuais, ativistas, figuras religiosas, cantores, esportistas, profissionais liberais, políticos, artistas plásticos, médicos, abolicionistas, engenheiros, quilombolas, professores, cientistas e líderes comunitários, cada um excepcional à sua maneira. Por fim, se alguns dos biografados serão de conhecimento prévio dos leitores, outros, por conta de suas experiências terem sido pouco veiculadas pela mídia, pelos livros de história e pelos manuais de forma geral, demonstrarão como a "celebridade" também se faz no cotidiano.

Um grande destaque foi dado aos verbetes mais históricos, pouco contemplados em obras do gênero. Nesse sentido, uma das intenções fundamentais desta *Enciclopédia* é ampliar o repertório de professores e alunos que, a despeito da lei nº 10 639/03, que tornou obrigatório o ensino de história e cultura afro-brasileira e africana, ainda não encontram material suficiente para subsidiar a educação, a pesquisa e o estudo nessas áreas, possibilitando que docentes de ensino fundamental, médio e universitário possam incluir outros intérpretes e personagens em seus cursos e ementas. Em suma, este livro se insere num processo mais robusto de ampliação do conhecimento das práticas negras em nosso país, além de contribuir para a construção de um amplo movimento antirracista e cidadão.

Este projeto não seria possível sem o esforço conjunto de uma série de historiadores e de cientistas sociais, dos artistas que criaram os retratos e do apoio da Companhia das Letras, do Instituto Ibirapitanga e da Pinacoteca de São Paulo. Nosso muito obrigado a Alceu Chiesorin Nunes, Erica Fujito, Fabiana Roncoroni, Fernando Baldraia, Lucila Lombardi, Luiz Schwarcz, Otávio Marques da Costa, Ricardo Teperman (um verdadeiro coautor desta obra), Andre Degenszajn, Iara Rolnik, Dalva Santos (Instituto Soma), Ana Maria Maia, Jochen Volz e Valéria Piccoli, que foram nossos e nossas comparsas nessa empreitada, compartilhando dúvidas e caminhos. Sem a Sonia Balady não teríamos dado conta de organizar todos estes verbetes e de garantir a paridade entre homens, mulheres e pessoas LGBTQIA+. Agradecemos também a Edson Cardoso, que nos ofereceu sugestões preciosas, entre elas a de que alguns verbetes tratassem de experiências coletivas. Contamos com a ajuda de Alberto da Costa e Silva, Ana Carolina Lourenço, André Chevitarese, Antônio Carlos Higino da Silva, Antonio Liberac Cardoso Simões Pires, Astrogildo Esteves Filho, Bianca Santana, Carlos Alberto Medeiros, Carlos Eugênio Líbano Soares, Cuti, Cyda Moreno, Elciene Azevedo, Elisa Larkin, Emanoel Araújo, Felipe Arruda, Giovana Xavier, Hélio Menezes, Higor Ferreira, Iamara Viana, Isadora Mota, Ivanir dos Santos, João Alipio, João José Reis, Juliana Vicente, Layla Baptista, Léa Garcia, Ligia Ferreira, Lucimar Felisberto, Luiz Felipe de Alencastro, Maria Helena Machado, Maria Magalhães, Mariana Gino, Mário Medeiros, Matheus Gato de Jesus, Mauricio Acuña, Miquéias H. Mugge, Mundinha Araujo, Nilma Accioli, Olívia Cunha, Paulo Roberto dos Santos, Paulo Staudt Moreira, Petrônio Domingues, Reginaldo Prandi, Robert Slanes, Solange Pereira, Spirito Santo, Stephane Ramos, Tom Farias, Valéria Gomes Costa, que nos auxiliaram nesta tarefa, lembrando de nomes, esclarecendo dúvidas, indicando textos, repassando a bibliografia e sugerindo a leitura de teses e dissertações. Agradecemos também aos vários colaboradores que assinam alguns dos verbetes conosco e aos artistas que aderiram ao projeto: Amilton Santos, Andressa Monique, Antonio Obá, Arjan Martins, Ayrson Heraclito, Bruno Baptistelli, Castiel Vitorino, Dalton Paula, Daniel Lima, Desali, Elian Almeida, Hariel Revignet, Heloisa Hariadne, Igi Ayedun, Jackeline Romio, Jaime Lauriano, Juliana dos Santos, Kerolayne Kemblim, Kika Carvalho, Lidia Lisboa, Marcelo D'Salete, Mariana Rodrigues, Micaela Cyrino, Michel CENA7, Moisés Patrício, Mônica Ventura, Mulambö, Nádia Taquary, Nathalia Ferreira, Oga Mendonça, Panmela Castro, Rebeca Carapiá, Renata Felinto, Rodrigo Bueno, Sonia Gomes e Tiago Sant'Ana. Oga Mendonça foi um verdadeiro parceiro, cuidando de toda a linguagem e coerência visual do projeto. Victor Burton elaborou o projeto gráfico com o profissionalismo e a amizade de sempre. Todos nos ajudaram a fazer desta *Enciclopédia* um verdadeiro sonho coletivo.

A grande utopia deste livro é devolver à sociedade brasileira, sobretudo a negras, negros e negres, histórias e imaginários mais diversos e plurais. Essa é uma forma de colaborar para que nosso país seja mais republicano. É também uma maneira de qualificar nossa democracia, deixando de discriminar e assassinar setores da nossa sociedade que — segundo os termos do IBGE, que os classifica como pretos e pardos — hoje correspondem a 56,1% da população.

Com esta *Enciclopédia* pretendemos, também, que a visibilização da vida (e da morte) de uma série de pessoas de origem africana contribua para o término do genocídio dessa população no Brasil. Pois tornar estas histórias mais conhecidas e dar rostos a estas personalidades colabora para a reflexão por trás das estatísticas, que nos acostumamos a ler todos os dias nos jornais, "naturalizando" histórias brutalmente interrompidas, seja fisicamente, seja na memória. Por isso, trazer à tona a biografia e a luta pela vida de Ambrosinas, Inácios da Catigueira, Pratas Pretas, Ritas Cebola, Quindombas, Xicas Manicongo e tantos outros é mostrar que as vidas de Ágathas, Jenifers, João Pedros, Kauãs, Kauês, Kethellens, Marielles, João Albertos Silveira de Freitas, Emilys, Rebecas e tantas outras vidas negras — violenta e precocemente arrancadas de nosso cotidiano — importam.

É possível tomar duas atitudes diante da operação historiográfica e de coleta dessas tantas memórias: a primeira é apenas anotar aquilo que os arquivos oferecem; a segunda é interrogar a própria produção do conhecimento advinda do passado, começando a história mais uma vez.

Rio de Janeiro, Porto e São Paulo, 8 de dezembro de 2020

PÓS-ESCRITO

Quando estávamos terminando este livro, ocorreu o terrível assassinato de João Alberto Silveira Freitas no supermercado Carrefour de Porto Alegre, mais exatamente no dia 19 de novembro, véspera do Dia da Consciência Negra. A corporação global é reincidente em casos de violência contra negros. Em 2018, Luís Carlos Gomes, um homem negro portador de necessidades especiais, foi agredido num Carrefour de São Bernardo do Campo (São Paulo). Seguido por um funcionário ao abrir uma lata de cerveja antes de passar no caixa, Gomes foi espancado e levado à força para fora do estabelecimento. A despeito de os vídeos comprovarem a extrema e covarde violência, a rede tratou a acusação como "exagerada". Depois de dois anos, a Justiça pagou 26 mil reais de indenização por danos morais, e só. E eis que a cena se repete, com os mesmos requintes, e é filmada por funcionários do Carrefour, no final de 2020. Todos os brasileiros puderam "assistir" à agonia de Beto Freitas, como era conhecido, que, levado a um estacionamento, lutou o quanto pôde para se livrar das mãos de seus agressores: os seguranças do supermercado — um ex-militar e um policial militar temporário. Ele foi asfixiado e depois de alguns minutos seu corpo ficou inerte; sem vida. No mesmo ano de 2020, no dia 25 de maio, George Floyd, um afro-americano, fora assassinado em Minneapolis; um policial branco o havia estrangulado, ajoelhando-se em seu pescoço, durante uma abordagem por Floyd supostamente ter usado uma nota falsificada de vinte dólares para pagar a conta num supermercado. Ele também morrera dizendo que lhe faltava ar. As "coincidências" são muito reveladoras. Após a morte de Floyd, os protestos contra o racismo reacenderam nos Estados Unidos. Depois do perecimento de Freitas, o mesmo aconteceu no Brasil. Não sabemos muito da biografia de Beto Freitas, mas conhecemos de sobra a intolerância policial — que tem como alvo, principalmente, os homens e mulheres negros, negras e negres quase cidadãos no país —, a desfaçatez da sociedade que naturaliza tais eventos cotidianos, e o racismo que cerca, conforma, explica e já se transformou numa linguagem social do Brasil atual. Tão desigual que, além de não enxergar, torna invisíveis assimetrias, discriminações e exclusões não apenas individuais, mas coletivas e geracionais. Floyd pode ser chamado de um "personagem atlântico post mortem", já que o seu bárbaro assassinato mobilizou vários lugares do mundo em protestos públicos. No Brasil, a perplexidade de parte da mídia — ante uma suposta e enganosa acomodação brasileira ou um racismo não tão violento — diz muito sobre o apagamento da história, das ações, eventos, experiências, personagens e uma série de rostos. Como se verá neste livro, o ativismo negro existe por aqui desde que o primeiro africano e a primeira africana puseram seus pés na então colônia americana dos portugueses para trabalharem coercitivamente, como escravizados, nas lavouras. E não foram só revoltas, quilombos, associativismo e movimentos populares; foram também ações diárias que indicavam percepções políticas, sonhos, projetos, pesadelos, apostas, riscos, necessidades e formas de sobrevivência. No entanto, o racismo estrutural continua presente, e a repressão do Estado contra pessoas negras não arrefece. A frase "não consigo respirar" funciona como metáfora e realidade. Metáfora da sensação de opressão experimentada cotidianamente por pessoas negras. Realidade, de um país que pratica o genocídio duplo das populações de baixa renda e sobretudo negras: a morte física e a tentativa de assassinar o direito à memória. Uma inversão da metáfora seria "não podemos respirar" ou então "não queremos respirar mais" — ver, reproduzir, silenciar, ouvir, sentir, traduzir — "o racismo e suas formas de exclusão social".

Alguns verbetes desta enciclopédia foram escritos em colaboração ou contaram com a ajuda mais detalhada de pesquisadores e intelectuais especialistas nos temas e pessoas abordados. Seus nomes são creditados no final do texto desses verbetes.

Na seção de fontes, também localizada depois de cada verbete, são listados em ordem alfabética os autores e autoras de cujos trabalhos foram extraídas as principais informações, pesquisas, contextos, referências e citações contidas no texto.

A seção denominada "Veja também" indica conexões temáticas e biográficas da pessoa em tela com outros titulares de verbetes. Sem ser exaustivas ou prescritivas, essas conexões formam constelações de possibilidades para a leitura do livro.

No final do volume, uma lista alfabética de verbetes e um índice remissivo de temas e nomes funcionam como guia rápido para a localização de assuntos e pessoas.

A

ABDIAS DO NASCIMENTO

1914-2011 | SÃO PAULO; RIO DE JANEIRO

Abdias nasceu em 1914, na cidade de Franca, interior do estado de São Paulo. Migrou para a capital no início dos anos 1930 e logo começou a tomar parte em eventos organizados pela Frente Negra Brasileira (FNB), fundada em 1931. Com Lino Guedes e outros, realizou em 1938 em Campinas o Congresso Afro-Campineiro. Ainda na mesma década, transformou-se em ativista da Ação Integralista Brasileira (AIB), grupo que atraiu milhares de negros, foi acusado de fascista e manteve uma disputa ideológica acirrada com o Partido Comunista.

Em 1944, após longa viagem pelo interior do Brasil e por parte da América Latina, Abdias criou o Teatro Experimental do Negro (TEN) — movimento artístico, político e cultural que aglutinou intelectuais e artistas negros e negras importantes no cenário afro-brasileiro, como o sociólogo Alberto Guerreiro Ramos (1915-82), Aguinaldo Camargo (1918-52), Edison Carneiro (1912-72), Haroldo Costa (1930-), Ironides Rodrigues (1923-87), Ruth de Souza (1921-2019) e Léa Garcia (1933-).

A articulação artística e política de Abdias foi constante, sempre denunciando o racismo e propondo debates. Em 1945-6, organizou, com várias outras lideranças, a Convenção Nacional do Negro, no Rio de Janeiro e em São Paulo. E, em 1949, realizou a Conferência do Negro.

Abdias manteve também um papel essencial durante os trabalhos da Assembleia Constituinte brasileira de 1946, chamando a atenção para o necessário e urgente combate ao racismo no país. Em 1950, organizou o Congresso do Negro Brasileiro.

Perseguido pela ditadura militar instaurada em 1964, Abdias deixou o Brasil em 1968. A partir daí, iniciaria uma longa trajetória de atuação internacional, tomando parte em importantes congressos e reuniões com lideranças negras das Américas e da África, e lecionando em várias universidades. Foi o fundador da cadeira de cultura africana no Novo Mundo e professor no Centro de Estudos Porto-Riquenhos na Universidade do Estado de Nova York, em Buffalo, onde lecionou até 1981. Deu aulas, ainda, na Escola de Artes Dramáticas da Universidade Yale, na Temple University e na Universidade de Ifé, na Nigéria.

Entre o fim dos anos 1950 e o início dos anos 1980, publicou várias obras: *Teatro experimental do negro* (1959), *Axés do sangue e da esperança: Orikis* (1983), *Sitiado em Lagos: Autodefesa de um negro acossado pelo racismo* (1981), *O quilombismo: Documentos de uma militância pan-africanista* (1980), *Sortilégio II: Mistério negro de Zumbi redivivo* (1979) e *O genocídio do negro brasileiro: Processo de um racismo mascarado* (1978).

Além de escritor, poeta e teatrólogo, Abdias desenvolveu uma carreira internacional como artista plástico. Ele costumava tomar símbolos retirados do panteão de orixás do candomblé e estilizá-los em obras de cores fortes e movimentos que lembravam a África no Brasil, bem como a circulação de visualidades africanas.

Converteu-se então em um intelectual do eixo afro-atlântico. Em 1974, tomou parte no VI Congresso Pan-Africano, em Dar es Salaam. Participou e ajudou a organizar, também, os primeiros Congressos de Cultura Negra nas

Américas, respectivamente em 1977, 1980 e 1982, na Colômbia, no Panamá e no Brasil.

De volta ao país, na década de 1980 elegeu-se deputado federal (1983-6) e depois senador em dois pleitos diferentes (1991-2, 1997-9). Em sua atuação parlamentar, defendeu projetos de lei por ações afirmativas e pelo fim da discriminação racial. Em 1992, dirigiu a Secretaria Extraordinária de Defesa e Promoção das Populações Afro-Brasileiras e, em 1999, a Secretaria de Direitos Humanos e da Cidadania, ambas no governo do Rio de Janeiro.

Abdias recebeu o título de doutor honoris causa pela Universidade Estadual do Rio de Janeiro (1993) e pela Universidade Federal da Bahia (2000). Foi agraciado com o prêmio Unesco, na categoria Direitos Humanos e Cultura de Paz, e pelo Schomburg Center for Research in Black Culture, com o prêmio Herança Africana, ambos em 2001. Recebeu as honras da Ordem do Mérito Cultural (2007); Ordem do Rio Branco, no grau de Oficial (2001) e de Comendador (2006). Em 2008, o cineasta Antônio Olavo (1955-) lançou o filme-documentário *Abdias Nascimento: Memória negra*. Sua biografia também mobilizou diversos pesquisadores, como Anani Dzidzienyo (1941-2020), Éle Semog (1952-), Elisa Larkin Nascimento (1954-), Flávio dos Santos Gomes (1964-), Gérard Police, Márcio Macedo (1974-), entre outros.

Faleceu em 2011, aos 97 anos. Em 2013, o Senado Federal criou a Comenda Senador Abdias Nascimento.

FONTES: Abdias do Nascimento; Éle Semog; Elisa Larkin Nascimento; Flávio dos Santos Gomes; Márcio Macedo.

VEJA TAMBÉM: Alberto Guerreiro Ramos; Agnaldo Camargo; Arinda Serafim; Carlos Alberto Oliveira dos Santos; Carlos Marighella; Claudino José da Silva; Clóvis Moura; Edison Carneiro; Elza de Souza e Guiomar Ferreira de Mattos; Ironides Rodrigues; Maria Nascimento; Mercedes Baptista; Ruth de Souza.

ABIGAIL MOURA

c. 1904-70 | EUGENÓPOLIS, MINAS GERAIS; RIO DE JANEIRO

Abigail Cecílio de Moura nasceu em Eugenópolis, Minas Gerais, em 1904. Foi poeta, compositor e maestro, tendo criado, em 1942, a Orquestra Afro-Brasileira. Integrado por músicos negros, o conjunto — como assinalou Nei Lopes (1942-) — destacou-se como um importante movimento cultural, também por conta do ineditismo de seu repertório, seus instrumentos e suas indumentárias afro-brasileiras. Ele produziu a trilha sonora de eventos culturais e políticos renomados, como a Conferência Nacional do Negro (1949) e o Congresso do Negro Brasileiro (1950). Compôs, ainda, melodias para o Teatro Experimental do Negro (TEN), criado em 1944, e para a Companhia Afro-Brasileira de Dança, que contou com a participação de Haroldo Costa (1930-) em 1949.

Sob a sua liderança, a Orquestra Afro-Brasileira gravou os discos *Obaluayê!* (1957) e *Orquestra Afro-Brasileira* (1968). Abigail Moura faleceu em 1970.

FONTES: Abdias do Nascimento; José Jorge Siqueira; Nei Lopes; Ricardo Cravo Albin.

VEJA TAMBÉM: Abdias do Nascimento.

ACAIUBA, AMARO, AMBRÓSIO, ANDALAQUITUCHE, CABANGA, CAMOANGA, CANHONGO, DAMBRAGANGA, GANGA-MUIÇA, GANGA-ZONA, GASPAR, GONE, GONGORO, JOÃO MULATO, JOÃO TAPUIA, MAIHOIO, MOUZA, OSENGA, PACASSA, PEDRO CAÇAPA, QUILOANGE, QUISSAMA, TOCULO, ZANGUI

SÉCS. XVII-XVIII | PERNAMBUCO

Os mocambos de Palmares não foram extintos em 1694, quando a grande cerca conhecida como Macaco foi invadida, nem em 1695, ao assassinarem Zumbi (1655-95). Os primeiros registros sobre Palmares datam da última década do século XVII e existem fontes que mencionam a continuação dos remanescentes do quilombo até 1757, época em que se criaram vilas e povoados, compostos de população indígena e seus descendentes, como forma de prevenir que os palmaristas voltassem a se agrupar.

No alvorecer do século XVIII, a liderança de Palmares estava com Camoanga (?-1703), que certamente foi sucessor de Zumbi. Camoanga acabou assassinado pelas tropas que seguiriam combatendo naquelas serras e matas onde o sol da liberdade raiava. Na década de 1710, a liderança passou para as mãos de Mouza, que terminaria capturado e deportado em 1713.

Acaiuba, Andalaquituche, Cabanga, Camoanga, Canhongo, Dambraganga, Ganga-Muiça, Ganga-Zona, Gone, Gongoro, Maihoio, Mouza, Osenga, Pacassa, Quiloange, Quissama, Toculo, Zangui e tantos outros, além de importantes mulheres, são exemplos de personalidades fundamentais nas experiências de Palmares, que pode ter durado mais de 150 anos. O interessante é que esses tanto poderiam ser nomes próprios quanto nomenclaturas de diversos mocambos. Isso porque vários deles sugerem termos de origem africana. Mas existem também nomes próprios masculinos de origem portuguesa que aparecem na documentação colonial: Amaro, Ambrósio, Gaspar, João Mulato, João Tapuia e Pedro Caçapa.

Na metade do século XVII, a população palmarista alcançava possivelmente 20 mil pessoas, embora cronistas da época, com certo exagero, mencionassem a existência de 30 mil. Na verdade, esse número chegaria a milhares, se considerarmos que os palmaristas se dividiam em diversas aldeias estruturadas e acampamentos improvisados nas bordas das serras e nas vizinhanças dos povoados e das vilas.

Boa parte dos mocambos era designada pelo nome de sua localização geográfica ou de seus chefes e comandantes militares. O principal e mais povoado deles, denominado Macaco, era o centro político e administrativo, e funcionava como capital. Alguns mocambos foram utilizados como campo de treinamento, onde se preparavam armamentos e armadilhas e onde os guerreiros se exercitavam para os enfrentamentos militares.

Com relação aos nomes dos mocambos em Palmares, a documentação inclui

Cucaú, Subupira e Macaco, que eram também os principais povoados. Há ainda menção aos mocambos denominados Catingas, Garanhuns, Oiteiro, Tabocas Pequeno e Una. Divisão e articulação faziam parte da estrutura socioeconômica criada em Palmares. Quando uma aldeia era atacada, os palmaristas se refugiavam em outras próximas. Além das aldeias mais estáveis e das plantações nos interiores das serras, havia acampamentos militares avançados e entrepostos para trocas mercantis.

Nos documentos aparecem indicações sobre postos e funções, com destaque para algumas lideranças. Ganga-Muiça e Ganga-Zona eram chefes militares, sendo este último irmão de Ganga-Zumba (1630-78). Osenga era considerado um exímio líder militar e chefe de um mocambo; Zangui era dirigente do mocambo Catingas; Cabanga foi chefe do mocambo de Una; Amaro comandava um mocambo com o mesmo nome; e Maihoio foi líder militar do mocambo de Aqualtune. Ambrósio, Canhongo, Gaspar, Gone, João Mulato, João Tapuia e Pacassa foram associados à figura de guerreiros e líderes militares. Da família real, os nomes de destaque são: Acaiuba e Toculo, filhos de Ganga-Zumba, além de Acaiuba Zambi, filho de Zumbi.

As pesquisas pioneiras de Edison Carneiro (1912-72), Ernesto Ennes (1881-1957), Décio Freitas (1922-2004) e outros foram fundamentais para conhecermos uma biografia certamente coletiva, de uma organização que virou símbolo da rebeldia negra e de seu desejo de liberdade. Por isso Palmares tornou-se símbolo e representação de outros agrupamentos como esse. Os nomes dos mocambos não se dissociam de seus líderes, fazendo a eles uma espécie de homenagem. Cabe a nós não os esquecer.

FONTES: **Clóvis Moura; Décio Freitas; Edison Carneiro; Ernesto Ennes; Flávio dos Santos Gomes; Ivan Alves Filho; Luiz Felipe de Alencastro; Pedro Paulo A. Funari; Rômulo Luiz Xavier Nascimento; Scott Joseph Allen; Silvia Hunold Lara; Stuart B. Schwarz.**

VEJA TAMBÉM: **Acotirene e Aqualtune; Dandara...; Ganga-Zumba; Zumbi.**

ACOTIRENE E AQUALTUNE

SÉC. XVII | PERNAMBUCO

A presença e a liderança feminina em Palmares surgem descritas na "Relação das guerras feitas aos Palmares de Pernambuco no tempo do governador d. Pedro de Almeida" — uma memória sobre as incursões realizadas entre 1675 e 1678, em que aparecem definições de "distintos Palmares".

Cerca de vinte léguas da vila de Porto Calvo, havia o Mocambo de Acotirene, que aparece também grafado "Arotirene". A trinta léguas de Porto Calvo, a noroeste, havia a Cerca de Aqualtune, que seria "o nome da mãe do rei", que vivia "em mocambo fortificado". Segundo tal relato, ali "cada um tem as mulheres que quer". E o rei, na ocasião Ganga-Zumba (1630-78), "estava acomodado com três mulheres, uma mulata e duas crioulas", sendo que da "primeira teve muitos filhos, das outras nenhum". Num parecer do Conselho Ultramarino sobre a conquista de Palmares de 1678, comentou-se sobre a morte de Ganga-Zumba e também das três mulheres que tinha.

Acotirene e Aqualtune, assim como as expressões "rainha", "fêmeas" e "negras", parecem resumir a presença feminina palmarista. A preocupação das autoridades coloniais com as mulheres em Palmares — apesar da pequena referência a nomes próprios — está registrada nas polêmicas que surgiram sobre como proceder com as prisioneiras. Considerava-se que, após a captura, elas deviam ser exterminadas ou vendidas e mandadas para bem longe. Já em 1669, numa ordem do governador Bernardo de Miranda Henriques (*c.* 1630-70) ao capitão-mor das Alagoas, mencionava-se a necessidade de "vender por si ou por outras pessoas os ditos negros" para que fossem expulsos dessas capitanias. Na ordem, estabelecia-se também que o mesmo fosse feito "com as negras fêmeas".

Caetano de Melo e Castro (1680-1718), ao dar a notícia sobre o sucesso dos ataques a Palmares, em 1694, destacou que as "negras fêmeas" e suas crias que "chegaram a ter aquela liberdade" deveriam ser mesmo enviadas para fora da capitania, senão todos ali ficariam "menos seguros pelo que a experiência tem mostrado".

O temor que as autoridades tinham das mulheres se manifesta num parecer do procurador da Fazenda acerca da proposta dos paulistas, ainda em 1695: "Neste ponto me parece, que se devem exterminar as negras, como os negros; porque suposto que as negras não podem fazer per si resistência [...] contudo por estarem habituadas à liberdade, facilmente evadirão negros que com elas fujam para os matos, onde poderão reunir as fertilidades, que assegura fizeram, porém como se dá tempo para se exterminarem estes negros, parece justo, que as negras que tiverem crias, se lhes prorrogue este tempo". Assim, "até que as crias [cheguem] a três anos, hora que poderão viver sem o leite de suas mães; no que não haverá receio de suas retiradas, tendo o grilhão dos filhos, e se acudirá a vida, e sustento deles".

Além de combaterem lado a lado com os homens, uma série de mulheres exercia, com frequência, funções logísticas significativas, transportando alimentos, pólvora e armamentos, bem como cuidando de feridos e transferindo-os para lugares seguros. Ademais, é possível supor que em certos mocambos a população feminina fosse maior do que a documentação tem até hoje apontado. Como estratégia, alguns quilombolas podem ter mantido suas mulheres e crianças em locais mais seguros, em acampamentos afastados, onde dificilmente seriam encontradas pelas expedições de captura. Se a história colonial silenciou sobre seus nomes, não pode evitar falar de seus atos e papéis dentro das comunidades palmarinas.

FONTES: Clóvis Moura; Décio Freitas; Edison Carneiro; Ernesto Ennes; Flávio dos Santos Gomes; Ivan Alves Filho; Luiz Felipe de Alencastro; Pedro Paulo A. Funari; Rômulo Luiz Xavier Nascimento; Scott Joseph Allen; Silvia Hunold Lara; Stuart B. Schwarz.

VEJA TAMBÉM: Acaiuba...; Dandara...; Ganga-Zumba; Zumbi.

ADÃO

SÉC. XIX | SERRO, MINAS GERAIS

Na segunda metade do século XIX, ao menos uma década antes de o movimento abolicionista ganhar força, escravizados em várias partes do Brasil avaliaram formas e ações para conquistar a liberdade. Só entre 1860 e 1864, o Ministério da Justiça anotou mais de sessenta registros de insurreições escravas — a partir da descoberta de planos e conspirações ou da prática de denúncias — em diversas províncias do Império.

Sabemos pouco da história de Adão, mas as pesquisas de Isadora Moura Mota (1978-) mostram que ele nasceu no Brasil já como escravizado, que talvez fosse filho de africanos e que era pardo. Mostram também que liderou uma revolta negra nos sertões do norte de Minas Gerais, mais especificamente na comarca do Serro, nas proximidades de Diamantina, e que esse movimento foi descoberto em 1864.

Marcada para eclodir durante as festividades do Espírito Santo, a conspiração contava com escravizados, quilombolas, libertos, africanos, nascidos no Brasil e pessoas livres negras. Contava, ainda, com uma rede extensa de escravizados e libertos urbanos, classificados como "da cidade"; cativos rurais e das fazendas circunvizinhas, os "da roça"; e gente "da mata", os quilombolas. Revoltas, insurreições e levantes podiam estar articulados a planos de fugas coletivas, e mesmo dispor do apoio e da participação de grupos quilombolas. Protestos que começavam nas senzalas se estendiam aos mocambos, reforçando lutas cotidianas dos escravizados.

A Revolta do Serro de 1864, liderada por Adão, foi mais que um protesto contra a escravidão. Ali, quilombolas, escravizados e libertos estavam conectados com ideais emancipacionistas, numa atmosfera de circulação atlântica. Projetos de imigração, processos de emancipação no Caribe e repercussões da Guerra Civil norte-americana (1861-5) que eram debatidos no parlamento reverberavam nos jornais e chegavam às ruas, casebres, senzalas e, quem sabe, até aos quilombos.

Foi o que aconteceu na região do Serro, onde áreas agrícolas, pastoris e mineradoras misturavam diamantes com açúcar, aguardente, milho, arroz, feijão, algodão e fumo. Lavradores, garimpeiros, faiscadores, mascates, tropeiros, constituíam a paisagem local, juntamente com uma população crescente de escravizados e pessoas livres. Por volta de 1840, quase um terço das pessoas eram classificadas como "brancas", enquanto pouco mais da metade dos livres eram identificados como "pardos". Já em 1832, os escravizados somavam 56% do total de habitantes. Ainda em 1872, os escravizados que moravam no Serro eram quase 20%, e em Diamantina, cerca de 40%.

Nesse contexto é que surgiram denúncias contra Adão, José Cabrinha, Nuno, Clementino, Demétrio, Chico, Luís e outros. Falava-se de planos de fugas coletivas e de revoltas. Não só isso: comentava-se que escravizados e libertos liam jornais e trocavam mensagens, muitas vezes através de bilhetes e cartas. Numa delas — segundo as investigações policiais realizadas posteriormente — diz-se que teria "vindo ordem para a liberdade dos escravos, e que os brancos estavam escondendo essa ordem". José Cabrinha contou "que na cidade ia haver guerra, ou levante dos escravos com os brancos a fim de ficarem forros". Havia, inclusive, denúncias de que muitos escravizados, libertos e quilombolas tinham "formado um plano para haver a liberdade, pois que estavam lendo as folhas, e por elas, viam que todos os escravos estavam livres, mas que os brancos ocultavam isso, para não chegar ao conhecimento dos escravos".

Adão, acusado de chefiar o movimento, coordenava a circulação de informações e os contatos com diversas fazendas. A seu favor, havia o fato de ele morar nas proximidades urbanas, uma vez que trabalhava numa loja de alfaiataria, localizada na rua das Flores, no centro do Serro.

Investigações revelariam a existência de cartas trocadas entre escravizados de diferentes regiões, entre o Serro e Diamantina, sendo seus principais autores José Cabrinha e Adão. Nem todos deviam saber ler, mas em Minas Gerais comentava-se a existência de muitos escravizados com algum grau de alfabetização e letramento. Em Paraibuna, no ano de 1865, surgiriam rumores sobre um levante de escravizados, entre os quais pelo menos dois "sabiam ler e escrever".

A rebelião planejada para o Serro foi abortada após uma delação. No dia 11 de outubro, cerca de quarenta escravizados e libertos encontravam-se presos. Com o objetivo de arrancar confissões, os policiais usaram açoites e palmatórias. O que talvez as autoridades não entendessem era como Adão e seus parceiros estavam tão atentos e a par da circulação de ideias emancipacionistas. Nos interrogatórios, houve quem dissesse "saber ler e escrever mal" ou mesmo "ler muito mal a letra redonda". Certamente se referiam aos periódicos a que alguns escravizados pareciam ter acesso naquele contexto no Serro. De fato, alguns periódicos, em especial *O Jequitinhonha*, traziam notícias sobre a política internacional e seus conflitos em várias partes das Américas e da Europa. Durante as investigações ficou claro que a rebelião do Serro foi comandada, em sua maior parte, por escravizados e libertos nascidos no Brasil e, mais exatamente, naquela região mineira. Entre eles havia muitos com ocupações especializadas, como carpinteiros, alfaiates, ferreiros, pedreiros, tropeiros, garimpeiros, sapateiros e marceneiros. Foi essa história de luta e de letramento que revelou ao menos quarenta envolvidos na Revolta do Serro, os quais acabaram presos e indiciados.

FONTES: Clóvis Moura; Isadora Moura Mota.

VEJA TAMBÉM: Ambrósio...; Clara Courá...; Quindomba; Vitória ou Vitorão.

ADHEMAR FERREIRA DA SILVA

1927-2001 | SÃO PAULO; RIO DE JANEIRO

JOÃO DO PULO

1954-99 | PINDAMONHANGABA, SÃO PAULO

NELSON PRUDÊNCIO

1944-2012 | LINS, SÃO PAULO

No século XX, o Brasil conheceu uma nova realidade esportiva, com muitos atletas negros medalhistas olímpicos, especialmente no atletismo e na modalidade de salto à distância. Essa tradição teve início com Adhemar Ferreira da Silva, nascido em 1927, em São Paulo. Adhemar competiu pelo Clube São Paulo e já em 1947 alcançou, num Troféu Brasil, a marca de 13,05 metros. Sua estreia nas Olimpíadas se deu em 1948, nos Jogos de Londres. Nessa edição olímpica mais dois atletas brasileiros disputaram na modalidade de salto à distância: Geraldo de Oliveira (1919-) e Hélio Coutinho da Silva (1923-). Adhemar foi recordista sul-americano em 1949, pentacampeão sul-americano e, em 1951, 1955 e 1959, conquistaria o tricampeonato pan-americano. Em 1952, ganhou medalha de ouro nos Jogos Olímpicos de Helsinque. Na edição seguinte, em 1956, sagrou-se bicampeão olímpico, nos Jogos de Melbourne. Sua última participação olímpica ocorreu em 1960, em Roma, encerrando sua carreira como atleta do Clube Vasco da Gama, no Rio de Janeiro. Em 1993, Adhemar foi condecorado com o título de Herói dos Jogos Olímpicos de Helsinque. Em 2000, recebeu a consagração do Comitê Olímpico Brasileiro (COB) com a medalha Mérito Olímpico, tendo sido considerado o maior campeão olímpico do atletismo brasileiro do século XX, ganhando duas medalhas de ouro em Olimpíadas consecutivas.

A tradição seguiria com Nelson Prudêncio dos Santos, nascido em Lins, interior de São Paulo, em 1944. O atleta participou de várias competições nacionais e sul-americanas, conquistando a medalha de prata no Pan-Americano de 1967 e repetindo o feito em 1971. Ganhou medalha de prata nos Jogos Olímpicos do México, em 1968, e a medalha de bronze na Olimpíada de Munique, em 1972.

A tradição brasileira negra no atletismo olímpico, com atletas de salto à distância e salto triplo, conheceria seu ápice com João Carlos de Oliveira. Também nascido no interior de São Paulo, em Pindamonhangaba, em 1954, ele iniciou sua carreira em 1971. Nos Jogos Pan-Americanos de 1975 foi o recordista mundial com a marca de 17,89 metros no salto triplo, recorde que só seria quebrado dez anos depois. João do Pulo — como ficaria conhecido — ainda se consagraria em duas Olimpíadas, com as medalhas de bronze nos Jogos Olímpicos de Montreal (1976) e de Moscou (1980).

Depois de deixarem a carreira de atleta, Adhemar Ferreira, Nelson Prudêncio e João Carlos enveredaram para outras áreas. Nelson Prudêncio seguiria a vida acadêmica, formando-se como professor de educação física na Universidade Federal de São Carlos (UFSCar), e tendo sido ainda vice-presidente da Confederação Brasileira de Atletismo (2012). Morreu em 2012, aos 68 anos.

João do Pulo sofreu um acidente automobilístico em 1981, e em 1982, depois de dezesseis cirurgias, foi obrigado a amputar uma das pernas. Ainda assim atuaria como vereador e deputado estadual. Em 1999, faleceu aos 45 anos.

Adhemar Ferreira foi nomeado, em 1964, adido cultural na embaixada brasileira em Lagos, na Nigéria, permanecendo no posto até 1967. Atuou no jornalismo, na educação física e no direito e também na política desportiva. Foi, ainda, ator na peça de teatro *Orfeu da Conceição* (1956) e no filme *Orfeu negro* (1959). Destacou-se como ativista, entre os anos 1970 e 1990, fazendo denúncias contra a discriminação racial e lutando pela melhoria das condições de vida da população negra. Faleceu em 2001, aos 73 anos, e em plena atividade.

O legado desses três atletas negros para o atletismo será seguido por inúmeros brasileiros, como José Teles da Conceição (1931-74), que participou das Olimpíadas de 1952, 1956 e 1960 e ganhou medalha de bronze no salto em altura em Helsinque.

Morreria tragicamente assassinado em 1974.

Aída dos Santos (1937-) se destacou como atleta de salto em altura. Nascida no Rio de Janeiro, em 1937, participou de duas Olimpíadas. Foi a primeira mulher brasileira a disputar uma final olímpica, em 1964, tendo sido agraciada com prêmios, títulos e condecorações, como o Troféu Adhemar Ferreira da Silva (2006), o Prêmio Brasil Olímpico (2006) e o Diploma Mundial Mulher e Esporte (2009) pelo Comitê Olímpico Internacional.

Foram muitos os negros e negras que representaram o atletismo brasileiro, vencendo competições nacionais e internacionais. Tomaram parte em jogos pan-americanos e foram medalhistas olímpicos em competições de cem metros, duzentos metros, oitocentos metros, 1500 metros e revezamentos 4×100. Entre outros, vale lembrar dos nomes de André Domingos (1972-), Claudinei Quirino (1970-), Robson Caetano (1964-), Antônio Carlos Gomes (1958-), Zequinha Barbosa (1961-), Cláudio Roberto (1973-), Arnaldo Oliveira (1964-), Agberto Guimarães (1957-), Joaquim Cruz (1963-), Vicente Lenílson (1977-) e Édson Luciano (1972-).

FONTES: Eduardo de Oliveira; Katia Rubio; Nei Lopes.

VEJA TAMBÉM: Irenice Maria Rodrigues.

ADRIANA E MARIA

SÉC. XIX | SÃO LUÍS, MARANHÃO

Em 17 de abril de 1882, o comendador José Maria de Freitas Vasconcelos solicitava ao Juizado de Órfãos de São Luís autorização para levar consigo Nectário e Josefina em viagem à Europa. O tutor das duas crianças era Antônio Lourenço Brandão, que, na petição, dizia serem elas órfãs e que partiriam na companhia do comendador e de "sua família que muito os estima". Além disso, elas teriam "suma vantagem", pois "poderiam receber educação tão desvelada". Acontece que nem Nectário nem Josefina eram órfãos. Ao contrário, ambos tinham mães — Adriana e Maria — que lutavam para decidir sobre a vida e o destino dos filhos. Elas e outras mulheres escravizadas, ainda em 1871, davam à luz filhos livres (por conta da Lei do Ventre Livre, promulgada nesse mesmo ano), então chamados de "ingênuos" na ocasião do batismo. Todavia, enquanto tal, ainda estavam submetidos legalmente aos senhores de suas mães, pelo menos até os oito anos. Esses (de acordo com a letra da lei) precisariam tratar da educação desses ingênuos. Era possível repassá-los à tutela do Estado, devendo, nessa ocasião, serem indenizados. Por sua vez, mulheres escravizadas que conquistassem a liberdade podiam "livrar" os filhos menores de oito anos. E, caso as crianças fossem vendidas, caberia ao novo proprietário o direito de tutela sobre elas, que deveriam acompanhá-lo.

Existiam muitos ingênuos e suas mães, mulheres negras, escravizadas ou livres, no Brasil da escravidão e da liberdade. E as pesquisas de Cristiane Pinheiro Santos Jacinto e Iraneide Soares da Silva, entre outros, têm revelado as trajetórias delas no Maranhão. Em 1878 estimava-se uma população maranhense de mais de 12 mil crianças nessa condição. Não sabemos se Adriana e Maria eram escravizadas ou libertas. Mas a elas estava negado o direito de decidir sobre a vida dos próprios rebentos. Suas histórias exemplicavam, pois, a experiência de inúmeras mulheres negras que viram a sorte de seus filhos ser decidida por tutores e juristas, ainda nas últimas décadas do século XIX.

Ao mesmo tempo, crianças negras consideradas órfãs, segundo a nomenclatura jurídica, eram inseridas compulsoriamente no mercado de trabalho sob título disfarçado de tutela. Crianças brancas e crianças negras tinham destinos muito distintos nessa sociedade marcada pela linguagem e pela realidade violenta da escravidão.

FONTES: Cristiane Pinheiro Santos Jacinto; Iraneide Soares da Silva; Josenildo de Jesus Pereira; Maria Aparecida C. R. Papali; Marília B. A. Ariza.

VEJA TAMBÉM: Basília; Eva e Francelina; Juliana.

AFRA JOAQUINA VIEIRA MUNIZ

SÉC. XIX | SALVADOR, BAHIA

Afra Joaquina vivia em Salvador e era casada com seu ex-senhor, Sabino Francisco Muniz, de origem africana como ela, o qual, uma vez liberto, pagou pela liberdade da esposa ao mesmo tempo que se tornou proprietário de outros escravos. Sabino morreu entre 1870 e 1872, deixando todos os seus bens para a mulher e a liberdade para duas escravizadas de nome Severina e Maria do Carmo, contanto que permanecessem ao lado de Afra até a morte desta.

Na década de 1870, a insegurança com relação ao sistema começava a ser sentida por muitos, inclusive indivíduos livres e forros. E nessa situação encontravam-se as duas libertas, de propriedade da africana Afra, que residia em Salvador, na rua do Cabeça.

Segundo Ricardo Caires, no dia 7 de junho de 1872, as forras impetraram uma ação de liberdade sob a alegação de que sofriam castigos e sevícias por parte da viúva e de seu filho Leôncio, que fazia cinco meses retornara da costa africana.

Em prol de suas defesas, as libertas contaram com o auxílio de três testemunhas. Segundo o liberto Lázaro Souto, "maior de cinquenta anos, solteiro, natural da África, após a volta do filho de Afra, Maria do Carmo e Severina" passaram a ser "continuadamente maltratadas e mal alimentadas, procedimento este praticado pelo referido Leôncio com o apoio e consenso da referida Afra". O marceneiro Augusto Inácio dos Santos, solteiro, de 23 anos, afirmou ter ouvido o filho de Afra dizer "em altas vozes que havia de dar destino às ditas Severina e Maria do Carmo reduzindo-as a dinheiro". Já o sapateiro José dos Reis, natural de Havana, disse "que depois de as ver naquele estado requereu à Subdelegacia de São Pedro,´pedindo providência a tal respeito". Contou ainda que Afra Joaquina se negava a oferecer comida e vestuário às libertas; dizia que planejava vender, junto com seus escravos, também Severina e Maria do Carmo; e ameaçava levá-las de volta à Casa de Correção.

Tendo em mãos tais depoimentos, o advogado Vítor Isaac de Araújo entrou com pedido de alforria incondicional de Severina e Maria do Carmo. Mesmo assim, os advogados Arnóbio Pereira de Albuquerque e José Pereira de Albuquerque ainda tentaram argumentar que as libertas não haviam entregado provas consistentes para o julgamento e que os testemunhos eram todos "suspeitos".

Já o juiz Inácio Carlos Freire de Carvalho (?-1877) desconsiderou o pedido das libertas, e a decisão foi ratificada em dezembro de 1874 pelo Tribunal da Relação. Severina e Maria do Carmo acabaram obrigadas a servir a Afra até que ela morresse. Mais, não sabemos; esses e outros casos mostram como eram variados e complexos os mundos que a escravidão criou.

FONTES: Cecília Moreira Soares; Ricardo Tadeu Caires Silva.

VEJA TAMBÉM: Felicidade (séc. XIX)...; Maria (séc. XIX).

AGNALDO DOS SANTOS

1926-62 | ITAPARICA E SALVADOR, BAHIA

Agnaldo Manuel dos Santos nasceu em 1926, num vilarejo baiano da Gamboa, na face norte da ilha de Itaparica, chamado Fonte de Beber. Órfão de pai e mãe, descendente de negros e de indígenas, começou a trabalhar com apenas dez anos. Antes de se tornar escultor e artista, fez bicos na roça, foi lenhador, fabricante de cal e mineiro numa caieira.

Em 1947, foi contratado como vigia e depois como ajudante e aprendiz no ateliê de Mário Cravo Jr. (1923-2018). Trabalhando por lá teve acesso não só aos materiais e técnicas usados pelo artista como às fontes de inspiração da arte africana. A partir de 1953, passou a produzir seus próprios trabalhos.

Suas primeiras esculturas já revelavam um profundo senso estético, que se assemelhava às artes tradicionais africanas, muito embora Agnaldo nunca as tivesse estudado formalmente. Ele se aproximou, então, do fotógrafo Pierre Verger (1902-96), que lhe apresentou imagens de esculturas africanas. Foi a partir delas que o escultor incluiu nas peças olhos amendoados e outros detalhes em consonância com o universo afro-atlântico.

A influência africana, sobretudo ioruba e bantu, seria fundamental, e Agnaldo talharia a madeira criando uma obra de natureza antropomórfica, com figuras que evocavam orixás e outras deidades. Mas a arte de Agnaldo não obedecia diretamente a nenhum modelo de sociedade africana, sendo reapropriada por padrões locais. Por exemplo, o escultor utilizava, preponderantemente, matérias-primas nacionais como a jaqueira, o ipê e o pau-d'arco e sobre elas fazia uso de uma técnica africana de escurecer a madeira com substâncias naturais, tornando-a brilhante e densa.

Logo após deixar o ateliê de Mário Cravo, a carreira de Agnaldo decolaria. Em 1956 obteve a Medalha de Prata no VI Salão Baiano de Belas Artes, realizado em Salvador. No ano seguinte participou da IV Bienal de São Paulo. Também em 1957 tomaria parte da exposição Artistas da Bahia, que teve lugar no Museu de Arte Moderna, em São Paulo. Ainda nesse ano, abre sua primeira exposição individual, na Petite Galerie, no Rio de Janeiro, que passou a lhe fazer encomendas regulares, propiciando-lhe maior estabilidade financeira. Essa exposição lhe valeu, igualmente, um financiamento para viajar à região do rio São Francisco, onde conheceu escultores populares de carrancas e estudou com Francisco

Biquiba Lafuente Guarani (1884-1985), que foi, por assim dizer, seu segundo mestre nas artes plásticas e lhe ensinou a trabalhar com o cedro.

Mestre Guarani aguçou o interesse de Agnaldo pelas carrancas, visto que atuava também como intermediário comercial no resgate dessas belas peças que, ademais, pela falta de uso, já começavam a escassear. Mestre Biquiba Guarani era quem "salvava" tais peças encontradas nas margens do São Francisco, enviando-as a Agnaldo, que, a partir de Salvador, alimentava galerias do Rio de Janeiro. Ele também teve contato com algumas obras de arte vindas do Museu do Dundo, de Angola, por ocasião dos Colóquios Luso-Brasileiros de 1959. Sua obra foi ficando cada vez mais orientada pelo diálogo entre linguagens escultóricas presentes em todo o eixo afro-atlântico.

Em 1959 e em 1961, Agnaldo foi convidado para o Salão Nacional de Arte Moderna. No fim da década de 1950, viu sua saúde se deteriorar por complicações decorrentes do mal de Chagas. Ele morreria muito jovem, em 1962, aos 35 anos, na cidade de Salvador. Mas seu reconhecimento nacional e internacional só cresceria.

A obra de Agnaldo dos Santos continua a estar presente em exposições contemporâneas, que vêm recolocando a arte afro-brasileira — durante tanto tempo classificada, pejorativamente, como "artesanato" ou "arte popular" — no lugar que merece. Uma arte que rompe barreiras e se reinventa num verdadeiro trânsito de imagens no circuito afro-atlântico.

FONTES: Clarival do Prado Valladares; Emanoel Araújo; Juliana Ribeiro da Silva Bevilacqua; Kabengele Munanga; Nelson Aguilar; Renato Araújo da Silva; Sylvia Menezes Athayde.

VEJA TAMBÉM: Heitor dos Prazeres; Mestre Didi; Rubem Valentim; Sidney Amaral.

AGOSTINHA

SÉC. XIX | CAMPINAS, SÃO PAULO

Vários escravizados, sobretudo no século XIX, acionaram a Justiça imperial com ações de liberdade, em que reivindicavam alforria, reclamavam de castigos, das condições de trabalho e do cativeiro ilegal. Porém, muitos foram os cativos que ficaram submetidos às violências dos seus senhores, sobretudo em áreas rurais. Mesmo quando faziam denúncias que podiam reverberar na imprensa e gerar processos criminais, os fazendeiros acabavam sendo inocentados ou nem chegavam a ser investigados pelas autoridades policiais.

O estudo de Elciene Azevedo (1973-) nos apresentou Agostinha, nascida cativa no Brasil no segundo quartel do século XIX, e sua trajetória incomum. Em 1857, o jornal *Avassoyaba* publicou as queixas de Agostinha, que revelaram o cotidiano de violência numa fazenda de café localizada em Campinas. Segundo a escravizada, havia na fazenda um cemitério clandestino, denominado "cemitério de escravos assassinados". Em face de tais delações, a sociedade campineira se viu diante de um debate público, que, segundo fazendeiros locais, podia gerar "ânimo da escravatura" na região.

Promotores, delegados, redatores de jornais e até mesmo o vigário foram acionados, assim como outros fazendeiros. Em meio àquela atmosfera tensa, apareceu a notícia de que um cativo de José de Barros Dias havia se suicidado. Já Agostinha afirmou ter fugido, pois estava "resolvida firmemente a suicidar-se antes do que para lá voltar". Ela proferiu os nomes de Guilherme, Miguel, Rosane, Joana, André e outros, como os cativos "mortos em castigo, e enterrados", alguns nos "matos do sítio" e os demais em outras "paragens" e "pontos que [...] ignorava".

As delações de Agostinha ganharam desdobramentos com novas investigações e mais denúncias anônimas. Castigos e mortes executados pelo feitor, com a total conivência de Barros Dias e de sua esposa, seriam — segundo algumas versões — provocados pelo "medo senhorial", pois diziam temer serem envenenados e acusavam a existência de feiticeiros entre os cativos da fazenda.

As repercussões aumentaram. Em 1861, foi instaurada uma queixa-crime contra Barros Dias, sua esposa Inácia Joaquina Duarte e o feitor Eleutério de Andrade, que era, ele próprio, um escravizado. A principal acusação era a morte de doze cativos por sevícias. Desde a denúncia até o desenrolar do processo, Agostinha ficou sob a posse de um curador. Enquanto isso, fazendeiros, magistrados, jornalistas, autoridades provinciais e policiais se digladiariam entre 1857 e 1861, quando foi finalizada a ação judicial. Estava em jogo o julgamento criminal e moral de um importante fazendeiro da região, além da possibilidade de intervenções jurídicas no poder senhorial.

Barros Dias acabaria absolvido, mas a opinião pública provocou grandes constrangimentos aos senhores de Campinas — coração do mundo do café paulista.

FONTES: Elciene Azevedo; Maíra Chinelatto Alves; Maria Helena P. T. Machado; Robert W. Slenes.

VEJA TAMBÉM: Ângela e Geralda; Felicidade...; João e Timóteo.

ALBERTO GUERREIRO RAMOS

1915-82 | SANTO AMARO DA PURIFICAÇÃO, BAHIA; RIO DE JANEIRO

Nascido em Santo Amaro da Purificação em 1915, filho de Vítor Juvenal Ramos e Romana Guerreiro Ramos, o baiano Alberto Guerreiro Ramos é um dos mais importantes intelectuais acadêmicos negros do século XX. Frequentou bons colégios no estado, tendo sido ligado a grupos e intelectuais integralistas quando jovem. Depois mudou-se para o Rio de Janeiro, onde se formou na Faculdade Nacional de Filosofia e desenvolveu uma carreira exitosa na produção da sociologia brasileira.

Guerreiro Ramos atuou na Universidade do Brasil (hoje Universidade Federal do Rio de Janeiro, UFRJ) nas décadas de 1940 e 1950, tendo sido contemporâneo de Artur Ramos (1903-49), Costa Pinto (1920-2002) e Darcy Ribeiro (1922-97), entre outros. Em meados dos anos 1940, aproximou-se de Abdias do Nascimento (1914-2011) e de outros artistas e intelectuais negros e negras, participando dos projetos políticos e de formação do TEN (Teatro Experimental do Negro) e colaborando na Conferência Nacional do Negro (1949) e no Congresso do Negro Brasileiro (1950).

Guerreiro Ramos instauraria um debate teórico e político com Costa Pinto e outros intelectuais, que, desde Artur Ramos, procuravam tornar-se hegemônicos nesse campo. Num texto clássico — "Patologia social do 'branco' brasileiro" —, o sociólogo chamava a atenção para os aspectos culturalistas dos estudos e pesquisas (parte deles financiados pelo Projeto da Unesco, 1951-2) sobre relações raciais e suas análises, por ele consideradas "generalizantes".

Em meio a polêmicas, publicou a *Cartilha brasileira do aprendiz de sociólogo*, escrita com o intuito de responder às críticas que recebera no encontro de 1953. De acordo com Guerreiro Ramos, existiriam duas vertentes de pensamento sociológico: a "consular" e "enlatada" e a "autêntica" ou promotora do "autoconhecimento". A primeira seria "acadêmica e estrangeirada"; a segunda levaria à "autodeterminação", por se obstar à simples importação de ideias e conceitos.

O sociólogo, que assessorou Getúlio Vargas (1882-1954) em seu segundo governo, passaria a lecionar na Faculdade de Filosofia da Universidade do Brasil e na Escola Brasileira de Administração Pública da Fundação Getulio Vargas. Em 1955, ajudaria a fundar o Instituto Superior de Estudos Brasileiros (Iseb), ao lado de Hélio Jaguaribe (1923-2018), Nelson Werneck Sodré (1911-99) e outros. Em 1958 saiu *A redução sociológica*, em cujas páginas o autor reafirma os princípios de sua sociologia, que pressupõe "compromisso consciente" e "engajamento", e que trata de uma absorção crítica das teorias científicas do estrangeiro, as quais precisariam ser adequadas ao nosso contexto social.

Foi secretário do Grupo Executivo de Amparo à Média e Pequena Empresa do Banco Nacional de Desenvolvimento Econômico (BNDE), assessor da Secretaria de Educação da Bahia e técnico de administração do Departamento Administrativo do Serviço Público (Dasp), assim como professor do Departamento Nacional da Criança e dos cursos de sociologia e problemas econômicos e sociais do Brasil, promovidos pelo Dasp. Atuou também como delegado do Brasil junto à Organização das Nações Unidas (ONU).

Em 1961, publicou *Crise e poder no Brasil* e, em 1963, *Mito e verdade da revolução brasileira*. Nesse livro, o autor realiza o que define como "a crítica revolucionária da revolução brasileira", condensando, entre outros, a intensa polêmica no interior das esquerdas, entre os socialistas e os nacionalistas.

Com o golpe militar, em 1964, o Iseb foi extinto. Nesse contexto, Guerreiro Ramos teve seus direitos políticos cassados, uma vez que havia sido eleito deputado federal em 1962, pelo Partido Trabalhista Brasileiro (PTB). Solicitou exílio, indo lecionar nos Estados Unidos em 1966. Ali continuaria a sua carreira acadêmica nos anos 1970, na Universidade do Sul da Califórnia. Ele faleceu em Los Angeles, em 1982. Era casado com Clélia Guerreiro Ramos (?-2019), com quem teve dois filhos.

Vários são os autores e estudos sobre a trajetória e as contribuições de Guerreiro Ramos, mas, a despeito disso, ainda não tem o lugar que merece na história do pensamento social brasileiro. Ele foi o primeiro a defender um pensamento decolonial e a relevância das análises feitas por pesquisadores negros acerca da assim chamada "questão racial" no Brasil.

FONTES: Américo Freire; Andréa de Oliveira Gonçalves; Antonio Sérgio Alfredo Guimarães; Christian Edward Cyril Lynch; José Jorge Siqueira; Lúcia Lippi Oliveira; Maria Angelica Motta-Maués; Marcos Chor Maio; Mauro Guilherme Maidana Capelari; Muryatan Barbosa; Yedda Beatriz Gomes de Almeida Dysman da Cruz Seixas Singer Afonso.

VEJA TAMBÉM: Abdias do Nascimento; Carlos Alberto Oliveira dos Santos; Carlos Marighella; Claudino José da Silva; Clóvis Moura; Milton Santos.

ALCIDES DE FREITAS CRUZ

c. 1867-1916 | PORTO ALEGRE, RIO GRANDE DO SUL

Alcides de Freitas Cruz foi professor, advogado e deputado. Nasceu em Porto Alegre, por volta de 1867, e era filho de Manuel Pinto Lacerda da Cruz (18??-68) e de Adelaide Leopoldina de Freitas (1830-79). Seu pai e os avós paternos eram naturais de Pernambuco, enquanto os avós maternos provinham do Rio Grande do Sul. A avó materna chamava-se Estefânia Maria da Assunção (1794-1884), batizada como "parda", e a bisavó, de nome Eva, era uma africana benguela.

Com apenas um ano de idade ele ficou órfão de pai, sendo criado pela mãe e pelo tio materno, Leopoldino Joaquim de Freitas (1818-89), que teria grande influência sobre sua formação e trajetória. Estudou no Ginásio São Pedro e no Colégio Souza Lobo, recebendo, em 1885, o diploma de agrimensor pela Escola Militar em Porto Alegre. Em 1891 mudou-se para São Paulo, ingressando na Faculdade de Direito.

Suspendeu o curso em 1893 e transferiu-se para o Rio Grande do Sul. Durante a Revolução Federalista (1893-5), integrou o 7º Batalhão da Guarda Nacional. Em 1895, voltou para São Paulo, concluiu o curso de direito e mudou-se novamente para seu estado natal em 1900, quando foi nomeado para o cargo de promotor público. No ano seguinte, fundou a Escola Livre de Direito e foi eleito deputado estadual. Em 1913, Alcides escreveu no jornal *A Federação*: "Não sou branco, porque minha mãe e minha avó e minha bisavó não o eram; mas [...] aqui viveram, como muitas famílias de cor".

Paulo Roberto Staudt Moreira (1962-) e Vanessa Gomes de Campos mostram como Alcides faz parte de uma geração que conheceu — não necessariamente como cativos ou filhos de cativos — a sociedade escravista e os preconceitos contra a população negra. Atuando no campo das letras, do jornalismo e da política, ele veria de perto os limites, os discursos e as práticas que impuseram muitos obstáculos a pessoas negras nas últimas décadas oitocentistas e no alvorecer do século XX, ainda que seus integrantes fossem alfabetizados e participassem de círculos letrados.

Mesmo assumindo sua identidade étnica, Alcides foi alvo de perseguições e definições racistas nos debates políticos e jornalísticos. Certa vez escreveu: "Não sei que vantagem há de chamar-se mulato a um homem que não tem vergonha de o ser".

Atuando no associativismo político republicano e no Partido Republicano Rio-Grandense (PRR), Alcides foi chamado de "gorila", "negro alugado ao governo", entre outros. Em 1913, ele afirmou: "Sim, não sou branco; mas não deploro que a natureza tivesse sido avara em dar à minha pele menos alvinitência que a outros, acidente que afinal não dá para deplorar, pois em nada me há prejudicado na estima dos homens de bem e consideração da melhor sociedade".

Alcides era casado com Severina Pereira da Cruz (18??-1916), e a filha do casal, Zoé Cruz Barcelos, nasceu em 1899. O advogado morreu em 1916, aos 49 anos, em Porto Alegre, vitimado pela tuberculose, doença que mais matava, nesse contexto, no Brasil.

FONTES: **Paulo Roberto Staudt Moreira; Vanessa Gomes de Campos.**

VEJA TAMBÉM: **Aurélio Veríssimo de Bittencourt; Sofia Ferreira Chaves.**

ALEIJADINHO

1730-1814 | OURO PRETO, MINAS GERAIS

Antônio Francisco Lisboa, mais conhecido como Aleijadinho, nasceu em Cachoeira do Campo, distrito de Vila Rica, hoje Ouro Preto, Minas Gerais, no dia 29 de agosto de 1730. A vida do artista não é de todo conhecida. Ao que se sabe, ele era "filho natural", bastardo, de um mestre de obras português, Manuel Francisco Lisboa (?-1767), que foi um dos primeiros arquitetos atuando em Minas. Sua mãe era uma escravizada — não se sabe ao certo se africana ou crioula (como eram chamados os já nascidos no Brasil) — e se chamava Isabel. Conta-se que Aleijadinho teve as primeiras aulas com o pintor João Gomes Batista (*c.* 1708-88). No entanto, as fontes convergem em dizer que sua formação profissional e artística esteve ligada às atividades do pai e à oficina de um tio, Antônio Francisco Pombal, conhecido entalhador de Vila Rica. Há quem destaque ainda sua relação com o abridor de cunhos João Gomes Batista (?-1788) e com o escultor e entalhador José Coelho de Noronha (1705-65), criador de várias igrejas da região. Aleijadinho sabia ler e escrever, mas cursou apenas a escola primária.

Testemunhas de época o definiram como pardo, de pele escura, com uma voz forte e baixa estatura. Tinha cabelos pretos e crespos, orelhas grandes e pescoço curto, colado ao tronco atarracado. Quando estava com cerca de quarenta anos, o artista começou a desenvolver uma doença degenerativa nas articulações. O apelido que o celebrizou veio dessa enfermidade, que o deformou aos poucos e cuja exata natureza continua sendo objeto de controvérsia. Alguns dizem que ele teria contraído sífilis; outros, que foi lepra; outros, ainda, que uma tromboangeíte obliterante ou ulceração gangrenosa das mãos e dos pés o vitimaram. Há quem explique, também, que ele sofria do que na época se chamava de "lepra nervosa", uma infecção crônica que atinge justamente os tecidos mais superficiais, sobretudo a pele e o sistema nervoso periférico. De concreto, sabe-se apenas que, quando perdeu os dedos dos pés, Aleijadinho passou a andar de joelhos, protegendo-os com dispositivos de couro, ou a ser carregado. Ao perder os dedos das mãos, começou a esculpir com o cinzel e o martelo amarrados aos punhos.

Mesmo com tantas limitações físicas, prosseguiu trabalhando na construção de igrejas e altares nas cidades mineiras. São desse período a igreja de São Francisco de Assis e a de Nossa Senhora das Mercês e Perdões (ambas localizadas em Ouro Preto). Segundo vários críticos, o ponto mais alto da sua arquitetura seria atingido com o projeto desta última igreja, que começou a ser erguida em 1740 e só foi terminada em 1772. O edifício conta com pinturas no teto de autoria de outro importante artista, Manuel da Costa Ataíde (1762-1830).

Em 1767, seu pai viria a falecer, deixando nosso personagem acompanhado por alguns irmãos. Entre estes, estava o padre Félix Antônio Lisboa (1755-1838), com quem Aleijadinho provavelmente apurou o latim. Em 1772, o artista ingressou na Irmandade de São José e, em 1775, teve um filho; nascido no Rio de Janeiro e batizado com o nome de Manuel Francisco Lisboa, em homenagem ao avô. A mãe da criança chamava-se Narcisa Rodrigues da Conceição e, ao que consta, Manuel seguiu a vocação do pai.

Em Sabará, no ano de 1779, executou encomendas relativas à ornamentação interna e externa da igreja da Ordem Terceira do Carmo. A obra e o nome de Aleijadinho alcançaram grande fama após 1790. Durante mais de vinte anos, Aleijadinho foi requisitado, sucessivamente, por diversas vilas coloniais das Gerais, sendo, por vezes, obrigado a se ocupar com obras de duas ou mais cidades no mesmo período.

Data da época em que já se encontrava doente o conjunto de esculturas realizado entre 1800 e 1805: os Passos da Paixão e os Doze Profetas, da igreja de Bom Jesus de Matosinhos, na cidade de Congonhas do Campo, em Minas Gerais. Esse trabalho, formado por 66 imagens religiosas esculpidas em madeira e doze feitas de pedra-sabão, é um dos mais representativos do barroco tardio brasileiro. O santuário é constituído por uma igreja em cujo adro estão as esculturas dos profetas Isaías, Jeremias, Baruque, Ezequiel, Daniel, Oseias, Jonas, Joel, Abdias, Habacuque, Amós e Naum. Na ladeira que dá de frente para a igreja, compondo o conjunto arquitetônico do santuário, foram construídas seis capelas chamadas de "Passos da Paixão de Cristo".

Alguns documentos, inclusive recibos de época, atestam a existência de um ateliê de Aleijadinho. Pelo que se sabe, a chefia e a condução dos trabalhos ficavam sob os cuidados dele mesmo, enquanto o acabamento e a finalização de peças especiais, como as que estão dispostas nos Passos de Congonhas, eram responsabilidade de assistentes.

Se era muito admirado em seus dias, visto que as encomendas nunca lhe faltaram, com o tempo a produção do Aleijadinho caiu no esquecimento, só voltando a despertar interesse após a publicação da biografia escrita por Rodrigo Bretas em 1858. Jurista e deputado mineiro, Bretas (*c.* 1815-66) escreveu a obra sem utilizar fontes primárias, pautando-se por uma entrevista que fez com Joana, nora de Aleijadinho, a qual recebeu o pesquisador já bastante adoentada, em seus dois últimos anos de vida. O pesquisador talvez tenha se inspirado em personagens literários populares do século XIX, como Quasímodo, do livro de autoria de Victor Hugo (1802-85) *O corcunda de Notre-Dame* (1831). Foi apenas nas décadas de 1920 e 1930 que os modernistas paulistanos viram em Aleijadinho a expressão maior da "cultura mestiça brasileira", nos termos de Mário de Andrade (1893-1945).

A despeito do sucesso alcançado ainda em vida, o artista morreu pobre, doente e abandonado, provavelmente em 1814. Dizem que estava deitado sobre um estrado, na casa de seu filho, na mesma Vila Rica onde nascera. O corpo de Aleijadinho está na matriz de Nossa Senhora da Conceição, em Antônio Dias, numa sepultura contígua ao altar da Senhora da Boa Morte, de cuja irmandade foi juiz. Negro, ele se impôs por sua arte, que misturava elementos provenientes das mais variadas origens. Aleijadinho é hoje nome incontestável na história da arte brasileira.

FONTES: Antonio Fernando Batista dos Santos; Dirceu Martins Alves; Emanoel Araújo; Fernando Jorge; Guiomar de Grammont; Maria Alzira Brum Lemos; Mário de Andrade; Myriam Andrade Ribeiro; Olinto Rodrigues dos Santos Filho; Rodrigo José Ferreira Bretas; Sylvio de Vasconcelos; Tancredo A. Furtado.

VEJA TAMBÉM: Antônio Telles; Chico Rei; Joaquim Pinto de Oliveira; José Theóphilo de Jesus; Mestre Valentim.

AMÁLIA AUGUSTA DE LIMA BARRETO

1862-87 | RIO DE JANEIRO

Amália Augusta, mãe do escritor Lima Barreto (1881-1922), nasceu em 21 de abril de 1862, sendo filha natural de Geraldina Leocádia da Conceição e neta de Maria da Conceição. Era uma típica representante da terceira geração de mulheres originalmente vindas da África para trabalhar como escravizadas e que lutaram por manter sua família por perto. A mãe nascera no Brasil e fora escravizada doméstica da mesma família que "emprestara" o nome a Amália. Já a avó materna viera direto da África nos navios negreiros que realizavam o odioso comércio transatlântico.

Como mostraram Francisco de Assis Barbosa e Lilia M. Schwarcz, o caso de Geraldina lembra outras experiências de mulheres africanas: ganhou a liberdade, mas ficou atada por laços de fidelidade e afeto à família à qual pertencera. Já Amália sabia ler e escrever com perfeição. Com a ajuda de seu padrinho, Miguel Pereira de Carvalho, e da família dele, ela fundaria seu colégio, o Santa Rosa, que figuraria no *Almanak Laemmert* entre as 94 principais instituições de ensino da Corte.

Amália se casou com o tipógrafo João Henriques de Lima Barreto (*c.* 1851-1922), que a conheceu por frequentar a casa dos Pereira de Carvalho. Ela estava com catorze anos, e ele, com 25. O matrimônio ocorreu em dezembro de 1878, tendo como padrinho Afonso Celso de Assis Figueiredo (1836-1912), futuro visconde de Ouro Preto.

E foi para o endereço da escola de Amália Augusta que eles se mudaram. Ao contrário de sua mãe, Amália tinha tudo para se afastar do destino que lhe fora reservado como "ingênua". Mas o futuro não seria exatamente esse.

Ela teve um primeiro parto difícil, em setembro de 1879. O primogênito, Nicomedes, resistiria apenas oito dias. Como consequência, Amália sofreu traumatismo e paralisia nas pernas, o que a obrigou a usar muletas para sempre. Em seguida, ela daria à luz praticamente um filho por ano: Afonso Henriques em 1881 e Evangelina em 1882.

Amália passaria a sofrer também "dos pulmões", e a família sempre mudaria de endereço, na esperança de encontrar melhores condições climáticas. Ainda assim, a doença só se agravava enquanto Amália esperava um quarto bebê, Carlindo, que nasceria em 1884. O estabelecimento de ensino foi então fechado, com a família se mudando para os subúrbios, onde o clima e o preço dos aluguéis eram melhores. Boca do Mato, Engenho de Dentro, Engenho Novo, Méier, Catumbi, Paula Matos foram alguns dos endereços da família. Lá nasceu Eliézer, em 1886, com a saúde da mãe piorando.

A sina de Amália, a tuberculose, não era propriamente rara. Estatísticas mencionam cerca de setecentos óbitos para cada 100 mil habitantes no Brasil no período. Boa parte dos especialistas apostava, contudo, na hereditariedade da moléstia, o que devia incomodar os Barreto, uma vez que a tuberculose era entendida na época como um sinal hereditário de degeneração, muito próprio dos grupos inferiores e mestiços.

Em 24 de dezembro de 1887, a *Gazeta de Noticias* publicava na seção de obituário a nota de falecimento de Amália Augusta de Lima Barreto, depois de sete anos de sofrimento. Seu filho se tornaria um grande escritor e guardaria para sempre a imagem da mãe morta, a quem vira num caixão, com apenas seis anos: "Só me lembro dela no caixão quando meu pai, chorando, me carregou para aspergir água benta sobre o cadáver. Durante toda a minha vida fez-me falta [...]. Deixando-me na primeira infância, bem cedo firmou-se o meu caráter". Ela foi, para sempre, uma grande influência, e lembrança, na vida do escritor.

FONTES: Beatriz Resende; Denilson Botelho; Francisco de Assis Barbosa; Lilia Moritz Schwarcz.

VEJA TAMBÉM: Antonieta de Barros; Francisco de Paula Victor; Hemetério José dos Santos; João Henriques de Lima Barreto; Lima Barreto; Machado de Assis; Phelipe José Alberto Jr.; Pretextato dos Passos e Silva.

AMARILDO DIAS DE SOUZA

c. 1965-2013 | RIO DE JANEIRO

Amarildo era o sétimo filho de uma empregada doméstica e de um pescador. Ele e mais onze irmãos moravam na favela da Rocinha, no Rio de Janeiro. Começou a trabalhar ainda criança, aos doze anos, vendendo limão.

Anos depois casou-se com Elizabeth Gomes da Silva (1966-), com quem teve seis filhos. Todos moravam numa casa com um único cômodo. De tanto trabalhar duro como pedreiro ganhou o apelido de "Boi". Era conhecido por estar sempre na ativa e, quando de folga, ainda fazia uns bicos na comunidade.

Entre os dias 13 e 14 de julho de 2013, uma operação policial com o revelador nome de Paz Armada, composta de trezentos policiais, realizou um arrastão nos arredores da favela. Segundo os dados da própria polícia, trinta pessoas acabaram presas, entre elas Amarildo. Ele, que não tinha passagem pela polícia, foi detido enquanto voltava de uma pescaria e conduzido por policiais militares até a Unidade de Polícia Pacificadora (UPP) da comunidade, na noite do dia 14. Ficou menos de uma hora na unidade e logo foi solto. Para desespero da família, que registrou o desaparecimento no dia 16 e nunca mais teve notícias do paradeiro dele.

Aberto um processo, foram ouvidos os policiais envolvidos no caso, que alegaram que as duas câmeras que ficavam em frente à UPP não estavam funcionando, e que também os GPS dos carros de polícia encontravam-se "misteriosamente" desligados. Um detalhe importante: das 84 câmeras na Rocinha, apenas as da UPP apresentaram "problemas" naquela noite.

Na versão da polícia também consta que os PMs teriam confundido Amarildo com um traficante de drogas com mandado de prisão. No entanto, uma auditoria militar revelou que o ex-comandante da UPP da Rocinha, major Edson Santos, subornou uma moradora da comunidade, Lucia Helena da Silva Batista, para que desse um falso testemunho. Lucia Helena, que primeiro indicou o traficante Thiago da Silva Neris como assassino de Amarildo, no depoimento seguinte explicou que fora intimada pelo major a dar essas informações.

Apenas três anos depois, em 2016, doze dos 25 policiais militares denunciados pelo desaparecimento e morte de Amarildo foram condenados em primeiro grau. Entretanto, em 2019, a 8ª Câmara Criminal da Justiça do Rio de Janeiro absolveu quatro dos doze policiais acusados.

Mas o processo não parou por aí. Em junho de 2016, a Justiça condenou o governo do estado do Rio a pagar uma indenização à família de Amarildo. Todavia, até hoje eles nada receberam. O caso de Amarildo não permaneceu, porém, no silêncio que costuma acompanhar esse tipo de assassinato, pois virou símbolo de abuso de autoridade e de violência policial. Nas redes sociais, uma ampla campanha com o nome de "Onde está o Amarildo?" angariou milhares de seguidores e contou com o apoio de movimentos como o Rio de Paz, as Mães de Maio e a Rede de Comunidades e Movimentos contra a Violência.

O desaparecimento de Amarildo ficou conhecido internacionalmente quando litografias foram espalhadas com o seu retrato, pedindo justiça. Mesmo assim, ainda não sabemos onde está o corpo de Amarildo; uma entre as inúmeras vítimas negras, jovens, moradoras de nossas periferias, que vêm sendo assassinadas, cotidiana e impunemente, pela violência policial, sem políticas efetivas de reconhecimento e de ressarcimento por parte do estado brasileiro.

"Onde está Amarildo?"

FONTE: **Leandro Resende.**

VEJA TAMBÉM: **Cláudia Silva Ferreira; Edmeia da Silva Euzébio; Marielle Franco; Robson Silveira da Luz.**

AMBROSINA

SÉC. XIX | MOGI MIRIM E TAUBATÉ, SÃO PAULO

Imagem clássica da escravidão, as amas de leite — incontáveis mulheres negras, africanas, libertas, nascidas no Brasil, escravizadas, jovens, maduras, com filhos ou separadas deles — conviveram com gratidão, desprezo, solidão, discriminação, ausências, afeto e dor. Ainda mais invisíveis são seus filhos. A maior parte das amas contratadas trazia seus rebentos consigo, que acabavam, via de regra, abandonados, diante das jornadas compulsórias de amamentação dos filhos das senhoras.

É bom que se diga que não eram apenas mulheres negras e escravizadas que atuavam como amas de leite. Em cidades como Rio de Janeiro, Salvador, São Luís, São Paulo, Recife e Belém, com forte presença de imigrantes na segunda metade do século XIX — sobretudo portugueses e espanhóis —, desenvolveu-se um mercado de trabalho para mulheres de várias origens. Em Belém do Pará, no fim desse século, os periódicos destacariam frases como "preferem-se brancas", numa alusão às profissionais europeias. No entanto, até meados do século XIX, a grande maioria das amas de leite eram mulheres negras, escravizadas ou libertas, muitas delas africanas.

Encontramos Ambrosina em São Paulo, mais especificamente em Taubaté, nos últimos anos de cativeiro: entre 1886 e 1887. Nascida no Brasil, residia em Mogi Mirim e pertencia ao dr. Alexandre Coelho. Nos conta a historiadora Maria Helena P. T. Machado que, nesse caso, eram conhecidos apenas os nomes de seus pais, Abrão e Eva, que haviam sido cativos do falecido Manuel Gurgel, de quem nada mais sabemos.

Ambrosina era uma escravizada solteira, mucama e analfabeta. Seu suplício se iniciou quando o juiz municipal de Mogi Mirim, Benedito Filadelfo de Castro (1856-1929), fez uma viagem e hospedou-se durante uma temporada em Taubaté, logo após o nascimento de seu segundo filho, de nome Benedito. Foi dele a ideia de contratar a ama de leite. Ainda que a contragosto, Ambrosina acabou mudando-se junto com a família dele, e levando consigo seu próprio filho pequeno.

Com o tempo, Ambrosina seria acusada de "maus modos", alegando-se que tinha "má vontade sobre o menino, mostrando-se sempre contrariada, quando se lhe mandava amamentar a criança". Essas informações apareceriam num processo-crime aberto depois da morte do pequeno Benedito, que, com apenas dois meses, teria falecido por sufocamento por uma fralda supostamente colocada pela ama na sua boca. O quadro montado no processo contava a história de uma mãe branca, incapacitada de amamentar, que acabara refém de uma ama de leite impaciente, que teria se revelado uma "assassina fria". As acusações envolviam feitiçaria, inveja de outras cativas, perseguições, e incluíram outro personagem no enredo da história: o filho de Ambrosina, que também levava o nome de Benedito. Ela foi acusada de ignorar os choros repetidos do filho dos patrões e de não o amamentar o suficiente para alimentar o seu próprio rebento. Certa ocasião teria usado uma fralda para inibir o choro do menino branco, que acabou sufocado.

Ambrosina declarou-se inocente, afirmando que "tanto estimava o menino" que o "seu próprio filho só mamava" nela à noite e "durante o dia em mamadeira, a fim de que não faltasse leite". A ama chegou a alegar que tudo era fruto de feitiçaria, pois "desconfiava que uma preta velha, da casa, de nome Maria, tivesse feito algum mal ao menino Benedito, a fim de comprometer" a ela.

Mas não adiantou. Ambrosina foi acusada de ser responsável pela morte do filho de sua senhora, para garantir a vida de seu próprio filho: ambos Beneditos. A história de Ambrosina revela muito a respeito das expectativas maternas e familiares que encobriam faces importantes da violência presente na escravidão doméstica, tanto em grandes como em pequenas cidades, e também no mundo rural. Ambrosina viveu, definitivamente, entre dois Beneditos.

FONTE: Maria Helena P. T. Machado.

VEJA TAMBÉM: Ângela e Geralda; Mônica (séc. XIX).

AMBRÓSIO, BATEEIRO E ISIDORO

SÉC. XVIII | RIO DAS MORTES, MINAS GERAIS

Depois de Ganga-Zumba (1630-78) e Zumbi (1655-95), que viveram no século XVI na capitania de Pernambuco, o mais destacado líder de mocambos coloniais foi Ambrósio. Na verdade, a capitania de Minas Gerais, ao longo do século XVIII, andava repleta de mocambos, espalhados por toda parte, e as pesquisas contabilizam a existência de aproximadamente 130 quilombos e mocambos.

Desde o fim do século XVII as autoridades coloniais se preocupavam com a presença de quilombos em várias regiões que comporiam mais tarde a capitania das Gerais. Para se ter uma ideia, já em 1711, concediam-se patentes aos "homens do mato" para que eles perseguissem quilombolas. Surgiriam, então, grandes quilombos e mocambos, alguns com centenas de habitantes. Ali, no decorrer do século XVIII, sobressaíram os nomes de três líderes: Ambrósio, Bateeiro e Isidoro. Ambrósio, o mais famoso e sobre o qual há mais fontes, era chefe de um quilombo denominado Quilombo Grande, que existiu na região de Rio das Mortes durante as décadas de 1730 e 1740. Em meados de 1740, começariam a ser realizadas ações sistemáticas de repressão a ele. Aliás, de tão conhecido, a terminologia "quilombo do Ambrósio" já fazia parte da paisagem colonial mineira desde o fim da primeira metade do Setecentos.

Em 1746, o governador Gomes Freire de Andrade (1685-1763) resolveu mobilizar recursos e tropas para aniquilar o quilombo de Ambrósio e seus numerosos habitantes. As despesas orçadas para isso alcançaram 1500 oitavas de ouro. As câmaras de Vila Rica, Mariana, São João del-Rei e Vila Real contribuíram cada uma com 250 oitavas, tendo a Vila Real de Sabará oferecido quinhentas oitavas. A repressão teve, porém, pouco efeito. Em 1751, o conde de Bobadela (1685-1763) enviou correspondência aos juízes e oficiais do Senado da Câmara da Vila de Rio das Mortes e São João del-Rei informando sobre o "prejuízo que causavam" os pretos "que estavam aquilombados em Campo Grande". Por isso, em 1759, uma grande expedição repressora seria realizada sob o comando de Bartolomeu Bueno do Prado (?-1768).

Com base numa documentação original — plantas que se encontram na Seção de Manuscritos da Biblioteca Nacional —, pesquisadores chamaram a atenção para diversos aspectos reveladores da estrutura socioeconômica, do sistema de defesa e da cultura material criada no quilombo do Ambrósio. Numa expedição ocorrida em 1769, foram localizados cerca de oito mocambos, entre os quais algumas ruínas abandonadas. Na planta, há a descrição da disposição espacial de mais de trinta habitações denominadas "casas do Centro do Quilombo". Em 1746, o governador Gomes Freire de Andrade já comunicava que no quilombo do Ambrósio viviam "mais de seiscentos negros que consta estarem com rei e rainha em quilombo, a quem rendem obediência". Na mesma ocasião, o rei de Portugal recebia notícias de que ali havia mocambos com mais de vinte anos. No ano seguinte, uma tropa enviada para a região do Campo Grande, onde também se situava o Ambrósio, atacou um "pequeno quilombo de cento e tantos negros", deixando mais de setenta mortos e sessenta presos. Um documento do governador de Minas, datado de 1759, revelava haver filhos de quilombolas com doze anos nascidos já nos mocambos.

As escavações arqueológicas realizadas por Carlos Magno Guimarães nas ruínas do quilombo do Ambrósio encontraram "um painel de pinturas" sugerindo a produção artística dos quilombolas; no caso, a representação de alguma festa religiosa ou ritual, sob forma de dança. Para o sistema de defesa no Ambrósio, as plantas e as pesquisas arqueológicas são indicativas de estratégias como a utilização de estrepes, fossos, falsas entradas e trincheiras. Fontes de 1746 revelaram que os quilombolas se defenderam por mais de 24 horas, sendo "preciso atacá-los com fogo e dar terceiro assalto" para que se rendessem. Investigações recentes encontraram vestígios de "fossos" nos sítios arqueológicos do quilombo do Ambrósio, confirmando os dados existentes desde 1924, que explicavam haver ali "verdadeiras trincheiras suficientemente largas e profundas".

As pesquisas de Aires da Mata Machado Filho (1909-85), Carlos Magno Guimarães, Clóvis Moura (1925-2003) e Waldemar de Almeida Barbosa (1907-2000) revelaram muito acerca do quilombo do Ambrósio. Mas informações sobre a estrutura interna de outros quilombos mineiros, sobre sua organização, tentativas de destruição e acerca de seus líderes são ainda raras. Vale a pena ressaltar que, a partir de 1755, o problema dos quilombos mineiros começaria também a ser associado ao chefe de nome Bateeiro — sugerindo um apelido herdado dos africanos mineradores que usavam bateias na exploração aurífera. A última grande liderança quilombola mineira foi Isidoro, cujo nome é lembrado até 1809, sendo inclusive mencionado nas *Memórias do Distrito Diamantino*, de autoria de Joaquim Felício dos Santos (1822-95).

FONTES: Aires da Mata Machado Filho; Ana Lúcia Duarte Lanna; Carlos Magno Guimarães; Clóvis Moura; Francisco Vidal Luna; Iraci del Nero da Costa; Liana Maria Reis; Miguel Costa Filho; Waldemar de Almeida Barbosa.

VEJA TAMBÉM: Adão; Clara Courá...; Ganga-Zumba; Quindomba; Vitória ou Vitorão; Zumbi.

AMÉLIA ROSA

SÉC. XIX | ALCÂNTARA E SÃO LUÍS, MARANHÃO

Na década de 1870, as autoridades policiais de São Luís do Maranhão estavam às voltas com denúncias contra Amélia Rosa. Dizia-se que, "em dias especiais", diversas "pessoas de cor" se reuniam para consultar suas profecias. Apelidada de Rainha da

Pajelança, ela era acusada de feitiçaria e de realizar práticas africanas e indígenas. Jornais de São Luís (com matérias prontamente reproduzidas em periódicos de São Paulo e do Rio), entre 1876 e 1878, andavam repletos de notícias sobre a prisão e o julgamento de Amélia.

Amélia Rosa, descrita nas fontes como uma mulher negra forra, nascera em Alcântara. A imprensa comentava que ela era devota de Nossa Senhora e que seus rituais de cura aconteciam num sobrado, nas proximidades do Paço Municipal. Durante esses rituais, Amélia se dizia possuída pela "rainha de Taba" e contava com a ajuda de três mulheres negras, que também incorporavam espíritos: Geminiana "recebia" durante os rituais o "rei Sebastião"; Maria, "São Lázaro"; e Catarina, "São João". Muito conhecida da população negra urbana, Amélia Rosa, chamada ainda de "curandeira" e "mulher-pajé", se dedicava a tratar e curar enfermidades, bem como a fazer adivinhações.

Sua prisão ocorreu em novembro de 1876. Uma grande operação policial "prendeu doze mulheres e um homem, que dançavam seminus polvilhados de cinzas". Também foi encontrado material para uso religioso, como pimenta, alfazema, canudos pintados, tigelas, aguardente e "diversos rosários de contas brancas e pretas".

A ida de Amélia para a prisão foi acompanhada de uma procissão formada pela população negra de São Luís. Contra ela, existiam outras acusações: ter causado queimaduras e lesões corporais, e ter envenenado Joana, uma escravizada que havia procurado Amélia Rosa em busca de cura. Alegava-se que seu problema de saúde era, na verdade, motivado por uma "possessão demoníaca" e que Amélia teria aplicado "beberagens amargas e repugnantes" em Joana. No tratamento terapêutico, fizera-se uso de navalhas e velas, que poderiam ter provocado ferimentos na escravizada. Ademais, no lugar onde Joana estava recolhida, foram achados "vários quadros de santos sobre uma banca e velas acesas, um chifre queimado, um trapo sujo e nauseabundo envolvido numa toalha, flores secas". Pesquisadores como Sérgio Ferretti (1937-2018) e Mundicarmo Ferretti (1944-) revelaram não só a figura de Amélia, como muitas dimensões das religiosidades africanas e populares do Maranhão urbano oitocentista. Mais, não sabemos, mas é preciso ir além do preconceito dos jornalistas para avaliar a importância de Amélia Rosa, que era muito estimada pela população local e exercia seus poderes curativos em São Luís, uma das grandes cidades negras do circuito atlântico.

FONTES: Flávio dos Santos Gomes; Jacira Pavão; Josenildo de Jesus Pereira, Mundinha Araujo, Mundicarmo Ferretti; Sérgio Ferretti.

VEJA TAMBÉM: Caetano da Costa; Domingos Álvares; Divino Mestre; Feliciana Maria Olímpia; Florência Joaquina; Juca Rosa; Luzia Pinta.

ANA CLARA MARIA ANDRADE, DEOLINDA E ISABEL MARIA DA CONCEIÇÃO

SÉC. XIX | RIO DE JANEIRO

"Mulheres capoeiristas no século XIX?" Ironizando a cena, a edição do *Jornal do Commercio* de 29 de janeiro de 1878 noticiava que algumas "pretas" tinham sido "presas por capoeiras". Na rua do Riachuelo, no Rio de Janeiro, sob a acusação de serem "peritas na capoeiragem" e com o adjetivo de "destemidas", foram detidas as mulheres negras livres Isabel Maria da Conceição — conhecida como Nenê — e Ana Clara Maria Andrade, juntamente com a escravizada Deolinda, pertencente ao dr. Bandeira de Gouveia. Segundo o jornal, elas estavam todas em "renhida luta", desafiando pedestres e, depois, as próprias autoridades.

Identificada como prática — luta, ritual e dança — associada às grandes cidades atlânticas e à população negra, a capoeira e seus "capoeiras" — homens e mulheres — proliferaram no fim do século XVIII e ao longo do século XIX, especialmente no Rio de Janeiro, em Salvador e no Recife. Não se sabe de que modo essa prática se desenvolveu e chegou a várias regiões do país, junto aos setores livres e não negros, como imigrantes vivendo no Rio de Janeiro, por exemplo. Até a década de 1850, mencionava-se a existência de uma "capoeira escrava" praticada por africanos, sobretudo centro-ocidentais, e pela população negra livre. No último quartel oitocentista a atividade se espalhou com rapidez por diversos centros urbanos, mobilizando pessoas livres, consideradas brancas e mesmo letradas. No Rio de Janeiro havia muitos escravizados de ganho, participantes do mercado de rua e de capoeiras.

Ainda assim, é difícil imaginar cenários em que mulheres quitandeiras podiam ser também capoeiristas. Na época em que as "peritas" e "destemidas" mulheres capoeiras foram presas, a então capital do Império já era dividida em dois grandes grupos (subdivididos em maltas) de capoeiras, exaltados em versos, suspeitos de uso político no jogo eleitoral e celebrizados em alguns romances: nagoas e guaiamuns. Infelizmente, porém, não conhecemos muito mais sobre as mulheres que viraram notícia em 1878. Fariam parte de algumas das conhecidas maltas, como Três Cachos, Cadeira da Senhora, Espada ou Flor da Gente? Indagações como essa ainda esperam por mais pesquisas. De toda maneira, mulheres negras e capoeiras sugerem a ideia de experiências bem mais antigas envolvendo cultura e gênero. Hoje, as práticas da capoeira, entre homens, jovens, mulheres e crianças, alcançam mais de duzentos países. No caso da Bahia e destacadamente da cidade de Salvador — locais onde a capoeira e vários mestres ganharam distinção e prestígio ao longo do século XX —, há ainda mais evidências de mulheres participando da capoeira como ritmistas, praticantes, aprendizes e desafiantes de lutas e combates. Estudos como os de Antonio Liberac Cardoso Simões Pires (1961-) e Carlos Eugênio Líbano Soares (1962-) sobre a capoeira oitocentista no Rio de Janeiro e Salvador têm nos revelado personagens como Ana, Deolinda e Isabel, entre outras, mostrando que a luta e a dança eram praticadas tanto por mulheres quanto por homens, e funcionavam como formas de resistência contra as autoridades.

FONTES: Antonio Liberac Cardoso Simões Pires; Carlos Eugênio Líbano Soares; Luiz Sergio Dias.

VEJA TAMBÉM: Besouro Mangangá; Mestre Bimba; Mestre Pastinha.

ANA DE JESUS

SÉC. XVIII | OURO PRETO, MINAS GERAIS

Pouco se sabe da vida de Ana de Jesus. Seu nome, aliás, atesta práticas de batismo, quando se davam nomes europeus e católicos à escravaria, borrando registros acerca das nações africanas de origem.

Relatos apenas mencionam que ela teria vivido em Vila Rica, Minas Gerais, no século XVIII. Aliás, como vários escravizados de seu tempo, Ana de Jesus há de ter conquistado a liberdade em razão do pecúlio que acumulou encontrando ouro de aluvião nos rios da província.

Na época criou-se ali uma sociedade muito mais complexa, se comparada ao resto do país. Uma comunidade branca, europeia e livre convivia com uma população africana ou crioula, vinda diretamente da África ou formada por migrantes de outras regiões, que podiam ser escravizados ou livres.

O certo é que a mineração gerou muita diversidade quanto à condição social dessas populações. Podiam enriquecer rapidamente, e assim comprar suas alforrias, que, apesar de bastante reduzidas — não passavam de 10% —, avaliando-se o conjunto dos habitantes, se tornaram mais frequentes naquele contexto específico.

Não se conhece o modo como Ana ganhava a vida. Conta Laura de Mello e Souza (1953-) que a essa altura a moça era abastada a ponto de manter sua própria escravaria. Também não se tem registro de quando nasceu ou morreu. No entanto, documentos revelam que ela teria se casado com Tomás de Freitas no dia 9 de janeiro de 1745, o qual era, até então, seu escravizado. Aliás, o registro do matrimônio referenda como é enganosa a tese que dizia que os escravizados e a população negra, de forma geral, não apresentavam uniões mais duradoras ou estáveis. O caso de Ana de Jesus comprova justamente o contrário.

FONTES: Érico Vital Brazil; Laura de Mello e Souza; Schuma Schumaher.

VEJA TAMBÉM: Narcisa Ribeiro.

ANA DE OLIVEIRA ?-1741 E ROSÁRIA MARIA ?-1803

?-1803 | COSTA DA MINA; RIO DE JANEIRO

Separadas por mais de sessenta anos, considerando-se as datas de morte, as trajetórias das quitandeiras africanas Ana e Rosária iluminam os perfis de inúmeras e desconhecidas mulheres negras que forjaram uma tradição de comércio de rua nas cidades atlânticas. Ana de Oliveira deve ter chegado ao Rio de Janeiro nos últimos anos do século XVII. Durante o século XVIII, enquanto milhares de escravizados africanos eram enviados para Minas Gerais, a menor parcela acabava reencaminhada para os engenhos do Recôncavo da Guanabara, e outros tantos eram transformados em escravos urbanos. Antes de morrer em 1741, ela atestou: "Sou natural da Costa da Mina, e assim não me é necessário declarar pai, nem mãe". Não se sabe como conseguiu a sua alforria, mas sim que, quando faleceu, era casada com Felipe da Trindade, um cativo de Ventura da Fonseca. Ana de Oliveira não deixou filhos, mas muitos bens, incluindo escravizados, dinheiro, brincos de ouro e roupas. Parte substantiva da sua pequena fortuna tinha sido adquirida como quitandeira e vendedora de alimentos, pois declarou entre os seus bens "oito moedas de 4800 empregadas em arroz, para as minhas quitandas".

Em 1803, a paróquia de São José — no centro do Rio de Janeiro — registrava a morte de Rosária Maria, outra liberta africana. Como Ana, ela se lembraria da sua origem — Costa da Mina. Afirmou ter sido "cativa nesta cidade do Rio de Janeiro de d. Rita Botelho de Lacerda" e que fora "remida do cativeiro" por conta do dinheiro que juntou com seu trabalho. Conforme mostram Carlos Eugênio Líbano Soares e Flávio dos Santos Gomes, já liberta, ela fez fortuna, adquirindo escravizados e muitos bens através dos "tráficos de quitandeira de que vivo", conforme relatou em seu testamento.

Esses dois casos tratam de um Rio de Janeiro colonial urbano em transformação, entre o século XVIII e início do século XIX. Embora não seja possível comprovar, Rosária pode ter sido uma das quitandeiras que enviaram, em 1776, uma petição ao procurador do Senado da Câmara da cidade de São Sebastião do Rio de Janeiro. Quitandeiras, mulheres pretas, escravizadas ou libertas, solicitavam às autoridades a manutenção do local costumeiro de seu comércio. O documento apresentava a seguinte manifestação: "Dizem as quitandeiras que sempre gozaram a posse de vender suas quitandas defronte da Casa da Câmara, na frente do mar, e justamente na vizinhança das bancas em que se vende o pescado, sem que por isso se embarace a serventia da rua; para o que costumam anualmente tirar licença do Senado". Elas lutavam contra uma decisão da Câmara que determinava, sob argumento da "possibilidade de transmissão de doenças", que se tratava de "áreas insalubres", e que por isso a região em frente ao prédio do Senado deveria ser desocupada imediatamente. Essa é mesmo uma velha/ nova história.

FONTES: Carlos Eugênio Líbano Soares; Flávio dos Santos Gomes.

VEJA TAMBÉM: Catarina Mina; Efigênia, Nazaré...; Emília do Patrocínio; Maria Angélica; Sabina da Cruz.

ANA MARIA DE JESUS

SÉC. XIX | RIO GRANDE DO SUL

Nos combates travados durante a Guerra do Paraguai (1864-70), muito se falou de Ana Néri e de outras enfermeiras consideradas heroínas naquele contexto. Vários estudos incluem a atuação de diversas mulheres como enfermeiras nas frentes de batalha. É esse o caso de Ana Maria de Jesus, uma escravizada, que talvez tenha fugido e se passado por mulher livre. Em 1865, Ana Maria aparece incorporada às tropas que seguiram para as fronteiras do Paraguai.

Há algumas informações sobre a atividade de Ana Maria em 1867, quando as tropas brasileiras invadiram os territórios do Paraguai mas sofreram com os ataques da cavalaria daquele país e com as doenças epidêmicas (cólera, tifo e beribéri) que grassavam por lá e acometeram os soldados de Caxias. Consta que os batalhões brasileiros ficaram reduzidos a quase um quarto e tiveram que recuar durante o episódio conhecido como Retirada da Laguna (1867).

Auxiliando os soldados feridos nas batalhas e os atacados pelas doenças epidêmicas, Ana Maria de Jesus se destacou como enfermeira e em função dos cuidados por ela prestados no contexto dramático da, assim chamada, Guerra do Paraguai.

FONTES: Carlos Leonardo Bahiense da Silva; Hendrik Kraay; Jorge Prata de Sousa; Nei Lopes; Vitor Izecksohn.

VEJA TAMBÉM: Marcílio Dias; Tia Maria.

ANA MOGUMBE, GERTRUDES ANGOLA, JOANA BENGUELA, MARIA CAMUNDÁ, MARIA CONGA, MARIANA MONJOLA, SUZANA, DA COSTA DE GUINÉ

SÉC. XVIII | PENHA, SANTA CATARINA

Ana Mogumbe, Gertrudes Angola, Joana Benguela, Maria Camundá, Maria Conga, Mariana Monjola, Suzana, da Costa de Guiné e outras africanas são personagens importantes de trajetórias de negras africanas no Brasil meridional, desde o período colonial. Elas foram localizadas por José Bento Rosa da Silva, que chamou a atenção para como as imagens de colonização alemã e italiana em Santa Catarina, especialmente no Vale do Itajaí, esconderam que os pioneiros, além das populações indígenas e de náufragos, foram os africanos que chegaram no século XVIII, via tráfico negreiro, indo parar nos entrepostos de pesca de baleia instalados no litoral norte da província.

Entre 1791 e 1841, o livro de registro da capela de São João Batista do Itapocorói (atual município de Penha) anota a ocorrência de batizados de escravizados africanos ou filhos destes recém-chegados à região, muitos dos quais pertencentes ao Real Contrato da Pesca das Baleias. Nesse período foram arrolados 167 batizados de africanos e nascidos no Brasil. Ali estava Felizarda, filha de Joana Benguela, nascida em 1792. Em 1798 foi batizada Maria, filha de Lauriana. Seus avôs eram José e Suzana, "naturais da Costa de Guiné". Um ano depois nasceu a filha de Gracia, cujos pais eram Pedro Congo e Maria Conga. Quatro anos depois, registrou-se o batismo de Josefa, filha de Felipa, cuja avó materna se chamava Ana Mogumbe.

Em vários desses batizados aparecem também casais de padrinhos, muitos africanos, como Caetano e Leonor Benguela, Paulo Mogumbe e Isabel Conga. O padrinho de Antônio foi Gonçalo Mina. Ali gerações de africanos se conheciam, tinham filhos e estabeleciam laços de compadrio, como foi o caso de Maria Monjola. Casada com João Moçambique, ela escolheu como padrinhos do filho Domingos o casal Joana Rebolo e Manuel Mogumbe.

No fim do século XVIII e nas primeiras décadas do século XIX, continuariam a chegar escravizados africanos para trabalhar nas administrações da Pesca das Baleias. Em 1822 foi batizado Miguel Calabar, nascido em 1797, tendo como padrinhos Daniel Mina e Maria Camundá. Na mesma ocasião batizou-se Anastácia, filha de Francisco Congo e de Maria Benguela, sendo seus padrinhos Anastácio Mina e Ana Congo. O detalhe a sublinhar nesse caso é o nome da criança, Anastácia, equivalente ao do padrinho.

A partir dos anos 1820 sobressairiam, nos batismos de filhos de cativos nascidos no Brasil, registros com a identificação dos avôs africanos. Assim, foi batizada Florinda, em 1829, filha de Maria Rosa e Manuel, com os avós paternos José e Josefa, ambos angolas, e os maternos Gonçalo dos Santos e Teresa de Jesus. Em 1830, o batismo da filha de Joana Mina contou com dois padrinhos africanos: José Mina e Maria Cabinda.

Africanos também aparecem no livro de registros de casamentos entre 1805 e 1841. Embora poucos, sugerem evidências da presença africana e formas de parentesco e compadrio na Santa Catarina colonial. Em 1820 receberam o sacramento do matrimônio João Moçambique e Maria Monjola, ambos declarados como tendo pais incógnitos. Como testemunhas constam Pedro Congo e Luís Moçambique, cativos do Real Contrato da Pesca das Baleias.

Batizados e matrimônios revelam a constituição de verdadeiras redes entre africanos, libertos e seus descendentes, que criaram comunidades de afinidade também na região Sul do país.

FONTE: José Bento Rosa da Silva.

VEJA TAMBÉM: Catarina, Josefa...; Chica Brincuda; Maria Mina.

ANASTÁCIA

SÉCS. XVIII-XIX | ÁFRICA CENTRAL; RIO DE JANEIRO

Santa popular, a assim chamada "escrava Anastácia" é particularmente cultuada pela igreja da Irmandade Nossa Senhora do Rosário dos Homens Pretos, no Rio de Janeiro. Trata-se de personagem que circula entre o mito, a memória e a realidade. Há versões de que seria uma princesa africana, escravizada a partir dos portos da África Central e que fora trazida para a Bahia e passado por Minas Gerais até chegar ao Rio de Janeiro.

Outras teorias afirmam que sua mãe, Delminda, desembarcou no Brasil, no dia 9 de abril de 1740, do navio negreiro *Madalena*, que viera da África com 112 negros escravizados, originários do Congo. Delminda teria sido vendida imediatamente após sua chegada ao cais. Violentada por um homem branco, engravidara, o que explicaria os olhos claros da filha. Mas de nada disso há comprovação.

De toda maneira, a fé na existência de Anastácia atrai, até os dias de hoje, milhares de devotos no país. Aliás, numa cidade negra como era o Rio de Janeiro da primeira metade do século XIX, que comportava a maior concentração atlântica urbana de africanos escravizados e libertos, a história de Anastácia ganharia força e veneração.

Sua imagem ficou associada a uma gravura executada pelo artista francês Jacques Étienne Arago (1790-1854), que esteve no Rio em 1817 e retornou em 1850. É dele o retrato, suposto, de Anastácia. Arago representou uma negra, possivelmente escravizada, com a boca tampada por uma máscara de flandres — instrumento utilizado para evitar que cativos comessem terra e assim tirassem a própria vida, bem como para sevícias. Há ainda quem diga que ela seria obrigada a usar a máscara de ferro por se negar a deitar com seu senhor. Verdade ou não, o certo é que o desenho, datado de 1839, aparece até hoje em santinhos e propagandas de devoção ao culto de

"Santa Escrava Anastácia", muitas vezes conectando símbolos do catolicismo popular com aqueles das experiências religiosas de origem africana.

Consta que a adoração a ela tem uma história longa, que vem desde os últimos anos do século XVIII até a década de 1960. Seu culto iniciou-se em 1968, quando, numa exposição em homenagem aos oitenta anos da abolição, foi apresentada justamente a gravura de Arago. Com o tempo, imagem e culto se colaram, e é copiosa a quantidade de trabalhos, em geral executados por artistas negros e negras, que retratam Anastácia, mas revendo e retraduzindo sua situação para contextos mais atuais. No imaginário brasileiro e, em especial, das populações negras, Anastácia foi uma mulher de rara beleza, curandeira e milagreira. Santa e heroína, ela mistura história e lenda, luta, resistência, beleza e fé.

FONTES: **Andréa Lúcia da Silva de Paiva; Hélio Menezes; John Burdick; Mary C. Karasch; Mônica Dias de Souza; Nei Lopes.**

VEJA TAMBÉM: **Teresa Bicuda.**

ANDRÉ REBOUÇAS

1838-98 | CACHOEIRA, BAHIA; RIO DE JANEIRO

André Pinto Rebouças nasceu em Cachoeira, província da Bahia, em 13 de janeiro de 1838. Era o filho mais velho do advogado Antônio Pereira Rebouças (1798-1880). Negro e autodidata, o pai de André representou a Bahia na Câmara dos Deputados em várias legislaturas e atuou como deputado e conselheiro do Império. Sua mãe, Carolina Pinto Rebouças (?-1865), era filha do comerciante André Pinto Silveira.

André tinha sete irmãos, sendo mais próximo de Antônio (1839-74), companheiro na maioria dos seus projetos profissionais. Os irmãos Rebouças seguiram uma formação paralela aos filhos das elites do país. Em fevereiro de 1846, sua família se mudou para o Rio de Janeiro, com André e Antônio sendo alfabetizados pelo pai. Estudaram no Colégio Kopke, em Petrópolis, e depois no Colégio Marinho. Em 1854, ingressaram na Escola Militar — depois Politécnica —, onde cursaram engenharia, e, em 1855, os dois foram voluntários no 1º Batalhão de Artilharia.

Em 1857, os dois irmãos assumiram o cargo de segundo-tenente do Corpo de Engenheiros, bem como terminaram sua formação na Escola de Aplicação da Praia Vermelha. Em 1859, André se formou em ciências físicas e matemáticas, e como engenheiro militar no ano seguinte, sendo sempre o primeiro aluno da turma. Em 1860, recebeu o grau de engenheiro militar.

Em 1861, os irmãos ganharam bolsas de estudo, mas foram custeados pelo pai na viagem para a Europa, onde fizeram cursos de especialização em engenharia civil. De volta ao Brasil, André escreveu *Memórias sobre os caminhos de ferro da França* e, junto com o irmão, *Estudos sobre portos de mar*.

Em 1865, preocupado com a Guerra do Paraguai (1864-70), alistou-se no Exército; no dia 21 de maio, o tenente André Rebouças, com 26 anos, partiu para a guerra. Favorável à manutenção do cerco a Uruguaiana, Rebouças iniciou, a partir de então, uma longa amizade com o conde d'Eu (1842-1922), que nessa época dirigia as tropas brasileiras.

Em 1866, atacado pela varíola, André retornou ao Rio, onde desenvolveu junto com o irmão Antônio projetos para companhias privadas que investiam na modernização da malha urbana brasileira. Um ano antes, sua mãe faleceu. Melancólico, André pediu baixa do Exército e se inscreveu no concurso para lecionar hidráulica na Escola Central. Sua inscrição foi, entretanto, rejeitada, com a justificativa de que havia sido realizada fora do prazo. Passou, então, a desenvolver projetos para o abastecimento de água na cidade do Rio de Janeiro e para a construção das docas Dom Pedro II e da Alfândega, onde permaneceu de 1866 até sua demissão, em 1871. Depois disso passou a gerenciar as obras de uma companhia particular. André também atuou como secretário do Instituto Politécnico e redator-geral de sua revista. Desenvolveu, ainda, outras atividades: foi responsável pela seção de Máquinas e Aparelhos da Sociedade Auxiliadora da Indústria Nacional, deu aulas na Politécnica, tornou-se membro do Clube de Engenharia e da Associação Brasileira de Aclimação e foi um defensor da adaptação e produção de novos gêneros agrícolas, até então não cultivados no Brasil, para que competissem no mercado internacional.

Em 1872, André partiu para a Europa. Por lá visitou Portugal, Madri, Paris e, em dezembro, chegou à Itália, onde se encontrou com Carlos Gomes e assistiu aos ensaios da ópera *Fosca*, quando acabou convidado para ser padrinho do filho do compositor. Em 1873, viajou para Londres e Nova York a fim de participar da comitiva imperial brasileira. No entanto, teve dificuldades em reservar um hotel e também foi impedido de assistir ao espetáculo no Grand Opera House. Acabou por concluir que o problema seria a cor de sua pele e, em seu diário, afirmou que teria sido a primeira vez que sentiu a dor do preconceito.

Em 1880, o pai faleceu, e André retornou ao Brasil, assumindo o cargo de professor na Escola Central. Foi ainda responsável por diversas obras no país, como a estrada de ferro que liga Curitiba ao porto de Paranaguá.

Antes mesmo de sua viagem à Europa e aos Estados Unidos, em plena década de 1870, André Rebouças já se pronunciava a favor do fim da escravidão. Passou a integrar, então, a campanha pela abolição, ajudando a fundar a Sociedade Brasileira contra a Escravidão, junto com Joaquim Nabuco (1849-1910) e José do Patrocínio (1853-1905); participando da Confederação Abolicionista e redigindo os estatutos da Associação Central Emancipadora. Tomou parte, ainda, da Sociedade Central de Imigração, junto com o visconde de Taunay (1843-99).

André Rebouças costumava dizer que sua convicção acerca da necessária abolição teve início quando, ao participar de uma de suas obras, outro engenheiro pediu que ele libertasse o escravizado Chico, que era operário e havia sido responsável pelos trabalhos hidráulicos. As certezas de nosso personagem só cresceram, a ponto de diante de d. Pedro II (1825-91) dizer: "Sou abolicionista de coração. Não me acusa a consciência ter deixado uma só ocasião de [...] fazer propaganda para a abolição dos escravos, e espero em Deus não morrer sem ter dado ao meu país as mais exuberantes provas da minha dedicação à santa causa da emancipação". O engenheiro não lutava apenas pelo fim da escravidão;

defendia uma inclusão social mais plena para essas populações, propondo uma reforma agrária e a concessão de terras para libertos. "É porém preciso dar terra ao negro. [...] A escravidão é um crime. [...] O latifúndio é uma atrocidade. [...] Não há comunismo na minha nacionalização do solo. É pura e simplesmente democracia rural."

Rebouças se contrapôs à indenização dos senhores, afirmando que o trabalho desempenhado pelo escravizado superava qualquer investimento feito pelo senhor. Defendia que apenas o salário garantia autonomia e dignidade aos trabalhadores; o resto não passava de reescravização. Em seu livro *Agricultura nacional, estudos econômicos: Propaganda abolicionista e democrática*, argumentou que a emancipação e a integração dos negros estariam condicionadas à garantia de acesso à terra.

Mesmo assim, nunca se distanciou da família imperial. Rebouças foi, inclusive, um dos responsáveis pela exaltação de Isabel (1846-1921) como patrona da abolição. Com a Proclamação da República, em 1889, André, que se declarava monarquista, embarcou para a Europa com a família imperial. Por dois anos, permaneceu exilado em Lisboa, atuando como jornalista. Transferiu-se, então, para Cannes, na França, até a morte de d. Pedro II. Em 1892, com problemas financeiros, aceitou um emprego em Luanda, Angola, onde permaneceu por quinze meses. Fixando-se em Funchal, na ilha da Madeira, a partir de meados de 1893, seu abatimento se intensificou.

São vários os estudos — como os de Andréa Santos Pessanha (1972-), Antônio Carlos Higino da Silva, Maria Alice Rezende de Carvalho, entre outros — que têm mergulhado nas complexas experiências intelectuais, políticas e subjetivas de André Rebouças.

André Pinto Rebouças morreu no dia 9 de maio de 1898. Seu corpo foi encontrado bem próximo ao hotel onde morava. Até hoje não se sabe ao certo a razão de seu falecimento. Ao que tudo indica, deprimido, desequilibrou-se ou se atirou de um penhasco. Não há certeza ou dados a comprovar. Ele, que tinha então sessenta anos, sofreu com o trauma do racismo e com o isolamento daqueles que, por sua especialização, acabam se diferenciando, mas não encontram plena inclusão em meio às elites brancas do país.

FONTES: Alexandro Dantas Trindade; Amanda Rossi; Andréa Santos Pessanha; Angela Alonso; Antônio Carlos Higino da Silva; Camilla Costa; Dilva Frazão; Maria Alice Rezende de Carvalho.

VEJA TAMBÉM: Antônio Pinto Bandeira; José do Patrocínio; Luiz Gama; Machado de Assis; Teodoro Sampaio.

ANDREZA, ANTÔNIA E EFIGÊNIA

SÉC. XIX | CURITIBA, PARANÁ

As abordagens que tratam da legislação emancipacionista dos anos 1870 e 1880 e da explosão das sociedades emancipacionistas, em várias cidades do Brasil, muitas vezes silenciam acerca dos sonhos e das lutas diárias de escravizados para conquistar alforria para si e seus familiares. É nesse sentido que as experiências de Andreza e Efigênia cumprem papel exemplar. A primeira, pertencente ao comendador Antônio Ricardo dos Santos (1819-88), juntou 300 mil-réis "para auxílio de sua libertação", enquanto Efigênia amealhou 50 mil-réis "para servir de auxílio ao resgate da liberdade". Essas foram as quantias que elas ofereceram, entre abril e maio de 1885, para o Club Abolicionista Paranaense, investindo recursos próprios para garantir sua alforria.

Datava de 1883 a criação da Sociedade Emancipadora Paranaense, mas o Club Abolicionista Paranaense tinha sido fundado em janeiro de 1885, atraindo muitos escravizados, que ali depositaram esperanças e pecúlios. Embora fossem alardeadas nos periódicos, nas festas e doações realizadas, nas associações, existiam, na prática, poucos recursos para alforrias. Esses advinham quase que exclusivamente do dinheiro que os próprios escravizados juntavam. O Club Abolicionista Paranaense — que durou até abril de 1886 — fazia intensa propaganda em Curitiba, anunciando: "Convido aos escravos que tiverem pecúlio e quiserem se libertar a darem os seus nomes e de seus donos na secretaria". Já da parte dos cativos havia a percepção de que os seus recursos poderiam estar em mãos mais confiáveis e que os defenderiam judicialmente.

O Fundo de Emancipação na província do Paraná teve resultados bastante limitados, ou por cotas insuficientes e fraudes, ou mesmo por má vontade de coletores, fiscais e dos próprios senhores. A Lei dos Sexagenários de 1885 não foi muito diferente. Dos 323 escravizados com mais de sessenta anos arrolados nas matrículas especialmente preparadas, apenas 174 ganharam a liberdade pela aplicação da lei; ou seja, pouco mais da metade.

Já a dinâmica de alforrias particulares — com ações diretas de sociedades emancipadoras e com a utilização do pecúlio como parte do pagamento — foi mais intensa. Entre 1884 e 1885 registraram-se 849 alforrias particulares com cativos concentrados na faixa dos vinte aos 39 anos, sugerindo um movimento financeiro e percepções políticas agenciadas pelos próprios escravizados. A formação de um pecúlio e a aproximação com advogados, protetores e sociedades abolicionistas podiam ser soluções para o caminho da liberdade. O periódico *Dezenove de Dezembro*, às voltas com as disputas entre liberais e conservadores, teria um papel importante em meados da década de 1880. Foi nessa ocasião que Antônia, pertencente a Fausto Bento Viana (?-1895) — prestes a se apresentar ao Club Abolicionista —, perdeu a caderneta de poupança, expedida pela Caixa Econômica, em que fora registrado o depósito de 200 mil-réis. Considerando-se que em 1886 o valor médio para a libertação de um escravizado pelo Fundo de Emancipação girava em torno de 576 mil-réis, escravizadas como Andreza, com 300 mil-réis, e Antônia, com 200 mil-réis, por exemplo, já teriam acumulado de 35% a 52% do valor.

Com variadas estratégias e expectativas, muitos escravizados e escravizadas lutaram para conseguir as suas alforrias antes de 1888. Ainda assim, em 1887, a população escravizada na província do Paraná alcançava cerca de 3500 pessoas. As investigações pioneiras de Márcia Elisa de Campos Graf (1943-) nos revelaram pedaços dessas vidas registradas na imprensa oitocentista do Paraná.

FONTE: Márcia Elisa de Campos Graf.

VEJA TAMBÉM: Augusta; Benedita Caetana, Josefa...; Damásia; Delfina e Faustina; Joaquina Benguela; Maria Águeda.

ÂNGELA

SÉC. XIX | MARANHÃO

No Maranhão, desde fins do século XVIII as regiões do Gurupi, Turiaçu, Guimarães e Viana concentraram as denúncias de mocambos, embora estes se espalhassem por toda a província. No alvorecer oitocentista, mocambeiros (assim eram denominados os quilombolas do Maranhão) e indígenas viraram tema para uma guerra travada por fazendeiros e autoridades locais. Nas áreas do Gurupi e do Turiaçu (situadas na fronteira com a capitania do Grão-Pará), entre dois grandes rios, fundaram-se os mais importantes mocambos no Maranhão. Toda a vasta região, que reunia também as áreas de Guimarães e Viana, estava "infestada" de amplas e sólidas comunidades negras rurais quilombolas, já numa segunda ou terceira geração. São diversos os relatos de expedições punitivas aos mocambeiros que se formavam ou reformavam. Entre as décadas de 1860 e 1870, dezenas de mocambos seriam atacados, boa parte dos quais identificados por nomes locais ou das lideranças: Jacarepaguá, Pacoval, São Luís e Queimado (1862); Cipó (1863); Anajás, Batalha, Cuci Paraná, Bom que Dói, Espiridiãozinho do Pará, Faveira, Lage, São José, Limão, São Pindoba, Olho d'Água, Mocambo Grande, João Baiano, Vitória, Flechal e Gerimum (1867); Braço do Laranjal (1874); Laranjal (1876-7); Escuta, Certo e Rola (1877); e Limoeiro e Piranha (1878).

Muitos desses mocambos eram remanescentes de quatro grandes mocambos ou formados por grupos familiares originários destes: São Vicente do Céu, São Benedito do Céu, São Sebastião e Limoeiro. Contra eles foram enviadas expedições punitivas em 1853, 1858, 1862, 1864, 1867, 1868, 1873, 1876, 1878, 1879 e 1881. Documentos descrevem em detalhes povoações com mais de oitocentos habitantes, organizadas a partir de estruturas sociais, chefias, religiosidades, uma cultura material e com economia agrária.

Em diferentes contextos constituiu-se uma integração socioeconômica entre mocambeiros e outros setores camponeses com o cultivo de roças de alimentos e as trocas mercantis, alcançando os cativos que permaneciam assenzalados. E aqui encontramos lideranças de mocambeiros como a da rainha Ângela e de Daniel, do mocambo São Sebastião. Ângela provavelmente nasceu no Maranhão, sendo filha de antigos mocambeiros. Ela se transformou numa liderança do mocambo São Sebastião, era companheira de Daniel e mãe de alguns de seus filhos. Ângela aparece num longo relatório acerca de uma expedição punitiva enviada ao local em 1876. Na ocasião, as autoridades estabeleceriam conversações, visando a acordos a respeito da possível rendição dos mocambeiros do São Sebastião. Nessas fontes surgem os nomes da rainha Ângela e do "governador do quilombo, de nome Daniel". Através de emissários, tentariam junto a esses líderes mocambeiros a "conveniência de abandonarem o centro dos matos e deixarem aquela vida selvagem", considerando as "privações que sofriam".

As chefias do mocambo reconheciam que a "situação" dos mocambeiros era então desvantajosa. Ao serem obrigados a adentrarem nas matas, fugindo das tropas, eles se deparavam com grupos indígenas e também sofriam ataques. Os constantes deslocamentos acarretavam, igualmente, dificuldades para a alimentação de um grande número de pessoas. As tropas encontraram Ângela, "a rainha do quilombo", que não era "casada com Daniel, mas vivia como tal em sua companhia". Ao identificarem a estrutura interna do mocambo São Sebastião, o comandante das tropas admitiria que "acabara de meter uma lança em África".

As negociações de rendição, efetuadas junto às lideranças mocambeiras, foram cercadas de expectativa e desconfiança. A própria rainha Ângela teria alertado sobre "uns cochichos que ouvira entre tais e tais pretos" insatisfeitos com a possibilidade de rendição. Ainda assim, no fim do ano, 115 mocambeiros foram enviados para São Luís, sendo batizados e vacinados antes de ficarem presos na cadeia pública local. Foram as pesquisas de Mundinha Araujo (1943-) nos arquivos do Maranhão — desde a década de 1980 — que localizaram relatórios de expedições anti-mocambos, revelando aspectos da cultura material e da organização social dos mocambeiros maranhenses oitocentistas.

FONTES: Flávio dos Santos Gomes; Matthias Röhrig Assunção; Mundinha Araujo.

VEJA TAMBÉM: Acotirene e Aqualtune; Cosme Bento das Chagas; Dandara...; Daniel; Antônio de Araújo; Francisca; Hilária e Madalena; Mariana; Rainha Marta; Tereza de Benguela.

ÂNGELA E GERALDA

SÉC. XIX | MINAS GERAIS; RIO DE JANEIRO

As experiências de duas mulheres escravizadas, Ângela e Geralda, são exemplos de situações-limite, vivenciadas em meio a esse mundo que a escravidão criou. Elas mataram os próprios filhos. O ato extremo das duas foi considerado "crime de infanticídio", sendo ambas julgadas pelas autoridades brasileiras.

Em 1842, morando na Glória, freguesia circunvizinha ao centro da Corte imperial, a cativa Ângela Maria, nascida em Minas Gerais, levou seus filhos até a praia; jogou-os ao mar, querendo se suicidar. A tentativa falhou, e Ângela foi julgada e absolvida. Em seu depoimento admitiu: "Eu atirei-me ao mar e não queria que eles ficassem padecendo, por isso atirei-me junto com eles". A justificativa para tal ato foi a de ter sido acusada de roubo pela sua senhora, com ameaça de castigo e envio à Casa de Correção.

No mesmo bairro da Glória, em 1856, vivia a cativa Geralda, que tinha chegado do Rio Grande, ainda em "estado de gravidez", e fora vendida como ama de leite. Acusada do "vício de beber aguardente com erva-doce" e de outras rebeldias, tentou matar seu filho. Alegou no julgamento que sua senhora garantiu que ela seria "castigada, mandada para a Casa de Correção e de lá vendida sem seu filho". Geralda declarou em juízo que desejava "antes morrer com seu filho do que se separar dele".

As investigações de Lorena Telles nos apresentam dramas de mulheres como Ângela e Geralda, que, vindas de outras províncias, foram levadas à força para a Corte. Acabaram, pois, separadas de pais, mães, parentes e amigos. Além desse trauma, carregavam outro: o de serem castigadas, e pior, vendidas ou presas e, portanto, também serem afastadas de seus filhos. Diante de tantas separações, o infanticídio, seguido pela tentativa desesperada de suicídio, parecia a melhor e única solução.

FONTES: **Lorena Féres da Silva Telles; Maria Lúcia de Barros Mott.**

VEJA TAMBÉM: **Agostinha; Ambrosina; Catarina Cassange; João e Timóteo; Maria do Egito; Mônica.**

ANTENOR NASCENTES

1886-1972 | RIO DE JANEIRO

Nascido no Rio de Janeiro em 17 de junho de 1886, Antenor era filho de Décio de Veras Nascimento e Paulina de Veras Nascimento. E se Antenor não vivenciou a escravidão de perto, tal realidade, provavelmente, figurou entre as percepções de seus avós, pais, irmãos, primos e tios. Decerto educação, letramento e formação intelectual representaram uma estratégia para a sua família.

Antenor Nascentes estudou inicialmente no Colégio Pedro II, onde conheceu colegas como o poeta Manuel Bandeira (1886-1968). Em 1902, concluiu o curso de ciências e letras pelo Ginásio Nacional. No ano seguinte, começou a lecionar e, em 1908, já tinha o bacharelado pela Faculdade Livre de Ciências Jurídicas e Sociais no Rio de Janeiro e atuava como funcionário público da Secretaria de Estado da Justiça e Negócios Interiores.

Ingressou no Colégio Pedro II como docente em 1919, vindo a ser o primeiro professor catedrático de espanhol dessa escola. Em 1928 assumiu, na mesma instituição, a cátedra de português. Atuaria ainda como professor universitário na Faculdade de Filosofia, Ciências e Letras da Universidade do Rio de Janeiro, na área de filologia românica. Em 1952, tornou-se professor emérito do Colégio Pedro II. Entre as décadas de 1910 e 1930, Antenor publicaria mais de uma dúzia de estudos, como *Ligeiras notas sobre redação oficial* (1914), *Um ensaio de fonética diferencial* (1919), *Método prático de análise lógica* (1920), *Como evitar as sílabas em latim* (1920), *Método prático de análise gramatical* (1921), *Noções de estilística e de literatura* (1929), e vários volumes de *O idioma nacional* (de 1926 a 1928).

Um dos fundadores da Academia Brasileira de Filologia, Antenor Nascentes editaria, em 1932, o *Dicionário etimológico da língua portuguesa*, com grande acolhida em Portugal e outras regiões (futuros países) falantes do português. No ano seguinte, a Academia Brasileira de Letras lhe concedeu o prêmio de melhor obra na área. Suas contribuições seriam reconhecidas também pelo governo português, que o condecorou com o título de Oficialato da Instrução Pública, em 1936. Em 1967, apresentaria o primeiro *Dicionário da língua portuguesa* da Academia Brasileira de Letras e, em 1969, o *Dicionário de sinônimos*.

Em 1962, Antenor Nascentes ganhou o prêmio Machado de Assis da Academia

Brasileira de Letras, e em 1966 foi agraciado com o prêmio Moinho Santista de Linguística. Faleceu em 6 de setembro de 1972.

FONTES: **Eduardo de Oliveira; Nei Lopes.**

VEJA TAMBÉM: **Ironides Rodrigues; Lino Guedes; Pretextato dos Passos e Silva; Phelipe José Alberto Jr.**

ANTONICA ?-1932, LUIZA E MARCELINA

SÉCS. XIX E XX | PARATY, RIO DE JANEIRO

Antonica, Luiza e Marcelina participaram da fundação, real e mítica, da comunidade negra rural Campinho da Independência, localizada em Paraty, sul do estado do Rio de Janeiro. Essa seria uma das primeiras comunidades de remanescentes de quilombo reconhecida e titulada — pelo Instituto Nacional de Colonização e Reforma Agrária (Incra) e pela Fundação Cultural Palmares —, em meados da década de 1990.

Na localidade chamada de sertão da Independência — nas proximidades da atual rodovia Rio-Santos, no Sul Fluminense —, situava-se a fazenda Independência. Ali trabalhavam as irmãs Antonica e Marcelina e a prima Luiza. Nas memórias dos antigos escravizados e das primeiras gerações de libertos do pós-1888, menciona-se a existência de várias fazendas e das famílias negras que nelas moravam.

A partir das antigas propriedades — parte das quais em ruínas e em decadência econômica — se organizaram bairros rurais com a permanência da população negra. Descobertas na década de 1980, as memórias deixadas por Paulina — uma espécie de guardiã do passado ancestral — trazem as histórias contadas pela bisavó Antonica e pelas tias-bisavós Marcelina e Luiza.

Dizia Paulina que Antonica teria morrido em 1932, com 130 anos, numa estimativa provavelmente exagerada. Na memória de Paulina, Tonica "não era negra da África", mas havia chegado ali num navio, e ainda bem pequena.

Ao que parece, Antonica e outras mulheres escravizadas tiveram seus primeiros filhos com homens africanos. Tal possibilidade é aventada no relato de Paulina, que lembra terem as ancestrais se "misturado com outros negros", e que eles eram "bem negros" e de "sangue forte". O companheiro da sua bisavó foi Teodoro Bernardo, talvez um africano, ex-cativo.

Embora aqui ou acolá apareçam relatos de castigos, fugas e de quilombos, as histórias míticas de Campinho são associadas também à doação de terras — não formalizadas em testamento — para algumas famílias de libertos. Paulina sempre ouviu dos mais velhos que a "fazenda quando terminou a escravidão ficou de pai para filho, [de] filho para pai e o último que ficou deu a liberdade para eles [ex-cativos] trabalharem e aí que foi dividido [as terras]". Assim, aquelas terras seriam separadas em três territórios — míticos, simbólicos e reais — entre estas três mulheres: Antonica, Marcelina e Luiza. Já Paulina costuma sempre relembrar que "daí para cá é que somos nós".

Foram as etnografias de Neusa de Gusmão que fizeram emergir as histórias míticas das mulheres de Campinho. Essas histórias conformam faces importantes das formações quilombolas e das comunidades negras rurais de diversas partes do Brasil. Misturam trajetórias de mulheres africanas, nascidas no Brasil, e mesmo de mães e filhas da Lei do Ventre Livre, de 1871. A partir delas, várias comunidades negras se constituíram, se reproduziram, assim como suas culturas geracionais. Para a população de Campinho aparecem ainda registros de outros homens e mulheres negros — não tão antigos quanto Antonica, Marcelina e Luiza —, como Tia Bernarda, Tio Xará e Tia Joaquina. Com territórios baseados no parentesco, na produção de farinha e nas relações matrilineares, a comunidade se estabilizou no século XX.

Mas a luta de Campinho não ficou só no passado. A partir da década de 1960, com a construção da rodovia Rio-Santos, houve inúmeras tentativas de expropriação dessas terras. A comunidade contaria com o apoio de religiosos e de setores da Igreja, além da sua própria organização comunitária, para fazer valer os seus direitos de cidadania, memória, posse e titulação das terras.

FONTES: **Mariléa de Almeida; Neusa Maria Mendes de Gusmão.**

VEJA TAMBÉM: **Dionísia...; Tia Eva.**

ANTONIETA DE BARROS

c. 1901-52 | FLORIANÓPOLIS, SANTA CATARINA

Nascida em 1901, em Florianópolis, Antonieta de Barros foi uma notável educadora, escritora e parlamentar. Órfã de pai, Antonieta foi criada pela mãe, Catarina, que tinha sido batizada antes de 1871 e trabalhava como escravizada doméstica. Ainda assim, consta que, aos cinco anos, Antonieta já havia começado a ser alfabetizada numa escola particular, ingressando em seguida no curso primário e alcançando a Escola Normal aos dezessete anos.

Antonieta sempre se dedicou à educação. Em 1922, conseguiu regularizar um curso primário, o Curso Particular Antonieta de Barros, que mantinha, e que acabou funcionando até 1964, anos depois de sua morte.

Articulando magistério, jornalismo e militância política, Antonieta atuou na Liga do Magistério. Sendo professora de escolas tradicionais e destinadas às elites de Santa Catarina, ela se destacou nas letras e na política durante as décadas de 1920 a 1940. Envolveu-se nos debates acerca do voto feminino nos anos 1930.

Antonieta também seguiu a carreira parlamentar, candidatando-se nas eleições de 1934 e de 1947. Eleita deputada estadual para a Assembleia Legislativa do Estado de Santa Catarina, ela cumpriu um papel importante nas discussões pioneiras sobre educação e cidadania no Brasil. Em 1951, diante de ataques de parlamentares e de políticos em relação às suas ações, classificadas como "intriga barata de senzala", numa explícita demonstração de intolerância racial e preconceito, a política respondeu aos opositores dizendo que faltava a eles "qualidades de professor: não distinguir raças, nem castas, nem classes". Aliás, ela fez parte do Centro Catarinense de Letras, criado, entre outros motivos, como oposição à Academia Catarinense de Letras, que sempre restringiu a entrada de escritores negros em seus quadros.

Com o pseudônimo de Maria da Ilha, Antonieta escreveu crônicas para vários periódicos, tendo fundado e dirigido os jornais *A Semana* (1922-7) e *Vida Ilhoa* (1930). Em 1937, lançou a coletânea *Farrapos de ideias*, que reunia artigos já publicados no *Republica* e que abordava as questões raciais e sexuais do seu tempo. Escreveu também para a *Folha Academica*, *O Idealista*, o *Correio do Estado* e *O Estado*.

Enquanto atuava como professora no Instituto de Educação e no Colégio Dias Velho, Antonieta fundou cursos de alfabetização para adultos e defendeu o acesso das mulheres ao ensino superior.

Com apenas 51 anos, Antonieta de Barros faleceu em março de 1952, devido a complicações de saúde por conta de diabetes. Foi homenageada com a Medalha de Mérito Antonieta de Barros, e com o Prêmio Antonieta de Barros, entre outros.

FONTES: **Adalzira Bittencourt; Elizabete Maria Espíndola; Afrânio Coutinho; Fernanda da Escóssia; J. Galante de Sousa; Josefina da Silva Pisani; Luciene Fontão; Karla Leonora Dahse Nunes.**

VEJA TAMBÉM: **Amália Augusta de Lima Barreto; Enedina Alves; Ildefonso Juvenal da Silva.**

ANTÔNIO AMARO FERREIRA

1897-1982 | CUIABÁ, MATO GROSSO

A história do enfermeiro Antônio Amaro Ferreira, que vivia nas margens do Brasil Central, serve de exemplo da invisibilidade que cerca as trajetórias de negras e negros na história da ciência, da medicina e da assistência no Brasil, sobretudo do século XX. É isso que revela o estudo de Valdeci Silva Mendes. Nascido em 1897, filho de Josefa Blandino, Antônio Ferreira pode ter sido neto de escravizados que trabalharam nas regiões mineradoras do Mato Grosso oitocentista. Conviveu com as primeiras gerações de libertos no pós-abolição. Foi nesse contexto que Antônio atuou na Santa Casa de Misericórdia, sendo que, num relatório de 1929, ele aparece numa fotografia da enfermaria da instituição.

A enfermagem no Brasil é às vezes vista como uma profissão historicamente executada por mulheres em geral brancas. Porém há indícios da presença de homens, e negros, como é o caso do enfermeiro Antônio. Aliás, ele é citado em jornais locais — como *A Plebe*, *O Mato-Grosso* e *A Cruz* —, que deram grande destaque a seus serviços de assistência à saúde na Santa Casa de Misericórdia de Cuiabá.

Antônio morreu em 1982, com 85 anos. Um ano antes, ele daria uma interessante entrevista ao Núcleo de Documentação e Informação Histórica Regional, contando a sua trajetória, que se inicia em Cachoeirinha, onde nasceu, numa fazenda dos pais do dr. Sílvio Curvo (1905-94). Pelas mãos do dr. Ipaminondas e de outros médicos do lugar, foi trabalhar na Santa Casa. Começaria fazendo curativos, e depois de algum tempo chegou a participar de cirurgias. Nas memórias do enfermeiro são incorporadas narrativas de médicos que atuavam em conjunto com terapeutas, misturando remédios e tratamentos.

FONTE: **Valdeci Silva Mendes.**

VEJA TAMBÉM: **Ana Maria de Jesus; Maria José Bezerra.**

ANTÔNIO BAOBAD

1861-1907 | PELOTAS, RIO GRANDE DO SUL

Antônio Baobad — Antônio Oliveira foi um ex-escravizado que conquistou a liberdade, fundou um jornal (*A Alvorada*) e atuou em organizações operárias durante a Primeira República. Virou, assim, um personagem símbolo, ao juntar experiências comuns de trabalhadores negros escravizados e libertos numa sociedade escravocrata e depois de empregados negros livres no fim do século XIX e nas décadas iniciais do século XX. Ao que se sabe, Antônio nasceu na condição de escravizado em 17 de agosto de 1861. Era irmão de Rodolfo Xavier, ambos filhos de Eva, uma mulher cativa também nascida no Brasil e propriedade de Domingos Inácio Xavier (1815-?). Eva conquistou sua alforria, em 1876, através da compra. Nada se sabe a respeito do pai dele, se seria escravizado, liberto ou livre.

A pesquisadora Beatriz Loner (?-2018) enfatizou como as primeiras narrativas sobre Antônio aparecem nas memórias de seu irmão, publicadas no periódico *A Alvorada* em maio de 1935. Ele se destacou como liderança operária, junto à categoria de chapeleiros. Há indicações de que Antônio conquistou sua alforria entre 1880 ou 1881 e teria adotado o sobrenome Oliveira de seu ex-senhor. No fim do século XIX, acabaria optando pelo sobrenome Baobad, cuja origem seria a palavra "baubab" (baobá), que designava uma frondosa árvore com enormes raízes, muito comum no continente africano. Mais tarde, investiu na sua própria escolarização, ingressando nas aulas noturnas da Biblioteca Pública, onde se matriculou em 15 de maio de 1882. Antônio conviveria com muitos homens negros livres e pobres, que se empenhavam em conseguir uma formação básica. Lá também estavam muitos libertos — a maioria pelo Fundo de Emancipação — que procuravam instrução e acesso à educação como formas de mobilidade social. Nessas turmas, Antônio talvez tenha conhecido Justo José do Pacífico, que viria a fazer parte do Centro Cooperador dos Fabricantes de Calçados, entidade posteriormente vinculada à fundação da Liga Operária.

Frequentavam essas aulas várias pessoas que atuariam em entidades negras já na última década do século XIX. Antônio trabalharia como chapeleiro em Pelotas, num contexto de mobilização e de reivindicação por melhores salários, menor carga horária, roupas, equipamentos e condições de trabalho e saúde para os operários. Em 1886, ele já aparece na Sociedade de Socorros Mútuos e na Associação Beneficente União e Fraternidade dos Operários Chapeleiros, entidade mutualista. Em seguida, participa da Liga Operária, depois colabora no jornal socialista *Democracia Social*.

Em 1893, o nome de Antônio Baobad surgiria vinculado a paralisações e greves em fábricas de chapéus. Suas ações políticas republicanas e socialistas ganharam ainda maior destaque no início do século XX, com a participação dele, como presidente, na primeira entidade operária socialista de Pelotas, a União Operária Internacional (UOI), na fundação do Centro Operário Primeiro de Maio, que eram entidades de maioria negra, bem como no Asilo São Benedito, criado para apoiar crianças negras. Antônio Baobad faleceu aos 45 anos, de tuberculose pulmonar.

FONTES: Beatriz Loner; José Antônio dos Santos.

VEJA TAMBÉM: Clementina Maria da Conceição...; Euzébio de Queiroz Coutinho Barcelos; Manuel Padeiro e Negro Lucas.

ANTÔNIO CANDEIA FILHO

1935-78 | RIO DE JANEIRO

Antônio Candeia Filho, nascido no Rio de Janeiro em 1935, foi um artista de grande influência no resgate de várias dimensões do samba negro, além do jongo, do partido-alto e de outras manifestações africanas e afro-brasileiras. Ele manteve um forte vínculo com a escola de samba Portela — nascida no bairro de Oswaldo Cruz como uma série de blocos que ganharam as ruas em 1923, e refundada em 1936. Candeia entrou para a ala de compositores da Portela em 1953. Nessa mesma década, criou diversos sambas-enredos que foram destaque nos carnavais cariocas. Participando de encontros musicais nos subúrbios do Rio, especialmente Oswaldo Cruz e Madureira, fez amizade com Luperce Miranda (1904-77), Zé da Zilda (1908-54), Claudionor Cruz (1910-95), entre outros músicos.

Candeia teceu várias críticas às mudanças estéticas e intervenções financeiras diretas na organização das escolas de samba, e fundou, em 1975, o Grêmio Recreativo de Arte Negra e Escola de Samba Quilombo, uma resposta aos movimentos que denominava de "colonização cultural e cooptação artística". Na Quilombo, estiveram presentes intelectuais, artistas e músicos negros relevantes como Nei Lopes (1942-), Jorge Coutinho (1934-), Darci do Jongo (1932-2001), Wilson Moreira (1936-2018), Geovana (Maria Teresa Gomes, 1954-) e Elton Medeiros (1930-2019).

Candeia, que era policial, foi baleado em ação e acabou paraplégico. Mesmo assim, tomou parte de vários eventos e shows, incluindo o clássico documentário *Partido alto*, de Leon Hirszman (1937-87), que contou com a presença de sambistas como Manacéa (1921-95), Wilson Moreira (1936-2018), Argemiro (1923-2003), Casquinha (1922-2018), Tantinho da Mangueira (1946-2020), entre outros. O documentário retrata as rodas de samba e vários tipos de samba tradicionais do Rio de Janeiro, incluindo diferentes músicas, coreografias e instrumentos. O filme, produzido pela Embrafilme e rodado em 1976, só foi lançado em 1982.

Em 1977, Candeia publicou, em coautoria com Isnard Araújo (1941-2017), o livro *Escola de samba: Árvore que esqueceu a raiz*. Cada vez mais, ele se articulava com movimentos culturais e intelectuais que procuravam refletir sobre as influências africanas no samba carioca. Surgiriam ali, e ao mesmo tempo, tanto invenções culturais quanto inovações rítmicas e instrumentais, tendo destaque os grupos de samba de terreiro. Diversas formas de manifestação de descendentes de ex-escravizados, como jongo e caxambu, estariam igualmente presentes nas comunidades da Serrinha, Estácio, Matriz, Salgueiro, Tuiuti e Mangueira, em torno das escolas de samba Império Serrano, Mangueira, Salgueiro e outras.

Falecido em 1978, Candeia continua a ser uma referência fundamental para o samba de raiz no Rio de Janeiro.

FONTES: Antônio Candeia Filho; Eduardo de Oliveira; Isnard Araújo; Leon Hirszman; Maria Clementina Pereira Cunha; Muniz Sodré; Nei Lopes; Sérgio Puccini.

VEJA TAMBÉM: Cartola; Clementina de Jesus; Donga; Heitor dos Prazeres; Paulo da Portela; Pixinguinha; Tia Maria do Jongo; Zé Kéti.

ANTÔNIO DUTRA

?-1849 | CONGO; RIO DE JANEIRO

A vida do escravizado africano Antônio Dutra foi feita de trabalho, música e prosperidade. Ele provavelmente chegou ao Rio de Janeiro no alvorecer do século XIX, ainda bem jovem. Morreu em 1849 e registrou no seu testamento ser "católico romano" e nascido "no Reino de Congo", tendo sido batizado na freguesia Nossa Senhora dos Remédios, em Luanda. Essas informações surgiram das pesquisas de Silvana Jeha e Zephyr Frank, que exploraram esse personagem afro-atlântico.

Antônio Dutra conquistou sua liberdade e prosperidade atuando como barbeiro-sangrador e líder de banda. No Rio, muitos barbeiros-sangradores (vários deles libertos africanos) obtiveram permissão para realizar suas sangrias nas lojas improvisadas que instalavam nos centros urbanos. Talvez Antônio tenha sido escravizado do africano forro José Dutra, um conhecido "mestre aprovado" que conquistara autorização da Fisicatura-Mor para atuar como cirurgião-barbeiro desde 1808.

Quando morreu, Antônio Dutra já era um homem próspero. Seus bens inventariados alcançavam a soma de mais de quinze contos. Morava numa casa confortável, comia "com talheres de prata" e dispunha de oratórios e imagens de São Francisco, Cristo na Cruz, Nossa Senhora da Conceição e Santo Antônio. Dutra era membro das irmandades de Santa Efigênia, de Santo Elesbão e de Nossa Senhora do Rosário e São Benedito dos Homens Pretos e da Ordem dos Terceiros de São Domingos. Além de imóveis, ele possuía treze escravizados de diversas procedências. Alguns tinham como origem a África Central: Benguela (três), Cabinda (dois), Rebolo (um), Congo (um) e Angola (um). Outros vieram da África Oriental: Quilimane (três) e Moçambique (dois). No seu testamento, registrou que, quando morresse, os seus cativos Joaquim Rebolo, Joaquim Congo, Domingos Moçambique, Felipe Moçambique e Antônio Quilimane deveriam ser alforriados. Quem também ganhou a liberdade foi Carlota Cabinda e seu filho Alexandre, com pouco mais de um ano. Interessante é que dois desses cativos alforriados adotaram o sobrenome Dutra, repetindo a possível tradição do próprio Antônio Dutra, que pode ter sido cativo do forro José Dutra. Ele teve seis filhos, com três mulheres diferentes. Inácia, sua filha com a escravizada Josefa Mina, foi registrada em 1822. Na década de 1830, nasceram Manuel e Alexandre, frutos de seu relacionamento com Laura Maria do Rosário, mulher forra, nascida no Brasil. Com Ana Maria Matildes, igualmente forra e brasileira, ele teve três filhas.

Nas vésperas de falecer, ele declarou em testamento que vivia com "uma negra forra": Rosa Benguela. Inácia, sua primeira filha e principal herdeira, foi alforriada em 1827, aos cinco anos, sendo pagos 128 mil-réis e lavrada a liberdade dela "para todo o sempre, como se forra nascesse do ventre materno". Outros filhos de Dutra — nascidos livres, visto serem de mulheres libertas — adotaram o seu sobrenome. Eles se tornaram Manuel José Dutra e Alexandre José Dutra; um atuava como oficial de barbeiro e o outro aprendia o ofício de dourador. Com a morte do pai, ainda jovens e convivendo com a mãe, eles herdaram um cativo cada um, além de uma casa localizada na rua do Saco do Alferes, que alugaram, dividindo os rendimentos.

Parte da prosperidade de Dutra veio também de sua atuação como músico e depois líder de banda. Sabe-se que bandas de barbeiros, compostas de africanos, escravizados, libertos e nascidos no Brasil, eram muito requisitadas em cidades negras como Rio de Janeiro, Salvador e Recife. Acompanhavam festas, enterros, procissões religiosas, entre outros. No inventário de Antônio Dutra foram relacionados bumbos, tambores, pratos, e instrumentos de sopro como clarinetas, pistões e trompetes. Após a morte dele, seus ex-cativos, bem como aqueles que receberam a alforria, deram continuidade às suas atividades, tanto na barbearia como na banda de música.

FONTES: Anderson J. M. Oliveira; Silvana Jeha; Tânia Salgado Pimenta; Zephyr L. Frank.

VEJA TAMBÉM: Manuel Tranquilino Bastos; Padre José Maurício.

ANTÔNIO GONÇALVES TEIXEIRA E SOUSA

1812-61 | CABO FRIO, RIO DE JANEIRO

Teixeira e Sousa nasceu em Cabo Frio, capitania do Rio de Janeiro, em 1812. Consta que era filho de Ana Teixeira de Jesus, mulher negra, e de Manuel Gonçalves, comerciante português. Com vários irmãos e uma infância humilde, exerceu na juventude o ofício de carpinteiro em Niterói, tendo depois iniciado estudos com o cirurgião e poeta Inácio Cardoso da Silva. Mudou-se para o Rio de Janeiro em 1825, quando contraiu tuberculose, sendo obrigado a retornar a Cabo Frio para se tratar. Em 1832, voltou ao Rio, onde permaneceu por um tempo empregado na tipografia de Francisco de Paula Brito (1809-61).

A partir dos anos 1840, Teixeira e Sousa publicou romances, coletâneas de poemas e peças de teatro como *Cornélia* (1840), *Cânticos líricos* (1841-2), *O filho do pescador* (1843), *Os três dias de um noivado* (1844), *Tardes de um pintor ou As intrigas de um jesuíta* (1847), *A Independência do Brasil* (1847-55), *Gonzaga ou A Conjuração de Tiradentes* (1848-51). Paula Brito era seu editor quando Teixeira e Sousa lançou o romance *O filho do pescador* (1843), considerado por vários estudiosos como uma obra pioneira.

A exemplo do que ocorria com outros escritores em início de carreira, muitos romances de Teixeira e Sousa circularam a princípio em periódicos e folhetins e só depois foram publicados sob a forma de livros. Lançou em 1854, e com igual sucesso, *A providência* (1854), *O cavaleiro teutônico ou A freira de Marienburg* (1855), *As fatalidades de dous jovens*

(1856), *Maria ou A menina roubada* (1859).

Ocupando o posto de funcionário público (escrivão da 1ª Vara do Juízo do Comércio do Rio de Janeiro) desde 1855, Teixeira e Sousa se dedicou, sobretudo, à literatura. Faleceu em 1861 de tuberculose, uma das doenças mais letais naquela época e muito comum nas biografias de várias personalidades negras.

FONTES: Enciclopédia Itaú Cultural; Maria Generosa Ferreira Souto; Nei Lopes; Noêmia Coutinho Pereira Lopes.

VEJA TAMBÉM: Cruz e Sousa; Francisco de Paula Brito; Lima Barreto; Machado de Assis.

ANTÔNIO PINTO BANDEIRA

1863-96 | NITERÓI E RIO DE JANEIRO

Sabe-se pouco sobre a vida do pintor e professor Antônio Pinto Bandeira. Consta que teria nascido em Niterói, Rio de Janeiro, que o avô era um escravizado e que o pai tinha o ofício de alfaiate. Já o garoto procurou seguir as etapas comuns a um artista visual oitocentista: matriculou-se, aos dezesseis anos, na Academia Imperial de Belas Artes, onde estudou entre 1879 e 1884, tendo sido aluno de Vítor Meireles (1832-1903), Agostinho José da Mota (1824-78) e João Zeferino da Costa (1840-1915). Participou das Exposições Gerais de Belas Artes de 1884 a 1890. Em 1884, recebeu uma menção honrosa e, no ano seguinte, o prêmio Imperatriz do Brasil, na seção de pintura. Inscreveu-se, em 1887, no concurso de viagem à Europa, mas não teve êxito. O escultor e professor Rodolfo Bernardelo (1852-1931) contestou o resultado, e Pinto Bandeira foi de alguma maneira compensado com a aquisição de duas de suas obras: *Habitação na raiz da serra da Estrela* (1884) e *Chácara em Niterói* (1887).

Mesmo assim, contrariado com o desfecho, Pinto Bandeira aceitou, por indicação de Firmino Monteiro (1855-88), artista negro como ele, lecionar desenho e pintura no Liceu de Artes e Ofícios de Salvador, onde expôs na mostra de 1889. Ainda na capital baiana, nesse mesmo ano, produziu várias pinturas da paisagem local e realizou uma exposição individual exibindo quinze quadros de paisagens, marinhas, figuras e temas religiosos. Retornou a sua cidade natal em 1890 e lá tentou fundar uma escola de belas-artes, mas não obteve sucesso.

Pinto Bandeira se dedicou à natureza-morta, ao retrato e à pintura de gênero, mas se destacou, mesmo, nas paisagens. Em obras como *Moça sentada* (1890) e *Jovem adormecida* (1891), ambas pertencentes ao Museu Antônio Parreiras, percebe-se o colorido intenso do artista e a dimensão intimista de seu trabalho. Nessas telas, sobressaem as figuras de pele escura, o que sugere a opção do artista por modelos negros, como se nota em *Feiticeira* (1890).

O fracasso na tentativa de criar a escola em Niterói, a impossibilidade de seguir para a Europa com o apoio do imperador, aliados a seu temperamento cada vez mais melancólico, podem ter contribuído para o trágico fim do pintor: ao que tudo indica, Antônio Pinto Bandeira se suicidou em 16 de agosto de 1896, aos 33 anos, atirando-se de uma balsa na baía da Guanabara. Seu corpo só foi encontrado doze dias depois, sendo sepultado de maneira apressada devido ao adiantado estado de decomposição. Enquanto alguns atribuíram o suicídio às dificuldades na carreira do artista, já seu mestre Antônio Parreiras (1860-1937) mencionou uma desilusão amorosa causada pelo preconceito racial. Essa é uma história individual, mas também comum entre jovens negros que se deparam com o fato de a cor agir, muitas vezes, como um impedimento social.

FONTES: Donato Mello Jr.; Emanoel Araújo, Ferreira Gullar; Gilberto Ferrez; José Maria dos Reis Jr.; José Roberto Teixeira Leite; Júlio Castañon Guimarães; Theodoro Braga; Vera Lins.

VEJA TAMBÉM: Arthur Timótheo da Costa...; Emmanuel Hector Zamor; Estêvão Silva; Firmino Monteiro; Miguel Barros.

ANTÔNIO TELLES

SÉC. XVIII | RIO DE JANEIRO; OLINDA E RECIFE, PERNAMBUCO

Foram vários os escravizados — africanos, indígenas e nascidos no Brasil — que atuaram, desde o século XVI, e em muitas partes do país, como artistas, sobretudo nas artes sacras. Uma trajetória ainda pouco conhecida é a do escravizado Antônio Telles, que executou projetos artísticos, fez pinturas em esculturas e desenhos para as igrejas do mosteiro de São Bento do Rio de Janeiro e de Olinda no século XVIII.

A experiência de Antônio Telles — e de outros, como Miguel do Loreto e José Bento — esconde biografias de artistas negros que tiveram importante atuação na ornamentação das igrejas com seus desenhos e pinturas sobre tela e madeira. A participação de Antônio Telles, conhecido como Mestre Antônio Telles, no mosteiro do Rio de Janeiro já aparece registrada em 1733 e, entre os anos de 1783 e 1786, no mosteiro de São Bento, em Olinda. D. Mateus Ramalho Rocha (1925-99) e d. Mauro Maia Fragoso (1964-), historiadores e monges beneditinos, chamaram a atenção para a relevância da produção artística de escravizados artistas como Telles.

Desde o século XVII, a ordem beneditina contava com indígenas, africanos e seus descendentes escravizados trabalhando em suas fazendas e abadias espalhadas por todo o Brasil, mas concentradas no Rio de Janeiro, em Salvador, em Pernambuco e em São Paulo. Era comum tanto a capacitação especializada de escravizados, atuando em determinados ofícios, quanto a compra de alguns já formados. Nos registros entre 1720 e 1723 destaca-se a aquisição de 37 escravizados, entre eles carpinteiros, serradores, pedreiros, ferreiros, sapateiros, alfaiates, barbeiros e "dois mulatos aprendizes na arte de pintar", muitos dos quais conviveriam em ambientes letrados e junto aos monges.

No período de 1766 a 1770 seria mencionada num relatório a dispensa de determinado livreiro visando à "contratação de um mulato" que supriria a falta do mestre, tendo comprado "uma oficina de livreiro com todos os seus estojos de letras, ferros e o mais de preciso para o ofício de livreiro".

Em muitas das obras de Telles predominam elementos florais e representações eclesiásticas, além de aspectos da vida social da escravidão monástica, mais escondidos por entre as diversas imagens espalhadas pelas igrejas.

FONTES: **D. Mateus Ramalho Rocha; d. Mauro Maia Fragoso; Jorge Victor de Araújo Souza; Luiz Gonzaga Piratininga Jr.**

VEJA TAMBÉM: **Aleijadinho; Joaquim Pinto de Oliveira; Mestre Valentim.**

ARINDA SERAFIM SÉC. XX E MARINA GONÇALVES

1923-? | RIO DE JANEIRO

Desde a sua fundação, em 1944, o Teatro Experimental do Negro (TEN) contou com a participação de mulheres nas suas peças e em cursos ministrados por Ironides Rodrigues (1923-87). No entanto, para além do sucesso de Ruth de Souza (1921-2019) e de Léa Garcia (1933-), quase nada se sabe acerca das trajetórias de mulheres como Arinda Serafim, Elza de Sousa, Marina Gonçalves (1923-?), Ilena Teixeira, Neusa Paladino, Antonieta, Agostinha Reis, entre outras.

Em 1945, Arinda Serafim representou uma velha escravizada na primeira montagem da peça *O imperador Jones* (1920). Já atuava pelos direitos das empregadas domésticas desde o fim da década de 1930, chegando a publicar no jornal *Vanguarda Socialista* um artigo intitulado "Problemas das empregadas domésticas". Ela, Neusa Paladino e Elza de Sousa, todas domésticas, terão papel político fundamental na organização desse setor. Até 1946, Arinda permaneceu no TEN e no Diretório Negro do PTB. Em 1955, participou do filme *Rio, 40 graus*, de Nelson Pereira dos Santos (1928-2018). É provável que tenha se destacado no recrutamento feminino para o TEN e ainda introduzido Marina Gonçalves.

Natural do Rio de Janeiro, Marina Gonçalves Barbosa nasceu em 1923. Ela estudou apenas até o antigo curso primário, tendo atuado como empregada doméstica e trabalhado na rouparia do Teatro Nacional de Comédia, no Rio de Janeiro (mais tarde transformado em Teatro Glauce Rocha). Marina tomou parte nas peças *Todos os filhos de Deus têm asas* (1946), *Moleque sonhador* (1946), *O filho pródigo* (1947), *Filhos de santo* (1949), entre outras.

Histórias de atrizes negras permanecem pouco estudadas e mal contadas, pedindo por mais pesquisas que possam iluminar suas vidas e atuações em grupos como o TEN, que ainda guarda uma representação pública muito masculina de seus componentes.

— *Com Stephane Ramos*

FONTES: **Abdias do Nascimento; Christian Fernando dos Santos Moura; Ipeafro; Maybel Sulamita de Oliveira.**

VEJA TAMBÉM: **Abdias do Nascimento; Carolina Maria de Jesus; Dorothea Maria do Espírito Santo...; Mercedes Baptista; Elza de Sousa...; Ironides Rodrigues; Laudelina de Campos Melo; Ruth de Souza.**

ARLINDO VEIGA DOS SANTOS

1902-78 | ITU E SÃO PAULO

Arlindo Veiga dos Santos teve papel relevante na liderança negra na década de 1930. Nascido em Itu, interior de

São Paulo, em 1902, foi batizado como Arlindo José da Veiga Cabral dos Santos. Lá contou com uma boa formação em colégios tradicionais da cidade; fez o então chamado primário no Grupo Escolar Dr. Cesário Mota e o ginásio em escolas católicas, no Colégio São Luís, dos jesuítas, e no Colégio Nossa Senhora do Carmo.

Mudou-se para a capital em 1920, onde estudou na Faculdade de Filosofia e Letras de São Paulo (atualmente parte da PUC-SP). Trabalhou como jornalista e professor, formando grupos monarquistas, entre os quais o Centro Monarquista de Cultura Social e Política Pátria Nova, um movimento conservador e com ampla participação de setores médios negros. As atividades do grupo se transformaram num dos núcleos da Ação Imperial Pátria-Novista Brasileira, espécie de partido político com orientação monarquista, no qual Arlindo, Joaquim Guaraná de Santana e outros ativistas negros se destacaram. As ideias do grupo surgiram em diversos periódicos de circulação efêmera como nos jornais *Patria Nova*, *O Bibliófilo* e os semanários *Mensageiros da Paz* e *O Século*. Neles, foram publicados vários textos de autoria de Arlindo, nos quais os temas nação, pátria e raça se conectavam.

Em 1931, na capital paulista, Arlindo e vários jornalistas e tipógrafos fundaram a Frente Negra Brasileira (FNB). Ao lado de outros grupos de associativismo negro já existentes, a FNB logo se espalhou pelo interior de São Paulo, alcançando os estados de Minas Gerais e do Rio de Janeiro, além de cidades como Porto Alegre, Salvador, Campinas, Recife, Pelotas e Santos. Entre suas propostas estavam a escolarização, a poupança para a casa própria e o ingresso dos negros na Guarda Civil. Eram, portanto, políticas de inclusão social e de integração que definiam o grupo.

A despeito de existirem mais registros da liderança de Francisco Costa Santos na fundação da FNB, Arlindo foi, de fato, o primeiro presidente da instituição. Em 1933, a FNB lançou seu nome como candidato paulista avulso a deputado constituinte. Na véspera das eleições, o jornal *A Voz da Raça* anunciou sua candidatura como uma "vitória moral", destacando fundamentalmente o papel de Arlindo na mobilização da população negra, tanto nas ruas da capital quanto no interior. Organizaram-se, então, caravanas e comícios em Sorocaba, Itu, Rio Claro, Campinas, Limeira, Jundiaí, Amparo, Itatiba e outras cidades. A confirmação de um candidato da FNB foi recebida com euforia, mas também com disfarçada desconfiança. Questionava-se a existência de uma candidatura negra e a postura fascista apresentada pela FNB em seus primeiros anos. Além disso, José Bento de Assis, antigo comandante civil da Legião Negra de 1932, também era candidato. Vários jornais paulistas noticiaram o surgimento dessas duas candidaturas negras, que acabaram derrotadas nas urnas.

Em 1937, no contexto do Estado Novo, com a censura e as interdições político-parlamentares, a Frente Negra foi obrigada a fechar as portas. Arlindo permaneceu ativo, trabalhando como jornalista, advogado e professor, defendendo suas ideias patrianovistas. Na década de 1940, Arlindo escreveu *A lírica de Luiz Gama* (1943) e *As raízes históricas do patrianovismo* (1946). Em 1953, lançou *O problema operário e a justiça social*.

Continuou a exercer o magistério em faculdades da capital e do interior de São Paulo até falecer, em 1978. Por coincidência, no mesmo ano, foi fundado em São Paulo o Movimento Negro Unificado contra a Discriminação Racial (MNUCDR), com o intuito de organizar nacionalmente a luta contra o racismo, nos moldes da Federação de Negros (de São Paulo e do Rio de Janeiro) e da Frente Negra, entre os anos 1910 e 1930. Estudos biográficos mais recentes têm desvendado a complexidade da trajetória política e intelectual de Arlindo Veiga dos Santos, que defendeu a monarquia, mas também uma representação autônoma para os negros brasileiros.

FONTES: **Eduardo de Oliveira; Flávio dos Santos Gomes; Márcio Barbosa; Maria Cláudia Cardoso Ferreira; Petrônio Domingues; Teresa Malatian.**

VEJA TAMBÉM: **Benedita Costa; Celina Veiga...; Deocleciano Nascimento; Francisco Lucrécio; Henrique Antunes da Cunha; José Correia Leite; Vicente Ferreira.**

ARTHUR BISPO DO ROSÁRIO

1909-89 | JAPARATUBA, SERGIPE; RIO DE JANEIRO

Arthur Bispo do Rosário nasceu em Japaratuba, no interior de Sergipe, em 1909. Filho de Adriano Bispo do Rosário e Blandina Francisca de Jesus, era descendente de africanos.

Em 1925, ingressou na Marinha, onde permaneceu por oito anos; nesse período, também ganhava a vida como boxeador e biscateiro. Entre 1933 e 1937, trabalhou na operação de bondes da Light e em sua subsidiária Viação Excelsior, na cidade do Rio de Janeiro, morando na casa do advogado Humberto Leoni (?-1994), no bairro de Botafogo.

Até que um dia, mais exatamente a 22 de dezembro de 1938, Bispo do Rosário começou a ter alucinações. Muito desorientado, durante dois dias fez uma peregrinação, passou por uma série de igrejas, e no mosteiro de São Bento bradou em alto e bom som ser um enviado de Deus, e que sua missão era julgar vivos e mortos. Foi então detido, fichado como "negro, sem documentos e indigente" e imediatamente levado ao Hospital Nacional de Alienados (hoje o hospício da Praia Vermelha); local em que o escritor Lima Barreto havia sido internado em 1914 e 1918.

Mas Bispo do Rosário não ficou lá por muito tempo; após um mês, foi transferido para a Colônia Juliano Moreira, no subúrbio de Jacarepaguá. Recebeu o diagnóstico de "esquizofrênico-paranoico" e o número de paciente 01662. Foi paciente da Colônia em períodos intermitentes, além de outros hospícios do Rio, por mais de cinquenta anos. Na soma das internações, foi um dos casos mais longos que o Brasil conheceu.

Bispo do Rosário deu entrada na Colônia muito agressivo. Ficou confinado por um tempo, mas logo descobriu uma forma de sobreviver; com seu porte avantajado e pelo fato de haver praticado boxe, tinha habilidade e força para conter os pacientes violentos. Foi assim que conquistou a credibilidade dos funcionários e ganhou posição privilegiada na instituição.

Foi numa fase de crise aguda que sua arte aflorou. Começou a produzir, então, suas primeiras obras, utilizando materiais disponíveis. Recorria a tudo que encontrava — botões, colheres, garrafas de plástico, roupas, lençóis, bem como objetos que comprava ou encomendava dos amigos, como miniaturas de navios de guerra e de automóveis. Com os fios que desfiava de seu uniforme azul de interno, realizava bordados cheios de detalhes e elaborava alfabetos próprios e sentenças. Empregando a palavra como elemento fundamental, Bispo do Rosário construía linguagens e signos, incluindo trechos de discursos, seus e de outros, que inseria e fragmentava a partir de códigos privados.

Ele realizava também bandeiras, estandartes, fardões, faixas de miss, onde tecia frases de sua imaginação, incluía nomes de pessoas, desenhos e sentenças que retirava de manchetes de jornal ou de episódios bíblicos. Tanto que afirmava realizar uma sorte de inventário do mundo para o dia do Juízo Final. Nessa ocasião ele se apresentaria na frente de Deus, vestindo o *Manto da apresentação* — talvez sua obra mais famosa —, como representante dos "homens e das coisas existentes".

Bispo do Rosário viveu isolado do mundo até que, no início da década de 1980, sua arte foi descoberta e vista por um ângulo totalmente novo. Eram tempos da antipsiquiatria, de diálogo entre loucura e arte contemporânea, e os trabalhos de Bispo começaram a receber a valorização que mereciam. Foi nesse contexto que Samuel Wainer Filho (1955-84) fez uma matéria para o programa *Fantástico*, da TV Globo, e o psicanalista e fotógrafo Hugo Denizart (1946-2014) apresentou o filme *O prisioneiro da Passagem: Arthur Bispo do Rosário*. Não por acaso, também em 1982, o trabalho de Bispo foi incluído na mostra À Margem da Vida, no Museu de Arte Moderna do Rio de Janeiro.

Arthur Bispo do Rosário faleceu em 5 de julho de 1989, no Rio de Janeiro, vitimado por um infarto. Nesse mesmo ano foi fundada a Associação dos Artistas da Colônia Juliano Moreira, tombada em 1992 pelo Instituto Estadual do Patrimônio Artístico e Cultural (Inepac). Meses após a morte de Bispo, em 18 de outubro, foi inaugurada sua primeira mostra individual, Registros de Minha Passagem pela Terra, no Parque Lage. Depois da exposição, suas obras foram apresentadas em vários estados brasileiros e em países como Suécia, França, Estados Unidos. Em 1995, sua arte representou oficialmente o Brasil na Bienal de Veneza, na Itália.

Sua produção está hoje reunida no Museu Bispo do Rosário, anteriormente denominado Museu Nise da Silveira, situado na antiga Colônia Juliano Moreira. Num processo contínuo, e como se estivesse incorporado, o artista criou cerca de mil obras. Bispo do Rosário transitava entre a genialidade e a loucura. Num dos estandartes que confeccionou, registrou uma frase que, de alguma maneira, sintetiza sua vida e arte: "Eu preciso destas palavras — Escrita". E assim definiu a sua moléstia e a de seus companheiros: "Os doentes mentais são como beija-flores. Nunca pousam. Ficam sempre a dois metros do chão".

FONTES: Brasil em Veneza; Ferreira Gullar; Ivo Mesquita; Jorge Anthonio da Silva; José Roberto Teixeira Leite; Lisette Lagnado; Luciana Hidalgo; Mostra do Redescobrimento; Patricia Burrowes.

VEJA TAMBÉM: Arthur Timótheo da Costa...; Heitor dos Prazeres; Ivone Lara; Lima Barreto; Rubem Valentim.

ARTHUR ROCHA

c. 1859-88 | PORTO ALEGRE, RIO GRANDE DO SUL

Poucas vezes mencionado nas obras sobre a história do teatro brasileiro oitocentista, Arthur Rodrigues da Rocha foi um importante intelectual gaúcho. Filho de José Rodrigues da Rocha, registrado como um "mulato excessivamente moreno", e de Maria das Dores Rocha, ele nasceu em Rio Grande, em 1859. De família humilde, só começou sua educação escolar aos treze anos, no Colégio Gomes, em Porto Alegre.

Defendendo uma posição antiescravista, destacou-se como jornalista e redator nos periódicos *O Mosquito* (1874), *O Colibri* (1877), *A Lente* (1877), entre outros. Com apenas dezoito anos, fundou seu próprio jornal, *O Correio da Tarde*, tendo comprado em 1877 a tipografia do *Diario de Noticias*. Fundaria também a revista da Sociedade Dramática Ensaios Literários, e ainda participaria da Sociedade Dramática Romeira do Progresso, da União Militar, da Filhos de Talia, e de outras entidades artísticas e teatrais.

Arthur Rocha estreou no teatro aos dezesseis anos, com a peça *O filho bastardo*. Como ator, integrou os quadros da Sociedade Luso-Brasileira, entre 1874 e 1878. Com poemas e contos, contribuiu para a revista do Partenon Literário, do qual se tornou sócio. Até 1844 são contabilizadas ao menos catorze peças de sua autoria, sete das quais foram publicadas nos três volumes de *Teatro de Arthur Rocha*, entre 1876 e 1884. Aí aparecem *O filho bastardo, O anjo do sacrifício, Por causa de uma camélia, José, A filha da escrava, Os filhos da viúva* e *Deus e a natureza*.

Muitas das suas obras fariam sucesso, sendo apresentadas em cidades de norte a sul do Brasil. Esse é o caso de *A filha da escrava*, de conteúdo abolicionista. Arthur Rocha participou assiduamente dos debates em favor do final do sistema escravista, tendo sido envolvido em polêmicas e sofrido vários ataques raciais. Num perfil biográfico lançado em 1905, o teatrólogo Joaquim Alves Torres (1853-1910) menciona um ataque que teria ocorrido contra Arthur Rocha quando participava de uma festa no Partenon Literário. Chamado de "rapaz moreno" e "catinga da raça", ele teria reagido dizendo que "talento não era privilégio dos brancos".

Arthur Rocha trabalhou também como funcionário público da administração dos Correios, onde acabaria sendo processado por desvio de verbas e exonerado em 1883. A acusação não apresentou, porém, provas concretas e ele foi absolvido. Arthur Rocha atuou no Rio Grande do Sul durante a maior parte da sua vida, onde veio a falecer no emblemático ano de 1888. Como destacaram os estudos de Cássia Daiane Macedo da Silveira, Isabel Silveira dos Santos (1966-), Marcus Vinicius de Freitas Rosa (1980-) e outros, Arthur Rocha representa um exemplo de intelectual negro, provavelmente nascido livre, mas vivendo numa sociedade cercada pela escravidão e pelo preconceito.

FONTES: Cássia Daiane Macedo da Silveira; Isabel Silveira dos Santos; Marcus Vinicius de Freitas Rosa.

VEJA TAMBÉM: Aurélio Veríssimo de Bittencourt; Cruz e Sousa; Lima Barreto; Sofia Ferreira Chaves.

ARTHUR TIMÓTHEO DA COSTA 1882-1922 E JOÃO TIMÓTHEO DA COSTA

1879-1932 | RIO DE JANEIRO

Os irmãos Arthur e João eram ambos negros, cariocas, de família pobre, e vivenciaram o mesmo destino na arte e na vida. Arthur, o mais conhecido dos dois, além de pintor, foi desenhista, cenógrafo, entalhador e decorador. Sua vida e sua obra continuam, porém, insuficientemente estudadas, apesar de pertencer à geração de artistas que, no Rio de Janeiro, realizou a passagem entre a tradição acadêmica da Escola Nacional de Belas Artes (ENBA) e as primeiras correntes modernistas.

Arthur enfrentou uma série de obstáculos e adversidades em sua breve existência. Ele estudou com João Timótheo na Casa da Moeda e na ENBA, então sob a direção de Enes de Sousa (1848-1920), que se comportava como um verdadeiro mecenas e protetor de jovens artistas. Os irmãos frequentaram o curso de desenho e tomaram contato com o processo de gravação, acompanhando a impressão de moedas e selos. Em 1894, incentivado pelo diretor da instituição, Arthur e João matricularam-se na ENBA, tendo aulas com Daniel Bérard (1846-1910), Zeferino da Costa (1840-1915), Rodolfo Amoedo (1857-1941) e Henrique Bernardelli (1858-1936).

Ainda bastante jovem, Arthur Timótheo trabalhou com o cenógrafo italiano Oreste Coliva, experiência que parece ter influenciado sua técnica, sobretudo o destaque ao jogo de luzes e composições. Em 1905, estreou na Exposição Geral de Belas Artes, com duas pinturas: *Diante do modelo* e *Repreensão*, mas não obteve muito êxito com elas. Já em 1907, saiu-se vitorioso, conquistando o prêmio de viagem ao exterior, que no ano seguinte o levou a Paris, onde permaneceu por dois anos para depois conhecer Itália e Espanha. Durante a estada europeia, sua pintura se alterou consideravelmente, e ele se aproximou de técnicas impressionistas.

Depois de retornar ao Brasil, em 1910, Arthur realizou um dos seus quadros mais conhecidos: *A forja* (1911). Segundo alguns críticos, a obra teria antecipado a pintura moderna no país, tanto no tema quanto na técnica, com pinceladas aparentes e vigorosas. No mesmo ano, seguiu novamente para a Itália, convidado para decorar o Pavilhão Brasileiro na Exposição Internacional de Turim. Viajou em companhia do irmão João Timótheo, de Carlos Chambelland (1884-1950) e de Rodolfo Chambelland (1879-1967). No ano seguinte, fez uma exposição individual na Associação dos Empregados no Comércio, participando de cerca de treze exposições coletivas durante os anos de 1905 a 1921. Em 1913, obteve no Salão Nacional de Belas Artes a pequena medalha de prata. Ganhou a grande medalha de prata em 1919, época em que fundou com um grupo de artistas a Sociedade Brasileira de Belas Artes, conhecida como Centro Artístico Juventas.

A grande medalha de ouro veio em 1920, ano em que propôs que os artistas filiados à Sociedade Brasileira de Belas Artes participassem livremente das Exposições Gerais de Belas Artes. Ainda em 1920, executou com seu irmão a decoração do Salão Nobre do Fluminense

Football Club. Em 1921, exibiu sua obra pela última vez na Exposição Geral de Belas Artes. Suas paisagens foram ficando mais radicais, e seus traços, mais livres, com Arthur negando qualquer filiação direta aos cânones acadêmicos. Sua preocupação concentrava-se na cor, na textura e na expressão dos retratados.

A partir de então, Arthur foi deixando de pintar. Faleceu aos 41 anos, internado no Hospício Nacional de Alienados, no Rio de Janeiro, com o diagnóstico de demência paralítica. João Timótheo morreria dez anos depois, em 1932, internado no mesmo hospício. Loucura e discriminação fizeram parte da história de artistas pintores e escritores negros do começo do século XX no Brasil, que prometeu inclusão, mas entregou muita exclusão social. Estudos e uma série de iniciativas do artista e curador Emanoel Araújo (1940-), entre outros, têm destacado esta e outras vidas de artistas negros, interrompidas pela loucura do racismo.

FONTES: **Emanoel Araújo; Gilda de Mello e Souza; José Roberto Teixeira Leite;** ***Rio Informa.***

VEJA TAMBÉM: **Antônio Pinto Bandeira; Arthur Bispo do Rosário; Emmanuel Hector Zamor; Estêvão Silva; Firmino Monteiro; Juliano Moreira; Lima Barreto; Miguel Barros.**

ASCENDINA DOS SANTOS

SÉC. XX | RIO DE JANEIRO

É provável que Ascendina dos Santos tenha nascido livre no alvorecer do século XX. Há poucas referências a sua trajetória, bem como ao seu desaparecimento. Houve quem a confundisse com a atriz Rosa Negra, que fez sucesso na mesma época e de quem, igualmente, se tem poucas informações biográficas. Há indicações de que se chamasse Clementina da Silva, sendo Ascendina dos Santos seu nome artístico.

Pascoal Segreto (1868-1920), um empresário da Companhia Carioca de Burletas do Teatro Carlos Gomes, foi quem a lançou no mercado. Sua participação na peça *Ai, Zizinha!*, que estreou em 1926, teve grande repercussão, com direito a destaque no jornal *A Noite*: "Agitou verdadeiramente a plateia, arrancando-lhe os aplausos mais ruidosos e provocando-lhe estrepitosas gargalhadas". Segundo o mesmo periódico, Ascendina, "apesar" de ser "uma atriz de cor preta", teve "êxito absoluto", "dançando, cantando, contracenando" e demonstrando "possuir uma decidida vocação para o palco".

O sucesso veio acompanhado de ataques na imprensa, que a chamava pejorativamente de "ex-cozinheira" e "moradora da favela do Pinto", uma "artista de azeviche", "carvão nacional", "branca das neves", "Clara Branca das Neves", entre outros termos e expressões racistas.

Ascendina, que logo ficou conhecida como a "Estrela Negra" do Carlos Gomes, também foi tratada como "mercenária". A glória virava demérito, com o *Jornal do Brasil* publicando em abril de 1926 uma crônica de claro teor racista, escrita pelo colunista social Benjamin Costallat (1897-1961), a qual, em tom de deboche, afirmava que mulheres negras estavam "largando as panelas" e fazendo sucesso no teatro "remexendo os quadris". E ironizava: havia inclusive "várias Ascendinas, senão no nome pelo menos na cor, que também abandonaram o fogão pela ribalta, contribuindo cada vez mais para a crise tremenda das cozinheiras…".

Ascendina desapareceu dos palcos cariocas e do noticiário da imprensa tão rápido quanto alcançou o sucesso. Consta que migrou para Juiz de Fora, com a Companhia Arruda. Em agosto de 1926, o jornal *A Noite* informava que Ascendina havia tentado o suicídio, "ingerindo creolina".

— *Com Stephane Ramos*

FONTES: Nei Lopes; Paulo Roberto de Almeida.

VEJA TAMBÉM: De Chocolat; Grande Otelo; Jandyra Aymoré; Maria Joaquina de Camargo…

ASTOLFO MARQUES

1876-1918 | SÃO LUÍS, MARANHÃO

Raul Astolfo Marques nasceu em São Luís do Maranhão em 14 de abril de 1876. Conforme testemunhos, era homem de tez escura, estatura mediana, fronte larga, boca grande, bigode ralo e filho de uma negra lavadeira e engomadeira; o que fazia com que vestisse sempre um terno de casimira azul-marinho, cuidadosamente passado a ferro, e a camisa branca engomada. A mãe, Delfina Maria da Conceição Marques (1846-1915), era uma "cafuza livre", que morreu aos 69 anos. Por meio da nota de falecimento publicada em 1915, ficamos sabendo que o escritor teve quatro irmãos além de Maria dos Remédios: Alexandre da S. Cruz Marques, Percília Filomena Marques, Matilde Edmunda Marques e José Jacinto Marques. O núcleo familiar de Astolfo pertence ao quadro das famílias negras livres que conviveram com a escravidão e eram predominantemente compostas de mulheres e chefiadas por elas. Nada se sabe acerca do pai da prole.

Segundo entrevista que concedeu, Astolfo, ainda menino, trabalhava ajudando a mãe na entrega da roupa lavada, bem como levava e trazia recados. Na mesma ocasião, declarou ter aprendido a ler sozinho e que, autodidata, fundaria em 1900, juntamente com Antônio Lobo (1870-1916), a Oficina dos Novos, instituição que no futuro supriria com vários membros a Academia Maranhense de Letras, de cuja fundação, em 1908, ele também participou.

Em 1896, com cerca de vinte anos, Marques conseguiu o emprego de servente na Biblioteca Pública de São Luís, um espaço de sociabilidade intelectual e literária da cidade. Por lá, varria o salão, espanava estantes, etiquetava livros, enchia o filtro, molhava plantas e atravessava a rua, diariamente, para buscar refrescos para seus superiores na Casa Transmontana. Dois anos mais tarde, foi promovido a auxiliar do diretor da Biblioteca. Um ano antes, seu nome é encontrado na coluna "Exames gerais", publicada no *Pacotilha* de 13 e 17 de dezembro de 1897, entre os "aprovados simplesmente" nas provas de geometria e trigonometria. Já em aritmética, obteve "aprovação plena". Em 28 de outubro de 1907, ele aparece outra vez no mesmo espaço, como "aprovado com louvor e distinção" em história universal e do Brasil.

O trabalho de Astolfo como contínuo e, depois, auxiliar de direção da Biblioteca Pública de São Luís levou-o a acionar um conjunto de relações de apadrinhamento que o ajudaram a construir uma carreira bastante exitosa, ao menos para os padrões da elite política e cultural de sua cidade. Um bom exemplo é sua pequena biografia *O dr. Luís Domingues*, de 1910, que tratava do então governador do Maranhão (1910-4), publicada como parte do cerimonial de posse do referido político. Nesse ano, também, foi nomeado por Luís Domingues (1852-1922) secretário interino da Instrução Pública e do Liceu Maranhense, cargo em que permaneceu até 1911. Pouco depois, o coronel e vice-governador Frederico Figueira (1849-1924) designou-o oficial da Secretaria de Governo. Em 1915, com a extinção do órgão, Astolfo Marques foi realocado como amanuense da Secretaria do Interior. O escritor teve a sua aposentadoria decretada em 1918, na condição de chefe da Segunda Seção da Secretaria do Interior.

Marques colaborou com contos e artigos em vários periódicos, em geral locais, entre eles *Pacotilha*, *A Imprensa*, *O Jornal*, *A Avenida*, *Os Novos* (boletim da Academia dos Novos) e *Diario do Maranhão* e nas revistas *Ateneida* e *O Norte*. Sua produção intelectual inclui estudos bibliográficos, traduções, crônicas, ensaios folclóricos e um romance. Foi também fundador de agremiações literárias como a já citada Oficina dos Novos (1900) e a Academia Maranhense de Letras (1908).

Seus principais trabalhos são a tradução do romance *Por amor* (1901), do escritor francês Paul Bertnay (1846-1928); a coletânea de contos *A vida maranhense* (1905); o relato de viagem *De São Luís a Teresina* (1906); a peça teatral *O Maranhão por dentro* (1907); a coletânea de contos *Natal* (1908); o romance *A nova aurora* (1913). No livro, ele descreve o massacre de "libertos monarquistas", ocorrido a 17 de novembro de 1889. Nesse dia, as ruas de São Luís ficaram manchadas com o sangue do fuzilamento de uma série de ativistas negros que protestavam contra a deposição da princesa Isabel (1846-1921), entendida naquele momento como uma ameaça à liberdade alcançada com a abolição. Por sinal, as decepções da população negra são tema recorrente na obra ficcional de Astolfo Marques, estando presentes em contos como "Abnegação" (1901), "O discurso do Fabrício" (1903), "A última sessão" (1903), "A opinião da Eusébia" (1904), "De coroa e barrete" (1908) e "Reis republicanos" (1916).

Estas e muitas outras faces de Astolfo vêm sendo reveladas pelos estudos de Matheus Gato de Jesus (1984-). O escritor era mestre em cultura popular maranhense — a cultura de escravizados e escravizadas antes da abolição, de negros e negras libertos e livres, das ganhadeiras, dos caixeiros, dos operários das fábricas, das peixeiras. Para ele, era nas tradições populares que se encontrava a memória viva das lutas históricas e dos novos desafios do futuro.

Quando faleceu, em 28 de maio de 1918, vítima da tuberculose, Astolfo Marques deixou inéditos vários contos, uma obra sobre festas populares de sua cidade e a *Seleta maranhense*, texto em que trabalhou desde 1901 até sua morte.

FONTE: Matheus Gato de Jesus.

VEJA TAMBÉM: Maria Firmina dos Reis; Lima Barreto; Nascimento Moraes.

AUGUSTA SÉC. XIX E UBALDINA ANNA DA CONCEIÇÃO

1858-? | SANTO AMARO E SALVADOR, BAHIA

Esta história tem início em 1872, com a abertura de um processo-crime. Augusta e Ubaldina eram irmãs nascidas sob cativeiro que viviam em Salvador. Sobre Augusta, sabemos apenas que era "parda" e pertencia ao desembargador João José de Almeida Couto (1812-1900). Já Ubaldina tinha 24 anos, era natural da cidade de Santo Amaro, porém morava na freguesia da Sé, no centro de Salvador. Ela pertencia ao major Joaquim Domingos Lopes.

Enviadas para Salvador, as irmãs tiveram a sorte de permanecer próximas. Há poucos registros sobre a vida delas, mas não seria errado presumir que, devido à grande mobilidade que costumava permear o cotidiano dos cativos residentes em centros urbanos como Salvador, provavelmente se encontravam todos os dias.

Desse caso temos notícia somente através do processo-crime de estelionato movido pelo proprietário de Augusta contra Carlos Hermes da Purificação (1843-?) em 19 de novembro de 1872. A moça conseguira juntar um pequeno pecúlio de 600 mil-réis, e pediu ao desembargador João José de Almeida Couto que o depositasse na Caixa Econômica: tinha planos de "vencer algum prêmio", e de aplicar esse montante "em benefício de sua liberdade". Ubaldina, por sua vez, sabendo que Augusta amealhara tal quantia, acabou comentando o assunto com Carlos Hermes, com quem "entretinha relações". Foi dele o plano de ficar com o capital, e de convencer Ubaldina a pedir o dinheiro emprestado à irmã: ela diria que pretendia empregar a soma na própria alforria para poder se casar.

A ideia soou boa para Ubaldina, que sabia como era importante que fosse alforriada antes de contrair matrimônio: seus filhos nasceriam de ventre livre e o casal poderia viver de forma independente e sem qualquer tipo de desmando por parte do seu proprietário. Já Augusta considerou que assim "faria a felicidade" da irmã, e que ela mesma, solteira, poderia aguardar pela liberdade por mais algum tempo. Afinal, ponderou, vivia "debaixo de um domínio brando e suave".

Apesar de a compra da alforria ser uma prática relativamente corrente no Brasil, somente após 1871, com a Lei do Ventre Livre, foi legalmente dado ao escravizado o direito de libertar-se com a apresentação de um pecúlio. Essa lei, além de reeditar a proibição da desagregação da família escrava pelo comércio e declarar livres os filhos da mulher cativa nascidos a partir daquela data, determinou a libertação anual de cativos por intermédio do Fundo de Emancipação e o estabelecimento do registro anual de todos os escravizados existentes no Império. O recurso foi muito utilizado pelos escravizados para a autocompra, ainda que contra a vontade de seus senhores, e para a alforria de familiares.

Assim sendo, no dia 11 de janeiro de 1872, Augusta entregou tudo que possuía para Carlos Hermes da Purificação, descrito como homem "pardo", solteiro, de 29 anos, charuteiro, natural de Salvador e residente na freguesia da Sé. Já de posse do dinheiro, ele mudou totalmente de atitude: passou a evitar as duas irmãs, "com mil imaginários subterfúgios", não realizou a alforria de Ubaldina, e tampouco casou-se com ela. Por sua parte, o rapaz justificava-se dizendo que o senhor dela havia demandado uma quantia superior à esperada, e que ele ainda não tinha conseguido auxílio da Sociedade Libertadora Sete de Setembro. Algum tempo depois, Carlos Hermes escreveu uma carta para Augusta, lamentando o desaparecimento dos 600 mil-réis da sua casa. E, se antes Carlos Hermes e Ubaldina se viam muito, a partir dessa data ele desapareceu.

Carlos Hermes teve sua prisão decretada em 26 de fevereiro de 1873, mas as autoridades não o encontraram. Só em 20 de abril do mesmo ano é que foi finalmente detido. Interrogado, ele ainda tentou enganar as autoridades: admitiu conhecer Augusta havia mais de três anos, porém declarou jamais ter visto Ubaldina. Alegou ter aceitado o dinheiro para "deitar" uma loja de charutos, mas que tudo lhe fora roubado. Buscando virar o jogo, o réu afirmou que Augusta era "sua amásia", e que era ela a "ladra para lhe comprometer". Mesmo assim não saiu ileso: foi condenado, em 13 de outubro de 1873, a quatro anos de prisão com trabalhos e obrigado a pagar multa de 20% do valor apropriado e das custas do processo. O rapaz passou por um segundo julgamento em 7 de julho de 1874, quando conseguiu que sua pena fosse diminuída para três anos e três meses de prisão com trabalho, mas teve que arcar com o mesmo pagamento. O advogado do réu tentou apelar uma terceira vez, buscando novamente reverter a sentença, porém dessa vez não logrou sucesso. Em 6 de outubro de 1874, foi encerrado o processo, sendo Carlos Hermes definitivamente condenado por ter subtraído de Augusta, através de "artifício fraudulento", a quantia de 600 mil-réis.

Descoberta nas pesquisas de Isabel Cristina Ferreira dos Reis, a história das irmãs Augusta e Ubaldina é uma entre as várias que envolvem escravizados e escravizadas que, além de se verem por vezes ludibriados por conhecidos, revelavam comoventes e estreitas relações familiares.

FONTES: **Arnold Wildberger; Isabel Cristina Ferreira dos Reis; Robert W. Slenes; Sidney Chalhoub.**

VEJA TAMBÉM: **Benedita Caetana, Josefa...; Damásia; Delfina e Faustina; Joaquina Benguela; Maria Águeda.**

AUGUSTO MINA

c. 1836-61 | ÁFRICA; ALAGOAS; FLORIANÓPOLIS, SANTA CATARINA

Augusto, um africano ocidental, nasceu por volta de 1836, em algum lugar do sertão africano. Em 1850, entre os doze e os catorze anos, foi escravizado e embarcado, a partir do golfo do Benin, para o Brasil. Com o navio apreendido, foi considerado "africano livre", enviado para a província de Alagoas e depois para Santa Catarina, consignado a Manuel José Espínola. E trabalhou como marinheiro no porto do Desterro.

A originalidade da trajetória de Augusto foi ter sido um africano livre que juntou recursos, com expectativas de retornar à África. Infelizmente, faleceu em 1861, sem ter concretizado seu sonho. No entanto, as autoridades descobriram que Augusto guardava em sua casa — onde dividia na rua da Palma, cidade do Desterro, a habitação com mais outros cinco homens, entre cativos, livres, africanos e nascidos no Brasil — três moedas de ouro, 33 de prata e duzentas notas em papel, que perfaziam o total de 438 mil-réis.

Nas investigações que se seguiram e que pretendiam apurar a origem da considerável quantia nas mãos de Augusto, as autoridades revelariam as ações, os projetos e as estratégias desse africano, trabalhando como marinheiro, em embarcações, administrando moradias e alimentação. Das testemunhas consultadas, houve quem garantisse que Augusto era um "preto muito trabalhador, diligente, ativo e econômico", e que era "econômico, poupador e fiscalizador do que era seu". Segundo um ex-patrão de Augusto, um comerciante e proprietário de embarcações em Desterro, ele era "tão diligente, dedicado ao trabalho e econômico que não perdia tempo, trabalhando sempre e de tudo fazendo dinheiro".

Pelo inventário de seus bens, revelou-se que possuía não apenas notas e moedas brasileiras, como papel e moedas de diferentes origens, fruto do seu trabalho como marinheiro, que alcançou várias partes do mundo.

Como mostrou a pesquisa do historiador Henrique Espada Lima, em pleno século XIX Augusto Mina era um trabalhador remunerado e articulado a uma história global do trabalho que reunia escravizados, livres, brancos, negros, africanos e europeus nos quatro cantos do mundo, por meio de navios e da circulação de mercadorias.

FONTES: Beatriz G. Mamigonian; Henrique Espada Lima; Marcelo Badaró Mattos; Paul Gilroy.

VEJA TAMBÉM: Duarte da Costa; Rufino José Maria.

AURÉLIO VERÍSSIMO DE BITTENCOURT

1849-1919 | PORTO ALEGRE, RIO GRANDE DO SUL

Em outubro de 1849 nascia em Jaguarão, na fronteira do Brasil com o Uruguai, Aurélio Veríssimo de Bittencourt. Era filho de Maria Júlia da Silva (1835-?), classificada como parda, e de Hipólito de Simas Bittencourt (1823-84), um oficial da Marinha que possuía pai e avós paternos considerados "brancos" e provenientes de uma família pobre natural de Santa Catarina. Quando Aurélio nasceu, Maria Júlia tinha apenas catorze anos e morava nas proximidades da zona portuária de Jaguarão em companhia da mãe, Josefa. Ali conheceu Hipólito de Simas, que em 1884 aparece descrito como "branco", ocupando o posto de capitão-tenente da armada.

Ainda no interior do Rio Grande do Sul, Aurélio alfabetizou-se e dedicou-se à devoção católica, que marcaria sua trajetória pelo resto da vida. Com doze anos, ele migrou com os familiares para Porto Alegre, e por lá continuou com os seus estudos. Aurélio atuaria como jornalista e funcionário público, ocupando postos na administração provincial desde 1868, quando ingressou como amanuense na Secretaria de Governo. Ganharia, então, destaque na vida urbana pública, sendo reconhecido como homem negro de prestígio:

vice-provedor da Santa Casa de Misericórdia, irmão da Venerável Ordem Terceira de Nossa Senhora das Dores e da Irmandade do Senhor dos Passos, além de presidente do Conselho da Conferência de São Vicente de Paula e dirigente das Sociedades de Beneficência. Nesse mesmo ano de 1868, Aurélio se casa com Joana Joaquina do Nascimento (1837-95), filha de Joaquim Manuel do Nascimento e de Maria Madalena da Conceição, todos aparecendo como pardos nos registros paroquiais. Terão quatro filhos, nascidos entre 1869 e 1878.

Durante a monarquia, Aurélio esteve próximo das lideranças do Partido Liberal gaúcho. Perto do contexto de desmontagem do sistema escravocrata, ele atuaria como abolicionista. Durante a República, viria a ser interlocutor e representante de Júlio de Castilhos (1860-1903) no Palácio de Governo. Em várias situações, Aurélio seria descrito como pardo ou mulato, com essas definições recebendo claro caráter pejorativo. Depois da emancipação, como tipógrafo e literato, ele teria um papel de mediação política, cultural e étnica junto à comunidade negra de Porto Alegre.

Aurélio foi um periodista atuante, tendo dirigido o *Jornal do Commercio*, entre 1903 e 1911, e fundado a Sociedade Partenon Literário. Participou ainda do semanário *O Exemplo*, um dos pioneiros da chamada imprensa negra e que, ligado à Irmandade de Nossa Senhora do Rosário, surgiu em Porto Alegre em 1892. Ele possuía entre seus fundadores Artur de Andrade, Marcílio Freitas, Alfredo de Sousa, Esperidião Calisto, Sérgio de Bittencourt (?-1904) e Aurélio de Bittencourt Jr. (1874-1910); estes dois últimos, filhos de Aurélio.

Vários intelectuais negros que estiveram à frente do jornal *O Exemplo* merecem destaque, como Tácito Pires (1874-1939) e Alcibíades Azeredo dos Santos (1883-1965). Dário de Bittencourt (1901-74), poeta, advogado, professor e integralista, neto de Aurélio, comandou o periódico entre 1920 e 1930. Nessa época o jornal, dirigido por tipógrafos e literatos negros, contou com alguns intelectuais brancos, como Dante de Laytano (1908-2000), que realizou importantes estudos sobre a escravidão, o pós-abolição e as origens africanas das populações do Rio Grande do Sul. Aurélio de Bittencourt faleceu, cego, em 23 de agosto de 1919, na cidade de Porto Alegre.

Várias entidades e lideranças negras enalteceriam a luta de Aurélio contra a discriminação racial no Sul do Brasil. Nas comemorações do Treze de Maio, em 1904, ele seria apresentado pela imprensa como "líder do movimento abolicionista gaúcho" e como "o maior atleta na luta pela conquista dos direitos civis e políticos dos negros" do Rio Grande. Em outubro de 1949, os principais noticiosos da cidade publicaram matérias com homenagens em comemoração ao centenário do seu nascimento. Além de missas rezadas em seu nome na capela do Divino Espírito Santo e na de São Joaquim, na Academia Sul-Riograndense de Letras e no Instituto Histórico e Geográfico do Rio Grande do Sul, foram realizadas sessões extraordinárias com discursos e moções. Ainda nesse ano, o *Correio do Povo* ressaltaria que "por espaço de mais de meio século" Aurélio tinha "merecido a confiança de todos os presidentes de província, da monarquia, e de Estado, no regime republicano", tendo usufruído da "intimidade de Júlio de

Castilhos e de Borges de Medeiros", sendo "considerado o paradigma do funcionário público".

Num depoimento publicado na mesma edição do jornal, o próprio Borges de Medeiros (1863-1961) destacou que "Aurélio de Bittencourt era um preto, que viveu e subiu quando não estavam ainda dissipadas, em geral, as diferenciações de raças e de cores, que originavam desigualdades nas relações individuais e sociais". Mesmo assim, "pelos seus merecimentos reais" tinha vencido "com dignidade os preconceitos humanos e [conseguido] impor-se ao apreço e consideração de todos". As histórias de vida de Aurélio Bittencourt e de outros intelectuais negros têm sido reveladas pelas pesquisas de José Antônio dos Santos, Marcus Vinicius de Freitas Rosa (1980-), Paulo Roberto Staudt Moreira (1962-) e outras tantas gerações de historiadores do Rio Grande do Sul.

FONTES: **Beatriz Loner; Eduardo Kersting; Fábio Garcia; José Antônio dos Santos; Liane Susan Müller; Marcus Vinicius de Freitas Rosa; Paulo Roberto Staudt Moreira.**

VEJA TAMBÉM: **Arthur Rocha; Sofia Ferreira Chaves.**

AUTA DE SOUZA

1876-1901 | MACAÍBA E NATAL, RIO GRANDE DO NORTE

Nascida em Macaíba, Rio Grande do Norte, em 1876, Auta de Souza era filha de Elói Castriciano e Henriqueta Leopoldina Rodrigues de Souza. Dos cinco irmãos, Auta era a única mulher. Sua infância foi marcada por tragédias familiares. Em 1879, ficou órfã de mãe com menos de três anos. Entre 1881 e 1882, perdeu o pai e o avô, e em 1890 viu o seu irmão Irineu morrer num incêndio. No mesmo ano, aos catorze anos, Auta contraiu tuberculose.

Ela e os irmãos foram criados no Recife pela avó materna, Silvina de Paula Rodrigues. Sabe-se que Silvina se mobilizou para educar e alfabetizar todos os netos. Não por acaso, dois irmãos de Auta se destacaram mais tarde como intelectuais no Rio Grande do Norte: o jornalista, deputado federal e senador Elói de Souza (1873-1959) e o poeta, educador e um dos fundadores da Escola Doméstica de Natal Henrique Castriciano de Souza (1874-1947).

Quanto a Auta, consta que estudou por algum tempo no prestigiado Colégio São Vicente de Paula, em Estância, Pernambuco. Teve contato com as obras de Gonçalves Dias (1823-64), de Casimiro de Abreu (1839-60) e também de autores estrangeiros como Victor Hugo (1802-85), Bossuet (1627-1704), Fénelon (1651-1715), Chateaubriand (1768-1848), entre outros.

Auta se destacou como importante poeta em fins do século XIX. Colaborou nos jornais de Natal *A Republica* e *A Tribuna*. Em 1897, publicou o livro *Dálias*, que seria reeditado em 1900, com o título *Horto*. Nos seus poemas, ela mistura a estética simbolista com as perspectivas místicas do catolicismo. Com apenas 24 anos, faleceu em Natal, no Rio Grande do Norte.

FONTES: **Alice Vieira Barros; Eduardo de Oliveira; Gleison Ruan Alexandre de Oliveira; Josenildo Pinheiro da Silva.**

VEJA TAMBÉM: **Maria Firmina dos Reis; Sofia Ferreira Chaves.**

B

BADIA

1915-91 | RECIFE, PERNAMBUCO

Nascida em Recife, no ano de 1915, Maria de Lourdes da Silva, a Badia, foi uma importante líder cultural, associando dimensões profanas, religiosas e materiais de Pernambuco. Consta que recebeu os primeiros ensinamentos junto com Sinhá (1874-?) e Iaiá (1877-?), as célebres Tias da Costa. Ficaria conhecida como a primeira Dama do Carnaval do Pátio do Terço e como uma famosa "costureira de São José".

Articulando ensinamentos adquiridos junto aos últimos africanos desembarcados em Recife com outras tradições culturais, ela se aproximou do catolicismo popular, e fez parte de diversas agremiações católicas, como as irmandades do Senhor Bom Jesus dos Martírios, de São Benedito, das Carmelitas Descalças e da Nossa Senhora do Rosário dos Homens Pretos.

Como membro da Sociedade de São Bartolomeu e da Sociedade 16 de Julho, Badia promoveu festas e novenas para santos católicos. Ao mesmo tempo, ela teve um papel significativo na criação e no desenvolvimento de agremiações carnavalescas, como os clubes Pão Duro e Vassourinhas, a Escola de Samba Estudantes de São José, o Bloco Lírico Pierrot de São José, o Bloco de Samba A Turma do Saberé, entre outros.

Fundadora de algumas entidades, e dirigindo outras, Badia — também chamada Obejidê por suas ligações com os cultos de matrizes africanas — atuou na aproximação das entidades de matriz africana com as autoridades públicas, buscando diminuir as desconfianças e a repressão ao Carnaval, incentivando as práticas lúdicas da população negra e pobre, bem como angariando proteção, recursos e reconhecimento junto a comerciantes e políticos locais.

Nos eventos que organizava, em sua própria residência, Badia atraía comerciantes, políticos, religiosos e artistas. Por isso, além de se destacar como artesã, bordadeira e costureira, foi uma importante madrinha das agremiações carnavalescas. No seu ateliê de Carnaval criaram-se muitas fantasias para os blocos Bola de Ouro, Batutas de São José, Galinha da Tarde e Escola de Samba Almirante do Samba.

Em 1985, a Prefeitura da Cidade do Recife a homenageou, denominando a festa local de Carnaval Badia. Aos 76 anos, em julho de 1991, Badia morreu. Em 1997, foi criado o Baile Perfumado, como uma atração no calendário das prévias carnavalescas no bairro de São José, no pátio do Terço, mais exatamente na rua Vidal de Negreiros, onde Badia morou.

Artesã, religiosa, produtora cultural e líder comunitária, Badia é até hoje, e cada vez mais, uma referência na cultura de Pernambuco.

— Com Valéria Gomes Costa

FONTES: Maria do Carmo Brandão; Roberto Motta; Mário Ribeiro dos Santos; João Amaro Monteiro da Silva; Maria Carolina Santos.

VEJA TAMBÉM: Emília Rodrigues Castro...; Marcolina da Silva Marques; Maria Joana Monteiro; Pai Adão; Tias baianas...; Tia Crata.

BAMBOXÊ OBITIKÔ (RODOLPHO MANOEL MARTINS DE ANDRADE)

c. 1820-1904? | NIGÉRIA; BAHIA; RIO DE JANEIRO

Africano ocidental de origem ioruba, Bamboxê Obitikô nasceu por volta de 1820, em Oyó, na Nigéria. Foi escravizado e trazido quando adulto para o Brasil. Pode ter chegado aqui no ano de 1849, já no período do tráfico ilegal. Consta que Bamboxê foi batizado com o nome português de Rodolpho, em 26 de dezembro de 1850, na freguesia de Pirajuia, em Jaguaripe, na Bahia. Seu proprietário era o português Manuel Martins de Andrade, dono da fazenda Mutá.

Conquistando a sua alforria, retornou à África em 1873. Em Lagos passou a morar num bairro brasileiro, onde residiam outros africanos que haviam regressado e eram descendentes destes. Lá registrou o nome de Rodolpho Manoel Martins de Andrade. Sabe-se por fontes orais (parentes da família Bamgbose-Martins de Lagos) que Bamboxê fazia parte de linhagem real do reino de Oyó, sendo descendente direto de Xangô. Por sinal, no Brasil ele viria a se tornar sacerdote de Xangô, sendo consagrado a Ogodô, ligado ao mesmo orixá.

Bamboxê Obitikô se transformaria, então, num verdadeiro personagem atlântico da constituição do candomblé, realizando viagens entre a Nigéria, Rio de Janeiro, Recife e Salvador. Conviveria com diversas gerações de africanos libertos, que tinham negócios, interesses e vinculações religiosas na Bahia e no Rio, cidade que visitou com frequência entre 1886 e 1893.

Foram as pesquisas mais recentes de Lisa Earl Castillo e Luis Nicolau Parés (1960-) que mapearam as andanças atlânticas deste importante babalaô, que tem uma vida associada à fundação de várias casas e terreiros de tradição dos orixás, no Rio de Janeiro e na Bahia. Bamboxê Obitikô faleceu em Salvador nos primeiros anos do século XX, e seus restos mortais foram depositados na igreja de Nossa Senhora do Rosário dos Pretos, célebre irmandade negra localizada no Pelourinho.

FONTES: Lisa Earl Castillo; Luis Nicolau Parés; Nei Lopes.

VEJA TAMBÉM: Mãe Aninha; Marcelina Obatossi; Tias baianas...

BÁRBARA GOMES DE ABREU E LIMA

SÉC. XVIII | SERGIPE; SABARÁ, MINAS GERAIS

Bárbara Gomes de Abreu e Lima, uma "crioula" que saiu como escravizada de Sergipe del Rei e tomou a direção de Minas Gerais, protagonizou um caso exemplar, que ficou registrado e datado no ano de 1735. Como mostra o historiador Eduardo França Paiva, que é quem mais tratou do caso, nesse documento declarou que havia "se forrado" nas Minas, aludindo à sua autocompra, e que tinha adquirido a casa onde morava, situada no largo da igreja matriz da vila de Sabará; um endereço de vizinhança bastante rica.

Sua rede de amizades era também ampla, espalhando-se por várias regiões das Gerais mas também pela Bahia.

Ela mantinha negócios distribuídos por toda essa vasta área, embora não tenha deixado registrado que tipo de comércio realizava. De toda forma, para cuidar desses seus interesses, Bárbara indicou doze homens de sua confiança como testamenteiros, entre os quais um capitão-mor, o vigário da vara da comarca do Rio das Velhas, um mestre de campo, dois sargentos-mores e um tenente-coronel. Nenhum dos escolhidos era negro ou mestiço, e tampouco pobres, o que indica a singularidade do caso e a grande influência da testadora.

Mas é um conjunto de pequenos bens materiais por ela listados que mais chama a atenção, e não por acaso virou tema para uma série de pesquisas. No testamento ela listava uma penca de balangandãs, por exemplo, que se encontrava dividida e espalhada entre algumas pessoas próximas de Bárbara. De uso comum pelas negras escravizadas e forras na Bahia, essas pencas compostas de pequenos amuletos eram menos usadas em Minas Gerais, e pode residir aí um dos motivos que levaram a "crioula" a fragmentar a que possuía. Também se destaca o seu desejo de que todos os berloques se reintegrassem à penca após sua morte, como se pode constatar na transcrição em que diz ter: "[...] seis cordões pesando cento e uma oitavas, um se acha empenhado na mão de Tereza de Jesus, mulher de Antônio Alves por vinte oitavas e três na mão de José Ferreira Brasão donde se acham dois cordões emendados que fazem um, quarenta oitavas, um cordão com uma águia, um pente, uma estrela, uma argola solta, um coração, tudo em ouro, também empenhado na mão de José Ferreira Brasão, um cordão de ouro, um feitio de menino Jesus de ouro pesando cinco oitavas, umas argolinhas de ouro pesando quatro oitavas, uma senhora de feitio de Nossa Senhora da Conceição pesando três oitavas e meia, uns brincos de aljôfar e uns botões de ouro, umas argolinhas de ouro pequenas, uma bola de âmbar, uma volta de corais engranzados em ouro, um coral grande com uma figa pendurada, tudo de ouro, quatro colheres de prata pesando oito oitavas cada uma, quatro garfos de prata e uma faca com cabo de prata, duas memórias de emberessadeiras [sic], dois pares de botões de anáguas abertos no buril, tudo empenhado na mão de Manuel de Magalhães por sete oitavas, o que meus testamenteiros desempenharão. [...] Tenho empenhado mais um cordão de ouro com o peso que se achar na mão de José Rodrigues de Sousa por vinte oitavas que meus testamenteiros desempenharão. [...] um tacho grande de cobre e outro pequeno, doze pratos de estanho e dois grandes, uns corais, quatro saias, duas de seda preta e uma de rossa [sic] grana [sic] parda e uma de camelão e a roupa branca que se achar [...] três panos de dois côvados, um preto, um azul e um verde, um colchão de lã [...]". É digno de nota o fato de o capitão-mor José Ferreira Brasão, em cujas mãos estava a maior parte da coleção de penduricalhos, ter sido um dos testamenteiros indicados por Bárbara para defender seus interesses.

O receio de futuros problemas com a Inquisição foi outra razão que deve tê-la levado a dividir sua penca e a espalhar os pingentes entre amigos, retirando o sentido transgressor que o conjunto poderia transmitir. Os pingentes traziam representações da fertilidade e da sexualidade feminina, e simbolizavam o poder exercido pelas mulheres sobre o processo de formação das famílias e as protegiam.

Alguns balangandãs e amuletos, entretanto, poderiam carregar sentidos só decodificados pelos iniciados em práticas religiosas africanas e afro-brasileiras. Esses não eram, pois, simples adornos; indicavam autoridade, poder, devoção e capacidade de proteção contra os outros.

Outro aspecto importante é que muitos dos objetos descritos no seu testamento tinham grande valor no comércio internacional setecentista. Aljôfares, corais, âmbar e certos tecidos chegavam às Gerais vindos da África, do Oriente Médio, da Índia e da China.

Bárbara morava num sobrado na rua principal da cidade, possuía casas de aluguel, muito ouro em pó e lavrado, dezenas de cordões de ouro, vários deles com corais, além de tecidos provenientes de diferentes lugares do globo. Contava ainda com crédito na praça e negócios espalhados por diversas regiões. Enfim, Bárbara é um exemplo do florescimento econômico de africanas forras e de como elas agenciavam seus negócios e as heranças que gostariam de legar.

FONTES: **Eduardo França Paiva; Museu do Ouro;** *Superinteressante*.

VEJA TAMBÉM: **Chica da Silva; Joana da Silva Machado.**

BASÍLIA

SÉC. XIX | RIO DE JANEIRO

Conseguir alforria nem sempre significava garantir a liberdade para os descendentes diretos. E perceber tal peculiaridade do sistema às vezes demorava algum tempo. As famílias de ex-cativos poderiam levar anos até descobrirem que a sobrevivência de seus filhos ainda estava ameaçada pela escravidão. Isso aconteceu com a talvez africana Basília. Em 1839, ela, ainda jovem, conseguiu ser alforriada pelo seu proprietário, José da Costa Guimarães.

A vida dos ex-proprietários era em muitos casos a maior garantia de liberdade. E os ex-proprietários de Basília morreram entre 1862 e 1864, primeiro ele e depois a viúva. Os filhos da escravizada foram nascendo e, ao que tudo indica, permaneceram como cativos da propriedade, morando ao lado dela, que continuaria trabalhando para os descendentes de seus ex-senhores.

Em 1872, os filhos de Basília, Lauriano (22 anos), Basília filha (dezesseis anos), Ismael e Dominicano foram reivindicados como cativos num processo instaurado na Corte.

Quem nos conta a história de Basília é Lucimar Felisberto dos Santos, destacando como filhos de mulheres libertas que nasceram depois da alforria, vivendo perto ou distante de suas mães, e já adultos, poderiam ser considerados cativos ou se transformarem em alvos fáceis da reescravização.

FONTES: **Carlos Eduardo Valencia Villa; Lucimar Felisberto dos Santos; Luiz Carlos Soares; Sidney Chalhoub; Ynaê Lopes dos Santos.**

VEJA TAMBÉM: **Adriana e Maria; Eva e Francelina; Juliana.**

BATATINHA 1924-97 E RIACHÃO

1921-2020 | SALVADOR, BAHIA

Oscar da Penha, conhecido como Batatinha, nasceu em Salvador em 1924 e durante anos trabalhou como gráfico na Imprensa Oficial da Bahia. O apelido de infância "Vassourinha" seria trocado por Batatinha, gíria baiana para "gente boa". Passou, então, a estudar música, e seu negócio eram as batucadas.

Começou a apresentar suas composições em programas de rádio na Bahia, sobretudo o *Campeonato do Samba*, promovido pela Rádio Sociedade da Bahia. São dessa época as composições de sua autoria: "Olha aí o que que há?", "Iaiá no samba", "Eu sou cobrador", "Feijoada no samba" e "Jajá da Gamboa".

As músicas de Batatinha vão aparecer no filme *Barravento* (1962), de Glauber Rocha (1939-81), e mais tarde em discos de Maria Bethânia (1946-), que cantou "Só eu sei", "Toalha da saudade", "Imitação" e "Hora da razão" (1965, 1971 e 1972). Com Eliana Pittman (1945-) gravou em 1969 "Passatempo" — numa parceria com Edil Pacheco (1945-) e Cid Seixas (1948-).

Em 1969, lançou seu primeiro disco solo — *Batatinha & companhia ilimitada* — seguido pelos LPs *Samba da Bahia* (1975) e *Toalha da saudade* (1976). Sua obra musical foi redescoberta apenas nos anos 1990, quando saíram os CDs *Batatinha, 50 anos de samba* (1993) e *Diplomacia* (1997). Batatinha foi reverenciado por artistas, como Chico Buarque (1944-), Caetano Veloso (1942-), Gilberto Gil (1942-), Paulinho da Viola (1942-), entre outros. Aposentado, faleceu em 1997, aos 72 anos.

Foi o compositor e amigo Riachão quem definiu Batatinha como uma pessoa com a "cabeça cheia de cabelos brancos e cada fio uma nota musical". Da mesma turma, Riachão nasceu Clementino Rodrigues, em 1921, no bairro do Garcia. A música fez parte de sua infância, quando o garoto começou a escrever versos e melodias. O apelido "Riachão" surgiu devido à fama de turrão que conquistou na adolescência; na gíria baiana, ele era difícil como um "riachão que não se possa atravessar".

Riachão trabalhou durante anos na Rádio Sociedade da Bahia, além de ter desenvolvido outras ocupações, como alfaiate, contínuo de banco, vendedor de rua. Na rádio, participou de conjuntos vocais em programas de auditório. Depois, seguiu com uma carreira solo, fazendo sucesso nas rádios baianas nas décadas de 1940 e 1950. Algumas de suas composições — "Meu patrão", "Saia rota" e "Judas traidor" — foram gravadas por Jackson do Pandeiro (1919-82). Seu estilo irreverente ficaria marcado em composições como "Retrato da Bahia", "A morte do motorista da praça da Sé", "A tartaruga", "Visita da rainha Elisabeth", "Incêndio no Mercado Modelo", "Umbigada da baleia", "A morte do alfaiate" e outras de grande sucesso até as décadas de 1960 e 1970.

O compositor também se destacou com participações no cinema, em *A grande feira* (1961) e *Os pastores da noite* (1977). Seus primeiros LPs solo surgiram na década de 1970: *Sonho de malandro* (1973) e *Samba da Bahia* (1975), com Batatinha e Panela (1944-99). A partir daí, realizou muitos shows e apresentações, sendo autor de sucessos como "Vá morar com o diabo", "Cada macaco no seu galho", e teve suas músicas gravadas por Tom Zé (1936-), Caetano Veloso (1942-), Cassia Eller (1962-2001), Carlinhos Brown (1962-), entre outros. Riachão apareceria ainda ao lado de Batatinha, Walmir Lima (1931-), Edil Pacheco (1945-), Nélson Rufino (1942-), Roque Ferreira (1947-) e outros importantes sambistas da Bahia.

Batatinha e Riachão viraram símbolos do samba baiano, unindo tradições urbanas e rurais.

FONTES: **Frederico José de Abreu; Ricardo Cravo Albin.**

VEJA TAMBÉM: **Inácio da Catingueira; Jackson do Pandeiro.**

BEATRIZ NASCIMENTO

1942-95 | ARACAJU, SERGIPE; RIO DE JANEIRO

Na década de 1970, os movimentos negros de luta contra a discriminação racial foram influenciados por importantes intelectuais, que propuseram pautas e agendas novas. Entre eles se destaca a historiadora Maria Beatriz Nascimento. Nascida em Aracaju no ano de 1942, filha de Rubina Pereira do Nascimento e Francisco Xavier do Nascimento, ela migrou, em 1949 — junto com sua família e seus nove irmãos —, para a cidade do Rio de Janeiro. Com muito interesse por história da escravidão, especialmente pelos quilombos, Beatriz fez licenciatura em história, na Universidade Federal do Rio de Janeiro (UFRJ), de 1968 a 1971, pós-graduação lato sensu entre 1978 e 1981, e entrou no mestrado em 1983, sem, no entanto, concluí-lo. Suas reflexões sobre a vigência e a importância dos quilombos foram pioneiras, ao articularem dimensões entre o passado da escravidão e a luta antirracista de sua época, articulando-as, ainda, a noções de território, identidade e política.

Fundou, em 1974, com diversos estudantes negros — entre eles Marlene Cunha e Sebastião Soares —, o GTAR (Grupo de Trabalho André Rebouças), que logo se transformou num dos mais relevantes grupos de universitários negros, com maior autonomia e projeto político do que os Núcleos de Estudos Afro-Brasileiros (NEABs), surgidos nos anos 1980 e 1990. O GTAR teve papel fundamental na articulação entre produção acadêmica, reflexão política e ações práticas nos debates sobre a questão racial.

Ficariam famosas, igualmente, as Semanas (encontros anuais) do GTAR realizadas na Universidade Federal Fluminense. No início dos anos 1970, apareceriam importantes grupos, como Sinba (Sociedade de Intercâmbio Brasil-África), Ceba (Centro de Estudos Brasil-África) e, o mais significativo, IPCN (Instituto de Pesquisa das Culturas Negras), tendo a historiadora estabelecido diálogos frutíferos com eles. Vale a pena ressaltar, ainda, a Quinzena do Negro, que ocorreu na Universidade de São Paulo (USP), em 1977, além de debates no CEAA (Centro de Estudos Afro-Asiáticos), que contaram com a participação de intelectuais negros e não negros, como Carlos Hasenbalg (1942-2014) e João Batista Pereira (1930-).

Beatriz Nascimento atuou também como professora de história na rede estadual do Rio de Janeiro e publicou uma série de textos, como "Por uma história do homem negro" e "Negro e racismo", *Revista de Cultura Vozes* (1974); e "Kilombo e memória comunitária: Um estudo de caso", *Estudos Afro-Asiáticos* (1982). Na década de 1990, Beatriz retomaria sua carreira acadêmica, ingressando no mestrado em comunicação social na UFRJ, sob a orientação de Muniz Sodré (1942-).

Em 1995, com apenas 52 anos, ela foi assassinada quando tentava defender uma amiga de ações de intolerância e truculência conjugal. O criminoso, que já fora acusado de homicídio e tentativa de estupro, foi condenado sumariamente por sua morte. Um relato autobiográfico original sobre a vida e as reflexões de Beatriz Nascimento aparece no documentário *Ôrí* (1989), dirigido por Raquel Gerber. Doado por familiares, seu acervo pessoal (correspondência e escritos inéditos) encontra-se hoje sob a guarda do Arquivo Nacional. Pesquisas, publicações e compilações organizadas por Alex Ratts (1964-), Bethânia Gomes e Flavia Rios têm revelado aspectos originais da reflexão de Beatriz sobre quilombos, identidade e história negra.

FONTES: Alex Ratts; Amauri Mendes Pereira; Bethânia Gomes; Flavia Rios; Joselina da Silva; Luiza Bairros; Michael George Hanchard; Paulina L. Alberto.

VEJA TAMBÉM: Eduardo de Oliveira e Oliveira; Hamilton Cardoso; Iracema de Almeida; Joel Rufino dos Santos; Lélia Gonzalez; Luiza Bairros.

BENEDITA CAETANA, JOSEFA, MARIA ROSA E RITA SÉC. XIX

O LIVRO DE OURO DO FUNDO DE EMANCIPAÇÃO

1886 | RIO DE JANEIRO

A liberdade era um alvo em constante movimento, até os derradeiros anos da escravidão no Brasil. Assim deve ter pensado a liberta Maria Rosa. Em março de 1886, ela enviou uma carta à imperatriz do país, d. Teresa Cristina (1822-89), pedindo a liberdade de sua filha e a inclusão desta na cerimônia de emancipação pública que se daria na Corte imperial. E não se tratou de um evento isolado. Entre 1885 e 1887 aconteceram nove cerimônias desse tipo e que eram acompanhadas com muito interesse pelos escravizados, libertos e suas comunidades na cidade.

A princesa Isabel (1846-1921) e a imperatriz Teresa Cristina, na data dos seus respectivos aniversários, tinham como tradição entregar cartas de alforria em meio a cerimônias espalhafatosas. Esses rituais associavam-se, por sua vez, ao Fundo de Emancipação, com recursos doados que eram destinados — a partir de 1884 — ao Livro de Ouro. Assim, fazendeiros eram indenizados e escravizados eram libertados, tudo isso em cerimônias públicas com a presença de autoridades do Império.

Em sua petição, Maria Rosa destacaria ser ela "uma pobre negra liberta", que tinha três filhos ainda escravizados e que solicitava a liberdade para Ludovina, sua filha "sempre enferma a ponto de botar sangue pela boca". Apesar do aparato dessas cerimônias, o Fundo conseguiu libertar tão somente 797 pessoas, o que representou 3% do decréscimo da população escravizada entre 1884 e 1887 na cidade do Rio de Janeiro.

Números à parte, muitas mulheres lutaram para que seus filhos fossem libertados. Calcula-se que 76% dos 797 alforriados fossem mulheres, ou seja, quase 606 deles. Esses dados podem espelhar o interesse dos vereadores e autoridades da cidade do Rio de Janeiro em alforriar mais mulheres do que homens. Mas também representam o desejo e o empenho de escravizadas que pretendiam conseguir a liberdade para si próprias, a liberdade para suas mães, netas, filhas e avós. A lógica do "ventre livre" da legislação de 1871 e depois dos "sexagenários", de 1886, trouxe expectativas de construção de novas formas de liberdade.

As análises do abolicionismo presentes na historiografia brasileira tenderam, porém, a tornar invisíveis as ações de escravizadas. À frente estariam sempre homens, jornalistas e parlamentares, escondendo-se as dimensões femininas e seus projetos de emancipação. Aliás, não poucas mulheres escravizadas economizaram seu próprio pecúlio, fizeram doações e acreditaram poder ser escolhidas para serem agraciadas com a liberdade nessas cerimônias públicas. A negociação com políticos, as indicações de vereadores e de proprietários motivados pela indenização ou mesmo de senhoras sentimentais podiam fazer parte daquela arena de interesses, subjetividades e expectativas.

E assim atuou Maria Rosa, ao peticionar — como mulher liberta e mãe de vários filhos — diretamente à imperatriz pela liberdade de uma filha "doente". Também em outras cidades, há indícios de que muitas mulheres contribuíram para a própria indenização.

Maria Rosa e tantas outras mulheres libertas queriam tirar seus filhos da escravidão. Talvez tivessem outros rebentos nascidos de "ventre livre", mas que ainda conviviam com irmãos mantidos sob a escravidão. Para tanto, todo tipo de argumento valia, inclusive os sentimentais. Como bem mostram as fontes originais vasculhadas por Camillia Cowling (1978-) e Lucimar Felisberto dos Santos, doenças, gravidez avançada ou prisão injusta levaram muitas delas a ter seu nome ou o de seus descendentes incluídos nas listas do Livro de Ouro do Fundo de Emancipação.

FONTES: **Camillia Cowling; Lucimar Felisberto dos Santos.**

VEJA TAMBÉM: **Andreza e Efigênia; Faustino da Silva Paiva e Mathias Henrique da Silva; Felício de Arruda Botelho; Joaquina Benguela.**

BENEDITA COSTA

SÉC. XX | SÃO PAULO

Benedita Costa é uma personagem simbólica da presença feminina na Frente Negra Brasileira (FNB), ainda pouco conhecida e estudada. Fundada em São Paulo, em setembro de 1931, a FNB pode ser considerada o mais importante movimento associativo negro da primeira metade do século XX. Sob liderança e coordenação masculina, essa entidade contou com a participação de mulheres negras, na maior parte das vezes omitidas nas narrativas e abordagens históricas sobre a instituição.

Como organização, a FNB tinha vários departamentos: de educação, médico, odontológico, entre outros. Contava ainda com um departamento incumbido do alistamento eleitoral, realizava festivais de música, promovia cursos de alfabetização e de costura, e chegou a propor a criação de uma instituição escolar denominada Liceu Palmares: a ideia era "ministrar o ensino" dos cursos primário, ginasial e comercial a alunos sócios da entidade. Havia também um Departamento de "Colocações Domésticas", que funcionava como uma agência de empregos, dando confiança e credibilidade às mulheres negras em busca de trabalho que, muitas vezes acusadas de roubo, necessitavam constantemente de referências.

Mesmo assim, a FNB não deixou de ser uma instituição fortemente machista, em que as mulheres eram chamadas pelas lideranças masculinas de "futuras esposas e mães". Além disso, foram vários os concursos de "Rainha Negra" e "rainha das pessoas de cor" organizados pela Frente e outras associações sucursais, nos quais, mais uma vez, se atribuía às mulheres apenas o papel de serem belas.

A despeito da tendência dominante, ganhariam relevo as organizações de mulheres como a Diretoria Feminina ou o Núcleo de Senhoras. Não poucas vezes, também, delegações do interior em visita à sede da FNB eram formadas por mulheres negras. Em 1933, Maria das Dores Risólia, Joaquina Rosa Machado, Valéria Curvelo Machado e Sebastiana Caetano Machado compuseram a delegação de Passos, que visitaria a Diretoria das Senhoras. Em dada ocasião, Sebastiana Vieira e Sílvia de Oliveira foram especialmente designadas como oradoras nas homenagens feitas junto ao túmulo de Luiz Gama (1830-82), rituais e cerimônias realizados todo ano.

Benedita Costa se distinguiria por sua atuação na organização Rosas Negras, dentro da FNB, que utilizava um espaço na própria sede, chamado então de Sala Feminina, e realizava um movimento de "Cruzada Feminina". Com a perspectiva de fortalecer as áreas educacionais e culturais, várias mulheres se destacariam, como Jersen de Paula Barbosa, Francisca de Andrade, Celina Veiga, Araci de Oliveira e Guiomar Lucrécio. No entanto, nenhuma dessas iniciativas impediu que a história da FNB e da mobilização negra paulista fosse contada a partir de uma presença exclusivamente masculina, como destacaram os estudos de Giovana Xavier (1979-), Lúcia Helena Oliveira Silva (1962-) e Petrônio Domingues (1973-), entre outros.

FONTES: **Geledés; Giovana Xavier; Lúcia Helena Oliveira Silva; Petrônio Domingues.**

VEJA TAMBÉM: **Arlindo Veiga dos Santos; Celina Veiga...; Deocleciano Nascimento; Francisco Lucrécio; Vicente Ferreira.**

BENEDITA MARIA ALBINA DA ILHA

SÉC. XIX | RIO DE JANEIRO E VALE DO PARAÍBA

Benedita Maria Albina da Ilha era uma "fula de 25 anos", que, enquanto pôde, circulou pela Corte do Rio de Janeiro e por várias localidades cafeeiras do Vale do Paraíba, fluminense e paulista, vendendo-se como alugada. Mas tinha suas artimanhas, tendo executado muitas fugas bem-sucedidas, até ser capturada por um negociante de escravos e depositada em juízo para que se averiguasse sua identidade. A escravizada usava o expediente de mudar de nome, por vezes se apresentando como Benedita, uma mulher livre, por vezes como Ovídia, uma escravizada. No entanto, e depois de uma série de investigações conduzidas pelas autoridades locais, comprovou-se ser ela Ovídia, escravizada do major Fernando Pinheiro, residente na Corte.

A história se passou na década de 1880, quando, com o fim iminente do sistema escravocrata, as relações tornavam-se ainda mais duras e violentas, resultando em fugas constantes, individuais e em massa.

O caso de Benedita permite iluminar não apenas especificidades geográficas — o Sudeste escravista —, como também processos judiciais atravessados por questões de gênero. Homens e mulheres cativos ou recém-libertos enfrentavam diferentes formas de abuso e violência, porém as escravizadas, além do mais, precisavam empregar-se no espaço doméstico, marcado pelas relações de dependência pessoal.

Nos processos de alforria, por exemplo, procurava-se ao máximo evitar o deslocamento dos libertos das casas-grandes e propriedades em que outrora trabalhavam como escravizados; isso para que a mão de obra não se dispersasse e permanecesse presa a relações patriarcais. Libertas, todavia, ficavam emaranhadas em processos ainda mais ambivalentes, uma vez que serviam como criadas e eram submetidas a toda uma cadeia de dominação por parte da família.

O estudo de Maria Helena P. T. Machado chamou a atenção para exemplos como o de Benedita/Ovídia, revelando de que maneira, mesmo no período final do escravismo, as fronteiras entre escravidão e liberdade continuavam muito tênues. Para as mulheres, a liberdade teria que ser sempre negociada no mundo privado do lar, que prima, até hoje, por uma constrangedora e abusiva informalidade.

FONTE: Maria Helena P. T. Machado.

VEJA TAMBÉM: Hypólita Maria das Dores; Liberata.

BENEDITO MEIA-LÉGUA

c. 1805-85 | ESPÍRITO SANTO

Benedito Meia-Légua é até hoje cantado em verso e prosa, estando presente na memória popular e nos livros didáticos. Ele aparece nas narrativas das comunidades negras rurais, nos relatos dos mestres do ticumbi, da marujada e dos bailes de congo. Virou um símbolo da luta negra no Vale do Cricaré, nas bandas do Sapé do Norte, sertões de São Mateus e Conceição da Barra.

Não temos dados a respeito da origem de Benedito, se era africano ou nascido no Brasil. De toda forma, no recenseamento populacional de 1872 para as paróquias Conceição da Barra e São Mateus, ao norte da província, mais de 30% da população escravizada ainda se compunha de africanos. Desde a década de 1870, Benedito constituiu e liderou um quilombo no local, mas ganhou fama, de verdade, com as lendas que descreviam a impossibilidade de capturá-lo. Devoto de São Benedito, costumava organizar festas ao santo, e diz a população que era justamente essa devoção que fazia o rapaz imbatível nos combates travados entre os quilombolas, na repressão e nos ataques às fazendas.

As lendas em torno dele destacavam também sua capacidade de vencer perseguições, suportar castigos e até ressuscitar. Contam que, certa vez, ele foi capturado, surrado e dado como morto, tendo sido levado para ser sepultado no cemitério dos escravos. Porém, ao passarem em frente à igreja de São Benedito, os escravizados que o carregavam resolveram entrar para pedir a bênção, enquanto entoavam cânticos. E nessa noite, em algum lugar das matas de São Mateus, e durante o ritual da cabula — experiência religiosa de matriz africana que surgiu no Espírito Santo em meados do século XIX —, Benedito teria ressuscitado. A notícia se espalhou, bem como a mística da imortalidade do quilombola.

A sorte de Benedito — real ou tantas vezes imaginada — também iria mudar. Em 1885, numa época em que os rumores acerca de revoltas de escravizados circulavam em São Mateus, organizou-se uma grande repressão aos quilombos locais. Narra a lenda que Benedito morreu nesse ano.

Foi o mestre da marujada Zoroastro Valeriano Rodrigues, então com 86 anos, quem contou ao pesquisador Maciel de Aguiar, em 1978, todas essas narrativas. Morador da região e nascido em 1892, o mestre conviveu com muitos ex-escravizados na sua infância no norte do Espírito Santo. Diz a lenda que Benedito Meia-Légua, quilombola, habitava no "oco de uma árvore frondosa", nas florestas do Vale do Cricaré.

FONTES: Maciel de Aguiar; Robson L. M. Martins; Yuko Miki.

VEJA TAMBÉM: Chico Prego...; Francisco; Manuel do Sacramento; Zacimba Gaba.

BENJAMIM DE OLIVEIRA

c. 1870-1954 | PARÁ DE MINAS, MINAS GERAIS; MOCOCA, SÃO PAULO

Benjamim de Oliveira nasceu na fazenda dos Guardas, localizada no atual município de Pará de Minas, nas Gerais. Foi batizado no dia 11 de junho de 1870 como "livre". Consta que a mãe dele, Leandra de Jesus, era ainda escravizada e vários dos seus filhos foram alforriados na pia batismal. Seu pai chamava-se Malaquias Chaves e era capataz daquela fazenda. Na infância, Benjamim se dividia entre seu trabalho junto aos tropeiros e a atividade de comerciante. Foi vendendo bolo na entrada dos circos que visitavam o interior de Minas que ele teve contato com um novo mundo. Quando o Circo Sotero passou por ali, Benjamim resolveu fugir, e aprendeu com o mestre Severino de Oliveira suas primeiras lições circenses. Talvez nesse contexto, também, é que tenha decidido adotar o sobrenome Oliveira.

A vida do circo, no entanto, viajando por diversos locais do sertão mineiro, era igualmente dura e cheia de castigos, típicos de uma sociedade ainda escravista. Tanto que, depois de ficar por três anos no grupo, Benjamim resolveu fugir, amedrontado pela possibilidade de ser vendido ou trocado como escravizado. Chegou à cidade paulista de Mococa, onde encontrou um circo comandado pelo norte-americano Jayme Pedro Adayme. Recebeu, então, seu primeiro salário e, com cerca de vinte anos, estreou como palhaço, substituindo o ator principal da companhia.

Mas Benjamim não atuava somente como palhaço circense. Sua carreira artística revela performances como ator, compositor de músicas mais populares e operetas, cantor, instrumentista, adaptador e diretor de espetáculos teatrais. Era, assim, um artista completo. Durante anos, atuou nos circos Spinelli, Democrata e Dorby. E pode ter sido o primeiro a traduzir, para a produção teatral, os lundus da época.

Entre suas participações no teatro (dramas, comédias e operetas), nas primeiras décadas do século XX, estão *A escrava Martha* (1908), *Os filhos de Leandra* (1909), *O diabo entre as freiras* (1910), *O Cupido no Oriente* (1910), *A vingança do operário* (1910) e *À procura de uma noiva* (1911). A trajetória de Benjamim de Oliveira é um capítulo ainda pouco conhecido da cultura circense no Brasil.

Com quase oitenta anos e dificuldades para se manter, contou com a pressão de jornalistas junto aos deputados para que o governo federal passasse a lhe pagar pensão. Mesmo assim, Benjamim teve um fim de vida quase miserável, morrendo em 1954, aos 84 anos.

FONTES: **Daniel Marques da Silva; Erminia Silva; Geledés; Luis Felipe Kojima Hirano; Museu Afro Brasil; Nei Lopes.**

VEJA TAMBÉM: **Eduardo das Neves; Grande Otelo.**

BENTO, BERNARDO, BONIFÁCIO, FRANCISCO, JOSÉ E MATEUS

SÉC. XIX | ÁFRICA OCIDENTAL; SANTOS, SÃO PAULO

Os africanos Bento, Bernardo, Bonifácio, Francisco, José e Mateus não foram para Salvador, Recife, Rio de Janeiro, Pelotas, Porto Alegre e Penedo (em Alagoas), onde há registros de comunidades africanas islamizadas em meados do século XIX. Eles fizeram parte de contingentes de africanos ocidentais, entre os quais islamizados, deslocados para o litoral paulista de Santos, nas primeiras décadas oitocentistas. Podem ter chegado junto com outras levas de africanos desembarcados em Salvador no início do século XIX e depois revendidos e reexportados para Santos.

Informações sobre esses cinco africanos vão aparecer numa correspondência de José Bonifácio de Andrada e Silva (1763-1838). Em 1826, ele informava a Antônio Vasconcelos de Drummond (1795-1865) detalhes sobre suas descobertas científicas no campo da geografia. Destacou a importância de Francisco, um africano haussá, por meio do qual tinha conseguido obter um vocabulário com 75 palavras fundamentais para concluir um artigo em que argumentava sobre o verdadeiro curso do rio Níger. A partir de 1819, e durante vários anos, ao conversar com seis africanos haussás em Santos — justamente Bento, Bernardo, Bonifácio, Francisco, José e Mateus —, Bonifácio de Andrada vislumbrou uma hipótese geográfica comprovando que o rio Níger confluía a partir de um único curso.

Até então, os europeus pensavam na existência de vários rios, pois conheciam partes deles com diferentes nomes. No entanto, em diálogo com esses africanos muçulmanos — com alguns deles lendo fluentemente o árabe —, Bonifácio aprendeu que o rio Níger, embora único, ganhava diferentes denominações em diversas regiões e reinos.

Ainda que possa ter estranhado muitas expressões da topografia e da história africana, Bonifácio aproveitou para registrar as biografias de alguns dos africanos a partir de relatos feitos por eles próprios. Mateus tinha nascido em Berni-Daurah e acabara prisioneiro dos africanos fulanis, sendo escravizado e depois vendido. José era de Tabaran e talvez fosse de origem nupe ou tapa. Foi capturado no momento em que trocava sal e conchas por panos da costa e cativos. Seguiu para Oyó e depois para o litoral, sendo vendido como escravizado. O africano Bernardo era proveniente do reino de Gobir, onde havia na época uma grande cidade fortificada e protegida por exércitos. Ele também teria sido capturado quando realizava comércio de sal nas proximidades dos reinos iorubas. O africano Bonifácio revelou a Bonifácio de Andrada que era natural da aldeia Kabih, pertencente ao reino de Zamfara, local onde aprendera o islã e o Alcorão com os líderes imanes. Capturado por fulanis, Bonifácio foi trocado pelos iorubas de Oyó, sendo posteriormente embarcado a partir do porto e do forte de São Jorge da Mina. Talvez exagerando um pouco, garantiu que sua viagem até o Brasil durou seis meses, quem sabe incluindo o tempo que permaneceu nas praias africanas, a ida para Salvador e depois a reexportação até Santos. O africano Bento contou que fora capturado pelos africanos nupes, levado para Borgu e embarcado e vendido pelos iorubas. Bonifácio de Andrada destacou as conversas que entabulou com o africano Francisco, "um sábio letrado", escreveu. Ele revelou ter nascido em Toobah, no reino de Kano. Atuando no comércio como mercador, acabou capturado, vendido e transportado do interior ao litoral, passando por vários rios e reinos até ser embarcado.

Transcrevendo os diálogos que manteve com esses seis africanos, a ponto de saber sobre suas origens e condições escravas, Bonifácio de Andrada, sem ter ido à África, identificou — sobretudo com a ajuda de Francisco — que o rio Níger era um só, embora tivesse denominações diversas como Gulby, Joliba, Kwara e outras mais.

Muitos exploradores europeus tiveram dúvidas a respeito dessa questão, e talvez, mesmo conhecendo várias partes do continente africano, deixaram de indagar acerca do tema a seus guias. Fariam generalizações geográficas, provocando grandes equívocos cartográficos. Já Bonifácio de Andrada repassou tais informações visando à publicação de "Notícia do interior da África e do curso do Níger" no *Journal Géographique*. Mais tarde, Vasconcelos de Drummond lançou "Cartas sobre a África antiga e moderna" no *Journal des Voyages, Découvertes et Navigation Modernes* (1826), em que estariam registradas as anotações de Bonifácio de Andrada. Foram as pesquisas de Alberto da Costa e Silva que não permitiram que restassem invisíveis tais percursos de ideias, saberes e de pessoas africanas desembarcadas no Brasil como escravizadas.

FONTES: Alberto da Costa e Silva; Antônio de Meneses Vasconcelos de Drummond; "Cartas andradinas".

VEJA TAMBÉM: Francisca; Rufino José Maria.

BERNARDA DE SOUZA

SÉC. XVIII | RIO DE JANEIRO

De Bernarda de Souza, uma ex-escravizada, sabemos somente que viveu na primeira metade do século XVIII, no Rio de Janeiro, e obteve sua alforria com as economias que juntou vendendo produtos vegetais na cidade. Filha de Marta de Souza, ela comprou sua liberdade de Manuel de Moura Alves e casou-se com Francisco José Botelho. Além disso, Bernarda adquiriu uma escravizada para servi-la e assim aumentar sua renda. Por fim, comprou, ainda na condição de escravizada, a sua própria mãe, que permanecera nessa situação durante muitos anos.

Como mostra o pesquisador Nireu Cavalcanti (1944-), já viúva, mais velha e adoentada, sem herdeiros e temendo morrer, Bernarda finalmente adquiriu a alforria de sua mãe. Com a letra da lei nas mãos, sabia que, se não deixasse suas derradeiras vontades em testamento, após sua morte seus bens seriam revertidos para o Estado. Por isso mesmo temia que sua mãe fosse, então, leiloada.

Ainda mais interessante é o documento que Bernarda legou. No dia 27 de setembro de 1755, foi ao cartório e registrou que só havia comprado a mãe porque pretendia protegê-la. Além disso, explicou que a mantivera no cativeiro para "conservá-la em sua companhia, tratando-a com a veneração devida". Na compreensão de Bernarda, essa não era uma vilania; o ato significava, no seu entender, uma prova de amor e de cuidado filial.

FONTES: Érico Vital Brazil; Nireu Cavalcanti; Schuma Schumaher.

VEJA TAMBÉM: Andreza e Efigênia.

BESOURO MANGANGÁ

c. 1895-1924 | SANTO AMARO, CACHOEIRA E SALVADOR, BAHIA

Manoel Henrique Pereira, vulgo Besouro Mangangá, foi um capoeirista dos mais famosos. Ele nasceu na cidade de Santo Amaro, no ano de 1895 (segundo registro do Exército) ou 1900 (segundo registro de óbito). Besouro Mangangá também era conhecido como Besouro Cordão de Ouro. Com fama de exímio capoeira, era morador do Trapiche de Baixo, bairro de concentração dos grupos sociais pobres da cidade de Santo Amaro da Purificação.

Besouro Mangangá prestou o serviço militar na cidade de Salvador, a capital baiana, alistando-se na infantaria do Exército. Nessa época, suas ações foram registradas em documentação referente a um processo em que foi acusado de causar lesões corporais (artigo 303 do Código Penal de 1890) em Argeu Cláudio de Sousa, um agente da Polícia Civil. O ocorrido se deu no dia 8 de setembro de 1918. Besouro teria invadido o posto policial do bairro de São Caetano para exigir a entrega de um berimbau apreendido pela Polícia Civil.

Na ocasião, estava acompanhado de três soldados do 31º Batalhão de Infantaria. Besouro suspendeu o quepe do policial

Paulo Clemente e lhe deu um chamado "cascudo", ou "cocoroco", na cabeça. A luta foi acirrada, e Besouro feriu alguns policiais com seu sabre. Com a ajuda de moradores locais, as autoridades puseram em fuga Besouro e seu grupo. Ele, insatisfeito, retornou à delegacia, acompanhado de vários soldados de infantaria, para tirar satisfações e retomar o berimbau. Os policiais comunicaram o fato ao general da região. Manoel Henrique foi preso e expulso do Exército, mantendo, porém, a reputação de valente. Em sua defesa, criticou os policiais do estado da Bahia e se colocou ao lado do Exército, desnudando a rixa entre as instituições.

Besouro Mangangá retornou a Santo Amaro e foi trabalhar na cidade vizinha, Cachoeira, famosa pelo samba de roda e pela concentração de núcleos religiosos afro-brasileiros. Lá ele prestou serviços no saveiro *Deus Me Guie*, atravessando mercadorias para Salvador. Muitos casos têm sido contados sobre Besouro, sempre relacionados a sua valentia. Um deles ocorreu na época em que estava trabalhando no saveiro. Chamado para a briga por um policial, o capoeira teria sacado sua arma e disparado vários tiros contra seu oponente. No entanto, nunca foi preso pelo desfecho desse conflito.

Em 8 de julho de 1924, Besouro Mangangá foi assassinado por um homem cuja identidade até hoje permanece desconhecida. Foi atingido por um objeto perfurante, segundo relatos, uma "faca de tucum", uma lâmina feita de madeira.

Besouro Mangangá foi morto, mas sua lenda permaneceu: um capoeira com o poder de sumir, de voar, de enfrentar diversos opositores, o disseminador de sua arte no Recôncavo da Bahia. Entre os membros de seu grupo estavam: Paulo Barroquinha, Boca de Siri, Doze Homens, Noca de Jacó e Canário Pardo. Hoje é tema frequente de pesquisas acadêmicas nas áreas de história, antropologia, música e artes plásticas. Em seu nome já foram feitas diversas músicas da capoeira, uma peça de teatro com direção de Paulo César Pinheiro (1949-) e o filme *Besouro* (2009), de João Daniel Tikhomiroff (1950-).

— Com Antonio Liberac Cardoso Simões Pires

FONTE: **Antonio Liberac Cardoso Simões Pires.**

VEJA TAMBÉM: **Ana Clara Maria Andrade; Mestre Bimba; Mestre Pastinha.**

BIBIANA ?-1885 E ISABEL GUARANÁ DA COSTA ?-1870 | SERGIPE

As africanas Bibiana e Isabel viviam na província de Sergipe, durante a metade do século XIX, entre Laranjeiras e Cotinguiba, e na fronteira das localidades de Tramandaí e Comandaroba. Em 1873, havia 15 mil escravizados em Cotinguiba, o equivalente a 18% da população. E era imensa a quantidade de grandes, pequenos e médios engenhos nas comarcas de Aracaju e Laranjeiras. Nas últimas décadas oitocentistas, em Cotinguiba, a maioria dos engenhos era de pequeno e médio porte, contando com aproximadamente 25 escravizados. Pensado em uma perspectiva nacional, esse número correspondia à metade do padrão de cinquenta escravizados em geral encontrados em fazendas de outras regiões exportadoras.

Havia também muitos trabalhadores livres negros — filhos de libertos e de mulheres negras livres que habitavam aquela área. Aliás, naquele local vigia muita escravidão cercada de liberdade, representada por inúmeros quilombos que lá existiram ao longo do século XIX. Dizia-se que, em terras de muitos engenhos — e acobertados pelas comunidades de senzalas e roceiros negros livres —, sobreviviam vários quilombos robustos e estáveis. E foi nos arrabaldes de áreas suburbanas — como sítios, pequenas posses, terras devolutas e terrenos próprios — que centenas de africanos ex-escravizados inventaram territórios da sua liberdade.

Por lá se estabeleceria a africana Isabel Guaraná da Costa. Ignoramos como foi sua vida de escravizada e de que maneira conquistou a alforria; sabemos apenas que morreu liberta em 1870, mas sem deixar herdeiros — filhos ou parentes. Entre os bens inventariados aparecem roupas, joias, tecidos — com destaque para panos da costa — e objetos de ouro. Impressiona a listagem de objetos de devoção católica, entre peças sacras, crucifixos e oratórios. Havia imagens e medalhas de Santa Isabel, Divino Espírito Santo, São Vicente, Nossa Senhora da Conceição, Santo Onofre, São Joaquim, São José e Santa Bárbara.

Mas a vida de Isabel não foi só de rezas e devoções. Ela integrava uma fina rede de africanos libertos, lavradores e pequenos negociantes, que ajudavam a articular várias áreas de Laranjeiras e Cotinguiba, alcançando Aracaju. Isabel era viúva quando faleceu. Seu esposo tinha sido Vicente Guaraná da Costa, um africano liberto, barbeiro. O casal de africanos atuava no comércio. Isabel morreu tragicamente. Ela e mais três africanas se afogaram durante uma viagem para Aracaju, aonde provavelmente levavam produtos para comercializar em feiras. Os registros do inventário dessa africana revelam faces importantes das trajetórias de pequenos negociantes africanos libertos, que viviam nas fronteiras de áreas escravistas.

O total dos bens avaliados chegaria a 440 mil-réis, quantia muito significativa, considerando-se os inventários da segunda metade oitocentista em Sergipe. Isabel parece ter amealhado um capital importante, que pode ser avaliado, paradoxalmente, a partir da listagem de dívidas que contraiu quando da abertura do seu testamento e da listagem do seu inventário. Por exemplo, o casal tinha arrendado os sítios Almas e Horto desde 1866, e devia 100 mil-réis anuais. O mesmo ocorria com o aluguel da casa onde eles residiam — na rua do Cangaleixo. Ao falecer, Isabel deixou muitas dívidas com outros libertos e pequenos negociantes que trabalhavam com o fornecimento de alimentos. Talvez ela atuasse como atacadista e fosse uma comerciante estabelecida, pois devia impostos de 22 mil-réis a serem recolhidos na coletoria de Laranjeiras.

Isabel morreu jovem. Com ela teria convivido a africana liberta Bibiana, que faleceu em 1885. Bibiana morava na rua da Cacimba, no Porto do Oiteiro, e provavelmente também trabalhava como pequena negociante, vendendo produtos de suas roças em feiras locais. Deixou como herdeiro um único filho, e era viúva do africano liberto João Antônio de Morais (?-1884). Com uma vida mais modesta que a de Isabel, Bibiana declarou como bens duas casas, uma avaliada em 180 mil-réis e outra em 120 mil-réis. Mas as dívidas listadas sugerem uma rede comercial que ela mantinha como lavradora e pequena comerciante. Quando morreu, devia a pessoas livres e escravizadas — tanto quantias com aluguéis de cavalos para conduzir em carroças os produtos de suas roças de inhame e macaxeira, como dinheiro de que tomava conta vindo da renda de escravizados.

Bibiana guardava a quantia de 400 mil-réis da escravizada Feliciana, que pertencia ao tenente-coronel Antônio Luís de Araújo Maciel (1807-?). E também devia dinheiro ao africano Dionísio, por tê-lo contratado para fazer serviços em sua roça por três dias, com diária estipulada em oitocentos réis. Esse credor deixava com Bibiana dinheiro que juntava para a compra de uma casinha.

Foram as investigações de Sharyse Amaral que abriram o testamento de Bibiana, revelando a constituição de verdadeiras redes socioeconômicas africanas. Nas declarações de dívidas do inventário houve quem alegasse ser "costume entre os pretos depositarem seus pecúlios" aos cuidados de outros africanos e sem a necessidade de documentos. A africana liberta Josefa Pinheiro da Costa garantiu "que assim costumam fazer os seus parceiros, guardando uns o dinheiro de outros em confiança". Felicidade, escravizada que tinha o expressivo crédito de 400 mil-réis junto a Bibiana, era filha do seu falecido marido, João Antônio, que juntava dinheiro para alforriá-la. Articulando uma rede entre africanos, libertos, escravizados e nascidos no Brasil, essas comunidades africanas, encravadas em várias regiões do país, podiam servir de referência e de defesa dos diversos significados de escravidão e liberdade.

FONTE: Sharyse Piroupo do Amaral.

VEJA TAMBÉM: João Mulungu.

BRITO SOUTO

1684-1768 | PERNAMBUCO

Consta que Brás de Brito Souto nasceu em 1684, na capitania de Pernambuco. Era filho de Severino de Brito Souto, classificado como "crioulo forro", portanto um ex-escravizado, sendo sua mãe, Maria de Sousa, uma mulher negra nascida livre, assinalada como "crioula". Nas solicitações de carta patente, Brito Souto aparece como "crioulo forro", sugerindo que possa ter nascido na condição de cativo, mas que fora logo libertado.

Brito Souto se tornou mestre de campo do terço dos Henriques, seguindo uma tradição ainda pouco conhecida de mobilidades negras coloniais. Em 1707, quando tinha cerca de 24 anos, ingressou na carreira militar, assentando praça na companhia do mestre de campo Domingos Rodrigues Carneiro. Durante quase treze anos, galgou promoções, passando de soldado para sargento, oficial e capitão. Ocupou postos militares em Pernambuco e na Bahia, chegando a viver um período em Lisboa. Recebeu tenças e mercês (pensões e benefícios), além de soldos compatíveis, alcançando altos postos da hierarquia militar das tropas negras.

Em 1730, Brito Souto já havia se tornado o sétimo e último mestre de campo do terço dos Henriques da capitania de Pernambuco. Seus filhos, Manuel de Brito Souto e Antônio de Brito Souto, também fariam carreira militar no "Terço dos Henriques da Gente Preta".

Mas as estruturas sociais permaneceriam pouco alteradas para Brito Souto. A prestigiosa função social não se converteu em significativa mudança na organização colonial — sua e do grupo composto de outros homens livres negros. Os significados de liberdade, origem social, cor e escravidão conservavam estigmas e formas de subalternidade.

A despeito da vasta utilização desses grupos em períodos de guerra, as tropas constituídas por afrodescendentes livres e libertos — sempre classificadas como "tropas auxiliares" — concentravam-se nas vilas urbanas nos tempos de paz, enquanto as outras, sob comando de grandes fazendeiros, se localizavam nas áreas rurais.

Além das humilhações sofridas, Brito Souto, mesmo tendo ocupado o posto que antes fora de Henrique Dias, permaneceu com acesso limitado aos poderes e capitais reais e simbólicos numa sociedade escravista e sob domínio de brancos, europeus, donos de terra e de escravizados. É o que revelam os estudos de Luiz Geraldo Silva.

As últimas notícias sobre Brás de Brito Souto, o último mestre de campo do "Terço Auxiliar dos Pretos Henriques", datam de 1768, estando ele com 84 anos.

FONTE: Luiz Geraldo Silva.

VEJA TAMBÉM: Francisco Antônio da Costa; Henrique Dias.

C

CAETANA

c. 1818-? | VALE DO PARAÍBA, SÃO PAULO

Essa é a história de uma escravizada que, embora vivesse no Sudeste escravista oitocentista, não se dobrou às imposições senhoriais. Seu proprietário obrigou-a a se casar com um homem por ele indicado, mas ela não aceitou a imposição.

No Brasil, os casamentos de escravizados, apesar de reconhecidos pela Igreja católica, foram por muito tempo considerados inexistentes perante a lei. O grande número de homens, desproporcional à quantidade de mulheres trazidas pelo tráfico negreiro, era, em geral, explicado pela ideia de que elas costumavam dificultar a negociação dos seus cônjuges. Isso também justificava a não incidência de matrimônios entre escravizados. Havia mesmo quem alegasse uma suposta promiscuidade nas senzalas.

No entanto, desde o século XVII há evidências de registros de casamentos em várias paróquias de norte a sul do país. Em 1711, as *Constituições primeiras* do arcebispado da Bahia já reafirmavam como legítimos os enlaces matrimoniais de cativos ou entre pessoas livres e escravizadas. Rezavam as *Constituições* que os senhores não podiam impedir o casamento de seus escravizados, nem separá-los após o matrimônio. Provavelmente, boa parte dos proprietários não cumpriu esse "direito divino" que fugia aos seus interesses imediatos.

Foi a pesquisa de Sandra Lauderdale Graham (1943-) que nos apresentou a Caetana, uma escravizada nascida no Brasil, possivelmente filha de alguma africana chegada ao país entre 1810 e 1820. Ela nasceu e foi criada no contexto do Sudeste escravista, onde a partir da década de 1810 houve uma demanda muito elevada da entrada de africanos, que aumentou ainda mais no período posterior a 1831, com o fim do tráfico legal. Nesse momento, fazendas do Rio de Janeiro e de São Paulo receberam muitos africanos escravizados, numa média de três mulheres para cada dez escravizados. Também se espalharam as grandes fazendas cafeicultoras, que costumavam ter de cinquenta a cem cativos, algumas concentrando de 150 a duzentos cativos. A fazenda onde Caetana cresceu chegou a ter 134 escravizados, sendo a maioria formada por homens nascidos no Brasil. Há indicações de que viveu com seus parentes, como tios e padrinhos, sugerindo assim que, mesmo com as altas taxas de mortalidade, nos grandes plantéis muitos escravizados constituíam laços de parentesco e famílias estendidas.

Caetana adquiriu um status especial na fazenda, pois era mucama. Mesmo assim foi obrigada por seu proprietário, o fazendeiro capitão Luís Mariano de Tolosa (?-1853), a se casar. A cerimônia realizou-se em outubro de 1835, na fazenda Rio Claro, província de São Paulo, contra a vontade da mucama que tinha, na ocasião, cerca de dezessete anos, e seu esposo, Custódio, uns "vinte e tantos". Custódio era um escravizado também nascido no Brasil e trabalhava como alfaiate. Ambos faziam parte, assim, de uma "elite de escravizados", já que suas ocupações especializadas lhes facultavam acesso à casa-grande. Isso não significa dizer, porém, que estavam distantes das senzalas.

Caetana acabou recusando a vida marital com Custódio e gerou um processo cível (de 1836 a 1840) para a anulação do casamento, com o caso parando nos tribunais.

A escolha do marido e a manutenção de laços de parentesco eram também aspirações dos escravizados, que pretendiam controlar suas próprias vidas a despeito das estruturas opressoras de poder. Mesmo diante de castigos, sofrimentos e privações, muitas mulheres não abriram mão dos rumos de seus destinos, de seus desejos e expectativas, apesar das imposições e amarras que a sociedade escravista lhes impunha.

FONTE: Sandra Lauderdale Graham.

VEJA TAMBÉM: Henriqueta Maria da Conceição; Maria Joaquina.

CAETANO DA COSTA

SÉC. XVIII | ANGOLA; MINAS GERAIS

No ano de 1792, em Minas Gerais, uma investigação tentava descobrir o que Caetano da Costa fazia. Africano natural de Angola, ele era acusado de feitiçaria e de "praticar magia" nas várias regiões mineradoras por onde viajou. Na devassa civil que foi instaurada, Pai Caetano, como ficaria conhecido, aparece designado como "curador", "matador com feitiços", "feiticeiro mágico e enganador", e também como "calunduzeiro". Havia denúncias de que muitos escravizados e libertos, que tinham se tornado seguidores de Pai Caetano, acreditavam tanto nos seus "feitiços" quanto em seus "embustes".

Nas Gerais do período colonial, ele não era exceção. Nas investigações de André Luís Lima Nogueira abundam evidências de como muitos foram os acusados de serem "curadores negros", principalmente os africanos. No caso de Pai Caetano, a novidade era sua mobilidade, visto que já tinha "residido em diversas comarcas e freguesias" em torno de Vila Rica.

Pai Caetano mantinha negócios, muito prestígio e uma rede de relações com várias pessoas, entre escravizados, brancos, livres e libertos. Com ele, foram encontrados paramentos, orações escritas, escapulário, cruzes e pedras, "misturados com outras coisas indecentes". Catolicismo popular, terapias e "artes de curar" vinculavam o culto católico a práticas africanas. Objetos de devoção católica seriam, pois, ressignificados a partir de perspectivas africanas, incluindo dimensões da escrita. Afinal, grande quantidade de orações escritas fazia parte de seu acervo pessoal, religioso e profissional.

FONTES: André Luís Lima Nogueira; Jean Luiz Neves Abreu; Lorelai Brilhante Kury.

VEJA TAMBÉM: Amélia Rosa; Divino Mestre; Domingos Álvares; Feliciana Maria Olímpia; Juca Rosa; Luzia Pinta; Rufino José Maria.

CARDOSO VIEIRA

1848-80 | CONDE E JOÃO PESSOA, PARAÍBA

Manoel Pedro Cardoso Vieira foi um advogado, jornalista e político do século XIX. Segundo os estudos de Petrônio Domingues (1973-) e Solange Pereira da Rocha consta que teria nascido em 1848, na interiorana freguesia de Jacoca (atual município do Conde), no litoral da província da Paraíba.

Classificado como "mulato", Cardoso Vieira nasceu livre. Talvez seus pais tenham sido filhos de libertos ou de pessoas "livres de cor" que prosperaram, adquirindo terras, posses e cativos. Menciona-se que sua família tinha terrenos e cerca de dez escravizados.

Cardoso Vieira estudou no Liceu Provincial da Paraíba do Norte, seguindo depois para a Faculdade de Direito do Recife. Na volta, em 1872, tornou-se professor por meio de concurso, lecionando no Liceu da Paraíba.

Atuando como advogado e jornalista, Cardoso Vieira ingressou na carreira política. Passou a ser conhecido como deputado Manoel Pedro, sendo eleito e atuando nas legislaturas entre 1878 e 1880. Não obstante seu pai ter sido proprietário de terras e de cativos, bem como simpatizante do Partido Conservador, Cardoso Vieira acabou por romper com esse partido e ingressar no Liberal, tendo participado do grupo de parlamentares que defendia o fim imediato da escravidão.

Precocemente, aos 32 anos, morreu vítima de "febre perniciosa". Identificado nas biografias como "mulato" ou "mestiço", Cardoso Vieira foi integrante das elites paraibanas oitocentistas, e hoje é personagem na história da Paraíba, tendo sido homenageado com nome de rua nas cidades de João Pessoa e de Campina Grande. Criada em 1941, a Academia Paraibana de Letras tem Cardoso Vieira como patrono da Cadeira 10.

FONTES: Petrônio Domingues; Solange Pereira da Rocha.

VEJA TAMBÉM: Cícero Brasiliense de Moura...; Elyseu Elias César.

CARLOS ALBERTO OLIVEIRA DOS SANTOS

1941-2018 | SALVADOR, BAHIA; RIO DE JANEIRO

Nascido em Salvador, Bahia, em 1941, filho da costureira Martinha Oliveira dos Santos e do marceneiro Temístocles Oliveira dos Santos, Carlos Alberto Oliveira dos Santos foi uma importante liderança parlamentar. Bem jovem, já participava em Salvador de associações de moradores e da campanha nacionalista, da segunda metade dos anos 1950, chamada "O Petróleo é Nosso".

No fim da década de 1960, Carlos Alberto migrou para o Rio de Janeiro. Com formação em direito pela UFBA e pela UFRJ, atuou como jornalista nos periódicos *Luta Democrática*, *Tribuna da Imprensa*, *Diario Carioca*, *Jornal do Brasil* e *Jornal do Commercio*. Em 1974, foi fundada a Associação dos Jornalistas Especializados em Economia e Finanças (AJEF), com participação e depois presidência de Carlos Alberto. Além disso, foi dirigente do Sindicato dos Jornalistas Profissionais do Rio de Janeiro, em 1978 e entre 1981 e 1984.

Na mesma época, participou da militância estudantil, aderindo à União Estadual dos Estudantes da Bahia e à União Nacional dos Estudantes (UNE). Tornou-se então líder estudantil e integrou o Partido Comunista. Seu nome de guerra era Betinho, e ele acabou caindo nas garras do regime militar, que, em 1970, o condenou à prisão. Teve, porém, sua pena comutada pelo Superior Tribunal Militar em função da prescrição dos seus alegados crimes.

Carlos Alberto ingressou na vida política partidária no período da redemocratização e da abertura política, foi deputado federal em 1982 pelo Partido Democrático Trabalhista (PDT). Com a eleição de Leonel Brizola (1922-2004) para governador, Carlos Alberto — que passaria a ser conhecido como Caó — licenciou-se da Câmara para assumir o cargo de secretário do Trabalho e da Habitação, destacando-se na regularização fundiária das periferias e favelas.

Até o período da redemocratização não existia um dispositivo legal de combate ao racismo. Só havia uma legislação do Congresso brasileiro de 1951, que considerava a prática da discriminação racial uma contravenção penal. Essa legislação ficaria conhecida pelo nome de Lei Afonso Arinos (1951), posto ter sido proposta pelo então deputado federal pela UDN Afonso Arinos de Melo Franco (1905-90).

Mas não faltaram debates, denúncias, ações e projetos. Foram também muitas as aproximações históricas dos movimentos sociais negros com os governos estaduais e municipais, já nos anos 1980, como é o caso do Conselho Estadual de Participação e Desenvolvimento da Comunidade Negra (CPDCN) — fundado em São Paulo, em 1984 — e da Secretaria Extraordinária de Defesa e Promoção das Populações Negras (Sedepron) — criada no Rio de Janeiro em 1991, e que mais tarde, em 1993, tornar-se-ia Secretaria Extraordinária de Defesa e Promoção das Populações Afro-Brasileiras (Seafro).

Caó se reelegeu em 1986 para a Assembleia Constituinte, que promulgou a Constituição de 1988. Ele apresentou um projeto debatido e aprovado como Lei Caó. As regulamentações dessa lei constitucional seriam homologadas em 1989, transformando a prática de discriminação racial em crime, com prisão em flagrante e sem direito a fiança.

Foi reeleito para deputado federal em 1989 e depois secretário de Estado no mandato de Leonel Brizola. Faleceu em 2018 sem que a imprensa fizesse muito alarde. No entanto, são poucos os cidadãos brasileiros que têm no seu currículo a proeza de serem autores de uma lei dessa importância e que leva o nome próprio. O inciso se transformou na lei nº 7716/1989, estabelecendo que atos de "preconceito de raça ou de cor" são crime.

Em 1988, pouco depois da promulgação da Constituição, um rapaz chegou esbaforido ao gabinete do então deputado federal Ulysses Guimarães, dizendo que estava atrasado para uma reunião com o deputado Caó. Sem saber a direção que deveria tomar, acercou-se do segurança de plantão e perguntou se por acaso ele havia visto o político passar por ali. Prestativo, o funcionário perguntou ao sujeito atrasado: "Você está se referindo a um moreninho?". Ao que o visitante reagiu: "Moreninho não, negão mesmo". Um pouco constrangido, o segurança respondeu: "Doutor, não fale de negão, não. O tal Caó fez uma lei que agora prende todo mundo que chama aos outros de crioulo". Ele tinha razão.

FONTES: Carlos Alberto Medeiros; Carlos Augusto Alves Santana; Edson Borges; Hédio Silva Jr.; Helio Santos; Ivair Augusto Alves dos Santos; Jacques d'Adesky; Jorge da Silva; Ollie A. Johnson III; Sérgio da Silva Martins.

VEJA TAMBÉM: Abdias do Nascimento; Alberto Guerreiro Ramos; Carlos Marighella; Claudino José da Silva; Joel Rufino dos Santos;

José de Souza Marques; Minervino de Oliveira; Solano Trindade.

CARLOS MARIGHELLA

1911-69 | SALVADOR, BAHIA; RIO DE JANEIRO; SÃO PAULO

Carlos Marighella nasceu no ano de 1911, em Salvador, na Bahia. Sua mãe, Maria Rita Marighella, era filha de libertos ou nascida no pós-1871 — ocasião da Lei do Ventre Livre. Seu pai, Augusto Marighella, nascera na Itália, e provavelmente imigrou para o Brasil no fim do século XIX.

Foi por meio do pai mecânico que Marighella entrou em contato pela primeira vez com as ideias socialistas. Depois de se formar no Ginásio da Bahia, em 1929, ingressou na Escola Politécnica de Salvador, onde cursou engenharia civil. Bem jovem afiliou-se ao Partido Comunista do Brasil (PCB) e, aos 21 anos, Marighella já conheceria a repressão política ao ser preso por atuar no movimento estudantil.

Marighella migrou para o Rio de Janeiro e também viajou para São Paulo, ampliando, assim, sua participação junto ao PCB. Após os levantes comunistas em Natal, no Recife e no Rio de Janeiro, em 1935, e com a perseguição desencadeada, voltaria a ser preso, cumprindo penas nos presídios de Fernando de Noronha e de Ilha Grande, no Rio. Ainda encarcerado, ele passou a fazer parte da direção nacional do PCB.

Em 1945, foi solto e anistiado como vários outros presos políticos. Com a legalização do PCB, participando das eleições para a Assembleia Nacional Constituinte, Marighella se elegeu deputado pela Bahia. Fez parte da bancada comunista ao lado de Gregório Bezerra (1900-83), Luís Carlos Prestes (1898-1990), João Amazonas (1912-2002), Maurício Grabois (1912-73), Claudino José da Silva (1902-85), Jorge Amado (1912-2001), entre outros — e atuou nos trabalhos parlamentares até a promulgação da Constituinte em 1946.

No ano seguinte, o Tribunal Superior Eleitoral (TSE) cancelou o registro do PCB (que se tornou Partido Comunista Brasileiro em 1961) e vários deputados tiveram seus mandatos cassados. Marighella passou, então, mais uma temporada na clandestinidade, fugindo da perseguição política. Na década de 1950, envolveu-se em vários conflitos no interior da direção do PCB a respeito de encaminhamentos políticos internacionais, com a disputa política interna levando a muita dissidência e à criação do Partido Comunista do Brasil (PCdoB), em 1962.

Marighella permaneceria, porém, vinculado ao PCB, renomeado Partido Comunista Brasileiro. Com o golpe militar de 1964, ele e outros partidários se mostraram céticos em relação aos caminhos pacíficos para a retomada democrática. Em maio de 1964, chegou a ser baleado numa tentativa de prisão e ficou preso por alguns meses. Em 1965, lançou o livro *Por que resisti à prisão*, em que argumentava sobre a necessidade de uma insurreição popular. No ano seguinte, escreveu o ensaio *A crise brasileira*, no qual avaliava o momento político, apoiando o enfrentamento via luta armada. Em declarada oposição às diretrizes do PCB, Marighella se desligou dos cargos de direção até ser expulso do partido em 1967.

Viajou para Cuba e depois percorreu várias partes do Brasil tentando aglutinar forças políticas comunistas descontentes. Em 1968, surgiu a Ação Libertadora Nacional (ALN) e movimentos como a Vanguarda Popular Revolucionária (VPR), reunindo grupos estudantis, operários, setores comunistas e de organização trotskista, como o Movimento Revolucionário Oito de Outubro (MR-8), a Política Operária (Polop), entre outros. Ao mesmo tempo que a luta armada urbana se iniciava no Brasil, ocorrendo atentados, sequestros e assaltos a banco em nome de ações revolucionárias, aumentavam a perseguição política, as prisões, as torturas e a propaganda anticomunista, sendo Marighella declarado inimigo número um do regime militar.

A onda de perseguição se ampliou com o sequestro no Rio de Janeiro do embaixador norte-americano Charles Burke Elbrick (1908-83) e com a exigência dos revolucionários da leitura de um manifesto em rede nacional de TV, denunciando prisões arbitrárias e torturas nas cadeias. Reivindicaram, ainda, a soltura de quinze presos políticos e o envio deles para o exterior.

Embora não tivesse participado dessa ação, o cerco repressivo a Marighella se estreitou. Ele acabaria assassinado numa ação policial na capital de São Paulo, no fim de 1969.

Marighella foi casado com a ativista política Clara Scharf (1925-) e teve um único filho, Carlos Augusto Marighella (1948-).

FONTES: Mauro Malin; Mário Magalhães.

VEJA TAMBÉM: Abdias do Nascimento; Alberto Guerreiro Ramos; Carlos Alberto Oliveira dos Santos; Claudino José da Silva; Minervino de Oliveira.

CARLOTA ALBERTA BURNETT, FLORENCE SCANTLEBURY, HELEN COOK, LOUISE WHITE, MABEL SKEETE E UNA LONG

SÉC. XX | CARIBE; BELÉM, PARÁ

Carlota, Florence, Helen, Louise, Mabel, Una e outras tantas mulheres negras que trabalhavam em Belém nas primeiras décadas do século XX tiveram em comum seus nomes pouco usuais para o contexto brasileiro, sobretudo os sobrenomes. Eram mulheres de origem caribenha, muitas delas vindas de Barbados.

A grande imigração estrangeira negra de trabalhadores caribenhos que chegavam com suas famílias para os estados do Pará, do Amazonas, para o então território federal de Rondônia e mesmo para o Espírito Santo é ainda muito pouco estudada e conhecida.

No fim do século XIX, a crise econômica na produção de açúcar gerou desemprego, fome e o aumento do fluxo de imigração em Barbados. É verdade que esses não foram os primeiros antilhanos que vieram para o Brasil; desde o fim do século XIX havia em Belém vários desses trabalhadores atuando em empresas estrangeiras. Um folclorista anotou, por exemplo, os cânticos de negros barbadianos, empregados na companhia inglesa de navegação Booth Line, da seguinte maneira: *"Chô! Fly, dont't body my! Chô! Fly, dont't body my!"*.

Com exceção de Porto Velho, onde a esmagadora maioria era composta de homens recrutados para a construção da ferrovia Madeira-Mamoré, muitas mulheres migraram para as cidades de Manaus, de Vitória e sobretudo de Belém. Enquanto os homens eram alocados nas zonas portuárias — como marinheiros, marítimos, capatazes, caldeireiros em embarcações ou como empregados em empresas inglesas de bondes ou como representantes comerciais de companhia de extração da borracha —, as moças negras barbadianas logo dominariam as atividades de governantas, cozinheiras, empregadas domésticas e lavadeiras. Como nos mostra a pesquisa de Maria Roseane Corrêa Pinto Lima, entre 1912 e 1914, não faltam notícias dessas personagens nos jornais de Belém. Elas eram alvo de muita repressão policial, especialmente quando se envolviam em disputas para garantir o pagamento a elas devido.

De maneira paradoxal, embora essas mulheres se deparassem com os estigmas de uma sociedade recém-saída da escravidão, seriam preferidas — depois das brancas portuguesas — no mercado de trabalho doméstico. As justificativas eram de que falavam uma língua estrangeira (no caso o inglês) e, ademais, seriam "educadas", "asseadas" e de "confiança".

Rapidamente, essas gerações de imigrantes caribenhos ocuparam bairros em Belém, formando famílias e criando descendentes. Ainda assim, preservaram costumes culturais e religiosos próprios. Há evidências da existência de uma igreja anglicana frequentada por barbadianos: a Pará Anglican Church. Por meio da língua e da religião, essa comunidade negra caribenha encontrava solidariedade e se protegia da xenofobia que grassava em Belém e em Manaus.

FONTES: Maria Roseane Corrêa Pinto Lima; Karine Teixeira Damasceno; Vicente Salles.

VEJA TAMBÉM: Cléa Simões; Lucas du Bissette...

CAROLINA MARIA DE JESUS

1914-77 | SACRAMENTO, MINAS GERAIS; SÃO PAULO

Carolina Maria de Jesus nasceu em 1914 (a despeito de existirem controvérsias sobre essa data), em Sacramento, no interior de Minas Gerais, numa família de sete ou nove irmãos, com as fontes divergindo também sobre esse número. Ela se dizia descendente de escravizados. Cursou a escola somente até o segundo ano primário, uma vez que foi obrigada a trabalhar desde criança. Talvez por isso, quando já mais velha se referia à sua formação, Carolina afirmava ter recebido a maior influência do avô materno, a quem chamava de Sócrates Africano.

Na adolescência, acompanhou a mãe nas sucessivas mudanças que a família precisou realizar, passando por diferentes cidades do interior de São Paulo, onde ganhou seu sustento empregando-se em casas de família. Em 1947, foi viver na capital paulista, trabalhando como empregada doméstica, auxiliar de enfermagem e, ainda, como artista de circo.

Foi na casa do médico Euríclides Zerbini (1912-93) que teve acesso, pela primeira vez, a uma biblioteca; nesse caso, uma biblioteca de família. No entanto, engravidou em 1948 e perdeu o emprego — foi então morar na favela do Canindé, onde nasceu João José. Dois anos depois, teve José Carlos e, logo a seguir, Vera Eunice. Sozinha e com os três filhos para criar, as dificuldades cresceram. No dia 15 de julho de 1955, começou a escrever um diário, no qual anotava suas reflexões e pensamentos. Costumava dizer que foi o lixo que lhe trouxe o sustento da família e também uma caderneta.

Em maio de 1958, conheceu o repórter Audálio Dantas (1930-2018), designado pela *Folha da Noite* para cobrir uma desavença ocorrida entre moradores que viviam próximos da favela onde ela morava e trabalhava. Logo conheceu o jornalista, que se interessou por seus escritos. A história é por vezes polêmica, mas a mais conhecida conta que Audálio acabou tendo acesso às notas e ficou impressionado com o que leu. Há quem diga, porém, que foi Carolina que tomou a iniciativa.

De toda maneira, o certo é que Audálio publicou, então, alguns trechos do diário na *Folha da Noite*, com uma repercussão imediata e enorme. O próprio jornalista incumbiu-se também de oferecer o original para a livraria e editora Francisco Alves, e os diários de Carolina seriam lançados em formato de livro em agosto de 1960, com o título de *Quarto de despejo: Diário de uma favelada*. Seis meses depois, a obra alcançou a marca de 90 mil exemplares vendidos; número que até hoje é considerado muito alto para uma edição, ainda mais de estreante. Nessa época, Carolina recebia o equivalente a 10% do valor de capa, e Audálio Dantas, 5%, acordo esse que anos depois foi contestado pela família. Nesse meio-tempo, *Quarto de despejo* acabou traduzido para treze idiomas e vendido em mais de quarenta países. Virou uma verdadeira febre literária, e Carolina transformou-se em uma pessoa pública, chegando a receber as chaves da cidade de São Paulo.

Com o sucesso, Carolina adquiriu uma pequena casa em Santana, bairro de classe média da capital paulista, mas sofreu muito com o assédio da imprensa, de um lado, e com o preconceito dos vizinhos, de outro. Ademais, a escritora não se limitava à imagem que dela se divulgou e legou. Desde que publicou seu primeiro livro, e mesmo depois do sucesso, a imprensa continuava a fazer questão de apresentá-la como uma "doméstica", sempre com o lenço na cabeça e vestida com trajes de trabalho. Era como se a representação visual confirmasse a suposta "mensagem" do livro: uma pessoa simples "descoberta" por um jornalista. No entanto, fotos veiculadas mais recentemente desmentem a imagem de Carolina apenas como serviçal. Nelas, a escritora aparece com trajes sociais, cabelos à mostra, roupas alinhadas, óculos escuros, revelando uma outra imagem e representação da autora.

Em novembro de 1961, lançou seu segundo livro, *Casa de alvenaria: Diário de uma ex-favelada*, que não teve a mesma receptividade do primeiro. Ainda nesse ano, o texto de *Quarto de despejo* foi adaptado para o teatro por Edi Lima (1924-) e encenado no Teatro Nydia Lícia. Em 1969, a escritora editou, por conta própria, um livro de provérbios. Nesse meio-tempo, muito incomodada com o preconceito que sofria, deixou a casa em Santana e se refugiou numa chácara na periferia da cidade. Mas o sucesso foi fugidio; já no início dos anos 1970, apesar de continuar produzindo com frequência, Carolina passou a sofrer com o silêncio por parte dos leitores e da imprensa, que costuma canibalizar o sucesso e depois esquecer dos novos protagonistas.

Em 1976, *Quarto de despejo* recebeu nova edição, e sua autora voltou a figurar nas páginas da imprensa, todavia por pouco tempo. No dia 13 de fevereiro de 1977, ela faleceu em São Paulo, na solidão e longe dos holofotes.

Mas a recepção de Carolina seguiu vários caminhos. Enquanto no Brasil a obra foi classificada como um "relato de testemunho", com características de narrativa popular e folclórica, no exterior diversos trechos de seu livro foram transcritos na revista americana *Life* e na francesa *Paris Match*. Ademais, a editora norte-americana Random House incluiu seu nome e obra numa antologia de escritoras negras publicada em 1980.

A autora teria novo reconhecimento no Brasil apenas postumamente, com a reedição de sua obra e exposições revelando imagens de Carolina e originais ainda inéditos. Carolina Maria de Jesus vai reassegurando, assim, seu lugar como grande intérprete do Brasil.

FONTES: Amanda Crispim; Conceição Evaristo; Fernanda Felisberto; Fernanda Miranda; Hélio Menezes, José Carlos Sebe Bom Meihy; Maria Lúcia de Barros Mott; Mário Augusto Medeiros da Silva; Nilcéia Cleide da Silva Baroncelli; Raffaella Fernandez; Robert M. Levine; Tom Farias; Vera Eunice de Jesus.

VEJA TAMBÉM: Arinda Serafim; Auta de Souza; Dorothea Maria do Espírito Santo...; Laudelina de Campos Melo; Maria Firmina dos Reis; Sofia Ferreira Chaves.

CARTOLA

1908-80 | RIO DE JANEIRO

Cartola nasceu no Rio de Janeiro, no bairro do Catete, em 11 de outubro de 1908. Filho de Sebastião Joaquim de Oliveira e de Aída Gomes de Oliveira, o quarto de sete filhos, foi batizado como Angenor de Oliveira.

A família materna de Cartola era de Campos dos Goytacazes, no Rio de Janeiro, terra das grandes fazendas de cana-de-açúcar, sendo seus antepassados escravizados do primeiro barão de Carapebus (?-1867). Também do mesmo lugar era o avô materno, Luís Cipriano Gomes, que ganhou fama como cozinheiro, tendo trabalhado em Macaé — na fazenda da Bertioga — e depois na residência de d. Anita Peçanha (1876-1960), esposa do futuro presidente do Brasil, Nilo Peçanha (1867-1924), o qual, por sinal, era também negro. O avô de Cartola foi inclusive levado para a cidade do Rio de Janeiro, chegando a servir o casal Peçanha no Palácio do Catete.

Aos oito anos, o garoto já integrava blocos de Carnaval, e foi nesse mesmo período que sua família se transferiu para Laranjeiras, um bairro de classe média carioca. Nessa época, o menino aprendeu a tocar cavaquinho com o pai, no rancho conhecido como Arrepiados. Tomava parte, igualmente, das festas de reis como musicista, enquanto suas irmãs se vestiam de pastorinhas.

Quando tinha onze anos, sua família foi obrigada a se mudar para o morro da Mangueira, por causa dos problemas financeiros que enfrentava. Ainda assim, Cartola frequentou a escola até o primário. No entanto, a morte prematura de d. Aída e a forma rigorosa como o pai cuidava dos filhos levaram o rapaz a deixar a família.

A partir de então sobreviveu com empregos temporários: atuou como pedreiro, pintor de paredes, lavador de carros, vigia de prédio e contínuo de uma repartição pública. Foi, inclusive, por causa do ofício de pedreiro que ganhou o apelido pelo qual é até hoje conhecido. Usava um chapéu para trabalhar, já que ficava irritado quando sujava os cabelos com a manipulação do cimento. E daí veio o apelido: Cartola.

Mas ele não abandonou a música. Já naquela época sobrevivia vendendo os sambas que compunha. "Que infeliz sorte", terminada em 1927, é considerada a sua primeira composição, pela qual recebeu trezentos contos de réis e foi lançada pelo famoso cantor Francisco Alves (1898-1952). Em 1925, formou o Bloco dos Arengueiros, o embrião da Estação Primeira de Mangueira, que, em 28 de abril de 1928, se transformaria na segunda escola de samba carioca. O nome Estação Primeira foi escolhido porque, contando-se a partir da Central do Brasil, o morro da Mangueira ficava na primeira parada de trem. As cores, verde e rosa, também foram ideia de Cartola, inspiradas no colorido do Rancho dos Arrepiados e no seu time de futebol, o Fluminense. No desfile inicial, o samba-enredo composto por Cartola foi "Chega de demanda", responsável pelo primeiro prêmio da Mangueira.

Na escola de samba, travou amizade com Carlos Cachaça (1902-99) e com outros sambistas, que faziam parte da rede de sociabilidade negra dos morros. Nessa época, conheceu Deolinda (1901-?) que, casada, se envolveu com o sambista, deixando o marido, mas mantendo consigo a filha de dois anos, que o compositor criaria como sua. Cartola combinava, nesse período, a atividade de pedreiro com a de compositor e violonista. Mas já ia ganhando nome no morro.

O compositor ficou famoso com a venda de seu primeiro samba, seguido por outros também gravados por Francisco Alves, preservando, porém, sua autoria. Em 1932, sua composição com Noel Rosa "Tenho um novo amor" foi interpretada em disco por Carmen Miranda. Os sambas de Cartola se popularizaram na década de 1930 nas vozes ilustres de Araci de Almeida (1914-88), Carmen Miranda (1909-55), Mário Reis (1907-81) e Sílvio Caldas (1908-98), entre outros. Na década de 1940, ele se tornou parceiro de diversos músicos famosos, como Pixinguinha (1897-1973), João da Baiana (1887-1974), Donga (1890-1974), Jararaca (1896-1977) e Zé da Zilda (1908-54).

Cartola trabalhou, ainda, como cantor de rádio. Criou na Rádio Cruzeiro do Sul o programa *A Voz do Morro*, junto com Paulo da Portela (1901-49). Por lá, a dupla apresentava sambas inéditos e pedia aos ouvintes para que sugerissem os títulos. O conjunto Carioca foi formado em 1941, junto com Paulo da Portela e Heitor dos Prazeres (1898-1966).

O sambista ganhava a vida como lavador de carros em Ipanema quando foi identificado, em 1956, pelo jornalista Sérgio Porto (1923-68) (conhecido como Stanislaw Ponte Preta). O reencontro com o jornalista foi definitivo para uma guinada na carreira de Cartola, como músico e compositor. Sérgio também arranjou para o sambista um emprego de contínuo no *Diario Carioca*, em 1958, e, no ano seguinte, no Ministério da Indústria e Comércio.

Nos anos 1960, o compositor e sua terceira esposa, Dona Zica, com mais dois companheiros, criam o famoso botequim ZiCartola, onde se concentravam os grandes sambistas da época. Seu primeiro álbum, *Cartola*, foi lançado quando ele já estava com 65 anos. Embora tenha criado sambas clássicos, Cartola morreu na pobreza, no dia 30 de novembro de 1980, por conta de um câncer fatal. A essa altura, ele residia numa casa concedida pela prefeitura do Rio de Janeiro.

Compositor de mais de quinhentas músicas, com letras de imensa poesia, Cartola tem sido regravado pelos mais conhecidos nomes da música popular brasileira; e tornou-se, assim, imortal.

FONTES: Arley Pereira; Arthur L. de Oliveira Filho; Cartola; Marcos Antônio Marcondes; Marília Trindade Barbosa da Silva.

VEJA TAMBÉM: Antônio Candeia Filho; Clementina de Jesus; Donga; Heitor dos Prazeres; Ismael Silva; Ivone Lara; Paulo da Portela; Pixinguinha; Tia Ciata; Tias baianas...; Zé Kéti.

CATARINA

1862-? | RIO GRANDE DO NORTE; RIO DE JANEIRO

A escravizada Catarina nasceu no Rio Grande do Norte, em 1862. Possivelmente com quinze anos, em 1878, tenha sido vendida — via tráfico interprovincial — para o Rio de Janeiro, permanecendo consignada na casa de João Fonseca. Em seguida foi vendida de novo, dessa vez para Amélia Francelina Cabral de Azevedo, moradora da rua de São Joaquim, 93.

Em 1879, Catarina foi presa e acusada de estar se prostituindo em "casas da tolerância". Dizia-se mais: que eram muitas as cativas "violentadas por seus senhores" e "entregues à prostituição". As autoridades policiais se referiram à Catarina como "uma pardinha de menor idade, que por temor de castigos se prostituía".

Acusada também de ganhar a vida como cafetina, Amélia Francelina garantiu, porém, que Catarina estava tão somente "ocupada no serviço doméstico". Convocada a depor, a cativa desmontou a farsa, alegando que fora comprada por Amélia logo que desembarcou no Rio de Janeiro e que a patroa a obrigava a ficar sempre "à janela recebendo visitas". Afirmou ainda que já tinha sido "deflorada por um indivíduo por ordem de sua senhora, que para isso recebeu dinheiro". Segundo Catarina, sua senhora a forçava a estar com diversos homens e a entregar o dinheiro que a ela pagavam. Ademais, quando não conseguia atrair muitos "clientes", era ameaçada de castigos ou de envio para a Casa de Correção.

A escravizada afirmava que era comum ser "castigada por sua senhora com bolos e bofetadas por não querer estar na vida de prostituição". Após as investigações, ela acabaria sendo solta. Foi devolvida à sua senhora, que tinha impetrado um habeas corpus justamente para libertá-la. Assim, Catarina saía da prisão mas voltava para outra: a escravidão. Foram as importantes pesquisas de Luiz Carlos Soares, Magali Engel, Martha Abreu, Marinete dos Santos Silva e Rachel Sohiet que revelaram as faces da escravidão urbana, da prostituição e das condições das mulheres negras — livres e escravizadas — no Rio de Janeiro oitocentista.

FONTES: Cristina Schettini Pereira; José Hilário Ferreira Sobrinho; Luiz Carlos Soares; Magali Engel; Martha Abreu; Rachel Sohiet; Sandra Lauderdale Graham.

VEJA TAMBÉM: Feliciana Maria Olímpia; Rosa Egipcíaca.

CATARINA, JOSEFA E VITÓRIA

SÉC. XVIII | BRASIL MERIDIONAL

Catarina, Josefa e Vitória são personagens de um cenário basicamente esquecido: o da presença africana no Brasil meridional, já desde o século XVIII, atuando na agricultura de trigo, milho e mandioca, bem como na produção de couros e sebos. As imagens de um Sul povoado apenas por colonos europeus escondem a formação de uma agricultura de base familiar com o emprego ampliado da escravidão, sobretudo africana, no período colonial.

Em Viamão, no Rio Grande do Sul, a ocupação luso-americana data de 1730, com a criação de gado. A partir de 1750, devido às migrações de refugiados expulsos pelos espanhóis e que se localizaram em Laguna, Santa Catarina, e por causa de assentamentos formados por colonos açorianos, o povoamento cresceu em várias áreas meridionais. Na verdade, a presença da escravidão africana foi uma realidade crescente no local, alcançando um terço da população em diversas regiões. Africanos, como deveriam ser Catarina, Josefa e Vitória, chegavam pelos portos do Rio de Janeiro.

Do Sul partiam barcos com trigo, milho, sebo e mandioca, alcançando os mercados regionais. A produção de trigo teve como base o trabalho familiar de colonos, mas contou cada vez mais com a mão de obra de escravizados africanos. Em 1751, em Viamão, 42% dos cativos eram africanos e 55% dos proprietários de terra possuíam cativos. Ademais, em diferentes localidades se constituía uma agricultura escravista de pequenos e médios lavradores. Enquanto no resto do Rio Grande o padrão de posse de 75% dos proprietários era de até nove cativos, em Viamão 70% deles tinham no máximo quatro.

No Rio Grande do Sul, a população escravizada se ampliou na segunda metade do século XVIII. Em 1780, as populações escravas de localidades como Viamão, Vacaria de Cima da Serra, Cachoeira, Triunfo e Conceição do Arroio mantinham índices de 32% a 44%. Em Porto Alegre, no ano de 1782, homens e mulheres adultos africanos e crianças de até quatro anos compunham 80% dos cativos. Gerações de escravizados nascidos no Brasil se misturavam aos africanos, que continuaram a chegar na década de 1790 e no alvorecer do século XIX.

As prováveis trajetórias das africanas Catarina, Josefa e Vitória foram marcadas por estratégias que visavam criar redes de compadrio e de apadrinhamento. Os registros paroquiais de Viamão, entre 1747 e 1758, indicam que um quarto das crianças escravizadas batizadas eram filhas de mulheres africanas, mas como padrinhos predominavam pessoas livres. Além disso, um terço dos casamentos dos cativos ocorria com pessoas livres e libertas. Embora 70% dos casamentos de escravizados se dessem entre cativos do mesmo senhor, havia hierarquias e expectativas de ascensão e de mobilidade social, já que os cativos escolhiam como padrinhos cativos com prestígio e pertencentes a outros fazendeiros. Assim, o trigo produzido também com mão de obra escravizada, complementando a familiar, favoreceu a expansão da economia gaúcha no século XVIII, articulada ainda mais com o mercado regional.

Catarina, Josefa e Vitória tinham algo em comum. Presumivelmente chegaram à região nos anos 1770. Elas tiveram filhos naturais (sem o reconhecimento do pai e de casamento) e legítimos, mas sempre apareciam nos documentos como madrinhas de inúmeros batizados. Catarina, cativa de Diogo Inácio de Barcelos (1740-1818), batizou sete filhos entre 1777 e 1790, sendo os quatro primeiros naturais e os três últimos legítimos. Josefa, escravizada de Alexandre da Costa, teve sete filhos batizados entre 1775 e 1790. No caso dela, os três primeiros foram registrados como "naturais" e os restantes como "legítimos". Igual padrão seguiu Vitória, pertencente a Manuel da Silva Ferreira, com sete filhos batizados anotados entre 1777 e 1791.

O certo é que, como têm destacado os estudos de Bruna Sirtori, Helen Osório, Luciano Costa Gomes, Sherol Santos, entre outros, várias cativas se sobressaíram na montagem de uma rede de parentesco e de compadrio no Brasil meridional, ampliando os sentidos de família, autonomia, liberdade e mobilidade para escravizados, africanos, libertos e nascidos no Brasil.

FONTES: Bruna Sirtori; Helen Osório; Luciano Costa Gomes; Luiz Felipe de Alencastro; Martha Daisson Hameister; Sherol Santos; Tiago Gil.

VEJA TAMBÉM: Ana Mogumbe, Gertrudes Angola...; Chica Brincuda; Maria Mina.

CATARINA CASSANGE

SÉC. XIX | ÁFRICA; RIO DE JANEIRO

Em 1906, Machado de Assis publicaria o conto "Pai contra mãe", que foi incluído em seu livro *Relíquias de casa velha*. Já haviam passado dezoito anos desde o fim da escravidão, e ele parecia querer ironizar os ofícios e dilemas morais que aquela sociedade criara e que talvez não tivessem desaparecido. Não existiam escravizados fugidos e seus perseguidores, mas mães e pais aflitos. No seu drama literário — numa data fictícia da década de 1850 — surgiria Cândido Neves, homem "branco" muito empobrecido que estava prestes a entregar o filho recém-nascido à roda dos expostos. Para conseguir mais recursos, resolveu atuar como perseguidor de escravos fugitivos, apelando para os anúncios que abundavam na imprensa carioca urbana. Selecionou então o caso de Arminda, escravizada nascida no Brasil, que tinha fugido exatamente por estar grávida.

Para além da ficção, não poucas mulheres negras escravizadas optaram por evadir-se quando engravidaram, tentando tanto ter um parto mais tranquilo quanto impedir que sua prole continuasse escravizada ou fosse separada por venda senhorial. Permanecer seis ou mais anos em fuga poderia significar, para muitas mulheres negras, uma estratégia para livrar seus filhos do cativeiro ou mesmo acionar a sua comunidade negra na hora do parto e nos momentos iniciais da vida deles.

Segundo o historiador Carlos Eugênio Líbano Soares (1962-), a africana Catarina Cassange foi uma dessas mulheres. Suas estratégias puderam ser acompanhadas por meio de vários anúncios entre 1838 e 1839. Seu proprietário, Manuel da Rosa, divulgou no *Diario do Rio de Janeiro* que ela havia escapado estando grávida de quatro meses. Tal qual nos demais anúncios da época, marcas corporais, seus traços e personalidade seriam detalhadamente descritos. O primeiro anúncio da sua fuga foi seguido por pelo menos outros três, num espaço de quatro meses. Por isso, mesmo antes de ela ser capturada, foi possível coletar uma série de informações sobre seu paradeiro.

Conhecida como preta ao ganho e como vendedora, costumava circular pela praia do Valongo e pela rua do Livramento, onde se concentravam muitos africanos. Um mês depois do primeiro anúncio, seria publicado outro, dizendo que Catarina, com a ajuda de sedutores, estaria tentando ir para Minas Gerais. Em mais um anúncio informou-se que ela passava as noites escondida em barcos ancorados e já estaria em adiantado estado de gravidez.

Catarina conseguiu ficar um ano foragida, só sendo capturada no fim de 1839. Revelou que passara por muitos lugares da cidade e do Recôncavo da Guanabara. Quem mais a havia ajudado fora o liberto Aleixo, um africano mina que tinha o ofício de barbeiro. Durante um bom período, ele escondera Catarina em sua casa, na rua dos Ferradores. Com apoio de vários acoitadores e proteções provisórias, Catarina tivera seu filho — de nome José —, sendo inclusive levada para as cercanias do "quilombo de Laranjeiras".

Nesse e em outros casos, a ficção não ficava devendo nada à realidade.

FONTES: **Carlos Eduardo de Araújo Moreira; Carlos Eugênio Líbano Soares; Flávio dos Santos Gomes; Juliana Barreto Farias; Ynaê Lopes dos Santos.**

VEJA TAMBÉM: **Ângela e Geralda; Machado de Assis; Maria do Egito.**

CATARINA MINA

?-*c.* 1886 | COSTA DA MINA; SÃO LUÍS, MARANHÃO

Quem passa hoje pelo centro histórico de São Luís — em especial nos meses de junho e julho — e se depara com a escadaria do beco Catarina Mina, sempre enfeitada com bandeirinhas das festas juninas, pouco sabe sobre esse personagem. Muitas africanas, escravizadas e libertas, comerciantes e quitandeiras — várias delas vindas da África Ocidental, quem sabe da Alta Guiné —, foram apelidadas de "pretas minas" em São Luís, desde o fim do século XVIII e já com o crescimento urbano mais acentuado. Houve, porém, só uma Catarina Rosa Pereira de Jesus, conhecida por possuir uma barraca nas proximidades da ladeira da rua da Calçada. Com o seu trabalho urbano de quitandeira, Catarina Mina comprou sua alforria e continuou prosperando, adquirindo escravizados, aumentando seus negócios e se articulando com diversos comerciantes, brasileiros, ingleses e portugueses, que atuavam na praça de São Luís.

No seu testamento, aberto em fevereiro de 1886, descobrimos que ela deve ter chegado a São Luís entre as décadas de

1820 e 1830 e que era cristã e católica, sendo africana de nação mina. Alegava ser solteira e não ter deixado nenhum herdeiro direto. Detalharia, porém, posses e seus últimos desejos quanto a seu funeral, missas e bens a serem legados. Destacava que queria ser sepultada em catacumba, "com decência, mas sem pompa". E que fossem distribuídos 50 mil-réis em esmolas, em notas de quinhentos réis, para as pessoas pobres que comparecessem ao seu enterro. E que se encomendassem cem missas, cinquenta pela sua alma e outras cinquenta pela alma de seu filho Pedro. Passado o prazo de três anos de seu falecimento, ela queria que seus restos mortais fossem trasladados para um jazigo que adquirira na igreja de Santo Antônio, pois lá estavam os restos mortais de seu filho.

Os legados de doações, esmolas e recomendações no testamento de Catarina revelam uma mulher africana que construiu uma rede de relações de poder, prestígio e reconhecimento. Entre os seus afilhados apareceria o dr. Alfredo Raposo Barradas (1861-1924), filho do desembargador Joaquim da Costa Barradas (1833-1908), para quem deixava de herança a quantia de um conto de réis. Para d. Ana Pereira, irmã do alferes Quintino Antônio, legava 400 mil-réis. Ela seria generosa com sua comadre e afilhada Maria Alves; esta receberia uma casa em fim de construção, situada na calçada da Zimbra. Aos afilhados Romão e sua irmã Cristina deveria ser destinada a quantia de 50 mil-réis para cada um. Sua casa na rua das Crioulas deveria ficar para seu escravizado Benigno e, quando ele morresse, ser passada para a filha deste, Maria, cuja mãe era uma mulher livre de nome Isidora. Mas com a condição de que Benedita — uma mulher livre — continuasse residindo ali por um ano e pagando aluguéis à herdeira dita Catarina.

Além de alforriá-los, Catarina deixou bens para vários de seus escravizados. Firmina e Sotero receberiam uma quarta de ouro cada um. Já Felipa ficaria com um cordão de ouro e um par de rosetas com oito oitavas de ouro. Os ingênuos, filhos de seus escravizados — vivos ou mortos —, também foram lembrados. Para João e Marcos, filhos da falecida escravizada Apolina, seriam dados 100 mil-réis, e para Lourenço, filho de Felipa, 50 mil-réis. A Pedro — filho de Paulo, que fora casado com Teodora, ambos falecidos — foi destinada a quantia de 100 mil-réis, que estavam depositados na Caixa Econômica, mais os juros. Mas ele só estaria autorizado a tomar posse desse montante quando atingisse a maioridade. Catarina solicitaria expressamente aos seus cativos "fazer enquanto lhes permitir" a "festa de São Pedro", como era "de costume". Para a sua herdeira Catarina e o filho desta, ainda escravizados, deixou um conto de réis. Eles deveriam continuar residindo na sua casa na rua da Palha, "conservando-a sempre em bom estado" e também permitindo que morassem "na dita casa" as demais escravizadas, "que no entender dela se comportarem bem, excluindo ficarem as que se portarem mal, usando em tal caso de meios legais".

Comerciante próspera e previdente, Catarina mandava depositar 500 mil-réis na Caixa Econômica, e que só houvesse retiradas para pagar eventuais funerais de seus afilhados. Portanto, havia acumulado grande pecúlio.

Catarina fez questão de frisar em seu testamento que não devia "a pessoa alguma, quer particularmente, quer como comerciante", e que perdoava as dívidas a todos os seus devedores, com exceção de Francisco Barbosa de Andrade, que lhe devia desde 1885 mais de 1800 réis. De fato, Catarina Mina soube administrar muito bem suas posses, propriedades e relações, assim como seu legado. Contando com as investigações pioneiras de Mundinha Araujo (1943-), pesquisas sobre Catarina Mina e outras tantas mulheres negras escravizadas e livres do Maranhão do século XIX têm alterado a representação de seus papéis e reavaliado a importância delas numa sociedade marcada pela linguagem da escravidão.

FONTES: **Elizabeth Sousa Abrantes; Iraneide Soares da Silva; Josenildo de Jesus Pereira; Marley A. Silva; Matheus Gato de Jesus; Mundinha Araujo; Rafael Chambouleyron; Reinaldo dos Santos Barroso Jr.**

VEJA TAMBÉM: **Ana de Oliveira e Rosária Maria; Efigênia, Nazaré...; Emília do Patrocínio; Maria Angélica; Sabina da Cruz.**

CECÍLIA, LETÍCIA, VIRGÍNIA E QUERUBINA

SÉC. XIX | CAMPOS DOS GOYTACAZES, RIO DE JANEIRO

Pouco se conhece acerca das biografias de Letícia, Querubina, Cecília e Virgínia. Provavelmente nasceram no Brasil, filhas e netas de africanas que continuavam a desembarcar no Rio de Janeiro ou em praias de Cabo Frio, Rio das Ostras, Itabapoana e Itapemirim, num tráfico ilegal que se estendeu pelas décadas de 1830 a 1850, tendo sido enviadas para plantações do Norte Fluminense. Em 1873, foram acusadas de matar sua senhora, d. Ana Joaquina Carneiro Pimenta, em Campos dos Goytacazes.

O episódio repercutiu muito na imprensa. Como mostra Lana Lage da Gama Lima, fazendeiros acusaram autoridades e políticos de fazerem vista grossa diante do aumento da criminalidade dos escravizados, especialmente após a Lei do Ventre Livre, de 28 de setembro de 1871. As alegações das cativas diante do processo instaurado e as investigações realizadas mostraram que d. Ana Pimenta, que na época tinha mais de setenta anos, era muito cruel e violenta. Letícia relatou que tinha sido castigada durante dois dias seguidos, com palmatórias e chicote. Querubina, Cecília e Virgínia confirmaram, dizendo que também passaram dias acorrentadas no sótão da casa, entre ferros e tronco. As quatro cativas combinaram de assassinar Ana Pimenta por vingança.

De um lado, houve clamor da população para o julgamento das escravizadas por um crime considerado bárbaro. De outro, as investigações realizadas descobriram na fazenda vários instrumentos utilizados para a prática da tortura e toda sorte de castigos.

A atmosfera de denúncias, as disputas políticas e as repercussões do caso levaram à demissão do delegado de polícia local. Em 1876, o presidente da província do Rio de Janeiro admitia que as "escravas assassinaram" seus fazendeiros e feitores com o objetivo de serem julgadas, processadas e "condenadas a galés", pois avaliaram "que sem dúvida" esse era o melhor "cativeiro", sobretudo diante da possibilidade de ter a pena de morte transformada em prisão perpétua.

Diante de cenários tão violentos, muitas vezes escravizadas optaram por encurtar suas vidas ou ficarem na prisão. Tudo era melhor que sofrer cotidianamente com castigos e humilhações.

FONTES: Clóvis Moura; Lana Lage da Gama Lima.

VEJA TAMBÉM: Curukango; Delfino; Peregrina; Rosa.

CELINA VEIGA, MARIA DE LOURDES ROSÁRIO E NOÊMIA DE CAMPOS

SÉC. XX | SÃO PAULO

Celina Veiga, Maria de Lourdes Rosário e Noêmia de Campos são personagens simbólicos de processos de silenciamento. Entre outras mulheres negras, elas aparecem como redatoras e articulistas do jornal *A Voz da Raça*, órgão de imprensa oficial da Frente Negra Brasileira (FNB), criada na cidade de São Paulo em 1931.

A maior parte do que se sabe sobre a FNB baseou-se no material publicado nesse periódico, que circulou por quase todos os anos da existência da instituição (1931-7). Surgiu na gestão de Isaltino Veiga dos Santos (*c.* 1901-78), que era secretário-geral da FNB. *A Voz da Raça* funcionou de início na rua Conselheiro Brotero, 156, passando depois para uma sede própria, na rua da Liberdade, 196. O jornal trazia como subtítulo "órgão oficial da Frente Negra Brasileira", e, a partir de 1934, incluía a sentença: "órgão da gente negra brasileira". O primeiro convidado para redator foi Deocleciano Nascimento (?-*c.* 1967), que foi seguido por Pedro Paulo Barbosa (1914-88), Raul Joviano do Amaral (1914-88), Mário Campos, Antônio M. dos Santos, Rubens Costa e João de Sousa. Tendo como lema "Deus, Pátria, Raça e Família", o jornal trazia tanto matérias sobre "preconceito racial" quanto informações administrativas e organizacionais.

A pesquisa de Giovana Xavier (1979-) revela como Celina Veiga, Maria de Lourdes Rosário e Noêmia de Campos marcariam presença assinando matérias e seções. A principal delas era a "Seção doméstica", que trazia textos sobre regras de etiqueta, vestuário e, em especial, comportamento, reiterando divisões clássicas entre os gêneros.

Noêmia de Campos, em suas colunas, mencionava que escrevia para "minhas irmãs negras" e sublinhava que as mulheres negras, e sobretudo as da FNB, não poderiam sentir "vergonha das nossas irmãs que sabem trajar-se bem". E explicava: "Sejamos imitadoras de tudo quanto é bom e belo, mas das cousas que não afete [sic] a nossa dignidade".

Embora houvesse poucas matérias sobre as questões de gênero nesses jornais, Celina Veiga, Maria de Lourdes Rosário e Noêmia de Campos podem ser consideradas pioneiras dos feminismos negros no Brasil.

FONTES: Geledés; Giovana Xavier; Petrônio Domingues.

VEJA TAMBÉM: Arlindo Veiga dos Santos; Benedita Costa; Deocleciano Nascimento; Francisco Lucrécio; Vicente Ferreira.

CHICA BRINCUDA

SÉC. XIX | PALMARES DO SUL, RIO GRANDE DO SUL

Muitas histórias de várias comunidades negras rurais de remanescentes de quilombos são contadas a partir da memória geracional de suas matriarcas. Elas não só podem ter sido as primeiras a ocupar as terras, como fundamentalmente em torno delas famílias negras ampliaram parentesco e demarcaram territórios.

Entre os quilombolas restantes do Limoeiro, hoje em dia município de Palmares do Sul, Rio Grande do Sul, as lembranças acerca de Francisca Joana Gomes — chamada Chica Brincuda — marcam o tempo das "terras de escravos", no caso a doação de terras aos libertos.

Foi provavelmente no alvorecer do século XIX que o casal capitão Vicente José Gomes (*c.* 1790-?) e Gertrudes Eufrásia Lopes (1791-1873) se estabeleceu na fazenda do Ipê, onde criaram gado. Eles migraram da região de Santo Antônio da Patrulha, levando todos os seus escravizados. Entre 1870 e 1871, já bem idoso, o casal libertou dezesseis cativos, por meio de cartas de alforria. Em 1871, soltaram de uma só vez catorze escravizados, que apareceram denominados como "crias de casa, filhos e netos das ditas minhas escravas Narcisa, Isalina e de outras". Antes disso, alforriaram Belisária, com setenta anos, e depois libertaram Francisco, filho de Isalina.

O casal sem filhos legaria suas terras para cativos e libertos da região. Em 1873, Gertrudes Eufrásia Lopes — então com 82 anos — determinava em seu testamento que deixaria para os escravizados, além das alforrias, moradias, oratórios, benfeitorias da fazenda, cavalos, éguas, bois, ovelhas, carretas e terras compradas. A principal condição para essa doação era a de "não venderem bens de raiz nenhuma e nem alienar por forma alguma". Além disso, legavam "duzentas reses de criar para minhas escravas", determinando os nomes de cinco delas: Narcisa, Zelinda, Catarina, Tomásia e Juliana.

Ainda durante o período da escravidão, começava a vida de liberdade dessas famílias negras estendidas e sob o domínio matriarcal, reconhecido pelo próprio desejo explícito dos antigos senhores. Embora o nome de Francisca Joana Gomes — a Chica Brincuda — não apareça nesse testamento, ela, Anastácia e a filha Juliana estão nas memórias dessa comunidade de remanescentes de quilombo, surgida de terras das ex-escravizadas daquelas terras, sendo elas as principais chefes de família.

Consta que Francisca era filha de Joana Catarina. A filha de Francisca, Jovelina Gomes, também foi registrada na história da comunidade quilombola do Limoeiro. A importância de sua neta Liberalina Gomes, da bisneta Luísa Terezinha e da tataraneta Maria Aparecida mostra a força feminina e do matriarcado como uma estrutura para manter a terra num contexto pós-abolição. Ali houve tanto o trânsito de quilombolas como a migração de famílias de libertos, para além das doações de terra.

Como destacou Claudia Daiane Garcia Molet, Chica Brincuda virou um símbolo da memória geracional e do legado da escravidão, dos fugitivos, dos quilombolas e dos camponeses negros que ainda viviam numa sociedade cercada de escravidão. Na lembrança comunitária ela representa o lugar simbólico de ser a "última a ficar nessas terras de escravo".

No Brasil meridional, comunidades negras rurais e remanescentes de quilombos construíram memórias do cativeiro. Nelas, o papel feminino na reprodução camponesa negra ancestral é incontornável.

FONTES: Claudia Daiane Garcia Molet; Mariléa de Almeida; Rodrigo de Azevedo Weimer.

VEJA TAMBÉM: Ana Mogumbe...; Catarina, Josefa...; Maria Mina.

CHICA DA SILVA

c. 1731-96 | DIAMANTINA, MINAS GERAIS

Chica da Silva é talvez a mais conhecida personagem feminina do Brasil escravista. O cinema e as novelas desde o fim do século XX ajudaram a imortalizar a imagem de uma escravizada extremamente bela que encantou um homem da elite em pleno período da mineração colonial, conquistando alforria, prestígio e poder. Até pouco tempo atrás, havia mais mitos do que evidências sobre a existência de Chica. De um lado, ela foi associada ao estereótipo preconceituoso da escravizada sensual que seduz um homem branco e rico. De outro, foi tida como a representação negativa de uma mulher negra insinuante e perdulária, que influencia um senhor da elite a desafiar a sociedade mineira, rendendo-se aos seus caprichos.

A memória e a difusão do mito de Chica da Silva datam de meados do século XIX. Em 1853, o advogado Joaquim Felício dos Santos (1828-95) foi procurador de Frutuosa Batista de Oliveira, uma das netas de Chica, e é dele "a invenção do mito", que aparece pela primeira vez no livro *Memórias do Distrito Diamantino*, de 1868. Francisca da Silva nasceu entre 1731 e 1735 e era filha de Maria da Costa, uma africana escravizada natural da costa, mencionada nos registros como "gentio da Guiné", sendo talvez uma africana ocidental. Foi batizada como "filha natural", mas há indicações de que seu pai era Antônio Caetano de Sá, um homem branco. Aliás, a mãe dela esteve às voltas com denúncias e escândalos sexuais envolvendo homens brancos. Já Chica consta na documentação como uma escravizada, ora "parda", ora "mulata".

A historiadora Júnia Ferreira Furtado (1960-) explica que ela teria nascido na povoação do Milho Verde, no arraial do Tejuco, área onde se vivia da mineração de ouro e diamantes, além da agricultura de subsistência. Sabe-se que, ainda pequena, foi vendida ao médico português Manuel Pires Sardinha. Em 1749, surge num primeiro documento que a registra também no arraial do Tejuco, como madrinha no batizado de um escravizado. Em 1751 nasceu Simão, o primeiro filho de Chica, ao que se supõe, com o seu senhor, que tinha fama de molestar sexualmente várias cativas. Simão foi alforriado ao ser batizado. Em 1753, o médico Pires Sardinha foi denunciado pela visitação inquisitorial, acusado de concubinato com escravizadas.

Na época houve muitas denúncias de bigamia e concubinato em Minas Gerais, em especial de casos de envolvimento de escravizadas e libertas com senhores brancos. Foi no fim da década de 1750, talvez em 1759, que Chica apareceu pela primeira vez como alforriada e com o nome de Francisca da Silva. Depois se transformaria em Francisca da Silva Oliveira. O contratador João Fernandes de Oliveira (*c.* 1727-79), vindo de Portugal, teria chegado ao Brasil no início de 1753 como representante do pai — seu homônimo —, um conhecido homem de negócios. João Fernandes, filho, nascera nas Gerais. Mas aos treze anos havia partido para Portugal, onde realizaria estudos formativos em diversos seminários, e, em 1743, estava matriculado na Universidade de Coimbra. Concluiu o bacharelado em 1747 e se formou em 1748, ano em que obteve o título de Cavaleiro da Ordem de Cristo. Quando retornou ao país natal, João estava com 26 anos, e sabe-se que, ao chegar ao Tejuco, logo comprou, de Pires Sardinha, uma escravizada parda por 800 mil-réis. Era Chica, com idade entre dezoito e 22 anos e que já tinha um filho de dois anos. O contratador a teria comprado para imediatamente alforriá-la, em dezembro de 1753.

Chica da Silva e João Fernandes se relacionaram por dezessete anos. Em 1770, João voltou para Portugal, onde morreu em 1779, com 52 anos. Entre 1755 e 1770, os dois tiveram treze filhos, um a cada treze meses aproximadamente. Quando o último nasceu, Chica devia ter entre 35 e 39 anos. Na igreja de Santo Antônio, matriz do Tejuco, foram batizados todos os filhos de Chica e João: Francisca de Paula (1755), João (1756), Rita (1757), Joaquim (1759), Antônio Caetano (1761), Ana (1762), Helena (1763), Luísa (1764), Maria (1766), Quitéria (1767), Antônia (1768), Mariana (1769) e José Agostinho (1770). Reconhecidos pelo pai, alguns deles teriam ido a seu encontro em Portugal e muitos estudaram por lá.

Com João, Chica morou na rua da Ópera (hoje conhecida por Lalau Pires). Os registros históricos destacam uma mulher que, entre outras preocupações, dava muita importância às suas vestimentas, adereços, ouro e joias, tal qual outras mulheres negras libertas em Minas Gerais naquele contexto. Ao longo da vida ela chegou a possuir 104 escravizados, incluindo africanos e nascidos no Brasil.

Chica da Silva morreu em casa, no dia 16 de fevereiro de 1796, entre 61 e 65 anos. Foi enterrada com pompas na igreja da Irmandade de São Francisco de Assis, local teoricamente destinado à elite branca.

FONTE: **Júnia Ferreira Furtado.**

VEJA TAMBÉM: **Bárbara Gomes de Abreu e Lima; Francisca Poderosa; Joana da Silva Machado; Rita Cebola.**

CHICA MACHADO

c. 1737-? | NIQUELÂNDIA, GOIÁS

Chica Machado foi uma mulher negra, ex-escravizada, comprada aos treze anos por um comerciante português, e que viveu em Niquelândia, Goiás, por volta de 1750. Ela acabou por se casar com seu senhor, com quem teve seis filhos, e converteu-se na mulher mais respeitada e prestigiosa do arraial de Cocal, na região norte da então província.

Contam-se muitas histórias acerca da "Chica Goiana". A pesquisadora Adélia Freitas revela que ela se tornou tão influente no local que construiu uma igreja para que os negros e negras pudessem rezar. Segundo essa mesma lenda, os ex-escravizados, por gratidão, costumavam jogar ouro aos seus pés, para que por sobre ele passasse. Dizia-se mais: que seus conhecidos jamais compravam terras ou concluíam qualquer tipo de negociação sem antes ouvir a opinião de Chica.

As histórias variam quando tratam de sua relação com os demais escravizados. Algumas revelam que, com o ouro que acumulava, Chica comprava cativos para em seguida libertá-los. Outras afirmam que ela era tão rica e possuía tantos escravizados que chegava a emprestar para amigos da Bahia cinquenta deles, e que estes não lhe faziam falta.

Difícil distinguir o que é fato do que não passa de memória popular ou de pura ficção. Ou melhor, Chica Machado existiu, sim, e é o que prova a pesquisadora Adélia Freitas a partir dos registros da história de Goiás. Entretanto, a maneira como determinados eventos foram ampliados, de geração em geração, a transformaram num mito local. Um mito que encena o protagonismo de mulheres negras, ex-escravizadas, que conseguiram se impor em contextos muito adversos.

FONTE: Adélia Freitas.

VEJA TAMBÉM: Chico Rei; Teresa Bicuda.

CHICO PREGO, ELISIÁRIO E JOÃO PEQUENO

SÉC. XIX | SERRA, ESPÍRITO SANTO

A Revolta de Queimado, no Espírito Santo, embora não tenha merecido análises e pesquisas mais sistemáticas, representa um bom exemplo de insurreição oitocentista com características de messianismo.

Na freguesia de São José do Queimado (atualmente município de Serra), ocorreu, em março de 1849, uma grande insurreição. Chico Prego, Elisiário e João Pequeno foram identificados como seus principais líderes. Centenas de escravizados se rebelaram, sendo imediatamente reprimidos com prisões e julgamentos sumários. Após denúncias do padre João Clímaco de Alvarenga Rangel (1799-1860), a culpa recaiu sobre o frei Gregório de Bene e outros capuchinhos italianos, que tinham se instalado na região em meados da década de 1840. Juntando recursos e esforços com o propósito de construir uma igreja no local, escravizados teriam recebido a promessa de que seriam livres depois da sua inauguração. No entanto, com a demora da suposta libertação, os cativos realizaram a insurreição na porta da igreja, cobrando dos fazendeiros aquilo que fora previamente combinado com o frade.

Havia uma percepção política da parte dos próprios escravizados diante da atmosfera carregada dos debates parlamentares, da repressão nos mares e dos conflitos acerca do tráfico ilegal, que recrudesceram na década de 1840. Navios apreendidos, africanos desembarcados ilegalmente e temor de revoltas mobilizaram a imprensa e os debates da época.

Em 1849, Elisiário e os demais cativos acusados de liderar a revolta provavelmente andavam fazendo leituras políticas do contexto. Nas prisões teriam mencionado "a rainha", o apoio dos ingleses e o envio de emissários. Para além do clima político, motivações religiosas católicas poderiam estar influenciando a mobilização dos rebeldes, uma vez que capuchinhos atuavam em diversas áreas da África e tinham grande popularidade. Por isso, a revolta incluía a participação destacada de centro-africanos, mas também de descendentes das primeiras gerações.

Os líderes da insurreição do Queimado foram presos, julgados e condenados numa ação sumária. Autoridades do Espírito Santo temiam, porém, que os boatos sobre revoltas de escravizados se espalhassem. Por isso, dos 38 cativos acusados de participar diretamente da conspiração, vários foram castigados "exemplarmente" por seus senhores. Já Chico Prego foi condenado e enforcado.

Em dezembro de 1849, Elisiário, João Pequeno e outros fugiram da cadeia, trazendo de volta a onda de pânico à província capixaba. Elisiário nunca mais seria capturado e sobre ele se criou uma lenda, segundo a qual o líder continuava protegido por amuletos e santos católicos, entre eles a Virgem da Penha.

FONTES: **Clóvis Moura; Dale T. Graden; José Alípio Goulart; José Roberto Pinto de Góes; Vilma Paraíso Ferreira de Almada.**

VEJA TAMBÉM: **Benedito Meia-Légua; Diogo Rebolo...; Manuel do Sacramento.**

CHICO REI

SÉC. XVIII | CONGO; OURO PRETO, MINAS GERAIS

No período de 1716 a 1718, havia quase 35 mil negros — entre escravizados, libertos, africanos e nascidos no Brasil — na vasta região de Minas Gerais que compreendia as vilas de Nossa Senhora do Carmo, Vila Rica, São João del-Rei, Sabará, Rio das Mortes, Serro e Pitangui. Eram tempos de muita mineração e trabalho escravo, mas também de ameaças de insurreições. Eventos ainda pouco conhecidos, como aqueles que ocorreram de 1719 a 1720 e depois em 1756, rumores de grandes revoltas, mexeram com corações e mentes de ricos e pobres, distanciando-se da imagem do fausto da vida diária no Século do Ouro nas Gerais setecentistas.

Data dessa época a história de Chico Rei, que até hoje se localiza no espaço das lendas e memórias que envolveriam um africano da família real do reino do Congo. Com a esposa, filhos e alguns súditos, fora embarcado como escravizado para o Brasil. Conta-se que, durante a viagem atlântica, a esposa e alguns de seus filhos teriam morrido. Não se sabe em que porto chegou, contudo é certo que foi parar nas minas de Ouro Preto, destino de milhares de africanos que desembarcavam no Rio de Janeiro ou em Salvador nas primeiras décadas do século XVIII.

Foi batizado com o nome de Francisco, sendo escravizado juntamente com um dos seus filhos sobreviventes. Viveria lado a lado com os milhares de africanos que sob a escravidão desmancharam colinas, fizeram secar rios e riachos, transformando tudo em ouro e diamantes com as técnicas de mineração que traziam do continente africano. Passados alguns anos e depois de muito trabalho, Francisco, já reconhecido pelos demais africanos por sua distinção e realeza, não só conseguiria a sua liberdade, como começaria a comprar a alforria de vários escravizados africanos, quiçá de alguns de seus malungos (colegas de navio negreiro) e outros do reino do Congo.

Assim, as memórias do antigo historiador Diogo Vasconcelos (1843-1927) — ainda no fim do século XIX — registram uma trajetória original da diáspora. Com novos familiares, o africano Francisco seria transformado em rei, exercendo muito poder e merecendo respeito nas áreas de mineração. A fama de excelente minerador, generoso, e de alguém que forjava a liberdade dos seus irmãos logo se espalharia. Contava-se que, por devoção, Francisco, já chamado por todos de Chico Rei, tinha mandado construir capelas, sendo a principal a do Rosário, onde colocou a imagem de Santa Efigênia. Como um liberto, rico e com prestígio entre milhares de africanos e seus descendentes, passaria a organizar as festas mágico-religiosas, especialmente as congadas. Eram rituais de matriz africana, com instrumentos e danças que tomavam as ruas durante as festividades anuais de Nossa Senhora do Rosário.

Rezava a lenda que Chico Rei conseguia amealhar muito ouro. Sua estratégia era convencer africanos e seus descendentes a depositar periodicamente na pia batismal o ouro que escondiam entre os cabelos. Assim, ao lavarem a cabeça para o batismo, deixavam ali o ouro acumulado, que servia como donativos para as irmandades libertarem cada vez mais pessoas e organizarem as festas e congadas. Chico Rei é mesmo um personagem que trafega entre o mito e a realidade, mas nunca esteve tão vivo na imaginação popular.

FONTES: Diogo de Vasconcellos; Nei Lopes; Spirito Santo.

VEJA TAMBÉM: Chica Machado; Inácio Monte.

CHIQUINHA GONZAGA

1847-1935 | RIO DE JANEIRO

Reverenciada na história da música brasileira como compositora, regente e pianista, pouco se sabe, porém, acerca da infância de Francisca Edwiges de Lima Neves Gonzaga, que nasceu numa sociedade urbana escravista como o Rio de Janeiro oitocentista. Francisca Edwiges Neves Gonzaga nasceu em 1847, época em que a Corte ainda recebia milhares de africanos traficados de maneira ilegal.

Sua mãe, Rosa de Lima Maria (?-1897), foi registrada como "mulata". O pai de Francisca foi José Basileu Neves Gonzaga (1817-91), que assumiu postos militares importantes e era parente da família do duque de Caxias (1803-80). Consta que houve resistência de familiares para a união de Rosa e de Neves Gonzaga, que tiveram, além de Chiquinha, três filhos homens: José Basileu Filho (1849-1931), José Carlos e Feliciano.

Francisca viveu a infância no coração da freguesia de Santana, nas proximidades de locais que a partir da década de 1880 concentrariam considerável contingente de africanos e de nascidos no Brasil, muitos deles vindos de Salvador. Morava na rua Nova do Príncipe (atual Senador Pompeu, na Central do Brasil).

Ela começou a estudar piano bem cedo, em aulas particulares. Em 1863, ainda com dezesseis anos, foi obrigada a se casar com Jacinto Ribeiro do Amaral (1839-?), oficial da Marinha Mercante. Com 21, já era mãe de três filhos: João Gualberto (1864-1928), Maria do Patrocínio (1865--1934) e Hilário (1868-?). Com o marido servindo na Guerra do Paraguai (1864-70) e ela levando uma vida difícil, resolveu se separar. Sem apoio econômico, se viu obrigada a dividir a criação dos filhos com seus pais e tios. Mais tarde, Francisca se uniu a João Batista de Carvalho Jr. (1844--*c.* 1905), um engenheiro que gostava de música. Depois de dar à luz mais uma filha (chamada Alice), ela resolveu romper essa nova união, indo morar em São Cristóvão. Passou, então, a viver de aulas de piano e de apresentações musicais em bailes e festividades.

Mas logo a trajetória musical de Francisca decolou. Adaptando o piano para a música popular, que começava a criar, ela compôs não apenas valsas, serenatas e fados, como também polcas, mazurcas e lundus. Sua maior visibilidade viria com a polca "Atraente", de 1877. Então, passou a trabalhar na trilha de operetas e de peças teatrais, a reger orquestras e a criar marchas para cordões que participavam de desfiles nos carnavais. Ainda na década de 1880, Francisca, além de compositora, atuou na militância abolicionista e republicana. Nessas ocasiões, apresentava-se com seus destaques musicais. Por volta de 1884, Chiquinha Gonzaga regeu uma orquestra quando da instalação do Centro Abolicionista Comercial. Já no início do século XX, compunha músicas em diálogo com a cultura popular urbana da época, fazendo grande sucesso.

Com sua música e diante da postura ousada que adotava, numa época em que mulheres estavam condenadas a permanecer casadas, Chiquinha escandalizou a sociedade da época, inclusive se relacionando com um homem bem mais novo que ela.

Considerada uma das mais importantes compositoras e regentes da música popular brasileira, Chiquinha Gonzaga escreveu mais de 2 mil obras. A artista destacou-se enquanto compositora e mulher, num momento em que esse tipo de autonomia era ainda muito raro. Faleceu em 1937, aos noventa anos.

FONTES: Angela Alonso; Rafael do Nascimento Cesar; Ricardo Cravo Albin.

VEJA TAMBÉM: José do Patrocínio; Manuel Tranquilino Bastos; Pixinguinha.

CÍCERO BRASILIENSE DE MOURA 1863-?, GRACILIANO FONTINO LORDÃO 1844-1906, JOSÉ MANUEL DOS ANJOS 1874-? E VICENTE GOMES JARDIM 1841-1905 | PARAÍBA

Existe na Paraíba uma grande invisibilidade no que se refere às histórias de escritores e, sobretudo, de professores negros que se destacaram desde o século XIX.

Como mostram os estudos de Surya Pombo de Barros, as biografias de Manoel Cardoso Vieira (1848-80), de Elyseu Elias César (1871-1923), de Cícero Moura, Graciliano Fontino, José dos Anjos e Vicente Jardim, todos nascidos na Paraíba no século XIX, escondem as experiências de homens negros letrados vivendo numa sociedade escravocrata, em que a cor representava uma forma de impedimento e de exclusão social.

O caso mais antigo é o de Vicente Gomes Jardim, nascido em 1841 e considerado um "pedreiro habilíssimo". Vicente publicou, em 1891, no Recife, um *Manual do arquiteto brasileiro*, avaliado como "trabalho de grande utilidade aos que se dedicam à arte de pedreiro e construções". Cícero Brasiliense de Moura, nascido em 1863, foi professor, advogado e jornalista, e um dos fundadores do Instituto Histórico e Geográfico Paraibano, de 1905. Destaca-se também o nome do poeta José Manuel dos Anjos, que nasceu em 1874.

Sabemos um pouco mais sobre a história de Graciliano. Nascido na Paraíba, em 1844, como professor, circulou por várias regiões nordestinas. Filho de Águeda Inocência dos Martírios e do frei Frutuoso da Soledade, ele se dedicou ao magistério do ensino fundamental. Sua formação se deu no Liceu Paraibano, tendo ele pertencido à Irmandade de Nossa Senhora das Mercês, que reunia pardos na Paraíba.

A partir de 1865, com pouco mais de vinte anos, seguiu para o interior, nas fronteiras com o Ceará e o Rio Grande do Norte, onde lecionou como professor público primário. Em 1868, já apto a tomar parte de concursos públicos, como professor de primeiras letras nas cidades do interior, ocupou postos em Cajazeiras e Fagundes.

Em 1881, foi eleito deputado estadual pelo Partido Liberal. No ano seguinte, participou da Comissão de Instrução Pública da Assembleia Provincial. Graciliano foi reeleito várias vezes, mas nunca abriu mão de seu papel como professor, tendo lecionado até 1888. Na última década do século XIX, ele se encontrava totalmente envolvido na vida paraibana, sendo reconhecido como um parlamentar e professor que conquistou influência política nos debates sobre o combate à seca, sobre as eleições e sobre as vicissitudes do poder local.

Em 1914, Liberato Bittencourt (1869-1948), no segundo volume de sua obra *Homens do Brasil: Em todos os ramos da atividade e do saber, de 1500 aos nossos dias*, definiu Graciliano como "um esforçado" professor primário, "mas de cor, dotado de superior inteligência". Moura foi definido como "profundo na ilustração", "demasiadamente modesto", porém "mestiço de sangue". José Manuel dos Anjos o descreveu como um "mulato turbulento de pasmosa agilidade", sendo "poeta de grande inspiração". Também o "ilustre paraibano" Vicente Gomes Jardim não escapou de ser definido como um "homem de cor".

As situações vivenciadas por todos eles, na condição de escritores, advogados, jornalistas, funcionários públicos, parlamentares e professores, mostram o sucesso e os limites das trajetórias pessoais e profissionais de homens negros livres letrados numa sociedade escravista e racista.

FONTES: Elio Chaves Flores; Marcus Vinícius Fonseca; Solange Pereira da Rocha; Surya Pombo de Barros.

VEJA TAMBÉM: Cardoso Vieira; Elyseu Elias César.

CIPRIANO PIRES SARDINHA

c. 1749-99 | DIAMANTINA, MINAS GERAIS; DAOMÉ

Cipriano Pires Sardinha, registrado como "mulato", foi um padre que viajou pelo Brasil, Daomé e Lisboa, batizando pessoas, fazendo anotações, traduzindo culturas. Sua avó e sua mãe eram ex-escravizadas, e ele passou a conectar experiências herdadas da família com sua formação letrada no interior da cultura europeia setecentista, como mostrou a investigação de Júnia Ferreira Furtado (1960-).

Nascido no Tejuco, em Minas Gerais, em outubro de 1749, ele era filho de Francisca Pires, uma mulher negra forra. Sua mãe nascera em Cachoeira, na Bahia e, segundo ele, era uma africana "do gentio da Guiné" — talvez Costa da Mina, considerando-se os fluxos de entrada de escravizados para as Gerais, no alvorecer do século XVIII, e a passagem pelos portos do Rio de Janeiro e Salvador. Não há como ter certeza, uma vez que contemporâneos do padre destacaram que Francisca Pires havia nascido no Brasil.

Sobre sua avó, Cipriano anotou ser "neto materno de Luísa Pires, natural e batizada no reino de Angola". Quanto à filiação paterna, ele foi registrado como tendo "pai incógnito", mas sabe-se que era filho do português Manuel Pires Sardinha, natural da vila de Estremoz, no Alentejo. Em 1755, Pires Sardinha o reconheceria em testamento, bem como mais dois filhos — Simão e Plácido —, com outras duas mulheres forras, Antônia Xavier e Francisca da Silva. O padrinho de batismo de Cipriano foi José Gomes Ferreira, cuja companheira, Maria Gomes, era uma escravizada pertencente a Pires Sardinha.

Rodeado por sua mãe, sua avó, a madrinha de batismo e irmãos por parte de pai, Cipriano viveu no Tejuco, em meio a ouro e diamantes. Por lá o enriquecimento podia ser rápido, mas misturava-se com a pobreza e a desclassificação de homens livres, e muita escravidão africana. Antes dos vinte anos, já diácono, ele atuava no arraial do Tejuco, e em 1785 foi ordenado padre. Em algum momento, a fim de dar continuidade aos seus estudos, seguiu para Portugal, onde entrou em contato com intelectuais locais, muitos dos quais ligados à Academia Real das Ciências.

No fim do século XVIII, Cipriano e outro padre, Vicente Ferreira Pires (1765-18??), este nascido em Salvador e talvez também mulato, foram nomeados pelo príncipe regente de Portugal para uma missão diplomática no reino do Daomé, que deveria ser acompanhada pela entrega de um relatório. Tal missão representava um desdobramento das ações diplomáticas entre Portugal e o reino do Daomé.

Primeiramente, dois diplomatas africanos tinham vindo a Salvador propor tratados comerciais aos portugueses para que o tráfico de escravos, no golfo do Benin, fosse realizado somente a partir do porto de Ajudá e as remessas de fumo e cachaça fossem mantidas. Comerciantes e autoridades coloniais rejeitaram, porém, os termos desses acordos, pois, embora tivessem uma fortaleza situada no porto de Ajudá, queriam ampliar seus negócios negreiros, fazendo comércio em outros portos e não ficando reféns das disputas intra-africanas.

Antes de partir para o Daomé, Cipriano batizou os dois embaixadores africanos que tinham estado em Salvador. O mais velho ganhou o nome de d. Manuel Constantino Carlos Luís, e acabou morrendo em Lisboa por não se adaptar ao frio. O outro, que recebeu o nome de d. João Carlos de Bragança, causou polêmicas na Corte lisboeta. Em fevereiro de 1796, o frei Joaquim de Santa Clara (1740-1818) enviou correspondência às autoridades do Conselho Ultramarino tratando da "disposição de um príncipe africano em receber o batismo e casar-se com uma negra na Bahia". Ele queria ir logo embora dali, "dando por causa da sua impaciência o muito frio, ao qual atribuía a morte de seu parente". Era seu desejo "entrar nas suas terras já casado, para mostrar com seu exemplo que cada homem deve ter só uma mulher, e que por essa mesma razão quer casar na Bahia com uma preta que conhece ou com outra qualquer que seja livre e, que lhe agrade". Frei Joaquim concordava com tais disposições, pois acreditava que aquele africano queria "abraçar a religião dos cristãos", mas ressaltava a necessidade de haver "algum catequista inteligente da sua língua" para que "acabasse de o instruir nos pontos principais da doutrina cristã, antes de lhe ministrar o sacramento do batismo". Assim, ele deveria ser "instruído e experimentado no ministério de catequista, que entenda e fale a sua língua, e que saiba ganhar a sua afeição e confiança". Ainda explicitava que, caso fosse difícil conseguir alguém em Lisboa, valeria tentar "na Bahia, onde será menos dificultoso fazê-lo demorar até que acabe de instruir-se, e se disponha, como cumpre, para os sacramentos da penitência da eucaristia, da confirmação e do matrimônio".

Interessante é que os contatos e as tratativas com as autoridades eclesiásticas haviam sido feitos por "meio de algumas palavras e sinais, que ele [príncipe] mostrava entender, por meio da explicação do intérprete, cujo caráter me é desconhecido". O intérprete era Luís Caetano, que, registrado como "mulato" e escravizado fugido, pertencia ao diretor português da fortaleza de Ajudá e tinha procurado proteção junto à realeza do Daomé, em Abomé.

O que sabemos é que o tal príncipe, o intérprete Luís Caetano e os padres Cipriano Pires Sardinha e Vicente Ferreira Pires seguiram para o Daomé em 1796. Cipriano morreu em 1799, e Vicente retornou ao Brasil em 1798, com malária. O relatório "Viagem de África em o Reino do Daomé", datado de 1800, estudado por Pierre Verger (1902-96) e, anos depois, por Júnia Ferreira Furtado, contém uma série de descrições sobre o continente africano, marcadas por narrativas que enfatizam a falta de "civilização" local. Como se vê, eram relativamente frequentes as circulações que uniam, e separavam, Brasil, Lisboa e Daomé.

FONTES: Júnia Ferreira Furtado; Pierre Verger.

VEJA TAMBÉM: D. Diogo; Joaquim de Souza Ribeiro; José Custódio Joaquim de Almeida.

CLARA COURÁ, ISABEL MINA, MARIANA DA COSTA E MARIANA XAMBÁ

SÉC. XVIII | ÁFRICA OCIDENTAL; SERRO, MINAS GERAIS

Os poucos registros históricos das africanas Mariana Xambá, Isabel Mina, Mariana da Costa e Clara Courá revelam, ainda que de forma parcial, a experiência de mulheres negras à frente de revoltas ou conspirações de escravizados e forros no Brasil colonial. Segundo estudo de Gefferson Ramos Rodrigues, as escravizadas africanas Mariana Xambá e Clara Courá estavam envolvidas numa conspiração descoberta em 1744, em Serro Frio, na capitania de Minas Gerais. Foram elas as principais articuladoras dos planos e das ações de um reinol, considerado mendicante e chamado pelo apelido de João Lourenço Negro. Ele se intitulava "príncipe encoberto", "ensinava a ler alguns rapazes" e se misturava com indígenas, propagando ideias messiânicas e milenaristas.

No século XVIII, Minas Gerais testemunhou não só revoltas fiscais, quilombos e perseguições da Inquisição. Notícias de revoltas e conspirações de escravizados estavam por toda parte. Décadas antes, em 1719 e em 1725, as comarcas do Rio das Mortes e de Vila Rica tremeram diante de boatos e da repressão a revoltas. Falava-se muito de Mariana da Costa, esposa do africano Manuel Mina, "em cuja casa se ajuntam os mais da mesma nação causando seus folguedos e insolências grande perturbação". Seu marido foi acusado de estar "eleito entre os mais por cabeça para a sublevação dos negros". Já Isabel Mina era aquela "que intervinha" na revolta.

Todas essas quatro mulheres eram africanas ocidentais — chamadas de "mina", "da Costa", "xambá" ou "courá", diferentes nomenclaturas para microssociedades diversas de escravizados que povoavam Minas Gerais na primeira metade do século XVIII. No caso do evento de 1744, as duas mulheres eram africanas escravizadas; e, em 1719, ambas eram alforriadas.

Em 1725, as próprias autoridades lembraram dos riscos do possível levante que poderia ter acontecido em 1719, mas acabou "remediando-se aquela sublevação com as diferenças das nações, querendo cada uma para si o reinado". A revolta ocorreria numa quinta-feira das Endoenças — quinta-feira da Semana Santa. Os insurretos se aproveitariam da presença maciça da população nas igrejas para arrombar as casas e roubar armas. A repressão foi imediata, sendo presos "os chamados reis das nações mina e angola e outros que [...] estavam nomeados cabos e oficiais da sublevação".

FONTES: Gefferson Ramos Rodrigues; Luciano Figueredo.

VEJA TAMBÉM: Adão; Ambrósio...; Quindomba; Vitória ou Vitorão.

CLÁUDIA SILVA FERREIRA

1976-2014 | RIO DE JANEIRO

Em março de 2014, Cláudia Silva Ferreira, mãe de quatro filhos, foi brutalmente assassinada. Nascida em 1976 e moradora do morro da Congonha, talvez fosse neta ou bisneta das primeiras gerações de libertos e ex-escravizados que vieram do Vale do Paraíba e da Zona da Mata mineira para ocupar serras e áreas escarpadas, constituindo comunidades que hoje fazem parte dos chamados complexos da Congonha (morros e comunidades Congonha, Cajueiro) e da Serrinha (comunidades Serrinha, Balaiada, São José).

Cláudia seria duplamente vitimada por uma ação da Polícia Militar do Rio de Janeiro. Casada e trabalhadora, foi alvejada por tiros de "bala perdida". Ao ser socorrida, Cláudia foi mais uma vez vítima. Sob justificativa de que seria levada para um hospital, acabou jogada no porta-malas de uma viatura policial. Com o carro em movimento, o porta-malas se abriu e Cláudia caiu, tendo seu corpo arrastado por quase quatrocentos metros, quando os policiais notaram e pararam a viatura.

A cena foi filmada por um cinegrafista amador e divulgada pela imprensa. Cláudia morreu antes de ser atendida no hospital. O crime gerou repercussões nacionais e internacionais. Houve manifestações e protestos públicos dos moradores da comunidade, apoio de organizações não governamentais e de artistas. O crime não foi, porém, elucidado nem os culpados punidos. Cláudia Silva era negra, jovem, favelada e mãe de família.

Esposo, irmãs, primos, filhos, sobrinhos, parentes, vizinhos e "Cláudias" permanecem alvo do racismo, da violência policial e da cidadania incompleta vigente nas grandes e nas pequenas cidades brasileiras.

FONTE: Geledés.

VEJA TAMBÉM: Amarildo Dias de Souza; Edmeia da Silva Euzébio; Marielle Franco; Robson Silveira da Luz.

CLAUDINA FORTUNATO SAMPAIO SÉC. XIX E LUÍSA C. 1842-? | SÃO PAULO; ÁFRICA

Em carta endereçada a Lúcio de Mendonça (1854-1909), em 25 de julho de 1880, Luiz Gama (1830-82), num registro considerado autobiográfico, destacou seus esforços em "promover processos em favor de pessoas livres criminosamente escravizadas", além das alforrias de escravos. Ele dizia lutar junto a "todos os pobres, todos os infelizes; e para os míseros escravos, que, em número superior a quinhentos, tenho arrancado às garras do crime".

De meados da década de 1860 até 1882, Gama atendeu centenas de homens e de mulheres pobres, além de cativos e africanos livres. Em suas cartas são mencionados mais de quinhentos casos. Sabemos pouco, porém, acerca desses personagens que se encontraram com o advogado negro, dividiram com ele expectativas de liberdade, compareceram aos tribunais, além de terem entabulado diálogos e confidências, transformando suas histórias e trajetórias em informações e argumentos jurídicos.

Em 1869, Gama se casou com Claudina Fortunato Sampaio, mulher negra provavelmente mais nova que ele. A relação com Claudina datava de meados dos anos 1850 e, em 1859, nasceu o filho do casal: Benedito Graco Pinto da Gama.

Sobre Claudina pouco sabemos. Seria uma escravizada? Filha de libertos? De algum africano? Em setembro de 1870, Gama escreveu para o filho, Benedito Graco Pinto, que tinha então dez anos, dizendo que sua mãe deveria "conservar-se honesta e honrada" e sem temor da "extrema pobreza", pois, segundo ele, a "miséria é o mais brilhante apanágio da virtude".

No início daquele ano, Gama tinha sido provisionado advogado pelo Tribunal da Relação. Ele defenderia nessa ocasião a africana livre Luísa, que talvez tenha nascido em 1842 e entrado ilegalmente escravizada no Brasil por volta de 1846, sendo negociada por José Pedro Bueno, comerciante que atuava em Santos e na cidade do Rio de Janeiro. Passados quase

25 anos de cativeiro ilegal, Luísa teve filhos e se encontrava na casa de Joaquina Felicidade da Silva Bueno, viúva de José Pedro, morando na freguesia do Brás. Gama impetrou uma ação de liberdade ao juiz municipal, requerendo audiência com o promotor público e com o curador geral de africanos livres, argumentando o dispositivo da legislação de 1831.

Entre as testemunhas convocadas para falar sobre Luísa, houve quem garantisse que a conhecia desde 1850, tendo ela no máximo "um braço de altura" e "não pronunciando bem o idioma do país". Outros garantiam que a moça fora comprada com sete ou oito anos, e não havia nem sequer sido batizada. Instaurado no início de 1870, quando Luísa tinha 28 anos, o processo de liberdade durou cerca de dois anos.

Em comum, Luísa e Claudina guardam o silêncio de suas trajetórias, como revelam os estudos de Elciene Azevedo (1973-) e de Ligia Fonseca Ferreira. Praticamente silenciada nas cartas e em muitas biografias de Gama, a imagem de Claudina é apresentada no livro de Sud Mennucci, de 1938. Ela, assim como Luísa e como outras mulheres negras cativas ou africanas livres, permaneceram invisíveis na história. Não só na vida de Gama e em sua trajetória de político, advogado e abolicionista, como nas várias histórias de liberdade, autonomia e emancipação.

— *Com Ligia Fonseca Ferreira*

FONTES: Diego A. Molina; Elciene Azevedo; Ligia Fonseca Ferreira.

VEJA TAMBÉM: Dionísia Angola; Luiz Gama; Luiza Mahin; Maria.

CLAUDINO JOSÉ DA SILVA

1902-85 | NATIVIDADE E NITERÓI, RIO DE JANEIRO

Em setembro de 1946, no governo de Eurico Gaspar Dutra (1883-1974), foi promulgada a Constituição que substituía a de 1934 e as mudanças restritivas adicionadas em 1937, no período pós-Estado Novo. Entre outros dispositivos, consagraram-se a liberdade de expressão e a separação entre os poderes. Intelectuais como Gustavo Capanema (1900-85), Barbosa Lima Sobrinho (1897-2000) e Gilberto Freyre (1900-87), juntamente com muitos políticos, elaboraram seu texto.

Embora tenha havido domínio de partidos conservadores, como PSD (Partido Social Democrático) e UDN (União Democrática Nacional), a bancada comunista se fez presente com a votação de catorze deputados e um senador, formando a quarta força política. Elegeram-se parlamentares do Rio de Janeiro, Bahia, São Paulo, Pernambuco, Rio Grande do Sul e Distrito Federal. Lideranças comunistas importantes foram eleitas, como o senador Luís Carlos Prestes (1898-1990) e os deputados federais Carlos Marighella (1911-69), Gregório Bezerra (1900-83), João Amazonas (1912-2002) e Maurício Grabois (1912-73), entre outros operários, médicos e sindicalistas.

Pouco se fala e não existem estudos mais detalhados sobre a participação do deputado federal negro, operário e comunista Claudino José da Silva. Ele era ferroviário e dirigente sindical eleito pelo Rio de Janeiro, entre os 338 constituintes.

Natural de Natividade, município do Rio, Claudino nasceu em 23 de julho de

1902. Descendente de lavradores negros pobres, ele trabalhou como carpinteiro e só depois ingressou, como ferroviário, na Estrada de Ferro Leopoldina. Mudou-se para Niterói e foi para o PCB (antigo Partido Comunista do Brasil) em 1928, atuando em ligas operárias e na mobilização sindical.

Com a repressão às atividades políticas, ele foi detido várias vezes, chegando a ficar encarcerado no presídio da Ilha Grande de 1936 a 1937. Veio a sofrer nova condenação, cuja pena cumpriu nos anos de 1940 a 1942.

Claudino passou parte da vida na clandestinidade, exercendo funções no Comitê Executivo do PCB no Rio de Janeiro. Foi secretário político até virar membro do Comitê Central. Em dezembro de 1945, foi eleito deputado constituinte. Jornalistas que cobriram os trabalhos da Constituinte destacavam, mesmo que sem abrir mão do preconceito, o seu papel de orador. Raimundo de Souza Dantas (1923-2002), então jornalista, lembrou que a oratória e a eloquência do ativista negro eram reconhecidas pelos colegas.

Assim como os demais parlamentares comunistas, porém, Claudino teve o seu mandato cassado em janeiro de 1948, numa onda de perseguições que culminou no fechamento do PCB.

Mesmo assim ele continuaria trabalhando no movimento sindical e no Partido Comunista durante as décadas de 1950 e 1960. Faleceu em fevereiro de 1985, aos 82 anos.

FONTES: CPDOC-FGV; Luiz Carlos Azedo; Sérgio Soares Braga.

VEJA TAMBÉM: Abdias do Nascimento; Carlos Alberto Oliveira dos Santos; Carlos Marighella; Minervino de Oliveira; Joel Rufino dos Santos; Raimundo de Souza Dantas.

CLÉA SIMÕES

1927-2006 | BELÉM, PARÁ; RIO DE JANEIRO E NITERÓI

Importante atriz da dramaturgia brasileira da segunda metade do século XX, Cléa Simões nasceu em Belém do Pará em 1927. O que pouca gente sabe, ou menciona, é que a família de Cléa era composta de imigrantes caribenhos. Cléa foi criada numa família de "barbadianos" no Pará, possivelmente na periferia de Belém. Não existe, porém, muita informação disponível sobre a infância de Cléa na cidade. Ainda jovem, seguiu para o Rio de Janeiro e logo se aproximou do cinema feito à época e sobretudo da televisão. Atuou em *Eu compro essa mulher* (1966), *A rainha louca* (1967), *A gata de vison* (1968-9), *Bandeira 2* (1971-2), *Uma rosa com amor* (1972-3) e *Vejo a lua no céu* (1976) — todas novelas de sucesso exibidas pela TV Globo nas décadas de 1960 e 1970. Nos anos 1980 e 1990 fez nova série de novelas, entre as quais *Livre para voar* (1984), *Fera ferida* (1993) e *Laços de família* (2000). Cléa participou também de novelas que retrataram os tempos da escravidão como *Senhora* (1975) e *A Moreninha* (1975).

No cinema, Cléa apareceu, já no fim da década de 1950, em *Mistério na ilha de Vênus* (1959). Anos depois, atuou em *Compasso de espera* (1969). Nos anos 1970, ela tomou parte em mais de dez filmes produzidos para o cinema, com destaque para *O coronel e o lobisomem* (1979).

Durante mais de quarenta anos, Cléa Simões foi uma atriz negra bastante renomada na televisão brasileira. No entanto, a despeito de sua capacidade artística, seus papéis não variavam muito. Como destacou Joel Zito Araújo (1954-), Cléa Simões e outras atrizes negras da sua geração foram sempre convocadas para atuar como empregadas domésticas, no papel de negras velhas ou escravas, constantemente relegadas a personagens coadjuvantes, muitas vezes com pequenos diálogos.

Cléa Simões trabalhou até os 75 anos, aparecendo ainda na novela *Coração de estudante*, de 2002. Faleceu em 2006, aos 79 anos, em Niterói, Rio de Janeiro.

FONTES: **Celso Luiz Prudente; Darcilene Célia Silva; Denise Ferreira da Silva; Joel Zito Araújo; Solange Martins Couceiro de Lima.**

VEJA TAMBÉM: **Carlota Alberta Burnett...; Isaura Bruno; Jacira de Almeida Sampaio; Jacyra Silva; Ruth de Souza; Zeni Pereira; Zózimo Bulbul.**

CLEMENTINA DE JESUS

c. 1900-87 | VALENÇA, RIO DE JANEIRO

Clementina de Jesus era filha de uma escravizada, liberta pela Lei do Ventre Livre, de 1871. Nasceu na cidade de Valença, no Vale do Paraíba, sul do estado do Rio de Janeiro, mas não se tem certeza exatamente da data — referências variam de 1900 a 1907. O certo é que ela passou a primeira infância no contexto que a historiografia convencionou chamar de pós-abolição, quando não se realizaram as utopias prometidas pela jovem República, que dizia defender a inclusão social da população negra, por tanto tempo excluída da educação formal e da cidadania.

Como ela mesma costumava contar, sua avó era "mina da África", denominação dada às negras escravizadas oriundas de São Jorge de Mina, na costa africana, mas que no Brasil virou símbolo de identidade e pertencimento. A região onde Clementina morou era povoada por negros bantus, e foi essa a origem de todas as suas referências musicais; afinal, vivia num reduto de jongueiros. Seu pai, Paulo Batista dos Santos, atuava como pedreiro, mas era conhecido na comunidade como violeiro e capoeira. Sua mãe, Amélia de Jesus dos Santos, era parteira e lavava roupas entoando cânticos católicos mesclados a cantigas do jongo e do caxambu.

Quando ela estava com oito anos, mudou-se para o Rio. A família foi viver em Jacarepaguá, e depois na Zona Norte, em Oswaldo Cruz, berço da escola de samba Portela, onde Clementina passou sua adolescência. Aos doze anos ela já saía no bloco Moreninhas das Campinas, vestida de pastorinha. Também cantava no coro do orfanato Santo Antônio, onde estudou como semi-interna. Cresceu assim, vendo a mãe rezar em jeje nagô e cantar num dialeto provavelmente ioruba, e ao mesmo tempo apegada à crença católica, criando uma sociabilidade muito especial que tinha no samba um elemento aglutinador.

Foi João Cartolinha, líder do bloco, quem a convidou para visitar o Moreninhas das Campinas, local que ficava próximo a Oswaldo Cruz. Depois disso Clementina atuou como diretora da escola de samba Unidos do Riachuelo, cujo diretor de harmonia era Aniceto

(1912-93), que viria a fundar o Império Serrano. Foi no ambiente da escola e de diferentes rodas de samba que passou a frequentar que Clementina fez contato com grandes mestres, como Paulo da Portela (1901-49), Claudionor (1910-95) e Ismael Silva (1905-78). Já nessa época sua voz chamava a atenção, e ela foi convidada pelo compositor e pintor Heitor dos Prazeres (1898-1966) para ensaiar suas pastoras.

Em 1938, conheceu Albino Correia da Silva (*c*. 1890-1964), o Pé Grande, com quem se casou, e foi morar no morro da Mangueira, de onde não saiu mais. Viveu um romance de quase trinta anos com ele, que era seu grande fã. Na Mangueira, desfilava na ala das baianas, e foi eleita, em 1956, Princesa da Velha Guarda. Mas confessava: "Saio na Mangueira [por causa de meu marido], mas eu sou portelense". Ao longo desses anos, Clementina trabalhou como cozinheira, lavadeira e empregada doméstica. Aliás, nesse contexto, ela não pensava em se profissionalizar; cantava porque sentia necessidade, por prazer, por alegria.

Só quando tinha mais de sessenta anos é que a carreira profissional de Clementina deslanchou. Foi o produtor, poeta e compositor Hermínio Bello de Carvalho (1935-) que viu Clementina cantar no bairro da Glória durante a festa de Nossa Senhora do Outeiro da Penha, em 1963. No mesmo ano, os dois se reencontraram na inauguração do ZiCartola — restaurante fundado por Dona Zica (1913-2003) e Cartola (1908-80). Foi então que Hermínio tomou a iniciativa de convidá-la para o musical *Rosa de ouro* — que contou com a participação de artistas já consagrados, como Elton Medeiros (1930-2019), Araci Cortes (1904-85) e vários membros de escolas de samba cariocas. O show foi apresentado, ainda, na Bahia e em São Paulo, e resultou na gravação de *Rosa de ouro*, primeiro disco em que Clementina registrou sua voz grave.

A repercussão gerou convites para a cantora participar de apresentações no exterior. Em 1966, ela representou o Brasil no Festival Mundial de Artes Negras, em Dakar, Senegal, ao lado de Paulinho da Viola (1942-), Elizeth Cardoso (1920-90) e Elton Medeiros. Ainda nesse ano, tomou parte de concertos na aldeia de Arcozelo, em Portugal, e na Sala Cecília Meireles, no Rio de Janeiro, apresentando a *Missa de São Benedito*, de José Maria Neves (1943-2002). Também em 1966, gravou seu primeiro disco solo, intitulado *Clementina de Jesus*, com repertório de jongo, curima, sambas e partido-alto. A voz forte, que carregava consigo muita emoção, chamou a atenção da crítica. Milton Nascimento (1942-), encantado com o banzo de Clementina, convidou-a para acompanhá-lo na faixa "Os escravos de Jó" de seu disco *Milagre dos peixes*.

Em 1968 gravou, com Pixinguinha (1897--1973) e João da Baiana (1887-1974), o disco *Gente da antiga*. No mesmo ano participou de *Mudando de conversa*, ao lado de Ciro Monteiro (1913-73) e Nora Nei (1922-2003). Em 1970, lançou *Clementina, cadê você?*. Em 1973, cinco meses depois de ter sofrido uma trombose, gravou *Marinheiro só*, que trazia adaptações de cantos populares. Em 1982, Clementina, Geraldo Filme (1927-95) e Tia Doca (1932-2009) gravaram o disco *O canto dos escravos*, apoiados em memórias sonoras denominadas vissungos — uma forma de cantiga de trabalho herdada dos africanos centrais —, recolhidas pelo historiador Aires da Mata Machado

Filho (1909-85) em São João da Chapada, município de Diamantina, Minas Gerais. Eram catorze cantos dos escravizados mineiros do século XVIII, incorporados à cena musical contemporânea.

Ao todo, a cantora gravou treze LPs, entre álbuns solo e participações em discos coletivos. Unanimidade entre os críticos, Clementina é entendida como um elo entre África e Brasil. Em 1983, uma grande homenagem lhe foi feita no Theatro Municipal do Rio de Janeiro, com a participação de sambistas como Paulinho da Viola, Beth Carvalho (1946-2019) e João Nogueira (1941-2000), que, do mesmo modo que outros artistas, a chamavam de Mãe Clementina ou Rainha Quelé. Clementina faleceu vítima de um acidente vascular cerebral em Inhaúma, Rio de Janeiro, em 1987, deixando uma memória longa, consistente e afetiva.

FONTES: Adriana Magalhães Bevilácqua; Érico Vital Brazil; Helena Theodoro; Marcos Antônio Marcondes; Museu Afro-Brasil; Nei Lopes; Schuma Schumaher; Spirito Santo.

VEJA TAMBÉM: Antônio Candeia Filho; Cartola; Geraldo Filme; Heitor dos Prazeres; Ismael Silva; Paulo da Portela; Pixinguinha; Tia Maria do Jongo.

CLEMENTINA MARIA DA CONCEIÇÃO SÉC. XIX E MARIA TEREZA DA CUNHA *c.* 1782-? | ÁFRICA CENTRAL; PELOTAS, RIO GRANDE DO SUL

As histórias de Maria Tereza da Cunha e Clementina Maria da Conceição revelam arranjos familiares e experiências inusitadas de africanas e seus descendentes já em terras brasileiras.

De Maria Tereza, pouco ou quase nada se sabe da época em que ainda era escravizada. O primeiro registro encontrado a seu respeito, já depois da alforria, foi o de seu casamento com o africano Simão Vergara em novembro de 1823, na igreja de Nossa Senhora da Conceição de Pelotas. Simão foi seu segundo marido, pois, no assento matrimonial, ela é identificada como viúva de Lino da Cunha.

Passados doze anos, Tereza e Simão tiveram seus nomes citados nas investigações contra quilombolas ocorridas nas áreas de charqueadas em Pelotas, alcançando a serra do Tapes. Os dois mantinham permanente contato com os cativos fugidos, comunicando-se um pouco em português, um pouco em espanhol e também nas línguas e dialetos africanos, que dominavam. Dizia-se que Tereza e seu esposo falavam a "língua do Congo". Eles não só permutavam produtos — alimentos, melado, cachaça, armamento e pólvora — como passavam informações acerca da mobilização de tropas e das expedições montadas para atacar os quilombos.

Tereza da Cunha e Simão Vergara eram dois africanos centrais, aparecendo com a denominação congo em vários registros, a despeito de nas anotações criminais por vezes aparecerem como angolas. Já libertos, mantinham uma tasca junto das charqueadas, na região de Boa Vista. Na repressão aos quilombolas, em 1835, o africano liberto Simão acabaria capturado. Por causa da repressão, o casal se separou em 1835, com Maria Tereza da Cunha continuando em liberdade, talvez vigiada. Em 1867, por conta de um novo processo, é possível descobrir mais sobre sua origem e trajetória. Na ocasião, ela mencionava ter 85 anos. Portanto, há indícios de que nascera nas últimas décadas do século XVIII e que pode ter sido trazida escravizada para áreas do Sul do Brasil em levas que por aqui chegaram entre 1790 e 1815.

O casal tinha três escravizados, número bem próximo dos padrões de posse de Pelotas, onde 43,5% dos senhores referiam possuir de um a quatro cativos. Clementina, uma africana cassange — também da África Central —, teve dois filhos: Agostinha e Francisco. Eles viveriam todos na condição de escravizados da africana Tereza da Cunha. Em 1842, a africana liberta Tereza alforriou Francisco por quatro doblas — pouco mais de 51 mil-réis. Tinha então quase cinco anos, e era filho de Clementina. Sete anos depois, a própria Clementina conseguiria se libertar por 500 mil-réis, e com a anotação: "Atendendo aos bons serviços que me tem prestado durante o tempo de sua escravidão". Somente em junho de 1856 chegaria a liberdade de Agostinha, que no registro aparece como Augusta, "pelo carinho e amor que tenho pela libertada". No mês seguinte, Augusta se casaria na igreja local com Carlos Francisco da Costa, filho de africanos forros. A essa altura, ela já tinha adotado o nome de Augusta Maria da Conceição — como havia feito sua mãe Clementina, que passou a se chamar Clementina Maria da Conceição.

Caiuá Cardoso Al-Alam, Natália Garcia Pinto e Paulo Roberto Staudt Moreira (1962-) localizaram nos arquivos personagens comoventes como Tereza e Clementina, revelando faces diferentes de um Brasil meridional, especialmente na região em questão ainda muito africanizado. Em 1833, havia 50% de escravizados na população de Pelotas, sendo 67,4% deles africanos. Entre 1830 e 1850, os africanos configuravam 75,5% dos homens e 24,5% de mulheres. Essas pessoas formavam comunidades, estabeleciam redes de solidariedade, laços de compadrio, mas não conseguiam alterar algumas características perversas da estrutura social escravista, que permaneciam teimosamente intactas.

FONTES: Caiuá Cardoso Al-Alam; Natália Garcia Pinto; Paulo Roberto Staudt Moreira.

VEJA TAMBÉM: Antônio Baobad; Euzébio de Queiroz Coutinho Barcelos; Manuel Padeiro e Negro Lucas.

CLÓVIS MOURA

1925-2003 | AMARANTE, PIAUÍ; SÃO PAULO

Clóvis Steiger de Assis Moura, nascido em Amarante, no Piauí, em 1925, é referência pioneira nos estudos sobre escravidão, quilombos e protesto escravo no Brasil. Sua obra clássica *Rebeliões da senzala* estava terminada no fim dos anos 1940, mas, por conta de várias recusas, foi publicada numa casa editorial de nome Zumbi, recebendo ampliações e revisões em novas edições de 1972 e 1981.

Com grande influência do marxismo e opondo-se às interpretações de Gilberto Freyre (1900-87) e de outros que enfatizavam o paternalismo senhorial, Moura ofereceu já nos anos 1970 uma nova inflexão analítica. Opôs-se à lenda então vigente de que seria impossível escrever sobre escravidão por causa da suposta queima de documentos na década de 1890 ordenada pelo ministro da Fazenda, Rui Barbosa (1849-1923). Mais tarde, descobriu-se que tal decreto ministerial republicano surgiu em meio a uma atmosfera de expectativas sobre a indenização aos fazendeiros que reclamavam dos prejuízos com a abolição imediata. A queima ficou, portanto, circunscrita a documentos referentes a impostos e de natureza fazendária, não tendo sido tão abrangente como então se imaginava.

Clóvis Moura fez, então, uma releitura original de fontes secundárias e também primárias (relatórios provinciais), oferecendo um amplo painel de eventos e experiências de insurreições escravas, do século XVI ao XIX. Até a década de 1980, as obras de Moura e os estudos de José Alípio Goulart (1915-71), Luiz Luna (1915-97), Décio Freitas (1922-2004) e posteriormente Mário Maestri (1948-) se constituíram como as grandes referências para a temática do protesto escravo, sobretudo acerca dos quilombos.

O historiador e sociólogo foi, ainda, pioneiro ao abordar a cultura política das revoltas negras, enfatizando a importância dos chamados "movimentos políticos" pós-coloniais, como as lutas pela independência (1821-4) e as revoltas como a Balaiada (1838-41), a Cabanagem (1835-40), a Farroupilha (1835-45) e a Sabinada (1837-8). Usando como exemplos a insurreição dos africanos malês (1835) e o Quilombo de Palmares (1575-1740), Moura propôs renovadas teses sociológicas e historiográficas.

Em termos políticos, ele esteve próximo a intelectuais marxistas e do Partido Comunista. Em 1979, publicou *Diário da Guerrilha do Araguaia*, narrando a história desse grupo que foi massacrado pela repressão militar.

A trajetória de vida de Moura tem sido hoje alvo de diversos estudos biográficos, como os de Cristian Ribeiro, Érika Mesquita, Fábio Nogueira de Oliveira, Gustavo Orsolon de Souza, Márcio Farias e Teresa Malatian. Suas publicações incluem também *Sociologia do negro brasileiro* (1988), *As injustiças de Clio: O negro na historiografia brasileira* (1990) e *Dialética radical do Brasil negro* (1994), além de outras obras e ensaios. Em 2004, editou (em coautoria com sua filha Soraya Silva Moura) o *Dicionário da escravidão negra no Brasil*, ainda hoje uma obra de referência para os estudos da área.

FONTES: Érika Mesquita; Fábio Nogueira de Oliveira; Gustavo Orsolon de Souza; Luiz Sávio de Almeida; Márcio Farias; Teresa Malatian.

VEJA TAMBÉM: Abdias do Nascimento; Alberto Guerreiro Ramos; Edison Carneiro; Eduardo de Oliveira; Solano Trindade.

COSMA CORRÊA E QUITÉRIA PEREIRA DE SOUZA

SÉCS. XVIII-XIX | ÁFRICA; JOÃO PESSOA, PARAÍBA

Através de caminhos diferentes, mas também convergentes, as africanas Cosma e Quitéria se encontraram ditando testamentos abertos na década de 1840 na Paraíba. As duas preferiram não declarar seus nomes africanos, que certamente não devem ter esquecido. Uma era da Costa da Mina e morreu Quitéria Pereira de Souza, ou seja, nome e sobrenome portugueses. Sobre a nação de origem de

Cosma Corrêa não dispomos de dados. Sabemos, porém, que ambas chegaram ao Brasil entre os últimos anos do século XVIII e a primeira década do século XIX. Até o momento ignoramos, entretanto, o local onde desembarcaram ou se foram trazidas diretamente para a Paraíba.

Conhecemos ainda menos as suas vidas como escravizadas. Nos testamentos só há informações sobre as suas experiências como mulheres libertas e a descrição dos bens que legaram. Em 1842, Quitéria mencionou ser viúva de José Pereira de Souza e não ter filhos. Existem indícios de que ela herdou o sobrenome do marido, embora não saibamos nada mais sobre ele. Já Cosma Corrêa ditou um testamento em conjunto com o marido, o africano Francisco Gangá.

Como africanas, ex-escravizadas, que tinham prosperado e adquirido bens, Quitéria e o casal Cosma e Gangá indicaram testamenteiros. Quitéria apontou ter dois advogados: Francisco Peixoto Flores e Januário Domingues de Oliveira. Já o casal africano citou o negociante britânico Carlos Holmes e um "renomado servidor público da província", João José Inocêncio Poggi. Pouco antes de falecer, Quitéria era proprietária de quatro escravizadas, na verdade uma família cativa já com duas gerações: Gonçala, com mais de cinquenta anos, avó; Maria, com 34 anos, mãe; e Cristiano e Mariano, de dez e seis anos, respectivamente, filhos de Maria. Quitéria registraria ainda a "mulatinha" Umbelina, de catorze anos, libertada desde 1834. Cosma e Gangá nada registraram sobre a posse de escravizados, mas atribuíram valor para doze casas, imóveis e terrenos que possuíam em 1847, quando fizeram o testamento.

Entre os desejos expressos por ambas estava o de serem sepultadas na capela de Nossa Senhora do Rosário e o de que mandassem rezar dezenas de missas por suas almas.

As pesquisas de Solange Pereira da Rocha mostraram como as relações de poder e de prestígio que envolviam as africanas Quitéria e Cosma iam além dos seus bens ou da presença de testamenteiros poderosos. Elas também produziram proteção para as suas próprias comunidades negras, especialmente por meio do compadrio. Os nomes de Cosma e do seu marido, Francisco — por exemplo —, aparecem em inúmeros registros paroquiais, como a freguesia de Nossa Senhora das Neves, entre 1839 e 1847, onde há referências de terem sido padrinhos de batismo de várias crianças escravizadas ou negras livres. Existiam muitas maneiras de "legar" poder e formas de proteção entre as comunidades negras livres ou escravizadas.

FONTE: Solange Pereira da Rocha.

VEJA TAMBÉM: Gertrudes Maria; Juliana; Rosalina; Salústia.

COSME BENTO DAS CHAGAS

?-1842 | SOBRAL, CEARÁ; MARANHÃO

Cosme foi o ex-escravizado que comandou a maior revolta popular camponesa no Brasil imperial, a Balaiada, que ocorreu no Maranhão e no Piauí entre 1838 e 1841. Consta que nasceu escravizado no alvorecer do século XIX, na capitania do Ceará, em Sobral. Seus pais podem ter sido cativos também nascidos no

Brasil e com ocupação na pecuária no sertão cearense. Embora fosse localizada no interior do Ceará, Sobral era uma vila com grande presença de africanos desde o fim do século XVIII. Havia ali ainda uma conhecida irmandade negra de Nossa Senhora do Rosário, que já tentava organizar escravizados para que obtivessem alforria, bem como cuidava da escolarização dos libertos e de seus filhos.

A história de Cosme aparece pela primeira vez em 1959, na obra clássica de Clóvis Moura, *Rebeliões da senzala*, assim como nos livros de Mundinha Araujo (1943-) sobre remanescentes de quilombos no Maranhão, publicados a partir de fins dos anos 1970.

É provável que Cosme tenha conquistado sua alforria no fim da década de 1820. Depois de liberto, migrou para a então província do Maranhão. Acusado de crime, foi preso e levado para São Luís. Acabou por fugir da prisão, ingressando nos quilombos que existiam em várias partes da região.

Em meados da década de 1830, estouraram tensões entre as autoridades provinciais do Maranhão e vários setores sociais, como proprietários rurais e comerciantes locais, em torno do poder local e do debate político envolvendo liberais (chamados bem-te-vis) e conservadores. Havia ainda uma série de expectativas entre camponeses e vaqueiros. Repressão e prisões arbitrárias formavam uma atmosfera de tensão que chegava à capital São Luís, atingindo diversas áreas do interior, onde existiam inúmeras fazendas escravistas produtoras de algodão e arroz.

Em fins de 1838, com a invasão da cadeia da vila da Manga para libertar Raimundo Gomes, eclodiu uma revolta camponesa, irradiada para todos os cantos da província do Maranhão, alcançando até os cativos e, assim, aumentando as fugas. Gomes conseguiria apoio de outros homens livres, como Manuel Francisco dos Anjos (1784-1841), o Manuel Balaio. A revolta se ampliou, com os revoltosos ganhando o apelido de "balaios".

As repercussões da revolta atingiram vários quilombos locais, aumentando a movimentação em torno deles. Depois de escapar da cadeia em São Luís, Cosme engrossou as fileiras rebeldes, logo se tornando uma liderança importante. Muitas vezes chamado de "D. Cosme Bento das Chagas, tutor e imperador da liberdade bem-te-vi", comandou tropas de mais de 3 mil quilombolas, que estavam instalados num conhecido quilombo em Lagoa Amarela, nas margens do rio Itapicuru. Consta que também teria tentado organizar no local uma escola para alfabetização.

Para combater os rebeldes, foram enviados batalhões sob o comando de Luís Alves de Lima e Silva (1803-80), mais tarde denominado duque de Caxias. Houve muita repressão e prisões de muitas lideranças dos balaios, inclusive a de Raimundo Gomes, que acabou por se render no início de 1841, uma vez que autoridades do Império tinham decretado anistia aos rebeldes que se entregassem. Mas isso não incluía cativos fugidos, quilombolas e, sobretudo, Cosme. O líder foi, então, preso, sendo enforcado em Itapicuru em 1842.

FONTES: Clóvis Moura; Matthias Röhrig Assunção; Mundinha Araujo.

VEJA TAMBÉM: Ângela, rainha...; Clóvis Moura; Emiliano Mundrucu...; Daniel Antônio de Araújo; João de Deus.

CUMBA

SÉC. XIX | ÁFRICA CENTRAL; RIO DE JANEIRO

Após a longa travessia atlântica, africanos e africanas podiam permanecer expostos em entrepostos ou lojas de vendas, principalmente nas cidades. Ali seriam escolhidos, comprados e enviados para novos proprietários. Nesses períodos iniciais, o destino dos escravizados estava em jogo. Embora pouco estudados, foram muitos os processos de compra e venda desfeitos; sobretudo quando os negociantes se sentiam lesados ao adquirir escravizados doentes ou considerados com "defeitos".

Não raro, porém, os próprios escravizados percebiam esse tipo de situação e tentavam influenciar o seu futuro próximo. Reveladas pelas pesquisas de Flávio dos Santos Gomes (1964-) e Iamara da Silva Viana, encontram-se as ações envolvendo a africana Cumba, que logo depois de ser vendida apresentou o "costume" de estar "doida e furiosa". Ela aparece em 1826, num processo que chegou à Corte de Apelação do Rio de Janeiro. Joana Rosa dos Santos garantiu ter comprado de Félix José dos Santos, por 160 mil-réis, uma "escrava nova de nação cabinda e de nome *Cumba*". Conforme a compradora, "sucede ser a dita escrava por costume atacada nas luas, e quartas de luas de moléstia crônica, ficando doida e furiosa". A proprietária teria então tentado desfazer o negócio, mas não teve sucesso. Um processo cível foi instaurado, e nele participaram cirurgiões, médicos e negociantes, bem como testemunhas e peritos foram acionados pelos advogados dos dois lados. Já o vendedor se defendeu argumentando que se tratava de "escrava nova da Guiné", vendida dois ou três dias depois de chegada ao porto do Valongo, a qual nem sequer tinha sido encaminhada para o lazareto ou armazéns. O problema era que Cumba estava doente e morreu meses depois de efetuado o negócio. Por isso, o processo tornou-se ainda mais complexo: Félix alegava terem se passado quase seis meses da morte da africana, e um "comprador de escravo de Guiné só pode enjeitá-lo dentro de um mês". Já os advogados da compradora lembravam que tal prazo só era "relativo aos escravos da Guiné" e não podia "sofrer ampliação aos escravos vindos de outras partes". Afinal, Cumba era uma africana do Congo Norte.

As justificativas para o que acontecia com africanos recém-desembarcados, que podiam passar pequenas temporadas em armazéns e casas de comércio — curando tanto enfermidades adquiridas nas viagens negreiras quanto epidemias que grassavam na Corte —, também seriam usadas. De um lado, argumentou-se que a compradora, Joana Rosa dos Santos, tinha que estar mais atenta quando da aquisição de tal escravizada, pois poderia ter averiguado suas condições de saúde e seu corpo, inclusive — se fosse o caso — consultando cirurgiões, práticos e mercadores experientes. De outro, o vendedor Félix José dos Santos procurou ainda se livrar de qualquer responsabilidade, negando que a africana trouxesse enfermidades congênitas. Declarou que ela poderia ter morrido em razão de doenças epidêmicas e febres contraídas já no Rio de Janeiro, ou, então, que "a causa da morte foi o mau trato". Segundo ele, a culpa seria da nova proprietária, pois assim "ordinariamente fazem os senhores aos escravos novos".

A pequena trajetória de Cumba, entre a travessia atlântica e sua venda no Rio de Janeiro, destaca o drama de muitos africanos. Chamada de Cumba durante o processo, a africana foi por aqui batizada e sepultada como Mariana. Cada uma das partes defendeu seus próprios interesses; a única vítima foi Cumba.

FONTES: **Flávio dos Santos Gomes; Iamara da Silva Viana; Silvio Cezar de Souza Lima.**

VEJA TAMBÉM: **Delindra Maria de Pinho; Eva Maria da Conceição.**

CURUKANGO
(CARUKANGO, QUERUCANGO)

?-1831 | ÁFRICA ORIENTAL; MACAÉ, RIO DE JANEIRO

Dentre registros orais, toponímias, levantamentos arqueológicos e fontes manuscritas surge a história do quilombo Curukango, situado a nordeste de Macaé, norte da capitania do Rio de Janeiro, próximo às nascentes do rio do Deitado, afluente do São Pedro. Tal quilombo era liderado por um cativo fugido de origem "moçambique" denominado Curukango. Consta que esse africano teria matado o seu senhor e se internado nas matas, procurando formar um mocambo que chegaria a ter cerca de duzentos negros, e que contava com "muitas roças de milho, feijão e outros cultivos". Dizia-se também que esses quilombolas praticavam saques e assassinatos, sendo as escravizadas da região "levadas à força da casa dos senhores".

As histórias quilombolas de Curukango se misturavam a tantas outras de mocambos existentes no Norte Fluminense, especialmente em Campos dos Goytacazes, Macabu, Macaé, São João da Barra e São Fidélis, desde a primeira metade do século XVIII. Muitas dessas localidades eram ali conhecidas como "sertão do Calhambola". Em 1751, o Senado da Câmara da vila de São Salvador dos Campos, admitindo que o problema dos quilombos fugia ao controle, conclamava por meio de edital que todos os moradores e capitães-do-mato "dessem nos quilombos".

Mocambos pareciam ser o principal problema daquela vasta planície, que já dava sinais de franco desenvolvimento econômico, com a expansão da cultura de cana-de-açúcar no último quartel setecentista. Em 1769, foi preparada uma grande expedição a ser comandada pelo mestre de campo João José de Barcelos Coutinho (*c.* 1723-79). Em 1792, o vice-rei daria ordens expressas para reprimir os "quilombos que existem nos sertões" do Norte Fluminense. Nesse mesmo ano, realizou-se uma diligência, utilizando-se para isso mais de duzentos homens. Vários mocambos foram atacados, e conseguiu-se "não só arrasá-los como prender muitos dos seus moradores". Diversas localidades ali ficariam povoadas de mocambos e quilombos, sem falar no altíssimo número de fugitivos que vagavam pela região. Entre 1760 e 1805, registros prisionais da vila de São Salvador apontavam 222 fugidos capturados. Porém, apenas 11%, ou seja, 25 deles, acabaram detidos com a indicação específica de "quilombola" ou "preso no quilombo".

Os mocambos do Norte Fluminense estavam localizados tanto em áreas de terras devolutas e fronteiras abertas — nos "sertões" — quanto nas margens de fazendas, currais e engenhos. Assim garantiam trocas mercantis, com conexões com taberneiros e com os cativos junto às plantações. A tentativa de interiorização pode ter sido dificultada pela presença de microssociedades indígenas, consideradas hostis, que ocupavam vários sertões dessas regiões. No Norte Fluminense, uma barreira indígena existente na divisa entre as capitanias do Rio de Janeiro e do Espírito Santo talvez tenha protegido alguns quilombos, visto que inibiu a interiorização da repressão. Exatamente na serra do Deitado, distrito de Crubixais, divisa entre os atuais municípios de Trajano de Morais e Conceição de Macabu, se formara o núcleo inicial do quilombo liderado por Curukango que era descrito como "coxo e corcunda". Dizia a lenda que o africano tinha sido cativo do português Antônio Pinto, e que ele percorria à noite as fazendas locais, mobilizando mais fugas de escravizados. Embora existam relatos a respeito dele desde o fim do século XVIII, fala-se muito desse quilombo entre 1822 e 1831.

Uma expedição comandada pelo chefe do destacamento militar local, Antão de Vasconcelos, perseguiu e capturou Curukango. Os detalhes dessa repressão ficariam guardados entre lendas e registros das memórias do lugar. Diante de seus mocambos cercados, Curukango teria vestido um hábito sacerdotal e posto um crucifixo no peito. Ele pretendia se render, poupando assim a vida dos habitantes do mocambo. Foi, porém, preso e fuzilado, sendo tamanho o "furor" das tropas que os demais quilombolas "foram degolados e as suas cabeças espetadas em estacas à margem da estrada geral, para servirem de exemplo aos outros escravos".

Em 1836, não muito distante daquele local, estabeleceu-se o quilombo dos Três Bicos. Até hoje, pesquisadores, arqueólogos, historiadores e guias turísticos, entre outros, percorrem essa zona e passam por um lugar conhecido como Carucango ou Querucango. Trata-se de uma extraordinária área de proteção ambiental, onde se encontram, em meio a memórias dispersas e uma série de registros arqueológicos, registros da existência de Curukango e seus quilombolas.

FONTES: Alberto R. Lamego; Antão de Vasconcelos; Clóvis Moura; João Oscar; Nei Lopes; Silvia Lara.

VEJA TAMBÉM: Cecília...; Delfino; Diogo Rebolo...; Manuel Congo.

D

D. DIOGO

SÉC. XVII | ANGOLA; SALVADOR, BAHIA

A presença de d. Diogo no Brasil faz parte de uma experiência pouco conhecida nos mundos coloniais: a existência de padres intérpretes das línguas africanas que apoiavam a catequese dos escravizados desde o século XVII.

Padres que aprendiam o tupi, e também as chamadas "línguas gerais", atuavam em missões e aldeamentos indígenas. No entanto, em 1625 houve a publicação de um catecismo bilíngue português-kikongo para uso de missionários no Congo. Já em 1642, o padre Francisco Paccónio editava em Lisboa o primeiro catecismo bilíngue em quimbundo-português, inspirando a obra do jesuíta Pedro Dias (*c.* 1520-71), que publicou, em 1697, *A arte da língua de Angola*, uma gramática quimbundo-português.

D. Diogo nasceu provavelmente na década de 1660. Em 1687, o rei de Portugal recebeu uma correspondência informando o acolhimento de d. Diogo no seminário jesuítico da Bahia, um "potentado negro que foi mandado de Angola". D. Diogo era filho da nobreza de reinos localizados em Angola e estava no Brasil para a formação religiosa, para a preparação de catecismos e para uma ajuda missionária.

Havia muitas dificuldades em formar padres e religiosos que conhecessem as línguas africanas e pudessem ajudar na catequese, tanto no continente africano quanto nas Américas. No Brasil, entre 1566 e 1688, o colégio da Bahia recebeu onze candidatos a noviços vindos de Angola. A maioria dos padres era filho de portugueses nascidos na África. Por isso foram chamados de "padres angolas".

Descendente das elites africanas, d. Diogo era diferente, mas pouco sabemos das suas experiências missionárias e intelectuais. De qualquer modo, a presença de um africano negro no colégio jesuíta despertou ciúmes. Em 1689, falava-se das expectativas de noviços mestiços (chamados de "mulatos") na Bahia, que também desejavam entrar para a Companhia de Jesus, mas eram impedidos e discriminados por suas origens étnicas.

Como destacou a historiadora Vanicleia Silva Santos, infelizmente temos poucos dados sobre a passagem de d. Diogo pelo Brasil. Também desconhecemos detalhes sobre o uso e a formação de padres intérpretes negros na doutrinação religiosa no Brasil colonial. Eles devem ter sido, com certeza, um tipo de intérpretes desse eixo afro-atlântico do mundo.

FONTES: **Ivana Stolze Lima; Vanicleia Silva Santos; Yeda Pessoa de Castro.**

VEJA TAMBÉM: **Cipriano Pires Sardinha; Joaquim de Souza Ribeiro.**

DAMÁSIA

SÉC. XIX | CASTRO, PARANÁ

O artista francês François-Auguste Biard (1799-1882), numa famosa tela chamada *Fuga de escravos*, fez uma representação pujante de uma família matriarcal em fuga — são sete mulheres e dois rapazes —, carregando trouxas com suas roupas e parte de suas economias. A despeito das influências artísticas que pode ter tido e dos debates sobre a originalidade ou não da obra — que teria sido inspirada ou inspirara a tela de Theodore Kaufmann (1814-96) *On to Liberty*, realizada no período final da escravidão nos Estados Unidos —, o certo é que o pintor francês oferecia uma representação na qual a evasão não era apenas e tão somente uma reação aos castigos ou idealizada por escravizados rebeldes. Fugas escravas implicavam também projetos, planos e estratégias, muitas vezes executados por cativas, em especial mães.

A historiografia deu durante muito tempo pouco destaque às fugas dos escravos, que apareceram mais como atos repetitivos — um tanto banalizados — de resistência, quase sem sentido político. O fugitivo era visto como alguém simplesmente "inadaptado", extenuado pela carga de trabalho e pelas condições de vida a ele impostas. Só assim procurava evadir-se do domínio senhorial. Mas essa era uma ação única e vivenciada de modo diferente por cada escravizado.

A trajetória de Damásia, que viveu na vila de Castro entre as províncias de São Paulo e do Paraná, mistura aventura, tragédia, esperança e dor. Ela deve ter nascido em 1830, possivelmente filha de africanos que foram trazidos por tropeiros, passando por Sorocaba. Em 1850, Damásia era cativa de Inácia Maria. Com apenas vinte anos, era mãe do "pequeno João". Ela resolveu fugir com o filho e para isso estabeleceu estratégias.

Escolheu a noite do dia 12 de abril de 1850. Na manhã seguinte, Damásia já seria perseguida por capitães-do-mato. Acabou capturada dias depois. Em interrogatórios posteriores, ela revelou seus planos: "Tomou os caminhos dos matos na direção por onde seguia o rio Iapó e emaranhou-se mata adentro e por lá ficou com o filho João".

Damásia sabia que a fuga tinha várias etapas. A primeira era evitar a imediata captura, permanecendo escondida em algum lugar. Depois era preciso procurar ajuda; podia ser empregada numa fazenda ou vila, talvez se passando por alguém livre. Caminhando pelas matas da região aconteceu, porém, uma tragédia. Seu filho João acabou sendo picado por uma cobra peçonhenta. Em desespero, Damásia "com o coração doendo lançou o corpo do menino João já sem vida no rio Iapó e dirigiu rumo à cidade".

Ao que parece, tinha desistido da fuga quando foi capturada sozinha. Ela estava voltando para a casa da sua senhora. Com a notícia da morte de seu filho, as autoridades foram acionadas para efetuar buscas no rio Iapó, tentando encontrar o corpo da criança. Mais tarde o "cadáver do menino foi localizado em estado de decomposição nas águas do rio Iapó", e Damásia foi julgada pelas autoridades por ter promovido a morte do filho, atirando-o ao rio.

Não foram incomuns as acusações de infanticídio contra escravizadas que matavam seus filhos, impedindo que fossem vendidos, arrancados de seus braços e transformados em cativos. As investigações contra Damásia duraram meses. Tentava-se saber as razões de sua fuga e os motivos do suposto infanticídio. O tempo todo Damásia garantiu que a morte do seu filho tinha sido mesmo uma tragédia, ocorrida por causa de uma picada de cobra quando desbravava as matas, na tentativa de se afastar o mais rápido possível da casa da proprietária Inácia.

No fim do processo, as próprias autoridades avaliaram que a mãe não tinha premeditado a morte do filho nem o jogado de propósito no rio. Ela só havia tomado essa decisão por puro desespero, ao perceber que ele estava morto. Paradoxalmente, alegavam ter percebido que Damásia ainda "sofria de sentimentos de humanidade", por causa de sua reação diante da morte do filho.

Para Damásia, o sonho de liberdade não era uma fuga heroica, mas sim uma saída planejada com o intuito de permanecer com o filho, vendo-o crescer sem as ameaças constantes de venda e de separação.

FONTES: Lilia Moritz Schwarcz; Lúcia Stumpf; Mariani Bandeira Cruz Oliveira.

VEJA TAMBÉM: Andreza e Efigênia; Maria Águeda.

DANDARA, LUCRÉCIA E MADALENA

SÉC. XVII | PERNAMBUCO

Em abril de 2019, o Congresso Nacional decretou e sancionou a lei nº 13 816, de 24 de abril, que inscreve os nomes de Dandara dos Palmares e de Luiza Mahin no *Livro dos heróis e heroínas da pátria*, depositado no Panteão da Pátria e da Liberdade Tancredo Neves, em Brasília. Essa é uma legislação importante, que reconhece a importância de personagens e heróis negros e afrodescendentes na história do Brasil.

Sobre Dandara há muitas controvérsias. Ela teria existido? Seria uma lenda ou tão somente uma criação literária mais contemporânea, que foi ressignificada pelos movimentos sociais de luta contra o racismo no século XX?

Na vastíssima documentação sobre Palmares, há poucas menções às mulheres. No diário da sua expedição, em 1645, o capitão Jan Blaer comenta que em buscas nas matas "conseguiram pegar uma negra coxa de nome Lucrécia". Nessa mesma expedição foram encontrados "um negro cheio de boubas em companhia de uma velha brasiliense, escrava da filha do rei". Brasiliense aí seria sinônimo de mulher indígena. Nos registros de memórias sobre as incursões realizadas entre 1675 e 1678, há citações de que o rei — na ocasião Ganga-Zumba (1630-78) — "estava acomodado com três mulheres, uma mulata e duas crioulas", sendo que da "primeira teve muitos filhos, das outras nenhum". Num dos ataques foram trazidos "vivos ao arraial 47 peças, duas negras forras, e uma mulatinha, filha natural de um morador nobre de Serinhaém, que tinha sido roub[ad]o dos mesmos negros". Quando da tentativa de enviar uma embaixada de negociação até Palmares, foi mencionada, além de Matias Dambi, "uma negra angola por nome Madalena". Num parecer do Conselho Ultramarino sobre a conquista de Palmares de 1678, falou-se da morte de Ganga-Zumba e de mais "três mulheres" que tinha.

Nenhuma menção a Dandara. Na verdade, seu nome surgiu no romance de João Felício dos Santos (1911-89), intitulado *Ganga-Zumba*, editado em 1962. João Felício deve ter pesquisado e escrito entre 1959 e 1961 e provavelmente entrou em contato com as obras de Edison Carneiro (1912-72) e os documentos transcritos por Ernesto Ennes (1881-1921) — entre outros —, pois considerou muitos personagens e nomes retirados dos registros históricos e da literatura que analisou Palmares.

Ali nasceu a narrativa sobre Dandara, "mulata", ao mesmo tempo "parida de preta cativa, uma cabinda chamada Nossunga". Dandara logo se torna jovem, bela, guerreira, mulher de Zumbi, e com ele morre, supostamente se atirando de um precipício; mesma versão da morte de Zumbi, que foi muito reproduzida em vários estudos até o fim dos anos 1960.

Mas Dandara seria, então, apenas uma invenção? Embora o nome de Dandara não apareça na documentação até agora localizada e registrada sobre Palmares, o papel feminino nos quilombos e mocambos foi fundamental — seja na manutenção material, com o abastecimento de provimentos, como confecções de roupas, utensílios, seja na espiritual, a presença das mulheres foi destacada, sobretudo na formação da família e da memória. Em alguns mocambos, dizia-se que as mulheres tinham uma função religiosa relevante e que fortaleciam o espírito combativo de seus habitantes. Por meio de amuletos e banhos de ervas, elas ofereciam sacrifícios às divindades, protegendo os quilombolas em suas caçadas e enfrentamentos com as tropas reescravizadoras.

Essas mulheres existiram. Para além das polêmicas, experiências de mulheres como as de Dandara e de tantas outras — invisíveis e anônimas — escondem a importância que tiveram, seja em Palmares, seja em outros tantos quilombos coloniais e pós-coloniais. Tudo isso a despeito do silêncio imposto a elas pelas fontes e pela história.

FONTES: Décio Freitas; Edison Carneiro; Ernesto Ennes; Flávio dos Santos Gomes; Ivan Alves Filho; Luiz Felipe de Alencastro; Pedro Paulo A. Funari; Rômulo Luiz Xavier Nascimento; Scott Joseph Allen; Silvia Hunold Lara; Stuart B. Schwarz.

VEJA TAMBÉM: Acaiuba...; Acotirene e Aqualtune; Ângela; Francisca; Ganga-Zumba; Hilária e Madalena; Mariana; Tereza de Benguela; Zacimba Gaba; Zumbi.

DANIEL ANTÔNIO DE ARAÚJO

SÉC. XIX | VIANA, MARANHÃO

No Brasil, insurreições e quilombos nem sempre andaram juntos. Menos comuns foram as situações de quilombos antigos a partir dos quais se organizaram revoltas junto com os cativos nas senzalas. Por isso, o episódio da revolta de Viana, no Maranhão, sob a liderança de Daniel, é não só excepcional como espetacular.

Boatos sobre possíveis insurreições foram a tônica da imprensa e da correspondência policial do Maranhão nos anos 1860. Para além dos conflitos internacionais, como a Guerra do Paraguai e a Guerra Civil nos Estados Unidos, havia o medo da possibilidade de "contágio das ideias". Os temores eram *se* e *como* escravizados e mocambeiros poderiam ter acesso a tais informações.

Para piorar o clima de desconfiança, em 1861 chegaram a São Luís denúncias sobre rebeliões escravas com planejamento em curso em Anajatuba. Dizia-se "que diversos escravizados formavam clubes em alguns lugares da vila, nos quais declaravam que eram livres, pois que existia na barra um vapor de guerra, que os vinha libertar, e que por esse motivo não deviam mais obedecer a seus senhores". Descobriu-se que "semelhante ideia tem sua origem na entrada, neste período, de dois vapores de guerra, um dos Estados Unidos da América do Norte e outro dos Estados, que se querem constituir em Confederação separada".

Com base nos estudos de Mundinha Araujo (1943-) e Flávio dos Santos Gomes (1964-), localizamos Daniel e Antônio, duas lideranças quilombolas, planejando uma insurreição e para isso articulando mocambos e senzalas. Nas áreas de Viana, os habitantes do mocambo São Benedito do Céu saíram de suas aldeias rumo à fazenda Santa Bárbara, para depois invadir a Vila Nova de Anadia, realizando saques e mobilizando mais fugas de escravizados, que vinham engrossar os mocambos. Daniel seria considerado um dos principais chefes do mocambo. Não sabemos se era africano ou não; provavelmente nasceu no Maranhão e ainda jovem fugiu para os mocambos das regiões do Gurupi e Turiaçu. Era cativo de Virgílio de Araújo e em 1867 podia estar com trinta anos. Assim, Daniel pode ter convivido nos mocambos locais com as últimas gerações de africanos que neles se instalaram nas primeiras décadas do século XIX.

A grande novidade da insurreição de Viana foi uma carta dos revoltosos. Entregue em 10 de julho, em tom de declaração, comunicava: "Nos achamos em campo a tratar da liberdade dos escravizados". Afirmavam que tal "liberdade" era "por muito" aguardada ("que esperamos por ela") e completavam: "O nosso desejo é por todos e não fazer mal a ninguém". Os escravizados reivindicavam sua alforria, ameaçando invadir mais vilas e povoados de Viana; "Não teremos remédio senão lançarmos mão nas armas", diziam eles. Notificavam, ainda, que tinham "mil armas de fogo", além de contarem com o apoio dos índios da região ("contarmos com todos os arcos dos gentios"), na "nossa defesa e da liberdade". A carta seria assinada por "Daniel Antônio de Araújo e João Antônio de Araújo", conhecido chefe do mocambo de São Benedito do Céu.

A missiva tinha o teor de ultimato e foi enviada somente às autoridades policiais de Viana; não se dirigia ao monarca, tampouco às autoridades superiores do Império e/ou da província, nem mesmo aos senhores de escravizados. Era como se a liberdade já estivesse garantida, bastava apenas o reconhecimento das autoridades locais. Esse manifesto, soube-se depois, fora redigido sob ameaças pelo administrador da fazenda Santa Bárbara, Plácido Melo dos Santos. Mas expressava a vontade dos escravizados e mocambeiros, sendo seus assinantes os próprios líderes do levante. A realização de saques a fazendas e povoados, o envio de um manifesto a favor da liberdade, a manutenção do estatuto de libertos ou o propósito de "gozar de sua liberdade" foram motivações conectadas naquele contexto.

A política de prevenção contra os costumeiros ataques às suas aldeias, a possibilidade de enfrentarem razias de índios e o ambiente político de guerras internacionais favoreceram a insurreição. De um lado, autoridades e senhores temiam uma grande revolta. De outro, o recrutamento da Guerra do Paraguai (1864-70) implicava menos tropas para combater os mocambos. Aliás, se dizia nos mocambos "que Lopes [Solano López] do Paraguai estava tratando da liberdade deles".

Além disso, denúncias vindas de São Luís garantiam que havia "pretos livres, que sabem ler sofrivelmente e a quem não são estranhas as ideias que nestes últimos tempos se têm manifestado em favor da emancipação dos escravizados".

A insurreição de Viana, no Maranhão, coincidiu com uma efervescência política presente em várias partes do Império; com as discussões parlamentares sobre a emancipação; com a Guerra do Paraguai terminando com um saldo negativo para o Império; com o crescimento das "ideias de liberdade" que circulavam por toda parte; nas Antilhas e nos Estados Unidos. O medo era, portanto, um tema que fazia parte da realidade, e por isso a revolta de Viana teve imediata e violenta repressão. Além dos revoltosos, foram indiciados sete fazendeiros, dez cativos e onze livres e libertos, acusados de fazerem "negócios" com os mocambeiros. Pelo crime de insurreição acabaram condenados 31 escravizados e dois livres e na ocasião mocambeiros. Preso e julgado, Daniel foi sentenciado em 1868 à prisão perpétua.

FONTES: **Flávio dos Santos Gomes; Matthias Röhrig Assunção; Mundinha Araujo.**

VEJA TAMBÉM: **Ângela; Cosme Bento das Chagas.**

DE CHOCOLAT

1887-1956 | SALVADOR, BAHIA; RIO DE JANEIRO

José Cândido Ferreira nasceu em Salvador em 1887, véspera da abolição. Ainda jovem se mudou para o Rio de Janeiro, e com 22 anos já era um sucesso, apresentando-se em cabarés, teatros e cineteatros na cidade, como no Cinematógrafo Santana, no Teatro do Passeio Público, no Teatro Íris, no Teatro Central, entre outros.

Como mostram as pesquisas de Orlando de Barros (1942-) e de outros investigadores, José Cândido primeiro adotou o pseudônimo de Jocanfer, passando a usar o nome De Chocolat após uma temporada atuando em cabarés em Paris, onde seria apresentado como Monsieur De Chocolat. Nesse contexto, se apresentou também em Portugal e na Espanha.

Além de artista talentoso, De Chocolat foi um empreendedor na área de teatro, fundando a Companhia Negra de Revistas (1926-7). Consta que a ideia teria surgido em 1925, quando De Chocolat excursionava pela Europa com uma companhia espanhola. Ele teria assistido à apresentação da atriz negra norte-americana Josephine Baker (1906-75) no Théâtre des Champs-Elysées, em Paris, na mesma época em que participou do espetáculo francês *Revue nègre*.

O show de De Chocolat serviu de inspiração para que fosse criada a Companhia Negra de Revistas no Brasil. O grupo contaria com a participação de atores e músicos como Jandyra Aymoré (1899-1972), Pixinguinha (1897-1973), Sebastião Cirino (1902-68), Rosa Negra, entre outros.

Em julho de 1926, a Companhia encenou o espetáculo *Tudo preto*, com muito sucesso. A peça valorizava explicitamente a cultura negra, bem como as expectativas de integração dessa população. De São Paulo, o jornal *O Clarim da Alvorada* fez uma matéria elogiando "a crescente evolução do homem de cor" no teatro de revista, destacando os precursores e nomeando

Ascendina dos Santos e Eduardo das Neves (1874-1919). A Companhia Negra de Revistas realizou excursões em Minas Gerais e São Paulo. No entanto, por conta de divergências internas, De Chocolat logo se afastou e fundou a Companhia Ba-Ta-Clan Preta.

De Chocolat passou, então, e de forma pioneira, a propor apresentações teatrais a partir de autores, intérpretes, atores, atrizes e diretores negros e negras. Criou, ainda, outras companhias de dança e de teatro, como a Companhia Casa de Caboclo (1936) e a Companhia Negra de Operetas e Revistas (1938).

Fez muito sucesso também com composições — foxtrotes, sambas, marchas, valsas e maxixes — gravadas por importantes intérpretes da música nacional, além de ter montado muitos espetáculos.

No cinema, De Chocolat participou do filme *Fogo na canjica* (1948). Faleceu em 1956, aos 69 anos.

FONTES: Beatriz Lopes; Enciclopédia Itaú Cultural; Nei Lopes; Orlando de Barros; Ricardo Cravo Albin; Tiago de Melo Gomes.

VEJA TAMBÉM: Ascendina dos Santos; Donga; Grande Otelo; Jandyra Aymoré; Maria Joaquina de Camargo...; Pixinguinha.

DELFINA E FAUSTINA

SÉC. XIX | RIO DE JANEIRO

Na década de 1850, além de anúncios de fuga, de aluguel e de compra e venda, foram registradas notas de roubos e de perdas de animais e objetos, incluindo cadernetas de poupança de cativos. Assim anunciavam Delfina e Faustina, que não sabemos se eram africanas ou se tinham nascido no Brasil.

O *Correio Mercantil*, no dia 9 de fevereiro de 1850, publicou que Faustina, cativa de Antônio José Afonso Guimarães, morador na rua Direita, tinha perdido sua "caderneta da Caixa Econômica desta Corte". Quatro anos depois, foi o *Diario do Rio de Janeiro* que noticiou que Delfina, escravizada de Boaventura Rodrigues Barcelos (1776-1855), do Rio Grande do Sul, havia perdido a "caderneta da Caixa Econômica".

A pesquisa de Thiago Alvarenga nos mostra que as experiências de escravizados acionistas na Caixa Econômica eram uma realidade na Corte, ainda na primeira metade do século XIX. Em 1833, existiam registros para 111 cativos no total de 1326 acionistas poupadores, aproximadamente 8%. Na documentação sobre credores para a liquidação da Caixa Econômica do Rio de Janeiro, em 1859, havia anotações para 65 cativos, dezoito forros, doze africanos e duas mulheres pardas livres que perderam os investimentos de seus poucos capitais.

A partir da década de 1850, foram criadas várias caixas econômicas no interior do Rio de Janeiro, de Santa Catarina, de São Paulo e da Bahia. Não foram poucos os cativos que depositaram dinheiro e esperança nelas.

FONTES: Carlos Eduardo Valencia Villa; Luiz Carlos Soares; Thiago Alvarenga.

VEJA TAMBÉM: Andreza e Efigênia; Joaquina Benguela.

DELFINO

SÉCS. XVIII-XIX | CAMPOS DOS GOYTACAZES, RIO DE JANEIRO

Nascido no Brasil no fim do século XVIII, o liberto Delfino — morador de Campos dos Goytacazes, então sob a jurisdição da província do Espírito Santo — foi autor de uma petição original dirigida à Câmara dos Deputados em 1826. A petição de cidadãos era uma das garantias da Constituição outorgada em 1824 e foram vários os indivíduos (incluindo pequenos lavradores e proprietários) que tomaram atitudes idênticas na década de 1820.

Encaminhada ao Congresso em julho de 1826, Delfino reclamava de estar em "prisão ilegal", sem processo ou culpa formalizada. Foi enviado à Corte e encarcerado por ordem do Juízo de Bairro da Sé e de São José. A pesquisa original de Adriana Pereira Campos chamou a atenção para como aquela petição destacava: "o suplicante como liberto é um cidadão [...] não pode ser preso, e muito menos continuar a existir em prisão".

Antes mesmo de julgar o mérito da prisão de Delfino, deveriam avaliar se ele era de fato liberto ou se tinha direito à liberdade. Senão, era "tão somente mais um escravo", portanto uma "propriedade". Os deputados José da Cruz Ferreira (1775-1841), Antônio da Silva Teles (1780-1840) e Antônio Augusto da Silva (1770-1846) foram indicados para elaborar um parecer destinado à Comissão de Legislação e de Justiça Civil e Criminal da Câmara. Esse parecer só foi lido no plenário em maio de 1827, ou seja, quase um ano mais tarde. Não se avançou muito numa decisão final, embora a soltura, o relaxamento da prisão e um novo encarceramento tenham sido discutidos.

Em pleno alvorecer de um Brasil independente, e num debate liberal de políticos e intelectuais que formulariam a base do Estado nacional, a liberdade era ainda um direito muito precário, sobretudo para a população negra, e em especial aquela que tinha sido escravizada e agora estava liberta por alforria. Em tese, pela Constituição de 1824, o liberto Delfino podia estar incluso entre os "cidadãos brasileiros". Na prática, porém, ele era um negro, podendo estar associado à escravidão ou sob "suspeição generalizada". Além de tudo, podia ser uma "propriedade", algo que a Constituição e os juristas da época estavam comprometidos a proteger e legitimar.

FONTES: Adriana Pereira Campos; Kátia Sausen da Motta; Vantuil Pereira.

VEJA TAMBÉM: Cecília...; Curukango; Manuel Congo.

DELINDRA MARIA DE PINHO

SÉCS. XVIII-XIX | ÁFRICA; OLINDA E RECIFE, PERNAMBUCO

A experiência de Delindra Maria de Pinho, de quem não temos muitos registros em termos biográficos, é muito reveladora. Tudo indica que se tratava de uma africana chegada ao Recife no fim do século XVIII. Talvez tivesse conseguido a liberdade pagando por sua alforria com o dinheiro que havia juntado como vendedora e quitandeira nas ruas de Olinda. Entre 1822 e 1827, ela estaria envolvida num longo processo judicial, em que tentava reaver seus bens, joias em especial, e fundamentalmente defender sua honra diante de ataques e injustiças. Tudo começou por conta de um batizado para o qual Delindra fora convidada. Saindo do Recife, ela se dirigiria à localidade conhecida como Maria Farinha, área distante, ainda na região litorânea, em Olinda. Tendo contratado transporte junto a Manuel Félix, arrumou sua considerável tralha de roupas e joias, visando se apresentar bem na cerimônia. Num balaio havia muitos corais, com doze oitavas de ouro, cordões, brincos, anéis, além de muitas roupas finas e 9 mil-réis em dinheiro. Porém, por descuido do condutor, a carroça e o cavalo que levavam seus pertences acabaram desviados, indo o animal e o balaio parar nas mãos de Belquior José dos Reis. Num primeiro momento, este alegara não ter encontrado joias. No entanto, depois de ouvidas as testemunhas, ficou clara a sua autoria no desvio, já que a mulher dele fora vista usando as preciosidades de Delindra.

Com base na pesquisa de Maciel Henrique Silva, localizou-se um processo iniciado ainda em 1822 que tratava de uma mulher negra, ex-escravizada, e provavelmente africana, buscando reaver seus bens e provar sua idoneidade. A todo instante ela destacava sua "honra" e "distinção" que surgiriam reafirmadas num dos libelos: "porque a autora é preta forra, que vive de vender fazendas em tabuleiro, e bocetas, de boa moral, e conduta sem que tenha nota em contrário". Sob tensão, em meio a disputas e uma série de argumentos jurídicos, Delindra tentava se defender não só dos ataques de Belquior dos Reis como dos das testemunhas convocadas por ele. Mais que contra o tribunal — que ela tachava de moroso, parcial e relapso na confrontação das provas e coletas de depoimentos —, Delindra enfrentaria longa luta contra os estigmas que cercavam as mulheres negras e pardas numa sociedade condicionada pela escravidão, por hierarquias e símbolos de prestígio e poder. Ela própria seria acusada de ser uma "preta velhaca" e de ter "caluniosamente" inventado "com falsidade" tal acusação.

Convocando invariavelmente testemunhas brancas — caixeiros, militares e proprietários —, Belquior se defendia atacando, mostrando ser um homem livre, empobrecido, mas com residência e ocupação fixa. Isso ao mesmo tempo que procurava desmerecer as testemunhas trazidas por Delindra, dizendo que eram todas iguais a ela, ou seja, "pessoas negras e de moral duvidosa". Até sair a sentença favorável a Delindra, em 1827, muita coisa foi escrita em repetidos e longos libelos, o que revela como as fronteiras entre escravidão e liberdade não escondiam uma série de discriminações raciais e intolerâncias sociais.

FONTES: Maciel Henrique Silva; Marcus J. M. de Carvalho.

VEJA TAMBÉM: Eva Maria da Conceição; Rufina.

DELPHINA MARIA DA CONCEIÇÃO

SÉCS. XIX-XX | ÁFRICA; BAHIA; RIO DE JANEIRO, **FELICIANA DE TAL**

c. 1802-? | ÁFRICA; RIO DE JANEIRO, **HENRIQUETA COSTA**

SÉCS. XIX-XX | ÁFRICA; RIO DE JANEIRO, **ISABEL MARIA DA ANUNCIAÇÃO**

1776-? | BAHIA; RIO DE JANEIRO, **SILVÉRIA MARIA DA CONCEIÇÃO**

1776-? | RIO DE JANEIRO

E TEREZA DE JESUS

c. 1776-? | ÁFRICA; RIO DE JANEIRO

O Rio de Janeiro, entre o fim do século XIX e o início do século XX, conheceu uma verdadeira belle époque, com suas políticas públicas, seus engenheiros e médicos higienistas, que fizeram da capital do país uma espécie de cartão-postal, mas esconderam moradias populares, desmontaram cenários da cultura popular e empurraram a população negra e pobre para as periferias da cidade.

Paradoxalmente, porém, esse movimento de incluir e excluir revelou rostos, personagens, memórias e experiências como as de Delphina Maria da Conceição, Feliciana de Tal, Henriqueta Costa, Isabel Maria da Anunciação, Silvéria Maria da Conceição, Tereza de Jesus, e alguns outros centenários negros e negras. Em 1906, foi publicado um recenseamento da então capital federal. Tentava-se apresentar um Rio de Janeiro com salubridade e cosmopolitismo comparados aos de Buenos Aires e algumas cidades europeias. No entanto, o resultado revelou uma cidade que mantinha sua fama de "berço dos velhos". Anexo aos números e percentuais mais amplos, um inquérito original, censitário descritivo, registrou 182 centenários cariocas distribuídos em diversos distritos. Outra novidade: aqui e acolá aparecem pequenas fotografias. Não foram anotadas somente pessoas negras, mas muitos imigrantes, ainda que a população negra fosse majoritariamente formada por africanos ou filhos destes, todos ex-escravizados.

De Silvéria da Conceição temos um breve mas generoso histórico de vida, além de três fotos. Com 130 anos, ela morava — juntamente com o filho mais moço, então com 85 anos — na estrada d'Água Branca, Bangu, então distrito de Campo Grande. Era do interior, natural de Maricá, nascida em 1776, só tendo se mudado para aquele subúrbio em 1870. Aos 25 anos se casou com José Galo de Santa Úrsula, que morreu em 1856 vitimado pelo cólera. Isso estava, decerto, na sua lembrança quando foi entrevistada por algum recenseador. Aliás, longevidade fazia parte da herança familiar, pois Silvéria comentou que seus pais haviam morrido com mais de cem anos. Ela mesma continuava muito disposta, dedicando-se à produção de objetos de barro numa olaria própria. Não deixava de visitar parentes; morava entre São Gonçalo e Niterói, e aproveitava para, vez ou outra, voltar a Maricá, a fim de comer peixe fresco. Em 1906, o recenseador anotou que Silvéria tinha três filhos vivos — incluindo duas filhas, uma com 78 anos e outra com 72 —, dezenove netos, 26 bisnetos, catorze trinetos e seis tetranetos, numa "descendência total" de 68 pessoas. Com excelente memória, ela lembrava de d. João VI (1767-1826), d. Pedro I (1798-1834) e, sobretudo, de d. Pedro II (1825-91) "ainda menino", não se conformando com o fato de a monarquia ter acabado, dando vez à República.

Isabel Maria da Anunciação tinha então 120 anos. Era nascida na Bahia e só mais tarde se radicou no Rio. Suas memórias alcançavam Salvador, lembrando-se das "guerras dos Gafanhotos, Sabinas, Papagaios [e] Dois de Julho". Sobre a Guerra do Paraguai (1864-70) ela lembrava, com detalhes, da mobilização de tropas negras. Ainda bem forte, mantinha uma plantação "de cana e vários legumes, cultivados por suas próprias mãos". Morava no morro de Santo Antônio, num "barracão forrado de zinco e envolvido de cima a baixo por um tecido cipoal de favas e maracujás que a abriga da chuva e do frio".

Delphina Maria da Conceição era uma africana que residia na rua General Câmara. Aos quinze anos veio de algum sertão africano para a Bahia, passando depois para a Corte imperial. Sempre viveu de vender plantas, cestos e roseiras, fazendo "ponto sempre em uma das portas do armazém", num canto da rua Marechal Floriano, antiga rua Larga de São Joaquim. Quem trabalhava ali por perto era outra africana centenária, Henriqueta Costa, uma quitandeira igualmente registrada em 1906. Com cerca de 120 anos, a africana Tereza de Jesus, moradora na rua Bom Jardim, revelou que aportou no Brasil com três anos, e ainda se recordava da "chegada da imperatriz e das festas que se celebraram".

Já a africana Feliciana de tal, com seus prováveis 104 anos, não titubeou ao dizer que "chegou no tempo de d. Pedro I, assistiu à coroação de d. Pedro II, e ao batizado de d. Afonso". Sendo inquiridas pelos recenseadores, surpresos com a longevidade das residentes, essas mulheres negras certamente fizeram questão de assinalar suas longas linhas do tempo, suas experiências, vivências, famílias, parentescos e todos os episódios que marcaram de fato suas vidas e trajetórias — entre Áfricas, entre os estados da Bahia, do Rio de Janeiro e a cidade do Rio, onde moravam naquela ocasião.

FONTES: Flávio dos Santos Gomes; Lilia Moritz Schwarcz; Nilma Aciolli; Recenseamento do Rio de Janeiro (Distrito Federal).

VEJA TAMBÉM: Nhô João e sua parceira; Tia Inácia.

DEOCLECIANO NASCIMENTO

SÉCS. XIX-XX | SÃO PAULO

Muito se escreveu sobre a imprensa negra em São Paulo, que ganhou força nas décadas de 1910 e 1920. Conhecemos menos, porém, sobre a origem e a trajetória de seus fundadores. Os estudos de Petrônio Domingues (1973-) têm mostrado que vários eram escritores, tipógrafos, poetas, jornalistas e funcionários públicos que reuniam ideias, recursos e expectativas para fundar jornais e mobilizar debates. Existia uma comunidade negra ativa — na época autodenominada "meio negro" — que colaborou em diversos desses jornais.

Deocleciano Nascimento representou com sua trajetória esse tipo de circulação literária, sendo um dos principais personagens da primeira "era da imprensa negra" no Brasil. Ele provavelmente nasceu antes da abolição, no fim do século XIX, e experimentou toda a efervescência do período da pós-emancipação paulista. Seu nome surgiu, pela primeira vez, em 1915, vinculado ao *O Menelik*. Sem dúvida sabia dos jornais negros paulistanos como *A Patria* (1889), *O Progresso* (1899), *O Propugnador* (1907) e *A Perola* (1911).

Deocleciano sempre foi um homem das letras. Formou-se no Liceu Salesiano e por lá ocupou o posto de guarda-livros. Depois de ser redator-chefe do *Menelik*, atuou na mesma função no jornal *Auriverde*, entre 1927 e 1928. Colaborou, ainda, em *O Kosmos* (de 1922 a 1925), em *Elite* (ativo de 1923 a 1924) e em *O Clarim da Alvorada*, fundado em 1924.

É impossível estabelecer as principais diferenças entre esses jornais; mas é certo que elas revelam muito sobre as expectativas de seus idealizadores até o fim da década de 1920. *A Patria* (1889), criado pelo tipógrafo abolicionista Inácio Araújo Lima (*c.* 1851-91), foi o primeiro deles. Benedito Prestes, um funcionário da San Paulo Gas Company, fundou em 1911 o jornal *A Perola*, que circularia até 1916. Com muita força e contando com a participação de vários intelectuais negros, surgiu *O Menelik*, em 1915, sob a liderança de Deocleciano Nascimento. A força de *O Menelik* há de ter influenciado outras iniciativas, pois entre 1915 e 1916 existem informações acerca da criação de mais quatro periódicos negros.

Sob a liderança do alfaiate Teófilo de Camargo, e contando com um grupo de rapazes que moravam na Barra Funda, foi fundado *O Binoculo*. Há ainda dados esparsos sobre o surgimento do periódico *A Princesa do Oeste*, ambos em 1915. No ano seguinte, apareceram *A Rua*, fundado por Domingos José Fernandes, morador do Brás, e *O Xauter*, que só circularia durante um ano. Em seguida, mais dois jornais são criados em São Paulo: *O Alfinete* (1918-21), sob o comando de Augusto Eusébio de Oliveira, e *O Bandeirante* (1918-9), fundado por Antônio dos Santos e pelo militar do Exército Joaquim Cambará.

No fim da década de 1910, a imprensa negra se manteve atuante, com os jornais *A Liberdade* (1919-20), criado pelo fiscal municipal Gastão Rodrigues da Silva, e *A Sentinella*, sob a direção de Ernesto A. Baltasar.

Novos jornais começaram a circular na década de 1920. Um dos destaques foi *O Kosmos*, que circulou de 1922 a 1925, fundado por Frederico Batista de Sousa, então bedel da Faculdade de Direito do Largo São Francisco. O funcionário da Recebedoria de Rendas, Alfredo E. da Silva, criou o *Elite* (1923-4), enquanto o jornalista Alberto Orlando, conhecido "orador da raça", inaugurou *O Tamoyo* (1923). Em 1924, surgiram *A Princesa do Norte*, iniciativa de Antônio Silva, e o *Nosso Jornal* (1924), com Teófilo Camargo e Cornélio Aires na direção.

Fundado como *O Clarim*, em 6 de janeiro de 1924, e mais tarde intitulado *O Clarim da Alvorada*, o jornal abriria uma nova era. Circulou de forma intermitente a partir de 1924, sendo seu último número editado em 1940. Essa foi a iniciativa de dois importantes ativistas da primeira metade do século XIX, Jaime de Aguiar e José Correia Leite (1900-89). Em 1927, surgiu o *Auriverde* (1927-8), fundado por João Augusto de Campos. Em 1929, vinha a lume o *Progresso*, criado por

Argentino Celso Wanderley, funcionário da Companhia Telefônica Brasileira. Há também indicações do aparecimento, em 1929, de *Quilombo*, fundado por Augusto Eusébio de Oliveira. Em 1935 seria a vez do *Tribuna Negra*, que tinha como diretor Augusto P. das Neves e contava com José Correia Leite como gerente.

Deocleciano certamente influenciou e apoiou várias iniciativas para a criação de uma imprensa negra durante as décadas de 1910 e 1920. Com a constituição da Frente Negra Brasileira (1931-7), ele se tornou redator e diretor do jornal *A Voz da Raça*, órgão oficial de imprensa.

FONTES: João Paulo Lopes; Lucia Helena Oliveira Silva; Maria Claudia Cardoso; Miriam Nicolau Ferrara; Paulino de Jesus Francisco Cardoso; Petrônio Domingues.

VEJA TAMBÉM: Arlindo Veiga dos Santos; Benedita Costa; Celina Veiga...; Francisco Lucrécio; Henrique Antunes da Cunha; José Correia Leite; Vicente Ferreira.

DEOLINDA 1811-?, EVA 1831-?, AVÓ, MÃES E FILHAS

SÉC. XIX | RIO DE JANEIRO

As experiências de Deolinda e de Eva, mãe e filha, bem como a dos três filhos de Eva, conformam exemplos bastante significativos da imensa apreensão que marcava a vida de mulheres negras nos tempos da escravidão. Morando na rua de São Cristóvão, essa família escravizada foi leiloada, no ano de 1867, em praça pública. Esse tipo de expediente era comum quando existiam bens em disputa judicial ou heranças sem herdeiros. Nessas ocasiões, compradores, revendedores ou comerciantes podiam encontrar uma boa oportunidade para arrematar cativos, para seu uso próprio ou para revenda.

Em 1867, como mostra Lorena Féres da Silva Telles, abriu-se o edital dos bens da falecida Mariana Clementina de Paiva Leite (1801-67), que foi publicado no *Correio Mercantil*. Deolinda, de 56 anos, possivelmente uma africana, sua filha Eva, de 36 anos, e seus três filhos — Eva, de catorze anos; Adão, de onze; e Francisco, de três — poderiam ser arrematados. A mãe Eva ainda estava grávida.

Quem os arrematasse todos juntos adquiriria uma família de três gerações de cativeiro: seis pessoas no total. Mas essa era uma garantia que não existia. Eles moravam na cidade e podiam ser vendidos, juntos ou separados, para qualquer fazenda cafeeira, no Rio de Janeiro, em São Paulo, na Zona da Mata de Minas Gerais e no sul do Espírito Santo.

Apenas em 1869 surgiria uma legislação determinando o fim de leilões públicos de cativos. A mesma lei impedia a separação de mães e filhos menores de quinze anos na compra e venda de cativos.

No entanto, mesmo se a venda de Deolinda, Eva e família ocorresse depois de 1869, só haveria a garantia da não separação de Eva, que teria então 38 anos, e seus filhos mais novos — Francisco, de cinco; Adão, de treze; e o recém-nascido, de dois. Ou seja, a avó Deolinda, com 58 anos, e a neta Eva, com dezesseis anos, poderiam ser vendidas à parte e, assim, perder o rastro da família de três gerações que haviam concebido.

Como tem mostrado Lucimar Felisberto, os casos de Deolinda e Eva exemplificam como os cativos estavam expostos a transferências forçadas, sendo separados, nessas ocasiões, de seus pais, filhos, primos e parentes; ou melhor, das verdadeiras comunidades que surgiam no interior das senzalas.

FONTES: **Lorena Féres da Silva Telles; Lucimar Felisberto dos Santos.**

VEJA TAMBÉM: **Ângela e Geralda.**

DIOGO REBOLO

| ÁFRICA CENTRAL; SÃO PAULO

E VENTURA MINA

SÉC. XIX | ÁFRICA OCIDENTAL; MINAS GERAIS

Os africanos Ventura e Diogo foram líderes de revoltas escravas em Minas Gerais e em São Paulo, na década de 1830.

Em Campinas, no início de 1832, foi registrada uma denúncia sobre a existência de uma conspiração de africanos escravizados que resultaria numa revolta. Um dos principais acusados foi Diogo Rebolo, cativo de Joaquim José dos Santos. O africano Diogo era uma conhecida liderança política e religiosa. Fazia mezinhas, um preparo ritual com ervas, e as vendia para a proteção espiritual dos escravos. Além disso, solicitava ajuda de tropeiros para se comunicar com cativos de diferentes fazendas e ainda encomendava armas. Diogo foi acusado de ser um sacerdote, fazendo adivinhações e carregando consigo um "livro com a pintura de [um] nariz de cachorro" na capa.

Centro-africano, era de nação rebolo. Dos dez cativos acusados de liderar a revolta de Campinas, oito eram identificados como originários dessa região, traficados e embarcados na área ao norte do rio Congo. Diogo era referido como "pai" por vários outros africanos e escravizados então interrogados — em muitas partes da África Central, o termo "pai" significava liderança. Sua origem pode ser identificada na palavra "tata", ou sua variante "tate", presente no vocabulário de diversos povos da África Central, como os ambundos, bakongos e ovimbundos e/ou falantes das línguas quicongo, quimbundo ou umbundo —, e representava a autoridade e o poder de sacerdote. Aliás, essa era uma das funções de Diogo, também um líder espiritual, um adivinho que transitava no mundo dos mortos e dos vivos.

Um ano depois, outro africano ocidental, denominado Ventura Mina, foi acusado de ser o principal líder de uma insurreição negra, articulando cativos de várias fazendas em Carrancas, Minas Gerais. A revolta começou em maio de 1833, na fazenda Campo Alegre, de propriedade de Gabriel Francisco Junqueira (1782-1868), nas proximidades de São Tomé das Letras. Consta que dezenas de cativos se organizaram, desencadeando um levante que fez muitas mortes e gerou imediata reação. O africano Ventura foi morto durante a repressão, que levou à captura de quase trinta rebeldes.

Esses levantes em Campinas (1832) e em Carrancas (1833) foram insurreições muitas vezes esquecidas nas abordagens que tratam dos protestos escravos no período das Regências. Representaram, porém, exemplos da cultura política e das percepções dos cativos no período dos debates sobre a implantação da estrutura burocrática do Estado imperial, ainda na década de 1830.

Como mostraram João Luiz Ribeiro e depois Ricardo Figueiredo Pirola e Marcos Ferreira de Andrade, a ocorrência dessas duas insurreições, sua repressão e as repercussões que geraram aumentaram a atmosfera de medos e os debates sobre a pena de morte aos cativos que matassem feitores e senhores, aprovada finalmente em 1835.

FONTES: João Luiz Ribeiro; Marcos Ferreira de Andrade; Ricardo Figueiredo Pirola; Suely Robles Reis de Queiroz.

VEJA TAMBÉM: Benedito Meia-Légua; Chico Prego...; Francisco; Manuel Congo; Manuel do Sacramento.

DIONÍSIA ANGOLA

SÉC. XIX | ÁFRICA CENTRAL; RIO DE JANEIRO

Em 1855, Dionísia Angola solicitou sua emancipação, pois trabalhava fazia quase dezesseis anos, e tinha condições de "viver sobre si" por conta do ofício de lavadeira, com o qual se sustentava, além de pagar um "jornal" — um dia de jornada de trabalho — à sua "concessionária", Joaquina Amália de Almeida. Esta, por sua vez, reclamou, afirmando à polícia que Dionísia era sua "única fonte de renda" e que não podia, portanto, abrir mão dela.

Não foram poucos os casos de exploração do trabalho de africanos e africanas livres — aqueles entrados no Brasil, ilegalmente, por meio do tráfico de escravos — quando não haviam adquirido, ainda, plena liberdade.

Desconhecemos o que aconteceu com Dionísia, que, ao que tudo indica, teria vindo de Angola já na época dos vários atos e decretos que proibiam o "negócio de almas". Com certeza só podemos atestar seu conhecimento das leis e sua luta pela liberdade.

FONTES: Beatriz G. Mamigonian; Danilo Luiz Marques; Enidelce Bertin.

VEJA TAMBÉM: Claudina Fortunato Sampaio; Maria.

DIONÍSIA 1858-? E MARTINHA DOS SANTOS ?-1807

CAMPOS DOS GOYTACAZES E RIO DE JANEIRO

Quando Dionísia foi libertada, no início de 1871, com treze anos, talvez não soubesse que a história de escravidão e liberdade dos seus antepassados tinha começo, meio e fim. Ela trabalhava no mosteiro de São Bento, no centro do Rio de Janeiro. Tinha nascido em 1858, em Campos dos Goytacazes, na fazenda São Bento, administrada pelos monges beneditinos. Em 1869, Dionísia e Perpétua, ambas com onze anos, foram transferidas para o mosteiro na Corte imperial, onde ajudariam nas atividades da lavanderia.

Ali, havia mais de cem anos, tinha começado a história da escravidão da bisavó de Dionísia, a africana Martinha dos Santos, que morreu em 1807. A escravizada (classificada como "gentio da Guiné", denominação genérica para africanos que desembarcavam no Brasil setecentista) foi vendida e batizada como Martinha. Chegou no colo dos pais ao Rio de Janeiro em 1743. Aos quinze anos, com a morte dos seus proprietários, que não deixaram herdeiros, Martinha foi doada para os beneditinos. Além do mosteiro no Rio colonial, esses monges possuíam grandes fazendas escravocratas em várias regiões, todas abastecidas de cativos via compra do tráfico atlântico (sempre em lotes de, no máximo, dez e considerando número igual de homens e mulheres) ou por meio de doações.

Era comum que famílias abastadas e sem herdeiros deixassem seus escravizados para a Ordem de São Bento. Esse foi o caso de Martinha, que foi parar na fazenda de Campos. Ali teve vários filhos e constituiu família. Sua última filha a nascer foi Cristina. Cristina era a avó de Dionísia. Cristina se casou com o escravizado Justino, na ocasião onze anos mais velho que ela. Justino nasceu no Brasil e era ferreiro. O casal teve sete filhos: Miguel, Camilo, Domingos, Rosa, Roberto, José da Lapa e Silvana. Cristina tinha vinte anos quando o pai de Dionísia nasceu em 1827. O nome dele era José da Lapa; ele se casou com a escravizada Caetana, nascida em 1832. Caetana era filha do casal Cleto (nascido em 1788) e Maria José (nascida em 1796). Cleto era mestre de açúcar.

Casados e com os respectivos pais vivos, Caetana e José da Lapa tiveram muitos filhos. Depois de nascida, Dionísia ainda conviveria um tempo com os seus quatro avós escravizados: Cristina e Justino, Cleto e Maria José. Mas logo foram separados. Os avós maternos, Cleto e Maria José, foram transferidos para a fazenda de Maricá. Mas Dionísia permaneceria acompanhada de outros parentes. Só da parte da mãe Caetana havia Manuel Pinto, Ana, Maria, Polucena, Luiza, João, Joaquim e uma outra Martinha; todos tios de Dionísia.

Dionísia teve cinco irmãos. O mais velho nasceu em 1853 e se chamava Manuel Pinto (o mesmo nome de seu tio). Jacinto nasceu em 1855, mas morreu com apenas três anos, o que deve ter sido motivo de muita dor por parte de Dionísia. Ainda mais velho que Dionísia tinha Damião, nascido em 1856. Os dois irmãos mais novos eram Bernardina (1860) e Custódia (1863).

A vida de Dionísia, de seus antepassados e de parentes foi de bastante labuta. A fazenda de São Bento de Campos existia desde o século XVIII, mas o número de cativos tinha crescido muito na primeira metade do século XIX, chegando a contar com quase setecentos escravizados. Produzindo açúcar, alimentos e se dedicando à criação de gado, havia ali centenas de cativos distribuídos por dezenas de ocupações diferentes: oleiros, campeiros, marceneiros, alfaiates, ferreiros, costureiras, vaqueiros, pedreiros, enfermeiros, remadores, carpinteiros, mestres de açúcar, entre outros. Na grande fazenda havia um corredor de senzalas que somava mais de uma centena de casebres com quase o mesmo tamanho (num semicírculo ao redor de um cruzeiro, em frente à sede da fazenda, que servia de mosteiro para a moradia dos monges). Ali escravizados, tanto os recém-chegados por compra quanto os por transferência, e outros de duas ou mais gerações, se arranjavam em famílias e em grupos de parentesco.

Para melhor organização dos monges administradores, as senzalas eram numeradas e registradas num dietário (espécie de livro de anotações detalhadas), em que aparecem os nomes dos habitantes de cada uma. Em 1847, houve o apontamento de 110 senzalas, e os nomes de 660 escravizados foram distribuídos a partir delas. Alistaram-se senzalas com um ou dois moradores e outras com quinze ou mais habitantes (incluindo duas gerações com avós, tios, filhos e netos). A partir desse documento é possível perceber os arranjos familiares que mais tarde seriam constituídos. Na senzala 32, residia Caetana com seus pais Cleto e Maria José e mais oito irmãos. Em 1847, na senzala 37, morava o futuro pai de Dionísia, José da Lapa, com os seus pais Justino e Cristina e mais seis irmãos. Mais uma família habitava ali: Silvana, a irmã mais velha de José da Lapa, com seus seis filhos. Resultado: eram quinze pessoas morando na mesma senzala. Mas com um detalhe importante: uma das filhas de Silvana se chamava Dionísia. Portanto, José da Lapa adotou para a filha o mesmo nome de sua sobrinha.

Trabalho, vida, família, morte e escravidão marcaram a fazenda de Campos. Manuel Pinto, por exemplo, irmão mais velho de Dionísia, nascido em 1853, comprou sua alforria aos dezoito anos, pagando por ela 800 mil-réis. Ele trabalhava de barbeiro. Na década de 1860, os beneditinos criaram uma legislação emancipacionista gradual, na qual idosos (com mais de cinquenta anos) e mulheres com muitos filhos seriam alforriados. Os beneditinos também alforriaram cativos para se alistarem na Guerra do Paraguai (1864-70). A avó Cristina só conseguiu se alforriar em 1867, com 78 anos. Já a mãe Caetana ganhou a liberdade em 1864, pois tinha seis filhos. Detalhe: quando Dionísia nasceu, sua mãe tinha 51 anos. No início de 1871, a Ordem de São Bento decretou uma nova legislação, alforriando todos os seus cativos das fazendas localizadas na Bahia, no Rio de Janeiro, em São Paulo e em Olinda. Foi com essa lei que Dionísia conseguiu a alforria.

Libertada no Rio, Dionísia voltou para Campos, certamente para reencontrar parentes. Em fevereiro de 1879, nasceu Antônio (avô do historiador Flávio Gomes [1964-]), seu primeiro filho. Depois vieram mais quatro filhos: Amaro, Dilermando e mais duas mulheres. Um primo de Dionísia era tratado como herói: o velho Gaspar, que tinha sido combatente na Guerra do Paraguai, servindo na corveta *Bahiana*.

Num bairro rural apelidado de São Bento, ao redor da antiga fazenda beneditina, no atual distrito Mussurepe, no município de Campos dos Goytacazes, existe uma comunidade negra rural que atravessou as últimas décadas do século XIX e a primeira metade do século XX, com seus habitantes vivendo como meeiros e/ou trabalhadores empregados dos monges beneditinos. No alvorecer do século XX, com as alterações na Ordem de São Bento — a proibição da entrada de novos noviços e a chegada de missões de monges europeus —, essa população negra de ex-escravizados e libertos conviveu com mudanças de regimes de trabalho, que geraram intolerâncias nas práticas de domínio e nas condições de trabalho no mundo rural.

FONTES: **Flávio dos Santos Gomes; Luiz Gonzaga Piratininga Jr.; Vitor Hugo Monteiro Franco.**

VEJA TAMBÉM: **Antonica...; Antônio Dutra; Rufina.**

DIVINO MESTRE

1799-? | RECIFE, PERNAMBUCO

Detido em 1846, o Divino Mestre, como era chamado Agostinho Pereira, seria alvo de uma série de denúncias com repercussões que alcançaram periódicos importantes da província, como o *Diario de Pernambuco*. Com certo exagero, comentava-se que ele poderia ter mais de trezentos seguidores. Além de Agostinho, foram presos catorze membros de seu grupo, entre livres e libertos. Eram todos negros e sabiam ler e escrever: haviam sido alfabetizados pelo próprio Mestre.

As reações à sua detenção, bem como as acusações que envolveram Agostinho e seus seguidores, estavam associadas ao medo do "haitianismo", que ainda era forte em cidades de maioria negra em meados da década de 1840. Eram intensos os temores por parte das autoridades policiais e das elites do Recife, diante da insurreição dos escravizados em São Domingos (1791-5), além do claro impacto em todo o eixo Afro-Atlântico da proclamação da independência do Haiti, em 1804. Por outro lado, revoltas escravas que ocorreram na década de 1830 — sendo a principal delas a dos malês, em 1835, em Salvador — ajudaram a manter o pânico aceso, ainda mais quando se encontravam textos escritos por escravizados e libertos.

No caso de Agostinho, seriam apreendidos panfletos e livros, sendo o principal deles chamado de ABC; nele, a experiência do Haiti era mencionada. Nessa época, rebeldia, fanatismo religioso, ideias revolucionárias e insurreições escravas comporiam os principais temas do noticiário jornalístico, sempre relacionando tais assuntos à prisão de Agostinho e suas pregações.

Ao ser preso, soube-se que Agostinho tinha 47 anos e que nascera no alvorecer do século XIX. Não tinha sido escravizado, mas provavelmente era filho de alguma liberta, não se sabendo se africana ou se nascida no Brasil. Era um militar negro e, nessa condição, tinha participado dos conflitos políticos de 1824. Ou seja, atuara como oficial de milícia na Confederação do Equador, movimento de caráter separatista que contou com a adesão de várias províncias.

Como demonstram os estudos de Alexandro Silva de Jesus e Marcus J. M. de Carvalho, entre o fim do século XVIII e o início do século XIX, Agostinho repetia uma trajetória comum a muitos homens negros livres: a carreira militar em tropas auxiliares. Por sinal, na ocasião de sua detenção, as autoridades estavam muito interessadas em saber se ele tinha participado de algum modo da Sabinada, em Salvador. O movimento ocorreu entre 1837 e 1838, com diversos homens e mulheres negros, vários deles ex-escravizados, se envolvendo diretamente no conflito e expressando expectativas de autonomia política. Agostinho negou ter atuado na revolta, mas admitiu ter conhecido o líder Francisco Sabino (1796-1846), quando esteve preso numa fortaleza militar no Rio de Janeiro.

Divino Mestre refutou todas as acusações, embora assentisse que havia verificado, por meio daquelas "escrituras", que Deus/Jesus não era branco, mas sim "acaboclado".

Em 1852, em passagem pelo Recife, Charles Mansfield (1819-55), um naturalista inglês, mencionaria Agostinho Pereira como um "Lutero negro", tamanhas foram as críticas dele à Igreja. De toda maneira, as dimensões raciais encontradas nos versos de Divino Mestre é que devem ter chamado a atenção das autoridades. Por exemplo, Agostinho escreveu sobre a "linda nobre cor morena" e que "no princípio do mundo" os "reis eram morenos". Disse mais, que não havia como "negar a sua liberdade" e que ele seria a "favor da cor morena do verdadeiro Messias". Por essas e outras, Agostinho foi condenado a cumprir três anos de prisão.

FONTES: Alexandro Silva de Jesus; Marcus J. M. de Carvalho.

VEJA TAMBÉM: Amélia Rosa; Caetano da Costa; Domingos Álvares; Emiliano Mundrucu...; Feliciana Maria Olímpia; Juca Rosa; Luzia Pinta; Rufino José Maria.

DOMINGOS ÁLVARES

C. 1710-? | ÁFRICA OCIDENTAL; RECIFE, PERNAMBUCO; RIO DE JANEIRO

Domingos Álvares era um africano originário do tráfico da chamada Costa dos Escravos, África Ocidental, nascido provavelmente em 1710, na vila de Naogon, Agonli-Cové, na região Mahi. Falante da língua gbe, era curandeiro, herdeiro de saberes de pais religiosos, sacerdotes chamados "voduns". Segundo as fontes, durante a expansão do reino do Daomé, a região Agonli-Cové teria sido conquistada, e os sacerdotes locais vendidos para os traficantes atlânticos, pois seus poderes sobrenaturais eram muito temidos.

Uma biografia de Domingos Álvares foi escrita por James H. Sweet. Por volta de 1730, partindo do porto de Jakin, Domingos foi trazido para as Américas, mais precisamente Pernambuco. Aí teria sido escravizado, trabalhando em engenhos e plantações de açúcar. Conviveu, então, com colonos brancos europeus, indígenas e centro-africanos, que eram maioria, embora africanos ocidentais começassem a chegar com mais intensidade desde 1730. Essa seria uma primeira etapa da vida atlântica de Domingos, quando conectaria suas práticas de cura e de adivinhação com experiências religiosas, mágicas e curativas de origem europeia, com as indígenas e africanas de outras procedências. A atuação de Domingos no Recife produziria tensões, a ponto de ser vendido para a cidade do Rio de Janeiro no início da sua expansão setecentista. Por lá, ele retomaria suas práticas de cura e de adivinhação e ganharia mais prestígio como um reputado curandeiro, atuando entre africanos, escravizados, libertos e nascidos no Brasil. Tanto no Recife quanto no Rio de Janeiro, Domingos conviveria com diferentes gerações de africanos ocidentais, entre os quais jejes, que cultuavam os voduns.

Em 1742, ele foi preso e enviado para Portugal, em razão de acusações de feitiçaria feitas pelos visitadores do Tribunal da Inquisição. Em Lisboa, Domingos seria preso, interrogado, torturado e julgado, duas vezes — em 1744 e 1747 —, banido para o Algarve e em seguida para as fronteiras com a Espanha. Domingos permaneceria próximo tanto de comunidades africanas instaladas em Lisboa quanto de africanos de diversas procedências também presos pela Inquisição, enviados do Brasil e, via de regra, igualmente acusados de feitiçaria.

Conforme explicam Marina de Mello e Souza e Paul E. Lovejoy, a trajetória de Domingos revela as possíveis reinvenções e interpretações que os africanos de origens diversificadas poderiam realizar como escravizados diante dos códigos, práticas e cosmologias que dominavam. Os interrogatórios a que foram submetidos, e os das testemunhas no Tribunal da Inquisição, sugerem andanças atlânticas por vários universos culturais que Domingos conheceu e interpretou nos seus próprios termos africanos. Suas práticas de cura — duramente perseguidas pela Inquisição — foram exemplos de cosmologias africanas transplantadas para as Américas, onde entraram africanos escravizados que não se despojavam de suas culturas e visões de mundo, fazendo com que circulassem e fossem reinventados conhecimentos africanos no Brasil. Originário de uma tradição religiosa dos sacerdotes de Sakpata, Domingos construiu e traduziu percursos de superação e de resistência contra a alienação, o castigo e a violência a partir dos voduns e das entidades dos seus antepassados.

FONTES: James H. Sweet; Marina de Mello e Souza; Paul E. Lovejoy.

VEJA TAMBÉM: Amélia Rosa; Caetano da Costa; Divino Mestre; Emiliano Mundrucu...; Feliciana Maria Olímpia; Juca Rosa; Luzia Pinta; Rufino José Maria.

DOMINGOS SODRÉ

C. 1797-1887 | ÁFRICA OCIDENTAL; SANTO AMARO E SALVADOR, BAHIA

O africano Domingos Sodré foi um sacerdote nagô com muito prestígio em Salvador, ao longo do século XIX. Ele nasceu provavelmente em 1797, no reino de Onim, atual Lagos, Nigéria. Pode ter vindo para a Bahia, escravizado e ainda bem pequeno, com os pais, na década de 1810. Em 1882, ao registrar o seu testamento, mencionou os nomes cristãos dos genitores: Porfírio Araújo de Argolo e Barbara de Tal. O historiador João José Reis (1952-), que escreveu sua biografia, destacou a possibilidade de os pais escravizados de Domingos terem conseguido a alforria e voltado para a África como retornados. Daí o fato de adotarem nomes cristãos, visto que batizados na Bahia.

Domingos seria batizado em Santo Amaro, indo trabalhar no engenho Trindade, propriedade de Francisco Maria Sodré Pereira (1780-1836). Esse era um grande engenho, movido por inúmeros africanos, a maior parte nagôs, africanos ocidentais, mas também muitos centro-africanos provenientes do Congo Norte, chamados cabindas, além dos cativos nascidos no Brasil.

De 1807 a 1835, ocorreram revoltas e conspirações escravas, levadas a cabo majoritariamente por africanos, entre Salvador e áreas do Recôncavo. Foi nesse contexto que Domingos viveu, conquistando sua alforria em 1836. Estabeleceu-se em Salvador, onde organizou um candomblé que se tornaria famoso nos arrabaldes da freguesia de São Pedro, e ficou conhecido como um próspero africano liberto proprietário de moradias, bens e cativos. Em 1850, casou-se com a africana liberta Maria das Mercês Rodrigues de Sousa.

Sua mobilidade social pode ser medida pela notoriedade que adquiriu junto à comunidade africana local, aparecendo como "padrinho" em diversos batizados de escravizados, nascidos no Brasil e africanos, além de filhos destes, sobretudo de 1876 a 1886. Tendo ficado viúvo, Domingos se casou novamente, em 1871, com Maria Delfina da Conceição.

Virou um célebre e temido sacerdote em Salvador.

Como um africano que conquistou a liberdade, que possuía cativos e ao mesmo tempo "amansava" senhores, ele vivenciou, de forma plena, as contradições e as complexidades de uma sociedade escravista.

FONTES: Carlos Francisco da Silva Jr.; João José Reis.

VEJA TAMBÉM: Luiza Mahin; Pacífico Licutan; Rufino José Maria.

DONGA

c. 1890-1974 | RIO DE JANEIRO

Ernesto Joaquim Maria dos Santos, o Donga, nasceu no Rio de Janeiro, numa data que oscila entre os meses de abril e maio e os anos de 1889, 1890 e 1891, possivelmente num dia 5. De toda maneira, ele viveu no período do pós-abolição, num ambiente marcado por uma nova sociabilidade negra experimentada em várias comunidades ao redor do Rio ou na própria cidade. Era filho de Pedro Joaquim Maria, pedreiro e bombardinista, e de Amélia Silvana de Araújo, a Tia Amélia, mãe de santo e cantora de modinhas, uma das baianas, das "tias", do bairro da Cidade Nova.

O garoto, influenciado por esse ambiente, já com catorze anos aprendeu a tocar cavaquinho, violão e banjo, e a dançar um partido-alto. Sob o pseudônimo de Zé Vicente, ele se uniu, entre 1913 e 1914, aos amigos Pixinguinha (1897-1973) e Caninha (1883-1961). Eles formaram, então, o Grupo do Caxangá, liderado por João Pernambuco (1883-1947) e voltado aos temas nordestinos. Dois anos depois, na casa de Tia Ciata, compôs o samba "Pelo telefone", com Mauro de Almeida (1882-1956). A canção era quase coletiva, uma vez que se pautava nas referências musicais presentes nos encontros realizados nas comunidades locais. "Pelo telefone" virou hino no Carnaval de 1917, e seria considerado, nesse mesmo ano, o primeiro samba gravado. O êxito que a canção alcançou corresponde à polêmica que envolveu sua autoria. Além do caráter coletivo da composição, há um trecho em que se inclui um refrão retirado de um dito popular do Nordeste: "Olha a rolinha, sinhô, sinhô". Donga teria, portanto, se apropriado de criações coletivas e anônimas, registrando-as como de sua lavra e dando-lhes uma nova forma, de "samba".

A prática era, entretanto, comum na época, e foi consagrada na frase de Sinhô: sambas são "como passarinho; é de quem pegar primeiro". O certo é que boa parte dessas composições provinha da experiência urbana do samba carioca, e Donga não fora o primeiro a adotar tal conduta. A novidade estava no fato de ele ter registrado a partitura da canção na Biblioteca Nacional. O gesto como que inaugurava a figura do "compositor moderno", que identifica a autoria individual para assegurar seus direitos sobre a obra e assim obter retorno financeiro.

Nesse meio-tempo, e a despeito da polêmica, a carreira de Donga continuou a deslanchar. Como violonista, juntou-se em 1919 ao Os Oito Batutas, então liderado por Pixinguinha. Arnaldo Guinle (1884-1963) foi o patrocinador do grupo, que fez sucesso numa turnê em Paris.

Com suas marchas-rancho, chorinhos e sambas, conquistou público e crítica, mudando seu nome para Os Batutas.

Donga entrou para o Carlito Jazz em 1926, e saiu em turnê pela Europa, junto com a companhia de revistas Bataclan (França). A Orquestra Típica Pixinguinha-Donga foi inaugurada em 1928, e em 1930 os dois músicos fundaram os conjuntos Diabos do Céu e Guarda Velha.

Em 1932, Donga se casou com a cantora Zaíra de Oliveira (1900-51), que viria a falecer em 1951 e com quem teve uma filha, Lígia. Em 1953, casou-se novamente, com Maria das Dores Santos (1911-2015). Ganharia nesse meio-tempo renome internacional quando, em 1940, foi lançado nos Estados Unidos o disco *Native Brazilian Music*, organizado pelos músicos Villa-Lobos (1887-1959) e Leopold Stokowski (1882-1977). Das dezessete músicas constantes do disco, nove eram de autoria de Donga. Em 1954, por conta da iniciativa do radialista Almirante (1908-80), Donga formou com Pixinguinha o conjunto Velha Guarda. O nome era significativo pois falava da geração dos dois amigos. O grupo atuou no programa de Almirante, *O Pessoal da Velha Guarda*, durante quatro anos, e se apresentou em diversos shows, como o Festival da Velha Guarda.

Donga gravou um dos primeiros depoimentos para o Museu da Imagem e do Som do Rio de Janeiro (MIS-RJ), em 1969. Para garantir seu sustento, ele desenvolveu carreira como oficial de justiça, função na qual permaneceu até sua aposentadoria. A essa altura, porém, já estava pobre, doente e quase cego. Morava na Casa dos Artistas, no bairro carioca da Aldeia Campista, quando faleceu, bastante esquecido, no dia 25 de setembro de 1974. Seu corpo foi enterrado no Cemitério São João Batista. Só na década de 1970 o trabalho de Donga seria, de fato, reconhecido de forma mais ampla.

FONTES: Acervo Instituto Moreira Salles; Ary Vasconcelos; Carlos Sandroni; Flávio Silva; *Donga e os primitivos*; José Ramos Tinhorão; Luiz Antônio Simas; Marcos Antônio Marcondes; Mônica Pimenta Velloso; Nei Lopes; Ricardo Cravo Albin; Roberto Moura; Spirito Santo; Vasco Mariz.

VEJA TAMBÉM: Antônio Candeia Filho; Cartola; Clementina de Jesus; De Chocolat; Heitor dos Prazeres; Ivone Lara; Maria das Dores Santos Conceição; Maria Joaquina de Camargo; Paulo da Portela; Pixinguinha; Tia Ciata; Tias baianas...; Zé Kéti.

DOROTHEA MARIA DO ESPÍRITO SANTO, EVA MARIA DA SILVA, MARIA JACINTHA, MARIA THEREZA DE OLIVEIRA E UMBELINA MARIA DAS DORES

SÉCS. XIX-XX | MINAS GERAIS; RIO DE JANEIRO; SÃO PAULO

Após o fim da escravidão, mantiveram-se e reinventaram-se práticas de paternalismo, formas de hierarquia, relações de poder, grande intolerância e violência. Segundo estudo de Lorena Féres da Silva Telles, mulheres negras, trabalhadoras livres, muitas das quais ex-escravizadas, ou que tinham convivido nas fronteiras das experiências da escravidão de suas mães, tias e avós, experimentaram novas relações de trabalho doméstico em cidades como Rio de Janeiro e São Paulo, onde a população de imigrantes era maior e o mercado de trabalho, mais disputado.

Relações de gênero, de identidade racial e de origem de classe atravessaram a vida de, entre tantas outras, Dorothea Maria do Espírito Santo, Eva Maria da Silva, Maria Jacintha, Maria Teresa de Oliveira e Umbelina Maria das Dores. Na faixa etária de quinze a quarenta anos, essas mulheres vivenciaram tentativas de abuso sexual e acusações de negligência no trabalho, de desobediência, preguiça e até de roubo. Sumariamente demitidas, eram denunciadas à polícia e muitas vezes recebiam anotações em suas cadernetas.

As narrativas presentes nos anúncios de jornais vinham repletas de exigências como "preferem-se brancas", "não mexe em nada", "para dormir em casa", "boas referências". Mas escondiam conflitos no mundo do trabalho doméstico, que marcaram as relações de poder entre empregadas e patroas. Por isso mesmo, essas mulheres negras foram personagens de rebeliões cotidianas. Maria Jacintha, com 22 anos, natural de Minas Gerais, solteira, filha de Julião José Barbosa, acabou dispensada sob a acusação de "provocar desordem no seio da família". Umbelina Maria das Dores, com 35 anos, foi despedida "por ser desobediente". Maria Thereza de Oliveira, que tinha dezoito anos, era acusada de ser "bastante preguiçosa".

Não poucas resolveram abandonar o emprego, pois tentavam se livrar de assédios morais e sexuais, e de tentativas patronais de impedir que saíssem de casa e tivessem qualquer vida própria. Tais alternâncias no trabalho — regularmente entendidas como exemplos de mau comportamento — significavam também formas de protagonismo. Em 1886, Joaquim Lebeis registrou que Dorothea Maria do Espírito Santo, de 22 anos, contratada para ser cozinheira, permaneceu no emprego por menos de um mês, "devido não querer mais continuar".

Segregação espacial — a invenção do "quarto de empregada" como um espaço construído nas proximidades da cozinha, pequeno e sem janelas —, direito de mobilidade, acesso à família e à educação, a possibilidade de terem seus filhos e deles cuidarem faziam parte das experiências e dos desejos de inúmeras mulheres negras no pós-abolição, avançando até recentemente, quando os jornais ainda anunciavam "preferem-se brancas" e "pessoas de cabelo bom" para as contratações no serviço doméstico. Por sinal, os direitos de tais servidoras só foram formalizados em 2017, com uma lei que finalmente estabeleceu regras, horários e direitos de trabalho. Essas são consequências, mas também novas faces da escravidão contemporânea.

FONTES: Flávia Fernandes de Souza; Karine Teixeira Damasceno; Lorena Féres da Silva Telles; Maciel Henrique Silva.

VEJA TAMBÉM: Arinda Serafim; Carolina Maria de Jesus; Elza de Souza...; Laudelina de Campos Melo.

DUARTE DA COSTA

1799-1854 | ÁFRICA OCIDENTAL; RECIFE, PERNAMBUCO; RIO DE JANEIRO

Africano ocidental, Duarte da Costa nasceu no fim do século XVIII. Era um savalu, das regiões interioranas da costa ocidental africana. Sua escravização, a vinda para o Brasil, as ocupações no cativeiro, os primeiros senhores e a obtenção da alforria são temas ainda desconhecidos. Através das investigações da historiadora Valéria Gomes Costa sabemos mais sobre a atuação dele como marinheiro e pequeno mercador do tráfico atlântico na primeira metade do século XIX.

Sua trajetória se cruza com as décadas de 1830 e 1840, quando centenas de marinheiros africanos trabalhavam em embarcações negreiras envolvidas no comércio ilegal. Como vários outros marinheiros, Duarte teve experiências, deixou pedaços de vida, parentes, filhos, amigos e negócios espalhados em diferentes margens atlânticas. Em 1854, ao ditar o seu testamento, relatou que morava no Recife — na rua das Hortas, bairro de Santo Antônio. Também declarou que sua mulher e seu filho — que não via fazia mais de quinze anos — estavam no Rio de Janeiro. Parecia um momento difícil para Duarte, que, com seus 55 anos, liberto, marinheiro, estava afastado havia anos de familiares que tinha no Brasil e, o pior, doente e muito endividado. A separação da esposa fora motivada — segundo ele próprio — por adultério em resposta às suas longas e frequentes ausências. O fim do casamento havia ocorrido ainda em meados da década de 1840, quando ele tinha 38 anos. Foi nessa mesma ocasião que Duarte embarcou como grumete no navio *Ermelinda*, envolvendo-se no mesmo episódio do africano Rufino José Maria — o alufá Rufino, que era então cozinheiro. Duarte foi descrito apenas como grumete, porém ambos atuavam como pequenos mercadores, trazendo e levando produtos nas embarcações negreiras. Na carga do *Ermelinda* foi anotada a existência de duas pipas e meia de aguardente, açúcar e tabaco, caixas de doces e de charutos. Tudo isso seria transformado em moeda de troca para as agendas mercantis desses marinheiros. O aprisionamento do *Ermelinda*, o seu envio para Serra Leoa e o posterior julgamento em 1842 geraram prejuízos incalculáveis para Duarte, sobretudo em relação aos perecíveis que carregava. E assim vamos encontrar Duarte — e outros tantos — numa ação judicial contra o governo inglês. Duarte solicitava o ressarcimento de 978 mil-réis, que representava o valor da carga de sua propriedade acrescida de juros. Em 1855, muito endividado, Duarte listaria ainda os empréstimos que havia feito a outros africanos, como 100 mil-réis de uma dívida contraída junto ao preto forro Francisco Manuel da Costa, que teria usado o dinheiro para tratar da saúde. Duarte ainda devia dinheiro da compra de cativos que realizara — adquirira Benedita, uma preta velha, mas ainda não tinha quitado a dívida. No mesmo testamento que listou suas dívidas, ele mencionou aqueles que lhe deviam: o africano Rufino devia a Duarte 32 mil-réis, pois teria vendido um cativo de propriedade dele.

O suposto adultério, fruto de suas ausências marítimas, as confissões de dívidas e mesmo os créditos que Duarte indicou em seu testamento revelam a extensa rede do tráfico negreiro que articularam africanos libertos — marinheiros, pequenos mercadores, negociantes e proprietários de escravizados em cidades atlânticas. Pouco conhecemos sobre a vida de Duarte da Costa no Rio de Janeiro, onde ainda moravam sua mulher e filho, ou se teve andanças por Salvador. No Recife, há evidências de que africanos atlânticos como Duarte e outros não só constituíram redes, como ainda essas conexões poderiam envolver alianças étnicas ou outras identidades reconstruídas. Duarte seria, por exemplo, um dos testamenteiros da africana Luzia Muniz (?-1849?), uma savalu como ele. Luzia era casada com o africano Manuel Machado, também savalu. Esse casal e outros tantos africanos libertos no Recife detalharam em seus testamentos a posse de escravizados africanos. Duarte era quem mediava, organizava as compras e escolhas de africanos a serem adquiridos pelos vários libertos, uma vez que estava sempre em trânsito e em meio a viagens atlânticas. Também foi por meio de Duarte que muitos pequenos empreendedores africanos libertos fizeram seus produtos chegarem à costa africana, produzindo, assim, um comércio miúdo interatlântico sobre controle e coordenação dos próprios africanos libertos no Brasil e seus intermediários.

— Com Valéria Gomes Costa

FONTES: Aderivaldo Ramos de Santana; Valéria Gomes Costa.

VEJA TAMBÉM: Augusto Mina; Francisco Moçambique e José Majojo; Rufino José Maria.

E

EDISON CARNEIRO

1912-72 | SALVADOR, BAHIA; RIO DE JANEIRO

Nascido em 1912, na cidade de Salvador, Edison de Sousa Carneiro pertencia a uma família baiana, sendo o seu pai, Antônio Joaquim de Sousa Carneiro (1881-1942), engenheiro civil e professor da Escola Politécnica da Bahia. Seus avós paternos eram Antônio Joaquim de Sousa Carneiro (?-1891), registrado como um engenheiro "mulato", e Rosa Sanches de Sousa Carneiro, classificada como "não negra". O pai se casou com Laura Coelho de Sousa Carneiro, que aparece nos documentos como "mulata". Edison era o quarto de seis irmãos: Franklin (1907-?), Milton (1909-?), Nelson (1910-96), senador da República, Ivã (1914), Míriam (1920-?) e Carmen Lídia (1922-?).

Já com dezesseis anos, ele escrevia poemas, nos quais se destacavam algumas contradições e ambiguidades sobre os temas da cor e da raça presentes em sua própria biografia. Entre 1928 e 1930, chegou a participar da Academia dos Rebeldes, em Salvador, juntamente com Jorge Amado (1912-2001), Sosígenes Costa (1901-68), Osvaldo Dias da Costa (1907-74), João Cordeiro (1905-38), Alves Ribeiro (1900-68) e Clóvis Amorim (1911-70), entre outros poetas, escritores e romancistas. Essa academia reunia jovens literatos que pregavam por "uma arte moderna sem ser modernista", antecipando a ênfase social e o teor realista que caracterizariam o romance do movimento de 1930.

Com formação em direito, e ainda morando na Bahia, na década de 1930 Edison organizou congressos, seminários e simpósios, agrupando pesquisadores, ativistas, políticos, artistas, operários e religiosos para debater a questão da cultura afro-brasileira. Em 1934, Gilberto Freyre (1900-87) realizou no Recife — entre 11 e 15 de novembro — o I Congresso Afro-Brasileiro, em que reuniu intelectuais como Câmara Cascudo (1898-1986), Roquette-Pinto (1884-1954), Artur Ramos (1903-49), Di Cavalcanti (1897-1976) e Mário de Andrade (1893-1945), além de religiosos, artistas como Albertina Fleury (conhecida como rainha do maracatu), e ativistas como Miguel Barros (1913-2011), da Frente Negra Pelotense. Embora nem sempre citado, Solano Trindade (1908-74) foi também um dos idealizadores do I Congresso, que contou com a participação de Edison Carneiro.

Ampliando a tradição desses debates, ao lado de Aydano Couto Ferraz (1914-85) ele comandaria o II Congresso Afro-Brasileiro, do qual fizeram parte Artur Ramos, Martiniano do Bonfim (1859-1943), Mãe Aninha (1869-1938) e outros, em setembro de 1937, na sede do Instituto Geográfico e Histórico da Bahia, em Salvador. Martiniano e Aninha foram informantes e colaboradores fundamentais para Carneiro.

Em 1939, transferiu-se para o Rio de Janeiro. Em 1950, participou do Congresso do Negro Brasileiro, juntamente com Abdias do Nascimento (1914-2011), Guerreiro Ramos (1915-82), Darcy Ribeiro (1922-97) e outros. Em 1966, integrou a delegação brasileira no I Festival Mundial de Artes Negras, que teve lugar em Dakar, Senegal. Com base nas suas pesquisas, manteve intensa colaboração em diversos jornais, como *A Tarde*, *Correio da Manhã*, *Jornal do Brasil* e *Diario de Noticias*. Ainda em 1936 publicaria *Religiões negras* (1936), *Negros bantus* (1937), *O Quilombo dos Palmares* (1947), *Candomblés da Bahia* (1948) e *Antologia do negro brasileiro* (1950).

Durante décadas, Edison Carneiro realizou investigações pioneiras sobre as manifestações culturais afro-brasileiras, em diálogo com pesquisadores nacionais e estrangeiros, e também especialistas das religiões de matriz africana como Martiniano do Bonfim (1859-1943) e Mãe Aninha (1869-1938).

Muitas vezes chamado de folclorista, Edison sempre teve uma relação ambivalente com o grupo baiano a que se filiou. Ele nunca conseguiu, por exemplo, lugar de proeminência na academia. Manteve um relacionamento profissional e afetivo com a antropóloga norte-americana Ruth Landes, que escreveu *A cidade das mulheres* (1947), obra em que defende a existência de uma liderança feminina nos candomblés. O livro foi, porém, bastante boicotado, inclusive pelo próprio Edison, e apenas recentemente revisto.

Edison Carneiro morreu em 1972. No Museu do Folclore, que leva o seu nome e se situa junto ao Palácio do Catete, estão disponibilizados os acervos biográficos e as pesquisas por ele realizadas.

FONTES: **Biaggio Talento; Christiano Key Tambascia; Eduardo de Oliveira; Gustavo Rossi; José Jorge Siqueira; Luiz Alberto Couceiro; Nei Lopes.**

VEJA TAMBÉM: **Abdias do Nascimento; Alberto Guerreiro Ramos; Clóvis Moura; Mãe Aninha; Solano Trindade.**

EDMEIA DA SILVA EUZÉBIO

1946-93 | RIO DE JANEIRO

Edmeia da Silva Euzébio ficou conhecida por conta da luta incansável que travou junto à Justiça, devido ao desaparecimento de seu filho. Mesmo assim, não escapou de ser assassinada no Rio de Janeiro, quando tinha 47 anos, no dia 15 de janeiro de 1993.

Seu filho, Luís Henrique, então com dezesseis anos, "desapareceu" no dia 26 de julho de 1990, junto com outras dez pessoas reunidas numa casa localizada na cidade vizinha de Magé. Um grupo de homens que se identificou como sendo da polícia tomou de assalto a residência e levou os adolescentes para um local desconhecido. Depois dessa noite nunca mais foram vistos. O caso entrou para a história nacional com o nome de "Chacina de Acari", uma vez que a maioria dos jovens morava nessa comunidade. Diante do desaparecimento, as famílias deram início a uma verdadeira batalha pública clamando por justiça. Daí surgiu o nome "Mães de Acari", um correlato brasileiro das Mães da Praça de Maio, que ainda lutam na Argentina pelo direito à memória e à história da tortura que se abateu sobre seus filhos desaparecidos durante a ditadura militar que vigorou naquele país entre 1976 e 1983.

Edmeia era conhecida como uma das lideranças mais ativas no grupo, mas nada a blindou contra a mesma violência sofrida por seu filho e colegas. Depois de visitar um detento no presídio Hélio Gomes, no bairro do Estácio, ela foi barbaramente assassinada no estacionamento da estação de metrô Praça Onze. A ideia era parecer casualidade, mas uma investigação sugeriu que ela foi morta logo após conseguir novas informações sobre a localização dos corpos dos jovens desaparecidos.

Desde 1993, os processos em torno do assassinato de Edmeia mantêm-se em aberto. Em 1994, a Anistia Internacional revelou, no relatório "Além do desespero:

Uma agenda para os direitos humanos no Brasil", que o serviço de inteligência da Polícia Militar identificara policiais civis e militares suspeitos de realizar a "Chacina de Acari". A investigação mostrou, ainda, que os oficiais tinham por prática extorquir dinheiro das vítimas, cujos restos mortais jamais foram encontrados. Há também quem afirme que alguns dos responsáveis pelos desaparecimentos estariam ligados a um esquadrão da morte conhecido como "Cavalos Corredores".

Entretanto, naquela circunstância pouco foi feito. Em 2010, o caso da "Chacina de Acari" deu-se por encerrado, sem que qualquer dos possíveis responsáveis fosse acusado. Em 2011, uma denúncia contra os prováveis assassinos — um alto oficial da Polícia Militar e um ex-deputado do Rio de Janeiro — entrou no Judiciário. Somente três anos depois, em 2014, sete homens foram acusados de assassinato e levados a júri popular por homicídio doloso. Porém, mais uma vez, ninguém foi sentenciado.

O caso de Edmeia é emblemático porque mostra como o Estado brasileiro tem falhado sistematicamente quando se trata de investigar e solucionar os homicídios cometidos pela polícia. O caso de Acari faz parte de um quadro mais amplo. Após diminuir entre 2008 e 2013, o número de pessoas mortas pela polícia no estado do Rio de Janeiro mais que triplicou nos últimos seis anos, de acordo com dados do Instituto de Segurança Pública. Em 2014, o número foi de 584. Em 2019, foram 1814 homicídios cometidos pela polícia. Nos últimos dez anos (2009-19), o número total chegou a quase 10 mil.

Seguem os nomes das onze vítimas com suas respectivas idades na época do desaparecimento: Rosana Sousa Santos, dezessete anos; Cristiane Sousa Leite, dezessete anos; Luís Henrique da Silva Euzébio, dezesseis anos; Hudson de Oliveira Silva, dezesseis anos; Edson Sousa Costa, dezesseis anos; Antônio Carlos da Silva, dezessete anos; Viviane Rocha da Silva, treze anos; Wallace Oliveira do Nascimento, dezessete anos; Hédio Oliveira do Nascimento, trinta anos; Moisés Santos Cruz, 26 anos; Luís Carlos Vasconcelos de Deus, 32 anos. É preciso se lembrar de não esquecer.

FONTES: **Anistia Internacional; Carlos Nobre; Irmandade dos Mártires.**

VEJA TAMBÉM: **Amarildo Dias de Souza; Cláudia Silva Ferreira; Marielle Franco; Robson Silveira da Luz.**

EDUARDO DAS NEVES

1874-1919 | RIO DE JANEIRO

Eduardo Sebastião das Neves nasceu no bairro de São Cristóvão, no Rio de Janeiro, em 1874. Na década de 1890, sustentava-se como funcionário da Central do Brasil e como soldado do Corpo de Bombeiros. Mas ele ganharia fama como ator circense, mais especificamente como palhaço, atuando em diversos circos do Rio e em outras cidades brasileiras, como: Circo-Teatro François, Circo Pavilhão Internacional e Circo-Teatro Pavilhão Brasileiro, onde foi também empresário.

Adotou o nome de Palhaço Dudu, sendo ainda conhecido por Dudu das Neves, Crioulo Dudu, Nego Dudu ou apenas Palhaço Negro. Atuou em teatros, cineteatros, cafés e casas de espetáculo, nas quais se apresentava como cantor e instrumentista, tocando pandeiro, chocalhos e cuíca, mas também viola e cavaquinho. Como compositor e cantor, produziu e interpretou músicas, melodias e letras, influenciando outros artistas e cantores negros na época, como João da Baiana (1887-1974) e Sinhô (1888-1930).

No alvorecer do século XX, Eduardo das Neves mudou-se para o bairro do Engenho Novo, com sua esposa e filhos, entre eles o destacado cantor Cândido das Neves (1899-1934).

Os pesquisadores Carolina Vianna Dantas e Martha Abreu têm ampliado o conhecimento da biografia de Eduardo das Neves e de sua produção. Entre outros, revelaram como o artista editou livros, nos quais reuniu partituras e letras de sua autoria, algumas delas compostas ainda na última década do século XIX.

Mesmo com sua vasta produção artística, com a fama que ganhou divulgando lundus e chulas, bem como participando das primeiras gravações fonográficas no Brasil (1907-12), Eduardo das Neves morreu pobre com apenas 45 anos, em 1919, no Rio de Janeiro.

FONTES: **Carolina Vianna Dantas; Martha Abreu; Ricardo Cravo Albin.**

VEJA TAMBÉM: **Benjamim de Oliveira; Grande Otelo.**

EDUARDO DE OLIVEIRA

1926-2012 | SÃO PAULO

Nascido em São Paulo, em 1926, filho de Sebastião Ferreira e de Henriqueta de Oliveira, Eduardo Ferreira de Oliveira era escritor, professor, advogado e conferencista, além de ter tido uma atuação política parlamentar como o primeiro vereador negro eleito em São Paulo, no início da década de 1960.

A sua produção poética começou na década de 1940, com *Além do pó* (1944 e 1960), *Ancoradouro* (1960), *O ébano* (1961), *Banzo* (1962 e 1965), *Gestas líricas da negritude* (1967), *Evangelho da solidão* (1969) e *Túnica de ébano* (1980).

Entre os intelectuais negros que se dedicaram à poesia, na década de 1960, Eduardo de Oliveira se destacou ao lado de Oswaldo de Camargo (1936-). Em 1978, os dois participaram da primeira edição dos *Cadernos Negros*, uma iniciativa do fim da década de 1970, organizada pelo Centro de Cultura e Arte Negra (Cecan), localizado no Bixiga, em São Paulo, onde se editava o periódico intitulado *Jornegro*.

Em 1980 e nos anos subsequentes, foram publicadas novas edições dos *Cadernos Negros*, organizados sob a forma de antologias. Surgiria ainda o *Quilombhoje*, formado por um grupo de poetas e escritores negros que debatiam e publicavam poesias, apoiando os *Cadernos Negros* e outras iniciativas.

Eduardo de Oliveira foi autor do "Hino à negritude" (1942), tomou parte na Casa da Cultura Afro-Brasileira (1976) e na Associação Cultural do Negro (1954). Ele também ajudou a fundar o Congresso Nacional Afro-Brasileiro em 1995. Em 1988, publicou *A cólera dos generosos* e, dez anos depois, *Quem é quem na negritude brasileira* (1998), com verbetes de personalidades negras do Brasil.

Eduardo de Oliveira faleceu em 12 de julho de 2012.

FONTES: **David Brookshaw; Eduardo de Oliveira; Fernanda Rodrigues de Figueiredo; Literafro; Nei Lopes.**

VEJA TAMBÉM: Abdias do Nascimento; Beatriz Nascimento; Alberto Guerreiro Ramos; Clóvis Moura; Hamilton Cardoso; Eduardo de Oliveira e Oliveira; Lélia Gonzalez; Luiza Bairros; Solano Trindade.

EDUARDO DE OLIVEIRA E OLIVEIRA

1923-80 | RIO DE JANEIRO; SÃO PAULO

Graças às pesquisas recentes de Rafael Petry Trapp, podemos conhecer novos ângulos da trajetória de Eduardo de Oliveira e Oliveira. Filho de Amélia de Oliveira e de Silvino Isidoro de Oliveira, ele nasceu no Rio de Janeiro em 1923, no subúrbio de Madureira. Seu pai era estivador, atuando desde a década de 1920 na Sociedade União dos Estivadores do Rio de Janeiro.

Entre 1929 e 1941, Eduardo fez sua formação primária e secundária no Ginásio 28 de Setembro, no bairro Sampaio, Zona Norte do Rio de Janeiro. Entre 1943 e 1946, frequentou a Escola Nacional de Música da Universidade do Brasil (atual UFRJ), onde inicialmente se dedicou a estudar piano e canto orfeônico, também se interessando pela área teatral.

Nos anos 1950, Eduardo se radicou em São Paulo. Consta que, em 1957, teria participado do grupo de teatro franco-brasileiro La Strapontin, em que atores amadores atuavam em peças de autores nacionais e estrangeiros.

Aos 36 anos, Eduardo de Oliveira e Oliveira ingressou na USP, no curso noturno de ciências sociais. Foi um momento em que as obras de Florestan Fernandes (1920-95) e de Roger Bastide (1898-1974) repercutiam muito, e também quando jovens intelectuais como Fernando Henrique Cardoso (1931-), Octavio Ianni (1926-2004) e Virgínia Leone Bicudo (1915-2003) frequentavam a pós-graduação, muitos da mesma geração de Eduardo, que nessa época iniciava a graduação. Alguns alunos negros já haviam frequentado a USP, como Jorge do Prado Teixeira (1925-60) e outros, assim como existiam estudantes negros e mesmo um docente na Faculdade de História, Rosendo Sampaio Garcia. Mas eram franca minoria.

Na década de 1960, Eduardo de Oliveira se aproximou também da Associação Cultural do Negro (ACN) e de uma agenda intelectual da mobilização negra. O caminho para a pós-graduação na USP começou em 1966. Ele se dedicou, a partir de então, ao seu projeto intitulado "Ideologia racial: Estudo de relações raciais". A partir de 1974, a pesquisa de mestrado foi transformada, por sugestão da banca, num projeto de doutorado, que Eduardo, infelizmente, não chegou a apresentar sob forma de tese. De toda maneira, coordenou uma série de projetos acadêmicos com colaboração internacional; participando de mesas, seminários e congressos que contaram com financiamento da Fundação Ford e de outras agências de fomento.

Entre 1977 e 1980, Eduardo atuou na Universidade Federal de São Carlos (UFSCar), onde fez o primeiro desenho para a criação do Centro de Estudos do Negro Brasileiro.

Circulando entre o Rio e São Paulo, Oliveira e Oliveira se aproximou de novas entidades e organizações negras na década de 1970, muitas das quais articuladas a universidades, como o

Grupo de Trabalho André Rebouças (GTAR), da Universidade Federal Fluminense, e também aos núcleos da USP, da PUC-SP e da UFSCar.

Atormentado por problemas de saúde e também por questões pessoais — gerados, de certa maneira, pelo racismo que atingia as universidades —, Eduardo adoeceu e acabou por falecer em 1980, antes de completar sessenta anos.

Realizando inúmeras viagens internacionais (acadêmicas ou não) e atuando no universo acadêmico e da militância, Eduardo foi um dos intelectuais acadêmicos negros mais sofisticados de sua geração. Ele próprio, adotando para si o sobrenome "Oliveira e Oliveira", articulou pensamento crítico, reflexão sociológica e mobilização política nos debates sobre desigualdade, racismo e produção científica no Brasil.

FONTES: Monica Grin; Rafael Petry Trapp.

VEJA TAMBÉM: Beatriz Nascimento; Eduardo de Oliveira; Joel Rufino dos Santos; Lélia Gonzalez; Luiza Bairros.

EFIGÊNIA, NAZARÉ, ROSA E RUFINA

SÉC. XIX | BELÉM, PARÁ

Em meados do século XIX, Henry Bates (1825-92), viajando por Belém, registrou detalhes da vida de Tia Rufina, uma "velha negra". Nascida escrava naquela localidade, devia ser filha de alguma africana. Durante muito tempo, atuou como quitandeira e cativa ao ganho, e assim conseguiu amealhar recursos para comprar sua alforria. Como liberta, Rufina continuou preparando e vendendo alimentos nas ruas, criando uma freguesia certa, entre soldados, pobres e principalmente escravizados e libertos.

Bates, que esteve no Brasil entre 1848 e 1859, viu de perto a mobilidade dessa mulher negra. Sete anos depois de reconhecê-la como escravizada, encontrou-a viúva, liberta e sempre "prosperando, unicamente pelo seu próprio esforço", tendo inclusive edificado alguns "chalés num terreno baldio situado ao lado de sua casa".

Na Amazônia escravista urbana, sobretudo em Belém, nos deparamos com outras quitandeiras, como Efigênia, Nazaré e Rosa. O próprio viajante inglês anotou que nas festas religiosas, como no Círio de Nazaré, junto às igrejas ficavam os tabuleiros de muitas escravizadas e libertas, formando um batalhão de vendedoras de alimentos, que ofereciam tacacá, maniçoba, caruru, peixe frito com açaí, mingau de tapioca e milho, arroz com galinha, entre outros.

Anúncios de jornal com reclamações policiais também registraram muitas dessas mulheres negras moradoras da cidade. Havia tanto Efigênia, que era "muito conhecida" nas ruas centrais, visto que "se empregava na venda de doces, frutas", como Nazaré, ocupada em "vender mingau de manhã e à tarde". Ao contrário de outros nichos do mercado, em que podiam atuar mais mulheres livres, imigrantes europeias e aquelas consideradas brancas, as mulheres vendedoras de alimentos nas ruas das cidades escravistas eram, em sua maioria, negras. Provavelmente era o caso de uma preta forra, conhecida como Mãe Rosa, que tinha uma barraca de vender alimentos nas confluências da Doca do Reduto. Constava que ela vivia "apanhando açaí" para "vender na Ponte de Pedras e no Porto do Sal", bem como nas proximidades do comércio da mãe.

A importância das práticas alimentares em cidades negras como Belém e o papel de mulheres como Tia Rufina ficaram demonstrados pelas pesquisas de Sidiana Macêdo e José Maia Bezerra Neto. Os cativos e libertos adaptaram os hábitos alimentares, com formas de consumo e produtos coloniais. Rufina, Efigênia e Rosa fizeram, portanto, bem mais do que apenas cuidar de suas vidas: revolucionaram a culinária brasileira.

FONTES: **Edilza Joana de Oliveira Fontes; Luiz Augusto Pinheiro Leal; Sidiana Macêdo; José Maia Bezerra Neto.**

VEJA TAMBÉM: **Ana de Oliveira e Rosária Maria; Catarina Mina; Emília do Patrocínio; Maria Angélica; Sabina da Cruz.**

ELYSEU ELIAS CÉSAR

1871-1923 | JOÃO PESSOA, PARAÍBA; RECIFE, PERNAMBUCO; RIO DE JANEIRO; VITÓRIA, ESPÍRITO SANTO; BELÉM, PARÁ

Elyseu Elias César foi um importante advogado, político, jornalista, poeta e orador, que passou por vários lugares do Brasil. Como indicam as pesquisas de Petrônio Domingues (1973-), Elyseu nasceu na Paraíba, em julho de 1871. Não era filho de escravizados, mas de mãe negra, Maria Joaquina de Freitas. O pai, Dulcídio Augusto César (1851-97), era branco. Elyseu se escolarizou, chegando a estudar no Liceu Paraibano. Logo se aproximou das letras, atuando como tipógrafo, relacionando-se com jornalistas e com oficinas de alguns periódicos paraibanos. Começou a publicar poemas nos jornais *O Sorriso* (1886-7), *Arauto Parahybano* (1888), *O Cysne* (1889), *O Estado* (1889-90), *O Parahybano* (1892), *O Artista* (1895) e *O Estado do Parahyba* (1891-4).

Ainda bem jovem, Elyseu conheceu a campanha abolicionista e a propaganda republicana. Despertando para a política, ajudou, em 1892, a fundar o Clube Cardoso Vieira. A associação republicana dedicava-se à literatura e ao civismo e seu nome homenageava o político negro Cardoso Vieira (1848-80). Ali Elyseu passou a se destacar como orador. Três anos depois, com 24 anos, ingressou na tradicional Faculdade de Direito, no Recife.

Saindo da Paraíba, Elyseu circulou por várias cidades, atuando como jornalista, advogado, político e funcionário público. Depois da graduação, seguiu para a cidade de Vitória, onde ocuparia o cargo de promotor público. Posteriormente, foi para Belém do Pará, onde trabalhou como secretário da Intendência Municipal de Belém. Elyseu fez carreira política, sendo eleito deputado estadual em 1904 e permanecendo no cargo até 1912.

Tendo passado por Santos, São Paulo, Elyseu por fim se estabeleceu no Rio de Janeiro, onde conheceu a Federação dos Homens de Cor (FHC), se destacando como orador.

Para além de vários poemas e folhetins, Elyseu publicou, em 1894, o livro *Algas*, em que apresentou poemas líricos, tratou de política, de cristianismo e de suas percepções sobre desigualdade, raça e cor. Como intelectual negro, no contexto do pós-abolição, Elyseu Elias conheceu várias cidades brasileiras e interdições e limites sociais numa sociedade recém-saída da escravidão e marcada pelo racismo.

Quando Elyseu ingressou na FHC, no Rio de Janeiro, encontrou uma associação negra consolidada que surgira na cidade de São Paulo em 1909. Sua sede estava localizada no bairro do Bixiga, onde realizavam reuniões e eventos de comemoração à Lei do Ventre Livre (28 de setembro) e à Lei Áurea (13 de maio). A organização também criara uma escola que funcionava nos horários diurnos e noturnos.

Sempre atraindo muita gente para encontros, palestras, reuniões, bailes, confraternizações e festivais literários e musicais, a FHC chegou a contar, em 1917, com quase trezentos associados, ganhando força após a eleição de Jaime Batista de Camargo para a presidência. Com passagem no Grêmio Recreativo Ituano e numa associação negra fundada em 1910, Jaime comandou a FHC durante anos por sucessivas reeleições.

Em 1920, Jaime de Camargo, por conta de divergências entre associados, transferiu sua sede para o Rio de Janeiro, instalando-a na praça da República. A FHC ganhou, então, grande repercussão em suas atividades políticas, reunindo adesões e o apoio de vários intelectuais negros. Em 1923, recebeu a visita do jornalista afro-americano Robert Sengstacke Abbott (1870-1940), fundador e editor do *Chicago Defender*, importante jornal da imprensa afro-americana. Além da FHC, Abbott conheceu José do Patrocínio Filho (1885--1929), Evaristo de Morais (1871-1939), Juliano Moreira (1872-1933), Olímpio de Castro (da Irmandade de Nossa Senhora do Rosário e São Benedito dos Homens Pretos), entre outros intelectuais e ativistas negros.

Antes disso, Elyseu Elias já atuava no Rio de Janeiro. Em 1914, fez parte da edição do jornal *Sete Horas*. Em 1915, tomaria parte no periódico *A Critica*, e, depois, na fundação da revista *A Faladora*, colaborando também na folha *A Carioca*. Em 1916, Elyseu se envolveu com a criação do Centro Republicano Popular, e mais tarde ganharia renome como redator do recém-criado jornal *A Razão*. Ele se aproximou, então, de políticos, como Lopes Trovão (1848-1925). Em 1918, Elyseu representou o *Jornal do Brasil* no I Congresso Brasileiro de Jornalistas, realizado no Rio de Janeiro, e promovido pela Associação de Imprensa fluminense.

Jornalista e advogado totalmente imerso na vida política pública do Rio de Janeiro, ele seria, porém, alvo de críticas e mesmo de caricaturas com claros traços racistas.

Elyseu Elias morreu precocemente, em 1923, com 51 anos. Casado com a paraibana Bernardina Honorato César, deixou sete filhos, quatro deles adotivos.

FONTES: Elio Chaves Flores; Julio César Pereira dos Santos; Petrônio Domingues; Solange Pereira da Rocha.

VEJA TAMBÉM: Cardoso Vieira; Cícero Brasiliense de Moura...

ELZA DE SOUZA E GUIOMAR FERREIRA DE MATTOS

SÉC. XX | RIO DE JANEIRO

Elza de Souza e Guiomar Ferreira de Mattos foram mulheres negras que atuaram junto ao Teatro Experimental do Negro (TEN), no jornal *Quilombo*, na

Associação das Empregadas Domésticas e no Conselho Nacional das Mulheres Negras, e ainda participaram do I Congresso do Negro Brasileiro (1950), de eventos e associações do fim dos anos 1940 e ao longo da década de 1950.

No entanto, persiste um quase completo apagamento do papel das mulheres negras como atrizes do TEN ou como ativistas e intelectuais orgânicas. Naquele cenário de mobilização, que incluía a redemocratização no pós-Segunda Guerra Mundial, trabalhos na Constituinte de 1946, denúncias de racismo, reformas trabalhistas, eleições, candidaturas negras, espetáculos teatrais e congressos envolvendo a população negra, as memórias costumam privilegiar a trajetória masculina.

Ao contrário do que dizem essas narrativas, a advogada Guiomar Mattos e a então empregada doméstica Elza de Souza assumiram papéis importantes no debate da época, lutando por direitos na esfera pública e gerando uma série de polêmicas.

Se levarmos em conta a foto de formatura da turma de 1945 da Faculdade Nacional de Direito, Guiomar há de ter nascido entre 1922 e 1926. Talvez tenha se juntado ao TEN depois de graduada, no contexto da Conferência do Negro Brasileiro e na época das primeiras edições do jornal *Quilombo*, em 1948. Quase nada sabemos de Elza de Souza, que provavelmente aderiu ao TEN sob influência de Ruth de Souza (1921--2019), de Arinda Serafim e de outras empregadas domésticas em 1944 e nos anos posteriores.

A partir de 1950, o TEN, que já tinha seu departamento feminino e uma coluna no jornal *Quilombo*, criou o Conselho Nacional das Mulheres Negras, sob a liderança de Maria de Lourdes Vale Nascimento. Além de Guiomar Mattos, estiveram presentes bailarinas, como Mercedes Baptista (1921-2014), atrizes e domésticas, como Arinda Serafim, Marina Gonçalves (1923-?) e Elza de Souza, e também Milka Cruz, que coordenou os cursos de datilografia e de alfabetização.

Antes disso, em 1949, o TEN organizara a Conferência Nacional do Negro, encerrada na data simbólica de 13 de maio, quando foi decidida a realização, no ano seguinte, do I Congresso do Negro Brasileiro. Já em junho daquele mesmo ano, o jornal *Quilombo* publicou a comissão escolhida para constituir o evento, dela fazendo parte Guiomar Ferreira de Mattos e Elsa Soares Ribeiro (então chefe do departamento trabalhista da Rádio Mauá e da seção de empregos do Sesi).

Ocorrido entre 26 de agosto e 4 de setembro, na sede da ABI (Associação Brasileira de Imprensa), o I Congresso do Negro Brasileiro reuniu pesquisadores, intelectuais, ativistas, religiosos e profissionais liberais.

Guiomar apresentou a tese "A regulamentação da profissão de doméstica", na qual defendia a "aposentadoria assegurada", "um dia na semana, de repouso remunerado, podendo, porém, ser escolhido em comum acordo", "equiparação dos dias feriados e santificados aos domingos". Além do "horário limitado de dez horas". Houve, nessa ocasião, uma manifestação pública de Elza de Souza, enfatizando que "doméstica não tem descanso, não tem médicos, não tem advogados".

Não foram poucas as reações contrárias ao estudo de Guiomar. Afirmava-se que ela estaria criando uma guerra entre patrões e empregados e insuflando o racismo. Alguns chegaram a dizer que os temas do serviço doméstico, de uma associação de empregadas e mesmo o da regulamentação desses serviços não faziam parte de um congresso como aquele, que, supostamente, deveria se restringir a questões acadêmicas e intelectuais. Houve também quem defendesse Guiomar, em especial Maria de Lourdes Nascimento, representante do Conselho Nacional das Mulheres Negras do TEN. A questão do racismo em relação a esses setores surgiria, ainda, em outros debates.

Numa entrevista ao *Diário Trabalhista*, em fevereiro de 1946, Arinda Serafim chamou a atenção para as políticas de remoção em favelas, destacando a necessidade de a democracia se tornar "realidade também nos morros".

A Associação das Empregadas Domésticas, nascida no interior do TEN, já era realidade desde maio de 1950, contando com a direção de Elza de Souza e de Arinda Serafim, além do apoio jurídico de Guiomar Mattos. Mas a questão sempre gerou controvérsia. O próprio Abdias do Nascimento lembrou como "teve muita 'madame' que se aborreceu com o TEN: nós estávamos botando minhocas nas cabeças de suas empregadas".

Infelizmente, são poucos os registros sobre as trajetórias de Guiomar Mattos e de Elza de Souza, além de tantas outras mulheres negras anônimas que atuaram nessa associação. Guiomar permaneceria na militância. Em 1955, participaria da Semana de Estudos Negros, quando falou sobre as "Formas sutis de preconceito no Brasil".

— *Com Stephane Ramos*

FONTES: Abdias do Nascimento; Antonio Sérgio Alfredo Guimarães; Ipeafro; Márcio Macedo; Maybel Sulamita de Oliveira.

VEJA TAMBÉM: Abdias do Nascimento; Arinda Serafim; Carolina Maria de Jesus; Dorothea Maria do Espírito Santo...; Laudelina de Campos Melo.

EMÍLIA DO PATROCÍNIO

?-1886 | ÁFRICA OCIDENTAL; RIO DE JANEIRO

Emília do Patrocínio foi uma africana ocidental empreendedora que viveu na maior cidade do Império brasileiro: o Rio de Janeiro. Era quitandeira, e com o tempo se tornou uma grande liderança econômica no mercado carioca.

Conforme as pesquisas de Juliana Barreto Farias, a primeira referência que se tem de Emília data de 1836. Ela aparece como uma escravizada, pertencente a Teodora Maria do Patrocínio (1784-1868), e batizando uma filha na freguesia de São José, no centro do Rio. Em 1839, surge um registro da africana comprando a sua liberdade por 500 mil-réis. Meses antes, a filha dela também tinha conseguido carta de alforria. Emília se transformaria em quitandeira, mulher livre, constituindo parte de uma "elite" de africanos em cidades como Rio de Janeiro, Salvador, Recife e São Luís. Tratava-se de africanos que chegaram como escravizados, a partir do século XVIII, conquistaram sua alforria, depois compraram cativos e passaram a atuar economicamente na vida urbana.

Em 1840, Emília casou-se com o africano liberto Bernardo José Soares (?-1846). Podemos conjecturar, assim, que o seu sobrenome, Soares do Patrocínio, fora retirado dos sobrenomes da sua ex-senhora e do seu esposo, também alforriado. Bernardo negociava aves e verduras no mercado da Candelária, onde era dono da barraca nº 96. Com ele, Emília teve três filhos. Em 1846, ela ficou viúva; nesse mesmo ano, entrou para a Irmandade de Santo Elesbão e Santa Efigênia, da qual seu esposo já fazia parte. Essa era uma das mais importantes irmandades negras, controlada pelos africanos ocidentais. Entre 1849 e 1852, Emília surge como "juíza de devoção" de Nossa Senhora dos Remédios, o que implicava dedicar-se à caridade e à ajuda nos rituais fúnebres.

No início da década de 1850, Emília já aparece nos registros como uma comerciante africana liberta que atuava no mercado da Candelária e possuía vários escravizados.

Em 1851, Emília se casou novamente — dessa vez na paróquia do Sacramento, também no centro do Rio. Contraiu matrimônio com outro africano, um mina liberto, chamado Joaquim Manuel Pereira. Há indicações de fortes laços de conexão, interesses, amizade e solidariedade de Emília com diversos outros africanos que, como ela, possuíam bancas de peixes e de outros produtos no mercado da Candelária.

Até a década de 1880, Emília e Joaquim atuaram como um casal de comerciantes prósperos no mercado varejista, com pelo menos três bancas de quitandas e vários escravizados. O mercado da Candelária (conhecido ainda como praça do Mercado e localizado na praia do Peixe) ocupava um grande quarteirão no centro do Rio (atual praça Quinze e estação das barcas Rio-Niterói). Essa área era dividida por diferentes grupos que vendiam produtos como peixes, cereais, ovos e aves. Era um espaço comercial africano, também organizado em termos étnicos. Na verdade, por lá circulavam tanto africanos de diferentes partes do continente quanto portugueses.

Entre 1850 e 1870, Emília é incluída nos registros alforriando ao menos dez escravizados (africanos minas, sendo dois homens e oito mulheres). Tais alforrias foram pagas pelo valor do mercado, o que sugere a visão de empreendedora que tinha Emília, não só como quitandeira mas como dona de escravizados.

Na trajetória de Emília fica claro, por fim, o seu investimento na compra de joias e no mercado imobiliário. Emília morre dois anos antes da abolição formal da escravidão, cheia de posses, que incluíam bancas de mercado, cativos, imóveis e joias.

FONTES: Juliana Barreto Farias; Luiz Carlos Soares; Mary C. Karasch; Sandra Lauderdale Graham.

VEJA TAMBÉM: Ana de Oliveira e Rosária Maria; Catarina Mina; Efigênia, Nazaré...; Maria Angélica; Sabina da Cruz.

EMÍLIA DUARTE RODRIGUES 1870-1968 E VIVINA RODRIGUES BRAGA

1867-1966 | RECIFE, PERNAMBUCO

Vivina Rodrigues Braga nasceu no Recife em 1867, e sua irmã Emília Duarte Rodrigues em 1870. Ambas eram filhas do casal de africanos ocidentais Joaquim Duarte Rodrigues e Eugênia Rodrigues

Braga. Segundo a tradição oral, Joaquim e Eugênia eram os africanos Atô e Arô. Teriam chegado a Pernambuco em meados do século XIX, depois de uma viagem da africana Inês Joaquina da Costa (?-1905) a Lagos, na Nigéria. A viajante em questão era Tia Inês (?-1919), a Ifatinuké, fundadora do terreiro Ilê Axé Obá Ogunté, atual terreiro Sítio de Pai Adão.

Com os nomes de Tias do Terço ou Tias da Costa, Vivina, conhecida como Tia Sinhá (nome africano Iyáiná, que significa mãe/detentora do fogo), e Emília, chamada de Tia Yayá (nome africano Iyájaaí), ficariam famosas como guardiãs das tradições e cultos nagôs em Pernambuco, conforme mostram os estudos de João Amaro Monteiro da Silva.

Elas moraram no bairro de São José, próximo de áreas alagadas e mangues que eram ocupados por negras e negros desde muito tempo e, ao longo do século XIX, se converteu num espaço de reconstrução da memória da cultura negra urbana pernambucana. Junto com o bairro da Boa Vista, era nessa vizinhança que se concentravam moradias, espaços associativos e religiosos dos africanos e seus descendentes. Conhecido como Casa das Tias do Terço, o Pátio do Terço foi tombado pela Fundação do Patrimônio Histórico e Artístico de Pernambuco em 1996.

Por lá se constituiu também uma tradição cultural atlântica que ia além das questões da escravidão e do retorno de alguns africanos libertos a partir da década de 1830, conhecidos como "retornados". As Tias do Terço continuaram ligadas à África por meio das periódicas viagens que realizavam e da visita de negociantes, parentes e religiosos. Em 1963, a imprensa noticiaria a correspondência que elas trocavam com nigerianos, e a visita que receberam de Maria Romana da Conceição (Ayó Dèlé), que retornava ao Recife depois de um longo período vivendo em Lagos.

Vivina e Emília mantinham vivos os cultos e fizeram a iniciação de figuras como Tia Arcelina, Badia (Obéjidè) (1915-91), Severino Martiniano da Silva (Odé Akueran) (*c.* 1935-), José Romão Felipe da Costa (Ojo Okunrin) (?-1971) e outros. Segundo a tradição oral religiosa vigente em Pernambuco, no mês de novembro são realizadas cerimônias de culto aos eguns do casal Joaquim e Eugênia, os africanos Atô e Arô, conhecidas como *esá*.

Vivina e Emília morreram quase centenárias. As memórias sobre suas trajetórias se transformaram em verdadeiros legados das religiosidades negras pernambucanas.

— *Com Valéria Gomes Costa*

FONTE: João Amaro Monteiro da Silva.

VEJA TAMBÉM: Marcolina da Silva Marques; Pai Adão.

EMILIANO MUNDRUCU 1791-1863, NATIVIDADE SALDANHA 1796-1830 E PEDRO PEDROSO 1770-1849 | PERNAMBUCO

Emiliano Mundrucu, Natividade Saldanha e Pedro Pedroso foram militares e políticos negros que se envolveram nos movimentos sociais das primeiras décadas oitocentistas em Pernambuco.

Pedro da Silva Pedroso nasceu no século XVIII e foi um homem negro livre que seguiu a tradição militar negra em Pernambuco. Em 1817, participou da Revolução Pernambucana, quando se amotinou, fazendo parte da 3ª Companhia de Artilharia como capitão. Foi preso, condenado e seguiu para o degredo. Anistiado, voltou ao Brasil e liderou uma insurreição de pretos e pardos em tropas negras no Recife, que foi violentamente reprimida em 1823. Consta que Pedroso se autodenominava "pardo do Recife" e costumava chamar as tropas sob seu comando de "negros patriotas".

Nascido por volta de 1796, em Jaboatão, capitania de Pernambuco, José da Natividade Saldanha era filho de João José de Saldanha Marinho, um padre, e de uma negra livre classificada como parda chamada Lourença da Cruz.

Recebendo letramento na infância, estudou na Universidade de Coimbra, em Portugal. Poeta e articulado em termos políticos, participou do movimento de 1824, que mais tarde ficaria conhecido como Confederação do Equador. Com a repressão, Natividade Saldanha se exilou na Colômbia.

Emiliano Felipe Benício nasceu livre, mas não se sabe se sua mãe era uma liberta ou não. Também não se sabe quando adotou a alcunha de Mundrucu. Desde cedo recebeu educação e instrução militar. Logo fez parte das tradicionais milícias formadas por homens negros ou pardos, conhecidas em Pernambuco desde o século XVII.

Emiliano foi militar no Batalhão dos Pardos no Recife, participando da revolução de 1817. Na Confederação do Equador de 1824, Mundrucu se destacou como comandante do Batalhão dos Bravos da Pátria, composto de homens pardos, sendo sua valentia reconhecida por Frei Caneca (1779-1825). Acabaria preso e condenado à morte. Mas fugiu para Boston, passou um período no Haiti e depois viajou para a Grã-Colômbia. Em 1837, Mundrucu retornou a Pernambuco. Sob acusações de cunho racial, seria impedido de voltar a comandar tropas e fortalezas militares.

Debates raciais estariam presentes em vários movimentos políticos das primeiras décadas oitocentistas. Imagens associando o Haiti e a mobilização de tropas e de políticos negros não raro emergiam. Em Pernambuco, um capitão de fragata teria comentado: "O exemplo da ilha de São Domingos é tão horroroso e está ainda tão recente, que ele só será bastante para aterrar os proprietários deste continente". Também amedrontado, o inglês William Bowles (1780-1869) destacaria que o desdobramento de 1817 "poderia resultar na expulsão de todos os brancos deste continente e no estabelecimento de uma segunda São Domingos nos territórios brasileiros".

Havia receios de que questões a respeito da "emancipação dos escravos" aflorassem igualmente na Revolução Pernambucana. Por isso, a participação de homens negros e pardos nas tropas era vista com muito receio. Tentava-se inclusive, com a ajuda de espiões, descobrir o que os militares negros no Recife pensavam e se haveria por parte deles "vontade de ver o Brasil tal qual São Domingos".

No contexto da independência do Brasil, em 1822, percepções políticas de natureza racial também fizeram parte do cotidiano. Em Salvador, em 1823, temia-se não só a participação de escravizados, africanos, crioulos e libertos, como se comentava a existência de um "partido português", de um "partido brasileiro" e de um "partido dos negros e das pessoas de cor", sendo este o "mais perigoso, pois tratava-se do mais forte numericamente". Além do mais, seus partidários veriam "com prazer e com esperanças criminosas as dissensões existentes entre os brancos". Um informante francês enviado pela Coroa portuguesa entre 1823 e 1824 se preocupava com panfletos e papéis "sediciosos" lidos pela população negra livre. E perguntava: "Todos os brasileiros, e sobretudo os brancos, não percebem suficientemente que é tempo de se fechar a porta aos debates políticos, às discussões constitucionais?". Prosseguia: "Se continuam a falar dos direitos dos homens, de igualdade, terminar-se-á por pronunciar a palavra fatal: liberdade, terrível e que tem muito mais força num país de escravos do que em qualquer outra parte". Em tom quase profético definiria a situação: "Toda a revolução acabará no Brasil como o levante dos escravos, que, quebrando suas algemas, incendiarão as cidades, os campos e as plantações, massacrando os brancos, e fazendo deste magnífico império do Brasil uma deplorável réplica da brilhante colônia de São Domingos".

Na mesma ocasião, um credenciado — e não menos amedrontado — observador, o almirante francês barão Albin Roussin (1781-1854), em estadia na Bahia, diagnosticou: "Não somente os brasileiros livres e crioulos desejam a independência política, mas mesmo os escravos, nascidos no país ou importados há vinte anos, pretendem-se crioulos brasileiros e falam de seus direitos à liberdade". Ainda em 1824, em Sergipe, na vila de Laranjeiras, apareceram em vários pasquins e "em pequeninos pedaços de papel grudados com cera de abelha nas portas dos locais mais destacados", as seguintes palavras de ordem: "Vivam mulatos e negros. Morram os marotos e caiados", ou seja, portugueses e brancos. Outras denúncias mencionariam a realização de um jantar de conspiradores e revoltosos, no qual foram dadas vivas à "igualdade de sangue e de direitos" e feitos "elogios ao rei do Haiti" e a "São Domingos, o grande São Domingos".

Cinco anos mais tarde, as autoridades provinciais receberam novas denúncias, mencionando um plano de "revolta dos negros forros, e cativos, o qual tinha por objeto o massacre geral dos brancos, e a instituição do horroroso sistema da ilha de São Domingos". No Recife, em 1824, em meio aos levantes envolvendo liberais radicais e moderados, bem como a eclosão da Confederação do Equador, a população urbana se manifestou ameaçando saquear as lojas de portugueses. Nas ruas cantavam: "Qual eu imito a Cristóvão,/ Esse imortal haitiano/ Eia! Imitai a seu povo,/ Oh, meu povo soberano!".

Ainda há relativamente poucos estudos sobre a circulação de ideias e a formação de uma comunidade negra atlântica unindo pessoas e experiências em várias partes da Europa, do Caribe e das Américas, nas primeiras décadas do século XIX. Muitos exilados políticos, diante da repressão à Revolução Pernambucana de 1817, alcançaram a Inglaterra e os Estados Unidos. Na década de 1820, esse foi o caminho de Emiliano Mundrucu, que em sua passagem pelos Estados Unidos se casou com uma mulher negra. Viajou por Boston, Haiti e alcançaria Caracas, entrando em contato com um republicanismo de caráter racial.

As viagens de Mundrucu aconteceram numa conjuntura política complexa. Em 1826, ocorreria o Congresso do Panamá, com a participação de representantes do Peru, do México e da então Grã-Colômbia. Adotando a perspectiva de setores dos chamados exaltados brasileiros, que apostavam numa opção republicana para o Brasil, Mundrucu foi aceito pelas tropas republicanas em Caracas. Ainda em 1826, publicou nesse último local o "Manifiesto que hace a la nación colombiana Emiliano Felipe Benicio Mundrucu".

Os nomes de Natividade Saldanha, Pedro Pedroso e sobretudo Emiliano Mundrucu, que atuaram como militares e foram envolvidos na política — conforme comprovam as pesquisas de Luiz Geraldo Silva, Marco Morel (1960-), entre outros —, seriam sempre evocados diante de medos e de rumores da mobilização negra. Até o início de 1840, Mundrucu permaneceu estigmatizado como "haitianista".

FONTES: Flávio dos Santos Gomes; João José Reis; Luiz Geraldo Silva; Marco Morel; Marcus de Carvalho.

VEJA TAMBÉM: Cosme Bento das Chagas; Divino Mestre; Francisco Antônio da Costa; João de Deus.

EMMANUEL HECTOR ZAMOR

1840-1919 | SALVADOR, BAHIA; PARIS E CRÉTEIL, FRANÇA

O baiano Emmanuel Hector Zamor nasceu em 1840, numa família pobre. Foi adotado na paróquia de Nossa Senhora da Conceição da Praia por um homem natural da costa africana que viveu alguns anos na Bahia, chamado Pierre Emmanuel Zamor, e por sua esposa francesa, Rose Neveu. Mudou então para a Europa, onde aprendeu música e desenho.

Por lá frequentou a conhecida Académie Julian, em Paris, e formou-se como pintor e cenógrafo. Segundo a documentação da época e o registro das escolas e dos espaços de sociabilidade que frequentou na capital francesa, Zamor pode ter convivido com pintores do impressionismo como Cézanne (1839-1906), Renoir (1841-1919), Degas (1834-1917), Pissarro (1821-1903), Monet (1840-1926) e Sisley (1839-99).

Em 1860, Zamor voltou para o Brasil e fixou residência em Salvador, onde permaneceu por apenas dois anos. Nesse período, um acidente incendiou sua casa e destruiu boa parte de suas obras. Decepcionado, resolveu retornar definitivamente para a França em meados de 1862. Tal decisão também foi influenciada pela morte de seu pai adotivo. Firmou residência em Créteil, onde morreu no ano de 1919.

Uma mostra individual dos trabalhos de Zamor foi inaugurada em 1985 no MASP. Ela contou com as obras do marchand Jean-Claude Castoriano, que comprou, entre as décadas de 1930 e 1940, 37 trabalhos do artista dispersos em várias coleções em Paris. Depois disso, a obra do pintor foi exposta em uma série de mostras no país. A Pinacoteca de São Paulo apresentou alguns de seus trabalhos nas exibições Pintores Negros do Século XIX, aberta em 1993, e Dezenovevinte: Uma Virada no Século, em 1986. Em 1988, o Museu de Arte Moderna de São Paulo (MAM-SP) também incluiu trabalhos de Zamor em A Mão Afro-Brasileira. Em 1999 e 2000, o Museu de Arte Brasileira da Fundação Armando Álvares Penteado (MAB-FAAP) introduziu as obras do pintor. O artista também esteve presente na exposição Histórias Afro-Atlânticas (MASP-ITO), inaugurada em 2018 por ocasião dos 130 anos da abolição da escravidão, e consta do acervo do Museu Afro Brasil (São Paulo).

Segundo José Roberto Teixeira Leite (1930-), Zamor tinha influência dos pré-impressionistas da Escola de Barbizon, e usava uma paleta pálida e, à sua maneira, sofrida. Estilisticamente, teria ficado bem no meio do caminho, entre o realismo e o romantismo. Viveu entre mundos, com sua experiência europeia e nacionalidade brasileira.

FONTES: **Emanoel Araújo; Emmanuel Zamor; José Roberto Teixeira Leite.**

VEJA TAMBÉM: **Antônio Pinto Bandeira; Arthur Timótheo da Costa...; Estêvão Silva; Firmino Monteiro; Miguel Barros.**

ENEDINA ALVES

1913-81 | CURITIBA, PARANÁ

Após a abolição da escravidão, a família de Enedina engrossou o êxodo rural que levou algumas famílias negras à capital do estado do Paraná. Curitiba parecia ser a melhor opção para aqueles que queriam deixar para trás os tempos de cativeiro e andavam em busca de melhores condições de vida. Durante a infância, a menina ajudava a mãe nas tarefas domésticas na casa do major e delegado Domingos Nascimento Sobrinho (?-1958), um intelectual republicano. Foi ele que tomou a iniciativa de matriculá-la nas mesmas escolas em que estudou sua filha, Isabel, da mesma idade que Enedina. Aos doze anos, ela estava alfabetizada, e em 1926 ingressou no Instituto de Educação do Paraná. Para sobreviver e pagar por seus estudos, continuou a trabalhar como babá e doméstica. Quando recebeu o diploma de professora, em 1932, passou a lecionar em várias escolas públicas do interior do estado — entre elas, o grupo escolar de São Mateus do Sul. Graduou-se em 1945, aos 32 anos, no curso de engenharia civil da Universidade do Paraná, atual Universidade Federal do Paraná (UFPR).

Enedina não era só a única mulher de sua turma; ela vivia na realidade do pós-emancipação, na qual não se instituíram políticas públicas, nem se ofertaram à população negra oportunidades educacionais e profissionais. Também não se implementaram políticas de inclusão social. Além do mais, ela morava numa região do país de população majoritariamente branca e de ascendência europeia. Por isso, sofreu todo tipo de preconceito: por ser mulher, num ambiente e profissão eminentemente masculinos, e por ser negra numa sociedade que gostava de se representar como branca. De toda maneira, formou-se engenheira — antes dela, apenas dois negros haviam se graduado naquela instituição de ensino em geral frequentada por pessoas da elite local. Enedina se tornou a primeira mulher a obter um diploma de curso superior no estado do Paraná, e a primeira engenheira do país. Aliás, ela foi a única mulher a se formar na turma de engenharia daquele ano, com 32 colegas homens.

Enedina trabalhou como auxiliar de engenharia na Secretaria de Estado

de Viação e Obras Públicas do Paraná, em 1946. No ano seguinte, entrou para o Departamento Estadual de Águas e Energia Elétrica, onde atuou no levantamento topográfico e na construção da Usina Capivari-Cachoeira (Usina Parigot de Souza), e colaborou na construção de pontes e na discriminação de rios. Desenvolveu, então, um sistema de aproveitamento das águas dos rios Capivari, Cachoeira e Iguaçu. Trabalhou ainda no Plano Hidrelétrico do Paraná e na construção do Colégio Estadual do Paraná. Foi chefe de hidráulica da divisão de estatísticas e do serviço de engenharia, na Secretaria de Educação e Cultura do Estado. Para manter a autoridade, quando estava na usina usava macacão e levava uma arma na cintura. Dizia-se que ninguém se metia com ela. Testemunhos contaram que, competente, chefiou centenas de operários, técnicos e engenheiros ao longo de uma bem-sucedida carreira. Em

Enedina (à esq.) com as professoras do Grupo Barão de Antonina, em Rio Negro (PR), *na década de 1930, quando lecionava.*

1958, o major Domingos Nascimento, seu ex-patrão, faleceu, deixando-a como uma de suas beneficiárias no testamento.

Por conta de sua dedicação à profissão, Enedina acabou tendo dificuldades de socialização, distanciando-se de seus amigos de infância e não constituindo muitas amizades ou relações amorosas: nunca se casou e tampouco teve filhos. Aposentou-se em 1962, quando resolveu conhecer o mundo. No fim da vida, morava no Edifício Lido, no centro de Curitiba, onde foi achada morta aos 68 anos, em 1981, vítima de ataque cardíaco. Como não tinha família próxima, seu corpo demorou a ser encontrado.

Com o tempo seu nome entrou para a memória da cidade. Em 1988, uma rua no bairro curitibano de Cajuru ganhou seu nome; em 2006, foi fundado o Instituto de Mulheres Negras Enedina Alves Marques, em Maringá. Já a casa de Domingos Nascimento foi transferida para o Juvevê, e hoje abriga a sede paranaense do Instituto do Patrimônio Artístico e Histórico Nacional (IPHAN), que tem como missão combater a invisibilidade racial que atinge negras e negros em diversos setores da cidade, como o ambiente escolar, o mercado de trabalho e as demais esferas sociais. Na foto dos tempos em que ainda atuava como professora, Enedina é a única negra. E sorri.

FONTES: Fisenge; Vanessa Farias; Jéssica K. Franco; José Carlos Fernandes; Thamiris Treigher.

VEJA TAMBÉM: Antonieta de Barros.

ESPERANÇA GARCIA

SÉC. XVIII | PIAUÍ

É de Esperança Garcia o mais antigo documento supostamente escrito por um escravizado, no caso escravizada, expressando as suas vontades, desejos e expectativas. Ele foi encontrado pelo historiador Luiz Mott (1946-). Trata-se de uma carta, datada de 6 de setembro de 1770, depositada no Arquivo Público do Piauí. Esperança Garcia era uma escravizada casada e que trabalhava na fazenda dos Algodões, a qual, desde que os jesuítas que a administravam tiveram seus bens sequestrados em 1759 e foram expulsos do Brasil, passara a fazer parte de uma rede de propriedades e pastos destinados à pecuária pertencentes à Coroa portuguesa. Agora, essa rede era gerida por militares e burocratas portugueses, nomeados pelo rei ou vice-rei. Em 1762, havia cerca de 530 fazendas de gado na capitania do Piauí, para uma população de pouco mais de 12 mil habitantes. Dez anos mais tarde, só a população negra (contando-se escravizados e libertos) alcançava mais de 6 mil habitantes, perfazendo um terço da população total. A população indígena — naquela ocasião livre devido à legislação pombalina de 1755 — somava quase 6%.

A fazenda dos Algodões era então administrada pelo capitão Antônio Vieira do Couto. Mas Esperança não dirigiu sua carta nem a ele nem ao vice-rei; endereçou-a ao governador do Piauí. A cativa — que àquela altura já tinha dois filhos, um de três anos e outro de sete meses — não queria se afastar de amigos e parentes.

A missiva indica várias das suas expectativas com relação ao trabalho, à família e a formas de controle. Ela não queria mudar de fazenda e alegava que já fugira algumas vezes, tendo sido castigada por isso. Dizia ainda que seu filho sofrera "grandes trovoadas de pancadas" e ela própria tinha virado "um colchão de pancadas". Reivindicava instrução religiosa e sacramentos, afirmando que ela "e mais minhas parceiras" estavam sem "confessar há três anos". Reclamava também de que, na fazenda, filhos nascidos escravizados não tinham sido batizados: existia "criança minha e duas mais por batizar".

O principal motivo que a levara a fugir era mesmo de ordem familiar. Ela queria voltar para a sua antiga fazenda, pois desejava "viver com meu marido e batizar minha filha". Mais nada ficou como registro de Esperança. O nome dela já representava uma legenda naquele mundo de escravidão e da liberdade que ela tentava conquistar.

FONTES: Luiz Mott; Solimar Oliveira Lima.

VEJA TAMBÉM: Benedita Caetana...; Faustino da Silva Paiva e Mathias Henrique da Silva; Felício de Arruda Botelho; Joana e Lisarda.

ESTÊVÃO PIMENTA

VASSOURAS, RIO DE JANEIRO

E FELIPE SANTIAGO

SÉC. XIX | MARANHÃO; CAMPINAS, SÃO PAULO

Embora separados por algumas décadas, Estêvão Pimenta e Felipe Santiago frequentaram as mesmas áreas do Sudeste escravista do século XIX. Ambos se tornaram personagens simbólicos das trajetórias de africanos, de cativos nascidos no Brasil, de libertos e escravizados que formaram sociedades secretas e participaram de conspirações e insurreições, bem como de cultos de origem africana.

Não existem documentos sobre a vida de Estêvão Pimenta, se era um liberto — podendo ser africano ou ter nascido no Brasil — cujo nome aparece no ano de 1847, em Vassouras, quando se tomou conhecimento de um plano de revolta escrava cujos líderes se denominavam Tates Corongos. Interessante é que a palavra "tata/tate", em quimbundo e umbundo (línguas faladas por muitos africanos ocidentais no Sudeste escravista oitocentista), significa "pai/meu pai". Pois bem, nesse contexto foi descoberta uma sociedade secreta dirigida por um "patrono negro", chamado Kebanda, que tinha poderes espirituais.

Já o nome de Felipe Santiago, como mostra Maria Helena Machado, aparece associado a planos de conspiração, revoltas e cultos, na década de 1880, em Campinas e regiões próximas. Nessa ocasião, já era liberto, casado, tinha aproximadamente cinquenta anos e trabalhava na roça e em olarias, sendo proprietário de um sítio em Atibaia. Natural do Maranhão, filho da africana ocidental Guilhermina Mina, Felipe pode ter chegado às lavouras paulistas no fim dos anos 1850, vindo do tráfico interprovincial. Foi trazido para Itu e vendido para o dr. Ricardo Gumbleton (1818-93), que alertara para o perigo da "feitiçaria" entre cativos e libertos no Vale do Paraíba na década de 1840. Mais tarde, ele foi vendido uma outra vez, para o fazendeiro Joaquim Celestino de Abreu Soares (1822-88). Em 1880, Felipe Santiago foi libertado, pagando dois contos e 200 mil-réis por sua alforria.

Felipe Santiago estaria envolvido na organização de uma sociedade secreta de escravizados e livres denominada Arásia, sendo apontado como "fanatizador dos escravos" e exímio conhecedor dos artifícios da feitiçaria, além de articulador de revoltas.

Líder dessa sociedade secreta com perspectivas milenaristas, Felipe Santiago foi acusado de pregar "doutrinas subversivas", influenciando os escravizados da região com a ideia de que eles "estavam injustamente mantidos em cativeiro, visto que o tempo da escravidão já se tinha acabado".

FONTES: Flávio dos Santos Gomes; Maria Helena P. T. Machado; Robert W. Slenes.

VEJA TAMBÉM: Narciso.

ESTÊVÃO SILVA

1844-91 | RIO DE JANEIRO

Estêvão Roberto da Silva, filho de escravizados africanos, nasceu no Rio de Janeiro e foi o primeiro pintor negro formado pela Academia Imperial de Belas Artes, onde ingressou em 1864. Aluno de Vítor Meireles (1832-1903), Jules Le Chevrel (1810-72) e Agostinho José da Mota (1824-78), deste último recebeu forte influência na pintura de naturezas-mortas. De modo pioneiro, elaborou telas desse gênero ao ar livre.

O pintor conquistou a medalha de prata nas exposições gerais de Belas Artes de 1876 e 1879, a medalha de ouro de segunda classe na Exposição Geral de Belas Artes de 1884, e o prêmio Aquisição na de 1890. Em 1879, porém, quando, contrariando todas as expectativas, não recebeu o primeiro prêmio na Exposição Geral, Estêvão protestou durante uma seção solene que contava com a presença do imperador, dizendo-se injustiçado. O escândalo foi enorme, tanto que, quase um ano mais tarde, em 20 de fevereiro de 1880, uma comissão nomeada pelo diretor para apurar o incidente aplicou ao artista a pena de suspensão por um ano, avaliando que ele praticara "um atentado sem exemplos nos anais da Academia". Estêvão só não foi expulso porque a mencionada comissão, depois de ouvir sua defesa, convenceu-se de que agira "por acanhamento da inteligência".

Em sua autobiografia, o artista Antônio Parreiras (1860-1937), que assistiu ao acontecimento, descreve o fato de outra maneira: "Estávamos convencidos de que o primeiro prêmio seria conferido a Estêvão Silva. Ele, trêmulo, comovido, esperava. [...] A sua cabeça pendeu, seus olhos se encheram de lágrimas. Recuou, e foi ficar atrás de todos. Íamos nos revoltar — Silêncio! Eu sei o que devo fazer. Tão imperiosamente foram ditas estas palavras, por aquele homem que chorava, que obedecemos. Um por um, foram sendo chamados outros premiados. Finalmente, o nome de Estêvão Silva ecoou na sala. Calmo, passou entre nós. A passos lentos atravessou o salão. Aproximou-se do estrado, onde estava o imperador. Depois, belo oh! muito belo! — aquele negro ergueu arrogantemente a cabeça e forte gritou: Recuso!".

O parecer que suspendeu o aluno é marcado por uma série de termos e juízos que comprovam atos de racismo e preconceito: "Que o aluno de que se trata, perturbando de modo insólito, com um protesto verbal, a marcha da solenidade da sessão pública da distribuição dos prêmios, incorreu na disposição dos artigos 149 e 155, é indubitável: não só porque promoveu, com surpresa geral, uma desordem moral, embora transitória, dentro do edifício, mas também porque, de modo irreverente, irrogou [impôs] à Congregação uma injúria afrontosa, pondo em dúvida a retidão do juízo profissional dos seus mestres, faltando assim, com desprezo das conveniências, ao respeito devido aos seus superiores. [...] Mas a Comissão, ouvindo a defesa do delinquente, convenceu-se de que, por acanhamento da inteligência, aquele aluno, quer tivesse procedido de moto próprio, quer cedesse às sugestões de algum mal-intencionado, não teve pleno conhecimento do mal, nem direta intenção de o praticar. [...] Academia de Belas Artes, 20 de fevereiro de 1880. E. G.

Moreira Maia; Francisco Manuel Chaves Pinheiro; José de Medeiros".

Nesse caso, paradoxalmente, foi o próprio preconceito da sociedade brasileira que impediu o pintor negro de sofrer punição ainda mais pesada.

Estêvão Silva lecionou, na década de 1880, no Liceu de Artes e Ofícios do Rio de Janeiro e manteve relações estreitas com o Grupo Grimm, cuja proposta era, justamente, a observação direta da natureza, substituindo a apreciação entre quatro paredes. O artista é hoje considerado um grande pintor de naturezas-mortas, tendo inovado no gênero, ao incluir frutas tropicais e nacionais. Ele produziu ainda retratos, pinturas históricas, religiosas e alegóricas, sem, contudo, obter nesses gêneros notoriedade semelhante. Até hoje seu nome é pouco conhecido nas artes brasileiras. Também se sabe pouco sobre a biografia de Estêvão Silva, que faleceu no Rio de Janeiro em 1891.

FONTES: Adão de Queiroz Vieira; Antônio Parreiras; Carlos Roberto Maciel Levy; Carlos Rubens; Emanoel Araújo; Francisco Vieira Acquarone; Gonzaga Duque; Heloisa Pires Lima; José Roberto Teixeira Leite; Laudelino Freire; Luiz Gonzaga Duque Estrada; Luiz Marques; Quirino Campofiorito; Walmir Ayala.

VEJA TAMBÉM: Antônio Pinto Bandeira; Arthur Timótheo da Costa...; Emmanuel Zamor; Firmino Monteiro; Miguel Barros.

EUZÉBIO DE QUEIROZ COUTINHO BARCELOS

1848-1928 | PORTO ALEGRE, RIO GRANDE DO SUL

Não foi fácil a trajetória de egressos da escravidão para encontrar a liberdade, viver numa sociedade sem mais cativos e alcançar reconhecimento. Se até hoje — passados mais de 130 anos da abolição — médicos negros e médicas negras ainda são raros, o que dizer do fim do século XIX? E essa é a história de Euzébio, escravizado nas charqueadas do Rio Grande do Sul que conseguiu a liberdade e foi provisionado como médico nas primeiras décadas do século XX.

Euzébio nasceu em 1848, filho de Ângela, uma africana ocidental. A mãe de Euzébio, denominada nagô, deve ter nascido por volta de 1825 e provavelmente chegou a Porto Alegre no período do tráfico ilegal, no fim da década de 1840. Entre 1848 e 1849, ganhou o nome cristão de Ângela. É possível que tenha desembarcado no Rio de Janeiro e sido reexportada — tudo às escondidas — para os portos do Sul, mais especialmente Pelotas. Ângela seria vendida para as principais regiões charqueadoras sulistas. Ali conviveu com uma considerável comunidade de africanos ocidentais. Conheceu, então, Cosme (1836-?), que teria sido o pai de Euzébio. Ambos pertenciam a Cipriano Rodrigues Barcelos (1781-1868), proprietário de dois saladeiros (pequenas fábricas de charques) em Pelotas. Consta que, entre o fim do século XVIII e ao longo do século XIX, a região chegou a manter de trinta a quarenta charqueadas com padrão de posse escrava, que podia variar de trinta a cem escravizados.

Euzébio viveu com os pais e mais três irmãos. Sua mãe foi liberta em 1862, e seu pai, em 1868, ambos pagando por suas alforrias. Seus pais permaneceram, porém, morando com os filhos cativos, mesmo depois da morte do sr. Cipriano e da distribuição de seus bens, entre vendas para pagar dívidas e a posse de um novo proprietário. Euzébio só conseguiu ser alforriado em 1883. Já era então um cativo de 35 anos, tendo trabalhado como carpinteiro, servente de charqueada e marinheiro, entre outras ocupações.

Através das pesquisas de Beatriz Loner (?-2018), Miguel Angelo Vieira da Cunha Filho e Ubirajara Soares Monteiro, aprendemos que Euzébio e seus irmãos participaram de associações mutualistas como a Sociedade Progresso da Raça Africana e a Sociedade Beneficente Feliz Esperança, entre 1891 e 1905. Quando ainda era escravizado, ele participou da diretoria da Irmandade do Santíssimo Rosário de Nossa Senhora.

Na condição de livre, Euzébio agregou ao seu nome o sobrenome "Queiroz Coutinho" (do político Eusébio de Queirós Coutinho Matoso da Câmara [1812-68]), e ainda "Barcelos", que era sobrenome do seu último senhor, Cosme Rodrigues Barcelos. Ainda enquanto cativo, ganhou prestígio em Pelotas por pertencer à Irmandade. Em 1884, Euzébio participava também de entidades negras como o Centro Etiópico. Católico fervoroso, integrava geralmente uma entidade negra chamada Sociedade Mutualista Fraternidade Artística (1883). Aproximou-se de Manuel Conceição da Silva Santos (*c.* 1831-1918), um abolicionista católico e negro, ligado a várias irmandades em Pelotas.

Preocupado com sua própria escolarização, ingressou ainda em 1886 nos cursos noturnos da Biblioteca Pública Pelotense. Na mesma época, casou-se com Margarida Dias Barcelos (?-1904), que também tinha sido escravizada.

Prosperando no seu trabalho como carpinteiro, conseguiu adquirir bens e terrenos, e se transformou num eleitor qualificado ao se filiar ao Partido Republicano Rio-grandense (PRR).

Na primeira década do século XX, Euzébio esteve cada vez mais articulado às associações e às organizações operárias. Atraindo inveja, ódio racial e intolerância, por volta de 1916 Euzébio e seus familiares foram acusados de "feiticeiros" e "charlatões", em várias matérias da imprensa local. Na verdade, a fé católica dele e os rituais do catolicismo popular que realizava (sessões de cura, reza e remédios que produzia) motivaram tais denúncias enganosas.

Lutando contra as acusações de cunho racista, Euzébio conseguiu, com o apoio político que recebeu, a licença de atuar como "médico" provisionado, o que era na época permitido pela legislação, sem necessidade de "diplomas escolásticos ou acadêmicos".

Faleceu em 1928, aos oitenta anos.

FONTES: Beatriz Loner; Miguel Angelo Vieira da Cunha Filho; Ubirajara Soares Monteiro.

VEJA TAMBÉM: Antônio Baobad; Clementina Maria da Conceição...; Joaquim Cândido Soares de Meireles; Manuel Padeiro e Negro Lucas.

EVA E FRANCELINA

SÉC. XIX | RIO DE JANEIRO

Projetos de liberdade, alforrias, uniões, famílias e filhos deviam ser constantemente avaliados e protegidos sobretudo por mulheres negras escravizadas. Nas áreas rurais, a situação era ainda mais complexa. A qualquer venda, a manutenção dos filhos cativos, bem como o temor da reescravização, precisavam ser enfrentados. Já nas cidades, a aparente autonomia poderia ser facilmente encarada a partir das constantes demonstrações de intolerância. Juntar dinheiro, conseguir alforria para si e para os filhos, negociar moradia e proteção eram situações que mereciam cuidado e atenção contínuos, como mostram os estudos de Carlos Eduardo Valencia Villa e especialmente de Lucimar Felisberto dos Santos. É ela que nos apresenta Eva e Francelina, mãe e filha, que viveram situações que exemplificam bem esse tipo de circunstância no contexto da escravidão. Eva era cativa e pertencia a Antônio Francisco Couto. Ela já juntava recursos fazia tempo, mas, quando soube que estava grávida, planejou cuidadosamente a liberdade da filha que ia nascer.

Consta que conseguiu amealhar 70 mil-réis. Em abril de 1860, Francelina nasceu e foi libertada ao ser batizada — a chamada alforria de pia — com a ajuda e intervenção de d. Joana, esposa do proprietário.

Passados mais de dez anos, a liberdade de Francelina foi contestada por Antônio Couto, sob alegação de "incapacidade da mulher". Disse ele que uma "mulher casada" não tinha condição de "conceder liberdade a um escravo [do] casal".

Mas o projeto de Eva não tinha fracassado. Ela agora estava diante de novos desafios, tentando garantir a liberdade da filha Francelina. O medo de reescravização e a precariedade da liberdade faziam parte desse mundo perverso da escravidão.

FONTES: Carlos Eduardo Valencia Villa; Lucimar Felisberto dos Santos; Sandra Catarina de Sena.

VEJA TAMBÉM: Adriana e Maria; Juliana; Liberata; Rosalina; Salústia.

EVA MARIA DO BONSUCESSO

SÉC. XIX | RIO DE JANEIRO

Eva Maria do Bonsucesso era uma negra alforriada que trabalhava como quitandeira na cidade do Rio de Janeiro. Era um desses personagens conhecidos na então capital da colônia, que andavam pelas ruas movimentadas, vendiam produtos, assim como levavam e traziam notícias, por vezes de insurreições e quilombos de escravizados. Pouco se sabe de Eva, mas o que se sabe, vale a pena contar.

Ela tinha um tabuleiro de couves e bananas que competia com tantos outros instalados na movimentada antiga rua da Misericórdia. Em 16 de julho de 1811 estava em seu posto de sempre, vendendo seus produtos, quando uma cabra, levada por um laço por um escravizado, pegou de um bote um maço de couve e uma penca de bananas. Zangada, Eva correu atrás do animal e, ao alcançar a cabra, bateu nela com uma vara. A couve não era mais possível, mas ela tentava ao menos recuperar o que restara da penca.

Foi quando apareceu José Inácio de Sousa, o senhor branco responsável pela cabra, que logo ficou estupefato com a situação. A cena estava montada e foi a vez de ele fazer um escarcéu: seguiu a quitandeira e, quando a alcançou, lhe desferiu uma barulhenta bofetada. Eva Maria, que não era de levar desaforo para casa, reagiu fortemente, diante da população que acompanhava a algazarra com curiosidade. A briga foi parar na Justiça, e Eva convocou uma série de testemunhos de pessoas com quem convivia no comércio de rua. Trinta pessoas depuseram a favor dela, e todas, de maneira unânime, realçaram suas qualidades morais e confirmaram a agressão por parte do homem. Diante das provas, o juiz ordenou a prisão de José Inácio. Meses depois, ele conseguiu uma carta de fiança para, no prazo de doze meses, juntar provas, dessa vez, em sua defesa. E a situação só ficou mais interessante. Na petição que fez ao então príncipe regente d. João (1767-1826), negou solenemente que tivesse acertado o rosto de Eva, dizendo que batera, na verdade, nas suas costas, o que significava uma infração menos grave. O que a comerciante não sabia é que a cabra pertencia ao príncipe da Beira, d. Pedro de Alcântara (1798-1834), futuro imperador d. Pedro I. José Inácio alegou ainda que tomou-se de fúria ao ver o animal ser maltratado, e que a quitandeira devia ter notado que a cabra carregava no pescoço uma "coleira de prata com as armas reais e [...] o nome do seu legítimo dono".

Não se conhece o desfecho dessa petição, mas o fato é que, na primeira instância, a alforriada conseguiu pôr na cadeia o homem branco que a agredira. Em vez de vítima, Eva Maria foi protagonista na ação judicial que moveu. Ela era de fato uma entre as várias quitandeiras que controlavam as ruas da então capital. Poderosas, elas de tudo sabiam. Nem a cabra da Família Real tinha o poder de inibi-las ou cercear suas vontades.

FONTES: Arquivo Nacional; Érico Vital Brazil; Nireu Cavalcanti; Schuma Schumaher.

VEJA TAMBÉM: Augusta e Ubaldina Anna da Conceição; Delindra Maria de Pinho.

F

FAUSTINO DA SILVA PAIVA E MATHIAS HENRIQUE DA SILVA

SÉC. XIX | BRAGANÇA PAULISTA, SÃO PAULO

Notícias vindas do interior de São Paulo narram a existência de um clube de leitura organizado por e para escravizados, em plena década da abolição. Os cativos Mathias Henrique da Silva e Faustino da Silva inclusive assinaram uma carta, publicada na imprensa de Minas Gerais, na qual solicitavam contribuições, e muito especialmente o envio de exemplares para a atividade cultural que mantinham.

Em 1882, tal notícia — quase transformada em pilhéria, embora fosse considerada ao mesmo tempo verossímil e ameaçadora — chegou aos periódicos mineiros *O Baependyano* e *Colombo*, que mencionavam a existência de um clube de leitura criado por abolicionistas em Bragança Paulista, não muito distante de Itu. Os signatários da carta — Mathias Henrique da Silva e Faustino da Silva — não eram apenas escravizados letrados, mas, respectivamente, o presidente e o secretário dessa iniciativa.

Bem antes dessa data, já existiam notícias de associações abolicionistas que estavam estabelecendo cursos noturnos de alfabetização para escravizados, libertos e seus descendentes. Desde a década de 1870, em várias partes do Brasil era comum encontrar matérias desse tipo, embora seja difícil ter uma ideia precisa do alcance dessas iniciativas e o número de negros e negras envolvidos.

O pesquisador Jacinto da Silva mostra que, em Bragança Paulista, a atividade começou com abolicionistas ligados ao jornal *O Guaripocaba*, que criaram escolas noturnas para pobres. Muitos libertos e seus filhos, além dos próprios escravizados, buscavam tais oportunidades. No Clube Literário dos Escravos, havia aulas noturnas que contavam com o apoio de abolicionistas e professores voluntários. Fundado entre 1881 e 1882, o clube funcionava numa casa modesta no centro da cidade, e chegou a contar com quarenta inscritos. Dizia-se, inclusive, que na direção da organização havia a participação de escravizados e libertos.

A carta do Clube Literário, enviada para as redações dos jornais com a assinatura de escravizados, sugere novas formas de enfrentamento e mobilização negra. O documento mencionava que os signatários andavam "aviltados por sua abjeta condição", estando "eliminados do seio da humanidade e equiparados aos mais ínfimos animais", sendo portanto a "mancha mais negra do nome brasileiro". Embora "sem pátria e sem liberdade", considerados "párias errantes" e "renegados de uma civilização", avaliavam de forma categórica "que a instrução é o único meio possível". Os escravizados estavam dispostos a investir em "inauditos esforços empregados nas horas de descanso" para fugir das "misérias de uma vida" no futuro.

E garantiam: a "instrução é um preventivo necessário para os males sociais, que podem resultar da emancipação". Diziam mais: era a "educação" que tinha o dom de prepará-los para a "liberdade".

FONTES: **Jacinto da Silva; Jucimar Cerqueira dos Santos; Maria Helena P. T. Machado.**

VEJA TAMBÉM: Benedita Caetana...; Esperança Garcia; Felício de Arruda Botelho.

FELICIANA MARIA OLÍMPIA

SÉC. XIX | RECIFE, PERNAMBUCO

No século XIX, não era só a Bahia que detinha todos os santos e orixás. No Recife, várias comunidades africanas foram constituídas em torno de lideranças religiosas, que montaram redes, ganharam prestígio, enriquecendo ou empobrecendo entre casebres, becos, vielas e moradas. E, entre tantos exemplos, lá estava Feliciana Maria Olímpia, definida pela população como uma feiticeira. Memorialistas a registrariam como a "parda Iaiá de Ouro" ou a "afamada bruxa do largo do Forte das Cinco Pontas".

Foi a historiadora Valéria Gomes Costa quem iluminou aspectos originais da vida de Feliciana e de como seu nome viraria sinônimo de prestígio e poder no Recife, na segunda metade do século XIX, mas também de inveja e despeito — associados a claro preconceito — quando a moça foi acusada de ganhar a vida como prostituta e feiticeira que dava golpes em comerciantes. Aliás, ela foi detida quase uma dezena de vezes, por participar de tumultos, causar ferimentos e praticar injúrias.

Feliciana estava conectada a uma rede que a ligava a vários africanos, libertos, escravizados e nascidos no Brasil, muitos dos quais envolvidos com experiências religiosas — como catimbós e xangôs —, com praticantes de feitiçaria, curandeirismo e mandingas. No Recife, várias áreas da periferia já eram reconhecidas como espaços de africanos e de seus descendentes, numa cidade marcada pela escravidão. O bairro de São José era, por assim dizer, um "território" ocupado e redefinido cotidianamente. Autoridades policiais cercavam essa e outras regiões com relatos preconceituosos, repressão e muita intolerância. Mulher negra livre, classificada como "parda", e moradora no largo do Forte das Cinco Pontas, Feliciana Maria Olímpia aparece nas diversas ocorrências policiais com diferentes nomes ou apelidos, como Maria da Conceição, Maria Conceição, Maria Olímpia Floresta Brasileira ou Maria Floresta Brasileira. Essa poderia ser, porém, uma estratégia para escapar da perseguição rotineira.

Pouco conhecemos acerca do passado de Feliciana. É a partir das denúncias datadas do início de 1873, via uma carta anônima endereçada à presidência da província, e das várias investigações policiais realizadas que vamos entender um pouco mais sobre a vida de Feliciana. Ela era descrita como uma senhora truculenta que maltratava seus escravizados com castigos injustos e exagerados. Os espancamentos aconteciam à noite. Dizia-se que, por conta dos maus-tratos, alguns de seus cativos tinham falecido. Outra acusação que recaía sobre ela era a de enriquecimento indevido, através das práticas de curandeirismo. A africana liberta de nome Josefa foi direta ao dizer que Feliciana, "a título de tirar feitiços, vai se locupletando com o alheio dos incautos".

Em seu conjunto, as acusações tentavam atingir a moral daquela mulher negra. Numa das cartas anônimas destacava-se que Feliciana "se intitulava viúva, mas que sempre foi e é prostituta". Outras denúncias sugeriam ainda que ela acumulara uma pequena fortuna com a feitiçaria, investindo todo o seu cabedal na compra de escravos. Certamente aquela sociedade escravista urbana do Recife reagia à presença de uma mulher negra que possuía escravizados e que ganhara prestígio e poder por meio da religião, atraindo a todos: escravizados, livres, homens, mulheres, pobres e quem sabe pessoas da elite, que a procuravam pedindo saúde, cura de males, adivinhações e outros serviços espirituais.

Em meados de 1874, um periódico do Recife publicaria uma reclamação dirigida aos inspetores de Saúde Pública da província, indagando quais medidas seriam tomadas contra "uma célebre feiticeira Iaiá", que recebia doentes e dava consultas em sua casa no largo das Cinco Pontas. Era com certeza Feliciana, mal escondida por trás de seus tantos nomes e atuações.

FONTES: **Maria da Vitória Barbosa Lima; Marcus J. M. de Carvalho; Valéria Gomes Costa.**

VEJA TAMBÉM: **Amélia Rosa; Domingos Álvares; Caetano da Costa; Divino Mestre; Juca Rosa; Luzia Pinta; Rufino José Maria.**

FELICIDADE E INÁCIA

SÉC. XIX | RIO DE JANEIRO

Nas áreas rurais e urbanas, mulheres africanas e nascidas no Brasil engravidavam e tinham seus filhos assistidas por parteiras e por outras mulheres, em senzalas e casebres. A mortalidade infantil, causada sobretudo pelo tétano ou pelo chamado "mal de sete dias", era altíssima, acometendo inúmeras mulheres e seus rebentos.

Pouco se conhece, ainda, acerca do cotidiano que envolvia a gravidez, a preparação para o parto e os primeiros cuidados com os recém-nascidos filhos de cativas. Certamente entravam em ação parteiras e mulheres mais velhas — muitas delas africanas — para amparar e dar assistência às escravizadas. Vários médicos chamaram a atenção em relação à presença dessas "mulheres velhas" e seu papel nos partos. Até porque o comparecimento médico sempre foi — ainda mais até a primeira metade do século XIX — raro e quase sempre concentrado nas áreas urbanas.

Conforme explica a historiadora Lorena Féres da Silva Telles, na década de 1840 as africanas Felicidade e Inácia aparecem na literatura como exemplos de mulheres que tiveram problemas no parto. Em agosto de 1845, a cativa Inácia deu à luz uma menina que, ao ser "lançada repentinamente" durante o parto, foi "apanhada por outra preta". Após esse parto, o dono de Inácia mandou chamar um médico, pois percebeu que ela ainda mantinha o "útero muito volumoso". O médico identificou que Inácia continuava em trabalho de parto. Quase cinco horas depois, daria à luz mais duas crianças. Os filhos de Inácia faleceram, mas seu exemplo seria publicado e destacado como um "caso clínico" a ser observado pelos médicos da Faculdade de Medicina.

Em fevereiro de 1846, foi a vez de a africana Felicidade entrar em trabalho de parto. Depois de sofrer contrações por dois dias, foi chamado um médico, que decidiu utilizar fórceps para ajudar no parto, pois considerou que

Felicidade tinha a bacia demasiadamente estreita. Minutos depois da colocação do aparelho, Felicidade faleceu. Seu caso também seria publicado na literatura médica da época. Constava que Felicidade, uma africana de Cabinda, ao longo da vida tivera "vários partos e um deles de dois fetos; porém todos nasceram mortos, menos um, que veio à luz de sete meses, e ainda vive". Nesse último, porém, ela não resistiu.

Felicidade não foi enterrada de imediato; seu corpo foi levado para autópsia e dissecação, e as informações desses procedimentos acabaram descritas cientificamente e publicadas mais tarde.

Histórias como as de Inácia e Felicidade eram muito raras, sobretudo no Rio de Janeiro da primeira metade do século XIX. Diversas vezes, a presença médica podia assustar e trazer maus presságios para as que viviam no interior de uma comunidade escravizada. Quando esses profissionais apareciam, era sinal de que a situação andava muito complicada.

No caso de Inácia, o nascimento de trigêmeos e a presença do médico podem ter sido um mau sinal, tanto em termos práticos quanto para suas crenças e parteiras. O oposto conta a história de Felicidade, que, diagnosticada com bacia estreita, já tinha passado por alguns partos e nenhum com a ajuda de médicos.

FONTE: Lorena Féres da Silva Telles; Lucimar Felisberto dos Santos; Silvio Cezar de Souza Lima.

VEJA TAMBÉM: Luiza (c. 1840-?).

FELICIDADE SÉC. XIX | ÁFRICA; RIO DE JANEIRO, GERMANA 1819-? | SALVADOR, BAHIA, LIBÂNIA SALVADOR, BAHIA E MARIA MADALENA SÉC. XIX | RIO DE JANEIRO

Germana nasceu em 1819 em Salvador, na Bahia, e era casada com Manuel Pinto de Oliveira — um escravizado forro. Depois de trabalharem por alguns anos, conseguiram reunir 180 mil-réis para comprar a liberdade de Germana.

No entanto, em 1879, quando já contava com sessenta anos — idade considerada avançada para a época, devido à alta mortalidade, sobretudo da população escravizada —, Germana entrou com uma ação na Justiça, dando queixa do rigoroso cativeiro que sofria, com um senhor que lhe negava a alforria, a despeito de ter recebido o dinheiro necessário para a compra da liberdade. Ela pedia que fosse depositada a quantia, "visto que seu senhor não tem querido prestar-se a um acordo razoável sobre o justo valor da suplicante". Na Justiça, Germana argumentava que já estava muito idosa, que continuava sofrendo castigos físicos, que merecia a alforria, mas que seu senhor não lhe dava ouvidos e continuava a desconhecer a sua condição física: "Sem atenção à avançada idade da suplicante, seus achaques físicos e crônicos, adquiridos na constância do trabalho, de ter a suplicante produzido quinze crias, uma dos quais liberta, na idade de seis meses, pela fabulosa quantia de 500 mil-réis e ser a suplicante casada e viver separada do seu marido, homem livre também idoso e achacado de moléstias".

Durante o julgamento, o valor de Germana foi sendo reduzido. Seu senhor avaliou-a inicialmente em 250 mil-réis, mas no final da ação seu preço ficou 30 mil-réis abaixo do original. Germana requereu, então, a devolução da diferença da quantia depositada por ela. Aí está mais um caso que revela como, mesmo com idade avançada, escravizadas se negavam a se manter no cativeiro e lutavam para passar seus últimos dias ao lado da família. Não sabemos que tipo de tarefa Germana executava, mas ela entendia o preço que a liberdade podia ter.

Mulheres não cuidavam apenas de sua própria liberdade. Com frequência, mães escravizadas e libertas se mobilizavam para tornar livres filhos que haviam permanecido na escravidão. O estudo de Cecília Moreira Soares nos traz uma série de casos.

Em 1852, por exemplo, Libânia — crioula liberta, mãe de dois filhos pardos, Cassiano e Laudimira, ambos escravizados — pretendia libertar os filhos mediante um valor que não possuía (um conto de réis). Dirigiu-se então à Sociedade Abolicionista Dois de Julho, para que esta assumisse integralmente a compra da liberdade ou, pelo menos, contribuísse com uma parte.

Em 1860, Felicidade, uma africana liberta, deixou a cidade do Rio de Janeiro para alforriar sua filha, a crioula Maria da Conceição. Segundo os registros, ela deve ter emigrado para o Sul precisamente em busca de um mercado de trabalho maior, que lhe permitisse obter, o mais depressa possível, o dinheiro para a compra da liberdade de sua filha.

Em 1859, Maria Madalena, escrava crioula, implorou para que o senhor estabelecesse o valor da liberdade do filho "em atenção às circunstâncias da suplicante", que vinha procurando de toda maneira "livrá-lo da degradante sorte de escravo". Nesse caso, a mãe lançaria mão de sua rede pessoal de solidariedade, que incluía os padrinhos da criança e outros amigos dela, para angariar o valor necessário e a cara liberdade.

O certo é que havia uma clara preocupação por parte das mães negras libertas, ou ainda escravizadas, de resgatar seus filhos do cativeiro. A liberdade era um bem que valia a pena, mas costumava custar muito caro.

FONTES: **Cecília Moreira Soares; Érico Vital Brazil; Schuma Schumaher.**

VEJA TAMBÉM: **Afra Joaquina Vieira Muniz.**

FELÍCIO DE ARRUDA BOTELHO

1847-1920 | PIRACICABA, SÃO CARLOS E JAÚ, SÃO PAULO

Felício nunca se libertou das memórias, como nos alertam os estudos de Oswaldo Truzzi e de Rogerio da Palma. Aos setenta anos, registrou-as numa carta aos descendentes de seus antigos senhores, como Antônio Carlos Botelho (1887-1959), neto do conde do Pinhal (Antônio Carlos de Arruda Botelho, 1827-1901), grande proprietário de terras, fazendas e de escravos na região de São Carlos, interior paulista. A carta de Felício mistura memórias do cativeiro e relatos de dependência e gratidão senhorial. Nela, ele lembrava dos primeiros tempos em que trabalhou nos armazéns de secos e molhados no centro da vila, atendendo fregueses e como padeiro. Fez questão de destacar para o neto do antigo conde que era uma pessoa da confiança do senhor.

Tudo indica que era filho de africanos, e que nascera como escravizado em 1847, provavelmente em Piracicaba. Já em 1852, trabalhava para o conde do Pinhal. Era propriedade de Francisca Teodora de Arruda Botelho (*c.* 1834-62), primeira esposa do conde e a quem Felício considerava uma "mãe".

Mais tarde, foi enviado para a fazenda, testemunhando a chegada do café, que ocupou todas as partes da economia, da terra e da mão de obra no Oeste Paulista. Felício foi personagem da montagem cafeeira, quando pedaços de florestas e serras precisaram ser desbastados para as plantações de mudas de café. Em suas memórias, destacou que tinha sido "companheiro de abrir" as fazendas Santo Antônio, Serra e Boa Vista. Era o momento em que fazendeiros de Piracicaba, Itu e Campinas — antigos municípios de lavouras de cana-de-açúcar do século XVIII e das primeiras décadas do século XIX — migravam recursos, terras e interesses para as áreas cafeeiras em expansão.

Ainda bem jovem, Felício presenciou uma mudança demográfica com impacto cultural e étnico ainda pouco estudado: o Oeste Paulista abarrotado de cativos africanos chegados do tráfico ilegal até 1850, mais cativos nascidos no Brasil e outros tantos escravizados trazidos via tráfico interprovincial das "províncias do Norte" como Pernambuco, Maranhão, Bahia e Ceará. Ao que parece, ele acompanhou o conde em algumas viagens ao Rio de Janeiro. Ele se lembrava de quando a escrava Joaquina, uma "rapariga", foi adquirida para ser mucama.

Consta que Felício e Joaquina se casaram em 1862. Ele não só se casou bem jovem como ganhou mais responsabilidade na fazenda ao ser escolhido como feitor. Lembrava-se de ter implorado ao conde, e mesmo chorado, pois "não queria ser feitor, mas ele disse que escravo faz o que a senhoria manda". Provavelmente sabia das dificuldades que teria para comandar cativos não só mais velhos como de diferentes origens, muitos recém-chegados. Deveria manter a disciplina e até mesmo castigar alguns. Como um dos cativos mais antigos da fazenda, aquele que ajudou a montar a base inicial da plantação, nascido no Brasil, ele foi escolhido como o escravizado ideal para ensinar, manter a disciplina e controlar os demais. Acredita-se que Felício era considerado um "escravo de confiança, grande, fiel amigo do conde do Pinhal, por quem nutria verdadeira estima e veneração".

Ele conquistou a alforria, mas permaneceu atuando nas fazendas do conde do Pinhal. Ali tinha sua família, parentes e reconhecimento senhorial. Conflitos surgiram no pós-abolição; ele se decepcionou com os herdeiros do conde, pois conheceu "ingratidão" depois de anos de trabalho "com muita inteligência e esperteza". Tinha a expectativa de ficar ali por mais tempo, mas acabou sendo mandado embora após algumas divergências envolvendo sua esposa Joaquina e outros trabalhadores da fazenda.

Felício foi obrigado a sair de São Carlos e ganhou um "pedacinho de terra" em Jaú, onde a família Arruda Botelho também era proprietária. Ali morou Maria Carlota de Arruda Botelho (1872-1946), filha e uma das herdeiras do conde do Pinhal.

Aos setenta anos, possivelmente passando por dificuldades, Felício vivia como agregado em terreno doado pelo genro do conde. Na carta escrita em 1917, ele dizia: "Nem o senhor que é neto não acha tanta falta de seu avô como eu", anexando a fotografia do conde do Pinhal.

Para além de uma memória sobre dependência e gratidão senhorial, Felício deixou um relato de quase trinta anos antes do Treze de Maio. No silêncio de sua carta, havia mais do que apenas a lembrança do conde do Pinhal. Nas entrelinhas, talvez existissem muitas expectativas e decepções, dele e de tantos outros homens negros e mulheres negras que tinham conquistado nada além da liberdade.

Felício, que com a abolição adotou o nome Felício de Arruda Botelho, ou preferiu mesmo ser chamado de Felício do Conde do Pinhal, faleceu na cidade de Jaú, em 1920.

FONTES: Oswaldo Truzzi; Rogerio da Palma.

VEJA TAMBÉM: Benedita Caetana...; Esperança Garcia; Faustino da Silva Paiva e Mathias Henrique da Silva.

FELIPA MARIA ARANHA

C. 1720-80 | ÁFRICA OCIDENTAL; CAMETÁ, PARÁ

Na segunda metade do século XVIII, Felipa Maria Aranha organizou um quilombo constituído por mais de trezentos escravizados e escravizadas fugidos, que se autossustentaram por muitos anos sem que fossem ameaçados pelas forças legais. Situado nas cabeceiras do igarapé Itapocu, um braço do rio Tocantins, onde agora existe o município de Cametá, no Pará, chamava-se quilombo do Mola ou Itapocu.

Felipa era provavelmente originária da Costa da Mina, onde hoje estão localizados os países Gana, Togo, Benin e Nigéria. Nascida entre os anos 1720 e 1730, deve ter sido capturada em algum momento a partir de 1740, nessa que foi uma das regiões mais importantes para o tráfico de almas realizado pelos portugueses. A africana foi vendida como escravizada e levada para a localidade de Santa Maria de Belém do Grão-Pará (atual capital paraense). Em seguida, a enviaram para trabalhar numa plantação de cana-de-açúcar na comunidade de Cametá.

Não suportando os maus-tratos, ela fugiu junto com outros escravizados em 1750 e criou o quilombo do Mola, que chefiava. Esse era um quilombo que apresentava um alto grau de organização política, social e militar. E quando começaram a sofrer com a repressão colonial, foi graças à liderança militar de Felipa que conseguiram expulsar as forças portuguesas e os vários ataques de capitães-do-mato. Dona de grande capacidade de articulação política, ela estruturou uma entidade composta de cinco quilombos (Mola, Laguinho, Tomásia, Boa Esperança e Porto Alegre), a chamada Confederação do Itapocu. A entidade empreendeu severas derrotas às forças escravagistas e, diferentemente do exemplo de Palmares, só cessou sua luta no momento em que Portugal ofereceu perdão político e declarou os quilombolas súditos da Coroa.

Felipa Aranha morreu em 1780, quando ainda estava na liderança da Confederação. Mas deu exemplo. No início do século XIX, nas proximidades do rio Trombetas, perto de Óbidos, também na Amazônia, formou-se um quilombo, liderado pelo cafuzo Atanásio, que chegou a contar com mais de 2 mil habitantes. Além de plantarem mandioca e tabaco, os quilombolas de lá vendiam produtos colhidos nas florestas da Guiana Holandesa. Tudo leva a crer que a vizinhança os respeitava: suas crianças eram batizadas nas igrejas próximas.

Ademais, em pesquisas recentes feitas na região do Baixo Tocantins, e que usam a história oral, vai se desmistificando a suposta subalternidade das mulheres negras. Hoje se conhecem muitos relatos sobre o protagonismo delas, no próprio quilombo do Mola. Segundo Benedita Celeste de Moraes Pinto, a negra Maria Luísa Piriá, ou Piriçá, administrou a vida e o cotidiano do quilombo e ainda liderava e organizava a dança do bambaê do Rosário. Já Juvita, ao sair do quilombo do Mola, fundou o povoado de Tomásia, que chefiou por muitos anos. Chama também a atenção o caso de Leonor, Virgilina, Francisca, Maximiana e outras mulheres que viviam no quilombo do Paxibal, no município de Baião, que costumavam adentrar a mata e executar tarefas normalmente realizadas por homens, como caçar e trabalhar na construção das moradias — os tapiris com telhado e paredes de palhas, como ubim e sororoca. Também atuavam na plantação, na coleta dos frutos do mato, na pesca e na fabricação de utensílios de barro, de redes de dormir e de roupas feitas com fibras de curuana e palhas de outras palmeiras; todas atividades e utensílios necessários para a manutenção do dia a dia no quilombo.

Como se pode notar, a resistência e o protagonismo das mulheres negras são históricos e têm suas raízes fincadas na tradição e na cultura de suas ancestrais africanas. Através de artifícios, improvisações e muita astúcia, elas reinventavam o seu cotidiano, conseguindo, assim, melhores condições para si e para os seus. Casos como o do povoado de Tomásia e o do quilombo de Paxibal descrevem trajetórias de líderes negras que não foram apenas esposas ou companheiras. Elas lutaram por seu próprio destino nesse território da liberdade precária e precarizada. Já as terras do quilombo de Felipa Maria Aranha só receberam reconhecimento legal recentemente, em 2013.

FONTES: Benedita Celeste de Moraes Pinto; Clóvis Moura; Flávio dos Santos Gomes; João Paulo Alves Costa; Maria Lúcia de Barros Mott.

VEJA TAMBÉM: Acotirene e Aqualtune; Ângela, rainha do mocambo...; Dandara...; Figênia; Francisca; Hilária e Madalena; Isidoro...; Joaquina; Mariana; Tereza de Benguela; Trajano; Zacimba Gaba.

FÉLIX JOSÉ RODRIGUES

?-1915 | PIAUÍ; SANTA TEREZA, TOCANTINS

Muitas comunidades negras rurais espalhadas pelo Brasil tiveram como origem as formações camponesas remanescentes de antigos quilombos, as doações de terras em testamentos a antigos libertos e os deslocamentos e migrações de famílias negras nas décadas anteriores e posteriores à abolição até o alvorecer do século XX. Pouca gente sabe que diversas comunidades rurais — principalmente nas áreas de Tocantins e Goiás — podem ter surgido de povoados fundados por ex-soldados negros (alguns libertos) que serviram na Guerra do Paraguai, que ocorreu entre 1864 e 1870.

Existiu inclusive uma legislação imperial que obrigava a doação de terra aos voluntários da pátria: aqueles que foram incorporados às tropas brasileiras.

No interior de Tocantins encontramos a comunidade de Barra do Aroeira e a biografia de Félix José Rodrigues, narrada pela historiadora Luciene de Oliveira Dias. Félix não foi um quilombola, mas um valoroso combatente militar que virou um herói completamente desconhecido dos manuais escolares e da literatura historiográfica. Na comunidade, todos mencionam Félix e a genealogia dos seus bisavós, soldados negros que lutaram no Paraguai e tiveram glebas de terras doadas pelo decreto imperial.

A região onde está encravada a comunidade de Barra do Aroeira também foi palco da mistura entre grupos indígenas e quilombolas ao longo dos séculos XVIII e XIX. Ali, narrativas acerca de fugas, fugitivos, e de contatos interétnicos se mesclam com histórias de heroísmo militar. Barra do Aroeira teria sido fundada por Félix José Rodrigues. O povoado se instalou nas terras doadas pelo Império — a partir de 1871 — a alguns combatentes que lutaram no Paraguai, como foi o caso de Félix. Pelos relatos dos bisnetos e atuais moradores de Barra do Aroeira, Félix era cativo numa fazenda de gado no Piauí. Sempre que podia, fugia, escondendo-se num lugar chamado Olho d'Água do Buriti, atual município de Paranaguá. Em 1866, durante uma de suas fugas, Félix ficou sabendo que seu filho Simeão tinha sido convocado "por sorteio" para servir no Exército. Era comum que fazendeiros alforriassem alguns de seus cativos para combaterem na Guerra do Paraguai, em substituição aos seus próprios filhos e outros homens livres. Félix então se apresentou ao seu senhor, solicitando ir à guerra no lugar do filho.

Ganhando a alforria, em 1867, Félix partiu para o Paraguai junto às últimas tropas mobilizadas no sul do Piauí. Ele seguiria num batalhão sob o comando do coronel José Lustosa da Cunha (1827-1901), depois conhecido como barão de Santa Filomena. Nos campos de batalha, Félix alcançaria destaque, tendo efetiva participação na Batalha de Cerro Corá, ocasião em que morreu o líder militar paraguaio Solano López (1827-70). Os relatos de memória garantem que Félix foi o autor do disparo mortal. De volta ao Brasil, ele teria sido recebido como herói pelo imperador d. Pedro II (1825-91). Segundo a memória do seu bisneto Manuel Pumbu (1928-), que por sua vez ouviu a história do seu avô, o imperador perguntou a Félix se queria joias ou dinheiro como reconhecimento de sua bravura, ao que ele respondeu: "Nós quer é uma terra para nós viver". Assim ele recebeu a doação de "doze léguas em quadras", quase 80 mil hectares, sendo escolhida a região do norte de Goiás.

O povoado de Barra do Aroeira — situado no atual município de Santa Tereza do Tocantins — tem hoje cerca de cem famílias organizadas por base de parentesco, vivendo da produção de farinha e do extrativismo. No passado, o local era chamado de Pretos da Barra, estando localizado numa vasta área de preservação ambiental, conhecida como Jalapão, entre os municípios de Lagoa do Tocantins, Lizarda, Mateiros, Novo Acordo, Ponte Alta do Tocantins e São Félix do Tocantins.

Consta que Félix José Rodrigues morreu em 1915. Além da memória do seu fundador, a comunidade guarda fardas e caneleiras dos ex-soldados e primeiros habitantes do povoado. Também a memória local preserva o mito fundador da comunidade e suas vinculações com fugitivos e outros povoados negros próximos. Em 2006, a Fundação Cultural Palmares reconheceu a Barra do Aroeira como comunidade remanescente de quilombos.

FONTE: Luciene de Oliveira Dias.

VEJA TAMBÉM: Ana Maria de Jesus; Hilária e Madalena...; Joana e Lisarda; Marcílio Dias; Tia Eva.

FÉLIX SOARES

SÉC. XVIII | RIO GRANDE DO NORTE

O africano Félix Soares foi o principal acusado da conspiração "dos negros do Congo", na capitania do Rio Grande do Norte, em fins de 1772. O historiador Gefferson Ramos Rodrigues seguiu a vida de Félix Soares e mostrou como, por meio das investigações e da grande repressão que acompanharam a conspiração, ele pertencia a algum ramo da família real do Congo. Na capitania do Rio Grande do Norte — com a ajuda do índio letrado Domingos Tavares —, Félix entrou em contato com os comandantes das tropas dos Henriques, liderando grupos negros. Autoridades coloniais, amedrontadas, mencionavam nas correspondências que legaram a existência de "projetos dos negros do Congo". O que tramavam, não sabemos. Comentavam, porém, que todos os escravizados da província falavam abertamente em liberdade, posto terem descoberto que seriam forros pela lei de 16 de janeiro de 1773, em Portugal.

Escravizados, em várias áreas coloniais, acompanhavam com grande expectativa os detalhes, os desfechos, os conflitos, as discussões e os debates que ocorriam nas metrópoles, sobretudo os que poderiam atingi-los e beneficiá-los. Por ocasião da abolição da escravidão em Portugal, ficaram logo agitados, em 1769, acreditando que poderiam ser contemplados pela mesma legislação, caso essa se estendesse para as colônias.

Viajando em navios para a metrópole, escravizados — muitos marinheiros, grumetes ou cativos domésticos — vindos dos domínios do ultramar tentavam fugir ou se passar por libertos. Eventos envolvendo disputas europeias e coloniais eram igualmente percebidos e avaliados por escravizados, africanos, libertos e nascidos nas colônias, sempre atentos às conexões políticas e impactos legais. Por outra parte, senhores, autoridades coloniais e metropolitanas temiam as consequências da possibilidade de difusão de notícias e da conscientização das populações coloniais escravizadas. Durante a repressão e os interrogatórios, o africano Félix negou tudo.

FONTE: Gefferson Ramos Rodrigues.

VEJA TAMBÉM: Henrique Dias.

FIGÊNIA

SÉC. XIX | ALTO TROMBETAS, PARÁ

Há vários indícios de contatos, nas fronteiras, dos negros mocambeiros e seus remanescentes com os quilombolas (*maroons*) do Suriname. Trabalhos realizados por Edna Castro, Eliane

Cantarino, Eurípedes Funes, Flavio Gomes, José Luis Peinado, Lúcia Andrade e Rosa Acevedo mostraram que nas regiões do Baixo Amazonas (Santarém, Óbidos, Monte Alegre, Alenquer e Curuá) foram inventadas tradições de liberdade, envolvendo africanos e seus descendentes em comunidades de fugitivos, juntamente com grupos indígenas em permanentes migrações, que chegavam a atravessar as fronteiras com as Guianas para a realização de trocas mercantis.

Em meados do século XIX, nas últimas cachoeiras, nas áreas do Alto Trombetas, há referências a malocas da mocambeira Figênia, que seriam velhas cabanas abandonadas, chamadas de "taperas". Figênia e também Sofia e Micaela se converteriam em ícones de mulheres filhas de antigos mocambeiros, ali instalados desde o século XVIII, e que ajudaram a reproduzir aquelas comunidades para as novas gerações.

Mencionava-se, em 1858, a presença de um "mocambo inexpugnável e duma existência longuíssima", com mais de trezentos habitantes, no Trombetas. O principal temor era de que, passando a "cordilheira do Tumucumaque", haveria "três repúblicas independentes de negros", mais explicitamente: os *maroons* do Suriname que estavam em contato com os indígenas e fugitivos nas fronteiras do Brasil. Do lado do Suriname, desde o século XVII, *maroons* estabeleceram sólidas comunidades, muitas das quais existem até hoje. No passado colonial, tinham negociado a paz com as autoridades coloniais holandesas, que reconheceram sua autonomia e permitiram a ocupação da terra em troca da devolução de novos fugitivos e da promessa de lealdade. Tais grupos desenvolveram suas culturas e geraram microssociedades no interior da floresta, ao longo dos séculos XIX e XX, sem com isso permanecerem isolados.

As experiências de quilombolas organizados em acampamentos, e baseados em famílias e na linguagem do parentesco, como Figênia e outros, podem ter sido os elos de expansão dessas comunidades, garantindo a circulação de seus habitantes e as trocas materiais e culturais. Houve ali, sim, encontros originais de mocambeiros do Trombetas, Erepecuru, Curuá, Óbidos e Oriximiná com os *maroons* do Suriname e das Guianas.

Figênia e outras quilombolas do lado brasileiro se mantiveram ativas por várias gerações e estabeleceram contatos, alianças, redes comerciais de trocas, com indígenas e *maroons* das Guianas.

Relatos feitos nos séculos XIX e XX confirmam a permanência desse processo histórico de contatos e da circulação de experiências nas fronteiras, envolvendo mocambeiros, negros da mata do Suriname, grupos indígenas e regatões. Através dos tiriós e dos pianocotós, na fronteira, os mocambeiros estabeleceram relações com os *maroons* do Suriname e das Guianas. Entre eles, figuras femininas como Figênia se destacaram, consolidando alianças e, com elas, a própria existência de suas comunidades.

FONTES: Edna Maria Ramos de Castro; Eliane Cantarino O'Dwyer; Eurípedes Funes; José Luis Ruiz-Peinado Alonso; Lúcia M. M. Andrade; Nádia Farage; Protásio Frikel; Rosa Elizabeth Acevedo Marin.

VEJA TAMBÉM: Felipa Maria Aranha; Isidoro...; Miguel e os quilombolas...; Trajano.

FIRMINA

SÉC. XIX | JUIZ DE FORA, MINAS GERAIS

Imediatamente após a abolição, libertos permaneceram em algumas propriedades, negociando trabalho, salários ou meação e parceria com antigos fazendeiros.

Uma personagem exemplar nesse sentido é a liberta Firmina, que vivia na Zona da Mata mineira. Sua história aparece descrita numa "caderneta", na qual foram anotadas as relações de trabalho a que se submeteu na fazenda Boa Esperança, pertencente ao barão de São José das Três Ilhas (1826-1909): assalariamento, compras e crédito. Entre 1888 e 1897, a vida e o trabalho de Firmina, e de mais duzentos libertos aproximadamente, foram registrados numa contabilidade quase diária.

Na Zona da Mata mineira, o barão de São José era reconhecido como um abastado proprietário. Ele possuía quatro fazendas: Boa Esperança, São Francisco de Paula, São Lourenço e Santa Clara.

Com a abolição em 1888, o barão e seu filho mantiveram a produção nas suas fazendas utilizando ex-escravizados, fundamentalmente os libertos que ali permaneceram como trabalhadores livres. Com base em onze cadernetas encontradas nas propriedades do barão, o historiador Jonis Freire pôde avaliar como viviam centenas de ex-escravizados, além de imigrantes e trabalhadores "nacionais", para os quais não se aponta cor ou origem social.

Nessas cadernetas, há registros de compra, venda, pagamento de salários e prestação de contas. Eram individuais, mas às vezes traziam notas acerca de movimentos financeiros coletivos. Numa delas, a liberta Firmina recebe anotações entre os meses de maio e dezembro de 1888. No dia 22 de maio, ela aparece comprando um "pão de sabão" no valor de duzentos réis. O seu salário mensal é anotado com o valor de 10 mil-réis. Pode-se perceber, ainda, que havia diferenças nos salários pagos; na ocasião, ela ganhava um terço do salário do liberto José, que era de 30 mil-réis.

Pelos apontamentos variados feitos até 1897, nem sempre é possível saber se todos os trabalhadores ali eram ex-cativos e se tinham pertencido ao barão. Também não dispomos de mais registros de Firmina na caderneta a partir de agosto de 1889, o que sugere que ela e outros libertos teriam deixado a fazenda e rumado para outras áreas, não obrigatoriamente abandonando a Zona da Mata mineira ou mudando para cidades próximas.

FONTES: **Elione Silva Guimarães; Jonis Freire; Luiz Fernando Saraiva.**

VEJA TAMBÉM: **Rosa Cabinda.**

FIRMINO MONTEIRO

1855-88 | RIO DE JANEIRO; SALVADOR, BAHIA; NITERÓI, RIO DE JANEIRO

Antônio Firmino Monteiro nasceu no Rio de Janeiro em 22 de fevereiro de 1855. Negro, proveniente de família pobre, cedo teve que trabalhar como caixeiro, encadernador e tipógrafo. Por conta do trabalho precoce, demorou a iniciar os estudos nas artes plásticas. Frequentou a Academia Imperial de Belas Artes na década de 1870, sendo aluno de Zeferino da Costa (1840-1915), Vítor Meireles

(1832-1903), Agostinho da Mota (1824-78) e Pádua Castro (1804-81). Teve sua arte incentivada por meio de uma viagem à Europa patrocinada por d. Pedro II (1825-91), em 1880. Entre 1885 e 1887, realizou novas viagens de estudo ao velho continente, permanecendo por mais tempo em Paris.

Ao retornar, lecionou pintura na Escola de Belas Artes da Bahia e perspectiva e teoria da sombra no Liceu de Artes e Ofícios, em Salvador, onde ficou durante um breve período. Cioso de seu trabalho, e preocupado com a possibilidade de sua obra ser adulterada, criou uma paleta de cores diferentes para cada tela que produziu.

Firmino, que acabou passando a maior parte da vida no exterior, dedicou-se à pintura de paisagem e por ela recebeu vários prêmios. Na XXVI Exposição Geral de Belas Artes, em 1884, ele exibiu dezoito paisagens e cinco quadros históricos — *O Vidigal*, *Um vendedor de balas e jornais*, *Fósforos!*, *Camões no seu leito de morte* e *Episódio da Retirada da Laguna* —, pelos quais fez jus ao título de Cavaleiro da Imperial Ordem da Rosa, conferido pelo imperador.

No gênero de paisagem, com suas pinturas ao ar livre, Firmino se antecipou ao grupo de Johann Georg Grimm (1846-87) no Brasil. Suas obras, por mais que apresentem uma perfeita integração dos vários planos, não escondem uma profunda melancolia. No fim da vida, ele se dedicou à pintura religiosa e histórica, gênero em que não obteve muito reconhecimento, e também à de quadros representando cenas populares.

O município de Niterói encomendou-lhe uma grande tela sobre a abolição da escravidão, mas Firmino não pôde concluí-la. Morreu em Niterói, no ano de 1888.

FONTES: ***Arte no Brasil*; Carlos Rubens; Emanoel Araújo; Gonzaga Duque; José Maria dos Reis Jr.; José Roberto Teixeira Leite; Laudelino Freire; Luiz Marques; Quirino Campofiorito; Roberto Pontual; Theodoro Braga; Walmir Ayala.**

VEJA TAMBÉM: Antônio Pinto Bandeira; Arthur Timótheo da Costa...; Emmanuel Zamor; Estêvão Silva; Miguel Barros.

FLORÊNCIA JOAQUINA

SÉC. XIX | SALVADOR, BAHIA

Já na primeira metade do século XIX, a Bahia, especialmente Salvador, era a Terra de Todos os Santos, que comportava vários credos vindos da África, mas também muita intolerância religiosa. Esta foi, pelo menos, a queixa que fez Florência Joaquina às autoridades baianas em 1831 e que foram analisadas pelo historiador João José Reis (1952-). Sua reclamação contra os agentes de polícia e os juízes de paz chegou ao presidente da província: estavam ocorrendo invasões, perseguições, ataques a vários candomblés. O principal acusado era o juiz de paz Antônio Gomes de Abreu Guimarães, que atuava na freguesia de Nossa Senhora de Brotas. Em agosto de 1829, ele ordenou a invasão de um candomblé, quando houve a destruição de objetos e a apropriação de dinheiro e panos da costa — tecido utilizado em sua indumentária pelas mulheres negras, escravizadas, livres e libertas nas ruas da cidade e cuja padronagem remetia às diversas nações africanas que vieram para o Brasil.

Florência se referia ao caso do Candomblé do Accú, e o reclamante foi o africano liberto Joaquim Batista. No total, 36 pessoas acabaram detidas, sendo 33 delas mulheres negras, a maioria lavadeiras. A ação policial foi traduzida em relatórios que descreveram cuias, búzios, tambores e "brinquedos diabólicos", todos devidamente recolhidos. As autoridades mencionavam, ainda, o perigo dos "costumes bárbaros" e a ideia de que "assim se principiam as sublevações". Observavam, por fim, com muito temor, ajuntamentos de "gente de várias cores", tanto africanos como nascidos no Brasil, entre escravizados e libertos. A presença de crioulos — como eram chamados os escravizados e livres descendentes de africanos nascidos no Brasil — assustou sobremaneira as autoridades locais.

As reclamações de escravizados e libertos contra o juiz de paz foram adiante porque um dos africanos era cativo do visconde de Camamu (1808-67). Assim, ao acionarem o poder e o prestígio, negros procuravam impor limites às ações e aos desmandos policiais, sobretudo a invasão de casas de libertos.

Em 1831, a preta Florência Joaquina de São Bento faria uma queixa explícita contra o juiz Antônio Guimarães e seus homens. Eles tinham invadido um terreiro de candomblé, roubado objetos de cobre, prata e ouro, além de destruírem tudo que viram pela frente. A reclamação seria acolhida pelo então presidente da província, desembargador Honorato José de Barros Paim (1792-1855). Dizia-se que as ações do juiz Guimarães implicaram a invasão e revista de mais de trinta casas, onde se encontraram "tambaques, santos e instrumentos" considerados, pelas autoridades, necessários para a realização de "diabólicos festejos". E essas ações de intolerância não foram atos isolados. Nas freguesias vizinhas de Pirajá e Santo Antônio Além do Carmo, os juízes de paz, em 1832, também ordenaram a invasão de um candomblé.

Conhecemos, assim, aspectos da indignação de Florência Joaquina, uma mulher preta, provavelmente africana. Porém nada mais foi apurado sobre ela, que talvez fosse uma líder espiritual e dona de uma das casas invadidas naquelas operações que se repetiam, vergonhosamente e ao arrepio da lei.

FONTES: João José Reis; Luis Nicolau Parés.

VEJA TAMBÉM: Amélia Rosa; Tia Marcelina.

FRANCISCA

SÉC. XIX | ÁFRICA OCIDENTAL; SALVADOR, BAHIA

Na primeira metade do século XIX, em Salvador e em partes do Recôncavo, aconteceu talvez o mais importante conjunto de insurreições levadas a cabo por africanos em áreas urbanas do Brasil, e quem sabe das Américas. As narrativas clássicas da historiografia e as fontes da época sempre destacaram o papel masculino na direção dos movimentos insurrecionais. No entanto, no levante de 1814 em Salvador temos registros da liderança de Francisca, africana haussá, "intitulada rainha", em cuja casa "se guardavam as armas" utilizadas na rebelião.

Ocorrida em fevereiro, a revolta reuniu em torno de duzentos rebeldes que contariam ainda com o apoio de quilombolas. Os alvos foram as armações de pesca de baleia, que ficavam no litoral das cercanias de Salvador. Casas e depósitos seriam incendiados, causando grande prejuízo. O movimento revelou uma articulação entre cativos que trabalhavam na cidade — muitos ao ganho — e aqueles dos entrepostos de pesca de baleia, além de quilombolas do Sangradouro, que estavam sitiados nas freguesias limítrofes. É nesse contexto que se destacam o desempenho e a importância da rainha Francisca. Seu companheiro, um africano apelidado Francisco Cidade, fazia a conexão de rebeldes da cidade com outros articulados nos arredores. Investigações apontariam que Francisco era "o presidente das danças de sua nação, protetor e agente delas". O casal andava por várias regiões de Salvador e do Recôncavo, justamente para "conferir títulos e dignidades aos mais ardilosos de sua nação". Estabeleceram igualmente, e entre africanos, sobretudo haussás, "comércio particular", e desse modo obtiveram o "maior respeito".

Com base nos estudos de João José Reis (1952-), Francisca surge na investigação como "amásia" de Francisco, mas também como "rainha" de danças dos africanos de sua nação. A documentação não fornece, porém, outros indícios e informações sobre ela. Ao menos mais nove mulheres foram listadas nas investigações sobre o levante de 1814, em sua maioria africanas haussás: Maria, Vitória, Antônia, Delfina, outra Maria, Germana, Felicidade, Ludovina e Teresa. Muitas disseram ter fugido "voluntariamente, e com desejo de se subtraírem ao cativeiro pelo mau trato de seus senhores". Tentariam, ainda, se defender das acusações de insurreição, admitindo apenas que acompanhavam seus esposos e o bando de rebeldes. A africana Ludovina Nagô confessou que durante a revolta tinha encorajado os homens para a batalha, e também empunhara "bandeira" e usara os símbolos dos insurgentes. Ela e as cativas Felicidade e Teresa acabaram condenadas a cem açoites cada, castigos que deveriam ser aplicados na prisão, e não em público.

FONTES: **Décio Freitas; João José Reis.**

VEJA TAMBÉM: **Acotirene e Aqualtune; Ângela; Dandara...; Hilária e Madalena; Horácio de Sá Pacheco; Mariana; Rainha Marta; Tereza de Benguela.**

FRANCISCA LUIZ

C. 1550-? | PORTO, PORTUGAL; SALVADOR, BAHIA

Aqueles que praticavam a "sodomia", também conhecida como "abominável pecado nefando", eram severamente perseguidos pelos Tribunais da Inquisição. Durante a Idade Média, a expressão referia-se a "excessos" na vida sexual. Já no século XVII, o Santo Ofício tomou como alvo de suas investigações os "pecadores do sexo masculino". Foi só a partir do século XIII que a sodomia foi definida como "coito anal entre homens ou entre homens e mulheres", ou simplesmente "a existência de relações entre pessoas do mesmo sexo".

De toda maneira, "amores homoeróticos femininos", segundo os termos do Oitocentos, ou o "lesbianismo", tinham mais tolerância na Europa, naquele contexto. Isso talvez por não existirem muitos relatos dessas práticas, e por conta de a maioria dos episódios ocorrerem na vida da Corte ou nos conventos e, sendo assim, de maneira mais velada.

No caso brasileiro, durante a primeira visitação do Santo Ofício ao Nordeste (1591-5), 29 mulheres foram detidas pelo inquisidor Heitor Furtado de Mendonça (*c.* 1543-?) como "sodomitas". A maioria das confissões referiam-se, porém, a meninas de nove e dez anos ou "moças donzelas de dezoito a vinte anos". Também mulheres adultas, casadas ou viúvas, confessaram desenvolver relações de intimidade com amigas de infância. Guiomar Pisçara, de 38 anos, casada, contou que, aos treze anos, "deleitava-se com uma escrava da família", uma "negra ladina da Guiné", chamada Mécia. A viúva Madalena Pimentel, por exemplo, de 46 anos, confessou que, ainda moça, tivera "contatos carnais" com meninas da mesma idade.

Muito "cortejada pelos homens", a mameluca Maria de Lucena, de 25 anos, solteira, "dormia carnalmente" com escravizadas da casa, negras e índias, tendo sido surpreendida muitas vezes em "delito". Quando foi denunciada, afirmou que praticava o amor com outras mulheres "por gosto" e não "por falta de homens".

Um caso rumoroso foi o que envolveu Francisca Luiz e Isabel Antônia. Francisca era uma negra forra natural do Porto, morava em Salvador, tinha quarenta anos, era filha de Luís, cativo do chantre do Porto, e fora abandonada pelo marido Domingos Soares, pardo, remendão. Ela sabia "ler pela cartilha", tinha "uma irmã mulata", filha de sua mãe com um branco do Porto. Esta teria vindo de Portugal degredada por pecar com outras mulheres e tinha o apelido de "a do veludo", porque sabiam que usava em suas relações sexuais um instrumento aveludado. Ela foi denunciada na primeira visitação, em 25 de janeiro de 1592, por Isabel da Fonseca, natural da Bahia, casada, moradora em Tasuapina, de dezessete anos, que disse que havia sete ou oito anos, vira Francisca dar um recado a uma mulher solteira chamada "a do veludo". A denunciante afirmou que Francisca tinha fama pública de dormir carnalmente com Isabel Antônia.

O historiador Luiz Mott (1946-) mostra que, oito meses após essa denúncia, em 14 de setembro de 1592, Francisca foi chamada pelo visitador, que lhe pediu que declarasse "todas suas culpas". Contou ela, então, que, em 1577, na cidade do Porto, "morou de portas a dentro duas vezes com Maria Álvares, tecedeira, mulher que em casa não tinha marido", que fazia treze anos estava na Bahia. Confessou ainda que havia treze anos mantinha "amizade" com Isabel Antônia, "mulher que não tem marido, que diziam que veio degredada do Porto por usar do pecado nefando com outras mulheres, e por ela ser sua natural [conterrânea], ela ré se agasalhou em sua casa um mês, pouco mais ou menos, no qual tempo pecou com ela o dito pecado nefando algumas três vezes em diferentes dias, pondo-se uma em cima da outra e ajuntando seus corpos e vasos". Negou, porém, categoricamente ter mandado qualquer recado enciumado a Isabel Antônia.

Tinha quarenta anos na época da visitação inquisitorial quando foi denunciada ao Tribunal do Santo Ofício, por causa de um romance que viveu com a portuguesa Isabel Antônia, que havia chegado de Portugal por volta de 1579 degredada também do Porto por acusações de lesbianismo. Não se sabe se as duas já se conheciam em Portugal. De toda forma, Isabel foi morar na casa de Francisca e, em 1580, uma briga entre elas, motivada por ciúmes, acabou no Juízo Eclesiástico. O caso chegou até a Inquisição portuguesa. Após ser "admoestada pelo visitador Furtado de Mendonça", que lhe rogou que dissesse a verdade, acabou dispensada. Dois dias depois foi chamada novamente à Mesa Inquisitorial, e, após jurar nos Santos Evangelhos, ratificou sua negação: "Nunca mais, nem antes nem depois em todo o tempo de sua vida que se lembra, pecou o tal pecado nefando". Em 18 de agosto de 1593, foi proferida a sentença: pagamento de dez cruzados para as despesas do Santo Ofício, penitências espirituais (confissão e jejuns).

De toda maneira, esse foi um dos raríssimos processos de sodomia feminina julgados pela Inquisição portuguesa, sendo a grande maioria proveniente da visitação de Heitor Furtado. Nas décadas seguintes, nenhuma mulher seria processada por sodomia no Reino ou até mesmo na Colônia.

A partir de meados do século XVII, a Inquisição praticamente abriu mão de agir sobre esse "crime", pois acreditava que as mulheres seriam "incapazes de praticá-lo por razões anatômicas". Outras explicações estavam ligadas ao fato de as mulheres serem consideradas mais discretas em suas relações homoeróticas e, salvo algumas raras exceções, poucas vezes foram flagradas durante os "atos pecaminosos". A Igreja considerava, ainda, que a sexualidade feminina era um mistério e que causava sempre medo e curiosidade nos homens.

Francisca — cujo nascimento teria se dado em 1550 — foi talvez a única mulher condenada pela Inquisição, no Brasil, por lesbianismo. No entanto, como Isabel Antônia já havia falecido na época da visitação, o Santo Ofício resolveu não castigar Francisca com o desterro.

FONTES: Arquivo Nacional da Torre do Tombo; Luiz Mott; Ronaldo Vainfas.

VEJA TAMBÉM: Francisca (Xica) Manicongo; Jerônimo Soares; Mécia; Páscoa Vieira.

FRANCISCA (XICA) MANICONGO

SÉC. XVI | ÁFRICA CENTRAL; BAHIA

Existem poucos registros sobre a vida de Francisca Manicongo. Ela aparece nos documentos da visitação da Inquisição no Brasil como Francisco Manicongo, ou Francisco Congo, vivendo na capitania da Bahia, no fim do século XVI. Além disso, não se tem ideia de quando teria desembarcado no país e em qual engenho morou. Sabe-se apenas que pertencia a um sapateiro na Bahia, o que sugere que tenha vivido numa área urbana quinhentista emergente.

Como apontou a pesquisa de Luiz Mott (1946-), Xica Manicongo foi acusada duas vezes. A primeira denúncia chegou por meio de um escravizado pertencente aos jesuítas. O cativo dizia que Francisco usava "o ofício de fêmea", nada mencionando sobre práticas sexuais. Já a segunda afirmava que Francisco se recusava a trajar "o vestido de homem que lhe dava seu senhor".

É certo que, nas denúncias da Inquisição, imagens de sociedades, culturas e sexualidades acabavam por misturar várias Áfricas, Europas e Américas. Práticas e costumes eram percebidos por lentes muito condicionadas por moralidades europeias e cristãs. Em regiões do continente africano colonial quinhentista, falava-se dos jimbandas, que usavam trajes somíticos no reino do Congo. Seria Francisco um jimbanda? É interessante destacar sua distinção, e a insistência em ser chamada de Manicongo. Por isso mesmo, não aparece apenas como "Francisco da Guiné" ou "gentio da Guiné", como eram generalizadamente classificados os africanos, sobretudo no século XVI e na primeira metade do século XVII.

As primeiras gerações de africanos que ocuparam os engenhos misturavam, além de indígenas escravizados e livres, aldeados sob o trabalho compulsório, centro-africanos e aqueles ocidentais da Alta Guiné.

Xica Manicongo foi uma personagem excepcional. Suas atitudes, seu comportamento e as acusações que recaíram sobre ela revelam estranhamentos e preconceitos sobre práticas, costumes, culturas corporais e sexuais presentes na realidade atlântica africana, mas ainda desconhecidos pelas autoridades religiosas que vinham ao Brasil ou aqui viviam.

FONTES: Luiz Mott; Ronaldo Vainfas.
VEJA TAMBÉM: Francisca Luiz; Jerônimo Soares; Mécia; Páscoa Vieira.

FRANCISCA PODEROSA

?-1742 | ITU, SÃO PAULO; PITANGUI, MINAS GERAIS

Há quem diga que, para compensar o abandono, muitas mulheres expuseram-se a um risco calculado envolvendo a prática da mancebia e da bigamia. Deixadas por seus maridos, optaram pelo concubinato para escapar da solidão e da pobreza. Algumas, ainda, saíram de seus locais de origem e puderam viver novos e, por vezes, perigosos amores. Nesse contexto, podemos visualizar a complexa relação estabelecida pela mameluca Anastácia, moradora na vila de Pitangui, comarca de Sabará, Minas Gerais, através de seu testamento registrado no ano de 1742. O relacionamento vivido por Anastácia constitui um caso emblemático e que permite perceber os esforços despendidos por ela no mundo colonial com o objetivo de viabilizar uma solução, tanto física quanto emocional. Para tanto, chegou a mudar de nome, passando a se chamar Francisca Poderosa.

Na América portuguesa, existiram certamente milhares de Anastácias, assim como inúmeras Chicas da Silva já foram desenterradas pela historiografia recente. Contudo, poucas são aquelas de cuja história de vida é possível hoje conhecer os meandros, e com tantos detalhes.

Na iminência de sua morte, no dia 6 de agosto de 1742, a mameluca escreveu seu testamento, em que dizia ter sido casada com João Requeixo, na vila de Itu, capitania de São Paulo. Mostra a dissertação de Igor Bruno Cavalcante dos Santos que ela tivera uma filha, Maria Requeija, que, por conta de um dote concedido por seu tio, Manuel Homem, já falecido quando da feitura do testamento, conseguira pecúlio suficiente para se casar. Natural da dita vila, Anastácia fora porém abandonada pelo marido, que partira para o sertão, e, em "desacordo com a solidão", tratou de encontrar um novo desfecho para a sua história: amasiou-se com outros homens, mesmo sendo casada. Por meio de relações não sacramentadas pela Igreja, quem sabe buscava sair de dificuldades financeiras e encontrar novos companheiros. Ou seja, tratou de viver sob a proteção de outros homens, ainda que de forma mais passageira.

No entanto, ao tomar ciência de que seu marido estava a caminho de casa, fugiu para a região de Minas. No período em que se encontrava longe do consorte, se envolveu com dois homens com os quais teve mais dois filhos: João, de Feliciano Coelho, e Francisco, de André dos Santos. Temendo, porém, que o marido a maltratasse, por causa da traição, afirmou que passara "para as Minas sem bens alguns senão só com a minha pessoa" e que, ao fazer isso, trocara seu nome para Francisca. Uma vez nas Minas, amasiou-se com outros dois homens, Antônio Pereira do Serro Frio, com quem teve o terceiro filho, Francisco Xavier, e com o licenciado Domingos Maciel Aranha, com quem concebeu mais uma filha, Maria da Conceição.

Afirmou ainda que, durante o tempo em que esteve ao lado do português Domingos, gozou de maior estabilidade financeira. Mesmo assim, tal fato não foi suficiente para que ela se livrasse de condenações do Tribunal Eclesiástico, em 1738. Francisca Poderosa, como era conhecida, e Domingos Maciel Aranha foram sentenciados pelo visitador Francisco Pinheiro da Fonseca por "viverem amasiados" e pelo fato de a relação ser do "conhecimento de todos". O casal, condenado pelo crime de concubinato, teve que pagar o valor de 3 mil-réis.

O certo é que, no ano de 1742, Francisca Poderosa era uma mulher de posses. Ao deixar seu testamento, dera a Domingos Maciel Aranha a guarda de seu filho com Antônio Pereira, bem como o instituiu como seu próprio testamenteiro. Ao que tudo indica, o casal construíra laços afetivos e estáveis. Seis anos depois, o nome de Domingos Maciel Aranha reaparece nas devassas. Dessa vez, ele constava como sentenciado do visitador Miguel de Carvalho Almeida e Matos, que o condenou por ter o costume de "embebedar-se publicamente".

É possível concluir que a migração pode ter sido uma estratégia para mulheres que optaram pelo amasiamento. As uniões consensuais estabelecidas por Anastácia/Francisca e seus amásios permitem compreender agências e negociações definidas por mulheres que se negavam a viver em abandono e buscavam formar um pecúlio para elas e para seus herdeiros.

FONTES: **Eduardo França Paiva; Igor Bruno Cavalcante dos Santos; Rangel Cerceau Netto.**

VEJA TAMBÉM: **Chica da Silva; Rita Cebola.**

FRANCISCO

1854 | SÉC. XIX | ÁFRICA CENTRAL; TAUBATÉ, SÃO PAULO

Em abril de 1854, logo após uma série de rumores, denúncias e muita repressão, foi aberto em Taubaté, São Paulo, um processo-crime contra o escravizado Francisco, pertencente a Francisco Garcia Bicudo. Foram realizadas, também, várias prisões, em diversas fazendas, que alcançaram os municípios de Lorena, Caçapava e Pindamonhangaba. Conforme mostra a pesquisa de Flávio dos Santos Gomes, investigava-se o crime de insurreição, e foram descobertos armas e preparativos para uma grande revolta. Sob esse pretexto ocorreram inúmeras diligências e invasões de senzalas, além da proibição de venda de armamento, pólvora e balas para "pessoas suspeitas". Em Taubaté, o principal desdobramento foi a proibição da festa de São Benedito, que seria realizada em junho, incluindo "ajuntamentos" de escravizados e libertos para as suas "danças denominadas de congo".

Francisco, um africano benguela, e outros africanos escravizados e libertos — com destaque para Diogo e Chico Veva — foram apontados como líderes da conspiração. Alguns deles acabaram interrogados e indiciados. Em sua maior parte pertencentes ao capitão Gregório Ribeiro da Silva, confessaram que tinham sido convidados pelos "pretos" desse fazendeiro a participar de "um levante no dia de São Benedito". O africano Damião, de propriedade de Rodrigo de Versa e um dos ensaiadores da dança dos congos, admitiu a existência de tratativas para uma revolta. Outros depoimentos revelaram que africanos de fazendas diferentes travavam muitas "conversas". Havia denúncias de que os escravizados das fazendas de Pindamonhangaba pretendiam matar o feitor e se juntar aos escravizados de Taubaté.

Embora o crime de insurreição nunca ficasse comprovado, o africano Francisco foi condenado a galés perpétuas, e o liberto Chico Veva recebeu a sentença de prisão com trabalho por oito anos. Vários foram os africanos indiciados e pronunciados com sentenças de açoites: Mateus, de d. Francisca Gomes, 150 açoites; André e Joaquim, pertencentes a Bento Monteiro da Silva (1788-1866) e a Vicente Borges, trezentos açoites cada um, além de ter que trazer ferro no pescoço por três anos; Mateus, Marcolino, Tomás, Felisberto, Isidoro, "todos os escravos do mesmo capitão Gregório", foram punidos com trezentos açoites; e Antônio e Manuel, cativos de Francisco Garcia Bicudo, cinquenta açoites por dia.

Entre os libertos e escravizados acusados de envolvimento, havia vários africanos das regiões do Congo Norte, denominadas nações congo, cabinda e monjolo. A onda de rumores de insurreições, especialmente no Sudeste escravista, teve o seu apogeu em 1848. Nesse ano surgiriam também boatos em províncias como Bahia, Rio Grande do Sul e Minas Gerais. Comentava-se a possibilidade de combinação entre movimentos isolados, ou a existência de um plano entre os escravos. Já as autoridades amedrontadas temiam "tão criminosa combinação". Dizia-se que tais movimentos contavam com "inspirações próprias", mas também influências externas internacionais.

Em Taubaté, entre os rumores espalhados sobre uma revolta no ano de 1854, falava-se do "descontentamento dos escravizados" diante da diminuição dos feriados religiosos, por ocasião da bula papal emitida em 1852. As decisões tomadas no mundo ocidental cristão europeu provocavam repercussões em sociedades escravistas católicas. Nesses dias santos, os próprios escravizados organizavam festas que envolviam rituais religiosos, crenças mágicas e congadas. Durante esses rituais, batuques e jongos escravos de algumas fazendas eram convidados por cativos de outras propriedades a se solidarizarem. E nesses períodos de festejos religiosos recrudesciam temores e boatos.

FONTES: João Luis Ribeiro; Maria Helena P. T. Machado; Suely Robles Reis de Queiroz.

VEJA TAMBÉM: Benedito Meia-Légua; Diogo Rebolo...; Manuel Congo.

FRANCISCO ANTÔNIO DA COSTA

SÉC. XIX | ÁFRICA OCIDENTAL; RECIFE, PERNAMBUCO

Foram muitos os escravizados fugidos e os que procuraram refúgio se alistando em tropas auxiliares e milícias de homens pardos e negros livres, incluindo libertos, no Brasil do século XVIII e da primeira metade do século XIX. E é essa a história de Francisco Antônio da Costa, que acabou se notabilizando como destacado combatente militar nos conflitos por ocasião da Confederação do Equador, que ocorreram em Pernambuco em 1824. Francisco Mina era um cativo africano, da Costa ocidental, que tinha conquistado a sua liberdade em 1811.

No entanto, entre 1824 e 1828, d. Maria Luz Monteiro, sua antiga proprietária, tentou revogar a alforria, alegando que Francisco não teria cumprido o registrado na sua libertação condicional, que estipulava que deveria manter-se trabalhando e que só ficaria livre depois da morte dela. Em vez disso, Francisco passara a desrespeitar d. Maria, já se julgando liberto. Tanto que sem qualquer permissão, controle ou interdição se casou, em 1822, com Gertrudes numa igreja em Olinda, e não no Recife onde residiam. Ela era uma africana rebolo, ex-escravizada da freira Úrsula, do recolhimento da Conceição.

Nessa época o casal africano adquiriu sobrenomes, verdadeiros símbolos de liberdade, passando a serem chamados de Francisco Antônio da Costa e Gertrudes de São José. Além disso, "armou uma venda, passando muito bem" a viver como pessoas livres. Francisco não se considerava mais cativo, dizendo à sua senhora que não "lhe devia obediência alguma" e não mais "iria prestar-lhe serviço algum".

Mas a história talvez tenha sido um pouco diferente, como destaca o historiador Marcus J. M. de Carvalho. Testemunhas alegaram que Francisco continuava a prestar serviços para d. Maria, que cada vez mais desejava controlar a ele e a sua família, nunca tendo admitido seu casamento. D. Maria transformou tudo num processo civil, para revogar a liberdade de Francisco, que foi parar no Tribunal da Relação. A proprietária pretendeu tirar a liberdade de Gertrudes, acusando-a de andar embriagada.

Francisco, por sua vez, argumentou que d. Maria queria obrigar a esposa a vender de tabuleiro nas ruas do Recife. Entre a alforria condicional em 1811 e o processo iniciado em 1824, que ficou sob decisão judicial até 1828, passaram-se treze anos. Nesse meio-tempo, Francisco viveu como um homem livre e foi assim que se alistou no 4º Batalhão de Milícias, a artilharia dos Henriques, em 1822.

No Brasil colonial, e desde o século XVII, era comum o uso de "homens livres de cor" e de ex-escravizados em unidades de combate formadas por milícias coloniais e por exércitos voluntários. Os primeiros recenseamentos militares realizados no fim do Setecentos destacavam o elevado número de mulatos e negros em tropas coloniais. Na capitania de Pernambuco, em 1759, eles totalizavam cerca de 15%. Só no terço dos Henriques — nome das tropas formadas por mulatos, mestiços e negros livres e libertos —, havia 1323 homens alistados em quinze companhias, além de um regimento de 1400 milicianos constituído apenas por negros. Até mesmo africanos libertos participaram dessas tropas, caso da região de Jaguaripe, interior da capitania da Bahia, em 1792.

Em momentos de ameaças de invasões estrangeiras, muitas colônias armavam seus escravizados. Em áreas de fronteira, cativos brasileiros percebiam nesse expediente uma possibilidade de alforria. Em 1798, período de muita tensão na fronteira amazônica com a Guiana Francesa, as autoridades do Grão-Pará lembravam que era necessário armar "os seus escravos" para "concorrer para a defesa das suas propriedades e do Estado com eficácia, zelo, e valor assim como concorreram em outros portos do Brasil para expulsar os holandeses e franceses".

Em Pernambuco, no ano de 1822, Francisco se alistou num contexto de turbulência política, momento em que ocorriam debates acerca da emancipação política entre Portugal e Brasil, e os índices de fuga de escravizados aumentavam, bem como as denúncias de que muitos haviam se engajado em tropas auxiliares. Francisco não queria apenas se esconder, mas sim reafirmar sua identidade como homem livre que poderia se alistar — o que era entendido como uma distinção — em tropas auxiliares de libertos e pardos.

Sabe-se, aliás, que, nesse contexto de efervescência política, muitos libertos foram atraídos por essa possibilidade em Pernambuco. Alistado em 1822, Francisco atuou na campanha militar desencadeada pelos conflitos gerados pela Confederação do Equador em 1824. Já d. Maria alegava que tinha comprado Francisco como "um pretinho em lote do gentio da Costa" e o havia libertado por tê-lo "criado com o amor de filho" e pelos "bons serviços".

D. Maria pagou advogados e convenceu testemunhas a acusar Francisco de "negro atrevido e desobediente, ingrato". Francisco Antônio da Costa mobilizou igualmente suas testemunhas para mostrar que era um homem livre que voluntariamente tinha se alistado em tropas de pardos, ou melhor, onde "se fez um famoso artilheiro", quase um herói, destacando-se no meio militar.

Herói militar, Francisco Antônio da Costa perdeu sua liberdade nos campos de batalha jurídicos, voltando a ser o cativo Francisco, em 1828.

FONTES: Luiz Geraldo Silva; Marco Morel; Marcus J. M. de Carvalho.

VEJA TAMBÉM: Brito Souto; Divino Mestre; Emiliano Mundrucu; Henrique Dias.

FRANCISCO CARREGAL 1884-1949, MANUEL MAIA SÉCS. XIX-XX E OUTROS FUTEBOLISTAS PIONEIROS | RIO DE JANEIRO

O chamado "mulato" Francisco Carregal (1884-1949), "brasileiro com cinquenta por cento de sangue preto", de pai português branco e mãe brasileira preta, e Manuel Maia, "crioulo, filho de preto com preta", são personagens símbolos das origens do futebol no Brasil e da inserção da população negra no alvorecer do século XX, mesmo num contexto de muita intolerância e racismo. Os dois foram registrados na obra clássica de Mário Filho (1908-66), *O negro no futebol brasileiro*, como jogadores do The Bangu Athletic Club, criado em 1904. Na época, havia ainda outros clubes com times de futebol, como o Paissandu Cricket Club, o Rio Cricket and Athletic Association, o Sport Club Riachuelo e o Football Athletic Club, nos quais a maior parte dos atletas eram brancos de ascendência inglesa.

Mais que jogadores, Carregal e Maia eram operários da Companhia Progresso Industrial do Brasil. Juntamente com Carlos Alberto, do Fluminense — conhecido por usar pó de arroz para esconder a cor da sua pele —, Artur (com um "leve tom azeitonado no rosto moreno") e Friedenreich (1892-1969), um "mulato" filho de imigrante alemão, entre outros, simbolizaram a longa batalha dos jogadores negros brasileiros nas primeiras décadas da prática do futebol.

Até mesmo os times de fábricas importavam jogadores brancos ingleses. Na verdade, os primeiros times de futebol e os primeiros clubes eram compostos de jogadores das chamadas "boas famílias"; estudantes que mais tarde seriam médicos, advogados, engenheiros e oficiais do Exército e da Marinha. Mas aqui ou acolá — apesar das críticas e denúncias com tom explicitamente racista — foram inseridos jogadores negros dos quais sabemos apenas o apelido ou o primeiro nome, como Manteiga, Epaminondas, Miranda, Chiquinho, Heráclito, Luís Antônio e outros.

Esses foram personagens anônimos, verdadeiros heróis das primeiras décadas de uma intolerância racial com altos níveis de violência e exclusão. No dia a dia, times da elite e mesmo atletas brancos se negavam a jogar ou participar de partidas com times que admitissem jogadores negros. Estes últimos foram até proibidos de assinar a súmula dos jogos. Muitos eram analfabetos, alguns tuberculosos, que aceitavam ofertas de emprego para jogarem futebol pelos times de fábrica.

Ainda assim, os negros eram, "aos olhos dos clubes finos, uma espécie de arma proibida". Entre 1906 e 1922, nenhum clube que contava com jogadores negros tinha conseguido ser campeão no Rio de Janeiro. Mário Filho consultou muitos jornais, as memórias de Marcos de Mendonça (1894-1988) e de fundadores do Fluminense, Botafogo, Flamengo, Paulistano, bem como de vários antigos cronistas da imprensa esportiva.

Foi o Vasco da Gama — clube da colônia portuguesa — que aceitou uma primeira numerosa geração de jogadores negros que hoje pouco conhecemos, como Ceci, Bolão e Nelson da Conceição (1899-?), trazidos do Engenho de Dentro, de Vila Isabel e do Andaraí.

Mário Rodrigues Filho (1908-66) mostrou pioneiramente — e depois vieram os estudos de Leonardo Affonso de Miranda Pereira (1968-), Maurício Drumond, Ricardo Pinto dos Santos, entre outros — como em outras cidades, como Santos, São Paulo e Porto Alegre, o futebol se desenvolveria no início do século XX com igual exclusão, com times, competições e ligas segregadas. Considerado então um esporte de jovens refinados, da década de 1930 em diante o futebol já ficaria conhecido como uma prática dominada por trabalhadores, operários, pobres e sobretudo negros.

FONTES: **Leonardo Affonso de Miranda Pereira; Mário Rodrigues Filho; Maurício Drumond; Ricardo Pinto dos Santos.**

VEJA TAMBÉM: **Garrincha; Moacir Barbosa Nascimento.**

FRANCISCO DE PAULA BRITO

1809-1861 | RIO DE JANEIRO

Francisco de Paula Brito nasceu na então rua do Piolho (hoje rua da Carioca), no centro do Rio de Janeiro, em 2 de dezembro de 1809. Era filho do carpinteiro Jacinto Antunes Duarte e neto do ourives Martinho Pereira de Brito, de quem adotou o sobrenome, e de Maria Joaquina da Conceição Brito, ambos de origem modesta e descendentes de escravizados. Seu avô materno — o sargento-mor Martinho Pereira de Brito, que trabalhava como embrechador do famoso escultor Valentim da Fonseca e Silva (1745-1813), o Mestre Valentim — foi responsável por sua educação.

O rapaz viveu dos seis aos treze anos no engenho de farinha arrendado por sua família de Suruí, em Magé, e por lá aprendeu as primeiras letras com a irmã Ana Angélica. Retornou ao Rio de Janeiro em 1823, onde completou sua formação. Após a morte do avô, em 1830, foi morar com o primo, o livreiro Silvino José de Almeida. Ganhou a vida, então, como ajudante de botica, e entrou em 1824 na Tipografia Nacional, na função de aprendiz. Depois desse período, atuou como diretor de prensas, redator e tradutor na oficina tipográfica de Pierre Plancher (1779-1844), fundador do *Jornal do Commercio*. Em 1830, contraiu matrimônio com Rufina Rodrigues da Costa. Já no ano seguinte, comprou a livraria do primo Silvino José de Almeida, na praça da Constituição, atual praça Tiradentes. E foi em 1832 que Paula Brito abriu a Tipografia Fluminense Brito & C., que passou a se chamar Tipografia Imparcial de Brito.

Editou, então, um número considerável de obras, bem como publicou diversos periódicos. Lançou *A Mulher do Simplicio, ou A Fluminense Exaltada*, a primeira revista feminina do país (1832) — e também periódicos científicos como *Revista Medica Fluminense*, *Revista Medica Brasileira*, *Archivo Medico Brasileiro*, *Annaes de Medicina Brasiliense*.

Um dos jornais mais conhecidos foi a *Marmota Fluminense*, fundada em 1849. A *Marmota*, que contava com sessenta empregados, entre eles nove franceses, cinco portugueses e 46 brasileiros, durou de 1849 a 1864. Era um periódico de entretenimento e diversão, mas não se furtava a expressar de maneira contundente sua relação com a sociedade em que vivia, seus costumes, sua religião, seu comércio e suas relações morais e éticas. Na época, sua pequena loja se tornou uma fábrica de pasquins, já que muitos recorriam a seu trabalho para terem seus jornais impressos.

No entanto, era necessário manter em sigilo o nome dos autores dessas publicações, pois Paula Brito podia ser punido, uma vez que a legislação vigente costumava reprimir o que chamava de "excessos da liberdade de imprensa". Sua loja se transformou, então, num ponto de encontro de pessoas de diferentes partidos, e num espaço de sociabilidade política.

Paula Brito sempre defendeu sua posição como impressor autônomo e livre, publicando jornais com diferentes orientações políticas, sobretudo aqueles que inseriam a questão racial no debate público. De sua tipografia saíram o jornal *O Mulato, ou O Homem de Côr*, lançado em setembro de 1833. Esse foi o primeiro periódico brasileiro dedicado à luta contra o preconceito racial. Redigido por uma pessoa negra chamada Lafuente e por outros colaboradores crioulos dedicados à luta contra o preconceito racial, o jornal proclamava a "igualdade e o direito de todo cidadão brasileiro de ocupar cargos públicos civis e militares, sem distinção de raça ou cor".

O editor também publicou obras associadas ao movimento romântico (1840-60), tendo em seu catálogo títulos de José de Alencar (1829-77), Gonçalves Dias (1823-64), Joaquim Manuel de Macedo (1820-82) e Machado de Assis (1839-1908). Reunia ainda poetas como Laurindo Rabelo (1826-64), romancistas como Joaquim de Saldanha Marinho (1816-95) e Firmino Rodrigues da Silva (1816-79), além de um número considerável de médicos, como Francisco de Meneses Dias da Cruz (1853-1937), Henrique César Múcio (1831-74) e Rodrigues Matias.

A livraria/ editora atraía, igualmente, músicos da época. Foi Paula Brito quem sugeriu aos participantes que criassem a Sociedade Petalógica do Rocio Grande, entidade em que reinava "humor, música e poesia", a começar pelo título, uma vez que "peta" significa "mentira". Essa sociedade literária, de acordo com seus idealizadores, foi fundada "para contrariar os mentirosos, mentindo-lhes, a fim de que eles, tomando como verdade tudo o que ouviam, o fossem repetindo por toda a parte e se desmoralizassem inteiramente, ou perdessem o vício". A Petalógica propunha, assim, a indistinção entre engodo e verdade, fato e ficção, mentira e moralidade, humor e patriotismo.

A Petalógica congregava em torno de si intelectuais e profissionais pertencentes a distintas classes sociais, promovendo pontos de contato entre comunidades letradas e não letradas. A sociedade animava o diálogo, por exemplo, entre poetas e músicos, sendo o próprio Paula Brito autor de modinhas e lundus.

Expandindo negócios, em 1848 Paula Brito criou a Loja do Canto, nome que sua livraria e papelaria ganhou na época. Em 1850, fundou a Imperial Tipografia Dois de Dezembro, uma companhia que teve entre seus acionistas d. Pedro II, que lhe concedeu o título de impressor da Casa Imperial. Paula Brito procurou expandir a tipografia e transformá-la na Empresa Literária Dois de Dezembro. Mas a iniciativa coincidiu com a crise financeira criada pela política de emissões das instituições bancárias, o que o levou, entre 1856 e 1857, à concordata, penhora de bens e falência. Tentou ainda retomar seus negócios, montando uma nova tipografia, litografia e encadernadora, a Tipografia Paula Brito. Envolveu-se, nessa época, com a criação de uma Caixa Auxiliadora da Literatura, cujo objetivo era premiar as melhores músicas e as melhores peças de teatro.

Paula Brito foi, ele mesmo, um dos primeiros contistas brasileiros. Entre os textos de sua autoria publicados a partir de 1839, estão "O triunfo dos indígenas", "Os sorvetes e o Fidalgo Fanfarrão", "A revelação póstuma", "A mãe-irmã" e "O enjeitado". Foi também poeta e tradutor ativo. Ocasionalmente, era letrista de música popular brasileira, com pelo menos uma colaboração famosa no gênero: o "Lundu da marrequinha", lançado em 1853, com versos de Paula Brito e música de Francisco Manuel da Silva (1795-1865), o compositor do Hino Nacional.

Embora não pertencesse ao movimento abolicionista, Paula Brito sempre ressaltou sua posição contrária à escravidão. Membro dos farroupilhas, era defensor da igualdade racial e da garantia dos direitos civis. Escreveu ele em 1837:

Si não tem o povo nellas,
do que nós mais liberta
Si as classes não se nivellão
por huma lei d'igualdade

Si homem de cor nos Estados
Unidos (fallemos francos)
Infeliz, não faz a barba,
Onde barbeao-se os brancos

O editor faleceu em sua casa, no Campo de Santana, 25, no dia 15 de dezembro de 1861. Seu cortejo fúnebre foi seguido por muitos amigos, conhecidos, escritores, jornalistas, artistas, intelectuais, músicos e meros curiosos. Contabilizaram-se mais de duzentos carros, já que o editor havia se tornado, a essa altura, um personagem popular da cidade. Em estudo aprofundado sobre Paula Brito, o historiador Rodrigo Camargo de Godoi destaca de que maneira o jornalista negro usou a imprensa no Rio de Janeiro Oitocentista como instrumento de promoção da cidadania e da liberdade de manifestação, agindo, assim, na contramão da mentalidade escravocrata da época.

FONTES: **Ana Flávia Magalhães Pinto; Eunice Ribeiro Gondim; Laurence Hallewell; M. S. dos Santos; Manoel Duarte Moreira de Azevedo; Renato Araújo da Silva; Rodrigo Camargo de Godoi.**

VEJA TAMBÉM: **Antônio Gonçalves Teixeira e Sousa; Hemetério José dos Santos; Inácio Hermógenes Cajueiro; João Henriques de Lima Barreto; Mestre Valentim; Machado de Assis.**

FRANCISCO DE PAULA VICTOR

1827-1905 | CAMPANHA E TRÊS PONTAS, MINAS GERAIS

Nascido em Campanha, Minas Gerais, em 1827, e batizado Francisco de Paula Victor, o padre Victor foi um importante educador negro numa sociedade ainda cercada pela escravidão.

Filho de uma mulher liberta, consta que Francisco de Paula Victor teve boa formação escolar, estudou latim e mais tarde ingressou no Seminário de Nossa Senhora da Boa Morte, em Mariana. Ordenado padre, atuou como vigário em Três Pontas, a partir de 1852. Destacou-se também como professor público de latim e de francês, seguindo uma trajetória como educador, ainda no período da escravidão e do pós-abolição na província mineira.

Padre Victor faleceu em 1905. Fundou e administrou relevantes colégios no sul de Minas Gerais, além de ter se dedicado a várias obras de caridade.

FONTES: Marcus Vinícius Fonseca; Nei Lopes; Surya Pombo de Barros.

VEJA TAMBÉM: Amália Augusta de Lima Barreto; Antonieta de Barros; Phelipe José Alberto Jr.; Pretextato dos Passos e Silva.

FRANCISCO JOSÉ DO NASCIMENTO

1839-1914 | CANOA QUEBRADA E FORTALEZA, CEARÁ

Há muita lenda envolvendo o nome e a figura de Francisco José do Nascimento, que nasceu em 15 de abril de 1839, em Canoa Quebrada, Ceará. De família de pescadores, foi criado pela mãe, a rendeira Matilde Maria da Conceição, razão por que ficou conhecido, durante anos, como Chico da Matilde.

Contam as histórias locais que seu avô previra o próprio destino: foi engolido pelo mar em sua jangada. Já o pai de Francisco, Manuel do Nascimento, morreu quando ia buscar riquezas no oceano dos seringais amazônicos. Chico teria sobrevivido por milagre: uma espinha de peixe atravessou a garganta do recém-nascido.

Começou a trabalhar como menino de recados a bordo do navio *Tubarão*. Em 1859, quando aprendeu a ler, atuou nas obras do porto de Fortaleza e iniciou o ofício de marinheiro num navio que fazia a linha Maranhão-Ceará. Em 1874, foi nomeado prático da Capitania dos Portos; chegou a prático-mor da barra do porto de Fortaleza, convivendo com o drama do tráfico negreiro e do comércio interprovincial.

Por outro lado, a grande seca que se abateu pelo Ceará entre 1877 e 1879 acabou por desarranjar a produção da província, matando de varíola, cólera e fome parte significativa da população, sobretudo a mais pobre e escravizada.

As intempéries que castigaram a província acabaram por incentivar o tráfico interno de escravizados, com o Ceará passando a ser um relevante "provedor" de cativos. Com o objetivo de minimizar seus prejuízos, grandes proprietários locais passaram a vender seus cativos para os fazendeiros cafeicultores do Sudeste.

Como reação, e seguindo o que ocorria em outras partes do país, começaram a surgir no local instituições civis muito voltadas para a luta abolicionista, como a Sociedade Cearense Libertadora, fundada em 1880. Francisco não só aderiu à sociedade como chegou a ser eleito como diretor. De toda maneira, com o apoio ao movimento abolicionista, ele passou a frequentar clubes, salões e diferentes espaços em geral ocupados pelas elites.

Enquanto isso, sob o slogan "no Ceará não se embarcam escravos", jangadeiros liderados, entre outros, por ele começaram a literalmente impedir o embarque de escravizados, bloqueando o porto. Em vigília, Francisco José — que era proprietário de duas jangadas — localizava alguma embarcação que entrasse no porto do Mucuripe e conduzia uma jangada até ela para comunicar o rompimento do tráfico negreiro na província. Há quem diga que abrigou escravizados em sua casa e que teria sido autor do seguinte brado: "Não há força bruta neste mundo que faça reabrir o porto ao tráfico negreiro".

Não por coincidência, Francisco José estava na sessão da Assembleia de 24 de maio de 1883, em que Fortaleza libertou seus escravizados. Primeiro, deu-se a alforria de todos os cativos da vila do Acarape, onde funcionava uma sociedade abolicionista, de nome Redenção, para depois estendê-la a toda a província do Ceará. A notícia espalhou-se rapidamente em todas as cidades, sendo decretado o fim da escravidão no Ceará em 1884, quatro anos antes do restante do Brasil. O jangadeiro Francisco José do Nascimento virou, então, símbolo da liberdade, e seu protagonismo no bloqueio do porto de Fortaleza rendeu-lhe o apelido de Dragão do Mar.

Por conta de um convite de José do Patrocínio, no dia 25 de março de 1884 os abolicionistas da Corte levaram Francisco ao Rio. Ele ficou quinze dias na capital, com direito a festas e desfiles em sua homenagem. Em 3 de março de 1889, já de volta, reassumiu, por ordem do imperador, o cargo de prático, posto que havia perdido por conta de seu envolvimento nas lutas abolicionistas. Dois anos depois, revoltou-se contra a indicação, por sorteio, de chefes de família para a prestação de serviços militares e contra o fato de apenas negros serem indicados, além de promover uma greve dos trabalhadores de embarcações.

Com o advento da República, o Dragão do Mar recebeu a patente de major ajudante de ordens do secretário-geral do Comando Superior da Guarda Nacional do Estado do Ceará, em reconhecimento a seus atos.

Atualmente, uma série de pesquisas vem mostrando que Francisco José não foi o único líder do movimento abolicionista local. Um jangadeiro importante nesse processo foi José Napoleão, que, embora se tratasse de uma liderança conhecida, recusou a responsabilidade de organizar a greve, tendo indicado, ele próprio, o Dragão do Mar, por conta de sua instrução e aparência.

Numa das diferentes versões sobre a vida do Chico da Matilde, estudiosos relatam que, após esse momento de júbilo e a intensa participação em movimentos revolucionários, o Dragão do Mar perdeu muito de sua fama. Teria também perdido o emprego, vivendo de pesca.

Chico da Matilde morreu aos 75 anos, no dia 5 de março de 1914. Naquele contexto, porém, seu nome não foi muito lembrado, pois Fortaleza atravessava outra revolução política, agora liderada pelo Padre Cícero (1844-1934).

FONTES: Edmar Morel; Eurípedes Funes; José Hilário Ferrara Filho; Luciana Cavalcante; Patrícia Pereira Xavier; Raimundo Girão; Tom Farias.

VEJA TAMBÉM: José do Patrocínio; Tia Simoa.

FRANCISCO LUCRÉCIO

c. 1909-2001 | SÃO PAULO

Nascido em 1909 em São Paulo, embora algumas fontes mencionem Campinas, Francisco era filho de Margarida Lucrécio e de Teodoro Cristiano de Paula Lucrécio. Francisco se converteu no ativista da Frente Negra Brasileira (FNB) que mais produziu memórias sobre aquela organização, sendo entrevistado por pesquisadores brasileiros e estrangeiros que atravessaram as décadas de 1940 a 1990, como Renato Jardim Moreira (1924-2012), E. Michael Mitchell (1920-2009), Miriam Nicolau Ferrara, Kim D. Butler (1960-), Marcos Chor Maio, Márcio Barbosa, Flávio dos Santos Gomes (1964-), entre outros.

Francisco era cirurgião-dentista, formado pela Escola Livre de Farmácia e Odontologia de São Paulo em 1938. Ele se aproximou da FNB em 1932, tendo sido secretário-geral da Frente Negra a partir de 1934, ocasião em que Justiniano Costa estava na presidência. Embora não tenha sido um dos fundadores, num dos seus depoimentos, Lucrécio assim definiu a criação da Frente Negra: "Existiam diversas entidades negras. Todas essas entidades cuidavam da parte recreativa e social, mas a Frente veio com um programa de luta para conquistar posições para o negro em todos os setores da vida brasileira". Durante a administração de Lucrécio ocorreu a expansão de vários departamentos e a ampliação do papel feminino na instituição. Lucrécio lembrava que em São Paulo "muitas famílias que não aceitavam, inclusive, empregadas domésticas negras começaram a aceitar quando se criou a Frente Negra Brasileira. Chegou-se ao ponto de exigir que essas negras tivessem as carteirinhas da Frente".

Lucrécio se casou com Guiomar Lucrécio, mulher negra também frente-negrina. No entanto, e a despeito da participação ativa de Guiomar, durante muito tempo pesquisadores não recorreram a ela com o objetivo de desvendar outras faces da FNB, que ficou muito conhecida a partir de relatos quase exclusivamente masculinos.

De toda forma, Lucrécio foi um verdadeiro griot, personificando a memória da FNB e resgatando a atuação da Frente, da década de 1950 em diante. Seus depoimentos eram tão vivos que se ficava com a impressão de que a Frente Negra continuava a existir, a partir da lembrança viva de seus ex-integrantes.

FONTES: Eduardo de Oliveira; Flávio dos Santos Gomes; Francisco Lucrécio; Kim Butler: Márcio Barbosa; Maria Cláudia Cardoso Ferreira; Michael Mitchell; Petrônio Domingues.

VEJA TAMBÉM: Arlindo Veiga dos Santos; Benedita Costa; Celina Veiga...; Deocleciano Nascimento; Henrique Antunes da Cunha; José Correia Leite; Vicente Ferreira.

FRANCISCO MOÇAMBIQUE E JOSÉ MAJOJO

SÉC. XIX | ÁFRICA ORIENTAL; PORTO ALEGRE, RIO GRANDE DO SUL; CARIBE

Uma série de documentos vem mostrando que africanos escravizados trazidos para o Brasil voltaram para outras partes da África ou acabaram se estabelecendo como trabalhadores no Caribe. Esse foi o caso dos africanos orientais José Majojo e Francisco Moçambique, estudados pela historiadora Beatriz G. Mamigonian. Por volta de meados da década de 1820, eles atravessaram o Índico, saindo de algum dos portos da África Oriental — Quelimane, Lourenço Marques ou Inhambane — em direção ao Brasil. Do Rio de Janeiro, foram embarcados para Porto Alegre. Vendidos para o comerciante Antônio Gonçalves da Luz, foram empregados como marinheiros, atuando em navios que faziam o tráfico de escravizados. O tal negreiro já estava instalado desde 1818, e tinha relações com comerciantes da praça da Candelária, que negociavam africanos e outros produtos. Dessa forma, José e Francisco acabariam atuando como funcionários da lógica comercial escravista. Entre a última década do século XVIII e o fim do tráfico, pelo menos 17% da tripulação dos navios negreiros era composta de africanos — entre escravizados e libertos —, sendo 8,9% deles africanos orientais.

Os africanos José e Francisco podem ter feito inúmeras viagens negreiras, talvez até visitando os portos e as praias de onde partiram no litoral índico. Na década de 1830, atuavam em embarcações que faziam a rota Rio de Janeiro-Benguela. Entre 1841 e 1845, cerca de 28% dos africanos desembarcados ilegalmente no Rio de Janeiro eram provenientes da costa angolana.

Foi durante os traslados atlânticos que José e Francisco acabaram caindo na rede inglesa de repressão ao tráfico ilegal. No fim do ano de 1841, o navio *Dois de Fevereiro*, onde os dois estavam servindo como marinheiros, partiu do Rio com destino a Benguela. Naquele litoral, carregariam quinhentos africanos escravizados. Depois de 35 dias de viagem, 195 destes foram desembarcados no Rio, e o navio seguiu viagem, mas foi capturado pelo cruzador inglês *Fawn*.

O capitão do *Dois de Fevereiro* chamava-se Ezequiel Gomes da Silva, e a tripulação contava com dezoito pessoas, incluindo os dois marinheiros africanos. No entanto, em vez de serem enviados para processo e julgamento junto à Comissão Mista Brasil-Inglaterra sediada na Corte, a embarcação apresada seguiu viagem em direção ao Caribe, ancorando em Demerara, para julgamento pela corte do Almirantado ali instalada.

José e Francisco, africanos orientais com experiência de navegação no sul de Angola, estavam agora no Caribe. O comerciante Antônio Gonçalves da Luz reclamou a posse de seus dois marinheiros escravos, alegando que tinham sido comprados antes de 1831, não sendo, portanto, africanos importados ilegalmente.

Em razão dessa situação jurídica ambígua, José e Francisco ainda iriam parar em outras embarcações e exerceriam novas ocupações enquanto aguardavam as decisões legais. Francisco esteve no cabo da Boa Esperança, servindo como marinheiro do navio *Santo Antônio*, enquanto José atuou numa embarcação que servia de depósito de africanos apreendidos e ilegalmente importados.

Somente em 1844, com o julgamento final do processo, Antônio Gonçalves da Luz foi indenizado por conseguir comprovar que José e Francisco eram seus cativos e tinham sido comprados na década de 1820. Depois disso, acabou por libertá-los, e seus registros voltaram a aparecer em 1846, quando os dois foram transportados para Trinidad a bordo do navio *Despatch*.

Havia uma conexão de interesses no recrutamento de mão de obra livre para várias partes do Caribe inglês após a escravidão ter sido abolida por lá, em 1832-3 e depois em 1838. Esse foi o caminho de José e Francisco, que não partiram sozinhos para Trinidad. Junto com eles seguiram muitos dos embarcados no navio *Dois de Fevereiro*: dos quinhentos cativos, cerca de 125 já tinham morrido. Como tantos outros africanos considerados livres, os dois precisaram se reinventar depois de ter as embarcações em que serviam apreendidas.

FONTES: Beatriz G. Mamigonian; Jaime Rodrigues.

VEJA TAMBÉM: Duarte da Costa; Rufino José Maria.

G

GANGA-ZUMBA

1630-78 | ÁFRICA CENTRAL; PERNAMBUCO

Quem foi Ganga-Zumba, uma das mais importantes chefias de Palmares? Os primeiros documentos mais descritivos são evasivos acerca da identidade ou dos nomes de várias lideranças, referindo-se apenas, e de modo generalizado, a reis ou a chefes.

O melhor retrato das relações de poder que se estabeleceram em Palmares aparece na memória "Relação das guerras feitas aos Palmares", de Pedro de Almeida (1630-79), que descreve eventos ocorridos entre 1675 e 1678. Ali é mencionado o "rei" que todos "reconhecem" e a quem são "todos obedientes", chamando-o de "Ganga-Zumba, que quer dizer Senhor Grande".

Tinham eles "por seu rei e senhor todos os mais, assim naturais dos Palmares como vindos de fora". Dessa forma, era "tratado com todos os respeitos de rei, e com todas as cerimônias de senhor". Os registros dão conta de narrar rituais de realeza e de poder, assinalando que diante da presença dessas chefias "põem logo o joelho no chão e batem as palmas das mãos [em] sinal de reconhecimento, e protestação da sua excelência; falam-lhe por majestade, obedecem-lhe por admiração".

Informações mais detalhadas sobre Ganga-Zumba aparecem associadas à documentação relativa às tentativas de acordos de paz. Caso os palmaristas depusessem as armas e fossem se ajuntar em mocambos mais afastados, teriam os seus territórios e habitantes reconhecidos. Então, organizam uma comitiva para ir ao Recife tratar diretamente com as principais autoridades coloniais; notadamente d. Pedro de Almeida, governador de Pernambuco. Fariam parte da comitiva três filhos do rei Ganga-Zumba.

Os palmaristas entrariam em acordo, contanto que a autonomia deles fosse respeitada. O referido governador, além de aceitar a demanda que consistia em reconhecer a liberdade aos negros nascidos em Palmares, deveria também acatar que os palmaristas poderiam manter trocas mercantis com taberneiros, comerciantes e vendeiros da região; que as terras onde iriam viver seriam aquelas agora demarcadas pela Coroa; que os cativos que continuassem fugindo para Palmares deveriam ser imediatamente devolvidos às autoridades coloniais; e que, a partir da assinatura daquele tratado, os palmaristas passariam à condição de vassalos do rei.

Visando garantir a sobrevivência e a autonomia do quilombo, os palmaristas de alguns mocambos mostraram-se favoráveis e acabaram por aceitar o tratado. Enquanto Ganga-Zumba e inúmeros palmaristas migraram para a região do Cucaú, Zumbi (1655-95) — uma importante liderança militar — optou por permanecer no mocambo Macaco.

A liderança de Ganga-Zumba começou a ser questionada quando ele, em troca da garantia da autonomia de Palmares, concordou em entregar os cativos não nascidos nos mocambos. É necessário destacar que a autoridade dele sobre os demais palmaristas era tanto política quanto militar e religiosa. No entanto, o próprio Ganga-Zumba temia que houvesse contra si e seu mocambo uma conspiração daqueles palmaristas descontentes. Diversos, inclusive, já haviam abandonado o mocambo de Cucaú e passado a aumentar o número de seguidores de Zumbi. Ganga-Zumba acabou envenenado, e muitos de seus fiéis seguidores, executados.

Fim da história, mas não tanto. Afinal, até hoje pouco conhecemos da trajetória de Ganga-Zumba. Não se tem certeza, por exemplo, se ele era mesmo africano, embora fosse provável. Considerando as ações da década de 1670 até sua morte, é possível que tenha nascido no primeiro quartel do século XVII.

Pode-se também conjecturar que tenha sido no Brasil, se levarmos em conta a grande quantidade de escravizados que entravam no país na época de Palmares e do domínio de Ganga-Zumba. A maior fonte de fornecimento era Angola, na África Central, onde se realizava um tráfico de cerca de 150 mil escravos no período de 1600 a 1625, e de 50 mil de 1625 a 1650. Tudo indica, portanto, que Ganga-Zumba era um centro-africano ou filho de alguns deles, certamente convivendo com essa maioria africana vinda de diferentes partes do continente e reunida em Palmares.

FONTES: **Andressa Mercês Barbosa dos Reis; Clóvis Moura; Décio Freitas; Edison Carneiro; Ernesto Ennes; Flávio dos Santos Gomes; Ivan Alves Filho; Joel Rufino dos Santos; Mary C. Karasch; Robert Nelson Anderson; Silvia Hunold Lara.**

VEJA TAMBÉM: **Acaiuba...; Acotirene e Aqualtune; Dandara...; Zumbi.**

GARRINCHA

1933-83 | MAGÉ E RIO DE JANEIRO

Manuel Francisco dos Santos, Garrincha, nasceu em 1933, em Pau Grande, área rural do interior do Rio de Janeiro (atual município de Magé). De família humilde e com quinze irmãos, o craque ganhou na infância o apelido de "garrincha" por causa do nome de um pássaro da região.

O envolvimento de Garrincha com o futebol começou cedo, talvez misturado com o gosto pela pescaria. Bem jovem, já jogava peladas nos campos de várzea e depois pelo time da fábrica América Fabril, local onde trabalhou. O futebol, que tomou força no alvorecer do século XX, era um esporte que atraía operários, a despeito de ser muito praticado pelas elites, que tinham sido fundadoras de grandes clubes cariocas. Quando Garrincha nasceu, a presença de negros no futebol brasileiro ainda era motivo de muito debate, havendo casos de rejeição e de segregação em campeonatos, em clubes e times.

Em meados dos anos 1940, quando Garrincha tinha catorze anos, tentou jogar no Esporte Clube Pau Grande. Com suas pernas tortas — as duas para o mesmo lado, sendo uma menor que a outra —, sequelas de uma poliomielite sofrida na infância, e o corpo ainda franzino, o jogador parecia ter poucas chances de atuar num time grande quando adulto. Por isso, se contentou em ingressar no time Serrano Football Club, da cidade vizinha de Petrópolis. Mesmo assim, procurou clubes do Rio de Janeiro, fazendo testes nos tradicionais São Cristóvão e Vasco da Gama. Foi reprovado em ambos.

Mas Garrincha continuou chamando a atenção nas peladas em Pau Grande. Por conta disso, em 1953 foi levado para fazer testes no Botafogo. No treino, enfrentou o jogador Nilton Santos (1925-2013) e teve a sua contratação recomendada. Estreou em 1953 e defendeu o alvinegro até 1965, onde ganhou diversos títulos. Em 1955, foi convocado para a seleção pela primeira vez, e atuou nela até 1966. Garrincha disputou três Copas do Mundo: 1958, 1962 e 1966. Ao todo foram sessenta jogos com 52 vitórias, sete empates, uma derrota, dezesseis gols marcados e duas copas do mundo conquistadas: 1958 e 1962.

Ele era ponta-direita e logo virou sensação na seleção brasileira e no Botafogo. Nos vários times do Botafogo que conheceu, teve oportunidade de jogar ao lado de grandes craques como Zagallo (1931-), Jairzinho (1944-), Gerson (1941-), Didi (1928-2001), Amarildo (1940-) e Nilton Santos, todos da seleção brasileira.

A partir de 1963, Garrincha foi obrigado a conviver com sérios problemas de artrose no joelho. Ao lado da decadência esportiva, surgiram uma série de questões pessoais associadas ao alcoolismo, a crises conjugais, a acidentes automobilísticos e outras tragédias. No fim de sua carreira, jogou no Corinthians (1966), na Portuguesa (1967), no Atlético Júnior da Colômbia (1968), no Flamengo (1968-9) e no Olaria (1972).

Garrincha construiu uma vida pessoal agitada, como bem mostra o jornalista Ruy Castro (1948-). Do seu primeiro casamento com Nair, teve oito filhas. Em 1962, assumiu publicamente o relacionamento com Elza Soares (1930-). Com quatro mulheres, Garrincha teve o total de treze filhos, alguns frutos de relações extraconjugais, sendo um nascido na Suécia, na época de uma excursão do Botafogo, em 1959. O casamento com Elza Soares (com quem permaneceu até 1982 e teve um filho) foi acompanhado de muito sensacionalismo e preconceito por parte da imprensa esportiva e da sociedade. Desquites, supostos abandonos de mulheres e filhos, relações extraconjugais, somados aos relatos de contusões e alcoolismo, foram temas que marcariam a vida de Garrincha, além, é claro, do seu sucesso estrondoso como jogador de futebol. Com a presença de um público de mais de 150 mil torcedores, em dezembro de 1973, no Maracanã, Garrincha faria seu jogo de despedida, num amistoso entre a seleção brasileira e uma seleção de jogadores estrangeiros.

Morreu em 1983, com apenas 49 anos, de cirrose hepática. Considerado um dos maiores jogadores do mundo, Garrincha foi eleito pela Fifa, em 1998, para fazer parte da seleção de todos os tempos.

FONTE: Ruy Castro.

VEJA TAMBÉM: Francisco Carregal...; Moacir Barbosa Nascimento.

GERALDO FILME

1928-95 | SÃO JOÃO DA BOA VISTA E SÃO PAULO

Geraldo Filme nasceu em São João da Boa Vista, no interior paulista, em 1928. Foi criado no bairro dos Campos Elíseos, em São Paulo, e talvez por isso, no depoimento que legou, tenha afirmado que nasceu na capital do estado, em 1927.

Sua mãe era dona de uma pensão nos Campos Elíseos e fazia as marmitas que Geraldo entregava pela região. O menino aproveitava o tempo livre para visitar o bairro vizinho, a Barra Funda, onde frequentava as rodas de samba e tiririca (capoeira) que os carregadores improvisavam, no largo da Banana.

Nas primeiras décadas do século XX, o samba de São Paulo era predominantemente rural e caracterizava-se pelo peso dos instrumentos de percussão, em que sobressaíam o bumbo e a zabumba. Os desfiles carnavalescos em São Paulo tinham muitas singularidades. Um bom exemplo é a importância dos cordões em vez de escolas de samba, que eram então mais raras. Geraldo foi socializado nesse ambiente, e com dez anos compôs seu primeiro samba: "Eu vou mostrar". É possível dizer que a música fazia parte da sua família: a avó o introduziu nos cantos de negros e negras, que tiveram imensa influência em sua formação musical; seu pai era um violinista conhecido; e sua mãe, d. Augusta, era cofundadora do cordão carnavalesco Paulistano da Glória, primeiro cordão formado apenas por mulheres negras, que no futuro se transformaria na Escola de Samba Paulistano da Glória.

Mas a situação do samba iria mudar aos sabores da polícia. A exemplo do que ocorria no Rio, em 1968 o governo oficializou o Carnaval paulista, com as escolas de samba recebendo verba pública para os desfiles. Paralelamente, sem qualquer tipo de incentivo, os cordões foram minguando. O Vai-Vai e o Camisa Verde e Branco resistiram até 1972, mas acabaram sucumbindo e também se transformaram em escolas de samba. Foi nesse contexto de grandes mudanças culturais que Geraldo ganhou ainda maior relevo. Já em 1969, gravou, ao lado da cantora Carmélia Alves (1923-2012), o LP *Escolas de samba de São Paulo*. No disco, Geraldo apresentou os sambas-enredo de doze diferentes agremiações que disputaram o Carnaval daquele mesmo ano, incluindo "História da Casa Verde", que escreveu com Narciso Lobo e foi composto para a Escola de Samba Unidos do Peruche, da qual era um dos fundadores. Geraldo marcou presença nessa escola, para quem compôs sambas-enredo, mas é lembrado, sobretudo, por sua ligação com a Vai-Vai.

O começo dessa longa história tem início quando a escola decidiu que o enredo do Carnaval de 1976 versaria sobre o poeta pernambucano Solano Trindade (1908-74). Logo que soube da boa-nova, Osvaldinho da Cuíca (1940-), um dos compositores tradicionais da Vai-Vai e amigo da intimidade de Geraldo, chamou-o para compor o samba-enredo. Contudo, na época havia um regulamento interno que estabelecia que, para ser compositor da escola, era necessário antes criar um samba de quadra. Foi então que Geraldo criou um dos símbolos do samba paulista, "Tradição (Vai no Bixiga pra ver)", que com o tempo virou o hino da escola, e "Silêncio no Bixiga", em homenagem a Pato N'Água (?-1969), diretor de bateria da agremiação. Foi com o samba-enredo "Solano Trindade, moleque de Recife" que a Vai-Vai sagrou-se vice-campeã do Carnaval de 1976. Mesmo assim, Geraldo continuou ligado a várias escolas de samba paulistas. O compositor integrou a Camisa Verde e Branco, foi diretor da União das Escolas de Samba Paulistanas (UESP), de 1977 a 1979, diretor da pequena Colorado do Brás, e conselheiro diretivo de diversas outras agremiações.

Grande pesquisador da história da cidade, Geraldo compôs o samba "Tebas", que conta a origem desse termo, cujo significado era "o bom" ou "o melhor", e que os paulistanos empregavam muito no século XX. Também aludia ao primeiro arquiteto negro da cidade: Joaquim Pinto de Oliveira (1721-1811), que levou o apelido de Tebas. Nos seus últimos anos de vida, ele trabalhou na organização do Carnaval de São Paulo, tornando-se referência para a cultura negra da cidade. Releu o samba rural paulista ("Batuque de Pirapora", "Tradições e festas de Pirapora"), que traz elementos dos jongos, vissungos e batuques que sua avó lhe ensinara.

Foi por conta do convite do dramaturgo Plínio Marcos (1935-99) que o músico entrou, pela primeira vez, num estúdio. Até então havia sido solenemente ignorado pela indústria fonográfica. No seu primeiro disco, de 1974, chamado *Nas quebradas do mundaréu*, estão registradas cinco músicas de sua autoria. Apenas em 1980 foi lançado um disco só com suas composições. Geraldo deixou, porém, poucas gravações, e boa parte de sua obra permanece desconhecida.

Geraldo Filme teve um samba seu, "A morte de Chico Preto", cantado por Clementina de Jesus no Festival Abertura, da TV Globo, realizado em 1975. A parceria foi mais longa e resultou no LP *O canto dos escravos*, de 1982. Filme também atuou no teatro ao lado de Solano Trindade e Plínio Marcos.

Sambas antológicos como "Batuque de Pirapora" e "Vá cuidar de sua vida", de autoria de Geraldo Filme, demonstram um claro engajamento político e uma denúncia aberta contra o racismo, muito antes da cena rap dos anos 1990, em São Paulo. O compositor faleceu em São Paulo, no dia 5 de janeiro de 1995, e toda a Pauliceia do samba ficou de luto.

FONTES: Amailton Magno Azevedo; Gerdal José de Paula; Iêda Marques Brito.

VEJA TAMBÉM: Antônio Candeia Filho; Cartola; Heitor dos Prazeres; Ismael Silva; Itamar Assumpção; Paulo da Portela; Pixinguinha; Solano Trindade; Tebas.

GERTRUDES MARIA

SÉC. XIX | JOÃO PESSOA, PARAÍBA

As experiências de Gertrudes Maria como mulher negra livre se confundem com aquelas de muitas mães, esposas, viúvas, filhas, netas, escravizadas, libertas ou filhas destas que viveram numa sociedade oitocentista ainda cercada de escravidão.

Gertrudes, ao que tudo indica, nasceu na Paraíba e conquistou sua liberdade por meio de alforria paga junto ao casal Carlos José da Costa e Maria Antônia de Melo. As pesquisas de Solange Pereira da Rocha explicam como, apesar do pagamento, Gertrudes vivia numa liberdade condicional: deveria acompanhar seus donos até a morte. Esse pode ter sido o paradoxo de muitos escravizados que sonhavam com a alforria. Tinham que amealhar recursos — economias próprias, serviços extras prestados ou esmolas arrecadadas —, ganhar a confiança de seus senhores, pagar pela alforria (sua e de seus filhos) e, no entanto, sob a condição de que permaneceriam leais aos mesmos até o fim de seus dias. Dessa maneira, enquanto os senhores precisavam estar vivos e lúcidos o suficiente para, entre dádivas e a necessária submissão, garantir a liberdade condicional de antigos e fiéis cativos, os escravizados desejavam que seus proprietários morressem logo, para que pudessem usufruir da liberdade. Não foram poucos os casos de cativos acusados de tentar envenenar senhores. E inúmeros foram os episódios de herdeiros que, após a morte de seus antepassados, desrespeitaram os acordos, muitas vezes não formalizados em documentos escritos, testamentos e inventários. E essa parece ter sido a falta de sorte de Gertrudes. A palavra "sorte" é um sofisma. Os proprietários, uma vez endividados, resolveram vendê-la para pagar credores.

Entre 1828 e 1842, vamos encontrar Gertrudes nos tribunais, via processos, petições, alvarás e procurações. Ela tentava provar, a um só tempo, sua liberdade condicional, o valor inicialmente depositado e a ilegalidade de estar sendo vendida em hasta pública. Descobrimos, assim, que Gertrudes Maria era solteira, trabalhava como quitandeira e, com trinta anos — por volta de 1826 —, tinha comprado parte da sua liberdade. Segundo os registros da sua carta de alforria, ela havia oferecido 50% do seu valor. Não era pouca coisa — constava o arbitramento total de 200 mil-réis — para uma mulher quitandeira escravizada juntar no primeiro quartel do século XIX. E foi isso que ela garantiu, visando ganhar sua alforria. Sem negociar preço, adiantou a metade e prometeu o restante com trabalho até a morte dos senhores.

No registro dessa sua liberdade condicional, mencionava-se que seus senhores só tinham aceitado esse tipo de pagamento por causa dos "bons serviços" que até então Gertrudes lhes prestara. Não era, porém, apenas um formalismo jurídico tal espécie de concessão. Ficou registrado num documento oficial, e inscrito socialmente, num ritual que reforçava gratidão, submissão, dádiva, dependência e paternalismo. Mas, para que não restassem dúvidas, foi explicitado, em tom de ameaça jurídica: "sendo que essa dita escrava falte à condição que lhe pomos de nos acompanhar como já dissemos a tornaremos cativa". No entanto, nesse caso a quebra contratual foi a senhorial. Dois anos depois do registro da carta de alforria condicional — em 1828 —, a liberdade e o futuro de Gertrudes estariam ameaçados quando frei João da Encarnação e José Francisco das Neves solicitaram a penhora dos bens do casal. Alegavam que Gertrudes apareceria ainda relacionada entre as propriedades oferecidas como garantia das dívidas e, sendo assim, podia ser vendida. O apoio de advogados e de testemunhas chamadas para depor atesta o esforço de Gertrudes em fazer valer a sua liberdade, especialmente provando o depósito de 50% do seu valor e os acordos lavrados no registro da alforria. É possível também acompanhar, em detalhes, a sua mobilização socioeconômica como quitandeira e o modo como juntou recursos para adquirir sua liberdade.

A disputa judicial tomaria tempo, gastando-se muito papel e tinta. Surgiria ainda um recurso e seu processo sairia da esfera jurídica da Paraíba, indo parar nos Tribunais de Apelação do Recife, no início dos anos 1840. Gertrudes chegou a ser acusada de estar "concubinada com um índio com quem morava de [...] portas adentro" e de já ter dois filhos não legítimos. Já sobre o casal de proprietários apareceriam denúncias sobre o fato de não "honrarem dívidas". O marido, Carlos Costa, era um conhecido perdulário, andava muito endividado e, àquela altura, já abandonara a esposa, Maria Melo. Ao longo de catorze anos de disputas judiciais em processos cíveis, podemos seguir os rastros de Gertrudes, lutando para assegurar o que considerava ser seu direito à liberdade, formal por alforria, e parte dela acordada com os seus senhores.

FONTE: Solange Pereira da Rocha.

VEJA TAMBÉM: Cosma Corrêa...; Juliana; Rosalina; Salústia.

GRÁCIA MARIA DA CONCEIÇÃO MAGALHÃES

?-1789 | ÁFRICA OCIDENTAL; RIO DE JANEIRO

Em diversas áreas coloniais escravistas, mulheres libertas africanas podem ter se tornado pequenas empreendedoras e participado de redes econômicas que estiveram conectadas às margens atlânticas africanas. A farinha de mandioca, por exemplo, chegava aos mercados do litoral africano, sendo utilizada para o suprimento de embarcações e para a alimentação dos marinheiros, assim como para eventuais trocas para obtenção no varejo de africanos tornados escravizados. Na segunda metade do século XVIII, não só a aguardente das engenhocas do recôncavo carioca — a conhecida jeribita — alcançava os mercados de Luanda e Benguela, mas também a farinha produzida a partir das roças de mandioca de pequenos e médios produtores e fazendeiros, incluindo libertos africanos.

Não temos certeza se foi esse o caminho comercial da africana Grácia Maria da Conceição Magalhães. Ela era uma pequena empreendedora que produzia e comercializava farinha de mandioca.

Os dados que temos sobre Grácia vêm da pesquisa de Nielson Rosa Bezerra (1977-), e provêm de documentos de 1789 que aparecem ditados em seu testamento — registrado nos assentos da paróquia da Piedade do Iguaçu. Grácia era uma africana ocidental — "natural de gentio de Guiné". Ao morrer viúva deixou dois cativos de nação Angola, uma casa de farinha bem "equipada" com todos os seus pertences, um tacho velho, um caixão para farinha, duas caixas, quatro enxadas, dois machados, uma espingarda, um facão, "mandiocas" e "roças". Determinou ainda que, após sua morte, a escrava Lucrécia deveria permanecer no seu "sítio trabalhando junto com outro dito meu escravo para desfrutarem o [que] estiver plantado, debaixo do domínio do meu testamenteiro". Para João Gomes da Conceição, preto forro "que foi meu escravizado", legou a "casa de farinha com todos os seus pertences", sendo que o testamenteiro só entregaria a casa passado um ano de sua morte, uma vez que devia ainda se "fazer as mandiocas".

A africana Grácia ao se alforriar tornou-se Grácia Maria da Conceição Magalhães, adotando o sobrenome do seu antigo senhor: Luís de Magalhães. Tinha escravizados, guardava dinheiro e prosperava com as suas roças de mandioca e com a produção e o comércio de farinha.

FONTES: Nielson Rosa Bezerra; Rubens Machado.

VEJA TAMBÉM: Emília do Patrocínio.

GRANDE OTELO

1915-93 | UBERLÂNDIA, MINAS GERAIS; SÃO PAULO; RIO DE JANEIRO

Sebastião Bernardo da Costa, mais conhecido como Grande Otelo, nasceu no dia 18 de outubro de 1915, em Uberlândia,

Minas Gerais. Ele contou que "não gostava do Bernardo", e por isso passou a usar "Bernardes". Mas essa mudança em seu nome não vingaria. Em 1935, começou a ser chamado pela alcunha de Grande Otelo: "A crítica do Rio de Janeiro me batizou como Grande Otelo, por intermédio do Jardel Jércolis (1894-1944), que me lançou como The Great Othelo", explicou ele anos depois. Esse nome ele devia, também, à filha da sua tutora, já que costumava acompanhá-la à Ópera Lírica Nacional, onde a menina estudava canto. Até que certa vez o maestro pediu ao garoto que cantasse e ainda lhe deu o apelido com o qual seria imortalizado.

O futuro ator fugiria de casa algumas vezes, passando por diversas famílias ou morando na rua. Segundo as entrevistas que concedeu, e que ajudaram a construir certo folclore ao seu redor, sua primeira experiência no mundo artístico foi aos sete anos, quando participou da apresentação de um circo na sua cidade. Vestido de mulher, interpretando a esposa do palhaço, arrancou risos da plateia.

Foi o próprio ator quem explicou como saiu de Uberlândia com uma família dedicada ao teatro e com quem aprendeu o ofício. Anos depois eles mudariam para a Itália. Já o menino seguiria sozinho para São Paulo, acabando no Juizado de Menores.

Certo dia, d. Maria Eugênia de Queirós foi procurar no albergue uma menina para ajudar na cozinha, e o administrador lhe sugeriu que levasse "o negrinho fujão", que sabia declamar, dançar e fazer graça. Os Queirós o puseram no Colégio Sagrado Coração de Jesus, de padres salesianos, onde estudou até a terceira série ginasial. O artista garantiu que no colégio assinava como Otelo Queirós.

Grande Otelo se meteu, porém, numa confusão. Para comprar um ioiô, vendeu um livro da biblioteca da casa da família. Como a família abriu mão da tutoria, foi adotado por Miguel Max, "que era de teatro" e o levou para o interior paulista, de onde ele resolveu fugir, mais uma vez, e seguir para o Rio de Janeiro. Em 1926, com onze anos, ingressou na Companhia Negra de Revistas, composta exclusivamente de artistas negros, entre eles Pixinguinha (1897-1973), que era o maestro, o músico Donga (1890-1974) e a atriz e cantora Rosa Negra.

Em 1935, quando já integrava a Companhia de Arte de Jardel Jércolis, seu apelido virou nome. Os amigos o chamavam de Pequeno Otelo, afinal só tinha um metro e meio de altura. Mas o artista preferiu o pseudônimo The Great Othelo, em "inglês mesmo", e só depois o traduziu. Entre 1938 e 1946, fazia trabalhos na Rádio Nacional e na Rádio Tupi, entre outras. Atuava, também, no Cassino da Urca, e em 1939 contracenou com a atriz e dançarina norte-americana Josephine Baker (1906-75). Nesse período, compôs juntamente com Herivelto Martins (1912-92) o samba "Praça Onze", grande sucesso do Carnaval de 1942.

A estreia de Grande Otelo no cinema ocorreu em 1935, com *Noites cariocas*, da produtora Cinédia, quando atuou pela primeira vez ao lado de Oscar Lorenzo Jacinto (1906-70), o Oscarito, ator com o qual criou uma dupla de sucesso e duradora. Foi na Atlântida Cinematográfica que os dois alcançaram reconhecimento e fizeram com que a chanchada fosse transformada em um dos principais gêneros da história do cinema brasileiro, com filmes como *Céu azul* (1941), *Tristezas não pagam dívidas* (1943), *Não adianta chorar* (1945), *Carnaval no fogo* (1949), *Aviso aos navegantes* (1950), *Barnabé, tu és meu* (1951), *Carnaval Atlântida* (1952). Nessas obras costumava corresponder à visão estereotipada que se tinha da população negra, sendo sempre o mais palhaço e atrapalhado dos dois; aquele que não namorava, não tinha cultura, mas era esperto.

Grande Otelo teve um encontro histórico com Orson Welles (1915-85), que aconteceu no Cassino da Urca, em 1942. "A minha história com Orson Welles foi muito simples, mas como ele era um americano que me dedicou muita amizade, e eu sou um negro, teve grande repercussão..." Ele trabalhou ao lado de Welles no filme *It's All True*.

No cinema, destacou-se como um dos grandes destaques da Atlântida, quando protagonizou o filme *Moleque Tião* (1943), de José Carlos Burle (1910-83), o primeiro sucesso da produtora. Com Oscarito, estrelou sucessos estrondosos como *Este mundo é um pandeiro* (1947), *Três vagabundos* (1952), *A dupla do barulho* (1953) e *Matar ou correr* (1954), o último da parceria. A partir de 1954, Grande Otelo selou outras parcerias, com Ankito (1924-2009) e com a atriz Vera Regina (1925-98).

A carreira de Grande Otelo ganhou força renovada com a versão cinematográfica de um clássico da literatura brasileira. Escrito por Mário de Andrade (1893-1945) em 1928, *Macunaíma* (1928) representava um dos símbolos do modernismo paulistano. O filme foi dirigido por Joaquim Pedro de Andrade (1932-88), e a performance do ator mereceu vários prêmios. Grande Otelo era agora reconhecido como um profissional de filmes de arte, e fez outro papel importante em *Rio, Zona Norte* (1957), do diretor Nelson Pereira dos Santos (1928-2018). Trabalhou em filmes de Carlos Manga (1928-2015), Bruno Barreto (1955-), Júlio Bressane (1946-), Cacá Diegues (1940-), Joaquim Pedro de Andrade, entre outros. Ao todo, foram 118 películas. No teatro, fez sucesso em peças como *Um milhão de mulheres* (1947), *Muié macho, sim sinhô* (1950), *Banzo aiê* (1956) e *O homem de La Mancha* (1973). A partir da década de 1950, passou a se apresentar na televisão, em emissoras como a TV Tupi do Rio e a TV Rio. Em 1965, foi contratado pela Rede Globo, participando de várias novelas e programas humorísticos. Atuou na novela *Sinhá Moça* (1986), na *Escolinha do Professor Raimundo* (1990-3) e da novela *Renascer* (1993). Mas sua vida pessoal sempre foi muito distinta do sucesso que ia conhecendo como ator. Uma tragédia abalou sua vida: sua mulher matou o filho do casal, de seis anos, e se suicidou.

No decorrer de sua longa carreira de 53 anos na TV, no cinema e no teatro, Grande Otelo esteve ao lado de outros grandes nomes, como Ronald Golias (1929-2005), Dercy Gonçalves (1907-2008), Ankito, Chico Anysio (1931-2012), Walter Pinto (1913-94) e Carlos Machado (1908-92). Questionado pelo programa *Roda Viva*, em 1987, sobre se ainda havia discriminação no Brasil, reagiu: "Completamente! A discriminação existe totalmente. Pela sua pergunta, a gente sente que a discriminação existe".

Como enfatiza o antropólogo Luis Felipe Hirano, essas situações ambivalentes o acompanharam por toda a vida profissional. Um exemplo foi o papel que lhe atribuíram no programa

Escolinha do Professor Raimundo, o de um estudante ignorante.

Grande Otelo morreu em 26 de novembro de 1993, aos 78 anos, quando teve um acidente cardiovascular ao desembarcar no aeroporto Charles de Gaulle, em Paris. Após cumprimentar os funcionários do voo da Varig, sofreu uma queda, causada pela crise cardíaca. Sua morte foi oficialmente constatada às 16h30 — o ator estava na França para receber uma homenagem no XV Festival dos Três Continentes.

Na véspera, 25 de novembro, Grande Otelo havia participado do lançamento de seu livro de poemas, *Bom dia, manhã*, no Festival de Cinema de Brasília. Num de seus textos dizia: "Se a vida parasse, talvez fosse possível sofrer menos...".

FONTES: **Célio Silva; Deise Santos de Brito; Luis Felipe Hirano; Maria Clara Moreira; Museu Afro Brasil;** *Revista da Cultura*; **Sérgio Cabral.**

VEJA TAMBÉM: **Ascendina dos Santos; Benjamim de Oliveira; Cléa Simões; De Chocolat; Donga; Eduardo das Neves; Isaura Bruno; Jacira de Almeida Sampaio; Jacyra Silva; Jandyra Aymoré; Maria Joaquina de Camargo...; Mussum; Pixinguinha; Ruth de Souza; Solano Trindade; Zeni Pereira; Zózimo Bulbul.**

GREGÓRIO LUÍS

SÉC. XVIII | ILHÉUS, BAHIA

Gregório Luís foi um negro nascido, muito possivelmente, na capitania da Bahia, numa antiga fazenda dos jesuítas em Ilhéus. Os documentos não nos dizem, porém, se ele era escravizado, liberto, se nasceu livre ou se foi alfabetizado. Sabe-se apenas que foi preso em 1790 como um dos principais líderes do protesto no engenho de Santana, quando da repressão aos escravizados que dele participaram em 1789.

É provável que ele tenha sido um dos protagonistas do mais conhecido escrito coletivo, supostamente redigido por escravizados no Brasil. Chamado Tratado do Engenho de Santana, seu objetivo era reivindicar melhores condições de trabalho. Na ocasião, o engenho de Santana estava em posse de Manuel da Silva Ferreira. Essa era uma antiga fazenda dos jesuítas, confiscada pela Coroa portuguesa em 1759, e que ainda funcionava como uma grande propriedade, com cerca de trezentos escravizados.

Na capitania da Bahia, em fins do século XVIII, vivia-se num contexto de expansão econômica, mas também de insubordinação. Por isso mesmo, os escravizados representados por aquele documento se dirigiam ao administrador da fazenda, afirmando: "Nós queremos paz e não queremos guerra". Mas impunham condições: "Se meu senhor também quiser nossa paz há de ser nessa conformidade, se quiser estar pelo que nós quisermos".

Estariam eles se dirigindo, também, ao vice-rei, reconhecendo que aquela fazenda era propriedade da Coroa portuguesa? O certo é que sabiam exatamente o que pretendiam. Queriam em "cada semana" a garantia de terem livres "os dias de sexta-feira e de sábado" para cultivarem suas roças ("trabalharmos para nós"), e não queriam ser descontados nos feriados religiosos ("não tirando um destes dias por causa de dia santo"). Manifestaram interesse, também, em receber "rede, tarrafa e canoas" e em manter em sua posse as ferramentas. No tratado, há indicações de que podiam andar influenciados pelos "maus costumes" das fazendas vizinhas, ou, então, que a atitude era reflexo das mudanças na configuração étnica e no perfil dos escravizados.

Os subscritores afirmaram, ainda, que não queriam ser submetidos a "determinadas tarefas". E que algumas delas só deveriam ser realizadas pelos africanos. Para "fazer camboas", "mariscar" em "pescaria ou canoas do alto" ou se quisessem "comer mariscos", os administradores e feitores não deveriam obrigá-los, mas sim ordenar aos "seus pretos-minas" — sinônimo de "africanos" — que o fizessem. Aqueles escravizados, já nascidos no Brasil, diziam não aceitar mais os feitores ("os atuais feitores não os queremos") e exigiam: "Faça eleição de outros com a nossa aprovação". E mostraram que não estavam blefando. Afinal, os mesmos escravizados que se insubordinaram em Ilhéus, matando o mestre de açúcar e se refugiando nas matas vizinhas, enviaram o tal "tratado de paz". Entre outras coisas, pleiteavam o direito de embarcarem os produtos provenientes de suas roças juntamente com os do senhor quando do envio para o mercado, para não pagarem fretes de barcas; autonomia para realizarem suas festas e batuques sem necessidade de autorização prévia; e demais itens que regulariam, segundo os seus interesses, os *tempos* do trabalho e da vida cotidiana.

É nesse contexto que podemos localizar Gregório Luís. Preso e enviado para a cadeia de Salvador, em 1806, ainda aguardava julgamento. Teria sido condenado, absolvido, deportado ou solto? Algumas décadas depois, em 1821, aquela comunidade (provavelmente composta de muitos descendentes dos escravizados de 1789-90) reinventou sua tradição de protesto, ocupando de novo o engenho de Santana, por três anos. E mais: em 1828, alguns desses escravizados tentariam outro protesto, e vários deles se refugiaram, mais uma vez.

Também o significado da escrita nesses espaços é imenso. Afinal, a partir dela os escravizados buscaram lutar por seus "direitos" e marcar suas opiniões a respeito do controle sobre o trabalho, acerca da autonomia que advogavam e do perfil das suas próprias comunidades. Se a liberdade podia chegar através de documentos redigidos por senhores e administradores (alforrias, bilhetes que portavam, petições de autoridades), também poderia significar, para aqueles escravizados, ver seus costumes garantidos, e por escrito.

FONTES: Ciro Flamarion Cardoso; Clóvis Moura; Jacob Gorender; João José Reis; Stuart B. Schwartz.

VEJA TAMBÉM: Luiza Mahin; Pacífico Licutan.

HAMILTON CARDOSO

1953-99 | CATANDUVA E SÃO PAULO

Filho de Onofre Cardoso e Deolinda Bernardes Cardoso, nascido em Catanduva, no interior paulista, em 1953, Hamilton Bernardes Cardoso foi um importante intelectual e ativista da luta antirracista das décadas de 1970 e 1980, quando muitas das organizações de esquerda (algumas saindo da clandestinidade) aproximaram as pautas revolucionárias e socialistas das questões dos movimentos negros, especialmente a partir da reorganização nacional com o Movimento Negro Unificado contra a Discriminação Racial (MNUCDR), que depois ganharia a sigla MNU.

Com a participação de vários ativistas e entidades, a criação do MNUCDR, em 7 de julho de 1978, nas escadarias do Theatro Municipal de São Paulo, reunindo cerca de 2 mil pessoas, segundo órgãos de imprensa da época, representou uma reação aos acontecimentos de meados de junho: tanto a proibição de garotos negros disputarem uma competição de voleibol do Clube de Regatas Tietê, como, e sobretudo, a prisão, tortura e morte de um operário negro, Robson Silveira da Luz (1951-78), nas dependências de um distrito policial em Guaianases, sob a acusação infundada de roubo de frutas. Entre as entidades de São Paulo e também do Rio de Janeiro presentes na fundação do MNU, estavam o Centro de Cultura e Arte Negra (Cecan), o Grupo Afro-Latino América, o Instituto Brasileiro de Estudos Africanistas (Ibea), o Instituto de Pesquisa das Culturas Negras (IPCN), o Centro de Estudos Brasil-África (Ceba), a Sociedade de Intercâmbio Brasil-África (Sinba), e outras.

Com 25 anos, Hamilton tomaria parte das manifestações em torno da fundação do MNU. Tendo estudado jornalismo na Casper Líbero e na Universidade Metodista, trabalhado como repórter do povo na TVS e na TV Cultura, e como repórter especializado de polícia no *Diário Popular*, ele apresentou intensa participação no movimento elaborando textos, matérias e reflexões pioneiras publicadas no *Diário Popular*, na *Folha de S.Paulo* e no jornal *Versus*. Foi também coautor de *Movimentos sociais na transição democrática* (1987), e ajudou na fundação das revistas *Ébano* (1981) e *Lua Nova* (1984).

Investigações mais recentes de Fábio Nogueira de Oliveira (1978-) e Flavia Rios desvelam a forte atração política de Hamilton Cardoso. Mantendo proximidade com a Convergência Socialista (movimento criado em 1978 por militantes clandestinos da Liga Operária, que viriam a formar o Partido Socialista dos Trabalhadores, PST) e com setores trotskistas, posteriormente incorporados ao Partido dos Trabalhadores (PT), fundado em 1980, Hamilton também seria responsável por colaborar numa reflexão internacionalista. Era de sua responsabilidade articular as pautas do debate da discriminação, da violência, da mortalidade e da exclusão racial com os movimentos políticos de remanescentes dos Panteras Negras, com comunistas negros norte-americanos e com setores africanos que participaram das lutas anticoloniais e seus desdobramentos, em meados da década de 1970: Angola, Moçambique, Guiné-Bissau e Cabo Verde. Faria ainda articulações com grupos de esquerda e de luta armada na América Latina (como Tupac Amaru,

Sendero Luminoso, Frente Sandinista de Libertação, e outros no Peru, Bolívia, Nicarágua, Granada).

Em 1991, consta que foi um dos organizadores da Missa dos Quilombos, realizada na serra da Barriga, em União dos Palmares. No mesmo ano, numa carta aberta para ser entregue ao líder sul-africano Nelson Mandela durante sua passagem pelo Brasil, refletiu: "Aqui no Brasil, onde o racismo não é e nunca foi legal — é péssimo, por sinal —, existe a condecoração, concedida no plano individual e emocional — o Negro de Alma Branca — que foi rejeitada, inclusive, pelos negros da África do Sul e é utilizada para muitos dos nossos, até publicamente".

Hamilton Cardoso continuou na militância política até novembro de 1999, quando morreu tragicamente.

FONTES: **Amauri Mendes Pereira; Fábio Nogueira de Oliveira; Flavia Rios; Joselina da Silva; Michael George Hanchard; Nei Lopes.**

VEJA TAMBÉM: **Beatriz Nascimento; Eduardo de Oliveira e Oliveira; Joel Rufino dos Santos; Lélia González; Luiza Bairros; Minervino de Oliveira; Neusa Santos Sousa; Oliveira Silveira; Robson Silveira da Luz.**

HEITOR DOS PRAZERES

1898-1966 | RIO DE JANEIRO

Heitor dos Prazeres nasceu no Rio de Janeiro, no dia 23 de setembro de 1898. Filho de Eduardo Alexandre dos Prazeres, marceneiro e clarinetista da banda da Guarda Nacional, e da costureira Celestina Gonçalves Martins, com sete anos se tornou órfão de pai. Foi com ele que aprendera os primeiros ensinamentos da marcenaria, além de passar a infância ao lado dele ouvindo o som de polcas, valsas e choros. Mas foi seu tio Hilário Jovino (*c.* 1855-1933) quem o presenteou com o primeiro cavaquinho.

Heitor frequentou uma escola profissionalizante, onde pôde cursar o primário e terminou de aprender o ofício de marceneiro. Aliás, ainda jovem, para ajudar nas despesas da casa, foi engraxate, jornaleiro e ajudante de marceneiro. Não largou, porém, seu cavaquinho, além de frequentar as reuniões na casa de Tia Ciata (1854-1924), local onde convivia com compositores como Sinhô (1888-1930), Donga (1890-1974), Pixinguinha (1897-1973) e João da Baiana (1887-1974).

Levou o apelido de "Mano Heitor do Estácio", na década de 1920, quando era reconhecido como um dos principais compositores do Carnaval carioca. Heitor estava sempre ao lado de amigos, compositores e sambistas como Alcebíades Barcelos (1902-75), o Bide; João da Baiana; Ismael Silva (1905-78); Caninha (1883-1961) e Marçal (1930-94). Ajudou nessa mesma época a criar vários grupos de samba no Rio Comprido, no Estácio e nas vizinhanças.

A sociabilidade do samba era intensa e reconhecida como uma espécie de modernismo carioca. Heitor tomava parte, ao mesmo tempo, da Mangueira e de Oswaldo Cruz, onde participava de encontros em que estavam presentes personalidades como Cartola (1908-80), Paulo de Oliveira, depois chamado de Paulo da Portela (1901-49), João da Gente (1882-1937) e muitos outros. Não por obra do acaso ele faria parte da constituição das primeiras escolas de samba: De

Mim Ninguém se Lembra, Vizinha Faladeira e Deixa Falar, no Estácio; Prazer da Moreninha e Sai como Pode, em Madureira, que se transformaram em sua querida Portela. Heitor atuou, também, nos primeiros passos da Estação Primeira de Mangueira.

Esses eram territórios negros, e Heitor dos Prazeres certa vez afirmou que a "praça Onze era uma África em miniatura". A partir dessa frase, contemporâneos acabaram por adotar o termo "Pequena África", para definir a região dominada pela música, pela cultura visual, pela sociabilidade e pelas religiões de matriz africana.

Uma conhecida polêmica envolveu Heitor e Sinhô nos idos de 1927. Heitor foi surpreendido quando ouviu a música "Cassino maxixe", gravada por Francisco Alves (1898-1952), com autoria atribuída exclusivamente a Sinhô. Ele se apresentava naquela ocasião em uma das mais populares festas do Rio de Janeiro, a de Nossa Senhora da Penha, em que era costume lançar músicas que o povo cantaria durante o Carnaval seguinte. Quando Heitor reagiu reclamando sua parceria na música, Sinhô pediu desculpas com uma frase ainda hoje célebre no mundo do samba: "Samba é como passarinho, a gente pega no ar". Como reação, Heitor escreveu um samba em forma de queixa chamado "Olha ele, cuidado", e tomou como resposta o samba "Segura o boi".

Sinhô era chamado, na época, de "Rei do Samba", o que fez Heitor compor a música "Rei dos meus sambas". Sinhô tentou inutilmente impedir que a composição fosse gravada e distribuída. Já Heitor ganhou o reconhecimento público pela autoria do samba que motivou o litígio, mas nem por isso conseguiu a indenização prometida por Sinhô.

Em 1929, a Portela se sagrou vencedora do concurso de escolas com uma composição de autoria de Heitor chamada "Não adianta chorar". Por outro lado, além de participar do elenco da Rádio Nacional do Rio de Janeiro, tomava parte ainda na Rádio Cosmos e na Cruzeiro do Sul, onde apresentava o programa *A Voz do Morro*, ao lado de Cartola e Paulo da Portela. Atuava, ainda, no Cassino da Urca, onde tocava, cantava e dançava. Como compositor, escreveu diversas canções: "Sou eu quem dou as ordens"; "Lá em Mangueira", em parceria com Herivelto Martins (1912-92); "Vai saudade"; "Vou te abandonar"; entre outras. Seu samba de maior sucesso, "Pierrô apaixonado", foi escrito em parceria com Noel Rosa (1910-37).

Em 1931, Heitor se casou com Glória, com quem teve três filhas, mas enviuvou cinco anos depois. Data dessa época sua entrada no mundo da pintura, dizem que para espantar a tristeza. Em 1937, chegaram ao público suas primeiras obras. A partir de então, Heitor começou a se projetar como artista plástico. Autodidata, ele usava cores fortes, chapadas, para retratar a vida e a cultura das favelas cariocas: pintava sambistas e rodas de samba, crianças brincando de soltar balão e pipa, a boêmia nas ruas da Lapa, as primeiras casas nos morros, as festas de rua, namorados na praça, sempre negros. Nas suas telas, sempre muito coloridas, ele costumava pintar pessoas de lado, e muitas vezes com o rosto voltado para o céu. Seus trabalhos eram em geral alegres e pitorescos, sendo poucos os quadros mais tristes ou que denunciavam o racismo.

O mundo pictórico de Heitor era em geral nostálgico e à sua maneira idílico, sem conflitos ou decepções. Como era "envernizador técnico" de profissão, muitas vezes aproveitava a técnica para terminar suas obras, deixando uma camada fina de verniz.

A posição e a importância de Heitor dos Prazeres como pintor foram crescendo a ponto de receber diversos prêmios e homenagens no Brasil, entre eles o terceiro lugar na Bienal Internacional de São Paulo, com o quadro *Moenda*, em 1951. Também foi homenageado com uma sala especial na II Bienal, em 1953. Criou os cenários e figurinos para o Balé do IV Centenário da Cidade de São Paulo. Em 1954 e em 1959, finalmente realizou sua primeira exposição individual, na Galeria Gea, no Rio de Janeiro. Mesmo com a proeminência que foi ganhando no cenário das artes, sua obra acabou, durante muito tempo, classificada como naïve ou primitiva ou, ainda, ingênua. Essas são categorizações que, de certa maneira, revelam preconceitos próprios a esse mundo da pintura, que costuma diferenciar arte de artesanato; arte universal de arte popular, e que revela uma perspectiva ainda muito colonial, europeia e branca.

Já Heitor dos Prazeres foi de fato muitos. Faleceu no Rio de Janeiro, no dia 4 de outubro de 1966.

FONTES: Alba Lirio; Euclides Amaral; Flávio de Aquino; Heitor dos Prazeres Filho; Jacques Ardies; Luiz Antônio Simas; M. A. de Azevedo (Nirez); Nei Lopes; Ricardo Cravo Albin; Roberto M. Moura; Sylvio Tullio Cardoso.

VEJA TAMBÉM: Agnaldo dos Santos; Antônio Candeia Filho; Cartola; Clementina de Jesus; Donga; Geraldo Filme; Ismael Silva; Ivone Lara; Mestre Didi; Paulo da Portela; Rubem Valentim; Tia Ciata; Tias baianas...

HEMETÉRIO JOSÉ DOS SANTOS

1858-1919 | CODÓ, MARANHÃO; RIO DE JANEIRO

Hemetério José dos Santos nasceu na fazenda São Raimundo, em Codó, interior do Maranhão, em 1858. Era filho de Maria, uma escravizada pertencente ao major Frederico dos Santos Marques. Embora filho de uma mulher cativa, Hemetério foi batizado como livre. Estudou no Colégio da Imaculada Conceição, tendo boa formação escolar inicial.

No começo de 1875, migrou para o Rio de Janeiro. Hemetério começou atuando como professor particular, preparando candidatos para as principais escolas da cidade. Em maio de 1879, a *Gazeta de Noticias* publicava "O explicador", um anúncio para interessados em aulas e preparação, e avisava que "o explicador Hemetério José dos Santos é encontrado na rua do Ouvidor, 141".

Ele se casou em fins de 1885 com Rufina Vaz de Carvalho (1860-1952), neta do tipógrafo e editor Francisco de Paula Brito (1809-61). Mais tarde, formando-se professora, Rufina ajudaria Hemetério na sua escola, o Colégio Froebel, que funcionou de 1883 a 1887 em vários endereços entre os atuais bairros do Rio Comprido (rua Barão de Petrópolis), da Tijuca (rua Conde de Bonfim) e nas proximidades do Centro (rua do Resende).

Estudos ainda inéditos de Aderaldo Pereira dos Santos e Luara dos Santos

Silva mostram como Hemetério fez parte do movimento abolicionista, ao lado de José do Patrocínio (1853-1905), de João Clapp (1840-1902) e outros. Suas ações na área da educação e da propaganda conformam capítulos importantes da luta e do protagonismo negro no contexto da abolição. Com o início da República, Hemetério conseguiu uma nomeação como professor no Colégio Militar, onde produziu uma série de manuais didáticos, como *O livro dos meninos* (1881). Escreveu, ainda, diversas obras de gramática e de filologia, além de se dedicar à poesia.

Hemetério José dos Santos faleceu em 1939, aos 81 anos.

FONTES: Aderaldo Pereira dos Santos; Luara dos Santos Silva.

VEJA TAMBÉM: Amália Augusta de Lima Barreto; Francisco de Paula Brito; José do Patrocínio; Manuel da Mota Monteiro Lopes; Phelipe José Alberto Jr.; Pretextato dos Passos e Silva.

HENRIQUE ANTUNES DA CUNHA

1908-2006 | SÃO PAULO

Nascido em São Paulo, em 1908, filho de José Benedito da Cunha e de Joana Batista, Henrique Antunes da Cunha atuou como tipógrafo e jornalista em periódicos e diversas associações desde meados da década de 1920. Mesmo com instrução escolar tardia, Cunha se formou como desenhista de arquitetura, tornando-se funcionário público. Ele colaborou no jornal *O Clarim da Alvorada* e foi também um dos responsáveis pelo periódico *Tribuna Negra*.

Ao lado de vários intelectuais, jornalistas, tipógrafos e outros profissionais da sua geração, Cunha se destacou por sua liderança e mobilização junto à comunidade negra que se organizava em São Paulo. Com Edgar de Santana, Jaime de Aguiar, Francisco Lucrécio (*c.* 1909-2001), entre outros, Henrique Cunha colaborou com as pesquisas de Florestan Fernandes (1920-95) e de Roger Bastide (1898-1974), sendo entrevistado e contatado pelos pesquisadores Renato Jardim Moreira (1924-2012) e José Correia Leite (1900-89).

Na década de 1950, foi um dos fundadores da Associação Cultural do Negro e participou da reconstituição da memória e dos acervos da chamada "imprensa negra" de meados da década de 1970.

Em 1980, Henrique Cunha foi homenageado com a Medalha Gratidão da Cidade de São Paulo, pela Câmara Municipal de São Paulo. Em 1998, recebeu o prêmio Machado de Xangô, uma iniciativa dos organizadores da Agenda Afro-Brasileira.

Henrique Cunha foi casado com Eunice de Paula Cunha. Seu único filho é Henrique Cunha Jr. (1952-), importante intelectual negro. Com doutorado e pós-doutorado, na França e na Alemanha, entre 1980 e 1986, ele foi professor livre-docente da USP e é atualmente professor titular da Universidade Federal do Ceará, atuando nas áreas de educação, pensamento social, engenharia, tecnologia e urbanismo. Foi o idealizador e principal fundador da Associação Brasileira de Pesquisadores Negras e Negros, criada em 2000, uma organização acadêmica que congrega milhares de cientistas e de pesquisadores com reuniões bianuais, congressos nacionais e seminários, além de editar uma revista.

FONTES: Clóvis Moura; Maria Cláudia Cardoso Ferreira; Miriam Nicolau Ferrara; Petrônio Domingues; Roger Bastide.

VEJA TAMBÉM: Arlindo Veiga dos Santos; Benedita Costa; Celina Veiga...; Deocleciano Nascimento; Francisco Lucrécio; José Correia Leite; Vicente Ferreira.

HENRIQUE DIAS

?-1662 | PERNAMBUCO

Henrique Dias foi um importante personagem do século XVII. Consta que nasceu em Pernambuco, talvez no alvorecer seiscentista. Era filho de africanos, provavelmente escravizados, e foi alforriado ainda criança. Há controvérsias na historiografia, e alguns pesquisadores afirmam que ele teria nascido na Bahia.

Na década de 1630, Dias se alistou para combater os holandeses, atuando em tropas comandadas por Matias de Albuquerque (*c.* 1590-1647). É possível que Henrique Dias tenha recrutado muitos escravizados que fugiram dos engenhos e preferiram se proteger alistando-se em tropas de libertos. A partir de 1633, o nome de Henrique Dias começou a aparecer nas crônicas sobre as batalhas contra os holandeses. Logo ganhou distinção por seus atos de heroísmo e de bravura, pela participação nos embates de Igaraçu e nas batalhas de retomada de Goiana. Acredita-se que durante a batalha pela retomada do Oiteiro do Conde, Dias foi capturado, tornando-se prisioneiro dos holandeses de junho de 1635 a abril de 1636, ocasião em que foi resgatado. Voltaria para a frente de batalha, onde aparecerá comandando uma tropa que incluía, segundo as narrativas militares, mais de quarenta africanos de Angola. Ele e seus homens receberam a missão de queimar canaviais para dar ainda mais prejuízo aos holandeses.

Henrique acabou ferido, mais de uma vez, e mesmo assim permaneceu no combate e na liderança de suas tropas. Num conflito em Porto Calvo, em 1637, chegou a ter uma das mãos quase decepada por um tiro de arcabuz.

As ações militares e os atos de bravura de Henrique Dias foram reconhecidos em vida, tendo recebido a patente de mestre de campo. Em 1638, fez jus à mercê do hábito da Ordem de Cristo. Há, porém, registros que põem em dúvida se ele teria mesmo conquistado esse título de fidalguia, devido às interdições da época. Elas se referiam à "limpeza de sangue", estando impedidos aqueles descendentes de "infecta nação", como eram vistos os mouros, os judeus e os "gentio da Guiné", no caso, os africanos.

Henrique comandou uma tropa de libertos, organizada num terço militar, ficando conhecido como "governador das companhias de crioulos, pretos e mulatos". Em 1647, suas tropas já contavam com mais de trezentos combatentes, muitos dos quais "homens pretos" (nomenclatura de africanos na época). Falava-se que suas tropas eram compostas de "quatro nações": uma com "crioulos" (nascidos no Brasil) e as outras três de africanos, nomeados "ardas", "minas" e "angolas" — portanto, centro-africanos e africanos ocidentais, incluindo os da Alta Guiné.

Ainda em 1640, diz-se que Henrique Dias teria sido enviado à Bahia para combater os quilombos locais, mas não houve concordância e apoio da Câmara de Salvador para a realização dessa expedição. De volta ao Recife, permaneceria em confronto com os holandeses. Apesar de um efetivo modesto, as tropas sob comando de Henrique Dias participaram das batalhas dos Guararapes, em 1649.

Quando a guerra com os holandeses acabou, Henrique Dias continuou morando em seu arraial, onde tinha mandado construir, em 1646, uma igreja de "taipa e coberta de telhas, dedicada a Nossa Senhora". Receberia, ainda, honrarias e prêmios (transformados em pensões anuais) da Coroa portuguesa. Parece que teria reivindicado que seus familiares e descendentes recebessem tanto o aumento das pensões como mantivessem seus títulos e honrarias. Exigiu, também, a garantia de que seus soldados ganhariam cartas de alforria, sugerindo que parte de sua tropa era formada por cativos que haviam abandonado os engenhos e engrossado o contingente dos Henriques. Em 1656, ele chegou a viajar a Portugal para ter suas reivindicações atendidas pelo rei.

Na segunda metade do século XVII, as tropas formadas por libertos e por descendentes de africanos — também denominadas milícias — continuariam a ser criadas em várias partes do Brasil. Foram fundamentais, nesse sentido, as experiências e a trajetória de Henrique Dias. Esses contingentes militares, mobilizados até as primeiras décadas do século XIX colonial, seriam chamados de "batalhões dos Henriques".

Retrato de Henrique Dias, *anônimo, 1709. Óleo sobre tela, 96 cm × 70 cm.*

Com o falecimento de Henrique Dias em 1662, seus familiares e descendentes permaneceram lutando para ter seus títulos e privilégios como herança. Pesquisas mais recentes mostraram como o personagem Henrique Dias aparece nos compêndios e manuais didáticos do século XIX, sendo talvez o primeiro negro reconhecido de maneira positiva; não como escravizado, não como quilombola, não como líder de revolta, mas como herói brasileiro, presente na história do Brasil escrita já a partir de meados do período oitocentista.

Acima, o retrato de Henrique Dias, uma das poucas obras de personalidades negras brasileiras, protagonistas fundamentais da nossa história, identificadas. Seu rosto, um tanto indefinido, contrasta com o uniforme completo que traz uma condecoração da Ordem de Cristo no peito. Sua pele é escura, e seus cabelos, crespos e bem penteados. O fundo escuro da pintura faz com que ganhe destaque o traje branco que quase salta da tela: farda de gala, luva branca e a ausência de uma das mãos, a esquerda, a qual, segundo reza a tradição, ele teria perdido na Guerra Brasílica.

Interessante como a ideia de "exceção" está presente nas poucas telas brasileiras que se dedicaram a descrever personagens negros individualizados e reconhecidos na história. Em geral, eles são libertos, até porque a historiografia mais tradicional e a cultura visual do país trataram de "esquecer" a escravidão.

FONTES: **Clóvis Moura; Hebe Maria Mattos; Lilia Moritz Schwarcz; Lúcia Stumpf; Luiz Geraldo Silva.**

VEJA TAMBÉM: **Brito Souto; Francisco Antônio da Costa; Marcílio Dias.**

HENRIQUETA MARIA DA CONCEIÇÃO

SÉC. XIX | SALVADOR, BAHIA; RIO DE JANEIRO

Não existem registros detalhados sobre como Henriqueta chegou à Bahia, ou quando foi vendida e transferida para o Rio de Janeiro. Sabe-se, porém, e graças às pesquisas de Sandra Lauderdale Graham (1943-), que ela se casou com Rufino em 1855, e que eles teriam se encontrado no Rio em meados da década de 1840. Ainda na Bahia, Henriqueta viveu na freguesia de Nossa Senhora do Pilar, contígua ao porto e ao centro comercial de Salvador, na assim chamada Cidade Baixa. Essa era uma freguesia pobre, ocupada por negros e negras, crioulos, escravizados e escravizadas, libertos e pessoas livres, que faziam da região um lugar não só populoso como animado. Lá conviviam comerciantes portugueses, pescadores, tabeliães, traficantes, advogados, tipógrafos, curtidores de couro, e os escravizados constituíam um terço da população. Henriqueta deve ter trabalhado como escravizada doméstica, num dos solares locais ou mesmo numa residência mais modesta, que não raro possuíam apenas um ou dois cativos. O mais provável, contudo, é que atuasse como ganhadeira, vendendo alimentos ou bugigangas na rua, todos comprados numa feira na praia, perto do cais.

No Rio de Janeiro, Henriqueta passou a vender produtos agrícolas, em geral frutas, nas ruas da freguesia de Santa Rita, algumas vezes na rua Direita ou no largo do Rosário, e outras em casa. Essa era sua profissão na ocasião em que Rufino a conheceu: primeiro como escravizada e, a partir de 1853, quando comprou sua liberdade. Não tinha então barraca, nem alugava; vendia por conta própria. Levava uma cesta grande e larga equilibrada na cabeça e pagava a taxa exigida pela Câmara Municipal. Na sua vizinhança, em 1841, existiam 63 vendedores, mais da metade dos quais eram negros e, dos 27 africanos, dezesseis mulheres. Apenas vendedores com bancas permanentes podiam ser identificados pelo endereço, caso de Maria Perpétua, de Benguela, que vendia hortaliças em sua casa, na rua do Livramento, 58. Henriqueta manteve uma união "ilegítima" por quase oito anos com Rufino, que também vivia de sublocar quartos da sua casa.

Domingas Maria da Conceição, uma lavadeira analfabeta e proveniente de Luanda, morou durante meses com eles. O casal mantinha amizade com dois outros minas libertos: Joaquina Matildes do Espírito Santo e seu esposo, Venâncio Francisco dos Santos. Henriqueta e Rufino os convidaram como testemunhas de seu matrimônio. Joaquina e Venâncio eram pobres, mas juntando as rendas dele como trabalhador no Arsenal de Guerra e os ganhos dela com a venda de quitanda, mais o provento de seus escravizados, que trabalhavam no ganho, eles viviam com estabilidade, na rua do Cano, no Centro da cidade, a apenas dois quarteirões da casa de Henriqueta e Rufino. Logo no primeiro ano de união do casal, provavelmente em outubro de 1855, Rufino foi parar na cadeia, e Joaquina e Venâncio emprestaram a Henriqueta praticamente um mês de suas rendas para que ela pudesse pagar o valor da fiança e tirar o marido de lá.

Mas a relação de Henriqueta e Rufino entornou-se. Tendo feito tanto esforço para se casar na Igreja, ela achou por bem se "divorciar", termo usado nos documentos e que descrevia uma separação que não dissolvia o matrimônio; somente a anulação, em circunstâncias especiais, o desmanchava.

Foi então que teve início um longo processo. Henriqueta passou a acusar Rufino de violência física "atroz", que a fez fugir para a casa da madrinha algumas vezes. Testemunhas alegaram ter presenciado a "ferocidade" dele, "ferimentos, contusões", e visto a mulher, certa vez, com o "rosto todo ensanguentado" por causa da violência doméstica. Já ele afirmava veementemente nunca a ter machucado, mas mais detalhes também não oferecia.

Feitas as alegações formais, o casal brigou na justiça por trabalho, dinheiro, débitos e direitos. Ao final do processo, e vendo que seu desejo não seria realizado — qual seja, receber metade de tudo que o casal possuía —, Rufino chamou de "lei de branco" as regras que legislavam sobre as normas conjugais no país. Já Henriqueta alegava que só ela arcava com as despesas da casa, e que ele recebia o aluguel e ficava com tudo.

Não havia no entanto qualquer tema que a entristecesse mais do que lembrar do tema da compra da liberdade do marido. Henriqueta possuía um registro datado de julho de 1853 que dava mostras de como a moça comprara a alforria do marido pagando a Rosa Maria de Jesus, em dinheiro, a pesada quantia de um conto e 300 mil-réis — que equivalia ao preço de um escravizado homem sem doença e em idade produtiva. A seu favor, Rufino afirmou que esse valor estava acima das economias do casal e que por isso ele teria realizado um empréstimo de quase um terço do valor ao major João Francisco de Albuquerque Câmara. O réu insistia em dizer que fora ele próprio que economizara o dinheiro de sua alforria, mas que tinha entregado o montante à mulher para que ela mesma, como pessoa livre que era, fizesse o pagamento. Afinal, como escravo, temia ter dinheiro em seu poder.

Muitos escravizados tinham como costume deixar seus pecúlios com uma pessoa liberta de confiança, para que o mantivesse em segurança. Mas Henriqueta contestava o argumento, afirmando que escravo de ganho algum teria acumulado tal soma. Ao final do processo, a Justiça acabou ordenando que ele a reembolsasse não só da sua metade dos débitos restantes como das custas do processo. No entanto, como tudo que Rufino possuía era dinheiro emprestado, mais de um ano depois ela ainda aguardava o recebimento da quantia. Henriqueta conseguiu, nesse meio-tempo, pagar o acúmulo de dívidas e se ver livre de um casamento marcado pela violência e pela mentira. E prosperou. Ainda antes de 1861, ela já tinha obtido licenças para abrir duas barracas no largo do Rosário. De Rufino foi retirado, nos termos de época, seu "direito ao orgulho"; já Henriqueta recuperaria o dela e enriqueceria (com muitos "dividendos").

FONTES: **Juliana Barreto Farias; Sandra Lauderdale Graham; Ynaê Lopes dos Santos.**

VEJA TAMBÉM: **Caetana; Catarina (1862-?); Rosa Egipcíaca.**

HERMENEGILDO DE BARROS

1866-1955 | JANUÁRIA, MINAS GERAIS; RIO DE JANEIRO

Hermenegildo Rodrigues de Barros nasceu em 31 de agosto de 1866 na cidade de Januária, então província de Minas Gerais. Filho de Mamede Rodrigues de Barros, coronel do Exército, e de Joana de Uzeda Barros, sobre quem não se tem registro, em 1879 iniciou os estudos preparatórios no Colégio do Caraça, na serra do Caraça, hoje Reserva Particular do Patrimônio Natural (RPPN). Terminou sua formação no Colégio Almeida Martins, no Rio de Janeiro. Em 1886, o encontramos formado pela Faculdade de Direito de São Paulo, num momento em que essa já era uma das mais prestigiosas instituições para a formação de intelectuais brasileiros.

Foi nomeado promotor público da comarca de Januária assim que retornou à sua cidade natal. A seguir, tornou-se juiz municipal do termo de São Francisco. Em virtude da reorganização da magistratura mineira com o início do regime republicano, foi nomeado juiz de direito da comarca do Carmo do Paranaíba. Prosseguindo na sua carreira de magistrado, seguiu para a comarca de Bonfim em 31 de janeiro de 1897. Em 1898, foi removido, a seu pedido, para a comarca de Palmira (hoje Santos Dumont), que na época era com frequência selecionada pelos juízes mineiros, por conta de sua localização entre Barbacena e Juiz de Fora, e devido ao fato de por lá passar a Estrada de Ferro Central do Brasil, que facilitava as comunicações.

Nesse caminho ascendente, em 1899 foi promovido à segunda instância do Judiciário mineiro, tomando posse da comarca de Ubá, onde ficou por quatro anos. Foi durante esse período que escreveu e publicou seu primeiro livro, *Decisões judiciárias*.

Em 1903, beneficiado por uma lei que elevava de onze para treze o número de desembargadores do estado, Hermenegildo de Barros foi nomeado desembargador da Relação de Minas Gerais, atuando por lá até 1919. Esse era o cargo máximo na magistratura mineira, que acabara de transferir seu tribunal para Belo Horizonte, a nova capital do estado, inaugurada com pompa bem na virada do século XIX para o século XX.

O presidente da República, Delfim Moreira (1868-1920), em junho de 1919, o nomeou ministro do Supremo Tribunal Federal (STF). Assumindo o cargo em 26 julho de 1919, Hermenegildo de Barros se tornou o segundo ministro afrodescendente do STF na história do país.

No início de 1923, votou contra o habeas corpus impetrado em favor de alguns dos oficiais envolvidos no movimento de 5 de julho de 1922, marco inicial das revoltas tenentistas. O STF, contudo, votou diferentemente e concedeu o pedido para que os impetrantes saíssem da prisão.

Por outro lado, dois anos depois, em janeiro de 1925, votou em favor de alguns dos envolvidos na Revolta de 1922, considerando não ter havido crime político, uma vez que o conflito fora uma reação de legítima defesa contra atos do governo de Epitácio Pessoa (1865-1942), que violara a autonomia dos militares e dos estados envolvidos. Em setembro de 1930, votou pela prescrição da ação penal contra os implicados na Revolta de 1922, o que foi aprovado pelo STF.

Em abril de 1931, Hermenegildo de Barros foi eleito vice-presidente do STF, tendo sido reeleito em 1934 e permanecido no cargo até 1937. Em fevereiro de 1936, como relator, sugeriu o indeferimento do pedido de habeas corpus em favor dos intelectuais que haviam sido recolhidos, presos, ao navio *Pedro I*, após a Revolta Comunista de 1935. Seu despacho foi aprovado pelo STF na sessão do dia 19 do mesmo mês.

Em 1937, o magistrado foi aposentado no STF. Publicou em 1942, pela Imprensa Nacional, seu livro *Memórias do juiz mais antigo do Brasil*. Morreu no dia 24 de setembro de 1955, na cidade do Rio de Janeiro.

Equivoca-se, portanto, quem afirma que Joaquim Barbosa (1954-) foi o primeiro negro no comando do STF. Esse engano se deve ao fato de a história brasileira embranquecer muitos de seus personagens, entre eles, Pedro Lessa (1859-1921) e Hermenegildo Rodrigues de Barros.

FONTES: Alessandro Hirata; Hermenegildo Rodrigues de Barros.

VEJA TAMBÉM: Cardoso Vieira; Cícero Brasiliense de Moura...; Nilo Peçanha; Pedro Lessa.

HILÁRIA E MADALENA

SÉC. XIX | MOCAJUBA, PARÁ

Nem sempre sabemos muito sobre as organizações internas e estruturas sociais das microcomunidades camponesas que se estabeleciam no século XIX, em especial dos mocambos e quilombos que se espalharam pelo país. Raras evidências nos chegam através das fontes que relatam tentativas de destruição e o medo que pairava em relação à reprodução deles. Assim, histórias como as que se desenvolveram em torno de Hilária e Madalena, líderes dos mocambos de Mocajuba, ficaram muitas vezes invisíveis.

No Grão-Pará, nas regiões banhadas pelo rio Tocantins, havia desde o século XVIII uma tradição quanto à formação de mocambos, comunidades de fugitivos e desertores, e a paralela constituição de um campesinato negro. No século XIX, com a expansão ainda maior dos contatos fluviais — em regra, abastecimento e comércio clandestino — com a cidade de Belém, alguns mocambos se transformariam em comunidades camponesas, articulando cada vez mais suas práticas econômicas com aquelas da sociedade envolvente. Saindo de Belém, através da baía do rio Guamá, vários rios, e o principal deles, o Tocantins, seriam alcançados.

Em Mocajuba, notícias de "grandes" mocambos surgiram no alvorecer do século XIX. Em março de 1823, por causa de um ataque, houve "renhido combate no mocambo a que eles se acoitavam em que fizeram mortos uns dezesseis a vinte pretos, outros feridos, aprisionadas a rainha do mocambo, e mais outra que talvez seja a sua camareira".

Hilária e Madalena, quando capturadas e interrogadas, revelaram a existência de relatos a respeito das redes comerciais e de solidariedade gestadas pelos fugitivos, ligando Belém com os diversos rios e povoados em toda a região do Tocantins. Madalena contou que se achava num mocambo com vinte "seus parceiros" que tinham "fugido do engenho havia sete semanas". Lembrou e relembrou os nomes de alguns e de seus respectivos senhores, inclusive "um preto inglês que dizia ter vindo com o General das Armas". O líder era o preto Pascoal, "que dizia ser escravo de um padre". Mas ela só teria aderido àquela fuga coletiva quando estava, "por ordem do administrador da fazenda", num "retiro acompanhada de um preto velho por causa de uma criança, que tem enchido de bobas", talvez um curandeiro africano.

Foi nessa ocasião abordada por parceiros "que já andavam fugidos" e que "lhe disseram que fosse com eles" para o mocambo. Inicialmente ficou receosa, mas, como "tinha muito doente a sua filha", resolveu acompanhá-los. A narrativa de fuga circunstancial e quase forçada era uma tentativa de esconder sua participação mais ativa na organização daquele quilombo. Ainda assim, contou que numerosos quilombolas andavam "pelos matos a fazer madeira para uma trincheira" e que queriam "cercar o rancho". Ali tinham também espingardas, chumbo, pólvora e muitos facões. Alimentavam-se de "carne, salsaparrilha e farinha", e os quilombolas estavam "roubando" algumas canoas.

Naquele contexto, e considerando-se as informações de Madalena e depois as de Hilária, fica claro como dois grupos de quilombolas se uniram, um do Jaguarari e outro de Mocajuba. Eram ajuntamentos de fugitivos, e suas estratégias revelavam a existência de fugas coletivas e contatos dos fugidos com cativos nas senzalas e em "quitandas" nas áreas do porto de Belém, bem como a realização de comércio de regatões.

Nada mais podemos dizer acerca das histórias de Madalena e Hilária. Eram mesmo rainhas do quilombo? Foram processadas? Quanto ao preto Pascoal, acusado de ser o "rei" do mocambo, foi processado em separado. Mas os mocambos de Mocajuba não desapareceriam. Eles se tornariam invisíveis, unindo ou dispersando vários agrupamentos de fugitivos que se estabeleciam na região. Na verdade, articularam-se mocambos com "tijupares e trincheiras", produtores de farinha com pequenos grupos de fugitivos que pescavam, colhiam açaí e castanha. O certo é que, nas ilhas, furos e igarapés — contando com o "auxílio" de regatões, tapuios, escravizados e desertores —, podiam estar sendo gestadas microcomunidades camponesas que integravam, na medida do possível, suas práticas econômicas às paisagens locais.

FONTES: Benedita Celeste de Moraes Pinto; Flávio dos Santos Gomes; João Paulo Alves Costa; Maria Joana Gomes Pompeu; Vicente Salles.

VEJA TAMBÉM: Acotirene e Aqualtune; Ângela; Dandara...; Francisca; Mariana; Rainha Marta; Tereza de Benguela; Zacimba Gaba.

HORÁCIO DE SÁ PACHECO

C. 1789-? | ÁFRICA OCIDENTAL; SALVADOR, BAHIA; RIO DE JANEIRO

Comandada por africanos ocidentais islamizados, a Revolta dos Malês ocorreu em Salvador, em janeiro de 1835, espalhando, na mesma medida, temor e repressão por todos os cantos do Império. Seriam tantos os boatos e as apreensões na Corte imperial que as próprias autoridades admitiam, em fins de 1835, que havia muito exagero nas denúncias. Diziam que eram escritas com "tintas com a cor do medo".

O receio se concentraria nos africanos ocidentais, que, dizia-se, sabiam ler e escrever. Em Salvador foram encontrados muitos "escritos" em poder dos suspeitos e/ou escondidos em suas residências. Por determinação do ministro da Justiça, vários desses textos ou pequenos panfletos foram enviados para serem traduzidos entre os africanos do Rio de Janeiro. O medo aumentaria em novembro de 1835, quando foi localizado na própria Corte "um livro escrito em caracteres africanos".

Com o fim da escravidão, o temor de revoltas negras cessou, mas jamais desapareceram as notícias que mencionavam a existência de feiticeiros negros.

O africano Horácio de Sá Pacheco foi um personagem que ficou conhecido por conta do pavor que o circundava e que teve aspectos da sua biografia recuperados pela historiadora Nilma Teixeira Accioli. Não sabemos se participou da Revolta dos Malês em Salvador, mas tudo indica que ele estava lá e pode ter sido vitimado pela repressão antiafricana.

Mais de setenta anos depois, o medo permanecia sólido como rocha. Em 1907, Horácio seria detido sob acusação de feitiçaria. O *Jornal do Brasil* acompanhou sua prisão, noticiando o feito em detalhes. Horácio era "conhecido entre os africanos [...] pelo nome de alufá". Os jornalistas tiveram oportunidade de tirar fotografias e também de registrar o grande "arsenal de bugigangas" encontrado em sua casa na rua Barão de São Félix, Centro do então Distrito Federal.

Segundo as descrições dos repórteres, havia ali "esquisitas coisas", além de vários apetrechos, destacando-se "quadros com sinais cabalísticos", "tábuas [com] diversas receitas em caracteres árabes" e "inúmeros livros em árabe e egípcio".

Um ano antes, Horácio havia sido mencionado no Recenseamento de 1906, do Rio de Janeiro, que destacou os nomes dos moradores centenários da cidade. Horácio era um entre diversos africanos centenários que ainda moravam no Rio, muitos dos quais ex-escravizados que tinham vivido em Salvador.

Existia uma informação que confirmava os 117 anos de Horácio. Ele chegara a Salvador em 1790, tendo lá ainda filhos e netos; sabia ler e escrever. No Rio se tornou um "feiticeiro afamado". Na sua casa seriam encontrados "objetos próprios de um alquimista", incluindo pedras e outras "substâncias desconhecidas", entre ervas, raízes, colares com contas pretas e brancas e pó em frascos.

Com um misto de intolerância religiosa e sensacionalismo, o *Jornal do Brasil* publicou minúcias de seus cultos religiosos islâmicos. O que mais impressionou os jornalistas foram as peles de animais e mais de cem tábuas retangulares (*walá*) com escritos em caracteres árabes, além de livros, incluindo uma edição em português do Alcorão. Horácio se identificava como "embaixador de Deus, que é um só: Alá!", obedecendo às leis islâmicas, sem comer carne de porco e rezando diariamente.

Horácio era sem dúvida mais um religioso africano que circulava pela capital federal. É bastante provável que fizesse parte de uma comunidade africana negra que precisou se manter protegida e em segredo por décadas, sobretudo devido ao recorrente medo de revoltas africanas e dos escritos árabes que permaneciam em mãos africanas.

A comunidade islâmica podia estar conectada a outras redes e cidades negras atlânticas, como Salvador, Recife e Rio de Janeiro, onde trocavam experiências religiosas católicas, islâmicas e de outras matrizes africanas.

Horácio estava próximo dos grupos de africanos baianos que tinham migrado para o Rio, da década de 1870 em diante. Religioso com muitos poderes e prestígio, certamente conhecia João Alabá (?-1926), Assumano Mina do Brasil (*c.* 1880-1933), Tio Sanin, Tia Ciata (1854-1924) e outros africanos ou filhos de africanos que moravam ou se mudaram para o Rio.

FONTE: Nilma Teixeira Accioli.

VEJA TAMBÉM: Amélia Rosa; Caetano da Costa; Domingos Álvares; Divino Mestre; Feliciana Maria Olímpia; Israel Soares; Juca Rosa; Luzia Pinta; Pacífico Licutan; Rufino José Maria; Tia Ciata.

HYPÓLITA MARIA DAS DORES

1823-? | PERNAMBUCO; CRATO, CEARÁ

Hypólita atravessou secas, caatingas e sertões para garantir sua liberdade. Sua história, contada pela historiadora Antonia Márcia Nogueira Pedroza, começou em Pernambuco, onde nasceu, em 1823, num pequeno povoado às margens do rio São Francisco. Era filha de Maria das Dores, mulher negra alforriada, e de Francisco Pilé, homem livre. Sua avó era Antônia, uma mulher escravizada, identificada como "cabra". O avô e o bisavô eram homens livres, sendo o primeiro uma pessoa de posses.

A origem de Hypólita, que foi registrada como "mulata", demonstra bem como são complexas as identidades e os direitos numa sociedade escravista, que contava com uma hierarquia bastante rígida e que incidia sobre as cores da população, suas origens, sua filiação, suas condições de vida e suas redes de solidariedade.

Hypólita havia nascido bem antes da Lei do Ventre Livre, de 1871, numa família em que a avó era escravizada e a mãe liberta. Era, portanto, considerada livre. Criada em Pajeú de Flores, em Pernambuco, ao lado dos avôs, pais e tios, ela viveu uma infância pobre, mas estável.

Tudo iria mudar a partir do momento em que Hypólita passasse a viver o pesadelo da reescravização, bastante comum ao longo do século XIX, quando milhares de mulheres, homens e crianças negras, nascidas livres ou libertas ao serem batizadas, foram mais uma vez transformados em escravizados.

Ela migrou para a região de Exu, em Pernambuco, com a família de sua madrinha, Joana Paula de Jesus. A expectativa de sua mãe, Maria das Dores, era de que a filha pudesse ter "boa educação". Com a morte da madrinha, Hypólita permaneceu morando com a filha dela, Ana Paula de Jesus. Por coincidência, Ana tinha recebido como herança familiar o direito de propriedade sobre Antônia, avó de Hypólita.

Todos se mudaram para o Ceará, onde Ana Paula se casou, por volta de 1839, com João Pereira de Carvalho, morador do Crato. Lá, Hypólita foi reescravizada por João Carvalho, tendo seus seis filhos todos batizados como cativos. E assim permaneceu por dezessete anos, embora fosse nascida livre.

Em 1856, porém, por conselhos de Galdino Rodrigues, Hypólita decidiu enfrentar o proprietário e acionar a Justiça do Crato, tentando provar tanto sua liberdade como garantir a dos filhos: Rafael, Gabriel, Maria, Daniel, Paulo e Pedro. Sem sucesso, Hypólita fugiu para Exu, tentando conseguir ajuda junto às autoridades judiciárias de Ouricuri, província de Pernambuco. Crato, província do Ceará, e Exu, em Pernambuco, eram regiões de fronteira do sertão nordestino, separadas apenas pela serra do Araripe.

Infelizmente Hypólita é ainda pouco conhecida. Tampouco existem documentos de como correram os processos instaurados e, sobretudo, a disputa a respeito de sua liberdade e de seus direitos. Mas o caso apareceu em periódicos cearenses, entre 1856 e 1858. Hypólita conseguiu acionar uma interessante rede de apoio para provar sua condição de mulher negra livre, assim nascida.

Em Crato, Hypólita contou com o apoio dos irmãos Luís Pereira de Alencar (1816-?) e Gualter Martiniano de Alencar Araripe (1822-89). Eram os primos, e inimigos políticos, de João Pereira de Carvalho, que queria reescravizar Hypólita. Eles foram fundamentais na ação movida por Hypólita, denunciando sua escravização ilegal, que consideravam o maior "escândalo e astúcia".

Seriam realizadas diligências no interior de Pernambuco, colhendo registros eclesiásticos, testemunhas e depoimentos para comprovar a identidade e a origem livre de Hypólita. Essencial em todo o processo foi Galdino Rodrigues, que mais tarde se casou com Hypólita. Vieram dele os conselhos para que Hypólita acionasse a Justiça e fugisse. Foi também dele a ideia de instruir a sua ação de liberdade com comprovações de sua origem nos sertões de Pernambuco.

Na tentativa de certificar a ascendência livre de Hypólita, padres, pequenos proprietários e vários moradores do povoado, localizado às margens do rio São Francisco, testemunharam a seu favor na ação de liberdade. Fundamental foi ter conseguido o assento de batismo da mãe de Hypólita. Nascida em 1807, Maria das Dores foi alforriada na pia batismal. Vastas documentação e correspondência foram publicadas nos periódicos locais: *O Araripe* e *O Cearense*.

Os irmãos Gualter e Luís Pereira seriam nomeados curadores do processo de ação de liberdade impetrado contra João Pereira, que terminou em agosto de 1858, quando Hypólita e seus filhos foram considerados livres.

Mesmo com o apoio amoroso de Galdino, dos irmãos Gualter e Luís Pereira, e dos depoimentos e documentos conseguidos, os caminhos judiciais alcançados por Hypólita se mostraram insuficientes. A liberdade era um alvo difícil de obter e ainda mais difícil de manter.

FONTE: **Antonia Márcia Nogueira Pedroza.**

VEJA TAMBÉM: **Benedita Maria Albina da Ilha; Liberata.**

ILDEFONSO JUVENAL DA SILVA

1894-1965 | FLORIANÓPOLIS, SANTA CATARINA

Ildefonso e outros importantes intelectuais negros do Brasil meridional têm aparecido nos trabalhos de Fábio Garcia, Karla Leandro Rascke e Paulino de Jesus Francisco Cardoso, que vêm mostrando a importância do ativismo e dos pensadores negros em regiões onde a questão racial foi durante muito tempo pouco estudada.

Ildefonso Juvenal nasceu em 1894, em Desterro (atual Florianópolis). Filho de Ovídio Medeiros da Silva e Henriqueta Castro e Silva, consta que seus pais seriam escravizados, tendo a mãe ganhado a alforria na pia batismal.

Órfão de pai e alfabetizado pela mãe, Ildefonso ainda bem jovem já se interessava pelas letras. Em 1911, com apenas dezessete anos, começou a escrever em jornais. Com vários outros colegas, fundou, em 1920, uma associação de "homens de cor", chamada Centro Cívico e Recreativo José Boiteux, que pretendia difundir literatura e instrução entre as populações negras. O Centro também prestava homenagens ao poeta Cruz e Sousa (1861-98).

Ao lado de Antonieta de Barros (1901-52) e de outros companheiros, criou o Centro Catarinense de Letras em 1925. Reunindo intelectuais negros e negras, esse estabelecimento representava uma oposição à Academia Catarinense de Letras, que sempre os excluía. Na primeira metade do século XX, surgiriam outras iniciativas promovidas tanto por Ildefonso quanto por Antonieta de Barros e outros intelectuais e ativistas negros como Abdon Batista (1851-1922), Manuel Ferreira de Miranda (c. 1870-1939), Leonor de Barros, Trajano Margarida (1890-1946), João Rosa Jr. (1882-1932), Demerval Cordeiro.

Em 1924, Ildefonso se formou em farmácia pelo Instituto Politécnico. Seguiu carreira militar como farmacêutico na Força Pública até se aposentar em 1946. Ali desenvolveu uma série de iniciativas concernentes à alfabetização e à criação de blocos recreativos junto aos praças e soldados.

Ildefonso também ajudou na fundação de associações e na elaboração de periódicos, como a revista *Folha Rosea* (1915) e o jornal *XXIX de Maio*, criado em 1920 e de curta duração. Além de escrever diversos textos para a imprensa catarinense, Ildefonso publicou, entre outros, os seguintes livros: *Contos singelos* (1914), *Páginas simples* (1916), *Painéis* (1918), *Relevos* (1919).

Ildefonso faleceu em 1965, aos 71 anos.

FONTES: Fábio Garcia; Karla Leandro Rascke; Paulino de Jesus Francisco Cardoso.

VEJA TAMBÉM: Antonieta de Barros; Cruz e Sousa.

INÁCIO DA CATINGUEIRA

1845-c. 1878 | TEIXEIRA, PARAÍBA

Um repentista no Brasil escravista! Esta é a história de Inácio da Catingueira, nascido em 1845 no sítio chamado Marrecas, povoação de Catingueira, perto de Teixeira, ribeira do Piancó, na Paraíba. Segundo consta a tradição da literatura de cordel, ele nasceu no dia 31 de julho, dia de Santo Inácio de Loyola (1491-1556).

Inácio nasceu no Brasil, mas não sabemos se seus pais eram africanos ou brasileiros. Como escravizado, ele pertenceu a Manuel Luís de Abreu, sendo depois herdado pelo genro deste, Francisco Fidié Rodrigues de Sousa, também proprietário de sua irmã, Quitéria. Como vaqueiro ou peão na criação de bois, cavalos ou cabras, gerou lucros aos seus proprietários e circulou por várias regiões nordestinas.

Considerado um herói sertanejo, marcou presença como repentista em relatos de pelejas imortalizadas no imaginário do sertão. Os "vencedores", entre versos e rimas improvisados, faziam seus adversários errarem ou desistirem. Quase uma lenda, Inácio foi lembrado nos versos de cordel do importante cantador Antônio Romano do Teixeira (1840-91), conhecido como Romano da Mãe d'Água ou Romano do Teixeira, por ter vencido uma disputa ocorrida em Patos, na Paraíba, que durou oito dias.

Embora se tenha construído o mito de que Inácio conquistou a alforria após a "vitória" nessa peleja, pesquisas mostram que ele permaneceu escravizado e iletrado até falecer. Descobertas ainda mais recentes encontraram descendentes de Inácio, entre eles sua sobrinha Sebastiana, falecida em 1963 com quase cem anos. Ela afirmou haver presenciado uma disputa histórica do escravizado com o homem livre Romano e que Inácio, de fato, teria vencido o confronto musical.

Inácio morreu entre 1878 e 1879; há divergências nas fontes, algumas afirmando que teria falecido aos 33 anos e de pneumonia, e outras explicando que morreu sexagenário, pois teria nascido nas primeiras décadas oitocentistas.

FONTES: Câmara Cascudo; Clóvis Moura; Germana Guimarães Gomes; Linda Lewin; Luciany Aparecida Alves Santos; Orígenes Lessa; Silvio Romero.

VEJA TAMBÉM: Batatinha e Riachão; Jackson do Pandeiro.

INÁCIO GONÇALVES DE SIQUEIRA

c. 1760-? | CAMPOS DOS GOYTACAZES, RIO DE JANEIRO

É provável que o escravizado Inácio Gonçalves tenha nascido no Brasil por volta de 1760, sendo criado numa fazenda jesuítica. Era filho de cativos de origem africana, mas na fazenda conheceu outros escravizados, inclusive descendentes de indígenas. As propriedades dos jesuítas — fazendas escravistas produtoras de açúcar, de alimentos e criatórios de gado — contavam com centenas de escravizados desde o fim do século XVII.

No contexto setecentista, a fazenda de Santa Cruz, pertencente aos jesuítas, chegou a ter 2 mil escravos trabalhando, salvo os libertos e agregados que viviam em torno dela. Os religiosos faziam questão de ensinar ofícios mecânicos e especializados para alguns cativos.

Inácio Gonçalves trabalhava na fazenda do Colégio, em Campos dos Goytacazes. Com a expulsão dos jesuítas em 1759, os bens dos religiosos foram expropriados e passaram a ser agenciados por administradores especialmente nomeados. A fazenda do Colégio, por exemplo, ficou sob a administração de Joaquim Vicente dos Reis (*c.* 1747-1813) e mais tarde com seus herdeiros e parentes. A partir das pesquisas de Clóvis

Moura, sabemos que, em 1796, o mesmo administrador tentava se desfazer do liberto Inácio Gonçalves e de sua esposa Marta Soares. A principal justificativa era que Inácio Gonçalves "andava fugido".

Naquela propriedade, conhecida como fazenda de Nossa Senhora da Conceição e Santo Inácio, Inácio não era um simples cativo, mas sim considerado "cirurgião perito". Exatamente por isso o administrador temia que ele pudesse assassiná-lo, envenenando-o com alguma erva.

Talvez tenha sido esse o motivo de Joaquim Vicente dos Reis sugerir que Inácio Gonçalves fosse doado para a Santa Casa de Misericórdia do Reino e Cidade de Angola, onde deveria permanecer "até morrer" atuando nos hospitais daquele local.

FONTES: Carlos Engemann; Clóvis Moura; Flávio dos Santos Gomes; Luís Cláudio Pereira Symanski; Marcia Amantino; Richard Graham; Sheila Faria.

VEJA TAMBÉM: Delfino; Dionísia...; Gregório Luís.

INÁCIO HERMÓGENES CAJUEIRO

c. 1843-1906 | SALVADOR, BAHIA

A Constituição do Império, outorgada em 1824, considerava cidadãos aqueles nascidos no Brasil, incluindo os libertos, sem impedimentos de "cor" ou de "raça". Para participar das eleições, que eram indiretas e em dois turnos, era preciso ser do sexo masculino e maior de 25 anos. O voto era censitário, com a exigência de renda: votantes (com direito a eleger vereadores e juízes de paz), 100 mil-réis; e eleitores, 200 mil-réis, podendo votar para todos os cargos. A reforma eleitoral de 1846 aumentou esses valores, mas ainda assim estudiosos sugerem que não seria difícil para homens livres pobres garantir a participação. Além do mais, a imposição de comprovação era muitas vezes "frouxa", sendo mais pautada pela lógica de poder, do paternalismo e dos rituais presentes na composição das listagens eleitorais.

Não é de todo impossível imaginar que, em casos raros, libertos ou ex-escravizados pudessem alcançar a condição de votantes ou, quem sabe, de eleitores. Isso até 1881, quando uma nova reforma eleitoral passou a exigir alfabetização para o alistamento e a participação nas eleições.

Embora os direitos de serem votantes de primeiro turno nas eleições fossem garantidos pela Constituição de 1824, os libertos estavam mais próximos da reescravização que da cidadania política. Havia uma distância enorme entre quem podia votar e quem, de fato, votava no Brasil imperial.

Apesar da forte limitação, a população negra, pobre e livre pode ter participado das eleições em várias partes do Brasil, entre freguesias urbanas e rurais, até a década de 1870. Na Corte do Rio de Janeiro, na freguesia de Santana, houve um tumulto em 1860, quando um negro apareceu para votar. Era um conhecido escravizado cocheiro, que foi estudado por Aldrin A. S. Castellucci. Ele ia bem-vestido e usava sapatos, mas admitia-se que pudesse ter sido levado pelo seu senhor para votar na facção política dele.

É provável que o pardo Inácio tenha nascido na Bahia em 1843. Não é possível precisar se era liberto ou filho de uma mulher ex-escravizada, mas na época atuava como tipógrafo. Em 1876, foi candidato a eleitor na chapa do Partido Liberal, na Bahia, freguesia de Santo Antônio. Nessa época, era um operário com participação política, compondo os quadros da Associação Tipográfica Baiana (1870) e do Centro Operário da Bahia.

FONTES: **Aldrin A. S. Castellucci; Ana Flávia Magalhães Pinto; Marcelo Mac Cord; Marcia Regina Berbel; Rafael de Bivar Marquese.**

VEJA TAMBÉM: **Francisco de Paula Brito; João Henriques de Lima Barreto; Ismael Ribeiro dos Santos.**

INÁCIO MONTE

?-1783 | ÁFRICA OCIDENTAL; RIO DE JANEIRO

A trajetória do africano Inácio Monte e sua esposa, Vitória da Costa, será inteiramente articulada a alguns grupos africanos ocidentais, a maioria deles embarcada nos portos da baía do Benin. Narra a historiadora Mariza de Carvalho Soares que eles iriam se organizar, já em terras brasileiras, em torno da Irmandade de Santo Elesbão e Santa Efigênia, fundada na cidade do Rio de Janeiro em 1740. Consta que a irmandade tinha sido inicialmente criada por africanos ocidentais (chamados de minas), contando ainda com africanos ocidentais de Cabo Verde e São Tomé, além de africanos orientais (chamados de moçambiques). Esses grupos eram minoria na rarefeita escravidão urbana, assim como nas levas de africanos novos que chegavam ao Brasil. Na primeira metade setecentista, os africanos ocidentais atingiam no máximo 10% dos africanos desembarcados. Mas a classificação ou nomenclatura "Costa da Mina" esconde um complexo cenário de identidades, nações, regiões e áreas de procedência. Africanos ocidentais eram muitos, complexos e distintos, recebendo diversas designações. Entre o Rio, Salvador e várias partes de Minas Gerais, podiam ser agolins, chambas, cobus, couras, fuans, mandingas, ianos, jaquins, jejes, ladas (aladás), mahis, maquins, nagôs, sabarus (savalus), entre outros.

Inácio Monte e sua futura esposa foram batizados em 1742, mas chegaram ao país por vias diferentes. Inácio desembarcou na cidade do Rio de Janeiro, sendo ali batizado. Já Vitória pode ter entrado por Salvador, porém foi levada para as áreas de mineração. Seria batizada na paróquia Nossa Senhora da Conceição, em Vila Rica, aparecendo como "preta-mina courana" pertencente a Domingos Correia Campos. Por outro lado, em seu testamento, Inácio declarou ser "natural da Costa da Mina, preto forro, e liberto". Ele contou também que sua mulher era parente consanguínea "em terceiro grau, por ser ela filha do meu avô", um "conhecido rei que foi entre os gentios daquela costa" do reino de Mahi ou Maqui.

Vitória migrou para o Rio em 1755, tendo obtido sua alforria com o pagamento de 180 mil-réis a Domingues Rabelo de Almeida. Dois anos depois, Antônio Gonçalves da Costa, oficial de barbeiro, pagou a Domingos Gonçalves do Monte a quantia de 350 mil-réis pela liberdade de Inácio. Em 1759, no registro de casamento, Inácio aparece como "mina-mahi" e Vitória como "mina-coura". Participando da Irmandade de Santo Elesbão e Santa Efigênia, o casal acabou ingressando na

Congregação de Pretos-Minas, liderada por um grupo de africanos "dagomés" (do reino do Daomé).

Rapidamente, Inácio Monte se destacaria na irmandade por sua ascendência sobre os demais africanos. Ele sucedeu, então, os reinados dos africanos Pedro e depois Clemente. Entre os anos 1760 e 1780, houve disputas por sucessão e pela liderança na irmandade e na congregação africanas. Não por coincidência, esse foi o período em que ocorreram conflitos no Benin, especialmente devido à expansão do reino do Daomé.

No Rio de Janeiro, a maior tensão aconteceria na década de 1760, com uma série de dissidências e a fundação da Congregação dos Pretos-Minas do Reino de Mahi. Em 1786, três anos após a morte de Inácio, o africano Francisco Alves de Sousa assim descreveu a Congregação Mahi: por algum "tempo se apartaram também as referidas nações que estavam com a de makii, agolim, sabaru, cada um fazendo seu rei". Explicou mais: que os africanos das "nações makii, agolim, iano, sabaru" optaram por sair "do jugo dagomé" e fazer o "seu rei", escolhendo Inácio Monte, em 1762.

Africanos dos dois lados do Atlântico atualizariam alianças, redes de proteção, rivalidades e disputas por poder e prestígio. Em torno dessa irmandade se reuniam africanos escravizados e libertos barbeiros-sangradores, que cada vez mais adquiriam fama e dinheiro na cidade, atendendo à população negra de uma forma geral. Trajetórias de africanos como Inácio Monte, barbeiro, que assim conquistou notoriedade e obteve riquezas, iluminam as reconstruções identitárias e étnicas em outras margens atlânticas. Irmandades podiam ser espaços não necessariamente de abdicação cultural, mas, sobretudo, de atualização de símbolos, signos e significados étnicos. Diversos estudos têm demonstrado como as identidades africanas atravessaram o oceano e aqui ganharam novas conformações. Da mesma maneira, o que ocorria nos contextos africanos tinha repercussão nas Américas, influenciando alianças, conflitos e disputas, como se se tratasse de, e eram, "histórias cruzadas".

FONTE: **Mariza de Carvalho Soares.**

VEJA TAMBÉM: **Chico Rei; Rainha Maria Joaquina.**

IRACEMA DE ALMEIDA

1925-2004 | SÃO PAULO

Nascida em São Paulo, em agosto de 1925, Iracema de Almeida é uma personagem ainda pouco conhecida. Consta que estudou piano no Conservatório Dramático e Musical, onde se diplomou. Entre as décadas de 1940 e 1950, ingressou e se formou na Escola Paulista de Medicina.

Em seguida, abriu seu consultório na Vila Prudente, atendendo a população negra e pobre das regiões adjacentes. Numa entrevista ao periódico *Jornegro*, em 1980, Iracema contou sobre o clima de tensão e de discriminação racial que conheceu, mesmo já sendo médica e com clínica montada: o "meu estado emocional foi pior do que se vivesse no meio do negro pobre. No meio dos negros nós não teríamos o dia todo a agressão que senti e que vivia num meio que não me aceitava e que a toda hora me lembrava que ali não era o meu lugar".

Iracema foi uma das fundadoras do Grupo de Trabalho de Profissionais Liberais e Universitários Negros (GTPLUN), criado em 1972. Por lá estruturariam cursos de formação básica, chegando a contar com mais de 1500 graduados entre 1973 e 1978. Segundo ela, para enfrentar o racismo era importante entrar no "mercado de trabalho" e "profissionalizar-se".

Como mostra Rafael Petry Trapp, na trajetória de Iracema é relevante destacar o seu movimento de aproximação com os países africanos, fosse constituindo uma biblioteca básica sobre a temática, fosse se aproximando de diplomatas e de embaixadores africanos. Sabe-se que as atividades de comemoração do primeiro aniversário do GTPLUN, em 1973, contaram com a presença de embaixadores da Nigéria, de Gana e da Costa do Marfim.

Em 1968, talvez influenciada pelos parlamentares negros, Theodosina Ribeiro (1930-2020) e Adalberto Camargo (1923-2008), foi candidata a vereadora em São Paulo pela Aliança Renovadora Nacional (Arena). Em termos políticos, e em plena década de 1970 e com a ditadura militar, o GTPLUN e Iracema se mantiveram mais perto de um alinhamento dos setores conservadores e de direita.

Em 2004 Iracema faleceu e, em 2005, foi homenageada pela então Secretaria Especial de Promoção de Políticas de Igualdade Racial (Seppir).

FONTES: Eduardo de Oliveira; Rafael Petry Trapp.

VEJA TAMBÉM: Beatriz Nascimento; Lélia González; Luiza Bairros; Maria Odília Teixeira; Virgínia Leone Bicudo.

IRENICE MARIA RODRIGUES ?-1981 E OUTRAS ATLETAS

| ITABIRITO, MINAS GERAIS; RIO DE JANEIRO; SÃO PAULO

Irenice Maria Rodrigues ainda tem uma biografia pouco estudada. Dispomos de dados parcos sobre sua infância e sobre sua vida depois de abandonar o atletismo. Filha de Amazílis Brígida Rodrigues e de Deodato Rodrigues, nasceu em Itabirito, Minas Gerais. Como atleta de clubes cariocas — entre os quais o Fluminense —, participou de greves, criticando o autoritarismo e a estrutura esportiva do país sob o controle do Conselho Nacional de Desportos (CND), naquela altura dirigido por militares. Embora tivesse índices e fosse recordista brasileira na prova dos quatrocentos metros e recordista sul-americana dos oitocentos metros, chegou a ser ameaçada de não fazer parte dos Jogos Pan-Americanos de 1967.

As tensões e as ameaças que sofria permaneceriam iguais na preparação olímpica de 1968. Ela seguiu para o México e lá se envolveu numa briga com Maria da Conceição Cypriano (1943-), outra atleta negra. Acusada de indisciplina, foi simplesmente desligada da delegação antes de conseguir participar de qualquer prova.

A punição a Irenice pode ser entendida levando-se em conta suas atitudes reivindicatórias. Na época, existiam rumores de que a atleta pretendia realizar algum protesto público durante os Jogos Olímpicos.

Essa não teria sido uma atitude isolada. No México, em 1968, ocorreu um episódio internacional emblemático de denúncia contra a discriminação racial e a favor da luta negra anticolonial. Ficou famosa a atitude dos atletas negros norte-americanos Tommie Smith (1944-) e John Carlos (1945-). Durante a cerimônia de premiação das provas de atletismo, os dois subiram ao pódio com luvas pretas numa das mãos e cerraram os punhos, em alusão ao movimento dos Panteras Negras (1966-82). Dias depois, o gesto foi repetido por Lee Evans (1947-), Larry James (1947-2008) e Ron Freeman (1947-), que também usaram boinas pretas que representavam o símbolo da luta negra. Houve reação do Comitê Olímpico Internacional (COI) e da delegação norte-americana, que decidiu expulsá-los.

Embora não se possa ter certeza de que Irenice repetiria tais gestos, ou fosse dar declarações públicas, o seu banimento sumário da delegação brasileira demonstra o autoritarismo presente no esporte brasileiro da época.

Não temos muitas notícias sobre o que aconteceu com Irenice depois desse episódio. Em 1981, ela faleceu num acidente de moto em Minas Gerais.

Na mesma Olimpíada de 1968, participou Maria da Conceição Cypriano, que também tomara parte nos Jogos Pan-Americanos de 1963 e 1967. Há, ainda, o nome de Aída dos Santos (1937-), importante destaque no salto em distância. Nascida no Rio de Janeiro, já tinha competido na Olimpíada de Tóquio, em 1964. Foi considerada, então, a primeira mulher brasileira a disputar uma final olímpica, conquistando o inédito quarto lugar; a melhor colocação de uma esportista brasileira numa Olimpíada.

Outra esportista pioneira foi Melânia Luz, nascida em 1928, em São Paulo. Atleta das provas de cem metros, duzentos metros e revezamento 4×100 metros, disputou, ganhou e foi recordista em diversos campeonatos sul-americanos. Ela participou dos Jogos Olímpicos de Londres, em 1948, sendo considerada a primeira atleta negra brasileira a tomar parte de uma Olimpíada. Em seguida, quem brilhou foi Wanda dos Santos. Nascida em São Paulo, em 1932, conquistou quatro medalhas em Jogos Pan-Americanos e representou o Brasil nos Jogos Olímpicos de 1952 e de 1960, na Finlândia e na Itália, nas modalidades salto em altura e corrida com barreiras. Wanda foi diversas vezes campeã e recordista sul-americana. Na Olimpíada de 1960, foi a única mulher da delegação brasileira. Deise Jurdelina de Castro Freire, nascida em São Paulo, em 1933, também esteve na Finlândia em 1952. No Pan-Americano de 1955, ganhou medalha de prata nos duzentos metros.

O legado feminino negro continuaria com Silvina das Graças Pereira, nascida em Vassouras, no Rio de Janeiro, em 1948. Ela participou de sul-americanos e de pan-americanos nas décadas de 1960 e 1970 e disputou as Olimpíadas de 1976, no Canadá.

Conceição Aparecida Geremias, nascida em 1956, em Campinas, São Paulo, era especialista no heptatlo. Ela estabeleceu vários recordes sul-americanos, tornando-se medalhista nos Pan-Americanos de 1983, em Caracas. Conceição participaria ainda das Olimpíadas de Moscou (1980), de Los Angeles (1984) e de Seul (1988), em provas de velocidade, salto e arremesso. Da mesma geração, e nascida em 1958, Soraya Vieira Telles Teixeira foi perita em corrida de oitocentos metros e meio-fundista, várias vezes recordista brasileira e medalhista (bronze) dos Jogos Pan-Americanos de 1987. Participou das Olimpíadas de Seul (1988). Por fim, Esmeralda de Jesus, nascida em 1959, em Sete Lagoas, Minas Gerais, alcançou recordes e participou de campeonatos sul-americanos e dos Jogos Pan-Americanos de 1983, quando conquistou medalha de ouro.

Irenice, Melânia, Wanda, Silvina, Conceição Geremias, Deise, Soraya Telles, Esmeralda de Jesus, Maria Cypriano, Aída dos Santos e tantas outras mulheres negras foram sistematicamente apagadas da história do atletismo e do esporte olímpico brasileiro. Os estudos de Neilton Ferreira Jr., Katia Rubio (1962-), entre outros, têm jogado luz mais recentemente sobre tais experiências e personagens.

Sobre Irenice, foi lançado o curta-metragem documentário *Procura-se Irenice* (2016), narrando sua trajetória, seus protestos, sua participação desportiva e seu banimento olímpico.

FONTES: **Cláudia Maria de Farias; Katia Rubio; Marco Escrivão; Neilton Ferreira Jr.; Rafael Campos Veloso; Thiago B. Mendonça.**

VEJA TAMBÉM: **Adhemar Ferreira da Silva...**

IRONIDES RODRIGUES

1923-87 | UBERLÂNDIA, MINAS GERAIS; RIO DE JANEIRO

Ironides nasceu em Uberabinha, atual Uberlândia, no dia 7 de setembro de 1923. Era filho de Maria Rita, que ganhava a vida como empregada doméstica. Seu pai, Augusto, abandonou a família quando Ironides era ainda bem pequeno. Sua iniciação educacional se deu no Grupo Escolar Bueno Brandão. O interesse por literatura e teatro apareceu cedo, no momento em que criou com Francisco Pinto, o Chico, irmão de Grande Otelo (1915-93), o jornal *A Raça* e começou a escrever pequenas peças teatrais.

Na primeira metade da década de 1940, Ironides se mudou para o Rio de Janeiro, onde cursou o prestigioso Colégio Pedro II, e depois entrou na Faculdade Nacional de Direito. Para se manter na cidade, atuou no comércio como garçom e em outras ocupações. Nessa época, Ironides se aproximou — via Aguinaldo Camargo (*c.* 1918-52) e Geraldo Campos de Oliveira (1900-89) — do Teatro Experimental do Negro (TEN), logo após a sua fundação, em 1944. Por lá conviveu com Abdias do Nascimento (1914-2011), Sebastião Rodrigues Alves (*c.* 1895-1985), Guerreiro Ramos (1915-82), Maria Beatriz Nascimento (1942-95) e outros. Desempenhou funções importantes tanto no TEN quanto no periódico criado pelo grupo, *Quilombo* (1948-50), atuando na parte cênica, na artística, na tradução de peças e nos cursos de alfabetização e de cultura.

Nos anos 1950, Ironides apresentou, em teatros cariocas, três peças de sua autoria: *Sinfonia da favela*, *Agonia do sol* e *Auto de Constância Lena*. Passou também a lecionar francês, sendo depois professor no Colégio Pedro II.

Além disso, exerceu um papel fundamental na comunidade negra intelectual no Rio de Janeiro. Foi, por exemplo, secretário-geral da Convenção Nacional do Negro, que ocorreu em 1946. Para a revista *Quilombo* traduziu textos e notícias sobre o movimento da negritude francófona de Aimé Césaire (1913-2008), Léopold Senghor (1906-2001), Léon Damas (1912-78) e outros. As primeiras traduções de *Orfeu negro* (1948), de Jean-Paul Sartre (1905-80), seriam feitas por ele. No I Congresso do Negro Brasileiro, realizado em 1950, apresentou a tese sobre a "Estética da negritude", que seria muito criticada por Luís de Aguiar Costa Pinto (1920-2002), que a chamou de racialista e essencialista. Mais tarde, em suas memórias, destacaria a importância desse Congresso, produzido pelo Teatro Experimental do Negro (TEN) e dos debates por lá travados, frisando que a ideia era "sacudir a pasmaceira de minha raça, sacudir a petulância dos racistas renitentes".

Nos anos 1950, o intelectual escreveu críticas literárias e de cinema, destacando-se como um dos primeiros críticos negros de cinema. Em 1963, participou do I Colóquio sobre as Relações da América Latina e da África. Com base nos estudos de Muryatan Barbosa (1977-) e outros, podemos localizar Ironides preocupado com as perspectivas da literatura sobre o pan-africanismo e seus desdobramentos para os debates no Brasil. Ele faria traduções, textos sobre a obra de Luiz Gama (1830-82) e se apresentaria como um entusiasta do conceito de "quilombismo", proposto por Abdias do Nascimento no fim dos anos 1970. Em 1982, participou do III Congresso de Cultura Negra das Américas, realizado pelo Instituto de Pesquisas e Estudos Afro-Brasileiros (Ipeafro).

Lecionando latim, francês e literatura, Ironides formou uma biblioteca pessoal com mais de 3 mil livros. Morador do bairro de Bento Ribeiro, subúrbio do Rio de Janeiro, deixou um grande acervo de escritos e de diários inéditos, parte dos quais foram publicados pela revista *Thoth* como "Diários de um negro atuante" e "Cadernos de Bento Ribeiro", entre outros textos digitalizados pelo acervo do Ipeafro.

Ironides era gay, num universo literário, acadêmico e intelectual fortemente machista e conservador. Atuou até os anos 1980 em palestras e seminários promovidos pelo Ipeafro. Morreu em 1987, aos 64 anos.

FONTES: **Ariston Azevedo; Elisa Larkin Nascimento; Gilca Ribeiro dos Santos; Jackson Douglas Leal Silva; Kabengele Munanga; Leda Maria Martins; Leila de Lima Magalhães; Maria Angelica Motta-Maués; Muryatan Barbosa; Petrônio Domingues; Renata Overhausen Albernaz; Ricardo Gaspar Müller; Thayná Gonçalves dos Santos da Costa.**

VEJA TAMBÉM: **Abdias do Nascimento; Alberto Guerreiro Ramos; Antenor Nascentes; Beatriz Nascimento; Clóvis Moura; Grande Otelo; Lino Guedes; Luiz Gama.**

ISAURA BRUNO

c. 1916-77 | CAMPINAS, SÃO PAULO

Isaura nasceu em Campinas, interior de São Paulo, em 1916 (sendo que alguns registros mencionam o ano de 1926). Cresceu numa fazenda, ficando órfã de pai aos três anos e de mãe, aos onze. Criada pela avó, Isaura mudou para Campinas num momento de grande mobilização negra — com os escritos de Lino Guedes (1897-1951), o importante periódico *Getulino* que circulou de 1923 a 1926 sob a coordenação editorial de Gervásio de Morais e o Congresso Afro-Campineiro de 1938.

Durante a juventude passada em Campinas, Isaura Bruno trabalhava como empregada doméstica. Não há muitas referências em relação à sua entrada no cinema e depois na televisão. Pelo que se conhece, ela estreou com o filme *Luar do sertão* (1949), atuando anos depois em *Simão, o caolho* (1952) e em *O vendedor de linguiças* (1962).

Conforme estudo de Joel Zito Araújo (1954-), nos anos 1960 nasceu a televisão brasileira, e as novelas foram logo recebidas pela audiência com grande sucesso. Em 1952, a TV Tupi lançaria a série *O Sítio do Pica-Pau Amarelo*, com Isaura Bruno no papel de Tia Nastácia. Na mesma emissora, ela atuaria também em *O direito de nascer* (1964-5), interpretando Mãe Dolores. Mais tarde participaria de *O preço de uma vida* (1965-6) e em *O anjo e o vagabundo* (1966-7). Na TV Globo, fundada em 1965, Isaura estreou em *A cabana do Pai Tomás* (1969-70).

No cinema, fez parte do elenco de *O jeca e a freira* (1968) e de *A marcha* (1972). Depois disso, com poucas oportunidades na televisão, Isaura Bruno experimentou um período de ostracismo e de dificuldades financeiras. Mesmo assim, em 1975, atuou no filme *O incrível seguro da castidade*.

Isaura Bruno terminou seus dias vendendo doces pelas ruas de Campinas. Morreu em 1977, aos 61 (ou 51) anos.

FONTES: Denise Ferreira da Silva; Joel Zito Araújo; Solange Martins Couceiro de Lima; Willian Robson Soares Lucindo.

VEJA TAMBÉM: Cléa Simões; Grande Otelo; Jacira de Almeida Sampaio; Jacyra Silva; Lino Guedes; Ruth de Souza; Zeni Pereira; Zózimo Bulbul.

ISIDORO, HILÁRIO E OUTROS TRADUTORES, GUIAS E “CIENTISTAS NEGROS” DA AMAZÔNIA

SÉCULO XIX | FRONTEIRAS DE RORAIMA COM O SURINAME

Alçando as mais diversas regiões do Brasil, especialmente nas fronteiras de Roraima com o Suriname, são vários, embora desconhecidos, os “cientistas negros”, auxiliares, tradutores, barqueiros, guias e detentores de conhecimentos tradicionais que forneceram base para pesquisas científicas e coletas desde o século XVIII. A produção de ciência contou com a colaboração desses personagens invisíveis, que já estavam presentes nas primeiras expedições exploratórias na Amazônia. Como destaca Luis Felipe Costa, nem sempre a história da ciência considerou o papel desses indivíduos, que apareceram registrados nos diários de viajantes e cientistas que percorreram a floresta.

Eles foram agentes, protagonistas e produtores de conhecimentos, traduzidos como ciência e conhecimento científico. O português Pedro Teixeira (1587-1641), no século XVII, ou mesmo o cientista francês Charles-Marie de La Condamine (1701-74) e o cientista brasileiro de ascendência portuguesa Alexandre Rodrigues Ferreira (1756-1815), no século XVIII, deixaram relatos sobre personagens que os guiaram, fizeram traduções e indicaram a direção que deveriam seguir para analisar e coletar materiais.

No século XIX, muitos viajantes — que produziram relatórios e desenhos acerca da região — contaram com a ajuda de africanos, escravizados, libertos e nascidos no Brasil. Vivendo no Brasil entre 1816 e 1831, o conhecido artista francês Jean-Baptiste Debret (1768-48) destacou, em seu livro *Viagem pitoresca ao Brasil*, o que denominava como um "negro naturalista" ou "um bom escravo de um naturalista", indivíduos que se dedicavam a fazer coletas para os "amadores de história natural".

Nas mais remotas regiões da Amazônia, encontramos registros de alguns desses personagens que acompanharam viajantes e expedições científicas ao longo do século XIX. O guia negro Isidoro foi descrito pelo inglês Alfred Wallace (1823-1913), um estudioso de natureza local que realizou explorações na Amazônia entre 1848 e 1852. Muito do que aprendeu sobre a flora e a fauna foi adquirido a partir das observações e informações prévias e detalhadas desses cientistas negros e indígenas. Wallace descrevia Isidoro como "um negro com profundo conhecimento da floresta", pois "labutara outrora na floresta, estando a par não só dos nomes de todas as árvores, como também de suas propriedades e empregos". As narrativas desse último viajante sugerem como ele queria aprender mais sobre os "conhecimentos" de Isidoro, que possuía uma profunda convivência com a floresta. O fato é que a sabedoria desses "cientistas negros" era reconhecida nessas obras. O próprio Wallace citou a recomendação que recebera sobre as habilidades do negro "caçador profissional" de nome Luís, que atuara junto a Johann Natterer (1787-1843), um naturalista austríaco, que passara pelo Brasil entre 1817 e 1835.

Ainda na Amazônia há notícias do jovem escravizado Hilário, que trabalhou ao lado de Henry Bates (1825-92), um inglês que durante onze anos (1848 a 1859) realizou viagens, coletas e pesquisas. Sobre Hilário, Bates relata que era chamado de Larry, destacando que com ele aprendera "nomes indígenas de um certo número de árvores das florestas e enumerou as suas propriedades medicinais".

Os naturalistas norte-americanos Louis (1807-73) e Elizabeth Agassiz (1822-1907) (expedições entre 1865 e 1866), o naturalista francês Henri Coudreau (1859-99) (viagens entre 1883 e 1899), entre outros, também descreveram com mais ou menos detalhes homens e mulheres, descendentes de africanos e indígenas, que foram colaboradores científicos fundamentais nas suas coletas, observações, olhares, desenhos e interpretações.

Não conhecemos mais detalhes a respeito de Hilário e Isidoro e outros tantos personagens afro-brasileiros que ajudaram a traduzir a Amazônia, ainda mais nas regiões de fronteira. Certamente foram descendentes das levas de africanos que se espalharam por toda a região desde o final do século XVII. Cabe lembrar, especialmente do outro lado da fronteira — Essequibo, Berbice, Demerara, na Guiana Inglesa e no Suriname —, que havia africanos e colonos ingleses, holandeses, franceses e espanhóis. Em 1755, numa carta régia ao governador da capitania do Pará, destacava-se que havia aldeias nas margens do rio Branco e incursões dos holandeses para resgatar indígenas. Essas viagens — segundo os documentos coloniais — contavam com guias "pretos holandeses", no caso africanos. O próprio Alexandre Rodrigues Ferreira relatou em 1784 que indígenas chegaram a prender alguns deles próximo à fronteira. Sabia-se que tais "pretos holandeses" andavam com índios caripunas, "cativando os gentios, e exercendo neles toda a sorte de hostilidades".

Também do lado brasileiro, africanos e seus descendentes nascidos no Brasil aprendiam a "língua geral" e eram utilizados em expedições. Ainda em 1759, o governador Mendonça Furtado (1700-79) relatava surpresa ao encontrar tanto indígenas que nada entendiam do português mas "compreendiam e explicavam bastante na língua tapuia, ou chamada geral", quanto africanos, "dos que proximamente se estão introduzindo da Costa da África, falando desembaraçadamente a sobredita língua, e não compreendendo nada da portuguesa".

Assim, é possível que alguns africanos e seus descendentes que viviam nas fronteiras amazônicas tenham se transformado em tradutores e intérpretes de cosmovisões indígenas. Tais movimentos migratórios e culturais podem ter atravessado séculos. As populações indígenas wawai da aldeia Kaxmi em Roraima realizavam trocas (papagaios, cães de caça e certos produtos) com outras aldeias wawai, num comércio e sistema que alcançavam o Suriname, tanto junto às populações indígenas tirió como através dos *maroons* (quilombolas) das Guianas.

FONTES: Catherine V. Howard; Ildeu de Castro Moreira; Luis Felipe Costa; Nádia Farage.

VEJA TAMBÉM: Felipa Maria Aranha; Figênia; Miguel e os quilombolas...; Trajano.

ISMAEL RIBEIRO DOS SANTOS

1857-1931 | BAHIA

Nascido no Recôncavo Baiano em 1857, Ismael Ribeiro dos Santos se transformaria com o tempo numa destacada liderança operária. Sua mãe era Felismina da Conceição dos Santos, cativa do comendador Francisco Vicente Viana (1754-1858) e, mais tarde, do barão de Viana (1807-73). Ismael, a mãe e os irmãos, Elpídio e Plínio, viveram no Engenho do Monte. Em 1875, o nome de Ismael aparece numa anotação de um inventário como escravizado, alfaiate, com cerca de vinte anos, avaliado em 800 mil-réis. Parte das experiências de sua vida como cativo e também da sua família seria registrada posteriormente por Ismael num livro de memórias.

Conforme mostra o estudo de Thiago Alberto Alves dos Santos, não sabemos quando Ismael conseguiu se alforriar, mas sim que migrou para Salvador e continuou a atuar no ofício de alfaiate. Nessa condição, prosperaria como homem livre e participaria de associações operárias. Na década de 1880, destacou-se como ativista abolicionista e integrante da Sociedade Libertadora Baiana, juntamente com Domingos Silva e Manuel Querino (1851-1923).

A atuação de Ismael não ficaria restrita às lutas abolicionistas. Ele seria, por exemplo, presidente do Centro Operário da Bahia. Também tomou parte em Ligas Operárias e se articulou com parlamentares trabalhistas. Há registros de que ele esteve presente na primeira sessão do IV Congresso Operário, em novembro de 1912.

Ao participar do Congresso Operário no Rio de Janeiro, como representante do Liceu de Artes e Ofícios da Bahia, Ismael Ribeiro dos Santos, um "homem de cor", de 55 anos, apresentava-se como líder operário e ex-escravizado, tendo atravessado as lutas abolicionistas, republicanas e operárias nos primeiros anos do século XX.

FONTES: **Antonio Luigi Negro; Thiago Alberto Alves dos Santos.**

VEJA TAMBÉM: **Manuel Raimundo Querino; Inácio Hermógenes Cajueiro.**

ISMAEL SILVA

1905-78 | NITERÓI E RIO DE JANEIRO

Milton de Oliveira Ismael da Silva nasceu em 1905, no bairro de Jurujuba, em Niterói. Sua mãe, Emília Correia Chaves, trabalhava como lavadeira e seu pai, Benjamim da Silva, era cozinheiro. Caçula entre cinco irmãos, ficou órfão de pai aos três anos, e foi nessa ocasião que a família se mudou para o Rio de Janeiro. O menino residiu inicialmente com uma tia no morro do São Carlos, e depois, com sete anos, passou a viver no Rio Comprido, na região central da cidade.

Ismael era bom aluno na escola, mas foi frequentando as ruas do bairro que acabou fisgado pelo mundo do samba e do maxixe. Quando tinha quinze anos, compôs o seu primeiro samba, "Já desisti", canção inédita até hoje. Já no fim da adolescência, podia ser visto nos bares onde os sambistas se reuniam. E foi justamente por lá, no Bar e Café Apolo do Estácio, que Francisco Alves (1898-1952) resolveu conversar com o jovem compositor. O cantor àquela altura só tinha gravado um samba, "Me faz carinhos". Logo na sequência do encontro criou "Amor de malandro", também comprado e gravado por Chico Alves. Na época, a venda de sambas era prática comum entre os compositores, que com o dinheiro que ganhavam tentavam contornar a situação de pobreza. No entanto, como nesse contexto a questão da autoria não era bem estabelecida, Francisco Alves registrou e apareceu como compositor das músicas. Por conta do sucesso, o cantor propôs uma parceria exclusiva com Ismael. Acordo feito, as composições de Ismael Silva foram gravadas e atribuídas todas a Francisco Alves.

No dia 12 de agosto de 1928, Ismael se tornou um dos fundadores da primeira escola de samba do Brasil, a Deixa Falar. A origem da agremiação estava ligada aos encontros dos músicos daquele bairro — além do próprio Ismael, lá estavam Nilton Bastos (1899-1931), Marçal (1902-47), Brancura (*c.* 1908-35), Bide (1902-75) e Baiaco (*c.* 1913-35). Como esses encontros eram realizados num bar localizado bem em frente à Escola Normal, Ismael resolveu inovar e inventou o nome "escola de samba", até para diferenciá-las dos blocos e ranchos. Ou seja, se da escola saíam os professores, do bar saíam os catedráticos do samba.

Carlos Sandroni (1958-) afirmou que o samba de "paradigma do Estácio" — estilo que se popularizaria em todo o Rio de Janeiro ao longo da década de 1930 — tinha um ritmo muito marcado por tradições africanas, que articulava a melodia de maneira a sempre privilegiar o encadeamento. O trinômio cuíca, surdo e tamborim era também entendido como mais uma inovação dos compositores do Estácio. Outra característica do gênero era a batida do tamborim, conhecida como "telecoteco". A escola de samba Deixa Falar desfilou pela primeira vez em 1929, na praça Onze, depois saiu às ruas em 1930 e, pela última vez, em 1931.

Com o sucesso surgia a "persona". Reconhecido por seus pares e por admiradores como um homem tranquilo, sereno, bem-humorado e elegante, Ismael Silva não dispensava o terno branco sempre bem engomado, sobre a camisa verde ou vermelha, e lenço combinando no bolso do paletó.

É também na década de 1930 que Ismael Silva firma a parceria com Noel Rosa (1910-37). São dessa época composições como "Para me livrar do mal" e "Ando cismado", gravadas por Francisco Alves, e "Uma jura que eu fiz", gravada por Mário Reis (1907-81). Nesse período, Ismael Silva passou a gravar as próprias composições, assim como a vendê-las a outros intérpretes, entre eles João Petra de Barros (1914-48), Sílvio Caldas (1908-98), Carmen Miranda (1909-55) e Aurora Miranda (1915-2005).

A partir de 1935, sua vida seguiu outra direção e ele se afastou do cenário artístico. O fato foi atribuído a uma desilusão amorosa e ao namoro com Diva Lopes Nascimento, com quem teve uma filha, Marlene Martins Batista, nunca reconhecida. O rompimento com Francisco Alves também impactou negativamente sua vida profissional. Além da morte do parceiro Noel Rosa, em 1937. Tudo isso fez Ismael passar por momentos complicados, que acabaram afastando-o do samba e dos amigos do Estácio.

Por exemplo, o sambista foi preso nesse período por atirar numa pessoa com quem havia discutido num bar. Cumpriu dois anos de reclusão e, após sair da penitenciária, enfrentou todo tipo de preconceito e dificuldade financeira, permanecendo distante da sociabilidade do samba. Foi apenas em 1950 que retornou a esse mundo, com o qual tanto se identificava, gravando "Antonico".

Em 1955, o compositor lançou os discos *O samba na voz do sambista* e *Ismael canta*, e participou do show, na boate Casablanca, O samba nasce no coração, com Pixinguinha (1897-1973), Donga, Ataulfo Alves (1909-69) e João da Baiana (1887-1974). No ano seguinte, lançou o disco *Ismael canta... Ismael*. Em 1965, se apresentou no show Samba pede passagem, ao lado de Baden Powell (1937-2000), MPB-4 (1965-) e Araci de Almeida (1914-88), que resultou num disco com nove composições de sua autoria.

Na década de 1960, Ismael Silva fez parte do grupo de sambistas que se reunia e se apresentava no ZiCartola, bar e restaurante do amigo Cartola (1908-80) e de sua esposa, Dona Zica (1913-2003). Com sérios problemas financeiros, Ismael vivia à custa de minguados direitos autorais. Sempre desempregado, dizia que o samba era o seu único emprego. Mas sabe-se que trabalhou na Central, como chefe de turma da segurança interna, e que foi auxiliar num escritório de advocacia.

Em 1960, Ismael ganhou dois títulos: Cidadão Samba, numa iniciativa do jornalista Sérgio Cabral (1937-), e Carioca Honorário. Na I Bienal do Samba, organizada pela TV Record em 1968, Ismael foi um dos sambistas homenageados. Pouco antes, em 1966, ele tinha dado um depoimento ao Museu da Imagem e Som do Rio de Janeiro, fato que se repetiu em 1968. Ainda na mesma época, o compositor gravou mais um disco solo com músicas inéditas que foi lançado em 1974.

Ismael Silva passou a velhice de forma solitária e humilde, numa pensão na rua Gomes Freire, no centro do Rio. Morreu vítima de um ataque cardíaco em março de 1978, aos 73 anos. Ele fez parte do núcleo social, cultural e musical que atuou na formação do samba moderno e no centro do processo de mudanças do entretenimento urbano no Rio de Janeiro, marcado pelo crescimento do Carnaval, das escolas de samba, das indústrias fonográficas e radiofônicas. Sua obra influenciou diversos compositores de várias décadas, mas nunca lhe permitiu uma vida fácil.

FONTES: Cícero Sandroni; José Ramos Tinhorão; Luiz Fernando Carvalho; Paulo Lins; Sérgio Cabral.

VEJA TAMBÉM: Antônio Candeia Filho; Clementina de Jesus; Cartola; Donga; Heitor dos Prazeres; Madame Satã; Paulo da Portela; Pixinguinha; Tia Ciata; Tias baianas...; Zé Kéti.

ISRAEL SOARES

1843-1916 | RIO DE JANEIRO

Numa sociedade escravista — com muitas hierarquias sociais e raciais —, dominar os códigos de letramento, fazer uso deles e reproduzi-los, ampliando as possibilidades de mobilidade social, pode ser fundamental. Era possível se libertar da escravidão, porém a escravidão não libertava a pessoa, por conta dos estigmas de cor e da segregação dos africanos e de seus filhos.

Nascido em 1843, Israel Soares tinha pais africanos que haviam sido escravizados de Joaquim José da Cruz Seco (1810-83). O pai de Israel era centro-africano, com procedência denominada de monjolo. Sua mãe, Luísa, era uma africana ocidental islamizada. Os africanos ocidentais não eram muitos no Rio de Janeiro, sobretudo em comparação a Salvador, onde superavam 60% da população.

Considerando as chegadas de navios negreiros e as origens dos portos de embarque no continente africano, entre 1790 e 1830, os africanos ocidentais representavam apenas 3% da população do Rio de Janeiro. Levando em conta os registros eclesiásticos de africanos adultos batizados nas cinco principais paróquias urbanas — Candelária, Santíssimo Sacramento, São José, Santana e Santa Rita —, no período de 1801 a 1830, os ocidentais somavam 13%.

As informações mais detalhadas da trajetória de Israel aparecem na entrevista concedida a Ernesto Sena (1858-1913), em 1900. Sena descreveria aquele "negro" de 57 anos, "magro, esguio, ossudo, com a carapinha esbranquecida pela neve dos anos", como "homem sério, honesto e digno". Alexandra Lima da Silva, Higor Ferreira e Manolo Florentino (1958-) completariam a biografia dele.

Os primeiros anos de vida de Israel se passaram na rua de São Pedro, coração da Corte. A sua própria mãe — segundo ele explicou no depoimento a Sena — era uma quitandeira que só conseguiu se alforriar em 1846, com a ajuda de outro africano ocidental, o liberto Antônio Mina. Assim, ainda criança, ele poderia ser definido como um escravizado criado por uma mãe africana liberta. Em 1856, depois de dez anos como liberta, Luísa conseguiu a alforria da filha, irmã de Israel, quando ele tinha treze anos. Talvez tenha sido nesse contexto que ele entrou em contato com a leitura e o letramento, observando os africanos mais velhos ler o Alcorão e escrever pequenas suras e orações islâmicas. Sua proximidade com a leitura e com a escrita foi marcada pela figura da mãe. É provável que ela tenha se afastado da comunidade africana islâmica, pois, antes de morrer, teria dirigido um ritual fúnebre católico, gerando críticas de outros africanos, certamente muçulmanos.

De qualquer modo, Israel nada revelou no sentido de ter conhecido africanos islamizados letrados. Disse apenas que aprendeu a ler no canto da cozinha com jornais velhos. Depois teria contado com a ajuda do farmacêutico Marcelino Inácio de Alvarenga Rosa, em São Cristóvão. O mais inusitado é que — ainda escravizado — Israel criou um curso noturno, chamado Escola Noturna Gratuita da Cancela, pegado à quitanda da mãe. Também nos anos 1870, ele fundou a Sociedade de Dança Bela Amante. Em junho de 1880, com o apoio de vários abolicionistas negros criou a Caixa Libertadora, bastante vinculada ao nome de José do Patrocínio (1853-1905).

A mãe de Israel morreu no mesmo ano de 1880, sem ver o filho completamente livre. A liberdade definitiva e plena só veio em 1881, isso porque em meados de 1876 obteve a alforria condicional pagando 600 mil-réis e se obrigando a servir aos seus senhores por mais quatro anos.

Israel liberto já era, então, um homem de 38 anos, que fazia parte da Irmandade de Nossa Senhora do Rosário. Tinha se casado com a escravizada Antônia, que ele ajudou anos depois a se alforriar, contando com empréstimos de José do Patrocínio e com ações da Caixa Libertadora, da qual era presidente.

Entre as últimas décadas do século XIX e as primeiras do século XX, Israel apresentou uma militância política ativa, passando do abolicionismo para as lutas contra a discriminação racial. Ainda em 1910, com quase setenta anos, integrou a comissão que enviaria um manifesto ao presidente solicitando providências a respeito de um episódio de racismo ocorrido com Inês Acioli da Silva, uma "mulher de cor", conforme as denúncias dos jornais, que havia sido impedida de embarcar no vapor *Rio de Janeiro* do Lloyd Brasileiro.

Israel Soares teve dois filhos com Antônia. O primeiro, Antônio Israel Soares, nasceu em 1869 e era, portanto, ainda escravizado. Não sabemos como se alforriou, mas certamente contou com a ajuda do pai, das irmandades e das sociedades com as quais ele então se articulava. Antônio foi um operário que mais tarde teve papel de destaque nas organizações operárias, chegando a integrar o Partido Operário Socialista, em 1895. Em 1902, porém, faleceu prematuramente, aos 33 anos.

O segundo filho, Israel Antônio Soares Jr., nasceu em 1887, já livre. Teve formação médica, chegando a abrir um consultório na rua de São Cristóvão, onde seus pais e a avó tinham vivido os primeiros anos de liberdade. Em 1910, Israel Jr. integrou o Centro Cívico Moreira Lopes. E como o irmão, faleceu jovem, em 1913, aos 26 anos.

Israel Soares viveu a escravidão, inventou a liberdade, atravessou a abolição e as primeiras décadas do pós-abolição, tendo que enterrar seus dois filhos. Faleceu em 1916, aos 73 anos.

FONTES: Alexandra Lima da Silva; Higor Ferreira; Manolo Florentino.

VEJA TAMBÉM: Bento...; Francisca; Horácio de Sá Pacheco; José do Patrocínio.; Luiza Mahin; Pacífico Licutan; Rufino José Maria.

ITAMAR ASSUMPÇÃO

1949-2003 | TIETÊ, SÃO PAULO; ARAPONGAS E LONDRINA, PARANÁ; SÃO PAULO

Itamar de Assumpção nasceu em Tietê, no estado de São Paulo, em 13 de setembro de 1949. Foi criado pelos avós, num ambiente ligado à música: seu avô era integrante de banda e organizava batuques em casa; seu pai, Januário Assumpção, era pai de santo, e Itamar tocava atabaque nas reuniões religiosas. Além disso, sendo bisneto de escravizados angolanos, cresceu escutando os batuques do terreiro de candomblé. Aos doze anos, mudou-se, junto com a família, para Arapongas, no Paraná, cidade onde estudou contabilidade.

Mas não chegou a se formar. Tentou ganhar a vida como jogador de futebol, tendo atuado nas divisões de base da Portuguesa de Desportos. Foi ainda na cidade de Londrina que começou a participar de peças de teatro e espetáculos musicais, e conheceu Arrigo Barnabé (1951-). Autodidata, aprendeu a tocar violão e baixo sozinho. Em 1972, as canções "Queimada" e "Tempo completo" lhe renderam o prêmio de Melhor Apresentação Total, no V Festival Universitário de Londrina, e o levaram a decidir se dedicar exclusivamente à música e a se mudar para São Paulo no ano seguinte. Em 1975, a música "Luiza" lhe conferiu o primeiro lugar num festival de música em Campinas. Nesse mesmo ano, defendeu a canção "Nego Dito" no Festival Feira da Vila Madalena, no bairro de São Paulo. Estabeleceu, a partir de então, contatos com músicos e artistas que formariam a Vanguarda Paulistana, movimento cultural dos anos 1970 e 1980, em que se destacaram as produções independentes, de cunho mais experimental. A cidade de São Paulo concentrou e revelou boa parte dessa insatisfação com as estruturas musicais vigentes, que sofreram com a censura da ditadura militar.

Em 1978, Itamar estreou nos palcos da cidade, com apresentações ao lado de Nelson Jacobina (1953-2012) e Jorge Mautner (1941-). Um ano depois participou, junto com Arrigo Barnabé e a banda Sabor de Veneno, do Festival de Música da TV Cultura de São Paulo. Apresentaram "Diversões eletrônicas", uma canção composta por Arrigo, que levou o primeiro prêmio. Foi sobretudo nesse festival que ganharam a fama de serem os grandes expoentes da então chamada Vanguarda Paulistana. Eles fizeram do Teatro Lira Paulistana o ponto de encontro dos músicos que pretendiam criar "música independente" e longe da indústria fonográfica. Fundaram, então, o selo Lira Paulistana e passaram a produzir seus próprios discos. Por esse selo Itamar gravou seus três primeiros álbuns: *Beleléu, Leléu e eu* (1980), *Às próprias custas S/A* (ao vivo, 1983) e *Sampa Midnight — Isso não vai ficar assim* (1986). Em 1981, recebeu da Associação Paulista de Críticos de Arte (APCA) o prêmio Revelação Masculina.

Na década de 1980, a carreira de Itamar deslanchou. Ele lançou vários discos, fez apresentações em diversas cidades do Brasil e ganhou uma série de prêmios. Em 1988, gravou *Intercontinental! Quem diria! Era só o que faltava!!!*, título que alude à participação da gravadora *major* Continental na produção do trabalho. No início dos anos 1990, lançou a trilogia *Bicho de sete cabeças* junto com a banda Orquídeas do Brasil, formada só por mulheres — uma novidade naquele contexto. Conquistou o prêmio de melhor cantor do ano, concedido pela APCA em 1995, e no ano seguinte gravou um CD em homenagem a Ataulfo Alves (1909-69), *Pra sempre agora*. Em 1998, lançou *Pretobrás — Por que eu não pensei nisso antes* e ainda produziu os discos das cantoras Alzira Espíndola (1957-) e Fortuna (1958-). Em maio de 1988, apresentou-se com a banda Isca de Polícia na Alemanha. Itamar também construiu importantes parcerias ao longo da carreira, atuando ao lado de intérpretes como Alzira e Tetê Espíndola (1954-), Ná Ozzetti (1958-) e Suzana Salles (1955-), além da poeta Alice Ruiz S. (1946-).

Nos anos 2000, já doente, Itamar parou de gravar e diminuiu suas atividades artísticas. Seu último show, acompanhado pela banda Orquídeas do Brasil, ocorreu em 25 de fevereiro de 2003, no Centro Cultural Banco do Brasil, em São Paulo.

Faleceu em 12 de junho de 2003, vítima de câncer de intestino. Suas duas filhas, as cantoras Anelis Assumpção (1980-) e Serena Assumpção (1977-2016), buscaram perpetuar a obra do pai. Em 2004, saiu o CD póstumo *Vasconcelos e Assumpção — Isso vai dar repercussão*, fruto da parceria de Itamar com o percussionista Naná Vasconcelos (1944-2016). Dois anos depois, editou-se o songbook *Pretobrás: Por que eu não pensei nisso antes? O livro de canções e histórias de Itamar Assumpção*, com dois CDs inéditos. Em 2010, foi lançada sua obra completa, *Caixa preta*, também com músicas inéditas. Em 2012, saiu *Itamar Assumpção: Cadernos inéditos*, coletânea de textos retirados dos sessenta cadernos de anotações do artista, com letras, desenhos e poemas.

Itamar foi um dos artistas mais identificados com as posturas "vanguardistas", "independentes", "marginais" e "alternativas". Embora não fosse guitarrista, o chamavam de Hendrix da Vila Madalena, numa alusão às semelhanças físicas, mas também pessoais e artísticas com o músico norte-americano. Conhecido como Maldito da MPB, misturou samba com rock e funk, entre outros ritmos, em letras impregnadas de sátira e crítica social.

A negritude, a marginalidade musical e a loucura descritas em muitas de suas letras vincularam a imagem magra e enigmática de Itamar a uma de suas criações: o personagem João dos Santos Silva Beleléu, vulgo Nego Dito, uma espécie de "bandido louco e romântico" que apareceu logo no primeiro disco e tornou-se marca registrada do compositor ao longo da carreira. Itamar também trouxe figuras excluídas para suas canções; isso sem perder o bom humor.

Ele também se considerava herdeiro das tradições afro-brasileiras, experimentadas desde a infância nos cultos religiosos, mas representadas em seu trabalho pelo samba. Negritude e marginalidade foram, sem dúvida, as grandes marcas de Itamar Assumpção, que ousou quebrar silêncios e não ditos da cultura e da história brasileira.

FONTES: José Adriano Fenerick; Antônio Carlos Machado Guimarães; Beatriz Lopes Jardim de Cerqueira; Conrado Vito Rodrigues Falbo; Laerte Fernandes de Oliveira; Lúcia Helena Oliveira Silva; Luiz Chagas; Monica Tarantino; Patricia Palumbo; Wilton Carlos Lima Silva.

VEJA TAMBÉM: Geraldo Filme; Wilson Simonal.

IVONE LARA

1922-2018 | RIO DE JANEIRO

Pouca gente sabe quem foi Yvonne Lara da Costa, ou Ivone Lara tirando o Y e os dois n. Mas a música brasileira desde sempre aprendeu a reverenciá-la como a "Dama do Samba". Nascida em 1922, em Botafogo, local onde até os anos 1960 muitos blocos e ranchos desfilavam pelas ruas, Ivone era neta de africanos e ex-escravizados também socializados pela música. Sua mãe, a costureira Emerentina Bento da Silva, era pastora do rancho Flor do Abacate e depois integrou o Ameno Resedá. Já o pai, João da Silva Lara, atuava como mecânico, mas era também um conhecido violonista do Bloco dos Africanos.

Katia Santos explica em sua pesquisa que, órfã muito jovem, Ivone foi enviada a um colégio interno, onde permaneceu até os dezessete anos. Ao deixar a escola, foi morar com os tios, gente da música, chorões que conheciam Pixinguinha (1897-1973) e Donga (1890-1974) e ensinaram Ivone a tocar cavaquinho. Em meados da década de 1940, ela se mudou para Madureira, aproximando-se ainda mais dos primos sambistas — entre os quais Antônio dos Santos, o Mestre Fuleiro (1911-97) — e do mundo das escolas de samba — mais especificamente da escola de samba Prazer da Serrinha. Nessa época, com 25 anos, Ivone se casou com Oscar Costa (?-1975).

Com a fundação da escola de samba Império Serrano, passou a desfilar nas alas de baianas, e travou conhecimento com sambistas antigos, como Aniceto (1912-93), Mano Décio da Viola (1909-84) e Silas de Oliveira (1916-72). Começou a escrever sambas e a concorrer nos concursos de samba-enredo, até integrar a ala dos compositores, fato raro para uma mulher.

Em 1965, Ivone Lara compôs, com Silas de Oliveira e Bacalhau, o samba "Os cinco bailes da história do Rio", considerado um dos maiores sambas-enredos de todos os tempos.

Com formação em enfermagem e em serviço social, Ivone trabalhou em hospitais psiquiátricos, tendo atuado ao lado da médica Nise da Silveira (1905-99), no Centro Psiquiátrico Pedro II, localizado no bairro suburbano do Engenho de Dentro, onde funcionava o antigo Hospital Nacional de Alienados (1911).

Desde a década de 1970, Ivone Lara gravou uma série de discos, com destaque para os LPs *Samba minha verdade, samba minha raiz* (1974), *Sorriso de criança* (1979) e *Alegria minha gente* (*Serra dos meus sonhos dourados*) (1982). Viúva em 1975 e aposentada dois anos depois, d. Ivone acabou se dedicando inteiramente à carreira artística. Em 1978, o samba "Sonho meu", composto por Ivone Lara e Délcio Carvalho (1939-2013), e gravado por Maria Bethânia (1946-), se transformou num grande sucesso.

Mesmo antes da descoberta pela mídia, d. Ivone Lara já era referência musical do samba carioca e símbolo da cultura de origem africana, com suas composições que recuperavam jongos e ritmos dos seus antepassados africanos e de ex-escravizados do Vale do Paraíba. Tornaram-se clássicas as suas composições "Alguém me avisou", "Andei para Curimá", "Não chora neném", "Tiê", entre outras.

Em novembro de 1981, no evento chamado Acorda Zumbi, d. Ivone Lara incendiou um Maracanãzinho lotado, cantando seu sucesso "Sorriso negro":

Um sorriso negro
Um abraço negro
Traz felicidade
Negro sem emprego
Fica sem sossego
Negro é a raiz de liberdade
[...]
Negro é uma cor de respeito
Negro é inspiração
Negro é silêncio é luto
Negro é a solidão
Negro que já foi escravo
Negro é a voz da verdade
Negro é destino é amor
Negro também é saudade.

Muitos dos seus sambas tiveram grande êxito, vários deles em parceria com Délcio Carvalho, como "Acreditar", "Candeeiro da vovó", entre outros.

Elegante, discreta, remanescente de uma tradição das décadas de pós-emancipação e daqueles que migraram para o Rio de Janeiro, além de "Grande Dama", Ivone Lara foi a "Dona da Melodia".

Ivone Lara permaneceu ativa e recebendo todo tipo de homenagem até morrer em 2018, aos 96 anos.

FONTES: Katia Santos; Ricardo Cravo Albin; Spirito Santo.

VEJA TAMBÉM: Arthur Bispo do Rosário; Clementina de Jesus; Donga; Pixinguinha.

J

JACIRA DE ALMEIDA SAMPAIO

1922-98 | SANTA CRUZ DO RIO PARDO E SÃO PAULO; RIO DE JANEIRO

Jacira de Almeida Sampaio nasceu em Santa Cruz do Rio Pardo, no interior paulista, em 28 de agosto de 1922. Começou sua carreira no Teatro Experimental do Negro, nos anos 1950, atuando em São Paulo e no Rio de Janeiro. Seu personagem mais famoso foi o de Tia Anastácia, na versão da série *Sítio do Picapau Amarelo* exibida pela Rede Globo entre 1977 e 1986.

Atuou ainda no cinema e em outros trabalhos na televisão. Destacou-se também no teatro, em peças como *Quarto de empregada* (1959), de Roberto Freire (1942-); *As feiticeiras de Salém* (1960), com Glória Menezes (1934-); *O pagador de promessas* (1961), com Stênio Garcia (1932-); *O círculo de champagne* (1964); e *Castro Alves pede passagem* (1971), de Gianfrancesco Guarnieri (1934-2006).

Morreu em 29 de setembro de 1998, vítima de um ataque cardíaco. Seu corpo foi sepultado no Cemitério Jardim da Colina, em São Bernardo do Campo.

— Com Mário Augusto Medeiros da Silva

FONTE: Joel Zito.

VEJA TAMBÉM: **Cléa Simões; Grande Otelo; Isaura Bruno; Jacyra Silva; Ruth de Souza; Zeni Pereira; Zózimo Bulbul.**

JACKSON DO PANDEIRO

1919-82 | ALAGOA GRANDE E JOÃO PESSOA, PARAÍBA; RECIFE, PERNAMBUCO; RIO DE JANEIRO

Jackson do Pandeiro (José Gomes Filho) nasceu em Alagoa Grande, na Paraíba, no dia 31 de agosto de 1919. Oriundo de uma família de artistas populares vinculada ao canto pastoril, sua história foi marcada pela música.

Era um homem miúdo, negro e pobre, que só foi alfabetizado aos 35 anos. Deu início à sua carreira seguindo a mãe em rodas de coco. Foi ela quem o presenteou com o primeiro instrumento: um pandeiro. No início da década de 1940, mudou-se para João Pessoa, na Paraíba, onde ganharia a vida tocando em cabarés e também na Rádio Tabajara. Oito anos depois, conseguiu emprego na Rádio Jornal do Commercio, no Recife. Seu nome artístico nasceu primeiro de um apelido que ele mesmo inventou para si: Jack, inspirado num mocinho de filmes de faroeste, Jack Perry. A transformação para Jackson foi obra do diretor do programa de rádio, que acreditava que dessa maneira o nome ficaria mais sonoro e causaria mais efeito ao ser anunciado.

Foi apenas em 1953, quando já tinha 35 anos, que Jackson gravou seu primeiro grande sucesso, "Sebastiana". Logo depois, emplacou mais outro, "Forró em Limoeiro".

Quando vivia no Recife conheceu sua esposa e parceira, Almira Castilho (1924-2011), uma ex-professora que trabalhava cantando mambo e dançando rumba. Foi ela quem ensinou as primeiras letras ao marido. Jackson e Almira passaram a formar uma dupla na esfera pública e privada.

Jackson então mudou-se para o Rio de Janeiro, caminho mais certeiro para quem queria viver do samba; por lá se apresentou nas rádios Tupi e Mayrink Veiga, e foi contratado pela Rádio Nacional. O artista fazia sucesso junto ao público sobretudo por sua versatilidade: era capaz de cantar gêneros musicais variados — como o baião, o coco, o samba-coco, o rojão e as marchinhas de Carnaval. Também ficou conhecido pelas músicas de sua autoria: "O canto da ema", "Chiclete com banana", "Um a um" e "Xote de Copacabana".

Durante a década de 1950, Jackson e Almira ganharam projeção nacional e atuaram em filmes populares, como *Minha sogra é da polícia*, *Cala a boca, Etelvina*, *Tira a mão daí!* e *O batedor de carteiras*. Data de 1954 seu primeiro álbum, *Sua majestade — O Rei do Ritmo*.

A união — afetiva e profissional — entre Almira e Jackson durou até 1967. Casou-se, então, com Neuza Flores, uma ex-metalúrgica que abriu mão da carreira para seguir seu ídolo. Se Almira esteve ao lado dele numa fase de sucesso, já a segunda esposa testemunhou a queda do "Rei do Ritmo" e transformou-se em fisioterapeuta particular dele após um acidente em 1968.

Com a Tropicália e o resgate da música nordestina por ela promovido, Jackson entrou novamente em voga. Gilberto Gil (1942-) gravou, em 1972, a música "Chiclete com banana". Anos depois, lançou "O canto da ema" e "Cantiga do sapo". Gal Costa (1945-), por sua vez, interpretou "Sebastiana". No mesmo ano, Alceu Valença (1946-) e Geraldo Azevedo (1945-) convidaram Jackson para entrar com eles no Festival da Canção, com "Papagaio do futuro". Em 1981, o artista soltou seu último disco: *Isso é que é forró!*. Porém, em 10 de julho de 1982, durante uma excursão, Jackson do Pandeiro faleceu em decorrência de uma embolia pulmonar e cerebral.

Ao lado de Luiz Gonzaga (1912-89), Jackson do Pandeiro foi um dos principais responsáveis pela nacionalização de canções oriundas da tradição do povo nordestino. Sua discografia compreende mais de trinta álbuns. Desde sua primeira gravação, "Forró em Limoeiro", em 1953, até o último álbum, *Isso é que é forró!*, de 1981, foram 29 anos de carreira.

FONTES: Arquivo Nacional; Audaci Jr.; Gustavo Freitas; Marcos Antônio Marcondes; Mauro Ferreira; Nabor Jr.; Renato Roschel.

VEJA TAMBÉM: Batatinha e Riachão; Inácio da Catingueira.

JACYRA SILVA

1940-95 | SÃO PAULO; RIO DE JANEIRO

Nascida em São Paulo em 1940 e depois radicada no Rio de Janeiro, Jacyra Silva foi uma artista de muitas faces: atuou como modelo, cantora e atriz de cinema, de teatro e de televisão. Embora quase vinte anos mais nova, Jacyra Silva fez sucesso no mesmo período de Isaura Bruno (1916-77), Cléa Simões (1927-2006), Zeni Pereira (1924-2002), Jacira Sampaio (1922-98), entre outras atrizes negras que participavam de novelas.

Trabalhava como secretária quando disputou e ganhou um concurso de beleza para mulheres negras, transformando-se na primeira miss negra do estado de São Paulo. Ainda nos anos 1960, Jacyra tentou a carreira de cantora, com várias aparições na TV Excelsior.

Como atriz, estreou na televisão com *Ambição* (1964), seguindo com participações em novelas da TV Tupi e da TV Globo na segunda metade da década de 1960: *O ébrio* (1965-6) e *O anjo e o vagabundo* (1966-7). Em 1968, faria sucesso em *Antônio Maria* (TV Tupi) e em *A cabana do Pai Tomás* (TV Globo). Nos anos 1970, Jacyra Silva emplacou papéis em *Pigmalião 70* (1970), *Irmãos Coragem* (1970-1), *A próxima atração* (1970-1), *Bandeira 2* (1971-2), *Uma rosa com amor* (1972-3), *Os ossos do barão* (1973-4), *Corrida do ouro* (1974-5), *O grito* (1975-6), *O rebu* (1974-5), entre outras. Também atuou no cinema na mesma década.

Jacyra Silva fez as faculdades de filosofia e psicologia, mas se destacou mesmo como atriz de televisão. Interpretou sobretudo papéis como escrava e empregada doméstica, não conseguindo romper com os estereótipos impostos em sua época.

Em 1995, durante a temporada da peça *Anjo negro*, em São Paulo, Jacyra Silva, aos 55 anos, foi acometida de um acidente vascular cerebral (AVC), morrendo meses depois. Uma série de estudos, como os de Denise Ferreira da Silva, Joel Zito Araújo (1954-), Rosane da Silva Borges, Rosângela Malachias e Solange Martins Couceiro de Lima têm demonstrado o sistemático apagamento das histórias de artistas negras e negros na televisão brasileira.

FONTES: Denise Ferreira da Silva; Joel Zito Araújo; Nei Lopes; Rosane da Silva Borges; Rosângela Malachias; Solange Martins Couceiro de Lima.

VEJA TAMBÉM: Cléa Simões; Isaura Bruno; Jacira de Almeida Sampaio; Ruth de Souza; Zeni Pereira; Zózimo Bulbul.

JANDYRA AYMORÉ

1899-1972 | PARÁ; SÃO PAULO; RIO DE JANEIRO

Nascida no Pará em 1899, pouco se conhece da infância de Albertina Nunes Pereira, que vamos encontrar já como cantora da Companhia Negra de Revistas (a primeira empresa teatral do Brasil composta inteiramente de negros) e com o nome artístico de Jandyra Aymoré, conforme nos mostra Nei Lopes (1942-).

Na noite de 31 de julho de 1926, estreou no Teatro Rialto (localizado na rua da Ajuda, no centro do Rio de Janeiro) a revista *Tudo preto*, encenada pela Companhia Negra de Revistas, com organização do cenógrafo Jaime Silva (?-1945) e do cantor, compositor e ator De Chocolat: João Cândido Ferreira (1887-1956). Além do sucesso da empreitada, para Pixinguinha (1897-1973) a temporada de *Tudo preto* teve mais um significado muito especial: foi por lá que começou a namorar a vedete Jandyra Aymoré.

Jandyra abandonou a vida artística solo no dia 5 de janeiro de 1927 para se casar com o flautista e maestro da Companhia, Pixinguinha, num cartório do bairro paulistano do Brás. O casal seguiu com o grupo pelo interior de São Paulo e de Minas Gerais. Quando voltaram para o Rio, Albertina, a quem Pixinguinha chamava de Beti, decidiu dedicar-se exclusivamente aos afazeres do lar.

Em 1935, no oitavo ano de união, Beti e Pixinguinha adotaram um menino, que foi registrado com o nome de Alfredo da Rocha Viana Neto.

Albertina, Jandyra ou simplesmente Beti morreu em 7 de junho de 1972, aos

73 anos, de pneumonia, na Guanabara. Ao lado dela, estava seu marido, Pixinguinha.

FONTES: Acervo Instituto Moreira Salles; Nei Lopes.

VEJA TAMBÉM: Ascendina dos Santos; De Chocolat; Maria Joaquina de Camargo...; Pixinguinha.

JERÔNIMO SOARES

SÉC. XVII | BAHIA; SERGIPE

Ao longo do século XVII, Jerônimo Soares, identificado como "mulato", teve seu nome registrado em várias denúncias e sindicâncias da Inquisição no Brasil. Conforme explica Luiz Mott (1946-), e seguindo-se os termos de época, ele era um conhecido "sodomita". Jerônimo era filho ou neto de africanos da Alta Guiné e pode ter nascido em Portugal. Em algum momento veio parar no Brasil como escravizado, chegando à Bahia e depois alcançando Sergipe. Seu nome já aparecia em investigações lisboetas entre 1632 e 1646.

Pouco restou de sua biografia, mesmo contando com os dados retirados das acusações de 1646 e fins de 1685, quando teve início um longo processo contra ele. Jerônimo havia sido escravizado por um meirinho eclesiástico em Lisboa, em seguida pertenceu ao escrivão da Mesa de Consciência da Bahia, sendo por último cativo do escrivão Antônio Brito. Passara por diferentes cativeiros entre Portugal e Brasil. Há indicações de que tenha fugido da Bahia para Sergipe e lá, com quase setenta anos, foi apanhado por mais denúncias da Inquisição.

Entre as acusações de "sodomia" feitas a Jerônimo estava aquela de ser amigo do mulato Mateus Lopes, "somítico" e conhecido personagem na Bahia, por acompanhar seu senhor nas comédias, fazendo a representação de um bugio, dançando com um pote na cabeça. Aliás, a Bahia seiscentista que Jerônimo Soares conheceu foi a mesma na qual o poeta Gregório de Matos (1636-96) já fazia alusão a "sodomitas negros", seguindo a nomenclatura da África Central, chamando-os de quimbandas.

FONTE: Luiz Mott.

VEJA TAMBÉM: Francisca Luiz; Francisca (Xica) Manicongo; Mécia; Páscoa Vieira.

JOANA DA SILVA MACHADO

?-1747 | ÁFRICA OCIDENTAL; SÃO JOÃO DEL-REI, MINAS GERAIS

Joana da Silva Machado foi uma africana que andou por muitos lugares coloniais setecentistas. Embora tenha morrido em 1747 no arraial dos Carijós, junto à vila de São João del-Rei, na capitania de Minas Gerais, ao que tudo indica ela passou pelo Rio de Janeiro, Recife e Salvador. Em 1745, já liberta, Joana fez seu testamento em Minas Gerais, registrando sua trajetória de próspera comerciante. Tais informações seriam reforçadas na abertura do seu inventário, em 1748.

Não sabemos com quantos anos faleceu, nem quando nasceu ou onde desembarcou. Como africana da Costa da Mina, pode ter desembarcado num porto do Recife, Salvador ou do Rio de Janeiro nos primeiros anos do século

XVIII. Revela Eduardo França Paiva que não seria remetida diretamente para as áreas mineradoras coloniais da Bahia, Minas Gerais e depois Mato Grosso. Pode ser que tenha permanecido escravizada em algum núcleo urbano litorâneo por tempo suficiente para trabalhar, conseguir comprar a sua liberdade e se transformar numa pequena comerciante associada às redes mercantis que alcançariam as Gerais. O certo é que acumulou pequena fortuna. Deixaria para seus herdeiros toalhas, lençóis, roupas, sapatos, tecidos de luxo, além de louças, talheres de prata, quinquilharias de cobre e inúmeras peças de ouro e diamantes, incluindo cordões, terços e imagens de Nossa Senhora da Conceição, Santa Luzia e Nossa Senhora do Carmo. Essa africana registraria também entre seus pertences três escravizados, todos africanos: Antônio e Maria, que eram de Angola, e Francisca, proveniente da Costa da Mina. Esta última foi declarada alforriada desde 1745, mas ainda acompanhava Joana e seria registrada em seu inventário.

Joana devia pertencer a uma rede de comerciantes que se deslocavam entre cidades litorâneas — como Rio de Janeiro, Salvador e Recife — e o interior de Minas Gerais, fazendo negócios. Entre os bens de Joana não há menção a casas e animais de carga. Talvez tivesse mesmo moradias provisórias em vários locais onde realizava seus negócios. Ou seja, pode ser que a rede mercantil à qual estava ligada lhe fornecesse pouso e estadia em suas frequentes viagens. Os maiores indícios da sua possível rede mercantil, que alcançava várias províncias, aparecem na lista de testadores, devedores e detentores de crédito dos negócios dela. No documento são listados os nomes de alguns homens, um acompanhado do termo "senhor" e outro da expressão "sargento-mor", e referências de que estariam distribuídos pela "Cidade da Bahia", Rio de Janeiro e "nas Minas Gerais": Sabará, Serro do Frio, Minas Novas e Chapada.

FONTE: Eduardo França Paiva.

VEJA TAMBÉM: Bárbara Gomes de Abreu e Lima; Chica da Silva.

JOANA E LISARDA

SÉC. XIX | PIAUÍ

Lisarda e Joana devem ter nascido entre 1840 e 1850. Talvez fossem filhas de africanos. De qualquer forma, eram sobreviventes. Conforme mostra o historiador Mairton Celestino da Silva, acabaram não sendo enviadas para o Sudeste escravista via tráfico interprovincial, quando, na década de 1860, milhares de cativos foram vendidos para São Paulo e Rio de Janeiro, saindo das províncias do Piauí, Maranhão, Paraíba, Sergipe e Rio Grande do Norte, além da Bahia e de Pernambuco. Nessas "províncias do Norte", não faltavam desejos de escravizar, mas sobravam interesses por lucros auferidos com a venda de cativos. A escravidão não tinha acabado nessas províncias, mas havia um processo de "desescravização", com a utilização cada vez mais difundida de uma combinação de trabalhadores livres e cativos.

Em meados da década de 1870, encontramos Lisarda, uma mulher madura que resolveu migrar do sertão do Piauí e se estabelecer mais perto de um núcleo urbano, trabalhando como uma pequena negociante local. Em 1877, havia reclamações de que Lisarda e outros ficavam ao longo da noite em "conversas", que "muito incomodavam aos vizinhos". Em Teresina, a movimentação da rarefeita população negra urbana se transformava em assunto de polícia. Reclamações chegavam às autoridades policiais destacando a necessidade de ordem na "pequena, mas já civilizada capital". Era necessário, avaliavam, reprimir uma pessoa a quem chamavam de "senhora Lisarda", que deveria comparecer à delegacia para que se "lhe recomende mais prudência, decência e respeito às famílias vizinhas". Teresina era então um acanhado centro urbano, mas já sobravam preconceito e intolerância. Os chamados "vozerios" e "algazarras" eram logo transformados e classificados como "desordens urbanas" atribuídas à população negra.

Numa sociedade escravista sertaneja com poucos cativos, não faltavam os "senhores da ordem". Comércio de rua, vendedores ambulantes, crianças seminuas perambulando acabavam logo associados ao atraso; na verdade, representavam uma espécie de senha para a truculência. Controlar esse contingente era também limitar suas aspirações de liberdade.

Joana pode ter tido filhos nascidos antes e depois da Lei do Ventre Livre. Vivendo ao lado deles e continuando escravizada, sua vida foi provavelmente tomada por muitos sobressaltos. Com a ameaça de ser vendida para o Sudeste, vendo alguns de seus filhos criados junto aos demais cativos, ela continuaria lutando para obter a libertação.

Em agosto de 1880, Joana estava envolvida numa disputa judicial e se achava sob a posse de um curador. As arenas jurídicas no mundo escravista representavam trincheiras onde se realizavam várias batalhas. Diferentes ordenamentos jurídicos — principalmente a partir da década de 1860 — reconheciam os escravizados como pessoas detentoras de direitos, voz e consciência. Isso não alterava, porém, as relações de poder, pois eles continuavam subordinados a ações senhoriais, além de sujeitos às intervenções.

A crise e a extinção da escravidão estiveram igualmente presentes em exercícios teóricos de juristas e em seus manuais. Ideologias senhoriais, percepções de escravizados, doutrinas e práticas jurídicas inventavam novos conceitos de liberdade e redefiniam diferentes formas de escravidão.

Joana e Lisarda foram testemunhas das heranças e das relações de poder que nunca deixaram de existir, mesmo em locais como Teresina, distantes das lavouras cafeeiras e da efervescência urbana abolicionista.

Mulheres negras como elas lutaram pela liberdade de seus corpos e vozes. Se a escravizada Joana não conseguiu garantir a liberdade em meio às disputas jurídicas a que se viu sujeita, a Lisarda — uma mulher livre — se prometia o "castigo que merece se continuar na vida depravada que tem adotado".

FONTES: José Hilário Ferreira Sobrinho; Mairton Celestino da Silva.

VEJA TAMBÉM: Esperança Garcia; Félix José Rodrigues; Maria.

JOANA GUEDES DE JESUS 1822-87 | ÁFRICA OCIDENTAL; PORTO ALEGRE, RIO GRANDE DO SUL E LAURA GUEDES DE JESUS 1839-? | PORTO ALEGRE, RIO GRANDE DO SUL

Joana era uma africana ocidental, denominada Joana Mina, que deve ter chegado a Porto Alegre na primeira metade da década de 1830. A investigação de Paulo Roberto Staudt Moreira (1962-) indica que provavelmente veio do Rio de Janeiro, sendo ali batizada como africana cabinda. Há indicações de que, com o tráfico proibido ao norte da linha do equador desde 1815, muitos navios permaneceriam desembarcando africanos em Salvador e no Rio como se tivessem vindo de Cabinda. Mesmo depois de 1831, com a proibição de qualquer tráfico de africanos escravizados, o comércio clandestino continuaria. Muitos desses africanos ocidentais, e não centro-africanos de Cabinda, acabariam sendo reexportados para o Rio Grande do Sul, indo parar no interior, em suas áreas de charqueadas, e também nas áreas semiurbanas de Porto Alegre.

Joana pertencia a d. Maria Guedes de Meneses e adquiriu a liberdade em 1862, e de forma gratuita, posto estar doente e "ter servido durante seu cativeiro com todo o zelo e dedicação". Em 1869, já aparecia nos registros como uma mulher forra. Então chamada Joana Guedes de Jesus, viu-se diante das violências comuns à população negra. Moradora na rua do Arvoredo, 261, na área central de Porto Alegre, foi agredida por alguns homens, entre os quais o africano José dos Santos. Joana teria dito a ele que se alistasse no Exército diante de tanta valentia demonstrada. Era época da Guerra do Paraguai (1864-70), e certamente a moça ironizava o agressor. O africano José chegou a ser alertado para que "não desse na preta que era forra". Já Joana tentava transformar a sua liberdade em reconhecimento, pelo fato de ser uma mulher livre, trabalhadora e com a vida organizada.

Em 1870, casou-se na igreja da Madre de Deus com o africano Marcelo Angola (1816-?). Viviam juntos havia muitos anos: ele como campeiro e ela com várias ocupações domésticas e serviços nas charqueadas próximas. Marcelo tinha cinquenta anos quando conseguiu se alforriar em 1865, pagando um conto de réis. Em 1870, trocou o nome para Marcelo Henrique da Silva. Na ocasião do casamento, tinha 55 anos, e Joana, 41. Talvez tenham se conhecido ali há anos, ambos nas charqueadas nas margens do rio Jacuí, ela tendo começado aos doze anos, em 1834, e ele aos onze, desde 1827.

Joana e Marcelo transformaram escravidão, liberdade, amor, sonhos e recordações em projetos familiares reconhecidos pela Igreja, logo depois de conquistarem alforria e juntarem mais recursos. Na época do casamento, em 1870, eles já tinham uma filha, Laura, que nasceu em 1839.

Laura foi alforriada quando tinha 39 anos, pagando 1100 mil-réis. Demorou e não foi barato. Na época, aquele valor significava o equivalente a cerca de cinquenta bois. A moça se casou em 1871 com Pedro Luís Bernardo, forro, filho da africana Bernardina Gomes, já alforriada. Mas Pedro morreu cinco anos depois da união, aos 39 anos, e Laura se casou de novo, em 1880. Dessa vez escolheu Emílio Joaquim de Morais, um africano denominado nagô, certamente próximo de sua mãe, que era apenas conhecida como Joana Mina. Em todos esses matrimônios, um de Joana e dois de Laura, os padrinhos e as testemunhas eram escravizados ou africanos e homens livres classificados como "pardos".

Gerações de cativeiro conseguiram comprar sua liberdade, amealhando recursos com a ajuda de parentes e de outras redes étnicas, adquirindo, dessa forma, a alforria.

Alforrias, uniões conjugais reconhecidas pela Igreja e a liberdade de parentes podiam ser considerados projetos africanos. Mas não eram estratégias fáceis, tampouco caminhos garantidos. No entanto, foram trilhados por muitos ancestrais e parentes africanos.

FONTE: **Paulo Roberto Staudt Moreira.**

VEJA TAMBÉM: **Maria Angélica; Maria Rita; Matildes.**

JOANA MARIA, MARIA E MARIA FRANCISCA

SÉC. XVIII | CAMETÁ, PARÁ

As autoridades do Santo Ofício, na Amazônia colonial da segunda metade do século XVIII, fizeram muitas vítimas, entre elas mulheres negras, livres, forras e escravizadas. Na época, Belém contava com uma população de 9 mil a 10 mil habitantes. Mas o foco estaria na região de Cametá — nos arredores da capital da capitania do Grão-Pará —, sobretudo na vila de Viçosa, apelidada de "vila viciosa" tamanho o número de denúncias que chegaram às autoridades religiosas. Cametá — na área do Baixo Tocantins — era uma região com pequenos engenhos de açúcar e uma economia voltada ao extrativismo.

A visitação durou seis anos. Entre 1763 e 1769, foram promovidas audiências, sindicâncias e proferidas sentenças. O Aljube eclesiástico ficou repleto de presos, entre indígenas e africanos, a maior parte mulheres. As acusações variavam, mas comentava-se a existência de muitos feiticeiros, blasfemos, curandeiros, sodomitas, hereges e bígamos.

Por meio desses processos e autos, o historiador José Roberto do Amaral Lapa (1930-2000) desvelou histórias incompletas das práticas das africanas Maria Francisca, Joana Maria e Maria, entre outras mulheres negras. Maria Francisca era viúva e já tinha residido na rua Formosa, no centro de Belém. Escravizada de Mateus Alves Martins, havia sido acusada de furtos. Mas a denúncia principal era de realizar práticas mágico-religiosas, "pronunciando várias palavras", usando balaios e anéis de tesoura. Joana Maria era igualmente africana e trabalhava no engenho Nossa Senhora de Água de Lupe. Ela fora denunciada por ministrar "grande quantidade de cruzes pela própria cabeça, braços e postado o corpo juntando algumas palavras que não quis dizer". Já a africana Maria, casada e cativa de Manuel de Sousa, segundo as denúncias, tinha "mau conceito" na vila, e era acusada de fazer adivinhações, com "vozes desconhecidas" numa "casa escura".

Via de regra, feiticeiros e curandeiros eram incriminados por usar ervas, aplicar remédios, produzir beberagens, entre outros. A africana Maria, de nação bijagó, revelou que estava "gravemente enferma" e foi procurar o africano José, de nação mandinga, escravo de Manuel de Sousa, morador na rua de São Vicente, pois ele "costumava aplicar remédios e fazer suas curas".

Os arquivos da Inquisição, mesmo que alimentados de forma compulsória, comprovam como aquele pedaço de sociedade colonial amazônica produzia costumes, culturas e práticas religiosas originais, juntando várias Áfricas com experiências de origem europeia e ameríndia.

FONTE: José Roberto do Amaral Lapa.

VEJA TAMBÉM: Domingos Sodré; João da Silva...

JOÃO CÂNDIDO

1880-1969 | ENCRUZILHADA DO SUL E PORTO ALEGRE, RIO GRANDE DO SUL; RIO DE JANEIRO

João Cândido Felisberto nasceu em Encruzilhada do Sul, no interior do Rio Grande do Sul, em 1880, sendo filho de ex-escravizados. Mudou-se para Porto Alegre quando tinha dez anos, permanecendo aos cuidados do almirante Alexandrino de Alencar (1848-1926), amigo da família do chefe do seu pai. Quatro anos mais tarde, João Cândido ingressaria como grumete na Marinha do Brasil, indicado por seu tutor. Fez parte da Escola de Aprendizes-Marinheiros em Porto Alegre em 1894 e depois atuou na instituição como instrutor. Por lá, exerceu as funções de artilheiro, faroleiro, maquinista, gajeiro, sinaleiro, e timoneiro em diferentes embarcações.

A corporação costumava ser o destino certeiro de jovens excluídos da sociedade, negros em sua maioria. Muitas vezes os moços chegavam à Marinha indicados pela polícia. A instituição era composta, na época, de 50% negros, 30% mulatos, 10% caboclos e 10% brancos. E se no alto da hierarquia estavam os oficiais de alta patente e, em geral, brancos, a maioria dos marinheiros era preenchida por homens pobres, normalmente filhos de escravizados, que recebiam os piores salários e eram humilhados com frequência. Como bem explica, entre outros, Álvaro Pereira do Nascimento, os castigos físicos haviam sido abolidos no Exército em 1874, mas na Marinha persistia a aplicação de chibatadas, instrumento símbolo do período em que vigorava o sistema escravocrata.

Mas João Cândido faria carreira. Já em 1885, o grumete foi destacado para trabalhar no Rio de Janeiro, lotado na Divisão de Instrução do navio-escola *Benjamin Constant* para cumprir diferentes funções: artilharia, torpedo, levantamento hidrográfico, evolução, bloqueio de portos, tiro ao alvo e reconhecimento de portos.

No início do ano de 1900, participou da missão republicana quando o Brasil disputou diplomaticamente com a Bolívia o território do Acre. Voltou de lá com tuberculose pulmonar. Já recuperado, aos 29 anos, João Cândido foi enviado para a Inglaterra, junto com outros marinheiros, para especializar-se no equipamento do novo navio de guerra brasileiro *Minas*

Geraes. Foi por lá que tomou contato com as ideias politizadas dos marujos ingleses. Não por coincidência, de volta, os brasileiros começaram a questionar a situação vivenciada pela corporação.

João Cândido foi convidado a comparecer no Palácio do Catete pelo então presidente Nilo Peçanha (1867-1924), quando pediu o fim da chibata. Como vimos, embora tal tipo de punição fosse proibida desde a Constituição imperial de 1824, e no Exército desde 1874, a Marinha só mudaria seus métodos em novembro de 1889, com a legislatura da nova República, que acabou proibindo a prática. Mas a lei foi reavivada com o castigo sendo permitido em "campanha correcional" e para casos de "má conduta".

Um grande movimento começou em 1910 e contou com a liderança de João Cândido, logo apelidado de Almirante Negro. Na noite de 16 de novembro de 1910, o marinheiro Marcelino Rodrigues de Meneses foi condenado a 250 chibatadas. Seis dias depois, a Revolta explodiu. Os revoltosos protestavam contra os baixos soldos, a ausência de um plano de carreira e, sobretudo, as chicotadas. A insurreição se desencadeou a bordo do *Minas Geraes*, mas em seguida atingiu outros navios, que tiveram seus comandantes destituídos. Eles tomaram dois encouraçados e os apontaram da baía de Guanabara para a cidade. Já eram, a essa altura, cerca de 2 mil marinheiros amotinados, que tinham sob seu comando os principais navios de guerra da esquadra.

No espaço de apenas cinco dias, o marujo gaúcho se transformou de ilustre desconhecido numa grande celebridade no Brasil. Foi o começo de uma relação ambivalente que perseguiu João Cândido por toda vida; ele atraía admiração mas também, e nas mesmas doses, muito ódio.

Após quatro dias de tensão na capital federal, a Revolta terminou em 27 de novembro de 1910, com a anistia aos revoltosos concedida pelo governo. No entanto, no dia seguinte, o marechal Hermes da Fonseca (1855-1923) assinaria o decreto que permitia a exclusão da Armada de todos os marujos cuja presença fosse julgada inconveniente por seus superiores. O saldo da repressão resultaria em 1216 expulsões da Marinha, número equivalente a quase metade dos participantes da Revolta da Chibata; centenas de prisões, inclusive dos líderes do movimento; e degredo com trabalhos forçados. E, ainda, um número não contabilizado de assassinatos.

Dezoito líderes foram para a solitária no Batalhão Naval na ilha das Cobras, no Rio. Apenas João Cândido e um companheiro saíram vivos de lá. Em 18 de abril de 1911, como "doente mental", ele foi transferido ao Hospício de Alienados, onde permaneceu por dois meses, e em seguida foi mais uma vez remetido ao presídio na ilha das Cobras. Após dezoito meses de detenção, ele e os demais colegas de prisão apresentaram-se ao Conselho de Guerra. Foram defendidos por advogados contratados pela Irmandade de Nossa Senhora do Rosário, que nada cobraram pelo serviço. No dia 1º de dezembro de 1912, foram absolvidos, mas excluídos para sempre da Marinha.

Ao deixar a cadeia, João Cândido estava quebrado — sem dinheiro e enfraquecido. Passou a morar na casa do carpinteiro Freitas e a trabalhar no serviço pesado do porto. Logo depois se casou com Marieta, uma das filhas de Freitas. A relativa calma durou pouco mais de um ano, quando João Cândido foi demitido. Começou, então, a ser boicotado e conseguiu emprego na descarga de peixes na praça Quinze. Em 1917, sua esposa faleceu, e três anos depois ele conheceu Maria Dolores, de apenas dezoito anos. A relação entre os dois acabou de maneira trágica; em 1928, ela ateou fogo ao próprio corpo diante das duas filhas mais velhas do casal.

Sempre atento à política, João acompanhou, com entusiasmo, o nascimento do grupo de esquerda Aliança Nacional Libertadora e, anos mais tarde, o surgimento da Ação Integralista Brasileira. Em 1964, foi derrotada a Rebelião dos Marinheiros, na qual Cândido tomara parte. Em 1968, casado agora com Ana, João Cândido concedeu entrevista ao Museu da Imagem e do Som do Rio de Janeiro.

Nos anos finais de sua vida, o Almirante Negro recebeu pensão da prefeitura da sua cidade natal. Morreu no dia 6 de dezembro de 1969, com 89 anos, vítima de um câncer no intestino. Morava num casebre na Baixada Fluminense, numa rua sem saneamento básico ou luz elétrica. Seu enterro, em plena ditadura militar, foi cercado de policiais à paisana. João Cândido faleceu em relativo anonimato, mas a revolta que liderou entrou para a história como um movimento do pós-emancipação, e seu nome permanece motivando aqueles que, cansados dos tratos humilhantes e da falta de respeito, lutam por um país com condições melhores e com mais direitos para a massa de trabalhadores.

FONTES: Álvaro Pereira do Nascimento; Fernando Granato; Geledés; José Miguel Arias Neto; José Murilo de Carvalho; Marco Morel; Museu Afro Brasil; Nei Lopes.

VEJA TAMBÉM: Hermenegildo de Barros; Juliano Moreira; Lima Barreto; Marcílio Dias; Nilo Peçanha; Zózimo Bulbul.

JOÃO DA CRUZ E SOUSA

1861-98 | FLORIANÓPOLIS, SANTA CATARINA; RIO DE JANEIRO

João da Cruz e Sousa é natural de Nossa Senhora do Desterro, atual Florianópolis, Santa Catarina. Filho de escravizados alforriados, ele nasceu livre, no dia 24 de novembro de 1861, o que fazia imensa diferença nesse Brasil hierárquico que a escravidão produziu. Foi criado como filho adotivo do coronel Guilherme Xavier de Sousa (1818-70) e de Clarinda Fagundes de Sousa. Como nasceu no dia de São João da Cruz, recebeu o nome do santo, e o sobrenome da família. Sua madrasta Clarinda o iniciou nas primeiras letras, ainda em 1865. Dizem que já com sete anos Cruz e Sousa escreveu seus primeiros versos. Em 1869, entrou numa escola pública, e conta-se que, nessa época, já declamava seus poemas em salões e teatrinhos. Com dez anos, matriculou-se no colégio Ateneu Provincial Catarinense, onde estudou francês, latim, matemática e ciências naturais.

Desde 1877, começou a atuar no campo literário, publicando seus primeiros versos em jornais da província. Muito ligado à causa abolicionista, escreveu artigos para o jornal *Tribuna Popular* com o amigo Virgílio Várzea (1863-1941) defendendo a causa da liberdade. Sofreu muito com a perseguição racista em sua cidade, quando foi atacado por ser negro.

Cruz e Sousa estreou, de fato, na literatura em 1885, com o livro de poemas em prosa *Tropos e fantasias*, escrito em parceria com Virgílio Várzea. Nesse mesmo ano assumiu a direção do jornal *O Moleque*; o título era uma provocação do autor, um ato de rebeldia contra o preconceito de cor, do qual sempre havia sido alvo. Moleques eram os garotos negros, livres ou libertos, que tinham de assumir o trabalho em geral doméstico e nas casas em que moravam.

Em 1890, Cruz e Sousa seguiu para o Rio de Janeiro, passando a colaborar no jornal *Cidade do Rio*, de José do Patrocínio (1853-1905). Ao mesmo tempo, e para se sustentar, trabalhava como arquivista na Central do Brasil.

Casou-se com Gavita Rosa Gonçalves (1874-1901) em 1893, e publicou os livros *Missal* (poemas em prosa) e *Broquéis* (poesias). Com eles, Cruz e Sousa rompia diretamente com o parnasianismo, tão em voga nesse contexto, assim como introduzia oficialmente o simbolismo no Brasil. Sofreu mas também se orgulhou de sua origem, tanto que nessa época era conhecido como "o poeta negro".

Cruz e Sousa lutou contra a miséria e a frustração, uma vez que, em vida, seu trabalho como poeta foi pouco valorizado. Ao mesmo tempo, sofria com vários reveses no âmbito privado: sua esposa tinha problemas psíquicos e apenas dois dos seus quatro filhos sobreviveram aos primeiros anos de vida. Para piorar, em 1898, Cruz e Sousa contraiu tuberculose, doença muito letal nessa época. Mudou-se, então, para a cidade de Sítio, em Minas Gerais, à procura de melhores ares. Se alguns escritores da época trataram a tuberculose de maneira romântica, para o "poeta negro" ela era sua dura realidade. Ele faleceu no dia 14 de março de 1898, numa situação de grande penúria, com seu corpo sendo transladado para o Rio num vagão de transporte de animais.

Cruz e Sousa foi capaz de trazer para a linguagem literária e simbolista seus dramas e angústias mais íntimos. Cantou os estigmas de sua raça, seus sofrimentos e os de sua família. Seu amigo Nestor Vítor (1868-1932) prestou-lhe uma derradeira homenagem organizando a publicação de *Últimos sonetos* em Paris. Se sua literatura não era muito apreciada por aqui, ao menos em seu próprio contexto, já a crítica francesa a considerou uma das mais importantes criações simbolistas da poesia ocidental.

Em 1961, em comemoração ao centenário de seu nascimento, sua obra completa foi publicada num volume de mais de oitocentas páginas. Desde então, e mesmo que tardiamente, a literatura de Cruz e Sousa vem recebendo o reconhecimento que bem merece.

FONTES: Dilva Frazão; Flávio Aguiar; Jair Tadeu da Fonseca; Maria Consuelo Cunha Campos; Paulo Leminski; Tom Farias.

VEJA TAMBÉM: Antônio Gonçalves Teixeira e Sousa; Arthur Rocha; Aurélio Veríssimo de Bittencourt; Ildefonso Juvenal da Silva; Lima Barreto; Machado de Assis.

JOÃO DA SILVA, JOSÉ MARTINS, LUIZ PEREIRA DE ALMEIDA E MATEUS PEREIRA MACHADO

SÉC. XVIII | ÁFRICA; BAHIA

Em meados do século XVIII, o sertão da Bahia foi sacudido por denúncias da Inquisição, conforme explicam as pesquisas de Luiz Mott (1946-) e Vanicleia Silva Santos. O alvo eram os africanos e seus descendentes — livres e escravizados — que moravam no sertão de Jacobina, uma região aurífera bem anterior à Minas Gerais colonial do século XVIII. Já no século XVII, bandeirantes, colonos e viajantes andavam por ali à procura de ouro, indígenas e diamantes. Em 1652, esse garimpo já ocupava setecentas bateias.

Certamente o ouro ajudou a desenvolver e ocupar essa região, assim como seu fim levou ao abandono do local. A pecuária e a produção de alimentos reorganizariam a região economicamente, com a instalação, no primeiro quartel do século XVIII, de duas casas de fundição: uma na própria serra de Jacobina e outra em Rio de Contas. Várias regiões de Jacobina eram ocupadas por aldeamentos indígenas e missões religiosas. Definida como uma "terra de ouro", foi também ocupada por forasteiros, pela arregimentação de mão de obra indígena e pela chegada de africanos. O enriquecimento fácil e o empobrecimento imediato se revezavam nessa realidade. O ouro atraía também fiscalização, roubos, furtos e crimes em geral. As autoridades eclesiásticas e policiais prenderam, castigaram, denunciaram e acusaram muita gente.

Em 1745, o padre João Mendes, vigário da freguesia de Santo Antônio, denunciou que na região muitos negros carregavam talismãs, no caso "bolsas de mandinga", entre eles José Martins, um africano forro, casado com a parda Luísa, morador de Riachão, e Mateus Pereira Machado, escravizado que pertencia a Veríssimo Pereira. José Martins, que na época tinha apenas dezesseis anos, nascera em São José da Pororoca, na localidade de Cachoeira, atual município de Feira de Santana. Natural de Riachão, Luiz Pereira de Almeida, um escravizado de Antônio Pereira de Almeida, tinha vinte anos e declarou que era filho de pai "natural do reino do Congo" e de mãe forra. Já João da Silva — de apelido "O Curto" — era solteiro, tinha trinta anos e morava na fazenda Olho do Peixe, no sertão de Jacobina. Natural da costa de Luanda, no reino de Angola, e apesar da acusação sofrida, "trazia a dita bolsinha consigo há muitos anos e nunca lhe sucedera mal algum". Mateus Pereira Machado, acusado de portar duas bolsas de mandingas, tinha nascido num distrito da vila de Cachoeira. Era filho de Jacintha Andrade Nogueira e José de Castro, escravizados, ambos nascidos no Brasil.

Para conseguir ouro, por vezes era necessário contar com a ajuda de um africano ocidental, que podia saber lidar tanto com a exploração aurífera quanto com os caminhos sobrenaturais, indispensáveis para determinar áreas de escavações e locais potencialmente ricos nos minérios. Por isso, considerava-se muitas vezes que as "bolsas de mandingas" ajudavam a ter sorte, proteção e riqueza. Isso sem falar das curas dos malefícios e doenças da alma e do corpo.

A acusação de 1745 representou mais um cerco de intolerância religiosa que atingia os moradores dos sertões da Bahia: homens, mulheres, africanos, nascidos no Brasil. Com exceção de Luiz Pereira, todos seriam açoitados em praça pública. Mais que isso: sofreram condenação de degredo, sendo levados para as localidades do Algarve, Douro e outras. Por lá seriam encarcerados nas prisões da Inquisição de Lisboa. José Martins e João da Silva acabariam sendo açoitados publicamente. Não se sabe mais nada sobre a vida e o destino deles.

FONTES: Luiz Mott; Vanicleia Silva Santos.

VEJA TAMBÉM: Joana Maria...

JOÃO DE DEUS

c. 1771-99 | CACHOEIRA E SALVADOR, BAHIA

A Inconfidência Baiana ou Conjuração Baiana, também denominada Revolta dos Alfaiates (uma vez que seus líderes exerciam tal ofício), e recentemente chamada de Revolta dos Búzios, foi um movimento ocorrido no século XVIII, na então capitania da Bahia. Foi deflagrado nas ruas de Salvador na manhã de 12 de agosto de 1798, um domingo, quando alguns de seus membros foram vistos distribuindo panfletos na porta das igrejas ou colando-os nas esquinas da cidade. Alertadas, as autoridades reagiram de pronto, detendo os integrantes.

João de Deus do Nascimento foi preso alguns dias depois, em 26 de agosto. Dele e de sua atuação, como um dos líderes da revolução, só temos ciência do que está referenciado no depoimento dado ao desembargador Francisco Sabino Álvares da Costa Pinto, no dia 10 de setembro de 1798, no qual o mestre alfaiate revelou que era natural da vila da Cachoeira e que deve ter nascido por volta de 1771, na antiga vila de Nossa Senhora do Rosário do Porto de Cachoeira, no Recôncavo Baiano.

A descrição física que restou de João de Deus do Nascimento é de sua fase adulta, época em que esteve preso na cadeia pública: "Homem pardo claro de ordinária estatura, cheio de corpo, tem a cabeça redonda [...] o cabelo, que é preto, crescido por igual, [tem] orelhas pequenas, rosto comprido, testa baixa, olhos pequenos, pretos e muito vivos, nariz afilado, boca pequena, lábios finos e barba cerrada". Filho da parda forra Francisca Maria da Conceição e de José de Araújo, branco, era dono de uma oficina à rua Direita do Palácio.

Num depoimento dado por Lucas Dantas, em 22 de novembro de 1798, consta que o mestre alfaiate teria dito: "Sou muito capaz para tudo, já sei a matéria sobre que vocês tratam, sou homem que já me considero perdido, carregado de querelas, tenho gasto 600 mil-réis com o livramento, estou vendo ir até Angola [...]". O termo "querela" faz referência a uma queixa-crime contra o mestre alfaiate, que teria se envolvido numa briga, em 1794, com o pardo Valério da Silva Ribeiro, que acabou ferido no rosto com uma navalha. É muito provável, portanto, que João de Deus estivesse se referindo a esse processo e pagando caro por seu ato, a ponto de se definir como um "homem perdido" e prever que seria punido com o degredo em Angola.

Também não existem dados acerca de quando João de Deus teria se mudado para Salvador. É possível supor que tenha saído da vila de Cachoeira solteiro e, na capital do estado, tenha encontrado e se apaixonado por sua futura esposa, Luísa Francisca de Araújo. Deve ter chegado por volta de 1790, sendo essa data reforçada pelo depoimento de Luísa Francisca, que declarou ter "cinco filhos, o mais velho tem de idade oito anos". Tornou-se, então, pai de família, com o nascimento de seu primeiro filho, possivelmente Antônio Joaquim.

Natural de Salvador, Luísa Francisca de Araújo era filha natural de pai branco e de mãe parda forra. Completara trinta anos, sendo assim mais velha que João de Deus. Ela se declarou analfabeta e confirmou que o marido sabia ler e escrever. João de Deus frequentava o botequim local de propriedade de José Antônio dos Santos. Foi ele quem testemunhou não só a dívida do mestre alfaiate como seu hábito de beber ponche. Após a prisão, João de Deus do Nascimento devia a ele oitocentos réis.

Provavelmente por ser alfaiate fazia as próprias roupas, que eram descritas como "muito extravagantes". O procurador Francisco Xavier de Almeida afirmou que, numa certa manhã, João de Deus do Nascimento trazia "calçados uns chinelins com bico muito comprido, e a entrada muito baixa, e calções tão apertados, que vinha muito descomposto". Diante do estranhamento do depoente, o mestre alfaiate teria assim respondido: "Cale a boca, este trajar é francês, muito em breve verá vossa mercê tudo francês; fia-se vossa mercê, e os mais em fechar as portas de suas casas, dentro haverá quem as abra". "Atrevimento" que o fez retrucar: "Eu sou português, e jamais serei francês, vá-se com os diabos". Também o comerciante Manuel Cardoso Marques explicou que tomou conhecimento de João de Deus do Nascimento por ele "ir algumas vezes à sua loja, e pelo traje ridículo, e abandalhado, de que usava [...]".

O alfaiate colecionava afetos e desafetos que revelaram seu envolvimento amoroso com uma parda costureira chamada Ana Romana Lopes do Nascimento. Os autos a descreviam como "mulher parda forra, solteira, moradora na rua Direita de Nossa Senhora da Ajuda, em casa do padre João Lopes da Silva, de quem foi escrava" e traziam a informação de que dizia que "vivia de costuras, tem idade de dezessete anos". Em seu depoimento, de 19 de setembro de 1798, explicou ter conhecido João de Deus em setembro de 1797, e que ele alugara para ela uma casa na Saúde, onde morou por cerca de três ou quatro meses. Segundo ela, ainda, o relacionamento não durou muito tempo, porque o mestre alfaiate a espancava, tendo ela decidido voltar para a casa do padre.

Esse era, pois, João de Deus; um personagem complexo e polêmico. Ao ser preso, passou a fingir demência. No terceiro interrogatório decidiu negar qualquer ideia de revolução. Em 11 de setembro, no entanto, assumiu fazer parte da conjuração que questionava a administração colonial. Como mostra Patrícia Valim, ele era também autor do texto "O povo bahinense e republicano ordena, manda e quer que para o futuro seja feita a digníssima revolução nesta cidade e seu termo", o qual chamava a população para participar do levante projetado pelo Partido da Liberdade, um grupo heterogêneo intitulado "Anônimos Republicanos", que tinha como objetivo criar a "República Bahinense": "Animai-vos, povo bahinense, que está para chegar o tempo feliz da nossa liberdade. O tempo em que todos seremos irmãos [...] todos seremos iguais".

Em outro documento, os revolucionários "Entes da Liberdade" atacavam diretamente o príncipe regente d. João (1767-1826), bem como associavam-se à "França revolucionária" em prol do livre-comércio com a futura "República Bahinense". Demandavam, ainda, a abertura do porto de Salvador, o aumento de soldo dos milicianos para duzentos réis diários, o fim dos impostos e das taxas cobradas pela Coroa portuguesa, a liberação do comércio de açúcar, tabaco, pau-brasil e de todos os demais gêneros agrícolas, e ainda "isonomia e mérito" entre os critérios de ascensão na carreira militar, na administração local e para a escolha dos clérigos que comandariam a religião local. Como se pode notar as demandas eram muitas e variadas.

A Coroa portuguesa, junto com as competências locais, agiu rápido. Onze pessoas foram presas: um acabou morto por envenenamento a mando do seu senhor; um era africano "preto-mina" e propriedade de um dos milicianos considerado líder do levante; e os demais nascidos na capitania da Bahia. Aliás, muitos deles sabiam ler e escrever. A radicalidade dos discursos presentes nos boletins manuscritos e da ação daqueles homens dos médios e baixos setores fizeram com que as autoridades achassem por bem eliminar o rastro dessa experiência das ruas de Salvador.

A repressão atingiu centenas de pessoas denunciadas — entre militares, clérigos, funcionários públicos e pessoas de várias classes sociais. No dia 8 de novembro de 1799, procedeu-se à execução dos condenados à pena capital por enforcamento na seguinte ordem: os alfaiates Manuel Faustino (1775-99) e João de Deus do Nascimento; e os soldados Lucas Dantas do Amorim (1774-99) e Luís Gonzaga das Virgens e Veiga.

Luís Gonzaga e João de Deus foram então levados para a praça da Piedade em cadeirinhas, ou palanquins, sem cortinas ou tampas, de modo que pudessem ser vistos, observados e insultados por todo o povo, que a essa altura se concentrava nas calçadas. O espetáculo da morte durou seis horas: das nove da manhã, quando saíram da cadeia, até as três da tarde, momento em que os quatro já não tinham mais vida. Mas a função não havia terminado. Depois de mortos, os condenados tiveram seus corpos esquartejados e expostos por cinco dias em locais públicos como exemplo da força da repressão portuguesa. Foi apenas no dia 13 de novembro de 1799 que as cabeças foram levadas pela Santa Casa de Misericórdia, que ocultou o local do sepultamento. Pela sentença, todos tiveram seus nomes e suas memórias amaldiçoados até a terceira geração.

Num dos boletins sediciosos, "Aviso ao povo Bahinense", há uma belíssima definição do que seja liberdade. "A liberdade consiste no estado feliz, no estado livre do abatimento: a liberdade é a doçura da vida, o descanso do homem com igual paralelo de uns para outros, finalmente a liberdade é o repouso, e bem-aventurança do mundo."

FONTES: **Heloisa M. Starling; István Jancsó; Flávio Márcio Cerqueira do Sacramento; Joyce Appleby; Kátia M. de Queirós Mattoso; Luís Henrique Dias Tavares; Patrícia Valim; Quentin Skinner; Ubiratan Castro de Araújo.**

VEJA TAMBÉM: Cosme Bento das Chagas; Emiliano Mundrucu...

JOÃO DO RIO

1881-1921 | RIO DE JANEIRO

João Paulo Emílio Cristóvão dos Santos Coelho Barreto, o João do Rio, era filho de Alfredo Coelho Barreto, um professor de matemática positivista, e da dona de casa Florência Cristóvão dos Santos. Paulo Barreto estudou no Colégio de São Bento e com quinze anos prestou concurso de admissão no afamado Ginásio Nacional (atual Colégio Pedro II).

Aos dezessete anos publicou uma crítica à peça *Casa de bonecas* (1879), de Henrik Ibsen (1828-1906). A partir de então lançaria artigos e crônicas em *O Paiz*, *O Dia*, *Correio Mercantil*, *Tagarela* e *O Coió*. O sucesso veio rápido. Em 1903, passou a escrever para a *Gazeta de Noticias*, em que atuou até 1913. Foi nesse periódico que, ao redigir o artigo "O Brasil lê", uma grande enquete sobre as preferências literárias cariocas, ganhou o apelido de João do Rio.

Entre 22 de fevereiro e 21 de abril de 1904, realizou uma série de reportagens sob o título de "As religiões do Rio" — mais tarde transformadas num livro acerca dos cultos africanos. O material era vastíssimo, a pesquisa original e a linguagem, fluida e clara. A obra virou um grande sucesso, com mais de 8 mil exemplares vendidos em seis anos, verdadeira proeza naquela época. Depois de tentar por três vezes, foi aceito pela Academia Brasileira de Letras.

A orientação sexual de João Paulo Barreto sempre gerou muita reação no contexto provinciano dessa que era uma pequena república das letras, conforme famosa definição de Machado de Assis. Seus textos aguçaram o preconceito local, reforçado pela tradução que ele fez das obras de Oscar Wilde (1854-1900). Além disso, João do Rio era solteiro, não tinha namoradas ou amantes, se vestia e se comportava como um dândi, o que fez com que virasse alvo de todo tipo de ironia e ataque pessoal. Data dessa época um suposto flerte com a bailarina Isadora Duncan (1877-1927) que se apresentou no Theatro Municipal do Rio de Janeiro em 1916. Nada foi comprovado e havia quem especulasse que esse era apenas um jogo de cena para desviar as atenções.

Até Lima Barreto (1881-1922), um crítico feroz do racismo e do estrangeirismo da sociedade carioca, em seu livro *Recordações do escrivão Isaías Caminha* (1909), um romance à clef, que não escondia em quem os personagens da ficção eram inspirados, resolveu fazer pilhéria do colega. Na terceira parte do livro, João do Rio é apresentado como o jovem jornalista Raul Gusmão: "a voz fanhosa, sem acento de sexo e emitida com grande esforço doloroso. [...] Essa sua voz de parto difícil, esse espumar de sons ou gritos de um antropoide que há pouco tivesse adquirido a palavra articulada, deu-me não sei que mal-estar, que não mais falei até à sua despedida. [...] Falava e não nos olhava quase; errava os olhos — os olhos pequeninos dentro de umas órbitas quase circulares a lembrar vagamente uma raça qualquer de suíno".

A despeito do preconceito que sofreu, João do Rio teve muito sucesso em sua carreira como jornalista. Além de *As religiões do Rio* (1904), publicou *O momento literário* (1905), *A alma encantadora das ruas* (1908), *Era uma vez* (1909), *Cinematógrafo: Crônicas cariocas* (1909), *Fados, canções e danças de Portugal* (1910), *Dentro da noite* (1910), *A correspondência de uma estação de cura* (1918), *Rosário da ilusão* (1921), entre outros. Morreu no dia 23 de junho de 1921, vítima de um enfarte fulminante do miocárdio. Estima-se que cerca de 100 mil pessoas tenham participado do enterro no cemitério São João Batista, em Botafogo, onde estão enterrados Lima Barreto e boa parte da elite carioca.

FONTES: César Braga-Pinto; João Carlos Rodrigues; José Brito Broca; Raimundo Magalhães Jr.; Raul Antelo; Renato Cordeiro Gomes; Orna Messer Levin.

VEJA TAMBÉM: Lima Barreto; Machado de Assis; Tia Ciata.

JOÃO HENRIQUES DE LIMA BARRETO

c. 1850-1922 | RIO DE JANEIRO

João Henriques, segundo as descrições, não negava na cor a origem africana da família: era pardo, puxado para o preto. Como mostra Lilia Moritz Schwarcz, numa única foto dele que restou, desgastada pelo tempo, vestido à moda, com seu fraque e calça, com certeza emprestados pelo ateliê profissional, o rapaz se apoiou na balaustrada para que a foto não saísse tremida.

O ateliê também deve ter sido bem escolhido, de maneira a deixar clara a condição do fotografado. Tal qual sua futura esposa, d. Amália Augusta (1862-87), João Henriques nascera livre, o que fazia imensa diferença no destino e nos projetos por eles desenhados. Amália foi para o magistério e Henriques ingressou no Instituto Comercial do Rio de Janeiro, antes denominado Aula de Comércio, onde concluiu os estudos básicos e aprendeu francês. A escola técnica, chamada "preparatório", era o lugar ideal para quem buscava um emprego especializado.

O Instituto começou a funcionar em 1858 no edifício do externato do Colégio Pedro II, mas com uma entrada separada, o que evidenciava as diferenças sociais. Enquanto o colégio formava, sobretudo, as elites do Império, o Instituto Comercial era frequentado por alunos em geral provenientes de um estrato mais pobre. Sediado na rua do Regente, 19, funcionava das cinco da tarde até depois das oito da noite, respeitando assim a carga de trabalho do alunato.

Completaria sua formação técnica na Tipografia do Imperial Instituto Artístico, pertencente aos irmãos Fleiuss. Integravam o Instituto compositores, gravadores e impressores, e foi nesse ambiente, considerado o mais qualificado em seu meio, que Henriques recebeu lições do mestre alemão Faulhaber e foi introduzido na arte da impressão.

Em abril de 1878, quando João Henriques e Amália Augusta se casaram, e por conta da influência do padrinho Afonso Celso de Assis Figueiredo, o futuro visconde de Ouro Preto (1836-1912), Henriques acabou conseguindo uma vaga na Tipografia Nacional (atual Imprensa Nacional) e depois no *Jornal do Commercio*, o mais tradicional periódico da Corte.

No entanto, os projetos de João Henriques não demorariam a passar por uma grande reviravolta. Achou por bem pedir demissão quando o chefe da oficina gráfica do jornal faleceu e ele acabou não sendo indicado para substituí-lo.

Mas o pai do escritor Lima Barreto (1881-1922) não tinha, porém, motivo para queixas; logo encontrou trabalho em outro periódico: *A Reforma*. O jornal surgiu em 12 de maio de 1869, assumindo "uma posição de abertura política e moral", como dizia seu primeiro editorial. O futuro visconde de Ouro Preto assumiu a direção do periódico em janeiro de 1872 e imediatamente contrataria seu afilhado. Na época, *A Reforma* era considerada uma publicação muito prestigiosa e uma das que mais investiam nas recentes tecnologias de imprensa.

João Henriques tornou-se chefe de turma das oficinas de composição da Tipografia Nacional. Próximo da data do seu casamento, passou a receber 6 mil-réis, um belo salário, que lhe permitia assumir por fim o matrimônio.

Orgulhoso de seu ofício e usando seus conhecimentos de francês, começou a trabalhar na tradução do *Manual do aprendiz compositor*, obra de Jules Claye (1806-86), que seria publicada apenas em 1888, adaptando-a às condições da Imprensa Nacional.

No entanto, sua sorte iria mudar. Logo que se decidiu pelo noivado, João Henriques apresentou um primeiro surto psicótico. Seu padrinho, Afonso Celso, percebendo o estado depressivo do noivo, internou-o às suas próprias expensas na Casa de Saúde e de Convalescença de São Sebastião. Mas a experiência da loucura entraria na família dos Lima Barreto para sempre.

Antes disso, o pai de Lima precisou enfrentar a tuberculose da esposa, e em busca de melhor ar e de aluguéis mais módicos a família se mudaria constantemente. Mas d. Amália não resistiu: faleceu no dia 24 de dezembro de 1887, deixando João Henriques viúvo e com quatro filhos para cuidar.

Após a morte da esposa, João Henriques e os filhos se mudaram novamente. Dessa vez para a rua do Riachuelo, esquina com a do Rezende. Voltavam para a região central, mais próxima do principal emprego do chefe da família, no jornal *A Reforma*.

A partir de dezembro de 1888, sem abandonar o emprego público diurno, João Henriques aceitou trabalhar à noite na recém-fundada *Tribuna Liberal*, também instalada na famosa rua Nova do Ouvidor. A *Tribuna* era órgão do Partido Liberal, vinculada ao visconde de Ouro Preto. Nesse caminho ascendente, ele tomaria parte no Centro Treze de Maio, iniciativa originalmente destinada à organização das festividades em homenagem à Lei Áurea.

No entanto, assim como a *Tribuna Liberal*, o Centro Treze de Maio era bastante vinculado ao visconde de Ouro Preto e aos monarquistas, cujo predomínio político tinha os dias contados. Com a queda da monarquia em 1889 e o exílio do visconde, João Henriques perdeu o emprego como tipógrafo.

E, para não ficar sem ocupação, o pai de Lima foi obrigado a se reinventar: tornou-se escriturário, a convite do ministro do Interior, Cesário Alvim (1839-1903), e em seguida almoxarife das Colônias de Alienados da Ilha do Governador, recém-criadas pelo governo. A situação das Colônias não era boa, a malária corria solta por lá, mas João Henriques ia subindo e acumulando postos. E não descuidou da formação dos filhos: Lima Barreto, o filho mais velho, estudava em Niterói e só visitava a família aos fins de semana.

Tudo parecia normal até que estourou a Revolta da Armada em 1893. Dessa vez a pressão foi demais para João Henriques, que sempre alegava em cartas que não aguentaria mais a situação e abandonaria o estabelecimento.

Mesmo com o evento solucionado, o pai de Lima continuou "sofrendo dos nervos", até que não conseguiu mais se manter estável. O estopim foi um balancete de contas cujos resultados não fechavam. Futuramente se comprovou a inocência de João Henriques, mas ele nunca mais se recuperou. Sofrendo de "neurastenia", foi aposentado em 1903, e nunca mais saiu da poltrona de sua casa em Todos os Santos. A residência dos Barreto ficou conhecida pela vizinhança como Casa dos Uivos tais eram os ruídos que o pai de Lima soltava.

João Henriques faleceu no dia 3 de novembro de 1922, um dia e meio depois de seu filho Lima Barreto. Até hoje, pai e filho estão enterrados sob a mesma lápide, no cemitério São João Batista, em Botafogo.

FONTES: Francisco de Assis Barbosa; Lilia Moritz Schwarcz.

VEJA TAMBÉM: Amália Augusta de Lima Barreto; André Rebouças; Francisco de Paula Brito; José do Patrocínio; Juliano Moreira; Lima Barreto; Machado de Assis.

JOÃO MULUNGU

c. 1851-? | SERGIPE

Filho da escravizada Maria, natural do engenho Piedade, na freguesia de Itabaiana, em Sergipe, João Mulungu se destacou como uma importante liderança quilombola oitocentista. Contam Igor Fonseca de Oliveira e Petrônio Domingues (1973-) que, ainda bem pequeno, foi vendido para João Pinheiro, mas fugiu, abrigando-se nas matas de vários engenhos. Em 1868, depois de mais uma escapada, Mulungu liderou um grupo de quilombolas, que assentaram seus ranchos nas terras do engenho Boa Vista, termo de Capela. Tantas experiências de fugas bem-sucedidas, aliadas à sua capacidade de se articular com cativos de inúmeros engenhos, fizeram de Mulungu uma figura conhecida e temida. Dizia-se que era capaz de permanecer invisível, se misturando a libertos, escravizados, nascidos no Brasil e africanos, deslocando-se entre senzalas, roças de economia própria, tabernas, vendeiros, feiras e entrepostos de trocas mercantis. Havia inclusive evidências de que os quilombolas de Mulungu, além das conexões comerciais e culturais, estabeleciam alianças e arranjos familiares, envolvendo amocambados e assenzalados. Enquanto uns garantiam que ele visitava parentes em inúmeras senzalas, outros informavam os nomes de suas diversas esposas: Ana Rita, Vicência, Angélica e Isabel, esta última uma africana.

Por volta de 1873, João Mulungu era considerado um dos principais inimigos da ordem pública da província de Sergipe. Em 1876, aos 25 anos, foi preso e levado para Aracaju. Na ocasião, afiançou que estava fugido havia mais de oito anos.

As imagens e memórias sobre João Mulungu seriam com o tempo reinventadas. No século XX, ele foi transformado num símbolo do movimento social negro. Em maio de 1985, o intelectual e ativista José Severino Santos (1947-), mais conhecido como Severo D'Acelino, propôs o reconhecimento de João Mulungu como uma espécie de "Zumbi de Sergipe", ícone da presença negra na região. Com forte adesão, sua figura acabaria associada a entidades nos rituais das religiosidades de origem afro-brasileira, nos terreiros localizados na Barra dos Coqueiros.

FONTES: **Igor Fonseca de Oliveira; Petrônio Domingues.**

VEJA TAMBÉM: **Bibiana e Isabel...**

JOÃO E TIMÓTEO

SÉC. XIX | BAHIA

As trajetórias de vida dos cativos Timóteo e João — nascidos no Brasil, provavelmente na Bahia — ficaram marcadas pelo fato de que, por serem letrados, conseguiram escrever sobre o que pensavam a respeito das decisões que tomaram.

Timóteo aparece nos registros como "mulato". Residente de Salvador, era escravizado da viúva Clara Joana Rosa dos Santos. Apesar de contar com a estima senhorial, acabou acusado de furto e ameaçado de ser vendido em praça pública. Se isso acontecesse, além da humilhação, podia parar em fazendas cafeeiras do Sudeste, o que o afastaria de parentes e amigos na comunidade escravizada urbana em Salvador.

Desesperado, Timóteo arrumou uma arma e tentou suicídio em 1861. Mas antes escreveu uma carta na qual detalhou sua angústia, justificando a decisão de tirar a própria vida. Pedindo "perdão", afirmava: "Há muito tempo que tenho desejo de não existir pois a vida me é aborrecida porém não existindo não será mais, pois quem pode viver sem ter desgostos que vá vivendo". E finalizou, dizendo: "As razões são outras, pois a sepultura será sabedora, e não este infame lugar, digo: e não esta terra de vivos".

Se por um lado eram raros os cativos letrados, não foram poucos os suicídios de escravizados, principalmente nas cidades, onde os casos eram anotados nos registros policiais e noticiados pela imprensa. A pesquisa de Jackson Ferreira não só localizou a carta e analisou o episódio em torno de Timóteo, como abordou os índices de suicídio de africanos e nascidos no Brasil. Enforcamentos, envenenamentos, afogamentos e disparos de armas de fogo foram as maneiras escolhidas por centenas de cativos para tirarem a própria vida. Também os casos de assédio, humilhações e ameaças produziam atmosferas psicológicas terríveis no ambiente do cativeiro. Castigos em troncos, gargalheiras, agressões frequentes e continuadas, além das condições de trabalho aviltantes, formavam situações-limite para Timóteo e outros.

Mostra Flávio dos Santos Gomes que, valendo-se do letramento que adquiriu, o escravo João também usou de cartas, mas para zombar do seu senhor, o padre Manuel Gomes de Figueiredo, um carrancudo dono de engenho no termo do Divino Espírito Santo de Inhambupe, interior da Bahia. Com a denominação racial de "pardo", João foi descrito como "bem falante e habilidoso"; sabia "ler e escrever, tocar flauta, gaita, viola, ajudar missa e trabalhar sofrivelmente de carpinteiro e alfaiate". João fugiu nos últimos dias de 1846, talvez na noite de Natal, depois da missa. Para se esconder, procurou se fazer passar por forro, buscou proteção se alistando como marinheiro e assim conseguiu sair da Bahia. Entre 1847 e 1850, apareceu como praça na charrua *Corvoia* e grumete na corveta *Bertioga*, fazendo viagens para o Rio de Janeiro. Mas João adoeceu e foi parar no Hospital de Marinha da Corte. Nesse ínterim, sua identidade de cativo fugido foi descoberta, e ele escapou para Macaé, interior da província fluminense, adotando o nome falso de José de Figueiredo.

O padre Manuel Gomes de Figueiredo nunca desistiu de capturá-lo. Em 1853, escreveu para as autoridades policiais cariocas pedindo providências, explicando que lhe enviara "uma carta em que zombava de seu cativeiro e convidava a ir buscá-lo". João redigia cartas também para outros cativos na Bahia. E desabafou: "Consta que tem escrito a outros escravos do mesmo suplicante, exortando-os à fuga".

FONTES: **Flávio dos Santos Gomes; Jackson Ferreira.**

VEJA TAMBÉM: **Agostinha; Ângela e Geralda; Felício de Arruda Botelho.**

JOÃOZINHO DA GOMEIA

1914-71 | INHAMBUPE, BAHIA; DUQUE DE CAXIAS, RIO DE JANEIRO

Nascido em Inhambupe, na Bahia, em 1914, João Alves Torres Filho fez sua formação religiosa em terreiros tradicionais do candomblé baiano. Joãozinho da Gomeia — como ficou conhecido na tradição religiosa — migrou para o Rio em meados dos anos 1940. Instalado na Baixada Fluminense — em Duque de Caxias —, foi ampliando cada vez mais o seu número de seguidores religiosos.

Aproximando-se de artistas populares, Joãozinho criou conceitos e práticas religiosas, artísticas e culturais e se transformou num líder religioso reconhecido, participando de eventos, criando indumentárias para entidades religiosas e coreografias que seriam adaptadas por artistas em teatros e espetáculos no Brasil e no exterior.

Na década de 1950, participou do Carnaval vestido de mulher, recebendo muitas críticas de líderes religiosos do candomblé e da umbanda. Antes disso, Joãozinho já tinha se apresentado num baile do Teatro João Caetano travestido de vedete. Ele não escaparia da atmosfera de moralismo que se abateu sobre a sociedade brasileira, muito marcada pela intolerância religiosa.

Citado e reconhecido nas pesquisas de Donald Pierson (1900-95), Ruth Landes (1908-91), Edison Carneiro (1912-72) e Roger Bastide (1898-1974), Joãozinho da Gomeia tem sido objeto de dissertações e teses, como as de Antônio Carlos Peralta e Rodrigo Pereira, além de estudos de Caroline Vieira, Elizabeth Castelano Gama (1986-), Joana Bahia, Joselina da Silva, Maria Manuela Alves Maia, Raul Lody (1952-), Vagner Gonçalves da Silva (1960-), entre outros. Esses trabalhos destacam como Joãozinho foi responsável por diversas inovações, misturas e adaptações rituais da tradição dos orixás, como suas invenções de indumentárias, coreografias e modelos estéticos. Também seria muito lembrado pela questão da presença e importância das pessoas LGBTQI+ nos terreiros de candomblé, especialmente como lideranças religiosas.

Joãozinho da Gomeia morreu em São Paulo, em março de 1971.

FONTES: Antônio Carlos Peralta; Caroline Vieira; Elizabeth Castelano Gama; Joana Bahia; Joselina da Silva; Maria Manuela Alves Maia; Raul Lody; Rodrigo Pereira; Vagner Gonçalves da Silva.

VEJA TAMBÉM: Edison Carneiro; Madame Satã; Mercedes Baptista.

JOAQUIM CÂNDIDO SOARES DE MEIRELES

1797-1868 | SABARÁ, MINAS GERAIS; RIO DE JANEIRO

Nascido em 1797 nas proximidades de Sabará, capitania de Minas Gerais, Joaquim Cândido Soares de Meireles era filho e neto de médicos. Seu pai foi o cirurgião Manuel Soares de Meireles e sua mãe chamava-se Ana Joaquina de São José Meireles.

Sob os cuidados de seu tio João Batista Soares de Meireles (*c.* 1765-1849), padre professor de latim do seminário de São José, no Rio de Janeiro, Cândido Meireles foi estudar humanidades. Em 1817, ingressou na Academia Médico-Cirúrgica do Rio de Janeiro. A partir daí trabalhou como auxiliar de cirurgião no Hospital Real Militar, atuando depois em unidades militares em Minas Gerais. Formado em medicina, prestou exames e obteve a carta de cirurgião da Fisicatura-Mor em 1822. Em 1823, já participava dos combates às epidemias de varíola que grassavam na capital imperial.

Em 1825, Cândido Meireles realizou uma viagem à Europa. Em Paris, continuaria seus estudos de medicina. Visitou hospitais militares e concluiu seu doutorado em medicina no ano de 1827. De volta ao Brasil, solicitou exoneração do Exército e passou a trabalhar e depois lecionar na Santa Casa de Misericórdia do Rio de Janeiro. Em 1829, apareceria como um dos fundadores da Sociedade de Medicina do Rio de Janeiro. Em sua casa seriam realizadas tanto as reuniões preparatórias quanto aquelas que organizaram os estatutos da sociedade, que ganharia o nome de Academia Imperial de Medicina e mais tarde seria presidida pelo próprio Cândido Meireles.

Envolvido em política na década de 1830, Cândido Meireles acompanhou os debates sobre a abdicação do imperador d. Pedro I (1798-1834) em 1831. Integrando a Sociedade Defensora da Liberdade e Independência Nacional, recebeu ataques de cunho racial, tendo sido acusado de participar de "sociedades secretas" e de movimentos de "haitianismo" — como era chamada e condenada a mobilização de homens negros letrados na política, uma vez que eram associados a conspirações —, numa ilação a partir das insurreições de São Domingos, da criação do Haiti e seus desdobramentos, entre 1791 e 1825. Contra Meireles pesavam denúncias como a incitação de "homens de cor" e a disseminação de propaganda para o "assassinato dos brancos, e a necessidade de cruzamento das raças". Houve inclusive insinuações de que ele estaria sob a influência do abade Henri Grégoire (1750-1831), com quem tivera contatos na França.

Depois de ser inocentado, Cândido Meireles foi nomeado médico da Imperial Câmara, em 1840. Posteriormente, acabou preso na fortaleza de Villegagnon, exonerado do seu posto de médico, sob a acusação de envolvimento nas revoltas liberais de Minas Gerais e São Paulo, no ano de 1842, e imediatamente deportado para Lisboa, junto com outros políticos incriminados. Voltaria anistiado em 1844, sendo reintegrado como médico.

Cândido Meireles então ingressou na carreira parlamentar, eleito deputado provincial do Rio de Janeiro e depois deputado geral por Minas Gerais, exercendo seus mandatos entre 1845 e 1848. Em 1849, foi nomeado cirurgião-mor da Armada, chefiando seu Corpo de Saúde. Atuou também na Junta Central de Higiene Pública, criada em 1850, apresentando projetos, propostas e pareceres nas áreas médicas, envolvendo hospitais militares no período de paz, escolas de ginástica e natação. Consta que, no início da década de 1860, se opôs aos maus-tratos e às condições precárias de saúde, de trabalho e de alimentação dos marinheiros.

Em 1858, Cândido Meireles comprou a fazenda São Manuel, em São Sebastião do Alto, área serrana do Rio de Janeiro. No entanto, quando na Corte do Rio, estava sempre nas ruas — dos Ourives, da Cadeia (atual rua da Assembleia), Larga de São Joaquim (atual avenida Marechal Floriano) e do Catete —, perto do coração da cidade escravista africana carioca.

Cândido Meireles participou da Guerra do Paraguai (1864-70), no Corpo de Saúde da Armada. Em 1865, foi afetado por uma febre tifoide nos campos de batalha e transferido para enfermarias militares em Alegrete (Rio Grande do Sul) e depois, em 1866, trazido para o Rio de Janeiro, diante do agravamento da sua saúde. Acabou falecendo em 1868, aos 71 anos.

Além das teses de doutorado na França, escreveu pareceres, discursos, projetos parlamentares e inúmeros artigos e tratados em periódicos médicos entre 1827 e 1864.

Médico e ativista, Cândido Meireles recebeu várias homenagens póstumas: em 1941, foi indicado patrono da Academia Brasileira de Medicina Militar e, em 1963, escolhido como patrono da Academia Nacional de Medicina e depois do Instituto Brasileiro de História da Medicina. Por sua atuação militar na guerra, foi também reconhecido como patrono do Corpo de Saúde da Marinha de Guerra em 1968.

FONTES: **Geledés; Marco Morel; Maria Rachel Fróes da Fonseca; Rodrigo Borges Monteiro; Silvio Cezar de Souza Lima.**

VEJA TAMBÉM: **Luís Anselmo da Fonseca.**

JOAQUIM DE SOUZA RIBEIRO

C. 1755-? | BAHIA; BELÉM, PARÁ; RIO DE JANEIRO

Nascido por volta de 1755 na Bahia, não se sabe se o padre Joaquim de Souza Ribeiro era branco ou negro, filho de uma mulher negra ou mestiça. No entanto, registrou em seu diário que durante uma viagem ouviu pilhérias de marinheiros sobre os seus paramentos de padre, quando fizeram uma "coroa de macaco" para ridicularizá-lo, chamando-o de "padre africano".

Como revelam as pesquisas de Flávio dos Santos Gomes e Isadora Mota, talvez o padre Joaquim Ribeiro tenha sido o único brasileiro a testemunhar as rebeliões em São Domingos (1791-1804), a conhecer André Rigaud (1761-1811), Toussaint L'Ouverture (1743-1803) e ver a coroação de Jean-Jacques Dessalines (1758-1806) em 1804.

O que se sabe a seu respeito começa com a prisão em Caiena, em novembro de 1814, sob acusação de ser um impostor por afirmar que era "bispo de São Domingos", apresentando-se com "hábitos episcopais com um crucifixo nas mãos, e alegando ser um bispo perseguido". Contando na época 59 anos, o padre Joaquim ficou preso num hospital militar para depois ser interrogado pelo governador de Caiena, João Severiano Maciel da Costa (1769-1833). Na ocasião, a Guiana Francesa estava sob o domínio português, ocupada desde 1809 por tropas coloniais. Além de supostamente criar uma história fantasiosa, o padre Ribeiro era acusado de promover insubordinação entre negros e mulatos que trabalhavam no hospital. Em conversas, "deplorou muito a sorte deles", afirmando que "todos eram filhos de Deus, e nenhum motivo havia para serem escravos dos brancos, mostrando-lhes o exemplo dos de São Domingos, que até têm chegado a ser reis", pois ele mesmo teria presenciado a coroação de um ex-escravizado.

Diante de tais denúncias, o padre Ribeiro foi transferido de Caiena para Belém, e depois para o Rio. Seria então instaurado um inquérito, tendo sido apreendido um diário com anotações do religioso, em que estavam registrados fatos e datas de viagens e experiências quase mirabolantes. De acordo com o documento, em 1783 — já padre e com 28 anos —, ele foi para Portugal, onde no ano de 1788 se formou em direito pela Universidade de Coimbra. Empreendeu também viagens à Espanha, Portugal e Brasil, sendo depois enviado para o Maranhão, atuando como vigário-geral. Em 1791, viu-se acusado de ter tentado forçar a sua nomeação como bispo no Maranhão e acabou procurando refúgio no Grão-Pará, onde foi preso.

Levado para Portugal em 1794, foi julgado e condenado por um tribunal eclesiástico. Em liberdade, atravessou a fronteira com a Espanha e chegou a Roma, solicitando audiência com o papa Pio VI (1717-99), onde conseguiu permissão para realizar trabalho missionário na América espanhola, passando por Havana e indo para a ilha de Saint Thomas. Foi numa dessas viagens que seu navio por acaso arribou na ilha de São Domingos em plena revolução. Segundo o próprio relato, o padre Ribeiro teria recebido convite de André Rigaud, governador mulato da parte sul de São Domingos, e "do povo da ilha para os instruir e os objetos da religião". Também alegou ter participado da "cerimônia de sagração do rei negro", provavelmente em 1804, quando o general Jean-Jacques Dessalines virou Jacques I. Nos registros do padre Ribeiro, consta que ele chegou a São Domingos entre 1799 e 1800, ano em que Rigaud foi derrotado por L'Ouverture e seguiu para o exílio na França. Assim, o religioso pode ter passado quatro anos por lá, uma vez que alegou ter testemunhado a coroação de 1804.

O padre Ribeiro permaneceu em São Domingos na época em que a ilha esteve sob o governo de Toussaint, durante o período de prisão do revolucionário, e até a declaração da independência do Haiti. Nos seus registros, o próprio padre Joaquim explicou como caiu em desgraça no Haiti, sob acusação de ter roubado peças de prata das igrejas. Depois de sua fuga — via ilha de Saint Thomas —, foi parar na Filadélfia. Sabendo de sua presença nos Estados Unidos, consta que o governo haitiano teria mandado publicar anúncios em jornais, prometendo que "dava 5 mil cruzados a quem lhe apresentasse a cabeça do padre português que tinha fugido".

De volta à Europa, o padre Joaquim circulou por diversos lugares, como Cádiz, Faro, Gibraltar, Tânger, Tarifa, Algeciras, Paris, Marselha, Nice, Lyon, Gênova, Livorno e Malta. No fim voltaria a Roma, onde conseguiu ser nomeado bispo de São Domingos. Segundo ele, houve uma tentativa de viajar até Paris para obter a licença de Napoleão Bonaparte (1769-1821) e seguir novamente para o Haiti. No entanto, acabou se dirigindo para a Inglaterra, de onde partiu para a Jamaica e Barbados.

Foi nesta ilha — já em 1814 — que Joaquim ficou sabendo "que São Domingos estava dividido em três partidos, que cada um tinha elegido o seu bispo, o negro fez um grande arcebispo, os mulatos, um bispo, e os espanhóis, outro". Ele saiu de Barbados no início de julho de 1814 e desembarcou em Caiena em fins de agosto. Durante a viagem, o padre ouviu pilhérias e sofreu com as atitudes preconceituosas do capitão e da tripulação, que incluíram perseguições, agressões, humilhações, roubos e tentativas de envenenamento, narradas com detalhes em seu diário.

As dúvidas sobre a identidade étnica do padre Joaquim ou acerca da veracidade dos seus relatos e dos escritos do seu diário não diminuem o fato de que São Domingos e o Haiti viraram fantasmas no Brasil entre o fim do século XVIII e o início do século XIX. Em 1805, um ano após Jean-Jacques Dessalines proclamar a independência haitiana, o ouvidor do Crime da Corte do Rio de Janeiro mandou "arrancar dos peitos de alguns cabras e crioulos forros, o retrato de Dessalines, imperador dos negros da ilha de São Domingos". O problema é que estes "estavam empregados nas tropas da milícia do Rio de Janeiro, onde manobravam habilmente a artilharia". No Brasil das primeiras décadas do século XIX, os acontecimentos do Caribe causavam medo, pânico e insegurança.

FONTES: Flávio dos Santos Gomes; João José Reis; Luiz Mott; Marco Morel.

VEJA TAMBÉM: Cipriano Pires Sardinha; D. Diogo.

JOAQUIM PINTO DE OLIVEIRA

1721-1811 | SANTOS E SÃO PAULO

Joaquim Pinto de Oliveira, conhecido como Tebas, foi um importante arquiteto do século XVIII. Existem duas explicações para o apelido de Joaquim: uma em referência à engenhosidade do Édipo grego, rei de Tebas, que derrotou a esfinge, e outra a uma palavra do quimbundo, usada para definir alguém com grande habilidade. É bem mais provável que o povo do século XVIII conhecesse melhor essa palavra proveniente de sua língua ancestral do que uma distante tragédia grega de Sófocles.

Pouco se sabe da infância de Tebas, além do fato de ter nascido em 1721, em Santos, São Paulo. Foi escravizado pelo português Bento de Oliveira Lima, célebre mestre de obras da região. Tebas se especializou em talhar pedras, criando ornamentações e acabamentos complexos, conseguindo garantir maior durabilidade às construções.

Consta que teria sido seu senhor quem transmitiu os primeiros ensinamentos no ofício de pedreiro a Tebas. No entanto, com o passar do tempo, e diante da falta de oportunidades em Santos, seu senhor achou por bem subir a serra, junto com o cativo, em busca de serviços melhores e maiores.

E foi então que Tebas passou a fazer parte da história da capital paulista, sendo muito requisitado a partir da década de 1750, quando tinha 29 anos. Com a morte de Bento, Tebas ficou sob as ordens da viúva, d. Antônia Maria Pinta. Continuava ainda cativo, mas, paradoxalmente, desfrutava de uma situação favorável ao exercício de sua profissão — podia contratar obras e recebia os pagamentos combinados. Àquela altura, Tebas já era um escravizado com muita autonomia. Inclusive sabia ler e escrever, enquanto a patroa enviuvada era analfabeta. Depois, já alforriado, teria também seus próprios escravos: João e Joaquim, ambos negros.

É dele a ornamentação das fachadas das igrejas do mosteiro de São Bento (1766), da Ordem Terceira do Carmo (1777) e da Ordem Terceira do Seráfico São Francisco (1783). Tebas também foi responsável pela construção da torre da igreja matriz da Sé (1750), bem como pela sua reforma, 28 anos depois, quando finalmente conseguiu conquistar sua alforria. Ele tinha 57 anos.

Conta a história que, enquanto era erguida a primeira catedral da Sé, em São Paulo, Tebas explicou ao padre Justino, capelão do convento do Carmo, que gostaria de também erguer uma torre no local. Tebas, que entendia de alvenaria e hidráulica e dominava a técnica de taipa e pilão, se propôs a edificá-la, sob duas condições: o recebimento formal de sua carta de alforria e a certeza de que o primeiro casamento da catedral seria o seu. Ele construiu ainda o chafariz em frente à igreja da Misericórdia, que, todo talhado em pedra de cantaria e com quatro torneiras, ficou conhecido como "Chafariz do Tebas" e foi o primeiro sistema público de abastecimento de água da cidade.

Os estudos de Abilio Ferreira, Carlos Gutierrez Cerqueira e Wagner Ribeiro mostram como Tebas soube captar a religiosidade da sua época e expressá-la de maneira muito pessoal, sendo um dos responsáveis pela renovação estilística ocorrida especialmente nas igrejas da segunda metade do século XVIII.

Joaquim Pinto de Oliveira morreu em 11 de janeiro de 1811, aos noventa anos, vítima de gangrena. Velório e sepultamento foram realizados na igreja de São Gonçalo.

Tebas se tornou símbolo do protagonismo negro na construção da cidade de São Paulo, por meio de suas obras ainda presentes na paisagem urbana paulistana. A história desse "arquiteto negro" ganhou uma série de relatos populares e adquiriu status de lenda urbana. No entanto, muitas dessas narrativas buscaram acobertar a violência a que ele foi exposto durante 57 longos anos. Melhor pensar em Tebas não como mito, mas como uma figura histórica que ajuda a revelar a complexidade do mundo que a escravidão criou.

FONTES: Abilio Ferreira; Carlos Gutierrez Cerqueira; Wagner Ribeiro.

VEJA TAMBÉM: Aleijadinho; Antônio Telles; José Theóphilo de Jesus; Mestre Valentim.

JOAQUINA

c. 1837-? | PARÁ; MANAUS, AMAZONAS

Joaquina nasceu no Grão-Pará nos anos 1830, época em que eclodia uma grande revolução na região norte do Império: a Cabanagem (1835-40). O movimento juntou homens e mulheres de vários estratos sociais, e tomou todo o Vale Amazônico. Quilombolas, escravizados fugidos, indígenas, desertores e todo tipo de deserdados da terra, as camadas mais empobrecidas da sociedade paraense, viram na Cabanagem uma forma de luta popular contra a opressão das elites. Não existem muitos dados sobre a primeira infância de Joaquina. O que se pode dizer é que a menina fazia parte da terceira ou quarta geração de escravizados de origem africana a residir em terras amazônicas. Desde finais do século XVII, há registros de homens e mulheres africanos que vieram trabalhar compulsoriamente nas atividades agrícolas, na extração dos produtos da floresta e no trabalho urbano.

Se durante os séculos XVI e XVII a situação era mais difícil, a partir da época do marquês de Pombal, durante a segunda metade do século XVIII, intensificou-se a chegada de africanos no Grão-Pará e Maranhão, bem como se fortaleceram as redes de abastecimento e escoamento dos produtos das lavouras da região, como o algodão e o arroz, e da floresta (entre eles, cacau, salsaparrilha e cravo). Por outro lado, com a presença mais sistemática de africanos incrementou-se a produção agrícola.

Ainda pequena, Joaquina ganhou a vida como cozinheira, lavadeira, engomadeira, vendedora, e circulou pelas ruas e igarapés. Acompanhou a criação da província do Amazonas, em 1852, bem como as alterações urbanas pelas quais passava a capital, Manaus.

Nessa época era escravizada de Antônio Lopes Braga (?-1888), membro de uma família de comerciantes e militares, com uma carreira pública bem-sucedida na política local. Sua ascensão foi rápida: em 1852, Braga era contador-escrivão da Fazenda; quatro anos depois, assumiria o cargo de juiz municipal e de órfãos de Manaus, acumulando-o com a presidência da Câmara Municipal. O jornal *Estrella do Amazonas* o considerava, em 1860, um dos mais importantes "cidadãos com condições para o bom desempenho do mandato popular", bem como o líder do Partido Conservador. E seus negócios também prosperavam: desde 1854 era sócio de seu irmão Hermenegildo Lopes Braga, na firma Lopes Braga & Irmão. Braga integrava ainda um seleto grupo de comerciantes que, desde a década de 1850, investia em prédios urbanos, comércio e na posse de escravos.

Em Manaus, nos anos 1870, a população branca era estimada em 2899 pessoas. De acordo com o censo de 1872, com as mesmas condições jurídicas de Joaquina, existiam no Amazonas 979 indivíduos. A maior parte dos habitantes da capital era classificada como "caboclos" (12 084 indivíduos), categoria utilizada para definir as populações indígenas que residiam em espaço urbano. Os homens e mulheres de cor (pretos e pardos) de Manaus somavam 2603 pessoas. Manaus era, assim, uma cidade multiétnica, majoritariamente habitada por indígenas, seguida de brancos, mas com um significativo contingente de população negra.
A província do Amazonas tinha o segundo maior percentual de escravizados vivendo

em espaço urbano de todo o Império (50,9%). Somente o Rio de Janeiro possuía percentual maior (76,5%).

E foi nesse contexto que Joaquina conheceu o índio José Maria, natural de Ega (Tefé), comerciante estabelecido na vila de Serpa (Itacoatiara). E no dia 21 de outubro de 1855, às oito horas da noite, eles fugiram juntos. Em poucos minutos, já estavam às margens de um pequeno braço do igarapé do Espírito Santo.

Antônio Braga publicou o anúncio da fuga de sua cativa quase uma semana após o ocorrido. Esse intervalo foi suficiente para que o senhor juntasse informações exatas da hora, dos trajes e do nome do "sedutor" da moça. O capitão publicou o anúncio também em Belém e solicitou àqueles que achassem sua escrava "preta crioula [...] gorda, e bem-parecida, e [...] muito faladeira" que a entregassem a seu parente Luís Antônio Lopes Braga, na rua dos Mercadores. Joaquina e José Maria foram considerados foragidos da polícia. Mas esse não era um caso isolado: entre 1854 e 1858 havia 89 fugitivos na região.

Quase um ano depois, Joaquina reapareceu. Carregava consigo, em moeda corrente do Império, a quantia de um conto de réis, e foi logo procurar pelo seu senhor: Joaquina voltara para comprar sua carta de liberdade. Braga hesitou; declarou ser a quantia insuficiente, mas, por fim, cedeu. Antônio Lopes Braga afirmou que assinava "sem constrangimento algum", menos pela quantia que recebeu de Joaquina e mais "por ser este um ato de beneficência, e em atenção aos serviços que me prestou durante o tempo de servidão: em vista [dos] quais lhe dou plena liberdade".

Como evidenciam os estudos de Patricia Melo Sampaio e Ygor Olinto Cavalcante, o caso de Joaquina representa mais um episódio de fuga para acúmulo de pecúlio necessário para comprar a liberdade. Em todas as regiões desse vasto Império do Brasil se lutava por liberdade.

FONTES: Eurípedes Funes; Luiz Felipe de Alencastro; Patricia Melo Sampaio; Provino Pozza Neto; Ygor Olinto Rocha Cavalcante.

VEJA TAMBÉM: Felipa Maria Aranha; Figênia; Preto Félix.

JOAQUINA BENGUELA

SÉC. XIX | RIO DE JANEIRO

Em julho de 1873, o proprietário Antônio José Gomes de Araújo pediu autorização para sacar o valor total que sua falecida escravizada Joaquina tinha depositado na Caixa Econômica da Corte. Araújo alegava que era ele mesmo quem realizava periodicamente tais depósitos em pequenas quantias.

Para burlar qualquer tipo de impedimento ou desconfiança, Araújo informava o nome de Joaquina como se fosse o de uma pessoa livre: Joaquina Teresa dos Anjos. O processo instaurado foi indeferido e, de acordo com o que determinava a lei, os valores depositados para a liberdade que Joaquina nunca alcançou foram destinados ao então Fundo de Emancipação.

O historiador Thiago Alvarenga explica que nos anos 1870 são vários os processos de senhores requisitando — em nome de seus cativos — a retirada de valores das suas cadernetas de poupança. É certo que alguns escravizados tinham que contar com o apoio senhorial para fazer depósitos. Além disso, precisavam do reconhecimento e da ajuda deles para realizarem a respectiva retirada, em geral utilizada para as suas alforrias ou de parentes. Em 1878, houve um caso em que a requerente, uma liberta de nome Joana, teve que solicitar autorização do juízo de órfãos e apresentar carta de alforria para fazer saques na sua caderneta, onde constava ainda na condição de escravizada.

No caso da falecida Joaquina, não se sabe qual foi a justificativa utilizada por Antônio Araújo para tentar se apoderar do dinheiro de sua poupança. Dez anos depois, Antônio Luís Pinto tentava fazer o mesmo com o pecúlio da sua falecida escrava Justina, alegando que precisava arcar com os custos do velório dela. Em 1886, Inácio de Sousa Coutinho queria sacar todo o valor da caderneta de sua cativa Armênia, já falecida, argumentando que precisava de recursos para cuidar da filha dela, nascida "ingênua", ou seja, depois de 1871, quando foi proclamada a Lei do Ventre Livre.

As experiências de Joaquina, Joana, Armênia, Justina e outras — de juntar dinheiro e depositar na caderneta de poupança — iluminam os exemplos de vários outros escravizados, especialmente mulheres. Muitas delas se tornaram "cativas de dinheiro e poupança", a partir do trabalho e dos sonhos de liberdade que acalentaram.

FONTES: **Carlos Eduardo Valencia Villa; Lucimar Felisberto dos Santos; Luiz Carlos Soares; Thiago Alvarenga.**

VEJA TAMBÉM: **Andreza...; Delfina e Faustina; Juliana; Vitória da Conceição.**

JOAQUINA MARIA DA CONCEIÇÃO LAPA

SÉCS. XVIII-XIX | RIO DE JANEIRO; PORTUGAL

Ainda muito desconhecida, Joaquina Maria da Conceição Lapa, apelidada de Lapinha, foi uma importante cantora e atriz no fim do século XVIII e nas primeiras décadas do XIX. Não conhecemos o local onde nasceu, apenas que foi no Brasil, por volta dos anos 1770, e que era filha de uma mulher negra, talvez liberta.

Joaquina Maria seria uma das intérpretes de peças musicais produzidas pelo conhecido padre músico José Maurício (1767-1830), que teve grande destaque no período colonial e joanino. Joaquina fez sucesso também em teatros europeus, destacadamente em Lisboa e no Porto, entre 1795 e 1796. A *Gazeta de Lisboa* registrava, em janeiro de 1796, a beleza de seu canto. Apresentava-a como "natural do Brasil", onde eram notados os "seus talentos musicais, que têm já sido admirados pelos melhores avaliadores desta capital".

Mesmo apresentando um currículo que incluía performances em espetáculos nacionais e estrangeiros, as origens étnicas de Lapinha seriam comentadas com grande preconceito. O viajante sueco Carl Israel Ruders (1761-1837), por exemplo, a descreveu como "natural do Brasil e filha de uma mulata", por "cujo motivo tem a pele bastante escura". Segundo ele, tal "inconveniente, porém remedeia-se com cosméticos". E completava: "Fora disso, tem uma figura imponente, boa voz e muito sentimento dramático".

Lapinha ganhou muito prestígio nos palcos portugueses, encenando a obra de

Bocage (1765-1800) em Coimbra, ocasião em que foi homenageada. Ao voltar para o Brasil, desenvolveria uma trajetória gloriosa na Corte do Rio de Janeiro, não só como cantora, mas também como atriz, apresentando-se nos melhores teatros do início do século XIX.

FONTES: Alexandra van Leeuwen; Nei Lopes; Sérgio Bittencourt-Sampaio.

VEJA TAMBÉM: Padre José Maurício.

JOEL RUFINO DOS SANTOS

C. 1941-2015 | RIO DE JANEIRO

Nascido no subúrbio carioca de Cascadura, em 1941, filho de pai operário (Antônio Rufino dos Santos) e mãe costureira (Felicidade Flora dos Santos), Joel Rufino dos Santos formou-se em história pela Faculdade Nacional de Filosofia da Universidade do Brasil, na década de 1960. Teve uma atividade pioneira na produção de livros didáticos num movimento conhecido como "História Nova". Perseguido pelo regime militar durante o período da ditadura, foi preso, torturado e condenado em 1972 e 1974. Só pôde reaver seus direitos políticos com a Lei da Anistia, em 1979.

Doutor em comunicação e cultura pela Universidade Federal do Rio do Janeiro (UFRJ), a partir da década de 1980 passou a lecionar nessa mesma universidade, mas no Instituto de Letras. Atuou também como subsecretário de Defesa e Promoção das Populações Negras do Rio de Janeiro e foi membro integrante da diretoria do Instituto de Estudos da Religião (Iser). Entre 1994 e 1996, foi presidente da Fundação Palmares, onde estabeleceu uma relação mais próxima com as comunidades remanescentes de quilombos e deu início aos trabalhos de seu reconhecimento oficial. Teve também uma atuação destacada em 1995, ano das comemorações e eventos do tricentenário de morte de Zumbi dos Palmares (1655-95), em União dos Palmares, na Serra da Barriga, Alagoas.

Em 2000, Joel Rufino publicou um livro de memórias e cartas trocadas durante a sua prisão no contexto da ditadura militar, *Quando eu voltei tive uma surpresa: Cartas para Nelson*. A obra é resultado do período em que esteve encarcerado como preso político no presídio do Hipódromo, em São Paulo. Para não perder contato com o filho, Nelson, então com oito anos, comunicava-se com ele a partir de mensagens escritas.

Mas esse não foi seu único livro. Publicou dezenas. Como escritor de ficção, ganhou duas vezes o prêmio Jabuti e foi duas vezes finalista do prêmio Hans Christian Andersen, uma espécie de Nobel da literatura infantojuvenil.

O autor, que havia tempos lutava contra um câncer, faleceu aos 73 anos, em 4 de setembro de 2015, no Rio de Janeiro, devido a complicações advindas de uma cirurgia. Poucos dias antes, mesmo com a saúde abalada, ganhou espaço na mídia ao salvar a vida de um jovem negro que estava sendo linchado em plena luz do dia numa rua de Copacabana.

Misturando história, ficção, teatro, cinema, contos, memórias e literatura infantil, Joel Rufino deixou um legado importante, seja por meio dos seus vários livros voltados a leitores das mais diferentes idades, seja pelo exemplo de vida como intelectual ativista impactado pela história e pelas lutas das populações negras brasileiras.

FONTES: Amauri Mendes Pereira; Amilcar Araujo Pereira; Joel Rufino dos Santos; Nei Lopes; Petrônio Domingues; Verena Alberti.

VEJA TAMBÉM: Abdias do Nascimento; Alberto Guerreiro Ramos; Beatriz Nascimento; Carlos Alberto Oliveira dos Santos; Carlos Marighella; Claudino José da Silva; Iracema de Almeida; Minervino de Oliveira; Osvaldo Orlando da Costa; Solano Trindade; Zumbi.

JOSÉ CORREIA LEITE

1900-89 | SÃO PAULO

José Correia Leite nasceu em 1900. De origem pobre, foi criado em São Paulo, trabalhando como entregador, vendedor de lenha e cocheiro. Atuando como tipógrafo, fundou — juntamente com Jaime de Aguiar, Henrique Cunha e outros — o jornal *O Clarim*, transformado em *O Clarim da Alvorada* em 1924.

Muito referenciado na segunda metade dos anos 1920, o jornal propunha uma agenda fundamental de reivindicações e de iniciativas das associações e dos ativistas negros nas primeiras décadas do século XX, publicando desde poesia até denúncias, e atraindo assim muitos simpatizantes. Para Correia Leite, a luta não deveria buscar confrontos, mas destacar a importância do negro brasileiro. Foi apoiador de empreitadas associativas, como a construção de um hospital, da promoção de um Congresso de Intelectuais Negros e de outras iniciativas de legitimação e de representatividade diante de datas comemorativas, como o Treze de Maio (de 1888, data da promulgação da Lei Áurea), e o Vinte e Oito de Setembro (de 1871, quando entrou em vigor a Lei do Ventre Livre).

Em 1926, Correia Leite foi um dos fundadores do Centro Cívico Palmares — segundo consta, uma iniciativa de um sargento da Força Pública, Antônio Carlos, que pretendia constituir um espaço para encontros e debates, e que incluísse uma biblioteca.

Como destacou Maria Claudia Cardoso Ferreira, entre outros estudiosos, Correia Leite articulou-se à Frente Negra Brasileira quando da sua fundação, em 1931, mas acabou rompendo com o grupo por motivos políticos e ideológicos. Nessa época, criou o jornal *Chibata*, e em 1932 fundou o Clube Negro de Cultura Social, que teve a participação de intelectuais e militantes como Osvaldo Santiago (1902-76), Raul Joviano do Amaral (1914-88), Benedito C. Toledo, Sebastião Gentil de Castro (*c.* 1901-?), Manuel Antônio dos Santos, Benedito Vaz Costa (1913-88), Átila J. Gonçalves, Luís Gonzaga Braga, Antunes Cunha, entre outros.

Junto com outros intelectuais, jornalistas e ativistas de sua geração, Correia Leite continuou atuante nas décadas de 1940 e 1950, articulando-se com novas entidades, associações e jornais. Em 1945, constava como membro da Associação dos Negros Brasileiros (ANB). Em 1956, apoiou a fundação da Associação Cultural do Negro (ACN) e, em 1960, da revista *Niger*.

Correia Leite foi também o principal interlocutor para as pesquisas sobre o chamado "meio negro", iniciadas nos anos 1930 por Artur Ramos (1903-49) e na década seguinte lideradas por Florestan Fernandes (1920-95) e Roger Bastide (1898-1974). Colaborou então com textos e contatos para as investigações que seriam utilizadas na obra de Fernandes e Bastide, publicada em 1953.

Em 1960, o escritor Fernando Góis (1915-79), ativista desde os anos 1940, assim resumiu quem era Correia Leite numa crônica no *Diario da Noite*: "Sua palavra, seus conselhos, suas ideias, suas observações, valeram-me pela escola que não tive. [...] Nem sempre, é verdade, foi compreendido, e muitas e muitas vezes encontrou pela frente aventureiros que lhe quiseram dificultar a ação nobilitante. Passaram, porém, esses aventureiros, passaram, e José Correia Leite ficou".

Em 1992, a partir de gravações realizadas entre 1983 e 1984 pelo poeta e escritor Luiz Silva, mais conhecido como Cuti (1951-), foram publicadas suas memórias. Elas ganharam o título de *E disse o velho militante José Correia Leite*, tendo sido patrocinadas pela Secretaria de Cultura do Município de São Paulo, numa iniciativa da Coordenadoria Especial do Negro (CONE), com a colaboração de Ivair dos Santos, Hédio Silva Jr., Arnaldo Xavier (1948-2004) e outros.

FONTES: **Eduardo de Oliveira; Florestan Fernandes; José Correia Leite; Kim Butler; Maria Claudia Cardoso Ferreira; Mirian Ferrara; Petrônio Domingues; Roger Bastide.**

VEJA TAMBÉM: **Arlindo Veiga dos Santos; Benedita Costa; Celina Veiga...; Deocleciano Nascimento; Francisco Lucrécio; Henrique Antunes da Cunha; Vicente Ferreira.**

JOSÉ CUSTÓDIO JOAQUIM DE ALMEIDA

c. 1831-1936 | ÁFRICA OCIDENTAL; PORTO ALEGRE, RIO GRANDE DO SUL

Descendente da família real do antigo reino do Daomé, José Custódio Joaquim de Almeida — Custódio do Xapanã Sakpatáa Erupê — nasceu no Benin, em 1831 ou 1832. Devido aos conflitos políticos envolvendo Inglaterra, França e as disputas coloniais no Benin, Custódio viajou para o Brasil em 1864, na condição de exilado político e pensionista do governo inglês. Aos 32 anos, desembarcou em Salvador, fez uma passagem rápida pelo Rio de Janeiro e depois se transferiu para o Rio Grande do Sul. As escolhas feitas por Custódio — como locais de instalação e de permanência no Brasil — provavelmente tiveram relação com os conflitos étnicos na África Ocidental e seus desdobramentos nas comunidades atlânticas, em especial na postura de seus mercadores e suas lideranças religiosas. Assim como Salvador — e também Recife, São Luís e Rio de Janeiro —, o Rio Grande foi uma região escravista que recebeu e concentrou um considerável contingente de africanos ocidentais, chamados minas ou nagôs.

No Rio Grande do Sul, Custódio — então conhecido como príncipe Custódio — passou por Pelotas e Bagé até fixar residência em Porto Alegre nos últimos anos do século XIX, conforme aponta o estudo de Maria Helena Nunes da Silva (1953-). Adepto de práticas aristocráticas, incluindo a propriedade de cavalos e o gosto pelo turfe, além de hábitos burgueses de moradia e distinção social, o príncipe Custódio ostentava riqueza e prestígio. Ao mesmo tempo, passou a se destacar como liderança religiosa das comunidades negras gaúchas, nas áreas urbanas e seus arredores, como os bairros Colônia Africana (atual Rio Branco), Ilhota, Areal da Baronesa, Parque da Redenção, Bacia do Mont'Serrat e outros.

Vários estudos sublinharam a ampliação e o desenvolvimento das religiosidades de origem africana em Porto Alegre, entre as últimas décadas do século XIX e o primeiro quartel do século XX, com a presença das últimas gerações de africanos e o prestígio do príncipe Custódio na sociedade local.

Consta que o príncipe Custódio teria se aproximado de lideranças políticas do Rio Grande, transformando-se em protetor espiritual de Júlio Prates de Castilhos (1860-1903), Borges de Medeiros (1863-1961) e mais tarde Getúlio Vargas (1882-1954) na sua juventude. Ele morreu em Porto Alegre no ano de 1936.

FONTES: **Alberto da Costa e Silva; Cláudia Mauch; Eduardo H. Kersting; Maria Helena Nunes da Silva; Nei Lopes; Roberto Rossi Jung; Sílvio Marcus de Souza Correa.**

VEJA TAMBÉM: **Cipriano Pires Sardinha; Príncipe Obá II; Mahitica.**

JOSÉ DE SOUZA MARQUES

1894-1974 | RIO DE JANEIRO

Nascido no Rio de Janeiro em 1894, José de Souza Marques conviveu na infância com as primeiras gerações de libertos recém-saídos da escravidão e do pós-1888. Neto de escravizados, foi criado até os dezessete anos no distrito rural de Pinheiral — hoje emancipado, mas na época pertencente ao município de Piraí —, onde manteve contatos com avós, tios e padrinhos libertos, alguns talvez africanos. Durante décadas, Pinheiral foi ocupada por inúmeras comunidades negras rurais, formadas por descendentes de escravizados e libertos vindos de grandes fazendas que, muitas vezes, exploravam a mão de obra de centenas e centenas de cativos.

Filho de pai marceneiro e de mãe lavadeira, Souza Marques foi formado nesse ambiente rural sem escolarização formal. Ao migrar para a cidade do Rio de Janeiro, ingressou no Colégio Batista, graduando-se em teologia em 1922, aos 28 anos. Já em 1923, criou uma instituição de ensino primário.

No Rio de Janeiro, e convertido ao protestantismo, atuou ao lado de seu irmão, Antônio de Souza Marques, tornando-se pastor e fazendo parte de várias igrejas batistas em Realengo, Engenho Novo, Nova Iguaçu, Oswaldo Cruz e subúrbios cariocas. Além das vinculações evangélicas, Souza Marques se tornaria membro da maçonaria — iniciado na Loja Maçônica Brasil — a partir de 1943.

Formado também em direito, Souza Marques se dedicou principalmente à educação e à religião, chegando a ser eleito presidente da Ordem dos Ministros Batistas. Como professor, lecionou em diversas escolas dos subúrbios, até fundar, em Cascadura, o Colégio Souza Marques. Essa instituição daria origem, em 1966, à Fundação Técnico-Educacional Souza Marques, que abrigava diferentes faculdades.

Na década de 1960 e no início dos anos 1970, Souza Marques seguiu a carreira parlamentar, sendo eleito em sucessivas legislaturas. Sua carreira política começara em 1945, como um dos fundadores do Partido Republicano Democrático, que em 1948 transformou-se no Partido Republicano. Souza Marques elegeu-se vereador no antigo Distrito Federal e deputado estadual pelo antigo estado da Guanabara, no início da década de 1960, pelo PTB.

Chegou a presidir a Assembleia Legislativa do Rio de Janeiro. Na sua atuação parlamentar, foi também um dos pioneiros nas articulações entre políticos e lideranças religiosas evangélicas e pentecostais, ainda nos anos 1960, fenômeno que ganharia muita força e maiores repercussões a partir das décadas de 1980 e 1990.

Souza Marques faleceu em 1970, aos oitenta anos, deixando suas filhas como dirigentes da Faculdade Souza Marques, que até hoje oferece cursos de graduação em administração, enfermagem, pedagogia e nas engenharias, além de medicina.

Atualmente, a Faculdade Souza Marques mantém um centro de memória e documentação histórica com considerável acervo sobre a biografia de Souza Marques.

FONTES: **Abdias do Nascimento; Amilcar Araujo Pereira; Elisa Larkin Nascimento; Maria Lúcia Rodrigues Müller; Nei Lopes; Nilma Lino Gomes.**

VEJA TAMBÉM: **Abdias do Nascimento; Amália Augusta de Lima Barreto; Carlos Alberto Oliveira dos Santos; Hemetério José dos Santos; Pretextato dos Passos e Silva; Tancredo da Silva Pinto.**

JOSÉ DO PATROCÍNIO

1853-1905 | CAMPOS DOS GOYTACAZES E RIO DE JANEIRO

José Carlos do Patrocínio nasceu em Campos dos Goytacazes, no Rio de Janeiro, em 9 de outubro de 1853. Era filho natural do padre João Carlos Monteiro (1799-1876), vigário da paróquia de Goytacazes, orador sacro na Capela Imperial, venerável da loja maçônica Firme União, dignitário das ordens da Rosa e de Cristo, vereador e deputado de sua cidade. Sua mãe, Justina Maria do Espírito Santo (?-1885), era um dos 92 escravizados pertencentes ao padre João Carlos. D. Emerenciana Ribeiro do Espírito Santo, proprietária da região, a havia cedido para o serviço do cônego quando a jovem mina tinha quinze anos. Como era comum acontecer, o religioso não reconheceu a paternidade, mas mandou o garoto para a sua fazenda na Lagoa de Cima, onde José do Patrocínio cresceu como liberto. Com a permissão do pai, e já mais velho, foi morar na capital, onde começou a trabalhar como servente na Santa Casa de Misericórdia

Sob a proteção do conselheiro Albino de Alvarenga (1823-1901) — conhecido dele e do padre João Carlos —, conseguiu novo trabalho na Casa de Saúde Bom Jesus do Calvário, do dr. João Batista dos Santos(1828-1911), onde foi contratado como aprendiz de farmácia. Mais tarde, foi acolhido no externato do dr. João Pedro de Aquino (1843-1912). Por lá fez os estudos preparatórios para os cursos de farmácia e de medicina. Decidiu-se pelo curso de farmácia, que começou em 1871. Mas a vida na cidade era cara, e Patrocínio foi obrigado a dar aulas particulares, assim como demandou e recebeu um auxílio da sociedade beneficente da faculdade onde estava matriculado. Formou-se em 1874.

Um antigo colega, João Rodrigues Pacheco Vilanova (1852-97), convidou-o a morar em São Cristóvão, na casa da mãe dele, então esposa do capitão Emiliano Rosa de Sena (?-1897), abastado proprietário de terras e dono de imóveis na cidade. O capitão Sena propôs-lhe que, como pagamento, ele lecionasse a seus filhos. Patrocínio assentiu, e passou também a frequentar o Clube Republicano que funcionava na residência, do qual faziam parte Quintino Bocaiuva (1836-1912), Lopes Trovão (1848-1925), Pardal Mallet (1864-94) e outros. Nesse meio-tempo, se apaixonou por Maria Henriqueta (1862-1929), uma das filhas do militar, sendo correspondido. O matrimônio ocorreu em 1881.

No dia 3 de agosto de 1880, José do Patrocínio fez sua primeira conferência abolicionista no Teatro São Luís, atividade que o consagraria; com uma oratória emocionada e cheia de entusiasmo, ele atraía grandes plateias. A carreira de jornalista e de escritor também prosperaria. Lançou o quinzenário satírico *Os Ferrões* em 1875. Em julho de 1876, publicou no jornal *O Mequetrefe* um poema dirigido à princesa Isabel (1846--1921). No ano seguinte, passou a colaborar na *Gazeta de Noticias*. Já casado, no ano de 1881, pediu um empréstimo a seu sogro e com o valor conseguiu se tornar proprietário do jornal *Gazeta da Tarde*.

A partir de então, assumiu uma postura pública e aguerrida contra a escravidão. Em torno dele, formou-se um grupo de jornalistas e oradores, entre os quais Ferreira de Menezes (1845-81) — ex-proprietário da *Gazeta da Tarde* —, Joaquim Nabuco (1849-1910), Lopes Trovão (1848-1925), Ubaldino do Amaral (1842-1920), Teodoro Fernandes Sampaio (1855-1937), Paula Nei (1858-97), todos membros da Associação Central Emancipadora. Patrocínio fazia parte dessa Associação e fundara, em 1880, juntamente com Joaquim Nabuco, a Sociedade Brasileira Contra a Escravidão. Em 1883, reunido com representantes dos clubes e associações abolicionistas atuantes no Rio e em Niterói, criou a Confederação Abolicionista, ao lado de André Rebouças (1838-98). Essa agremiação ajudou a manter o quilombo do Leblon, que cultivava camélias, flores que simbolizavam a liberdade, e acolhia escravizados fugidos. Patrocínio auxiliava na fuga de cativos ao mesmo tempo que coordenava campanhas de angariação de fundos para adquirir alforrias, com a realização de espetáculos ao vivo, comícios em teatros, manifestações em praça pública. Nessa época, além de dirigir a *Gazeta da Tarde*, colaborava na *Revista Illustrada*, de Angelo Agostini (1843-1910). Em 1882, a convite de Paula Nei, visitou as províncias da Bahia, de Pernambuco e do Ceará. Em 1883, Patrocínio embarcou para a Europa e em seu retorno, em 1884, foi à sua cidade natal, e voltou ao Rio na companhia de sua mãe, que viria a falecer em 1885.

Nessa época, a partir da redação do jornal, a Confederação coordenou a luta que se desenrolava em todo o território nacional, protagonizada por escravizados, libertos e livres negros. Com a popularidade e o trabalho nos periódicos, Patrocínio passou a acumular pseudônimos: Prudhomme, Notus Ferrão, Justino Monteiro, Pax Vobis, Pombos

Correios, Tigre da Abolição, Patrono da Abolição. Em janeiro de 1886, ele se apresentou como candidato a vereador, e foi eleito.

Escreveu três romances nesse período: *Mota Coqueiro ou A pena de morte*, *Os retirantes* e *Pedro Espanhol*. Em 1887, deixou a *Gazeta da Tarde* e fundou o jornal *Cidade do Rio*. A campanha popular pela abolição atingia, então, o seu ápice, e José do Patrocínio ia virando figura central. Tanto que, no dia 3 de maio de 1888, ele e Rui Barbosa (1849-1923) discursaram para uma multidão das janelas do Senado. Cinco dias depois, foi a vez do ministro Rodrigo Silva (1833-89) apresentar ao Parlamento o projeto final da abolição, redigido por Ferreira Viana (1833-1903). Nesse meio-tempo, a pressão popular, sobretudo negra, era muito grande. Afinal, o Brasil carregava consigo a triste marca de ser o último país a abolir a escravidão mercantil. No dia 13, a princesa Isabel, ocupando a regência por conta da ausência do imperador d. Pedro II (1825-91), que se encontrava em viagem à Europa, assinou a Lei Áurea. Patrocínio, jornalista e negro, estava postado ao lado dela. Era uma lei curta e conservadora, pois não previa a inclusão da população recém-liberta.

José do Patrocínio foi, então, associado à monarquia e à figura da princesa. Embora negasse, acusaram-no de fundar e liderar a Guarda Negra — grupo formado por negros que, entre outros, estaria admoestando meetings e comícios republicanos. Assim que a República foi proclamada, na manhã de 15 de novembro de 1889, ele discursou apoiando o novo regime e publicou em seu jornal um artigo em que declarava sua fé republicana, defendendo-se das acusações de ser um "isabelista". De fato, desde a Revolta do Vintém (1879-80), seu engajamento político era claro, tendo ele atuado ativamente no Partido Republicano, ao qual tentou levar o debate sobre a questão servil. No dia 6 de abril de 1892, divulgou em seu jornal um manifesto, dirigido ao presidente, que fora redigido por generais e almirantes. Com o estado de sítio decretado por Floriano Peixoto (1839-95), Patrocínio foi confinado em Cucuí, às margens do rio Negro. Um ano depois, o soltaram e ele voltou para o Rio, onde manteve o jornal *Cidade do Rio* como um órgão de oposição ao governo. Em 6 de setembro de 1893, a Marinha rebelou-se contra o presidente Floriano; era a Revolta da Armada (1893-4). Pelo fato de Patrocínio ter publicado o manifesto dos almirantes revoltosos, Floriano fechou seu periódico.

Patrocínio foi um dos fundadores da Academia Brasileira de Letras, sentando-se na cadeira 21, cujo patrono é Joaquim Serra (1838-88). Teve um filho, José Carlos do Patrocínio Filho (1885-1929), também jornalista, e em 1901, por intermédio de Zeca, que acabara de chegar de Paris, Patrocínio apresentou ao Rio um dos primeiros automóveis. Já no fim da vida construiu um balão dirigível de 45 metros, o *Santa Cruz*, que, no entanto, jamais foi concluído ou voou, sendo portanto motivo de muita chacota pública.

Numa homenagem a Santos Dumont (1873-1932), realizada no Teatro Lírico, Patrocínio, que estava tuberculoso, foi acometido por uma hemoptise enquanto saudava o inventor. Faleceu em 29 de janeiro de 1905, aos 51 anos, deixando inacabados o romance *Denden* e a tradução de *Guerra e paz*, de Tolstói

(1828-1910). José do Patrocínio, que sofreu constantes ataques racistas durante sua vida pública, foi particularmente atingido por um deles na ocasião de seu casamento, em virtude de sua esposa ser branca. Essas são histórias do nosso passado e do nosso presente.

FONTES: Afrânio Coutinho; Ana Flávia Magalhães Pinto; Angela Alonso; Humberto Fernandes Machado; Iram Rubem Pereira Brandão; J. Galante de Sousa; José Murilo de Carvalho; Osvaldo Orico; Raimundo Magalhães Jr.; Tiago Cesar da Silva; Tom Farias; Vanessa Faria e Silva.

VEJA TAMBÉM: André Rebouças; Chiquinha Gonzaga; Francisco José do Nascimento; Hemetério José dos Santos; José Ferreira de Menezes; Justina Maria do Espírito Santo; Lima Barreto; Luiz Gama; Machado de Assis; Oliveira Silveira; Pedro Justo de Souza; Quintiliano Avellar; Tobias Barreto; Teodoro Sampaio.

JOSÉ EZELINO DA COSTA

1889-1952 | CAICÓ, RIO GRANDE DO NORTE

Praticamente desconhecido, José Ezelino da Costa foi um dos primeiros fotógrafos negros do Brasil. Ele nasceu no sertão do Seridó, Rio Grande do Norte, em 1889, e foi criado num sítio chamado Umbuzeiro, nos arredores de Caicó.

A pesquisadora Angela Almeida descreve como a experiência da escravidão ficaria gravada na origem de José Ezelino. Sua mãe, Bertuleza Maria da Conceição, era uma mulher negra liberta, assim como a tia Bartuleza Maria da Conceição. As irmãs Bertuleza e Bartuleza foram escravizadas por muito tempo, vivendo naqueles sertões do Rio Grande do Norte. Depois de conquistar suas alforrias, ali permaneceram cuidando de numerosa família.

Ezelino teve sete irmãos nascidos livres, mas numa sociedade sertaneja ainda com escravos, coronéis e senhores. Os filhos de Tudinha, como era chamada Bertuleza Maria da Conceição, eram: Bartuleza (mesmo nome da tia), Francisca, Inês Maria, os gêmeos Isidoro e Josina, Maria Ester, Matilde Maria e José Ezelino.

Consta que a irmã Matilde Maria foi fundamental na vida de Ezelino. Por conta própria, começou a alfabetizar os filhos e alguns irmãos. Depois matricularia todos numa escola da região. Como costureira, ajudou no sustento da família e na educação dos filhos em Caicó, fazendo roupas, mortalhas e vários tipos de bordados. Suas filhas, Maria de Lourdes, Ana e Francisca, herdaram o dom da mãe, tornando-se bordadeiras de máquina e de mão.

Criado num ambiente predominantemente feminino, com muitas irmãs e sobrinhas, Ezelino também aprendeu a costurar e bordar. Essa técnica seria, inclusive, fundamental para decorar os cenários de suas fotografias.

Ainda jovem, Ezelino se interessou por pintura e música. Criou uma pequena banda, fazendo apresentações de música sacra em festas religiosas de Caicó e nas regiões vizinhas de Florânia, São João do Sabugi e Martins.

Nesse meio-tempo, Ezelino descobriu a nova técnica. Um vizinho da família o presenteou com uma câmera e um álbum, comprados no Recife. Ezelino mergulharia então nessa arte, lendo tudo que lhe chegava às mãos. Todo ano ia ao Recife ou ao Rio de Janeiro, onde comprava equipamentos e produtos para fazer revelações. Após dominar a técnica, criou um estilo próprio na realização de retratos de famílias, sua verdadeira predileção.

As fotos de Ezelino logo se destacaram no sertão, por conta dos cenários que construía e das luzes e cores de seus retratos. Ficaria conhecido como o "primeiro fotógrafo negro do sertão do Seridó". Seu interesse em retratos de família ganhou grande importância em sua obra, uma vez que álbuns desse tipo eram muito consumidos e prezados pelas elites locais.

Ezelino era particularmente detalhista na criação dos cenários, improvisando, em seu estúdio, diferentes ambientes, que incluíam cortinas, tapetes, mesas, plantas, vasos e flores. Ele também preparava seus modelos com um verdadeiro ritual de distinção, com trajes especialmente escolhidos para posar e com a dignidade necessária para essas representações imagéticas, tornando-se pioneiro nessa estética negra.

A obra de Ezelino restou, no entanto, praticamente desconhecida, e apenas uma parte resistiu à ação do tempo e à falta de conservação. Seus retratos foram os "primeiros *portraits* de negros do Rio Grande do Norte" do início do século XX — o sertão nordestino sob o olhar de um fotógrafo negro, filho de ex-escravizados.

As artes, aliás, eram a especialidade de sua família, com vários de seus primos se dedicando à música, aos bordados e ao artesanato de forma geral. José Ezelino Costa morreu em 1952, aos 63 anos.

FONTES: Ana Maria Mauad; Angela Almeida; Eugênia Maria Dantas; Hilton Gouvêa; Itan Cruz Ramos.

VEJA TAMBÉM: Mônica; Nhô João e sua parceira.

JOSÉ FERREIRA DE MENEZES

1845-81 | RIO DE JANEIRO

Nascido no Rio de Janeiro, José Ferreira de Menezes foi um jornalista, romancista cronista e dramaturgo muito vinculado ao pensamento e à prática abolicionista, com grande atuação no circuito cultural carioca. Há ainda dúvidas sobre a data (1842 ou 1845) e o local (Angra dos Reis ou a cidade do Rio de Janeiro) de seu nascimento. Era filho de José Joaquim Ferreira de Menezes e teve dois irmãos: Antônio Ferreira de Menezes e Claudina Ferreira de Menezes. Consta que se casou com Júlia Carlota de Azevedo, uma atriz que depois adotaria o nome de Júlia Carlota de Menezes.

A historiadora Ana Flávia Magalhães Pinto (1979-) mostrou como, além de jornalista, Ferreira de Menezes também se tornou conhecido como escritor e dramaturgo. Várias peças de sua autoria ou traduzidas e adaptadas por ele foram encenadas em teatros da Corte, entre os quais o São José. Como folhetinista, colaborou com contos, poesias, crônicas, críticas teatrais, ensaios em diversos periódicos, como *Revista Popular*, *Annaes do Ensaio Academico*, *Revista da Associação Club Academico*, *Jornal das Familias*, *Diario de Noticias*, *Jornal do Commercio*, *Gazeta de Noticias*, *Imprensa Academica* e *Archivo Litterario*.

Entre os contos de sua autoria, destacam-se "Poverino", "O tropeiro" (1861), "Jacques Seraphim — o músico", "O punhal de marfim" (1862),

"A flor do baile", "Sinhazinha" (1863), "Os envenenadores" (1865), "A terça-feira", "O que se bebe", "Fiscais" (1877), "O Carnaval na sepultura" (1878).

Ferreira de Menezes fez parte de uma geração de abolicionistas negros urbanos e letrados. Há indicações de que sua formação acadêmica tenha ocorrido em São Paulo, na Faculdade de Direito. Próximo de Luiz Gama (1830-82) desde os anos 1860, tornou-se presença constante em reuniões abolicionistas a partir da década de 1870.

Ferreira de Menezes faleceu em 1881 e, assim como Luiz Gama, não viveu para ver a abolição de 1888.

FONTE: Ana Flávia Magalhães Pinto.

VEJA TAMBÉM: André Rebouças; Antônio Gonçalves Teixeira e Sousa; José do Patrocínio; Luiz Gama; Machado de Assis.

JOSÉ THEÓPHILO DE JESUS

1758-1847 | SALVADOR, BAHIA

O artista baiano José Theóphilo de Jesus nasceu em 1758, em Salvador. Pouco se conhece sobre seus primeiros anos de vida além do fato de, pardo e forro, ter atuado como militar, sendo nomeado em 1788 para o posto de porta-bandeira do 4º Regimento de Artilharia da cidade da Bahia.

Existem mais testemunhos acerca da sua vida como artista sacro, com obras espalhadas por várias igrejas da Bahia e de Sergipe e também em museus. Theóphilo de Jesus era aluno de José Joaquim da Rocha (1737-1807), considerado fundador da escola baiana de pintura. Ele ajudou o então mestre em várias obras, especializando-se na douração de imagens. Ao lado do professor, também se desenvolveu na pintura decorativa *trompe-l'oeil*, muito utilizada no interior de igrejas e casas.

Theóphilo viajou para Lisboa, em 1794, com o objetivo de melhorar sua técnica. Para tanto, contou com a ajuda de seu mestre. Por lá, frequentou a Aula Régia de Desenho, quando teve a oportunidade de ser aluno de Pedro Alexandrino de Carvalho (1729-1810). A possibilidade de conviver no ambiente artístico europeu fez com que Theóphilo diversificasse e ampliasse seus modelos artísticos, que até aquele período eram bastante limitados às referências e lições do modelo de barroco seguido por seu mestre na Bahia. Além disso, voltou de lá arriscando-se mais, sobretudo na pintura de telas e painéis demandados pelas elites locais.

O momento de seu retorno à Bahia é incerto, mas datam de 1802 os primeiros registros de suas atividades no país, com a execução de uma série de quatro painéis para a igreja da Ordem Terceira de São Francisco, em Salvador.

José Joaquim da Rocha morreria em 1807, e o artista herdaria a maior parte de sua clientela. Aplicando o que aprendera na Europa, passou a apresentar desenhos mais bem-acabados, que seguiam um modelo acadêmico e agradaram o público ainda restrito da época. Nessa mesma época, pintou obras sacras e profanas em Salvador. Destacou-se com os forros das igrejas da Ordem Terceira de Nossa Senhora do Carmo (1817) e da igreja dos Órfãos de São Joaquim (*c.* 1823); os painéis laterais aos altares da igreja da Ordem Terceira de São Francisco (1845); e elaborou 23 retratos para o convento da Piedade. Seu trabalho também viajou para Sergipe, onde pode ser encontrado nas cidades de Maroim, Divina Pastora e Itaporanga d'Ajuda. Foi muito prestigiado pelo prefeito de Salvador, que em 1823 o comissionou para que retratasse o imperador d. Pedro I (1798-1834).

Por ironia do destino, faleceu em 1847 ao cair de um andaime enquanto pintava o teto da igreja matriz de Divina Pastora, em Sergipe, considerada uma de suas melhores obras. José Theóphilo de Jesus é hoje tido como um dos grandes pintores da chamada escola baiana de pintura. Com uma produção bastante variada, o pintor trazia em sua obra elementos do barroco e do rococó combinados com o academicismo na sua busca do clássico. De certa maneira, ele já anunciava o neoclassicismo em terras baianas.

FONTES: *Arte no Brasil*; **Carlos Ott; Cid Teixeira; Clarival do Prado Valladares; Emanoel Araújo; João Barreira; José Maria dos Reis Jr.; José Roberto Teixeira Leite; Kátia do Prado Valladares; Laudelino Freire; Marieta Alves;** *O Museu de Arte da Bahia*; **Quirino Campofiorito; Roberto Pontual;** *O universo mágico do barroco brasileiro.*

VEJA TAMBÉM: **Aleijadinho; Antônio Telles; Joaquim Pinto de Oliveira; Mestre Valentim.**

JOSEFA DA SILVA

SÉCS. XVIII-XIX | ÁFRICA CENTRAL; SALVADOR, BAHIA

Nascida em meados do século XVIII, e chegando à Bahia no último quartel setecentista, a africana Josefa pode ser considerada um bom exemplo das estratégias de muitas mulheres escravizadas de amealhar recursos para alforria, comprar cativos e, sobretudo, ingressar em várias irmandades, garantindo poder, autonomia e prestígio. Narra Lucilene Reginaldo que, em 1811, Josefa estava doente e deixou registrados em testamento seus últimos desejos e um pouco de seu percurso. Ela era natural das regiões centro-ocidentais africanas, chamadas de "Angola". Entre seus bens, registrava duas cativas africanas ocidentais, Antônia e Maria, de nação mina. Ao longo da vida, juntou dinheiro para comprar sua liberdade e adquirir joias, como um crucifixo, um cordão, uma medalha-botão, um rosário e corais, tudo em ouro. Declarou também um par de sapatos com "chapas de ouro".

Solteira e sem filhos, queria ser enterrada na Irmandade do Rosário, situada na freguesia da Conceição da Praia. Josefa registrou, porém, que fazia parte de mais três irmandades: Confraria de São Benedito do Convento de São Francisco, Irmandade do Senhor Bom Jesus da Redenção e a Irmandade do Rosário, na Baixa dos Sapateiros. Na Bahia urbana setecentista, não faltavam irmandades negras, e a presença de mulheres africanas aparecia sempre com atuação destacada.

No arcebispado da Bahia, durante o século XVIII, havia o registro de pelo menos dezessete irmandades do Rosário distribuídas entre as vilas de Salvador (onde eram sete), Cachoeira (onde havia três), Maragogipe, Jaguaripe, Santo Amaro da Purificação, Camamu, São Cristóvão, Nossa Senhora da Piedade, vila do Lagarto e Vila Nova Real del Rei. Além delas, tinham grande relevância no espaço devocional as irmandades de São Benedito.

Uma série de estudos vem mostrando como as irmandades negras, entre outros espaços, foram territórios para o exercício do poder, do prestígio, da riqueza e, sobretudo, da autonomia para mulheres negras na Bahia e em outras partes do Brasil.

FONTES: **Lucilene Reginaldo; Maria Inês Côrtes de Oliveira.**

VEJA TAMBÉM: **Inácio Monte; Mônica da Costa Ferreira; Rainha Maria Joaquina.**

JUCA ROSA

c. 1831-*c.* 1877 | RIO DE JANEIRO

José Sebastião da Rosa, ou Juca Rosa, líder religioso urbano, foi um personagem negro dos mais famosos durante o século XIX, apesar de ainda termos registros escassos a respeito de sua biografia. Ele era entendido como sinônimo de feitiçaria por vários setores da sociedade carioca, sendo seu nome muito citado, principalmente em denúncias, nos jornais que circulavam em cidades como São Luís, Salvador, Recife e inclusive no interior do Espírito Santo.

Conforme explica a historiadora Gabriela dos Reis Sampaio, ele era conhecido como pai de santo, ou mesmo como Pai Quibombo, e ganharia muito prestígio e dinheiro nas décadas de 1850 e 1860, ao mesmo tempo que foi acusado de charlatanice e tornou-se alvo de preconceito na imprensa da época, sendo chamado publicamente de "feiticeiro". Denúncias sobre farsas, abusos sexuais, envolvimento com mulheres brancas e pessoas livres viraram temas de folhetins e charges, cheios de moralismo e muita ironia.

Ao que tudo indica, Juca Rosa nasceu entre 1831 e 1832 e era filho de uma mulher africana natural das regiões da África Central. Não se sabe se teria nascido escravo, se conseguira alforria ou se sua mãe era uma liberta africana. Mas foi com ela que aprendeu a fazer uso de ervas, produzir amuletos e desenvolver várias práticas de cura, que logo ganhariam fama no Rio de Janeiro, cidade fortemente africana, porém com uma crescente população de imigrantes europeus — sobretudo portugueses. Há sinais de que Juca, entre suas diversas moradas, teria residido na rua das Flores, indo depois para a rua Senhor dos Passos, 216, quase esquina com o Campo de Santana, além da rua do Sabão. Tudo no coração da Corte imperial.

Foi na segunda metade da década de 1850 que Juca Rosa ganhou maior notoriedade religiosa, mantendo relações com escravizados e pessoas livres, brancas e negras. Foi alvo também de inúmeras denúncias, as quais, entre outras coisas, afirmavam que, em meio à sua prática religiosa, ele abrigava "muitas filhas", embora fosse casado com Felicidade Perpétua de Jesus. O boato era malicioso, pois visava incriminar o líder religioso de poligamia e abuso sexual.

Diante da repressão, da intolerância e do racismo religioso, Juca Rosa foi preso em novembro de 1870 e julgado em 1871. A imprensa noticiaria de forma escandalosa sua prisão, seu julgamento e uma série de novas denúncias e investigações que foram surgindo, como o fato de ele manter conexões estreitas com maltas de capoeiras.

Juca Rosa cumpriu pena até 1877, desaparecendo então do noticiário.

FONTE: **Gabriela dos Reis Sampaio.**

VEJA TAMBÉM: Amélia Rosa; Caetano da Costa; Domingos Álvares; Divino Mestre; Feliciana Maria Olímpia; Horácio de Sá Pacheco; Israel Soares; Luzia Pinta; Mestre Tito; Pacífico Licutan; Rufino José Maria.

JULIANA

c. 1835-? | JOÃO PESSOA, PARAÍBA

Juliana vivia na área litorânea da Paraíba oitocentista. Sua mãe era uma escravizada registrada como "mulata" de nome Luísa e seu padrinho era um homem livre, José Bento Labes. Comprova a historiadora Solange Pereira da Rocha que Juliana fora levada por sua mãe para ser batizada no dia 19 de julho de 1835. Três anos depois, foi a vez de sua irmã Margarida receber a bênção da Igreja católica. Todas as três pertenciam a Antônio Soares de Pinho. Margarida retornou à igreja de Nossa Senhora das Neves em 1853: ela havia se casado com Manuel Francisco Ramos e passara por lá a fim de batizar sua filha legítima, a liberta Joana. Entretanto, com a morte de Antônio Soares de Pinho, o casal passou a pertencer aos herdeiros — sua esposa e seus filhos.

Foi no dia 20 de julho de 1858 que Juliana deu entrada no cartório local e solicitou o lançamento de sua carta de alforria. A essa altura, ela, uma mulher parda, já contava 23 anos e pertencia a Ana Tertula Pinho, que, por sua vez, a herdara do pai. Numa audiência em que estava presente a viúva Cândida Irineia de Ascensão, mãe e tutora de Ana, a carta de alforria foi homologada. O juiz de órfãos autorizou, então, que Juliana ficasse "inteiramente liberta, como se ventre livre nascera", e lhe concedeu "plena liberdade sem condição pelo preço de 1:000$000 de réis".

Ao que consta Luísa teria obtido a liberdade graças ao falecimento de seu senhor. Ou seja, escravizados e escravizadas tinham muita dificuldade para adquirir uma renda extra que lhes facultasse acumular recursos para a compra de sua própria liberdade ou de alguém da sua família. Na maioria dos casos, esse tipo de expediente costumava ser facilitado na eventualidade de mudanças na posse escrava, o que em geral ocorria em casos de falecimento na família do senhor. Eram nessas circunstâncias de "transmissão de herança" que a busca pela liberdade tinha mais chance de dar certo. Por outro lado, escravizados eram, muitas vezes, os "bens" mais valiosos e ambicionados pelos herdeiros. Já da perspectiva dos cativos, essas eram situações traumáticas, por conta da possível separação de membros das famílias ou de colegas que faziam parte das redes de sociabilidade.

Juliana provavelmente tinha conhecimento desse tipo de situação e deve ter procurado adiantar-se a ela, comprando sua própria liberdade por um valor caro para a época: um conto de réis. Ela teve dois filhos: Maria e Cassiano. Maria foi batizada como "filha natural" em 19 de fevereiro de 1855 e contou com o padre João do Rego Moura e com d. Ana Sidoneia Pinho como padrinhos. Mãe e filha aparecem registradas como parte da propriedade de d. Cândida Irineia de Assunção, o que indica uma divisão da herança na família de Soares de Pinho. Em 10 de maio de 1857, Juliana batizou Cassiano, de condição forra, sendo José Gonçalves dos Reis o padrinho.

Em 1861, foi a vez de Luísa, mãe de Juliana, conseguir sua carta de alforria. Ela já tinha cerca de cinquenta anos e pertencia a Joaquim Soares de Pinho, que a recebera de herança do inventário do seu pai: Antônio Soares de Pinho. O valor estimado de Luísa era de 700 mil-réis, mas ela pagou metade e Joaquim aceitou a negociação, alegando "bons serviços" prestados pela escravizada. Ela foi libertada pela quantia de 350 mil-réis, "sem condição alguma". Em 1863, Juliana comprou a manumissão de sua filha, pela quantia de 800 mil-réis. Sobre o menino Cassiano, não se dispõe de dados acerca de sua liberdade, mas há provas de que, ao ser batizado, tornou-se forro.

Em 1883, o sacerdote João do Rego Moura, compadre de Juliana, tornou-se um dos fundadores de uma "sociedade abolicionista" local, de nome Emancipadora Paraibana, que criou o jornal *Emancipador*. José do Patrocínio (1853-1905), em passagem pelo Ceará para conhecer o movimento dos jangadeiros — que se negavam a entregar escravizados —, esticou sua viagem até capital da Paraíba e, em 25 de fevereiro de 1883, assistiu à fundação do órgão e à entrega de dez cartas de alforria.

Como se pode notar, Juliana era uma mulher solteira, empreendedora e que planejou cuidadosamente a compra de sua liberdade e a de seus parentes. Fica evidente o esforço realizado pelos pais e pela avó para livrarem da escravidão a terceira geração da família. Além do mais, é bastante claro, seguindo-se os registros, como Juliana e seus familiares buscaram aumentar vínculos de parentesco, tanto biológicos como também de afinidade e espirituais (compadres e madrinhas). Esse era o verdadeiro título de liberdade. E essa liberdade não era uma estratégia apenas individual — significava um objetivo coletivo e entre parentes.

FONTE: Solange Pereira da Rocha.

VEJA TAMBÉM: Andreza...; Augusta; Benedita Caetana, Josefa...; Damásia; Delfina e Faustina; Francisco José do Nascimento; Joaquina Benguela; Rosalina; Salústia; Tia Simoa; Vitória da Conceição.

JULIANO MOREIRA

1872-1933 | SALVADOR, BAHIA; RIO DE JANEIRO

Juliano Moreira é com frequência chamado de "fundador da psiquiatria no Brasil". O que poucos contam é que ele era negro e africano de origem. Se não foi pioneiro no ensino oficial da disciplina no país, que teve início em 1881, com Nuno de Andrade (1851-1922) e Teixeira Brandão (1854-1921), Juliano Moreira foi ao menos o primeiro professor universitário brasileiro a incorporar a teoria psicanalítica no ensino da medicina, isso sem esquecer seu papel inovador no atendimento de pacientes manicomiais.

Ele nasceu em Salvador, numa família de baixa renda. Era filho de Galdina Joaquina do Amaral, que trabalhava como doméstica na casa de Luís Adriano Alves de Lima Gordilho (1830-92), o barão de Itapuã, médico e professor da Faculdade de Medicina da Bahia. Após a morte prematura da mãe, quando Juliano tinha apenas treze anos, o rapaz foi reconhecido como filho pelo português Manuel do Carmo Moreira Jr., inspetor de iluminação pública. Com os estudos custeados pelo barão de Itapuã, seu padrinho, teve uma boa formação escolar e ainda muito jovem, em 1886, pôde ingressar no curso de medicina.

Formado em 1891, aos dezenove anos, Juliano apresentou a tese *Etiologia da sífilis maligna precoce*. Seu desejo era ser professor como o padrinho, e em 1896 realizou o concurso para lente substituto da cadeira de moléstias nervosas e mentais. Foi aprovado em primeiro lugar, apresentando a tese sobre *Discinesias arsenicais*, com a qual obteve nota máxima. Nessa época também atuava como um dos redatores da *Gazeta Medica da Bahia*. A revista era uma publicação da Faculdade de Medicina da Bahia, conhecida então como Escola de Medicina Tropical, vinculada à figura de Nina Rodrigues (1862-1906), que defendera teses na área do darwinismo racial e estudava criminologia e alienação como sinais da "degeneração" das "raças mestiças" no Brasil.

Mas a carreira de Juliano Moreira seguiria outro caminho, afastando-se das máximas de Nina Rodrigues. Tanto que defendeu a ideia de que a origem das doenças mentais se devia a fatores físicos e situacionais, como a falta de higiene e de acesso à educação, contrariando o pensamento racista ainda em voga no meio acadêmico.

Visando se aperfeiçoar na área, de 1895 a 1902, o jovem realizou uma série de cursos e estágios sobre doença mental na Europa. Conheceu asilos na Alemanha, Inglaterra, França, Itália e Escócia. Juliano Moreira padecia de tuberculose e provavelmente sofria com as associações que na Escola da Bahia se realizavam entre mestiçagem e essa doença. No entanto, como suas crises pioraram, aproveitou para consultar especialistas e clínicas nesses países. Optou, porém, em se internar num sanatório na cidade do Cairo, onde conheceu Augusta Peick (?-1950), uma enfermeira alemã. Os dois se casaram no começo da década de 1910 e chegaram juntos ao Brasil.

Eleito presidente honorário do IV Congresso Internacional de Assistência a Alienados, Juliano passou a representar o Brasil em congressos internacionais realizados em todas as grandes capitais europeias.

No Brasil continuava atuando como médico na Faculdade de Medicina da Bahia. Em 1903, entretanto, mudou-se para o Rio de Janeiro e dirigiu o Hospital Nacional de Alienados. Foi por lá, no ano de 1919, que conheceu o escritor negro Lima Barreto (1881-1922) e lhe deu papel e lápis para que escrevesse seu *Diário do Hospício*, que serviria de base para o romance inconcluso *O cemitério dos vivos*.

Como diretor do Hospital Nacional de Alienados (1903-30), Juliano Moreira humanizou o tratamento dos pacientes: dividiu-os por sexo e idade e não permitiu o encarceramento dos doentes internados. Também mudou a rotina do hospital, criando atrativos para os doentes que estavam lá de passagem, como é o caso dos muitos pacientes internados por conta de excesso de álcool. Alterou, igualmente, a estrutura física do manicômio, criando laboratórios e melhoramentos no atendimento dos internados. Em 1906 adotou a técnica de punção lombar e do exame cefalorraquidiano, necessários para a melhoria no diagnóstico neurológico. O paciente João Cândido (1880-1969), líder da Revolta da Chibata (1910), chegou ao manicômio em 18 de abril de 1911. Ele cumpria pena no presídio da ilha das

Cobras e fora transferido para o Hospital dos Alienados por ter sido considerado "doente mental", numa medida arbitrária por parte do governo do estado. Vinha alquebrado, vítima de maus-tratos, e o diretor lhe deu um tratamento mais digno.

Juliano Moreira também realizou pesquisas na área de dermatologia, buscando comprovar como a questão racial não motivava doenças da pele. Esse era mais um preconceito da medicina praticada no Brasil. Foi membro da diretoria da Academia Brasileira de Ciências entre 1917 e 1929, e seu presidente no último triênio. Criou o Manicômio Judiciário, em 1921, e integrou diversas sociedades médicas internacionais.

Com o golpe de Getúlio Vargas, em novembro de 1930, Juliano Moreira foi destituído da direção do Hospital Nacional de Alienados, local em que também residia. Passou a morar, então, num hotel em Santa Teresa, mas manteve seus horários fixos de visita, atendendo pacientes particulares no Sanatório Botafogo. No entanto, a essa altura, a tuberculose, que andava dormente, voltou a avançar. Seu médico, Miguel Couto (1865-1934), decidiu enviá-lo para o sanatório de Correias, localizado na serra de Petrópolis, mas era tarde: Juliano faleceu em 2 de maio de 1933 naquele mesmo local.

Juliano Moreira revolucionou concepções e métodos da psiquiatria no Brasil, humanizando-os também. Além disso, foi memorável seu combate ao racismo científico e ao darwinismo racial, que faziam muito estrago em sua área, associando loucura a mestiçagem degenerativa. Para o médico não existiria correlação possível entre cor da pele e "alienação", como eram chamadas, com altas doses de preconceito, as doenças mentais no país.

FONTES: Ana Maria Galdini; E. F. Santana Jr.; Ede C. Bispo Cerqueira; Ester Aida Gelman; Geledés; Iara Nancy A. Rios; L. L. Casais e Silva; Museu Afro Brasil; Museu da Vida/ Casa de Oswaldo Cruz; Othon Bastos; Paulo Dalgalarrondo; Raimundo Oda; Raquel Pinheiro dos Santos; Ronaldo Ribeiro Jacobinal; T. K. Brazil; Walmor J. Piccinini.

VEJA TAMBÉM: Arthur Bispo do Rosário; Arthur Timótheo da Costa...; João Cândido; João Henriques de Lima Barreto; Lima Barreto; Luís Anselmo da Fonseca.

JUSTINA MARIA DO ESPÍRITO SANTO

?-1885 | ÁFRICA OCIDENTAL; CAMPOS DOS GOYTACAZES E RIO DE JANEIRO

Justina Maria do Espírito Santo chegou pequena ao Brasil; nascera na costa ocidental da África e fora comprada aos treze anos pela proprietária de terras Emerenciana Ribeiro do Espírito Santo. Esta, por sua vez, a presenteou ao cônego João Carlos Monteiro (1799-1876), de Campos dos Goytacazes, na província do Rio de Janeiro, terra de grandes propriedades cafeeiras. Filho de família da nobreza local, formado pela Universidade de Coimbra, era senhor de terras, político, maçom, grande orador sacro e contava na época 54 anos. Justina, então ainda bem jovem, passou a viver na casa do cônego, que era vigário da cidade, e a se relacionar afetivamente com ele. Tiveram um filho, nascido em 9 de outubro de 1853, chamado José.

Nos assentamentos de batismo ele aparece, entretanto, como exposto —

ou seja, filho de pais desconhecidos. Posteriormente, uma anotação à margem alteraria sua condição: "José, nascido aos nove do mês passado, filho natural de Justina Maria do Espírito Santo". O menino foi educado numa fazenda das proximidades, pertencente ao religioso. Não há como ter certeza, mas Justina talvez fosse uma negra forra, porque José do Patrocínio, nos registros, não era descrito como escravizado. Como ele nascera antes da Lei do Ventre Livre, caso sua mãe fosse cativa, esse também seria seu destino. Sendo assim, ou Justina era escravizada do cônego João Carlos, e este alforriou seu filho, ou ela era livre. De toda maneira, ela conseguiu registrar Patrocínio, mesmo sem o reconhecimento paterno.

Anos depois, já doente, Justina foi levada por José do Patrocínio para o Rio de Janeiro, onde faleceu em razão de um câncer. Por ser mãe de um dos intelectuais e políticos mais conhecidos do Império, seu sepultamento no cemitério São Francisco Xavier transformou-se em acontecimento de grande importância, contando com a presença de políticos como Prudente de Morais (1841-1902), Rui Barbosa (1849-1923), Campos Sales (1841-1913), Rodolfo Dantas (1855-1901) e outros membros da Confederação Abolicionista.

FONTES: Érico Vital Brazil; Eridan Passos; Robert Conrad; Schuma Schumaher.

VEJA TAMBÉM: José do Patrocínio.

LAUDELINA DE CAMPOS MELLO

1904-91 | POÇOS DE CALDAS, MINAS GERAIS; SANTOS E CAMPINAS, SÃO PAULO

Laudelina nasceu em Poços de Caldas, Minas Gerais, no ano de 1904, chegando a conhecer avós e tios que tinham sido escravizados. Seus pais viveram nos anos da escravidão, mas não foram cativos. Eles nasceram no pós-1871, data da Lei do Ventre Livre, sendo considerados "ingênuos" — diferente de pessoas livres, que quando batizadas eram chamadas de "inocentes". Sua mãe, Sidônia, nascida em 1884, além de empregada doméstica, trabalhava como doceira, fazendo e vendendo doces na cidade. Já seu pai, Marco Aurélio, nasceu em 1879. Quando foi decretado o fim da escravidão, ele tinha nove anos. Desde cedo, trabalhava na roça. Sidônia e Marco Aurélio se casaram em 1901, sendo Laudelina sua primeira filha.

As imagens da escravidão e da pós-emancipação sempre estiveram presentes nas memórias de Laudelina. Ela nunca se esqueceu do fato de que sua avó tinha sido uma mucama escravizada, assim como sua mãe, que mesmo nascida livre trabalhava como doméstica desde a infância. Laudelina contou ter visto sua mãe sendo castigada com um chicote pelos patrões ainda em 1914.

Em 1916, tornou-se órfã de pai, que morreu num acidente trágico quando trabalhava com seus filhos na roça, cortando lenha. Para ajudar no sustento da família, Laudelina se viu obrigada a abandonar a escola primária e começou a trabalhar como doméstica. Assim, ajudou a cuidar dos cinco irmãos, além de prestar auxílio à mãe no preparo dos doces que ela vendia.

Ainda jovem, Laudelina começou a se envolver em atividades sociais no interior de Minas Gerais. Consta que foi fundadora, e mais tarde presidente, do Clube 13 de Maio, que reuniu a juventude negra em Poços de Caldas.

Por volta de 1922, Laudelina se casou com Geremias Henrique Campos Mello e migrou para o litoral de São Paulo. Com apenas dezoito anos, foi morar em Santos, onde conheceu a explosão do associativismo negro e de sua imprensa nos anos 1920, além da formação da Frente Negra Brasileira, na década de 1930.

Depois de se aproximar de associações e da mobilização política, Laudelina começou a organizar mulheres negras domésticas, tendo papel importante ao denunciar o preconceito na contratação desse tipo de empregada — afinal, os anúncios impressos nos jornais, até meados do século XX, mencionavam abertamente a preferência por brancas. Foi também nessa época que ela se filiou ao Partido Comunista do Brasil (PCB).

Laudelina mais tarde migrou para Campinas, onde continuaria com sua atuação política, juntando-se a várias associações negras. Em meados da década de 1940, tomou conhecimento da criação do Teatro Experimental do Negro (TEN) tanto no Rio de Janeiro, por Abdias do Nascimento (1914-2011), quanto em São Paulo, por iniciativa de Geraldo Campos de Oliveira (1900-89).

O estudo de Elisabete Aparecida Pinto destaca como Laudelina foi uma voz pioneira na luta pela legislação e por condições de trabalho no serviço doméstico. Em 1961, ela criou a Associação Profissional Beneficente das Empregadas Domésticas, iniciativa que viria ao encontro de várias outras, espalhadas por diversas cidades brasileiras. A entidade comandada por Laudelina sofreu reveses no período da ditadura militar (1964-85). Mas, na década de 1980, ela voltou à ativa, e em 1988 sua associação foi transformada num sindicato.

O legado de Laudelina tem sido resgatado com a fundação da ONG Casa Laudelina de Campos Mello, em 1989. Ela faleceu em 1991, aos 86 anos, em Campinas. Em 2015, foi lançado um documentário sobre sua trajetória, *Laudelina: Lutas e conquistas*, com apoio do Museu da Cidade e do Museu da Imagem e do Som (MIS).

FONTES: **Amauri Terto; Eduardo de Oliveira; Elisabete Aparecida Pinto.**

VEJA TAMBÉM: **Abdias do Nascimento; Arinda Serafim...; Carolina Maria de Jesus; Dorothea Maria do Espírito Santo...; Elza de Souza...; Maria Nascimento.**

LAURA SANTOS

1919-81 | CURITIBA, PARANÁ

Laura Santos nasceu em 1919 e se dedicou a escrever versos desde bem jovem: já em 1938, seu nome aparece na *Antologia paranaense*, editada por Rodrigo Jr. (1887-1964) e Alcebíades Plaisant (1851-1947). Era praticamente a única poeta negra nessa coletânea.

Seu primeiro volume de poesias, terminado em 1953, recebeu o significativo título de *Sangue tropical*. No mesmo ano, finalizou *Poemas da noite* e *Desejo*, mas ambas as obras permaneceram inéditas. Em 1959, publicou finalmente uma primeira coletânea, *Um século de poesia: Poetisas do Paraná*, editada pelo Centro Paranaense Feminino de Cultura.

Negra e de família humilde, Laura formou-se na Escola Normal e viveu da profissão de professora. Cursou também enfermagem, pois pretendia se alistar na Cruz Vermelha e participar da Força Expedicionária Brasileira durante a Segunda Guerra Mundial (1939-45). Ganhou o primeiro lugar num concurso promovido pela Base Aérea, com um ensaio intitulado "História da evolução da aviação". Nesse meio-tempo, publicou artigos em diferentes periódicos e revistas literárias paranaenses e foi sócia fundadora da Academia de Letras José de Alencar.

Apenas em 1990, sua obra seria resgatada por Helena Kolody (1912-2004), que publicou *Poemas: Laura Santos*, obra que reúne seus três livros. Segundo Helena, Laura evidenciava em sua poesia o lugar do erotismo, talvez em reação à exotização dos corpos, em especial das mulheres negras, exercida pela sociedade branca. Não era uma ativista, mas, em meio a um ambiente racista, patriarcal, e com pretensões europeias, inovou ao realizar uma poesia feminina e feminista como forma de resistência.

FONTE: **Henrique Marques Samyn.**

VEJA TAMBÉM: **Antonieta de Barros; Ironides Rodrigues; Lino Guedes; Oliveira Silveira; Tula Pilar.**

LÉLIA GONZALEZ

1935-94 | MINAS GERAIS; RIO DE JANEIRO

Lélia Gonzalez nasceu em Belo Horizonte em 1935, filha de Acácio Joaquim de Almeida, ferroviário, e Urcinda Serafina Almeida, empregada doméstica. A família se transferiu para o Rio de Janeiro quando Lélia tinha sete anos, instalando-se na favela do Pinto, no Leblon, bem perto do Clube de Regatas do Flamengo, onde seu irmão, Jaime de Almeida (1920-73), seria jogador de futebol e depois técnico. Mais tarde, eles foram morar no subúrbio de Ricardo de Albuquerque.

Em sua formação escolar, Lélia passou pelo Colégio Estadual Orsina da Fonseca e depois pelo prestigiado Colégio Pedro II, na sua sede principal, no centro do Rio. Posteriormente, investiu numa formação acadêmica humanista, fazendo graduação em história, geografia e também filosofia na UEG (antiga Universidade do Estado da Guanabara e atual Universidade do Estado do Rio de Janeiro). Iniciou os estudos de pós-graduação atuando como docente no Instituto de Educação, no Colégio de Aplicação (UERJ), na Universidade Gama Filho e no IFCS (Instituto de Filosofia e Ciências Sociais) da UFRJ. Mas sua participação acadêmica mais destacada foi como professora na PUC-RJ (Pontifícia Universidade Católica do Rio de Janeiro), chegando a chefiar o Departamento de Sociologia.

Depois de seu matrimônio com Luís Carlos Gonzalez (?-1965) — quando tinha 28 anos —, assumiu o sobrenome Gonzalez. O casamento duraria apenas de 1964 a 1965, mas Lélia conservou o sobrenome do ex-marido. Já nos anos 1970, manteve uma intensa participação nos debates políticos e públicos sobre gênero, lutas feministas e organizações antirracistas. Filiou-se a várias organizações negras, como IPCN (Instituto de Pesquisas das Culturas Negras), MNUCDR (Movimento Negro Unificado contra a Discriminação Racial) e Coletivo de Mulheres Negras N'Zinga, entre outras. Atuaria também em partidos políticos, sendo candidata a deputada federal (pelo PT, em 1982) e deputada estadual (pelo PDT, em 1986), ficando como suplente. Sua presença foi fundamental na ampliação dos debates sobre a questão racial no período da redemocratização.

Entre seus vários textos, destacam-se "Racismo e sexismo na cultura brasileira" (1983) e "A categoria político-cultural de amefricanidade" (1988). Com Carlos Hasenbalg (1942-2014) — sociólogo argentino, estudioso das desigualdades raciais no Brasil — publicou ainda *Lugar de negro* (1982).

No contexto da redemocratização, no qual ainda se debatia a existência do racismo e seu impacto real na sociedade brasileira, Lélia Gonzalez foi uma figura de maior relevância. Teve participação ativa junto ao Conselho Nacional dos Direitos da Mulher (CNDM), articulando-se ao lado de Ruth Escobar (1935-2017) e outras feministas da época. Como intelectual, conseguia conectar práxis, ações organizativas, reflexões teóricas e formação comunitária e acadêmica.

No início dos anos 1990, Lélia se transformou numa referência incontornável na organização de mulheres negras e também na formação acadêmica feminista negra. Depois da sua morte, em 1994, sua presença crítica, antirracista, não cessou de aumentar, com seus textos sendo publicados e ganhando grande alcance, e seu nome batizando uma escola pública estadual do subúrbio carioca, coletivos negros universitários, blocos afros, peças teatrais e prêmios literários.

Lélia denunciou processos de branqueamento da sociedade brasileira, sem deixar de interseccionar marcadores de gênero, raça, religião e classe. A trajetória de Lélia Gonzalez tem sido revisitada por vários estudos biográficos e reflexões sobre os seus principais escritos, destacando-se os nomes de Alex Ratts, Elizabeth do Espírito Santo Viana, Flavia Rios, Márcia Lima e Raquel de Andrade Barreto.

Em 1982, escreveu: "Estamos cansados de saber que nem na escola nem nos livros onde mandam a gente estudar se fala da efetiva contribuição das classes populares, da mulher, do negro e do índio na nossa formação histórica e cultural. Na verdade, o que se faz é folclorizar todos eles. E o que é que fica? A impressão de que só os homens, os homens brancos, social e economicamente privilegiados, foram os únicos a construir este país. A essa mentira tripla se dá o nome de: sexismo, racismo e elitismo".

FONTES: **Alex Ratts; Elizabeth do Espírito Santo Viana; Flavia Rios; Márcia Lima; Raquel de Andrade Barreto.**

VEJA TAMBÉM: **Beatriz Nascimento; Eduardo de Oliveira e Oliveira; Hamilton Cardoso; Iracema de Almeida; Joel Rufino dos Santos; Luiza Bairros; Neusa Santos Sousa; Theodosina Ribeiro; Thereza Santos.**

LEOPOLDINA E THOMÁZIA

SÉC. XIX | SALVADOR, BAHIA

A liberdade era um alvo em constante movimento. E assim foi considerada por inúmeros homens e mulheres negros escravizados, libertandos e quase livres. A visão mais comum, no entanto, é a de que a resistência à escravidão consistia tão somente em atos violentos, impulsivos ou desesperados. Ela esconde, porém, percepções, análises circunstanciais ou mesmo leituras das conjunturas, por parte dos escravizados, que avaliavam o melhor momento e as possibilidades de êxito, via fuga, conspirações, revoltas, envenenamentos ou ações de liberdade.

Nesse sentido, vale a pena sublinhar o caso de Leopoldina e Thomázia, duas mulheres negras escravizadas que moravam em Salvador na década de 1870 e que tentaram usar todas as armas a seu favor para descobrir brechas na legislação.

Como mostra o historiador Wilson Roberto de Mattos, em janeiro de 1875 Thomázia procurou o subdelegado da freguesia de Santana do Catu. Argumentou que Manuel Pedro Ferreira reclamava a posse e o direito de propriedade sobre ela, que se julgava livre, "dizendo ser forra por não ter sido matriculada por sua legítima senhora", d. Maria Delfina de Jesus. Thomázia sabia exatamente o que a lei declarava sobre matrícula de escravizados, direito de propriedade e impostos a serem coletados. Não estando matriculada — segundo rezava a lei de 1871 —, poderia ser considerada livre.

Essa era também a situação de Leopoldina, classificada como mulher "parda", que também procurou a polícia de Salvador, em agosto de 1874. Ela reclamava de seu ex-senhor, Manuel de Santiago, e pedia intervenção policial para que pudesse "gozar do bem que alcançou a esforços de almas generosas e santas"; no caso, a sua liberdade, paga pela Sociedade Libertadora Onze de Junho. Segundo Leopoldina, havia "espíritos mesquinhos, que só por vingança torpe e vil procuravam privá-la do bem" que era de direito dela.

Uma série de mulheres negras lutaram por brechas que a lei (e suas interpretações) poderia garantir. Paradoxalmente, procuravam a Justiça e a polícia para fazer valer os seus "direitos costumeiros", e mesmo legais, que podiam não ser reconhecidos ou até ignorados.

FONTE: Wilson Roberto de Mattos.

VEJA TAMBÉM: Agostinha; Felicidade...; Liberata; Maria.

LIBERATA

C. 1780-? | PARANAGUÁ, PARANÁ; FLORIANÓPOLIS, SANTA CATARINA

Nascida por volta de 1780 na vila de Paranaguá, no Brasil meridional, Liberata sempre seguiu o norte da liberdade. Revela a historiadora Keila Grinberg (1971-) que ela era filha de escravizados — quem sabe africanos —, pertencia a Custódio Rodrigues e apareceu classificada como "mulatinha" ao ser vendida dez anos depois, em 1790, para José Vieira Rebelo, morador na enseada das Garoupas, no Desterro. Foi provavelmente nessa época que Liberata começou a conhecer o assédio senhorial, com perseguições e abusos sexuais. Foram também tempos de muito medo, pois ela temia que sua senhora e a filha desta atentassem para esses abusos costumeiros de Vieira Rebelo, o que resultaria em castigos físicos ainda mais brutais e também na possível venda da escravizada.

Em 1793, Liberata teve um filho com seu senhor, que prometera dar liberdade a ambos. Com o nome de José, o menino foi batizado e reconhecido na freguesia de São Miguel. Mas Liberata seria alvo de outra perseguição: a de sua senhora. Para piorar a situação, ela engravidaria novamente.

Liberata tinha, entretanto, planos familiares próprios. Resolveu se casar com o pardo José e também ofereceu dinheiro para comprar sua liberdade. Seu senhor, quem sabe motivado por ciúmes, não consentiu no casamento, nem concordou com os valores para o pagamento da alforria. Pelo contrário, estipulou a fortuna de dezesseis doblas. Na Santa Catarina colonial, ainda no ano de 1813, teriam início as batalhas judiciais de Liberata, então com 33 anos, para garantir sua liberdade.

Acusado pela escravizada de ter praticado sevícias contra ela, Vieira Rebelo — visando burlar a lei — resolveu trocar, de forma ilegal, a escravizada com o seu enteado Floriano José Marques. Mais batalhas aconteceram, e uma vitória parcial foi conquistada com a fixação de valores para o pagamento da liberdade de Liberata. Ela estava finalmente livre.

Em 1835, aos 55 anos, Liberata voltaria aos tribunais. Dessa vez, os argumentos que mencionavam antigas sevícias, maus-tratos, perseguições de sua senhora e má-fé de Vieira Rebelo foram reforçados. Agora ela tentava libertar seus dois filhos — José e Joaquina —, que estavam sendo vítimas de reescravização, sob a alegação de serem filhos de uma ex-escravizada. Além daquela troca falsa de proprietários, houve a acusação de que o tal Marques — o senhor ilegal — teria doado os filhos de Liberata ao Juízo de Órfãos antes do estabelecimento judicial da liberdade dela.

FONTE: **Keila Grinberg.**

VEJA TAMBÉM: **Agostinha; Felicidade...; Leopoldina e Thomázia; Maria, africana livre.**

LIMA BARRETO

1881-1922 | RIO DE JANEIRO

Afonso Henriques de Lima Barreto, que nasceu no 13 de maio de 1881 — sete anos antes da abolição da escravidão —, era neto de ex-escravizados pelos dois lados. Ele tomou, então, a data como premonição e afirmou que escreveria uma história da escravidão, o que, à sua maneira, acabou fazendo. Seus pais — João Henriques de Lima Barreto (1853-1922) e Amália Augusta Barreto (1862-87) — nasceram libertos. O pai era tipógrafo conhecido no Rio de Janeiro; a mãe formou-se professora e era diretora de uma escola para meninas em Laranjeiras. Foi inclusive nesse bairro que o futuro escritor passou sua primeira infância, ao lado de quatro irmãos. Ele era o mais velho de direito, pois seus pais haviam perdido um primeiro filho logo após o parto. D. Amália tinha partos complicados e contraiu tuberculose, levando a família a se mudar com frequência para bairros dos subúrbios cariocas em busca de "ar melhor". Ela morreu no fim de 1887— sem presenciar um Brasil sem escravos. Já o pai de Lima, amigo do visconde de Ouro Preto (1836-1912), foi um dos primeiros desempregados da República e, por proteção, passou a trabalhar na Colônia de Alienados da Ilha do Governador.

Com a ajuda do visconde, João Henriques pôde oferecer aos filhos uma educação de qualidade. Ele queria que o primogênito de direito (e não de fato) fosse "doutor"; no entanto, desde o início de sua vida escolar, no Liceu Popular Niteroiense, até a matrícula na Escola Politécnica do Rio, em 1897, onde era o único aluno negro, o rapaz sofreu com a discriminação e o racismo.

Lima não conseguiu se formar engenheiro. Mas seu desejo era mesmo se tornar escritor: "A Literatura a quem me dediquei e com quem me casei", dizia ele. Além do mais, seu pai daria os primeiros indícios de demência ainda quando administrava a Colônia de Alienados, tendo se aposentado em 1903 com o diagnóstico de neurastenia. A partir de então, Lima virou arrimo de família: prestou um concurso e passou a atuar como amanuense na Secretaria da Guerra, mas odiou a vida de funcionário público. Enquanto isso, reinventou-se como jornalista, colaborando em diversos periódicos e revistas. A questão do racismo era a tônica constante de seus artigos, numa época em que poucos tratavam do tema.

Em 1907, fundou a revista *Floreal*, em que apresentou os primeiros capítulos de seu romance de estreia, *Recordações do escrivão Isaías Caminha*, que seria publicado em 1909. A obra autobiográfica representa um brado de revolta contra o preconceito racial e uma implacável sátira ao jornalismo carioca. Em 1912, ele seguiu mostrando seus escritos em formato de romance-folhetim; tipo de publicação que tinha boa aceitação então e ao qual recorriam os principais escritores na época. Lançou *O Chamisco ou O querido das mulheres* e *Entra, senhórr!* — seus dois romances pornográficos, cujos originais se perderam. No fim desse ano, publicou as *Aventuras do doutor Bogóloff*, as histórias de um falso doutor russo que fazia enorme sucesso no Brasil devido à "mania" de estrangeirice que inundara o país. Nesse período Lima passou a frequentar a boemia do Rio. O problema era que, quando bebia, ficava muito agitado. E foi durante uma crise dessas, em 1914, que seu irmão o levou ao Hospital Nacional de Alienados, onde o internou. O empregado que anotou seus dados, talvez querendo agradar à família, e por saber que se tratava de um funcionário público, descreveu-o como "branco". Justamente ele, que sempre deixou clara a sua cor, a sua origem e condição social.

Escreveu, sob encomenda, o romance *Numa e a ninfa*, que foi publicado assim que Lima deixou o hospício, no jornal *A Noite*, entre março e julho de 1915. A obra trazia uma crítica forte aos políticos do país. Também publicou em folhetim seu romance mais conhecido: *Triste fim de Policarpo Quaresma*, que viraria livro em 1915 e no qual fazia uma crítica aos nacionalismos fáceis, aos patriotismos estridentes. Em 1917, ele, que se definia como anarquista, se emocionou com as greves gerais. Escreveu artigos defendendo sua literatura militante, com impacto social e contrária à "mania arcaizante" que teria invadido o Brasil.

No fim de 1918, lá estava Lima Barreto, internado no Hospital Central do Exército para se recuperar de contusões sofridas em decorrência de alucinações alcoólicas. Enviou, então, os originais de *Vida e morte de M. J. Gonzaga de Sá*, que sairia em 1919, ao editor da *Revista do Brasil*, Monteiro Lobato (1882-1948) — na opinião de Lima, esse era seu romance mais maduro e sereno.

Ainda em 1919, Lima seria novamente internado; "sequestrado", conforme sua definição. Mais abalado, ele, que era crítico das teorias deterministas raciais, reconheceu que tinha sinais de "hereditariedade": mãe tuberculosa, pai alienado (neurastênico) e anarquismo como fé. Mais combalido nessa segunda internação, foi descrito como "pardo" pelo empregado do hospital. Na ocasião, recebeu de Juliano Moreira (1872-1933), diretor do manicômio, e negro como ele, papel e lápis. Aproveitou então para escrever *Diário do Hospício* e *O cemitério dos vivos*, seu romance inacabado que tratava de Vicente Mascarenhas, o qual, a exemplo de seu criador, era negro, funcionário público, e seria internado por causa da bebida no Hospital Nacional. Teoricamente essas seriam obras distintas; mas as fronteiras se borram, e Lima escreve como se fosse Vicente Mascarenhas, em seu *Diário*, e inclui seu próprio nome em *O cemitério dos vivos*.

No fim de 1918, Lima Barreto se aposenta do funcionalismo público — depois de contar os dias e as horas passados na Secretaria da Guerra. Em 1922, terminou e datou um romance que vinha escrevendo a vida toda: *Clara dos Anjos*, sua novela mais suburbana e feminina. A obra tem muitas versões; na última, Clara, uma moça negra e cheia de sonhos, termina grávida e só. Desiludida.

Na última vez em que foi visto perambulando pelas ruas da capital, Lima cobria as celebrações do centenário da Independência, que, claro, não gostou: achou que a patriotada e o sentimento nacionalista tomaram conta dos brasileiros. Ainda em 1922, trombou com os modernistas paulistanos. Recebeu a revista *Klaxon* das mãos de Sérgio Buarque de Holanda (1902-82) e também não gostou. O nome vinha de "buzina", que lembrava automóvel, modernidade, bovarismo e estrangeirismo. O escritor bateu pesado, mas obteve, no número seguinte, uma resposta que o desautorizava como crítico literário. Esse foi, aliás, o começo de uma recepção difícil da sua obra, que a classificou como "pré-modernista" junto de autores com os quais não se identificava — entre outros, João do Rio (1881-1921) e Coelho Neto (1864-1934).

Estamos em 1º de novembro de 1922, e Lima Barreto, que sempre temeu não poder arcar com os gastos do enterro do pai, morreu um dia e meio antes dele, com a *Revue des Deux Mondes* por cima da cabeça. Ele, que em *Vida e morte de M. J. Gonzaga de Sá* anunciou "que não sabia morrer".

Lima Barreto criou personagens diferentes daqueles que o público estava habituado a encontrar nos romances de então, com religiões híbridas, várias cores devidamente descritas, bem como os costumes dos subúrbios que ressoavam um passado africano. O escritor também esticou a linha do mapa do Rio, incluindo os subúrbios.

Conforme mostram Francisco de Assis Barbosa e Lilia Schwarcz, Lima gostava de se definir "pelo contra": era contra os políticos afetados, contra a aristocracia improvisada, contra os jornalistas artificiais, contra a literatura e os literatos de "brindes de sobremesa", contra os bovarismos — a mania de gostar de tudo que vinha do estrangeiro —, e se irritava "solenemente" com Petrópolis e Botafogo. Ambiguidade fazia parte de sua prática. Se o escritor desdizia dos literatos e da Academia Brasileira de Letras, tentou entrar na instituição por três vezes; na última, desistiu. Denunciava os abusos que a sociedade cometia contra as mulheres, mas acusava o feminismo de importação fora do lugar. Defendia os hábitos populares, mas não gostava de futebol, samba e Carnaval. Detestava os funcionários públicos, mas tirava seu ganha-pão na Secretaria da Guerra. Mas ele "casou-se" mesmo com a literatura. E nessa sua literatura, autodenominada "militante" e "autobiográfica", acabou virando seus próprios personagens. Era cada um deles, todos juntos, e nenhum também.

Lima tinha pressa e mostrava urgência. Não podia prever, claro, que morreria com apenas 41 anos, de infarto. Mas é possível afirmar que foi a loucura social que o matou. Matou esse intérprete negro que dizia em seu *Diário íntimo* ser "triste não ser branco", e que "a capacidade mental dos negros é discutida *a priori* e a dos brancos, *a posteriori*". Aí está um autor que, como avaliavam os críticos, "se confessava" o tempo todo. Mas fazia muito mais do que isso. Era um sujeito de seu tempo, desses que se tornam testemunhas mas igualmente artífices do período que lhes foi dado viver. A República que viu nascer também não era aquela dos seus sonhos. Virou, nos seus termos, autoritária, racista, estrangeirada e, sobretudo, profundamente injusta.

FONTES: Beatriz Resende; Denilson Botelho; Francisco de Assis Barbosa; Lilia Moritz Schwarcz.

VEJA TAMBÉM: Amália Augusta de Lima Barreto; Arthur Bispo do Rosário; Arthur Rocha; Arthur Timótheo da Costa...; Astolfo Marques; João Cândido; João do Rio; João Henriques de Lima Barreto; Juliano Moreira; Machado de Assis; Mário de Andrade.

LINO GUEDES

1897-1951 | SOCORRO, CAMPINAS E SÃO PAULO

Lino de Pinto Guedes nasceu em Socorro, São Paulo, no dia 24 de junho de 1897. Mais comumente chamado Lino Guedes — ou pelo seu pseudônimo literário, Laly —, era filho de José Pinto Guedes e Benedita Eugênia Guedes, ambos ex-escravizados. Lino foi criado em Campinas, onde se diplomou pela Escola Normal.

Ainda jovem, iniciou na carreira de jornalista nos veículos campineiros *Diário do Povo* e *Correio Popular*. Trabalhou depois no *Jornal do Commercio*, em *O Combate*, em *A Razão*, no *Correio Paulistano* e no *Diario de São Paulo*, onde, por muitos anos, chefiou a revisão. Também tomou parte na imprensa negra, como redator-chefe de *Getulino*. Na década de 1920, dirigiu o jornal *Maligno* em 1923, e foi editor do jornal *O Progresso* em 1924. Em 1927, publicou sua obra mais conhecida, *Canto do cisne preto*. Como poeta, Lino Guedes manteve boas relações de amizade com escritores paulistanos, e mereceu comentários elogiosos de nomes como Coelho Neto (1864-1934) e João Ribeiro (1860-1934). Sobre ele, Judas Isgorogota (1901-79), seu companheiro de jornalismo, também negro, escreveu, em 1929, em *A Gazeta*: "Nenhum poeta negro das Américas jamais se igualará a Lino Guedes, neste aspecto de sua arte e de seu pensamento, calmo, simples, puro, cristão. Aqui não há revoltas nem anseios impossíveis; — há compreensão humana dos dramas humanos, sentida e propagada através de uma poesia que fala diretamente àqueles que vão encontrar nela o bálsamo salvador da simplicidade, da bondade".

Alguns poetas negros fizeram parte da imprensa negra nas primeiras décadas do século, mas Lino Guedes foi o único a fazer certa fortuna literária. Entre seus livros se destacam: *Luiz Gama e sua individualidade literária* (1924); *Black* (1926); *O canto do cisne preto* (1927); *Ressurreição negra* (1928); *Urucungo* (1936); *Negro preto cor da noite* (1936); *Sorrisos de cativeiro* (1938).

Em 1938 organizou com Abdias do Nascimento, Geraldo Campos e outros o Congresso Afro-Campineiro, em Campinas.

Falecido no dia 4 de março de 1951, Lino fez da vida dos negros e negras no Brasil o tema central de seus versos: "'Negro preto cor da noite',/ nunca te esqueças do açoite/ Que cruciou tua raça./ Em nome dela somente/ Faze com que a nossa gente/ um dia gente se faça!".

FONTES: Cléber da Silva Maciel; Eduardo de Assis Duarte; Eduardo de Oliveira; Fundação Palmares; José Correia Leite; Literafro; Mário Medeiros; Nei Lopes; Oswaldo de Camargo; Petrônio Domingues; Portal Afro; Rodrigo Miranda.

VEJA TAMBÉM: Antenor Nascentes; Ironides Rodrigues; Isaura Bruno; Pretextato dos Passos e Silva; Laura Santos; Luiz Gama; Oliveira Silveira; Tula Pilar.

LOURENÇA CORREIA DA LAPA

SÉC. XVIII | RIO DE JANEIRO

Lourença Correia da Lapa morava na cidade do Rio de Janeiro no século XVIII. Embora não conheçamos muito acerca da sua vida, sabemos que servia ao sargento-mor Antônio de Figueira e Almeida. É de supor que na casa em que viviam não houvesse muitos escravizados, como era praxe em propriedades urbanas. Ao que tudo indica, sua ligação afetiva com o militar, seu proprietário, era do conhecimento de todos na vizinhança. Era publicamente comentado, também, que a esposa de seu senhor, Isabel, costumava castigá-la severamente, além de tentar convencer o marido a casar Lourença com algum "negro da casa".

Em 1739 a escravizada, de fato, uniu-se a Pedro Benguela, que também pertencia ao sargento. No entanto, pelo que pudemos depreender de seu processo, o proprietário continuou abusando dela, e Isabel, na mesma medida, seguiu seviciando-a.

Cansada de ser maltratada, Lourença fugiu para São João de Meriti (na capitania do Rio de Janeiro), onde se casou com um escravizado, igualmente evadido, de nome Amaro. Porém, foi presa pelo Santo Ofício, em 1745, por acusação de bigamia. Procurou defender-se diante do inquisidor, argumentando que sua primeira união era falsa, uma vez que resultara da exigência e da vontade exclusivas da esposa de seu senhor. Garantiu ainda que seu "matrimônio não era verdadeiro", pois ela não tinha "dormido" com o marido. No mesmo ano de sua prisão, acabou condenada ao degredo em Angola, onde, ao que se sabe, morreu.

Desqualificar a instrução religiosa parece ter sido uma estratégia recorrente das mulheres acusadas de bigamia. Conforme mostram as pesquisas de Ronaldo Vainfas, entre outros, é possível ler arquivos da Inquisição a contrapelo e entender como essa escravizada, a exemplo de tantas outras, lutou contra os abusos cometidos tanto por seu senhor quanto por sua senhora. Por vezes, cativas como Lourença assim conquistavam a liberdade. Essas são pequenas agências, mas imensos atos de coragem e autonomia.

FONTES: Érico Vital Brazil; Ronaldo Vainfas; Schuma Schumaher.

VEJA TAMBÉM: Francisca Luiz; Francisca (Xica) Manicongo; Jerônimo Soares; Mécia; Páscoa Vieira; Rosa Egipcíaca.

LUCAS DU BISSETTE
SÉCS. XVIII-XIX **E NORMAN PERCIVAL DAVY**
1886-? | ANTILHAS; RONDÔNIA

As trajetórias de Norman Percival Davy e Lucas du Bissette recuperam experiências desconhecidas de trabalhadores negros das Antilhas que foram participar da construção da ferrovia Madeira-Mamoré, no coração da Amazônia.

Em meio aos vários cenários criados ao longo da construção dessa estrada de ferro, um verdadeiro exército proletário se constitui. Talvez como em nenhum outro momento da história do trabalho no Brasil, e como bem mostra Francisco Foot Hardman (1952-), ali se formou uma classe operária internacional considerável, juntando trabalhadores dos quatro cantos do mundo e de cerca de trinta nacionalidades diferentes. Eram mais de 21 mil operários estrangeiros. Entre 1907 e 1912 chegaram venezuelanos, noruegueses, argentinos, peruanos, gregos, equatorianos, portugueses, espanhóis, alemães, italianos, franceses, suecos, belgas, cubanos, indianos, irlandeses, chineses, russos, japoneses, chilenos, austríacos, mexicanos, turcos, norte-americanos, bolivianos, canadenses, dinamarqueses, escoceses, porto-riquenhos, panamenhos, entre outros.

Destacaram-se em número, e também por sua história singular, os trabalhadores antilhanos. Tinham como origem Jamaica, São Vicente, Granada, Trinidad ou Santa Lúcia. Porém, o maior número provinha de Barbados, e acabaram denominados "barbadianos"; tanto que, em 1909, bairros na periferia de Porto Velho levavam o nome de "Barbadoes Town".

Trabalhadores antilhanos — e também os chineses — tinham sido utilizados com sucesso no Congo, por ocasião da construção de uma estrada de ferro entre 1892 a 1898. A fama de serem resistentes a doenças tropicais não se comprovava, porém, na prática. Mas o certo é que se avalia que aproximadamente 2,2 mil antilhanos foram enviados para as obras da ferrovia. No Congo, contabilizaram-se baixas de 1,8 mil antilhanos e asiáticos. Na Madeira-Mamoré, entre os 1593 mortos registrados pelo Serviço Sanitário de 1907 a 1917 — número considerado subestimado —, cerca de duzentos eram barbadianos, ficando atrás apenas dos índices de mortalidade de espanhóis e brasileiros.

Os rigores do tempo e da floresta eram companheiros diários dos trabalhadores: malária, febres e temores de ataques indígenas estavam sempre por perto. Mesmo assim, é possível dizer que os barbadianos se adaptaram bem ao local. Ficaram conhecidas as casas de madeira, à moda caribenha, bem como as referências, na culinária local, ao sucesso de um prato típico do Caribe, o "*coo-coo*", espécie de polenta com quiabo. Os barbadianos — de maneira geral — preferiram se casar com mulheres da mesma origem. Todavia, como a base da mão de obra antilhana era masculina, apenas depois de 1911 chegaria um número maior de mulheres — invariavelmente empregadas no hospital e na lavanderia —, que constituíram novas redes de sociabilidade entre os barbadianos.

No fim da década de 1950, alguns antigos trabalhadores da ferrovia, chamados de "sobreviventes", foram entrevistados. Assim surgiu a história de Norman Percival Davy, o conhecido Mr. Davy, professor de língua e literatura inglesa, além de música. Ele chegou a Porto Velho no ano de 1911, com 25 anos. Era natural das Antilhas (da ilha de São Vicente) e viúvo, tendo se casado pela segunda vez em 1923, com uma jamaicana. Outro nome descoberto foi o de Lucas du Bissette, que morava na localidade de Abunã, ramal da ferrovia. Procedente de Granada, chegou a Porto Velho em 1910 e após quatro anos de trabalho na ferrovia, quando foi hospitalizado devido às enfermidades locais, decidiu montar uma alfaiataria.

Ainda no final dos anos 1980, existia em Rondônia a presença de pelo menos vinte famílias descendentes desses imigrantes antilhanos, destacadamente de granadinos e barbadianos, somando em Porto Velho quase trezentas pessoas. Em suas memórias, Dionísio Shockness, com 75 anos, explicava ter nascido em Granada, e que por lá existiam pessoas vindas da Jamaica, de Santa Lúcia, de Trinidad. No entanto, advertia que havia o costume de achar "que toda a pessoa de cor é barbadiano". Segundo seus relatos, os caribenhos entravam via Belém, onde existia um escritório de representação da Madeira-Mamoré. Rapidamente eram recrutados e seguiam para o trabalho na ferrovia.

Outro aspecto lembrado por muitos era que "havia muita ajuda entre os barbadianos", que formaram comunidades integradas em torno da religião anglicana, do domínio do idioma inglês (em variações linguísticas caribenhas) e do uso de nomes e sobrenomes de origem inglesa.

FONTE: Francisco Foot Hardman.

VEJA TAMBÉM: Carlota Alberta Burnett; Cléa Simões.

LUCAS EVANGELISTA

1807-49 | FEIRA DE SANTANA, BAHIA

Nascido em Feira de Santana, interior da Bahia, em 1807, Lucas Evangelista — conhecido como Lucas da Feira — ficou famoso no noticiário policial, na literatura de cordel e depois em romances entre meados e o fim do século XIX. Bandoleiro e salteador, considerado o terror do sertão baiano nas décadas de 1830 e 1840, Lucas protagonizava histórias que incluíam cativos fugidos, desertores e grupos de negros armados. Seu personagem se confundia também com as experiências dos chamados "quilombos volantes" do século XIX. Esses "quilombos volantes" seriam transformados em "comunidades volantes" — camponeses negros que migravam e se deslocavam constantemente nas primeiras décadas do século XX, numa espécie de banditismo social que originaria o chamado "cangaço".

Conforme apurou Igor Gomes Santos, os pais de Lucas eram os africanos ocidentais Maria e Inácio, de origem gbe-fon, conhecidos como jejes na Bahia. Criado com os irmãos Jabá e Pedrão na fazenda Saco do Limão, pertencente ao padre José Alves Franco, não demorou a se insurgir contra os costumeiros castigos do feitor. Aos quinze anos fez sua fuga, mas sem se afastar muito da sua região de origem, mantendo contato com as senzalas, com cativos das fazendas e taberneiros. Era acusado de bandoleiro, ladrão, agressor de mulheres e salteador de fazendas e comércios locais.

As ações e os deslocamentos de Lucas da Feira foram marcados por fome, medo e várias tentativas de captura. Ele constituiu um grupo que contava com muitos cativos fugitivos, estimulando ainda mais deserções das senzalas pelas regiões onde passava. Qualquer roubo ou morte era logo atribuído a Lucas e seu bando, aumentando, assim, sua fama de facínora e rebelde. Perseguições, cercos, fugas e saques por ele realizados viravam rapidamente narrativas mitológicas, que alcançavam várias partes do sertão baiano.

Preso em 1848, Lucas foi processado, julgado e condenado. Ele foi executado em 1849, e sua trajetória virou lenda.

FONTES: **Clóvis Moura; Igor Gomes Santos.**

VEJA TAMBÉM: **João Mulungu; Malunguinho; Manuel Congo.**

LUÍS ANSELMO DA FONSECA

1842-1929 | SALVADOR, BAHIA

Nascido em Salvador, Luís Anselmo da Fonseca teve papel fundamental nos debates e pressões políticas que resultaram na abolição da escravidão em 1888. Negro, era filho de Paulo Joaquim da Fonseca e Maria Messias da Purificação, e foi batizado na freguesia do Santíssimo Sacramento de Riachão de Jacobina em 1848.

Conhecido entre os amigos por sua personalidade sarcástica, a ele se atribui a autoria de vários ditos populares, como este: "Os baianos só se reúnem para a morte". Abolicionista, escreveu, entre outros, *A escravidão, o clero e o abolicionismo*, texto no qual tentou provar que o clero não defendeu o fim da escravatura nem lutou pela causa dos oprimidos.

Estudou para ser médico. Fez os preparatórios em Salvador e ingressou na Faculdade de Medicina da Bahia, tendo se formado no ano de 1875. Sua tese de doutorado intitulou-se *Quais as propriedades químicas, as ações fisiológicas e os efeitos terapêuticos do cloral e do clorofórmio? Em que relação se acham?*. Nessa faculdade ocupou os seguintes cargos: concorrente à Seção de Ciências Acessórias (1877-80); preparador interino de Física (1882-83); professor adjunto, por concurso, da cadeira de Higiene e História da Medicina (1883); lente de Física Médica (1891-1901); e professor de Higiene (1903), aposentando-se em 1914. Foi ainda diretor do Hospital de Febre Amarela (hoje Hospital Couto Maia) de 1880 a 1884 e membro do Conselho Sanitário do Estado, vereador do município de Salvador (1881 a 1884) e professor de psicologia, lógica e história dos métodos e sistemas filosóficos do Instituto Oficial do Ensino Secundário, depois denominado Ginásio da Bahia (1890). Era também um homem de letras muito preocupado com o uso da língua portuguesa. Nesse sentido, escreveu o *Projeto para reforma do ensino secundário, na Bahia*.

Sua *Memória histórica da Faculdade de Medicina da Bahia*, referente ao ano de 1891, foi muito elogiada pelos colegas. Fonseca era um abolicionista empedernido e um polemista notável. Sua biografia é cheia de momentos de conflito. Por exemplo, em 1891 o governo tentou impedir o exercício de cargos simultâneos, e em 1924 decretou sua aposentadoria compulsória. Em ambos os casos, o médico não concordou com as medidas e lutou por seus direitos usando do corpo de leis. Em outro episódio, datado de 1894, época em que lecionava na faculdade, Luís Anselmo foi recebido pelos estudantes em meio a vaias e assobios por conta de sua postura, considerada exigente. Mas o mestre não se abalou e manteve o comportamento de sempre.

Crítico à classe clerical, o professor e ensaísta não tolerava o silêncio que a Igreja mantinha em relação à abolição da escravidão. No já citado *A escravidão, o clero e o abolicionismo*, era francamente a favor. Resultado: o professor criticou doutrinas e teorias ligadas ao cristianismo, à filosofia e ao direito que procuravam deslegitimar o sistema escravista e poderiam auxiliar o clero a combatê-lo. Dedicou, ainda, muitas páginas para descrever o abolicionismo na Bahia, além de promover debates acerca do cenário nacional e das expectativas abertas ante a abolição no Brasil.

Segundo Fonseca, a escravidão representava um dos maiores entraves para o progresso do país. Ele era favorável ao trabalho livre e à conquista da instrução por parte dos libertos. Afirmava ser preciso "destruir no espírito dos escravos a autoridade iníqua e imoral dos senhores e desacreditar de tal modo a instituição servil e o direito senhorial que nem dos próprios escravos possa mais merecer respeito". Negros e mulatos sempre foram poucos na Faculdade de Medicina, mas são muitos os relatos de ofensas e perseguições que sofreram tanto de colegas professores como de alunos elitistas. O que não impediu, entretanto, a presença de personalidades negras como Fonseca nos bancos da universidade.

Luís Anselmo da Fonseca faleceu em 1929.

FONTES: **Isabel Almeida Santana; Jailton Lima Brito; Jucimar Cerqueira dos Santos; Luís Anselmo da Fonseca; Mayara Priscilla de Jesus dos Santos; Miguel Luiz da Conceição; Ricardo Tadeu Caires Silva; Walter Fraga Filho.**

VEJA TAMBÉM: **Joaquim Cândido Soares de Meireles; Juliano Moreira.**

LUIZ GAMA

1830-82 | SALVADOR, BAHIA; RIO DE JANEIRO; SÃO PAULO

Falecido quase seis anos antes de 13 de maio de 1888, Luiz Gama é um dos mais conhecidos abolicionistas negros brasileiros.

Nascido em 21 de junho de 1830, num sobrado da rua do Bângala, freguesia de Santana, em Salvador, Luiz Gama era supostamente filho da africana liberta e quitandeira Luiza Mahin. Passou a primeira infância num ambiente escravista, urbano, negro, tendo se valido do letramento de africanos ocidentais islamizados. Aos dez anos, foi vendido como escravizado por seu pai, que pertencia a uma das principais famílias de origem portuguesa da Bahia, para pagar suas dívidas. Não existem muitas fontes sobre a infância de Gama, e o que se conhece foi redigido por ele, que mesclou realidade com lenda, sobretudo acerca desse primeiro período de vida.

O menino foi enviado, então, para o Rio de Janeiro, onde desembarcou em 10 de novembro de 1840, no patacho *Saraiva*. Trabalhava na rua da Candelária, na casa de um português de nome Vieira, que administrava uma loja de velas e negociava sob comissão os escravizados que chegavam da Bahia para serem vendidos. Posteriormente foi revendido, num lote de "centos e tantos escravos", para Antônio Pereira Cardoso, um alferes que também atuava no comércio de pessoas. Aportou de barco em Santos e seguiu a pé até Campinas, passando por Jundiaí.

Novamente revendido, Luiz Gama chegou à cidade de São Paulo para morar num sobrado na rua do Comércio, perto da igreja da Misericórdia, onde foi lotado nos serviços domésticos — passando e engomando roupa, e aprendendo o ofício de sapateiro. Segundo suas próprias memórias, aos dezessete anos, em 1847, teve os primeiros contatos com a escrita, através da convivência com um hóspede do seu senhor, um homem que viera de Campinas. Não podemos descartar, porém, o impacto que Gama pode ter tido ao conviver em Salvador, ainda pequeno, com uma comunidade africana muçulmana, que se encontrava para ler o Alcorão e escrever suas preces (suras).

Em 1847, Gama fugiu e conseguiu provar que era livre alegando ser filho de uma africana livre ou liberta, ou que fora vendido ilegalmente como escravizado por seu próprio pai. Em 1848, já liberto e com quase dezoito anos, ingressou na Força Pública de São Paulo — na época chamada Guarda Municipal Permanente —, onde ficou alistado por seis anos.

Durante esse período como militar — em que chegou a ocupar o posto de cabo de esquadra —, Gama passou a pôr em prática seus conhecimentos de escrita. Virou copista do escrivão Benedito Antônio Coelho Neto (1826-?) e trabalhou no gabinete do delegado de polícia, o conselheiro Francisco de Sousa Furtado de Mendonça (1812-90). Ao deixar a Guarda Municipal, era não só um homem negro livre, um liberto, mas também um letrado. Foi então reconhecido como escrivão e nomeado amanuense da Secretaria de Polícia, tornando-se um funcionário público especializado na máquina administrativa, muito bem relacionado.

Em meados da década de 1850, Luiz Gama já tinha uma posição consolidada na burocracia governamental e começava a escrever poesias. Mas sua única obra literária — *Primeiras trovas burlescas de Getulino* — só apareceria em 1859. Em 1861, publicou uma segunda edição, corrigida e aumentada, que trazia ainda treze poemas de José Bonifácio de Andrada e Silva (1827-86), o Moço.

A partir de então, deu início a uma longa e exitosa trajetória no jornalismo paulistano, publicando artigos de natureza política, partidária e jurídica. Chegou a dirigir e redigir o jornal satírico *Diabo Coxo* — que circulou de outubro de 1864 a novembro de 1865 e o tornou, segundo alguns estudiosos, o introdutor da imprensa humorística em São Paulo. Gama atuou também com o pseudônimo de "Barrabás", no jornal *Cabrião*, periódico de Américo de Campos (1835-1900) e Antônio Manuel dos Reis (1840-89), que se manteve em atividade entre outubro de 1866 e outubro de 1867. Junto com o republicano Pompílio de Albuquerque

(?-1878), editou o jornal *Polichinello*, publicado entre abril e dezembro de 1876.

Seguindo a tradição dos textos literários da época, Gama se valia de pseudônimos, sendo Getulino o mais conhecido deles, e explorava ainda símbolos e figuras mitológicas, como no caso da ideia do "Orfeu de Carapinha" — retirado da mitologia grega, Orfeu representava aquele que buscava em seu passado aquilo que foi perdido. Fluente nos códigos literários da época, dos quais fazia uso político, Gama introduzia epígrafes para apresentar seus versos, bem como expressões e títulos de outros poetas satíricos como os de Xavier de Novais (1820-69), Gregório de Matos (1636-96), Camões (1524-80) e outros. A imagem da África, romantizada a partir de símbolos e expressões — como marimba, carapinha, cabaço, musa da Guiné, urucungo e outros —, também foi mobilizada para sugerir as afirmações identitárias de Luiz Gama.

Após a publicação de seu livro, tornou-se um tribuno conhecido em discursos e conferências públicas. Frequentava o Clube Radical de São Paulo e mantinha relações políticas intensas com os setores do Partido Liberal antes de sua cisão. Era muito próximo dos primeiros republicanos paulistas, fazendo parte do grupo dos Liberais Dissidentes que fundariam o Partido Republicano (o PRP) em São Paulo. Criou laços também com a maçonaria paulista, participando da Loja América. Como mostra Ligia Fonseca Ferreira, grande especialista no personagem, em 1869 Gama e Olímpio da Paixão abrem uma escola gratuita para crianças, vinculada a essa loja maçônica, e um curso primário noturno para adultos, ambos na rua Vinte e Cinco de Março.

As perspectivas políticas dos grupos com que Luiz Gama se envolveu eram variadas. Além do fim da escravidão, defendiam a descentralização da administração imperial, o ensino livre, a abolição da Guarda Nacional, as eleições diretas, o Senado temporário e eletivo, a extinção do Poder Moderador. O rábula teve vários embates históricos com aliados, mas estava presente na casa de Américo Brasiliense (1833-96), em janeiro de 1872, na reunião que selou a formação do futuro PRP. Por outro lado, não compareceu à I Convenção Republicana, em abril de 1873 — segundo estudiosos, desconfiava da participação dos fazendeiros.

Há referências escassas sobre a vida familiar de Luiz Gama. Sua esposa, uma mulher negra, chamava-se Claudina Fortunato Sampaio, e tinham um filho, Benedito Graco Pinto da Gama (1859-?). Pouco sabemos sobre Claudina, embora Sud Mennucci ofereça um desenho, destacando seu "rosto tipicamente africano".

Em 1869, por conta das inimizades e desavenças políticas, foi demitido do cargo de amanuense da Secretaria de Polícia. Solicitou autorização ao Juízo Municipal para atuar como advogado provisionado interino. Posteriormente recebeu a provisão definitiva e, mesmo sem ter se formado — apenas frequentou aulas em academias ou faculdades de direito —, passou a atuar nos tribunais de São Paulo a favor da liberdade dos escravizados. Não muito tempo depois, ainda na década de 1870, já apareciam anúncios na imprensa paulista com seu nome e atividade. A trajetória exitosa de Luiz Gama nos tribunais sugere que suas habilidades jurídicas podem ter sido aprimoradas quando trabalhava como escrivão do delegado conselheiro Furtado de Mendonça, entre 1855 e 1858. Outra fonte para a sua formação na área foi a participação em julgamentos; como funcionário público, era requisitado frequentemente para compor o quadro de jurados no Tribunal do Júri.

No mundo da política, Luiz Gama acumulava tanto amigos quanto inimigos. Sofreu ataques diretos e indiretos, nos quais sem dúvida a questão racial estava presente. Sua demissão do funcionalismo público gerou muita repercussão. Como advogado da causa dos escravizados, sofreu ameaças de morte, principalmente no interior de São Paulo. Não poucas vezes foi acusado de manipular a legislação, acoitar escravos e promover fugas e rebeliões. Com a projeção conseguida nos tribunais, veio a atuação como figura pública na imprensa, com alguns de seus artigos, argumentos e pareceres jurídicos sendo publicados no *Correio Paulistano* e em *A Provincia de São Paulo*. Por seu uso da retórica, tanto nas cortes quanto nos textos, tornou-se muito conhecido pelos estudantes da Faculdade de Direito de São Paulo.

Uma das especialidades jurídicas de Luiz Gama eram os litígios envolvendo a lei de 7 de novembro de 1831, que declarava "livres" todos os africanos desembarcados ilegalmente a partir daquela data. Com a promulgação da chamada Lei do Ventre Livre, em 28 de setembro de 1871, sua atuação jurídica se tornou ainda mais ativa.

Luiz Gama morreu em 1882 por conta de complicações relacionadas a diabetes que contraíra. Tinha 52 anos. Sua morte repercutiu muito na imprensa e em associações abolicionistas. Em 1883, foi realizada a primeira marcha cívica ao túmulo de Luiz Gama, no cemitério da Consolação. Tais passeatas e atos públicos aconteceriam até a década de 1930, acompanhadas por políticos e associações negras. Luiz Gama foi o grande advogado negro dos escravizados.

FONTES: Ana Flávia Magalhães Pinto; Elciene Azevedo; Julio Romão da Silva; Ligia Fonseca Ferreira; Sud Mennucci.

VEJA TAMBÉM: André Rebouças; Arlindo Veiga dos Santos; Claudina Fortunato Sampaio; Ironides Rodrigues; José do Patrocínio; José Ferreira de Menezes; Lino Guedes; Luiza Mahin; Machado de Assis; Manuel Vicente Alves Palmeira; Maria; Oliveira Silveira; Quintino de Lacerda; Tobias Barreto; Sidney Amaral.

LUIZA

C. 1840-? | ÁFRICA; RIO DE JANEIRO

Mulheres escravizadas — africanas ou nascidas no Brasil — raramente eram acompanhadas em seus partos por médicos ou tinham filhos em hospitais. Visto por esse ângulo, o exemplo de Luiza é muito excepcional. Ela não só recebeu atendimento médico, sendo cuidada por Luís da Cunha Feijó (1817-81) numa casa de saúde, como seu caso foi relatado no periódico médico *O Progresso Medico*, em 1876.

Conforme explica a historiadora Lorena Féres da Silva Telles, Luiza era uma africana de quarenta anos que desempenhava o ofício de doméstica. Tinha nascido por volta de 1836 e entrado no Brasil em 1844, durante o tráfico ilegal. Devido a "sangramentos uterinos", fora parar "na clínica de partos e moléstias de mulheres" que funcionava na Casa de Saúde de Nossa Senhora da Ajuda, localizada na parte central da Corte imperial.

Na descrição do atendimento, o médico Luís da Cunha Feijó relatou que Luiza, "chegando ao Brasil com a idade de oito anos, foi recolhida a uma casa particular". Interessante pensar num médico fazendo perguntas e dialogando com a africana Luiza, além de realizar os exames ginecológicos. Segundo Feijó, somente com dezesseis anos Luiza "começara a ter relações sexuais", sendo que a "menstruação, que lhe apareceu pela primeira vez na idade de quinze anos, foi sempre muito regular". Finalizava afirmando que Luiza tivera cinco filhos, o primeiro aos dezessete anos e o último aos 28, e que ela "nunca abortou e deu à luz sempre crianças a termo, sendo seus partos normais", não tendo "antecedentes sifilíticos".

Segundo informações colhidas com a própria Luiza, num período de onze anos ela teria realizado cinco partos, mas não se sabe se todos os seus filhos estavam vivos. Provavelmente não, devido aos altos índices de mortalidade infantil entre as mulheres negras, sobretudo as escravizadas, no Brasil daquele contexto.

Ao ter seu atendimento relatado numa publicação científica, Luiza acabou se transformando numa personagem, por conta da conversa que entabulou com um cientista, atento aos saberes de escravizadas, africanas ou nascidas no Brasil. Cunha Feijó era um reconhecido "médico-parteiro", atuando no atendimento de mulheres cativas desde 1840. Consta que, entre as décadas de 1850 e 1860, ocupou a cadeira de Partos, Moléstias de Mulheres Pejadas e Meninos Recém-Nascidos, além de escrever textos sobre o tema em periódicos médicos.

O caso de Luiza — com nome, idade e enfermidades identificadas — foi um exemplo de trocas culturais entre médicos e africanas.

FONTE: **Lorena Féres da Silva Telles.**

VEJA TAMBÉM: **Felicidade e Inácia.**

LUIZA BAIRROS

1953-2016 | PORTO ALEGRE, RIO GRANDE DO SUL; SALVADOR, BAHIA

Nascida em Porto Alegre, em 1953, Luiza Helena de Bairros era oriunda de família humilde — mãe dona de casa e pai militar —, tendo sido criada nas proximidades do bairro negro, Colônia Africana, em Porto Alegre. Ela estudou em escolas públicas e fez graduação em Administração Pública e de Empresas pela Universidade Federal do Rio Grande do Sul (UFRGS). Já em meados de 1975 começou a participar do movimento estudantil, integrando o Diretório Acadêmico da Faculdade de Ciências Econômicas da UFRGS, e das mobilizações da União Nacional dos Estudantes (UNE) em suas tentativas de rearticulação em vários estados.

No ano de 1979 se instala em Salvador, Bahia, num contexto de efervescência política pela redemocratização e de mobilização de uma juventude negra baiana. Participou do Movimento Negro Unificado (MNU) e, em 1981, ajudou a criar o Grupo de Mulheres do MNU da Bahia.

Em 1982 montou a peça teatral *Iyá ou Anônimas guerreiras brasileiras*, na qual atuou como atriz. Fez parte de outras encenações com função pedagógica que apresentavam reflexões sobre as mulheres negras e seu papel histórico no mercado de trabalho na afetividade e na autoestima. Também denunciou a exploração sexual. Em 1991 Luiza Bairros foi eleita a primeira coordenadora nacional do MNU, numa gestão que pautaria, mais sistematicamente, os debates sobre as mulheres negras. Não por acaso, no ano seguinte foi realizado no Recife o I Encontro Nacional de Mulheres Negras do MNU.

Luiza permaneceria filiada ao MNU até 1994, quando já se destacava como uma das principais lideranças nacionais. Trabalhando, então, na Secretaria do Trabalho e Ação Social do Estado da Bahia, ajudando na formulação e acompanhamento de programas de apoio aos trabalhadores autônomos e no levantamento de dados para compor a plataforma do Sistema Nacional de Emprego da Superintendência do Trabalho na Bahia, entra em contato com uma base de dados originais que seria utilizada para a confecção de sua dissertação de mestrado em Ciências Sociais, na Universidade Federal da Bahia (UFBA). Nessa ocasião, elaborou estudo sobre mercado de trabalho e segregação racial intitulado "Pecados no 'paraíso racial': O negro na força de trabalho da Bahia, 1950-1980" (1987).

Em 1986 — ano das eleições para as Assembleias Constituintes no âmbito federal —, entra na vida pública e partidária como candidata a deputada estadual pelo Partido dos Trabalhadores, reforçando assim os nomes de políticos negros apoiados pelo então Comitê Popular de Luta pela Constituinte na Bahia. Contando já com uma sólida formação acadêmica, Luiza Bairros inicia um doutorado em Sociologia na Michigan State University, em 1994. De volta ao Brasil em 1998, atua no Centro de Estudos e Pesquisas em Humanidades (CRH) da UFBA, a partir do qual articula seminários nacionais e internacionais em Salvador, retomando a publicação de artigos e capítulos de livros sobre sexismo, mercado de trabalho, gênero, história das organizações negras e racismo institucional.

Em 2001 será uma das representantes na Conferência de Durban, África do Sul, que reuniu quase duas centenas de países para discutir o racismo, a xenofobia e outras formas de intolerância. Em 2001 entra no Programa das Nações Unidas para o Desenvolvimento (PNUD), integrando os grupos de trabalho que formularam programas de combate à discriminação, ao racismo e à intolerância, inclusive o Grupo Temático da ONU sobre Gênero, Raça e Etnia. Entre 2003 e 2007, Luiza foi consultora de órgãos internacionais, entre eles o Ministério do Governo Britânico para o Desenvolvimento Internacional (DFID), bem como do Programa de Combate ao Racismo Institucional (PCRI) nas prefeituras de Recife e Salvador e do Ministério Público do Estado de Pernambuco. Em 2008 assumiu a Secretaria de Promoção da Igualdade Racial, do governo da Bahia, e teve participação decisiva nos debates e projetos iniciais que implementariam o Programa de Combate ao Racismo Institucional para os estados da Bahia e Pernambuco. Entre 2011 e 2014 ocupou o posto de secretária de Políticas de Promoção da Igualdade Racial — órgão com status de ministério —, tendo papel fundamental na criação do Sistema

Nacional de Promoção da Igualdade Racial (Sinapir). Sua vasta atuação seria reconhecida, entre outras homenagens, com a medalha Zumbi dos Palmares (2011), concedida pela Câmara Municipal de Salvador; o título de Cidadã Baiana (2013), dado pela Assembleia Legislativa da Bahia; e o diploma Bertha Lutz (2016), oferecido pelo Senado Federal às pessoas e entidades que se destacaram nas lutas pelos direitos das mulheres. Quando tinha 63 anos, em julho de 2016, Luiza Bairros faleceu em Porto Alegre, onde se tratava de um câncer de pulmão.

Pesquisas sobre Luiza e a organização do seu acervo têm sido realizadas por Edson Cardoso (1949-), que assim vai mantendo viva a memória dessa grande protagonista do ativismo negro.

FONTES: **Ana Flávia Magalhães Pinto; Edson Cardoso; Felipe da Silva Freitas; Luiza Helena de Bairros; Silvana Santos Bispo.**

VEJA TAMBÉM: **Beatriz Nascimento; Eduardo de Oliveira; Eduardo de Oliveira e Oliveira; Hamilton Cardoso; Iracema de Almeida; Joel Rufino dos Santos; Lélia Gonzalez; Neusa Santos Sousa; Theodosina Ribeiro.**

LUIZA MAHIN

SÉC. XIX | ÁFRICA OCIDENTAL; SALVADOR, BAHIA; RIO DE JANEIRO

Em 2019, foi sancionada a lei nº 13816, que reconheceu Luiza Mahin como heroína, devendo seu nome ser incluído no *Livro dos heróis e heroínas da pátria*. No entanto, e infelizmente, o que se sabe de fato sobre essa africana que viveu nas cidades de Salvador e depois do Rio de Janeiro ainda é muito pouco.

Luiz Gama (1830-82) anotou em suas cartas o nome de sua mãe: a liberta africana Luiza Mahin. Segundo Gama, ela teria sido perseguida depois dos levantes africanos — especialmente a Revolta dos Malês, de 1835. A referência faz muito sentido, pois Gama nasceu em Salvador no ano de 1830 e de lá só saiu em 1840. Até os dez anos, foi testemunha da atmosfera de repressão antiafricana que vigorava naquele momento. Escravizados e libertos africanos ocidentais foram os principais alvos do medo que se abateu sobre as elites.

Teria sido Luiza Mahin uma das rebeldes da revolta? Não há nenhum registro histórico sobre a liberta africana presa em novembro de 1835 e imediatamente deportada. Seria Luiza Mahin? Gama garantiu que sua mãe só deixou Salvador em 1837, depois da Sabinada (1837-8), quando a repressão aos escravizados e libertos africanos ainda continuava forte.

Na Bahia oitocentista, Luiza Mahin estaria encoberta pela forte presença africana, destacadamente da África Ocidental. Quase 75% dos africanos ocidentais que chegaram a Salvador vieram da Costa da Mina, dos portos Popo Pequeno, Popo Grande, Uidá, Epe, Porto Novo, Apa, Badagri e Lagos (Onim). Uma parte menor de africanos ocidentais embarcou em portos como Velho Calabar, Bonny e Novo Calabar, localizados em áreas do delta do rio Níger. Havia uma grande variedade de africanos ocidentais, mas na Bahia predominavam os iorubas (chamados de nagôs), os ewes (denominados jejes) e os islamizados haussás. Em 1835, somente em Salvador, numa população em torno de 65 mil pessoas, escravizados, libertos e africanos somavam 33%. Considerando apenas os escravizados, 63% eram africanos. Os libertos africanos tiveram participação considerável na revolta. Eles somavam na ocasião 21% do total dos africanos, mas entre os presos chegavam a 38%. Além disso, os africanos ocidentais, principalmente os nagôs, compunham a maioria, somando cerca de 30% dos africanos em Salvador. Dos 304 africanos presos como suspeitos, em 1835, duzentos eram nagôs, sendo 143 escravizados.

Não é impossível que Luiza Mahin tenha participado da Revolta dos Malês de 1835 ou de alguns dos levantes africanos anteriores. Sua atuação pode ter permanecido invisível, e não há como confirmar sua presença à luz da vasta documentação até agora pesquisada. Sabe-se que muitas africanas não só estavam a par da conspiração como apoiavam o levante. Há inclusive registros de algumas combatentes africanas, e entre os mortos, Gertrudes, uma africana nagô, atingida por um tiro de espingarda. Outras mulheres foram também mencionadas na documentação policial produzida, fosse no planejamento ou na logística da insurreição. Era da africana Edum o inhame para o banquete que os africanos preparariam na noite do levante. Também as africanas libertas Maria da Conceição e Maria das Chagas foram denunciadas por terem fornecido comida aos rebeldes quando estes se encontravam reunidos na ladeira da Praça. Houve quem tivesse visto a africana Emerenciana distribuindo anéis que identificariam os africanos envolvidos na "sociedade malê". Existem ainda registros de que algumas mulheres africanas tenham até mesmo visitado Pacífico Licutan na cadeia. Vários depoimentos mencionaram que muitas africanas tinham conhecimento das reuniões a que seus esposos compareciam. Nem todas os denunciaram, embora os depoimentos de algumas possam ter sido arrancados sob ameaças, como no caso de Agostinha e Teresa.

Deportada ou refugiada no Rio de Janeiro, o certo é que Luiza Mahin simplesmente desapareceu. O próprio Luiz Gama relatou a sua viagem posterior para a Corte e suas expectativas de encontrá-la por lá. Foi certamente nessa ocasião que soube que sua mãe teria sido expulsa do Brasil, junto com outros africanos acusados de práticas de adivinhação e rituais religiosos considerados "bárbaros". Luiza Mahin teria mesmo voltado para a África como deportada?

As imagens que associaram a Revolta dos Malês à participação rebelde de Luiza Mahin, mãe de Luiz Gama, surgiram em 1933, no romance de Pedro Calmon (1902-85) intitulado *Malês: A insurreição das senzalas*. Não há dúvida sobre a existência de Luiza Mahin, embora alguns detalhes da sua trajetória ainda estejam envoltos por muita ficção e mito, mas também possibilidades históricas.

FONTES: Aline Najara da Silva Gonçalves; João José Reis; Ligia Fonseca Ferreira.

VEJA TAMBÉM: Claudina Fortunato Sampaio; Gregório Luís; Israel Soares; Luiz Gama; Macutandu...; Margarida Joaquina de Sousa; Pacífico Licutan; Zeferina.

LUZIA JEJE

SÉC. XIX | ÁFRICA OCIDENTAL; SALVADOR, BAHIA

A africana Luzia Jeje deve ter chegado à Bahia setecentista, indo parar em Itaparica. Sabe-se que o capitão Manuel de Oliveira Barroso (?-1814), embora nascido em Salvador, foi viver em Itaparica, ficando por lá até 1783, quando se mudou para o Paripe já com os filhos. Conforme explica a pesquisadora Adriana Dantas Reis, muitos aspectos da vida de Luzia são ainda completamente desconhecidos: sua idade ao chegar, suas ocupações e a relação com a sua comunidade. Ela aparece, porém, no testamento de Barroso, aberto em 1814, no qual o capitão reconhecia sete filhos ilegítimos. A lista era encabeçada por Teresa de Jesus Maria José, filha de mulher branca, Rita Maria de Santo Antônio, na ocasião solteira e sem impedimentos. Os restantes eram filhos de uma "mulher preta de nação jeje", e é assim que Luzia Jeje se transforma em Luzia Gomes de Azevedo, com os filhos: Domingos Antônio, Sutério, Maria da Conceição, Ana Joaquina, Estêvão e Gaspar. Por meio do seu testamento, o capitão Barroso não só reconhecia seus filhos, ali classificados como "pardos", como os nomeava herdeiros.

O mais importante não eram os bens, dívidas e sobrenomes deixados. Mas sim assinalar que os herdeiros não estavam mais vinculados à escravidão, porque eram "forros isentos da menor escravidão [...] visto já se acharem legitimados". O testamento também destacava que Luzia era uma "mulher forra". Tomando-se a expressão "visto já se acharem legitimados", é possível que Barroso tivesse reconhecido seus filhos no ato do batismo, assim como a liberdade deles, com as alforrias de pia — alforrias concedidas no momento em que crianças escravizadas recém-nascidas passavam pelo ritual católico do batismo e iniciavam, perante os olhos da Igreja, sua vida cristã. Não se pode ter certeza. Sabe-se que o testamento fora escrito em 1807, ou seja, sete anos antes da sua abertura, após a morte do capitão Barroso. Luzia voltaria a aparecer no testamento do filho dele, Sutério de Oliveira Barroso, em 1822.

Certamente Luzia Jeje não foi a única mulher negra na Bahia colonial a ter filhos com um homem branco, sendo os mesmos reconhecidos em testamentos. Luzia Jeje ainda devia ser uma mulher jovem quando o capitão Barroso morreu. Além de assumir a paternidade, seu antigo proprietário lhe garantiu a liberdade e a quantia de 200 mil-réis.

FONTE: **Adriana Dantas Reis.**

VEJA TAMBÉM: **Eva e Francelina; José do Patrocínio.**

LUZIA PINTA

C. 1792-? | ANGOLA; SABARÁ, MINAS GERAIS

Luzia Pinta era uma escravizada alforriada natural de Angola. Foi presa em Sabará, Minas Gerais, em 1742, acusada pela Inquisição de ser feiticeira calunduzeira, conforme revelou a pesquisa de Luiz Mott. De acordo com a denúncia, ela era uma preta forra e moradora junto à capela de Nossa Senhora da Soledade, na vizinhança da vila de Sabará, e por lá praticava calundus e feitiçarias. Nascera muito provavelmente na última década do século XVII, em Luanda, onde fora criada numa família de escravizados. Por volta dos doze anos, fora embarcada como escravizada para a América. Conquistara em algum momento sua alforria, e até 1742 residiu em Sabará.

Denunciada ao comissário do Santo Ofício em setembro de 1739 por dois vizinhos, seguiu-se a abertura de um sumário de culpas para averiguar seus crimes contra a fé católica e a recolha de diversos testemunhos, o que culminou na determinação de que a suspeita fosse enviada a Lisboa para abertura do processo inquisitorial e julgamento. Luzia foi tirada à força da cidade onde criara sua rede de laços sociais, mantida em cativeiro por um ano e meio e submetida a tortura durante os interrogatórios.

Segundo mostra Alexandre Almeida Marcussi (1986-), no direito eclesiástico, a feitiçaria fazia parte da jurisdição dos tribunais do Santo Ofício, sendo enquadrada como crime de heresia. Desde a bula papal *Super illiusspecula*, de 1326, havia precedentes para que as práticas mágicas, antes toleradas pela Igreja, agora fossem passíveis de perseguição. O que permitia tal enquadramento era a noção de "pacto demoníaco". A partir dessa ideia produziu-se uma poderosa ferramenta jurídica de acusação, que simplesmente ignorava e passava por cima das intenções manifestas e declaradas pelo réu, pois encontrava indícios de "pacto" mesmo quando ele não fosse jamais confessado.

E Luzia acabou se enquadrando nesse que era um manual inquisitorial. "Cinquenta anos pouco mais ou menos, preta baça, alta e grossa de corpo, com um sinal mais perto da testa e em cada face outro" — com tais palavras, o escrivão do Tribunal do Santo Ofício da Inquisição de Lisboa descrevia a ré Luzia Pinta, que fora encarcerada em Sabará no dia 18 de dezembro de 1742. Sua primeira confissão foi obtida em 18 de março de 1743, e o julgamento acabou durando mais de dois anos. As denúncias contra Luzia Pinta haviam começado em setembro de 1739, quando o clero de Sabará a acusou de feitiçaria. Diziam os autos que ela teria convencido um enfermo de nome Luís Coelho Ferreira, que andava próximo da morte, a tomar parte de seus rituais, prometendo-lhe a cura completa. Manuel Freire Batalha a denunciava desta maneira: "Assim fizera várias operações diabólicas invocando o Demônio por meio de umas danças, a que vulgarmente chamam calanduz". Os inquisidores denominavam calanduz ou calundu a reunião em que Luzia aparecia. Dizia-se que praticava mandinga "ou outra coisa diabólica, usava de feitiços contra as pessoas...". Essas aparições, "por meio de umas danças, a que chama calundu", eram motivo de "grande escândalo dos fiéis católicos".

A ré não se acovardou e afirmou, contrariando as expectativas e os estereótipos dos inquisidores, que aquela era mesmo uma doença contagiosa vinda de Angola e que consistia em "destino" ou "virtude" concedidos por Deus. Confessou também ter experiências extáticas: "viajava por lugares" enquanto "seu corpo permanecia imóvel, como morto". No entanto, segundo ela, fazia tudo com a ajuda de Deus. A despeito de suas versões dos fatos e argumentações, Luzia Pinta acabou enredada pela implacável lógica inquisitorial. Como tivesse admitido que sua "doença" era sobrenatural, os inquisidores foram autorizados a presumir que se tratava, na verdade, de intervenção demoníaca, já que "Deus não agia daquela forma". Ou seja, não concedia poderes divinatórios e tampouco permitia que as almas deixassem os corpos em vida para depois retornarem. Após o longo embate, o triunfo da leitura demonológica significou também o encerramento do processo. Luzia foi culpada de "feitiçaria, apostasia e pacto". Em 20 de junho de 1744, Luzia saiu em auto de fé, decerto usando hábito penitencial e observada por uma multidão, como era costume nessas cerimônias, em que a Inquisição portuguesa ostentava seu poder e reafirmava sua autoridade por meio da demonstração pública e exemplar. Sob a acusação de "leve suspeita na fé", foi degredada para o Algarve e não se teve mais notícias dela.

FONTES: Alexandre Almeida Marcussi; Laura de Mello e Souza; Luiz Mott.

VEJA TAMBÉM: Amélia Rosa; Caetano da Costa; Divino Mestre; Domingos Álvares; Feliciana Maria Olímpia; Juca Rosa; Mestre Tito.

M

MACHADO DE ASSIS

1839-1908 | RIO DE JANEIRO

Joaquim Maria Machado de Assis nasceu numa chácara no morro do Livramento, no Rio de Janeiro, em 21 de junho de 1839. Era filho do "mulato" Francisco José de Assis, um pintor de paredes, e da imigrante açoriana Maria Leopoldina; ambos registrados como "mulatos livres". Já os avós paternos eram escravizados alforriados. Ainda garoto, perdeu a mãe e a única irmã. Mas pouco se conhece sobre sua infância e início da adolescência. Sabe-se apenas que foi criado por sua madrasta, de nome Maria Inês, que o alfabetizou. Depois foi matriculado numa escola pública de São Cristóvão. Para colaborar nas despesas da casa, vendeu balas e doces, e ajudou na igreja, onde, em contrapartida, recebia aulas de latim do padre Silveira Sarmento. Já trabalhando na padaria de Madame Gallot, aprendeu francês. Em 1854, com quinze anos incompletos, publicou seu primeiro trabalho literário, o soneto "À Ilma. sra. D.P.J.A.", no *Periodico dos Pobres*, número datado de 3 de outubro. No ano seguinte, saiu seu poema "Ela" no jornal *Marmota Fluminense*, conhecido periódico de "modas e variedades" que circulou de 1854 a 1858. Em 1856, Machado entrou para a Imprensa Nacional como aprendiz de tipógrafo, profissão técnica exercida, em geral, por pessoas de menor condição financeira, mas que lhes permitia uma boa ascensão profissional. Foi por lá que conheceu o escritor e também secretário do Liceu de Artes e Ofícios Manuel Antônio de Almeida (1831-61), que se tornou uma espécie de protetor de Machado. Atuou como revisor e colaborador no *Correio Mercantil* em 1858 e, dois anos depois, a convite de Quintino Bocaiuva (1836-1912), entrou para a redação do *Diario do Rio de Janeiro*. Escrevia ainda para a revista *O Espelho*, na qual também estreou como crítico teatral; para a *Semana Illustrada*; e para o *Jornal das Familias*, em que publicou sobretudo contos. Como se pode notar, o escritor ia galgando espaços a partir de sua atuação nos jornais, caminho certeiro para a maioria dos escritores dessa geração.

Seu primeiro trabalho publicado foi a tradução de *Queda que as mulheres têm para os tolos* (1861), um ensaio satírico do escritor e advogado belga Victor Hénaux, que fora apresentado ao público europeu no fim da década de 1850. O livro foi impresso na tipografia de Paula Brito (1809-61), famoso editor negro, muito atuante nesse contexto.

A partir de 31 de dezembro de 1862 Machado começou a se dedicar à profissão de censor teatral, cargo não remunerado, mas que lhe garantia entrada livre nos espetáculos da corte, cujos ingressos ele não podia comprar. Passou também a colaborar em *O Futuro*, órgão dirigido por Faustino Xavier de Novais (1820-69), irmão de sua futura esposa. Lançou seu primeiro livro de poesia, *Crisálidas*, em 1864. A essa altura, já com 25 anos, perdeu o pai. Em 1867, foi nomeado ajudante do diretor de publicação do *Diário Oficial*, um cargo bastante prestigioso na corte. No dia 12 de novembro de 1869, casou-se com Carolina Augusta Xavier de Novais (1835-1904), que seria sua companheira, leitora, revisora privilegiada e enfermeira durante 35 anos.

O primeiro romance do escritor, *Ressurreição*, ficou pronto em 1872, e Machado ia subindo nas duas carreiras em paralelo. Tanto que, no ano seguinte, foi nomeado primeiro oficial da Secretaria de Estado da Agricultura, Comércio e Obras Públicas, iniciando assim a carreira de funcionário do Estado, que seria seu ganha-pão pelo resto da vida. *A mão e a luva* saiu em 1874, no jornal *O Globo*, sob a forma de folhetim, outro instrumento recorrente de inserção dos jovens escritores. Nessa época, Machado também intensificou sua colaboração em jornais e revistas, como *O Cruzeiro*, *A Estação*, *Revista Brazileira*, escrevendo crônicas, contos, poemas, romances; estes últimos iam aparecendo em folhetins e depois eram publicados em livro. Uma de suas peças, *Tu, só tu, puro amor*, especialmente redigida para comemorar o tricentenário de Camões (1524-80), foi encenada em junho de 1880, no Imperial Teatro Dom Pedro II. Suas crônicas mais conhecidas apareceram entre 1881 e 1897 na *Gazeta de Notícias*.

Em 1881 sai o livro que marca uma guinada importante na carreira literária de Machado de Assis. *Memórias póstumas de Brás Cubas* é considerada a obra que inaugura a fase "realista" do escritor. A despeito dessa divisão mais didática, a publicação do livro, em folhetins, na *Revista Brazileira*, de 15 de março a 15 de dezembro de 1880, conferiu outra visibilidade ao escritor. *Papéis avulsos*, coletânea de contos e crônicas de Machado, sai em 1882, e muito colaboraria nesse sentido.

Em 1888, quando da abolição da escravidão, Machado, que como funcionário público já havia elaborado vários pareceres favoráveis à liberdade de escravizados, estaria presente na foto oficial da missa campal, ao lado da princesa Isabel (1846-1921).

Um ano depois, Machado acabou promovido para a Diretoria do Comércio no ministério em que servia. O escritor e crítico paraense José Veríssimo (1857-1916), grande amigo dele, passou a dirigir a prestigiosa *Revista Brazileira*, publicação em que o escritor continuaria a colaborar. Foi justamente a partir de uma ideia saída do grupo de intelectuais que se encontrava reunido na redação dessa revista, e principalmente de Lúcio de Mendonça (1854-1909), que partiu a ideia da criação da Academia Brasileira de Letras, projeto que Machado apoiou desde o início. Ele participou das reuniões preparatórias e, no dia 4 de janeiro de 1897, quando se instalou a Academia, foi eleito presidente da instituição, à qual se devotou até a morte.

A obra de Machado de Assis recobre praticamente todos os gêneros literários. Na poesia, *Crisálidas* (1864) e *Falenas* (1870) representam livros da fase romântica do escritor; *Americanas* (1875), o indianismo; e *Ocidentais* (1901), o parnasianismo. Ao mesmo tempo eram publicadas as coletâneas *Contos fluminenses* (1870) e *Histórias da meia-noite* (1873); os romances *Ressurreição* (1872), *A mão e a luva* (1874), *Helena* (1876) e *Iaiá Garcia* (1878), em geral definidos como pertencentes ao chamado "período romântico". A partir de então, o autor entrou numa fase que a crítica convencionou chamar de "realista", com *Memórias póstumas de Brás Cubas* (1880-1), *Quincas Borba* (1886-92), *Dom Casmurro* (1899), *Esaú e Jacó* (1904) e *Memorial de Aires* (1908). Essas "fases" são, porém, antes recurso didático, pois a obra de Machado não "cabe" em nenhuma classificação literária prévia.

Carolina morreu em outubro de 1904. Além de revisora de suas obras, ela o apoiava na saúde. Machado tinha epilepsia, mas a escondia. Após o falecimento da esposa, o romancista passou a sair cada vez menos de casa; temia manifestar sinais da doença, que na época era considerada uma "degeneração típica das raças mestiças", o que a fazia ser vista com grandes doses de preconceito.

Machado de Assis faleceu no Rio, em 29 de setembro de 1908. A essa altura já era um acadêmico conhecido, um crítico renomado e um literato de prestígio. Por isso, a seu velório compareceram personalidades destacadas como Rui Barbosa (1849-1923), que fez o "discurso de despedida". Levado numa carreta do Arsenal de Guerra, em geral destinada a pessoas notáveis, um longo cortejo fúnebre tomou as ruas do Rio, no percurso que ia da Academia, localizada no centro do Rio, até o Cemitério São João Batista, onde ele foi sepultado.

Não é verdadeira a história que se conta de que Machado de Assis teria pedido ao colega acadêmico Joaquim Nabuco (1849-1910) que o enterrassem "como branco". Se é certo que o escritor não alardeava sua cor e origem, como funcionário público sempre se posicionou em prol das populações negras. E em suas obras incluiu personagens escravizados, além de ter escrito o conhecido conto "Pai contra mãe" — publicado em 1906, no livro *Relíquias de casa velha* —, que trata de forma crítica e aguda o sistema escravocrata.

FONTES: Alfredo Bosi; Antonio Carlos Secchin; Fábio Lucas; Hélio de Seixas Guimarães; João Alexandre Barbosa; John Gledson; José Maurício Gomes de Almeida; Lilia Moritz Schwarcz; Lira Neto; Luiz Costa Lima; Ronaldes de Melo e Souza; Sidney Chalhoub; Silviano Santiago.

VEJA TAMBÉM: André Rebouças; Antônio Gonçalves Teixeira e Sousa; Catarina Cassange; Francisco de Paula Brito; João da Cruz e Sousa; João do Rio; João Henriques de Lima Barreto; José do Patrocínio; José Ferreira de Menezes; Lima Barreto; Luiz Gama; Mário de Andrade; Sebastião Rufino.

MACUTANDU, MAMATANDU, MUQUIRITA, NIQUIRITA E UMPULA

SÉC. XIX | ÁFRICA OCIDENTAL; SALVADOR, BAHIA

Os africanos Macutandu, Mamatandu, Muquirita, Niquirita e Umpula nasceram no alvorecer do século XIX, nos sertões da África Oriental. Eram africanos dos povos macua. Alguns de seus tios e avós já tinham sido vitimados pelas incursões dos povos yao, que comercializavam escravizados para expedições comerciais que chegavam a Zanzibar desde meados do século XVIII.

Nas primeiras décadas do século XIX, Macutandu, Mamatandu, Muquirita, Niquirita e Umpula e milhares de outros africanos orientais estavam sendo apreendidos por chefes de alguns clãs do seu próprio povo, que mantinham alianças mercantis com traficantes que começavam a abastecer os portos do Rio de Janeiro, Recife e Salvador, e mais tarde Porto Alegre e São Luís.

No Rio de Janeiro, a proporção de africanos orientais entre os africanos batizados nas principais freguesias urbanas chegou a 34% entre 1801 a 1830. A maior representação de nomenclatura, ou identificação, desses africanos orientais é moçambique (89%), seguida por quelimane (9%), inhambane (1%) e macua (0,5%). Estudos sobre o tráfico de escravizados para o Brasil têm destacado a importância quantitativa dos africanos orientais na demografia atlântica. Embora fossem raros no século XVII e na primeira metade do século XVIII, os africanos orientais começam a aumentar a sua representação no último quartel setecentista. Já no século XIX, especialmente na região Sudeste, sua explosão demográfica foi extraordinária. O Vale do Paraíba cafeeiro e a Zona da Mata mineira foram inundados por ondas de africanos orientais em quantidades nunca vistas. Sabe-se muito pouco sobre as consequências dessa imigração nas cidades de Salvador, Rio de Janeiro, Recife, São Luís e Porto Alegre, e ainda menos sobre o impacto na vida urbana da chegada maciça desses escravizados no século XIX.

Macutandu, Mamatandu, Muquirita, Niquirita e Umpula ficaram conhecidos por sua resistência à escravização durante a viagem para as Américas. Seus nomes aparecem registrados numa revolta a bordo de um negreiro que aportou em Salvador no ano de 1823. Sob a influência do africano Totó, que era ladino, Macutandu, Mamatandu, Muquirita, Niquirita e Umpula, recém-embarcados, se amotinaram.

As viagens negreiras a partir da África Oriental — principalmente dos portos de Lourenço Marques, Inhambane e Quelimane — eram as mais demoradas, o que gerava muita mortalidade. As travessias de portos de Benguela, Cabinda, Mpinda e Luango chegavam a demorar de 25 a 35 dias; já os navios que zarpavam da África Oriental podiam levar dois meses para alcançar o Rio de Janeiro e depois Salvador. Isso se refletia na taxa de perecimentos: se a média era de 20% a 25% de mortalidade, podia subir para quase 40% em navios que saíam dos portos da África Oriental com destino ao Brasil.

Não se sabe muito sobre a história desse levante a bordo: suas motivações, estratégias e lideranças. O que ficou registrado é a imediata repressão. Documentos de época atestam que o incidente tinha sido originado a partir da ideia de que "os brancos os comeriam na sua terra". A rebelião acabou com todos os envolvidos presos.

FONTES: **Alexandre Vieira Ribeiro; Cândido Domingues; Carlos Francisco da Silva Jr.; Clóvis Moura; Júlio César Medeiros da Silva Pereira; Leonardo Marques; Luiz Felipe de Alencastro; Manolo Florentino; Roquinaldo Ferreira.**

VEJA TAMBÉM: **Mandilacota.**

MADAME SATÃ

1900-76 | PERNAMBUCO; RIO DE JANEIRO

No dia 25 de fevereiro de 1900, nasceu João Francisco dos Santos. Conta a história que era neto de Pilama Brasília Casú, uma escravizada doméstica do casal Manuel Damião e Rosa Damião dos Anjos. O filho do proprietário, de nome Francisco Damião, se envolveu com a escravizada Casú; daí nasceu Manuel Francisco dos Santos, pai de

Madame Satã. Manuel, em viagem pelo sul de Pernambuco, acabou conhecendo Firmina dos Santos, também descendente de escravizados. O casal teve muitos filhos e, após a morte de Manuel, a situação na fazenda mudou, e ela foi expulsa pelos parentes do marido falecido.

Quando João tinha sete anos, sua mãe foi obrigada a se separar do filho — ou, de acordo com o relato de Madame Satã, ele foi trocado por uma égua do vizinho, o comerciante de cavalos Lauriano, para que a recém-viúva tivesse condições de alimentar os outros dezesseis filhos. Lauriano, por sua vez, prometeu que se responsabilizaria pela educação da criança.

Quase duas décadas após a abolição, a promessa de estudo que Lauriano fez à família acabou descumprida, e o então João trabalhou como uma espécie de escravizado na fazenda de seu "proprietário", limpando e alimentando os cavalos. Mais tarde, fugiu para o Rio com uma senhora que também lhe prometera uma vida melhor. No entanto, ao chegar à antiga capital do Brasil, viu-se novamente obrigado a trabalhar como faxineiro, cozinheiro, carregador e tudo o mais que Beatriz Mocinha Costa, apelidada de d. Felicidade, ordenasse.

Aos treze anos, empreendeu uma nova fuga e conquistou sua liberdade na marra. Foi vendedor ambulante, garçom, dormiu em caixas de feira e sonhou ser artista. Caiu na "malandragem", treinado por um dos maiores capoeiras da época: Sete-Coroas, que fazia parte de um grupo que incluía Miguelzinho, Camisa Preta, Saturnino, Gavião Preto da Saúde e Meia-Noite, líderes das freguesias da cidade do Rio, sua grande escola das ruas.

Preto e pobre, aos 23 anos, João era conhecido na época como "Caranguejo da Praia das Virtudes", por conta de seu potente soco de esquerda e por frequentar a praia das Virtudes, também chamada de praia do Calabouço, praia dos Nus ou praia das Cuecas.

O primeiro lugar fixo em que Madame Satã viveu no Rio — ainda usando o nome João e antes de ganhar fama — foi a rua Morais e Vale, 25, travessa da rua Joaquim Silva, na região central, conhecida até hoje como "Beco do Rato". Foi ali que conheceu Maria do Carmo Miranda da Cunha, a quem chamava de Bituca e que, anos depois, se transformaria na cantora de renome internacional Carmen Miranda (1909-55) — aliás, uma das principais inspirações para as performances que passaria a realizar.

Figura conhecida no centro do Rio de Janeiro, Madame Satã era chamada de "boneca" e "travesti", lutava por seus direitos e cuidava das prostitutas, das "bichas" e dos "moleques" da Lapa para que não sofressem perseguição. Também dirigiu uma "pensão" na rua Conde Lage, 40, onde travestis e prostitutas se reuniam e recebiam clientes. Adotou cinco filhas "de criação" e chegou a ser presa por abrir a tal "pensão"; acusada de cafetinagem, foi convocada à delegacia para testemunhar, apanhou e acabou revidando. Acabou inocentada pelo crime que motivou sua intimação, mas pegou um ano e meio de pena pela agressão. Madame Satã respondeu a um processo no artigo 155 do Código Penal no ano de 1949, por aplicar o "golpe do suadouro" (furto da vítima no ato sexual), quando sumiram 1400 cruzeiros de Radagais Viana. Junto com seus parceiros — Aristóteles de Jesus, vulgo "Eros Volúsia" e Vantuir Gonçalves de Oliveira, vulgo "Quiquita" —, foi condenada a dois anos e seis meses de reclusão.

Outro fato desconhecido sobre sua vida foi a fuga para São Paulo após uma perseguição policial. Foi parar em Araçatuba e trabalhou numa fazenda de café, tornando-se uma espécie de escravizada por dívidas. Conseguiu, entretanto, fugir e retornou ao Rio de Janeiro e à sua querida Lapa.

Embora fosse pernambucana de Glória do Goitá, Madame Satã virou arquétipo da chamada malandragem carioca. Em entrevista concedida a *O Pasquim* no ano de 1971, afirmou que costumava brigar com agentes da polícia pois não tolerava o tratamento que davam às pessoas em geral, tornando-se ainda mais violenta quando se tratava de pobres, negras e homossexuais — três identidades que ela própria acumulava.

Somado a esses três marcadores sociais, o fato de ser analfabeta a limitava, fazendo com que se submetesse a subempregos e à vida marginal. Foi exímia cozinheira, segurança de casas de diversão e grande foliã.

Na boemia, conviveu e fez amizade com muitos artistas que integraram a chamada Era de Ouro das rádios, entre os quais Francisco Alves (1898-1952), Noel Rosa (1910-37), Orlando Silva (1915-78), Vicente Celestino (1894-1968), Araci de Almeida (1914-88) e Sara Nobre (1896-1966), que a iniciou na carreira artística. Envolveu-se numa briga com o popular compositor e cantor de samba Geraldo Pereira (1918-55), que terminou de maneira trágica. Atingido por um soco de Madame Satã, o compositor bateu a cabeça no meio-fio. Foi levado ao hospital, mas não sobreviveu. No julgamento, porém, Madame Satã foi absolvida.

Dos seus 76 anos, passou mais de 27 na prisão, cumprindo pena por 26 processos diferentes. Coragem e inconformidade faziam parte de sua personalidade, e não foram poucas as vezes em que foi para o xadrez por "desacato" — isso quando não partia para a violência física, que resultou no assassinato de um policial em 1928.

"Desordeiro [...]. Pederasta passivo, usa suas sobrancelhas raspadas e adota atitudes femininas, alterando até a própria voz. Não tem religião alguma. Fuma, joga e é dado ao vício da embriaguez. [...] Exprime-se com dificuldade e intercala, em sua conversa, palavras da gíria de seu ambiente. É de pouca inteligência. Não gosta do convívio da sociedade por ver que esta o repele, dados os seus vícios. É visto sempre entre pederastas, prostitutas, proxenetas e outras pessoas do mais baixo nível social. [...] Inteiramente nocivo à sociedade." É essa a descrição de Madame Satã que consta em registro de 1932, encontrado num dos processos respondidos por ela durante sua vida. Satã alegava ter convivido com muitos presos políticos na cadeia, entre eles Luís Carlos Prestes (1898-1990), a quem considerava um exemplo de espírito igualitário, por desprezar quaisquer tipos de regalias.

Madame Satã foi a primeira travesti artista do Brasil. Apesar de reservar os momentos de feminilidade para o palco — lapidando com cuidado sua fama de "macho" e "brigão" numa época em que não se admitia e se reprimia fortemente esse tipo de identidade —, costumava se apresentar com uma saia vermelha em teatros da praça Tiradentes, interpretando um número que se tornou um clássico em seu repertório, com a música "Mulher de besteira". Seu grande sonho era criar uma versão brasileira de sua diva Josephine Baker (1906-75), e para isso usava o nome "Mulata do Balacochê".

Até mesmo a história de como nasceu a alcunha Madame Satã é ambivalente. Em 1938, ela foi convencida por amigos a participar do concurso de fantasias do bloco Caçadores de Veados, no Teatro República. Com capa, máscara e lantejoulas, criou uma roupa inspirada nos morcegos de sua terra e acabou levando o primeiro lugar na disputa, ganhando um rádio e um enfeite de parede. Passaram-se os dias e, numa noite em que conversava com suas amigas travestis no Passeio, próximo à Cinelândia, o grupo foi levado à delegacia de polícia por "vadiagem". Chegando lá, o delegado pediu o nome das moças e, como João se recusava a fornecer qualquer tipo de identificação, foi o funcionário que acabou reconhecendo-a como a vencedora do "concurso das bichas". Há quem diga, ainda, que ela teria associado a fantasia ao filme *Madame Satã* (*Madam Satan*, de Cecil B. DeMille [1881-1959]), que estreara no Brasil em 1931, e assim batizou-se com o nome que a acompanharia até o túmulo.

Satã foi uma personagem difícil de classificar. Negra e pobre, ela se tornou uma figura tão emblemática quanto complexa ao misturar virilidade com homossexualidade e muita arte nos Carnavais e espetáculos de que participou. Seu reconhecimento foi, porém, tardio. Em 1974, dois anos antes de sua morte, participou da peça *Lampião no inferno*, vivendo Satã (ou Satanás) ao lado de duas atrizes iniciantes: Elba Ramalho (1951-) e Tânia Alves (1953-). Na época, era seu nome que aparecia com destaque nos cartazes que circulavam anunciando a montagem. Nesse mesmo ano, foi produzido um filme a seu respeito, *A Rainha Diaba*, de Antonio Carlos da Fontoura (1939-).

Ela foi "filha de santo" de Joãozinho da Gomeia (1914-71), dono de um terreiro de candomblé de angola, na cidade de Duque de Caxias, na Baixada Fluminense. Afirmava ter a proteção de espíritos, e um dos pseudônimos que usava era Etambatajá, nome de uma planta sagrada e de uma entidade caboclo.

Madame Satã faleceu de uma pneumonia, em 1976. Pouco antes de sua morte, o jornalista Jaguar (1932-) e outros amigos a encontraram internada como indigente no hospital de Angra dos Reis. Nessa época, tentava levar a vida como cozinheira, fazendo pratos para festas e casamentos. Seu último desejo foi cumprido: ela foi enterrada com seu chapéu-panamá e duas rosas vermelhas sobre o caixão.

Seu post-mortem foi marcado por alguns acontecimentos significativos. O primeiro foi a inauguração, em 1983, de uma danceteria em São Paulo batizada de Madame Satã Night Club, local de encontro de grupos alternativos da cena underground da cidade e combatentes da ditadura militar. Em 2001, foi produzido o filme *Madame Satã*, de Karim Aïnouz (1966-); em 2009, houve a estreia de uma peça de teatro sobre sua vida com texto e direção de Marcelo de Barros. Em 2014, a companhia de teatro Os Crespos produziu uma peça sobre a personagem chamada *Cartas a Madame Satã ou me desespero sem notícias suas*, e em 2019 foi publicada *As valentias de Madame Satã*, poesia de cordel de Victor Alvim (1974-).

— Com Antonio Liberac Cardoso Simões Pires

FONTES: João Ker; Rogério Durst; Sylvan Paezzo.

VEJA TAMBÉM: Ana Clara Maria Andrade...; Besouro Mangangá; Joãozinho da Gomeia; Mestre Bimba; Mestre Pastinha.

MÃE AGRIPINA

1890-1966 | SANTO AMARO E SALVADOR, BAHIA; RIO DE JANEIRO; BRASÍLIA

Nascida em Santo Amaro da Purificação, na Bahia, em 1890, Agripina Soares de Souza, Mãe Agripina de Xangô, cujo nome iniciático no candomblé era Obá Deyi, foi ialorixá do terreiro fluminense fundado por Mãe Aninha Obá Biyi (1869-1938), também denominado Ilê Axé Opô Afonjá, como a casa baiana.

Agripina foi iniciada em Salvador por Mãe Aninha em 1910, ano em que o terreiro foi inaugurado, e mais tarde acabou encarregada por sua ialorixá de cuidar da casa do Rio de Janeiro. Em vida, Mãe Aninha mantinha sempre contato com a filha Agripina por meio de cartas. Com a morte de Aninha, Mãe Agripina precisou da ajuda de seus irmãos de santo e de amigos, tendo que superar disputas e intrigas. Depois de realizar o culto instituído por Aninha em vários endereços, fixou o terreiro num local de propriedade de sua irmã, em Coelho da Rocha, no município fluminense de São João de Meriti, onde permanece até hoje.

Em 1966, Mãe Agripina mudou-se para Brasília e lá faleceu no fim do mesmo ano. Por carta, Mãe Agripina havia solicitado à mãe-pequena Cantulina Garcia Pacheco (1900-2004), Mãe Cantu, Airá Tolá, que cuidasse do terreiro de Coelho da Rocha. Com a morte de Agripina, Mãe Cantu foi então confirmada à frente do Opô Afonjá no estado do Rio de Janeiro.

— Com Reginaldo Prandi

FONTES: Carlos Eugênio Marcondes de Moura; João Batista dos Santos; Monique Augras; Nei Lopes.

VEJA TAMBÉM: Mãe Aninha; Mãe Andresa; Mãe Beata de Iyemonjá; Mãe Biu; Mãe Dudu; Mãe Esperança Rita; Mãe Luzia; Mãe Menininha; Mãe Olga do Alaketu; Mãe Senhora; Mãe Stella de Oxóssi; Marcelina Obatossi; Mestre Didi; Tias baianas...; Tias fluminenses...

MÃE ANDRESA

c. 1854-1954 | CAXIAS E SÃO LUÍS, MARANHÃO

Andresa Maria de Sousa Ramos, mais conhecida como Mãe Andresa, coordenou a Casa das Minas, no Maranhão, entre 1914 e 1954, e era considerada a última princesa de linhagem direta fon. Descendente de escravizados, ela nasceu, provavelmente, no dia 10 de novembro de 1854, em Caxias, mas migrou ainda jovem para São Luís, dizem que em busca de tratamento de saúde. Logo aos sete ou oito anos, e possivelmente antes de 1900, recebeu o vodum Tói Poliboji e completou sua iniciação num barco de doze vodúnsis (que quer dizer "consagrados ou consagradas ao Vòdún" no candomblé jeje e no tambor de mina) tobossis, termo empregado para designar as "filhas completas". Nessa época, o templo era chefiado por Mãe Luísa, que foi a segunda líder da Casa.

A Casa das Minas, terreiro de tradição essencialmente matriarcal, foi fundada no começo do século XIX por Nã Agotimé, rainha africana do Daomé, mãe de Guezo, o rei do Daomé, a qual, após uma série de conflitos sucessórios, foi vendida para comerciantes de escravos e trazida para a ilha de Itaparica, onde recebeu o nome de Maria Jesuína.

Daí ela se dirigiu para o Maranhão, lá fundando o templo destinado a cultuar os deuses e ancestrais do seu povo, especialmente o seu vodum familiar, Zomadônu. Andresa era descendente direta de Nã Agotimé. O tráfico negreiro trouxe para o Brasil africanos das mais diferentes etnias e com os mais variados sistemas de tecnologia e de conhecimento, que foram por aqui relidos. Um bom exemplo são as tradições dos n'kises, divindades dos povos bantus; dos orixás, divindades dos povos iorubas; e dos voduns, divindades dos povos jejes.

Por conta da abnegação de muitas mulheres negras e africanas, várias delas aqui convertidas em escravizadas e pequenas comerciantes, tais tradições foram preservadas. Já a Casa das Minas, seja sob o comando de Nã Agotimé, seja sob orientação e direção de Mãe Andresa, é a prova viva de como o discurso colonial não conseguiu dobrar a capacidade de resiliência e de luta incansável dos terreiros de matriz africana, verdadeiras experiências pan-africanas da diáspora negra.

Mãe Andresa é um caso excepcional nesse sentido. Ela foi a quarta coordenadora da Casa, assumindo o cargo quando tinha cerca de sessenta anos. Nunca se casou, e seu apreço à Casa e às crianças levou-a a ser madrinha de mais de cem delas. Criou Maneco (?-1970), tocador-chefe da Casa; d. Amância (1902-76), chefe da Casa entre 1972 e 1976; e d. Denil (1924-2015), chefe entre 1997 e 2015. Ficou conhecida como uma das principais nochês (sacerdotisa da tradição de voduns) da diáspora africana. Foi ainda a última vodúnsi-gonja. Seus nomes africanos, escolhidos pelos voduns, eram Ronçoiama e Rotopameraçuleme, títulos ligados a obediência e humildade, mesmo que em posição de chefia.

Mãe Andresa cultivou amizade com várias mães de santo de São Luís e manteve uma relação de profundo respeito com os demais terreiros locais.

No fim de sua vida, Mãe Andresa já não podia andar, mas continuava lúcida. Faleceu aos cem anos, em 20 de abril de 1954, uma Quinta-Feira Santa. Coordenou durante quarenta anos a Casa das Minas, mantendo viva a cultura, o estilo de vida e a filosofia dos povos jejes (fons, minas e ewes), etnia originária do antigo reino do Daomé. Irmã e sacerdotisa do culto aos voduns, Mãe Andresa foi, à sua maneira, uma pan-africanista, pois trabalhou em prol de uma tradição que agregava os negros exilados em seu novo país, e foi capaz de resgatar e cultuar as tradições do Daomé, fazendo da Casa das Minas um pedaço da África no Brasil.

FONTES: Mundicarmo Ferretti; Nunes Pereira; Octávio da Costa Eduardo; Sergio Figueiredo Ferretti; Vagner Gonçalves da Silva.

VEJA TAMBÉM: Mãe Agripina; Mãe Aninha; Mãe Beata de Iyemonjá; Mãe Biu; Mãe Dudu; Mãe Esperança Rita; Mãe Luzia; Mãe Menininha; Mãe Olga do Alaketu; Mãe Senhora; Mãe Stella de Oxóssi; Marcelina Obatossi; Nã Agotimé...

MÃE ANINHA

1869-1938 | SALVADOR, BAHIA

Conhecida como Mãe Aninha, Eugênia Ana dos Santos nasceu em Salvador, em 1869, e foi uma destacada ialorixá e liderança religiosa na conformação atual das religiões afro-brasileiras, em especial o candomblé. Filha de africanos da nação grunci, foi iniciada, ainda menina, para o culto de Iyá Mãe, divindade de seu povo. Adulta, recebeu ensinamentos para o orixá Xangô Ogodô e depois para Xangô Afonjá, quando ganhou o nome religioso de Obá Biyi, que significa "nascida do Rei" ou "nascida de Xangô". Fez parte do candomblé da Casa Branca do Engenho Velho (Ilê Axé Iyá Nassô Oká), que figura como a primeira casa de candomblé ketu, uma das variantes étnicas dos iorubas ou nagôs no Brasil, organizada em Salvador, na Bahia, e que sobreviveu ao tempo. Obá Biyi permaneceu na Casa Branca do Engenho Velho até se afastar com outros membros, ao perderem uma disputa sucessória. Aninha residiu em vários pontos de Salvador, onde iniciou muitos filhos de santo, até inaugurar, em 1910, seu templo definitivo para Xangô Afonjá, na rua Direita de São Gonçalo do Retiro, no bairro da Cabula, em Salvador, o Ilê Axé Opô Afonjá, um dos mais importantes terreiros de candomblé do Brasil.

Aninha esteve sempre cercada de nomes prestigiosos da história da religião dos orixás em sua época, como os babalaôs Rodolpho Martins de Andrade (Bamboxê Obitikô — *c.* 1820-1904) e Martiniano Eliseu do Bonfim (Ajimudá — 1859-1943). Com a ajuda de Martiniano, Aninha instituiu em seu candomblé um conselho religioso formado por doze dignitários, os Obás de Xangô, e um conselho para cuidar da administração do terreiro, a Sociedade Cruz Santa do Axé do Opô Afonjá. Trouxe para perto inúmeras personalidades da sociedade local, entre artistas, escritores, pesquisadores e professores universitários, médicos, advogados, jornalistas. Mãe Aninha deixou como legado fundamental a institucionalização do terreiro de candomblé e sua inserção na sociedade. Mas não ficou somente em Salvador.

A ialorixá Aninha Obá Biyi passou quatro temporadas no Rio de Janeiro, então capital do país. No Rio, iniciou muitos filhos de santo e reencontrou-se com outros, como o professor Agenor Miranda Rocha (1907-2004), que anos depois seria encarregado de consultar o oráculo nos momentos de sucessão no Axé Opô Afonjá em razão do falecimento da mãe de santo.

Muito requisitada por pessoas das mais diferentes origens sociais, Aninha se tornou figura importante no universo religioso do Rio, havendo uma versão nunca confirmada de ter sido procurada, entre outros, pelo ministro Osvaldo Aranha (1894-1960), tendo sido, por meio dele, recebida no palácio pelo presidente Getúlio Vargas (1882-1954), grato por uma recomendação feita por ela que o teria livrado de um acidente numa viagem de volta de Petrópolis. Essa relação com as autoridades não a impediu de abrigar em seu terreiro pessoas perseguidas pelo regime autoritário. Foi o Axé Opô Afonjá que deu guarida ao antropólogo Edison Carneiro (1912-72), desafeto da ditadura do Estado Novo.

De 11 a 20 de janeiro de 1937, em Salvador, aconteceu o Congresso Afro-Brasileiro da Bahia, também chamado II Congresso Afro-Brasileiro, retomando temas discutidos em 1934, no Recife, no I Congresso Afro-Brasileiro. O evento na Bahia teve à frente os já citados Edison Carneiro e Martiniano Eliseu do Bonfim. Mãe Aninha colaborou ativamente, oferecendo aos participantes, que tinham vindo de outros estados e até do exterior, visita a seu terreiro, onde puderam ver de perto um ritual festivo e saborear pratos da comida votiva. Carneiro publicou os trabalhos apresentados no livro *O negro no Brasil* (1940), e nele incluiu uma lista de nomes de "comestíveis africanos" e sua descrição, preparada por Eugênia Ana dos Santos. Aninha não era apenas uma "informante" para os intelectuais que bateram em sua porta, mas uma profunda "conhecedora" e "sábia".

Católica, como se devia ser à época, Aninha foi membra importante da Irmandade do Rosário e da Irmandade da Boa Morte.

Mãe Aninha morreu em 1938, em Salvador, e seu cortejo fúnebre, segundo atestam os jornais de então, foi acompanhado por milhares de pessoas. Seus terreiros de Xangô, o de Salvador e o da Baixada Fluminense, permanecem até hoje em atividade, ambos tombados por órgãos de preservação do patrimônio cultural.

— *Com Reginaldo Prandi*

FONTES: Deoscóredes Maximiliano dos Santos (Mestre Didi); João Batista dos Santos; Marcos Santana; Monique Augras; Nei Lopes.

VEJA TAMBÉM: Bamboxê Obitikô; Edison Carneiro; Mãe Agripina; Mãe Andresa; Mãe Beata de Iyemonjá; Mãe Biu; Mãe Dudu; Mãe Esperança Rita; Mãe Luzia; Mãe Menininha; Mãe Olga do Alaketu; Mãe Senhora; Mãe Stella de Oxóssi; Marcelina Obatossi; Mestre Didi; Nã Agotimé...; Tias baianas...; Tias fluminenses...

MÃE BEATA DE IYEMANJÁ

1931-2017 | CACHOEIRA, BAHIA; NOVA IGUAÇU, RIO DE JANEIRO

Mãe Beata de Iyemanjá nasceu no dia 20 de janeiro de 1931, na cidade de Cachoeira, no Recôncavo Baiano. Toda sua educação se deu a partir dos conhecimentos familiares e dos saberes de diversas etnias e nações africanas, que vieram compulsoriamente ao Brasil nesse movimento diaspórico. Para viver, trabalhou como doméstica, manicure, cabeleireira, artesã, costureira e também escritora. Nos anos 1950 foi iniciada no Ilê Maroialaji, o terreiro do Alaketu, em Salvador, pela ialorixá Mãe Olga do Alaketu; descendente direta de Oxóssi e herdeira da coroa do antigo reino de Ketu, atual Benin.

No dia 20 de abril de 1985, foi fundado seu terreiro, Ilê Omiojúàrò, que significa em ioruba "a casa das águas dos olhos de Oxóssi". Desde então, tornou-se mãe de dezenas de filhas e filhos de santo. Mãe Beata foi, de fato, muitas, uma vez que atuou em várias frentes: destacou-se como grande defensora da diversidade cultural e da luta antirracista; batalhou pelo acesso mais democrático à saúde; combateu a discriminação, tendo atuado contra o racismo religioso, a homofobia, a lesbofobia e a transfobia. Ela também lutou pela educação e pela introdução do ensino de África e cultura afro-brasileira nas escolas, pelos feminismos negros e pela defesa do meio ambiente.

O Instituto de Desenvolvimento Cultural do Ilê Omiojúàrò (Indec), que desenvolve ações na área da cultura e da educação, foi fundado por ela e por sua comunidade na década de 1990. Um bom exemplo é o projeto A Cor da Cultura, que visa animar a implementação das leis nº 10639/2003 e 11645/2008 nas escolas brasileiras, sendo muito ativo de 2010 a 2013.

Mãe Beata escreveu *Caroço de dendê: A sabedoria dos terreiros* e participou da elaboração dos livros *Histórias que minha avó contava*, *Tradição e religiosidade* e *O livro da saúde das mulheres negras*. No ano de 2015, o Ilê Omiojúàrò realizou um amplo seminário para contar sua história, o "Seminário 30 anos — Ilé Omiojúàrò", e também classificou-se na 28ª edição do prêmio Rodrigo Melo Franco de Andrade do Instituto do Patrimônio Histórico e Artístico Nacional (Iphan), como uma importante comunidade que preserva seu legado ancestral.

Mãe Beata morreu em 27 de maio de 2017, e logo no mês seguinte um projeto foi apresentado na Câmara de Vereadores de Nova Iguaçu (o projeto de lei nº 88/2017), que estabeleceu a data de 27 de maio como o "Dia Municipal contra a Intolerância e o Preconceito".

FONTE: **Comunidade do Terreiro Ilê Axé Omiojúàrò.**

VEJA TAMBÉM: **Bamboxê Obitikô; Mãe Agripina; Mãe Andresa; Mãe Aninha; Mãe Biu; Mãe Dudu; Mãe Esperança Rita; Mãe Luzia; Mãe Menininha; Mãe Olga do Alaketu; Mãe Senhora; Mãe Stella de Oxóssi; Marcelina Obatossi; Nã Agotimé...; Tias baianas...; Tias fluminenses...**

MÃE BENTA

?-1851 | RIO DE JANEIRO

Benta Maria da Conceição Torres, a Mãe Benta, foi uma das emblemáticas figuras que ganharam as calçadas do Rio de Janeiro oitocentista, conforme relata o cronista José Vieira Fazenda. Negra, como boa parte das pessoas que por lá andavam, ela vendia, na hora do almoço, doces expostos num tabuleiro que trazia na cabeça ou que pousava em seu colo.

Essas personalidades eram importantes não só porque abasteciam a população local, mas também porque, comumente, eram elas que levavam e traziam notícias de insurreições e de quilombos existentes ao redor da então capital do Império. Conta a história que Mãe Benta teria criado um tipo especial de bolinho, que ganhou o seu nome, feito à base de ovos e (muito) açúcar, receita que entrou para os livros da chamada culinária típica brasileira.

Benta Maria era mãe do cônego Geraldo Leite Bastos (1793-1863), cuja educação foi propiciada pelas vendas dos doces. Já a carreira que ele escolheu o levou a trabalhar como oficial maior da secretaria do Senado; um posto relevante dentro da burocracia imperial.

Mas a doceira não era conhecida apenas no espaço das ruas. Há quem diga que, no período regencial, o poderoso padre Diogo Antônio Feijó (1784-1843) — fundador do Partido Liberal no Brasil, deputado, ministro da Justiça e senador durante o Primeiro Reinado, além de regente do Império — costumava frequentar a casa de Mãe Benta para jogar conversa fora com seu amigo, o cônego Bastos, e ao mesmo tempo forrar o estômago com doces e tomar café.

Falecida no Rio de Janeiro, em 30 de agosto de 1851, Benta Maria foi sepultada no Cemitério São Francisco de Paula. Já sua famosa receita de bolinhos ficou sob a guarda das religiosas do convento da Ajuda, também no Rio, as quais, ao que tudo indica, a mantiveram em sigilo. O segredo gerou todo um folclore ao redor dos quitutes, e sua autora virou lenda urbana. Durante o século XIX, nas ruas cariocas, circulavam os seguintes versinhos: "Mãe Benta, me fia um bolo?/ Não posso, senhor tenente;/ os bolos são de iaiá,/ não se fia a toda gente". Como se vê, Mãe Benta usou de muita agência e negociação para criar prediletos e distinguir inimigos.

FONTES: **Érico Vital Brazil; José Vieira Fazenda; Schuma Schumaher.**

VEJA TAMBÉM: **Ana de Oliveira...; Catarina Mina; Efigênia, Nazaré...; Emília do Patrocínio; Maria Angélica; Rita Maria; Sabina da Cruz.**

MÃE BIU

1914-93 | RECIFE, PERNAMBUCO

Batizada por volta de 1917 ou 1918, no Recife, como Severina Paraíso da Silva, Mãe Biu foi uma importante ialorixá num movimento de reorganização religiosa negra em Pernambuco de meados do século XX.

Em 1951, e conforme especifica a pesquisadora Valéria Gomes Costa, ela registrou em cartório a Sociedade Seita Africana Santa Bárbara — Xambá. Com apoio financeiro da família e da comunidade religiosa, deslocou a sede do antigo terreiro localizado no bairro de Santa Clara para a região do Portão do Gelo, onde reorganizou espaços físicos, sociais e simbólicos das sociabilidades religiosas negras. Em meados da década, Mãe Biu já era reconhecida como liderança religiosa, defendendo os rituais litúrgicos das tradições xambá do seu terreiro. Em outubro de 1956, o *Diario de Pernambuco* publicou uma matéria criticando o que considerava ser uma "descaracterização" dos cultos de Xangô em Pernambuco. O jornal fazia ressalvas apenas ao que denominava serem "terreiros famosos, dos tempos passados, que ainda hoje existem como os de Manuel Mariano, em Beberibe, da nação nagô; de Severino, em Beberibe, da nação xambá; de Mãe Lídia, em Regeneração, da nação nagô; José Romão, na Estrada Velha, da nação jeje-nagô [...] e o terreiro de Das Dores, na Linha do Tiro, da nação nagô". Esses eram os únicos, segundo a reportagem, que permaneciam "na antiga linha, cultuando as mais puras tradições do culto negro".

Como liderança feminina negra, Mãe Biu transformou seu terreiro num espaço de legitimidade e tradição dos cultos de Xangô, sendo também uma interlocutora política importante da sociedade e da cultura popular pernambucana. Na década de 1960, ajudou a institucionalizar festas do coco. O ritual, também conhecido como o Coco de Mãe Biu, realizado no terreiro Santa Bárbara — Xambá, conecta significados profanos e sagrados.

Mãe Biu faleceu em 1992. Em 2002, em Olinda, Pernambuco, foi inaugurado um monumento em sua homenagem, chamado Memorial do Xambá: O Resgate de uma Herança, ou Museu Severina Paraíso da Silva (Mãe Biu).

FONTE: Valéria Gomes Costa.

VEJA TAMBÉM: Mãe Agripina; Mãe Andresa; Mãe Aninha; Mãe Beata de Iyemonjá; Mãe Dudu; Mãe Esperança Rita; Mãe Luzia; Mãe Menininha; Mãe Olga do Alaketu; Mãe Senhora; Mãe Stella de Oxóssi; Marcelina Obatossi; Nã Agotimé...

MÃE DUDU

1886-1988 | VIANA E SÃO LUÍS, MARANHÃO

O terreiro de Mãe Dudu, Nochê Dudu de Abê, como era conhecida Vitorina Tobias Santos, localiza-se na rua Cândido Ribeiro, ou rua das Crioulas, no centro histórico de São Luís. Foi fundado na época do Império, por malungos africanos. Conforme contam Sebastião Cardoso Jr. e Sergio Figueiredo Ferretti, Mãe Dudu da Casa de Nagô nasceu em Viana, no povoado Castelo, em 2 de novembro de 1886. Morena clara, tinha olhos azuis e cabelos lisos. Ela costumava relatar que seus avós maternos eram de origem africana; eles diziam ser balantas, bijagós, nalus e manjaros. A avó, Aurora, era uma negra forra, e a mãe, Sebastiana Maria dos Santos, nascida livre, faleceu em 1945. O pai, Ataliba de Jesus Morgado, era branco, descendente de ingleses e portugueses, e sua família fundara a cidade de Matinha, na Baixada Maranhense. Filho do proprietário das terras, ele "abusou" de Sebastiana quando esta era ainda muito nova, deixando-a grávida. Já Dudu era a mais velha entre dez filhos, alguns de pais diferentes, e foi criada ao lado de três irmãs que morreram ainda jovens.

Mudou-se para São Luís aos quatro anos, quando seu tio, que trabalhava nas caldeiras da recém-construída Fábrica do Anil, levou-a para a cidade a fim de que pudesse estudar. Ele cuidou dela até morrer, cerca de dez anos mais tarde. Dudu recebeu instrução primária, e foi aluna da educadora maranhense Josefa Serrão (1861-95).

Ela explicava que tivera uma ótima educação, mas que sua família não gostava nada de tambor de mina. Para contrabalançar, contou com uma babá africana de nome Sara, que estudara teatro quando jovem e costumava narrar histórias dos ancestrais africanos. Começou a namorar um rapaz de nome Sérvulo, que foi quem a levou à Casa de Nagô para assistir a uma ladainha em que atuava como tocador. Mãe Dudu frequentou a casa por quase dois anos. Sérvulo solicitou à senhora da Casa de Nagô que "baixasse", de modo a permitir o casamento com Dudu. Mas como Dudu era filha de Iemanjá, a mesma entidade da mãe do rapaz, o caso foi interpretado como incesto religioso e a união não foi aprovada. Sérvulo deixou a Casa, e Mãe Dudu jamais se casou.

Dudu iniciou-se nas cerimônias e obrigações rituais em 1912. Anos depois, recebeu Lego Xapanã. Dedicada, ela sabia dizer todos os nomes africanos de seus "santos" e aprendeu a falar várias palavras em língua africana. Foi parteira por mais de cinquenta anos (até seus 75) e costumava contar, orgulhosa, que teria trazido cerca de mil crianças ao mundo. Era também engomadeira, tendo trabalhado na casa de um maçom, Chico Aguiar, que nunca perdia a oportunidade de exibir suas camisas engomadas.

Com a morte da chefe da Casa de Nagô, d. Maria Cristina, em 1967, Dudu, a mais antiga iniciada, foi escolhida como sua sucessora. No início dos anos 1980, por causa de uma fratura no fêmur, nunca mais pode caminhar. Por isso, saía pouco e raramente ia à Casa de Nagô. Sua fé, como a da maioria das pessoas do tambor de mina, lhe permitia experimentar várias práticas, tanto que, enquanto pôde, ia sempre à missa e não dispensava aplicações de johrei, da Igreja Messiânica Mundial.

O Nagon Abioton é dedicado ao vodum Badé (Gbadé), da família de Heviossô, vodum do trovão, cujo correspondente ioruba é Xangô. Ele possui hierarquia matriarcal, e uma de suas mais importantes vodúnsis foi, justamente, a Nochê Dudu de Abê, que muito contribuiu para o seu tombamento.

Em comemoração ao centenário de nascimento de Mãe Dudu, em 1986, foi celebrada pelo Movimento Negro uma missa em frente ao portão de sua antiga casa. O ritual foi liderado pelo padre Bráulio, seu parente. Mãe Dudu faleceu em São Luís, no dia 28 de janeiro de 1988, com 101 anos, e seu corpo, conforme sua vontade, foi levado para a Casa de Nagô, onde houve tambor de choro a noite toda.

FONTES: Sebastião Cardoso Jr.; Sergio Figueiredo Ferretti.

VEJA TAMBÉM: Mãe Agripina; Mãe Andresa; Mãe Aninha; Mãe Beata de Iyemonjá; Mãe Biu; Mãe Esperança Rita; Mãe Luzia; Mãe Menininha; Mãe Olga do Alaketu; Mãe Senhora; Mãe Stella de Oxóssi; Marcelina Obatossi; Nã Agotimé...

MÃE ESPERANÇA RITA

c. 1888-? | MARANHÃO; PORTO VELHO, RONDÔNIA

D. Esperança Rita da Silva (Mãe Esperança) foi uma maranhense de origem africana, fundadora do primeiro centro de umbanda de Porto Velho. É considerada a primeira mãe de santo da cidade, e seu barracão, o primeiro espaço formalmente constituído para o culto afro-brasileiro. Não se tem muita certeza sobre vários aspectos da biografia dela. Consta que seria natural de Codó, no Maranhão, a despeito de alguns registros afirmarem que teria nascido em Belém, no Pará, ou ainda em Salvador, na Bahia. Também as datas de seu nascimento e óbito são controversas; possivelmente nasceu no dia 13 de maio de 1888. Ou essa data foi a ela atribuída para que ficasse marcada a coincidência com a data da abolição da escravidão.

Esperança teria chegado a Porto Velho por volta do ano de 1911, a convite de um primo seu, o pai de santo Irineu dos Santos, que trabalhava na Estrada de Ferro Madeira-Mamoré (EFMM). Teria sido dele também a ideia de abrir um terreiro no local; o primeiro em toda a região. Esperança era casada com Raimundo Silva, de quem apenas se sabe que, como a maioria da população local, acabou trabalhando na EFMM.

A importância da ferrovia pode ser medida por um fato: a própria fundação de Porto Velho, cuja data oficial é 4 de julho de 1907, está ligada à construção da Madeira-Mamoré, no mesmo ano. Os trabalhos se estenderam até 1912, numa obra que adentrou 366 quilômetros na Amazônia, ligando aquela cidade a Guajará-Mirim. A estrada de ferro teve importância estratégica, uma vez que garantiu para o Brasil a posse da fronteira com a Bolívia e permitiu a colonização (e destruição) de vastas extensões do território amazônico. A obra ficou a cargo de um engenheiro norte-americano, que por sua vez contratou trabalhadores de uma companhia inglesa. Uma especificidade: grande parcela destes era oriunda de Barbados, na maioria negros ex-escravizados, libertos, forros e livres, que trouxeram para Porto Velho costumes britânicos — a religião anglicana, por exemplo — que se misturaram a suas origens africanas. Já os migrantes nordestinos que foram trabalhar na ferrovia levaram consigo as culturas afro-brasileiras de seus ancestrais misturadas com heranças indígenas.

A história de Mãe Esperança acompanha, assim, o registro histórico do Terreiro de Esperança, a construção da ferrovia, e marca a presença feminina na ocupação da Amazônia. Esperança era negra, iletrada, pobre, e teria sido ignorada, e até mesmo discriminada, entre os poucos moradores de Porto Velho. Ela era praticante do terecô e filha de Iansã, que no sincretismo afro-católico é representada por santa Bárbara.

Em Rondônia, os cultos de tambor de mina são muito divulgados, ao lado do terecô, que inclui elementos indígenas, como a pajelança, e africanos. E d. Esperança era sempre procurada por sua capacidade de cura, em geral associada ao terecô.

Primeiro instalou seu terreiro no bairro Mocambo, e depois, com o adensamento populacional, que comprometia a execução dos "trabalhos" de suas entidades, decidiu se mudar para a parte mais elevada da cidade, área que ficaria conhecida como bairro de Santa Bárbara.

Ainda em 1911, quando chegou à capital de Rondônia, Esperança teria ficado incomodada com a situação de penúria vivenciada pelas mulheres remanescentes entre as 44 ditas prostitutas que, colocadas à força nos porões insalubres do navio *Satélite*, haviam sido transportadas para Porto Velho em regime de deportação, na companhia dos marinheiros e de alguns simpatizantes que tomaram parte na Revolta da Chibata, no ano de 1910. Mãe Esperança é reconhecida como a primeira pessoa a lhes dar abrigo e devolver a elas a dignidade confiscada. Dessas moças, a que ganharia maior popularidade seria a Tucandeira, cujo prenome ela sempre omitiu. Negra, se diferenciava das demais. Além disso, em função de sua longevidade e da identificação com os cultos afros, ela acabou se tornando "filha" de Mãe Esperança.

As ações beneméritas e os trabalhos mediúnicos de d. Esperança intensificaram-se com a fundação, em 1914, do Recreio de Iemanjá e a criação da Irmandade de Santa Bárbara. Dois anos depois, seria erguida a capela de Santa Bárbara, também no bairro Mocambo.

Em sua prática cotidiana, constavam várias ações: a acolhida de pacientes humildes, a cura de seus males e as provisões imprescindíveis à sua subsistência. Essas pessoas eram instaladas em cômodos da Irmandade de Santa Bárbara, até serem transferidas para lugares mais apropriados, edificados nas cercanias do bairro, em terrenos obtidos, muitas vezes, com a interveniência de d. Esperança. Ela também acolhia em seu terreiro homens que vinham dos seringais, contagiados pela malária e castigados pela fome. Isso num lugar em que as condições sanitárias eram muito ruins, e os hospitais, médicos e medicamentos, pouco acessíveis para a maioria da população.

O batuque restaria aberto até 1944, quando foi transferido para a avenida Joaquim Nabuco. Já a Irmandade permaneceu no mesmo endereço até o ano de 1935; quando foi então mudada para a rua Paulo Leal, local em que a nova capela foi construída em 1946. Por determinação de Mãe Esperança, a Irmandade passou a ser chamada de Sociedade Beneficente de Santa Bárbara e funcionou até 1972.

Mãe Rita trouxe assim "esperança" e ética para uma região e um contexto marcados pela provisoriedade e pelos tratamentos muitas vezes indignos.

FONTES: Ary Tupinambá; Helena Theodoro; Mara Genecy Centeno Nogueira; Marta Valéria de Lima; Nábila Raiana Magno Pimentel; Nilza Menezes.

VEJA TAMBÉM: Carlota Alberta Burnett...; Lucas du Bissette...; Mãe Aninha; Mãe Agripina; Mãe Andresa; Mãe Beata de Iyemonjá; Mãe Biu; Mãe Luzia; Mãe Menininha; Mãe Olga do Alaketu; Mãe Senhora; Marcelina Obatossi; Nã Agotimé...; Tancredo da Silva Pinto.

MÃE LUZIA

c. 1854-1957 | MACAPÁ, AMAPÁ

Francisca Luzia da Silva nasceu em Macapá, provavelmente no ano de 1854, e por lá ficou conhecida como Mãe Luzia. Conta-se que era descendente do povo bantu. Para alguns, foi escravizada desde o seu nascimento até a abolição da escravatura, em 1888. Para outros, teria nascido em Mazagão Velho no dia 9 de fevereiro de 1869, sendo descendente dos habitantes que viviam no castelo de Mazagão, no Marrocos, e que Portugal os forçou a migrarem para a Amazônia, numa experiência de povoamento que acabou fadada ao fracasso.

Ela foi casada com Francisco Lino da Silva (ou Francisco Secundino), morador de Macapá, capitão da Guarda Nacional, prefeito de Segurança — cargo equivalente a delegado e subdelegado — e primeiro vereador negro eleito na cidade. O casal teve vários filhos, entre eles Tia Águida, Tia Milica e Cláudio Lino. A família possuía o "sítio Capitão", homenagem à patente de Francisco, e o retiro Matapi, em Campina Grande. Ambos eram produtivos: colhiam frutas, plantavam diversos legumes e coletavam leite de seringueira. Luzia cultivava roças de mandioca, cará e batata-doce na área próxima ao Poço do Mato, na época, importante manancial de água potável para a cidade.

Ao mesmo tempo, Luzia se dedicava aos pobres e abandonados, ministrando-lhes remédios caseiros, benzendo as crianças, curando seus males. Foi com sua mãe que aprendeu o ofício de parteira, e foi contemporânea da Vó Guardiana, a quem auxiliava todas as vezes que ela demandavava cuidados. Quando esta morreu, Luzia, seguindo a tradição das parteiras negras e africanas, passou a atender aquelas que a procuravam. Tudo era muito rudimentar, e ela recebia as grávidas numa estrutura de taipa; um casarão de telhado alto onde se distribuíam vários quartos que alugava para caixeiros-viajantes e romeiros.

Luzia atuava ainda como lavadeira e engomadeira de roupas brancas de linho. Sua clientela incluía também políticos influentes de Macapá. Um dos muitos frequentadores da casa era Janari Gentil Nunes (1912-84), governador do então território. Nos dias de festa a São José, macapaenses ricos e pobres recorriam aos seus serviços, uma vez que, naquelas circunstâncias, todos usavam roupas brancas. Segundo testemunhos, quando saía, Luzia usava uma bata branca bem engomada, e recebia visitas em casa trajada de acordo com os costumes de seu povo: saia rodada e seios expostos. Era querida na região, com as pessoas a procurando para que as benzesse e afastasse mau-olhado.

Nas ocasiões em que trabalhava como parteira, Luzia virava "santa". O certo é que filhas de "doutores" ou aquelas mais pobres sempre contavam com seu auxílio. Ela saía carregando uma trouxinha com os unguentos, andiroba, pracaxi, copaíba e outros segredos herdados de seus ancestrais. E foram milhares de bebês que ajudou a nascer, nos seus mais de cem anos de vida. Depois de tanta dedicação, Luzia acabou sendo contratada pela prefeitura, passando a ganhar uma quantia fixa por parto. Mesmo numa época em que ainda não se tinha ideia do que hoje chamamos de "cuidados pré-parto", Luiza já sabia como ajudar uma grávida na hora de dar à luz. E a parteira fez com que tantas crianças viessem ao mundo que o prefeito Coriolano Jucá (1856-1938) lhe atribuiu o título de Mãe Luzia: ela foi a mãe de muitos, inclusive dos filhos do coronel/prefeito.

Luzia faleceu em 23 de setembro de 1957, com 103 anos. Sua morte não encerrou o ciclo das renomadas parteiras e mulheres especialistas em plantas medicinais. Ela e Guardiana Mendes da Silva, a Vó Guardiana, traziam para a cidade as técnicas e os conhecimentos das populações negras e africanas. Mãe Luzia deixou uma sucessora, Vó Juliana, idosa como ela. Luzia teve sua memória eternizada quando se denominou a maternidade de Macapá, inaugurada no dia 13 de setembro de 1953, de Hospital da Mulher Mãe Luzia. Seu nome também ficou gravado na Rede de Parteiras Tradicionais do Amapá, criada em 1996. Mãe Luzia é até hoje uma referência para as parteiras tradicionais do Brasil, que continuam a utilizar técnicas milenares criadas na África e relidas no país.

FONTES: **Érico Vital Brazil;** ***O Liberal*;** **Schuma Schumaher.**

VEJA TAMBÉM: **Mãe Agripina; Mãe Andresa; Mãe Aninha; Mãe Beata de Iyemonjá; Mãe Biu; Mãe Dudu; Mãe Menininha; Mãe Olga do Alaketu; Mãe Senhora; Mãe Stella de Oxóssi; Marcelina Obatossi; Nã Agotimé...**

MÃE MENININHA

1894-1986 | SALVADOR, BAHIA

Nascida no ano de 1894 em Salvador, Maria Escolástica da Conceição Nazaré, conhecida como Mãe Menininha, foi uma das mais importantes lideranças das religiões afro-brasileiras, especialmente do candomblé. Iniciada ainda menina para Oxum, era sobrinha-neta de Mãe Pulquéria Maria da Conceição Nazaré (1840-1918), ialorixá do candomblé Ilê Iyá Omin Axé Iyamassê, mais conhecido como terreiro do Gantois, fundado por

Maria Júlia da Conceição Nazaré (?-1910) em 1849, após perder a disputa na sucessão à chefia do terreiro Casa Branca do Engenho Velho. Em 1922, com a morte da tia-avó, Menininha subiu ao trono do Gantois.

Com o nome civil de Sociedade Beneficente São Jorge do Gantois, o terreiro — localizado no Alto do Gantois, em Salvador — tornou-se, sob a chefia sacerdotal da ialorixá Mãe Menininha, o candomblé mais conhecido do Brasil. A partir de meados da década de 1960, período de fundamentais efervescências no plano da cultura e das mentalidades, o Brasil viveu profundas mudanças em relação aos modos de vida e aos códigos intelectuais, assim como ocorria sobretudo em países da Europa e nos Estados Unidos. A Bahia e sua cultura passaram a ser vistos como fontes de inspiração e de conhecimento para todas as artes, servindo ao Brasil como referência para uma nova identidade.

Foi essa descoberta da Bahia pelo resto do país que revelou o candomblé e suas mães de santo. Mãe Menininha do Gantois é a grande referência desse movimento. Quem desejava ir a Salvador queria conhecer Menininha, ouvir seus conselhos, beijar sua mão. Mãe de santo de cantores, escritores, compositores e muitos dos já iniciados no candomblé — o que inclui pais e mães de santo já estabelecidos com seus terreiros — procuravam o Gantois para refazer sua iniciação pelas mãos de Menininha. Em 1972, nas vozes de Gal Costa (1945-) e Maria Bethânia (1946-), e tantos outros, o Brasil inteiro aprendeu a cantar a música "Oração de Mãe Menininha", de Dorival Caymmi (1914-2008). Diz a letra: "A estrela mais linda, hein?/ Tá no Gantois/ E o sol mais brilhante, hein?/ Tá no Gantois/ A beleza do mundo, hein?/ Tá no Gantois/ E a mão da doçura, hein?/ Tá no Gantois/ O consolo da gente, ai/ Tá no Gantois/ A Oxum mais bonita, hein?/ Tá no Gantois/ Olorum que mandou/ Essa filha de Oxum/ Tomar conta da gente/ e de tudo cuidar/ Olorum que mandou/ iê ê ô ora iê ô".

Mãe Menininha comandou o candomblé do Gantois durante 64 anos, falecendo em 1986. Foi sucedida por uma de suas duas filhas biológicas, Mãe Cleusa Millet (1923-98), de Oxalá. Após a morte de Mãe Cleusa, subiu ao trono do Gantois, em 2002, a outra filha de Menininha, Mãe Carmen Millet (1928-), também de Oxalá.

— Com Reginaldo Prandi

FONTES: Cida Nóbrega; Nei Lopes; Regina Echeverria.

VEJA TAMBÉM: Bamboxê Obitikô; Mãe Agripina; Mãe Aninha; Mãe Andresa; Mãe Beata de Iyemonjá; Mãe Biu; Mãe Dudu; Mãe Esperança Rita; Mãe Luzia; Mãe Olga do Alaketu; Mãe Senhora; Mãe Stella de Oxóssi; Marcelina Obatossi; Nã Agotimé...

MÃE OLGA DO ALAKETU

1925-2005 | SALVADOR, BAHIA

Nascida em Salvador no ano de 1925, Olga Francisca Régis foi uma importante ialorixá, mãe de santo do candomblé. Com o nome da iniciação religiosa Oyá Funmi e conhecida como Olga do Alaketu, comandou o candomblé Ilê Mariolajê, também chamado de terreiro do Alaketu, que segundo registros da tradição oral foi fundado no século XIX pela africana

Otampê Ojarô, descendente de uma das famílias reais da cidade de Ketu, no atual Benin. Otampê Ojarô casou-se com Porfírio Régis, ou Babá Laji, e junto com ele adquiriu um terreno em Matatu de Brotas, em Salvador, onde instalaram o terreiro do Alaketu, nome que significa "rei de Ketu", hoje tombado como patrimônio histórico. Iniciada para Iansã, Olga era filha de Dionísia Francisca Régis, descendente de Otampê Ojarô. Seus filhos de santo hoje chefiam terreiros espalhados por todo país.

Mãe Olga transitava com facilidade e elegância entre autoridades brasileiras. Muitas vezes recebida por presidentes e embaixadores, seu nome era citado com frequência em revistas de circulação nacional. Durante anos viveu em São Paulo, numa casa na Vila Madalena onde recebia filhos de santo, pais e mães de santo e vários amigos. No entanto, nunca abandonou seu terreiro, viajando a Salvador nos períodos de festas e obrigações religiosas do Ilê Mariolajê. Quando voltou definitivamente a Salvador, onde passou seus últimos anos, deixou na casa na qual viveu em São Paulo uma enorme gameleira branca, a materialidade de Iroko, seu segundo orixá.

Mãe Olga do Alaketu teve papel importante na expansão do candomblé, ampliando suas bases sociais de apoio e proteção. Em 1966, integrou a delegação brasileira que participou do Festival Mundial de Artes Negras, em Dakar, Senegal. Foi talvez a última ialorixá a falar fluentemente o ioruba, a língua sagrada dos orixás, idioma no qual conversava com seus filhos biológicos.

— *Com Reginaldo Prandi*

FONTES: Nei Lopes; Reginaldo Prandi; Teresinha Bernardo.

VEJA TAMBÉM: Bamboxê Obitikô; Mãe Agripina; Mãe Aninha; Mãe Andresa; Mãe Beata de Iyemonjá; Mãe Biu; Mãe Dudu; Mãe Esperança Rita; Mãe Luzia; Mãe Menininha; Mãe Senhora; Mãe Stella de Oxóssi; Marcelina Obatossi; Nã Agotimé...

MÃE SENHORA

1900-67 | SALVADOR, BAHIA

Maria Bibiana do Espírito Santo, de nome religioso Oxum Muiuá, mais conhecida como Mãe Senhora, nasceu em 1900 e foi a terceira ialorixá do terreiro baiano de candomblé Ilê Axé Opô Afonjá. Foi iniciada pela ialorixá Eugênia Ana dos Santos (1869-1938), Mãe Aninha, Obá Biyi, fundadora do terreiro. Com a morte de Maria da Purificação Lopes, ou Mãe Bada Olufon Deí (?-1941), tornou-se a ialorixá do Opô Afonjá em 1942, cargo que ocupou até sua morte, em 1967.

Durante sua liderança, deu continuidade ao trabalho de Mãe Aninha. Reforçou os laços com as populações negras da Bahia e do Rio de Janeiro, vindo a ser nacionalmente conhecida. Ampliou e renovou as instalações físicas do terreiro, sempre dedicada ao movimento de expansão, legitimação e descriminalização do candomblé e das religiões de origem africana. Cercou-se também de pessoas politicamente influentes e de intelectuais e profissionais de prestígio. Iniciou muitos filhos de santo. Estiveram a seu lado o antropólogo Vivaldo da Costa Lima (1925-2010), o fotógrafo e etnógrafo Pierre Fatumbi Verger (1902-96), o artista plástico

Carybé (1911-97) e o escritor Jorge Amado (1912-2001), entre muitos outros.

Mãe Senhora partilhava com Pierre Verger o interesse em estreitar relações com países da África: Nigéria, Gana, Benin, Gana. Recebia no terreiro embaixadores e altas autoridades desses países. Em 1965, compareceu ao estádio do Maracanã, no Rio de Janeiro, para receber o título de Mãe Preta do Brasil. Quando floresciam os estudos antropológicos e sociológicos sobre as religiões dos orixás, a passagem pelo candomblé de Mãe Senhora era parte obrigatória da agenda dos pesquisadores.

No encerramento do IV Colóquio Luso-Brasileiro, realizado pela Universidade Federal da Bahia em 1957, data em que completava cinquenta anos de sua iniciação, Mãe Senhora ofereceu aos participantes um banquete com as comidas de Xangô, como o fizera sua mãe de santo, Aninha Obá Biyi, em 1937, no II Congresso Afro-Brasileiro. Senhora não somente afirmou o patrimônio deixado por Mãe Aninha e Mãe Bada, como consolidou definitivamente o modelo de candomblé ketu, de origem ioruba ou nagô, que a partir de sua época se espalhou por todo o país.

Ritualmente ligada também aos terreiros de culto aos antepassados eguns da ilha de Itaparica, Mãe Senhora viu seu filho biológico Deoscóredes Maximiliano dos Santos (1917-2013), conhecido como Mestre Didi, ocupar tanto em seu terreiro de orixás como nos de Itaparica os postos mais elevados do sacerdócio. Bebendo na cultura afro-brasileira em que foi criado, Didi veio a se tornar, além de escritor, artista plástico reconhecido internacionalmente. Com isso, Mãe Senhora completava sua forte ligação com as artes nascidas ou inspiradas na Bahia negra. Faleceu em 1967.

— *Com Reginaldo Prandi*

FONTES: Cida Nóbrega; Deoscóredes Maximiliano dos Santos (Mestre Didi); José Félix dos Santos; Nei Lopes.

VEJA TAMBÉM: Bamboxê Obitikô; Mãe Agripina; Mãe Aninha; Mãe Andresa; Mãe Beata de Iyemonjá; Mãe Biu; Mãe Dudu; Mãe Esperança Rita; Mãe Luzia; Mãe Menininha; Mãe Olga do Alaketu; Mãe Stella de Oxóssi; Marcelina Obatossi; Mestre Didi; Nã Agotimé...

MÃE STELLA DE OXÓSSI

1925-2018 | SALVADOR, BAHIA

Nascida no ano de 1925, em Salvador, Maria Stella de Azevedo Santos, que recebeu o nome iniciático de Odé Kaiodê, foi uma destacada liderança das religiões afro-brasileiras, notadamente o candomblé. Seguindo os passos de Mãe Aninha (1869-1938) e Mãe Senhora (1900-67), de quem era filha de santo, Mãe Stella de Oxóssi comandou o Ilê Axé Opô Afonjá, terreiro de candomblé de nação ketu, a partir de 1976.

Mãe Stella de Oxóssi teve participação decisiva no processo de dessincretização do candomblé, abandonando as práticas católicas que nos terreiros marcavam a religião afro-brasileira como crença subordinada à Igreja. Removeu do Axé Opô Afonjá os símbolos cristãos e práticas rituais como imagens de santo e a frequência à missa. Procurou unir os mais importantes terreiros da Bahia e depois de outras partes do país nesse movimento, ministrando conferências e publicando livros. Manteve durante anos coluna regular em jornal de Salvador. Em 2013, foi eleita membra da Academia Baiana de Letras.

Em 1999, recebeu a medalha da Ordem do Mérito Cultural do Ministério da Cultura, por sua liderança na defesa da cultura e identidades negras no Brasil.

— *Com Reginaldo Prandi*

FONTES: Nei Lopes; Vera Felicidade de Almeida Campos.

VEJA TAMBÉM: Bamboxê Obitikô; Mãe Agripina; Mãe Aninha; Mãe Andresa; Mãe Beata de Iyemonjá; Mãe Biu; Mãe Dudu; Mãe Esperança Rita; Mãe Luzia; Mãe Menininha; Mãe Olga do Alaketu; Mãe Senhora; Marcelina Obatossi; Nã Agotimé...

MAHITICA

SÉC. XIX | ÁFRICA CENTRAL; RIO DE JANEIRO

No norte de Angola, em outubro de 1829, Mahitica subiu mais uma vez ao convés de uma embarcação negreira, pois era um *bomba* — espécie de intérprete, porta-voz das determinações dos capitães dirigidas aos cativos acorrentados, um papel que executava para traficantes portugueses, cubanos e brasileiros que ancoravam no porto de Cabinda. Nesse dia, porém, acabaria acorrentado pelo capitão do *Amizade Feliz*, Ramiro Xavier de Morais, acusado de supostos roubos, fraudes e assassinatos, envolvendo traficantes nos barracões do litoral.

Mahitica foi então trazido para o Rio de Janeiro como escravizado e vendido para José Bernardino de Sá, conhecido comerciante do Valongo. No Rio, Mahitica encontraria outros africanos que conhecera nos portos do Congo Norte, entre eles um cabinda de nome José. Os dois fugiram e foram pedir asilo no Arsenal de Marinha, na ilha das Cobras, onde Mahitica contou a história da emboscada que sofrera no litoral africano e o seu envio para o Brasil.

Histórias de outros africanos comercializados surgiriam na mesma época. Em 1830, autoridades da Corte imperial receberiam a petição do africano Domingos, que alegava ser filho do rei de Cabinda e que teria "sido roubado em 1821 a seu pai" e enviado para a Corte pelo capitão do navio Francisco de Medeiros, sendo depois vendido ao seu irmão, o traficante Antônio José de Medeiros, morador na rua do Sabão. Solicitava a liberdade e o reenvio para Cabinda, justificando que tal fato já era do "conhecimento de seu pai", que inclusive tinha em seu resgate "mandado três escravos". Mesmo assim, ele permanecia "em título de cativo".

Começaria, então, uma grande disputa jurídica. Em 25 de janeiro de 1831, o intendente de Polícia da Corte informava ao ministro da Justiça que a argumentação do africano Domingos era falsa e sem fundamento. O capitão Francisco de Medeiros garantiu que em 1826 havia comprado o escravo em Cabinda junto a Mafuca Maniso, traficante africano. Chegou a dar detalhes do contexto: quando o rei de Cabinda era o príncipe Mambaxe, que tinha um filho pequeno de nome Vaba.

Memórias dessas experiências transatlânticas aparecem em outras histórias orais africanas no século XX publicadas em 1934 por Domingos José Franque, ou Boma-Zanei-N'Vimba, representante da importante família Franque, de comerciantes na região do rio Zaire. Domingos Franque se apresentava como um dos guardiões da memória do povo ngoio, de Cabinda. Alguns fatos evocados por ele se conectam com os eventos na Corte imperial, como a história do africano Tati, filho de um Mafuca, vendido ao capitão de um navio negreiro por dívidas entre famílias. Posteriormente, Tati ganhou a liberdade e voltou à sua terra num navio negreiro. É o que conta também a memória do reinado de Gimbi N'pandi Sili, o quinto rei do Ngoio, vendido e resgatado pelo príncipe Pucuta Poabo, assim como um tal Tati, o filho do rei sequestrado e vendido por vingança de seu tio para um "capitão de um navio negreiro, que nessa altura fazia negócio de escravatura no porto de Ngoio". Nesses relatos, que não trazem data ou local, há a referência ainda a "Mongovo velho Mahitica do povo grande", que reclamou que lhe fosse entregue o príncipe. O comandante do barco, porém, não lhe obedeceu. Mahitica seria a mesma pessoa que em 1830 teria vindo ao Brasil no brigue *Amizade Feliz*? Se, na memória de Domingos, o africano Mahitica aparece com o nome inicial de "Mongovo Velho", que significava velho "ajudante do rei", na documentação policial da Corte ele é acusado de ter cometido crimes em Cabinda e por isso ter sido escravizado.

Mahitica, José, Domingos, Tati e Vaba — africanos cabindas — podem tanto ter realizado travessias e construído memórias reinventadas, juntando pequenos pedaços de experiências nos mundos da escravidão na África, mais especificamente no Congo Norte e na Corte do Rio de Janeiro nas décadas de 1820 e 1830, como terem sido elos dos traumas de escravização e tráfico de Cabinda para as Américas e para o Brasil durante o século XIX. Por enquanto, não há como ter certeza.

FONTES: **Carlos Eugênio Líbano Soares; Flávio dos Santos Gomes; Juliana Barreto Farias.**

VEJA TAMBÉM: **Cipriano Pires Sardinha; D. Diogo; Duarte da Costa; José Custódio Joaquim de Almeida; Rufino José Maria.**

MAHOMMAH BAQUAQUA

SÉC. XIX | ÁFRICA OCIDENTAL; RECIFE, PERNAMBUCO; RIO GRANDE DO SUL; RIO DE JANEIRO; ÁFRICA OCIDENTAL; NOVA YORK; HAITI; CANADÁ; INGLATERRA

Baquaqua foi um dos africanos que ficou mais famoso depois de sua passagem como escravizado pelas Américas e pelo Brasil. Foi ele quem legou os registros detalhados sobre sua experiência da travessia negreira e chegada a um porto atlântico. Como homem liberto, escreveu um livro de memórias numa perspectiva abolicionista, descrevendo os horrores da escravidão e suas passagens por Brasil, Haiti, Inglaterra e Estados Unidos.

Ao que se sabe, Mahommah Gardo Baquaqua, nome islamizado que assumiu, teria pertencido a uma proeminente família africana de Zoogoo (atual Benin), na África Ocidental, tendo sido lá escravizado. Foi trazido para o Brasil na década de 1840, portanto já no período do tráfico ilegal. No seu livro ele narra como se deu sua escravização na África, bem como todas as dimensões reais e simbólicas desse processo. Descreve ainda o interior do navio negreiro e o litoral africano, no contexto de seu pré-embarque. Já na embarcação negreira teve seu primeiro contato com a língua inglesa; ouviu a palavra "*free*" (livre) ser proferida por marinheiros e "línguas" — tradutores africanos que viajavam nos navios traficantes. Ao desembarcar no porto brasileiro, reconheceria africanos da sua região de origem, identificando-os pelo corte de cabelo.

Já no Recife, Baquaqua atuou numa área urbana, tendo sido cativo de um padeiro, morador de Olinda. São detalhadas as suas narrativas sobre essas primeiras experiências, que incluíam castigos, fugas, consumo de bebida alcoólica e até mesmo sua tentativa de suicídio. Baquaqua deve ter ficado no Recife por quase dois anos, entre 1845 e 1847. Depois foi vendido para um capitão de navio, que viajou para o Rio Grande do Sul. Trabalhou, então, como escravizado em embarcações que faziam carregamentos de charque. Em seguida, foi para o Rio de Janeiro e em 1847 fugiu para Nova York. Capturado, foi posteriormente resgatado por abolicionistas. Suas experiências marítimas o ajudaram a viajar para o Haiti, onde se aproximou de um pastor missionário batista — William L. Judd —, convertendo-se ao cristianismo. Em 1848, Baquaqua retornou para Nova York e mais tarde seguiu para o Canadá. Passados alguns anos, iria para a Inglaterra, e ainda tentaria ser missionário na África. Seu relato autobiográfico foi lançado em 1854 — quando ele residia no Canadá — com a ajuda do abolicionista norte-americano Samuel Moore, numa publicação que se inseria na literatura de cunho antiescravista de sua época.

Contando com histórias quase surreais, foram vários os africanos que circularam pelos quatro cantos do mundo, vivendo da liberdade à escravidão e depois adquirindo nova condição. Praticamente na mesma época de Baquaqua, encontramos o africano Joaquim Mina (na verdade Osifekunde, um comerciante ijebu), capturado no delta do Níger e trazido ao Rio de Janeiro em 1820. Revelado pelas pesquisas de Aderivaldo Ramos de Santana, foi cativo do negociante francês Jean-Baptiste Navarre, chegando a viajar para a França em 1837, onde acabaria se tornando um homem livre e em contato com geógrafos e letrados.

Viajantes atlânticos, esses africanos conheceram a escravidão em diferentes margens do Oceano e forjaram sua liberdade.

FONTES: **Aderivaldo Ramos de Santana; Nielson Rosa Bezerra; Paul E. Lovejoy; Robin Law; Roquinaldo Ferreira; Silvia Hunold Lara.**

VEJA TAMBÉM: **Emiliano Mundrucu...; Joaquim de Souza Ribeiro.**

MALUNGUINHO

SÉC. XIX | RECIFE, PERNAMBUCO

Não é raro ouvir na periferia do atual Recife tambores entoando o canto: "Malunguinho na mata é rei! Malunguinho na mata ele rei! Pisa, pisa Malunguinho, tira as estrepes do caminho!". Assim, repercute na Jurema sagrada, uma série de experiências religiosas afro-indígenas praticadas no Nordeste, em especial nos estados de Pernambuco, Alagoas e Paraíba. Essas são dimensões mágico-religiosas, originadas no período colonial mas difundidas no século XIX. Nelas se juntaram culturas imateriais e materiais de centro-africanos, conectadas com a cosmovisão de microssociedades indígenas e, ainda, aliadas a significados do espiritismo disseminados no fim do século XIX e nas primeiras décadas do século XX. Há muito de invenção e de criação cultural nessas histórias, bem como traços de continuidades e permanências.

Malunguinho era um líder quilombola no Pernambuco oitocentista. Era rei da floresta do Catucá, na conhecida Zona da Mata, nas circunvizinhanças do Recife. Ali o número de quilombos cresceu muito na década de 1820. As guerras que estouraram entre as elites, em torno da chamada Revolução de 1817 e depois motivadas pela Confederação do Equador, num Nordeste insurgente, anticolonial e unificado, só fizeram aumentar ainda mais as fugas e a formação de quilombos, nas bordas das fazendas, nas vilas e nas cidades de Olinda e Recife. A tradição quilombola do Nordeste seria, então, restaurada. No primeiro quartel do século XIX, comentava-se que quilombolas reuniam homens e armas, articulando vários grupos de fugitivos escravizados, além de desertores militares e acusados de crimes. Já nessa época o nome do principal líder dos quilombos era Malunguinho. Chegou-se a oferecer 100 mil-réis pela cabeça desse chefe.

Os nomes de Manuel Gabão, um africano da costa ocidental, e de João Pataca e João Bamba, líderes de mocambos, também eram mencionados. Eram muitos os quilombos e grande a repressão, sobretudo na segunda metade da década de 1820. Em 1826, uma só expedição conseguiu capturar mais de sessenta quilombolas na região do Catucá, tendo sido localizados vários mocambos e abundante lavoura ao redor deles. Como vingança, os quilombolas foram acusados de atacar e queimar engenhos. Os mocambos eram móveis, formados por diferentes grupos que se conectavam num sistema de defesa e ataque, além de realizarem trocas mercantis.

Malunguinho era "real" e ao mesmo tempo uma "lenda". Alguns diziam, inclusive, que havia mais de um Malunguinho. O principal deles teria sido o africano João Batista (?-1835). "Malungo" era, na verdade, como se tratavam os escravizados companheiros do mesmo navio negreiro. Assim, pessoas que tinham vindo juntas da África, no mesmo tumbeiro, eram consideradas malungos umas das outras. É muito provável que tal rearranjo, ou parentesco simbólico, tenha sido estendido àqueles que posteriormente foram vendidos juntos ou fugiram juntos.

Não temos muitas informações sobre o malunguinho João Batista. Não é coincidência que, nos terreiros de Jurema, a imagem utilizada na representação da entidade Malunguinho seja a de são João Batista, num fenômeno de hibridização cultural dos centro-africanos, de populações indígenas e do espiritismo da linha de Allan Kardec (1804-69).

Atualmente, Malunguinho é mestre, caboclo e exu. No passado livrava da captura, agora livra da inveja e dos infortúnios.

FONTE: João Monteiro; Marcus J. M. de Carvalho; Valéria Gomes Costa.

VEJA TAMBÉM: Anastácia; Chica Machado; Chico Rei; João Mulungu; Lucas Evangelista; Manuel Padeiro...; Teresa Bicuda.

MANDILACOTA

SÉC. XIX | ÁFRICA ORIENTAL; RIO DE JANEIRO

Mandilacota foi uma africana oriental que chegou viva de uma viagem interceptada por embarcações inglesas ao longo da costa oriental, de onde partiam navios com escravizados africanos — moçambiques, quelimanes, inhambanes, lourenço-marquinos, macuas, senas e mucenas —, cuja travessia para o Brasil podia durar sessenta dias. Era o dobro do tempo que demoravam as embarcações que saíam de Luanda, Benguela, Cabinda, Luango, na África Central, ou de Lagos, Benin e Costa da Mina, na África Ocidental. O caso de Mandilacota ilumina também a biografia de mulheres escravizadas num momento crucial da vida delas: a travessia atlântica. A bordo, elas eram franca minoria; os carregamentos de escravizados africanos eram majoritariamente masculinos, na proporção de dez homens para duas ou três mulheres.

Mandilacota é um dos poucos nomes pronunciados por Pascoe Grenfell Hill (1804-82), que coletou algumas palavras como amostra das línguas dos africanos que vieram no navio *Progresso*, de 140 toneladas, capturado pela Marinha inglesa e levado para Freetown, Serra Leoa. Ela e mais alguns africanos com nomes revelados, além de dezenas de outros anônimos, apareceriam no diário do reverendo Pascoe Hill, um libelo antiescravista.

Partindo de Paranaguá, no litoral paranaense, com destino à África Oriental e retorno planejado para o Rio de Janeiro, o navio *Progresso* foi apresado em 1842, quando a embarcação saía das proximidades do litoral de Quelimane. Tratava-se de um negreiro com bandeira brasileira, atuando após a proibição do tráfico, sob a direção do capitão Antônio Rodrigues Chaves. Quem o capturou foi o *HMS Cleopatra*, do comandante inglês Christopher Wyvill (1792-1863). O navio estava carregado com 447 escravizados, afora uma tripulação de dez pessoas, entre capitão, marinheiros e cozinheiros. A tragédia costumeira estava ali bem representada: condições subumanas, com índices de mortalidade que giravam em torno de 20% a 30%. Havia na embarcação 189 homens, 45 mulheres e 213 crianças. Considerando-se somente os adultos, as mulheres eram quase 24%. A essa altura, 177 africanos tinham perecido de varíola, disenteria e por outras causas — ou seja, 40% haviam morrido. O diário de Pascoe Hill, publicado com o título *Cinquenta dias a bordo de um navio negreiro*, conta em primeira pessoa os dias, as horas e as noites de dores, gritos, mortes e um clima de terror generalizado. Sua narrativa impressiona pelos detalhes da convivência com centenas de africanos e a tripulação, após a interceptação.

O pastor lembrou que logo depois da captura havia no convés uma multidão de "negros nus", todos na "maior confusão" e "tendo se revoltado antes". Com o apresamento do navio, foi instalada uma nova rotina: "os negros recentemente liberados dormiam ou ficavam quietos ao longo do tombadilho", e com "seus corpos magros e flexíveis se entrelaçavam em grupos surpreendentemente pequenos".

Ao anoitecer, pareciam "mais uns amontoados confusos de braços e pernas do que formas humanas distintas". Logo começariam a morrer. Na quarta-feira 13 de abril, de uma só vez, 54 "corpos esmagados e lacerados foram içados do tombadilho dos escravos trazidos para o passadiço e jogados no mar", registraria o pastor no seu diário. Todas as mulheres haviam sido "calmamente" levadas para "outro espaço" e eram, assim como as crianças, mantidas separadas. Pascoe detalharia situações de refeição e mortes coletivas ou individuais, naquela temporada em que acompanhou a embarcação negreira até o Rio de Janeiro, antes que ela se dirigisse para Serra Leoa. Retratou também a morte de uma escravizada que tinha reclamado de dor no estômago na véspera. De manhã, foi encontrado o corpo de uma moça "bem-feita, na fase de se tornar mulher, aparentando uns dezoito anos". Mais uma mulher anônima.

A personagem aparece nas minuciosas narrativas sobre as tragédias e a mortalidade nos navios negreiros. Ela, Berezida, Citânia e Banzuvery foram as únicas mulheres africanas que tiveram o nome citado pelo reverendo. Entre os homens, foram mencionados Shematonga, Condivenga, Chapanduco e Zakaly, além dos meninos Macarelo, Quelinga, Catula e Carrepa.

As mulheres africanas — minoria não apenas nos navios negreiros como nas primeiras gerações de escravizados — tiveram grande importância: nas relações de trabalho, na família, na cultura material e nos arranjos sociais criaram suas próprias histórias. No século XVI, durante um embarque de escravizados realizado por portugueses na África, um piloto de navegação comentou a necessidade de separar homens e mulheres nos porões dos navios negreiros. Segundo ele, quando viajavam com os homens, as mulheres frequentemente os instigavam a se revoltar contra a tripulação. Sobrevivente, Mandilacota deve ter sido batizada e adquirido um nome cristão, permanecendo em Serra Leoa ou voltando, na condição de africana livre, para o Brasil.

FONTES: Alberto da Costa e Silva; Cláudio de Paula Honorato; Júlio Cesar Medeiros da Silva Pereira; Manolo Florentino; Pascoe Grenfell Hill.

VEJA TAMBÉM: Duarte da Costa; Macutandu...; Querengue...; Rufino José Maria.

MANUEL CONGO

?-1839 | ÁFRICA CENTRAL; PATY DO ALFERES, RIO DE JANEIRO

Manuel Congo liderou uma das maiores revoltas escravas do Rio de Janeiro no século XIX. Em 1838, no coração cafeeiro do Sudeste escravista, aconteceu uma insurreição articulada à formação de um quilombo. No dia 5 de novembro, centenas de cativos do capitão-mor Manuel Francisco Xavier (?-1840) abandonaram as senzalas, assaltando as fazendas Freguesia e Maravilha, entre Paty do Alferes e Vassouras. Após a pilhagem das vivendas, os revoltosos se dividiram em dois grupos e empreenderam a fuga pelas matas de Santa Catarina, como era conhecida a floresta circunvizinha. Houve imediata repressão, com envio de tropas da Guarda Nacional; ocorreram combates, mortes, prisões, julgamentos e condenações.

Manuel Congo, ferreiro, foi acusado de ser "rei" do quilombo. O escravo Miguel, nascido no Brasil, referiu-se a ele como "mestre". Pode-se sugerir que este era o modo de a comunidade se organizar, sempre em torno de hierarquias e relações de trabalho. Por exemplo, entre os acusados da revolta estavam vários ferreiros, que podiam tanto consertar armas como fabricar lanças e flechas, sem levantar suspeitas. Por isso, para preparar uma rebelião, contar com a colaboração de ferreiros era muito importante.

A liderança de Manuel Congo poderia, contudo, estar associada também às dimensões da cultura imaterial, incluindo aí as funções religiosas. Emília Congo, uma africana já idosa, ao ser indagada por que havia escapado, declarou que "não fugiu por seu gosto", mas sim influenciada por outros cativos, entre os quais "*pai* Manuel Congo". Por sinal, a designação "pai" aparece em outros depoimentos.

Além do mais, investigações e denúncias presentes nos jornais revelariam que a revolta de 1838 tinha sido comandada por cativos com "fama de feiticeiros".

Em 1838 havia muitas lideranças africanas presentes na estrutura, no planejamento, na organização e na liderança da insurreição, sugerindo que ali africanos procedentes de várias regiões da África Central estavam se transformando numa só comunidade étnica.

Passado quase um ano, em setembro de 1839, Manuel Congo, o único escravizado condenado à morte por ter liderado a insurreição quilombola e ter assassinado duas pessoas durante a batalha nas matas de Santa Catarina, era levado à forca.

FONTES: Alan de Carvalho Souza, Camilla Agostini; Eliseu Júnio Leite de Vargas; Fábio Pereira de Carvalho; Flávio dos Santos Gomes; Spirito Santo.

VEJA TAMBÉM: Cecília...; Curukango; Delfino; João Mulungu; Lucas Evangelista; Mariana, uma rainha...

MANUEL DA MOTA MONTEIRO LOPES

c. 1867-1910 | RECIFE, PERNAMBUCO, RIO DE JANEIRO

Ainda pouco conhecido do grande público, Monteiro Lopes foi uma liderança política e parlamentar negra com proeminência no alvorecer do século XX. Filho de Jerônimo da Mota Monteiro Lopes e de Maria Egipcíaca de Paula Lopes, Manuel da Mota Monteiro Lopes nasceu em fins de 1867, no Recife.

É possível que seus pais fossem filhos de libertos. Consta que Jerônimo era um operário, e a escolarização deve ter sido encarada como uma missão familiar: dos quatro irmãos de Monteiro Lopes, os homens se dedicaram à advocacia, e as mulheres, ao magistério. José Elias Monteiro Lopes foi ainda juiz de direito em Cametá, no Pará, e João Clodoaldo Monteiro Lopes, um expressivo republicano atuante no Recife. Suas irmãs, Maria Júlia e Taciana Monteiro Lopes, se tornaram professoras.

Monteiro Lopes fez sua formação escolar na cidade do Recife, tendo estudado no Ginásio Pernambucano. Em 1883, já era bacharel em humanidades, e em 1889 estava formado pela conhecida Faculdade de Direito do Recife. Atuou como advogado em sua cidade natal até 1892, migrando em seguida para Manaus, onde ocupou postos na promotoria de Justiça e como magistrado.

Em 1894, Monteiro Lopes mudou-se para o Rio de Janeiro, dando continuidade a suas atividades de advogado e jornalista. Foi morar nas proximidades do Caju, e montou um escritório no coração do centro carioca.

No Rio de Janeiro, Monteiro Lopes estabeleceu contatos com operários, veteranos da Guerra do Paraguai (1864-70), professores, líderes sindicais e jornalistas brancos ou negros. Entre eles, estavam nomes como Evaristo de Morais (1871-1939), José do Patrocínio (1853-1905), Hemetério dos Santos (1858-1939), Libânio de Sousa e Ezequiel dos Santos.

Participou da Irmandade de Nossa Senhora do Rosário e São Benedito, da Sociedade União dos Homens de Cor do Rio de Janeiro e de outras associações operárias, nacionais e internacionais. Consta ainda que mantinha contato com associações negras de Pelotas e Campinas, como a Federação Paulista dos Homens de Cor e o Colégio São Benedito, além de se comunicar com as suas lideranças, como Rodolfo Xavier (1874-1964), Benedito Florêncio (?-1958), entre outros.

O advogado e jornalista morou no Rio num momento de efervescência política e cultural. Com um escritório montado na praça Tiradentes, estava próximo dos principais cafés e confeitarias, onde circulavam desde letrados, jornalistas, teatrólogos, republicanos jacobinos, estudantes das faculdades de direito e medicina até boêmios.

Nos primeiros anos do século XX, esteve envolvido em vários debates a respeito do direito à cidadania da população pobre e negra. Ele viveu ali o período anterior e o imediatamente posterior à administração de Pereira Passos (1902-6) e sua reforma urbana que, além de cuidar da parte sanitária da cidade e do cais do porto, transformou a então capital do Brasil num cartão-postal, expulsando a população pobre e de maioria negra. Moradia, saneamento, epidemias, violência policial e repressão eram, pois, temas cotidianos.

Atuou no Conselho Municipal, apoiando as reivindicações de trabalhadores. Participou também da eleição de 1909 pelo Partido Republicano Democrata. Sua campanha foi acompanhada pela imprensa com muita calúnia, ironia e galhofa. Enquanto o jornal *O Seculo* o desmoralizava, afirmando que não passava de "uma nuvem escura no horizonte", o periódico *Correio da Manhã* deu uma nota dizendo que, com Monteiro Lopes, no dia das eleições podia "ficar tudo preto".

Acabou sendo eleito, mas a princípio sua vitória não foi validada pela Comissão de Verificação de Poderes. Sua posse acabou cercada de conflitos, demonstrações de intolerância e argumentos que procuravam anular sua eleição.

Em 1909, por coincidência no dia 13 de maio, comemorou-se a posse de Monteiro Lopes, além do 21º aniversário da abolição. Infelizmente, porém, ele não conseguiu terminar seu mandato como deputado federal. Faleceu em dezembro de 1910, aos 43 anos.

FONTES: Carolina Vianna Dantas; Martha Abreu; Petrônio Domingues.

VEJA TAMBÉM: Cardoso Vieira; Cícero Brasiliense de Moura...; Elyseu Elias César; Hemetério José dos Santos; José do Patrocínio; Tobias Barreto.

MANUEL DO SACRAMENTO

SÉC. XIX | CAMPOS DOS GOYTACAZES, RIO DE JANEIRO

Abolicionistas não precisaram "conclamar" os escravizados nas senzalas para mobilizá-los, nem explicar a eles, didaticamente, o contexto político em que viviam. Pelo contrário, hoje temos registros de como uma série de episódios geraram, no interior das senzalas, expectativas que alcançavam os jornais e gabinetes. Ainda mais da década de 1870 em diante, contexto de grande efervescência política do debate emancipacionista. É nesse momento que aparece nos registros o nome de Manuel do Sacramento [Manoel Çacramento]; sobretudo nas investigações em torno de uma suposta tentativa frustrada de revolta no município de Campos, em 1877. Estudos como os de Carlos Eugênio Soares de Lemos, Flavio dos Santos Gomes e Rafaela Machado Ribeiro mostraram como, na fazenda do Queimado, pertencente ao comendador Julião Ribeiro de Castro (1806-88), surgiram denúncias de que os escravizados preparavam uma insurreição. Uma delação escancarou o plano. A propriedade foi cercada de madrugada por um destacamento policial, e os cativos, acusados de serem líderes, foram presos quando "dormiam nas senzalas".

Com as investigações em curso, as queixas recaíram sobre o "crioulo Manuel do Sacramento", que havia aprendido "particularmente a ler e escrever". Segundo as delações, ele estaria influenciando a insubordinação na fazenda, pois "vinha de noite à cidade comprar o *Monitor Campista* e outras folhas incendiárias que se publicam nesta cidade", e "as lia e as explicava aos seus companheiros que facilmente compreenderam que tinham direito à sua liberdade e resistirem a seus senhores".

Na fazenda do Queimado os cativos estavam inquietos: "despeitados pelo fato das liberdades pelo Fundo de Emancipação" não acontecerem, e desconfiados do sorteio, "resolveram praticar aquele ato de insurreição". Diante do que entendiam ser "engodo e negação" por parte dos fazendeiros da região, e lutando por seus "direitos", planejaram invadir a sede da fazenda quando o senhor estivesse "tomando chá" e exigir que lhes "desse cartas de liberdade, pois se consideravam livres desde novembro do ano passado e porque se julgavam credores de salários desde aquela data".

Havia rumores, ainda, de que escravizados de uma fazenda vizinha, denominada Saco, "aguardavam o resultado da tentativa da fazenda do Queimado, para então também saírem a campo". Naquela conjuntura — mais especificamente no ano de 1877, em Campos —, os escravizados andavam bem informados, por meio de jornais que alguns poucos cativos crioulos alfabetizados liam, sobre os principais debates políticos que lhes poderiam interessar; no caso, o Fundo de Emancipação.

Não era a primeira vez que surgiam notícias sobre protestos dos escravizados na fazenda do Queimado. Cinco anos antes, no começo de 1872, vários cativos estavam aquilombados nas matas dessa fazenda. Na ocasião, foi enviada uma expedição para capturá-los, mas só se encontraram "ranchos" abandonados. Considerando-se os padrões do Norte Fluminense oitocentista, a fazenda do Queimado era uma grande propriedade escravista. Uma avaliação sobre a escravatura, feita em 1879 — ou seja, dois anos após a tentativa de insurreição —, indicava a existência de cerca de 180 escravizados: 45% até 21 anos, 18% africanos e 42% casados.

Manuel do Sacramento, denunciado como líder, foi preso no início de maio. Com a abertura do inquérito policial, muitos cativos revelariam suas expectativas. Mais de dez escravizados foram denunciados, sendo que seis deles depuseram. O próprio Manuel do Sacramento afirmou que "tinha combinado com seus companheiros de, reunidos, irem entender-se com seu senhor e declarar-lhe que não queriam mais trabalhar e que se seu senhor insistisse em que eles voltassem para o trabalho sem lhes pagar os seus jornais que iriam para a cidade queixar-se à Justiça". Ele admitiu que "tinha lido no *Monitor* por onde se convencia que eram livres, e que o trabalho livre devia ser pago". Manuel, "que aprendeu a ler com o preto Basílio que foi escravo de seu senhor", contava que, com a ajuda dos demais cativos nas senzalas da fazenda do Queimado, andavam juntando dinheiro para comprar jornais na cidade.

Em seu depoimento, o pedreiro Marcos confirmou ser Manuel quem "lia o *Monitor*" e que "nessa folha se dizia que os braços eram livres e como tais deviam ganhar jornal", ou seja, uma remuneração por dia de trabalho. Já Mateus reclamava "ser o serviço muito e o alimento insuficiente e igualmente a roupa". Por conta disso, vários escravizados "tinham combinado" de "reunirem-se e irem falar a seu senhor que os não queriam sustentar e dar-lhes algum vintém, que lhes desse a liberdade, ou então viriam falar à Justiça". Mateus alegava que "toda a rapaziada estava pronta" e que "se seu senhor não os atendesse que eles se encaminhariam para a cidade para se queixarem à Câmara". Marcolino afirmou que Manuel do Sacramento era entre eles a "única [pessoa] que sabia ler, o qual lia o *Monitor Campista*, no qual ele lia que o trabalho era livre e que devia ser pago". A leitura é sempre uma forma dileta e eficaz de liberdade.

FONTES: Carlos Eugênio Soares de Lemos; Marcus Vinícius Fonseca; Maria Cristina Cortez Wissenbach; Marialva Carlos Barbosa; Rafael Maul de Carvalho Costa; Rafaela Machado Ribeiro; Robert Daibert Jr.

VEJA TAMBÉM: Benedito Meia-Légua; Chico Prego...; Diogo Rebolo...; Narciso.

MANUEL PADEIRO E NEGRO LUCAS

SÉC. XIX | RIO GRANDE DO SUL

No Rio Grande do Sul oitocentista, existiram vários quilombos e mocambos, estabelecidos tanto nas proximidades de Porto Alegre quanto nas áreas do litoral e regiões de fronteiras com o Uruguai e a Argentina. Antigas áreas produtoras de couro, carne e trigo tinham cativos africanos — e antes deles indígenas — desde o início do século XVIII. E não faltavam relatos sobre fugitivos.

Nas regiões charqueadoras de Pelotas e Rio Grande, surgiram dois quilombos na década de 1830, mais conhecidos pelos nomes dos seus líderes: Manuel Padeiro e Negro Lucas. Em 1833, foi atacado e considerado destruído o quilombo comandado por "um preto de nome Lucas", no Rio Grande. Nesse período, a denominação "preto" estava mais associada aos africanos, portanto Lucas pode ter sido um dos escravizados entre os milhares que desembarcaram em Porto Alegre e outros portos do Brasil meridional no primeiro quartel do século XIX. Constava que tal mocambo era bem antigo e localizado no "embreado do mato da ilha dos Marinheiros", próximo à cidade do Rio Grande de São Pedro. Viviam ali tanto escravizados como libertos refugiados que mantinham contatos mercantis. No mesmo ano enviou-se uma expedição de guardas nacionais, e foram encontrados nos mocambos "muita carne, graxa, sebo, panelas de ferro, chocolateiras, garrafas, frascos, garrafões, uma lança, grande porção de lenha cortada, e amarrada, e muitas provisões". Com uma base camponesa articulada com os cativos nas charqueadas, os quilombolas transitavam também nas regiões vizinhas. Nessa onda de repressão, depois de uma emboscada, Lucas foi assassinado.

Na mesma década, nas proximidades da serra dos Tapes, nos arredores de Pelotas, foi constituído o quilombo de Manuel Padeiro. Entre 1831 e 1832, as autoridades municipais de Pelotas denunciavam com certo exagero haver ali centenas de quilombolas. Em 1833, Pelotas tinha 10 873 habitantes, sendo 5623 cativos e 1137 libertos. E na mesma ocasião a Câmara solicitava "medidas fortes para a destruição dos quilombolas refugiados na serra dos Tapes". Não se sabe se Manuel Padeiro, que tinha sido cativo de Boaventura Rodrigues Barcellos (1776-1855), era africano ou nascido no Brasil. Há registros de que costumava ser chamado de "General", sugerindo habilidades militares, ou tratado como "governador de todos" no quilombo. Alguns quilombolas eram designados, em sinal de respeito, como "pai": Pai Mateus, Pai Francisco. Eles estabelecerão conexões dos quilombolas com taberneiros, roceiros e sitiantes locais, muitos dos quais africanos libertos.

Nas tentativas de capturar Manuel Padeiro, o africano Simão Vergara, que tinha o apelido de Pai Simão, acabou preso, processado e julgado. Esse africano liberto, que aparece como natural de "Angola e Congo", tinha, há mais de doze anos, uma taberna localizada na Boa Vista, na margem direita do arroio Pelotas, no coração das charqueadas ali existentes. Juntamente com sua esposa africana liberta Maria Tereza da Cunha (1782-?), Pai Simão mantinha contatos com quilombolas, libertos e cativos assenzalados. Para piorar o ambiente, surgiram indícios de que Simão e Tereza falavam a "língua do Congo" com os quilombolas. Com a onda da repressão de 1835, Simão Vergara foi condenado a quinze anos de prisão. Manuel Padeiro, porém, conseguiu escapar e desapareceu. Houve quem dissesse que foi parar no Uruguai, atravessando as fronteiras. Outros garantiam que suas habilidades militares foram aproveitadas na Farroupilha (1835-45), com ele alistado clandestinamente em tropas de lanceiros negros.

Manuel Padeiro virou uma entidade naquelas matas. Até hoje ele é cantado nos terreiros de Pelotas e adjacências, reconhecido nas experiências religiosas e nos cultos de matrizes africanas.

FONTES: Caiuá Cardoso Al-Alam; Mário Maestri; Natália Garcia Pinto; Paulo Roberto Staudt Moreira.

VEJA TAMBÉM: Antônio Baobad; Clementina Maria da Conceição...; Euzébio de Queiroz Coutinho Barcelos; Malunguinho; Rosa fugitiva.

MANUEL RAIMUNDO QUERINO

1851-1923 | SANTO AMARO E SALVADOR, BAHIA

Filho de Luzia da Rocha Pita e de José Joaquim dos Santos Querino, e nascido na Bahia, em Santo Amaro da Purificação, no ano de 1851, Manuel Raimundo Querino foi um destacado intelectual e liderança operária na passagem para o século XX.

Com quatro anos, Querino ficou órfão dos pais, acometidos pela epidemia de cólera que assolou o sertão baiano, além de várias áreas urbanas e rurais em todo o Brasil. Seus contatos iniciais com o letramento e a alfabetização se deram através de Manuel Correia Garcia, um professor de primeiras letras.

Alistado nos batalhões que estavam sendo preparados para a Guerra do Paraguai (1864-70), Querino acabou não seguindo para os campos de batalha. Entre 1868 e 1870, viajaria com as tropas, mas como escrevente. Reformado como cabo de esquadra, abandonou o Exército.

De volta a Salvador, atuou como pintor e decorador. Especializando-se em desenho geométrico, ingressou na Escola de Belas Artes, diplomando-se em 1882. Estudou arquitetura e depois lecionou no Liceu de Artes e Ofícios e no Colégio dos Órfãos de São Joaquim.

Durante as décadas de 1870 e 1880, Querino foi também ativista, participando do movimento abolicionista. Integrante da Sociedade Libertadora Sete de Setembro, assinou o Manifesto Republicano de 1870. Ajudou também a fundar os periódicos *A Provincia* e *O Trabalho*, publicando artigos a favor da abolição da escravidão e em defesa da República nos jornais *Liga Operaria Baiana* e *Gazeta da Tarde*. Registrou ainda uma passagem no Conselho Municipal de Salvador, e ingressou no Partido Operário em 1890.

Entre 1903 e 1914, Querino concentrou-se na temática dos trabalhadores e das artes. Publicou *Desenho linear das classes elementares* (1903), *Artistas baianos* (1909), *Elementos de desenho geométrico* (1911), entre outras obras. A partir de 1916, dedicou-se a estudar e escrever sobre os africanos e a presença negra na Bahia, com destaque para *A Bahia de outrora* (1916, reedições em 1922 e 1946) e *O colono preto como fator da civilização brasileira* (1918 e reedição em 1954).

Como destacaram os estudos de Maria das Graças de Andrade Leal e Sabrina Gledhill, Querino foi um intelectual, líder operário e pesquisador fundamental, explorando as dimensões afro-atlânticas. Atuando a partir do Brasil, era um entusiasta das ideias de Booker

T. Washington (1856-1915), intelectual negro norte-americano com quem mantinha diálogo e interlocução. Faleceu em Salvador, no ano de 1923. Manuel Querino foi mesmo um ativista de e para seu tempo.

FONTES: Eduardo de Oliveira; Maria das Graças de Andrade Leal; Sabrina Gledhill.

VEJA TAMBÉM: Ismael Ribeiro dos Santos; Inácio Hermógenes Cajueiro.

MANUEL TRANQUILINO BASTOS

1850-1935 | CACHOEIRA, BAHIA

Até há pouco tempo, manuais didáticos definiam o abolicionismo brasileiro apenas a partir das disputas parlamentares, entre gabinetes ou citando a atuação de consagrados abolicionistas, todos brancos. Os poucos negros reconhecidos entre eles eram os que atuavam em São Paulo e no Rio de Janeiro, como Luiz Gama (1830-82) e José do Patrocínio (1853-1905). Vários estudos têm destacado, porém, as repercussões das lutas abolicionistas em outras partes urbanas e rurais do Brasil, além de inúmeras estratégias de propaganda que incluíam bandas de músicas e sociedades recreativas.

Conforme o estudo inédito de Manuela Areias Costa, no interior da Bahia destaca-se a trajetória do músico e maestro Manuel Tranquilino Bastos, importante abolicionista da cidade de Cachoeira, localizada no Recôncavo Baiano. Tranquilino nasceu em 1850, filho de uma mulher negra liberta e de um português. Registrado como "mulato", começou sua aproximação com a música aprendendo a tocar clarinete e participando do coro de Santa Cecília. Mais tarde, ingressou na Banda Marcial São Benedito, ligada à Irmandade de São Benedito, fundada em 1818 por cativos e libertos. Por desavenças, a Banda Marcial de São Benedito passou a se reunir posteriormente na Irmandade de Santa Cecília.

Em 1870, Tranquilino fundou a Sociedade Orfeica Lira Ceciliana, uma orquestra filarmônica composta de músicos negros. A partir de então passou a participar de apresentações que mais tarde seriam ampliadas e incluídas no movimento abolicionista. Foi utilizando a música como instrumento de "comunicação política" que Tranquilino se juntou à Sociedade Libertadora Cachoeirana, fundada em 1884. Ele estabeleceu amizade com importantes abolicionistas de Salvador, como o militante Eduardo Carigé (1851-1905).

Para a campanha abolicionista, Tranquilino produziu músicas e composições que se tornariam conhecidas, como o "Hino abolicionista" (1884), o "Hino da liberdade" e o "Hino Treze de Maio" (1888). Também criou polcas, quadrilhas, dobrados e valsas: "Príncipe negro", "Os africanos", "O aurorial de maio", "Eco da liberdade", "O anjo da liberdade", entre outros. Na noite de 13 de maio de 1888, Tranquilino desfilou com sua Lira Ceciliana pelas ruas de Cachoeira, reunindo cerca de 8 mil pessoas para comemorar a abolição.

Considerado o "Maestro da Abolição", também atuou como jornalista, publicando artigos nos jornais de Cachoeira. Manuel Tranquilino Bastos faleceu em 1935.

FONTES: Jailton Lima Brito; Manuela Areias Costa; Walter Fraga Filho; Wlamyra R. de Albuquerque.

VEJA TAMBÉM: Chiquinha Gonzaga.

MANUEL VICENTE ALVES PALMEIRA

1873-1948 | PALMEIRA DOS ÍNDIOS, ALAGOAS; RIO DE JANEIRO

Manuel Vicente Alves Palmeira nasceu em Palmeira dos Índios, Alagoas, no ano de 1873. Fez parte das primeiras gerações de filhos de escravizados que ganhavam liberdade ao nascer no pós-1871.

Em 1904, foi se estabelecer na cidade do Rio de Janeiro. Atuando em causas jurídicas, especialmente na militância política, destacou-se na defesa da população negra com o nome dr. Jacarandá. Conforme destaca Nei Lopes, seu estilo pessoal, seu fraque de aristocrata e suas formas de expressão não escaparam ao preconceito e ao tom jocoso da imprensa da época.

Vivendo durante o fim do século XIX, compartilhando da atmosfera do abolicionismo, das intervenções urbanísticas e das expectativas de cidadania e de participação popular, o dr. Jacarandá pode ser também considerado um mediador político e cultural de setores da população negra nas primeiras décadas do século XX.

FONTES: José Correia Leite; Nei Lopes.

VEJA TAMBÉM: Luiz Gama.

MARCELINA OBATOSSI

?-1885 | SALVADOR, BAHIA

A história de Marcelina Obatossi está ligada à fundação de uma das mais importantes matrizes religiosas africanas no Brasil. O Ilê Iyá Nassô Oká, também conhecido como candomblé Casa Branca do Engenho Velho, situava-se originalmente na antiga ladeira do Berquó, no centro de Salvador. Segundo uma série de depoimentos e estudos, esse candomblé, muito ativo no século XIX, seria considerado um dos primeiros e mais antigos do Brasil. De acordo com a memória que rodeia o terreiro, sua criação se deu a partir da viagem feita pela ialorixá e fundadora Iyá Nassô, juntamente com sua filha e sucessora Marcelina da Silva (Obatossi), ambas sacerdotisas de Xangô. Conforme explicam Luis Nicolau Parés (1960-) e Lisa Earl Castillo, Marcelina teria ido para a África junto com a filha biológica — Maria Madalena da Silva — e por lá permanecera, na cidade de Ketu, voltando tempos depois para a Bahia ao lado do babalaô Bamboxê Obitikô — Rodolpho Martins de Andrade —, uma importante liderança religiosa africana. Há ainda versões, da tradição oral e registradas por vários pesquisadores, de que Marcelina era filha de santo de Iyá Nassô e também sua prima carnal. Iyá Nassô teria falecido na África, e Obatossi voltara para Salvador a fim de assumir a liderança do Engenho Velho.

Detalhes da vida de Marcelina e dos africanos ao seu redor, na Bahia oitocentista, têm sido revelados por muitos pesquisadores. Segundo a tradição oral, que foi confirmada pela documentação, Marcelina seria uma africana nagô, termo que designava os povos de língua ioruba — provenientes da região sul-ocidental da atual Nigéria e da região sul-oriental da República do Benin. Mas não se sabe a data exata da chegada dela a Salvador. Em 1837, quando batizou uma das filhas, esta é apresentada como uma "crioulinha, de sete anos".

Assim, Marcelina já estaria no Brasil no fim da década de 1820. Em 1832 e depois em 1834 ela batizou suas filhas de nome Isabel e Sofia na igreja de Santana. Nas certidões, aparece como escravizada pertencente a José Pedro Autran, um forro. Autran era um africano que fizera diversas viagens à África, onde se tornou uma liderança religiosa, com assentamentos. Pertencente a Pedro Autran da Mata e Albuquerque, o escravizado Autran comprou sua alforria em 1822. Em outros registros na década de 1830, Marcelina aparece como madrinha de vários batizados. No batismo de Sofia (Sofia Clementina da Conceição), consta a informação de que sua mãe também era cativa pertencente à africana Francisca da Silva. O testamento de Marcelina confirma que ela teria sido escrava do casal José Pedro Autran e Francisca da Silva, ambos moradores na ladeira do Carmo, freguesia do Passo. Autran se casou com Francisca em 1832.

A liberdade de Marcelina aconteceu em novembro de 1836, estando sua carta de alforria registrada entre os valores mais altos — de 300 mil-réis a 500 mil-réis — daquelas efetuadas no período, e pelo casal de africanos. Logo depois, em fevereiro de 1837, ocorreu a alforria de sua filha Maria Madalena (1830-?), com a condição de acompanhar o casal. Foi no fim desse ano que Autran e Francisca se mudaram para a África com Marcelina e sua filha Madalena, já libertas. Ao que tudo indica, a motivação principal da viagem foi a atmosfera de perseguição pós-Revolta dos Malês (25 de janeiro de 1835), quando africanos ocidentais — escravizados, libertos, islamizados e iorubas — foram alvo da repressão.

Na África, o casal acabou morando em Ketu, embora fossem originários do reino de Oyó. De qualquer modo, Francisca — a Iyá Nassô — e Autran lá permaneceram e lá morreram. A partir de 1844, Marcelina consta em registros de batizados na freguesia da Sé como uma africana liberta que batizava escravizados africanos e seus filhos crioulos. Ela aparece na documentação, ainda, como proprietária de escravizados a quem concedia alforrias mediante pagamentos. Em 1850 Marcelina começa também a investir em imóveis, seguindo o padrão de outros africanos libertos. Em 1866 sucede o seu casamento (8 de fevereiro) com o liberto africano Miguel Vieira.

O candomblé instaurado por Obatossi na Barroquinha mudou nessa época para o Engenho Velho. Marcelina faleceu em 1885 e há muitos registros sobre as festas do seu funeral.

FONTES: João José Reis; Lisa Earl Castillo; Luis Nicolau Parés; Maria Inês Côrtes de Oliveira; Renato da Silveira.

VEJA TAMBÉM: Bamboxê Obitikô; Mãe Agripina; Mãe Andresa; Mãe Aninha; Mãe Biu; Mãe Dudu; Mãe Esperança Rita; Mãe Luzia; Mãe Menininha; Mãe Olga do Alaketu; Mãe Senhora; Mãe Stella de Oxóssi; Nã Agotimé...; Pai Adão. Tias baianas...; Tias fluminenses...

MARCÍLIO DIAS

1838-65 | SANTA CATARINA; RIO DE JANEIRO

De origem modesta, Marcílio Dias era filho de Manuel Fagundes Dias e da lavadeira Palcena Dias. Aqueles que conviveram com ele o descrevem como um pardo escuro, com cabelos encaracolados. Numa corporação marcada pelo elitismo e por uma hierarquia interna muito condicionada pela cor e por suas distinções sociais, ele assentou praça como grumete em 1855, aos dezessete anos, no Corpo de Imperiais Marinheiros. No ano de 1856 ele trabalhava na corveta *Constituição*, e logo depois fez parte da tripulação do navio *Tocantins*, cujo comandante era o futuro almirante Barroso (1804-82). Sua primeira promoção deu-se em 1861, quando foi elevado a marinheiro de terceira classe, sendo que no ano seguinte já fazia parte da segunda classe. Entrou para a Escola Prática de Artilharia em 1863, com a missão de se especializar na manipulação de artefatos bélicos — passou a usar o distintivo de marinheiro-artilheiro. No ano de 1864, numa expedição ao rio da Prata Marcílio integrou a corveta imperial *Parnaíba*, e já na volta, e no mesmo ano, foi promovido à primeira classe.

Naquele contexto, os conflitos na região do Prata tornavam-se cada vez mais críticos, e ainda em 1864 estourou a desastrosa Guerra do Paraguai, que durou até 1870, opondo o país do presidente Solano López (1827-70) a Brasil, Argentina e Uruguai. Marcílio se distinguiu nos ataques da esquadra *Paissandu*. Em 1865, na mesma corveta *Parnaíba*, participou da famosa batalha naval do Riachuelo, travada no rio Paraná, e que resultou em muitas baixas de todos os lados, mas sobretudo paraguaias. Ferido, acabou morrendo no dia 12 de junho, na Argentina, com apenas 27 anos. Depois de ter o corpo lançado nas águas do rio Paraná, seu nome passou a ser cultuado na Marinha brasileira. Ainda nos dias de hoje seu retrato aparece em quartéis e navios da corporação. O exemplo de Marcílio mostra que, a despeito de, na maioria das telas e gravuras oficiais, não constarem negros, eles participaram de maneira decisiva daquele embate internacional, ou como ex-escravizados ou como homens livres.

FONTES: Álvaro Pereira do Nascimento; Didio Iratym Affonso da Costa; Edison Carneiro.

VEJA TAMBÉM: Ana Maria de Jesus; Félix José Rodrigues; João Cândido; Tia Maria.

MARCOLINA DA SILVA MARQUES

1879-1954 | RECIFE, PERNAMBUCO

Desde o século XVIII, em várias partes do Brasil se constituíram espaços, comunidades e terreiros a partir de experiências religiosas de africanos escravizados, livres, libertos e gente negra pobre. Mitos, conexões religiosas, símbolos, parentescos rituais, liturgias e signos foram espalhados com a ajuda de crenças, cosmologias e memórias.

Marcolina da Silva Marques, nascida em 1879, viveu no Recife oitocentista. Conta Valéria Gomes Costa que, por causa da Lei do Ventre Livre, de 1871, tinha nascido "ingênua", portanto livre. Provinha de uma extensa família de escravizados e depois de libertos africanos que marcaram

Pernambuco com seus comércios e tabuleiros — todos cativos de ganho que conquistaram a liberdade. Mais do que isso, a longeva família de Marcolina lhe deixou como herança o legado de cultos e rituais religiosos. Marcolina sabia exatamente a origem de tudo e a história dos seus antepassados. Do lado materno, havia Luís, um barbeiro, e Merinda, uma costureira, ambos católicos. Os avós paternos eram africanos. Certamente libertos na época em que Marcolina nasceu, devem ter chegado ao Recife nas primeiras décadas do século XIX.

Ainda bem pequena, Marcolina foi morar com seus avós africanos. Não é difícil supor que pode ter tido uma criação bilíngue, aprendendo o português, mas também ouvindo os avós e tios falarem e cantarem em ioruba. Ela nunca esqueceu seus nomes africanos. A avó chamava-se Aínan, desembarcara escravizada e fora vendida para comerciantes portugueses que se instalaram no centro do Recife, tendo se transformado numa quitandeira. Com o nome cristão de Maria Helena da Costa, era conhecida por muitos como Oimbó-lolá, seu nome ritual. Muitos africanos ocidentais, quando libertos no Recife, incorporaram aos seus nomes próprios o sobrenome "da Costa". A avó de Marcolina era ioruba, natural de Bomina — mais especificamente igbomina, um dos subgrupos do povo ioruba.

Na última década do século XIX, Marcolina testemunhou a formação de uma grande rede de parentesco de africanos libertos no Recife. A maior parte havia chegado nas primeiras décadas do século XIX e se transformado em escravizados. Compraram, porém, suas alforrias e se estabeleceram em casas, vilas e moradias espalhadas em torno da cidade. Ali eram "parentes", no sentido de terem projetos comuns de mobilidade social, que incluíam ajuda econômica, compadrio e costumes religiosos partilhados das matrizes africanas que traziam de seus ancestrais. Marcolina conheceu ou ouviu falar de vários africanos, amigos dos seus avôs. Muitos eram apenas tratados de "tios", como as tias Gertrudes, Generosa, Rita, Eva e Eugênia. De outros só se lembrava dos apelidos ou de seus nomes africanos, como as tias Jumbi, Abianê, Cariba, Sinhá e Yayá. Havia também os tios Cassiano, Pedro, Jacó e Cosmo. Muitos deles eram africanos islamizados, como o tio Jacó e Antônio Mulema. Este último era casado com tia Gertrudes, conhecida no culto como "filha de Xangô".

Nas suas memórias, haussás, nagôs, savalus, fons e outros africanos islamizados, católicos e das religiões de matriz africana estavam juntos nas moradias, no trabalho, na vida familiar e nas experiências religiosas. Porém, nem tudo era harmonia naqueles territórios de "parentes" e "patrícios", como gostavam de ser chamados os africanos. Sua avó, Maria Helena da Costa, ou Oimbó-lolá, encontrou dificuldades para se alforriar, embora tivesse juntado recursos como quitandeira; seus donos não queriam conceder sua liberdade, por conta do lucro que acumulava com seu trabalho. Marcolina julgava que tudo de ruim que andava ocorrendo era proveniente de feitiçarias feitas por gente que tinha ciúmes ou disputas amorosas com ela. Consta que ela e outras africanas chegaram a lavar as escadarias da igreja dos Prazeres, juntando assim recursos para obter a alforria. Ela também misturava devoções católicas e africanas, associando-as às promessas religiosas.

Foi nas vizinhanças da rua Imperial e adjacências, onde muitas famílias de africanos e libertos moravam, que Marcolina teve seus primeiros ensinamentos religiosos. Seu padrinho foi Pedro Salustiano da Costa, chamado de Tio Pedro, conhecido por Oluoxô. Chegou a Pernambuco como um africano livre mandado para trabalhar no Arsenal de Marinha. No Recife, Tio Pedro Salustiano de Oluoxô ficaria famoso como conhecedor do jogo de ifá, que aprendeu no continente africano.

As recordações de Marcolina — legada aos seus filhos e netos — conectam-se com as viagens que muitos africanos libertos fizeram à África entre o fim do século XIX e as primeiras décadas do século XX, que podiam tratar de negócios materiais e/ou imateriais. Por exemplo, a família de Tio Cassiano, muito adoentado, queria levá-lo de volta a Lagos, na Nigéria, para que fosse sepultado e recebesse os rituais fúnebres junto a outros parentes. Com a proteção pedida ao orixá Iansã, foi custeada uma viagem de retorno, seguindo junto a esposa Tia Rita, e as tias Abianê, Cariba e Eva, além de Adamaci. Conhecido como Pai Adão (1877-1936), ele era personagem importante na tradição religiosa de cultos de matrizes africanas em Pernambuco na primeira metade do século XX.

Consta que Marcolina faleceu por volta de 1954. Suas memórias não ficaram guardadas, mas tampouco desapareceram. Foram passadas adiante oralmente e ganharam outras e novas narrativas. Marcolina é até hoje reverenciada como destacada ancestral dos cultos de matrizes africanas em Pernambuco. Ela é a Dudu Obaytó do Ilê Axé Obá Oguntê, personagem símbolo do famoso Sítio de Pai Adão, nos subúrbios do Recife.

— Com Valéria Gomes Costa

FONTE: Valéria Gomes Costa.

VEJA TAMBÉM: Emília Duarte Rodrigues...; Pai Adão.

MARGARIDA JOAQUINA DE SOUSA

c. 1758-? | SALVADOR, BAHIA

Margarida Joaquina de Sousa era casada com Manuel dos Santos: ela era negra, ele, branco. Tinha em torno de quarenta anos quando foi citada nos autos da devassa da Conjuração Baiana, também chamada de Inconfidência Baiana ou Revolta dos Alfaiates, insurreição reprimida pelas autoridades portuguesas em 1798. À diferença da Inconfidência Mineira, ocorrida em 1789, o movimento baiano tinha caráter mais popular, sendo composto, em sua maioria, de escravizados, negros e negras livres, mulatos, brancos pobres e mestiços que exerciam diversas profissões, como alfaiates, sapateiros e pedreiros.

Em 1763, a capital do Brasil fora transferida para o Rio de Janeiro, e Salvador, antiga capital, sofreu com a diminuição dos recursos destinados à cidade. Simultaneamente, o aumento da taxa de impostos e exigências piorou as condições de vida da população local, que passou a padecer com a falta de mantimentos, e a consequente elevação dos preços de produtos fundamentais para a sobrevivência. Por outro lado, a queda nos negócios da cana-de-açúcar e a progressiva mudança do eixo econômico para a região Sudeste levaram a província à recessão. A essa altura, o povo não andava satisfeito com o governo de Portugal, e a ideia de o Brasil se tornar independente ganhava força.

Nesse contexto de crise, foi criada em Salvador a Academia dos Renascidos, uma associação literária que debatia os ideais do Iluminismo e tratava dos problemas que mais afetavam a população. Fundada pela loja maçônica Cavaleiros da Luz, participavam do grupo nomes conhecidos na região, como o dr. Cipriano Barata (1762-1838) e o professor Francisco Muniz Barreto (1804-68). A conspiração surgiu a partir das discussões promovidas pelo grupo. Entre os principais objetivos, bastante variados, estavam o fim do pacto colonial com Portugal, a liberdade comercial no mercado interno e externo, a liberdade e a igualdade entre as pessoas, a abolição da escravidão e o aumento dos salários de militares.

Destacaram-se os alfaiates João de Deus do Nascimento (1771-99) e Manuel Faustino dos Santos Lira (1775-99); os soldados Lucas Dantas de Amorim Torres (1774-99) e Luiz Gonzaga das Virgens (1761-99); e o farmacêutico João Ladislau de Figueiredo (1772-1856). As ruas de Salvador foram, então, tomadas pelos inconfidentes, que distribuíram folhetos informativos a fim de obter maior apoio popular e incitar a revolução, cujos conceitos de liberdade, igualdade e fraternidade eram chamados pelas autoridades portuguesas de "abomináveis princípios franceses". "Animai-vos, povo baiense, que está para chegar o tempo feliz da nossa liberdade; o tempo em que todos seremos irmãos; o tempo em que todos seremos iguais", proclamava um deles.

A conjuração foi, porém, denunciada por Carlos Baltasar da Silveira, que revelou ao governador da Bahia, d. Fernando José de Portugal e Castro (1752-1817), que os conspiradores se reuniriam no campo do Dique do Desterro, no dia 25 de agosto. A Coroa encarregou o coronel Alexandre Teotônio de Sousa de flagrá-los. Muitos fugiram, mas 49 foram presos, entre eles três mulheres e nove escravizados. A grande maioria, entretanto, era composta de pequenos profissionais liberais. Entre os que receberam condenações mais rigorosas estavam os de classe social mais baixa. Manuel Faustino, João de Deus, Luís Gonzaga e Lucas Dantas foram executados e esquartejados no largo da Piedade, em 8 de novembro de 1799, com partes de seus corpos espalhados por Salvador, com o intuito de demonstrar autoridade e reprimir movimentos semelhantes.

Integrantes não muito abastados, como Inácio da Silva Pimentel, Romão Pinheiro, José Félix, Inácio Pires, Manuel José e Luiz de França Pires, foram acusados de envolvimento "grave", recebendo pena de prisão perpétua ou degredo na África. Outros participantes, como Cipriano Barata, o tenente Hermógenes de Aguilar e o professor Francisco Muniz, acabaram absolvidos. Aqueles pertencentes à loja maçônica Cavaleiros da Luz foram igualmente absolvidos, deixando claro como a pena correspondia à condição socioeconômica e à origem racial dos conspiradores. A extrema violência contra os mais pobres, em geral negros e mulatos, é atribuída ao temor de que se repetissem no Brasil as rebeliões que então atingiam as Antilhas.

Margarida Joaquina de Sousa foi acusada de conspirar. Como revela Patrícia Valim, ela, que ganhava a vida a partir das esmolas que conseguia defronte da igreja do Senhor do Bonfim, declarou nos autos morar diante da fonte do Xixi, na freguesia do Pilar. Afirmou também que tudo que conhecia vinha do que escutava nas ruas. Negou ter respondido à ordem de alguma vizinha que pedira para que os papéis do cirurgião José de Freitas Sacoto (*c.* 1767-1857), seu vizinho que se encontrava preso, fossem queimados. Por fim, negou ainda que sua filha de doze anos tivesse conversado sobre isso com o filho do cirurgião, um menino de apenas seis anos.

Ao final do processo, Margarida não foi considerada culpada, mas seu caso escancara os métodos de investigação empregados na inquisição, que usava da intimidação, da coerção e da delação (mesmo que falsa) nos julgamentos de crimes de lesa-majestade, como foi considerado o caso da Conjuração Baiana. Esse processo de devassa envolveu cerca de cinquenta pessoas. Nunca saberemos ao certo o papel de Margarida nesse movimento político que abalou as estruturas da colônia americana dos portugueses.

FONTES: **Érico Vital Brazil; Juliana Cassab; Patrícia Valim; Schuma Schumaher.**

VEJA TAMBÉM: **João de Deus; Luiza Mahin.**

MARIA

SÉC. XIX | CAMPINAS, SÃO PAULO

O que se sabe da cativa Maria aparece na ação de liberdade que ela encaminhou em 1877 aos tribunais de Campinas, interior de São Paulo. Na sua petição, ela aparece como "mulata", mostrando "possuir um pecúlio suficiente para resgatar-se do cativeiro por meio da indenização do seu valor", "conforme faculta" a lei de 28 de setembro de 1871.

Como mostra o estudo de Lúcia Helena Oliveira Silva, Maria queria a sua liberdade e ofereceu uma quantia que foi recusada pelo proprietário João Teixeira. Um dos argumentos usados pelo fazendeiro foi de que o valor proposto era baixo. Na ação que moveu, ele detalhou que "há dois anos" tinha comprado a escravizada "pela quantia de dois contos de réis, sujeitando-se a todos os gastos da aquisição". Maria fora adquirida de uma senhora que também morava em Campinas, sendo ela uma cativa "sadia, bem como apta para todos os serviços domésticos". Teixeira avaliou também que Maria fora negociada "depois de castigada, com ou sem razão", pois lhe havia sido entregue "com a roupa do corpo" apenas, e sua ex-proprietária não quis sequer "entregar o vestuário de seu cotidiano".

Com a recusa, a cativa Maria passou a se rebelar, acabou fugindo, e foi se esconder justamente na casa de sua antiga dona. Parecia querer a interferência senhorial de sua proprietária anterior, dizendo "a seus companheiros, que se sofresse o menor castigo a conselho de sua ex-senhora, fugiria e não voltaria mais à casa de seu senhor". Detalhe: a ex-senhora de Maria era ninguém menos do que a mãe do juiz municipal de Campinas, dr. Carlos Augusto de Sousa Lima.

Diante dos tribunais, as atitudes de Maria poderiam ter sido julgadas pelo "crime de sedução" contra a sua ex-senhora, e com o agravante de ser uma "cativa fujona". Todavia, ao fim e ao cabo, Maria conseguiu sua liberdade pelo valor que ofereceu inicialmente — um conto e 500 mil-réis, quantia considerável na época.

Já na perspectiva da cativa, ter sido castigada antes não a impedia de recorrer à sua ex-senhora, solicitando proteção e ajuda. Juntar pecúlio, entrar na Justiça e fazer valer seus direitos, forçando uma negociação através da própria fuga, eram estratégias possíveis, tanto que foram postas em prática por Maria.

FONTES: **Alessandra Pedro; Eduardo Spiller Pena; Joseli Maria Nunes Mendonça; Lúcia Helena Oliveira Silva.**

VEJA TAMBÉM: **Afra Joaquina Vieira Muniz; Andreza...; Augusta; Benedita Caetana...; Damásia; Delfina e Faustina; Joaquina Benguela; Juliana; Maria Águeda; Maria Angola; Vitória da Conceição.**

MARIA

SÉC. XIX | PIAUÍ

Na região do Piauí onde Maria vivia em meados do século XIX, não era numerosa a população escravizada. Tratava-se de uma zona pouco voltada à exportação, com sua economia mais direcionada para o mercado interno, a despeito de ter participado do rush algodoeiro decorrente da Guerra Civil norte-americana (1861-5). Além do mais, com o término do tráfico africano em 1850, a propriedade escrava tendeu a apresentar uma concentração menor do que a existente nas regiões cafeicultoras do Sudeste brasileiro. Enfim, como informam as pesquisas de Miridan Knox Falci, havia um movimento migratório constante para fora da província, gerando um sistema econômico e demográfico distinto do que existia em áreas exportadoras.

Por todas essas razões, é possível dizer que na província do Piauí vigia um sistema escravocrata de pequeno porte, com os senhores registrando uma média de cinco escravizados em seus inventários. Era também costume famílias partilharem a propriedade de um escravizado ou escravizada, o que acarretava um cotidiano ainda mais pesado, pois havia necessidade de se dividir entre as várias casas da família de seus "proprietários". Esse era o caso de Maria, que, além de trabalhar como escravizada doméstica, ainda atuava na roça e como parteira.

Apenas aos 45 anos Maria foi finalmente alforriada por uma de suas senhoras, que recebera como herança dos sogros o direito a "três quartos da sua propriedade". Mas os problemas dela continuariam: se ela não precisava mais trabalhar para uma das senhoras, ainda era obrigada a servir aos demais familiares, que continuavam mantendo um quarto de sua propriedade.

Esse tipo de modelo hoje soaria estranho, não fosse o fato de o trabalho doméstico ainda carregar um sentido claro de propriedade e ser majoritariamente uma profissão para mulheres negras. Expressões como "minha empregada" revelam na linguagem o processo de naturalização do trabalho ainda hoje existente no Brasil.

FONTES: Érico Vital Brazil; Miridan Knox Falci; Renato Leite Marcondes; Schuma Schumaher.

VEJA TAMBÉM: Esperança Garcia; Joana e Lisarda.

MARIA, AFRICANA LIVRE

SÉC. XIX | ÁFRICA; SÃO PAULO

Com as legislações antitráfico — iniciadas na primeira década do século XIX a partir de tratados comerciais e acordos diplomáticos entre Inglaterra e Portugal e em seguida com o Brasil —, centenas de embarcações foram apreendidas sob a alegação de comércio ilegal. Ainda assim, segundo os estudos de Beatriz G. Mamigonian, há estimativas que demonstram como, ao menos entre 1830 e 1856, em plena vigência da ilegalidade da entrada de qualquer africano, cerca de 800 mil africanos desembarcaram em várias partes do litoral brasileiro.

Rezavam os tratados diplomáticos — fiscalizados em Comissões Mistas que funcionavam em Freetown (Serra Leoa) e no Rio de Janeiro — que os africanos tidos como entrados ou em vias de entrar como escravizados, resgatados pela repressão inglesa em mares e portos, deveriam ser considerados livres e enviados para Serra Leoa ou permanecer como emancipados — num, assim chamado, "regime de aprendizado". Esses seriam os "africanos livres". Assim, milhares de "africanos livres" continuariam trabalhando no Brasil, sendo distribuídos para serviços públicos, como obras, ou empregados em instituições como o Arsenal de Guerra, a Casa de Correção, a Santa Casa, os hospitais de ordens terceiras, o Museu Nacional. Podiam também ser cedidos — consignados — para serem administrados, numa condição de quase escravizados, por particulares, sobretudo funcionários públicos. Os "africanos livres" foram espalhados desde a província do Amazonas até a do Rio Grande do Sul. Trabalhariam em troca de sustento e alimento, tendo o estatuto de livres mas sofrendo maus-tratos, violências, castigos e sendo capturados como fugitivos.

Em 1853, publicou-se um decreto garantindo que os "africanos livres" somente deveriam ficar sob o regime de trabalho compulsório em estabelecimentos públicos, ou nas mãos de particulares, por um período de até catorze anos, quando poderiam solicitar emancipação. Entre 1819 e 1865, foram 11 mil os africanos considerados originários do tráfico ilegal que prosseguiram trabalhando no Brasil na condição de "africanos livres". Alguns tinham conseguido retornar — fretando navios — para o continente africano. Mas a maior parcela deles aqui permaneceu e constituiu família, sempre misturados com a população livre e aquela de escravizados, continuando o poder imperial a determinar a vida e o destino de seus filhos. E assim encontramos Maria, como uma "africana livre", trabalhando em vários lugares, criando seus filhos e solicitando a emancipação.

Conforme explica Enidelce Bertin, não conhecemos nem o ano em que Maria veio parar no Brasil, nem o nome do navio negreiro que a trouxe. Mas, em 1837, ela aparece na documentação da fazenda Normal sob a jurisdição provincial de São Paulo, sendo descrita como "contumaz fugitiva". Ela e Joaquina, talvez malunga (colega de navio negreiro), eram descritas como africanas que, "não querendo trabalhar", só davam prejuízos. No ano seguinte, Maria passaria para as mãos de Ana Francisca da Anunciação, que a arrematou do Juízo de Órfãos por um contrato de 4 mil-réis, soma tida como baixa, mas justificada, visto que a africana já tinha dois filhos.

Não demorou muito e aquela arrematante solicitou rescisão do contrato, sob a alegação de que não era possível "suportar a altivez e bem pouca obediência" de Maria. De volta ao domínio do Juízo de Órfãos, à espera de nova arrematação, Maria realizaria outras fugas, agora para a fazenda Santana. Sabia-se que ela escapava temporariamente, sempre levando os filhos consigo. Recusava-se a trabalhar em determinadas condições, uma vez que não se considerava escravizada, mas sim uma mulher livre.

Após nova arrematação Maria foi enviada, em 1840, para o Seminário de Santana, onde permaneceria até 1851, sem, contudo, abdicar das usuais escapadas — numa delas foi parar em São Paulo. Nesse meio-tempo, um de seus filhos veio a falecer. Embora ela já estivesse por ali havia bastante tempo, um diretor do Seminário chegou a declarar que não tinha mais interesse em seus serviços. Para ele, tratava-se de "má negra na extensão da palavra, atrevida, de má língua, possuída de liberdade", sempre produzindo "inquietação de espírito" e só querendo "estar com o filho nos braços, e se apertar por ela alguma coisa fazer, foge". Com essas descrições, ninguém queria arrematar Maria. E acrescentava-se: "Ela está novamente grávida... é para o que, segundo me parece, tem serventia". Em 1851 ela reaparece na documentação, ao reivindicar a guarda dos seus três filhos — Benedito, José e Antônio —, ameaçados de serem separados. Maria foi então trabalhar na Santa Casa. Mas continuou a fugir, a reclamar de condições de trabalho e a lutar para permanecer junto aos filhos. No ano seguinte, foi enviada para servir na Casa de Correção. Em 1856, Maria travaria mais uma batalha nos tribunais para manter os filhos unidos e livres da obrigação de trabalharem compulsoriamente sob o controle do Império na guarda de tutores. Entre 1857 e 1858, ela brigaria na Justiça não só para obter a sua emancipação definitiva como "africana livre", com mais de catorze anos de trabalho, como para conseguir a emancipação dos filhos. Maria acertadamente temia a reescravização, que sempre rondava homens e mulheres negros e negras libertos.

Em várias partes do Brasil, foram muitas as africanas como Maria que lutaram, acreditando na sua condição de livres. Segundo o estudo de Danilo Luiz Marques, assim foi o caso da também africana Benedita em Maceió, arrematada por Manuel Claudino Jaime, em 1850. Ela se recusava a prestar serviços domésticos e preferia mercadejar como quitandeira.

A africana Maria em São Paulo, Benedita em Alagoas e tantas outras tinham a sua liberdade como um alvo em movimento, mas certeiro.

FONTES: Beatriz G. Mamigonian; Enidelce Bertin; Danilo Luiz Marques; Isabel Cristina Ferreira dos Reis; Vinicius Pereira de Oliveira.

VEJA TAMBÉM: Agostinha; Felicidade...; Leopoldina e Thomázia; Luiz Gama.

MARIA ÁGUEDA

C. 1776-? | ARAUCÁRIA, PARANÁ

No alvorecer do século XIX, Maria Águeda se envolveu num conflito no Paraná, transformando-se em símbolo de protesto contra a intolerância. Mulher negra livre — classificada como mulata —, era moradora de Tinguiquera, área circunvizinha a Curitiba. Consta que, nas proximidades da igreja matriz, foi parada por uma mulher branca que ordenou que "fosse buscar brasas", ao que ela "respondeu que não ia, e que mandasse as suas escravas". Quem tentava lhe dar ordens era a esposa do capitão-mor Francisco de Paula Ribas (1764-1837).

Houve repercussão e imediata repressão. Salvador da Costa e Silva, esposo de Maria Águeda, foi intimado a comparecer à presença das autoridades e, na ocasião, indagou-se se "assim era que ensinava a sua mulher ser desavergonhada". Determinações estabeleceram que ela fosse posta na cadeia de "tronco de pé e pescoço". Salvador, mesmo humilhado, se ofereceu para ser castigado no lugar de Maria Águeda, alegando que "ela se achava com uma criança de peito". Maria Águeda só escapou da punição porque na ocasião a cadeia estava lotada.

Maria Águeda nasceu entre 1776 e 1779, filha de Manuel da Costa e Joana Rodrigues, uma família camponesa. Águeda e Salvador se casaram em 1794. Em alguns registros do casal, aparecem como pardos, além de terem parentes batizados em livros paroquiais destinados a "bastardos, administrados e escravos". Águeda e Salvador viviam como uma família de trabalhadores pobres, atuando ele também como tropeiro. Trabalhos como os de Joseli Maria Nunes Mendonça, Magnus Roberto Pereira e vários outros pesquisadores das universidades do Paraná, assim como iniciativas do Museu Afroparanaense, têm lançado luz sobre essas histórias do Brasil meridional durante os tempos da escravidão.

Na memória dos habitantes do atual município de Araucária — uma das maiores localidades de Curitiba —, há um movimento que pretende "homenagear Maria Águeda, dando seu nome a uma praça", reverenciando assim "uma mulher do povo, mulata e pobre". Ruas, logradouros e praças existentes em cidades grandes, médias e pequenas costumam ser associados às pessoas da elite, em geral brancas e do sexo masculino. Por isso, o debate para a criação da praça Maria Águeda é, ainda hoje, da maior relevância.

FONTES: Joseli Maria Nunes Mendonça; Magnus Roberto Pereira; Museu Afroparanaense.

VEJA TAMBÉM: Andreza...; Augusta...; Damásia.

MARIA ANGÉLICA

?-1858 | ÁFRICA OCIDENTAL; PORTO ALEGRE, RIO GRANDE DO SUL

A partir do fim do século XVIII, o Brasil produziu vários espaços urbanos africanos escravistas. As narrativas historiográficas que associavam africanos só às cidades oitocentistas, como Rio de Janeiro, Salvador, Recife e São Luís, têm sido largamente revistas. Porto Alegre, ao longo da primeira metade do século XIX, abrigava um considerável contingente africano, destacadamente proveniente da África Ocidental.

Era a esse grupo que pertencia Maria Angélica, uma africana mina nagô que se alforriou e tornou-se próspera atuando nas cidades. Com passagens pelos portos do Rio de Janeiro ou Salvador, ela deve ter chegado ao Rio Grande nas primeiras décadas do século XIX. Se no alvorecer desse século o número de escravizados na capitania era de 12 970 pessoas, já em 1840, tal população girava em torno de 40 mil, entre africanos e nascidos no Brasil. Em 1846, Porto Alegre tinha 17% de população escravizada. Entre 1818 e 1833, os escravizados constam nos registros da Justiça como correspondendo a um quarto da população africana.

A escravidão urbana já era, portanto, uma grande realidade na passagem do primeiro quartel oitocentista. Escravizados ao ganho, quitandeiras e carregadores disputavam casas e ruas. Especialmente as quitandeiras negras minas eram conhecidas vendedoras de doces em Porto Alegre.

Maria Angélica pertencia ao desembargador Pedro Rodrigues Fernandes Chaves (1810-66), mas pouco sabemos sobre sua vida ou ocupação inicial. Ela pode ter sido uma mucama, transformando-se depois numa quitandeira que conseguiu progredir. Em 1848, já forra, se casaria com o africano liberto, também mina nagô, Joaquim Vieira da Cunha, numa cerimônia realizada na matriz de Porto Alegre. Tampouco temos registro de quando Maria Angélica e Joaquim se alforriaram. É possível que tenha sido em meados da década de 1840. Em 1844, um dos filhos do casal, de nome Francisco, era batizado como negro livre. No entanto, já em 1841 — portanto, antes de se casarem — tinham conseguido alforriar, dois dos quatro filhos que nasceram cativos: Joaquim, de dois anos, e Joaquina, de meses. Pagaram 250 mil-réis ao desembargador Chaves.

Maria Angélica morreu em 1858, e no testamento aberto em 1860 estavam registradas duas cativas: Florentina Mina, de 35 anos, e sua filha Carolina, de 22 meses. Havia ainda uma relação de bens que incluía tinas, talheres, bancas, móveis, ferro de engomar e tabuleiro. Tudo sugere que o casal de africanos forros tinha empreendimentos na cidade de Porto Alegre, particularmente na produção e venda de alimentos. Eles deixariam alguns bens, mas também despesas contraídas por meio de dívidas e empréstimos. Por exemplo, deviam 44$660 réis a José Martins Soares, que lhes fornecera graxa, arroz, feijão, aguardente, toucinho, açúcar, fumo, farinha, vinagre, sabão e demais produtos. De Isidoro Pereira de Barbedo tinham adquirido chapéus e outros objetos, que ainda não haviam quitado, no valor de 15 mil-réis. O viúvo Joaquim chegou a fazer um contrato com a sua comadre africana Andreza, igualmente forra, para que cuidasse de sua filha mais nova, Felicidade, nascida em 1856. Consta que ele foi o herdeiro do casal, porém não fez testamento por "ter enlouquecido". Joana, uma das primeiras filhas de Joaquim e Maria Angélica, se casou com o africano forro Vítor Gonçalves. Entre os padrinhos estava outro casal de africanos forros: José Manuel Antônio e Joana Maria da Conceição.

A pesquisa de Paulo Roberto Staudt Moreira (1962-), sugere, a partir da história da africana Maria Angélica, a existência de uma rede de parentesco que envolvia arranjos mercantis e familiares entre africanos ocidentais nas áreas urbanas do Rio Grande do Sul, reunindo principalmente africanos homens e mulheres alforriados. Estes mantinham seus próprios negócios, que incluíam a posse de escravizados, e deviam morar perto uns dos outros. O termo "mina nagô", associado a Maria Angélica, também é indicativo da rede de africanos ocidentais existente na província do Rio Grande. Incluía também jejes, cabo-verdes, haussás, são-tomés, calabares e outros. De 1856 a 1859, dos africanos enviados para a prisão como fugitivos, 45% eram africanos ocidentais, com destaque para os haussás e nagôs. Essa representação africana se ampliava ainda mais, considerando-se a população que tinha conquistado a liberdade, em especial nas áreas urbanas. Na contabilização das alforrias para Porto Alegre, entre 1748 e 1888, os africanos ocidentais aparecem com quase 45% do total. Apenas entre 1858 e 1887 os nagôs somam 60% dos africanos alforriados.

Maria Angélica não estava, portanto, só; era parte de uma vasta rede de africanos ocidentais que se auxiliavam nos negócios, residiam juntos e contraíam matrimônio.

FONTE: Paulo Roberto Staudt Moreira.

VEJA TAMBÉM: Ana de Oliveira...; Catarina Mina; Efigênia, Nazaré...; Emília do Patrocínio; Mãe Benta; Maria Angélica; Sabina da Cruz.

MARIA ANGOLA

SÉC. XVIII | ÁFRICA OCIDENTAL; SÃO JOÃO DEL-REI, MINAS GERAIS

Maria Angola, sobre a qual temos esparsas informações, provinha da nação guiné. Morava em São João del-Rei e, embora tivesse sido alforriada por seu senhor, chamado Manuel Pinto, continuava sendo submetida não só ao cativeiro como a constantes maus-tratos. Por sinal, vivia numa situação de semiliberdade, muito característica das alforrias condicionadas; aquelas que eram dadas apenas para e sob algumas condições específicas. É o que revelam os estudos sobre Minas Gerais colonial de Eduardo França Paiva, Douglas Libby, Junia Furtado, Laura de Mello e Souza, Liana Maria Reis, Luciano Figueredo e outros.

Cansada de tais circunstâncias, em 1764 dirigiu uma petição ao capitão-geral da comarca de São João del-Rei, reclamando sua liberdade, no que foi atendida pelo governante local. Este reconheceu a justiça do pleito de Maria Angola e, em 15 de dezembro daquele ano, ordenou sua soltura.

O caso demonstra, por um lado, como a alforria formalmente obtida não representava garantia real de liberdade; isso porque muitas vezes situações de semiliberdade acabavam condicionadas pelo arbítrio dos senhores. Por outro lado, revela como escravizadas e escravizados não se acomodavam a esse tipo de situação e usavam das franjas do sistema e do corpo da lei para garantir seus direitos.

FONTES: Érico Vital Brazil; Laura de Mello e Souza; Schuma Schumaher.

VEJA TAMBÉM: Benedita Caetana...; Esperança Garcia.

MARIA APOLINÁRIA, MARIA CÂNDIDA E MARIA DOMINGAS

SÉC. XIX | BAIXO AMAZONAS, PARÁ

Em 1876, Maria Cândida, depois de ser capturada com mais 134 mocambeiros, declarou: "Nunca tive senhor por ter nascido nas matas". Ela foi presa nos mocambos do Curuá, em Santarém, Baixo Amazonas. Na época com trinta anos, era natural das matas do Curuá e filha de Maria Apolinária, que tivera dez filhos. Uma irmã de Maria Cândida, Maria Domingas, tinha em torno de quarenta anos e era mãe de cinco filhos.

Ao ser indagada sobre o seu proprietário, argumentou não saber dizer de quem se tratava, pois ela nascera no mocambo do Curuá. Seu filho Brás (mais tarde batizado com o nome de Manuel Júlio), aos vinte anos garantiu que "se achava no mocambo desde que nasceu e que nunca teve senhor". Maria Cândida, Maria Domingas, Brás e outros tinham em comum o fato de terem nascido naqueles mocambos, sendo descendentes de mocambeiros que haviam se estabelecido ali muitos anos antes.

Conforme destacaram as pesquisas nos arquivos do Pará realizadas por Eurípedes Funes, Flávio dos Santos Gomes, Rosa Elizabeth Acevedo Marin e, especialmente, Vicente Salles, os quilombos do Curuá aparecem na documentação já no fim do século XVIII. Em 1800 foram apreendidos "negros do mocambo do rio Curuá", juntamente com farinhas, canoas e armas. Em 1805, autoridades se referiam a "um formidável mocambo de negros do rio Curuá" que existia desde 1799. Em 1811, o Senado da Câmara de Alenquer enviou uma petição clamando providências. Fugitivos e cativos estavam em "total rebeldia e pouco respeito". De 1811 a 1813, foi intensa a repressão. Mas, em fins de 1813, já se falava num "novo mocambo", criado "muito perto daquele" e destruído em outra ocasião. Nos anos seguintes, em Óbidos e Alenquer continuaram surgindo mocambos, chamados de quilombos do Inferno e do Cipotema.

Na década de 1820, a região de Santarém seguiria sendo foco de mocambos e comunidades de fugidos. Mais uma vez, autoridades mencionavam o mocambo "renascido" no Curuá. Em maio de 1827, denunciava-se um quilombo que "se diz formado no mesmo sítio, em que há anos foi outro destruído no rio Curuá".

Expedições contra o Curuá se reiniciaram nos anos 1840. Escoltas foram enviadas para onde "se presumia existir no rio Trombetas um quilombo de gente vermelha e negra". Outras denúncias registram "um mocambo acima do rio Trombetas". Em 1849, devido ao "terror pânico [de] que se achavam possuídos os habitantes" de Santarém, realizaram-se "explorações e batidas nos mocambos". Os alvos principais seriam aqueles acampamentos localizados nos rios Curuá-una e Mojui-miri.

Hoje em dia, há cerca de setenta comunidades negras rurais remanescentes de quilombos no Baixo Amazonas, espalhadas entre os atuais municípios de Óbidos, Alenquer,

Santarém, Oriximiná, Monte Alegre e Curuá. Elas guardam memórias seculares dos primeiros fugitivos coloniais e das suas formações iniciais, seguramente alcançadas pelas irmãs Maria Cândida e Maria Domingas, filhas de Maria Apolinária. Em 1988, d. Dica (Raimunda Santana de Assis) lembrava não só do nome de sua avó, Maria Miquelina, que a criara naqueles mocambos, como dos seus antepassados, que "vieram da África, uma nação de gente que sabia tudo". Segundo ela, os "antigos mocambeiros eram africanos", seus verdadeiros ancestrais.

FONTES: Aldrin Moura de Figueiredo; Edna Maria Ramos de Castro; Eliane Cantarino O'Dwyer; Eurípedes Funes; Flávio dos Santos Gomes; José Luis Ruiz-Peinado Alonso; Lúcia M. M. Andrade; Rosa Elizabeth Acevedo Marin; Vicente Salles.

VEJA TAMBÉM: Felipa Maria Aranha; Figênia; Miguel e os quilombolas...; Trajano.

MARIA AUXILIADORA DA SILVA

1935-74 | CAMPO BELO, MINAS GERAIS; SÃO PAULO

Maria Auxiliadora da Silva nasceu em 24 de maio de 1935, em Campo Belo, Minas Gerais, numa família de dezoito irmãos. Sua mãe era lavadeira, escultora e bordadeira, e o pai assentava dormentes nas estradas de ferro. Mudaram-se todos para São Paulo, atraídos pelas promessas de prosperidade que a capital oferecia.

A vida na cidade, porém, não foi fácil. Como não pôde frequentar a escola, por muitos anos Auxiliadora dedicou-se a uma série de ocupações, ao mesmo tempo que praticava a pintura de forma mais diletante. No entanto, em 1967 decidiu voltar-se inteiramente à sua arte. Ainda menina, ela tingia os fios usados pela mãe nos bordados que vendia e, aos onze anos, desenhava figuras nos muros da vizinhança com carvão. Com 32 anos, passou a empregar uma técnica própria: moldava as figuras em gesso, já no quadro, em que incluía enredos e diálogos escritos, assim como, por vezes, seus próprios cabelos. Utilizava também muita tinta, de modo a dar às telas outra dimensionalidade que escapava à tela plana. Sem ter recebido uma educação formal nas artes, Auxiliadora estudou com sua família e como autodidata. No fim dos anos 1960, não só Auxiliadora, mas também seu irmão, o pintor João Cândido (1933-), e outros familiares, como o escultor Vicente de Paulo (1930-80), juntaram-se à rede que se formara em Embu das Artes ao redor de Solano Trindade (1908-74), que era poeta, músico e teatrólogo. Por sinal, em Embu, a essa altura havia um verdadeiro polo cultural, muito focado nas artes de origem africana.

Algum tempo depois, Maria Auxiliadora voltaria a São Paulo, buscando ganhar mais visibilidade no circuito artístico que por lá se formava. Passou, então, a apresentar suas obras na praça da República, que durante os fins de semana se transformava numa grande feira de arte ao ar livre. Foi nessa circunstância que conheceu Mário Schenberg (1914-90), que a apresentou ao vice-cônsul dos Estados Unidos, Alan Fisher (1913-89). Sua primeira exposição ocorreu em 1971, na galeria USIS, pertencente ao consulado.

Outro sonho de Auxiliadora era voltar a estudar. E em 1972, aos 37 anos, retorna aos estudos, matriculando-se no Centro de Alfabetização de Adultos, universo que também retratou em seus trabalhos. Em várias de suas telas a artista apresenta, com humor, e ironia também, a dura realidade desses cursos noturnos, com alguns poucos alunos atentos e outros mais cansados e sonolentos, lutando para aprender.

A vida da pintora seria, porém, breve. Ela travou uma dura batalha contra o câncer, e passou por seis cirurgias nos últimos dez meses de vida. No dia 20 de agosto de 1974, Auxiliadora faleceu em virtude da doença. Deixou um comovente autorretrato, no qual se representa pintando uma tela suspensa por um cavalete, ladeada por vários anjos. O fundo é azul-claro, e uma grinalda de flores brancas e vermelhas acompanha todo o movimento da tela, que mais se parece com uma grande despedida.

Na época de sua morte, praticamente inexistiam livros dedicados à sua obra. Foi em 1977 que a editora italiana Giulio Bolaffi publicou o livro *Maria Auxiliadora da Silva*, com ensaios de Max Fourny (1904-91), diretor do Museu de Arte Naïf de Vicq, na França; Emanuel von Lauenstein Massarani, adido cultural do Brasil na Suíça; e Pietro Maria Bardi (1900-99), então diretor do Museu de Arte de São Paulo. Nesse livro, sua obra foi definida como estando na fronteira entre a arte primitivista e a arte bruta; duas designações que incorporam uma hierarquia interna existente, até hoje, no mundo das artes, que distingue esses gêneros de uma arte europeia mas definida, equivocadamente, como universal.

No final dos anos 1970, o marchand alemão Werner Arnhold (1925-2013) conseguiu fazer com que suas obras aparecessem em feiras de arte e exposições na Basileia, em Düsseldorf e em Paris. Em 2018, houve uma retrospectiva no MASP, e um novo catálogo procurou restabelecer seu lugar não como pintora negra, naïve, mas como uma artista que merece integrar o cânone das artes no Brasil.

Apesar da vida breve, Maria Auxiliadora produziu muito, e em suas telas, bastante coloridas e cheias de vida, aparecem vizinhos, conhecidos, pessoas do povo trabalhando, participando de festas ou simplesmente deixando o tempo passar. A variedade temática faz da sua obra uma espécie de crônica imaginária do cotidiano. A artista utilizava tinta acrílica de cores em geral fortes, como vermelho e amarelo. Ela também trabalhava muito bem com o branco. Os orixás do candomblé, os vestidos de escolas de samba, as festas de maracatu e os anjos apresentam rendas; já nas casas, cortinados em relevo e com uma sutil transparência se destacam. Nos diálogos escritos que aparecem em alguns de seus quadros, moças comentam sobre as roupas que vão usar em festas e encontros fugidios, um sanfoneiro de festa junina debate com amigos, estudantes do Mobral (Movimento Brasileiro de Alfabetização) conversam entre si, com recursos únicos na história da arte brasileira.

FONTES: Adriano Pedrosa; Érico Vital Brazil; Fernando Oliva; Lélia Coelho Frota; Lilia Moritz Schwarcz; Oscar D'Ambrosio; Pietro Maria Bardi; Schuma Schumaher.

VEJA TAMBÉM: Agnaldo dos Santos; Heitor dos Prazeres; Rubem Valentim; Sidney Amaral; Solano Trindade; Tula Pilar.

MARIA BENEDITA DA ROCHA

c. 1870-*c.* 1980 | TREMEMBÉ E SÃO PAULO; RIO DE JANEIRO

Desde o início do século XX, na cidade do Rio de Janeiro, em diversas áreas das periferias, haviam se instalado famílias negras migradas de várias zonas rurais do Sudeste — sobretudo do Vale do Paraíba e da Zona da Mata mineira. Parte dessa população também tinha sido expulsa do centro da cidade, por conta da Reforma Pereira Passos, que tratou de jogar a pobreza para os arredores.

Não seria a primeira vez que a população negra foi obrigada a se estabelecer em morros e encostas. Desde o século XVIII, existem indícios de setores negros — entre quilombolas e roceiros libertos — ocupando essas regiões, e também as serras e os planaltos. A cartografia colonial das últimas décadas setecentistas, e mais ainda durante o século XIX, já assinalava nos mapas a existência da "Serra dos Pretos-Forros". Esta correspondia a uma vasta área, que ia do maciço da Tijuca até os bairros suburbanos de Lins, Engenho Novo, Engenho Velho, chegando a localidades de Jacarepaguá. Ali não seria necessariamente um lugar de quilombos e mocambos — embora tenham existido muitos. Predominavam, na verdade, famílias negras de libertos de engenhos dos subúrbios do Rio, que foram se alojando por lá ao longo do século XIX. Com a abolição e as primeiras décadas da emancipação, essas áreas acabariam recebendo mais outros contingentes de população negra.

Memórias da escravidão e legados do pós-emancipação podiam juntar diversas gerações. E é nesse contexto que conhecemos Maria Benedita da Rocha, a Maria Chatinha, que morava no morro do Salgueiro. Por iniciativa do padre Luciano Penido (1922-) e depois do historiador Mário Maestri (1948-), foi possível ter acesso às suas memórias da escravidão, em depoimentos colhidos em 1981 e publicados em 1985.

Maria Benedita deve ter nascido em 1870, na região de Tremembé, no interior paulista, onde viveu como escravizada. No pós-abolição migrou para a capital do estado, estabelecendo-se por fim na cidade do Rio de Janeiro, aonde chegou talvez na década de 1910. Ali seguramente conheceria várias famílias negras que faziam movimentos migratórios semelhantes aos dela, ocupando diversas serras, encostas e morros. Em seu depoimento, Maria Chatinha descreveria em detalhes a sua infância no cativeiro, a família, a fazenda e a vida cotidiana. Lembraria que seus pais podiam ter alguma ascendência indígena misturada com a africana: de estrangeiros e daqueles nascidos no Brasil. Nas suas memórias estão os feitores, os castigos e até dois escravizados bem velhos — certamente africanos — que não mais trabalhavam: Tio Joaquim e Tio Zacarias.

Essa foi de fato uma narrativa única. Quando indagaram se lembrava de alguma coisa, Maria respondeu: "Eu tava com dezoito ano, cumé que eu não ia se lembrá. Já tinha passado tudo na vida". Destacou ainda: "No dia que foi a Liberdade [...] na hora de lê a carta", quando "gritô a liberdade [...] como a negrada gritava, como a negrada cantava!, como a negrada dançava baile, caxambu, cateretê". Maria Chatinha se recordaria também dos primeiros tempos depois da abolição, dizendo que muitos foram embora das fazendas: "Os que quiseram, abandonaram. Os que não quiseram tavam arrumando já pra ir pra outro lugar".

FONTE: Mário Maestri.

VEJA TAMBÉM: Delphina Maria da Conceição; Maria do Carmo Jerônimo; Nhô João e sua parceira; Roque José Florêncio; Tia Inácia.

MARIA DAS DORES SANTOS CONCEIÇÃO

1911-2015 | MENDES E RIO DE JANEIRO

A cantora e compositora Maria das Dores Santos Conceição nasceu em 1911, em Mendes, no Vale do Paraíba, sendo levada ainda bem pequena para o Rio de Janeiro. Com vinte anos, casou-se pela primeira vez, com Sebastião Maciel Francisco dos Santos. Aos 25, já viúva e mãe de Nilza Santos Oliveira, passou a trabalhar numa fábrica de rendas na Muda, pequena região da Tijuca, na Zona Norte carioca. Seu segundo casamento foi com o jornalista João Conceição, um dos fundadores do *Redenção*, jornal muito articulado com os movimentos sociais negros nos anos 1950.

Na década de 1960, segundo a investigação de Ricardo Cravo Albin (1943-), Maria das Dores casou-se com Donga (1890-1974), passando a conviver com importantes personagens como Pixinguinha (1897-1973), Jacob do Bandolim (1918-69), João da Baiana (1887-1974), entre outros. Apesar da longa trajetória de convivência cultural e musical, seu talento e vocação artísticos apenas seriam revelados em 2000, quando começou a ser convidada para shows e espetáculos de samba.

Somente em 2003, aos 92 anos, lançou o álbum *Maxixe não é samba*, com produção artística de Marília Barbosa (1950-) e direção musical de João de Aquino (1945-). Gravaria depois composições de João da Baiana, Noel Rosa (1910-37), Claudionor Cruz (1910-95), Sinhô (1888-1930), Heitor dos Prazeres (1898-1966), Donga e Pixinguinha, entre outros.

Apresentando também composições próprias, e simbolizando a tradição secular da criação do samba carioca, Maria das Dores consagraria seu nome artístico de Vó Maria, realizando shows em diversas cidades brasileiras e ganhando homenagens e prêmios ainda em vida. Muito importante na divulgação tardia do talento artístico de Vó Maria foi Ricardo Cravo Albin (1943-), com as iniciativas do seu Instituto, que inclusive registrou dados biográficos da cantora. Seu primeiro e único álbum foi reeditado em 2013, dez anos depois do lançamento.

Atravessando um século de vida, Vó Maria é um excelente exemplo de trajetórias femininas muitas vezes ausentes e esquecidas na história da diáspora africana. Ela faleceu em 2015, aos 104 anos.

FONTE: Ricardo Cravo Albin.

VEJA TAMBÉM: Clementina de Jesus; Donga; Heitor dos Prazeres; Ivone Lara; Maria Joana Monteiro; Maria Tereza Bento da Silva; Pixinguinha; Tia Maria do Jongo.

MARIA DIMPINA LOBO DUARTE

1891-? | CUIABÁ, MATO GROSSO

Na história do Mato Grosso, Maria Dimpina Lobo Duarte aparece como a primeira funcionária pública mulher e negra do estado. Ela nasceu em Cuiabá no ano de 1891, e sua vida virou símbolo da luta por uma sociedade menos machista e racista.

Maria Dimpina desde muito cedo se dedicou aos estudos. Foi a primeira aluna mulher negra a ingressar no Liceu Cuiabano. Até sua entrada, só homens estudavam na instituição, onde ela se formou em ciências e letras em 1909, com apenas dezesseis anos, e passou a se dedicar ao magistério. Anos depois, abriu uma escola particular, muito bem avaliada, chamada Colégio São Luís.

Em 1916, junto com um grupo de mulheres, fundou o Grêmio Literário Júlia Lopes, em homenagem à escritora, cronista, teatróloga e abolicionista que viveu de 1862 a 1934. Criaram então a revista *A Violeta*, onde Maria Dimpina atuava como diretora e redatora. A publicação circulou no estado durante cerca de quarenta anos.

A prefeitura municipal de Cuiabá deu o nome de Maria Dimpina a uma das escolas no bairro Coxipó da Ponte e a uma rua no bairro Boa Esperança, após três anos da sua morte.

FONTES: Érico Vital Brazil; Instituto Memória do Poder Legislativo de Mato Grosso; Núcleo de Estudos Afro-Brasileiros, Indígenas e de Fronteira da Universidade Federal do Mato Grosso; Schuma Schumaher.

VEJA TAMBÉM: Antonieta de Barros; Enedina Alves; Maria Odília Teixeira.

MARIA DO CARMO JERÔNIMO

1871-2000 | CARMO DE MINAS E ITAJUBÁ, MINAS GERAIS

Maria do Carmo Jerônimo nasceu na cidade de Carmo de Minas — que antes levava o nome de Silvestre Ferraz —, em Minas Gerais, no dia 5 de março de 1871, seis meses antes da promulgação da Lei do Ventre Livre. Por conta disso, durante toda sua infância e boa parte da adolescência ela foi escravizada, passando a ser livre quando já contava dezessete anos.

Segundo sua certidão de batismo, era filha de Sabina, uma escravizada que pertencia a Luiz Monteiro de Noronha (1819-?), capitão da Guarda Nacional. Nos seus relatos, Maria do Carmo também se lembrava de ser filha do "reprodutor" Jerônimo. Solteira, ela foi levada, em 1942, quando já tinha setenta anos, para Itajubá, no sul de Minas Gerais, e trabalhou com a família do historiador José Armelim Bernardo Guimarães (1915-2004). Por lá atuou como babá dos seus treze filhos. Como não tinha parentes próximos, adotou como família os Guimarães, com quem morou por 58 anos.

Seu nome ficou conhecido quando, aos 125 anos, foi levada para o Rio de Janeiro a fim de conhecer o mar, seu grande sonho. O convite veio do então prefeito, Cesar Maia (1945-), que lhe facultou conhecer a praia de Copacabana. Nesse mesmo ano de 1995, viajou de avião pela primeira vez, para receber a medalha do centenário de Zumbi dos Palmares, entregue pelo presidente da República na época, Fernando Henrique Cardoso (1931-). Ela, que não sabia ler e escrever, e que não gostava de assistir TV, vivendo bem apartada do mundo externo, foi destaque da escola de samba Unidos da Tijuca, do Rio, em 1996. Maria do Carmo, com seu 1,24 metro de altura, enfrentou a avenida no papel de avó de Zumbi (1655-95), líder negro homenageado naquele ano.

Em outubro de 1997 — apenas alguns dias depois de ter ido conhecer o papa João Paulo II (1920-2005), em visita ao Brasil —, sofreu um acidente vascular cerebral e acabou internada na UTI da Santa Casa de Misericórdia de Itajubá por cerca de dois meses. Em busca de melhor tratamento, foi levada para o Instituto do Coração, em São Paulo, onde permaneceu por quase trinta dias. De acordo com o diretor do hospital, ela apresentava, nessa ocasião, coma superficial. Maria do Carmo, porém, não resistiu, vindo a falecer em 14 de junho de 2000, na cidade de Itajubá (MG), com 129 anos.

Segundo documento existente na paróquia de Nossa Senhora do Carmo, em Campanha, Minas Gerais, Maria do Carmo teria nascido, como vimos, no dia 5 de março de 1871. No entanto, como ela jamais tirara sua certidão de nascimento, o *Guinness* não a reconheceu como a mulher mais velha do mundo.

Maria do Carmo viveu a escravidão, trabalhou durante toda a sua vida e foi por pouco que não conheceu o século XXI. Levou consigo a memória de um tempo que parece tão longínquo, mas que se encosta no nosso presente.

FONTES: Carlos Henrique Santiago; Érico Vital Brazil; Ranier Bragon; Schuma Schumaher.

VEJA TAMBÉM: Delphina Maria da Conceição...; Maria Benedita da Rocha; Roque José Florêncio; Nhô João e sua parceira; Tia Inácia.

MARIA DO CÉU FERREIRA DA SILVA

1970-2013 | SANTA LUZIA, PARAÍBA

A líder quilombola Maria do Céu Ferreira da Silva não resistiu aos ferimentos por queimadura provocados pelo ex-marido, Edimilson Souza da Costa, e morreu no dia 6 de outubro de 2013. Edmilson ateou fogo ao corpo da ex-mulher, na presença de duas crianças. Céu teve mais de 70% do corpo queimado e morreu depois de uma semana em coma. Foi queimada viva.

Presidente da Associação das Louceiras Negras da Serra do Talhado e liderança da comunidade quilombola da Serra do Talhado Urbano, no estado da Paraíba, Céu tinha, nessa época, 43 anos. Era ativista do povo quilombola e das mulheres negras; uma personalidade reconhecida em sua comunidade.

Edmilson mantinha com Maria do Céu uma relação marcada pelo ciúme, pela possessividade e pela violência. Depois de se separar dele, Tia Céu se afastou de tudo e de todos — ele a proibia de manter contato até mesmo com familiares. Segundo quem a conhecia, era uma mulher alegre, com vontade de viver, que criou sozinha quatro filhas e filhos fazendo artesanato.

Além de ter tirado a vida de Céu, Edmilson destruiu a família Ferreira da Silva e a esperança de dias melhores das louceiras do galpão e quilombo do Talhado. Em 2018, a família, as mulheres integrantes da Associação e a comunidade quilombola do Talhado conseguiram fazer com que Edmilson fosse julgado e condenado a 25 anos de prisão pelo crime que cometeu.

Infelizmente, esse não é um caso isolado. Segundo o Anuário Brasileiro de Segurança Pública de 2015, há uma média de 180 casos de estupro e crimes de feminicídio diários, e a maioria das vítimas afirma conhecer seu agressor, já que muitas vezes seus algozes são pais, irmãos, tios, padrinhos, ex-namorados ou maridos. Segundo dados do Fórum Brasileiro de Segurança Pública, a residência das vítimas é o lugar mais frequente para a violência ocorrer.

As mulheres correspondem a 89% das vítimas de violência sexual no Brasil. Entre 2001 e 2011, 50 mil foram assassinadas, de acordo com registros do Ipea (Instituto de Pesquisa Econômica Aplicada). O número de casos de feminicídio — assassinato em função do gênero — é alarmante no país: segundo levantamento do Relógios da Violência, órgão vinculado ao Instituto Maria da Penha, a cada 7,2 segundos uma mulher é vítima de violência física. O Mapa da Violência 2015 destaca que, apenas em 2013, treze mulheres morreram por dia vítimas de feminicídio, sendo que cerca de 30% dos assassinatos foram cometidos por parceiros, ex-maridos ou ex-companheiros. Esse número representa um aumento de 21% em relação à década passada, o que indica que o problema tem crescido entre nós, ao contrário do que divulga uma certa visão por demais otimista do país ou a representação edulcorada do "lar" como lugar exclusivo de acolhimento.

O panorama se torna ainda mais dramático se recortamos as elevadas taxas de feminicídio a partir do marcador social de raça. Segundo dados retirados do Mapa da Violência 2015, o assassinato de mulheres negras aumentou 54% entre os anos de 2003 a 2013, enquanto o de brancas diminuiu na ordem de 9,8%. Mulheres negras com idade entre quinze e 29 anos têm 2,19 vezes mais chances de serem assassinadas no Brasil do que as brancas na mesma faixa etária, de acordo com o Índice de Vulnerabilidade Juvenil à Violência (IVJ) de 2017.

A violência contra as mulheres e negras é um dado inegável no país. Mesmo assim, considerando que o ato de nomear significa conferir realidade a um fato social, causa espanto como o termo "feminicídio", que se refere a crimes premeditados contra mulheres, só foi formalmente reconhecido no Brasil a partir de março de 2015.

Maria do Céu entrou, infelizmente, nas estatísticas de violência doméstica contra mulheres na Paraíba.

FONTES: Anuário brasileiro de segurança pública; Geledés; Índice de vulnerabilidade juvenil à violência 2017; Julio Jacobo Waiselfisz (Mapa da Violência 2015); Maria Janaina Silva dos Santos.

VEJA TAMBÉM: Beatriz Nascimento; Quelly da Silva.

MARIA DO EGITO

1828-? | ARACAJU, SERGIPE

Maria do Egito nasceu no ano de 1828 em Aracaju. Em 1858, ela moveu um processo contra Evaristo José de Santana, seu senhor, no qual reclamava seu direito à alforria. Conforme mostra o historiador Luiz Mott (1946-), corajosa, ela declarou nos autos que trocou sua virgindade pela liberdade. Além do mais, alegava que a relação de catorze anos que estabelecera com seu proprietário era violenta por parte dele, que sempre adiava sua prometida liberdade.

Na cidade, o relacionamento entre a escravizada e Evaristo José era público, a despeito de ele ser casado. No entanto, para tentar disfarçar, e como era costume, o proprietário tratou de arranjar um casamento entre a cativa e seu sobrinho João Barbosa de Brito, de quem Maria acabou engravidando. Ao tomar conhecimento do fato, Evaristo rasgou a carta de alforria que tinha prometido e lavrado, e exigiu o retorno imediato da moça ao cativeiro. Não contente, bateu nela e lhe provocou o aborto. Foi nesse ambiente que Maria resolveu abrir um libelo civil pela liberdade e contra o arbítrio de seu senhor. A tese da defesa era de que a escravizada já adquirira liberdade por direito, independentemente da carta de alforria emitida por seu proprietário, uma vez que havia "se deitado com seu senhor por muito tempo".

A própria Maria do Egito, consciente de seus direitos, afirmou em juízo que: "Sob a promessa de a libertar, deixou-se levar de sua virgindade por amor único de gozar deste maior bem que pode usufruir um ente humano — a liberdade". Passado algum tempo, Evaristo José, em vez de cumprir a promessa, promoveu um casamento da escravizada com seu sobrinho, que aceitou a união "apenas para achar na cozinha do tio, mulher, casa e pão, tanto que é chamado de pão-mentira".

Revoltada, ela afirmava que seu senhor "rasgou-lhe a carta de liberdade" e "pretende chamá-la ao cativeiro". O procurador de Justiça buscou anular o processo, sob a alegação de não ser possível "acreditar na palavra de uma escrava". E concluiu: "Infelizmente temos escravos fazendo nossa mísera fortuna e ai de nós se passar o grito de um escravo 'sou liberto' por si só acompanhado do prestígio de algum protetor poderoso, porque então nenhum escravo deixará de pretendê-lo e nossa propriedade será a nossa mendicidade".

Os advogados refletiam, com seus argumentos, os interesses conflitantes das duas partes. O de defesa reconhecia o direito acumulado por Maria. Já o procurador representava a opinião dos senhores, os quais, diante do fim iminente da escravidão, usavam de arrazoados muito extremados como forma de justificar o direito de posse, transformando os senhores, de algozes, em vítimas.

O juiz de paz deu ganho de causa ao senhor. Esse episódio ilustra à perfeição uma situação que se repetia com muitas escravizadas e em várias senzalas espalhadas pelo Brasil.

FONTES: Érico Vital Brazil; Luiz Mott; Schuma Schumaher.

VEJA TAMBÉM: Caetana; Henriqueta Maria da Conceição; Maria Joaquina.

MARIA FIRMINA DOS REIS

1822-1917 | SÃO LUÍS E GUIMARÃES, MARANHÃO

Ao que se sabe, Maria Firmina nasceu em 11 de março de 1822, ainda que alguns dados apontem para o ano de 1825. Filha de João Pedro Esteves e de Leonor Felipa dos Reis, foi registrada em São Luís do Maranhão como Maria Firmina dos Reis. Há, contudo, quem sugira que ela era filha da liberta Felipa dos Reis; esse é mais um caso em que as informações do passado referentes à população negra feminina não são conclusivas.

Em 1830 — com oito anos — ela foi morar em Guimarães. Por lá, viria a atuar como professora na Escola de Primeiras Letras (como eram chamadas as escolas primárias no Império). Em 1859, aos 37 anos, lançou o romance *Úrsula*, impresso e editado pela Tipografia de Belarmino de Matos, e que exibe uma clara vertente abolicionista. Em 1861, publicou em fascículos mais um romance, *O jardim das maranhenses*, que contém temas indianistas.

Entre 1861 e 1865, Maria Firmina apresentou volumosa colaboração literária, divulgando poemas, enigmas, charadas e contos em vários jornais de São Luís. Entre 1867 e 1868, publicou novos poemas em periódicos literários como o *Semanário Maranhense* e o *Almanak Historico de Lembranças Brasileiras*. No ano de 1871, lançou a coletânea *Cantos à beira-mar*, reunindo seus poemas.

Segundo uma série de estudos da história da literatura maranhense, nessa época começou a se constituir um grupo consistente de escritores locais, entre eles Odorico Mendes (1799-1864), Sotero dos Reis (1800-71), João Francisco Lisboa (1812-63), Gomes de Sousa (1829-64), Sousândrade (1833-1902) e César Marques (1826-1900).

Em 1880, Firmina criou, em Guimarães, uma escola mista e gratuita. No mesmo período, foi aprovada (em primeiro lugar) num concurso público em História da Educação Brasileira, sendo-lhe concedido o título de mestra régia. Há registros de que existiriam, na época, de doze a quinze alunos matriculados na Escola de Primeiras Letras, sob a responsabilidade da professora Maria Firmina dos Reis. A realidade educacional do Maranhão — aliás, como no restante do país — apresentava, porém, problemas estruturais. Do quadro de alunos matriculados, no total de 265 estudantes, 42% residiam em São Luís, nas freguesias da Conceição e Vitória. Os demais moravam nas comarcas interioranas de Guimarães, Alcântara, Viana, São Bento, Mearim, Itapecuru, Rosário, Brejo e Caxias. Era muito fraca e desigual a oferta de escolas na província.

Em 1887, a *Revista Maranhense* divulgou o conto "A escrava", de autoria de Maria Firmina. Por sinal, os debates públicos e políticos entre abolicionistas, monarquistas e republicanos de São Luís eram intensos naquele momento. Nesse sentido, apesar de ainda não conhecermos muito acerca da atuação da escritora, é possível especular que mantivesse contatos com diversas associações abolicionistas. Em 1888, por exemplo, ela teria composto a letra e a melodia do "Hino da libertação dos escravos".

Não temos informações sobre o lugar onde a professora viveu nas primeiras décadas do pós-emancipação. Mas ela há de ter acompanhado debates literários internacionais, bem como as edições de obras de escritores brasileiros e mesmo traduções de romances abolicionistas estrangeiros publicados nos jornais do Brasil. Isso porque, no seu romance mais conhecido, *Úrsula*, Firmina recupera vários personagens icônicos dessa mesma literatura e os combina com as experiências das populações negras locais, conferindo-lhes evidente protagonismo. O certo é que se notam dimensões atlânticas no ambiente em que ela viveu — o Maranhão oitocentista —, uma vez que por lá circulavam ideias e personagens africanos.

No entanto, e a despeito de sua atuação e produção literária de qualidade, Maria Firmina ficaria durante muito tempo esquecida. Em 1962, o bibliófilo Horácio de Almeida (1896-1983) localizou um exemplar original (datado de 1859) de *Úrsula* e tentou identificar a autoria. Em 1975, ele reeditou o romance em versão fac-símile. Nos anos 1970, quando realizava uma série de pesquisas etnográficas, o intelectual negro José do Nascimento Moraes Filho (1922-2009) — filho do escritor José do Nascimento Moraes (1882-1958), autor de *Vencidos e degenerados*, um romance sobre o pós-abolição no Maranhão — visitou Guimarães, onde colheu fontes e depoimentos. E assim, também em 1975, publicou a biografia da escritora sob o título *Maria Firmina: Fragmentos de uma vida*.

Aos poucos, a trajetória de Firmina foi despertando interesse sobretudo na universidade — e nas áreas de história e literatura. No ano do centenário da abolição, a terceira edição do romance *Úrsula* saiu numa coleção do Instituto Nacional do Livro, contando com apresentação de Luiza Lobo (1948-). Seu nome tem sido lembrado numa sucessão de reedições de suas obras, em dissertações e teses. Em 2004, a Editora Mulheres e a Pontifícia Universidade Católica de Minas Gerais publicaram, com pesquisa e posfácio de Eduardo de Assis Duarte, a quarta edição de *Úrsula*, incluindo o conto "A escrava". A partir daí, o livro e o personagem ganhariam maior visibilidade. Mesmo assim, são muitas as lacunas que envolvem a biografia da escritora. Sua obra traz uma nítida dimensão diaspórica, por conta das reflexões que elaborou a respeito da escravidão e da pós-emancipação nas Américas. O fim de sua vida, entretanto, marca o processo de silenciamento comum a várias autoras negras. Em 1917 — aos 95 anos —, Maria Firmina morreu, ao que se sabe, em Guimarães, pobre e cega.

FONTES: **Algemira Mendes Macedo; Danilo J. Z. Ferretti; Eduardo de Assis Duarte; José António Carvalho Dias de Abreu; José do Nascimento Moraes; Luciana Martins Diogo; Luiza Lobo; Maria Helena P. T. Machado; Rafael Balseiro Zin; Régia Agostinho da Silva.**

VEJA TAMBÉM: **Amália Augusta de Lima Barreto; Antonieta de Barros; Astolfo Marques; Auta de Souza; Carolina Maria de Jesus; Nascimento Moraes; Pretextato dos Passos e Silva; Sofia Ferreira Chaves.**

MARIA JOANA MONTEIRO

c. 1902-86 | VALENÇA E RIO DE JANEIRO

Nascida em Valença no ano de 1902, filha de libertos e provavelmente neta de africanos, Maria Joana Monteiro, a vovó Maria Joana Rezadeira, foi uma importante liderança comunitária nos subúrbios do Rio de Janeiro da primeira metade do século XX.

Depois de migrar com sua extensa família do Vale do Paraíba fluminense para a cidade do Rio de Janeiro, ela se estabeleceu entre Madureira e Vaz Lobo, onde se localizavam as comunidades da Serrinha, Congonha, Serra, Cajueiro e Tamarineira, todas incrustadas em morros e serras. A grande presença familiar, musical e religiosa fez emergir —

sobretudo na Serrinha — uma arraigada cultura do samba e também do jongo.

Consta que Vovó Joana, além de manter forte liderança religiosa, integrou o núcleo fundador da Escola de Samba Império Serrano (1947), que contou com a presença marcante dos trabalhadores da estiva, e em especial da Sociedade de Resistência dos Trabalhadores em Trapiche e Café.

O Império Serrano articulou essas comunidades, herdando delas uma série de tradições e culturas provenientes das antigas escolas de samba e dos blocos da Tamarineira, Prazer da Serrinha (antigo nome da Independentes da Serra) e Unidos da Congonha. Entre os seus fundadores estão Mano Décio (1909-84), Mano Elói (1888-1971) e Antônio Fuleiro (1912-97). No entanto, por lá se destacou, igualmente, a presença negra feminina, da qual são exemplos importantes Vovó Maria Joana, Tia Eulália (1908-2005), Vovó Tereza (1856-*c.* 1975) e outras lideranças religiosas e culturais.

FONTES: **Ana Maria Lugão Rios; Hebe Maria Mattos; Martha Abreu; Pedro Simonard; Rachel Valença; Robert W. Slenes; Spirito Santo; Suetônio Valença.**

VEJA TAMBÉM: **Antônio Candeia Filho; Clementina de Jesus; Ivone Lara; Maria das Dores Santos Conceição; Maria Tereza Bento da Silva; Tia Maria do Jongo.**

MARIA JOAQUINA

SÉC. XIX | ÁFRICA OCIDENTAL; RIO DE JANEIRO

O matrimônio era um expediente utilizado por escravizados e libertos com vários objetivos, entre eles: legitimar filhos naturais, garantir a sucessão patrimonial e impedir o recrutamento para o Exército e a Marinha. O caso da liberta mina jeje Maria Joaquina é muito simbólico e representativo nesse sentido. Ela alegou que sacramentou sua relação com o preto-mina João José Rodrigues, pombeiro na praça do Mercado do Rio de Janeiro, "unicamente por ter pena dele, que ameaçado de ser recrutado para o Exército, com este favor o livrou", e por isso entrara com pedido de anulação. Com efeito, o casamento constava entre os expedientes que, conforme as Instruções de 1822 (em vigor até 1875), isentavam os homens do recrutamento.

Segundo as declarações de João José, porém, as razões que levaram Maria Joaquina ao casamento foram outras: "Por certo não foi por amor, nem por amizade que lhe tivesse, mas sim por interesse e proveito seu, ou para de perto roubar-lhe a pouca fortuna ganha com o suor de seu rosto". Essa não teria sido, por sinal, a primeira vez que se alegava tal tipo de comportamento. Em meados da década de 1830, por exemplo, a forra cabinda Rita Maria da Conceição explicava que havia se casado com o crioulo Antônio José de Santa Rosa, vendedor na praça do Mercado, pelo "amor recíproco" que "mutuamente devotavam". Testemunhava também que, em pouco tempo, o marido começou a dar "provas de que se casara com a autora não por amizade que lhe tinha, mas unicamente pelo interesse que desse consórcio lhe resultava, porque tudo quanto tem o casal é em grande parte pertencente à autora".

A forra nagô Lívia Maria da Purificação foi mais longe. Nos anos 1850, quando conheceu o mina Amaro José de

Mesquita, ele ainda era escravizado do barão de Bonfim (1790-1873), "servindo de comprador e copeiro". Na opinião dela, Amaro ficara "deslumbrado" apenas com seus bens: doze escravizados, joias, dinheiro na casa bancária Souto. E tanto fez que entrou nas "boas graças" da africana. Pediu-lhe, então, que "suprisse" 300 mil-réis, dinheiro que faltava para completar a quantia exigida por sua alforria. Ela lhe concedeu o valor, sob "condição de casamento". Amaro ficou reticente, pois soube que, "bem aconselhada", a mulher decidira fazer um "contrato antenupcial". Acabou "resolvendo-se a casar" em 23 de novembro de 1857. Três meses depois, Lívia pedia separação no Juízo Eclesiástico.

Mas nem todos abriam mão do capital facilmente. Nas pesquisas realizadas por Juliana Barreto Farias e Sandra Lauderdale Graham (1943-), em alguns processos foram encontradas réplicas e tréplicas aos libelos femininos. E foi isso que fez o preto-mina João José Rodrigues. Ao contrariar a petição da liberta mina jeje Maria Joaquina, ele passou a desferir ofensas pessoais contra a mulher: chamou-a de "bêbada, depravada, torpe, libidinosa, sem cerimônia" e que ela "levanta à vista de todos suas saias".

Em geral, sevícias e acusações de adultério eram os principais motivos que levavam as mulheres a pleitear a separação no Juízo Eclesiástico. Mas quase sempre "razões acessórias" tinham mais peso do que uma alegação de maus-tratos. No caso das pretas-minas, tal procedimento era tão recorrente que mais se assemelhava a uma estratégia comum. Não que elas deixassem de reclamar da violência ou das amantes de seus maridos. Todavia, outras questões pareciam tão importantes quanto essas nas disputas entre os casais — ou até mais relevantes. Comparando-se vários libelos encaminhados pelas africanas minas, fica claro como todas seguiam um mesmo roteiro prévio. Embora a "falta de ocupação" dos cônjuges e a dilapidação do patrimônio do casal não estivessem entre as causas legais para o divórcio eclesiástico, a maior parte fazia questão de incluir situações como essas. Tais casos, e tantos outros, revelam sociabilidades próprias a determinados grupos de escravizadas. Nestes exemplos, evidenciam-se agências comuns utilizadas por africanas minas, que não permitiam que o pecúlio arduamente conquistado por elas fosse desperdiçado por seus amantes e maridos.

FONTES: Juliana Barreto Farias; Mariza de Carvalho Soares; Sandra Lauderdale Graham.

VEJA TAMBÉM: Caetana; Henriqueta Maria da Conceição; Maria do Egito.

MARIA JOAQUINA DE CAMARGO (BARTIRA)

1912-? | SALESÓPOLIS, SÃO PAULO; RIO DE JANEIRO; EUROPA

E ROSA NEGRA

SÉCS. XIX-XX | RIO DE JANEIRO

Segundo Nei Lopes (1942-), há poucas informações sobre Rosa Negra e Maria Joaquina de Camargo (Bartira), que atuaram como coristas, cantoras e atrizes em teatros de revista nas primeiras décadas do século XX.

Rosa Negra nasceu no fim do século XIX, porém muito mais não se sabe sobre sua origem, infância e formação. Foi descoberta quando se apresentava no Bar Cosmopolita. Ela fez sucesso na peça *Pirão de areia*, no Teatro São José, em 1926. Integrou também a Companhia Negra de Revistas, apelidada de "Mistinguette brasileira", numa alusão a uma famosa vedete francesa da companhia Bataclan. Rosa Negra tomou parte em algumas das primeiras gravações de Francisco Alves (1898-1952), com o samba "Não quero saber mais dela", de Sinhô (1888-1930), e o foxtrote "Moleque namorador".

Tomou parte em 1931 da peça *Com que roupa?*, de Luiz Peixoto (1889-1973), que contava com músicas de Ari Barroso (1903-64). Integrou a Companhia Mulata Brasileira, montada pelo empresário Raul Barreto, que circulou por Santos, São Paulo, Rio de Janeiro, Espírito Santo e cidades do Nordeste. O grupo oferecia espetáculos de teatro de revista, com representações musicais e artísticas apresentando cateretê, maxixe e jongo, num "quadro do ambiente africano", como noticiou o *Correio da Manhã* em dezembro de 1930.

A Companhia Mulata Brasileira viajou pela Europa, mas ainda assim foi objeto de pilhéria por parte da imprensa local. Em junho de 1931, um jornalista — que usava o pseudônimo de Terra de Senna — publicou no *Diario Carioca* o seguinte comentário: "Nossa propaganda no estrangeiro precisa ser exercida com um pouco mais de critério". De forma crítica, destacava: "Não se trata, no caso, do colorido nada místico daquele punhado de artistas que singram o Atlântico". Acrescentou também que "Rosa Negra", a "estrela" do conjunto, poderia ser "branca, vermelha ou amarela".

Em 1932, ela estava de volta ao Rio de Janeiro, tendo se apresentado no Teatro Margarida Marx e no Teatro República. Não há mais informações sobre ela após o fim da década de 1930, e pouco se sabe sobre sua vida ou acerca da sua morte.

A biografia de Maria Joaquina de Camargo (1912-), apelidada de Mariazinha, é ainda mais enigmática. Consta que nasceu em São José do Paraitinga (atual Salesópolis), em São Paulo, em 1912, filha de mãe negra (com avós indígenas e negros) e pai branco (descendente de portugueses e italianos). Era corista na Companhia Mulata Brasileira na época em que excursionou pela Europa. Nunca mais voltou de lá, e sua vida ficou marcada por uma série de lendas e relatos fantasiosos. Mariazinha foi rebatizada no exterior como Miss Bartira e, depois do sucesso em 1930, permaneceu no Velho Mundo, onde se casou, assim se contava, com um nobre.

A biografia das duas indica como, na década de 1930, divulgou-se a propaganda de um Brasil exótico, com suas "mulatas maravilhosas", que não escapavam do preconceito atrelado a esse termo que etimologicamente vem de "mula", um animal de carga. Mesmo assim, Rosa e Maria Bartira fizeram carreira e não se intimidaram com as demonstrações de racismo que as cercaram durante a vida.

FONTES: Luca Bongiovanni; Orlando de Barros, Nei Lopes, Tiago de Melo Gomes.

VEJA TAMBÉM: Ascendina dos Santos; De Chocolat; Donga; Grande Otelo; Jandyra Aymoré; Pixinguinha.

MARIA JOSÉ BEZERRA

c. 1885-1958 | LIMEIRA E SÃO PAULO

Maria José Bezerra nasceu em Limeira, São Paulo, em 1885. Também apelidada de Maria Soldado, destacou-se atuando como enfermeira nos batalhões negros paulistas da década de 1930 — a Legião Negra, surgida em meio à mobilização dos mais variados setores da sociedade paulistana em torno da chamada Revolução Constitucionalista de 1932.

Sediada na chácara do Carvalho, na alameda Eduardo Prado, 69, na Barra Funda, a Legião Negra teve um papel importante na propaganda para a "arregimentação dos homens de cor" que se alistaram no Exército Constitucionalista. Falava-se até em produzir uma bandeira própria para os batalhões, isso nos "moldes dos regimentos franceses de homens de cor". A constituição da Legião Negra acabou por animar a criação de uma série de instituições vinculadas à comunidade negra paulista, como o Serviço de Assistência e Proteção dos Soldados da Legião Negra, com a expressiva participação de mulheres negras. Em diversas partes da cidade foram realizados festivais beneficentes pró-Legião Negra, como o promovido pela Aliança Cívica das Brasileiras. Foi criada também uma Associação Beneficente da Legião Negra, com fins filantrópicos, entre os quais estava a fundação de um hospital e internato para os desvalidos, serviços especiais de assistência judiciária e de apoio às "mulheres negras decaídas", maternidade e higienização das crianças e prevenção contra doenças e os chamados vícios (enfermidades venéreas e alcoolismo).

A Legião Negra chegou a ter um batalhão com cerca de 2 mil soldados fardados e armados, que participaram dos combates travados no interior de São Paulo, entre as divisas com os estados do Rio de Janeiro, Minas Gerais, Mato Grosso e Paraná.

Terminada a Revolução de 1932, cujos conflitos armados começaram em 9 de julho de 1932 e prosseguiram até setembro do mesmo ano, a Legião continuou a existir até meados dos anos 1940, sempre enfatizando os "ideais da raça negra". Com o tempo, acabaria se transformando numa associação de ex-combatentes e de auxílio aos seus familiares.

Nada mais ficou registrado sobre a vida de Maria José Bezerra nos anos 1950 — apenas que ela morreu em 1958, aos 73 anos, sendo então conhecida como vendedora de doces e salgados perto do Hospital das Clínicas de São Paulo.

FONTES: **Jeziel de Paula; Nei Lopes; Oswaldo Faustino; Paulo Fernando de Souza Campos; Petrônio Domingues.**

VEJA TAMBÉM: **Ana Maria de Jesus; Tia Maria; Vicente Ferreira.**

MARIA MINA

SÉC. XIX | ÁFRICA OCIDENTAL; FLORIANÓPOLIS, SANTA CATARINA

Para egressos da escravidão, a liberdade não era apenas uma carta de alforria. Significava também a necessidade de se proteger contra a reescravização e, ao mesmo tempo, de prosperar e enfrentar os estigmas criados pela sociedade brasileira. Nas ruas, nos tribunais e nos mercados, tanto os libertos africanos quanto os nascidos no Brasil tinham que lutar para garantir e manter sua liberdade, o que os levou a constituir, em várias cidades do país, seus próprios espaços de autonomia.

Em Santa Catarina, a africana Maria Mina teve um percurso marcado por disputas que conhecemos pelos estudos de Fabiane Popinigis. Maria Mina viveu na capital da província, Desterro — uma cidade que não podia ser comparada, em termos de tamanho, a Salvador, Rio de Janeiro e Recife, mas que era uma vila portuária com vinculações com o mercado e razoável população escravizada composta de africanos. Em 1855, um em cada quatro habitantes do Desterro era escravizado. Quase vinte anos depois, ali ainda havia cerca de 1100 cativos, numa população de aproximadamente 8600 habitantes.

Maria Mina conquistou sua alforria em 1860, talvez com trinta anos, e pode ter chegado a Santa Catarina bem nova, no início da década de 1840. Ganhava a vida como quitandeira e atuava no pequeno ambiente suburbano do Desterro na década de 1850. Ela e Zeferina Calabar — também africana ocidental — aparecem nos registros públicos em 1854 dividindo espaços no comércio e barracas do Mercado Público de Desterro.

Maria Mina era cativa de Luís de Santana Carpes, um mascate que trabalhava nesse mesmo mercado. Em 1860, conseguiu sua alforria, pagando 800 mil-réis. Uma especificidade de seu processo, porém, tem a ver com a maneira como se deu a intermediação da transação. Quem pagou tudo, com dinheiro à vista, foi o capitão Clemente Antônio Gonçalves, que era na época presidente da Câmara Municipal de Desterro. Provavelmente foi com ele que Maria guardou parte das suas economias, pois já tinha constituído, a essa altura, uma rede mercantil que articulava outros africanos — como Zeferina Calabar, com quem dividia a barraca —, seu proprietário, Carpes, e um dirigente comercial como o capitão Gonçalves.

Mais tarde, ela viria a provocar uma disputa econômica. Tentando alforriar o cativo João, a quem considerava sobrinho, Maria Mina foi obrigada a enfrentar Feliciano Alves de Brito (1830-89), coronel e negociante local. Mesmo oferecendo dinheiro e fazendo encaminhamentos comerciais e jurídicos formais, ela foi vítima de demonstrações de desconfiança e intolerância envolvendo sua atividade econômica e suas relações pessoais. O coronel Alves de Brito declarou que "Maria é africana, é da Costa da Mina, não tem parentesco algum", sugerindo movimentos escusos em sua iniciativa de prosperar financeiramente e produzir uma rede de parentesco mais ampla com outros escravizados e seus filhos.

FONTES: Fabiane Popinigis.

VEJA TAMBÉM: Ana Mogumbe...; Catarina, Josefa...; Rita Maria.

MARIA NASCIMENTO

1924-95 | FRANCA E SÃO PAULO; RIO DE JANEIRO

Maria de Lourdes Vale Nascimento nasceu na cidade de Franca, em 1924, e foi casada com o artista e ativista Abdias do Nascimento (1914-2011). Em 1944, quando do surgimento do Teatro Experimental do Negro (TEN), no Rio de Janeiro, Maria tinha apenas vinte anos. Nem por isso era menos ativa e atuante no movimento. Como mostram os dados levantados pela historiadora Giovana Xavier (1979-), ela não só fez parte do grupo fundador como organizou as mulheres negras, dirigindo o Departamento Feminino do TEN e ajudando na criação do Conselho Nacional das Mulheres Negras.

Muito participativa, Maria Nascimento se destacou no jornal *Quilombo*, o órgão de imprensa do TEN, criado em 1948 com edições primeiramente mensais e depois quinzenais. Como o próprio título do periódico sugeria, era uma ferramenta de luta e de divulgação dos projetos da "vida social dos negros".

Maria Nascimento foi diretora-secretária do *Quilombo*, comandando a coluna "Fala, mulher!" desde o primeiro número, em dezembro de 1948. Em cerca de dez edições, até 1950 — quando dificuldades financeiras fizeram com que a publicação fosse descontinuada —, Maria escreveu artigos destacando a necessidade de "justiça social" para as mulheres "trabalhadoras como as empregadas domésticas", que viviam "sem horário de entrar e sair do serviço, sem amparo na doença e na velhice, sem proteção no período de gestação e pós-parto, sem maternidade, sem creche para abrigar seus filhos durante as horas de trabalho". Segundo ela, as mulheres negras que atuavam como domésticas viviam sob condições de trabalho semelhantes ao "regime servil de séculos atrás, pior do que nos tempos da escravidão". Seus textos chamavam a atenção também para a importância do Conselho Nacional das Mulheres Negras, que priorizava "lutar pela integração da mulher negra na vida social" e seu desenvolvimento "educacional, cultural e econômico".

No I Congresso do Negro Brasileiro, em 1950, Maria Nascimento fez um pronunciamento sobre as iniciativas do TEN em relação às mulheres: escolas de dramaturgia, cursos de alfabetização e de arte e cultura, além de um Centro de Recuperação e Habilitação. Havia ainda iniciativas voltadas à maternidade das mulheres negras e às crianças, com um projeto de "criar um abrigo para a criança negra desamparada", além de um curso de "balé negro infantil". Na ocasião, Maria Nascimento divulgou também o surgimento da Associação das Empregadas Domésticas.

Separada de Abdias do Nascimento, continuou atuando como assistente social e professora em São Paulo, onde voltou a viver. Faleceu em 1995.

— *Com Stephane Ramos*

FONTE: Giovana Xavier.

VEJA TAMBÉM: Abdias do Nascimento; Arinda Serafim...; Elza de Souza...; Laudelina de Campos Melo.

MARIA ODÍLIA TEIXEIRA

1884-? | SÃO FÉLIX DO PARAGUAÇU, SALVADOR E ILHÉUS, BAHIA

No dia 15 de dezembro de 1909, Maria Odília Teixeira, baiana de São Félix do Paraguaçu, formou-se em medicina, tornando-se a primeira médica negra do Brasil. Foi também a primeira professora negra da Faculdade de Medicina da Bahia — cinco anos após a conclusão de seu curso, passou a lecionar clínica obstétrica na instituição.

O pai de Maria Odília, o dr. José Teixeira, era também médico, mas de origem pobre. A mãe, sem nunca ter saído do Brasil, falava cinco línguas fluentemente, e não concebia como os professores podiam ensinar o português sem dominar o grego e o latim. Assim como seu pai, a dra. Maria Odília criou uma família de médicos: um filho, dois netos e três bisnetas.

Em 1937, morando em Ilhéus, ela encarou a ditadura do Estado Novo e defendeu a família quando o marido, Eusínio Gaston Lavigne (1873-1973), foi destituído de seu mandato como prefeito. Quase trinta anos depois, em 1964, sofreu com a prisão de seu companheiro durante a ditadura militar.

Odília se transformou num símbolo de autonomia e um exemplo para as mulheres negras que conquistaram sua profissionalização.

FONTE: Conselho Regional de Medicina do Estado da Bahia.

VEJA TAMBÉM: Antonieta de Barros; Enedina Alves; Maria Dimpina Lobo Duarte; Neusa Santos Sousa; Virgínia Leone Bicudo.

MARIA RITA, AFRICANA

c. 1830-90 | ÁFRICA OCIDENTAL; PORTO ALEGRE, RIO GRANDE DO SUL; SALVADOR, BAHIA

Maria Rita, uma africana nagô, pode ter chegado a Porto Alegre — via Salvador — em meados da década de 1830. Ali ela atuaria como quitandeira, sendo cativa de outra africana ocidental, a liberta Felisberta, que há de ter chegado à cidade dez a quinze anos antes. Também quitandeira, Felisberta fora alforriada em 1840 e, em 1847, adquiriu Maria Rita por 650 mil-réis. Essa não seria uma prática pouco usual; em diversos cenários escravistas urbanos, libertos africanos compravam escravizados africanos, colocando muitos desses cativos para atuar com eles no mercado de serviços, especialmente como quitandeiras e comerciantes. Segundo os estudos de Paulo Roberto Staudt Moreira (1962-) e Tatiani de Souza Tassoni, essa não seria uma prática pouco usual.

Ainda como escravizada, Maria Rita conheceu o africano liberto Antônio José Feliciano, que chegou a Porto Alegre no ano de 1846. Os dois eram africanos ocidentais e, em 1849, tiveram um filho de nome Sabino. Antônio, que ao todo teve sete filhos de quatro mães diferentes, se dedicava ao ramo do comércio de carne e atuava como açougueiro. Quando morreu, em março de 1888, com quase setenta anos, possuía vários imóveis no centro de Porto Alegre, entre as ruas Direita, Imperatriz e Duque de Caxias.

Em 1850, Felisberta migrou para Salvador, levando consigo seus escravizados. Na Bahia, Maria Rita continuaria a atuar como quitandeira, e pode ter adquirido a liberdade em meados da década de 1860. Vamos localizá-la novamente, mais de trinta anos depois, por causa de uma carta que redigiu para o filho Sabino em 1892.

Sabino, que assinava como Sabino Antônio Feliciano, trabalhara como aprendiz de pedreiro em Salvador e só conseguiu a liberdade aos quinze anos, contando com a ajuda do pai, que lhe mandou um conto e 200 mil-réis para sua alforria. Antônio José Feliciano era proprietário de um açougue instalado no centro de Porto Alegre e sempre contou com uma rede de proteção e ajuda de africanos na cidade. Deve ter sido dessa maneira que obteve empréstimos para alforriar os filhos.

Logo após sua alforria, Sabino teria voltado para Porto Alegre a fim de viver perto do pai e dos irmãos. Ali há de ter convivido com os meios-irmãos Isidoro e Maria Antônia, filhos da africana Felicidade; e João Antônio e José Maria, filhos de Benedita.

Já na época da carta de Maria Rita, em agosto de 1892, ele integrava a Sociedade Beneficente Floresta Aurora, uma associação negra com ações mutualistas, fundada vinte anos antes em Porto Alegre. Na missiva, sua mãe tratava da possibilidade de mudar-se para o Sul. A africana, que então devia ter entre setenta e 75 anos, tratava-o por "meu querido filho" e pedia que ele lhe enviasse "300 réis ou 400 réis" — quem sabe para que voltasse a Porto Alegre, onde pretendia viver seus últimos anos.

Mas Sabino faleceu repentinamente, e Maria Rita, que ainda morava em Salvador, entrou com um processo para garantir que herdaria os bens deixados por seu filho, que havia se casado com Joana, filha de dois africanos, Gregório e Felicidade, sendo esta mãe de dois de seus meios-irmãos.

Maria Rita, seu filho, nora, sogros, ex-senhoras africanas, e quem sabe outros tantos afilhados e demais africanos e nascidos no Brasil, compuseram uma rede intra-atlântica, cujo grande objetivo era não só conquistar a liberdade, como preservá-la.

FONTES: Fernando Henrique Cardoso; Paulo Roberto Staudt Moreira; Tatiani de Souza Tassoni.

VEJA TAMBÉM: Joana Guedes de Jesus....; Maria Angélica; Matildes.

MARIA TEREZA BENTO DA SILVA

c. 1859-1975 | RIO DE JANEIRO

Maria Tereza Bento da Silva tinha avós africanos, provenientes da Costa Oriental. Nasceu em 1859, como cativa numa propriedade do Vale do Paraíba. Trabalhava na fazenda Santa Teresa, pertencente a João Gomes Ribeiro de Avelar (1805-79), um renomado visconde do café. Em 1874, com quinze anos, foi morar na Corte do Rio de Janeiro, onde fez parte da geração de famílias negras que migraram para os morros e serras cariocas, trazendo do mundo rural culturas que seriam reinventadas nas áreas urbanas.

Em 1973, Maria Tereza — chamada de Vovó Tereza — foi entrevistada na quadra de Escola de Samba Arranco de Engenho de Dentro, localizada nos subúrbios do Rio. Comandada pelo músico, artesão e pesquisador Spirito Santo. A conversa girou em torno do jongo, das memórias da escravidão e das tradições africanas reinventadas no Rio de Janeiro. Vovó Tereza estava então com quase 117 anos, e era muito reverenciada no morro da Serrinha, em Madureira. Ali não só o jongo ganhou força e continuidade, como inúmeras famílias negras descendentes de ex-escravos ajudaram a criar a Escola de Samba Império Serrano. Entre os fundadores estava sua família, em especial seu filho Antônio dos Santos (1911-97), estivador e posteriormente famoso diretor de harmonia, conhecido como Mestre Fuleiro.

Na entrevista, Vovó Tereza lembrou da escravidão e das festividades na fazenda: "Eles davam muita festa pros escravos. Muito. Eles davam São João, Santo Antônio, tudo. Eles davam... Natal". Ela falou também dos avós africanos: "Minha avó era lavadeira dos escravos. Meu avô era tratador de porco. Minha avó era Benta! Benta da Silva e meu avô também era Bento. Antônio Bento da Silva [...] todos dois eram munhambanos [inhambane]", africanos orientais. Sobre o jongo ela destacaria: "Era festa dos pretos. Pros brancos vê a gente dançar". Mais do que a lembrança de um passado não mais existente, Vovó Tereza narrou como as famílias negras trouxeram a cultura do jongo para os morros cariocas.

Vovó Tereza morreu por volta de 1975. A cultura do jongo continuaria na Serrinha, ganhando fôlego com o Mestre Darci (1932-2001) na década de 1980, sendo revitalizada no fim do século XX e adentrando o XXI, com Tia Maria do Jongo (1920-2019) e outros grupos musicais.

Em 2014, o pesquisador Spirito Santo fez o roteiro e a produção do documentário *A roça de Tereza*, utilizando o material da entrevista de 1973 e incluindo também suas pesquisas sobre as dimensões e reinvenções das diásporas musicais e culturais dos africanos no Brasil. Vovó Tereza sobrevive na memória que guardou e que ajudou a expandir e reinventar.

FONTES: **Nei Lopes; Spirito Santo.**

VEJA TAMBÉM: **Antônio Candeia Filho; Clementina de Jesus; Ivone Lara; Maria das Dores Santos Conceição; Maria Joana Monteiro; Tia Maria do Jongo.**

MARIANA

SÉC. XIX | PATY DO ALFERES, RIO DE JANEIRO

A frase "morrer sim, entregar não", pronunciada por Mariana, uma das lideranças da insurreição de Paty do Alferes, no interior cafeeiro do Rio de Janeiro, simboliza a importância das mulheres na organização e condução de revoltas e quilombos.

Na noite de 5 de novembro de 1838, centenas de escravizados pertencentes ao capitão-mor Manuel Francisco Xavier (?-1840) abandonaram as senzalas da fazenda Freguesia e rumaram para a fazenda Maravilha. Tentariam matar os feitores, depois de arrombar paióis e casas de vivenda para roubar mantimentos e ferramentas. Tendo reunido grande quantidade de provisões, dirigiram-se à floresta vizinha, onde se encontrava outro grupo de escravizados — pertencentes ao fazendeiro Paulo Gomes Ribeiro de Avelar (*c.* 1809-70) — que também haviam fugido.

O papel de Mariana, chamada de Mariana Crioula, portanto uma escravizada nascida no Brasil, aparece nos dois processos-crimes instaurados e na extensa documentação policial. Entre os indiciados constavam tanto africanos, homens e mulheres, quanto vários nascidos no Brasil. Envolvidos na insurreição, havia cativos com ocupações especializadas, escravos domésticos e até mesmo feitores. Mariana, além de mucama de d. Francisca Xavier, esposa do capitão-mor, trabalhava como costureira. Rita e Emília Conga, cujos nomes também aparecem nos processos — eram, respectivamente, enfermeira e lavadeira.

A sublevação deve ter sido gestada tanto nas senzalas quanto na cozinha da casa-grande. Escravos domésticos podiam se tornar importantes elos ou inimigos mortais para aqueles que planejavam revoltas nas fazendas. Por ocasião do combate, o coronel da Guarda Nacional destacou que "uma crioula de estimação de d. Francisca Xavier [Mariana] não se entregou senão a cacete e gritava: morrer sim, entregar não!!!". Além de apontada como uma das comandantes, ela foi acusada de ser líder, já que "se intitulava rainha".

Para além dos quilombos, das insurreições e de outras formas de enfrentamento direto, o protesto das mulheres se manifestou, acima de tudo, na vida cotidiana da comunidade escravizada. É possível observar uma face do poder feminino nos embates ao redor da manutenção da família escrava. Podiam ser decisivas, também, na hora de planejar fugas, obtendo informações sobre vendas e transferências indesejáveis ou providenciando suprimentos. Costumavam, ainda, prestar auxílio aos cativos em fuga e/ou interessados em escapar. Demorou, mas vai aparecendo nas pesquisas o protagonismo das escravizadas nas histórias ainda mal contadas da escravidão.

FONTES: Alan de Carvalho Souza; Camilla Agostini; Eliseu Júnio Leite de Vargas, Fábio Pereira de Carvalho. Flávio dos Santos Gomes; Iamara da Silva Viana; Stanley J. Stein.

VEJA TAMBÉM: Acotirene e Aqualtune; Ângela; Dandara, Lucrécia e Madalena; Francisca; Hilária e Madalena; Manuel Congo; Rainha Marta; Tereza de Benguela; Zacimba Gaba.

MARIELLE FRANCO

1979-2018 | RIO DE JANEIRO

Marielle Francisco da Silva nasceu em 27 de julho de 1979. Era filha de Marinete da Silva (1953-) e de Antônio Francisco da Silva Neto, e irmã de Anielle Franco (1984-). Passou a maior parte da vida no Complexo da Maré, no Rio de Janeiro.

Quando tinha dezenove anos, nasceu a sua única filha, Luyara Franco (1998-), fruto da relação com seu primeiro namorado. Para sustentar a família, ela foi doméstica, professora em escolas infantis, vendedora ambulante, dançarina, e assim acumulou dinheiro para investir nos próprios estudos. Em 2002, entrou no curso de graduação em ciências sociais da Pontifícia Universidade Católica (PUC) do Rio, com uma bolsa integral fornecida pelo Programa Universidade para Todos (Prouni). Antes disso, havia frequentado o Pré-Vestibular Comunitário da Maré, o que revela a importância da comunidade na capacitação de seus estudantes.

Foi depois de assistir a inúmeras mortes, sobretudo a de uma amiga próxima, vítima de bala perdida, que Marielle passou a se dedicar à militância pelos direitos humanos. Trabalhou na Redes da Maré e se converteu numa crítica implacável dos abusos de poder por parte das forças policiais. Em 2006, se juntou à equipe da Comunidade da Maré que fez campanha para o deputado carioca Marcelo Freixo (1967-), considerado seu padrinho político. Logo depois de terminar a graduação, Marielle entrou no mestrado em administração pública na Universidade Federal Fluminense (UFF). Defendeu sua dissertação em 2014; ela abordava, justamente, a atuação das UPPs (Unidades de Polícia Pacificadora), apresentando uma análise contundente da política de segurança pública do estado.

Em 2016, Marielle se elegeu como vereadora pelo Partido Socialismo e Liberdade (PSOL) com 46 502 votos; na ocasião, foi a quinta mais bem votada da cidade do Rio. Chegou a redigir dezesseis projetos de lei para a Câmara, concentrando-se nas políticas públicas para negros, mulheres e populações LGBTQI+. Defendeu, entre outras causas, a proporcionalidade das mulheres na política, a segurança nas favelas, os direitos básicos, as causas LGBTQI+, o combate ao racismo, o aborto (nos casos previstos em lei).

Tampouco tinha medo de demonstrar indignação contra as diversas injustiças que ocorriam no Rio, sobretudo nas periferias. Pouco antes de ser assassinada, a vereadora assumiu a Comissão de Monitoramento à Intervenção Militar, pautando-se basicamente pela defesa dos direitos humanos, e seguiu denunciando abusos cometidos pela Polícia Militar. Também presidiu a Comissão de Defesa da Mulher da Câmara, ao lado de Marcelo Freixo, e coordenou a Comissão de Defesa dos Direitos Humanos e Cidadania da Assembleia Legislativa do Rio de Janeiro (Alerj). Marielle apresentou na Câmara o projeto do Dia da Visibilidade Lésbica, que deixou de ser aprovado por apenas dois votos.

No ano 2000, deu início a um relacionamento com Mônica Tereza Benício (1986-). Tinham, inclusive, se mudado havia pouco mais de um ano para o bairro carioca da Tijuca — Mônica, Marielle e a filha, Luyara —, mas sem perder o foco na comunidade na qual cresceu e se formou.

Na quarta-feira de 14 de março de 2018, um crime violento interrompeu sua carreira tão vertiginosa quanto promissora. O carro em que estava Marielle foi atingido por treze tiros, que tiraram a vida dela e a do motorista, Anderson Pedro Gomes (1978-2018). Na ocasião, Marielle tinha 38 anos, e Anderson, 39. O crime aconteceu em torno das nove e meia da noite, na rua Joaquim Palhares, no Estácio, centro do Rio. Eles voltavam de um evento realizado na Casa das Pretas, um espaço coletivo de mulheres negras situado na Lapa, quando foram alvejados. Os disparos vieram de um carro que se aproximou da lateral do veículo em que as vítimas se encontravam. Com certeza se tratou de uma execução relacionada à atuação política e social de Marielle. Os principais suspeitos, até o momento, são o ex-policial militar Élcio Queiroz (1973-), o sargento da Polícia Militar reformado Ronnie Lessa (1972-) e o amigo deste, Alexandre Motta. Os acusados estão presos, mas ainda não se sabe quem foi o mandante do crime.

Sua morte, que foi noticiada com destaque em vários jornais, inclusive no exterior, gerou e ainda gera enorme comoção.

Atualmente, está disponível um site dedicado à sua memória. Organizado por pessoas próximas a ela e pelo PSOL, traz informações e instruções sobre movimentos coadunados com as pautas defendidas pela vereadora e ativista.

"Agora é pra fazer valer." "Sou força, porque todas nós somos." "Sigo porque seguiremos todas nós juntas." "Eu sou Marielle Franco: mulher, negra, mãe, da favela." "Eu sou porque nós somos." Frases como essas demonstram que, se foi possível utilizar um silenciador na arma que matou a vereadora — como especulou, aliás, uma das testemunhas que assistiu à cena a apenas dez metros de distância —, não tem sido possível silenciá-la.

Marielle Franco se tornou um símbolo nacional e internacional contra a opressão racial, de gênero, de origem, e contra a violência da polícia, de uma maneira geral. Um símbolo para todos aqueles que acreditam num país mais inclusivo e plural.

Uma rua em Colônia, na Alemanha, hoje leva o seu nome, bem como uma praça em Paris e outra em Lisboa. No Carnaval de 2019, seu largo sorriso desfilou estampado em bandeiras na Mangueira e levou a escola de samba a ser eleita campeã. Marielle representava, e ainda representa, a esperança de um Brasil mais justo e generoso. Ainda queremos saber "quem mandou matar Marielle!".

FONTES: Júlia Dias Carneiro; Rebeca Fuks; Jacqueline Saraiva.

VEJA TAMBÉM: Amarildo Dias de Souza; Cláudia Silva Ferreira; Edmeia da Silva Euzébio; Robson Silveira da Luz.

MÁRIO DE ANDRADE

1893-1945 | SÃO PAULO

Mário Raul de Morais Andrade nasceu na rua Aurora, 320, na cidade de São Paulo, em 9 de outubro de 1893, lugar onde morou por quase toda a vida. Filho de Carlos Augusto de Andrade (1855-1917) e de Maria Luísa (1859-1949), tinha dois irmãos. Chegou a entrar para a Escola de Comércio Álvares Penteado, mas não seguiu em frente. Em 1911, ingressou no Conservatório Dramático e Musical de São Paulo, concluindo o curso de piano em 1917, ano da morte de seu pai.

Seu irmão Renato morreu aos catorze anos por causa de um acidente jogando futebol. Era o ano de 1913, e Mário, muito entristecido, abandonou o conservatório e se retirou com a família para uma fazenda que possuíam em Araraquara. Após a morte do pai, passou a dar aulas particulares de piano. Foi em rodas literárias que conheceu Anita Malfatti (1889-1964) e Oswald de Andrade (1890-1954). Em 1917, com o pseudônimo de Mário Sobral, publicou seu primeiro livro *Há uma gota de sangue em cada poema*, obra na qual, dentre outros temas, o escritor refletia sobre a verdadeira carnificina provocada pela Primeira Guerra Mundial, que matou, alijou e traumatizou a população envolvida no combate e mexeu com a imaginação de todos.

O ano de 1922 concentra vários fatos fundamentais na biografia de Mário de Andrade: a Semana de Arte Moderna, por ele liderada, e que ocorreu de 11 a 18 de fevereiro, no Theatro Municipal de São Paulo; sua nomeação como professor catedrático do Conservatório Dramático; a fundação da revista *Klaxon*, que funcionou como uma espécie de cartão-postal do movimento modernista paulistano. Publicou, ainda nesse ano, *Pauliceia desvairada*, quase um manifesto de sua poesia modernista.

Com Oswald de Andrade, Tarsila do Amaral (1886-1973), Anita Malfatti e Menotti del Picchia (1892-1988), Mário aglutinou uma vanguarda modernista que ficou conhecida como o Grupo dos Cinco. Entre os modernistas paulistanos, previa-se a libertação do modismo europeu, dos estrangeirismos, com o objetivo de alcançar uma linguagem mais local na literatura, e que integrasse os brasileiros à sua terra.

Dois anos depois, Mário realizou um vasto itinerário, visitando as cidades históricas de Minas Gerais. Em 1927, foi a vez de viajar pelo Amazonas, e entre 1928 e 1929 passou pelo Nordeste, onde coletou dados sobre festas populares, lendas, canções, ritmos e uma série de manifestações culturais. Dessas viagens resultou o livro *O turista aprendiz*, espécie de diário em que Mário inventa termos, em alguns momentos desfaz de sua situação — viajando com "moças da sociedade" — e fotografa grandes e pequenos detalhes da paisagem.

Publicou o ensaio *A escrava que não é Isaura* em 1925; em 1926, o livro de poemas *Losango cáqui* e os contos de *Primeiro andar*; e em 1927, o livro de poemas *Clã do jabuti* e o romance *Amar, verbo intransitivo*. Todas as pesquisas e viagens que Mário realizou lhe renderam obras notáveis, como *Ensaio sobre a música brasileira* (1928), *Macunaíma* (1928) e *Compêndio de história da música* (1929).

Macunaíma é considerado um dos ícones da primeira fase do modernismo paulistano. Segundo a crítica Gilda de Mello e Souza (1919-2005), o livro é uma rapsódia que alterna as histórias e situações desse personagem mítico popular na região Norte do país e em suas fronteiras. *Macunaíma* não tem tempo ou geografia, inclui termos populares na narrativa e relata o nascimento e a trajetória desse "herói sem nenhum caráter" (e que por isso acumula todos).

Modinhas e lundus imperiais e o livro de poemas *Remate de males* saíram em 1930, e em 1933 ele lançou *Música, doce música*. No ano seguinte o escritor e músico tornou-se diretor do Departamento de Cultura do Município de São Paulo, ajudando a criar, durante quatro anos, um grande e original acervo sobre a cultura popular brasileira. Fundou também a Discoteca Pública Municipal de São Paulo, com um raro conjunto de gravações de músicas populares e folclóricas. Em 1938, Mário de Andrade viajou novamente ao Norte e ao Nordeste, dessa vez como diretor de Cultura e com o propósito de catalogar músicas e ritmos do Brasil. A assim chamada Missão de Pesquisas Folclóricas levantou um grande acervo — em vídeo, foto, áudio e registros musicais: músicas de dançar, cantar, trabalhar e rezar. O grupo visitou mais de trinta localidades e percorreu seis estados, mas os trabalhos foram interrompidos em 1938, pouco depois do início do golpe do Estado Novo por Getúlio Vargas (1882-1954). Foi Mário quem se demitiu do Departamento, alegando conflito de interesses.

Mário de Andrade é considerado também um dos mentores e fundadores do Serviço do Patrimônio Histórico e Artístico Nacional (SPHAN), juntamente com o advogado Rodrigo Melo Franco de Andrade (1898-1969). Limitações de ordem política e financeira impediram, porém, que o projeto se consolidasse. Nesse contexto, o escritor ampliava sua obra com o lançamento de *Os contos de Belazarte*, em 1934, e dos magníficos ensaios sobre Aleijadinho (1730-1814) e Álvares de Azevedo (1831-52), em 1935. Em 1938, mudou-se para o Rio de Janeiro. Lá atuou como catedrático de filosofia e história da arte e, ainda, diretor do Instituto de Artes da Universidade do Distrito Federal, onde dirigiu, entre outros, o Congresso da Língua Nacional Cantada, um importante evento folclórico e musical. Nessa universidade, também trabalhou como professor de estética. Em 1939 foi nomeado chefe da seção do Dicionário e Enciclopédia Brasileira do Instituto Nacional do Livro. Em 1941, voltou para São Paulo, onde passou a se dedicar ao Serviço do Patrimônio Histórico e Artístico Nacional, bem como lançou *Música do Brasil* e *Poesias*. Em 1943, publicou uma série de ensaios, como *O baile das quatro artes*, *Aspectos da literatura brasileira*, e as crônicas de *Os filhos da Candinha*. *Lira paulistana*, lançado postumamente, realiza uma espécie de interpretação poética de seu destino e de sua integração em São Paulo.

Pouco tempo depois, sua saúde começou a dar sinais de fragilidade. No dia 25 de fevereiro de 1945, aos 51 anos, Mário faleceu em sua residência, vítima de um ataque cardíaco. O escritor, músico, poeta, agitador cultural, etnógrafo e crítico foi sepultado no Cemitério da Consolação, em São Paulo. Por conta de suas divergências com o regime, não houve na época nenhuma manifestação oficial significativa diante da morte desse que é um grande intérprete do Brasil.

Hoje se sabe, como mostra o sociólogo André Botelho, que Mário exerceu papel fundamental e criou uma espécie de rede de sociabilidade modernista, unindo em torno de si uma série de intelectuais que compactuavam com ele ou o seguiam nessa perspectiva renovada e mais cosmopolita de compreensão do Brasil. Basta ler a intensa correspondência que trocou com diversos artistas e intelectuais, como Manuel Bandeira (1886-1968), Sérgio Buarque de Holanda (1902-82), Carlos Drummond de Andrade (1902-87) e Tarsila do Amaral. Teve ainda participação fundamental nas principais revistas modernistas da época: *Klaxon*, *Estética*, *Terra Roxa e Outras Terras*. É possível dizer que a vida íntima de Mário de Andrade ficou sempre envolta no silêncio. Sua família durante muito tempo escondeu o fato de o escritor ser negro e homossexual.

Mário de Andrade foi retratado por artistas plásticos consagrados, muitos deles seus amigos próximos, como Anita Malfatti, Lasar Segall (1889-1957), Cândido Portinari (1903-62) e Tarsila do Amaral. Sua figura virou, então, ícone dos modernismos brasileiros.

FONTES: André Botelho; Gilda de Mello e Souza; Marcos Augusto Gonçalves; Nicolau Sevcenko; Tadeu Chiarelli; Telê Porto Ancona Lopez.

VEJA TAMBÉM: Aleijadinho; Cruz e Sousa; Lima Barreto; Machado de Assis; Padre José Maurício.

MARTINHA

SÉC. XIX | OURÉM, PARÁ

Ao longo dos séculos de escravidão, episódios de misticismo, catolicismo popular e acusações de malefícios fizeram parte do cotidiano das vilas e povoados nos lugares mais distantes e variados do Brasil. Africanos, indígenas, escravizados, libertos, indivíduos europeus e nascidos no Brasil dialogavam a partir de seus temores, suas fés e crenças. É esse ambiente que explica a história de Martinha, na vila de Ourém, na província do Grão-Pará, em meados do século XIX. A pesquisa inédita de Isadora Mota mostra que ela era uma jovem escravizada, que contava entre dezoito e vinte anos e que dizia haver incorporado a alma de sua finada senhora. Alegava dispor de poderes sobrenaturais, tinha possessões e comandava procissões. Com a garantia de prever o futuro, se intitulava Santa Maria Mártir.

Possuída pelo espírito de sua senhora, Martinha forçou os herdeiros de Maria do Nascimento dos Santos a passarem carta de liberdade — para ela e sua mãe — como se fossem ordens sobrenaturais, enviadas pela finada, via possessões do seu espírito. Em 1860, na carta de alforria de Andresa, mãe de Martinha, constava expresso que tal liberdade se dava por "pedidos da mesma nossa mãe", isso sendo "feito por muitas vezes, depois de sua morte, aparecendo-nos em visão, e dizendo-nos que quer que se dê liberdade a sua escrava Andresa, pelos bons serviços que lhe fez, para descanso de sua alma". Já na carta de alforria de Martinha, o testamenteiro José Luís Pastana destacou que a liberdade estava sendo concedida "por acreditar que sua sogra assim pediu através de Martinha, quando o seu espírito se apoderou da escrava".

Martinha causou todo tipo de alvoroço entre os fiéis católicos de Ourém, pois muitas vezes teria aparecido "fora dos seus sentidos e com voz sobrenatural pedindo certas disposições", tanto com "confissão pública da má vida que teve" como "pedindo reposições e carta de liberdade, primeiro para sua mãe e segundo para si". Todos acreditavam mesmo "ser o espírito de Maria que estava dentro do corpo da dita rapariga e reconhecido pelo povo a voz da falecida".

A temperatura local ia subindo, numa atmosfera de acusações sobre malefícios que se espalhavam por vários habitantes. Dizia-se ainda que o português Elias também se encontrava possuído, "fazendo vozes de animais e assustando a todos". Num inquérito realizado pelas autoridades policiais houve quem garantisse que, "desde a Semana Santa, o povo de Ourém achava que a cidade estava assombrada pela presença de espíritos malignos, já que Martinha e Elias se diziam possuídos por eles".

O vigário de Ourém, o padre José Maria Fernandes, de 28 anos, foi acusado de aumentar os boatos. Em seu depoimento, o religioso revelou que "acreditava na veracidade de que Martinha tinha em si o espírito de sua senhora". Afirmava igualmente ser "possível pela vontade de Deus vir a este mundo uma alma" e que "tivesse vindo para fazer o bem de dar a liberdade a seus escravos". Dizia que os "herdeiros não deviam opor-se, visto ser para bem da falecida". E, para confirmar sua fé, "invocava o nome de Santa Maria Mártir na igreja matriz de Ourém".

— *Com Isadora Mota*

FONTE: Isadora Mota.

VEJA TAMBÉM: Anastácia; Chica Machado; Teresa Bicuda.

MATILDES

1789-? | VIAMÃO, RIO GRANDE DO SUL

A liberdade era uma meta difícil de alcançar. Deve ter sido essa a conclusão da escravizada Matildes, nascida em Viamão, no Rio Grande do Sul, em 1789, filha legítima de Francisco, um africano de Benguela, e de Dina, nascida em Laguna, Santa Catarina. Matildes acreditava ser filha de uma mulher indígena — portanto, uma pessoa livre. Procurou assim comprovar que seu cativeiro era ilegal e que merecia a liberdade. Em 1829, caminhou uma longa distância, desde a vila de Cachoeira, nas proximidades do rio Jacuí, até Rio Pardo — a quase 65 quilômetros —, e depois embarcou para Porto Alegre. Lá procurou as autoridades, apresentou seus argumentos e foi atrás de seus próprios documentos.

Para quem se beneficiava da escravidão e dos bens garantidos por ela, Matildes era considerada "uma fujona". Foi essa a reclamação do capitão cirurgião-mor Raimundo José da Cunha Matos (1776-1839), alegando que ela tinha escapado em fins de 1828, depois de ser "seduzida". Trabalhava em sua casa como cozinheira quando conheceu um carpinteiro, Aniceto Ferreira Lopes, que a aconselhou a "cuidar de sua liberdade", já que era filha de mãe indígena — ou seja, como era nascida do ventre de uma mulher livre, segundo a legislação de 1755, não poderia ser escravizada.

Além de proibir a escravidão indígena, a lei impedia que os índios fossem denominados "negros da terra", uma vez que a palavra "negro" era, naquele contexto, sinônimo de escravizado, não denotando nenhuma origem étnica africana. Assim, do século XVI ao século XVIII, existiam "negros da Guiné", que correspondiam aos escravizados africanos — sendo guiné uma denominação generalizada — e os "negros da terra", indígenas brasileiros escravizados. No entanto, depois da legislação pombalina setecentista, a escravidão indígena foi banida. Por consequência, mulheres indígenas — chamadas por vezes e enganosamente de "chins", talvez em razão de seus olhos puxados — só poderiam gerar filhos livres, a despeito de seus maridos serem escravizados e mesmo africanos, como era o caso de Francisco, pai de Matildes.

Aconselhada por Aniceto, Matildes não apenas sonhou com a liberdade. Na verdade, tinha um considerável pecúlio guardado, e talvez pudesse alforriar um dos filhos. Mas não quis esperar. Chegou a reunir sete doblas para entregar a Aniceto, que a ajudaria a escolher caminhos de fuga e pessoas que deveria procurar em Porto Alegre.

Já o proprietário de Matildes estava decidido a reaver seus bens. Afinal, a moça era uma de suas escravizadas; uma mulher de quarenta anos com três filhos. O capitão Cunha não estava definitivamente disposto a perder quatro escravizados só porque Matildes queria realizar seu sonho de liberdade. Nesse contexto, ganha importância a história da mãe de Matildes, Dina, que obtivera sua alforria em 1791. Nos registros, ela ora aparecia como "parda", ora como "mulata" ou "cabra", sugerindo que talvez suas feições físicas denotassem a possibilidade de ser filha de alguém considerado branco ou indígena. Não existem registros de quando e em que circunstâncias Dina nasceu. Como natural de Laguna, podia ser certamente oriunda de populações indígenas das áreas de fronteiras.

Ao que parece, Matildes nascera escravizada e fora dada como dote no casamento da filha de sua senhora. Dina tinha, portanto, passado pelas mãos de alguns senhores, e Matildes por muitos mais. Quando foi interrogada, deixou claro que conhecia toda a sua trajetória como escravizada, revelando ser "escrava de José Ramos, morador na Capela de Viamão, que dele passou ao poder de dona Jacinta Maria de Jesus e que desta passou ao poder do suplicante em dote por se haver casado com dona Angélica, filha da mesma dona Jacinta Maria de Jesus", que casou com o então capitão cirurgião-mor Raimundo José da Cunha. Indagada sobre a razão da fuga, disse que "Aniceto entrou a lhe seduzir dizendo-lhe que ela era liberta no batismo e que ele sabe disto pela sua certidão de idade" e que foi até Porto Alegre pois queria "certificar-se da verdade, até passando a Capela de Viamão a examinar o assento do seu batismo, que veio achar na Câmara Eclesiástica da mesma cidade de Porto Alegre".

Mais que isso não se sabe, mas as informações que temos comprovam como Matildes sonhou com a liberdade, sua e de seus filhos, e foi atrás dela.

FONTES: **Aline Sônego; Gabriel Santos Berute; Luciano Costa Gomes; Maíra Chinelatto Alves; Maria Flores da Cunha Thompson Flores; Marcelo Santos Matheus; Paulo Roberto Staudt Moreira; Renata Saldanha Oliveira; Rodrigo de Azevedo Weimer; Sherol Santos.**

VEJA TAMBÉM: **Joana Guedes de Jesus....; Maria Angélica; Matildes.**

MÉCIA

SÉC. XVI | ÁFRICA OCIDENTAL; SALVADOR, BAHIA

Nos primórdios da colonização, no Brasil seiscentista, deparamos com a africana Mécia nas confluências das capitanias de Pernambuco, Itamaracá e Paraíba. Aliás, quem a localiza são as garras da Inquisição, quando das primeiras visitações do Santo Ofício.

Entre 1591 e 1595, por ordens de Heitor Furtado de Mendonça (*c.* 1543 - ?), foram estabelecidos o Edital da Fé e o Monitório da Inquisição, a partir dos quais surgiram uma série de denúncias, investigações, delações e perseguições, em meio a um clima de expiação, culpa e muito temor.

Como mostram os historiadores Luiz Mott (1946-) e Ronaldo Vainfas (1956-), que trabalharam com registros da Inquisição, a africana Mécia aparece descrita nos autos como uma "negra de Guiné, ladina", ou seja, escravizada, africana e há algum tempo na colônia, visto que "ladina". Talvez já fizesse parte da segunda geração dos africanos que chegaram com força demográfica para desenhar as paisagens iniciais do açúcar nordestino, nas décadas de 1570 e 1580, em meio aos engenhos que então se multiplicavam. Mécia era casada com um escravizado — um "negro alfaiate" — que pertencia aos jesuítas. O cenário era o Recôncavo da Bahia, onde existiam grandes fazendas jesuíticas, que comportavam — ao mesmo tempo — mão de obra indígena e africana. "Negro" era uma categoria social que definia a condição de escravizado, de uma forma geral, nas primeiras eras coloniais. Dessa maneira, não sabemos se o marido dela era também africano ou indígena.

Mécia aparece numa confissão realizada no começo de 1592, envolvendo uma devassa que ocorrera junto à população do Rio Vermelho, então região suburbana rarefeita em torno da cidade de Salvador. Ela foi denunciada por Guiomar Piçarra, uma mulher portuguesa — "cristã-velha" — de 38 anos, casada com o lavrador Manuel Lopes.

Na ocasião, Guiomar declarava ser moradora em Itaparica, mas narrava fatos sucedidos no Rio Vermelho, havia 25 anos, na época em que ela contava doze para treze anos, ou seja, por volta de 1567. Certamente confrontada com o clima de expiação e denúncia instalado pela Inquisição e seus róis de monitórios disponibilizados nas portas das paróquias, assinalando pecados a serem denunciados e confessados, Guiomar se lembrou do que acontecera quando era jovem e moradora na casa de Antônio Rodrigues Belmeche. Ali, "portas adentro", manteve com a africana Mécia — que tinha então dezoito anos — "tão desonesta amizade que duas ou três vezes, em diferentes dias, se ajustaram ambas em pé uma com a outra" e "abraçando-se e combinando e ajuntando suas naturas e vasos dianteiros um com o outro". A africana Mécia, casada, com 43 anos, estava sendo acusada — via uma confissão — de "sodomia e lesbianismo" praticado na juventude, visto que ela teria mantido relação com uma mulher portuguesa e branca, no passado, em que "se deleitavam como homem com mulher".

As primeiras décadas de colonização propiciaram encontros inesperados entre populações europeias, africanas e indígenas. Misturaram-se então crenças, costumes e culturas. Em meio ao trabalho, ao regime de castigos e de dominação, à cristianização e à intolerância cultural, não faltaram exemplos de truculência, como essa sofrida por Mécia. Não conhecemos o final do processo e o destino dessa africana que foi obrigada a manter "seu segredo porta adentro".

FONTES: **Luiz Mott; Luiz Felipe de Alencastro; Ronaldo Vainfas.**

VEJA TAMBÉM: **Francisca Luiz; Francisca (Xica) Manicongo; Jerônimo Soares; Lourença Correia da Lapa; Páscoa Vieira.**

MERCEDES BAPTISTA

1921-2014 | CAMPOS DOS GOYTACAZES E RIO DE JANEIRO

Considerada a primeira bailarina negra a integrar o corpo de baile do Theatro Municipal do Rio de Janeiro, Mercedes Baptista destacou-se também como coreógrafa que misturou o balé moderno com formas criativas de dança, advindas das culturas da diáspora. Filha da costureira Maria Inácia da Silva, foi batizada de Mercedes Ignácia da Silva Krieger, em Campos dos Goytacazes, no interior do estado do Rio de Janeiro. Tendo nascido em 20 de maio de 1921, Mercedes mudou-se, ainda criança, para a cidade do Rio de Janeiro, chegando a estudar no Colégio Municipal Barão Homem de Mello, uma escola pública localizada na Tijuca. Bem jovem, trabalhou como empregada doméstica e também como operária de uma fábrica.

No ano de 1945, ela iniciou seus estudos de dança com Eros Volúsia (1914-2004) — misturando balé clássico com a assim chamada "arte folclórica" — no Serviço Nacional de Teatro. Daria continuidade à sua formação na Escola de Danças Clássicas do Theatro Municipal, tendo aulas com as pioneiras Maria Olenewa (1896-1965) e Yuco Linderberg (1906-48). Em 1948, seria aprovada no disputado concurso público para o corpo de baile do Theatro Municipal.

O Rio de Janeiro da segunda metade da década de 1940 ficaria particularmente marcado por denúncias contra o racismo, debates na Constituinte de 1946 e, sobretudo, o surgimento do Teatro Experimental do Negro (TEN), em 1944, sob a liderança de Abdias do Nascimento (1914-2011).

Mercedes entrou para o TEN já em meados dos anos 1940, como bailarina e coreógrafa. No início de 1950, através de uma bolsa, passou a integrar a companhia de dança de Katherine Dunham (1909-2006), importante bailarina e coreógrafa norte-americana. Como membro de um elenco composto de artistas negros e negras, de várias procedências e nacionalidades, Mercedes realizaria viagens pelo Caribe, pelos Estados Unidos e por diversos outros países.

Em 1950, Katherine Dunham visitou São Paulo, onde seria vítima de racismo ao tentar se hospedar num hotel com dançarinos negros e negras da sua companhia. Apenas no ano seguinte foi aprovada a Lei Afonso Arinos, tornando contravenção esse tipo de discriminação de natureza racial. Licenciada do Theatro Municipal, Mercedes seguiu com a companhia de Katherine Dunham, entre 1950 e 1953, trajetória que sem dúvida marcou sua carreira. Em 1953, na sua volta ao Brasil, Mercedes fundou uma companhia de dança própria — o Ballet Folclórico Mercedes Baptista. Ela e sua companhia seriam convidadas a participar de *Hino à beleza*, um espetáculo encenado pelo corpo de baile do Theatro Municipal do Rio de Janeiro em 1955. O mesmo teatro seria palco, no ano de 1963, de uma apresentação de Mercedes ao lado de seus bailarinos negros e negras. O grupo atuaria ainda em espetáculos do teatro de revista.

Ao recriar representações coreográficas modernas a partir de danças provenientes do candomblé, da umbanda e de outras manifestações de origem africana no Brasil, Mercedes inovou a coreografia contemporânea, criticando as dimensões puramente folclóricas ou consideradas meras "tradições" paradas no tempo. Juntava o que vira e experimentara em sua atuação na companhia de Dunham com os contatos travados com o pesquisador Edison Carneiro (1912-72) e, posteriormente, com o babalorixá Joãozinho da Gomeia (1914-71), com o maestro Abigail Moura (1905-70) e a Orquestra Afro-Brasileira, e com o Teatro Folclórico Brasileiro de Solano Trindade (1908-74) e Haroldo Costa (1930-).

Em 1960, coreografias elaboradas por Mercedes Baptista seriam apresentadas em desfiles de escola de samba, com destaque para o GRES Salgueiro, com o enredo "Quilombo dos Palmares".

Mercedes recebeu várias homenagens, tendo sido, inclusive, tema de espetáculos teatrais e enredo de escolas de samba. Faleceu aos 93 anos, em 18 de agosto de 2014.

FONTES: Marianna F. M. Monteiro; Mercedes Baptista; Nelson Lima; Paulo Melgaço da Silva Jr.

VEJA TAMBÉM: Abdias do Nascimento; Abigail Moura; Elza de Souza...; Joãozinho da Gomeia; Solano Trindade.

MESTRE BIMBA

1899/1900?-1974 | SALVADOR, BAHIA; GOIÂNIA, GOIÁS

Filho de Luiz Candido Machado e Maria Martinha do Bonfim, Manuel dos Reis Machado — conhecido como Mestre Bimba — nasceu no bairro do Engenho Velho, na freguesia de Brotas, Salvador, em 1899, embora haja indicações de que teria nascido no ano de 1900. Seu pai participava das festas de largo como praticante do batuque.

Ainda pequeno, teve contato com as últimas gerações de capoeiristas de inícios do século XX, que praticavam a modalidade nas ruas de Salvador e eram compostas de vários africanos, seus filhos, parentes e redes de aliança. Consta que aos onze anos passou a aprender a arte marcial com Bentinho, capitão da Companhia de Navegação Baiana. Sendo assim, representou uma ponte entre a tradição dos capoeiristas do século XIX e do século XX.

Como um "moleque solto nas ruas de Salvador", vivia de biscates e mantinha relações com o principal grupo de capoeiras entre os trabalhadores do Cais Dourado, da antiga Bahia. Foi a partir da ruptura com eles que criou uma nova tradição para a capoeira. Trabalhou como carvoeiro, carpinteiro e entre os estivadores, para quem executava pequenos serviços, inclusive o de esconder as facas e navalhas dos capoeiristas em seu cesto de pães.

Num momento de perseguição à capoeira, ao samba e ao candomblé — nas primeiras décadas do século XX —, Bimba fundou uma academia para ensinar legalmente sua arte marcial, recebendo registro e autorização das autoridades baianas. Em meados da década de 1930, muitos dos seus alunos passam a desafiar outros lutadores em apresentações públicas, contando com a cobertura da imprensa.

Na época, os confrontos entre lutadores de diversas modalidades de artes marciais ocorriam no Stadium Odeon, situado no antigo largo da Sé, em Salvador. Bimba venceu várias lutas de ringue, sendo ovacionado como o "campeão da capoeira", com o público gritando "Bimba é bamba". Dessa maneira, colaborava para a consolidação da imagem da capoeira como a principal modalidade de luta nacional, desafiando representantes da luta livre e do boxe, além de outros capoeiristas da época. Mestre Bimba venceu diversas lutas até decidir retirar a capoeira dos tablados, alegando que as regras da disputa inibiam a prática livre.

A partir de então, passou a ensinar a capoeira com uma lógica ao mesmo tempo desportista e artística. Mestre Bimba enfatizou a ludicidade na prática, desenvolvendo formas de cantos, de percussão e de toques do berimbau — instrumento norteador dos ritmos do "jogo da capoeira". Introduziu também as vestes especiais e a produção de espetáculos de palco e de rua, que incluíam apresentações de samba de roda, maculelê, puxada de rede e danças do candomblé. Outras marcas inventivas de sua nova tradição de capoeira foram o ritual de formatura, a participação feminina e a inclusão de elementos de rituais acadêmicos, além uma dimensão educativa.

Mestre Bimba iniciou o ensino da capoeira na Roça do Lobo, onde organizava e treinava as "rodas livres" num fundo de quintal, no Vale do Dique. Abriu também academias no Pelourinho e no bairro de Amaralina, em Salvador. Atraindo alunos trabalhadores, estudantes e setores médios urbanos, começou a adaptar diferentes movimentos corporais e técnicas de luta à capoeira. Por se distinguir em certa medida do estilo capoeira angola, a arte ensinada por Bimba passou a ser denominada "luta regional baiana" — na verdade uma adaptação do nome dado pelo mestre à sua academia: Centro de Capoeira Regional Baiana.

Em 1953, Mestre Bimba foi recebido por Getúlio Vargas (1882-1954) no Palácio do Governo do Estado da Bahia. Em 1954, apareceu em um curta-metragem de oito minutos chamado *Vadiação*, dirigido por Alexandre Robatto Filho (1908-81), ao lado de grandes capoeiristas da época, como Waldemar (1916-90), Traíra (1925-75), entre outros. Destacado conhecedor do batuque, do candomblé e de outras formas de cultura de origem africana na Bahia, Mestre Bimba passou a ser identificado como o criador das formas de capoeira contemporâneas, praticadas a partir da década de 1960 em várias partes do Brasil. Importantes mestres e professores foram formados por Mestre Bimba e pelo método que desenvolveu. Seus alunos se tornaram grandes agentes de expansão dessa arte marcial no Brasil e em vários outros países.

Mestre Bimba mudou-se para Goiás em 1973, com intenção de ampliar o ensino da capoeira naquele estado, vindo a falecer em 5 de fevereiro de 1974. Foi enterrado em Goiânia, mas em 1978 seus restos mortais acabaram trasladados para Salvador com uma grande repercussão na imprensa baiana.

Mestre Bimba deixou uma ampla família que formou com nove mulheres distintas. A primeira, Maria dos Anjos, com quem se casou em 1925, foi a mãe de seus filhos Manoel dos Reis Machado Filho (Crispim) e Edivaldo Rosa. Com Agripina Rodrigues Anunciação, teve Aurino Rodrigues dos Reis; com Anita Waldemira Santana, teve Helenita Maria dos Reis e Creuza Maria dos Reis; com Nair Lopes dos Santos, teve Demerval Santos Machado, Durvalina Lopes Machado, Luis Lopes Machado e Denise Machado; com Alice Bispo Nascimento, teve Vanderlei Bispo Nascimento; com Francisca dos Santos, teve Alba Regina Machado da Silva; com Berenice da Conceição Nascimento, teve Carlos da Costa Lage (adotivo), Manoel Nascimento Machado e Nalva Machado; com Alice Maria da Cruz (ialorixá), teve Maria Georgina Carvalho de Jesus (adotiva).

A fama de Bimba teve cauda longa. Seu nome virou denominação de rua e praça pública na capital goiana e ficou cravado na memória da escravidão.

— Com Antonio Liberac Cardoso Simões Pires

FONTES: Antonio Liberac Cardoso Simões Pires; Frederico José de Abreu; Letícia Vidor de Souza Reis; Lia Sfoggia; Luiz Renato Vieira; Muniz Sodré; Matthias Röhrig Assunção.

VEJA TAMBÉM: Ana Clara Maria Andrade...; Besouro Mangangá; Mestre Pastinha; Moa do Katendê.

MESTRE DIDI

1917-2013 | SALVADOR, BAHIA

Deoscóredes Maximiliano dos Santos, o Mestre Didi, nasceu no dia 2 de dezembro de 1917, em Salvador. Ele era filho do alfaiate Arsênio dos Santos e de Maria Bibiana do Espírito Santo (1890-1967), também conhecida como Mãe Senhora ou Mãe Preta do Brasil, títulos honoríficos a ela concedidos em 1965, no Rio de Janeiro. Mestre Didi era descendente da tradicional família Asipà, originária de Ketu, cidade do império ioruba, e desde cedo conviveu com pessoas dedicadas às religiões e culturas de raiz africana na Bahia e no Brasil. Marcelina Obatossi (?-1885) era sua tetravó; uma das fundadoras da primeira casa de tradição nagô na Bahia, o Iyá Omi Àsè Aira Intilé, depois Ilê Iyá Nassô. Já Mãe Senhora tornou-se uma das principais lideranças do terreiro Ilê Axé Opô Afonjá, em Salvador.

Em 1925, o menino de oito anos foi iniciado no culto aos ancestrais (egungun) da tradição ioruba na ilha de Itaparica, Bahia. E a partir de então passou a ser chamado, de maneira carinhosa, de Mestre Didi. Desde a infância tomou parte em rituais de matriz africana, além de ter aprendido a manipular materiais, e objetos com "os mais antigos" do culto orixá Obaluaiyê. Foi Mãe Aninha (1869-1938), fundadora e primeira ialorixá do Ilê Axé Opô Afonjá, quem conferiu a Mestre Didi o título de Assogbá, transformando-o, ainda com catorze anos, no supremo sacerdote do culto de Obaluaiyê.

A primeira de suas várias exposições individuais ocorreu em 1964. Contratado pela Unesco, viajou em 1967 para uma incursão de estudos e encontros na África Ocidental. Por lá realizou uma série de pesquisas comparativas entre Brasil e África. Sobretudo na Nigéria e no Daomé, seus estudos verificaram heranças e particularidades na tradição dos orixás da Bahia e da África. Aproveitou ainda para entrar em contato com seus parentes que continuavam residindo em Ketu, para se aproximar de sua ancestralidade.

Em 1974, criou a Sociedade de Estudos da Cultura Negra no Brasil (Secneb) e, em 1976, a Minicomunidade Infantojuvenil Oba Biyi. Em 1980 fundou seu próprio terreiro, o Ilê Asipà, de tradição religiosa nagô. Na década de 1980, inaugurou o Instituto Nacional da Tradição e Cultura Afro-Brasileira (Intecab). De 1960 a 1990, participou como membro em institutos de estudos africanos e afro-brasileiros, e como conselheiro em congressos com a mesma temática, tanto no Brasil quanto no exterior. Em 1975, Mestre Didi recebeu a mais alta hierarquia sacerdotal alapini no culto aos ancestrais egun. Atuou também como coordenador do Conselho Religioso do Instituto Nacional da Tradição e Cultura Afro-Brasileira, que representa no país a Conferência Mundial da Tradição dos Orixás e Cultura.

Publicou várias obras sobre cultura ioruba, cinco das quais em parceria com a antropóloga Juana Elbein dos Santos, sua esposa. Nesses livros, contou histórias africanas na Bahia e incluiu antigos *itàns*, uma série de narrativas do patrimônio sagrado da tradição nagô. Fiel à sua trajetória e pesquisas, em 1946 publicou um trabalho em ioruba: um dicionário da língua de seus ancestrais, que mostra a linguagem como elemento fundamental para a identidade e a comunicação de grupos afro-brasileiros da diáspora. Já em *Axé Opô Afonjá: Notícia histórica de um terreiro de santo da Bahia* (1962), o autor recupera a história das comunidades Ilê Axé e de sua influência na cultura africana que se espalhou pelo Atlântico. Mais uma vez financiado pela Unesco, realizou novas pesquisas comparativas entre Brasil e África. Em reconhecimento a seu trabalho, entre outros prêmios, recebeu, em 1983, o título máximo de Babá Mogbá Ogá Oni Xangô, do rei de Ketu, no Benin. Em 1999, tornou-se doutor honoris causa pela Universidade Federal da Bahia (UFBA).

Mestre Didi é também muito reconhecido por suas esculturas — arte e escrita fazem parte de um mesmo e inseparável universo. Usando materiais naturais, como búzios, sementes, couro, nervuras, contas, sisal, búzios e folhas de palmeira, suas obras representam uma expressão importante da continuidade histórica de tradições africanas que viajaram para o Brasil, assim como uma nova estética que não separa o presente do passado, a abstração da figuração. Muitas vezes seus trabalhos lembram totens, outras vezes ressoam animais como a serpente, em outros momentos idealizam esteticamente o casamento entre materiais sagrados. Suas esculturas resumem a relação entre o pensador, o escultor, o homem e o sacerdote, nesse jogo entre a ética do sagrado e do profano.

Suas obras também recriam, a partir de interpretações pessoais, os símbolos dos orixás, e têm sido expostas em diversos museus e galerias de arte de vários países. Em 1989, o artista foi um dos três brasileiros escolhidos para participar da mostra Magiciens de la Terre, no Centre Pompidou, em Paris. Em 1996, expôs na XXIII Bienal de São Paulo, quando o homenagearam com uma sala especial. Em 2009, realizou uma de suas últimas exposições no Museu Afro Brasil, que apresentou uma retrospectiva com cerca de cinquenta trabalhos dele. Mestre Didi não gostava de falar sobre sua obra, tampouco sobre si. Faleceu no dia 6 de outubro de 2013, aos 95 anos. Deixou publicados dezenas de contos em que estão presentes fatos, personagens e saberes pertencentes ao vasto universo cultural e simbólico afro-brasileiro e atlântico.

FONTES: Bienal Internacional de São Paulo; Cláudio Filus; Élcior Ferreira de Santana Filho; Emanoel Araújo; Mestre Didi; Mostra do Redescobrimento; Muniz Sodré; Nei Lopes, *Revue Noire*.

VEJA TAMBÉM: Agnaldo dos Santos; Bamboxê Obitikô; Heitor dos Prazeres; Mãe Agripina; Mãe Aninha; Mãe Senhora; Mãe Stella de Oxóssi; Marcelina Obatossi; Rubem Valentim; Moa do Katendê.

MESTRE MOA DO KATENDÊ

1954-2018 | SALVADOR, BAHIA

Romualdo Rosário da Costa era visto pela comunidade como um griot, aquele que carrega a história a ser contada, juntamente com seus significados e os ensinamentos que devem ser perpetuados por todos. Foi também um renomado compositor do Bloco Ilê Aiyê.

Ele nasceu na ladeira de Nanã, no Tororó, em Salvador, no dia 29 de outubro de 1954, filho de Regina Rosário da Costa e Antônio Vanderlei da Costa. A mãe cuidava dos trabalhos do lar e outros afazeres, enquanto o pai era músico, tocava sopro. Uma de suas tias de sangue era ialorixá no Ilê Omi Bain, onde Moa foi ogan suspenso de Oxum. Nessa "casa de santo", era filho de Xangô, o orixá rei de Oyó e simbolizado por forças da Natureza: é o "Deus do Trovão".

Seu trabalho teve início na própria comunidade do Tororó, onde ganhou protagonismo no campo cultural das práticas afro-brasileiras. Sua atuação de maior destaque foi na organização do bloco afro ijexá Badauê, em 1978. Tudo começou com uma reunião do Bloco Jovens Loucos, que ensaiava na ladeira de Nanã, na garagem de sua tia Nininha. Resolveram então fundar um bloco afro de afoxé que representasse o local. Assim surgiu o Badauê — o mensageiro da alegria —, com as cores azul e branco estampadas nas vestes de seus membros. Moa do Katendê participava da confecção dos trajes carnavalescos e ensinava os movimentos de corpo ao ritmo do ijexá, marca do orixá Oxum, que o consagrou no candomblé. Ele organizava também os festivais de escolha da música e da rainha e do rei do afoxé. Em 1977, uma composição de sua autoria ganhou a disputa que decidiu qual cantiga representaria o bloco afro no desfile público daquele ano.

A trajetória de vida de mestre Moa do Katendê demonstra a profundidade de suas relações com a religiosidade afro-brasileira. Ele foi um exímio percussionista, parceiro de trabalho de grandes mestres, como Antonio Carlos dos Santos, Vovô do Ilê Aiyê (1952-) e João Jorge do Olodum (1955-). Artistas famosos cantaram suas músicas, como Moraes Moreira (1947-2020), Pepeu Gomes (1952-), Clara Nunes (1942-83) e Caetano Veloso (1942-). A mais conhecida é a que diz: "Misteriosamente/ o Badauê surgiu/ sua expressão cultural/ o povo aplaudiu".

Destacava-se também como artesão: fazia contas de santo, caxixis, berimbaus, agogôs, braceletes, instrumentos de percussão, e roupas desenhadas por ele e seu irmão alfaiate.

No universo da capoeira, era reconhecido como um grande mestre de alcance internacional, tendo atuado em países como Portugal, França, Finlândia e Itália. Foi também diretor cultural da Associação Brasileira de Capoeira Angola, com sede no Pelourinho, em Salvador. Durante vinte anos, morou em São Paulo, onde trabalhou com o ensino da capoeira e de danças afro-brasileiras. Além da capital paulista, seu grupo, Amigos do Katendê, tinha filiais em Porto Alegre e Florianópolis.

Mestre Moa do Katendê foi também um militante do Partido dos Trabalhadores (PT). Defendia posições da esquerda, mas os principais pontos de sua agenda eram a luta contra a discriminação racial, os direitos de cidadania das comunidades negras e a valorização das culturas afro-brasileiras. A atuação política teve influência direta em sua morte: após o segundo turno das eleições de 2018, no dia 8 de outubro, foi brutalmente assassinado depois de uma discussão com um simpatizante da extrema direita.

O assassino foi preso, mas o mundo cultural perdeu um grande artista. Ocorreram várias manifestações de repúdio por parte de diversos setores da sociedade, com a organização de atos públicos por todo o Brasil e muitas homenagens pós-morte, noticiadas com destaque na mídia nacional e internacional. Mestre Moa do Katendê deixou Eliene dos Santos Reis, sua esposa, e os filhos Jasse Mahi Reis da Costa, Somonair da Costa e Raniere da Costa.

— Com Antonio Liberac Cardoso Simões Pires

FONTE: Família de Moa do Katendê.

VEJA TAMBÉM: Besouro Mangangá; Mestre Bimba; Mestre Didi; Mestre Pastinha.

MESTRE PASTINHA

1889-1981 | SALVADOR, BAHIA

Nascido em Salvador no ano de 1889, Vicente Joaquim Ferreira Pastinha foi um dos mais famosos capoeiristas do século XX. Era filho de uma mulher negra chamada Eugênia Maria de Carvalho e de um espanhol, José Señor Pastiña. Durante a infância, morou na região do Pelourinho e estudou como interno na Escola de Aprendizes-Marinheiros — uma das poucas possibilidades de profissionalização para crianças pobres na época —, onde se alfabetizou e teve contato com os ofícios de navegação, música e até mesmo esgrima. Na juventude, desempenhou várias atividades informais, de jogador de futebol a garimpeiro, e de segurança de casa de jogos a pintor.

Convivendo com antigos escravizados africanos e seus descendentes, Pastinha, que levou o nome do pai, mas abrasileirou-o, entrou em contato com a capoeira nas ruas e nas áreas do porto em Salvador. Em suas memórias, conta que começou a aprender a arte aos oito anos com um velho africano chamado Benedito. Durante a época de estudos, entre 1904 e 1909, continuaria se aperfeiçoando com doqueiros, estivadores e trapicheiros. Consta que já em 1910 Pastinha ensinava capoeira, guiando a formação de importantes nomes, como Raimundo Aberrê (1895-1942).

Na década de 1940, a prática por ele jogada passou a ser denominada capoeira angola. Uma primeira escola então ganhou forma em Matatu de Brotas, mas se consolidou no famoso casarão do Pelourinho, sob o nome de Centro Esportivo de Capoeira Angola (Ceca). Por cerca de duas décadas, esse foi um importante local de formação de capoeiristas e de apresentação da modalidade para públicos visitantes. Mestre Pastinha também viajava pelo Brasil apresentando sua arte e, em 1966, foi a Dakar, no Senegal, como integrante da delegação brasileira para o I Festival Mundial de Artes Negras. Nessa época, ele seria transformado num símbolo de resistência da capoeira diante de estilos que misturavam outros tipos de lutas e artes marciais ou que mantinham rodas mais informais. Entre os seus inúmeros discípulos destacam-se Mestre João Pequeno (1917-2011), Mestre João Grande (1933-) e outros tantos.

Cego e com problemas de saúde, Pastinha passou por dificuldades financeiras no fim da sua vida, na década de 1970. Recebia o apoio da esposa, Maria Romélia da Costa Oliveira, mas viveu o último período no Asilo Dom Pedro II, onde faleceu em 1981, aos 92 anos. Poucos anos depois, seus discípulos e novos grupos de capoeira dariam continuidade ao legado de Mestre Pastinha no Brasil e em outros países, associando seu nome à defesa da capoeira angola e às contribuições culturais dos africanos ao país.

— *Com Mauricio Acuña*

FONTES: **Angelo A. Decanio Filho; Antonio Liberac Cardoso Simões Pires; Joseania Miranda Freitas; Letícia Vidor de Souza Reis; Luiz Renato Vieira; Matthias Röhrig Assunção; Mauricio Acuña; Mestre Pastinha; Nei Lopes; Pedro Rodolpho Jungers Abib.**

VEJA TAMBÉM: **Ana Clara Maria Andrade...; Besouro Mangangá; Mestre Bimba; Moa do Katendê.**

MESTRE TITO

c. 1818-82 | ÁFRICA CENTRAL; CAMPINAS, SÃO PAULO

Desconhecemos o nome que esse africano trazia quando desembarcou no Brasil. O que sabemos é que nasceu por volta de 1818, aqui recebeu o nome cristão de Tito e depois se tornou Tito de Camargo Andrade, ficando conhecido como Mestre Tito. Regina Célia Lima Xavier revela como ele foi provavelmente trazido dos sertões da África Central com oito ou nove anos. Em 1829, já era escravizado de um dos homens mais ricos e poderosos da vila de São Carlos, que mais tarde viria a se chamar Campinas. Tito chegou às lavouras paulistas num momento de expansão econômica, com a montagem de grandes fazendas, a entrada maciça de africanos e a ocorrência de uma série de revoltas. Em 1800, os escravizados na vila de São Carlos já alcançavam quase um terço da população, número que subiria para 58% no ano de 1829. O escravizado foi então trabalhar na fazenda do capitão-mor Floriano de Camargo Penteado (*c.* 1762-1838), que possuía cerca de 130 cativos. É bem possível que, com apenas catorze anos, Tito, àquela altura pajem da propriedade, tenha visto de perto a onda de repressão desencadeada com a descoberta do plano de insurreição de 1832, quando inúmeros escravizados foram perseguidos, julgados e punidos.

Os anos iniciais da década de 1830 foram de muita tensão, com uma sequência de rumores sobre a irrupção de revoltas na vila de São Carlos. Aliás, a fazenda Duas Pontes, onde Tito trabalhava, aparece com frequência como o lugar em que alguns desses levantes, ou somente rumores, estouraram entre 1830 e 1832. No ano de 1838, morreu o capitão Penteado, e Tito foi herdado pela viúva, Delfina de Camargo. Na ocasião, ele contava vinte anos, era casado e tinha uma filha de nome Gabriela.

Em meados do século XIX, quando uma epidemia de varíola castigava a população da região, Tito ganhou notoriedade e muito prestígio por sua "arte de curar". Como era barbeiro, seria acusado, porém, de curandeirismo a despeito de continuar atendendo a população. Em 1865, Tito conquistou sua alforria e depois a de sua família. Foi se convertendo, então, numa das mais importantes lideranças da Irmandade de São Benedito. Ajudou a erigir a igreja de São Benedito, inaugurada somente em 1885, e virou nome de rua — rua Mestre Tito — localizada no bairro Vila Industrial, município de Campinas.

FONTES: **Lúcia Helena Oliveira Silva; Regina Célia Lima Xavier.**

VEJA TAMBÉM: Caetano da Costa; Domingos Álvares; Divino Mestre; Feliciana Maria Olímpia; Florência Joaquina; Horácio de Sá Pacheco; Juca Rosa; Luzia Pinta; Rufino José Maria.

MESTRE VALENTIM

c. 1745-1813 | GOUVEIA, MINAS GERAIS; RIO DE JANEIRO

Mestre Valentim (Valentim da Fonseca e Silva) nasceu na freguesia de Santo Antônio do arraial de Gouveia, na comarca do Serro Frio, em Minas Gerais, por volta de 1745. Era filho de Manuel da Fonseca e Silva, um fidalgo português que atuava como contratador de diamantes no Distrito Diamantino, e de uma escravizada já nascida no Brasil, Joana, da nação saburu, que, quando alforriada, passou a se chamar Amatilde da Fonseca Silva.

Ao que tudo indica, no ano de 1756 foi levado à Europa pelo pai. Com o falecimento deste, voltou para o Brasil, entre 1765 e 1766, ao lado da mãe. A partir dos poucos registros existentes, não é possível afirmar se teria realizado sua formação artística em Portugal ou junto dos entalhadores de Minas ou, ainda, com mestres do Rio de Janeiro. De toda maneira, instalou-se no Rio e tornou-se artista célebre, com oficina própria no centro comercial. Era muito procurado para executar serviços de talha dourada nas igrejas, esculturas e moldes de peças de luxo em metal. Valentim foi o primeiro a produzir estátuas fundidas em bronze no país, a despeito de o trabalho com esse metal ser posteriormente proibido pela Coroa portuguesa, que pretendia evitar a fundição de armas na Colônia.

Valentim tem sua autoria reconhecida em obras fundamentais do barroco tardio brasileiro do Oitocentos. Como mostra Patrícia Souza de Faria, ele foi responsável pelo altar-mor da igreja de Nossa Senhora da Conceição e Boa Morte, além do retábulo, da urna, da banqueta e do andor; também projetou sua fachada e o portal. Realizou obras na capela-mor, na capela do noviciado e no altar de Nossa Senhora das Dores da igreja da Ordem Terceira do Carmo. Entre 1781 e 1783, executou os lampadários de prata para a igreja do mosteiro de São Bento. Na igreja de São Francisco de Paula, no largo de São Francisco, trabalhou na capela-mor, no altar-mor e na capela de Nossa Senhora das Vitórias. Já na igreja da Santa Cruz dos Militares, desenhou e executou a talha, esculpiu a capela-mor, o arco cruzeiro e parte da nave. Decorou ainda a capela-mor da igreja da Candelária e reconstruiu, em 1789, o recolhimento de Nossa Senhora do Parto, após o incêndio que consumiu boa parte do local.

No entanto, é na capela do Noviciado da Ordem, cuja decoração foi executada entre 1773 e 1780, que Valentim apresenta sua obra mais representativa. Num salão retangular com teto abobadado, todo revestido de talha dourada, ele fez um trabalho decorativo de grande originalidade. Como mostra Walter Zanini, o retábulo é constituído de um altar em formato de sarcófago, de onde se vê, ao fundo, algumas colunas retorcidas, que direcionam o olhar do visitante para Nossa Senhora do Amor Divino. A decoração, muito carregada, apresenta compósitos de guirlandas, festões florais, cabecinhas de anjos, que se repetem por toda a nave e nas molduras. A talha dourada que se mostra por sobre fundo claro também é decorada com motivos rococós muito exuberantes.

Mestre Valentim não se ateve às obras religiosas. Durante o vice-reinado de Luís de Vasconcelos e Sousa (1742-1809), foi designado para projetar obras urbanas, como chafarizes, entre eles o do Carmo (conhecido como Chafariz de Mestre Valentim ou Chafariz da Pirâmide), e o das Marrecas. O Passeio Público, inaugurado no Rio de Janeiro em 1783, foi concebido e executado nos moldes de "um autêntico jardim de ilusão", conforme a convenção europeia. Nos chafarizes trazia temas da flora e da fauna tropicais, substituindo as alegorias clássicas de tritões. Por fim, no âmbito da arte civil, o artista realizou obras tanto de embelezamento público como de saneamento e abastecimento de água.

Muito reconhecido já em sua época, Mestre Valentim não deixou muitos bens para sua filha natural: apenas uma casa, instrumentos de trabalho, móveis, um liberto idoso, um par de fivelas de sapato de ouro, livros, medalhas e estampas. Pertenceu à Irmandade dos Pardos de Nossa Senhora do Rosário e de São Benedito, responsável por parte fundamental da socialização dos negros na cidade do Rio de Janeiro.

Faleceu provavelmente no dia 1º de março de 1813, aos 68 anos, tendo sido sepultado na igreja de Nossa Senhora do Rosário e São Benedito.

FONTES: Anna Maria Fausto Monteiro de Carvalho; *Arte no Brasil*; Emanoel Araújo; Mostra do Redescobrimento; Patrícia Souza de Faria; Roberto Pontual; João Marino; Walter Zanini.

VEJA TAMBÉM: Aleijadinho; Antônio Telles; Joaquim Pinto de Oliveira; José Theóphilo de Jesus.

MESTRE VEREQUETE

1916-2009 | PARÁ

Augusto Gomes Rodrigues, conhecido como Mestre Verequete, foi um artista que difundiu o carimbó, gênero e estilo musical que ganhou muita força na Amazônia, especialmente no estado do Pará. Nasceu em 1916, numa área próxima às fronteiras do Pará com o Maranhão — a região do Quatipuru, nas vizinhanças de Bragança e de Viseu, conhecidas desde o século XVIII por contar com a circulação de indígenas e quilombolas.

Conforme comprovam as pesquisas de Luiz Arnaldo Campos e Rogério Parreira, Mestre Verequete foi essencial na difusão de uma cultura de fronteiras étnicas. Consta que o carimbó surgiu em várias regiões do Pará, principalmente nas áreas do Marajó, como dança e música criadas a partir das influências indígenas e africanas. O nome era associado ao tambor conhecido como curimbó. Acompanhado por violas e instrumentos de percussão chamados maracás, o carimbó, presente já no século XIX, chegou a ser reprimido por ser considerado "festa de preto". Em Belém, segundo determinações municipais de 1880, era proibido "fazer batuques ou sambas", assim como "tocar tambor, carimbó, ou qualquer outro instrumento", em especial durante a noite.

A partir de 1950, vários folcloristas passaram a pesquisar no interior da Amazônia a origem do carimbó, que com a migração das áreas rurais para o meio urbano foi sendo cada vez mais associado à população negra e pobre. Mestre Verequete certamente conviveu com avós e tios libertos, ouvindo e vendo cultos, festas, instrumentos e músicas da região — as formas tradicionais que ele adaptaria para seus shows e depois registraria em seus álbuns.

Em Belém, Verequete atuou em várias ocupações. Consta que o apelido teria surgido quando o jovem narrou aos colegas um ritual religioso, no qual um pai de santo dizia: "Chama Verequete" — expressão que é também associada aos cultos africanos voduns — e "Verequetinho", uma entidade dos cultos afro-indígenas amazônicos. Alguns anos mais tarde, ele gravaria um dos seus maiores sucessos, a música denominada "Chama Verequete".

Verequete passou a morar no Jurunas, bairro de periferia de Belém com forte presença negra. Com a fundação do Conjunto Uirapuru, juntamente com Pinduca (Aurino Quirino Gonçalves, 1937-) e o Mestre Cupijó (Joaquim Maria Dias de Castro, 1936-2012), tornou-se um dos grandes divulgadores da música paraense, alcançando várias outras partes do Brasil. Em seus shows, apresentava formas tradicionais do carimbó, também chamado de "carimbó de pau e corda" ou "carimbó de raiz". Compôs centenas de músicas, e gravou os álbuns *O legítimo carimbó* (volumes 1, 2 e 3, em 1974 e 1975), *Al son de carimbó* (1980) e *Verequete e Conjunto Uirapuru* (1980).

Em 2006, aos noventa anos, Verequete recebeu o título de comendador da Ordem do Mérito Cultural, concedido pela Presidência da República e pelo Ministério da Cultura. Em 2014, o carimbó passou a ser considerado patrimônio cultural brasileiro, reconhecido pelo Instituto do Patrimônio Histórico e Artístico Nacional (Iphan).

Verequete sempre alternou shows e apresentações com as atividades de pequeno vendedor de alimentos em sua barraca no bairro do Jurunas, em Belém. Faleceu em 2009, aos 93 anos. Sua obra tem sido reeditada em vários CDs, e sua biografia virou objeto de estudos, com destaque para o documentário *Chama Verequete*, de 2002.

FONTES: **Luiz Arnaldo Campos; Rogério Parreira.**

VEJA TAMBÉM: **Batatinha e Riachão; Inácio da Catingueira; Jackson do Pandeiro.**

MESTRE VITALINO

1909-63 | CARUARU, PERNAMBUCO

Vitalino Pereira dos Santos, mais tarde conhecido como Mestre Vitalino, nasceu na cidade de Caruaru, em Pernambuco, no dia 10 de julho de 1909. Era filho de um lavrador e de uma artesã que fazia panelas de barro e outros utensílios domésticos para vender na feira local. Seu talento apareceu cedo, pois desde os seis anos foi socializado no ofício da mãe, e mostrou grande destreza moldando pequenos animais com o que sobrava do barro que ela utilizava. Também foi com a mãe que aprendeu a queimar suas próprias peças no forno. Era no rio Ipojuca que Vitalino brincava e recolhia o barro, a matéria-prima que o tornaria famoso. A família ia semanalmente à feira de Caruaru, cada um levando sua mercadoria: o pai carregava produtos da horta, a mãe trazia no jegue suas cerâmicas e o menino portava consigo o produto de seu passatempo, conseguindo até vender algumas peças.

Quando tinha vinte anos, Vitalino criou um tipo de trabalho que lhe daria muita fama: grupos humanos imersos em suas profissões. Eram soldados, cangaceiros, tropeiros, ou seja, trabalhadores do meio rural, do qual o rapaz fazia parte. Costumava contar que fazia peças de "novidade" — retirantes, casas de farinha, ternos de zabumba, rituais religiosos, famílias em passeio, batizados, casamentos, vaquejadas, temas pastoris, padres, Lampião e Maria Bonita. Enfim, nessas obras representava a labuta do povo local, suas tristezas, mas também as alegrias e festividades da sua pequena cidade.

Nessa época, ainda fazia tudo por sua própria iniciativa; só quando tinha em torno de trinta anos passou a criar peças sob encomenda: dentistas tratando seus pacientes, médicos operando, cirandas, condutores de carros de boi, cavalos-marinhos, cenas com bandas de pífanos, violeiros, os noivos a cavalo, carrosséis, entre tantos outros temas locais. Nessa época começou a também colorir suas criações. Como não sabia escrever, carimbava as peças e assim deixava sua autoria. Só a partir de 1950 passou a identificá-las com seu nome. Mas custou para que Vitalino saísse do anonimato. Enquanto isso, ele se dedicava também a outras atividades: na década de 1920, por exemplo, organizou a banda Zabumba Vitalino, na qual era o principal tocador de pífano.

Em 1940, já casado, o artista mudou-se para o Alto do Moura, para assim ficar mais perto da feira de Caruaru. Contava, então, com a ajuda dos filhos para produzir as peças que vendia: Mestre Vitalino dava vida ao barro. Em 1947, por conta do convite do artista plástico e educador Augusto Rodrigues (1913-93), várias obras de Vitalino foram levadas para a I Exposição de Cerâmica Pernambucana, realizada no Rio de Janeiro. Em janeiro de 1949, o Mestre expôs seu trabalho no MASP e, em 1955, fez parte da mostra Artes Primitivas e Modernas do Brasil, em Neuchâtel, na Suíça.

A partir de então, Vitalino foi convidado para contribuir em uma série de mostras pelo Brasil. O Instituto Joaquim Nabuco de Pesquisas Sociais e a prefeitura de Caruaru editaram em conjunto o catálogo *Vitalino*, com texto do antropólogo René Ribeiro (1914-90) e fotografias de Marcel Gautherot (1910-96) e Cecil Ayres. Foi nessa época que ele conheceu Abelardo Rodrigues (1908-71), que formou um acervo com peças do artista, posteriormente doadas ao Museu de Arte Popular, atual Museu do Barro de Caruaru. Em 1960, o artista tomou parte na Noite de Caruaru, no Rio de Janeiro, quando leiloou várias de suas peças, doando o valor arrecadado para a construção do Museu de Arte Popular de Caruaru. Em 1961, quando a instituição foi inaugurada, Vitalino doou cerca de 250 trabalhos para o acervo.

Desde então, seus trabalhos figuram em museus nacionais e também internacionais, como o Museu de Arte Popular de Viena, na Áustria, e o Louvre, em Paris. No Brasil, boa parte de seu trabalho pode ser encontrada na Casa do Pontal e na Chácara do Céu, no Rio, no Acervo Museológico da Universidade Federal de Pernambuco (UFPE), no Recife, e no Alto do Moura, em Caruaru, cidade onde o artista viveu por toda a sua existência. Nesse meio-tempo, participou de programas de televisão e exibições musicais, compareceu a eventos e recebeu diversas homenagens, como a Medalha Sílvio Romero. Seu trabalho teve e tem forte influência na formação de novas gerações de artistas de sua região.

Vitalino faleceu em Caruaru, no dia 20 de janeiro de 1963, vítima de varíola. Ele estava em sua residência, no Alto do Moura. No local, que em 1971 foi transformado na Casa-Museu Mestre Vitalino e ainda hoje é administrado pela família, estão expostas suas principais obras, além de objetos de uso pessoal, ferramentas de trabalho e o forno a lenha onde realizava suas queimas. O entorno do museu é ocupado por várias oficinas de artesãos que guardam e perpetuam o legado do Mestre.

FONTES: **Angela Mascelani; Dilva Frazão; Enciclopédia Itaú Cultural.**

VEJA TAMBÉM: **Agnaldo dos Santos; Inácio da Catingueira.**

MIGUEL E OS QUILOMBOLAS NAS FRONTEIRAS TRANSNACIONAIS DAS GUIANAS

SÉCS. XVIII-XIX | AMAPÁ; GUIANAS

Entre os séculos XVII e XIX, inúmeros escravizados — a maior parte deles africanos — cruzaram as fronteiras das Guianas no Grão-Pará, atual estado do Amapá, formando mocambos, quilombos e mantendo relações com grupos indígenas e fugitivos das áreas coloniais de ocupação inglesa, holandesa e especialmente francesa.

Miguel era provavelmente africano. O fluxo de escravizados africanos para a Amazônia foi modesto no século XVII. Entre 1692 e 1721, entraram 1208 africanos no Grão-Pará, número muito reduzido quando comparado aos cerca de 300 mil africanos que chegaram no Nordeste, já na segunda metade do século XVII. Na região amazônica, o tráfico era limitado devido aos preços mais elevados com que os cativos alcançavam a região e também por conta de os colonos, em geral com menos posses, estarem constantemente endividados. Ainda assim, entre 1756 e 1788, foram introduzidos 28 556 africanos em decorrência da política pombalina que proibia a escravização de indígenas, e sobretudo com a formação da Companhia Geral do Comércio do Grão-Pará e Maranhão (1755-78). Nas partes meridionais, na região do Amapá por exemplo, a demanda por mão de obra africana cresceu em 1750, com a construção da fortaleza de São José.

Entre 1765 e 1789, desembarcariam em Caiena cerca de 4 mil cativos africanos. Num recenseamento realizado em 1777, já se apontava a existência de uma população africana, na Guiana Francesa, que contava com 8411 indivíduos, sendo a maior parte deles ocupada na agricultura de exportação. Havia ainda escravizados trabalhando em engenhos e engenhocas de açúcar e aguardente voltados para o mercado interno, na abertura de roças na floresta, no pastoreio e nos serviços domésticos dos núcleos populacionais.

Com o aumento de escravizados nas Guianas, as fugas escaparam ao controle das autoridades coloniais. É nesse contexto de muitas incertezas que se destaca a figura de Miguel, que pertencia a Antônio de Miranda. Num depoimento minucioso que foi obrigado a dar às autoridades, ele revelou seus contatos com vários fugitivos — entre os quais o preto Joaquim Manuel do Nascimento — que saíam dos seus mocambos, atravessavam as fronteiras e iam trabalhar para colonos franceses. A língua com que se comunicavam não era problema. Havia africanos de várias regiões, tanto do lado francês quanto do lado brasileiro, e também os indígenas com os quais mantinham contatos frequentes.

Ele garantiu que se tratava de um movimento permanente de deslocamentos nas fronteiras, embora houvesse em seus mocambos uma economia camponesa itinerante, além da caça e pesca. O cativo sabia também "como se passava por cá" e "eles por lá", indicando uma colaboração transnacional entre fugitivos nas áreas fronteiriças da Amazônia Oriental, com africanos escravizados que foram trabalhar nas colônias francesas se encontrando com outros cujo destino eram as colônias portuguesas.

Mocambos formados bem próximos à fronteira estabeleciam comércio com colonos da Guiana, fazendo "salgas", tingindo roupas, plantando roças, pastoreando gado e fabricando tijolos para a construção de fortalezas francesas. Esses povoamentos localizavam-se nas margens do rio Araguari e, segundo Miguel, "todos os pretos fugidos" faziam viagens "para irem trabalhar a terra dos franceses" e "atravessavam um rio de água salgada para lá irem e que iam pela manhã e vinham à noite".

Miguel relatou as estratégias e rotas de fuga, e até mesmo a perspectiva original dos quilombolas para guardarem autonomia e se protegerem. Viviam do lado da fronteira portuguesa, porém comerciavam, trabalhavam e mantinham relações diversas com os franceses, do outro lado. A garantia de sucesso para essa estratégia era a travessia diária da fronteira, tarefa que não parecia fácil; era preciso cruzar rios e matas, levando inclusive mantimentos para as longas jornadas.

No fim do século XVIII, esse tipo de movimentação começou a causar ainda mais preocupação nas autoridades. Ideias de liberdade propagadas pelas revoltas negras do Caribe, em 1791, e também pela Revolução Francesa (1789) adentravam o Brasil através da circulação de fugitivos nas fronteiras. Em 1794, falava-se em Macapá que todos estavam apreensivos quanto ao que os "franceses têm praticado nas suas ilhas, a respeito dos escravos" e que tudo era "sabido, pelas gazetas que chegam da Europa e até os mesmos escravos o não ignoram". Os documentos que registram essas suas andanças estão depositados no Arquivo Público do Estado do Pará e foram transcritos por Anaíza Vergolino-Henry.

Quilombolas como Miguel e outros ocupavam, real e metaforicamente, a fronteira da liberdade, e sabiam disso.

FONTES: Anaíza Vergolino-Henry; Flávio dos Santos Gomes; Rosa Elizabeth Acevedo Marin; Vicente Salles.

VEJA TAMBÉM: Felipa Maria Aranha; Figênia; Maria Apolinária...; Trajano.

MIGUEL BARROS

1913-2011 | PELOTAS, RIO GRANDE DO SUL; MOGI DAS CRUZES, SÃO PAULO

Nascido em Pelotas no ano de 1913, Miguel Barros era filho de Mercedes e João Moreira Barros. Seu pai era dono da Fábrica de Carimbos Sem Rival. Por isso, pode-se dizer que Barros contou com uma boa condição financeira na infância, não obstante a intolerância e a segregação racial que presenciou em sua cidade natal.

Na juventude, estudou na Escola de Belas Artes e no Conservatório de Música de Pelotas, tendo João Fahrion (1898-1970) e Leopoldo Gotuzzo (1887-1983) como professores. Sua primeira exposição local ocorreu em 1932. A partir de então, passaria a articular sua vida artística com a de ativista, sendo redator do jornal *A Alvorada* durante a primeira metade dos anos 1930.

Barros compareceu ao I Congresso Afro-Brasileiro no Recife como representante da Frente Negra Pelotense, mas também na condição de artista, apresentando suas pinturas pela primeira vez fora do Rio Grande do Sul. Consta que, ainda no Recife, depois da realização do Congresso, Barros abriu duas exposições no Gabinete Português de Leitura. Em 1936, participou de uma série de palestras sobre a abolição na capital pernambucana e ajudou na fundação da Frente Negra Pernambucana, fazendo parte da sua diretoria.

A produção visual de Barros era composta sobretudo de aquarelas com muitas paisagens, em especial marinhas. Chama a atenção o fato de, desde 1937, ele ter passado a assinar suas obras como "Mulato" e a se identificar como "Barros, o Mulato". Já a partir de 1939, realizou exposições individuais em São Paulo e Curitiba. Na década de 1970, fixou residência no interior de São Paulo, em Mogi das Cruzes, abrindo um ateliê e realizando algumas exposições. A importância de sua obra foi reconhecida no *Dicionário brasileiro de artistas plásticos* (1973), no *Dicionário crítico da pintura no Brasil* (1988) e no *Dicionário de Artes Plásticas no Rio Grande do Sul* (2000).

Vários estudos têm destacado a trajetória de Barros, entre os quais, os de Darlene Vilanova Sabany (1965-) e Luiza Fabiana Neitzke de Carvalho. Eles mostram entre outros, como, em 2015, quatro anos depois da morte de Barros, o Salão de Artes Plásticas de Mogi das Cruzes criou um prêmio com o seu nome. No ano seguinte, a Academia Mogicruzense de História, Artes e Letras homenageou o artista, concedendo a ele o lugar de patrono e lhe conferindo a cadeira de número 5.

FONTES: Ana Beatriz Loner; Darlene Vilanova Sabany; Fernanda Oliveira da Silva; José Antônio dos Santos; Luiza Fabiana Neitzke de Carvalho; Mateus Silva Skolaude; Miguel Barros.

VEJA TAMBÉM: Antônio Pinto Bandeira; Arthur Timótheo da Costa...; Edison Carneiro; Emmanuel Hector Zamor; Estêvão Silva; Firmino Monteiro.

MILTON SANTOS

1926-2001 | BROTAS DE MACAÚBAS E SALVADOR, BAHIA; RIO DE JANEIRO; SÃO PAULO

Natural de Brotas de Macaúbas, na Bahia, em 1926, Milton Almeida dos Santos produziu centenas de livros e ensaios refletindo sobre espaços urbanos, desigualdade, globalização, migrações, ocupações e tecnologia.

Sua formação inicial se deu em Salvador, onde fez parte de uma juventude intelectual negra advinda de setores pobres que conseguiu a escolarização. Atuando também como jornalista, Milton Santos publicou obras como: *O povoamento da Bahia* (1948), *Estudos sobre geografia* (1953) e *Os estudos regionais e o futuro da geografia* (1953). Começou a lecionar na Universidade Católica de Salvador em 1956. Depois de concluir o doutorado na França, na Universidade de Estrasburgo, em 1958, tornou-se professor da Universidade Federal da Bahia. Em 1961, atuou no governo Jânio Quadros (1917-92) e depois em projetos de planejamento no governo da Bahia.

Perseguido e preso pela ditadura militar, seguiu para o exílio na França, onde deu prosseguimento a sua formação; sua importância intelectual foi então transformada em prestígio acadêmico internacional. Durante o exílio, Milton Santos foi professor e pesquisador nas Universidades de Toulouse e Sorbonne (França), Toronto (Canadá), Massachusetts e Columbia (Estados Unidos), Londres (Inglaterra), Dar es Salaam (Tanzânia), Central (Venezuela), entre outras. Nesse período também colaborou com diversos órgãos internacionais, como a Organização das Nações Unidas (ONU), a Organização dos Estados Americanos (OEA) e a Organização Internacional do Trabalho (OIT), entre vários outros.

Já com muitas obras publicadas no exterior, Milton Santos retornou ao Brasil em 1977, trabalhando como professor da UFRJ, de 1977 a 1983. No mesmo ano ingressou na USP, onde recebeu o título de professor emérito. Entre as décadas de 1970 e 1990, publicou diversos livros inovadores em termos de abordagens e métodos: *A pobreza urbana* (1978), *Economia espacial* e *Espaço e sociedade* (1979), *A urbanização desigual* (1980), *Manual de geografia urbana* (1981), *Pensando o espaço do homem*, *Ensaios sobre a urbanização latino-americana* (1982), *Espaço e método* (1985), *O espaço do cidadão* (1987), *Metamorfoses do espaço habitado* (1988) e *Metrópole corporativa fragmentada* (1990) e *A natureza do espaço*.

Sua obra e biografia têm sido recuperadas por diversos intelectuais negros, como Diogo Marçal Cirqueira, Fernando Conceição, Rafael Sanzio Araújo dos Anjos (1961-), entre outros.

Ao longo de sua trajetória acadêmica e intelectual, ganhou honrarias nacionais e internacionais, como o Prêmio Internacional de Geografia Vautrin Lud (1994). Milton Santos também foi homenageado com vários títulos de doutor honoris causa: Universidade de Toulouse (1980), Universidade de Buenos Aires (1992), Universidade Complutense de Madri (1994), Universidade de Barcelona (1996), Universidade Nacional de Cuyo (Argentina, 1997); e, no Brasil, Universidade Federal da Bahia (1986), Universidade Estadual do Sudoeste da Bahia (1995),

Universidade Federal de Sergipe (1995), Universidade Federal do Rio Grande do Sul (1996), Universidade Estadual do Ceará (1996), Universidade de Passo Fundo (1996), Universidade Federal de Santa Catarina (1996), Universidade Estadual Paulista (1997), Universidade do Estado do Rio de Janeiro (1999), entre outras.

No Brasil, seus trabalhos continuam a influenciar diversas gerações, com abordagens teóricas e metodológicas sobre espaços e desigualdades que hoje são consideradas clássicas. Milton Santos faleceu em 2001.

FONTES: **Diogo Marçal Cirqueira; Fernando Conceição; Milton Santos; Nei Lopes; Rafael Sanzio Araújo dos Anjos.**

VEJA TAMBÉM: **Abdias do Nascimento; Alberto Guerreiro Ramos; Antenor Nascentes; Clóvis Moura.**

MINERVINO DE OLIVEIRA

1891-? | RIO DE JANEIRO

Líder operário e militante do Partido Comunista, Minervino de Oliveira foi o primeiro candidato negro à Presidência do Brasil, ainda no ano de 1930. Filho de José de Oliveira e Augusta Laura, Minervino de Oliveira, nascido em 1891, teve uma origem humilde. Desde cedo trabalhou em fábricas de tecelagem, vidros e móveis até se especializar em marmoraria.

Em 1911, já estava na luta sindical, ocupando postos em sindicatos e escrevendo na imprensa operária. Foi secretário do Centro dos Operários Marmoristas e publicou textos em *A Voz do Trabalhador*, *Spártacus*, *Voz do Povo* e outros jornais. Em 1920, Minervino foi escolhido delegado para participar do III Congresso Operário Brasileiro. Anos mais tarde, se filiou ao Partido Comunista do Brasil, criado em 1922, passando a colaborar no jornal *A Classe Operaria*, órgão de imprensa partidário oficial.

Em 1928, Minervino foi lançado candidato ao Conselho Municipal da cidade do Rio de Janeiro, então Distrito Federal. Ele era na ocasião dirigente da Federação Sindical Regional do Rio de Janeiro, redator de *A Voz do Marmorista* e colaborava em *A Nação*.

Com uma votação concentrada nos bairros operários, Minervino acabou ficando como suplente. Com uma vaga aberta devido à morte de um dos eleitos, Minervino assumiu o posto, sendo diplomado representante do Bloco Operário e Camponês (BOC) no Conselho Municipal. Assim começou uma intensa vida parlamentar, especialmente no ano de 1929, quando estouraram várias greves e paralisações operárias em diferentes partes do Brasil, sobretudo no Rio de Janeiro. Minervino foi um dos articuladores da criação da Liga Anti-Imperialista do Brasil, e presidente do Congresso Operário Nacional (1929), realizado na capital carioca. Na ocasião, os representantes operários de vários estados decidiram pela fundação da Confederação Geral do Trabalho do Brasil (CGTB).

No fim de 1929, ocorreu o I Congresso do BOC, quando se debateu a possibilidade de lançamento de "candidaturas operárias" à Presidência da República. Com o slogan "Votar no Bloco Operário-Camponês é votar pela Revolução!", o BOC lançou Minervino de Oliveira como candidato a presidente e o ferroviário Gastão Valentim Antunes como vice.

A campanha de 1930, bem como a sucessão presidencial de Washington Luís (1869-1957), ficaram marcadas por repressão, debates e fraudes. Os resultados eleitorais foram adulterados, sendo anunciada a vitória de Júlio Prestes (1882-1946), candidato do governo, seguido por Getúlio Vargas (1882-1954). Na época, a população brasileira era de 40 milhões de pessoas, mas pouco menos de 3 milhões podiam votar. A contagem de votos para Minervino quase não foi considerada, e fontes do PCB mencionavam de 3 mil a 4 mil votos, ainda assim com números subestimados.

Com uma vida marcada por lutas, Minervino foi preso durante o governo de Washington Luís (1869-1957) e teve seu mandato no Conselho Municipal interrompido. Do fim dos anos 1930 até os anos 1950, pouco se sabe a respeito de suas atividades como militante comunista. O certo é que ele continuaria a ser monitorado pelos órgãos de repressão política durante o Estado Novo (1937-45).

Embora a temática racial não fizesse parte das propostas do PCB, do BOC e dos comunistas de uma forma geral, durante sua campanha Minervino se apresentava como um operário negro e comunista na disputa presidencial.

O ativista viveu até o início dos anos 1960. Mais recentemente, a "memória negra comunista" de Minervino tem sido recuperada por pesquisadores e ativistas negros do Partido Comunista Brasileiro (PCB), que fundaram o Coletivo Minervino de Oliveira no Rio de Janeiro.

FONTES: Arquivo Público do Estado do Rio de Janeiro; Petrônio Domingues.

VEJA TAMBÉM: Abdias do Nascimento; Alberto Guerreiro Ramos; Carlos Marighella; Claudino José da Silva; Joel Rufino dos Santos; José de Souza Marques; Solano Trindade.

MOACIR BARBOSA NASCIMENTO

1921-2000 | CAMPINAS E SÃO PAULO; RIO DE JANEIRO; PRAIA GRANDE, SÃO PAULO

Barbosa nasceu no dia 27 de março de 1921 em Campinas, onde viveu até os dez anos. Ficou logo conhecido por suas aptidões como goleiro. Era considerado um profissional seguro e elástico, com grande senso de equipe. Barbosa começou a carreira como ponta-esquerda no extinto Comercial da capital paulista. Já como goleiro, passou a atuar no Ypiranga de São Paulo, no qual jogou durante três anos, até ser descoberto pelo Vasco da Gama — foi contratado em 1945. Na época, o clube montou um dos melhores times de sua história, conhecido como "Expresso da Vitória".

Barbosa conquistou a vaga de titular um ano depois, permanecendo na posição até meados de 1956. Jogando no time do Vasco, o goleiro ganhou os campeonatos cariocas de 1945, 1947, 1949, 1950, 1952 e 1958. Conquistou também o Campeonato Sul-Americano de Campeões em 1948, competição precursora da atual Libertadores da América. Foi bicampeão brasileiro pela seleção carioca em 1950 e campeão sul-americano pela seleção brasileira em 1949. Depois de sair do Vasco, também jogou pelo Santa Cruz, do Recife, e pelos clubes Bonsucesso e Campo Grande, do Rio de Janeiro.

Foi titular absoluto na seleção brasileira até a Copa de 1950, quando ocorreu um episódio que marcaria toda sua carreira. O Brasil, que jogava em casa, só precisava de um empate para sagrar-se campeão mundial pela primeira vez. A partida estava empatada, no 1 × 1, quando o ponta uruguaio Alcides Ghiggia (1926-2015) visualizou um pequeno espaço entre Barbosa e a trave e chutou no canto esquerdo do gol. Pego de surpresa, Barbosa não conseguiu evitar o gol e o Uruguai ganhou o campeonato.

Lá se foi o sonho brasileiro de conquistar um título mundial — e no Brasil —, e a carreira de Barbosa. Ele foi acusado de ter falhado, e imediatamente se transformou no responsável pela derrota, sofrendo críticas por parte do público e das mídias desportivas. Retornou ao Vasco, onde foi ovacionado, mas as demais torcidas não o perdoaram.

O último jogo que realizou com a camisa da seleção brasileira deu-se em 1953, pela Copa América. No mesmo ano, num clássico entre Vasco e Botafogo pelo Torneio Rio-São Paulo, Barbosa chocou-se com o atacante Zezinho (1930-80) e quebrou a perna. O incidente derrubou seu moral de vez, e ele não suportou mais a pressão que vinha sofrendo fazia três longos anos. Conta a história que só teria se recuperado da depressão quando, por iniciativa do Hospital dos Acidentados, onde estava internado, foram organizadas longas filas com torcedores que queriam lhe fazer homenagem e transmitir força. Barbosa chegou perto de disputar a Copa de 54, mas a lesão o impediu de participar da seleção que iria para a Suíça jogar o mundial.

Depois de se aposentar na carreira de goleiro, Barbosa passou a trabalhar como funcionário da Superintendência de Desportos do Estado do Rio de Janeiro (Suderj). Ele, porém, jamais se livrou dos insultos. Com tristeza, costumava lembrar que seus vizinhos tinham preparado um grande banquete na rua para comemorar o título de 1950, mas que, com a derrota, a comida restou intacta e teve que ser jogada fora. Em 1993, às vésperas da partida entre Brasil e Uruguai pelas Eliminatórias da Copa de 1994, foi impedido de ver a seleção brasileira na Granja Comary por conta "do azar" que poderia trazer.

Deprimido, Barbosa se mudou para o litoral paulista, onde sua vida melhorou um pouco, a despeito de não se livrar da má fama. A esposa de Barbosa, Clotilde, faleceu em 1997 devido a um câncer de medula. Os dois estavam casados havia 54 anos; ela nunca faltou a seu lado e lhe deu apoio nas horas mais difíceis. Por conta das dificuldades financeiras, o ex-goleiro foi obrigado a vender seu apartamento, passando a viver da ajuda de amigos e do seu clube, o Vasco da Gama.

Barbosa morreu no dia 7 de abril de 2000, na cidade de Praia Grande, em São Paulo. Teve uma parada cardíaca, consequência de um AVC, e foi ajudado por sua filha adotiva, que morava com ele. Barbosa carregou até a morte o fardo da derrota de 1950. O fato de ser negro, numa época em que a maioria dos goleiros de seleções eram brancos, também fez com que o racismo brasileiro mostrasse as suas garras. Não faltaram aqueles que vincularam sua falha num momento crucial a falsas "fraquezas de sua raça". Os campos de futebol já se mostravam como verdadeiros caldeirões onde o racismo covarde prolifera e escolhe suas vítimas.

FONTES: Hedyl Valle Jr.; Fifa; *Folha de S.Paulo*; Roberto Muylaert; Rogério Verzignasse; Sportv; William Correia.

VEJA TAMBÉM: Francisco Carregal...; Garrincha.

MÔNICA

SÉC. XIX | RECIFE, PERNAMBUCO

Durante o século XIX, e com a popularização da fotografia, as elites nacionais fizeram dessa técnica sua forma dileta de representação. E não se furtaram a, por vezes, se deixarem retratar ao lado de seus escravizados e escravizadas, como prova de propriedade e de riqueza. Caso paradoxal foi a verdadeira voga de fotos de amas de leite, na segunda metade do XIX. Até a abolição da escravatura, muitas das amas eram escravizadas da família, ou podiam ser alugadas. Poucas, porém, tiveram a sorte de receber autorização para "dividir" o seu leite entre o próprio filho e o bebê branco, seu pequeno senhor. E mais: viraram símbolo de uma "boa escravidão", porque, supostamente, maternal.

Levadas aos estúdios, muitas vezes posavam com roupas e adereços emprestados que seguiam vogas europeias ou africanas. Era preciso que ficassem firmes, num ambiente pretensamente rebuscado, com colunas, poltronas e espaldares, para que a foto não resultasse tremida. Na técnica do daguerreótipo e das *cartes de visite*, as lentes se abriam devagar, o que dificultava o processo: qualquer mínimo movimento estragava uma fotografia, com os modelos lembrando fantasmas. Por isso mesmo, as amas apareciam sentadas com as crianças no colo ou ao lado delas. Assim, controlavam, por meio da intimidade, qualquer trejeito dos pequenos senhores e senhoras. O importante era que, ao fim e ao cabo, a foto atraísse a atenção para seus modelos principais e, sobretudo, transmitisse uma imagem positiva e harmoniosa da escravidão. Circulava, portanto, uma espécie de convenção visual nesse universo afro-atlântico, que jogava com a ideia de nomeação e anonimato. Qual seja: a criança era na maioria das vezes designada de forma completa, com seu nome e o sobrenome de família. Já a ama surgia, majoritariamente, sem nome, origem ou idade.

Foram poucas as exceções a essa norma, e talvez o caso mais icônico seja o de Mônica, que aparece, pela primeira vez, junto de Augusto Gomes Leal (*c.* 1853-1933). Pela idade do garoto, supõe-se que, mesmo que ele tenha sido amamentado pela criada, àquela altura ela seria apenas a sua ama-seca. E Mônica recebeu nome pessoal na foto.

Os pais da criança, com grande probabilidade, deveriam estar presentes no estúdio, bem em frente aos dois modelos e ladeando o fotógrafo. Mônica foi então ricamente vestida e surge com dignidade. Contudo, um mundo de contradições salta aos olhos na imagem. Índice maior é a expressão tensa da ama, com uma das mãos crispadas no colo, talvez procurando evitar o mínimo movimento dela e do "seu" garoto. Já o menino se apoia em Mônica de forma aconchegada. No entanto, faltam pessoas na cena, e nas demais que foram sendo construídas em torno da ama negra: as suas próprias crianças. Nesse caso, a ausência é absoluta e o silêncio

Augusto Gomes Leal com sua ama de leite Mônica. Fotografia de João Ferreira Vilela.

Isabel Adelaide Leal e a ama de leite Mônica. Fotografia de Alberto Henschel (1827-82).

incomoda no cenário cuidadosamente preparado. De toda maneira, com seu nome próprio e atitude altiva, Mônica provavelmente deveria ter conquistado uma posição diferenciada na casa onde trabalhava. Além do mais, a riqueza de sua indumentária e a do menino também simbolizavam a riqueza da família senhorial.

Mônica parece não ter se intimidado no estúdio. Ela encarou as lentes da máquina, enrolou-se no xale, possivelmente da sua senhora (ou do estúdio), como se fosse um pano da costa, marca de sua origem e nação. Tudo aparenta estar em equilíbrio na foto, a não ser as mãos da ama, que não combinam com o cenário. Ela apresenta mãos grossas, veias saltadas, de quem já trabalhara muito na vida. A tensão denuncia o artifício da cena, montada para agradar o cliente (a família na qual Mônica era escravizada) e a futura clientela do estúdio.

O caráter excepcional dessa história fica ainda mais evidente com a inclusão de mais um elemento na narrativa. Anos depois, ela seria retratada novamente — e mais uma vez seu nome constava da legenda. Como a primeira fotografia é de 1860 e a segunda foi tirada entre 1877 e 1882, temos um intervalo de cerca de duas décadas. A ama se revela uma

mulher madura, de cabelos grisalhos, por mais que saibamos como os marcadores de geração e idade podem variar, a depender do contexto e situação.
No segundo retrato, ela aparece ao lado de Isabel Adelaide Leal (?-1955). Chama a atenção o contraste entre o nome completo da garota e o nome simples da criada. A ama tem os cabelos embranquecidos, o que mostra como o tempo passou. No entanto, seu olhar permanece forte, bem como suas feições e o leve sorriso que ostenta. Também dessa vez ricamente vestida, com roupas de voga ocidental, traz um xale que lhe cobre os ombros. Está mais franzina e seus olhos, menores. Em pé ao seu lado, vê-se uma menina já adolescente que pertence à mesma família do menino do primeiro retrato.

Pelo que se pode inferir, e como arrisca Sandra Koutsoukos, Mônica teria sido ama de mais de uma criança da família, e provavelmente viveu muitos anos junto a seus proprietários. Há quem diga que, depois de tanto tempo servindo a casa senhorial e amamentando várias crianças, essas criadas, mesmo já não exercendo as suas primeiras funções, acabavam ganhando o direito de permanecer nos aposentos que ocupavam.

Muito mais não conhecemos. Não sabemos, por exemplo, se conquistou uma carta de alforria mas continuou a viver com a família Gomes Leal, ou se permaneceu escravizada, apesar de tantos anos se dedicando "fielmente" à "sua" família branca. O que ambos os retratos também contam é uma certa história que pode ser depreendida pelos detalhes neles contidos. Mônica com certeza foi avisada de sua ida ao estúdio — nas duas vezes — e, à sua maneira, buscou agenciar seu espaço e imagem naqueles raros registros. Para além da suposta e desejada representação da "harmonia", a ama se impôs com seu olhar que inquire, sua postura elegante, sua segurança e intimidade ao lado do menino e depois da menina que aparecem nas fotos. Esses são indícios, modestos, é bem certo, de estratégias usadas por escravizadas, que lutaram contra processos violentos de anonimato, de invisibilidade, e assim, pelos detalhes, se deixaram ver, permitindo que recuperássemos uma parte pequena do que há de ter sido uma grande história de vida, que vem sendo resgatada por pesquisadores e artistas como Rosana Paulino e tantos outros.

FONTES: Lilia Moritz Schwarcz; Luiz Felipe de Alencastro; Sandra Lauderdale Graham; Sandra Sofia Machado Koutsoukos.

VEJA TAMBÉM: Ambrosina; Nhô João e sua parceira.

MÔNICA DA COSTA FERREIRA

1804-64 | ÁFRICA OCIDENTAL; RECIFE, PERNAMBUCO

Em cidades negras, era fundamental para africanos libertos participar de irmandades, e assim alforriar parentes. Adquirir escravizados, montar empreendimentos, comprar joias e investir em imóveis também eram estratégias importantes. Mas manter tudo isso ao mesmo tempo não era, porém, fácil. A liberta africana, da Costa da Mina, Mônica da Costa Ferreira pode ter vivido no fio da navalha ao tomar decisões, fazer negócios e escolher alianças e proteções, numa sociedade urbana cercada de escravidão como era o Recife oitocentista. Ela faleceu em 1864, deixando registrada em seu testamento uma trajetória de busca de autonomia e liberdade.

Valeria Gomes Costa conta que, com sessenta anos na véspera de falecer, morava na rua da Guia, coração da freguesia de São Frei Pedro Gonçalves, no Recife. Viúva do liberto João Antônio Marques desde 1854, tinha duas filhas; não existe menção ao nome dos pais ou a uniões legitimadas pela Igreja católica. Mônica pertencia a uma pequena mas relevante comunidade de libertos africanos que conformavam uma rede de cinquenta a oitenta famílias africanas estendidas vivendo na periferia da cidade. Ela revelou possuir, além da casa em que residia, uma morada na rua de Santa Rita, junto às freguesias de Santo Antônio e São José.

Como membra da Irmandade de São Benedito, deixou expresso em seu testamento o desejo de ser enterrada com todo o ritual e pompa dispensados aos sepultamentos de africanos. Há indicações de que atuasse como quitandeira, e assim pode ter amealhado recursos para adquirir sua liberdade.

No entanto, tendo lidado com senhores mesquinhos, fregueses intolerantes e fiscalização truculenta, Mônica não encontrou descanso nem nas proximidades da morte. No testamento ditou suas preocupações quanto à administração dos seus bens e negócios. Segundo ela, era Antônio Gomes de Moura, liberto africano viúvo que se casara com sua filha Antônia, quem cuidava dos seus bens, poupanças, lucros e investimentos. Mas Mônica admitia que o que tinha economizado estava se dissipando por conta da má administração do genro. Apesar de já bem conhecido, pois tivera negócios com o africano João Antônio Marques, que se tornaria seu sogro, Antônio Moura estava trazendo prejuízo à família. Ela revelaria ter perdido 400 mil-réis numa negociação mal encaminhada por ele. Em ações judiciais e depois na revisão do testamento, solicitava a troca do testamenteiro.

Talvez rejeitando o domínio patriarcal do falecido marido e as alianças que este fizera com outros africanos, Mônica arriscaria novas alianças. No fim da vida, doente, escolheria o outro genro, o liberto africano Joaquim Batista da Silva, e também sua filha Romana Maria dos Prazeres, para administrar os seus bens. Joaquim seria transformado em seu inventariante. Selecionaria também vários homens livres como testemunhas dos encaminhamentos judiciais feitos por ela: quatro negociantes e um funcionário público. Conexões e contatos com homens livres, de prestígio e poder econômico, além de redes familiares que podiam envolver genros, filhos e sobrinhos, eram estratégias possíveis para africanos libertos empobrecidos mas com expectativas de mobilidade social na compra de bens e na disponibilização de legados e heranças. Isso explica as ações judiciais de Mônica e as alianças que fez com outros libertos africanos, famílias estendidas e genros. Novos casamentos também faziam parte de um amplo e complexo sistema de redes familiares, que incluía o compadrio e uma série de estratégias de mobilidade e proteção.

Os mundos da escravidão, da segregação, da pobreza e das dificuldades não eram pequenos. Esses foram também caminhos percorridos por outros africanos libertos, que tentaram amealhar recursos para seus filhos e netos, a partir do trabalho, das poupanças e das escolhas de alianças certas com genros, padrinhos, afilhados, testamenteiros e fiadores.

FONTES: **Maria Inês Côrtes de Oliveira; Valéria Gomes Costa.**

VEJA TAMBÉM: **Josefa da Silva; Tereza de Jesus de Souza.**

MUSSUM

1941-94 | RIO DE JANEIRO

Filho de Malvina Bernardes Gomes, uma doméstica, Antônio Carlos Bernardes Gomes, o Mussum, nasceu no morro da Cachoeirinha, no bairro do Lins de Vasconcelos, no subúrbio carioca. Depois de concluir a educação básica, se dedicou ao ensino técnico, estudando na Fundação Abrigo Cristo Redentor e no Instituto Profissional Getúlio Vargas. Com a formação de mecânico completa, trabalhou em oficinas de reparos automotivos até ingressar no serviço militar obrigatório. Durante oito anos serviu na Aeronáutica.

Sua carreira artística começou no mundo musical e do samba, tendo sido um dos fundadores do grupo Os Sete Modernos, que deu origem ao importante conjunto Os Originais do Samba. A personalidade de Mussum sempre chamou a atenção, e ele passou a ser convidado para participar de shows, também como humorista. Sua estreia se deu em 1965, no programa *Bairro Feliz*, exibido pela TV Globo.

Por conta dos musicais de que fez parte na TV Excelsior e da amizade que desenvolveu com o comediante Manfried Sant'Anna, o Dedé (1936-), acabou convidado para se juntar à dupla humorística do programa *Os Trapalhões*, que tinha como protagonista Renato Aragão, o Didi (1935-). Em 1972, Mussum passou a integrar o trio humorístico, que dois anos depois se transformou num quarteto de muito sucesso na televisão brasileira com a entrada de Mauro Faccio Gonçalves, o Zacarias (1934-90). Inicialmente, Mussum conciliou a vida de humorista e comediante com a de músico, fazendo shows e gravando discos com Os Originais do Samba. Também seguiu carreira solo como cantor, gravando discos com uma série de sambistas durante a década de 1980.

Com o tempo, passou a se dedicar com mais intensidade à carreira de humorista na televisão e no cinema, junto com *Os Trapalhões*. Com o vocabulário característico que criou, Mussum estabeleceu grande empatia com o público. Ao mesmo tempo, porém, acabou por reproduzir imagens que estigmatizavam o carioca malandro e negro, o morador do morro, o sambista, os bêbados e cachaceiros. De toda maneira, o sucesso de Mussum era também um contraponto à pequena presença negra na televisão brasileira, fosse nas novelas, nos programas, como apresentadores, ou na propaganda.

Fez grande sucesso como comediante. Dos vinte maiores públicos do cinema brasileiro do século XX (décadas de 1970 e 1990), doze são filmes com a presença de Mussum: *Os saltimbancos trapalhões* (1981), *Os Trapalhões na guerra dos planetas* (1978), *Os Trapalhões na serra Pelada* (1982), *O Cinderelo Trapalhão* (1979), com mais de 5 milhões de espectadores; e *O casamento dos Trapalhões* (1988), *Os vagabundos trapalhões* (1982), *O Trapalhão no Planeta dos Macacos* (1976), *Simbad, o Marujo Trapalhão* (1976), *O rei e os Trapalhões* (1980), *Os Três Mosqueteiros Trapalhões* (1980), *O incrível monstro trapalhão* (1981) e *A princesa Xuxa e Os Trapalhões* (1989), com cerca de 4 milhões de espectadores.

Em 1994, Mussum apresentou problemas cardíacos e precisou realizar um transplante de coração. Devido a complicações pós-cirúrgicas, faleceu em julho do mesmo ano, com 53 anos. Mussum teve cinco filhos: Augusto Cezar (1967-), Sandro (1978-), Paula Aparecida (1970-), Antonio Carlos Filho e Antônio Carlos Santana (1993-).

Nos últimos anos, o legado de Mussum começou a ser mais reconhecido, através de peças de propaganda, com a reprodução do vocabulário e do linguajar humorístico criado por ele, e da produção de documentários e filmes. No bairro do Campo Limpo, em São Paulo, uma rua ganhou o nome de "Comediante Mussum", e no Rio de Janeiro, no bairro de Jacarepaguá, o largo do Anil — nome de uma antiga fazenda e engenho com escravizados nos subúrbios do Rio desde o século XVIII — passou a se chamar largo do Mussum.

FONTES: Celso L. Prudente; Joel Zito Araújo; Rosane da Silva Borges; Rosângela Malaquias; Solange Martins Couceiro de Lima.

VEJA TAMBÉM: Benjamim de Oliveira; Eduardo das Neves; Grande Otelo.

N

NÃ AGOTIMÉ/ MARIA JESUÍNA

SÉC. XIX | BENIN; SÃO LUÍS, MARANHÃO

Não se tem certeza se Nã Agotimé, a mãe do rei Guezo, do Daomé (atual Benin), teria sido trazida como escravizada para o Maranhão. Essa é uma das hipóteses do fotógrafo e religioso Pierre Verger (1902-96), e se associa, por sua vez, à memória oral sobre a fundação da Casa das Minas, nas primeiras décadas do século XIX. A própria d. Deni de Tói Lepon (*c.* 1926-2015) — uma das últimas vodúnsis, falecida em 2015 — mencionava a existência de uma escravizada africana de nome Nã Agotimé, ou Maria Jesuína, segundo nome de batismo no Brasil, por ocasião da fundação religiosa da Casa das Minas.

Por meio dos estudos acerca da escravidão atlântica, sabemos que milhares de africanos — sobretudo africanos ocidentais — foram introduzidos em São Luís, diretamente desembarcados das viagens atlânticas. Havia também aqueles que paravam em Salvador e eram reenviados para os portos maranhenses.

A possível venda como escravizada da mãe do rei Guezo (?-1858), caso tenha ocorrido, poderia significar uma retaliação política. Guezo — que se chamava Gakpe — ganhou esse nome ao se tornar rei, em 1818, e após um golpe de Estado que derrubou seu meio-irmão Adandozan (?-1861). Tal golpe foi apoiado pelo brasileiro Francisco Félix de Sousa (1754-1849) — conhecido traficante de escravos, apelidado de Xaxá — e fez com que Guezo permanecesse no poder até 1858. Consta que ele teria enviado expedições de busca para localizar sua mãe em várias partes das Américas, em particular no Brasil e em Cuba. Nã Agotimé/ Maria Jesuína pode ter chegado a São Luís em meados da década de 1810, num momento em que lá se concentravam escravizados africanos ocidentais, vindos sobretudo da Alta Guiné, e denominados mandingas, balantas, papéis e bijagós, entre outros.

Consta na tradição oral que na rua São Pantaleão foi fundada a Casa no início da década de 1820. Um documento de repressão policial de 1835 menciona que nesse local residia, na casa 22, uma preta "nação mina", ocorrendo ali "nos Domingos e Dias Santos um ajuntamento [de] um pouco mais ou menos de oitenta negros da mesma nação que se entretêm em dançar conforme o seu uso" com a "curiosidade" de existir "alguns indivíduos livres para verem o festim". Talvez o documento estivesse identificando a Casa das Minas (Querebentã de Tói Zomadônu), um espaço religioso de matriz africana jeje dos voduns, que hospedava várias divindades africanas e nascidas no Brasil, sob a organização de mulheres, com destaque, no século XX, para a chefia de Mãe Andresa.

FONTES: Luis Nicolau Parés; Mundinha Araujo; Pierre Verger; Sergio Figueiredo Ferretti.

VEJA TAMBÉM: Bamboxê Obitikô; Mãe Agripina; Mãe Andresa; Mãe Aninha; Mãe Biu; Mãe Dudu; Mãe Esperança Rita; Mãe Luzia; Mãe Menininha; Mãe Olga do Alaketu; Mãe Senhora; Mãe Stella de Oxóssi; Marcelina Obatossi; Pai Adão; Raimundo Irineu Serra.

NARCISA RIBEIRO

SÉC. XVIII | OURO PRETO, MINAS GERAIS

Narcisa Ribeiro viveu em Vila Rica de Ouro Preto, Minas Gerais. Ela pertencia ao sacristão Diogo Pereira e ganhou fama no local por andar pela cidade "bem tratada com saias de camelão e chinelas, como se fosse senhora". No entanto, numa sociedade elitista como essa, Narcisa foi submetida, entre 1748 e 1749, a uma devassa pública por conta de suas "atitudes escandalosas". O termo se referia às roupas luxuosas com as quais desfilava, incompatíveis com o núcleo urbano pobre em que residia. Esses eram tempos da extração de ouro, e a moça não seria um caso único nas Minas Gerais oitocentistas.

Foram muitas as Chicas da Silva e Narcisas Ribeiro que desfilavam a riqueza de seus proprietários nas ruas cheias de lama e nas cidades improvisadas, por conta do dinheiro fácil da mineração. Os autos do processo de devassa movido contra ela a condenavam, porém, por não "ouvir missas", "ao mesmo tempo que tem vestidos, e está rindo e folgando".

A desaprovação e a intolerância com relação às atitudes de Narcisa Ribeiro se explicam também por conta das reações das elites coloniais, que não aturavam assistir à beleza e à alegria de uma mulher negra e cativa, mimada publicamente por um senhor de escravos e, além do mais, religioso. De outro lado, contudo, as populações pobres, que subsistiam à margem da suposta opulência de uma sociedade colonial e constituíam um grupo de desclassificados coloniais, talvez invejassem a riqueza de Narcisa.

Mas a moça parecia não se importar; vivia como uma dama da sociedade: usava saias de camelão (tecido de pelo de cabra), calçava chinelas (enquanto escravizadas andavam descalças) e não ia à missa.

Não se tem notícia da punição de Narcisa Ribeiro, tampouco conhecemos a data de sua morte. Mas o certo é que ela incomodou a sociedade mineira do século XVIII. Por lá, mulheres negras não deveriam superar suas sinhás, nem competir com elas, em termos de vestimentas, acessórios ou luxo.

FONTES: **Érico Vital Brazil; Laura de Mello e Souza; Marisa de Fátima Lomba de Farias; Renata Jesus da Costa; Schuma Schumaher.**

VEJA TAMBÉM: **Chica da Silva; Bárbara Gomes de Abreu e Lima; Francisca Poderosa; Rita Cebola...**

NARCISO

SÉC. XIX | ÁFRICA OCIDENTAL; ESPÍRITO SANTO

Em meados de 1860, os temores de uma revolta abalaram o Sul Capixaba, sobretudo o município de Itapemirim e as fronteiras com o Norte Fluminense. Flávio dos Santos Gomes e Maria Helena P. T. Machado encontraram documentos comprovando que, em fins de setembro daquele ano, o município de Campos estremecia por causa de uma "projetada insurreição de escravos" que teria "ramificações" na província vizinha. Investigações apontaram que os receios não eram infundados e que estavam se disseminando entre os cativos "ideias subversivas alimentadas" pelas publicações da imprensa oposicionista.

No Espírito Santo, denúncias e investigações revelariam a organização de uma associação secreta, a Sociedade Pemba, que reunia escravizados e libertos africanos de diversas fazendas. A repressão desencadeada — entre prisões, castigos, interrogatórios e indiciamentos em dois processos distintos — não conseguiria comprovar nenhum crime de insurreição, mas apenas rituais religiosos que serviam para "amansar os brancos". Os africanos denunciados tinham diferentes origens e procedências étnicas — vinham tanto da África Central quanto das Áfricas Oriental e Ocidental: Mina, Cabinda, Moçambique, Benguela, Angola, Congo, Moange, entre outras, sendo a maior parte deles pertencente ao capitão José Barbosa Lima e a Antônio José Alves e Silva.

Entre a coação e uma série de castigos, houve muitos interrogatórios, e o africano Narciso Mina, conhecido como Tata Abranda Mundo, foi considerado "chefe da Pemba". Africano ocidental, da Costa da Mina, Narciso pode ter entrado nas províncias da Bahia e do Espírito Santo nas décadas do tráfico ilegal, após 1831. No Espírito Santo, Narciso "batizava" os adeptos da Sociedade Pemba. Alguns contaram que os rituais da Pemba eram iniciados no princípio da colheita de café e que as reuniões aconteciam nas noites de sábado. Mencionaram ainda a utilização de estatuetas por eles confeccionadas (talvez inquices para cultos), capacetes, lenços brancos com bordas encarnadas amarrados na testa e um pedacinho de pau usado como senha. Realizavam também o jongo; uma dança de roda de origem africana, com acompanhamento de tambores, um solista no centro, e cujo canto é do tipo estrofe e refrão.

É possível dizer que havia, naquele contexto, conexões atlânticas africanas, pois alguns indiciados mencionaram que desejavam a "liberdade" que "os brancos não queriam dar", mas contavam com a proteção do "rei do Congo". Nos interrogatórios, as autoridades tentariam descobrir o significado de Pemba, definida como uma forma de "cinza", contudo sem maiores explicações.

Nem sempre a vigilância efetuada por feitores e rondas era suficiente para evitar as práticas de encontro entre os escravizados, tanto nas próprias fazendas quanto naquelas dos arredores. O certo é que o mistério da Pemba só fez aumentar o pânico nessa e em outras províncias.

FONTES: Arquivo Nacional; Arquivo Público do Estado do Espírito Santo; Flávio dos Santos Gomes; Maria Helena P. T. Machado.

VEJA TAMBÉM: Estêvão Pimenta e Felipe Santiago; Manuel do Sacramento.

NASCIMENTO MORAES

1882-1958 | SÃO LUÍS, MARANHÃO

José do Nascimento Moraes nasceu em São Luís em março de 1882, sendo filho de ex-escravizados. O pai, Manuel Nascimento Pereira — que mais tarde mudou o nome para Manuel Nascimento Moraes — era liberto e sapateiro. Não se sabe como viveu na época de cativo e nem quando se alforriou. Foi combatente na Guerra do Paraguai (1864-71) e morreu em 1919, aos 86 anos. Sua mãe era Catarina Maria Vitória. Quando Nascimento Moraes nasceu, o casal morava na rua da Cruz, bem no coração da cidade de São Luís, considerada uma cidade negra, com grande concentração de escravizados, libertos africanos e uma população negra livre.

Pouco se conhece sobre essas comunidades negras livres encravadas em cidades e áreas urbanas no Brasil das últimas décadas do século XIX e o início do século XX. Parte delas — assim como nos tempos da escravidão, quando eram inúmeros os esforços para alforriar parentes — pode ter apostado em projetos familiares de mobilidade social através da educação e do letramento. Existem registros de que Nascimento Moraes recebeu sua formação educacional em casas particulares e por meio do ensino pago, que pode ter sido o caminho de muitas crianças negras que não conseguiam ingressar em escolas e instituições de ensino. Setores médios negros faziam com que seus filhos aprendessem a ler, escrever e ter os primeiros caminhos com as letras, buscando atalhos para dar sequência à escolarização mais adiante. O filho mais velho da família — Raimundo do Nascimento Moraes — criou uma escola na sua própria casa, alcançando com o tempo o posto de professor e diretor do Externato Gomes de Sousa, criado na própria rua da Cruz.

José do Nascimento Moraes ingressou no secundário do Liceu Maranhense. Ainda no alvorecer do século XX, dos cerca de 500 mil habitantes do Maranhão, bem poucos apareciam nos censos com a indicação de "sabe ler e escrever". Aos dezoito anos, Nascimento Moraes já era um protagonista da vida cultural urbana maranhense. Com um grupo de escritores e poetas, fundou a Oficina dos Novos (1900) e depois a Renascença Literária, logo no ano seguinte. Em 1904, migrou para Manaus, onde lecionou no destacado Colégio Ateneu Amazonense. Voltou em seguida para São Luís, onde se casou, em 1908, com Ana Augusta Mendes Moraes, também professora. Em 1914, foi nomeado professor do Liceu Maranhense.

Além de poemas, ensaios e crônicas publicados em vários jornais de São Luís, a carreira literária de Nascimento ganharia força com as obras *Puxos e repuxos*, publicada em 1910, e depois com o livro *Vencidos e degenerados*, de 1915, este último um desdobramento das polêmicas que travara com outros escritores do Maranhão, em especial Antônio Lobo (1870-1916).

Todavia, como parte de um movimento de exclusão e apagamento da memória de intelectuais negros, o nome de Nascimento Moraes sumiu da literatura maranhense. Lobo, um escritor e jornalista ligado a setores conservadores da sociedade local, em sua história da literatura e dos escritores nascidos no estado, de forma deliberada desqualificou a obra do escritor negro. Numa resposta a Lobo, publicada no *Correio da Tarde*, em agosto de 1910, Nascimento escreveu: "Negro! Eis aí o insulto, a palavra que eles pensam que nos esmagam, que nos reduzem à última expressão!".

Aliado de Lobo, Correia de Araújo (1885-1951), outro escritor que assinava as críticas a Nascimento Moraes, se dirigia a ele como "pretinho pernóstico", garantindo que a obra do escritor era "ruim, malfeita" como sua "alma" e "sua pele". E mais: dizia que os versos da poesia de Nascimento eram "tenebrosos" e "encarapinhados como os seus cabelos".

Nascimento Moraes, que nunca mais saiu de São Luís, morreu em fevereiro de 1958, depois de trabalhar nas mais prestigiosas escolas da cidade, onde foi professor de importantes poetas e escritores do século XX, como Ferreira Gullar (1930-2016) e outros. Teve sete filhos, que também se destacaram como jornalistas, poetas e escritores, como é o caso de Paulo Nascimento Moraes e José do Nascimento Moraes Filho. Nascimento Moraes Filho (1922-2009) foi inclusive o primeiro a escrever, levantando uma documentação original, sobre a história de vida de Maria Firmina dos Reis (1822-1917), autora de *Úrsula*.

A pesquisadora Mariléia dos Santos Cruz mostra como se produziu uma "invisibilidade intelectual" em torno da trajetória de Nascimento Moraes. Parte substantiva de suas obras permanece desconhecida. Além dos livros aqui já citados, publicou *Neurose do medo*, em 1923, e em 1972, postumamente, a coletânea *Contos de Valério Santiago*.

Na praça do Pantheon — localizada no centro histórico de São Luís —, foi erguido um busto em homenagem ao escritor, hoje reconhecido como um dos mais importantes escritores do Maranhão, um personagem central para a compreensão da formação de setores negros médios nos espaços urbanos, em sociedades ainda cercadas pela escravidão e por intolerância racial.

FONTES: Adriana Gama de Araújo Dias; Dorval do Nascimento; Jean-Yves Mérian; Jomar Moraes; José Dino Costa Cavalcante; Literafro; Luís Oliveira Freitas; Luíza Garcia do Nascimento Navas-Toríbio; Manoel de Jesus Barros Martins; Manoel dos Santos Neto; Maria Rita Santos; Mariléia dos Santos Cruz; Matheus Gato de Jesus; Paloma Veras Pereira; Rosângela Aparecida Ribeiro Carreira.

VEJA TAMBÉM: Antonieta de Barros; Astolfo Marques; Maria Firmina dos Reis.

NEUSA SANTOS SOUSA

1948-2008 | SALVADOR, BAHIA; RIO DE JANEIRO

Nascida em Salvador em 1948, Neusa se radicaria no Rio de Janeiro, formando-se em medicina. Desde o início de sua carreira mostraria interesse na área da psiquiatria e da medicina de uma forma geral. Sua dissertação de mestrado foi publicada em 1983 — *Tornar-se negro: As vicissitudes do negro brasileiro em ascensão social*. Baseado em histórias de vida de negros e negras, esse seria considerado um estudo pioneiro por conectar a temática do racismo com psicanálise, capitalismo e identidade, e por incluir teóricos como Frantz Fanon (1925-61), Michel Foucault (1926-84) e Sigmund Freud (1856-1939). Neusa dialogou com importantes especialistas na área, como Joel Birman (1946-) e Jurandir Freire Costa (1944-) — autor do prefácio —, além de intelectuais que desenvolviam estudos sobre a cultura negra, como Marco Aurélio Luz (1944-), e ativistas negros, como Astrogildo Esteves Filho. O posfácio, escrito por Gregório Baremblit, traria uma definição cabal de Neusa: "É negra, mulher, militante e trabalhadora da saúde mental. Vive, luta, investiga, se forma e se transforma".

Neusa atuou fortemente como militante dos movimentos antirracistas, em especial o Movimento Negro Unificado (MNU-RJ), entre 1979 e 1981. Sua obra se tornaria referência nas reflexões sobre racismo, sendo apontada como leitura obrigatória sobre as questões raciais à luz das dimensões psicológicas.

A partir dos anos 1990, mergulharia na psicanálise, tornando-se importante teórica na formação de muitos médicos e profissionais da área de saúde mental, além de atuar em hospitais e clínicas no caso de pacientes mentais graves. Realizou vários estudos sobre loucura e psicose, sendo autora de livros como *A psicose: Um estudo lacaniano* (1991) e, juntamente com Maria Silvia G. F. Hanna, a coletânea *O objeto da angústia* (2005).

A própria Neusa descreveria sua mudança teórica a partir dos anos 1990, quando avaliou os limites da psicanálise, e incluiu a saúde mental da população negra e o debate sobre racismo nos parâmetros da disciplina. Salientava sempre a necessidade de tratar de pessoas negras e suas subjetividades não apenas de maneira coletiva, mas a partir de suas próprias experiências e realidades.

De forma prematura e trágica, morreu em 2008, atirando-se do edifício em que morava, no bairro de Laranjeiras. Mulher e negra, Neusa Santos Sousa ainda não adquiriu o reconhecimento público que bem merece.

— Com Astrogildo Esteves Filho

FONTES: Astrogildo Esteves Filho; Neusa Santos Souza.

VEJA TAMBÉM: Beatriz Nascimento; Lélia Gonzalez; Maria Odília Teixeira; Thereza Santos; Virgínia Leone Bicudo.

NHÔ JOÃO E SUA PARCEIRA

SÉCS. XIX-XX | PORTO ALEGRE, RIO GRANDE DO SUL

A legenda bilíngue da imagem traz uma pequena pista de quem seriam os retratados de Lunara. "Nhô João" e sua parceira anônima foram fotografados por Luís do Nascimento Ramos (1864-1937), nome de batismo do retratista amador, nas periferias da capital do Rio Grande do Sul no início do século XX. A captura é claramente posada. O casal aparece de mãos dadas, mas distantes um do outro. As roupas de João estão um tanto velhas, meio rasgadas. De semblante fechado e sentado num banquinho, foi mostrado descalço — como que revelando sua conexão passada com a escravidão. O vestido longo da parceira esconde seus pés, assim como o pano de cabeça em cor clara deixa apenas um pequeno resquício de cabelos brancos nas têmporas à vista. João ainda carrega no peito um colar, com patuás. Ela, anéis em dois dedos das mãos.

Lunara nasceu em 1864 e faleceu em 1937 em Porto Alegre. Além de fotógrafo amador, foi também escritor e cronista. Membro ativo na comunidade comercial em Porto Alegre, retratou a vida de ex-escravizados no período pós-abolição numa região marcada pelas inter-relações entre trabalhadores africanos e seus descendentes, elites comerciais e militares e do funcionalismo público, uma pujante classe comercial e imigrantes alemães e italianos e seus filhos e netos. Circulou por Porto Alegre e arrabaldes e por Canoas, São Leopoldo e Hamburgo Velho. Suas imagens foram publicadas e expostas nacional e internacionalmente. Seu trabalho

Nhô João, deixa disso; Späte Liebe, Lunara. Rio Grande do Sul, c. 1900

mais famoso é *Vistas de Porto Alegre*, datado dos primeiros anos do século XX. Produzido em edição de luxo, o álbum não foi criado para consumo em massa.

A foto de Nhô João e sua parceira foi incluída justamente em *Vistas de Porto Alegre*. Os títulos das fotografias do álbum grafados em português e em alemão dão a entender que ele também seria destinado ao público teuto-brasileiro abonado da capital rio-grandense, ou mesmo ao mercado internacional. Cartografando a cidade, Lunara produziu um material que parece ir na contracorrente da moda à época: em vez de se concentrar na urbanização, tema mais comum dos trabalhos fotográficos da época, tanto em Porto Alegre quanto em São Paulo e no Rio de Janeiro, ele retrata o atraso e a pobreza das periferias na virada do século.

A legenda "*Späte Liebe*", ou "amor tardio" em tradução livre, parece indicar que o casal se formou após a abolição da escravidão ou quase contemporaneamente ao clique de Lunara, podendo se referir também à idade avançada de ambos. Bem-vestido, o fotógrafo deve ter chegado com assistentes e com seu pesado equipamento fotográfico. Encontrou o casal residindo na pequena casa de taipa, cercada de matos. Teriam os dois pertencido a escravarias diferentes? Talvez seus senhores tenham proibido o casamento enquanto ainda eram escravos? Seja qual for a história de Nhô João e sua parceira, ainda há muitas pistas a desfraldar.

Ao contrário dos retratos encomendados pelas famílias da classe senhorial em fins do século XIX, nos quais cativos e cativas aparecem finamente vestidos, a imagem aqui analisada revela a pobreza em que viviam os habitantes das periferias urbanas e cuja história se conectava com a escravidão. A partir de uma outra fotografia de Lunara, tornada cartão-postal pelo ateliê de Frederico Huhnfleisch, sabemos que Nhô João e sua parceira eram, na verdade, africanos. De fato, formavam um casal e residiam na antiga colônia alemã de São Leopoldo.

Infelizmente, não há mais informações sobre possíveis sobrenomes de ambos, ou ainda de seus ex-senhores. Tampouco sabemos se fizeram parte do enorme contingente de africanos escravizados ilegalmente após o fim legal do tráfico transatlântico, em 1850. Poderiam ter conquistado sua alforria antes mesmo da abolição formal da escravidão, como era comum na região — especialmente no ano de 1884. É muito provável que tenham sido registrados como "minas", provenientes da região do castelo da Mina — já que a grande maioria dos escravizados africanos de São Leopoldo assim foram caracterizados nas fontes eclesiásticas, judiciárias e cartorárias. Fontes essas, aliás, que revelam como foi difícil a vida no pós-abolição: com vaivéns de empréstimos junto a ex-senhores, longas parcelas e pequenos adiantamentos para compra da casa própria e condições de trabalho precárias.

O que a fotografia expõe, no entanto, salta aos olhos: esses são "outros sujeitos", quase alheios à modernização. Exóticos num retrato posado, Nhô João e sua parceira aparecem como resquícios vivos do passado escravista, pacificado e colocado à distância, nas bordas, através do obturador do fotógrafo.

— Com Miquéias H. Mügge

FONTES: Boris Kossoy; Denise Bujes Stumvoll; Paulo Roberto Staudt Moreira.

VEJA TAMBÉM: Delphina Maria da Conceição…; Maria Benedita da Rocha; Maria do Carmo Jerônimo; Mônica; Roque José Florêncio; Tia Inácia.

NILO PEÇANHA

1867-1924 | CAMPOS DOS GOYTACAZES E RIO DE JANEIRO

Nilo Peçanha nasceu no dia 2 de outubro de 1867, em Campos dos Goytacazes, Rio de Janeiro, uma região que naquele tempo era muito forte na produção cafeeira. Era filho de Sebastião de Sousa Peçanha — conhecido como Sebastião do Pastel —, que atuava como padeiro, e de Joaquina Anália de Sá Freire (1857-93). O casal formou uma família extensa: Nilo tinha quatro irmãos e duas irmãs.

Durante a primeira infância, cresceu num ambiente rural: vivia num sítio localizado no atual distrito de Morro do Coco. A família só resolveu sair da propriedade na época escolar dos filhos.

Nilo realizou sua formação em instituições prestigiosas e frequentadas pelas elites. Primeiro estudou no Colégio Pedro II, escola que levava o nome do imperador e era sempre visitada por ele. O ensino superior foi realizado nas igualmente famosas faculdades de direito de São Paulo e do Recife, formando-se na última em 1887. O mundo do rapaz definitivamente se voltava para o convívio com as classes dominantes e economicamente favorecidas do país. Seu matrimônio não fugiu à regra: no dia 6 de dezembro de 1895, ele se casa com Ana de Castro

Belisário Soares de Sousa (1873-1960), conhecida como Anita. A moça era descendente de família aristocrata de Campos, neta do visconde de Santa Rita (1802-90), bisneta do barão de Muriaé (1790-1855) e do primeiro barão de Santa Rita (1767-1854). Mas a mistura de classes não escapou ao olhar desconfiado da imprensa e da sociedade local; comentava-se, com muitas doses de malícia, que a moça teria fugido para casar-se com um "pobre mulato do Morro do Coco", "embora de futuro promissor". Desde então, o jovem seria com frequência descrito como "mulato", com charges e anedotas zombando da cor de sua pele.

Na década de 1880, participou das campanhas abolicionistas e, em 1888, seu nome constava entre os dos fundadores do Partido Republicano Fluminense. No mesmo ano, voltou para sua cidade natal, onde exerceu a profissão de advogado. Atraído pela política, fundou o Clube Republicano de Campos, e candidatou-se à Câmara dos Deputados do Império, em 1889, mas não conseguiu se eleger.

Com o advento da República, Nilo Peçanha elegeu-se deputado do Congresso Constituinte de 1890-1. Sua ascensão na política seria ligeira. Em 1903, foi eleito presidente do estado do Rio de Janeiro, cargo em que permaneceu até 1906, quando o escolheram como vice de Afonso Pena (1847-1909), presidente da República. Nesse ano, seu nome aparece entre os dos signatários do Convênio de Taubaté.

Com a morte de Afonso Pena, em 14 de junho de 1909, Nilo assumiu a Presidência, num contexto marcado pela agitação política: as disputas entre as oligarquias de São Paulo e Minas Gerais andavam acirrando os ânimos da população, que não se conformava com uma República militar e depois aristocrática. Peçanha passou pela Revolta da Chibata, em novembro de 1910, a qual, de alguma maneira, pode ser considerada uma das primeiras manifestações de descontentamento da Primeira República.

Entretanto, Nilo Peçanha é também lembrado por criar o Serviço de Proteção aos Índios (SPI, instituição que antecedeu a Funai), assim como é considerado o pai do ensino técnico no Brasil. Em 1912, com o fim do seu mandato, ingressou no Senado, e dois anos depois se reelegeu presidente do estado do Rio de Janeiro. Renunciou a esse posto em 1917 para assumir o Ministério das Relações Exteriores. Em 1918 elegeu-se novamente para o Senado Federal. A essa altura, sua vida girava em torno de cargos políticos.

Em 1921 candidatou-se à Presidência da República pelo movimento Reação Republicana, que pretendia representar uma oposição liberal à política de revezamento empreendida, até então, com sucesso pelas elites mineiras e paulistas. A despeito de contar com o apoio de estados fortes — como Bahia, Pernambuco, Rio Grande do Sul e Rio de Janeiro — e parte dos militares, não conseguiu vencer a máquina de fazer política de Minas Gerais e São Paulo: foi derrotado por Artur Bernardes (1875-1955), em 1º de março de 1922. Antes mesmo das eleições, tanto o ex-presidente marechal Hermes da Fonseca (1855-1923) quanto o próprio Peçanha foram implicados num escândalo de cartas falsificadas que gerou imensa repercussão. Nessas correspondências, Nilo Peçanha era chamado pejorativamente, e mais uma vez, de "mulato".

No mesmo contexto, o antropólogo Gilberto Freyre (1900-87), ao escrever sobre futebol, aproveitou para provocar Nilo Peçanha: "O nosso estilo de jogar [...] exprime o mesmo mulatismo de que Nilo Peçanha foi até hoje a melhor afirmação na arte política". Enfim, por mais que o político procurasse evitar falar de seus ancestrais, o tema vinha sempre à baila, numa sociedade racista e recém-egressa da escravidão, como a brasileira. Também intelectuais negros o acusavam de retocar suas fotografias oficiais, buscando branquear a pele. Abdias do Nascimento (1914-2011), por exemplo, explica que, apesar de sua "tez escura", ele teria escondido a origem africana. Tanto que a biografia oficial escrita por um parente, Celso Peçanha (1916-2016), nada menciona sobre o passado familiar e as características físicas do biografado. Os preconceitos impostos pela sociedade levaram o político a negar, mesmo que inconscientemente, sua própria história. Não se pode dizer que se tratou de um caso isolado, já que na história brasileira, durante muito tempo, o sucesso costumava "branquear". Peçanha ocupava o cargo de senador pelo Rio de Janeiro quando morreu, em 31 de março de 1924. Foi sepultado no Cemitério São João Batista, no bairro de Botafogo. O nome do município fluminense Nilópolis, fundado em 1947 na região metropolitana do Rio, constitui uma homenagem ao homem público de Campos dos Goytacazes. Nilo Peçanha é hoje reconhecido como o primeiro e único afrodescendente a ter assumido a Presidência do Brasil.

FONTES: Brígido Tinoco; Celso Peçanha; Fábio Koifman; Hélio Silva; Nilo Peçanha; Sindulfo Santiago.

VEJA TAMBÉM: Abdias do Nascimento; Cartola; Hermenegildo de Barros; João Cândido; Pedro Lessa; Raimundo de Souza Dantas.

DANIEL

SÉC. XIX | VIANA, MARANHÃO

Dalton Paula, Goiânia, 2020

ÓLEO E FOLHA DE OURO SOBRE TELA,

61 CM × 45 CM × 3 CM

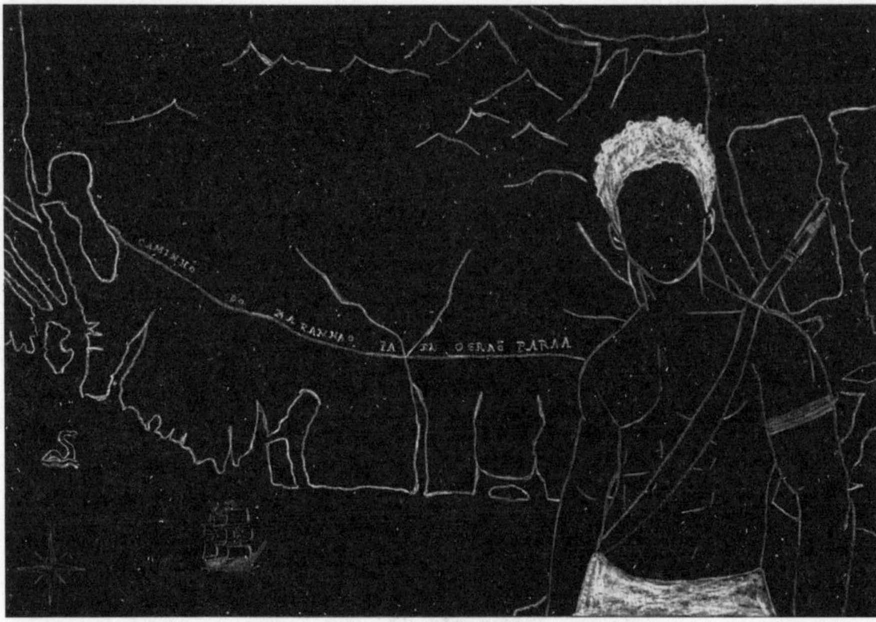

ACIMA:

PRETO FÉLIX

SÉC. XIX | BELÉM, PARÁ

Jaime Lauriano, São Paulo, 2020

DESENHO FEITO COM PEMBA BRANCA
(GIZ UTILIZADO EM RITUAIS DE UMBANDA)
E LÁPIS DERMATOGRÁFICO
SOBRE PAPEL-CARTÃO PRETO,
33 CM × 48 CM

PÁGINA AO LADO:

CAETANA

c. 1818-? | VALE DO PARAÍBA, SÃO PAULO

Juliana dos Santos, São Paulo, 2020

FOTOMONTAGEM COM PINTURA,
29,7 CM × 42 CM

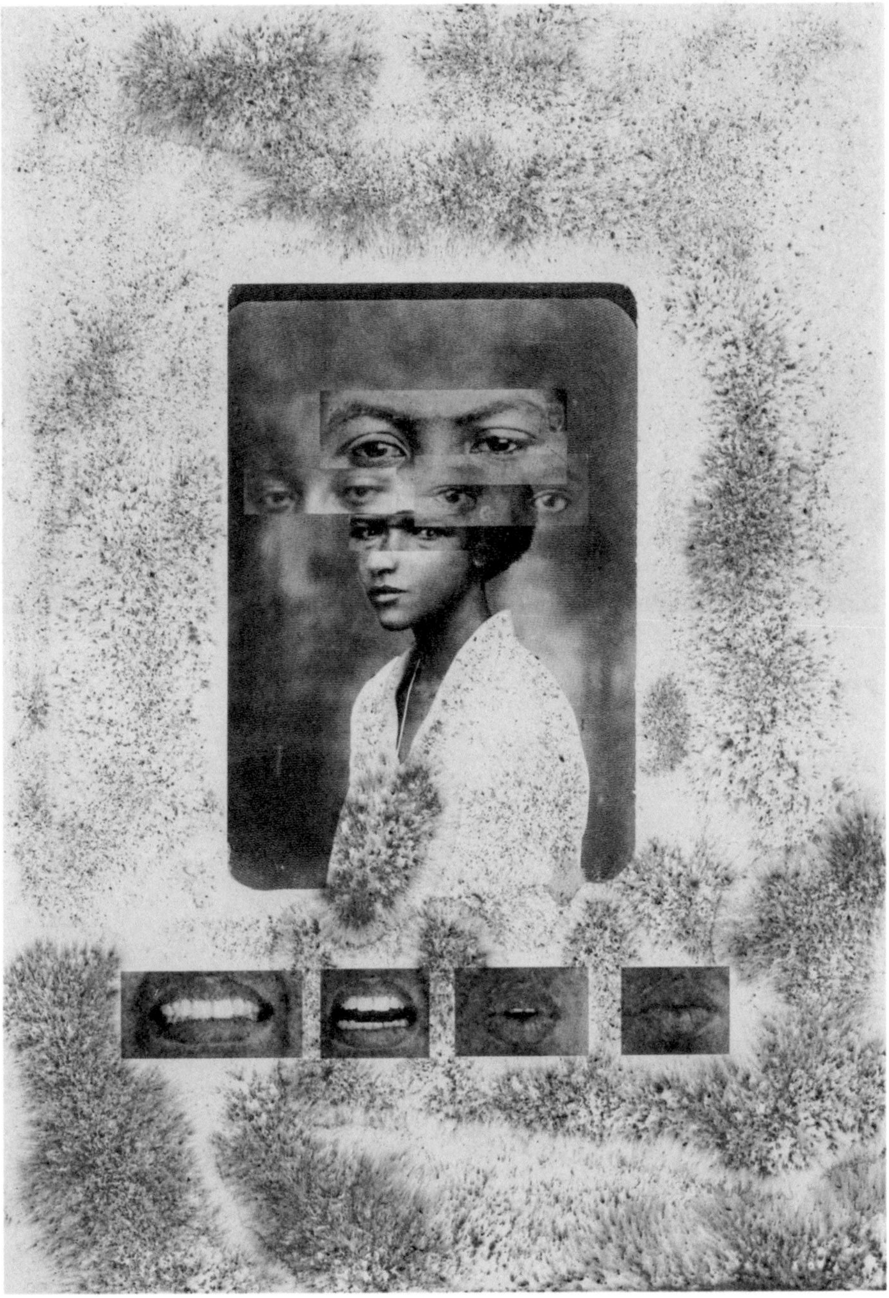

ACIMA:

ROSA

1831-? | URUGUAIANA,
RIO GRANDE DO SUL

Mulambö, São Gonçalo, 2020

ACRÍLICA SOBRE PAPELÃO,
30 CM × 20 CM × 0,5 CM

PÁGINA AO LADO:

CATARINA CASSANGE

SÉC. XIX | ÁFRICA; RIO DE JANEIRO

Panmela Castro, Rio de Janeiro, 2020

ÓLEO SOBRE TELA,
70 CM × 50 CM × 8 CM

DOMINGOS ÁLVARES

c. 1710-? | ÁFRICA OCIDENTAL; RECIFE, PERNAMBUCO; RIO DE JANEIRO

Oga Mendonça, São Paulo, 2020

PINTURA DIGITAL, ADOBE FRESCO, PHOTOSHOP, IPAD 12.9, 50 CM × 80 CM

RUFINO JOSÉ MARIA

SÉCS. XVIII-XIX | SALVADOR, BAHIA; PORTO ALEGRE, RIO GRANDE DO SUL; RIO DE JANEIRO; RECIFE, PERNAMBUCO

Rodrigo Bueno, São Paulo, 2020

ÓLEO SOBRE FOLHEADO DE MADEIRA JACARANDÁ RECUPERADO; MOLDURA COMPOSTA DE MADEIRAS RECUPERADAS, 52 CM × 85 CM × 6 CM

LUZIA PINTA

c. 1792-? | ANGOLA; SABARÁ, MINAS GERAIS

Sonia Gomes, São Paulo, 2020

PEDRAS, TECIDO, METAL E OUTROS MATERIAIS, 83 CM × 24 CM × 11 CM

PÁGINA AO LADO:

TEODORA DIAS DA CUNHA

SÉC. XIX | ÁFRICA CENTRAL; SÃO PAULO

Lidia Lisboa, São Paulo, 2020

CROCHÊ SOBRE TECIDOS, PLÁSTICO E MADEIRA, 80 CM × 50 CM × 12 CM

MDS

BENEDITO MEIA-LÉGUA

c. 1805-85 | ESPÍRITO SANTO

Amilton Santos, São Paulo, 2020

AGUADA DE NANQUIM, CANETA PRETA DE NANQUIM E GUACHE SOBRE PAPEL, 29,7 CM × 42 CM

PÁGINA AO LADO:

ACOTIRENE, AQUALTUNE E MADALENA ANGOLA

SÉC. XVII | PERNAMBUCO

Marcelo D'Salete, São Paulo, 2020

TÉCNICA MISTA, NANQUIM E PINTURA DIGITAL, 30 CM × 42 CM

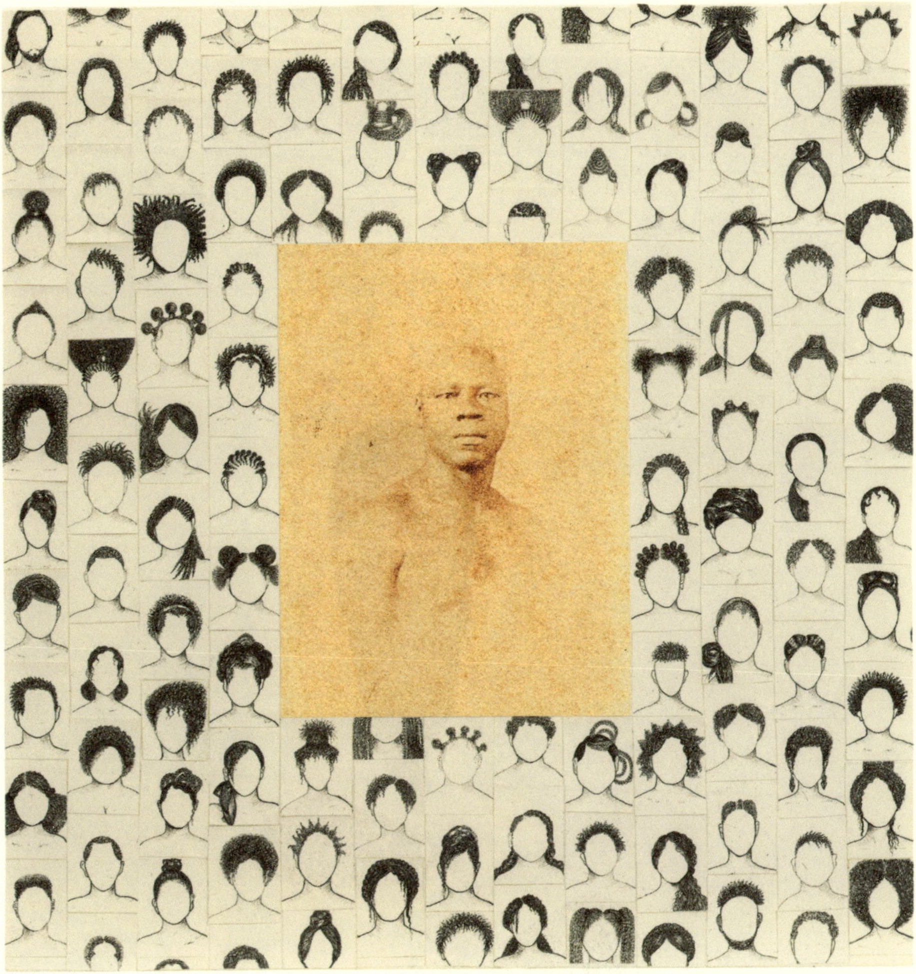

PÁGINA AO LADO:

PRATA PRETA

c. 1874-1904 | RIO DE JANEIRO

Hariel Revignet, Goiânia, 2020

ACRÍLICA SOBRE TELA, COSTURA DE SISAL, PALHA DA COSTA, 30 CM × 20 CM

ACIMA:

ROQUE JOSÉ FLORÊNCIO

1828-1958 | SOROCABA E SÃO CARLOS, SÃO PAULO

Nádia Taquary, Salvador, 2020

COLAGEM DE DESENHOS EM NANQUIM E IMPRESSÃO, 39 CM × 39 CM × 0,4 CM

PÁGINA AO LADO:

EMILIANO MUNDRUCU

1791-1863 | PERNAMBUCO

Moisés Patrício, São Paulo, 2020

ACRÍLICA SOBRE TELA,

80 CM × 50 CM

ACIMA:

INÁCIO MONTE

?-1783 | ÁFRICA OCIDENTAL;

RIO DE JANEIRO

Tiago Sant'Ana, Salvador, 2020

ACRÍLICA SOBRE TELA,

30 CM × 40 CM × 4 CM (CADA)

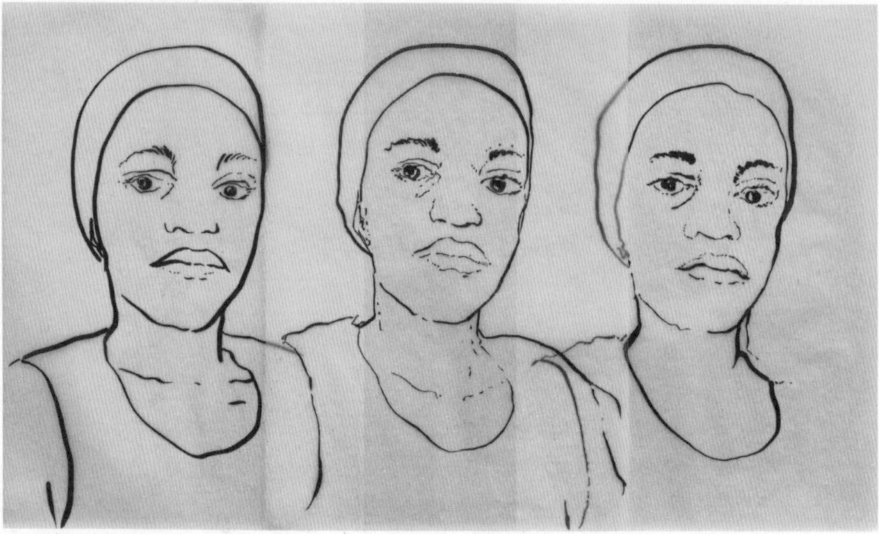

ACIMA:

PEREGRINA

?-1858 | SABARÁ, MINAS GERAIS

Daniel Lima, São Paulo, 2020

TINTA SOBRE PAPEL,

42 CM × 72,2 CM

PÁGINA AO LADO:

GERMANA

1819-? | SALVADOR, BAHIA

Bruno Baptistelli, São Paulo, 2020

ACRÍLICA E GUACHE SOBRE PAPEL,

29,7 CM × 21 CM

PRETEXTATO DOS PASSOS E SILVA

PÁGINA AO LADO:

PRETEXTATO DOS PASSOS E SILVA

?-1886 | RIO DE JANEIRO

Desali, Belo Horizonte, 2020

ACRÍLICA SOBRE MADEIRA,

31 CM × 20,5 CM × 2 CM

ACIMA:

BENJAMIM DE OLIVEIRA

c. 1870-1954 | PARÁ DE MINAS, MINAS GERAIS; MOCOCA, SÃO PAULO

Andressa Monique, Salvador, 2020

ACRÍLICA E SPRAY,

29,7 CM × 21 CM

PÁGINA AO LADO:

LIBERATA

c. 1780-? | PARANAGUÁ, PARANÁ; FLORIANÓPOLIS, SANTA CATARINA

Michel CENA7, São Paulo, 2020

ACRÍLICA E SPRAY SOBRE TELA, 80 CM × 50 CM

ACIMA:

DIVINO MESTRE

1799-? | RECIFE, PERNAMBUCO

Heloisa Hariadne, São Paulo, 2020

ACRÍLICA E BASTÃO A ÓLEO, 100 CM × 100 CM

ACIMA:

JOÃO DA SILVA, MANDIGUEIRO DE LUANDA

SÉC. XVIII | ÁFRICA; BAHIA

Ayrson Heraclito, Salvador, 2020

AQUARELA SOBRE PAPEL DE ALGODÃO,

41,8 CM × 29,8 CM

PÁGINA AO LADO:

TRAJANO

SÉC. XIX | AMAPÁ

Kika Carvalho, Vitória, 2020

ACRÍLICA SOBRE TELA,

80 CM × 50 CM

KIKA
CARVALHO
·2020·

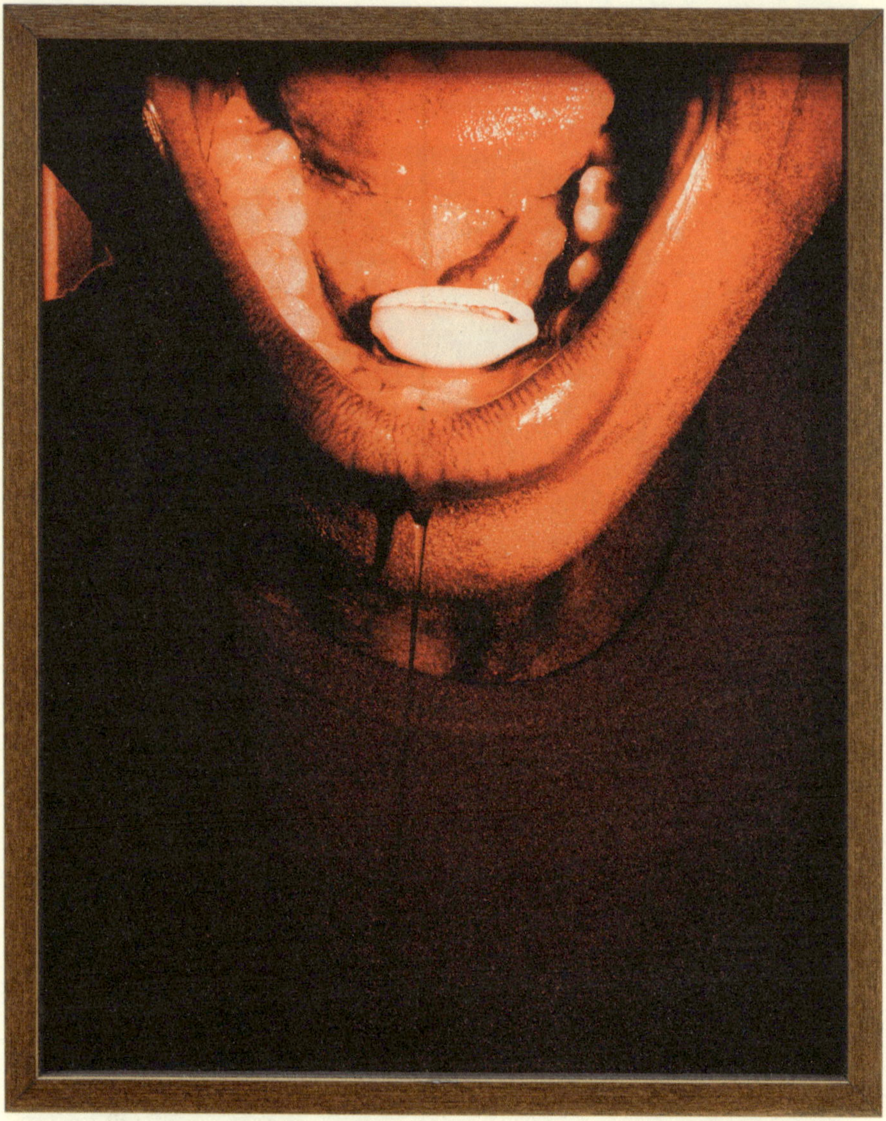

FRANCISCA LUIZ

c. 1550-? | PORTO, PORTUGAL;
SALVADOR, BAHIA

Castiel Vitorino, Vitória, 2020

FOTOGRAFIA IMPRESSA EM PAPEL SEMIPEROLADO,
44 CM × 30 CM × 3 CM

MARTINHA

SÉC. XIX | OURÉM, PARÁ

Rebeca Carapiá, Salvador, 2020

COBRE SOBRE TELA,

0,83 CM × 0,53 CM × 0,06 CM

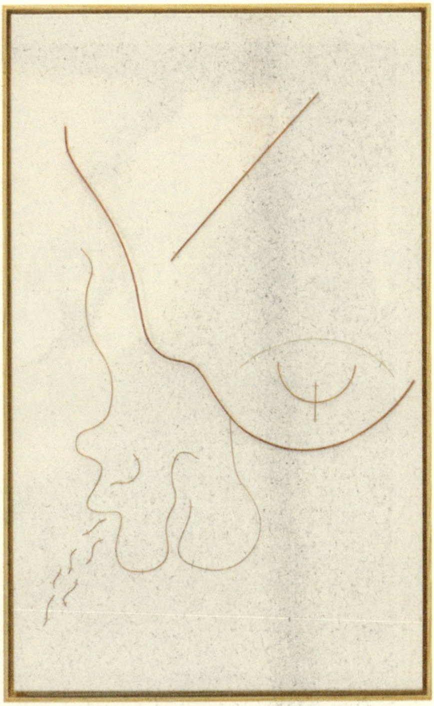

GREGÓRIO LUÍS

SÉC. XVIII | ILHÉUS, BAHIA

Kerolayne Kemblim, Manaus, 2020

INTERVENÇÃO NO CHÃO DA MATA

COM AMULETOS E FOTOGRAFIA,

59,4 CM × 84,1 CM

MANUEL DO SACRAMENTO

SÉC. XIX | CAMPOS DOS GOYTACAZES, RIO DE JANEIRO

Igi Ayedun, São Paulo, 2020

ÍNDIGO, LÁPIS-LAZÚLI, ACRÍLICA E GUACHE SOBRE TELA, 25 CM × 25 CM × 4 CM

ANTONICA, LUIZA E MARCELINA

SÉCS. XIX E XX | PARATY, RIO DE JANEIRO

Nathalia Ferreira,

Pau Amarelo Paulista, 2020

ACRÍLICA E SPRAY SOBRE PAPEL, 25 CM × 40 CM

ANA DE JESUS

SÉC. XVIII | OURO PRETO, MINAS GERAIS

Jackeline Romio, São Paulo, 2020

ACRÍLICA E FOLHA DE OURO APLICADA COM VERNIZ SOBRE TELA, 30 CM × 40 CM

AMBROSINA

SÉC. XIX | MOGI MIRIM E TAUBATÉ, SÃO PAULO

Renata Felinto, Crato, 2020

GRAFITE, AQUARELA, NANQUIM, APLIQUES, FLORES E FOLHAS SECAS SOBRE PAPEL, 41 CM × 35 CM

RAINHA MARTA
DOS QUILOMBOLAS DE IGUAÇU

SÉC. XIX | IGUAÇU, RIO DE JANEIRO

Mariana Rodrigues, São Paulo, 2020

ACRÍLICA E GIZ PASTEL OLEOSO SOBRE TELA,

80 CM × 50 CM

PÁGINA AO LADO:

MALUNGUINHO

SÉC. XIX | RECIFE, PERNAMBUCO

Micaela Cyrino, São Paulo, 2020

ACRÍLICA SOBRE TELA,

50 CM × 80 CM

ACIMA:

CATARINA, JOSEFA E VITÓRIA

SÉC. XVIII | BRASIL MERIDIONAL

Elian Almeida, Rio de Janeiro, 2020

ACRÍLICA, ÓLEO E PASTEL SECO SOBRE TELA,

75 CM × 60 CM

ZUMBI

1655-95 | ALAGOAS

Arjan Martins, Rio de Janeiro, 2020

ACRÍLICA SOBRE TELA,

40 CM × 30 CM

OLIVEIRA SILVEIRA

1941-2009 | ROSÁRIO DO SUL E PORTO ALEGRE, RIO GRANDE DO SUL

Oliveira Ferreira da Silveira nasceu em 16 de agosto de 1941 no município de Rosário do Sul (RS). Diplomado em letras, começa a atuar em Porto Alegre já nos anos 1960. Publicou seus poemas em 1958, quando entrou em contato com a obra de Aimé Césaire (1913-2008), Léopold Senghor (1906-2001), René Depestre (1926-) e outros pensadores negros.

Já nessa época, e quando era estudante universitário, Oliveira aliou à militância contra a ditadura militar sua consciência racial. Existiam em Porto Alegre de fins do século XIX várias instituições ligadas ao associativismo negro: a Sociedade Floresta Aurora (1872), o jornal *O Exemplo* (1892), a Associação Satélite Prontidão (1904) e outras entidades como o Clube Náutico Marcílio Dias, a Sociedade Nós os Democratas, a Fica Ahi Pra I Dizendo e a Sociedade Cultural Ferroviária Treze de Maio, Porto Alegre, Pelotas e Santa Maria. A juventude negra da geração de Oliveira, no entanto, estava distante dos antigos intelectuais fundadores e, ao mesmo tempo, entrava em contato com estéticas artísticas, poéticas e da linguagem teatral que traziam referências da negritude francófona e que reagiam aos impactos dos debates e lutas de independência no continente africano.

Foram, portanto, tempos de mudança para uma importante geração de intelectuais negros no Sul do Brasil. O próprio Oliveira Silveira deixou registrada a memória do contexto da formação do Grupo Palmares, em Porto Alegre, no fim da década de 1960 e início da década de 1970. Jovens professores começavam a procurar material e produzir reflexões sobre as "histórias e culturas negras", que consideravam estarem sendo "sonegadas pela educação racista".

Congregando estudantes negros universitários de várias áreas, as reuniões eram realizadas na rua da Praia, esquina da rua Marechal Floriano. Nos debates, surgiu uma série de questionamentos sobre "o treze-de-maio", a "farsa da abolição", assim como recusavam-se a considerar tal data como relevante para a comunidade negra. Foram criados, então, uma série de estudos sobre a história de Palmares, e o próprio grupo ali formado adotaria esse nome. Os textos e escritos de *Zumbi*, fascículo da Editora Abril na série Grandes Personagens da Nossa História, além das pesquisas de Edison Carneiro (1912-72) e de Ernesto Ennes (1881-1957), passaram a circular entre os participantes.

Numa dessas reuniões, na data de 2 de julho de 1971, se propôs a criação do Grupo Palmares e a celebração da data de morte de Zumbi: 20 de novembro. Oliveira teve o cuidado de registrar os nomes de outros participantes: José Maria Viana Rodrigues (1918-70), Maria Araci Rodrigues, Jovelina Godói Santana, Julieta Maria Rodrigues e sua filha Naiara Rodrigues Silveira. Depois se juntariam ao grupo Antônio Carlos Cortes, Ilmo da Silva e as importantes "figuras femininas de Nara Helena Medeiros Soares e Anita Abad", entre outros.

Ainda naquele ano de 1971, contrariando as propostas que pretendiam destacar os nomes de Luiz Gama (1830-82) e José do Patrocínio (1853-1905) — sempre lembrados nas atividades da Sociedade Floresta Aurora —, o Clube Náutico

Marcílio Dias foi escolhido como o local em que o grupo homenagearia Zumbi dos Palmares (1655-95). A sugestão de "evocar o Vinte de Novembro" foi uma proposta de Oliveira Silveira, que lembrou das analogias feitas com Tiradentes (1746-92), o qual depois de participar da Inconfidência de 1789, acabou enforcado em 1792, transformado em símbolo então republicano a partir de 1870 e consagrado como herói nacional no fim do século XIX e início do século XX.

Na primeira comemoração pública do Vinte de Novembro, quem compareceu e "assistiu anonimamente" ao ato foi o historiador Décio Freitas (1922-2004) — cujo livro *Palmares: La guerrilla negra*, publicado em Montevidéu em agosto de 1971, acabara de sair, mas era ainda pouco conhecido no Brasil. Em sua memória, Silveira destaca que Décio Freitas ofertou-lhe o livro discretamente, ao final do ato. A ideia, portanto, não foi do historiador.

Nos anos subsequentes houve mudanças na composição do Grupo Palmares, com a entrada, entre outros, de Helena Vitória dos Santos Machado (1943-) e depois Marisa Souza da Silva. Segundo Oliveira Silveira, elas "foram integrantes cuja participação contribuiu decisivamente para o ajuste do trabalho ao contexto das lutas sociais". E o Grupo Palmares continuaria promovendo, entre 1972 e 1977, debates, encontros, reuniões, exposições e comemorações em torno do Vinte de Novembro. Uma *Mini-história do negro brasileiro* foi lançada por eles em 1976.

As atividades do Grupo Palmares foram paralisadas em 1978 devido a "divergências internas", só retornando em 1980, já com a criação do "grupo de trabalho — GT Palmares do MNU", uma articulação política com o MNUCDR (Movimento Negro Unificado contra a Discriminação Racial), criado em junho de 1978 em São Paulo. Mas, antes disso, o Vinte de Novembro começaria a ser evocado por intelectuais e entidades, em várias partes do Brasil, como o Grupo Teatro Evolução, de Campinas, e o Centro de Cultura Negra (Cecan). Em Salvador, no mês de novembro de 1978, foi a expressão "Dia nacional da consciência negra", uma sugestão do militante e intelectual negro carioca Paulo Roberto dos Santos.

Nos anos 1970 e 1980, Oliveira Silveira se manteve firme na produção literária e na mobilização política, tendo sido um dos fundadores da revista *Tição* e integrante do Grupo Semba Arte Negra, com forte atuação em Porto Alegre. Entre as suas primeiras obras até os anos 1980, podemos destacar: *Germinou* (1962), *Poemas regionais* (1968), *Banzo, saudade negra* (1970), *Décima do negro peão* (1974), *Praça da palavra* (1976), *Pelo escuro* (1977), *Roteiro dos tantãs* (1981) e *Poema sobre Palmares* (1987), além de antologias de poemas publicados pelo Quilombhoje (1980) e nas coletâneas *Axé: Antologia contemporânea da poesia negra brasileira* (1982) e *A razão da chama: Antologia de poetas negros brasileiros* (sob a coordenação e seleção de Oswaldo de Camargo, 1986). Oliveira Silveira faleceu em janeiro de 2009, mas ainda foram postumamente publicadas outras coletâneas de seus escritos.

FONTES: Eduardo Assis; Liteafro; Oliveira Silveira; Zilá Bernd.

VEJA TAMBÉM: Aurélio Veríssimo de Bittencourt; Edison Carneiro; José do Patrocínio; Laura Santos; Hamilton Cardoso;

Ironides Rodrigues; Lino Guedes; Luiz Gama; Zumbi.

OSVALDO ORLANDO DA COSTA

c. 1942-74 | PASSA QUATRO, MINAS GERAIS; SÃO PAULO; PARÁ

Batizado em 1942, embora algumas fontes mencionem o ano de 1938, Osvaldo Orlando da Costa, conhecido militante comunista, nasceu em Passa Quatro, interior de Minas Gerais. Sua família era composta de pequenos agricultores negros, libertos e egressos da escravidão, que se estabeleceram em Minas Gerais entre o fim do século XIX e as primeiras décadas do século XX. Na época de estudante, Osvaldão se dedicava também à prática de esportes: jogou basquete no Botafogo e foi lutador de boxe.

Ainda bem jovem, aproximou-se do Partido Comunista e ganhou uma bolsa para completar sua formação em engenharia na Universidade de Praga. Osvaldão não era o único militante da família: seu irmão Américo Orlando, também comunista, estudou no exterior, foi exilado político e participou de jornais e organizações como a Associação Cultural do Negro (ACN) nos anos 1960.

Em 1966, Osvaldão ingressou num grupo de militantes que, depois de entrar na clandestinidade, foi se instalar na região do Araguaia, entre as fronteiras dos estados do Pará e do atual Tocantins. Uma vez lá, comunistas — entre os quais havia médicos, engenheiros, estudantes, operários e advogados — se uniram a garimpeiros e lavradores pobres, visando estabelecer um polo camponês contra a ditadura militar.

Entre 1972 e 1975, ocorreu uma intensa repressão militar à Guerrilha do Araguaia, com a perseguição e execução de muitos de seus integrantes, entre os quais Osvaldão, que se destacava como um dos principais líderes. Até hoje são dezenas de desaparecidos políticos.

Osvaldão foi assassinado em 1974, e seu corpo levado à base militar de Xambioá, onde lhe deceparam a cabeça, expondo-a às populações locais conforme o mesmo ritual macabro e "exemplar" dos tempos da repressão colonial. Até os dias de hoje, porém, ainda circulam na região do Araguaia mitos que tratam da imortalidade e/ou transfiguração de Osvaldão — que teria se metamorfoseado em animais e entidades míticas da floresta amazônica, associando-se assim aos cultos de matrizes indígenas e afro-brasileiras. Nesses relatos, Osvaldão segue cada vez mais vivo.

FONTES: Eduardo de Oliveira; Janaílson Macedo Luiz; Memórias da Ditadura; Nei Lopes; Renata Lemos Petta; Rodrigo Corrêa Diniz Peixoto.

VEJA TAMBÉM: Carlos Marighella; Claudino José da Silva; Joel Rufino dos Santos; Minervino de Oliveira.

P

PACÍFICO LICUTAN

SÉC. XIX | ÁFRICA OCIDENTAL; SALVADOR, BAHIA

Uma revolta de escravizados africanos estourou nas ruas de Salvador na madrugada de 25 de janeiro de 1835. O levante logo tomou a cidade, com cerca de seiscentos homens, em sua imensa maioria negros muçulmanos da etnia nagô e de língua ioruba, invadindo casas, igrejas e outras instituições. O movimento ganhou o nome de Revolta ou Insurreição dos Malês, sendo que "malê" provém de *imale*, que no idioma ioruba significa, justamente, muçulmano.

O primeiro alvo dos rebeldes foi a Câmara de Salvador, em cujo subsolo se localizava uma prisão onde estava detido o velho Licutan, o Bilal, um popular líder malê. O alufá Bilal Licutan, batizado Pacífico, estava na prisão e esperava que seu proprietário, o médico Antônio Pinto de Marques Varela, fosse resgatá-lo e pagasse sua custódia.

Os rebeldes atacaram a prisão, e a insurreição ganhou as ruas da cidade, com outros escravizados sendo convocados a se unir a eles. Durante algumas horas, a revolta alcançou diversas áreas de Salvador, onde ocorreram confrontos violentos entre os revoltosos e as forças policiais. Os malês foram duramente reprimidos e, afinal, vencidos. Cerca de setenta rebeldes e dez soldados morreram nos combates.

Segundo o historiador João José Reis, o maior estudioso do episódio, "há indícios de que não tinham planos amigáveis para as pessoas nascidas no Brasil, fossem estas brancas, negras ou mestiças". Dezesseis dos acusados foram sentenciados à morte, porém doze deles tiveram mais tarde suas penas comutadas. No dia 14 de maio de 1835, quatro dos presos seriam executados no campo da Pólvora. Os demais amargaram diversos tipos de punição: prisão simples, trabalhos forçados, açoite ou deportação para a África. Já o idoso Pacífico Licutan recebeu mil chibatadas.

Na época da revolta, Salvador contava aproximadamente com 65 mil habitantes, dos quais cerca de 40% eram escravizados. No entanto, se incluirmos nessa conta homens livres e alforriados, os negros e os mestiços representavam 78% da população. Como a identidade étnica e religiosa teve imensa importância na formação do movimento, o medo de uma nova revolta permaneceu aceso durante muitos anos, tanto na própria cidade como nas demais províncias brasileiras. Em quase todas, principalmente no Rio de Janeiro, sede do Império do Brasil, os jornais deram destaque ao que havia ocorrido na Bahia como se fosse um aviso ou uma premonição. De fato, naquela época, quando a repressão policial mencionava o termo "malês", obrigatoriamente se referia a indivíduos rebeldes.

FONTES: **André Bernardo; João José Reis.**

VEJA TAMBÉM: **Domingos Sodré; Horácio de Sá Pacheco; Israel Soares; Luiza Mahin; Macutandu....; Zeferina.**

PADRE JOSÉ MAURÍCIO

1767-1830 | RIO DE JANEIRO

José Maurício Nunes Garcia nasceu no Rio de Janeiro, em 22 de setembro de 1767. Seus pais eram mestiços: Apolinário

Nunes Garcia, alfaiate, e Vitória Maria da Cruz, filha de escravizados. Teve uma infância muito pobre e ficou órfão de pai aos seis anos. Autodidata, desde cedo apresentou talento musical, e não demorou a aprender a tocar diversos instrumentos. Aliando uma inclinação religiosa à oportunidade de estudar música, José Maurício entrou para a ordem dos jesuítas. Teve aulas de teoria musical com o maestro Salvador José de Almeida Faria (*c.* 1732-99) e, por dois anos, de humanidades com o poeta Silva Alvarenga (1749-1814). Aos dezesseis anos, compôs sua primeira obra: uma antífona para a catedral da Sé do Rio, *Tota pulchra es, Maria* (1783).

Em 1792, o músico negro foi ordenado padre, e em 1798 tornou-se mestre de capela da antiga catedral da Sé do Rio, tido então como o posto mais elevado que um músico brasileiro poderia alcançar. Rapidamente mostrou aptidão para compor músicas sacras. O período entre 1808 e 1811 foi o mais produtivo para ele, que escreveu cerca de setenta obras. Criou uma variedade significativa de te-déuns, modinhas, antífonas, responsórios, peças teatrais, sonatas e hinos.

O preconceito que sofria, por conta da cor, não o impediu de, aos doze anos, ter seus próprios alunos e seguidores; com 31 anos, exercer o cargo de mestre de capela; e, poucas décadas depois, ser considerado um dos maiores e mais férteis compositores sacros das Américas.

A partir de 1808, com a instalação da Corte de d. João (1767-1826) no Rio de Janeiro, a história do padre José Maurício daria uma guinada. Ele foi apresentado ao príncipe d. João, que o nomeou mestre da Capela Real. Junto com a Família Real veio o compositor português Marcos Portugal (1762-1830), que dividiu a responsabilidade musical com o brasileiro e também causou uma série de intrigas no meio. A rivalidade entre eles iria perdurar ao longo dos anos. Os dois trabalharam de forma harmoniosa num primeiro momento; no entanto, com o tempo, Marcos Portugal passou a competir com o músico negro brasileiro, perseguindo-o e tentando minar sua reputação.

Mesmo assim, José Maurício continuou a receber do príncipe uma pensão, que só foi suspensa em 1822, após a proclamação da Independência. Antes disso, em 1820, com a volta da Corte de d. João VI para Portugal, as atividades musicais do padre ressentiram-se da ausência de seu mecenas. Ele fundou, então, na rua das Marrecas, um curso de música que funcionou durante 28 anos. Seus alunos mais ilustres foram d. Pedro I (1798-1834) e Francisco Manuel da Silva (1795-1865), autor da melodia do Hino Nacional brasileiro.

No ano de 1826, José Maurício compôs uma de suas últimas peças, intitulada *Missa de Santa Cecília*. A essa altura estava empobrecido, e acabou falecendo em 1830. Deixou inúmeras composições, que, segundo especialistas, teriam chegado a quatrocentas. Infelizmente, muitas delas se perderam. O escritor e músico Mário de Andrade (1893-1945) declarou que seu famoso *Réquiem* é uma das obras-primas da música religiosa no Brasil. José Maurício é hoje considerado o principal compositor do período colonial, entre o fim do século XVIII e as primeiras décadas do século XIX.

Consta que o padre José Maurício teve cinco filhos com Severiana Rosa de Castro, mulher negra livre. Um deles,

José Maurício Nunes Garcia Júnior (1808-84), foi um dos primeiros médicos negros formados pela Faculdade de Medicina do Rio de Janeiro, chegando a atuar ali como professor entre 1839 e 1857. Autor de manuais médicos, Nunes Garcia Júnior recebeu homenagens por sua participação no combate à epidemia de febre amarela na cidade do Rio de Janeiro.

FONTES: Geledés; Dilva Frazão; Rádio ebc; Vandelir Camilo Neves Deolindo Mário.

VEJA TAMBÉM: Joaquina Maria da Conceição Lapa; Manuel Tranquilino Bastos; Mário de Andrade.

PAI ADÃO

1877-1936 | RECIFE, PERNAMBUCO

Nascido no Recife em 1877, Pai Adão foi um destacado líder religioso. Batizado Felipe Sabino da Costa, guardava o nome muçulmano Adamaci mas ficaria mais conhecido como Adão (corruptela de Adamaci). Ele era filho do africano Sabino Felipe da Costa, da Costa Ocidental, provavelmente embarcado na área costeira de Badagri (também conhecida como Agbadarigi e atual Lagos, na Nigéria) para Pernambuco, na primeira metade do século XIX. Sabino Felipe foi escravizado no engenho Itaguari.

No fim do século XIX, Adão esteve no terreiro Obá Omim (Casa da Rainha da Água), fundado pela africana Inês Joaquina da Costa (?-1905). Ali ele exercia o posto de acipa (assistente de culto) de Ifatinuké, nome religioso de Tia Inês, que teve como sucessora Joana do Bode. Terceiro sucessor, Adão renomeou o terreiro para Ilê Axé Obá Ogunté.

Por volta de 1906, Pai Adão fez viagens à Nigéria para visitar parentes, desenvolver seus conhecimentos no culto dos orixás e aperfeiçoar a língua ioruba que tinha aprendido com os pais e no terreiro Obá Omim. Tendo morado um tempo em Maceió, e depois em Salvador, aproximou-se de Martiniano do Bonfim (1859-1943), importante sacerdote baiano.

Adão se tornou um religioso influente nas primeiras décadas do século XX, quando pesquisadores tentavam investigar os significados das experiências religiosas de matrizes africanas, sobretudo na Bahia e em Pernambuco. Com o nome religioso de Opeatonã, Pai Adão já era um conhecido sacerdote do culto nagô no Recife dos anos 1930. Próximo de Gilberto Freyre (1900-87), não participou, porém, do I Congresso Afro-Brasileiro no Recife, que se realizou em 1934.

Adão foi casado com Maria da Hora, tendo cinco filhos que seguiram o seu legado: a costureira Maria do Bonfim (1909-2010), conhecida como Tia Mãezinha, filha do orixá Xangô; o carpinteiro José Romão (?-1971), o Ojé Okurin; o marmorista Malaquias (?-1984), o Ojé Byi; o pedreiro Sigismundo; e o alfaiate Guilherme, todos com o sobrenome Felipe da Costa. Seus netos tiveram destinos semelhantes: Manoel do Nascimento Costa (Ifáaran); Paulo Braz Felipe da Costa (1941-) (Ifátòógun); Maria Lucia Felipe da Costa (1950-) (Omitòógun); e Jacy Felipe da Costa, conhecida no culto como Oba Ridé, mantendo a tradição do culto nagô no Recife.

Carismático e profundo conhecedor dos ritos e da língua litúrgica do culto nagô, Pai Adão é considerado o guardião de Xangô e de suas formações religiosas em Pernambuco. Também confrade da Irmandade do Bom Jesus dos Martírios, Pai Adão morreu em março de 1936.

— *Com Valéria Gomes Costa*

FONTES: Gonçalves Fernandes; Maria do Carmo Brandão; Roberto Motta; Zuleica Dantas Pereira.

VEJA TAMBÉM: Bamboxê Obitikô; Emília Duarte Rodrigues...; Marcelina Obatossi; Marcolina da Silva Marques; Nã Agotimé.

PÁSCOA VIEIRA

1658-? | ANGOLA; SALVADOR, BAHIA; PORTUGAL

Ainda conhecemos pouco acerca das primeiras gerações de africanos e africanas escravizados que chegaram ao Brasil até meados do século XVII. Desconhecemos especialmente de quais microssociedades e coletividades provinham, e também a forma como a escravização e o cristianismo penetraram o continente africano desde a era quinhentista.

A trajetória de Páscoa Vieira é exemplar nesse sentido. Ela aparece em fins do século XVII numa denúncia da Inquisição, acusada de bigamia. Sua vida passou por várias investigações, e podemos assim acompanhar um pouco dos seus percursos entre margens atlânticas. Nasceu cativa, entre 1658 e 1660, em Massangano, no reino de Angola, a quase duzentos quilômetros de Luanda. Era filha dos escravizados Lucrécia Carvalho e Manoel Carvalho, pertencentes a Francisca Domingas Carvalho, de uma família de luso-africanos — portugueses nascidos em áreas coloniais africanas. Em 1676, Páscoa casou-se com Aleixo Carvalho (1654-?), também um africano escravizado, tendo com ele dois filhos, que acabaram morrendo ainda pequenos. Sua vida conjugal era difícil. Ela parecia estar duplamente cativa: do senhorio e do casamento. Ademais, era acusada de andar sempre fugida. Por isso recebeu como castigo talvez uma primeira chance de desfrutar de alguma liberdade. Seus senhores em Massangano a venderam para outra margem dos domínios do ultramar: Brasil. Em 1687 ela desembarcou em Salvador, Bahia, onde seria comprada pelo tabelião Francisco Álvares Távora.

No Brasil, Páscoa casou-se com Pedro Ardra, um africano que tinha sido embarcado na Costa da Mina — em Salvador, na época, africanos ocidentais podiam ser denominados de ardra. Com ele teve dois filhos, e viviam bem e sem sustos, embora continuassem escravizados. Tudo desmoronou em razão de uma denúncia. Parentes dos seus antigos senhores em Massangano chegaram a Salvador e a delataram. Alegaram que ela já tinha um primeiro casamento católico africano e que seu marido ainda estava vivo. Diante dos temores das visitações inquisitoriais, foi denunciada pelo seu próprio senhor às autoridades eclesiásticas, sendo imediatamente afastada do novo marido, que acabou igualmente punido, nesse caso com a venda.

Páscoa, que fugia do primeiro marido na África, lutou pelo seu segundo casamento, tentando viver próxima de Pedro até meados de 1700, quando foi presa e depois remetida para Lisboa a fim de ser julgada pelo Tribunal da Inquisição. Na ocasião, ela já era uma mulher liberta, alforriada pelo tabelião Távora, que queria se livrar de qualquer acusação de cumplicidade. Páscoa enfrentou sozinha os inquisidores, tendo sido julgada e condenada a três anos de exílio em Castro Marim, sul de Portugal. Após dois anos de reclusão foi libertada. Ela desaparece, então, das fontes, e não temos ideia se voltou para a Bahia ou para Massangano.

As historiadoras Charlotte de Castelnau-L'Estoile (1967-) e Rita de Cássia Santos Silva recuperaram aspectos relevantes da biografia de Páscoa por meio dos depoimentos e relatos que aparecem no processo aberto pelo Tribunal da Inquisição, de 1693 a 1703.

Páscoa foi uma personagem afro-atlântica que conheceu os sentidos da escravização e da cristianização entre três continentes: África (Massangano), Américas (Brasil, Bahia) e Europa (Portugal, Lisboa). Escravidão, senhores, trabalho, proprietários, perseguições, fugas, casamentos, imposições conjugais, autoridades eclesiásticas, comerciantes, amor, viagens e maternidade integraram sua vida de sonhos, aflições, desejos e dores do corpo e da alma. Ela viveu diferentes etapas de evangelização, escravidão e colonização. A partir da sua trajetória, ficamos conhecendo mais sobre a doutrinação católica de padres e missionários nos sertões de Angola.

Conforme destacou Silvia Hunold Lara (1955-), casamento, bigamia, escravizados comercializados, normas católicas e experiências de africanos eram acompanhados em diferentes partes do Atlântico, passando pelo arbítrio de missionários capuchinhos em povoados que iam de Massangano até Salvador — junto ao Arcebispado da Bahia — e alcançando Lisboa, no Tribunal da Inquisição. Desejos, interesses e apropriações de casamentos eram avaliados pelo pelo catolicismo africano e nas Américas, bem como pelas tentativas de controle eclesiástico colonial.

FONTES: **Charlotte de Castelnau-L'Estoile; Rita de Cássia Santos Silva; Silvia Hunold Lara.**

VEJA TAMBÉM: **Francisca Luiz; Francisca (Xica) Manicongo; Jerônimo Soares; Lourença Correia da Lapa; Mécia.**

PAULINA

c. 1844-? | VITÓRIA, ESPÍRITO SANTO

Nas últimas décadas da escravidão, em várias partes do Brasil, inúmeras mulheres negras conseguiram apoio para garantir suas alforrias e as de seus filhos. Não se tratava de recorrer a tribunais e ações de liberdade, como aquelas centenas ajuizadas por Luiz Gama (1830-82) e outros advogados em São Paulo, mas sim de atuar por meio de associações abolicionistas e suas ações filantrópicas.

Muito pouco restou da história da escravizada Paulina, que vivia em Vitória, na província do Espírito Santo. Não é possível determinar se já era mãe de filhos libertos pela Lei do Ventre Livre de 1871. O certo, porém, é que no início da década de 1880 ela conseguiu a liberdade através da intermediação de doações de associações abolicionistas femininas.

Em 1884, foi publicado no jornal *A Folha da Victoria* um "poema de liberdade" oferecido pela própria Paulina ao "filantrópico e honrado comerciante" Manuel Pinto Neto. Talvez Paulina não tenha redigido tal poema, mas provavelmente nasceu da inspiração ou de alguma influência sua. Destacava o jornal que a publicação era "sinal de reconhecimento", e que Paulina "humildemente" se mostrava "grata", e "eternamente a quem me conferiu a liberdade". Afirmava Paulina que o comerciante Pinto Neto era seu "digno benfeitor alegre", que tinha feito "minha sorte [...] mudar".

Paulina demonstrava publicamente sua gratidão, declarando: "Não deveis vos ofender meu ex-senhor/ Porque em público eu venho demonstrar/ Vosso ato todo digno de louvor". Às imagens de gratidão, Deus e bondade juntavam-se outros ideários femininos, impressos em periódicos do Espírito Santo. O *Correio da Victoria*, *A Provincia do Espirito-Santo*, o *Jornal de Victoria* e *A Folha da Victoria* traziam desde a década de 1870 muitas notícias a respeito dos debates e das manifestações sobre a emancipação. Era comum, inclusive, a publicação de poemas escritos por mulheres na imprensa capixaba, com destaque para os de autoria de Adelina Lírio (1863-1938).

As associações abolicionistas capixabas — majoritariamente masculinas — já eram antigas, tendo-se notícia da Sociedade Abolicionista do Espírito Santo (1869), da Associação Emancipadora Primeiro de Janeiro (1874), da Libertadora Beneficente e da Libertadora Rosariense (1887). Na Corte imperial, em 1883, ocorreu a criação da Sociedade Abolicionista Espírito-Santense, iniciativa de estudantes capixabas que ali residiam.

Nos anos 1880, apareceram associações mistas ou com ampla participação feminina, como a Sociedade Abolicionista Literária Peçanha Póvoa, também chamada Club Abolicionista Dr. João Clímaco. Era composta de "mulheres aparentadas dos abolicionistas" e principalmente pela entidade feminina Associação Libertadora Domingos Martins, ambas de 1884.

A partir da pesquisa de Karolina Fernandes Rocha (1991-), vemos como, entre 1883 e 1888, *A Provincia do Espirito-Santo* e a *Folha da Victoria* publicaram vasto noticiário sobre as "atividades" dessas associações abolicionistas femininas. A Associação Libertadora Domingos Martins fez parte das dezenas de associadas listadas. Organizadas por mulheres — muitas eram esposas de abolicionistas e também de proprietários de escravizados —, essas organizações arrecadavam fundos e doações, custeavam atividades e promoviam eventos, saraus literários e quermesses.

Resta um grande silêncio sobre a participação de mulheres negras e mesmo ex-escravizadas, que podiam estar presentes nas reuniões e até apoiar as atividades abolicionistas femininas no Espírito Santo. O poema publicado e ofertado por Paulina ao seu "libertador", em 1884, deixa pistas de novos caminhos para encontrarmos mais mulheres negras tomando parte ativa na luta abolicionista.

FONTES: Karolina Fernandes Rocha; Robson Luis Machado Martins; Vilma Paraíso Ferreira de Almada.

VEJA TAMBÉM: Benedita Caetana...; Esperança Garcia; Faustino da Silva Paiva e Mathias Henrique da Silva; Felício de Arruda Botelho; Teodora Dias da Cunha.

PAULO DA PORTELA

C. 1901-49 | RIO DE JANEIRO

Nascido por volta de 1901, Paulo Benjamin de Oliveira era filho de Joana Batista da Conceição e Mário Benjamin de Oliveira. Ainda bem pequeno, Paulo foi testemunha do êxodo de famílias negras e pobres para as áreas suburbanas, num movimento de intensa transformação.

Junto com Antônio Caetano (1900-82), Antônio Rufino (1907-82), entre outros, fundou a Escola de Samba Portela, que se originou do Conjunto Carnavalesco Oswaldo Cruz, que participaria, em 1929, de concursos que contaram com a presença de sambistas do Estácio, da Mangueira e da própria Oswaldo Cruz. No início dos anos 1930, o nome do bloco foi alterado para Quem nos Faz é o Capricho. Em 1931, o grupo adotou o nome Vai como Pode, e mais tarde se converteu na Escola de Samba Portela, em referência à estrada do Portela. Em 1937 Paulo foi eleito Cidadão Samba, tendo logo depois organizado uma excursão de sambistas a países da América do Sul.

Nas décadas de 1930 e 1940, Paulo da Portela atuaria como mediador cultural entre as escolas de samba, os movimentos políticos, o poder público, os jornalistas e os intelectuais. Entrevistado pelo jornal *Tribuna Popular*, em 1945, disse: "Nós, sambistas dos morros e dos subúrbios, seremos consagrados pelo povo de toda a Cidade Maravilhosa". Ele se referia ao Carnaval de 1946, que fez uma homenagem ao retorno da FEB (Força Expedicionária Brasileira), no fim da Segunda Guerra Mundial. Num movimento de articulação entre as várias escolas de samba, e ao mesmo tempo se aproximando das expectativas do governo Vargas, que pretendia usar o Carnaval como forma de exaltação nacional, Paulo defendia: "Necessitamos obter da Prefeitura a isenção do pagamento dos impostos, bem como da licença a nós exigida de alguns anos para cá. A Municipalidade, tal como fazia antes do início da Segunda Guerra Mundial, deve restabelecer [...] o pagamento do auxílio financeiro às escolas de samba, atração dos turistas e divertimento máximo do povo".

Paulo da Portela foi um grande articulador do mundo do samba com políticas públicas e movimentos políticos. Dirigente e compositor da escola, nos anos 1950 se aproximaria também do antigo Partido Comunista do Brasil (PCB) e do Partido Trabalhista Nacional (PTN), pelo qual sairia candidato nas eleições de 1945.

Morreu em janeiro de 1949, e o cortejo de seu sepultamento, no Cemitério de Irajá, no Rio, foi acompanhado por cerca de 10 mil pessoas.

FONTES: Guilherme José Motta Faria; Lygia Santos; Marília T. Barboza da Silva; Valéria Lima Guimarães.

VEJA TAMBÉM: Antônio Candeia Filho; Cartola; Clementina de Jesus; Donga; Geraldo Filme; Heitor dos Prazeres; Ismael Silva; Ivone Lara; Pixinguinha; Zé Kéti; Tias baianas...; Tias fluminenses...

PEDRO JUSTO DE SOUZA

C. 1864-? | RIO DE JANEIRO

Pedro Justo de Souza morava na rua do Catumbi, 72, na cidade do Rio de Janeiro. Era solteiro, empregado numa confeitaria na rua de Estácio de Sá e fazia parte da tão comentada Guarda Negra.

No fim do ano de 1888, periódicos de variados matizes político-partidários estamparam extensos noticiários sobre confrontos entre monarquistas, abolicionistas e republicanos, criticando ora a participação da Guarda Negra e dos libertos, ora os desfechos desastrosos provocados pela radicalização da propaganda republicana. Em algumas ocasiões, esse debate assumiria a forma de conflitos armados entre libertos e republicanos.

No Rio de Janeiro, as polêmicas sobre as manifestações da Guarda Negra se intensificaram a partir de dois eventos. Os estudos de Clícea Maria Miranda e Lívia de Lauro Antunes (1988-) mostram como o primeiro embate ocorreu em 30 de dezembro de 1888: um comício organizado pelo republicano radical Silva Jardim (1860-91), na Sociedade Francesa de Ginástica, localizada na travessa da Barreira, 9. Segundo as autoridades policiais, no embate mais de trinta pessoas saíram feridas por armas de fogo, "quase todos homens de cor". O outro evento se deu na data do centenário da Revolução Francesa, 14 de julho de 1889, que foi marcada no Brasil por comemorações e comícios de republicanos. Após passeatas, festejos, desfiles e atos solenes pelas ruas do centro da cidade, os republicanos teriam sido atacados por "um grupo de desordeiros que deram vivas à monarquia e morras à república, agredindo, a torto e a direito, a cacete e tiros de revólver". O nome de Pedro Justo surgiu em pelo menos sete periódicos da Corte. Em 31 de dezembro, o *Cidade do Rio*, a *Gazeta de Noticias*, o *Jornal do Commercio* e o *Diario de Noticias* mencionaram sua participação nos ataques aos comícios republicanos; estando ele entre os feridos, trazendo machucados na cabeça, pois havia sido alvo de cacetadas. Em 15 de julho foi a vez do *Novidades*, do *Diario do Commercio*, da *Gazeta de Noticias*, da *Gazeta da Tarde* e do *Jornal do Commercio* repercutirem mais ações de Pedro Justo. Ele, que segundo os noticiosos aparentava ter cerca de 24 anos, fora agredido por caixeiros e estudantes republicanos e acabou ferido à bala no ombro. Pedro participava de um agrupamento da Guarda Negra que passava pela rua do Ouvidor dando "vivas à monarquia" e ao Partido Conservador. Por sua vez, o *Diario do Commercio* noticiou que os ferimentos teriam sido provocados por "um grupo de capoeiras que prevaleceu-se da excitação dos espíritos".

As referências na imprensa à Guarda Negra a caracterizavam, por vezes, como um grupo de navalhistas e capoeiras recrutados pelo ministro João Alfredo (1835-1919) para defender a monarquia em crise; por vezes, como um movimento irracional de gratidão dos libertos e em defesa da princesa Isabel (1846-1921). Para as elites do período, seria inadmissível conceber a efetiva participação política da população negra. O mesmo discurso, tão utilizado pelos escravocratas contra os abolicionistas, era agora empregado pelos republicanos com relação aos libertos. Além do mais, parte da historiografia incorporou tal narrativa, que retirou dos ex-escravizados, cada vez mais atuantes nas ruas do país, suas estratégias políticas. Também lhes negavam a sua própria época;

afinal, naquele momento, o medo da reescravização era uma realidade.

O certo é que a Guarda Negra virou um prato cheio, tanto para as autoridades do Império quanto para republicanos, abolicionistas e monarquistas. Faltou apenas a visão dos próprios agentes negros, como a de Pedro, que parecia ser justo no nome e nas ações.

FONTES: Clícea Maria Augusto de Miranda; Flávio dos Santos Gomes; Lilia Moritz Schwarcz; Lívia de Lauro Antunes; Wlamyra R. de Albuquerque.

VEJA TAMBÉM: Ana Clara Maria Andrade...; José do Patrocínio; Vicente Ferreira.

PEDRO LESSA

1859-1921 | SERRO, MINAS GERAIS; SÃO PAULO; RIO DE JANEIRO

Pedro Augusto Carneiro Lessa nasceu no Serro, Minas Gerais, em 25 de setembro de 1859. Essa era uma terra de vasta população escravizada e sujeita a muitas rebeliões por parte dos cativos. Pedro vinha de uma família poderosa no local. Era filho do coronel José Pedro Lessa e de Francisca Amélia Carneiro Lessa. Sobrinho do poeta Aureliano Lessa (1828-61), Pedro Lessa era negro, apesar de a história brasileira constantemente embranquecê-lo.

Fez o curso de humanidades na sua província e só depois ingressou na prestigiosa Faculdade de Direito de São Paulo. Enquanto estava no segundo ano dirigiu, junto com Alberto Sales (1855-1904) e Alcides Lima (1851-1916), o jornal republicano *O Federalista*. Pedro Lessa era estudante dedicado, tendo colado grau de bacharel em ciências jurídicas e sociais no dia 30 de outubro de 1883 e apresentado tese de doutorado em 13 de maio de 1884. Ainda em 1883, recém-formado, foi nomeado secretário da Relação de São Paulo. Em 1887 prestou concurso para lente substituto da Faculdade de Direito, conquistando o primeiro lugar. Não foi, porém, nomeado pela princesa Isabel (1846-1921) e a ela enviou protesto contra o seu impedimento. Mas a carta ficou sem resposta. Candidatou-se para o mesmo cargo em novo concurso, no ano emblemático de 1888, e dessa vez obteve a vaga, tendo sido promovido a professor catedrático dois anos depois. Acumulou, no mesmo ano, o cargo de chefe de polícia da cidade de São Paulo.

Foi eleito deputado pela Assembleia Constituinte paulista no mesmo ano de 1891, e participou da elaboração da Constituição do estado, mas decidiu sair da política. Concentrou-se então no magistério superior — tendo lecionado na cadeira de filosofia do direito — e na advocacia. Em 1900 publicou "É a história uma ciência?", como prefácio da tradução da *História da civilização* de Buckle (1821-62), um autor muito vinculado ao evolucionismo social e ao determinismo geográfico, que explicava que o destino de uma nação era ocasionado pelo clima e pela terra. Cinco anos depois lançou "O determinismo psíquico e a imputabilidade e responsabilidade criminais", memória apresentada ao Congresso Científico Latino-Americano, apostando, dessa vez, no determinismo racial e proveniente em parte da mistura de grupos humanos considerados, na época, essencialmente diversos.

Nomeado ministro do Supremo Tribunal Federal (STF) na vaga de Lúcio de

Mendonça (1854-1909), tomou posse no dia 3 de dezembro de 1910. Lutou então pela ampliação do habeas corpus. Foi eleito para a Academia Brasileira de Letras também nesse ano, na vaga de Lúcio de Mendonça. Em 1912, tornou-se membro do Instituto Histórico e Geográfico Brasileiro.

Pedro Lessa, que era casado com Paula de Aguiar, filha do dr. Francisco de Aguiar e Castro (1838-1905), faleceu na cidade do Rio de Janeiro, em 25 de julho de 1921. Em sessão da mesma data, o presidente, ministro Hermínio do Espírito Santo (1841-1924), comunicou o fato à Corte, propondo suspensão dos trabalhos, luto por quinze dias e voto de pesar.

FONTES: **Leandro Colon; Miguel Reale.**

VEJA TAMBÉM: **Hermenegildo Rodrigues de Barros; Nilo Peçanha; Raimundo de Souza Dantas.**

PEDRO VALENTIM

SÉC. XIX | RIO DE JANEIRO

O desembargador Antônio Pereira Barreto Pedroso (1800-83), que respondia pela Intendência de Polícia da Corte, expediu ordem contra Pedro Valentim no dia 30 de maio de 1831. Ele era um negro liberto, residente na Hospedaria das Três Bandeiras, acusado de ter desembarcado com mais dois negros originários do Haiti e de estar "no meio de muitos pretos na rua dos Latoeiros", bem na área central da cidade do Rio de Janeiro.

Chamados de desordeiros, entre rumores e denúncias de planos de insurreições e da circulação de supostas ideias revolucionárias em torno dos acontecimentos de São Domingos, alguns estrangeiros, especialmente negros marinheiros, acabaram sendo acusados de "haitianismo". O fantasma do haitianismo atacou em vários lugares. No fim de 1835, denúncias davam conta de que um "cafre" haitiano de nome Moiro andava convidando os escravizados das vilas de Bananal, Areias, Barra Mansa e São João Marcos para se insurgirem, e que já havia cerca de 7 mil cativos envolvidos nesse plano. Exagero, certamente. O dito haitiano foi preso, e "não negou" as acusações de que estaria incitando vários cativos para participar de uma insurreição. Porém disse, que "estava brincando." Brincadeira ou não, as autoridades provinciais pediram sua expulsão do Brasil.

No fim do ano seguinte, investigações tomaram o rumo da freguesia da Candelária. Na casa de Miguel Cerigueiro, que ficava na rua da Quitanda, estaria hospedado "um tal Emiliano suspeito de haitianismo". Na própria documentação do Brasil escravista, a palavra "haitianismo" ganharia vários significados. Para os escravizados, a experiência do Haiti que chegava até eles por meio de noticiários tinha jeito e forma de liberdade: representava o fim da escravidão. Já para os fazendeiros e demais autoridades, correspondia aos massacres havidos durante a Revolução, ao ódio racial e à conspiração. Vinculava-se ainda à noção de controle (ou à falta dele) sobre a população negra, incluindo africanos, crioulos, escravizados e libertos. É interessante notar como diversas imagens de haitianismo se associavam às denúncias de conspirações envolvendo mulatos e libertos.

Outro episódio, que não tem nem sequer nome registrado, ocorreu em 1805, quando a Corte do Rio de Janeiro ordenou que se investigassem as ações de alguns militares negros que atuavam nas tropas auxiliares da cidade. Mandaram "arrancar dos peitos de alguns cabras e crioulos forros, o retrato de Dessalines, imperador dos negros da ilha de São Domingos". Eram tatuagens que eles andavam exibindo.

Exibir tatuagens de coroação, retratos e imagens de São Domingos só fazia aumentar o volume dos rumores. Afinal, no ano anterior, o africano Jean-Jacques Dessalines (1758-1806) havia sido coroado e a independência do Haiti, proclamada. A revolução negra foi por lá iniciada em 1791, tendo a França decretado a emancipação em 1793. Toussaint L'Ouverture (1743-1803) proclamou a Constituição em 1801, mas só três anos depois, em 1º de janeiro de 1804, o africano Dessalines decretou a independência, transformando a ilha de São Domingos em Haiti.

Fontes fragmentadas e dispersas pouco revelam sobre as formas de apropriação das ideias de liberdade envolvendo o Haiti. Há indícios, porém, de como os senhores e o poder público andavam atemorizados. Mais que planejar uma grande revolta, cativos, libertos, africanos, crioulos e mulheres e homens negros livres podiam compartilhar diferentes significados do que acontecera no Haiti, como um fenômeno que amedrontava os proprietários escravocratas. Além do mais, a partir do haitianismo se reconhecia a mobilização política negra e, fundamentalmente, a possibilidade de os protestos acabarem com a escravidão no Brasil.

De Pedro Valentim, conhecemos apenas o nome. Mas ele, Moiro, Emiliano e outros tantos viraram símbolos da circulação de ideias e de experiências atlânticas, que aproximaram debates e percepções sobre liberdade e escravidão, em face do episódio ocorrido no Haiti e suas repercussões nas Américas. Para eles, "o Haiti era aqui".

FONTES: Flávio dos Santos Gomes; João José Reis; Luiz Mott; Marco Morel; Sidney Chalhoub.

VEJA TAMBÉM: Divino Mestre; Emiliano Mundrucu...; Joaquim Cândido Soares de Meireles; Joaquim de Souza Ribeiro; Rufino José Maria.

PEREGRINA ?-1858 E ROSA

?-1858 | SABARÁ, MINAS GERAIS

Peregrina vivia em Sabará, Minas Gerais. Era escravizada do brigadeiro Jacinto Pinto Teixeira e da esposa dele, Maria do Carmo Pinto Teixeira, que costumava ter reações iradas de ciúmes toda vez que seu marido se engraçava com uma cativa. Conta-se que a sinhá Maria do Carmo comprara Rosa, que, segundo se dizia, tinha lindos dentes e um belo sorriso. Rosa foi vítima da má sorte ao chamar a atenção do patrão. Bastou então que Jacinto saísse em viagem para Maria do Carmo executar sua vingança, mandando os capangas arrancarem os dentes de Rosa, que, no retorno do marido, foram entregues a ele numa bandeja.

Não sabemos se essa é uma lenda ou uma história real, uma vez que muitas narrativas desse tipo — que falam de senhoras enciumadas e senhores admoestando suas escravizadas — se multiplicam, com algumas variações, na literatura. Sendo o caso verdadeiro ou não, o fato é que Maria do Carmo acabou sendo punida. Por conta da atitude recorrente da senhora, Peregrina arquitetou um plano para assassiná-la. O estopim foram os maus-tratos infligidos pela sinhá, que mandou prender outra escravizada da fazenda, Quitéria, no tronco e a castigou com chicotadas.

Devolveu a violência com grandes doses da mesma linguagem. O crime ocorreu no dia 5 de junho de 1856, na residência do casal, na rua Direita, quando a golpes de machado e de mão de pilão as escravizadas Peregrina, Rosa, Luísa, Tecla, Balbina, Quitéria e Jesuína deram fim à vida da patroa. Uma vez cometido o crime, refugiaram-se na casa do padre e advogado José Marciano Gomes Batista, onde acabaram presas pela autoridade local.

O processo, que precisava ser exemplar, correu ligeiro, e no dia 12 de agosto de 1856 o juiz Quintiliano José da Silva (1802-89) lavrou a sentença de condenação à morte de Peregrina e Rosa, considerando-as responsáveis pelo "bárbaro assassinato". As demais, Balbina, Tecla, Jesuína, Quitéria e Luísa, foram condenadas a sessenta açoites cada uma, além de levarem por dois anos, como "sinal de infâmia", uma gola de ferro soldada ao pescoço. Esse tipo de castigo era, em geral, empregado nos escravizados considerados "fujões", também obrigados a andar pelas ruas portando esses símbolos de humilhação.

No dia 12 de fevereiro de 1858, o presidente da província, Carlos Carneiro de Campos (1805-78), informou ao juiz de direito de Sabará que as rés Peregrina e Rosa não haviam obtido clemência imperial e ordenou, assim, ao chefe de polícia local que expedisse ordens para a execução da pena.

Em 14 de abril do mesmo ano, executou-se a sentença. O patíbulo foi armado entre a igreja do Carmo e o largo de Santa Rita. Formou-se, então, um cortejo. À frente ia a Irmandade da Misericórdia com sua bandeira, depois os serventuários da Justiça, o juiz municipal, dr. José Leite Costa Belém, os meirinhos, o carcereiro. Um pouco atrás, cercado por soldados, vinha o carrasco Fortunato. Logo após seguiam os sacerdotes e as rés, algemadas e arrastando correntes. Estavam vestidas de panos de dó, um tecido simples de algodão que irrita a pele. Fechando a procissão, mais soldados com tambores e clarins. Peregrina foi a primeira. Conta a história que subiu as escadas do patíbulo, ajoelhou-se aos pés do sacerdote, beijou o crucifixo e projetou-se decidida para a morte, sem titubear. Dizia-se que, como se considerava a verdadeira culpada pelo crime, não hesitou diante da morte. Em seguida foi a vez de Rosa, que toda a cidade considerava inocente. Ela subiu ao patíbulo trêmula e, diferente de Peregrina, implorou por clemência, uma vez que não reconhecia a sua culpa. Ao que tudo indica, essa foi a última vez que se recorreu à forca em Sabará.

Daquela feita, porém, segundo narra a história, o carrasco Fortunato, que dizia não gostar de executar mulheres, agiu de maneira afobada, pois logo após o enforcamento, ao recolher-se o corpo de Rosa, constatou-se que ela ainda estava viva, tendo sido então alçada novamente ao cadafalso para completar-se a sentença. Os cadáveres foram entregues à Irmandade da Misericórdia, que providenciou o enterro numa vala comum do cemitério. A execução de Rosa gerou uma espécie de lenda na cidade. Dizia-se que, em certas ocasiões, era possível ouvir os gemidos e protestos de inocência, vindos do local da força.

Parte dessa história lembra mais uma lenda urbana, que teria se desenvolvido ao longo do tempo. Em suas memórias, Pedro Nava (1903-84) conta a sina de Rosa, repassando o que lhe dissera sua avó, que viveu em Sabará naquela época. Escreve o memorialista: "Pereceu uma odiosa sinhá, cruel e sádica, que tinha a mania de sapecar os genitais das escravas, como se faz a frango, depois de depenar. Tantos púbis ela passou nas chamas que acabou às mãos de duas chamuscadas".

Também Jorge de Lima (1893-1953), em "Essa negra Fulô", fez um poema pautado nas narrativas passadas oralmente de geração em geração, mostrando como as escravizadas negras das casas-grandes podiam prejudicar suas sinhás, pois era grande o ódio que nutriam.

Não é possível assegurar que essa história de fato ocorreu, mas o certo é que pareceu verossímil a ponto de fazer a narrativa se perpetuar no tempo. Afinal, se o sistema escravocrata já era violento de maneira geral, escravizadas enfrentavam ainda as vicissitudes de gênero, precisando se submeter à alcova do senhor escravista, aos ciúmes das patroas e ao regime de dependências que o sistema criava também no ambiente doméstico. Com certeza foram muitas as Peregrinas e as Rosas.

FONTES: Charles Expilly; Érico Vital Brazil; Gilberto Freyre; João Dornas Filho; Jorge de Lima; Nelson de Senna; Pedro Nava; Schuma Schumaher.

VEJA TAMBÉM: Cecília, Letícia...; Rosa; Tia Ana; Tomás.

PETRONILHA

SÉC. XVI | ÁFRICA OCIDENTAL; BAHIA

Petronilha, uma africana natural da Guiné — nomenclatura generalizante do continente africano pré-colonial —, foi acusada de esbofetear a imagem de Nossa Senhora. As denúncias foram realizadas na capitania da Bahia, entre 1591 e 1592, e conforme explica o historiador Ronaldo Vainfas (1956-), faziam parte de uma investigação mais ampla sobre a Santidade de Jaguaripe, espécie de seita religiosa que contava com a participação de indígenas, negros escravizados e livres, africanos e colonos. A denúncia inicial atingiu também o fazendeiro Fernão Cabral de Ataíde.

Com um viés milenarista, o movimento começara décadas antes, liderado por um escravizado indígena evadido de um aldeamento jesuíta. Muitos aderiram à tal "santidade da floresta", que atraiu fugitivos africanos e indígenas. Falava-se do envolvimento de vários "negros da Guiné", e que no meio de todos existia uma mulher, talvez de origem indígena, conhecida como "mãe de Deus".

Além da Santidade de Jaguaripe, até 1610 houve denúncias de vários outros movimentos desse tipo, alguns com mais de 20 mil pessoas, número com certeza aumentado pelas denúncias inquisitoriais. Segundo as testemunhas, no interior dessas experiências milenaristas ocorriam cerimônias de batismos com água, confissão de pecados, orações, rosários e nomeação de santos, atividades nas quais eram produzidas conexões culturais entre indígenas e africanos.

As mais relevantes e detalhadas acusações recaíram sobre indígenas. Dentre os poucos negros e africanos denunciados como participantes da Santidade de Jaguaripe, aparece o nome da africana Petronilha.

Pesquisas sugerem que os movimentos milenaristas das santidades quinhentistas podem ser considerados os ancestrais de alguns mocambos coloniais do século XVI, tanto na capitania da Bahia como mesmo em Palmares, cujas primeiras notícias datam da última década desse século. Mocambos baianos são registrados desde 1575, e há indícios de que revoltas de escravizados, associadas a fugas coletivas em engenhos baianos, ocorreram em 1585. Ainda são raras as investigações sobre a presença negra nas santidades. Nos faz falta conhecer melhor essas primeiras gerações de africanos e indígenas que trabalharam juntos no século XVI e receberam os ensinamentos cristãos através de catecismo, muitas vezes aplicados por meio de teatros e encenações promovidos pelos jesuítas. Em nenhum momento fica claro por que, e em nome do quê, Petronilha, uma africana, resolveu "ultrajar" a santa.

FONTES: **Alida C. Metcalf; Luis Felipe de Alencastro; Ronaldo Vainfas.**

VEJA TAMBÉM: **Ângela, rainha...; Joana Maria...**

PIXINGUINHA

1897-1973 | RIO DE JANEIRO

Alfredo da Rocha Viana Filho, filho de Alfredo da Rocha Viana e de Raimunda Maria da Rocha Viana, nasceu em 1897, no bairro da Piedade, subúrbio do Rio. Raimunda casou duas vezes e teve catorze filhos. Alfredo Viana, funcionário público e também músico amador com predileção pelo choro, foi seu segundo marido.

Pixinguinha — apelido que lhe foi atribuído pela família, no caso Pizindim ou Pizinguim, que significava "menino bom" no dialeto natal da avó do menino — foi criado no Catumbi, em chácaras localizadas em morros onde viviam muitas famílias negras descendentes das primeiras gerações de libertos. A família Rocha Viana morava num casarão que logo ficou conhecido como a "Pensão Viana", pois não raro o patriarca Alfredo ajudava e abrigava amigos com dificuldades financeiras. Foi assim que Pixinguinha teve contato com o músico Irineu de Almeida (1863-1914), importante na sua iniciação musical. Aliás, Alfredo Viana sempre promovia reuniões musicais em sua casa, onde certamente Pixinguinha, ainda pequeno, ouviu chorinhos e conheceu "célebres chorões".

A formação escolar de Pixinguinha deu-se num colégio particular e depois no Liceu Santa Teresa e no Colégio de São Bento. Mas o principal interesse da numerosa família eram as atividades musicais, como as aulas de música e de instrumentos com Borges Leitão, um vizinho do bairro. Rapidamente os irmãos Otávio, Henrique e Léo aprenderam cavaquinho, banjo, violão de seis e sete cordas. As irmãs Edith e Hermengarda se interessaram por música e canto, sendo a primeira também pianista. Ainda criança, Pixinguinha aprendeu a tocar cavaquinho com os irmãos, mas logo se destacou na flauta, motivando seu pai a adquirir um instrumento de prata da marca italiana

Barlassina & Billoro, produzida sob encomenda.

Consta que Pixinguinha já em 1908 compôs "Lata de leite", um dos seus primeiros choros. Em 1911, por intermédio de Irineu de Almeida, entrou na orquestra do rancho Sociedade Dançante e Carnavalesca Filhas das Jardineiras. Em seguida teve papel importante no rancho Paladinos Japoneses, em que chegou a ser diretor de harmonia. Na sequência formou o conjunto musical Trio Suburbano, de piano, violino e com ele na flauta.

Com pouco mais de quinze anos, acompanhando seus irmãos, Pixinguinha começou a tocar em locais públicos, como a Casa de Chope La Concha, entre outros lugares. Foi então contratado para participar da orquestra do Cine-Teatro Rio Branco. Em 1913, entrou no Grupo do Caxangá, comandado por João Pernambuco (1883-1947), fazendo muito sucesso com músicas de Carnaval.

A partir de 1914, Pixinguinha deu início a uma série de gravações de grandes sucessos. Consta que "Carinhoso", uma das mais conhecidas composições de sua autoria, foi feita entre 1916 e 1917. Em 1918 e 1919, ele compôs sambas em parceria com Donga (1890-1974) e Mauro de Almeida (1882-1956). Com o grupo Os Oito Batutas, começou tocando nos cinemas da cidade. O sucesso popular levou os músicos a excursionar por cidades da Bahia, Pernambuco, São Paulo e outros estados. Em 1922, com patrocínio de Arnaldo Guinle (1884-1963), o grupo seguiria para Paris, com sete integrantes: Pixinguinha, Donga, China, Nelson Alves (1895-1960), José Alves de Lima, José Monteiro e Sizenando Santos. Na volta, participaram dos festejos e eventos de comemoração ao centenário da Independência do Brasil, em 1922, sendo em seguida contratados para atuar em espetáculos da Companhia Bataclan, empresa francesa que fazia teatro de revista em São Paulo. No fim do mesmo ano, o conjunto marcaria presença em apresentações internacionais na cidade de Buenos Aires.

Em 1926, Pixinguinha começou a atuar como regente da Companhia Negra de Revistas (1926-7), criada por De Chocolat (1887-1956). Ali conheceu sua futura esposa, Albertina Nunes Pereira (1898-1972), estrela que se apresentava com o pseudônimo Jandyra Aymoré, e foi morar em Ramos. Enquanto isso, seguiu gravando choros, chorinhos, sambas, maxixes, polcas e lundus. Em 1928 compôs "Lamentos", um de seus choros mais famosos. Em 1933, diplomou-se em teoria musical no Instituto Nacional de Música. Nomeado funcionário público, como fiscal de limpeza urbana, foi estimulado a fundar uma banda que se exibiu em 1934 na posse de Pedro Ernesto (1884-1942), prefeito eleito do então Distrito Federal.

Na década de 1930, já era regente e músico contratado pelas principais gravadoras da época, produzindo importantes arranjos. Sua composição "Carinhoso", que já tinha sido orquestrada e gravada em 1928, ganhou posteriormente letra de João de Barro (1907-2006) e foi gravada por Orlando Silva (1915-78) em 1937.

Na década de 1940, Pixinguinha passou a integrar o conjunto de Benedito Lacerda (1903-58), continuando a compor e gravar músicas de sucesso. Sua carreira acabou entrando em certo declínio no alvorecer da década de 1950, mas foi retomada em 1954 com o conjunto

Velha Guarda, composto de veteranos como Donga, João da Baiana (1887-1974) e outros. Em 1954, Pixinguinha deixou um depoimento, com vários registros audiovisuais. O filme tem direção de Thomaz Farkas (1924-2011), e foi realizado durante as festividades do aniversário de São Paulo e da inauguração do parque do Ibirapuera.

Na década de 1960, Pixinguinha conviveu com alguns problemas de saúde que lhe afetaram a rotina. Ainda assim, seus sucessos continuavam vivos na interpretação de importantes músicos de choro, como Jacob do Bandolim (1918-69), Altamiro Carrilho (1924-2012) e outros conjuntos que gravavam discos com suas composições.

Em vida, não faltaram homenagens e reconhecimentos a Pixinguinha. Como saxofonista, solista, compositor, regente e arranjador, era figura destacada desde a década de 1920. Trata-se sem dúvida de um dos maiores compositores da música popular brasileira, especialmente nas tradições do choro e chorinho.

Pixinguinha faleceu em 1973, dentro da igreja de Nossa Senhora da Paz, em Ipanema, quando participava de um batizado. O músico recebeu várias homenagens que o imortalizaram. A mais conhecida foi feita pela Portela no Carnaval de 1974 num samba-enredo que dizia: "Portela/ Teu carinhoso tema é oração/ Pra falar de quem ficou/ Como devoção/ Em nosso coração/ Pizindim! Pizindim! Pizindim!/ Era assim que a vovó/ Pixinguinha chamava/ Menino bom na sua língua natal/ Menino bom que se tornou imortal [...]. E ele/ Que era um poema de ternura e paz/ Fez um buquê que/ Não se esquece mais/ De rosas musicais".

FONTES: Edigar de Alencar; Enciclopédia da Música Brasileira; Ricardo Cravo Albin; Sebastião Braga; Sérgio Cabral.

VEJA TAMBÉM: Antônio Candeia Filho; Cartola; Chiquinha Gonzaga; Clementina de Jesus; De Chocolat; Donga; Geraldo Filme; Grande Otelo; Heitor dos Prazeres; Ismael Silva; Ivone Lara; Jandyra Aymoré; Maria das Dores Santos Conceição; Maria Joaquina de Camargo...; Paulo da Portela; Zé Kéti.

PRATA PRETA

c. 1874-1904 | RIO DE JANEIRO

Temos várias notícias sobre a Revolta da Vacina, mas quase nada sabemos a respeito de Horácio José da Silva, um dos líderes negros que comandou a resistência e liderou as últimas batalhas. Entre os dias 10 e 16 de novembro de 1904, o Rio de Janeiro experimentaria um dos maiores conflitos urbanos do alvorecer do século, ficando sitiado por centenas de revoltosos, num misto de insatisfação e rebeldia da população contra as medidas coercitivas do poder público.

Essa revolta representou um espetacular protesto popular contra as reformas urbanas — sobretudo aquelas comandadas pelo prefeito Pereira Passos (1836-1913) —, incluindo as campanhas de saneamento sob a liderança de médicos higienistas.

Desde o início do século XIX, e ainda no período colonial, as autoridades do Rio andavam preocupadas com uma série de epidemias que vitimavam a população — febre amarela, cólera e varíola. Além disso, nas últimas décadas do século XIX, as transformações urbanas ocorridas na então capital do Brasil, que incluíam a destruição de moradias populares — os chamados cortiços, que proliferavam pela cidade —, ganharam força como políticas públicas, revelando a intolerância e a truculência do governo.

No fim do século XIX, debates sobre reformas urbanas e sanitaristas alcançaram as ruas, sendo a principal pauta dos jornais e o tema central das disputas políticas. Por isso, tais medidas passavam pelos gabinetes, entravam nos salões e nas redações, mas se infiltravam também pelos becos, casebres e vilas. Reorganizar a cidade significava abrir ruas, demolir cortiços e remover setores populares — interferindo nos hábitos cotidianos e nas práticas culturais sobretudo da população negra e pobre urbana.

Ainda em junho de 1904, surgiu um projeto de regulamentação para a vacinação obrigatória, com imensa repercussão pública. No dia 10 de novembro eclodiu uma grande revolta popular, que se espalhou por várias partes da cidade, com bondes virados, trilhos arrancados, prédios depredados, postes de iluminação pública destruídos. A população pobre demonstrava intensa insatisfação contra os serviços públicos, contra as reformas de saneamento e contra a vacinação obrigatória. Na verdade, de maneira autoritária, as autoridades resolveram implantar medidas sanitárias sem a preocupação de explicar didaticamente sua importância. E, dessa forma, emergiu a revolta, fruto da falta de diálogo e da verdadeira ressaca sentida pela população, que estava desapontada com a Lei Áurea de 1888 e desejava, com a República, maior inclusão social, mas acabou se deparando com muita exclusão.

Diante do tamanho do conflito, com vários enfrentamentos com as tropas militares, ocorreu a imediata suspensão da vacinação obrigatória e foi decretado estado de sítio pelo governo federal. Ainda assim, agitações e confrontos com a polícia aconteceriam em diversas partes da cidade, como na Tijuca, em Botafogo, em Laranjeiras, no Catumbi e no Engenho Novo. Em regiões como Gamboa, Saúde e Santo Cristo, a população chegou a erguer barricadas, enfrentando as tropas do Exército.

Apareceria nesse contexto a legenda do Prata Preta, apelido de Horácio José da Silva. Consta que era um estivador e conhecido capoeirista de trinta anos. Sua prisão se deu no bairro da Saúde, local onde as barricadas impediam o avanço das tropas e onde membros da polícia foram atacados. Prata Preta foi, então, acusado de participar da morte de alguns soldados.

Vários jornais fizeram pilhérias e produziram charges sobre Prata Preta, enquanto relatos jornalísticos comentavam sua suposta "fama de homem valente e rixento". Diziam ser ele o comandante do "Porto Arthur da Saúde", que funcionou como uma espécie de derradeira cidadela de resistência da Revolta e foi comparado à fortaleza russa na guerra sino-japonesa (1904-5) chamada Porto Arthur. No local onde se deram os últimos confrontos, na atual praça da Harmonia, hoje existe um antigo batalhão da Polícia Militar. Erguido anos depois do conflito, simboliza a implantação do território da ordem pública contra a desordem popular.

FONTES: Jaime Larry Benchimol; José Murilo de Carvalho; Leonardo Affonso de Miranda Pereira; Nicolau Sevcenko; Sidney Chalhoub.

VEJA TAMBÉM: Ana Clara Maria Andrade...; Besouro Mangangá; Vicente de Souza.

PRETEXTATO DOS PASSOS E SILVA

?-1886 | RIO DE JANEIRO

Pretextato dos Passos e Silva era conhecido como Professor Pretextato. Não sabemos se era filho de escravos ou libertos, mas, em meados do século XIX, surge nos registros enviando requerimentos para a Inspetoria da Instrução Primária e Secundária da Corte, o órgão que regulava a educação na época. Solicitava autorização para criar uma escola de primeiras letras, como eram chamadas as escolas dos anos iniciais de educação. Pretextato já lecionava desde 1853, mas queria institucionalizar suas atividades como professor, seguindo o "Regulamento para a reforma do ensino primário e secundário do município da Corte", uma legislação que passou a vigorar a partir de 17 de fevereiro de 1854. No entanto, para continuar no exercício do magistério, queria receber dispensa dos exames obrigatórios a que todos os professores deveriam se submeter. Por esse motivo, seus requerimentos faziam parte de uma estratégia de convencimento junto ao inspetor-geral da Instrução Primária e Secundária da Corte.

Entre 1855 e 1856, ele instalou em sua casa, na rua da Alfândega, 313 — freguesia do Santíssimo Sacramento —, uma escola para meninos pretos e pardos. As pesquisas de Adriana Maria Paulo da Silva e Higor Ferreira demonstraram a existência de um movimento que durou quase dois anos, entre correspondências, abaixo-assinados e atestados. Numa carta escrita de próprio punho, Pretextato revelava a intenção de criar sua escola e, mais que isso, tentava comprovar que tinha para isso o apoio de várias famílias — certamente negras — que gostariam de ter acesso à educação para seus filhos.

Na sua missiva, datada de fevereiro de 1856, explicava que estava sendo "convocado por diferentes pais de famílias" para que "abrisse em sua casa uma pequena escola de instrução primária, admitindo seus filhos da cor preta e parda". A iniciativa de Pretextato sugere as expectativas de ampliar as experiências de liberdade por parte de uma população negra que não pretendia ficar aprisionada por estigmas de cor, mas queria manter e ampliar sua memória e identidade.

Além disso, tratava-se de uma resposta política de inclusão diante da exclusão da população negra das iniciativas escolares. Na sua requisição, Pretextato foi enfático ao dizer que "os pais dos alunos de cor branca não querem que seus filhos ombreiem com os de cor preta" e "os professores repugnam admitir os meninos pretos, e alguns destes que admitem, na aula não são bem acolhidos".

Pretextato acreditava ser fundamental o acesso à instrução e a um ambiente de aprendizado inclusivo. Por isso o professor enfatizava que, devido ao preconceito, as crianças negras "não recebem uma ampla instrução, por estarem [coagidas]". Afirmava que na sua escola iria "instruir as matérias que o suplicante sabe, as quais são, leitura, doutrina, as quatro principais operações de aritmética e escrita, pelo método de Ventura" — tudo isso num espaço escolar voltado para estudantes e professores negros. E concluía: episódios de discriminação não aconteceriam "na aula escola do suplicante; por este ser também preto".

Investiria também num currículo amplo, dando atenção às práticas escolares e à educação formal, e sublinhava ser necessário eliminar os aspectos negativos da escolarização dos meninos pardos e pretos. O professor visava uma clientela — quiçá de escravizados, quitandeiras, lavadeiras — que devia ver, na proposta dele, um projeto maior de inclusão social e mobilidade. Infelizmente não existem muitos outros registros a respeito. Sabe-se que a escola funcionou na residência de Pretextato até 1873, ocasião em que foi despejado devido à falta de pagamento do aluguel para a Santa Casa de Misericórdia. Quando isso aconteceu, sabe-se que existiam cerca de quinze alunos matriculados.

O professor atuaria mais tarde na Sociedade Marcenaria Beneficente, onde ocuparia a função de primeiro-secretário. Não existem registros comprovando se Pretextato continuou a lecionar contando com o apoio de irmandades. Consta, porém, que teria sido secretário da Ordem Terceira de Nossa Senhora das Mercês. Pretextato faleceu em 3 de março de 1886, e sua morte foi noticiada pela *Gazeta de Noticias*, que publicou o anúncio de convocação para uma missa em sua homenagem.

As ações do Professor Pretextato podem ser associadas a uma agenda abolicionista que se intensificaria nas décadas seguintes, com a mobilização de outros intelectuais negros, e também às expectativas de educação e letramento que ganharam força especialmente a partir da década de 1870, com os debates sobre o Fundo de Emancipação e os percentuais que deveriam ser disponibilizados para a criação de escolas para os libertos e filhos de escravos. Pretextato foi autor de iniciativas pioneiras no campo da instrução, da alfabetização e do letramento para a população negra no Brasil escravista: ele procurava provar que a verdadeira liberdade não viria da letra fria da lei, mas sim de um projeto de educação inclusivo.

FONTES: Adriana Maria Paulo da Silva; Higor Ferreira.

VEJA TAMBÉM: Antenor Nascentes; Amália Augusta de Lima Barreto; Antonieta de Barros; Francisco de Paula Victor; Hemetério José dos Santos; José de Souza Marques; Lino Guedes; Maria Firmina dos Reis.

PRETO FÉLIX

SÉC. XIX | BELÉM, PARÁ

A Cabanagem, ocorrida na antiga província do Grão-Pará, eclodiu em janeiro de 1835 e durou até praticamente 1840. Contou com a forte presença de indígenas, além de escravizados e libertos negros.

Já em 1832 se comentava a existência de escravizados em ajuntamentos e "possuídos de ideias partidárias". Líderes como frei Luís Zagalo (17??-18??), Felipe Patroni (1798-1866), Batista Campos (1782-1834) e Eduardo Angelim (1814-82) seriam acusados, então, de inocular ideias revolucionárias, de "formar partidos" e de serem identificados por portarem distintivos vermelhos, e "enfeites de cor encarnada". Muitos libertos acabariam acusados de serem "capitães dos cabanos", "comandantes dos rebeldes" ou líderes dos "malvados", conforme os rebeldes apareciam citados na documentação. Existem ainda registros sobre João do Espírito Santo, conhecido como Diamante, e de Antônio Pereira Guimarães, apelidado de Maguedim.

Na região do Acará, na bacia do Guajará, Preto Félix comandou mais de quatrocentos rebeldes — em sua maioria cativos refugiados —, juntamente com Manuel Maria, numa tropa de libertos e homens negros livres. Em Benfica, região de Bragança, a principal liderança seria a do preto Cristóvão — antigo cativo do engenho Caraparu —, chefiando mais de 150 guerrilheiros. Do outro lado do Grão-Pará, áreas do Baixo Amazonas tiveram a liderança do preto Belisário, que se "apresentava como libertador da raça" e guiava um grupo de trezentos amotinados.

Várias dessas notícias eram, de fato, exageradas, mas é certo que, em poucos meses, a movimentação dos cabanos alcançou desde as regiões de divisa com a província do Maranhão até as áreas do Amazonas e fronteiras do Peru e Venezuela. Mocambos, aldeamentos, com indígenas e muitos escravizados fugitivos ajudaram a espalhar a revolta e as expectativas de setores da população negra livre e cativa. Muitos marinheiros negros ingleses — de embarcações de guerra britânicas estacionadas nos portos de Belém — desertaram, aderindo aos cabanos e a suas movimentações.

Na vasta documentação existente sobre a repressão que se abateu sobre os líderes da Cabanagem aparecem nomes sem rostos, como Manuel Barbeiro, Patriota, Antônio Pereira Guimarães, José Manuel Feio, Custódio, João do Espírito Santo, Sipião, Benedito de Aquino, Francisco de Oliveira, Joaquim Antônio, José Marques, João Venâncio, João Fernandes Caripuna, Belisário, Cristóvão e vários outros. O combate ao movimento foi violento e estima-se que milhares de pessoas — quase um terço da população adulta — teriam sido assassinadas em conflitos e perseguições. Inúmeros rebeldes foram capturados, presos e sumariamente fuzilados. Outros tantos foram incorporados, de forma compulsória, ao Corpo dos Trabalhadores, instituição criada por uma lei provincial com o objetivo de desarmar e controlar a população livre pobre, de maioria negra.

FONTES: **Ana Renata do Rosário de Lima Pantoja; Eliane Cristina Soares Charlet; Siméia de Nazaré Lopes; Vicente Salles.**

VEJA TAMBÉM: **Cosme Bento das Chagas; Joaquina.**

PRÍNCIPE OBÁ II

1845-90 | LENÇÓIS, BAHIA; RIO DE JANEIRO

A história de Cândido da Fonseca Galvão começa em 1845, em Lençóis, no interior da Bahia. Ele era filho de africanos forros; seu pai, de origem ioruba, teria chegado escravizado a Salvador nas primeiras décadas do século XIX. Ali foi batizado com o nome cristão Benvindo, e anos depois, ao conquistar a liberdade por alforria, adotaria o nome do seu ex-senhor, Benvindo da Fonseca Galvão (?-1877). Após a alforria, ele e a esposa foram para o sertão baiano — mais especificamente para uma região de exploração de ouro e diamantes —, onde teria nascido Cândido da Fonseca Galvão. Assim, ele herdou os sobrenomes do pai africano e forro.

Através do estudo de Eduardo Silva hoje conhecemos muito mais sobre o príncipe Obá. Cândido Fonseca Galvão dizia que seu pai tinha sido filho do obá Abiodun (?-c. 1789), um rei governante do Império de Oyó. Ou seja, Cândido se apresentava como d. Obá II, um príncipe, já que era filho de d. Obá I. Como homem livre — ou membro da chamada "população livre de cor" —, viveu nesse sertão, até que aos vinte anos, mais exatamente em 1865, durante a Guerra do Paraguai, se integrou ao Corpo de Voluntários. Sabe-se que o contingente de população negra presente nas tropas — não só escravizados libertados para esse fim, mas muitos homens livres — foi bastante grande, tendo a província da Bahia contribuído com parcela substantiva. A atuação de Cândido Galvão no decorrer do conflito do Paraguai continua envolta em mistérios. Parte da história pode ter sido inventada nas décadas de 1870 e 1880, com Obá tendo construído uma memória de sua atuação no embate militar, solicitando, inclusive, pensão e condecoração. É notório que em 1866, depois de ferido, Cândido deixaria o posto e voltaria para a Bahia. Mais tarde, já em 1872, seria reformado com o posto de alferes da Terceira Companhia dos Zuavos baianos, relevante tropa negra que lutou naquela guerra.

Estabelecido na Corte do Rio de Janeiro na segunda metade da década de 1870, residiu em vários lugares, como na rua Uruguaiana, no bairro do Engenho Novo, no largo do Benfica. Nesse período, começaria uma intensa vida política. Ele se aproximaria das livrarias e redações de jornais, bem como dos debates abolicionistas, monarquistas e republicanos. Entre os tantos rumores da época, costumava-se falar das audiências que d. Obá II tinha com o imperador d. Pedro II (1825-91), e das cartas que lhe escreveu diretamente entre 1872 e 1885. Foram inúmeras as alianças que criou com diversos setores políticos e populares. Cândido Galvão transformaria seus escritos, divulgados na imprensa carioca, num importante pensamento crítico sobre a questão racial durante o Império, com destaque para os anos de 1886 e 1887, quando publicou muitas cartas e artigos. Em seus textos utilizava provérbios, em parte seguindo uma tradição oral africana herdada do pai, com quem teria aprendido a ler e escrever, ainda no interior da Bahia. Consta que d. Obá II, para além da sua pensão militar, se mantinha com a contribuição da comunidade negra carioca, que lhe fazia doações e prestava ajuda em dinheiro. Sua esposa, Raiza de Abiodun, morreu em 1887. Acumulando dívidas e muitas dificuldades de pagar por sua moradia, após 1888 se estabeleceu na rua Barão de São Félix, num prédio que existe até hoje.

D. Obá II praticamente desapareceu, então, do noticiário da imprensa, e a sua morte foi registrada em 1890.

FONTES: Carlos Eugênio Líbano Soares; Eduardo Silva; Hendrik Kraay; Jorge Prata de Sousa; Lilia Moritz Schwarcz.

VEJA TAMBÉM: Cipriano Pires Sardinha; José Custódio Joaquim de Almeida.

Q

QUELLY DA SILVA

1984-2019 | CAMPINAS, SÃO PAULO

No dia 20 de janeiro de 2019, Caio Santos de Oliveira, de vinte anos, confessou ter assassinado Quelly da Silva, uma travesti de 35 anos, em Campinas, São Paulo, e assim explicou seu ato: "Ele era um demônio, eu arranquei o coração dele". Além de furtar seus pertences, ele afirmou ter tirado o coração da vítima, colocado a imagem de uma santa no lugar e guardado o órgão em sua casa. Alegou, ainda, ter mantido relações sexuais com Quelly. Quando indagado por jornalistas que cobriam o violento caso, reafirmou que conhecera a vítima na noite anterior ao assassinato, e que a matou "por culpa dele [da travesti]", que "era um demônio".

Oliveira foi abordado pela polícia numa estrada próxima ao local do assassinato durante a madrugada, após apresentar "comportamento suspeito" e escoriações pelo corpo, além de um ferimento na cabeça. Questionado, acabou confessando o crime hediondo e ainda levou os policiais a um bar na região da rodovia Miguel Melhado de Campos, onde Quelly foi encontrada e identificada no documento oficial do crime apenas com seu nome de registro — mais uma violência. Nem o direito à identidade de gênero que escolhera para si foi preservado. Posteriormente, em nova revista realizada no endereço do suspeito, foi encontrado o coração da vítima enrolado num pano.

O assassinato, executado com requintes de crueldade, revela a violência a que estão expostas as pessoas trans no Brasil, cuja vida está constantemente ameaçada nesse país em que nem ao menos existe uma instituição oficial que cuide de notificar casos desse tipo. "Qualquer assassinato de uma pessoa trans manda um recado: o de que a gente não merece existir", explica a presidente da Associação Nacional de Travestis e Transexuais (Antra), Keila Simpson. No entanto, não existe previsão legal no Código Penal para tipificar esse tipo de homicídio como transfobia, o que contribui para uma sensação de impunidade em relação a esse crime de ódio.

Entre janeiro e o fim de setembro de 2018, 125 pessoas transgênero foram assassinadas no Brasil. Trata-se do maior número de mortes violentas registrado entre os 72 países pesquisados pela ONG Transgender Europe. O Brasil ocupa, infelizmente, a liderança do ranking desde 2008. E, mesmo assim, casos como esse tendem a ser naturalizados pelo cotidiano, justificando sua violência e negando espaço para o registro das potencialidades dessas vidas. Essas são histórias de intolerância que precisam ser reescritas e refundadas no Brasil.

FONTES: Andréa Martinelli; Leda Antunes.

VEJA TAMBÉM: Beatriz Nascimento; Maria do Céu Ferreira da Silva; Selma Heloísa Artigas da Silva.

QUERENGUE E OUTRAS AFRICANAS

SÉC. XIX | ÁFRICA CENTRAL E OCIDENTAL; RIO DE JANEIRO

Como os africanos escravizados — com seus nomes, origens e identidades diversas — foram transformados em Joões, Marias, Beneditos e Josefas? O processo cumpria uma rotina forçada. Esses africanos costumavam ter entre dez e dezesseis anos quando partiam de algum entreposto do litoral africano, depois de meses aguardando em barracões. Ao chegarem ao país de destino, eram batizados, ganhando novos nomes, cristãos e portugueses. Embora rara, a manutenção de nomes africanos, na hora do batismo, sugeria denominações étnicas distintas. Existia ainda a possibilidade do uso de nomes duplos (africanos e europeus), e alguns africanos conviveram tanto com nomes cristãos quanto com os seus nomes originais.

No momento da nomeação vigiam tanto o direito civil como o regime eclesiástico, juntamente com práticas habituais. No caso do Império português, burocracia estatal e Igreja foram essenciais nos processos de nomeação dos escravizados.

Padrinhos ou testemunhas dos batizados, que poderiam ser igualmente africanos mas eram em geral cativos mais antigos, já adaptados em termos culturais, tinham um papel fundamental e costumavam servir como tradutores de línguas durante essas cerimônias. Ou seja, quase a metade dos rituais de batismo de adultos africanos contou com a presença de outros cativos, porém não existem registros se estes eram nascidos no Brasil ou africanos já adaptados e falantes do português. Alguns fazendeiros, comerciantes e capitães de navio escolhiam cativos (crioulos ou africanos) para serem padrinhos ou testemunhas. Ignoramos, porém, como se dava tal escolha, se era aleatória ou não.

Num episódio quase único, no que se refere à escravidão africana atlântica no Brasil oitocentista, conhecemos as africanas Querengue, de nação congo; Suami, de nação maiombe; Fuenza, de nação biombe; Sengue, de nação monjolo; Quitembo, de nação rebolo; e Biembe, de nação angola. Essas seis mulheres africanas escravizadas, com seus nomes próprios, simbolizam dimensões da diáspora africana ainda pouco acessíveis nas fontes disponíveis.

Elas aparecem nos registros de apreensão do bergantim *Brilhante* — que não temos certeza se era brasileiro ou português —, em 1838, durante a repressão ao tráfico ilegal. Sob o comando do capitão Antônio Jorge da Costa, a embarcação, que transportava tecidos e africanos escravizados, teria partido de Luanda e faria escala no Rio de Janeiro. Foi interceptada pelo brigue inglês *Wizard*, do comandante James Bower, tendo a sua carga apreendida, junto com o diário náutico e os passaportes da tripulação. Havia ali 245 escravizados cujos nomes foram devidamente arrolados.

Como mostrou a pesquisa de Daniel B. Domingues da Silva, a novidade ficaria por conta das anotações detalhadas dos nomes próprios; um a um, cada africano e cada africana tiveram registrados seus dados e procedências, sendo dezenove mulheres e dezesseis meninas. E aí estão as africanas Bonda e Mafuto, ambas de nação angola, e assinaladas com a observação "maluca". Junto com a africana Marzana, de vinte anos, também angola, aparece inscrita sua filha, esta já com o nome cristão: Maria. Do africano Cualo, nação maiombe, os documentos mostram que estava "doente com um tumor na perna direita". Quase todos traziam marcas, de propriedade ou para uso do tráfico negreiro, nos braços e no peito.

FONTES: Badi Bukas-Yakabuul; Cláudio de Paula Honorato; Júlio César Medeiros da Silva

Pereira; Daniel B. Domingues da Silva; Jean Hébrard; John K. Thornton; Luiz Felipe de Alencastro

VEJA TAMBÉM: Duarte da Costa; Mandilacota; Rufino José Maria.

QUINDOMBA

SÉC. XIX | ÁFRICA; MINAS GERAIS

A vasta área das Minas Gerais foi um verdadeiro concentrado de quilombos, tendo sido localizados em registros históricos por volta de 130 deles nos anos de 1709 a 1817.

Em meados do século XVIII, sobretudo nos anos 1760 e 1770, várias regiões seriam mais povoadas por centro-africanos, havendo assim uma inversão de geração e de origens dos africanos em Minas. Primeiro, predominaram os africanos ocidentais, e só depois se deu a entrada mais sistemática e acentuada de centro-africanos. Pouco sabemos sobre o perfil étnico dos quilombolas das Gerais no século XVIII. As informações acerca dos acampamentos de escravizados capturados são incompletas e dispersas, tornando difícil estabelecer suas características étnico-demográficas. Embora a concentração de africanos nos mocambos fosse grande, em virtude da própria presença maciça deles no conjunto da população escrava, existem também evidências de um grande número de escravizados nascidos no Brasil — apelidados de "crioulos" — nos quilombos mineiros.

É em tal contexto que podemos entender e repensar a importância de um personagem como Quindomba, revelado nas pesquisas de Aires da Mata Machado Filho, Clóvis Moura e Waldemar de Almeida Barbosa. Há indicações de que, em 1813, havia quilombolas chefiados por um africano com esse nome na região de Mariana, nas terras de Antônio Domingues. Nos registros se menciona que ele era o "terror desses habitantes". Foram enviadas, então, tropas coloniais contra alguns mocambos dali, tendo sido capturado, entre os quilombolas, o "celebrado valentão Quindomba". E nos ranchos teriam sido encontrados arcos, flechas e búzios. Os africanos, tanto nos quilombos quanto nas senzalas, mesmo com suas diferenças étnicas, linguísticas e culturais, procuraram compartilhar objetivos e estratégias para conquistar a liberdade. Em alguns momentos, no entanto, tais diferenças podem ter atrapalhado. Em 1719, por exemplo, comentava-se que os cativos "minas" e "angolas" preparavam um grande levante na capitania. Informações dadas ao conde de Assumar (1688-1756) revelavam que os escravizados "tinham maquinado" deflagrar a insurreição "para a noite de Quinta-Feira Santa, os negros do Rio das Mortes, Furquim, Ouro Branco, São Bartolomeu, Ouro Preto e de outras partes". As autoridades tiveram acesso aos preparativos dessa revolta a tempo de reprimi-la. Dizia-se, contudo, que os escravizados acabariam tendo êxito caso não houvesse disputas étnicas, uma vez que "entre eles [havia] a diferença de que os negros de Angola queriam que fosse rei de todos um do seu reino, e os minas também de que fosse da mesma sua pátria". Ainda que os escravizados não tenham conseguido uma aliança étnica forte e suficiente para impulsionar o levante, as autoridades coloniais mineiras sobressaltaram-se. Em

1725, já determinavam que os senhores destinassem para o trabalho nas Gerais os cativos de naturalidade angola, em detrimento dos minas, sob a justificativa de serem os primeiros mais "confidentes, mais sujeitos, e obedientes", enquanto os últimos eram temidos pelo seu "furor, valentia", podendo assim "animar a entrar em alguma deliberação de se oporem contra os brancos". Os minas eram acusados igualmente de serem "feiticeiros" e não confiáveis.

De toda maneira, as paisagens mineiras da segunda metade do século XVIII ficariam marcadas pelas grandes imigrações das décadas de 1740 a 1770, quando lá entraram maciçamente centro-africanos e, após 1769, africanos do sul de Angola. Esses dois grupos africanos e as primeiras gerações de crioulos, filhos destes já nascidos no Brasil, protagonizaram várias revoltas — 1790, 1720, 1723 e 1756 —, cujos planos foram descobertos, justamente, por conta das tensões entre grupos minas, da África Setentrional, e angolas, da África Central.

FONTES: **Aires da Mata Machado Filho; Carlos Magno Guimarães; Clóvis Moura; Donald Ramos; Flávio dos Santos Gomes; Waldemar de Almeida Barbosa.**

VEJA TAMBÉM: **Adão; Ambrósio...; Clara Courá...; Vitória ou Vitorão.**

QUINTILIANO AVELLAR

SÉC. XIX | PATY DO ALFERES, RIO DE JANEIRO

"Para fugir do grande perigo em que corremos por falta de instrução, vimos pedi-la para nossos filhos e para que eles não ergam mão assassina para abater aqueles que querem a República, que é a liberdade, igualdade e fraternidade." Originalmente localizada pela historiadora Wlamyra R. de Albuquerque, assim terminava uma carta enviada a Rui Barbosa (1849-1923) em abril de 1889. Quintiliano Avellar é o primeiro a subscrevê-la. Depois assinaram, nesta ordem: Ambrósio Teixeira, João Gomes Batista, Francisco de Sales Avellar, José dos Santos Pereira, Ricardo Leopoldino Almeida e Sérgio Barbosa dos Santos. Quintiliano encabeçava a pequena lista, que se autodenominava "Comissão de Libertos de Paty do Alferes".

Paty do Alferes se localizava entre as regiões de Vassouras, Valença, Piraí e Paraíba do Sul, num Vale do Paraíba marcado pela presença de inúmeros africanos e escravizados. Existia bastante café, mas também muitos barões. Endereçada a Rui Barbosa, a petição clamava pelo "auxílio da invejável ilustração e do grande talento" daquele jornalista. Além disso, mencionava a propaganda republicana, as violências dos comícios e a participação negra. Mas, sobretudo, reivindicava escolas para os ex-escravizados, principalmente para as crianças. Aqueles que assinavam a carta se mostravam igualmente a par da legislação que lhes concernia: destacaram o Fundo de Emancipação, e os filhos do "ventre livre", a partir da lei de 28 de setembro de 1871.

O contexto de redação da carta não poderia ser mais significativo. Meses após a abolição, com uma campanha republicana agressiva nas ruas, a reação monarquista e os temores sobre a possibilidade de se instalar um Terceiro Reinado, o ambiente na Corte e no Rio de Janeiro era de lutas políticas. Nas ruas das grandes e médias cidades, comícios envolviam libertos, republicanos, monarquistas e jornalistas.

O clima no Vale do Paraíba era de muita apreensão, especialmente nas vésperas do primeiro aniversário da Lei Áurea. Em 25 de abril, no município vizinho de Valença, a proprietária de terras Pequetita Barcelos escrevia para um parente na Corte: "Entremos agora a falar sobre o assunto que me levou a escrever-te", no caso "esperam-se grandes coisas para o dia 13 de maio, esse malfadado dia!". Pequetita Barcelos garantia ainda que "os libertos da sua fazenda há muitos dias que estão fabricando balas e dizendo que são para os republicanos". Alertando que "todos em Valença estão aterrados", profetizava: "Os libertos [...] estão altaneiros, e [...] já não fazem questão de política, mas sim da raça, que horror, meu Deus", e assim "só tenho na mente o dia 13".

A correspondência de Pequetita foi parar nas mãos de Rui Barbosa, que publicou trechos dela no *Diario de Noticias*. Rui usou-a para acusar os monarquistas — e também José do Patrocínio (1853-1905) — de incentivarem os ataques e agressões que a população negra, a maioria formada por libertos, andava a dirigir aos republicanos, assim sugerindo que aqueles defendiam a reescravização.

Já a Carta da Comissão de Libertos foi endereçada diretamente a Rui Barbosa no dia 19 de abril. Ao que se sabe, o jornalista não a mencionou propriamente, nem ao menos a respondeu. Mas ela ganhou visibilidade por conta da sua publicação num jornal de prestígio na Corte. Ao acionarem Rui Barbosa, os subscritores identificavam sua influência e liderança política, em particular no tocante ao debate sobre o Fundo de Emancipação — a partir do qual se garantia ao escravizado o direito à libertação, retirando do senhor parte do arbítrio de decidir quais escravizados seriam merecedores ou não da alforria. Também se retiraria um imposto de 5%, que deveria ser empregado na educação dos libertos.

Na missiva, os libertos afirmavam que Rui fora um "verdadeiro defensor do povo", além de ter sido "entre os jornalistas" aquele que "assumiu posição definida e digna" sobre os "acontecimentos, que vieram enlutar nossos corações de patriotas". E continuavam: "É para pedir o auxílio da inspirada pena de v. ex., que tanto influiu para a nossa emancipação, que nos dirigimos a v. ex.". Os autores do texto deixavam claro que estavam cientes dos debates entre republicanos e monarquistas no Vale do Paraíba, e andavam preocupados com as decorrências políticas no que se referia à população negra. Quintiliano e os demais escreveram ou ditaram: "Querem os ministros da rainha fazer dos libertos, nossos inconscientes companheiros, base para o levantamento do alicerce do terceiro reinado".

Numa manifestação política explícita, afirmaram: "Compreendemos perfeitamente que a libertação partiu do povo, que forçou a coroa e o parlamento a decretá-la e que em Cubatão foi assinada a nossa liberdade". Fica patente que aqueles que assinam o documento tinham certeza absoluta acerca do papel político e da luta travada pelos escravizados, que pressionaram pela abolição com fugas em massa, quilombos volantes, abandono de fazendas, insurreições e outras formas de rebelião. Na carta subscrita por Quintiliano e companheiros estava subjacente a ideia de que a legislação sobre o Fundo de Emancipação pusera em execução apenas os direitos dos senhores, não tocando na parte que tratava da educação dos ingênuos. Por isso, os libertos protestavam "contra o meio indecente de que o governo quer lançar mão [dos impostos]", mas nada fazia sobre a instrução da lei de 28 de setembro de 1871 em relação à cobrança do "imposto de 5% adicionais", um "imposto decretado para o fundo de emancipação dos escravos". Exigiam, pois, que o imposto revertesse "para a educação dos filhos dos libertos", o que seria um direito.

Redigida num português irretocável, a missiva mostrava como, para que a libertação fosse duradoura, era preciso garantir aos libertos e libertas o que estava na letra da lei: o direito à educação, pública, gratuita e de qualidade. Infelizmente, no Brasil, esse ainda não é um direito igual para todos. Quintiliano e seus colegas de carta foram premonitórios.

FONTES: Alexandre Ribeiro Neto; Humberto Fernandes Machado; Iamara da Silva Viana; Lívia de Lauro Antunes; Wlamyra R. de Albuquerque.

VEJA TAMBÉM: Esperança Garcia; Faustino da Silva Paiva e Mathias Henrique da Silva; José do Patrocínio.

QUINTINO DE LACERDA

SÉC. XIX | SERGIPE; SANTOS, SÃO PAULO

Quintino de Lacerda era natural de Sergipe, e por volta da década de 1870 chegou a Santos, litoral de São Paulo, onde se tornou escravizado de ganho da firma Lacerda & Irmãos. Em poucos anos, ele conquistou sua liberdade. A julgar pelo sobrenome que adotou, sua alforria há de ter sido conseguida por meio do bom relacionamento com seus senhores. Em 1882, foi escolhido para liderar o Quilombo do Jabaquara, organizado, de acordo com diversos memorialistas, pelos abolicionistas santistas. Ao longo dos anos 1880 e 1890, acumulou um patrimônio considerável para um recém-liberto.

Segundo seu testamento de 1898, estudado por Maria Helena P. T. Machado e Matheus Serva Pereira, Quintino possuía um botequim no Jabaquara e mais quatro imóveis na cidade, incluindo a casa em que morava. Em 1886, ingressou na Irmandade de São Benedito, acompanhado por sua esposa e filhos. Em 1893, foi eleito juiz dessa confraria, conhecida por congregar parte da população negra de Santos. No mesmo ano, foi eleito vereador, mas seus colegas legisladores o impediram de tomar posse.

Lacerda atuou vivamente no movimento abolicionista, participando de fugas e acoitamento de cativos. Era não só líder do Quilombo do Jabaquara, em Santos, como arrendatário de suas terras, que eram propriedade de Benjamin Fontana. Além de cobrar aluguéis dos habitantes, zelava pela ordem no local, como inspetor de quarteirão. Em processos judiciais, aparece testemunhando a favor de seus aliados abastados contra habitantes do quilombo. Por outro lado, Lacerda soube angariar alianças e respeito entre os quilombolas e negros, uma vez que teria sido dele a iniciativa de trazer Pai Felipe e seus seguidores de Cubatão para Santos.

Por outro lado, ao mesmo tempo que seu nome ficou guardado na memória santista como um dos heróis da abolição, sua origem nunca passou despercebida, representado como um "bom negro", cujas "simpatia, [...] dignidade pessoal, [...] coragem davam-lhe o suficiente prestígio...".

Adversários políticos também apelaram para sua cor, como forma de desqualificá-lo. O tenente José Augusto Vinhais o procurou pessoalmente para cobrar satisfações sobre o fato de ele ter reunido "turmas de homens de cor" para furar a greve dos trabalhadores do porto de 1891, os quais o militar deputado representava nas negociações. Essas são ambivalências que a escravidão e o pós-emancipação legaram.

FONTES: Maria Helena P. T. Machado; Matheus Serva Pereira.

VEJA TAMBÉM: Luiz Gama.

R

RAIMUNDO DE SOUZA DANTAS

1923-2002 | ESTÂNCIA E ARACAJU, SERGIPE; RIO DE JANEIRO

Nascido em 1923, na cidade sergipana de Estância, Raimundo era filho de Reis Souza Dantas, pintor e alfaiate, e de Porfíria Conceição Dantas, lavadeira, ambos analfabetos. Em suas memórias, Souza Dantas aludiria à infância pobre e às histórias contadas por d. Rita, uma velha doceira. Recorda também das acusações preconceituosas que recebeu.

Só conseguiu se alfabetizar com dezesseis anos, quando migrou para Aracaju, indo trabalhar numa tipografia no jornal *Correio de Aracaju*. Aos dezenove, já estava no Rio de Janeiro, colaborando para vários periódicos.

Passou também a se dedicar à literatura: em 1944 publicou *Sete palmos de terra* e, em 1945, *Agonia*. Souza Dantas cobriu os trabalhos da Constituinte de 1946, pelo *Diario Carioca*. Um tempo depois, foi trabalhar no *Jornal do Brasil* e no *Estado de S. Paulo*. Em 1949 lançou o relato autobiográfico *Um começo de vida* e os romances *Solidão nos campos* e *Vigília da noite*.

Como jornalista, trabalhou na campanha presidencial de Jânio Quadros (1917-92). Com a eleição deste, tornou-se oficial de gabinete. Em 1961, foi nomeado embaixador em Gana: o primeiro embaixador negro brasileiro. Sua missão no continente africano durou até 1964. Ainda assim, Souza Dantas registrou em suas memórias a rejeição e os boicotes do Itamaraty à sua nomeação.

Foi membro do Conselho Nacional de Cinema e, mais tarde, do Conselho Estadual de Cultura do Rio de Janeiro. Como fruto da sua experiência diplomática, publicou, em 1965, *África difícil*. Em 1966, integrou a delegação brasileira no I Festival Mundial de Artes Negras, realizado em Dakar, Senegal. No ano seguinte, participou do II Congresso das Comunidades Negras de Cultura Portuguesa, em Moçambique.

Na última fase da sua vida, atuou como comentarista político em programas da Rádio Nacional e da TV Educativa (TVE). Além de ter sido condecorado com o título de Oficial da Ordem Nacional do Senegal, recebeu a medalha do Pacificador, a medalha Sílvio Romero e a medalha Mérito Santos-Dumont. Em 2002, Souza Dantas faleceu no Rio de Janeiro, com 72 anos. Casado com Ideline Botelho Souza Dantas, seu filho mais velho, Roberto Souza Dantas, guarda o rico acervo, com anotações, diários e memórias do pai.

FONTES: Eduardo de Oliveira; Felipe Honorato Cunha; Haroldo Costa; Ivo de Santana; José Jorge Siqueira; Michael George Hanchard; Nei Lopes.

VEJA TAMBÉM: Antenor Nascentes; Claudino José da Silva; Hermenegildo Rodrigues de Barros; Nilo Peçanha; Pedro Lessa; Solano Trindade.

RAIMUNDO IRINEU SERRA

1892-1971 | SÃO VICENTE FERRER E SÃO LUÍS, MARANHÃO; BELÉM, PARÁ; MANAUS, AMAZONAS; ACRE

Na escravidão e no pós-abolição, as experiências afro-brasileiras se espalharam, conectando territórios, fronteiras e também experiências culturais e religiosas. Esse foi o caminho trilhado por Raimundo Irineu Serra. A partir de sua trajetória é que se iniciaram pioneiramente no Acre as experiências religiosas da Doutrina do Santo Daime. Ele e mais uma comunidade de migrantes negros e mestiços criaram uma forma de religião que associava o uso da ayahuasca a formas de catolicismo popular na Floresta Amazônica nas primeiras décadas do século XX. Seria constituído no local um ritual em que o consumo da ayahuasca juntaria tradições indígenas, cristãs, caboclas e de migrantes negros, muitos dos quais atuando como seringueiros. Rezas, cânticos e tradições xamânicas acabariam rebatizados enquanto rituais evocativos de "Dai-me amor", daí a terminologia "Santo Daime".

Raimundo Irineu Serra nasceu em 15 de dezembro de 1892 no interior do Maranhão, área do atual município de São Vicente Ferrer. Era descendente direto de libertos e cativos nascidos na primeira década após 1888. Sua mãe era Joana de Assunção Serra e seu pai, Sancho Martinho Serra, um ex-escravizado, provavelmente filho de gerações africanas que continuaram chegando às lavouras maranhenses até 1845, com o tráfico ilegal. Sabe-se que sua mãe era católica fervorosa. Primogênito, Raimundo Irineu tinha cinco irmãos: Dico, Verônica, Matilde, Maria e Nhá Dica. Com a morte do pai, ele contou com o apoio de seu tio materno e padrinho, Paulo Serra. Até os doze anos, permaneceu com a família no interior rural do Maranhão. Em 1904 migrou para a capital, São Luís.

Descrito como um homem de quase dois metros de altura, Raimundo Irineu frequentava festas de tambor de crioula. Numa dessas festas teria ocorrido uma grande confusão. O padrinho o castigou com chicote, ocasionando, na memória familiar, o desejo dele de "ganhar o mundo" com suas andanças. Só voltaria a reencontrar seus parentes cinquenta anos depois.

Sabe-se que Raimundo foi para Belém, onde trabalhou como jardineiro durante pouco mais de um ano. Por volta de 1911 embarcou para Manaus. Chegou ali no momento do boom econômico do ciclo da borracha. No ano seguinte alcançou o Acre, território recém-anexado ao Brasil. Instalou-se em Xapuri em março de 1912, trabalhando por cerca de dois anos nas margens do rio Aquiri. Tempos depois migrou para Brasileia, indo trabalhar em seringais próximos à fronteira boliviana. Ali atuou com vários outros seringueiros e regatões, muitos dos quais maranhenses e nordestinos com origens e trajetórias semelhantes à sua.

Consta que entre 1913 e 1914, Raimundo Irineu entrou em contato com a ayahuasca junto a um xamã de origem indígena do Peru que vivia no Acre. As práticas e experiências religiosas nessa parte da Floresta Amazônica, reunindo tradições culturais e pessoas de origens distintas, cresceram muito, sendo conhecidas as paralelas ondas de repressão policial. Raimundo Irineu chegou a atuar como guarda da Comissão de Limites, que fez trabalhos de demarcação na região e depois se alistou na guarda territorial. Cada vez mais expandiu os territórios por onde caminhava e os conhecimentos sobre os povos e as culturas da floresta.

Aos poucos — e com a ajuda de diversos parceiros — foi constituindo uma comunidade religiosa, estabelecendo preceitos, rituais e símbolos, que incluíam roupas, hinos e músicas em torno de uma doutrina. Na década de 1930 esta já era uma realidade, com muitos rituais espalhados pela floresta.

Mestre Irineu — como ficaria conhecido na região — casou-se várias vezes. Nos anos 1950 viajaria ao Maranhão e retornaria para o Acre com mais parentes, ampliando o número de discípulos e divulgadores da Doutrina do Santo Daime. Na década de 1960, sua doutrina já era referência no Acre, ganhando reconhecimento de diferentes setores sociais, ainda que fosse cercada por muita intolerância religiosa.

Tendo adoecido no final de 1970, Mestre Irineu faleceu em julho do ano seguinte. A partir do trabalho de outros seguidores e líderes religiosos, a Doutrina do Daime propagou-se por várias regiões do Brasil, inclusive capitais como o Rio de Janeiro, atraindo seguidores e curiosos com as práticas xamanísticas de purificação através do consumo ritual de ayahuasca. Hoje existem seguidores e cultos também espalhados em diversas partes do mundo: América Latina, Europa, Estados Unidos e Canadá.

FONTES: **Sandra Lucia Goulart; Santo Daime.**

VEJA TAMBÉM: **Mãe Esperança Rita.**

RAINHA MARIA JOAQUINA

SÉCS. XVIII-XIX | ÁFRICA CENTRAL; RIO DE JANEIRO

Maria Joaquina foi uma mulher liberta, de nação cabundá, portanto da África Central. Provavelmente desembarcou escravizada no Rio de Janeiro por volta de 1780 a 1785.

Em 1811, Maria Joaquina e Caetano Lopes dos Santos tomaram posse e foram coroados como "rainha" e "rei" da Irmandade de Nossa Senhora da Lampadosa. Sua coroação foi motivo para muita festa no campo de São Domingos, atraindo africanos, nascidos no Brasil, cativos e/ou libertos.

A coroação de Maria Joaquina e Caetano remonta a uma tradição africana de meados do século XVIII e praticada no Rio de Janeiro. A irmandade fora fundada em 1742, e lá ficava depositada uma imagem do Santo Rei Baltasar — um santo negro. Em 1748, houve a coroação do africano Antônio, "rei da nação rebolo". Atravessando o século XVIII, diferentes "nações africanas" escolhiam seus reis e rainhas negros na Irmandade do Santo Rei Baltasar.

Com músicas, bandas e indumentárias específicas, africanos e nascidos no Brasil entoavam "cantigas" sempre nos dias de Reis — 6 de janeiro —, misturando africanos moçambiques, congos, rebolos, cabundás, cassanges e minas numa pluralidade de representantes de nações.

A rainha Maria Joaquina podia ser chamada de "nembanda", enquanto o rei era denominado "neuvangue". Já "endoque" eram os feiticeiros; "uantuafinos", os vassalos, e "manafundos", os príncipes.

FONTES: **Anderson José Machado de Oliveira; Flávio dos Santos Gomes; Juliana Barreto Farias; Marina de Mello e Souza; Mariza de Carvalho Soares; Mello Moraes Filho; Nei Lopes.**

VEJA TAMBÉM: **Inácio Monte; Josefa da Silva.**

RAINHA MARTA DOS QUILOMBOLAS DE IGUAÇU

SÉC. XIX | IGUAÇU, RIO DE JANEIRO

Marta foi identificada como uma das líderes dos quilombos de Iguaçu, localizados no Recôncavo da Guanabara — parte da atual Baixada Fluminense. Às margens de rios e riachos, principalmente Iguaçu e Sarapuí, próximos às freguesias de Marapicu, Santo Antônio de Jacutinga, São João de Meriti, Piedade de Iguaçu e Pilar de Iguaçu se instalaram quilombos desde o começo do século XIX, permanecendo ativos até as vésperas da abolição.

Em julho de 1876, o *Diario do Rio de Janeiro* noticiaria o resultado de uma expedição contra os quilombos de Iguaçu. No quilombo do Gabriel teriam sido capturados 23 quilombolas, entre os quais Mateus e Marta, "intitulada rainha do quilombo".

Sabia-se que era a partir dos quilombos de Iguaçu que se extraía, armazenava e comercializava a chamada "lenha do mangue", lenhas e carvões combustíveis fundamentais para fogões, lareiras, fornos e iluminação na cidade do Rio. E era uma lenha "muito bem paga na Corte".

Marta talvez tenha sido filha da primeira geração de quilombolas africanos de Iguaçu. Além de cuidar das roças de mandioca, atuava como intermediária nas trocas mercantis entre os quilombolas e os taberneiros locais. Vale a pena, assim, desconfiar das fontes que pouco mencionam o papel feminino nos mocambos. Apesar do silêncio da documentação, as mulheres foram fundamentais na constituição das comunidades de fugitivos, seja na manutenção material, com provimentos, como confecções de roupas, utensílios, seja na espiritual. Além de combaterem lado a lado com os homens, exerciam, com frequência, funções logísticas dentro da comunidade, conduzindo alimentos, pólvora e armamentos, assim como removendo feridos e cuidando deles. É possível supor que, em alguns mocambos, a população feminina fosse até maior do que a documentação tem até aqui destacado. Afinal, grupos quilombolas devem ter mantido mulheres e crianças em locais seguros — acampamentos afastados —, onde dificilmente seriam encontradas pelas expedições de captura. São muitas as Martas, e ainda precisamos conhecê-las. Já a Rainha Marta dos quilombos de Iguaçu deve ter agregado força, poder, liderança e prestígio a ponto de ser considerada a rainha do mocambo.

FONTES: Flávio dos Santos Gomes; João José Reis; Márcia Motta; Rubens da Mota Machado.

VEJA TAMBÉM: Acotirene e Aqualtune; Ângela; Dandara, Lucrécia e Madalena; Francisca; Hilária e Madalena; Mariana; Tereza de Benguela; Zacimba Gaba.

RITA CEBOLA E OUTROS CASOS

SÉC. XVIII | SALVADOR, BAHIA

Rita Gomes da Silva recebeu o apelido de Rita Cebola por causa da ocupação de seu amante e depois marido. O tenente-coronel Inocêncio José da Costa, português, vivia na Bahia no século XVIII, atuando no comércio desse rico tempero. Muito adulada por Inocêncio, Rita costumava visitar a igreja do Bonfim, em Salvador, às sextas-feiras, acompanhada por um séquito de escravizados negros e alguns pajens brancos, vestida como uma rainha e envolta em forte perfume. Seu poder era tal que era ela quem avalizava os negócios do português.

Viúva do capitão Leandro de Sousa Braga, também português, amasiou-se justamente com Inocêncio, definido na época como um "comerciante abonado e acreditado". Segundo tese de Afrânio Mário Simões Filho, o que mais se comentava era como Inocêncio estaria passando por problemas financeiros e de saúde; no entanto, em 1799, quando o governador d. Fernando José de Portugal (1752-1817) enviou resposta aos esclarecimentos solicitados pelo secretário de Estado da Marinha e Ultramar, a respeito de algumas denúncias contra os desembargadores da Relação da Bahia, Inocêncio José da Costa foi identificado como "comerciante abonado e acreditado e tesoureiro-geral da Junta da Real Fazenda". Ele também mantinha uma amizade sólida com o desembargador José Pedro de Azevedo de Sousa da Câmara (1754-1812). O certo é que o marido de Rita Cebola era bem relacionado e tinha muitas posses.

A casa comercial do tenente-coronel situava-se na Cidade Baixa, mais exatamente no bairro da Praia. Era dele uma propriedade no campo do Barril, avaliada em 23 contos e 200 mil-réis, descrita como uma "casa de sobrado [...] cercada toda de vidraças com arvoredos frutíferos". Além de outras de menor valor, Inocêncio tinha propriedades na ladeira existente entre a rua do Tijolo e a do Saldanha, no valor de três contos. Contígua a essa edificação, ele possuía mais uma propriedade, esta avaliada em dois contos e 800 mil-réis. Para completar era dono também de outro imóvel na rua da Ópera.

Segundo a informação deixada em registro pelo governador, o negociante vivia secretamente com uma mulher parda alcunhada de Cebola. Por conta de sua forte ligação com os negócios dela, ele era conhecido como Inocêncio Cebola. Não se sabe, portanto, quem deve o apelido a quem.

O desembargador da Câmara era tão próximo do português que corria o boato de que "também faria negócios por intermédio de uma mulata rica intitulada Cebola, que constava ter se casado ocultamente com o negociante Inocêncio José da Costa". Ou seja, Rita seria, na verdade, intermediária dos negócios que Inocêncio fazia com o desembargador, por meio de presentes que enviava à esposa do magistrado. Dizia-se que a liberta se vestia com "desmedido luxo" e "exercia imenso poder" sobre o marido e que "as pessoas que precisavam dos seus favores eram induzidas a lhe presentearem de modo soberbo". Era evidente assim o poder de Rita Cebola.

Em seu testamento, Inocêncio declarou que sua mulher, d. Rita Gomes da Silva, quando se casou com ele, já "possuía uma morada de casas de sobrado, situadas na rua do Gravatá, em chãos próprios, livres e desembargados, que trouxe em dote do seu primeiro marido". Ao que tudo indica, não só Rita tinha várias dependentes, como Inocêncio se empenhou para estabelecer uma relação formal com ela, casando-se secretamente e sendo sempre atencioso na realização dos desejos da moça.

Inocêncio faleceu em 31 de agosto, segundo algumas fontes, ou 1º de setembro de 1805, segundo outras. De Rita Cebola não temos mais informações. Mas a sua história mostra como eram frequentes os casos de comerciantes e proprietários de escravizados que mantinham relações estáveis com escravizadas ou forras, as quais, por sua vez, exerciam grande influência sobre eles. Na Bahia do século XVIII, por exemplo, um senhor deixou para a sua "escrava concubina" a liberdade dela e de três cativos, sob a condição de que ela permanecesse solteira. Também havia casos de homens amasiados com escravizadas de outros proprietários, como Luiz Gonzaga, "homem branco, solteiro, morador no arraial de Mapendipe, que está notoriamente concubinado com Francisca, crioula, escrava do capitão José Pereira, com escândalo, tratando-a e zelando-a como cousa sua, passando ao excesso de ferir a outros homens pelo respeito dela". Antônio Martins de Camamu, solteiro, era "concubinado com Maximiana, parda, sua ex-escrava, da qual tem filho", e Antônio Ribeiro, branco, solteiro, morador nos Foguinhos (Boipeba), "vive concubinado de portas adentro com Quitéria, crioula, que foi sua escrava". O capitão Pedro do Espírito Santo era acusado de estar amasiado com a ex-escravizada de Luiz Farinha. Muitos desses senhores tinham filhos com suas cativas, e não raro acabavam concedendo a eles a alforria. Foi o que aconteceu com o "cabrinha Lourenço, filho de Joaquim Vaz com a escravizada de Francisco Falheia, moradores em Ilhéus". Quando o garoto completou quatro anos, seu pai o alforriou: "Para libertar meu sangue e lhe dar liberdade, fiz esta compra de meu filho, e o forro de minha vontade". Benedito Miranda, um "crioulo de Ilhéus", "trata mal sua mulher por estar concubinado com Antônia, crioula forra". Isso sem esquecer os vários divórcios motivados por relações com escravizadas e libertas.

Inocêncio, muito bem relacionado na sociedade local, pediu para ser enterrado, se possível, junto com sua terceira esposa, d. Rita Gomes da Silva, "para demonstração do muito que de mim foi estimada". Além do mais, cumpriu com solicitações feitas por Rita Cebola, que faleceu sem deixar testamento. Um dos pedidos de Rita foi a realização de duzentas missas pela alma do capitão Leandro de Sousa Braga, seu primeiro marido.

FONTES: Adriana Dantas Reis; Anna Ribeiro de Goes Bittencourt; Luiz Mott; Rita de Cassia Santos Silva; Afrânio Mário Simões Filho.

VEJA TAMBÉM: Chica da Silva; Francisca Poderosa; Narcisa Ribeiro.

RITA DIAS DE ARAÚJO

SÉC. XVIII | OURO PRETO, MINAS GERAIS

A africana Rita Dias de Araújo pode ter chegado como escravizada ao porto do Rio de Janeiro ou a Salvador no alvorecer do século XVIII. Levada para as áreas de mineração, foi morar na freguesia de São Bartolomeu, Vila Rica de Ouro Preto. Mais tarde, já liberta, atuou como quitandeira. Sua existência há de ter sido semelhante à de tantas outras africanas que habitavam nas Minas Gerais setecentistas. A originalidade da sua experiência está no ofício que ela exercia paralelamente: ajudava na tradução e na mediação cultural de línguas africanas.

Rita — que talvez fosse Rita Mina — teve uma filha, Maria Dias de Araújo, com o português Antônio da Costa Peixoto (1703-63). Por sua vez, é ele quem assina os manuscritos "Alguns apontamentos da língua mina com as palavras portuguesas correspondentes" (1731) e "Obra nova de língua geral de Mina traduzida ao nosso idioma" (1741). Os manuscritos de Antônio da Costa Peixoto trazem palavras, frases e mesmo diálogos da "língua mina" devidamente traduzidos para o português. Pesquisas recentes sugerem que essas obras só puderam ser editadas em razão das relações que Peixoto desenvolveu com africanos ocidentais em Minas, na primeira metade do século XVIII. Com base no estudo de Ivana Stolze Lima sabemos que Rita — falante da denominada "língua mina" — deve ter desempenhado um papel fundamental para o letrado, apresentando-o a esses idiomas por ele desconhecidos.

FONTES: **Ana Maria M. Magaldi; Ivana Stolze Lima; Júnia Ferreira Furtado; Luciano Figueiredo; Luiz Felipe de Alencastro; Silvia Hunold Lara; Yeda Pessoa de Castro.**

VEJA TAMBÉM: D. Diogo.

RITA MARIA

SÉCS. XIX-XX | FLORIANÓPOLIS, SANTA CATARINA

Na época em que Rita viveu, Nossa Senhora do Desterro, atual Florianópolis, ainda não havia sofrido as transformações urbanísticas que iriam marcá-la no decurso das três primeiras décadas do século XX — a exemplo do que ocorria em outras capitais brasileiras que procuravam se aparelhar para a "modernidade", expulsando a pobreza para os seus arredores. O centro urbano compreendia, então, as proximidades da praça Quinze de Novembro e era circundado por uma série de bairros, entre eles o de Rita Maria, que abrigava uma pequena comunidade de mais ou menos trinta casas de madeira com tetos cobertos por telhas nativas (as assim chamadas telhas de meia-cana).

Rita Maria era conhecida por seus dotes culinários, com os quais se sustentava. Era particularmente popular na região do porto. Dizia-se que possuía uma "casa de tolerância" naquelas cercanias, onde marinheiros e pescadores buscavam o "aconchego feminino". Mesmo depois de as últimas casas desapareceram, por volta de 1950, a área continuou designada pelo mesmo nome, que acabou se imortalizando na imaginação da comunidade. Além disso, a figura de Rita ficou também associada a seus poderes de cura.

Ela foi homenageada no dia 7 de setembro de 1982, quando seu nome batizou o Terminal Rodoviário. Na mesma data, foram erguidos dois monumentos: um em sucata de ferro, estilizando a figura dela, e outro em concreto armado, simbolizando suas mãos.

Muitos ainda se lembram de Rita Maria como uma senhora negra, robusta, com mais de oitenta anos, sempre risonha, que podia ser vista todos os domingos na igreja de Nossa Senhora do Bom Parto. Ela teria falecido na década de 1920 e foi sepultada no cemitério do Morro perto de sua casa, no bairro Rita Maria.

FONTES: A. Seixas Netto; Érico Vital Brazil; Juliana Cassab; Oswaldo Rodrigues Cabral; Schuma Schumaher.

VEJA TAMBÉM: Mãe Benta; Maria Mina; Sabina da Cruz.

ROBSON SILVEIRA DA LUZ

1951-78 | SÃO PAULO

Robson Silveira da Luz era um feirante negro de 27 anos que morava na Zona Leste de São Paulo. Como explica o antropólogo e historiador Lucas Scaravelli da Silva (1984-), no dia 18 de junho de 1978 Robson voltava de um baile black junto com os amigos. Após pegar um cacho de banana de um caminhão de frutas, numa feira em Guaianases, onde trabalhava, foi levado preso pela Polícia Militar e encaminhado para o 44º Distrito Policial do mesmo bairro. Ainda eram tempos de ditadura militar. Robson foi torturado e morto por policiais militares sob a chefia do delegado Alberto Abdalla. À sua mulher, grávida, a polícia disse que ele sofrera um acidente.

Outro acontecimento paralelo ocorreu nesse mesmo contexto: quatro jogadores de vôlei negros foram impedidos de entrar e jogar no Clube de Regatas Tietê por conta de sua cor. Fazia noventa anos que a escravatura fora abolida, mas os impedimentos eram semelhantes.

O caso de Robson, a discriminação aos atletas e o assassinato de outro cidadão negro, o operário Newton Lourenço, morto pela polícia no bairro da Lapa, causaram forte comoção entre os militantes negros. Enquanto a imprensa pouco ou nada publicou, o jornalista negro Hamilton Cardoso (1953-99) fez uma matéria sobre a morte de Robson Luz em junho de 1978 no jornal *Versus*, que circulou entre 1977 e 1979.

A mobilização negra não desapareceu no período da ditadura militar. Em São Paulo, no início dos anos 1970, era muito atuante o Centro de Cultura e Arte Negra (Cecan). Também a imprensa negra estava viva em São Paulo, em torno da atuação de jornais como *Árvore das Palavras* (1974), *O Quadro* (1974), *Biluga* (1974) e *Nagô* (1975), que alcançavam além da capital os municípios de São Caetano do Sul e São Carlos. No Rio de Janeiro, a Sociedade de Intercâmbio Brasil África (Sinba), o Instituto de Pesquisa das Culturas Negras (IPCN) e o Centro de Estudos Brasil-África (Ceba), a partir de 1975, mantinham-se como entidades ativas. No Rio Grande do Sul, o jornal *Tição* (1977) continuava na luta. Nessa época, também surgiram movimentos com perfis diferentes, mas que engrossavam a resistência negra, como o Ilê Aiyê, ou Ilê, o mais antigo bloco afro do Carnaval baiano, datado de 1974.

Esses episódios, ainda pouco conhecidos na história brasileira oficial, acabaram se transformando num estopim para a (re)organização de lideranças negras de São Paulo no fim da década de 1970. As repercussões do assassinato de Robson da Luz foram motivo para uma reunião promovida em junho de 1978 com diversos grupos e entidades negras, como o Cecan, o Grupo Afro-Latino América, a Câmara de Comércio Afro-Brasileiro, grupos de atletas e artistas negros. Foi quando se tomou a decisão de criar o Movimento Unificado Contra a Discriminação Racial (MUCDR), que deveria organizar um ato público contra o genocídio da população negra e denunciar diversos episódios de racismo.

Em 7 de julho de 1978, nas escadarias do Theatro Municipal de São Paulo, reunindo organizações culturais, entidades negras e representantes de outros estados, foi criado o movimento negro com características nacionais. Logo na organização da entidade MUCDR, foi adicionada a palavra Negro, com o grupo levando o nome de Movimento Negro Unificado Contra a Discriminação Racial (MNUCDR), posteriormente simplificado para Movimento Negro Unificado (MNU).

A ditadura militar vinha reprimindo e prendendo muitos militantes e jovens negros, além de tentar esvaziar qualquer pauta contra o racismo. Em primeiro lugar, buscava estigmatizar e deslegitimar os ativistas, chamando-os de "cópias" dos movimentos norte-americanos. Em segundo, fazia contrapropaganda, exaltando uma pretensa "democracia racial brasileira".

A manifestação histórica do dia 7 de julho rompeu com o pretenso silêncio e a invisibilidade imposta pela ditadura militar. Estavam presentes cerca de 2 mil pessoas, que protestaram contra os episódios recentes de violência contra negros em São Paulo e contra o genocídio negro de uma forma geral. Participaram muitos negros e negras anônimos, jovens que curtiam os bailes de soul music — os bailes black de São Paulo —, mas também operários, estudantes, jornalistas, artistas, atletas, trabalhadores do comércio, lideranças sindicais e de associações, como Flávio Carrança, Hamilton Cardoso, Vanderlei José Maria, Milton Barbosa (1948-), Rafael Pinto, Jamu Minka (1946-) e Neusa Pereira. No ato, foi distribuída uma carta aberta que denunciava as condições de vida dos negros no Brasil. O protesto teve apoio de entidades de São Paulo, Bahia, Minas Gerais, Pará, Pernambuco e Rio de Janeiro. Prisioneiros da Casa de Detenção também enviaram um documento de apoio ao movimento. Desde então, a data entrou para o calendário das lutas contra a discriminação racial.

Em novembro, o MNUCDR participou do I Congresso Nacional pela Anistia, denunciando a violência policial contra os negros no Brasil, as condições subumanas da população carcerária e as torturas nos presídios.

Depois da redemocratização, o delegado Alberto Abdalla, responsável pela prisão de Robson da Luz, foi condenado pela morte do jovem, juntamente com outros policiais. A sentença, no entanto, jamais foi aplicada. Robson converteu-se em símbolo da luta contra o genocídio negro, e o MNU tornou-se uma organização nacional e um movimento social atuante em defesa da igualdade racial e dos direitos dos negros num Brasil que pratica um racismo estrutural e institucional. Já nesse momento o movimento anunciava que não existiria democracia no país enquanto vigorasse o racismo. Ainda na década de 1970, uma imprensa negra sairia fortalecida com jornais como *Jornegro* (1978), *O Saci* (1978), *Abertura* (1978), *Vissungo* (1979), *Pixaim* (1979), entre outros.

A morte de Robson também virou mote para uma série de denúncias contra o "esquadrão da morte", a "polícia mineira" e o "mão branca", sinônimos de extermínio de negros no Brasil entre os anos 1970 e 1980. Mas, embora Robson tenha se transformado num símbolo, até hoje pouco se conhece de sua vida. Essas são as perversas invisibilidades de um país que continua a matar, nas grandes periferias, gerações de jovens negros que muitas vezes não conseguem sair do anonimato que lhes é imposto pelos números frios da repressão policial.

FONTES: **Helene Monteiro; Lucas Scaravelli da Silva; Maria Ercilia do Nascimento; Michael George Hanchard; Petrônio Domingues.**

VEJA TAMBÉM: **Amarildo Dias de Souza; Cláudia Silva Ferreira; Edmeia da Silva Euzébio; Hamilton Cardoso; Marielle Franco.**

ROQUE JOSÉ FLORÊNCIO

1828-1958 | SOROCABA E SÃO CARLOS, SÃO PAULO

São muitas as histórias que circundam a vida de Pata Seca. Conta uma narrativa popular que ele teria sido um "escravo reprodutor", que tinha mais de duzentos filhos e vivera, segundo sua certidão de óbito, 130 anos. O documento, lavrado em 17 de fevereiro de 1958, revela que Roque morreu de insuficiência cardíaca, miocardite, esclerose e senilidade. A família de Pata Seca, que mais tarde — com a abolição da escravidão — foi registrado com o nome de Roque José Florêncio, afirma que essa seria "uma história verdadeira, não é uma lenda". Ao menos é o que explica a neta, Maria Madalena Florêncio Florentino, que mora em São Carlos, no interior paulista.

Conforme a versão consagrada pelos parentes, Roque teria nascido em Sorocaba na primeira metade do século XIX, quando foi comprado por um fazendeiro de São Carlos e escolhido para ser "escravo reprodutor" no distrito de Santa Eudóxia. A quantidade de filhos teria ficado registrada num antigo livro da Fazenda Grande. A família diz, porém, que não possui documentos que comprovem os nascimentos e que ainda procura pelos demais descendentes.

Enquanto alguns pesquisadores sustentam que Pata Seca não passaria de uma lenda, outros afirmam que a história nacional tende a apagar a memória dos negros e que, se for confirmada tal versão, estima-se que mais de 30% dos moradores de Santa Eudóxia seriam descendentes de Roque. Afirma-se ainda que o papel de Pata Seca, como reprodutor, poderia ajudar a explicar por que o número de escravizados na região continuou a aumentar, mesmo depois da Lei Eusébio de Queirós, que proibiu a entrada de africanos e africanas após 1850. Ou seja, apenas um escravizado teria a capacidade de, com seu sêmen, manter estável a população de todo um vilarejo.

Segundo a família, Roque foi comprado na vila de Sorocaba e vendido para o visconde de Cunha Bueno (1829-1903), dono de um latifúndio de café. Na propriedade, recebeu seu nome e o apelido de Pata Seca, em virtude das mãos compridas e afiladas que possuía. Como tinha canelas finas, e na época se acreditava que homens com essa característica geravam mais filhos do sexo masculino, ele teria sido selecionado para se relacionar sexualmente com as várias escravizadas da fazenda. Ele também cuidava dos cavalos e era responsável pelo transporte das correspondências entre a fazenda e a cidade.

Ainda segundo a neta, foi cumprindo essa função que conheceu Palmira, sua futura esposa: “Ele ia buscar as cartas em São Carlos e, quando passava, via uma moça magrinha, barrendo, barrendo”. Certo dia, pediu a mão da jovem, que disse sim.

Por ocasião do casamento, o escravizado ganhou dos patrões vinte alqueires de terra e deu por encerrada sua vida como reprodutor. Criou sua própria família e teve nove filhos. Para sustentar a prole, Roque fazia canecas e assadeiras de lata, criava galinhas, plantava legumes e preparava rapaduras. Vendia também ovos, utensílios e doces pelas fazendas da região.

No entanto, sem arame para cercar todo o terreno, e com a idade chegando, Pata Seca acabou perdendo grande parte do seu pequeno patrimônio. As dificuldades foram tantas que, de acordo com Madalena, depois da morte dele, a família tomou rumos diferentes: alguns se mudaram para a cidade de São Carlos, outros para o distrito de Santa Eudóxia, o que levou ao abandono das terras por quase trinta anos.

Muitas são as histórias curiosas, criadas ou não, acerca do famoso reprodutor. A família costuma contar que ele era tão grande que, quando a cavalo, “arrastava os pés no chão”. Um amigo próximo, Marcílio Corrêa Bueno, se lembra do pai contando que Pata Seca “se dava com todo mundo”, e que era religioso.

Madalena recorda-o sempre de camisa branca e com uma postura elegante. Diz que Pata Seca fazia questão de varrer todo dia os arredores da casa do sítio, que era cercada por mangueiras. Roque comia fubá mexido na panela com banha de porco e café preto, e levava o café para Palmira, que ficara cega por conta de complicações durante um de seus partos. Dormia numa cama de tarimba com colchão de palha de milho. Segundo a família, ainda, foi dessa cama que caiu o prego que feriu o pé do avô. “Pegou bicheira. Usaram o remédio da senzala — fumo, urina e álcool — mas ele piorou”, disse Madalena. Internado na Santa Casa de São Carlos, não resistiu: morreu em fevereiro de 1958, apenas três meses depois de participar do desfile de aniversário da cidade como o homem mais velho ali. A única foto que restou dele foi tirada justamente durante esse desfile.

Não há como confirmar que Roque tenha sido trazido para servir como reprodutor de escravizados. De toda maneira, alguns registros da história oral, redigidos por moradores locais, informam que, como o escravizado era muito “forte e alto” (media 2,18 metros), “esperto”, e “bom” (o que provavelmente queria dizer “obediente”), teria “regalias” e fora escolhido como “reprodutor”.

A história de Roque José Florêncio, o Pata Seca, é ainda eloquente nas lembranças dos moradores mais antigos do distrito de Santa Eudóxia e entre seus descendentes. Não parece coincidência, porém, que informações sobre sua biografia permaneçam escassas e inconsistentes. Sobraram mais detalhes folclóricos do que registros de sua vida.

FONTES: Marinaldo Fernando de Souza; Stefhanie Piovesan.

VEJA TAMBÉM: Delphina Maria da Conceição...; Maria Benedita da Rocha; Maria do Carmo Jerônimo; Nhô João e sua parceira; Tia Inácia.

ROSA

1831-? | URUGUAIANA,
RIO GRANDE DO SUL

Numa madrugada fria de 1870, Rosa atravessaria a fronteira do Uruguai, fugindo de uma fazenda criatória de gado localizada na margem direita do Imba, junto a Uruguaiana. Fazia de seu plano um projeto familiar. Nascida no Brasil, e com 39 anos, Rosa evadiu-se acompanhada dos filhos Eugênio, Francisco, Fláubio, Domingos e "um ainda de peito". Não teve, porém, total sucesso em sua empreitada, sendo capturada. Mas o que parecia uma escapada individual, era parte de um movimento mais amplo, que levou muitos escravizados a fugir de diversas áreas do Rio Grande e alcançar o Uruguai e a Argentina. Migrações transnacionais nas fronteiras meridionais eram um expediente antigo, datando do período colonial. Em 1816, a movimentação adquiriu contornos diplomáticos, com a invasão da Banda Oriental e sua ocupação pelas tropas portuguesas. Estancieiros se alvoroçaram, e escravizados também.

Como explicam as pesquisas de Keila Grinberg (1971-), Paulo Roberto Staudt Moreira (1962-), Maria Verónica Secreto e outras, essas zonas de fronteira eram conhecidos territórios de contrabando, de fugas e esconderijo de desertores militares ou criminosos. Evasões desse tipo conheceram novos capítulos com a Revolução Farroupilha (1835-45), quando escravizados avaliaram melhores oportunidades ante os muitos conflitos armados.

A passagem para o Uruguai não era uma garantia de liberdade, pois lá também vigorava o regime escravocrata. Contudo, entre 1842 e 1846 a situação se alterou diante das leis abolicionistas daquele país: os filhos de escravizados eram considerados livres, com o fim da escravidão no Uruguai e depois, em 1853, na Argentina. Assim, fugas naquelas fronteiras podiam ser encaradas como perda de escravos por parte de estancieiros brasileiros, mas igualmente como ação apoiada por argentinos e uruguaios, que temiam o expansionismo escravista brasileiro na região.

Escravizados também tinham suas estratégias, e assim pode ser entendida a atitude de Rosa. Ela procurava assegurar não só sua liberdade como a de seus cinco filhos. A sua evasão em 1870 quem sabe teria, ainda, outro motivo: distanciar-se da guerra. Cinco anos antes, Uruguaiana fora invadida por tropas paraguaias. O inquérito instaurado revelaria uma série de expectativas familiares. O pequeno Eugênio, um de seus filhos, com doze anos, disse que o africano "pai Antônio" havia auxiliado sua mãe a se esconder. Outro aliado da família era o africano liberto Antônio Mina, de sessenta anos. Ele ajudou a preparar a "trouxa de roupa" e um cavalo. Paulo Roberto Staudt Moreira traz o depoimento de Rosa, a qual afirmou que seu proprietário, João Pereira Soares, tinha a intenção de alforriá-la mas a esposa não aprovava a libertação. Rosa garantiu que já tinha "dado onze crias, achou que isso era injustiça da parte de sua senhora" — recusar o preço da "sua liberdade". Ela tentaria ganhar, assim, outras fronteiras da liberdade.

FONTES: Keila Grinberg; Paulo Roberto Staudt Moreira; Maria Verónica Secreto.

VEJA TAMBÉM: Catarina Cassange; Clementina Maria da Conceição...; Damásia.

ROSA CABINDA

1823-? | ÁFRICA CENTRAL; JUIZ DE FORA, MINAS GERAIS

Existem batalhas pela liberdade, mas existem também batalhas pela memória da liberdade. A africana Rosa nasceu em algum lugar do Congo Norte, em 1823. Pode ter desembarcado no Rio por volta de 1837, no auge do tráfico ilegal de africanos. Batizada de Rosa Cabinda, com catorze anos há de ter seguido para o Vale do Paraíba ou para o Norte Fluminense. O certo é que chegou à Zona da Mata mineira, indo parar em Juiz de Fora. Ali se tornou cativa doméstica da família Halfeld.

Em 1867, ela foi avaliada em 400 mil-réis no inventário de Cândida Maria Carlota (1822-66), esposa do comendador Henrique Guilherme Fernando Halfeld (1797-1873). Nas observações dos avaliadores, consta que apresentava um defeito físico numa das mãos. Aos cinquenta anos, em 1873, Rosa Cabinda requereu sua liberdade. O comendador Halfeld recusou seu pedido. Foi impetrada, então, ação de liberdade, e na petição a "suplicante" dispunha "da quantia de 300 mil-réis, equivalente ao valor de sua pessoa". Argumentou que calculara tal oferta com base na sua avaliação feita seis anos antes. Entre os conflitos judiciais e a nomeação de novos avaliadores, o comendador e seus herdeiros foram obrigados a libertá-la.

Sua trajetória assemelha-se à de muitas outras mulheres e homens escravizados que requereram sua liberdade a partir da década de 1870. Mas a história de Rosa teria continuidade; ou melhor, a história de sua memória. É o que sugere Mariana Gino e outros pesquisadores. Passados 190 anos do nascimento dela e 140 da requisição da ação de liberdade, movimentos sociais, coletivos negros, parlamentares e intelectuais negros e negras de Juiz de Fora solicitaram que fosse dado seu nome a um logradouro do bairro Vitorino Braga. Nada mais justo; afinal uma das vias mais nobres da cidade presta tributo a um dos maiores escravistas locais: rua Halfeld. Além do mais, tal rua e vizinhanças foram palco de segregação no início do século XX, quando se proibiu a população negra e imigrantes de origem asiática e africana de trafegar por determinados lugares da cidade e de circular por eles. Ainda não há uma rua com o nome da antiga escravizada na cidade, mas em 2019 foi instituída a Medalha Rosa Cabinda, um prêmio em homenagem a mulheres de destaque em Juiz de Fora, Minas Gerais e no Brasil, num explícito contraponto à existência, desde 1973, da Medalha Mérito Comendador Henrique Guilherme Fernando Halfeld.

FONTES: Carime Elmor; Elione Silva Guimarães; Giane Elisa Sales de Almeida; Jonis Freire; Liliane Campbell de Mendonça; Mariana Gino; Projeto de Lei nº 205/2013; Valéria Alves Guimarães.

VEJA TAMBÉM: Firmina.

ROSA DO O'FREIRE

?-1863 | ÁFRICA; SALVADOR, BAHIA

Rosa do O'Freire dizia haver saído da "Costa da África" e ido para Salvador "em tenra idade" e sem os pais, que teriam permanecido por lá. Portanto, tudo que aprendera sobre suas raízes ouvira dos africanos e africanas que chegaram ao Brasil já com certa idade mas aqui deixaram gravadas as tradições e os costumes de suas terras. Vender no mercado era o que a maioria das africanas fazia, fosse em suas vilas, fosse viajando de uma cidade a outra, às vezes sozinhas, às vezes em caravanas, porém, de todo modo, reunindo riqueza e prestígio. Rosa virou vendedora ambulante ou feirante, primeiro como escravizada, depois como liberta.

Explica a historiadora Sandra Lauderdale Graham que as fontes não revelam o ofício que Rosa exercia, nem como conseguiu juntar suas economias. Muito provavelmente, vendia doces e outros produtos nas ruas ou bancas de Salvador. Com o tempo, comprou não só a própria liberdade como de alguns escravizados, que logo pôs para trabalhar e dos quais recebia uma diária. Por meio de seu testamento final, datado de 1863, quando ela estava doente mas em plena posse das "faculdades intelectuais", ficamos conhecendo seus derradeiros desejos. Rosa possuía então nove cativos e concedeu liberdade a duas escravizadas africanas, sob a condição de que pagassem o valor necessário ao testamenteiro. Umbelina deveria utilizar 400 mil-réis para as despesas com o enterro de Rosa, e Rita deveria empregar, em dois anos, ao espólio dela a quantia de 600 mil-réis. Determinou ainda que, se qualquer uma das mulheres não pagasse a quantia estipulada, elas poderiam ser vendidas e o dinheiro revertido para o espólio.

Rosa reservou a parte mais significativa de sua herança para as suas seis "crias": cinco filhos de Leocádia, sua escravizada africana, e Guilhermina, cuja mãe não é identificada. Apenas sabemos que todos eram "crioulinhos" e "crias da casa" e que receberiam uma carta de liberdade como prova de que eram libertos. Também Leocádia receberia uma carta de liberdade para que pudesse continuar a criar os filhos menores. Ao libertar tanto a mãe quanto filhos, pretendia impedir que eles corressem o risco de serem separados por venda a proprietários diferentes.

Em 1861, dois anos antes de morrer, Rosa comprou, na freguesia de Santana, na rua atrás dos Quartéis da Palma, uma casa e o terreno em nome de suas duas "crias" preferidas, Guilhermina e Leonico. Pagou ao proprietário, Felisberto Gomes de Argolo Ferrão (*c.* 1797-*c.* 1861), a quantia de dois contos e explicou: "[...] sendo eu africana, e pelas leis do país, não podendo possuir propriedade de raiz, tive de comprar em nome" de outros.

Na época, tudo que um escravizado adquirisse pertencia a seu proprietário, assim como ele próprio. A lei se aplicava igualmente a escravizados africanos ou brasileiros de nascença. Havia, contudo, uma exceção: segundo o direito romano, a lei não podia impedir que um escravizado tentasse ganhar a liberdade e, com tal objetivo, juntasse economias (um pecúlio) para comprá-la. Na prática, se muitos proprietários não honravam a poupança — ou seja, ficavam com o valor mas não "davam" a liberdade —, esse era, porém, um expediente relevante. É possível afirmar, assim, que a intenção de Rosa era assegurar que a casa dela não acabasse incluída no inventário de seus bens e fosse parar nas mãos do proprietário. Em testamento, ela observou que estava morando na dita casa e que, com sua morte, esta passaria aos seus afilhados, todos os seis designados herdeiros, e que eles continuariam a viver ali, além de receberem o título quando atingissem a maioridade. Rosa nunca se casou, não teve filhos, nem tinha pais vivos, mas ao menos contou com a liberdade de escolher seus herdeiros e destinar suas posses a quem desejasse.

Ao legar tanto liberdade quanto propriedades às suas "crias", Rosa representa um exemplo de padrão recorrente entre algumas escravizadas oriundas da Costa da África, que no Brasil nunca se casaram e tampouco tiveram filhos. Em geral, elas designaram como herdeiros não as suas escravizadas, mas os filhos destas — e frequentemente as filhas mulheres. Nem sempre, e como o caso de Rosa demonstra, as dotaram de recursos em dinheiro ou imóveis para começar a vida. No entanto, e de toda maneira, com seus atos essas mulheres estabeleceram linhagens inventadas e criaram um novo gênero de família, com outros tipos de descendência nos contextos atlânticos em que foram obrigadas a viver.

FONTES: **Sandra Lauderdale Graham; Sheila de Castro Faria.**

VEJA TAMBÉM: **Emília do Patrocínio.**

ROSA EGIPCÍACA

c. 1719-? | ÁFRICA OCIDENTAL; RIO DE JANEIRO; MINAS GERAIS

A partir de documentos encontrados em arquivos portugueses e brasileiros Luiz Mott (1946-) descobriu e narrou a história de Rosa Egipcíaca. Rosa nasceu no fim da década de 1710, tendo chegado ao Brasil em 1725. Na ocasião, uma viagem do litoral da África Ocidental até o Rio de Janeiro durava cerca de cinquenta dias. Crianças representavam de 8% a 13% do carregamento dos negreiros e a mortalidade era de aproximadamente 20%. Quando Rosa desembarcou no Rio, o comércio de "pretos novos" estava concentrado na rua Direita, atual Primeiro de Março, no centro carioca. Não havia ainda o famoso mercado nem o porto do Valongo, que datam dos anos 1770. Ela afirmava ser "natural da Costa da Mina", e na documentação é registrada como pertencente à "nação" courá ou courana. Registros do tráfico atlântico e dos batizados de africanos ocidentais recém-chegados aos portos setecentistas de Salvador, Recife e Rio de Janeiro traziam diferentes nomenclaturas e grafias: courá, curá, curamo, couramo, curano, couxaina, karam, ou os nomes compostos: courá-mina, courano da Costa da Mina e courá-baxé. Sugerem os acidentes geográficos da África Ocidental, como a fortaleza de Ouidah (Judá ou Ajuda), e do Reino do Benin; o rio Curamo, a lagoa e a ilha de mesmo nome. Em 1748, a pequena vila de Curamo, na descrição do Reino do Benin, aparece situada a dez léguas do rio Formoso e distante treze léguas da vila de Jabum. Há indicações de que os denominados courás eram inimigos do rei do Daomé e habitavam a lagoa de Curamo, nos arredores da atual cidade de Lagos, na Nigéria. Rosa foi batizada na igreja da Candelária talvez com o nome de "gentio da Mina" ou "gentio da Guiné". Na certidão de batismo menciona-se o nome do seu primeiro senhor, José de Sousa de Azevedo, que a violentou sexualmente quando ela contava catorze anos.

Depois de passar oito anos no Rio de Janeiro, foi vendida para as regiões mineradoras, em 1733; sua proprietária era d. Ana Garcez de Morais. Na viagem para Minas, os africanos recém-desembarcados no Rio, na primeira metade do século XVIII, tinham que atravessar a Baixada Fluminense, a serra da Mantiqueira, Barbacena, Rio das Mortes, vila de São João del-Rei e Itatiaia até chegarem a Vila Rica. Somente entre 1715 e 1727 partiriam dos portos cariocas para as Minas 26 mil africanos, numa média de 2300 por ano.

Rosa foi morar na freguesia de Nossa Senhora do Inficcionado, arraial perto da vila de Mariana e das minas de Catas Altas, ali permanecendo dos catorze aos 32 anos. Entre 1733 e 1748 — quando das suas primeiras manifestações consideradas "diabólicas" e da sua conversão —, ela viveu da prostituição. Aliás, nas Gerais proliferariam — por conta da perseguição empreendida pela Inquisição — acusações de sodomia. Aos trinta anos, foi acometida de estranha doença que mudaria sua existência: uma "sonolência incontrolável", fortes dores, inchação estomacal e perda de sentidos. O padre Francisco Gonçalves Lopes (*c.* 1696-?) — conhecido como padre Xota-Diabos — realizou os primeiros exorcismos nela. O religioso, então com 54 anos, foi o confessor e primeiro devoto de Rosa. Foi também seu proprietário e quem a alforriou, além de ter divulgado seus poderes e predestinação celestial.

Em 1749, ela se mudou para o Rio das Mortes, onde tinha uma "fiel amiga", Leandra, mulher negra natural de Pernambuco. Na igreja de Nossa Senhora do Pilar, Rosa foi possuída pelo demônio, e em seguida açoitada no pelourinho da vila de Mariana. Em 1751, fez uma caminhada para o Rio de Janeiro numa pequena caravana. Lá se instalou próximo à igreja de Nossa Senhora da Lapa, e depois se mudou para as cercanias da igreja de Santa Rita. Teria fundado um "convento de recolhidas", o Recolhimento de Nossa Senhora do Parto, cuja capela, reconstruída e modernizada, existe até hoje no centro do Rio. Rosa incorporaria então a seu nome o de santa Maria Egipcíaca, uma prostituta santa. Mais tarde adicionaria também a expressão "Vera Cruz". Ela e seu último proprietário — o padre Francisco Gonçalves Lopes — foram presos pela Inquisição em fevereiro de 1762. Rosa acabou sendo remetida a Lisboa, onde seria processada pelo Tribunal do Santo Ofício, entre 1763 e 1764. Acusada de possuir poderes paranormais, supostamente diabólicos, seu julgamento nunca seria concluído, embora pesquisas revelem a existência de um detalhado processo e confissões com mais de cinquenta cartas assinadas por ela. Rosa teria sido uma das primeiras africanas no Brasil a dominar a escrita, redigindo o livro *Sagrada teologia do amor de Deus, luz brilhante das almas peregrinas*, presumivelmente queimado pela Inquisição. Não se tem mais notícias dela após o fim da década de 1760; é possível que tenha cumprido pena de prisão perpétua.

FONTE: Luiz Mott.

VEJA TAMBÉM: Catarina (1862-?); Francisca Luiz; Lourença Correia da Lapa; Mécia.

ROSALINA

c. 1850-? | SOUSA, PARAÍBA

No cativeiro se inventava a liberdade, mas muitas vezes se descobriam novas formas de escravidão. Segundo os pesquisadores Maria da Vitória Barbosa Lima e Larissa Bagano Dourado, nascida por volta de 1850, Rosalina viveu uma série de aventuras entre 1877 e 1881. Morando no sítio Sanhoá, município de Sousa, na província da Paraíba, era cativa do tenente Antônio José de Sá Barreto. Aparece em vários registros fugindo e tentando ser vendida. Isso mesmo: Rosalina perambulava, solicitava ajuda e se oferecia para ser comprada. Não buscava a alforria, mas sim a chance de ser vendida e sair da Paraíba.

Sonhava com outro cativeiro e, principalmente, com a oportunidade de se afastar das epidemias que depois da seca se abateram no Nordeste, atingindo o Ceará e províncias adjacentes, justamente no ano de 1877. Numa das fugas, acabou localizada "procurando os italianos que negociavam com escravos" para que a comprassem. Em 1881, chegou a declarar que já em sua primeira escapada foi "procurar um comprador de escravos, que se achava nesta cidade", talvez de passagem.

Quando de sua captura, além de castigos e outras formas de repressão, Rosalina contou acerca das mortes e violências que aconteciam na fazenda onde morava.

Fugindo de castigos, mas sobretudo da seca, pela qual certamente viu muita gente morrendo de fome, como os jornais da época noticiavam, Rosalina tentava inventar uma liberdade, alcançando, entretanto, outra escravidão.

FONTES: Larissa Bagano Dourado; Maria da Vitória Barbosa Lima; Solange Pereira da Rocha.

VEJA TAMBÉM: Cosma Corrêa...; Eva e Francelina; Gertrudes Maria; Juliana; Salústia.

RUBEM VALENTIM

1922-91 | SALVADOR, BAHIA; BRASÍLIA

Rubem Valentim nasceu em Salvador, no dia 9 de novembro de 1922. Esse foi o ano em que se celebrou o centenário da Independência oficial do Brasil, mas também o início dos modernismos no país.

Estreou nas artes visuais na década de 1940, ao lado de outros artistas plásticos bahianos como Mário Cravo Jr. (1923-2018) e Carlos Bastos (1925-2004), entre outros.

No início de sua carreira, Rubem Valentim teve influências do realismo e do expressionismo, criando obras mais figurativas, como naturezas-mortas, paisagens urbanas, flores e figuras humanas. Já nessa época iniciou um diálogo com as tradições populares nordestinas. Ao mesmo tempo que se formava em jornalismo pela Universidade da Bahia, passava a incorporar símbolos e emblemas, geralmente geométricos, das religiões de matriz africana, como o candomblé, que se tornaram mais frequentes a partir de 1955. Abrindo mão aos poucos do figurativismo, suas telas foram se tornando mais abstratas, totalmente inspiradas por formas e registros dos Orixás.

Mudou-se em 1957 para o Rio, onde a princípio exerceu a função de assistente do professor Carlos Cavalcanti (1909-73) no curso de história da arte do Instituto de Belas Artes. A participação do artista no Salão Nacional de Arte Moderna lhe valeu o prêmio Viagem ao Exterior, tendo Valentim residido em Roma, entre 1963 e 1966. Ainda em 1966, tomou parte no I Festival Mundial de Artes Negras em Dakar, Senegal; evento fundamental para a carreira e a obra de vários artistas negros dessa geração.

De volta ao Brasil, passou a residir na nova capital do país, dirigindo o Ateliê Livre do Instituto de Artes da Universidade de Brasília (UnB) e lá lecionando pintura até 1968. Nesse contexto, aprofundou suas referências ao universo religioso de matriz africana, incluindo em suas obras ferramentas de culto, estruturas dos altares, cores e símbolos dos orixás.

No fim dos anos 1960, seus trabalhos se tornaram bidimensionais — realizou murais, relevos e esculturas monumentais em madeira, pintadas sobretudo de branco e vermelho. Produziu ainda obras monocromáticas; em 1977, na XIV Bienal Internacional de São Paulo, apresentou o *Templo de Oxalá*, com relevos e objetos emblemáticos brancos. Seu primeiro trabalho público foi entregue em 1972, um mural de mármore para o edifício sede da Novacap em Brasília. Em 1974, o crítico de arte Frederico Morais (1936-) elaborou o audiovisual *A arte de Rubem Valentim*, primeiro estudo abrangente sobre o artista. Em 1976, terminou seu "Manifesto ainda que tardio", escrito e assinado nesse ano, em que dizia: "Nunca fui concreto. [...] O que não me impediu de perceber entre os valores do concretismo a ideia da estrutura, que se adequava ao caráter semiótico de minha pesquisa plástica. Neste sentido, sou construtivo".

Numa época de voga do concretismo, Valentim adotou outra vertente artística para definir sua obra. De um lado, reconheceu a importância da ideia de "estrutura", que organiza formas e confere à obra um tipo de padrão. De outro, deixou claras as suas fontes de inspiração, que designou como "os valores míticos profundos de uma cultura afro-brasileira", que, em suas palavras, era "mestiça-animista-fetichista".

Em 1978, uma escultura de concreto aparente, de sua autoria, foi instalada na praça da Sé, na capital paulista. O artista a definiu como um "marco sincrético da cultura afro-brasileira". No mesmo ano foi chamado para executar cinco medalhões de ouro, prata e bronze para a Casa da Moeda do Brasil. Em 1998, o Museu de Arte Moderna da Bahia (MAM-BA) inaugurou a Sala Especial Rubem Valentim no seu Parque de Esculturas.

Valentim se apropriou da abstração geométrica para construir composições complexas que reconfiguram símbolos, emblemas e referências afro-atlânticos. Em tal processo, transformou linguagens artísticas de origem europeia, submetendo-as a referências africanas, sobretudo através dos desenhos e diagramas que representam os orixás das religiões afro-brasileiras. Com isso, criou uma espécie de escrita, que permite aos que possuem referências da religiosidade afro-brasileira identificá-las nas obras dele, não excluindo outras possibilidades de interpretação.

O artista realizou uma guinada radical na história da arte do Brasil, submetendo e traduzindo uma forma europeia numa estrutura ancestral, afro-brasileira. Sua contribuição efetivamente original e potente é a um só tempo descolonizadora e antropofágica.

Rubem Valentim faleceu em São Paulo, no dia 30 de novembro de 1991. E só nos últimos anos vem recebendo o devido reconhecimento artístico.

FONTES: Bené Fonteles; Clarival do Prado Valladares; Emanoel Araújo; Frederico Morais; Giulio Carlo Argan; Hélio Menezes; José Roberto Teixeira Leite; Ladi Biezus; Lilia Moritz Schwarcz; Roberto Pontual; Rubem Valentim; Theon Spanudis; *Tridimensionalidade: Arte brasileira do século XX*; Wagner Barja.

VEJA TAMBÉM: Agnaldo dos Santos; Arthur Bispo do Rosário; Heitor dos Prazeres; Mestre Didi.

RUFINA

SÉC. XIX | OLINDA, PERNAMBUCO

Rufina era uma cativa pertencente à ordem beneditina, que vivia na fazenda e mosteiro de São Bento, em Olinda, e foi registrada como uma escravizada que trabalhava naquelas propriedades. Sua família era formada por Cipriano, Cristiana e Cândida, que tinha uma filha de nome Antônia, sendo todos cativos do mosteiro de São Bento. Antes mesmo de se libertar — entre 1852 e 1853 —, ela já havia alforriado seus familiares: Cipriano pagou 600 mil-réis; Cândida, com "contínuos achaques", desembolsou 200 mil-réis; e em seguida se despendeu igual quantia para libertar Antônia, de oito anos. Rufina chegou a ter três escravizados quando ainda era cativa. Aliás, foram eles que a auxiliaram a erguer sua confortável casa de pedra e cal. E nesse contexto é que começou o litígio com o abade frei Manuel da Conceição, que, segundo a ex-cativa, tentava assediá-la — sendo reiteradamente rechaçado por ela. Para se vingar, o abade não só tentou expulsá-la da propriedade do mosteiro, como não quis reconhecer a morada que ela havia ali construído.

Segundo Robson Pedrosa Costa, na disputa contra Rufina, o abade frei Manuel a acusava de não conseguir provar como, na condição de escravizada, possuía tantos bens: "Escravos e fundos correspondentes a fazer uma casa de pedra e cal!". No final do processo, Rufina perdeu o direito de ter a sua casa reconhecida.

Certamente, essa experiência de escravizados possuírem cativos não foi única. A própria Rufina era próxima de Nicolau, feitor da fazenda, que tinha prestígio e posse mas morreu como escravo, embora seus bens somassem um conto de réis e incluíssem nove cativos, entre africanos e nascidos no Brasil. Ademais, Ana Maria Soares, viúva de Nicolau, era uma mulher livre e considerada "comadre pela terceira vez da preta Rufina". Era complexo esse mundo que a escravidão criou, e nele era preciso negociar e por vezes brigar.

FONTES: Adriana Dantas Reis Alves; Antonia Márcia Nogueira Pedroza; Eliana Rea Goldschmidt; Maciel Henrique Silva; Marcus J. M. de Carvalho; Maria Inês Côrtes de Oliveira; Roberto Guedes; Robson Pedrosa Costa; Sidney Chalhoub; Solange Pereira da Rocha.

VEJA TAMBÉM: Delindra Maria de Pinho; Dionísia...

RUFINO JOSÉ MARIA

SÉCS. XVIII-XIX | SALVADOR, BAHIA; PORTO ALEGRE, RIO GRANDE DO SUL; RIO DE JANEIRO; RECIFE, PERNAMBUCO

O muçulmano ioruba Abuncare nasceu no reino de Oyó, atual Nigéria, na virada do século XIX. O menino foi criado num contexto de muitos conflitos étnicos e religiosos, notadamente uma rebelião incitada, em 1817, por Afonjá (17??-1823), que disputava poder com os Alafin, que então comandavam Oyó. Entre esses escravizados se destacavam os haussás islamizados, e o conflito se desdobrou num verdadeiro "jihad" — uma guerra santa muçulmana; uma luta armada contra "os infiéis e inimigos do Islã" — sob a liderança de Usuman Dan Fodio (1754-1817). A despeito de ser filho de muçulmanos iorubas, Abuncare foi escravizado por outros grupos muçulmanos que guerreavam na região. E assim foi vendido para o Brasil na época em que houve um golpe contra Afonjá, em 1823-4. Provavelmente chegou a Salvador no ano de 1822, quando se transformaria em Rufino, recebendo esse nome cristão no batismo. Aqui foi comprado por João Gomes da Silva, um importante boticário da cidade. Aprenderia a preparar remédios e entraria em contato com numerosos africanos, especialmente aqueles da África Ocidental, como jejes, tapas, nupes, iorubas e haussás, embarcados nos portos de Lagos, Badagri, Ajudá, Porto Novo e outros.

Salvador tinha cerca de 60 mil habitantes, sendo mais de 40% escravizados e quase 65% africanos. Os falantes de ioruba — conhecidos na Bahia como nagôs — eram maioria na cidade. O período da chegada de Rufino coincidiu com muitos conflitos entre colonos e autoridades portuguesas, ocasionando uma guerra pela independência em 1823. Também entre 1826 e 1830 ocorreriam levantes de escravizados em Salvador e nos arredores, regiões açucareiras do Recôncavo Baiano.

Em 1831, ele foi vendido para Francisco Gomes, um cadete do Exército, e depois revendido para um comerciante de Porto Alegre, José Pereira Jardim, cujos negócios faliram. Na sequência, foi arrematado por José Maria de Sales Gameiro de Mendonça Peçanha (1791-1857), um magistrado que se tornaria, com o tempo, chefe de polícia. Rufino continuou num ambiente urbano, mas na função de escravizado doméstico. O Rio Grande do Sul era na época um entreposto importante de africanos reexportados de Salvador, e sobretudo do Rio de Janeiro, alcançando o comércio de escravizados com o Uruguai. Em 1819, cerca de 30% da população do Rio Grande era constituída de escravizados. A cidade de Porto Alegre começava a crescer, e logo surgiriam problemas com fugitivos, quilombolas e até com trabalhadores urbanos nas suas ruas e redondezas.

Em fins de 1835, Rufino comprou sua liberdade, logo depois da eclosão da Revolução Farroupilha (1835-45), quando os donos das charqueadas se insurgiram contra os impostos e imposições do governo central. A revolta de fazendeiros chegaria aos escravizados, aumentando as fugas e atingindo as fronteiras. Ele conseguiu se tornar, então, um homem livre, juntando dinheiro e ganhando a confiança de seu proprietário.

E Rufino migrou para o Rio de Janeiro, em 1835, onde conheceu a maior cidade escravista e africana do Atlântico, com mais de 40 mil cativos nas paróquias urbanas. Entre 1801 e 1830, cerca de 570 mil africanos haviam desembarcado na cidade, que tinha todos os setores de serviços e transporte baseados no trabalho escravo, fundamentalmente africano. O Rio de Janeiro urbano, escravista e africano pode ter assustado Rufino, pois ele chegou ali entre os últimos meses de 1835 e os primeiros dias de 1836. Já fazia um ano da grande insurreição de africanos — a Revolta dos Malês — que ocorrera em Salvador, em janeiro de 1835. Escravizados e libertos africanos, sobretudo aqueles africanos ocidentais, foram o principal alvo da repressão, sendo a partir de então perseguidos, aprisionados, castigados e deportados.

Assustado com a repressão antiafricana, Rufino entrou no tráfico negreiro, empregado como cozinheiro em embarcações que atuavam no comércio ilegal — desde 1831 —, principalmente trazendo africanos para o Sudeste escravista. Os cozinheiros dos negreiros tinham um papel fundamental, seja na preparação diária de comida, seja no controle do uso da água. Isto é, mantinham as condições ideais de sobrevivência dos escravizados traficados, em viagens que podiam durar entre 27 e sessenta dias. Na década de 1840, com o tráfico ilegal e o aumento das remessas de africanos, os problemas da mortalidade se tornaram ainda mais graves. Também com a repressão inglesa ao tráfico, o tempo das viagens aumentaria, assim como os riscos, com locais de desembarque clandestinos. Rufino trabalharia, de início, na tripulação da escuna *Paula*, uma embarcação de porte médio pertencente ao então conhecido traficante Joaquim José da Rocha, que lucrava com o comércio entre a costa de Angola e o Rio de Janeiro. Posteriormente se empregou no patacho *São José*, de propriedade do traficante Joaquim Ribeiro de Brito, que morava em Luanda e atuava no comércio entre Angola e Pernambuco. Rufino pode ter tido uma participação junto às boticas e às drogas de curar, comuns nas cargas dos navios negreiros. Como africano muçulmano, provavelmente trabalhou na confecção de amuletos protetores naquelas viagens.

Quando Rufino fazia parte da tripulação do *Ermelinda*, esta foi interceptada pelo brigue inglês *Water Witch*, "Feiticeira das Águas", que viajava pela costa na repressão ao tráfico ilegal. Rufino e a tripulação foram capturados. Levada inicialmente para a ilha de Santa Helena, a cerca de 1700 quilômetros do litoral africano, a *Ermelinda* ancoraria em Serra Leoa, em dezembro de 1841. Com a repressão ao tráfico e muitos navios estacionados, logo se formariam multidões de africanos por lá. Transformada em colônia inglesa após a proibição do tráfico inglês, em 1807, Serra Leoa tinha uma grande população colonial (descendentes de africanos e europeus) — incrementada pelos africanos emancipados —, chegando a 40 mil pessoas no fim da década de 1830. Já em 1800, depois de guerras coloniais em 1795-6, haviam sido enviados da Jamaica para lá em torno de quinhentos *maroons*. Em Freetown, a capital, seria instalada uma das Comissões Mistas para supressão do tráfico de escravos.

Serra Leoa tornou-se, então, especialmente para os africanos ocidentais de várias origens, entre os quais numerosos muçulmanos, um espaço cultural de trocas. Ali Rufino conviveria, e entraria em conflito, com africanos de diversas procedências. Como africano muçulmano, encontraria sua comunidade étnica própria, concentrada na localidade de Fourah Bay. Apesar dos embates culturais e políticos entre islamitas e cristãos que presenciou, Rufino se valeu da breve estadia para atualizar conhecimentos, sobretudo a respeito do islamismo. Em janeiro de 1842, começou o julgamento da *Ermelinda*. Embora na embarcação não tivessem sido encontrados africanos escravizados, os juízes a condenaram e à sua tripulação com base no Equipment Act, que determinava a apreensão de navios portugueses ou sem bandeira que estivessem equipados para a realização do tráfico.

Rufino voltaria para o Brasil em dezembro de 1844. Fez uma parada de aproximadamente dois meses e meio no Rio, e enfim chegou ao Recife. Ali ele se adaptaria à comunidade escravizada composta de africanos, crioulos e libertos, bem como de muitos iorubas — originários de Oyó — e também muçulmanos. Apoiado nos ensinamentos do islamismo, que foi aprofundando no Brasil e nas travessias atlânticas, Rufino se dedicou à vida religiosa, confeccionou amuletos, fez leituras do Corão e deixou seus próprios escritos. Sua vida religiosa se ampliou para além da comunidade islâmica do Recife, pois ele produzia remédios e atendia escravizados, africanos, crioulos e a população livre pobre. Curava também feitiços e realizava casamentos. Rufino seria preso em 1853, em meio a um clima político de muito temor diante de possíveis insurreições de escravizados.

Como exemplifica o livro de Flávio dos Santos Gomes, João José Reis e Marcus J. M. de Carvalho, a vida de Rufino revela não só as maneiras como escravizados e africanos livres negociavam seus destinos, mas também a existência de uma circulação afro-atlântica, que carregava experiências, saberes, tecnologias e religiões.

FONTES: Flávio dos Santos Gomes; João José Reis; Marcus J. M. de Carvalho.

VEJA TAMBÉM: Augusto Mina; Bento, Bernardo...; Caetano da Costa; Divino Mestre; Domingos Sodré; Duarte da Costa; Feliciana Maria Olímpia; Francisco Moçambique e José Majojo; Macutandu...; Mandilacota; Mestre Tito; Pedro Valentim; Querengue...

RUTH DE SOUZA

1921-2019 | RIO DE JANEIRO

Ruth Pinto de Souza nasceu no bairro do Engenho de Dentro, nos subúrbios cariocas. No entanto, até os nove anos foi criada numa fazenda em Minas Gerais, da qual saiu apenas após a morte do pai. Ela e a mãe voltariam então a residir no Rio de Janeiro, dessa vez no centro, numa vila no bairro de Copacabana.

Dizem que foi ao ver o filme *Tarzan, o filho das selvas* (1932) que Ruth, acostumada a frequentar essas atividades culturais ao lado da mãe — que vivia de lavar roupas e ganhava ingressos das patroas —, se apaixonou pela carreira de atriz. Isso, a despeito de desenvolver uma carreira oposta à visão colonial europeia presente nessa película.

A moça logo se interessou pelo teatro e, em 1945, entrou para o Teatro Experimental do Negro (TEN), um grupo organizado e gerido por artistas negros e liderado pelo artista, pensador e ativista Abdias do Nascimento (1914-2011). Por lá, participou de um teatro contestador, cheio de inovações cênicas e voltado para a denúncia contra o racismo e a exclusão dos negros na sociedade brasileira.

Em 1948 ganhou uma bolsa de estudos da Fundação Rockefeller e passou um ano nos Estados Unidos, na Universidade Howard, famosa por criar uma elite intelectual negra naquele país. Também integrou a Academia Nacional de Teatro. Ainda em 1948, e já de volta ao Brasil, estreou no cinema, atuando no filme *Terra violenta* (1948), baseado no romance *Terras do sem-fim* (1943), de Jorge Amado (1912-2001). Fez parte de várias produções, como *Falta alguém no manicômio* (1948), *Também somos irmãos* (1949), *Ângela* (1951) e *Terra é sempre terra* (1952).

Em 1953, seu papel em *Sinhá Moça* (1953) conferiu-lhe maior reconhecimento nacional. A obra tratava dos últimos anos da escravidão e da luta abolicionista, e Ruth interpretou Sabina, a líder de uma fuga na fazenda onde morava. O filme, indicado ao Leão de Ouro, deslanchou a carreira da atriz.

Nos anos 1950, Ruth também trabalhou em várias radionovelas e teleteatros realizados pela TV Tupi. Na década seguinte, sua atuação na telenovela *A deusa vencida* obteve grande destaque, e fez com que seu nome ganhasse ainda mais evidência.

Conforme explicam Julio Claudio Silva e outros estudiosos, junto com outras atrizes negras, no ano de 1945 participou da peça *O imperador Jones* (1920), de Eugene O'Neill (1888-1953). Essa foi a primeira vez que um grupo teatral negro conseguiu entrar nos palcos do Theatro Municipal do Rio de Janeiro. Em 1959, protagonizou no Teatro Bela Vista, em São Paulo, a peça *Oração para uma negra*, de William Faulkner (1897-1962), ao lado de Nydia Lícia (1926-2015) e Sérgio Cardoso (1925-72).

A partir de 1968, Ruth integrou o elenco da TV Globo. Com *Passos dos ventos* (1968-9) e com o clássico *A cabana do Pai Tomás* (1969-70), tornou-se a primeira atriz negra a protagonizar telenovelas.

Muitas das peças nas quais Ruth atuava se voltavam para o tema da resistência negra no Brasil. Destaca-se, nesse sentido, sua representação de *Quarto de despejo*, sobre a obra de Carolina Maria de Jesus (1914-77). Ela ainda voltaria a interpretar a escritora negra na minissérie *Caso Verdade* (1983).

A atriz morreu em 28 de julho de 2019, aos 98 anos. Estava internada num hospital na Zona Sul do Rio, tratando-se de uma pneumonia. Antes disso, a Acadêmicos de Santa Cruz a homenageou no Carnaval carioca de 2019 com o enredo *Ruth de Souza: Senhora Liberdade, abre as asas sobre nós*.

Ruth de Souza estreou nos palcos brasileiros menos de seis décadas após a abolição da escravidão, tornando-se uma personagem importante para a remodelagem da representação brasileira sobre a população negra, e, em especial, da mulher negra, tantas vezes estereotipada.

FONTES: Artur da Távola; Enciclopédia Itaú Cultural; Maria Angela de Jesus; Maurício R. Gonçalves; Julio Claudio Silva; *Quilombo*; Vanessa Lima Cunha.

VEJA TAMBÉM: Abdias do Nascimento; Arinda Serafim...; Carolina Maria de Jesus; Cléa Simões; Elza de Souza...; Grande Otelo; Isaura Bruno; Jacira de Almeida Sampaio; Jacyra Silva; Zeni Pereira.

S

SABINA DA CRUZ

SÉC. XIX | RIO DE JANEIRO

Na manhã de 25 de julho de 1889, um grupo de estudantes da Imperial Escola de Medicina organizou uma passeata pelas ruas do centro, inconformados com o fato de Sabina, uma quitandeira que vendia laranjas na porta da faculdade, na rua da Misericórdia, ter sido proibida de armar ali seu negócio. A *Gazeta de Noticias* do Rio de Janeiro de 10 de janeiro daquele ano comentou acerca da importância de Sabina: "Para os médicos formados na faculdade desta corte nestes últimos vinte e tantos anos, a Sabina era uma verdadeira celebridade. Todos os dias postava-se à porta da escola com um tabuleiro de frutas, algumas facas, e uns banquinhos. Nos intervalos das aulas, os alunos chegavam-se a ela [...] ficavam como na Sé, uns sentados, e outros em pé, e regalavam-se a chupar laranjas e limas, ocupação mais agradável decerto que ver os precipitados da aula de química e as cloroformizações da de cirurgia".

Segundo o pesquisador Fernando Vieira de Freitas, a decisão de fechar o tabuleiro de Sabina fora tomada pelo subdelegado da freguesia de São José, Jacome Lazary. Ela gerou reação imediata dos estudantes, que saíram pelas ruas centrais com estandartes de frutas, coroas de bananas, chuchus e vivas aos ideais republicanos. Juntaram-se a eles médicos, bem como alunos da Politécnica, e a passeata virou a principal notícia nos periódicos cariocas do dia seguinte. Não por acaso, o ato levou o nome de Procissão das Laranjas. Sabina era popular no lugar, e seus clientes, em boa parte estudantes, rebelaram-se contra a decisão das autoridades, que consideraram arbitrária.

Já o subdelegado teve sua ordem revogada e tornou-se alvo imediato de todo tipo de chacota. Resultado: Sabina continuou a vender suas laranjas, e em 1902 uma canção do compositor Artur Azevedo (1855-1908) imortalizou a passeata em sua defesa: "Sou a Sabina/ Sou encontrada/ Todos os dias/ Lá na carçada/ Da academia/ De medicina/ Um senhor subdelegado/ Home muito restingueiro/ Me mandou por dois sordado/ Retirá meu tabuleiro, ai!/ Sem banana macaco se arranja/ E bem passa monarca sem canja/ Mas estudante de medicina/ Nunca pode/ Passar sem laranja da Sabina!/ Os rapazes arranjaram/ Uma grande passeata/ E deste modo mostraram/ Como o ridículo mata, ai!".

Sabina era uma das várias negras quitandeiras, quem sabe uma mina, que ocupavam as ruas do Rio e que, desde os tempos coloniais, vendiam seus produtos em diversas localidades da capital, como portos, largos e praças das áreas centrais. Como mostram Micol Siegel (1968-) e Tiago de Melo Gomes, entre outros, as quitandeiras formaram uma classe de comerciantes composta majoritariamente de mulheres negras, escravizadas ou livres, que comercializavam uma variedade de produtos alimentícios, como frutas, legumes, peixe seco ou fresco, angu e outras comidas por elas preparadas em grandes recipientes ao ar livre. Eram as principais fornecedoras de alimentos da cidade, além de abastecerem navios negreiros para a travessia atlântica. Por outro lado, proviam os milhares de negros desembarcados nas praias e nos portos, além de atenderem o restante da população, com suas quitandas, tendas, tabuleiros e cestas. Para se ter uma ideia, as "barracas de quitandeiras" e "vendas de quitandeiras" alcançavam 322 registros na cidade. Esse dado, que só considera aquelas que comerciavam de maneira legal, mostra sua presença maciça na então capital do país. Para se ter uma ideia, as "tavernas", a segunda maior atividade mercantil, contavam com apenas 196 registros.

Personagens cativas dos registros de viajantes, as quitandeiras foram muito representadas em telas e aquarelas a partir de suas vestes e adereços marcantes, que deixavam claras suas marcas de nação — turbantes, batas, saias, túnicas coloridas, panos da costa soltos nos ombros ou presos de modo que pudessem carregar seus filhos e joias de crioula, como eram chamados os adornos que usavam, entre brincos, colares, anéis e braceletes, em geral bem volumosos. Eram também conhecidas por declamar rimas enquanto equilibravam pesados tabuleiros e gamelas sobre a cabeça ou comercializavam produtos em suas barracas. Se até meados do século XIX esse tipo de trabalho era realizado, em sua maior parte, por escravizadas de ganho, com o progressivo desmantelamento do sistema um contingente de negras forras adentrou de maneira expressiva o pequeno comércio de rua.

Recuperado pioneiramente pelos estudos de Micol Siegel e Tiago de Melo Gomes, o episódio envolvendo Sabina faz parte de um contexto maior que levou à regulamentação desse tipo de trabalho. Com o crescimento urbano nos séculos XVII e XVIII, o controle da localização do comércio passou a ser um dos principais motivos para explicar os conflitos envolvendo as quitandeiras. Senadores da Câmara, fiscais e oficiais buscavam disciplinar o dia a dia delas através de decretos e inspeções. Pode-se tentar explicar parcialmente o recrudescimento do controle das quitandeiras por parte da polícia e dos fiscais em função da grande expansão do ofício, que, aos olhos da municipalidade, poderia ser considerado "perigoso". Ou seja, muitas vezes elas eram condenadas por incitar revoltas e fugas de escravizados, organizar insurreições ou perturbar a ordem na capital do país. E o medo não era exagerado. Em 1820, dobrara o número de escravizados na Corte, perfazendo 50% da população em 1830. Além deles, havia uma grande população de negros e negras livres e libertos, quantidade que cresceu com o decorrer do tempo até a emancipação, em 1888. Essa maioria escrava deixava os administradores da Corte especialmente inquietos, dado que o exemplo da independência do Haiti, a essa altura, era muito conhecido, e que, em 25 de janeiro de 1835, havia estourado em Salvador uma grande revolução de negros malês, que gerou muito temor. O caso de Sabina ilumina, portanto, uma cena mais ampla: aquela que visava conter "classes perigosas", controlar um tipo de comércio que ganhava autonomia, e cercear práticas sociais da população negra. Dessa vez, porém, Sabina ganhou na queda de braço e pôde seguir com sua atividade.

FONTES: Fernando Vieira de Freitas; Juliana Barreto Farias; Lilia Moritz Schwarcz; Micol Siegel; Tiago de Melo Gomes.

VEJA TAMBÉM: Ana de Oliveira e Rosária Maria; Catarina Mina; Efigênia, Nazaré...; Emília do Patrocínio; Mãe Benta; Maria Angélica; Rita Maria.

SALÚSTIA

SÉC. XIX | MAMANGUAPE, PARAÍBA

A ação impetrada pela escravizada Salústia, em 1885, contra seu senhor, o capitão João Maria Pereira de Sousa, proprietário do engenho Curral Grande, no município de Mamanguape, Paraíba, representa um bom exemplo de como escravizadas lutaram pela liberdade jurídica. E sabemos dela com base nas pesquisas da historiadora Solange Pereira da Rocha, que explica como Salústia saiu do engenho onde era escravizada, com a firme intenção de lutar pela sua liberdade. Ela entrou com o processo no dia 18 de março de 1885 e designou como depositário o capitão Vicente F. de Carvalho, que recebeu a libertanda. O curador de Salústia solicitou, então, a certidão de matrícula de sua curatelada na Mesa de Renda do município e, como não existisse tal documento, logo requereu que fosse intimado o capitão João Maria Pereira de Sousa para que, em audiência, pudesse expor o "título legal pelo qual a conservava no estado de cativa". Requereu ainda "que se lhe mande passar carta de liber[da]de", tendo em vista que a lei determinava a necessidade de declarar libertos os escravos que não fossem matriculados até o fim do mês de setembro de 1873.

O juiz dos órfãos intimou então o curador e o "suposto senhor" de Salústia a apresentarem-se na audiência do dia 24 de abril do mesmo ano. O proprietário, porém, não compareceu, o que levou o juiz a concluir os autos, afirmando que se poderia passar a carta de liberdade. Descontente da decisão, o juiz de direito da comarca de Mamanguape, Antônio da Cunha Xavier de Andrade, passou a atuar como investigador, objetivando reverter a situação em favor do "suposto senhor" da escravizada. Alegava que havia treze anos ela passara para a posse de seu senhor em herança da morte de d. Joana Clementina de Sousa e Melo (?-1878). O juiz de direito determinou, então, que fosse verificado se seu nome constava entre os bens inventariados.

Os argumentos utilizados pelo juiz da comarca, para rejeitar a decisão do juiz dos órfãos, foram construídos sem levar em conta os termos da lei de 1871 que estabelecia que "os escravos que, por culpa ou omissão dos interessados, não forem dados à matrícula até um ano depois do encerramento desta, serão por esse fato considerados libertos". Antônio da Cunha preferiu, porém, desacreditar dos argumentos de Salústia, alegando que ela não teria se mantido no cativeiro contra sua vontade ou sem ter sido matriculada.

Analisado o inventário da antiga senhora de Salústia, a resposta do escrivão foi que d. Joana Clementina falecera em 1878 e que nesse mesmo ano procedera-se ao inventário de seus bens, entre os quais estava avaliada a escrava Salústia, solteira de quarenta anos, sob o número de matrícula 28. Dois aspectos chamam a atenção: o fato de o senhor permanecer no seu engenho e não comparecer em juízo, enquanto o processo corria, e a sugestão dada pelo juiz de que a libertanda entrasse com o pedido de indenização para obter sua liberdade. Mas o curador de Salústia insistiu. Segundo ele, em 1882 ela entregou ao seu senhor a quantia de 75 mil-réis. Nesse meio-tempo, a apelante descobrira ter ficado "por mais de treze anos no bárbaro estado de escravidão por modo injusto e ilegal", uma vez que não fora "matriculada" mesmo morando desde sua infância no mesmo engenho Curral Grande.

No entanto, a despeito das palavras duras contra o juiz da comarca, que foi chamado de "perseguidor, a fim de capturar uma mísera" libertanda, os conselheiros do Tribunal da Relação acharam por bem mandar verificar se Salústia fora ou não matriculada. Nesse ínterim, em 30 de outubro de 1885, Salústia requereu, por intermédio de seu curador, ao juiz de direito da comarca que juntasse aos autos sua carta de liberdade.

E, com a carta de liberdade lavrada finalmente por seu senhor, chegava ao fim a ação por parte de Salústia. O processo complexo e cheio de reviravoltas é um bom exemplo de como os juízes tomavam decisões políticas, ora a favor da liberdade, ora a favor da propriedade privada. No caso, a falta de registro, como determinava a Lei Rio Branco, acabou por beneficiar a escravizada, que, ciente da lei, soube usá-la a seu favor.

FONTES: **Keila Grinberg; Maria da Vitória Barbosa Lima; Solange Pereira da Rocha.**

VEJA TAMBÉM: **Cosma Corrêa...; Eva e Francelina; Gertrudes Maria; Juliana; Rosalina.**

SEBASTIÃO RUFINO

SÉC. XIX | CANTAGALO, RIO DE JANEIRO

Em *Memorial de Aires*, o desembargador Campos comenta: "Os libertos, apesar da amizade que lhe têm ou dizem ter, começaram a deixar o trabalho". Machado de Assis (1839-1908) ironizava as expectativas dos fazendeiros, furiosos com o abandono das fazendas. Sebastião Rufino dos Santos Maranhão, escravizado nascido no Brasil, foi um desses personagens das últimas batalhas pela liberdade e autonomia, mesmo depois da abolição. No fim de maio do simbólico 1888, chegava ao Supremo Tribunal de Justiça um pedido de habeas corpus com a justificativa: os ex-escravos da fazenda do Socorro, em Cantagalo, pertencente ao capitão Manuel Pereira Torres, queriam "se retirar da dita fazenda", mas estavam sendo "detidos em constrangimento ilegal". Embora a petição mencionasse um coletivo, era impetrada por Sebastião Rufino, um liberto "a quem o Supremo Tribunal, bem como os seus companheiros, concedeu ordem de habeas corpus", visto que era "perseguido", "ameaçado de morte" e "foragido".

Da sua parte, o capitão Pereira Torres informou que "desde que foi promulgada a lei de 13 de maio do corrente ano reuniu seus ex-escravos e declarou-lhes que estavam em pleno gozo de sua liberdade, sendo que só ficaram aqueles que preferiram permanecer na fazenda, mediante retribuição de seus serviços". Foram então convocados a depor na delegacia os libertos da fazenda do Socorro: Inácio Maranhão, Faustino, Zacarias, Lucas Francisco, Teodoro Francisco, Lucas, Lúcio Pereira, Lucas Antônio Marques, Antônio Bernardo, Teodorico Rufino, José Vicente, Rosária Laurinda e Matildes Joaquina. Negaram, porém, a existência de qualquer violência, afirmando que "não abandonaram ainda seu atual patrão, é porque por eles são bem tratados, como homens livres que reconhecem ser", sendo pagos por "seu trabalho de roça, ganhando cada um, quer homens, quer mulheres, um tanto por mês". Diziam igualmente que estavam "contratados em tão boas condições". Alegaram, nesse sentido, que a insatisfação do liberto Sebastião se relacionava a seu arranjo familiar. Ele queria se retirar da fazenda com a companheira e os filhos dela, mas acusava a interferência do ex-senhor. Parecia haver um conflito, pois um dos filhos do liberto declarara: "Minha mãe, que não é casada com meu pai Sebastião, eu e meus irmãos não queremos acompanhar nosso pai porque achamo-nos comprometidos a fazer a colheita deste ano". Ao que tudo indica, os próprios filhos de Sebastião não queriam sair da fazenda: "Nem sabíamos onde estava nosso pai, porquanto há dois anos que ele se ausentou de nós".

Os movimentos de migrações de libertos, alforriados, libertandos e fugitivos começaram a se acentuar ainda mais em meados de 1886, ganhando força no fim de 1887 e início de 1888. Nos periódicos são muitas as matérias denunciando fugas de escravizados ou alforriados e libertos, individuais ou coletivas, das fazendas. Tudo antes do Treze de Maio. Após 1888, tais denúncias foram associadas a outras queixas relativas à reescravização, à vadiagem e às migrações consideradas ilegais.

Não existem documentos comprovando que Sebastião Rufino abandonou a família, como sugere um dos filhos. Talvez ele próprio já fosse liberto havia algum tempo, e agora quisesse garantir que sua companheira e os filhos dela (libertados em 1888) pudessem acompanhá-lo. O que devia estar em jogo era a possibilidade de migrar e não negociar a mão de obra familiar, como muitos fazendeiros desejaram ao propor condições de trabalho aos libertos e a permanência destes nas fazendas.

FONTES: Edinélia Maria Oliveira Souza; Flávio dos Santos Gomes; Maria Helena P. T. Machado; Walter Fraga Filho.

VEJA TAMBÉM: Adriana e Maria; Basília; Machado de Assis.

SELMA HELOÍSA ARTIGAS DA SILVA (O CASO NICOLE)

1976-98 | RIBEIRÃO PRETO, SÃO PAULO

Selma Heloísa Artigas da Silva, conhecida como Nicole, tinha 22 anos e foi assassinada na madrugada 11 de setembro de 1998.

Pablo Russel Rocha, na época com 24 anos, acompanhado de Selma, conduzia uma perua Mitsubishi. Após uma briga entre os dois, ela foi amarrada com o cinto de segurança do carro e lançada para fora do veículo. Em seguida, foi arrastada por cerca de uma hora e por dois quilômetros e meio pelas ruas de Ribeirão Preto, em São Paulo.

Um laudo do Instituto Médico Legal da cidade mostrou que Selma estava grávida de três meses; a violência do crime escandalizou a sociedade local. Segundo o delegado Samuel Zanferdini, dois amigos de Rocha — Leandro Fraga Garcia e Ítalo Jr., da mesma idade que o criminoso — prestaram depoimento e afirmaram que estiveram com o acusado até às 2h30. Juntos, eles permaneceram na chácara em que Selma trabalhava do meio-dia à uma da madrugada.

Segundo a polícia, Rocha, Garcia e Júnior foram até a chácara e combinaram com Selma que a pegariam de noite. Já a proprietária da chácara, que se identificou como Suzi, disse que a vítima deixou o local, acompanhada de Rocha, às três da manhã. O corpo foi encontrado cerca de uma hora depois na avenida Caramuru, próximo ao bairro de classe média alta Alto da Boa Vista.

Selma estava em Ribeirão havia apenas dois anos. Segundo as amigas, trabalhava para sustentar seus dois filhos, que moravam em Franca. O julgamento ocorreu apenas dezoito anos após o crime, resultando na condenação de Rocha.

O caso, porém, se notabilizou tanto pela violência como pela demora até o julgamento do acusado. O empresário chegou a ficar preso por dois anos e meio, mas respondeu o restante do tempo em liberdade. No dia 29 de junho de 2016, foi condenado a 24 anos de prisão. A defesa recorreu ao Tribunal de Justiça para que Rocha pudesse aguardar o julgamento em liberdade. Após uma semana, ele foi solto. Esse é mais um crime impetrado contra mulheres negras e que continua acobertado pelo silêncio de uma sociedade que pratica um racismo sistêmico, estrutural e feminicida.

FONTES: *A Cidade*; *Diário de Justiça do Estado de São Paulo*; *Folha de S.Paulo*; G1; Movimento Gabriela Sou da Paz; Marcelo Toledo; Micaela Lepera.

VEJA TAMBÉM: Quelly da Silva.

SIDNEY AMARAL

1973-2017 | SÃO PAULO

Sidney Carlos do Amaral estudou no Liceu de Artes e Ofícios de São Paulo, na Escola Panamericana de Arte, na ECOS Escola de Fotografia, e formou-se em educação artística pela Fundação Armando Álvares Penteado (Faap), em 1998. A partir de então, conciliou sua atividade como professor de artes na rede pública de ensino com a produção artística.

Realizou sua primeira exposição individual em 2001, no Centro Cultural São Paulo (CCSP). Passou então a explorar, a partir de diferentes linguagens e materiais — o mármore, o bronze, a porcelana, a tela —, uma releitura de objetos cotidianos, deslocando-os de seu contexto original. Já nas suas pinturas eram frequentes as questões identitárias e históricas, muitas vezes relidas a partir da realidade contemporânea da população negra no Brasil. Sidney também utilizava o autorretrato fotográfico como recurso para a criação de trabalhos nos quais o artista misturava temas históricos com questões do presente.

Participou de residência artística no Tamarind Institute (Estados Unidos), em 2013, quando aproveitou para aprofundar temas relativos à população negra no Brasil e sua história, usando o recurso da litografia. Empregando a gravura e a aquarela, o artista aproximou-se, de forma crítica, dos registros sobre os escravizados, a partir da produção de artistas viajantes no Brasil, como Rugendas e Debret. Desmontando o eurocentrismo colonial presente nessas obras, Sidney Amaral atualizou as imagens, subvertendo-as. Negros e negras deixaram de ser coadjuvante, assumindo o protagonismo das cenas como agentes sociais dessa transformação.

Em *Gargalheira, quem falará por nós?* (2014), o instrumento de tortura do passado vira a própria opressão midiatizada do presente, enquanto o objeto de castigo colonial é transformado em microfone e alude às muitas vozes negras não ouvidas. É seu próprio corpo que sofre com a tortura, ao mesmo tempo que microfones são convertidos em símbolos do silêncio imposto a essas populações. Por outro lado, a expressão do modelo — o próprio Sidney — revela, e o microfone amplifica a rebeldia negra diante das estruturas dominantes. Na produção de Amaral, problemas coletivos são endereçados a pessoas particulares, compondo uma espécie de retórica visual, que não distingue a experiência individual daquela do grupo.

Caso emblemático é o políptico chamado *Incômodo* (2014), no qual Amaral se contrapôs visual e tematicamente à obra do pintor Pedro Américo (1843-1905) *A libertação dos escravos* (1888), que faz da abolição uma conquista exclusiva e quase uma dádiva da monarquia. Amaral não só incluiu uma série de heróis negros — Francisco José do Nascimento (1839-1914), conhecido como Dragão do Mar, ou Chico da Matilde, líder dos jangadeiros nas lutas abolicionistas; o jornalista e ativista José do Patrocínio (1853-1905), o advogado Luiz Gama (1830-82); e João Cândido Felisberto (1880-1969), o "Almirante Negro", integrante da Revolta da Chibata (1910) —, como colocou no centro uma mulher negra, vestida com objetos de nação e que celebrava uma outra liberdade: a realizada pelos povos afro-brasileiros que lutaram e impuseram sua própria agência e resistência no sentido de conquistar a liberdade. Trata-se, assim, de uma grande revolta coletiva contra a opressão da escravidão. No centro da obra aparecem personagens emblemáticas, como a ama de leite Mônica (imortalizada por duas fotos que trazem seu nome e que retratam dois momentos de sua vida) e uma menina (a própria filha de Amaral) que alegoricamente calça sapatos como símbolo da conquista da cidadania, uma vez que cativos não podiam portar calçados e eram retratados, sempre, com os pés descalços. Ao fundo está o artista, que surge como observador de uma grande apoteose negra. Dispostas lado a lado nas exposições Histórias Mestiças (Instituto Tomie Ohtake, 2014) e Histórias Afro-atlânticas, essas duas obras não poderiam ser mais diferentes e contrastantes em seus objetivos.

Sidney Amaral foi um artista precursor no sentido de consolidar uma cena artística negra no Brasil, desnaturalizando objetos, relendo gravuras coloniais e jogando com a história — o passado e o presente.

FONTES: Adriano Pedrosa; Amanda Carneiro; André Mesquita; Arysron Hieráclito; Emanoel Araújo; Enciclopédia Itaú Cultural; Hélio Menezes; Lilia Moritz Schwarcz; Tadeu Chiarelli; Tomás Toledo.

VEJA TAMBÉM: Agnaldo dos Santos; Francisco José do Nascimento; João Cândido; José do Patrocínio; Maria Auxiliadora da Silva; Mônica; Tula Pilar.

SOFIA FERREIRA CHAVES

1883-1908 | PORTO ALEGRE, RIO GRANDE DO SUL

O Exemplo era o nome de um conhecido jornal que circulou no Rio Grande do Sul, criado em 1892. Em geral, a atividade do periódico é sempre associada à presença masculina e ao perfil dos homens que exerceram o papel de diretores e redatores. O jornal passou por três fases diferentes, sendo que a primeira foi a da sua fundação até 1897. A segunda se deu com o ressurgimento do periódico no século seguinte, nos anos de 1902 a 1905. A última foi o retorno de *O Exemplo*, de 1908 até 1911, quando se encerraram as atividades da publicação.

Foram vários os profissionais que atuaram na redação, mas conhecemos pouco sobre as jornalistas mulheres, entre as quais se destaca Sofia Ferreira Chaves (1883-1908), que cumpriu um papel relevante como escritora entre 1902 e 1905. Vale lembrar que Sofia não era a única colaboradora, uma vez que já na primeira fase do noticioso aparecem os nomes de Celina Brás e Isolina Ribeiro. É o que nos revela a pesquisa de Melina Kleinert Perussatto.

Sofia escreveu crônicas, artigos, contos e poesias, porém seu nome se tornou mais conhecido a partir de 1902. Com o pseudônimo "Uma Democrata" e o codinome "Pepita", aglutinou pautas operárias e as articulou com temas como raça e classe, incluindo as dimensões de gênero. Entusiasta de projetos para a criação de escolas noturnas, Sofia certa vez chamou a atenção da imprensa ao afirmar que andava preocupada não só com a "beleza das vestes", mas sobretudo com a "beleza da alma" e com a "instrução das mulheres negras".

Em 1904, depois de prestar um concurso público, Sofia passou a atuar no magistério como professora. Ela e seu marido, Tácito Pires — jornalista negro e também importante colaborador de *O Exemplo* —, lecionavam em escolas dos subúrbios. Em 1908, ela se afastou da redação do periódico, falecendo em seguida.

FONTES: Giovana Xavier; Melina Kleinert Perussatto.

VEJA TAMBÉM: Alcides de Freitas Cruz; Antonieta de Barros; Arthur Rocha; Aurélio Veríssimo de Bittencourt; Maria Firmina dos Reis.

SOLANO TRINDADE

1908-74 | RECIFE, PERNAMBUCO; RIO DE JANEIRO

Juntamente com Abdias do Nascimento (1914-2011), o poeta e teatrólogo Solano Trindade se destacou como um dos principais e mais influentes ativistas e intelectuais negros do século XX. Natural do bairro São José, no Recife, foi batizado, em 1908, com o nome de Francisco Solano Trindade. Seus pais eram Manuel Abílio Pompílio da Trindade e Emerência Maria de Jesus Trindade. Solano estudou no Colégio Agnes Americano e no Seminário Evangélico do Norte, tendo ingressado na Academia de Comércio do Recife com 26 anos. Em 1936 ele participou da formação de núcleos da Frente Negra Pernambucana. Nesse mesmo ano, com Vicente Lima (1911-?) e outros, organizaria no Recife o Centro de Cultura Afro-Brasileiro, com propostas de seminários, produções artísticas, projetos de educação infantil, de apoio à mulher e de assistência médico-odontológica. O Centro apoiaria igualmente várias publicações de relevo, como o livro *Xangô*, de Vicente Lima.

Através do estudo biográfico de Maria do Carmo Gregório (1969-) ficamos conhecendo um pouco mais sobre a trajetória de Solano. Por exemplo, nos anos de 1934 e 1937, ele tomaria parte do I e do II Congresso Afro-Brasileiro, realizados no Recife e em Salvador. Também andou por Belo Horizonte e Pelotas, onde fundaria grupos de arte popular. Em 1935, casou-se com Margarida Trindade, com quem teve os filhos Raquel Trindade Souza (1936-2018) — importante intelectual e artista negra —, Godiva Solano Trindade da Rocha, Liberto Solano Trindade e Francisco Solano Trindade.

Solano mudaria para o Rio de Janeiro em 1942, onde se distinguiria ao lado de outros respeitáveis protagonistas negros. Sua aproximação de partidos e intelectuais comunistas e seus poemas impregnados de forte crítica social logo fizeram dele um destacado ativista, que denunciou o racismo e as condições de vida da população afro-brasileira.

Seus poemas tiveram grande impacto naquele período, com desdobramentos nos anos 1970 e 1980, junto a renovadas gerações de pensadores e artistas populares. Na década de 1940, atuaria ainda na fundação do Comitê Democrático Afro-Brasileiro no Rio de Janeiro, onde se reuniram intelectuais negros de várias convicções político-ideológicas, como Alberto Guerreiro Ramos (1915-82), Raimundo de Souza Dantas (1923-2002), Edison Carneiro (1912-72), Sebastião Rodrigues Alves (*c.* 1895-1985) e Abdias do Nascimento.

No Rio, teria uma participação sistemática no antigo Partido Comunista do Brasil (PCB). Foi presença fundamental no debate sobre a questão racial que articulava intelectuais, ativistas e diversos setores políticos negros, naquele contexto. Nos anos 1950, com sua esposa, Margarida Trindade, e outros ativistas, criaria o Teatro Popular Brasileiro, com grande repercussão.

Anos depois, ele se radicaria em São Paulo, na cidade de Embu, desenvolvendo um polo de cultura e de tradições afro-brasileiras, movimento que continuou ativo sob o comando de sua filha Raquel Trindade. Além da participação política, Solano Trindade se destacou a partir de seus poemas, pinturas e readaptações do folclore. Morou na cidade de Duque de Caxias, onde até hoje seu nome é celebrado, sobretudo pelas comunidades de pobres e negros. Morreu em 19 de fevereiro de 1974, com pouco mais de 65 anos.

FONTES: Elio Ferreira, Eric Brasil; Maria do Carmo Gregório; Michael George Hanchard; Petrônio Domingues.

VEJA TAMBÉM: Abdias do Nascimento; Alberto Guerreiro Ramos; Carlos Alberto Oliveira dos Santos; Clóvis Moura; Edison Carneiro; Eduardo de Oliveira; Geraldo Filme; Grande Otelo; Ironides Rodrigues; Lino Guedes; Maria Auxiliadora da Silva; Mercedes Baptista; Minervino de Oliveira; Raimundo de Souza Dantas; Tula Pilar; Zózimo Bulbul.

T

TANCREDO DA SILVA PINTO

1904-79 | CANTAGALO E RIO DE JANEIRO

Tancredo da Silva Pinto nasceu em 1904, no interior do Rio de Janeiro, na região de Cantagalo, filho de Belmiro da Silva Pinto e de Edwiges de Miranda, que se casaram naquele mesmo ano. Belmiro era filho natural de Angélica Maria da Conceição, e sua mãe, filha legítima de Manuel Miranda e Henriqueta Miranda.

Provavelmente, conviveu com a primeira geração de libertos do Treze de Maio em Cantagalo. Em suas memórias, destacou que seu avô tinha participado da fundação do bloco Treme Terra (em 1912) e que sua tia Olga era atuante em um Cordão Místico, ocasião em que se vestia de Rainha Ginga, representando a Rainha de Matamba.

Depois de migrar para o Rio de Janeiro, Tancredo se aproximou das comunidades negras da periferia. Transformou-se, então, em sacerdote e pai de santo. Ele e seus familiares fundaram espaços religiosos no morro de São Carlos, além de promoverem várias atividades culturais. Havia ali candomblés e cultos religiosos de omolokô, além de casas de umbanda. Segundo o próprio Tancredo, o culto omolokô havia se desenvolvido no Rio ao longo do século XIX, liderado por africanos escravizados e libertos. Originário do sul de Angola, era praticado por povos que viviam na margem do rio Zambeze, falantes de lunda-quioco. Na vizinhança, existia uma série de locais onde se praticava o omolokô, sendo reconhecida a participação de seus seguidores nas romarias e procissões da festa católica de Nossa Senhora da Penha. Nas décadas de 1920 e 1930, comentava-se a presença de muitas lideranças religiosas masculinas, como Tio Faustino, Pai Alufá e Tatá de Inkice do morro de São Carlos.

Em 1939, visando alguma forma de proteção contra a perseguição religiosa, foi fundada a Federação Espírita de Umbanda (FEU). Já em 1941, realizou-se o I Congresso de Espiritismo de Umbanda. Em 1954, a FEU recebeu o nome de União Espiritualista de Umbanda do Brasil. Desde a década de 1940, existia por parte dessas organizações um deliberado movimento de dissociação entre a umbanda e a África. Em seu lugar, eram enfatizadas as influências do kardecismo e do espiritismo, naquilo que se chamava então de "umbanda branca".

Tancredo se opunha a esse tipo de concepção. Em 1949, ele e outros — como Mamede José d'Ávila, Byron Torres de Freitas, José Alcides Gerardi (1918-78), Paulino da Mata e Olga da Mata — propuseram a fundação da Confederação Espírita Umbandista (CEU), posteriormente chamada de Congregação Espírita Umbandista do Brasil (CEUB), um movimento contra as práticas e os discursos acerca de uma umbanda "desafricanizada". Tancredo defendia uma umbanda originada dos cultos omolokô dos africanos centrais, produzindo assim "uma reação africanizante". Enquanto o candomblé — principalmente na Bahia — recebia eventuais proteções políticas e era alvo dos interesses de pesquisadores nacionais e estrangeiros, a umbanda carioca e a chamada macumba paulista ficariam por décadas marginalizadas, associadas ao diabo e a populações negras de favelas que praticavam magias então entendidas como criminosas.

Nesse contexto, Tancredo da Silva Pinto — também chamado de Tatá Tancredo — tornou-se um intelectual e dirigente religioso, com publicações e principalmente ações políticas e institucionais em defesa da umbanda carioca e de outras partes do Brasil. Entre suas obras, destacam-se *As mirongas de umbanda* (1953), *Camba de umbanda: Fundamentos da umbanda* (1957), *Guia e ritual para organização de terreiros de umbanda* (1963).

Outra característica distintiva de Tancredo foram suas vinculações com as escolas de samba cariocas, desde a década de 1930. Foi também compositor de sucesso, sendo "General da banda" — criada em coautoria com Sátiro de Melo (1900-57) e José Alcides — sua canção mais famosa.

Tancredo fez ainda inúmeras conexões entre religião e política, procurando aproximar a umbanda de políticos como Chagas Freitas (1914-91), governador entre as décadas de 1970 e 1980, e Tenório Cavalcanti (1906-87), conhecido parlamentar entre 1951 e 1964. Aproximou-se inclusive dos jornais de propriedade desses políticos, como *A Luta Democrática* e *O Dia*, onde mantinha uma coluna dedicada a assuntos da umbanda.

FONTES: **Farlen J. Nogueira; Joana D. V. Bahia; José Henrique Motta de Oliveira; Nilma Teixeira Accioli.**

VEJA TAMBÉM: **José de Souza Marques; Mãe Esperança Rita.**

TEODORA DIAS DA CUNHA

SÉC. XIX | ÁFRICA CENTRAL; SÃO PAULO

Como mostra a historiadora Cristina Wissenbach, Teodora, ou melhor, Teodora Dias da Cunha, como ela própria fez questão de se nomear em grande parte do processo que sofreu, foi submetida a um interrogatório em janeiro de 1867. Nele, respondeu desconhecer sua idade, "que representa ser cinquenta a sessenta anos". Declarou ainda que era casada com Luís, que se encontrava vendido em Campinas, e ser filha de Balanger, carpinteiro. Disse ignorar o nome da mãe, conga, mas afirmou que seus pais eram ambos da Costa. Contou que era cozinheira e que não sabia ler ou escrever. Trazida ao Brasil, foi trabalhar na zona rural paulista, provavelmente nas proximidades de Limeira, como escravizada de João Rodrigo da Cunha, cujo sobrenome adotou, constituindo sua família.

Por volta de 1862, foi vendida em São Paulo por um mercador de nome Marciano Quina. Já nessa cidade, separada do marido e do filho, serviu como criada do cônego José da Terra Pinheiro (?-1882), morador da rua da Liberdade. Saía sempre para pegar água nos chafarizes ou comprar mercadorias nos armazéns. Foi nessa circunstância que conheceu o escravizado Claro Antônio dos Santos. Ele atuava como pedreiro, era crioulo natural da província do Paraná, escravizado de ganho do cônego Fidélis Álvares Sigmaringa de Morais (1779-1875) e morador no largo de São Gonçalo. Ele foi então procurado por Teodora pelo fato de ela não saber ler e escrever.

Teodora acabou abrindo processo contra ele, alegando que recebera o dinheiro dela, mas nada fizera. Na ocasião do processo em que foi indiciado como réu, encontrava-se, porém, foragido, tendo sido preso em 1872, quatro anos após a conclusão do primeiro julgamento.

Ela declarou durante o processo que, quando de passagem por um armazém na rua de São Gonçalo, viu que Claro escrevia um documento. Ofereceu-lhe, então, seis vinténs e pediu que escrevesse uma carta para seu filho e seu marido, e mais outras. Teodora afirmou que Claro lhe escreveu cinco cartas, tendo recebido seis vinténs para o Correio. Mas ele não enviou as missivas, e por isso esses documentos foram anexados aos autos da comarca de São Paulo. No inquérito policial então aberto, serviram como prova da participação de Teodora no roubo praticado por Claro e seu parceiro Pedro na casa do senhor da africana, quando foram subtraídos mais de 800 mil-réis e objetos.

Não nos interessa, aqui, o processo-crime, mas o teor das sete cartas de Teodora, cinco delas escritas por Claro e duas outras por um escriba, do qual não se tem maiores indicações nos autos. As missivas eram dirigidas a diferentes destinatários, que, em sua maioria, nunca as receberam: os documentos não foram jamais enviados e acabaram confiscados pelas autoridades policiais. Dobrados na forma de envelope, e com os respectivos endereços, quatro deles deveriam ter chegado às mãos do marido da escravizada, Luís da Cunha, cujo paradeiro ela desconhecia. Um era endereçado ao cônego senhor de Teodora, aliás, o único que supostamente a recebeu e leu. Outro tinha como objetivo encontrar o filho Inocêncio, cujo paradeiro a escravizada também ignorava. Por fim, o sétimo era destinado ao irmão do ex-senhor do marido. No decorrer do processo, o indiciamento de Teodora foi considerado improcedente pelo juiz de direito, tendo sido ordenada sua soltura e entrega ao seu senhor. Não conhecemos, pois, o desfecho da história. Entretanto, por meio das palavras ditadas por Teodora, é possível reconstituir partes da trajetória de sua escravização, seu cotidiano, seus objetivos e seus sonhos.

Teodora pretendia reaver a família que fora desmembrada pela venda, obter sua alforria e a do marido, e voltar à África. Na primeira carta dirigida a Luís, ela contava o rumo que tomara, indagava sobre o seu destino, e evocava a promessa que haviam feito juntos e cuja realização dependia expressamente dele. A segunda era direcionada também ao marido e começava assim: "Meu marido Luís [estimo que] esteja com saúde". Uma terceira carta foi endereçada ao senhor com quem Teodora residia em São Paulo, e nela se procura no senhor padre um aliado. A conquista da alforria significava o cumprimento de uma promessa que havia sido feita ainda no "Congo", cuja responsabilidade a escravizada compartilhava com o marido e com o senhor, jurando realizá-la "ainda que esteja com cabelos brancos". Pretendia usar o pecúlio que acumulara em vida diária para juntar-se ao marido e assim regressar à África, que representava a efetivação da liberdade.

Wiessenbach argumenta que, lançando mão de elementos próprios às cosmologias dos centro-africanos, uma vez que se referia ao mar, a calunga, que não só se interpunha entre os dois lados do Atlântico, mas separava o mundo dos vivos e o mundo dos mortos, Teodora mostrava que o retorno à África significava uma forma de reversão da morte e a volta ao mundo dos seus. Nas cartas, a escrita não se mostra perfeita, nem segue os padrões da norma culta, da qual possivelmente o escriba escravizado Claro e grande parcela da sociedade brasileira da época se encontravam distantes. O mais importante, porém, é que as missivas de Teodora são um exemplo raro da oralidade popular que invade o ritmo das palavras escritas, com seus ritmos e rimas. Mesmo sendo "da roça" e não conhecendo os "costumes das cidades", Teodora dominava boa parte dos códigos do universo citadino e culto, compreendendo a relevância da escrita e valendo-se dela como estratégia e agência.

Nos registros da história da escravidão brasileira e das populações de africanos e seus descendentes no Brasil, foram muito raros os depoimentos diretos deixados por escravizados e libertos. Além disso, o processo criminal envolvendo Claro e Teodora trazendo dados originais ajuda a iluminar o contexto da escravidão na província de São Paulo, na segunda metade do século XIX, momento em que se desmontava o sistema escravocrata e multiplicavam-se as formas de rebeldia. Nele, escrever (ou ditar) representava uma forma, dileta e inusitada, de resistência.

FONTES: **Maria Cristina Cortez Wissenbach; Marialva Carlos Barbosa.**

VEJA TAMBÉM: **Benedita Caetana...; Esperança Garcia; Faustino da Silva Paiva e Mathias Henrique da Silva; Felício de Arruda Botelho; Paulina.**

TEODORO SAMPAIO

1855-1937 | RIO DE JANEIRO; SANTO AMARO E SALVADOR, BAHIA; SÃO PAULO

Engenheiro, geógrafo e professor, Teodoro Fernandes Sampaio nasceu em 1855, em Santo Amaro, na Bahia, mais exatamente no engenho Canabrava, de propriedade do futuro visconde de Aramaré. Era filho da escravizada Domingas da Paixão do Carmo, e foi alforriado na ocasião do batismo (alforria de pia). Há muitas controvérsias sobre a identidade de seu pai. Alguns estudiosos sugerem que ele pode ser filho do padre Manuel Fernandes Sampaio, com quem viajou criança para São Paulo. Há quem diga também que Teodoro Sampaio era filho do major Francisco Antônio da Costa Pinto (1807-80), o conde de Sergimirim, irmão de Manuel da Costa Pinto (1809-89), o visconde de Aramaré.

Em Santo Amaro, Teodoro estudou no colégio do professor José Joaquim Passos. Em 1865, com dez anos, foi levado pelo padre Fernandes Sampaio para São Paulo. Mudou-se na sequência para o Rio de Janeiro, estudando no Colégio São Salvador. Mais tarde ingressou no curso de engenharia na Escola Politécnica, concluído em 1876, sendo em seguida contratado como desenhista do Museu Nacional.

Os textos de Wlamyra R. de Albuquerque, entre outros, explicitam como, sem nunca esquecer a família, Teodoro retornou a Santo Amaro para rever a mãe e os irmãos. Consta que teria se engajado na alforria dos seus irmãos mais velhos, que ainda continuavam cativos. Assim conseguiu libertar Martinho (1878), Ezequiel (1882) e Matias (1884).

De volta ao Rio de Janeiro, Teodoro prosperou profissionalmente, ganhando cada vez mais prestígio e reconhecimento. Em 1879, integrou a Comissão Hidráulica, nomeada por d. Pedro II (1825-91). Participou ainda de várias expedições científicas nos sertões da Bahia, em 1881, tomou parte nos trabalhos realizados para as obras de prolongamento da linha férrea que ligava Salvador ao São Francisco e assumiu, em 1883, o posto de engenheiro-chefe. Em 1890, novamente em São Paulo, integrava Comissão Geográfica e Geológica, quando foram realizadas as primeiras medições geodésicas no estado. Também fez parte da fundação da Escola Politécnica, em 1893, associando-se à comissão proposta pelo governo de São Paulo. Até 1903, ocupou o posto de diretor e engenheiro-chefe do Departamento de Águas e Esgotos do estado de São Paulo.

Teodoro Sampaio foi também membro fundador de várias instituições, como o Instituto Histórico e Geográfico de São Paulo (1894) e o Instituto Geográfico e Histórico da Bahia (1894). Em 1919, foi aceito como sócio do Instituto Histórico e Geográfico Brasileiro.

Entre as suas obras, nas quais foram propostos estudos e projetos técnicos importantes, destacam-se *Rio São Francisco e a chapada Diamantina* (1906), *O tupi na geografia nacional* (1901), *Atlas dos Estados Unidos do Brasil* (1908), *Dicionário histórico, geográfico e etnográfico do Brasil* (1922) e *História da Fundação da Cidade do Salvador* (publicada postumamente).

Em 1882, casou-se com Capitolina Moreira Maia, que aparece descrita pelos biógrafos e contemporâneos como "uma mulher de cor". Ele faleceu em 1937, no Rio de Janeiro.

Existem dois municípios brasileiros — um em São Paulo e outro na Bahia — com o nome de Teodoro Sampaio, além de inúmeros logradouros, escolas e túneis em cidades como Salvador, São Paulo, Rio de Janeiro, Santos, Curitiba, Feira de Santana e Londrina, todos empreendimentos projetados por ele.

FONTE: **Wlamyra R. de Albuquerque.**

VEJA TAMBÉM: **André Rebouças; Enedina Alves; José do Patrocínio; Tobias Barreto.**

TERESA BICUDA

? | JARAGUÁ, GOIÁS

Diz a lenda que Teresa Bicuda morava em Jaraguá, no larguinho de Santana, em Goiás, e ganhara tal apelido pejorativo por conta dos seus lábios grossos e de sua personalidade forte. Era conhecida no vilarejo como uma pessoa cruel, e que, sobretudo, tratava muito mal a mãe: punha-a para mendigar nas ruas, batia nela e a humilhava. O povo da região comentava que ela colocara um freio de cavalo na boca da mãe e nela montara, na frente de todos. Foi por isso que a genitora, ao morrer, a excomungou. Mas dizem que a filha não se lastimou; ela nunca entrava na igreja e trabalhava aos domingos para que todos vissem como não respeitava tradições religiosas. Quando morreu, não chamaram o padre nem a sepultaram na igreja matriz, como era costume. Seu corpo foi disposto numa terra rasa, perto da capelinha do Rosário, reservada aos mais pobres.

Em seguida, por três noites consecutivas, ao soar da meia-noite, os jaraguaenses ouviram os gritos dela, pedindo que retirassem seu corpo da capelinha. Dizia que ali não era o seu lugar na morte, como não fora em vida. Contava-se ainda que, nas noites que se sucederam, à meia-noite ela saía do túmulo e percorria a vila vazia, aos berros. Já os notívagos se lembravam de ver, no final da rua, um imenso vulto branco, correndo, e deixando cair, das suas vestes sujas, línguas de fogo com um cheiro de enxofre. A grama queimava ou secava. O pelo dos animais se eriçava.

Mostra a pesquisadora Rosilandes Cândida Martins que os vizinhos quiseram pôr fim a tal martírio, e alguns homens exumaram seu corpo, já decomposto, e o levaram para a serra de Jaraguá, num lugar pedregoso. Conforme reza a lenda, ali nunca mais nasceu uma planta sequer, mas Teresa deixou de aterrorizar a pacata população local. Quem for à serra de Jaraguá encontrará uma cruz de madeira onde conta-se ter sido enterrada a malfeitora. Existe também um pé de caju assombrado, e dizem que quem tentar pegar os frutos da árvore será atacado por um enxame de abelhas. Finalmente, há quem acredite que, nas noites de lua cheia, se alguém tentar subir a serra, a própria Teresa Bicuda aparecerá e montará na pessoa, a exemplo do que fizera com sua mãe.

Muitas vezes, histórias populares escondem preconceitos evidentes na sociedade. Teresa encarnava o mal na sua pessoa, mas também simbolizava, com sua figura mítica, representações enraizadas dentre a população. Nelas, a crueldade deveria estar associada não aqueles que escravizavam, mas aos próprio escravizados, numa clara e flagrante inversão de valores.

FONTE: Rosilandes Cândida Martins.

VEJA TAMBÉM: Anastácia; Chica Machado; Chico Rei; Malunguinho; Martinha.

TEREZA DE BENGUELA

SÉC. XVIII | MATO GROSSO

Depois das guerreiras dos mocambos de Palmares no século XVII, a liderança feminina mais conhecida dos quilombos coloniais no Brasil foi Tereza de Benguela, a rainha Tereza do Quariterê. Sabemos, porém, muito pouco sobre ela. Africana escravizada, talvez tenha chegado às áreas de mineração por volta de 1730. Havia denúncias de que africanos recém-desembarcados nos portos de Belém e São Luís eram clandestinamente revendidos e transportados para a capitania do Mato Grosso. Seriam eles tanto africanos ocidentais — muitos da Alta Guiné — quanto centro-africanos, entre os quais aqueles embarcados ao sul de Angola, via portos de Benguela.

Em meados do século XVIII — mais exatamente em 1748 — já há registros do quilombo do Quariterê. Ele foi crescendo, de tamanho e em população, e formou mais de um núcleo, atraindo as expedições punitivas das autoridades coloniais. Visto como ameaça, era atacado, mas ressurgia. Em 1770, porém, ocorreu uma grande expedição punitiva e o Quariterê foi considerado extinto.

Segundo memórias do bandeirante Felipe José Nogueira Coelho, um "grande quilombo" teria surgido no Mato Grosso na primeira metade do século XVIII, sendo destruído em 1770, quando acabaram capturados, entre homens, mulheres e crianças, mais de cem quilombolas, trinta dos quais eram índios. Descrições minuciosas acerca da estrutura e organização do quilombo do Quariterê revelariam a figura de Tereza. Nesse quilombo já existira um rei, que havia morrido, e quem "então governava" era a "Rainha viúva Tereza". Detalhes sobre tal reinado mencionam um "parlamento em que presidia o capitão-mor José Carvalho [ou José Cavalo] e era conselheiro da rainha um José Piolho". Aliás, tal quilombo seria também chamado de quilombo do Piolho, talvez sugerindo que houvesse mais de um mocambo e diversas estruturas de poder, economia e de proteção militar, todas conectadas.

Imagens de realezas — homens e mulheres — comandando quilombos não são incomuns na extensa documentação colonial. Sobre a rainha Tereza, os relatos dizem que, com o ataque de 1770, ela havia sido capturada e se suicidara na prisão. Restaram também descrições da natureza do seu poder: "Mandava enforcar, quebrar pernas, e sobretudo enterrar vivos os que pretendiam vir por seus senhores [...] cuidava muito na agricultura dos mantimentos".

Sem necessariamente mencionar Tereza e seu antigo reinado, o bandeirante Francisco Pedro de Melo disse que o quilombo do Quariterê, "atacado e destruído haverá 25 anos", resistira, tendo vários escravizados permanecido escondidos nas suas vizinhanças. Assim, "novamente aquilombados morreram [...], uns de velhice e outros às mãos dos gentios cabixis, com que tinham continuada guerra, a fim de lhe furtarem as mulheres das quais houveram os filhos caborés".

A novidade dos remanescentes dos quilombolas do Quariterê era a sua reinvenção étnica junto a grupos indígenas do Mato Grosso colonial. Os sobreviventes do reino de Tereza de Benguela eram "regentes, padres, médicos, pais e avós do pequeno povo que formava o atual quilombo". No fim do século XVIII, ressurgiria com vigor e originalidade esse quilombo, constituído por uma população de africanos mais velhos e indígenas mais jovens. Eram inclusive os africanos, seus antigos moradores, que ensinavam aos indígenas as palavras em português e algo do catolicismo.

FONTES: Flávio dos Santos Gomes; Luiza Rios Ricci Volpato; Maria de Lourdes Bandeira.

VEJA TAMBÉM: Acotirene e Aqualtune; Ângela; Dandara, Lucrécia e Madalena; Francisca; Hilária e Madalena; Mariana; Rainha Marta; Zacimba Gaba.

TEREZA DE JESUS DE SOUZA

1813-73 | ÁFRICA OCIDENTAL; RECIFE, PERNAMBUCO

Reconstituída com base no seu testamento e inventário, a história da africana Tereza de Jesus de Souza no Recife foi descoberta por Valéria Gomes Costa. Trata-se de um caso exemplar. Tereza e o marido, Alexandre Rodrigues, eram africanos naturais da Costa da Mina e se casaram em 1855, sendo os dois libertos — ela com 42 anos. De acordo com o testamento que ditou em 1873, Tereza já havia constituído um patrimônio com seu esposo, entre imóveis, escravizados, bens móveis; tudo avaliado em mais de trinta contos de réis. Como ela morreu quando tinha cerca de sessenta anos, é possível imaginar que tenha sido trazida para o Brasil, mais particularmente para Pernambuco, em meados da década de 1820. Não sabemos em quais condições eles foram alforriados. Na véspera do seu casamento, em 1854, ela já era proprietária de dois escravizados: a preta Maria e seu filho Luiz.

Depois de conquistar a alforria, Tereza e o marido moraram numa "casa pequena" localizada na rua da Concórdia, no bairro de Santo Antônio. Logo "compraram lotes", onde depois viveram "numa suntuosa morada" feita de pedra e cal, na freguesia da Boa Vista, na rua da Conquista, 17, no conhecido beco da Soledade, avaliada em 1873 por dois contos de réis e que, com mais reformas, quadruplicaria de valor em 1880. O casal chegaria a possuir dois prédios nessa mesma rua, um para moradia e outro onde se concentravam inúmeras pequenas casas compartilhadas, que alugavam para cativos ao ganho, libertos e para pessoas negras pobres livres. Como símbolo do seu enriquecimento, Tereza e o esposo mantinham a residência ricamente decorada, aparecendo no testamento descrições de cadeiras de guarnição e de balanço, xícaras, consoles, armários, roupas, sofás, tapetes, louças, castiçais, jarros de vidro, cômodas, mesa de jantar, baús, e assim por diante.

Casados durante dezoito anos, Tereza e Alexandre não tiveram filhos, mas formaram laços familiares de compadrio com muitos outros africanos, inclusive seus próprios cativos. Eles serão padrinhos de batismo de filhos de vários africanos, nascidos escravos no Brasil, e mesmo de pessoas livres pobres. Essa rede de parentesco teria impacto na divisão dos bens e legados que registraram em seus testamentos. Os dois deixariam expressas determinações sobre quantias que deveriam ser entregues a afilhados, amigos e parentes estendidos. Legavam 200 mil-réis para Carolina, Joana e Bernardina e 100 mil-réis para Úrsula, Felipe, Ana, Maria e Joana.

Tereza de Jesus estabeleceu, também em seu testamento, que todos os filhos de suas cativas deveriam ficar livres, pela metade do preço que valiam, com a condição de servirem ao seu esposo até a morte dele. Numa de suas pequenas casas geminadas eles permitiram que fosse residir a preta liberta Domingas, que tinha sido escrava do casal, e parecia estar velha e doente.

FONTE: **Valéria Gomes Costa.**

VEJA TAMBÉM: **Ana Mogumbe...; Mônica da Costa Ferreira.**

THEODOSINA RIBEIRO

1930-2020 | BARRETOS E SÃO PAULO

Theodosina Rosário Ribeiro, que nasceu no dia 29 de maio de 1930 (alguns registros mencionam o ano de 1925) em Barretos, no interior de São Paulo, foi a primeira vereadora e deputada negra da Assembleia Legislativa do estado. Ela era filha de Rosa Rosário e de José Inácio do Rosário, capitão da antiga Força Pública, tendo integrado a Frente Negra Brasileira e a Associação José do Patrocínio.

Formou-se em ciências jurídicas e sociais pelas Faculdades Metropolitanas Unidas (FMU), e em pedagogia e letras pela Universidade de Mogi das Cruzes, em São Paulo. Com seu trabalho na política, ela mostrou como a frase "negro não vota em negro" não era realidade. Afinal, foi eleita vereadora da capital paulista com 50 mil votos e deputada estadual em 1974 e 1978.

Em suas gestões como vereadora e deputada ela se destacou ao defender pautas sobre educação, saúde, infância e cuidado com as mulheres, de uma maneira geral. Muitas de suas iniciativas se transformaram em leis, emendas e projetos. Sempre comprometida com a questão racial, Theodosina batalhou contra a existência de um racismo velado mas perversamente presente. Seus projetos se voltaram para o exercício da cidadania e da defesa dos interesses da comunidade afro-brasileira. Dentre suas várias iniciativas estabeleceu a realização anual de Sessão Solene, no plenário da Assembleia Legislativa, por ocasião das datas de 13 de maio (Dia da Comunidade Afro-Brasileira) e 20 de novembro (Dia da Consciência Negra).

Na área da educação, elaborou a Emenda 28 à Constituição do Estado, aplicando ao magistério público estadual a aposentadoria especial por tempo de serviço: 25 anos para a mulher e trinta para o homem. Foi autora, também, da Emenda 31, que tornou obrigatória a instalação de creches em repartições públicas estaduais onde trabalhassem trinta ou mais servidoras.

Foi de Leci Brandão (1944-), deputada estadual do Partido Comunista do Brasil (PCdoB) por São Paulo, a ideia da Resolução nº 898/2014, que instituiu a Medalha Theodosina Rosário Ribeiro para condecorar mulheres ou entidades que atuam em defesa da cidadania de mulheres e homens negros.

Theodosina foi casada com José Alves Ribeiro, com quem teve um filho, Marcus José.

FONTES: Celso Martins Fontana; Érico Vital Brazil; Juliana Cassab; Juliana Gonçalves; Maria Aparecida de Oliveira Lopes; Schuma Schumaher.

VEJA TAMBÉM: Antonieta de Barros; Arlindo Veiga dos Santos; Lélia Gonzalez; Luzia Bairros.

THEREZA SANTOS

C. 1938-2012 | GUINÉ-BISSAU; ANGOLA; RIO DE JANEIRO; SÃO PAULO

Nascida no Rio de Janeiro aproximadamente em 1938 e batizada com o nome de Jaci dos Santos, a filósofa, teatróloga e professora Thereza Santos foi uma importante intelectual, que atuou do fim dos anos 1960 até a década posterior à redemocratização. Ao contrário de várias feministas brasileiras, que circularam pela Europa e pelos Estados Unidos, Thereza Santos fez o caminho do continente africano, articulando luta, experiência e movimento feminista. Nos anos 1970, trabalhou em Guiné-Bissau e Angola, e depois da independência e das guerras de descolonização, assumiu cargos de direção teatral e assessoria dos Ministérios de Educação e da Cultura. Exerceu, também, atividades de alfabetização em Guiné-Bissau, que lutava naquele momento contra a colonização portuguesa. Em 1977 participou do Festival Mundial de Artes Negras, em Dakar, Senegal, na condição de chefe da delegação de Angola.

Com a anistia e os movimentos de redemocratização, Thereza voltou para o

Brasil, atuando em organizações públicas e nos coletivos de mulheres negras em São Paulo. Com Eduardo de Oliveira e Oliveira (1924-80) escreveu a peça *E agora... falamos nós*.

Seu desempenho em São Paulo ganhou destaque ainda maior em meados dos anos 1980. O Conselho Estadual da Condição Feminina criado em São Paulo em 1985 não contemplava a representação de mulheres negras entre suas 32 conselheiras. Na ocasião, a radialista negra Marta Arruda (1939-2017) fez uma série de denúncias que levaram Thereza não só a ser convidada como a assumir papel de destaque, incluindo na pauta a questão das mulheres negras. Junto com Sueli Carneiro (1950-), em 1985, editaram uma obra pioneira a respeito do feminismo negro chamada *Mulher negra*.

Thereza Santos teve papel da maior relevância na formação de intelectuais e ativistas negras. De 1986 a 2002, foi assessora de Cultura Afro-Brasileira da Secretaria de Estado da Cultura do Estado de São Paulo. Em 2008, lançou uma autobiografia, narrando sua infância, descobertas e conscientização política racial. Parte do acervo pessoal de Thereza Santos (cartas, projetos e documentos) encontra-se no Núcleo de Estudos Afro-Brasileiros (NEAB) e na Unidade Especial de Informação e Memória (UEIM) da Universidade Federal de São Carlos. Faleceu em 2012.

FONTES: **Evaldo Ribeiro Oliveira; Flavia Rios; Nei Lopes; Sueli Carneiro; Thereza Santos.**

VEJA TAMBÉM: **Beatriz Nascimento; Eduardo de Oliveira e Oliveira; Iracema de Almeida; Lélia Gonzalez; Neusa Santos Sousa.**

TIA ANA

SÉC. XIX | VIÇOSA DO CEARÁ, CEARÁ

Ana, mais conhecida como Tia Ana, cujo nome completo e datas de nascimento e morte ignoramos, liderou, em 1835, uma revolta de escravizados na fazenda do português Francisco Antônio de Carvalho, apelidado de Marinheiro Chico. A propriedade ficava no interior do Ceará, na serra do Ibiapaba, próxima ao município de Viçosa e a meio caminho de Parnaíba, no Piauí. Em razão do declínio das plantações de cana-de-açúcar e da consequente migração de mão de obra escravizada para as áreas cafeicultoras do Sudeste, a região vivia um momento de recessão. Por isso mesmo, o tratamento reservado aos cativos tendeu a recrudescer, com os senhores buscando "aproveitar" ao máximo sua mão de obra. O resultado foi o aumento da violência da parte tanto dos senhores quanto dos escravizados.

Francisco de Carvalho criava gado e tinha plantações para a sua subsistência. Era tão famoso quanto temido no local. Armou-se, então, uma revolta dos escravizados da fazenda, que pretendia acabar com o tratamento indigno dado aos trabalhadores do campo. O estopim foram os castigos impostos a uma escravizada idosa e muito benquista. A ausência do Marinheiro Chico, que se encontrava em viagem, deu oportunidade para o levante, liderado por Tia Ana.

Numa noite em que os capatazes dormiam no alpendre, os escravizados tomaram de assalto a residência: assassinaram todos os que estavam em seu interior e atearam fogo à casa-grande. Alguns revoltosos fugiram em direção a Pernambuco, levando consigo os bens de valor que encontraram na casa, enquanto o grupo de Tia Ana tratou de libertar Jerônimo Cabaceira, desafeto de Francisco de Carvalho, da cadeia. Francisco de Carvalho, assim que soube do ocorrido, retornou à sua fazenda. Foi, porém, acossado por Jerônimo Cabaceira e, perdendo o controle da situação, acabou por enforcar-se numa mangueira de sua propriedade. Essa não foi, com certeza, a maior rebelião escrava, nem um caso isolado. Mas mostra o protagonismo de mulheres na liderança de movimentos de coletivos de insurreição.

FONTES: **Érico Vital Brazil; Padre Assis Memória; Schuma Schumaher.**

VEJA TAMBÉM: **Cecília, Letícia...; Diogo Rebolo...; Peregrina; Rosa; Tomás.**

TIA CARMEM DO XIMBUCA

1879-1988 | BAHIA; RIO DE JANEIRO

Nascida na Bahia, em 1879, e levada ao Rio de Janeiro em 1893, Carmem Teixeira da Conceição, conhecida como Tia Carmem do Ximbuca, foi o derradeiro símbolo das mulheres negras matriarcas, líderes religiosas, culturais e comunitárias das gerações de migrações baianas e das famílias que ocuparam a praça Onze, a Gamboa, o Santo Cristo e a Saúde, entre o fim do século XIX e a primeira metade do século XX.

Consta que a mãe de Carmem era Tia Mônica (Mônica Maria da Conceição), que fora casada com Manuel Teixeira, apelidado Ximbuca, o que a tornou conhecida como Carmem do Ximbuca. O casal teve 22 filhos.

Falecendo com 109 anos, em 1988, Tia Carmem representou o símbolo da resistência e da ocupação de famílias negras na região. Essas mulheres se opuseram às obras do início do século XX, por ocasião da Reforma Pereira Passos, aos trabalhos para a abertura da grande avenida Presidente Vargas, nos anos 1940, e à construção do metrô nos anos 1970.

Durantes décadas Tia Carmem personificou a chamada "Pequena África". E assim como a região foi sendo esquecida, ela também envelheceu, sem que se tivesse muitas notícias dela. Mais recentemente, em função das obras para os Jogos Olímpicos de 2016 e também das que revitalizaram o antigo cais do Valongo (onde ocorreram desembarques de milhares de africanos entre 1770 e 1831), essa região passou a ser mais valorizada e transformada em "roteiro da herança africana" no Rio de Janeiro, e junto com ela o nome de Tia Carmem vai ganhando proeminência.

FONTES: **Helena Theodoro; Roberto M. Moura; Rodrigo Cantos Savelli Gomes; Yara da Silva.**

VEJA TAMBÉM: **Heitor dos Prazeres; Tia Ciata; Tia Maria do Jongo; Tias baianas...; Tias fluminenses...**

TIA CIATA

1854-1924 | BAHIA; RIO DE JANEIRO

Natural da Bahia, talvez de Santo Amaro da Purificação ou de Salvador, Hilária Batista de Almeida nasceu em 1854, sendo provavelmente filha de uma africana liberta. Migrou para o Rio de Janeiro por volta de 1876, junto com africanos e nascidos no Brasil que partiram de

Salvador para a Corte em levas crescentes entre as décadas de 1860 e 1880. Parte dessas comunidades migratórias iria se fixar nas áreas centrais, entre os bairros da Saúde, de Santo Cristo, da Gamboa.

Criada na Bahia entre comunidades negras africanas, Hilária conheceria, no Rio, outros pedaços da diáspora, com muitos africanos, cativos, libertos e nascidos no Brasil. Na praça Onze, a partir do fim do século XIX, cozinhava e vendia em tabuleiro, nas confluências do largo da Carioca, local chamado popularmente de "Tabuleiro da Baiana".

Hilária passaria a ser conhecida como Tia Ciata, transformando sua casa em espaço de encontro de sambistas e de lideranças religiosas. Segundo alguns estudiosos, o apelido Ciata poderia ser alguma adaptação da expressão "Assiata", termo de origem africana e com influência dos africanos islamizados. Ela não escapou dos registros preconceituosos, como o do cronista João do Rio (1881-1921), que chegou a escrever acerca de um "falso" candomblé com a presença de uma mãe Assiata, que, dizia ele, "finge de mãe de santo" e seria "uma negra baixa, fula e presunçosa, moradora à rua da Alfândega".

Foi já no Rio de Janeiro que Ciata se aproximaria das comunidades negras islâmicas e das do candomblé. Ao lado de velhos e de velhas africanos e as chamadas "tias baianas", a Tia Ciata afirmou-se como uma liderança cultural importante daquela "África em miniatura", como apelidou Heitor dos Prazeres (1898-1966). Consta que na Cidade Nova, na rua Visconde de Itaúna, Tia Ciata mantinha seu "espaço religioso": territórios culturais originais e criativos da cultura negra carioca. Ela morreu em 1924 aos setenta anos.

FONTES: Juliana Barreto Farias; Mônica Pimenta Velloso; Muniz Sodré; Nei Lopes; Roberto L. T. Conduru; Roberto M. Moura; Rodrigo Cantos Savelli Gomes; Tiago de Melo Gomes.

VEJA TAMBÉM: Cartola; Donga; Heitor dos Prazeres; Horácio de Sá Pacheco; Ismael Silva; João do Rio; Tia Carmem do Ximbuca; Tias baianas...; Tia Maria do Jongo; Tias fluminenses...

TIA EVA

1838-1926 | MINEIROS, GOIÁS; CAMPO GRANDE, MATO GROSSO DO SUL

Os sonhos de liberdade não terminavam com a obtenção da alforria. A luta para manter autonomia, prosperar, reorganizar famílias e planejar destinos continuava, mesmo para aqueles que ganharam a liberdade antes de 1888. A história de Eva Maria de Jesus pode ser reencontrada em outras tantas experiências de migrações de famílias negras entre as últimas décadas do século XIX e a primeira metade do XX. Esses foram também novos capítulos de histórias quilombolas, com o surgimento e ampliação de territórios negros espalhados pelos quatro cantos do Brasil.

Escravizada nascida no Brasil em 1838, Eva era provavelmente filha de africanos que entraram ilegalmente no país — depois de 1831 — pelos portos de Salvador, Recife, Belém ou São Luís e foram revendidos para as regiões de Goiás e Mato Grosso, antigas capitanias de mineração. Eva nasceu na localidade de Mineiros, em Goiás. Escravizada ali, casou-se duas vezes e teve três filhas: Joana, Lázara e Sebastiana. O sonho da alforria só aconteceu em 1887, nos seus 49 anos. Mas ela não esperou a Lei Áurea ou alguma dádiva senhorial. Já uma mulher madura, jamais aceitou apenas viver livre em Goiás. Em 1905, aos 67 anos, migrou para Campos de Vacaria, hoje Campo Grande, capital de Mato Grosso do Sul. Trabalhou como lavadeira e cozinheira. Era também parteira, e logo ganharia prestígio local como curandeira e benzedeira. Transformou tudo numa economia própria que lhe permitiu, já em 1910, adquirir seu tão sonhado território próprio. Por 85 mil-réis comprou oito hectares de terra, para onde se mudou com filhos, netos e outros parentes.

As memórias geracionais falam então da criação, por Tia Eva — como a chamavam —, da comunidade São Benedito. Mais do que um povoado negro rural articulado com migrações negras do início do século XX e também com remanescentes quilombolas, essa comunidade possuía dimensões religiosas rurais, festa, devoção, padroeiro e local para romarias, curas e demonstração de fé. Tia Eva era devota do santo, que inclusive a teria curado de uma ferida na perna logo que ela chegara a Mato Grosso. Diante do que considerava ser um milagre, Tia Eva mandou construir, em 1912, uma igreja de São Benedito (reerguida em 1919).

Como mostra Myleide Machado, a comunidade negra de Tia Eva é um retrato das paisagens rurais, organizadas sob territórios de parentesco, pertencimento e memória étnica.

Em 2008, essa comunidade criada em 1910 por Eva Maria de Jesus receberia certificado da Fundação Cultural Palmares. Assim, a comunidade negra da igrejinha de São Benedito, localizada no município de Campo Grande, Mato Grosso do Sul, adquiriu a certidão de autodefinição como comunidade remanescente de quilombo, publicada pela Fundação Cultural Palmares, que já reconheceu dezenas de outras comunidades como essa naquele estado, espalhadas nos municípios de Aquidauna, Bandeirantes, Bataguassu, Bonito, Corguinho, Corumbá, Dourados, Figueirão, Jaraguari, Maracaju, Miranda, Nioaque, Paranaíba, Pedro Gomes, Rio Brilhante, Rio Negro, Sonora, Terrenos, além de Campo Grande. Mesmo assim, ainda restam muitas, ainda sem o reconhecimento devido.

FONTES: **Myleide Meneses Oliveira Machado; Josemar de Campos Maciel.**

VEJA TAMBÉM: **Antonica...; Félix José Rodrigues.**

TIA INÁCIA

c. 1825-1956 | SANTA CRUZ DO SUL, RIO GRANDE DO SUL

Inácia Garcia de Souza resistiu ao tempo e à memória. No dia 1º de junho de 1954, ela apareceu na *Gazeta do Sul* sendo fotografada e entrevistada pelo jornalista Francisco J. Frantz (1917-81), fundador do periódico. Destacava-se na matéria mais a longevidade do que sua ex-condição. Inácia tinha 129 anos na época. Chamada de Tia Inácia, era uma ex-escravizada nascida em 1825. Provavelmente filha de africanos, pode ter sido libertada antes de 1888.

Vivia no bairro Bom Jesus, na periferia do município de Santa Cruz do Sul, no Rio Grande do Sul. Ali foi entrevistada e contou sobre seu cotidiano em Rio Pardo, onde viveu por anos como cativa de d. Jacinta. Segundo Inácia, Jacinta teria sido uma "boa senhora", deixando, após sua morte, terras para os cativos e libertos, provavelmente registrando tudo em testamento. O repórter ouviu e anotou com detalhes as histórias de escravidão e liberdade de Tia Inácia, incluindo os castigos e os enforcamentos que eram realizados nas fazendas.

Tia Inácia se lembrava exatamente das músicas cantadas no Treze de Maio de 1888 em Rio Pardo, recordando que muitos cativos gritavam nas ruas, enquanto um fazendeiro morria "do coração de tanta raiva". Ela misturava as narrativas sobre a escravidão com as da Guerra do Paraguai (1864-70), bem como com a revolução de 1893, que sacudiu as fronteiras do Sul.

Esse não foi, porém, um caso isolado. Sem dúvida até bem pouco tempo deviam existir, em várias partes do Brasil de meados do século XX, muitos ex-escravizados, libertos em 1888 ou antes, além da primeira geração de filhos deles. Sabe-se que, em diversas áreas de colonização alemã do interior do Rio Grande, há relatos de negros, quase centenários, como Orlando, Adão, Lucas, Militão, em São Leopoldo e em outras partes.

Tia Inácia morreu em 1956, com 131 anos, isso se tiver nascido mesmo em 1825. Tinham se passado 68 anos do fim da escravidão, mas já no início do século XX, os defensores da modernidade se referiam à experiência de quase quatro séculos de escravidão como se fosse um sistema perdido num passado muito distante, que não valia a pena lembrar.

Paradoxalmente, o Treze de Maio foi decretado feriado nacional em janeiro de 1890, com comemorações e festas comunitárias no campo e na cidade. No fim de 1930, Getúlio Vargas (1882-1954) extinguiu o feriado. Em 1938, na véspera do aniversário de cinquenta anos da abolição, manifestações, desfiles e aglomerações foram proibidos em função do decreto do Estado Novo (1937). Embora existissem mudanças significativas na legislação rural, na segunda metade da década de 1930, e depois em 1942, foi com a criação da Consolidação das Leis do Trabalho (CLT), em 1943, no governo Vargas, que os trabalhadores rurais passaram a avaliar a existência de uma "verdadeira abolição", com indenizações e apoio ao homem do campo.

Mas o direito de aposentadoria, pelo Fundo de Assistência e Previdência do Trabalhador Rural (Funrural), só seria instituído em 1963, ou seja, 75 anos depois da abolição. Tia Inácia não estava mais viva para presenciar tal conquista.

FONTES: **Aristeu Elisandro Machado Lopes; Francisco J. Frantz; João Paulo Barbosa; Magna Lima Magalhães; Sílvio Marcus de Souza Correa.**

VEJA TAMBÉM: **Delphina Maria da Conceição...; Maria Benedita da Rocha; Maria do Carmo Jerônimo; Nhô João e sua parceira; Roque José Florêncio.**

TIA MARCELINA

SÉCS. XIX-XX | MACEIÓ, ALAGOAS

A africana Marcelina é uma personagem mítica da cultura religiosa de Alagoas. Era conhecida como Tia Marcelina e se tornou símbolo contra a intolerância religiosa no ano de 1912. O episódio em que foi envolvida, conhecido como "Quebra de Xangô", não foi uma ação policial, mas sim um ato de vandalismo praticado por uma milícia racista — conhecida por Liga dos Republicanos Combatentes — que atacava os terreiros de candomblé e seus adeptos no estado. Mais informações são trazidas pelas pesquisas de Anderson Diego da Silva Almeida (1985-), Paulo Antonio de Menezes Pereira da Silveira, Ulisses Neves Rafael (1966-), entre outros.

Naquele contexto, essas práticas de racismo religioso tinham vários significados. Para além da violência explícita praticada contra a população negra, faziam parte de disputas políticas locais, incluindo os partidos políticos, a oposição, o governador e a oligarquia local. Essa era uma época de grandes debates sobre políticas de controle acerca das transformações urbanas e das expectativas de modernização em várias cidades e núcleos urbanos no Brasil, e os tais "projetos modernizadores" passaram a também perseguir a cultura popular e as populações negras.

Consta que, quando seu terreiro foi invadido, em fevereiro de 1912, Tia Marcelina teria dito: "Bate, moleque, quebra braço, quebra perna, lasca cabeça, tira sangue, mas não tira saber". Não existem mais dúvidas de que milicianos invadiam vários terreiros em Maceió nesse contexto. Existiram aliás muitos saques, objetos sagrados destruídos e espancamentos de lideranças religiosas. Jornais locais descreveram as agressões sofridas por Tia Marcelina em seu terreiro, invadido por mais de trezentos homens armados e violentos. Ela teria clamado por seu orixá Xangô, dizendo: "Eiô, cabecinha!".

Existem poucas informações sobre Tia Marcelina além do fato de ter vindo da África Ocidental. Provavelmente chegou escravizada ao Brasil em meados do século XIX. Pode também ter entrado nos últimos navios negreiros clandestinos que aportaram nas praias de Pernambuco e em Alagoas na década de 1850. Pode, por fim, ter trabalhado em alguns engenhos alagoanos, conquistando a liberdade por alforria e migrado para as vilas mais urbanizadas nas proximidades de Maceió.

Conhecida como detentora da coroa de Dada, consagração ao irmão mais novo de Xangô, seria considerada fundadora do candomblé em Alagoas e, em 1912, era o principal alvo das intolerâncias.

Marcelina desapareceu do noticiário depois dos ataques da Quebra de 1912, mas faleceu por conta de problemas de saúde. Sua trajetória é desconhecida, e poucas certezas se tem sobre a sua existência. Mesmo assim, ela se tornou uma personagem simbólica da resistência religiosa negra em Alagoas. Sabe-se que, após a intolerância de 1912, ondas de repressão continuaram a existir, com vários terreiros sendo abandonados e líderes e adeptos fugindo para o interior. Comenta-se que muitos atabaques acabaram enterrados, bem como apetrechos dos cultos, visando fugir da intolerância e da perseguição. Seria inventada, então, uma tradição religiosa do "Xangô rezado baixo" — um "candomblé em silêncio", que tentava se adequar ao Código Penal de 1890, que, proibindo as práticas de curandeirismos, acusava a população negra de feitiçaria e elegia como alvos os candomblés com ritos jeje, nagô, angola, congo e também a umbanda.

A despeito dos poucos registros sobre a presença de Tia Marcelina, a mitologia sobre a sua existência e acerca do seu papel em 1912 tem mobilizado um movimento religioso que pode ser chamado de "Xangô rezado alto", em contraposição à intolerância religiosa que continua vigente. Nas memórias locais, a africana Tia Marcelina é guardiã e protetora do Xangô alagoano.

FONTES: **Anderson Diego da Silva Almeida; Paulo Antonio de Menezes Pereira da Silveira; Ulisses Neves Rafael.**

VEJA TAMBÉM: **Amélia Rosa; Bamboxê Obitikô; Florência Joaquina.**

TIA MARIA

SÉCS. XIX-XX | SÃO PAULO; PARAÍBA

São mencionadas, aqui e acolá, várias mulheres que participaram da Coluna Prestes, sem contudo integrá-la formalmente. Entre elas, que ficaram anônimas ou só foram lembradas pelo apelido, encontramos Ai Jesus, Albertina, Amália, Ana Alice, Cândida, Cara de Macaca, Chiquinha, Chuvinha, Emília Dias, Ernestina, Etelvina, Eufrásia, Gaúcha, Isabel-Pisca-Pisca, Lamparina, Letícia, Maria Emília, Maria Revoltosa, Tia Manuela Gorda e Xatuca.

Tia Maria, conhecida durante muito tempo apenas como uma "velha negra" que acompanhou a Coluna Prestes desde o momento em que esta passou por São Paulo, servia inicialmente como cozinheira no destacamento de Juarez Távora (1898-1975). Mais tarde, a denominaram "negra feiticeira que protegia a Coluna Prestes". Este foi, grosso modo, um movimento realizado pelo interior do Brasil e parte da América do Sul, entre 1924 e 1927, que, saindo do Rio Grande do Sul, percorreu cerca de 24 mil quilômetros, tendo entre seus líderes Luís Carlos Prestes (1898-1990) e Miguel Costa (1885-1959). Os tenentes, como eram designados os militares descontentes, manifestavam sua contrariedade ao governo de Artur Bernardes (1875-1955) e aos destinos da Primeira República, também chamada de República do Café com Leite, tal a associação de São Paulo e Minas Gerais no intuito de se perpetuarem no poder.

No imaginário popular, até mesmo em lugares afastados por onde o grupo passou, floresceu a lenda de uma "feiticeira" que dançava nua diante das metralhadoras, ao som de um flautim tocado por um coronel, e que "fechava o corpo dos soldados das balas legalistas", protegendo-os contra os inimigos com seus "trabalhos de magia". Por conta dos propalados atributos mágicos da Coluna, dizia-se que as forças legalistas que a combatiam temiam Tia Maria, cuja fama se espalhou pelo país. No dia 29 de abril de 1925, a Coluna Prestes se encontrava em Porto Adela, no Paraguai, acampada e preparando-se para dar início a uma longa marcha em direção ao Mato Grosso, por caminhos incertos. Quando atravessavam o rio Uruguai, Prestes proibiu que as "vivandeiras", como eram chamadas de forma pejorativa as mulheres que acompanhavam a Coluna, continuassem a segui-los. No entanto, logo de manhã cedo, quando os homens se puseram em marcha, o tenente foi surpreendido ao notar que elas, a essa altura, já haviam cruzado o rio, montadas em seus cavalos.

Essa não foi a primeira vez que as "vivandeiras" foram tratadas com desprezo pelos comandantes da Coluna. O tenente Siqueira Campos (1898-1930) costumava lhes subtrair os cavalos, deixando-as a pé, no meio da estrada, quando suas ordens eram desobedecidas. Chegou até mesmo a expulsá-las de seu destacamento. No entanto, hoje se sabe como essas mulheres eram fundamentais nos serviços de enfermagem e na preparação da comida para os soldados. Outras, ainda, revelaram grande capacidade de mobilização, realizando a comunicação entre as diferentes tropas. Uma mulher negra rio-grandense apelidada de Onça foi responsável por alertar uma pequena tropa tenentista acerca da aproximação de forças inimigas. Outra, chamada Santa Rosa, servia no destacamento do comandante Cordeiro de Farias (1901-81), e conta a lenda que ela, vinte minutos depois de ter dado à luz um menino, montou num cavalo e seguiu junto com a tropa. Nas palavras de Lourenço Lima (1881-1940), integrante da Coluna, "a resistência dessas mulheres foi admirável na marcha, andando longo tempo a pé e sofrendo toda sorte de privações".

Cerca de cinquenta mulheres participavam da Coluna no auge do movimento. Porém, quando a tropa atingiu a Bolívia, em 1927, restavam apenas dez. Após a sangrenta luta de 9 de fevereiro de 1926 na cidade de Piancó, Paraíba, alguns combatentes se perderam do grosso da Coluna, sendo aprisionados e mortos. Entre eles estava Tia Maria, "a negra feiticeira", que foi separada dos demais, levada para o cemitério local e obrigada a cavar a própria cova. Por temerem seus poderes, ela foi torturada e em seguida degolada pelas tropas paraibanas.

Interessante é pensar que o termo "vivandeiras" — que na época definia as mulheres que vendiam ou levavam alimentos seguindo as tropas da Coluna Prestes em marcha — é atualmente empregado para definir políticos que tentam seduzir militares para enveredar pelos descaminhos da sua aventura.

A historiografia hoje tem sido mais atravessada por marcadores sociais de sexo e gênero, uma vez que no passado próximo, não poucas vezes, apagou a participação de mulheres como Tia Maria.

FONTES: Anita Leocádia Prestes; Edgard Carone; Érico Vital Brazil; Isabel Campoi; Lourenço Moreira Lima; Maria Apparecida Franco Pereira; Maria Meire de Carvalho; Schuma Schumaher.

VEJA TAMBÉM: Ana Maria de Jesus; Marcílio Dias; Maria José Bezerra.

TIA MARIA DO JONGO

1920-2019 | RIO DE JANEIRO

Tia Maria do Jongo, nascida Maria de Lourdes Mendes no ano de 1920, foi uma produtora cultural fundamental na manutenção e expansão das tradições do jongo no Rio de Janeiro. Ela conferiu novo significado às antigas "tias" da praça Onze e dos subúrbios cariocas, que se destacaram do alvorecer do século XX até as décadas de 1950. A partir de meados da década de 1990, Tia Maria ganhou relevância como difusora do jongo e de suas tradições entre jovens, organizações comunitárias e artísticas.

Consta que teria sido neta de ex-escravizados, com seus pais Zacarias e Etelvina migrando para o morro da Serrinha. Na geração de irmãos, primos e vizinhos de Tia Maria estariam alguns dos fundadores da Escola de Samba Império Serrano (1947). Na juventude, ela conviveu, no morro da Serrinha, com os mais antigos jongueiros. Viu de perto as tradições, os mistérios e ensinamentos de uma tradição negra herdada dos antigos cativos e africanos que se instalaram no Sudeste escravista oitocentista.

Na década de 1970, Tia Maria foi convidada pelo Mestre Darci (1932-2001) para participar do grupo Jongo da Serrinha. Pouco a pouco, passou a organizar eventos, ensinar a tradição e ganhar prestígio como a "patrona do jongo no Rio de Janeiro". Por lá foi criada a Casa do Jongo, uma organização transformada em ONG.

Tia Maria também constituiu um grupo musical próprio. Em 2002, gravou-se o álbum *Jongo da Serrinha*, e em 2013, *Vida ao jongo*, ambos tributos à trajetória de Tia Maria do Jongo, com a própria homenageada participando das gravações. Tia Maria faleceu em 2019, deixando a tradição do jongo muito viva.

FONTES: **Álvaro Pereira do Nascimento; Claudia Miranda; Nei Lopes; Pedro Simonard; Ricardo Cravo Albin.**

VEJA TAMBÉM: **Antônio Candeia Filho; Clementina de Jesus; Ivone Lara; Maria das Dores Santos Conceição; Maria Joana Monteiro; Maria Tereza Bento da Silva; Tia Carmem do Ximbuca; Tia Ciata; Tias baianas...; Tias fluminenses...**

TIA SIMOA

SÉC. XIX | FORTALEZA, CEARÁ

Tia Simoa foi uma negra liberta que, ao lado de seu marido, o ex-escravizado José Luís Napoleão, liderou em Fortaleza, entre 27 e 31 de janeiro de 1881, uma série de eventos denominada Greve dos Jangadeiros. O dia 31 de janeiro de 1881 foi, inclusive, a data que os abolicionistas da Sociedade Cearense Libertadora (SCL) marcaram como o "dia da abolição do tráfico na província do Ceará", sete anos antes da data oficial e nacional.

Napoleão conseguira comprar sua alforria e a das quatro irmãs, segundo depoimento de Isaac do Amaral (1859-1942), integrante da SCL, mediante "sacrifício da alimentação" e juntando "vintém a vintém". Ele trabalhava, na época, como chefe de capatazia no porto, e era muito popular entre os colegas e os jangadeiros da área. Foi, aliás, por causa da atuação e da greve desses "trabalhadores do mar", como eram então chamados, que se logrou fechar o porto ao embarque de escravizados para o Sudeste, onde seriam utilizados como mão de obra nos cafezais.

Já Francisco José do Nascimento (1839-1914), conhecido localmente como Chico da Matilde, foi alcunhado de Dragão do Mar pelo líder negro José do Patrocínio (1853-1905), e associado àquela paralisação pelos próprios abolicionistas do Rio de Janeiro. Mas existe outra mitologia histórica ao redor do evento, que alega que, quando convidado para dirigir a campanha, Napoleão teria se esquivado, dizendo: "Seu Zezinho, tem aqui um que serve para o que o senhor quer; é o Chico da Matilde".

Não é possível ter certeza, mas sabe-se que foi a posteriori que se deu a construção do herói jangadeiro Dragão do Mar. O fato é que ele entrou na diretoria da SCL, sendo o único trabalhador braçal e negro entre os sócios da instituição, não escapando, porém, de ser embranquecido pela narrativa histórica.

Nenhuma das interpretações mencionadas põe em dúvida o papel dos espaços portuários na disseminação de ideias e no encontro entre diferentes agentes sociais, num tempo em que quase tudo, de mercadorias a pessoas, transitava por esses lugares. Pelos portos passavam ainda conhecimentos, técnicas e filosofias, bem como perspectivas e experiências de liberdade que alcançavam não só os intelectuais como os trabalhadores humildes e destituídos de posses.

E se a história silenciou acerca da atuação e da liderança do liberto Napoleão, o que dizer quanto às de sua esposa, sobre quem paira uma invisibilidade não só de raça como de gênero? A preta Tia Simoa, cujo nome era Maria Simoa da Conceição, teve igualmente influência marcante naquela paralisação. Também pouco conhecemos de sua trajetória, mas ela foi, provavelmente, agregada na casa de Henrique José de Oliveira, onde trabalhava como doméstica.

Até hoje, há lacunas na historiografia sobre a abolição nos diferentes territórios brasileiros. No caso do Ceará, persiste uma representação histórica oficial que imagina uma província branca e sem escravos. Trata-se de restituir o lugar a essas populações, entre homens e mulheres, livres, escravizados ou libertos que lutaram por sua própria emancipação.

FONTES: Clóvis Moura; Edmar Morel; Eurípedes Funes; Jarid Arraes.

VEJA TAMBÉM: Francisco José do Nascimento; José do Patrocínio; Tia Simoa.

TIAS BAIANAS:

AMÉLIA SILVANA DE ARAÚJO, FÉ BENEDITA DE OLIVEIRA E PERCILIANA MARIA CONSTANÇA

SÉC. XIX | BAHIA; RIO DE JANEIRO

No fim do século XIX, muitas mulheres negras vindas da Bahia se transformaram em verdadeiras legendas religiosas, culturais e comunitárias quando se instalaram nas partes centrais da cidade do Rio de Janeiro.

Tia Perciliana (Perciliana Maria Constança) nasceu na Bahia e migrou para o Rio de Janeiro talvez com dez anos, na década de 1870. Consta que sua mãe era uma quitandeira, provavelmente africana, com barraca no largo da Sé. Ela se casou com Félix José Guedes e teve doze filhos, sendo o primeiro o conhecido músico João da Baiana (João Machado Guedes, 1887-1974).

Tia Amélia (Amélia Silvana de Araújo), migrante na mesma década, era casada com Pedro Joaquim Maria, que tocava instrumentos de sopro. Foram pais do conhecido Donga (Ernesto Joaquim Maria dos Santos, 1890-1974), autor do primeiro samba gravado ("Pelo telefone"), em 1916.

No largo da Carioca, nas proximidades do local chamado "Tabuleiro da Baiana", ficava a barraca de Tia Teresa, onde se reuniam, nas primeiras décadas do século XX, jornalistas e políticos. Nas confluências da avenida Central, Tia Gracinda tinha um bar chamado Gruta Baiana. Era esposa de Assumano Mina do Brasil (*c.* 1880-1933) e depois foi morar na rua Júlio do Carmo.

Tia Fé (Fé Benedita de Oliveira), nasceu em 1850, em Salvador (ou Minas Gerais, segundo algumas fontes), e foi se instalar no morro da Mangueira. Ela se articulou com Hilário Jovino (*c.* 1855-1933) — conhecido personagem da praça Onze —, ajudando a criar os ranchos Pérolas do Egito e Bloco da Tia Fé, sucesso na Mangueira na década de 1920.

Essas "tias" e tantas outras mulheres da "colônia baiana" foram mães, irmãs mais velhas, sogras ou esposas de operários, estivadores, sambistas e personagens religiosos da chamada Pequena África, convivendo com Cipriano Abedé (1832-1933), Rodolfo Xavier (Bamboxê Obitikô) (*c.* 1820-1904) entre outros, além de Mãe Aninha (1869-1938), que passou uma temporada no Rio.

São registrados os nomes de muitas "tias", embora faltem pesquisas mais detalhadas sobre as suas trajetórias. Havia Tia Rosa Olé, Tia Jurema, Tia Veridiana — mãe do conhecido Chico da Baiana (*c.* 1880-*c.* 1940) —, Tia Perpétua, Tia Mônica, Tia Dadá, moradora da Pedra do Sal, e Tia Amélia Quindunde ou Tia Amélia do Kitundi, moradora na rua da Alfândega. Também se falava muito de Tia Sidata, que morava nas proximidades da Pedra do Sal, na Saúde. Existia ainda Tia Josefa Rica ou Tia Josefa da Lapa, que era filha de santo de João Alabá (?-1926), assim como Tia Ciata (1854-1924) e Tia Perciliana. Outra irmã de santo delas era Tia Bebiana de Iansã, que, ao lado de Tia Maria do Adamastor (Maria da Conceição Cézar), foi importante na fundação de vários ranchos.

Estudos como os de Monica Pimenta Velloso, Muniz Sodré (1942-), Nei Lopes (1942-), Roberto M. Moura (1947-2005) e outros mostram como as práticas dessas mulheres negras, líderes comunitárias e culturais, ajudaram a criar uma das tradições mais conhecidas das escolas de samba: as "alas das baianas", com a recriação de suas indumentárias. Entre as décadas de 1930 e 1960, morreram as mais antigas e conhecidas "tias baianas", com cerca de oitenta a noventa anos. Elas levaram consigo histórias dos tempos da escravidão e do pós-abolição.

FONTES: Francisco Antonio Nunes Neto; Juliana Barreto Farias; Maria Clementina Pereira Cunha; Monica Pimenta Velloso; Muniz Sodré; Nei Lopes; Roberto M. Moura; Rodrigo Cantos Savelli Gomes; Tiago de Melo Gomes.

VEJA TAMBÉM: Antônio Candeia Filho; Bamboxê Obitikô; Cartola; Donga; Heitor dos Prazeres; Ismael Silva; Mãe Agripina; Mãe Aninha; Mãe Beata de Iyemonjá; Marcelina Obatossi; Paulo da Portela; Tia Carmem do Ximbuca; Tia Ciata; Tia Maria do Jongo; Tias fluminenses...

TIAS FLUMINENSES: MARIA JOSÉ COSTA ALVES 1923-2000, OLÍVIA MARINHO DE LIMA 1921-? E VICENTINA DO NASCIMENTO

1914-87 | RIO DE JANEIRO

Com grande relevância na formação cultural africana no Rio de Janeiro no alvorecer do século XX, as chamadas "tias" eram mulheres negras migrantes, ou filhas delas, oriundas de antigas áreas escravistas cafeeiras de várias partes de Minas Gerais, São Paulo e Rio de Janeiro. Conforme mostram as pesquisas pioneiras de Nei Lopes, elas traziam consigo e reinventavam tradições culturais do jongo, caxambu, partido-alto e batuques, adaptando-os às formas culturais cariocas e outras de tradição baiana. No morro da Mangueira, falava-se do jongo da Maria Coador e das batucadas de Maria Rainha e seus blocos.

Em outras áreas suburbanas, ainda semirrurais, quem comandava as atividades eram Tia Martinha, que era africana, Tia Neném e sobretudo Tia Ester (Ester Maria Rodrigues). Ocupando o lugar de matriarcas, faziam de suas casas, e da alimentação que preparavam para festas e encontros musicais, territórios de invenções e de transformações culturais negras. Tia Ester, de Oswaldo Cruz, chegou a liderar um bloco chamado Quem Fala de Nós Come Mosca. Embora pouco mencionada, Anastácia do Nino era outra liderança local. Nascida no Catete em 1904, migrou para o Estácio, mais particularmente para o morro de São Carlos.

Entre as "tias" fluminenses e mineiras, encontramos Olívia Marinho de Lima, nascida no Rio de Janeiro em 1921. Sambista conhecida como Tia Neném, teve papel destacado no morro do Salgueiro, na Tijuca. Além dela destacava-se ainda Tia Zezé, como era conhecida Maria José Costa Alves, nascida em Três Rios, interior do Rio de Janeiro. Sua trajetória de liderança comunitária começou nas agremiações Unidos da Tijuca, Floresta do Andaraí e depois Acadêmicos do Salgueiro — todas localizadas nos morros encravados na Tijuca e adjacências.

Na Escola de Samba Portela, uma personagem símbolo foi Tia Vicentina, como era chamada Vicentina do Nascimento, nascida em 1914 em Queluz, São Paulo. Irmã mais nova de Natalino José do Nascimento, o Natal da Portela (1905-75), promovia encontros acompanhados de comidas especialmente preparadas para sambistas de Madureira, Oswaldo Cruz e da Portela.

FONTES: **Francisco Antônio Nunes Neto; Monica Pimenta Velloso; Nei Lopes; Rodrigo Cantos Savelli Gomes; Tiago de Melo Gomes.**

VEJA TAMBÉM: **Mãe Agripina; Mãe Aninha; Mãe Beata de Iyemonjá; Marcelina Obatossi; Paulo da Portela; Tia Carmem do Ximbuca; Tia Ciata; Tia Maria do Jongo.**

TOBIAS BARRETO

1839-89 | TOBIAS BARRETO, LAGARTO E ITABAIANA, SERGIPE; RECIFE E ESCADA, PERNAMBUCO

Tobias Barreto de Menezes nasceu na vila de Campos do Rio Real, em Sergipe, no dia 7 de junho de 1839. A pacata vila era localizada na fronteira com a Bahia e ganhara certo renome por ser um lugar recluso e escondido, para onde costumavam fugir muitos escravizados, que encontravam esconderijo seguro nas Santidades de Palmares, Carnaíbas, ou nos sertões próximos de Riachão. Negro, Tobias era filho de Pedro Barreto de Menezes, escrivão de órfãos e ausentes da localidade, e de Emerenciana Barreto de Menezes.

Com apenas quinze anos concluiu, em Lagarto, o curso de latim e, no mesmo ano de 1854, concorreu à vaga de substituto de gramática latina em Maroim, recebendo então a titulação que lhe possibilitava exercer tal profissão em qualquer parte da província. Não foi, contudo, nomeado. Continuou vivendo entre Lagarto e Campos, até prestar outro concurso, em fins de 1856, para nova vaga como professor de gramática latina, agora na vila de Itabaiana. Foi aprovado e, a partir de janeiro de 1857, passou a lecionar naquele local, onde permaneceu por dois anos. Na época, recebeu uma licença de seis anos, concedida pela Assembleia Provincial, para fazer o curso jurídico fora de Sergipe. Entre maio e dezembro de 1861, frequentou, então, o Seminário da Bahia. No entanto, como não tinha recursos, foi obrigado a retornar a Campos, e somente no fim de 1862 empreendeu viagem a Pernambuco, província onde pretendia se formar. Em 1863, terminou os preparatórios e, em 1864, matriculou-se no prestigioso curso de direito na Faculdade do Recife. Ao chegar à cidade, deparou-se com um ambiente agitado e muito influenciado pela presença de intelectuais daquele curso, como Castro Alves (1847-71), Joaquim Nabuco (1849-1910) e Rui Barbosa (1849-1923), de quem se tornou amigo.

Por lá, Tobias Barreto se dedicou também à poesia. É considerado fundador do condoreirismo brasileiro, corrente de pensamento filosófico que, entre outros aspectos, se opunha ao romantismo, defendendo uma escrita mais livre. Os temas abordados eram igualmente distintos, pois se voltavam para questões políticas e sociais. Escreveu o poema "À vista do Recife" e o dedicou à cidade, por ele designada com um nome significativo: "cabocla civilizada".

Procurou, então, um novo posto no magistério e em 1865 concorreu a uma cadeira de Latim do curso preparatório anexo à Faculdade de Direito; ficou, porém, em segundo lugar. Em 1867, prestou concurso para a cadeira de Filosofia do Ginásio Pernambucano. Dessa vez, conquistou a primeira colocação, mas o nomeado foi José Soriano de Sousa (1833-95), doutor em medicina e em filosofia pela Universidade de Louvain, na Bélgica. Também pesou o fato de José ser casado. No departamento amoroso, aliás, Barreto se sentia discriminado por ser negro. Namorou Leocádia Cavalcanti, mas a família da moça recusou seu pedido de casamento.

Em 1869, contraiu núpcias com Grata Mafalda dos Santos, filha de João Félix dos Santos, um rico proprietário de terras no município de Escada. Nesse mesmo ano terminou o curso de direito. Casado e formado, foi obrigado, porém, a se sustentar dando aulas particulares.

Tomou contato, então, com autores alemães, protestantes, e passou a divulgá-los nos jornais recifenses. No ano de 1870, publicou *O Liberal* e *O Americano*, livros em que apostava nos princípios do liberalismo. Aliás, nesse mesmo ano, filiou-se ao Partido Liberal. Em 1871 deixou o Recife e foi para Escada, pequena cidade totalmente dependente dos 120 engenhos de açúcar que a circundavam. Aceitou convite para assumir o lugar de curador-geral dos órfãos e, depois, de juiz municipal substituto. Em 1875 publicou seu primeiro livro, *Ensaios e estudos de filosofia e crítica*, reunindo artigos que apareceram na imprensa do Recife. No mesmo ano, trabalhou como redator e editor de um jornal em alemão, *Der Deutscher Kämpfer* [O Campeão Alemão], em que defendeu a "expansão do germanismo no norte do país". Seu famoso texto, "Um discurso em mangas de camisa", foi pronunciado pela primeira vez no Clube Popular Escadense, por ele fundado em 1877. Eleito deputado à Assembleia Provincial pelo Partido Liberal em 1878, Tobias Barreto defendeu e conseguiu a aprovação de uma pauta avançada: bolsas de estudo para duas moças cursarem medicina nos Estados Unidos ou na Suíça. Todavia, quando concluiu seu mandato, em 1879, não se reelegeu. Chegou a aceitar um novo mandato popular, dessa vez como vereador à Câmara de Escada, mas não o exerceu, pois foi nomeado juiz municipal substituto. Na época do espólio do sogro, alforriou escravizados pertencentes ao falecido e teve sua casa cercada por membros das elites locais que eram contra a abolição.

Em agosto de 1881 resolveu voltar para o Recife e, enquanto tentava uma vaga como docente na Faculdade de Direito da capital, deu aulas particulares para sobreviver. Em 1882, finalmente conquistou uma cadeira de lente substituto na instituição. Nomeado, virou uma espécie de mentor intelectual da mocidade, renovando conceitos filosóficos e jurídicos, a partir da cultura e da ciência alemã. Além do germanismo, era adepto do evolucionismo social e do darwinismo racial, citando sempre autores alemães.

A Faculdade de Direito do Recife, juntamente com a de São Paulo, era responsável por formar os juristas da jovem nação. Na capital paulista, a maior influência vinha da França; no Recife, da Alemanha. Em 1883, Barreto publicou a primeira série dos *Estudos Alemães*, e se envolveu numa polêmica com a Igreja. Leitor de Haeckel (1834-1919), que difundiu o darwinismo social e o determinismo geográfico, Barreto tornou-se figura intelectual reconhecida e polêmica no Recife. Propagava a abolição da escravatura, a proclamação da República, e se alinhava publicamente com as causas da liberdade. Ao mesmo tempo, era adepto de teorias que, por meio da biologia, questionavam a noção de igualdade. Ele era sobretudo um grande polemista, fazendo dessa prática uma forma de ensino e de conhecimento.

Entretanto, por conta de uma doença crônica, Barreto lecionou durante poucos anos na Faculdade do Recife, apesar de ter continuado a escrever muito. Ainda em 1889, publicou a segunda edição, ampliada, dos *Ensaios e estudos de filosofia e crítica*. Sua bibliografia já incluía, então, *Menores e loucos* (1884), *Discursos* (1887) e *Questões vigentes de filosofia e direito* (1888), além de livros de poesia e dois textos em alemão, de circulação mais acadêmica. O problema é que às dificuldades financeiras somou-se o agravamento de sua saúde. Doente e quase na miséria, foi socorrido pela generosidade de alunos, amigos e admiradores. É o patrono da cadeira 38 da Academia Brasileira de Letras, por escolha de seu fundador, Sílvio Romero, também integrante da Faculdade de Direito do Recife e seguidor do mestre.

Tobias Barreto faleceu em 27 de junho de 1889, por insuficiência cardíaca.

FONTES: Arnaldo Sampaio de Moraes Godoy; Clóvis Moura; Roberto Ventura.

VEJA TAMBÉM: Cardoso Vieira; Cícero Brasiliense de Moura...; Elyseu Elias César; José do Patrocínio; Luiz Gama; Manuel da Mota Monteiro Lopes; Teodoro Sampaio.

TOMÁS

?-1871 | RECIFE E OLINDA, PERNAMBUCO

Em 1869, com apenas dezenove anos, Joaquim Nabuco (1849-1910), ainda estudante de direito, defendeu um escravizado que fora acusado de cometer um assassinato na cidade de Olinda, correndo o risco de ser condenado à pena de morte. O episódio daria prestígio a Nabuco, a ponto de ser sempre lembrado na biografia do ativista.

Pouco ou quase nada se sabe sobre o cativo que Nabuco defendeu em 1869. Tratava-se do escravizado Tomás, com idade estimada em 25 anos na ocasião do processo. De propriedade de d. Ana Barbosa da Silva, provavelmente nascido no Brasil e filho de uma africana, trabalhava nas ruas do Recife e Olinda e costumava ser alugado por sua senhora.

Tomás era, portanto, um escravizado de ganho, que "vivia sobre si", morando longe de seus senhores. Ele mesmo fabricava seus fogos de artifício, comprando pólvoras e espoletas, e era contratado para preparar e utilizar essas iluminações durante as festas religiosas urbanas de Pernambuco, onde era bem conhecido.

No entanto, em 1867, Tomás e outros escravizados foram presos pela polícia local, levados para a cadeia de Olinda e castigados em praça pública. Ainda muito machucado e com cicatrizes pelo corpo, Tomás conseguiu escapar. Saiu da cadeia de Olinda e foi para o Recife, onde comprou arma, pólvora e munição. Voltou armado com um bacamarte e matou o subdelegado Brás Pimentel, responsável por sua detenção e castigos no pelourinho. Depois do ato fugiu, mas foi capturado, processado, julgado e condenado à morte. Seu caso teve forte repercussão na imprensa, desencadeando a ação do jovem advogado Nabuco, que conseguiu comutar a pena em prisão perpétua.

Pouco conhecida, a história de Tomás alude à de tantos outros cativos condenados à morte e que tiveram suas penas transformadas em prisão perpétua. O processo de Tomás foi redescoberto em 2005, no acervo do Instituto Arqueológico, Histórico e Geográfico Pernambucano. E a pesquisa de André Carlos dos Santos apresentou novos episódios inusitados da vida de Tomás. Ele continuou preso, foi transferido para Fernando de Noronha e acabou falecendo em maio de 1871, depois de um surto de beribéri que acometeu vários detentos nas prisões pernambucanas.

FONTES: André Carlos dos Santos; Célia Maria Marinho de Azevedo; João Luiz Ribeiro; Wellington Barbosa Silva.

VEJA TAMBÉM: Cecília, Letícia...; Diogo Rebolo...; Peregrina; Rosa; Tia Ana.

TRAJANO

SÉC. XIX | AMAPÁ

Uma República negra? Pode parecer exagero, mas quase nada conhecemos sobre os personagens que buscaram criar a efêmera República do Cunani nas regiões de fronteira do atual estado do Amapá com a Guiana Francesa, entre fins do século XIX e início do século XX. Processos transnacionais, que a imprensa da época chegou a noticiar em tons alarmantes ou de pilhéria, escondiam experiências de migrações camponesas negras — em particular quilombolas — desde o século XVIII. As áreas banhadas pelos rios Araguari e Oiapoque estavam sendo ocupadas por colonos franceses, portugueses, fortalezas militares, sociedades indígenas, entrepostos comerciais, vilas de imigrantes açorianos — como a de Mazagão —, aldeamentos coloniais de índios e comunidades de fugitivos. Eram também espaços de deslumbramento e de cobiça por parte de viajantes e naturalistas franceses, holandeses e espanhóis. Vilas improvisadas, ocupações itinerantes e migrações permanentes redefiniam essas fronteiras. As pesquisas de Jonas Marçal Queiroz e Vicente Salles, revelaram que, em meados da década de 1880 apareceram as primeiras notícias sobre a ocupação de aventureiros na região do Cunani, visando a exploração e a constituição de uma República independente. Falava-se que Cunani já estaria sendo habitada por cerca de trezentas pessoas sob a presidência de Jules Gros (1829-91), que integrava a Sociedade de Geografia Comercial de Paris. Tal espaço republicano deveria estar vinculado ao governo da França, numa dimensão de subordinação colonial, embora pudesse ter selos próprios e cunhar suas moedas.

A experiência republicana do Cunani durou pouco, tendo sido extinta já em 1887. Diante dos possíveis conflitos diplomáticos, o próprio governo francês passou a temer aventuras republicanas e litígios com o Brasil.

Há notícias de novas tentativas de restaurar a experiência republicana do Cunani em 1902, com o líder francês Adolphe Brezet. Deu-se, porém, a intervenção do governo brasileiro, então republicano mas nem por isso favorável a tal experiência.

O que pouca gente conhece é que a ocupação no Cunani, na década de 1870, foi uma experiência negra, sob o comando do negro Trajano. Na verdade, a ocupação daquelas fronteiras por escravizados fugitivos, tanto do lado francês quanto do lado português, datava do período colonial. Em 1848, com a abolição da escravidão na Guiana Francesa, aquelas regiões seriam ainda mais ocupadas pela população negra. Juntavam-se ali fugitivos do lado brasileiro, que viviam sob o regime de escravidão, e alforriados do lado guianense. Viajantes cientistas como Henri Coudreau (1859-99), em 1883, e Emílio Goeldi (1859-1917) visitaram o Cunani, reconhecendo sua ocupação negra.

Com a abolição da escravidão no Brasil, em 1888, o incremento populacional pode ter aumentado, com ocupações negras em diversas comunidades que se moviam nas fronteiras das Guianas. O negro Trajano se converteria em protagonista das disputas diplomáticas e contendas fronteiriças, sendo acusado de se aproximar do governo francês. Tido como capitão da vila de Cunani, defenderia a população negra contra as perseguições das autoridades brasileiras. Seria preso em 1895, tendo a sua liberdade reivindicada pelo governo francês. No Brasil, não só as acusações de traição, como a pressão pela demarcação das fronteiras, ofuscaram um entendimento mais amplo sobre o papel de Trajano e as várias formas de ocupação negras transnacionais naquelas zonas extremas.

Ao longo do século XX, a vila de Cunani se tornou estável e foi integrada ao território brasileiro. Além do mais, áreas de garimpo em contato com populações negras e indígenas deixaram a região, por muito tempo, parcialmente isolada. Desde 1956 a comunidade encontra-se situada ao norte do estado do Amapá, no distrito do município de Calçoene, às margens do rio Cunani e não muito afastada geograficamente do município do Oiapoque — fronteira com a Guiana Francesa. Hoje em dia a comunidade negra do Cunani é considerada uma comunidade remanescente de quilombo.

FONTES: **Flávio dos Santos Gomes; Jonas Marçal Queiroz; Vicente Salles.**

VEJA TAMBÉM: **Felipa Maria Aranha; Figênia; Maria Apolinária...; Miguel e os quilombolas...; Isidoro...**

TULA PILAR

1970-2019 | LEOPOLDINA E BELO HORIZONTE, MINAS GERAIS; RIO DE JANEIRO; SÃO PAULO

Tula Pilar Ferreira foi uma poeta negra num país ainda marcado pelo racismo. Nasceu em Leopoldina, Minas Gerais, e sua mãe, d. Antônia, era cozinheira e lavadeira em Belo Horizonte. Mãe solteira de sete meninas, Antônia vivia na favela Alto do Minério e morreu cedo por conta de um problema cardíaco e de hipertensão.

Tula nunca soube quem foi seu pai. Recordava, ainda, que desde pequena gostava de escrever, e que na casa das patroas pegava os livros das estantes e se inspirava para encontrar suas próprias palavras. Aos dezessete anos, foi para o Rio de Janeiro e ganhou seu sustento como babá num apartamento na avenida Vieira Souto. Com essa família, conheceu a Argentina e o Chile. No entanto, como não era de levar desaforo para casa, Tula nunca permaneceu por muito tempo num emprego doméstico.

Mudou-se para São Paulo, onde teve duas filhas e um filho. Quando percebeu que não conseguia mais trabalhar na "casa dos outros", foi vender convênio de saúde e assinatura de jornal na rua. Chegou a catar papelão, atuou como agente comunitária de saúde (ACS), junto à população em situação de rua, e nesse meio-tempo nunca parou de escrever. Nos anos 1990, o poeta Marco Pezão (1951-2019) começou a promover alguns saraus num bar perto do Terminal Campo Limpo.

Quando podia, Tula comparecia àqueles encontros, e certa vez resolveu ler um poema de sua autoria; não parou mais. Em outra ocasião, sentou no vão do Museu de Arte de São Paulo (MASP) e observou um sujeito que distribuía folhetos. Foi assim que descobriu a revista *Ocas*, publicação produzida por jornalistas e escritores voluntários e vendida por moradores de rua, que ganhavam três reais por edição.

A princípio, juntou-se ao empreendimento e passou a vender a revista. Depois, virou ela própria coautora dos textos ali publicados, o que fez com que seu nome circulasse no meio da, assim chamada, "cultura alternativa". Com talento, e graças à nova rede que formou, foi convidada para ministrar cursos e saraus remunerados. Dessa maneira, conheceu a África do Sul, durante a Homeless World Cup (Copa Mundial Sem-Teto). Continuou a escrever poemas, participou de saraus e criou seu próprio coletivo, o RAIZARTE.

Tula sempre mostrou grande interesse pela cultura africana e de seus ancestrais.

Fez e deu aulas de dança africana em espaços culturais, escolas e Centros Educacionais Unificados (CEUs); como atriz, representou Carolina Maria de Jesus (1914-77). Aderiu à Marcha das Mulheres Negras e, em 2015, participou da manifestação em apoio à presidenta Dilma Rousseff (1947-), que reuniu cerca de 50 mil mulheres. Tornou-se um ícone das mulheres, negras, periféricas, empregadas domésticas, artistas, poetas, mães solo e resistentes. "Todos a conheciam nos rolês culturais. Ela gostava do glamour das festas, das biritas e dos babadinhos", conta uma das integrantes desses eventos. Era teimosa, criativa e alegre e costumava dizer que teria 29 anos para sempre.

Tula Pilar Ferreira faleceu em 11 de abril de 2019, aos 49 anos. Ao que tudo indica, sofreu uma parada cardíaca. É autora dos livros *Palavras inacadêmicas*, editado de forma independente em 2004, e *Sensualidade de fino trato*, publicado pelo selo do Sarau do Binho em 2017. Também tomou parte de obras coletivas, como o *Negras de lá, negras daqui*, lançado em fevereiro de 2019. Deixou três filhos: Samanta, Pedro e Dandara.

FONTES: Lívia Lima da Silva; María del Pilar Tobar Acosta.

VEJA TAMBÉM: Carolina Maria de Jesus; Ironides Rodrigues; Laura Santos; Lino Guedes; Sidney Amaral; Solano Trindade.

VICENTE DE SOUZA

1852-1908 | NAZARÉ, BAHIA; RIO DE JANEIRO

Abolicionista, republicano, socialista, médico, professor e editor, Vicente de Souza é um personagem símbolo da memória como silêncio. Em geral, os manuais e a literatura especializada expulsaram a população negra das fábricas, e ele foi justamente um conhecido líder operário. Sua trajetória tem sido resgatada pelos estudos de Ana Flávia Magalhães Pinto (1979-).

Filho de Joaquim Teodoro de Souza, nasceu em 1852, em Nazaré, Bahia, onde começou sua escolarização no curso preparatório do Ginásio Baiano. Mais tarde se transferiu para a Corte e estudou humanidades no Colégio Abílio, uma escola muito renomada e de elite, localizada no bairro de Laranjeiras, no Rio de Janeiro. Formou-se no ano de 1879 em medicina. Em seguida passou a trabalhar como professor em várias instituições privadas de ensino, entre elas o Externato Jasper, o Externato de Laranjeiras, o Colégio Venerando, o Colégio Victorio, o Colégio Alberto Brandão, o Externato Gama e o Externato Bittencourt. Lecionou ainda em instituições públicas, como o Liceu de Artes e Ofícios, e prestou concurso para o Colégio Naval e o Colégio Pedro II.

Vicente também fez parte de diferentes associações literárias e educacionais, como o Ateneu Pedagógico, o Alfa Literário e o Instituto dos Acadêmicos. Até 1908, Vicente de Souza participou de mais de cinquenta associações, na qualidade de fundador, sócio, colaborador ou contribuinte.

Na vida política, candidatou-se a deputado nas eleições de 1890 e a senador em 1892. Embora tenha sido bem-sucedido, não pôde tomar posse, preterido por ser funcionário público, segundo as regras da época. Com intensa mobilização, organizou o Centro das Classes Operárias (1901) e fundou o Partido Socialista Coletivista (1902), ao lado de Gustavo de Lacerda (1854-1909), ganhando destaque nas greves que tomaram conta do Rio de Janeiro em 1903. Na Revolta da Vacina, de 1904, foi figura importante nas discussões em torno da vacinação obrigatória e na crítica às intervenções do governo nas moradias dos trabalhadores.

FONTE: Ana Flávia Magalhães Pinto.

VEJA TAMBÉM: Prata Preta; Hemetério José dos Santos.

VICENTE FERREIRA

SÉC. XVIII | SÃO LUÍS, MARANHÃO

O "mulato" Vicente Ferreira aparece na documentação da Torre do Tombo em 1779, no Maranhão, onde residia, tendo sido denunciado pela Inquisição. Foi mais uma vítima de intolerância, ou, como dizemos atualmente, do racismo religioso.

Sua história foi recuperada pelas pesquisas de Luiz Mott (1946-). Acusavam-no de faltar com o respeito à liturgia católica, tida como sagrada. Vicente havia solicitado licença ao cabido da catedral para expor o Santíssimo na "capela dos Mulatos", junto à sua irmandade. E resolveu improvisar uma procissão com os demais membros dessa irmandade, quem sabe libertos africanos, os denominados crioulos, e outros negros livres. Com hora e dia marcados, todos surgiram vestidos ricamente e segurando velas acesas; e o próprio Vicente foi entronizado com o relicário sagrado.

Provavelmente foi um dia de alvoroço naquela São Luís, cidade já com muitos africanos e indígenas. A ação de Vicente, organizando uma liturgia católica com paramentos e significados próprios, foi considerada sacrilégio, um crime contra a religião. Apesar da denúncia inquisitorial, Vicente não foi punido.

Na ocasião, ele contaria com a proteção do governador Joaquim de Melo e Póvoas, que temia a ocorrência de uma "desordem pública" caso Vicente fosse castigado.

FONTE: Luiz Mott.

VEJA TAMBÉM: Domingos Álvares; Joana Maria...

VICENTE FERREIRA

?-*c*. 1935 | RIO DE JANEIRO; SÃO PAULO

Nascido no Rio de Janeiro e sepultado em Petrópolis, Vicente Ferreira foi um dos mais influentes ativistas e militantes políticos das primeiras décadas do século XX, a despeito de ser ainda pouco conhecido. Inicialmente se radicou no Rio de Janeiro e depois em São Paulo. Consta que ficou bastante conhecido no "meio negro" de São Paulo em 1927, quando fez um "discurso inflamado" durante o enterro do político paulista Carlos de Campos (1866-1927), falando em nome da população negra e das suas aspirações. Contemporâneos destacaram sua qualidade de orador e de tribuno da causa negra quando discursava nos eventos comemorativos das homenagens aos antigos abolicionistas. Na década de 1930, atuou na Frente Negra Brasileira (FNB) e na Legião Negra. Várias fontes atribuem a ele a ênfase na utilização da palavra "negro" em substituição a "preto", mais comum na época.

Vicente Ferreira tornou-se fundamental para a mobilização negra durante Revolução Constitucionalista de 1932. Em meio à mobilização dos mais variados setores da sociedade paulistana, surgiu a Legião Negra — sediada na alameda Eduardo Prado, 69, na Barra Funda —, que teve como um dos principais idealizadores e seu comandante civil Joaquim Guaraná de Santana, integrante da FNB.

Páginas e personagens negras e negros que tomaram parte dessas experiências de 1932 têm sido recuperados pelos trabalhos de Jeziel de Paula, Márcio Barbosa, Oswaldo Faustino, Paulo Fernando de Souza Campos, Petrônio Domingues (1973-), entre outros.

Nesse sentido, vai ficando claro como a derrota dos constitucionalistas paulistas de 1932 foi também sentida pelos setores negros, que apostavam na Legião. O próprio Guaraná de Santana tentou manter a Legião Negra viva nos moldes de uma associação civil. Ao que parece, após a derrota de 1932, Vicente Ferreira não só se afastou de Guaraná de Santana como voltou para o Rio de Janeiro, onde faleceu em 1934 ou 1935.

FONTES: Jeziel de Paula; José Correia Leite; Márcio Barbosa; Oswaldo Faustino; Paulo Fernando de Souza Campos; Petrônio Domingues.

VEJA TAMBÉM: Arlindo Veiga dos Santos; Benedita Costa; Celina Veiga...; Deocleciano

Nascimento; Francisco Lucrécio; Henrique Antunes da Cunha; José Correia Leite; Maria José Bezerra; Pedro Justo de Souza.

VIRGÍNIA LEONE BICUDO

1910-2003 | SÃO PAULO

Virgínia Leone Bicudo nasceu em São Paulo, no dia 21 de novembro de 1910. Negra, neta de uma escravizada alforriada e filha de uma imigrante italiana pobre, ela se transformou numa das figuras mais emblemáticas na implantação e no desenvolvimento da psicanálise no Brasil.

Muitas vezes esquecida ou mesmo apagada dos estudos sobre intelectuais negras acadêmicas de sua geração, a trajetória de Virgínia Bicudo foi recuperada na tese de Janaina Damaceno Gomes. Virgínia estudou na Escola Normal de São Paulo, o futuro colégio Caetano de Campos, e logo depois de se formar, matriculou-se na recém-criada Fundação Escola de Sociologia e Política. Era a única mulher da turma e a única negra. No segundo ano, foi apresentada à psicologia social e à psicanálise. Concluiu o curso de educadora sanitária na Escola de Higiene e Saúde Pública do Estado de São Paulo em 1932, e posteriormente foi comissionada junto à Seção de Higiene.

Aconselhada pela psicanalista Adelheid Koch (1896-1980), procurou o médico e professor Durval Marcondes (1899-1981), que em 1927 fundaria a Sociedade Brasileira de Psicanálise. Recém-formada em sociologia, Virgínia atuou ao lado de Marcondes na própria fundação da Sociedade, lecionando disciplinas de higiene mental e psicanálise. Em 1942, ingressou no mestrado, no qual pesquisou acerca dos conflitos entre brancos e negros na capital paulista. Sua dissertação *Atitudes raciais de pretos e mulatos em São Paulo* foi a primeira no Brasil, na área da psicanálise, a selecionar esse tema. O estudo investigava comportamentos de pais e mães de alunos de escolas públicas, em bairros populares e de classe média. Contando com o depoimento de 31 pessoas, a pesquisadora mostrou que, mesmo quando diminuem as diferenças sociais, o preconceito de cor permanece intocado.

Nas décadas seguintes, ela continuou suas pesquisas sobre racismo, ao mesmo tempo que realizava um trabalho de divulgação da psicanálise, por meio de artigos jornalísticos e atividades radiofônicas. Manteve um programa na Rádio Excelsior, chamado *Nosso Mundo Mental*. Em 1954, desenvolveu um projeto de difusão de princípios de higiene mental, segundo a psicanálise, através da dramatização de textos que escrevia e que eram levados ao ar semanalmente. A iniciativa deu origem à coluna dominical de mesmo nome na *Folha da Manhã*. Em 1956, os textos se transformaram no livro homônimo. Deparou-se, porém, com forte resistência. Em 1954, durante o I Congresso Latino-Americano de Saúde Mental, foi acusada de charlatanismo e exercício ilegal da medicina — sendo a profissão de psicologia regulamentada apenas em 1962.

Em 1955, a Unesco financiou um grande projeto de pesquisa sobre relações sociais no Brasil. Conhecido como Unesco-Anhembi, ele questionava a tese vigente de que o país era um exemplo de "democracia racial" para o mundo. A pesquisa de Virgínia Bicudo foi publicada como um apêndice do estudo, mas excluída da segunda edição, de 1959. Ainda no ano de 1955, cansada do ambiente hostil que enfrentava por aqui, mudou-se para Londres, estudou com Melanie Klein (1882-1960) e se especializou no atendimento de crianças. Voltou ao país cinco anos depois, assumindo a direção do Instituto de Psicanálise da Sociedade Brasileira de Psicanálise de São Paulo, posto que ocupou por catorze anos. Participou ativamente da vida da Sociedade, como psicanalista e, muitas vezes, em cargos de secretária, tesoureira, professora, supervisora, analista didata e diretora do Instituto Durval Marcondes. Em 1970, fundou o Grupo Psicanalítico de Brasília e, mais tarde, o Instituto de Psicanálise da capital federal.

Virgínia atuou na área até três anos antes de morrer. Mesmo assim, sua contribuição para a psicanálise no Brasil demorou a ser reconhecida: sua dissertação de mestrado, por exemplo, foi publicada 65 anos depois de defendida, e tanto a Sociedade Brasileira de Psicanálise quanto a Fundação Escola de Sociologia e Política só a homenagearam em 2010, no centenário de seu nascimento.

A psicanalista, que estudou o racismo desde o começo de sua carreira, teve sua imagem sistematicamente clareada nas fotografias em que aparece ao lado de colegas da Sociedade Brasileira de Psicanálise. Não por coincidência, no documento de professora de higiene mental e psicanálise, é identificada como "branca".

Conforme afirmou Virgínia, "o racismo adoece" e esse "adoecimento psíquico" é ainda mais eficiente do que a segregação e a discriminação. Ela mostrou como o fortalecimento das pessoas negras pode vir a partir da escuta analítica e da compreensão de que não estão solitárias.

Ao transitar da dor do preconceito para a investigação das próprias origens, Virgínia Bicudo deu um passo fundamental rumo a uma psicanálise mais atenta ao fenômeno social e individual da discriminação racial no Brasil e aos traumas que ele acarreta.

FONTES: **Cristiane Curi Abud; Isildinha Baptista; Janaina Damaceno Gomes; João Baptista N. F. França; Mara Selaibe; Maria Lúcia da Silva; Marília Marasciulo; Mário Augusto Medeiros da Silva; Miriam Chnaiderman; Noemi Moritz Kon; Virgínia Leone Bicudo.**

VEJA TAMBÉM: **Eduardo de Oliveira e Oliveira; Enedina Alves; Iracema de Almeida; Maria Dimpina Lobo Duarte; Maria Odília Teixeira; Neusa Santos Sousa.**

VITÓRIA DA CONCEIÇÃO

SÉC. XVIII | SÃO LUÍS, MARANHÃO

Segundo o que nos conta Maria Beatriz Nizza da Silva, no livro *História da família no Brasil colônia*, Vitória da Conceição teria vivido em São Luís do Maranhão e, já livre, casou-se com o escravizado João, que pertencia a Antônio Gomes Pires. Os dois foram então morar na residência do senhor, num quarto por ele designado. Como muitas forras, Vitória lutou para comprar a alforria do marido, oferecendo ao seu proprietário, no ano de 1774, a quantia de 140 mil-réis. Embora fosse de praxe os senhores aceitarem ofertas de alforria que se aproximassem do preço pago na época da compra do escravizado, as coisas nem sempre seguiam esse curso.

Antônio Pires se recusou a vender João, sob a alegação de que este havia recebido treinamento como pedreiro e que, por isso, passara a valer bem mais. Já com relação a Vitória, o proprietário afirmou que ela é que desejava viver sob a proteção do marido. Ele buscava assim desqualificar o pedido da escravizada, e insinuar que a sua vontade não era, de fato, compartilhada pelo escravizado.

Vitória não desistiu. Contou com o auxílio de uma pessoa livre e letrada para impetrar a ação, num longo processo judicial. Ela declarou, nos autos, não ser verdade que quisesse viver sob a proteção do senhor de seu marido, uma vez que já era forra e possuía casas próprias. Ou seja, detinha bens que ganhara "com a sua indústria e negócio". Além do mais, e como afirmou seu procurador no processo, liberdade não era um valor tão pouco estimado, a ponto de o esposo da suplicante não a desejar. Disse por fim que, obviamente, não fora necessário persuadir João a solicitar sua alforria.

Mesmo assim, o ouvidor encarregado do caso decidiu em favor de Antônio Pires, que, naquele momento, já concordara em libertar o escravizado desde que ele continuasse a lhe prestar serviços. O caso foi parar nas mãos do governador do Maranhão, que intercedeu em favor de Vitória, alegando que não havia motivo justo para que o senhor se recusasse a vender o escravizado a alguém que oferecia um preço razoável por ele. Disse mais: que, se Antônio não concordasse com o valor da alforria, o preço seria arbitrado por avaliadores, na presença do próprio governador.

As informações contidas no processo não permitem concluir, porém, de maneira precisa, se Vitória da Conceição teve sucesso em sua luta para libertar o marido, pois a decisão definitiva cabia ao proprietário. Afinal, o limite da intervenção da Coroa na esfera privada foi sempre preservado na administração portuguesa.

Casos como o de Vitória não são raros, ao contrário. Eles demonstram como era necessária muita determinação e trabalho para que uma ex-escravizada reunisse um pecúlio suficiente para comprar a própria liberdade e a do companheiro. Mas nem sempre isso bastava. Como esse caso revela, era preciso que o senhor aceitasse. O exemplo, além de expor o tipo de moral envolvida numa instituição perversa como a escravidão, comprova a existência de casamentos estáveis entre escravizados e libertos, bem como a teimosia dos proprietários, que queriam manter seus escravizados a qualquer custo.

FONTES: Arquivo Histórico Ultramarino; Érico Vital Brazil; Maria Beatriz Nizza da Silva; Schuma Schumaher.

VEJA TAMBÉM: Augusta; Benedita Caetana, Josefa...; Joaquina Benguela; Juliana; Maria.

VITÓRIA OU VITORÃO

SÉC. XIX | SERRO, MINAS GERAIS

Presa, acusada de participar da conspiração da "Insurreição do Serro", ocorrida em 1864 em Minas Gerais, Vitória, uma mulher forra, teve um papel importante na articulação de quilombolas e rebeldes. Os rebeldes trocavam cartas e conversavam sobre os acontecimentos da Guerra Civil norte-americana (1861-5), ao mesmo tempo que se intensificavam os contatos entre cativos das áreas de mineração e refugiados no quilombo.

Como destacou Isadora Mota em suas pesquisas, Vitória da Costa foi a única mulher encarcerada pela repressão que tratou de sufocar a insurreição do Serro. Nascida na localidade do Pinheiro e tendo morado em Inhaí, nas investigações é citada como filha de Clemência da Costa, provavelmente uma africana. Na ocasião de sua captura, disse estar fugida havia mais de um ano, sendo conhecida por participar do quilombo dos Ferreiros, onde se refugiavam diversos cativos formalmente pertencentes aos mais conhecidos mineradores de Diamantina. Comentava-se que o quilombo, no ano de 1864, reunia mais de vinte escravizados fugitivos, entre homens e mulheres, além dos forros, como era o caso de Vitória. Chama a atenção a anotação do seu apelido quando da prisão. Segundo os registros, ela ficou conhecida como "Vitório" e muitas vezes era chamada de "Vitorão" no quilombo, indicando como relações de gênero e homoafetivas também atravessavam as fronteiras da sociabilidade local.

Os quilombolas de Diamantina estavam ligados aos cativos das fazendas por meio de trocas mercantis, contatos sociais e até culturais. Em seu depoimento, Vitória garantiu que os "negros do mato" tinham armas e iriam tomar parte na insurreição.

A participação de Vitória, ou Vitorão, reforça essas possibilidades de articulação entre mocambos e senzalas, que realizavam também trocas de experiências e de cultura material e imaterial. Afinal, além de mercadorias, circulavam visões e percepções sobre liberdade, escravidão e autonomia entre os aquilombados e os assenzalados. Esses eram ideais atlânticos que viravam realidade em várias partes do Brasil escravista.

FONTES: Isadora Moura Mota; João Luiz Ribeiro.

VEJA TAMBÉM: Adão; Ambrósio...; Clara Courá...; Quindomba.

WILSON SIMONAL

1939-2000 | RIO DE JANEIRO

Wilson Simonal Castro nasceu no Rio de Janeiro, em 23 de fevereiro de 1939. Quando servia no Exército, começou a cantar nas festas do 8º Grupo de Artilharia de Costa, apresentando músicas de rock e calipsos, em inglês. Em 1961, foi crooner do conjunto de calipso Dry Boys e fez parte do conjunto Os Guaranis. Na mesma época, foi descoberto pelo produtor e compositor Carlos Imperial (1935-92). Em 1963, lançou o LP *Wilson Simonal tem "algo mais"*, que trazia canções de sucesso da bossa nova, mas com um tratamento suingado e jazzístico. O LP seguinte, ainda na fase bossa nova, foi *A nova dimensão do samba*, de 1964, que confirmou a figura de Simonal como grande intérprete nacional. O terceiro LP, *Wilson Simonal*, foi lançado em março de 1965. Simonal continuava com um repertório da bossa nova, mas nesse disco incluía, para espanto dos fãs, uma canção que estava mais para rock do que para MPB, intitulada "Juca Bobão". Cantou nas casas noturnas Drink e Top Club, e foi levado por Luiz Carlos Miele (1938-2015) e Ronaldo Bôscoli (1928-94) para o beco das Garrafas, o reduto da bossa nova naquele momento. Em 1964, viajou pela América do Sul e pela América Central. De 1966 a 1967 apresentou o programa *Show em Si...monal*, pela TV Record, de São Paulo. Lançou, nesse contexto, os LPs *Vou deixar cair...* (1966), *Wilson Simonal ao vivo* (1967) e *Alegria, alegria!!!* (1967).

Lançada em 1966, a canção "Mamãe passou açúcar em mim", que também destoava da trajetória de sucesso que Simonal trilhara até então, levou o cantor a ganhar popularidade junto ao grande público. Nascia a "pilantragem", nome que ele mesmo deu ao estilo iniciado com "Juca Bobão" e consagrado com "Mamãe passou açúcar em mim".

De uma hora para outra, no entanto, Simonal desapareceu do cenário artístico, e aos poucos foi se espalhando outra história acerca do sorridente e simpático cantor. Antes mesmo de se envolver num dos episódios mais obscuros da música popular brasileira, ele já era tachado de alienado, adesista ou conivente com o regime militar. Entretanto, o evento específico que mudou realmente sua carreira teve origem quando o cantor acusou seu contador, Raphael Viviani (1941-), de o estar roubando. Demitido, o ex-funcionário, que trabalhava para vários atores e diretores da Globo, moveu uma ação trabalhista contra Simonal. Por sua vez, mostrando contrariedade, o cantor pediu ajuda a dois amigos policiais para que conseguissem uma confissão do contador. Torturado nas dependências do Dops — o Departamento da Ordem Política e Social —, lugar para onde eram levados os presos políticos na ditadura, Raphael assumiu o desfalque.

Tempos depois, todavia, o contador daria queixa do espancamento, o que resultou num processo judicial que condenou Simonal a cinco anos de prisão, cumpridos em liberdade, pelo fato de o réu ser primário. Também foi criado e espalhado um boato de que Simonal era alcaguete e que estaria delatando parte dos artistas na condição de informante do Dops e do Serviço Nacional de Informações (SNI).

Foi o suficiente. O jornal alternativo *O Pasquim* rotulou Simonal de "dedo-duro", desmoralizando-o no meio artístico, intelectual e cultural, e sua carreira entrou em rápido declínio. A classe artística inteira se voltou contra ele, bem como o público e a mídia. Shows e contratos foram cancelados, músicos se recusaram a trabalhar a seu lado, e suas canções deixaram de tocar no rádio. Por seu lado, iludido pela fama, Simonal chegou a confirmar que tinha amigos no Dops. A notícia, que ainda gera muita controvérsia, levou ao seu banimento da cena musical do país. A patrulha sobre o cantor era tamanha que qualquer músico que tocasse com ele ficaria marcado.

Curiosamente, o mesmo Simonal apresentou a convenção anual do Movimento Democrático Brasileiro (MDB), em novembro de 1970, declarou voto nos candidatos da oposição, nas eleições proporcionais, fez um discurso de repúdio ao Comando de Caça aos Comunistas (CCC) e, em 1979, afirmou que considerava uma farsa tanto o MDB quanto a Aliança Renovadora Nacional (Arena).

Na época, sua popularidade rivalizava com a de Roberto Carlos (1941-) e ele tinha o prestígio de um Pelé (1940-), de quem ficou amigo durante os meses que antecederam a Copa do Mundo de 1970. Para comemorar o milésimo gol do jogador, Simonal foi chamado como mestre de cerimônia. Na hora do embarque da seleção para o México, em 1970, o cantor foi convidado pela Confederação Brasileira de Futebol (CBF) para acompanhar a delegação.

Mas nada impediu os boatos de crescerem. Corria a versão de que outros artistas teriam sido denunciados à polícia por Simonal; o que contribuiu ainda mais para jogá-lo no ostracismo. Ainda na década de 1970, gravou uma série de LPs, mas a essa altura, sobretudo a partir da década de 1980, não encontrou espaço para suas músicas. Deprimido e vítima do alcoolismo, sobreviveu por vinte anos, vindo a falecer, em 25 de junho de 2000, de cirrose e disfunções hepáticas crônicas, aos 61 anos, ainda isolado e desprezado.

Os dois filhos de Simonal, também músicos, Wilson Simoninha (1964-) e Max de Castro (1974-), hoje buscam restaurar a imagem do cantor. Em 2002, requisitaram a abertura de um processo para verificar a acusação de informante do regime militar. Foram reunidos depoimentos de diversos artistas, além de um documento datado de 1999 em que José Gregori (1930-), então secretário de Direitos Humanos, atestava não haver evidências de que Wilson Simonal tivesse agido como delator ou colaborado com os órgãos repressores. Como resultado, o nome do músico foi moralmente reabilitado pela Comissão Nacional de Direitos Humanos da Ordem dos Advogados do Brasil (OAB), em 2003.

FONTES: Gustavo Alonso; Ricardo Alexandre; Ruy Castro; *Simonal: Ninguém sabe o duro que dei.*

VEJA TAMBÉM: Itamar Assumpção.

Z

ZACIMBA GABA

SÉC. XVIII | ESPÍRITO SANTO

Não são incomuns relatos a respeito de reis, princesas e rainhas africanos que acabaram escravizados e trazidos para as Américas. Tampouco são inverossímeis, posto que o comércio negreiro alcançava os sertões africanos, incentivava guerras internas e processos de banimentos sociais associados à escravização e à venda de inimigos.

Uma história fantástica, nesse contexto, é a de Zacimba Gaba, que foi recuperada pelo pesquisador Maciel de Aguiar (1952-) na região norte do Espírito Santo. Sua fonte foi Balduíno Antônio dos Santos, mestre do Alardo de São Brás, cabuleiro da Mesa de Santa Maria. Balduíno talvez tenha nascido antes da Lei do Ventre Livre (1871), convivido com a escravidão até 1888, ou conseguido a alforria um pouco antes. O certo é que, em 1968, já estava com mais de cem anos. Segundo a versão dele, Zacimba Gaba teria ido parar na capitania do Espírito Santo no início do século XIX. Foi comprada pelo fazendeiro José Trancoso, dono de uma propriedade nas margens do rio Itaúnas, perto de São Mateus. Zacimba revelou, já no Brasil, pertencer à realeza de Cabinda, na região norte de Angola, e era chamada de "princesa" pelos outros escravizados africanos.

Zacimba logo ganharia prestígio entre os escravizados africanos. Houve uma ocasião em que foi presa e castigada pelo seu senhor, pois africanos de várias fazendas circunvizinhas planejaram uma rebelião para libertá-la. Havia acusações de que preparava venenos especialmente usados pelos cativos para matarem seus senhores, como ela própria fez contra José Troncoso.

Segundo Balduíno, Zacimba fugiu e constituiu um quilombo nas margens do riacho Doce, em Conceição da Barra. Enquanto isso, as lendas a seu respeito só ganharam força. Durante as décadas de 1830 e 1850, ela não só comandava ataques às fazendas da região, como também às embarcações que circulavam pelos rios Cricaré e Mucuri.

Os registros sobre a presença africana no Espírito Santo nos séculos XVII e XVIII são bastante rarefeitos. Durante o período oitocentista, porém, é possível identificar as origens dos escravizados africanos que chegaram entre os anos 1809 e 1831. Das nomenclaturas de origens dos africanos despachados para lá destacam-se os angolas, moçambiques, cabindas, benguelas e congos. Nas décadas de 1820 e 1830, muitos africanos do norte do Congo foram trazidos para várias áreas do Sudeste escravista. Desses, muitos eram "pretos novos", sugerindo que seriam africanos recém-desembarcados nos portos do Rio de Janeiro e enviados para a província do Espírito Santo, especialmente via Barra de São Mateus.

Embora a presença africana em território capixaba seja expressiva, nem sempre tem sido possível encontrar dados demográficos mais gerais e confiáveis. Mas é muito importante considerar a entrada maciça e permanente de africanos no período de 1831 até 1856, para o qual há notícias de desembarque e tráfico ilegal de africanos tanto para o sul — Itapemirim e Guarapari — como para o norte, via São Mateus.

FONTE: Maciel de Aguiar.

VEJA TAMBÉM: Acotirene e Aqualtune; Ângela; Benedito Meia-Légua; Dandara...;

Francisca; Hilária e Madalena; Mariana; Rainha Marta; Tereza de Benguela.

ZÉ KÉTI

1921-99 | RIO DE JANEIRO

José Flores de Jesus era o nome de batismo de Zé Kéti, que nasceu em 1921, no Rio de Janeiro. Fazia parte de uma família musical — seu pai, Josué Vale de Jesus, tocava cavaquinho, e seu avô, João Dionísio de Santana, era um conhecido flautista e pianista. Em sua casa se realizavam rodas de choro com a presença de Pixinguinha (1897-1973) e de outros músicos. O nome artístico surgiu do apelido Zé Quieto, muitas vezes escrito com K. Suas primeiras composições datam da década de 1930. Nessa época, com a vida boêmia que levava, o músico estabeleceu contatos com Francisco Alves (1898-1952), Geraldo Pereira (1918-55), entre outros. Posteriormente, alguns dos seus sambas foram gravados pelo grupo Vocalistas Tropicais (1941) e por Ciro Monteiro (1913-73). O compositor frequentou também várias escolas de samba: Mangueira, União de Vaz Lobo e Portela.

Zé Kéti se destacou igualmente no cinema, tendo participado de clássicos como *Rio, 40 graus* (1955), de Nelson Pereira dos Santos (1928-2018), para o qual compôs a canção "A voz do morro" (1956), quando interpretou o personagem Neguinho, e *Rio, Zona Norte* (1957), ao interpretar o personagem Alaor Costa.

Sempre ligado ao mundo do samba, Zé Kéti foi diretor artístico do restaurante ZiCartola, no centro do Rio, reduto de uma revitalização cultural e artística. A partir de um samba de sua autoria, nasceu a ideia da peça musical *Opinião*, de autoria de Oduvaldo Viana Filho (1936-74).

Parafraseando Nei Lopes (1942-), que escreveu sua biografia, é possível afirmar que Zé Kéti foi "o sambista sem senhor", com um papel relevante também como intelectual e comentarista social. Suas composições "Opinião" e "Acender as velas", de 1964, podem ser consideradas hinos populares de protesto e, ao mesmo tempo, críticas contundentes à ditadura militar e ao racismo.

FONTES: Enciclopédia Itaú Cultural; Nei Lopes.

VEJA TAMBÉM: Antônio Candeia Filho; Cartola; Donga; Geraldo Filme; Ismael Silva; Paulo da Portela; Pixinguinha.

ZEFERINA

?-1826 | ÁFRICA CENTRAL; SALVADOR, BAHIA

Da vida pessoal de Zeferina conhecemos muito pouco. Fontes indicam que ela seria de origem angolana e teria vindo para o Brasil ainda criança, encolhida nos braços de sua mãe, Amália, na primeira metade do século XIX. A rota do tráfico negreiro a levou a Salvador, onde acabou se convertendo numa importante líder local. Reza a história que sua mãe lhe teria ensinado saberes dos ancestrais e lhe mostrado como acessar os poderes das inquices — orixás nos candomblés de Angola e do Congo — para manter sua espiritualidade e a liderança do grupo.

Zeferina não só organizava a fuga de escravizados e indígenas como fazia parte do quilombo do Urubu, um núcleo de resistência negra perigosamente localizado nas proximidades de Salvador. O grupo era composto de cerca de cinquenta pessoas, entre homens e mulheres, que atacavam sítios e casas da região, e surravam senhores escravocratas. Mas Zeferina tinha planos maiores: entrar em contato com lideranças de origem nagô, invadir a cidade de Salvador a partir de sua periferia, matar a população branca e garantir a liberdade dos cativos. A invasão, programada para 25 de dezembro de 1826, não chegou, porém, a ocorrer. Antes dessa data, no dia 17 do mesmo mês, as tropas do governador agiram rápido e tentaram tomar de surpresa a população local, pois acreditavam que existiriam poucas pessoas reunidas na mata do Urubu. Depararam-se, porém, com um grupo organizado de mulheres e homens aquilombados, armados de espingardas, facas, arcos e flechas e facões, que, sob o comando de Zeferina, os derrotaram. Três capitães-do-mato foram mortos, outros três ficaram gravemente feridos. Mas as forças da repressão não se deram por vencidas. Nas matas do Cabula, encontraram o comandante de tropa, José Baltasar da Silveira, com doze soldados e um cabo, vindos de Salvador, sendo que a eles se juntaram ainda mais de vinte soldados das milícias de Pirajá. Após muita resistência por parte das negras e negros, o quilombo do Urubu foi destruído. Zeferina, no entanto, com arco e flecha nas mãos, confrontou toda a guarnição. Diz a história local que ela liderou os aquilombados, entoando um canto de guerra: "Morra branco e vivo negro! Morra branco e vivo negro! Morra branco e vivo negro!".

No fim da batalha, uma mulher e três homens foram mortos, alguns fugiram e outros acabaram presos juntamente com a rainha Zeferina. Ela foi levada amarrada do quilombo do Urubu até a praça da Sé, ouvindo todo tipo de ofensa por parte dos escravocratas de Salvador. Altiva, Zeferina seguiu firme até ser assassinada no forte do Mar. No ofício que registrou o evento, o conde da Ponte (1793-1852) fez uso, pela primeira vez, da palavra "candomblé", num contexto de revolta, para nomear o refúgio dos escravos rebelados. O quilombo do Urubu mantinha viva uma lenda que continua a ecoar no imaginário dos remanescentes quilombolas. Nela, o urubu representa um pássaro mítico. Por isso, nas batalhas, as grandes sacerdotisas que entravam em transe invocavam essa ave, uma espécie de pássaro-correio, enviando-a até a África, onde seriam entregues as demandas e os pedidos de ajuda aos ancestrais, às deusas e aos deuses do panteão negro. O urubu voltava, então, ao Brasil e com ele trazia axé para fortalecer o espírito dos quilombolas.

O principal mocambo do quilombo do Urubu, onde homens e mulheres africanos e nascidos no Brasil se organizavam e planejavam sua liberdade, é até hoje um lugar sagrado para o povo da cidade de Salvador. Situa-se no parque São Bartolomeu, entre o bairro Pirajá e o Subúrbio Ferroviário de Salvador, e ainda distribui muito axé.

FONTES: João José Reis; Maria Inês Côrtes de Oliveira.

VEJA TAMBÉM: Gregório Luís; Luiza Mahin; Margarida Joaquina de Sousa; Pacífico Licutan.

ZENI PEREIRA

1924-2002 | SALVADOR, BAHIA; RIO DE JANEIRO

Nascida em Salvador no fim de 1924, Zeni Pereira foi uma atriz que atuou nos primórdios da TV brasileira. Em 1952, interpretou a personagem Tia Nastácia numa montagem do *Sítio do Pica-Pau Amarelo*, baseada na obra de Monteiro Lobato (1882-1948). Junto com Isaura Bruno (1916-77), ela foi pioneira nessa área muito dominada pela presença branca e na qual atrizes negras só eram chamadas para desempenhar papéis que reiteravam sua cor e sua condição social.

Zeni Pereira ganhou também destaque no cinema com *Orfeu Negro* (1959), *Samba em Brasília* (1960), *Teus olhos castanhos* (1961) e *Jovens pra frente* (1968). A artista atuou ainda em produções estrangeiras como *Running out of Luck* (1987), *Femmine in fuga* (1984) e *Samba* (1965).

Em telenovelas, apareceu em *O doce mundo de Guida* (1969), *Véu de noiva* (1969-70), *Verão vermelho* (1969-70), *Irmãos Coragem* (1970-1) e *Carinhoso* (1973-4). Em *Escrava Isaura* (1976-7), interpretou a cativa Januária, antagonizando com a personagem Rosa, outra escravizada, interpretada por Léa Garcia (1933-). Nas décadas de 1980 e 1990, tomou parte em grandes sucessos da época, como *Pátria minha* (1994-5), *Rainha da Sucata* (1990), *Vale tudo* (1988-9) e *Selva de pedra* (1986). Participou também de minisséries e seriados, como *Anos rebeldes* (1992), *Você Decide* (1992), entre outras.

Conforme revelou Joel Zito Araújo, durante as décadas em que esteve presente na teledramaturgia brasileira Zeni Pereira era quase sempre escalada para desempenhar papéis subalternos, como os de empregada doméstica, associada a todos os estigmas e estereótipos produzidos pelo racismo da sociedade brasileira — malcriada, maternal, alcoviteira e desbocada. A atriz faleceu em 2002.

FONTES: **Denise Ferreira da Silva; Joel Zito Araújo; Nei Lopes; Rosane da Silva Borges; Rosângela Malachias; Solange Martins Couceiro de Lima.**

VEJA TAMBÉM: **Cléa Simões; Grande Otelo; Isaura Bruno; Jacira de Almeida Sampaio; Jacyra Silva; Ruth de Souza.**

ZÓZIMO BULBUL

1937-2013 | RIO DE JANEIRO

Zózimo Bulbul, nome artístico de Jorge da Silva, nasceu em 1937, no Rio de Janeiro. Sua trajetória de ator e diretor começou no teatro, com peças do Centro Popular de Cultura da UNE, e ganhou força no cinema, em que Zózimo se tornou um dos grandes expoentes da cultura afro-brasileira nas décadas de 1960 e 1970.

Seu primeiro filme foi *Cinco vezes favela*, de 1962, um dos marcos do Cinema Novo, com direção de Leon Hirszman (1937-87). Em 1963, participou de *Ganga Zumba*, de Cacá Diegues (1940-). Além desses, fez mais de trinta filmes, incluindo clássicos como *Compasso de espera*, de Antunes Filho (1929-2019), e *Grande sertão*, de Geraldo Santos Pereira (1925-2015).

Zózimo foi também o primeiro protagonista negro de uma novela brasileira; ao lado de Leila Diniz (1945-72) participou de *Vidas em conflito* (TV Excelsior, 1969). Tomou parte, igualmente, na novela *Xica da Silva* (1996-7), dirigida por Walter Avancini (1935-2001), na extinta Rede Manchete, e da minissérie *Memorial de Maria Moura* (1994), uma adaptação do romance de Rachel de Queiroz (1910-2003), dirigida por Denise Saraceni (1954-), Mauro

Mendonça Filho (1965-) e Roberto Farias (1932-2018), na TV Globo.

Estreou como diretor de cinema em 1973. Dirigiu nove filmes, entre curtas, médias e um longa-metragem. Seu documentário *Abolição*, de 1988, fazia críticas abertas ao centenário da Lei Áurea. O último personagem que o ator encarnou foi o marinheiro João Cândido (1880-1969), no filme *O papel e o mar*, um curta de Luiz Antônio Pilar (1960-), em que ocorre o encontro fictício entre o líder da Revolta da Chibata (1910) e a escritora Carolina Maria de Jesus (1914-77).

Em 2007, fundou o Centro Afro Carioca de Cinema, onde formatou e desenvolveu o projeto que chamou de uma cinematografia afro-brasileira. Nele são realizadas mostras de filmes, oficinas, debates, seminários e outras atividades que objetivam valorizar a compreensão do mundo através da arte cinematográfica e a partir do tema ou da produção afrodescendente.

Zózimo Bulbul acolheu profissionais iniciantes e teve papel pioneiro num mercado audiovisual ainda muito marcado pela presença reduzida de atores, diretores ou produtores afro-brasileiros.

Alma no olho, baseado no livro *Soul on Ice*, de Eldridge Cleaver (1936-98), líder dos Panteras Negras, é seu filme mais emblemático. As imagens em preto e branco contam a história das populações negras desde sua saída da África até a formação dos Panteras Negras; tudo isso em dez minutos, que conectam a história pessoal do artista com aquela de seu povo. Faleceu em 24 de janeiro de 2013, de infarto, consequência de um câncer de cólon que o deixara muito enfraquecido. Ao lado dele estava Biza Vianna, sua esposa e companheira por trinta anos.

FONTES: Filmes no Cinema; Geledés; Juliana Domingos de Lima; *Revista Raça*.

VEJA TAMBÉM: Cléa Simões; Grande Otelo; Isaura Bruno; Jacira de Almeida Sampaio; Jacyra Silva; João Cândido; Solano Trindade.

ZUMBI

1655-95 | ALAGOAS

Afinal quem foi Zumbi? Teria ele sucedido Ganga-Zumba (1630-78) na liderança do Quilombo dos Palmares? Na memória de d. Pedro de Almeida (1630-79), escrita em 1678, aparecem referências ao ataque a alguns mocambos. Um desses guerreiros foi capturado por dois filhos do rei, sendo ele "um macho chamado Zambi".

Houve quem argumentasse que Zumbi teria sido alvejado nos ataques que ocorreram na década de 1670, antes do acordo de paz de 1678, assinado por Ganga--Zumba. Segundo notícias, os embates teriam deixado ferido "com uma bala o general das armas, que se chamava o Zambi, que quer dizer Deus da Guerra, negro de singular valor, grande ânimo, e constância rara". Segundo esses registros, ele teria ficado vivo, porém aleijado de uma perna.

Em janeiro de 1680, um parecer do Conselho Ultramarino destacava que a destruição de Palmares estava próxima, porém ainda existia o mocambo daquele "que chamam Zumbi com sua tropa", que "tinha feito grandes danos e mortes aos moradores". Na ocasião, diziam que restavam "os principais cabeças de que só escapara a do Zumbi que é o que hoje os governa, mas com mui poucos".

Em 1688, numa petição, Fernão Carrilho (*c*. 1640-1703) lembrou que em 1677 tinha realizado uma expedição em que "deu um assalto com pouca gente, e lhe aprisionou setenta e matou muitos em que entrou um potentado, e achando a gente de guerra dos Palmares [de] Zumbi, fortificada, e guarnecida com armas". No mesmo ano, num registro de solicitação de pensão de Sebastião Camarão, alegava-se que em 1681 ele teria marchado "contra o corsário Zumbi", localizando a "sua praça de armas que estava fortificada de cercos, fogos, estreparias, e outros petrechos de guerra".

Não temos nenhuma descrição física de Zumbi. Todavia, nas décadas de 1970 e 1980, uma face biográfica reconstruída emergiria nas pesquisas e publicações de Décio Freitas (1922-2004). Segundo ele, Zumbi nasceu em 1655 num dos mocambos de Palmares. Após uma expedição comandada por Brás da Rocha Cardoso, ainda bem pequeno, caiu prisioneiro e levado para a vila de Porto Calvo. Foi batizado com o nome de Francisco e educado em latim e português pelo padre português Antônio Melo. Em 1670, com quinze anos, fugiu para Palmares. Aos dezenove anos teria sido eleito "maioral" e "ao derrotar a expedição de Antônio Jácome Bezerra" ganhou o posto de "cabo de guerra" ou "cabo maior". Em 1677, com 22 anos, já era considerado "general das armas" ou "mestre de campo". Para estabelecer essa trajetória, Freitas afirmou ter pesquisado no Arquivo Histórico Ultramarino, na Torre do Tombo, na Biblioteca da Ajuda e no Arquivo da Casa de Cadaval.

Não se têm notícias, portanto, sobre o paradeiro exato da documentação encontrada nos acervos portugueses e atribuída à biografia de Zumbi. A despeito dos escritos e das polêmicas travadas em debates com os historiadores e os movimentos sociais, Freitas enterrou em definitivo a tese do suicídio. Na verdade, sobre a morte de Zumbi há menos especulações e muitas fontes transcritas, especialmente os documentos de 1694 e 1696. A versão de que Zumbi teria cometido suicídio talvez tenha surgido a partir de um parecer do Conselho Ultramarino de 1694. A tropa comandada por Manuel Godói chegou a localizar o mocambo onde estaria Zumbi. Situava-se à beira do rio Paraíba. O cerco foi realizado, com a captura de muitos guerreiros e guerreiras, mas Zumbi novamente conseguiu escapar. Com a ajuda de um prisioneiro palmarista, as forças coloniais vasculharam as serras à sua procura. Mais do que destruir Palmares, encarcerar o guerreiro era prioridade para as autoridades da colônia. André Furtado de Mendonça foi responsável pelo comando da tropa para a sua detenção. Sabendo que Zumbi morava num mocambo situado na serra Dois Irmãos, as ações da repressão foram concentradas ali.

O líder palmarista, apesar de bem protegido, acabou localizado e executado em 20 de novembro de 1695. Sua morte seria comemorada por fazendeiros e autoridades, mas permaneceria firme na memória da população, como símbolo da resistência negra.

FONTES: Andressa Mercês Barbosa dos Reis; Clóvis Moura; Décio Freitas; Edison Carneiro; Ernesto Ennes; Flávio dos Santos Gomes; Ivan Alves Filho; Joel Rufino dos Santos; Mary C. Karasch; Robert Nelson Anderson; Silvia Hunold Lara.

VEJA TAMBÉM: Acaiuba...; Acotirene e Aqualtune; Ambrósio...; Dandara...; Ganga-Zumba; João Mulungu; Joel Rufino dos Santos; Oliveira Silveira.

REFERÊNCIAS BIBLIOGRÁFICAS

"20 DE NOVEMBRO: Enedina é primeira mulher negra engenheira". Fisenge, 21 nov. 2016. Disponível em: <www.fisenge.org.br/index.php/noticias/item/3614-20-de-novembro-enedina-e-primeira-mulher-negra-engenheira>. Acesso em: 15 maio 2020.

"A NOVA história do Brasil". *Superinteressante*, São Paulo, jan. 2011. Disponível em: <https://super.abril.com.br/historia/a-nova-historia-do-brasil/>. Acesso em: 4 ago. 2020.

ANUÁRIO BRASILEIRO DE SEGURANÇA PÚBLICA 2015. São Paulo: Fórum Brasileiro de Segurança Pública, 2015.

"A PERSONIFICAÇÃO da alma nacional". *Revista da Cultura*, Perfil, São Paulo, n. 99, 2015.

A ROÇA de Teresa. Direção: Spirito Santo. DocDrama feito a partir da entrevista com Maria Teresa Bento da Silva, realizada pelo músico e pesquisador Spirito Santo, em 1973. Disponível em: <https://bombozila.com/roca-de-teresa-brasil/>. Acesso em: 4 ago. 2020.

ABIB, Pedro Rodolpho Jungers. *Mestres e capoeiras famosos da Bahia*. Salvador: Ed. UFBA, 2009.

ABRANTES, Elizabeth Sousa; BARROSO JR., Reinaldo dos Santos (Orgs.). *O Maranhão e a escravidão moderna*. São Luís: UEMA, 2016.

ABREU, José António Carvalho Dias de. *Os abolicionismos na prosa brasileira: De Maria Firmina dos Reis a Machado de Assis*. Coimbra: Universidade de Coimbra, 2013. Tese (Doutorado em Letras).

ABREU, Martha. "Músicos negros e racismo no mundo atlântico: O caso de Eduardo das Neves (1874-1919)". In: SAMPAIO, Gabriela dos Reis; LIMA, Ivana Stolze; BALABAN, Marcelo (Orgs.). *Marcadores da diferença: Raça e racismo na história do Brasil*. Salvador: Ed. UFBA, 2019. pp. 223-53.

ABREU, Martha; DANTAS, Carolina. *Monteiro Lopes e Eduardo das Neves: Histórias não contadas da Primeira República*. Niterói: Eduff; Capes; 2020. Coleção Personagens do Pós-Abolição v. 1.

ABREU, Martha; MATTOS, Hebe. "Jongo, registro de uma história". In: LARA, Silvia Hunold; PACHECO, Gustavo (Orgs.). *Memória do Jongo: As gravações históricas de Stanley J. Stein, Vassouras, 1949*. Rio de Janeiro: Cecult; Folha Seca, 2008. pp. 69-108.

ABREU, Martha; XAVIER, Giovana; MONTEIRO, Lívia; BRASIL, Eric (Orgs.). *Cultura negra: Trajetórias e lutas de intelectuais negros*. Niterói: Eduff, 2018.

"ACUSADO de arrastar e matar garota de programa vai a júri 18 anos após crime". G1, 29 jun. 2016. Disponível em: <http://g1.globo.com/sp/ribeirao-preto-franca/noticia/2016/06/acusado-de-arrastar-e-matar-garota-de-programa-vai-juri-18-anos-apos-crime.html>. Acesso em: 4 ago. 2020.

ACCIOLI, Nilma Teixeira. *O sagrado e o profano: Vivências negras no Rio de Janeiro*. Curitiba: Appris, 2019.

ACERVO Instituto Moreira Salles. Disponível em: <http://ims.com.br/ims/>. Acesso em: 4 ago. 2020.

ACEVEDO MARIN, Rosa Elizabeth. "Agricultura no delta do rio Amazonas: Colonos produtores de alimentos em Macapá no período colonial". *Novos Cadernos NAEA*, Belém, v. 8, n. 1, pp. 73-114, 2005.

ACOSTA, María del Pilar Tobar. *Protagonismo face à inevitabilidade da violência: Vozes da rua em* Ocas *e em* O Trecheiro. Brasília: UnB, 2012. Dissertação (Mestrado em Linguística).

ACQUARONE, Francisco; VIEIRA, Adão de Queiroz. *Primores da pintura no Brasil*. 2. ed. 2 v. [Rio de Janeiro]: [s.n.], 1942.

ACUÑA, Mauricio. *Maestrias de Mestre Pastinha: Um intelectual da cidade gingada*. São Paulo: USP, 2017. Tese (Doutorado em Antropologia Social).

AGCRJ (Arquivo Geral da Cidade do Rio de Janeiro), Códice 61-2-2: Mercado da Candelária (1844-1849), pp. 102-4. Arquivo Nacional. Relação do Rio de Janeiro, n. 7658, maço 10, 1859-60.

AGOSTINI, Camilla. "Estrutura e liminaridade na paisagem cafeeira do século XIX". In: ______ (Org.). *Objetos da escravidão: Abordagens sobre a cultura material da escravidão e seu legado*. Rio de Janeiro: 7Letras, 2013. pp. 59-81.

AGUIAR, Flávio. "Prefácio". In: *Cruz e Souza: Melhores poemas*. São Paulo: Global, 1998.

AGUIAR, Maciel de. *Benedito Meia-Légua: A saga de um revolucionário da liberdade*. São Mateus: Editora Brasil-Cultura; Centro Cultural Porto de São Mateus, 1995.

______. *Zacimba Gaba: História dos quilombolas*. v. 1. São Mateus: Memorial, 2007.

AGUIAR, Ronaldo Conde. *As divas da Rádio Nacional*. Rio de Janeiro: Casa da Palavra, 2010.

AGUILAR, Nelson. *Mostra do Redescobrimento: Arte afro-brasileira (Afro-Brazilian Art)*. São Paulo: Fundação Bienal de São Paulo; Associação Brasil 500 Anos Artes Visuais, 2000.

AL-ALAM, Caiuá Cardoso; PINTO, Natália Garcia; MOREIRA, Paulo Roberto Staudt. "Duzentos mil-réis pela cabeça do chefe preto Padeiro e cem mil-réis pelas dos demais malfeitores: Notas de pesquisa sobre o quilombo do Padeiro (Pelotas, 1835)". *Cadernos do Lepaarq*, Pelotas, v. 11, n. 22, pp. 463-71, 2014.

______. "Simão Vergara e Maria Tereza da Cunha, o casal de pretos forros da tasca da Boa Vista: Africanidade, matrimônio e comunidade numa sociedade escravista (Pelotas, RS, século XIX)". *Revista Brasileira de História & Ciências Sociais*, Rio Grande, v. 8, n. 15, pp. 125-53, 2016.

ALADRÉN, Gabriel. *Liberdades negras nas paragens do sul: Alforria e inserção social de libertos em Porto Alegre, 1800-*

-*1835*. Niterói: ICHF-UFF, 2008. Dissertação (Mestrado em História).

ALBERNAZ, Renata Overhausen; AZEVEDO, Ariston. "Os marginais do direito estatal: A luta multidimensional do Teatro Experimental do Negro (TEN) pelo 'direito a ter direitos', nos anos de 1944 a 1968". *Revista Brasileira de Ciência Política*, Brasília, n. 11, pp. 33-62, 2013.

ALBERTI, Verena; PEREIRA, Amilcar Araujo (Orgs.). *Histórias do movimento negro no Brasil: Depoimentos ao CPDOC*. Rio de Janeiro: Pallas; CPDOC-FGV, 2007.

ALBERTO, Paulina L. *Termos de Inclusão: Intelectuais negros brasileiros no século XX*. Campinas: Ed. da Unicamp, 2018.

ALBIN, Ricardo Cravo (Org.). *As vozes desassombradas do museu 1: Pixinguinha, João da Baiana, Donga*. Rio de Janeiro: MIS, 1970.

______. *O livro de ouro da MPB: A história de nossa música popular de sua origem até hoje*. Rio de Janeiro: Ediouro, 2003.

______. *Dicionário Houaiss ilustrado: Música popular brasileira*. Criação e supervisão geral de Ricardo Cravo Albin. Rio de Janeiro: Instituto Antônio Houaiss; Instituto Cultural Cravo Albin; Paracatu, 2006.

ALBUQUERQUE, Wlamyra Ribeiro de. *O jogo da dissimulação: Abolição e cidadania negra no Brasil*. São Paulo: Companhia das Letras, 2009.

______. "Teodoro Sampaio: 'Eminência parda' e 'cor não luzidia': Negócios da liberdade e racialização no tempo da abolição". In: SAMPAIO, Gabriela; LIMA, Ivana Stolze; BALABAN, Marcelo (Orgs.). *Marcadores da diferença: Raça e racismo na história do Brasil*. Salvador: Ed. UFBA, 2018. pp. 76-99.

ALENCAR, Edigar de. *O fabuloso e harmonioso Pixinguinha*. Rio de Janeiro: Cátedra; MEC, 1979.

______. *Nosso Sinhô do samba*. Rio de Janeiro: Funarte, 1981.

ALENCASTRO, Luiz Felipe de (Org.). *História da vida privada no Brasil 2: Império: A corte e a modernidade nacional*. São Paulo: Companhia das Letras, 1997.

______. *O trato dos viventes: Formação do Brasil no Atlântico Sul*. São Paulo: Companhia das Letras, 2000.

______. "História geral das guerras sul-atlânticas: O episódio de Palmares". In: GOMES, Flávio dos Santos (Org.). *Mocambos de Palmares: História, historiografia e fontes*. Rio de Janeiro: 7Letras, 2010. pp. 61-89.

ALEXANDRE, Ricardo. *Nem vem que não tem: A vida e o veneno de Wilson Simonal*. São Paulo: Globo, 2009.

ALLEN, Scott Joseph. *Africanisms, Mosaics, and Creativity: The Historical Archaeology of Palmares*. Providence: Brown University, 1995. Tese (Mestrado em História).

______. "A 'Cultural Mosaic' at *Palmares*? Grappling with Historical Archeology of a Seventeenth-Century Brazilian Quilombo". In: FUNARI, Pedro Paulo de Abreu (Org.). *Cultura material e arqueologia histórica*. Campinas: IFCH-Unicamp, 1998. pp. 141-78.

ALMADA, Vilma Paraíso Ferreira de. *Escravismo e transição: O Espírito Santo (1850-1888)*. Rio de Janeiro: Graal, 1984.

ALMEIDA, Anderson Diego da Silva; SILVEIRA, Paulo Antonio de Menezes Pereira da. "Tia Marcelina, a negra da Costa, e as memórias do Quebra do Xangô de Alagoas". *Acervo: Revista do Arquivo Nacional*, Rio de Janeiro, v. 33, n. 1, pp. 128-45, 2020.

ALMEIDA, Angela. *Quando a pele incendeia a memória: Nasce um fotógrafo no sertão do século XIX*. Natal: EdUFRN, 2019.

ALMEIDA, Carla Maria Carvalho de. *Ricos e pobres em Minas Gerais: Produção e hierarquização social no mundo colonial, 1750-1822*. Belo Horizonte: Argvmentvm, 2010.

ALMEIDA, Giane Elisa Sales de. *Entre palavras e silêncios: Memórias da educação de mulheres negras em Juiz de Fora — 1950-1970*. Niterói: FE-UFF, 2009. Dissertação (Mestrado em Educação).

ALMEIDA, Kátia Lorena Novais. *As alforrias em Rio de Contas: Bahia, século XIX*. Salvador: FFCH-UFBA, 2006. Dissertação (Mestrado em História).

ALMEIDA, Luís Sávio de (Org.). *O negro no Brasil: Estudos em homenagem a Clóvis Moura*. Maceió: Edufal, 2003.

ALMEIDA, Mariléa de. *Território de Afetos: Práticas femininas antirracistas nos quilombos contemporâneos do Rio de Janeiro*. Campinas: Unicamp, 2018. Tese (Doutorado em História).

ALMEIDA, Paulo Roberto de. *A presença negra no teatro de revista dos anos 1920*. Curitiba: CRV, 2018.

ALONSO, Angela. *Ideias em movimento: A Geração de 1870 na crise do Brasil Império*. Rio de Janeiro: Paz e Terra, 2004.

______. *Flores, votos e balas: O movimento abolicionista brasileiro (1868-1888)*. São Paulo: Companhia das Letras, 2015.

ALONSO, Gustavo. *Quem não tem swing morre com a boca cheia de formiga: Wilson Simonal e os limites de uma memória tropical*. Rio de Janeiro: Record, 2011.

ALONSO, José Luis Ruiz-Peinado. "Pobladores de la Amazonia: Cimarrones del Trombetas". *África, América Latina Cuadernos*, Barcelona, n. 21, pp. 59-68, 1993.

______. "Hijos del río: Negros del Trombetas". In: JORDÁN, Pilar García; IZARD, Miquel; LAVIÑA, Javier (Orgs.). *Memoria, creación e historia: Luchar contra el olvido*. Barcelona: Universitat de Barcelona, 1994. pp. 349-57.

ALVARENGA, Thiago. *Ato de poupar dos escravos: Poupanças de escravos no Rio de Janeiro ao longo do século XIX*. Niterói: UFF, 2016. Dissertação (Mestrado em História).

ALVES, Adriana Dantas Reis. *As mulheres negras por cima: O caso de Luzia Jeje: Escravidão, família e mobilidade social. Bahia, c. 1780-c. 1830*. Niterói: UFF, 2010. Tese (Doutorado em História).

ALVES, Maíra Chinelatto. *Quando falha o controle: Crimes de escravos contra senhores. Campinas, 1840-1870*. São Paulo: Alameda, 2014.

ALVES, Marieta. *Dicionário de artistas e artífices na Bahia*. Salvador: Ed. UFBA, 1976.

ALVES, Uelinton Farias. *Cruz e Sousa: Dante negro do Brasil*. Rio Janeiro: Pallas, 2008.

______. *José do Patrocínio: A imorredoura cor do bronze*. Rio de Janeiro: Garamond; Biblioteca Nacional, 2009.

ALVES FILHO, Ivan. *Memorial dos Palmares*. Rio de Janeiro: Xenon, 1988.

AMADO, Janaína. "O grande mentiroso: Tradição, veracidade e informação em história oral". *História*, São Paulo, n. 14, pp. 125-36, 1995.

AMANTINO, Marcia. "Os jesuítas e seus escravos na capitania do Rio de Janeiro, século XVIII". In: FERNANDES, Eunícia (Org.). *A Companhia de Jesus na América*. Rio de Janeiro: PUC Rio; Contracapa, 2013. pp. 115-37.

AMARAL, Euclides. *Alguns aspectos da MPB*. Rio de Janeiro: Ed. do Autor, 2008. (2. ed. Rio de Janeiro: Esteio, 2010.) (3. ed. Rio de Janeiro: EAS, 2014.)

AMARAL, Euclides. *O guitarrista Victor Biglione & a MPB*. Rio de Janeiro: Baleia Azul, 2009. (2. ed. Rio de Janeiro: Esteio, 2011.) (3. ed. Rio de Janeiro: EAS, 2014.)

AMARAL, Sharyse Piroupo do. *Um pé calçado, outro no chão: Liberdade e escravidão em Sergipe (Cotinguiba, 1860-1900)*. Salvador: Ed. UFBA; Aracaju: Ed. Diário Oficial, 2012.

"AMIGA de Barbosa revela maior mágoa do goleiro do 'Maracanazzo'". Sportv, 27 abr. 2013. Disponível em: <http://sportv.globo.com/site/programas/ta-na-area/noticia/2013/04/amiga-de-barbosa-revela-maior-magoa-do-goleiro-do-maracanazzo.html>. Acesso em: 4 ago. 2020.

AMORIM, Maria Joana Pompeu. *Etnografia do convidado: Trabalho e laser de grupos familiares em Tomásia, Cametá-PA*. Belém: UFPA, 2001. Dissertação (Mestrado em Desenvolvimento Sustentável do Trópico Úmido).

"ANCESTRALIDADE". Ilê Omolu Oxum. Disponível em: <http://ileomolueoxum.org/ancestralidade.html>. Acesso em: 4 ago. 2020.

"ANDAMENTO do Processo n. 2131926-17.2016.8.26.0000 — Habeas Corpus — 29/08/2016 do TJSP". *Diário de Justiça do Estado de São Paulo*, 29 ago. 2016.

ANDERSON, Robert Nelson. "O mito de Zumbi: Implicações culturais para o Brasil e para a diáspora africana". *Afro-Ásia*, Salvador, n. 17, pp. 99-119, 1996.

ANDRADE, Francisco Eduardo de. *Entre a roça e o engenho: Roceiros e fazendeiros em Minas Gerais na primeira metade do século XIX*. Viçosa, MG: Ed. UFV, 2008.

ANDRADE, Lúcia M. M. "Os quilombolas da bacia do rio Trombetas: Breve histórico". In: O'DWYER, Eliane Cantarino (Org.). *Terra de quilombos*. Rio de Janeiro: Associação Brasileira de Antropologia, 1995.

ANDRADE, Marcos Ferreira de. "Rebelião escrava na comarca do Rio das Mortes, Minas Gerais: O caso Carrancas". *Afro-Ásia*, Salvador, n. 21-22, pp. 45-82, 1999.

ANDRADE, Mário de. "O Aleijadinho". In: ______. *Aspectos das artes plásticas no Brasil*. 3. ed. Belo Horizonte: Itatiaia, 1984. pp. 11-42.

ANDRADE, Rômulo Garcia; SOUSA, Jorge Prata de (Orgs.). *Zona da Mata Mineira: Escravos, família e liberdade*. Rio de Janeiro: Apicuri, 2012.

ANDREWS, George Reid. *Negros e brancos em São Paulo (1888-1998)*. Bauru: Edusc, 1998.

______. *América afro-latina, 1800-2000*. Trad. de Magda Lopes. São Carlos: EdUFSCar, 2007.

ANJOS, Rafael Sanzio Araújo dos. *Territórios das comunidades remanescentes de antigos quilombos no Brasil: Primeira configuração espacial*. Brasília: Mapas Editora & Consultoria, 2000.

______. *Atlas geográfico ÁFRICABRASIL*. Brasília: Mapas Editora & Consultoria, 2014.

ANTELO, Raul. "Introdução". In: RIO, João do. *A alma encantadora das ruas*. São Paulo: Companhia das Letras, 1997. pp. 9-26.

"ANTÔNIO Fernandes Figueira". Museu da Vida; Casa de Oswaldo Cruz, Fiocruz. Disponível em: <www.fiocruz.br/biosseguranca/Bis/Biograf/ilustres/antoniofernandes.htm>. Acesso em: 4 ago. 2020.

"ANTÔNIO Pompêo". Disponível em: <www.geledes.org.br/tag/antonio-pompeo/>. Acesso em: 4 ago. 2020.

ANTUNES, Lívia de Lauro. *Sob a Guarda Negra: Abolição, raça e cidadania no imediato pós-abolição*. Niterói: UFF, 2019. Tese (Doutorado em História).

APEB (Arquivo Público do Estado da Bahia). Seção Colonial e Provincial Maço 963 — Atos do Governo da Província 1835-1848.

______. Núcleo: Tribunal da Relação (Judiciário), Série: Apelação Civil, Classificação: 38/1361/2, capital, Maço 6397, 1877. 161 pp. 161 v.

______. Núcleo: Tribunal de Justiça, Série: Estelionato, Classificação: 07/243/05, Salvador. Interessados: Queixosa: Augusta (escrava) e/ou partes: Carlos Hermes da Purificação. Maço 2360, 1872. 125 pp.

APPLEBY, Joyce. *Capitalism and a New Social Order: The Republican Vision of the 1790s*. Nova York: New York University Press, 1984.

AQUINO, Flávio de. *Aspectos da pintura primitiva brasileira*. Trad. de Richard Spock. Apres. de Geraldo Edson de Andrade. Rio de Janeiro: Spala, 1978.

ARAÚJO, Emanoel (Org.). *A mão afro-brasileira: Significado da contribuição artística e histórica*. São Paulo: Tenenge, 1988.

ARAÚJO, Emanoel et al. *Os herdeiros da noite: Fragmentos do imaginário negro: 300 anos de Zumbi*. São Paulo: Pinacoteca do Estado de São Paulo; MEC, 1995.

ARAÚJO, Joel Zito. *A negação do Brasil: O negro na história da telenovela brasileira*. São Paulo: Senac, 2004.

ARAUJO, Mundinha. *Insurreição de escravos em Viana — 1867*. São Luís: Sioge, 1994.

______. *Em busca de Dom Cosme Bento das Chagas: Negro Cosme, tutor e imperador da liberdade*. Imperatriz: Ética, 2008.

ARAÚJO, Ubiratan Castro de. "Saberes e viveres de mulher negra: Makota Valdina". *Revista Palmares*, Brasília. Disponível em: <www.palmares.gov.br/sites/000/2/download/revista2/revista2-i75.pdf>. Acesso em: 4 ago. 2020.

ARDIES, Jacques. *A arte naif no Brasil*. Texto Geraldo Edson de Andrade. São Paulo: Empresa das Artes, 1998.

AREIAS, Manuela. *O "Maestro da Abolição" no Recôncavo baiano: Abolicionismo e memória nas músicas e crônicas de Manoel Tranquilino Bastos (Cachoeira — BA, 1884-1920)*. Rio de Janeiro: UFRJ, 2016. Tese (Doutorado em História Comparada).

ARGAN, Giulio Carlo. *Rubem Valentim: 31 objetos emblemáticos e relevos emblemas*. Rio de Janeiro: MAM, 1970.

ARIAS NETO, José Miguel. "João Cândido 1910-1968: Arqueologia de um depoimento sobre a Revolta dos Marinheiros". *História Oral*, Rio de Janeiro, v. 6, pp. 159-85, 2003.

ARIZA, Marília Bueno de Araújo. "Comprando brigas e liberdade: Contratos de locação de serviços e ações de liberdade na província de São Paulo nas últimas décadas da escravidão (1874-1884)". In: MACHADO, Maria Helena P. T.; CASTILHO, Celso Thomas Castilho (Orgs.). *Tornando-se livre: Agentes históricos e lutas sociais no processo de abolição*. São Paulo: Edusp, 2015. pp. 65-84.

"ARNALDO Xavier". Literafro UFMG, 24 jan. 2018. Disponível em: <www.letras.ufmg.br/literafro/autores/169-arnaldo-xavier>. Acesso em: 4 ago. 2020.

ARQUIVO NACIONAL, CX. 770.

ARQUIVO HISTÓRICO ULTRAMARINO (Maranhão, cx. 870).

ARQUIVO NACIONAL DA TORRE DO TOMBO, Inquisição de Lisboa, Processo 13.787.

ARRAES, Jarid. "Preta Simoa e a abolição no Ceará: Uma história de esquecimento". Geledés, 25 mar. 2014. Disponível em: <www.geledes.org.br/preta-simoa-e-abolicao-ceara--uma-historia-de-esquecimento-por-jarid-arraes/>. Acesso em: 4 ago. 2020.

ARTE no Brasil. Texto de José Roberto Teixeira Leite, Ana Maria Jover, Ottaviano De Fiore, Ivo Zanini, Carlos Alberto Cerqueira Lemos. São Paulo: Abril Cultural, 1982.

"ARTUR Timotheo da Costa", *Rio Informa*, Rio de Janeiro, p. 8, 1 fev. 2004.

ASSIS, Cátia da Costa Louzada de. *Fundo de Emancipação e famílias escravas: O município neutro na lei de 1871*. Rio de Janeiro: UFF, 2013. Dissertação (Mestrado em História).

ASSUMPÇÃO, Jorge Euzébio. *Pelotas: Escravidão e charqueadas (1780-1888)*. Porto Alegre: PPGH-PUC-RS, 1992. Dissertação (Mestrado em História).

ASSUNÇÃO, Matthias Röhrig. *A Guerra dos Bem-Te-Vis: A Balaiada na memória oral*. São Luis: Sioge, 1988.

______. "Da 'destreza do mestiço' à 'ginástica nacional': Narrativas nacionalistas sobre a capoeira". *Antropolítica*, Niterói, v. 24, n. 1, pp. 19-40, 2008.

ATHAYDE, Sylvia Menezes. *Agnaldo dos Santos: Esculturas*. Salvador: Núcleo das Artes do Desenbanco, 1988.

AUGRAS, Monique; SANTOS, João Batista dos. "Uma casa de Xangô no Rio de Janeiro". In: MOURA, Carlos Eugênio Marcondes de (Org.). *Somavó: O amanhã nunca termina*. São Paulo: Empório de Produção e Comunicação, 2005. pp. 107-20.

AYALA, Walmir (Org.). *Dicionário brasileiro de artistas plásticos*. Brasília: MEC; INL, 1980. v. 4: Q a Z. (Dicionários Especializados, 5).

AZEDO, Luiz Carlos. "Claudino José da Silva: Operário negro e deputado constituinte do PCB", PCB, 21 nov. 2018. Disponível em: <https://pcb.org.br/portal2/21427/claudino-jose--da-silva-operario-negro-e-deputado-constituinte-do--pcb/>. Acesso em: 14 maio 2020.

AZEVEDO, Amailton Magno. *A memória musical de Geraldo Filme: Os sambas e as micro-áfricas em São Paulo, 1927--1995*. São Paulo: PUC-SP, 2006. Tese (Doutorado em História).

AZEVEDO, Célia Maria Marinho de. "Quem precisa de São Nabuco?". *Estudos Afro-Asiáticos*, Rio de Janeiro, v. 23, n. 1, pp. 85-97, 2001.

AZEVEDO, Elciene. *Orfeu de carapinha: A trajetória de Luiz Gama na imperial cidade de São Paulo*. Campinas: Ed. da Unicamp, 1999.

______. *O direito dos escravos: Lutas jurídicas e abolicionismo na província de São Paulo*. Campinas: Ed. da Unicamp, 2010.

______; CANO, Jefferson; CUNHA, Maria Clementina Pereira; CHALHOUB, Sidney (Orgs.). *Trabalhadores na cidade: Cotidiano e cultura no Rio de Janeiro e em São Paulo, séculos XIX e XX*. Campinas: Ed. da Unicamp, 2009.

AZEVEDO, M. A. de (Nirez) et al. *Discografia brasileira em 78 rpm*. Rio de Janeiro: Funarte, 1982.

AZEVEDO, Manoel Duarte Moreira de. "Biografia de Francisco de Paula Brito". In: PAULA BRITO, Francisco de. *Poesia de Francisco de Paulo Brito*. Rio de Janeiro: Tipografia Paula Brito, 1863.

BAHIA, Joana; NOGUEIRA, Farlen. "Tem Angola na umbanda? Os usos da África pela umbanda omolocô". *Revista Transversos*, Rio de Janeiro, n. 13, pp. 53-78, 2018.

BAIRROS, Luiza. "Nossos feminismos revisitados". *Estudos Feministas*, Florianópolis, v. 3, n. 2, pp. 458-63, 1995.

______. "Orfeu e poder: Uma perspectiva afro-americana sobre a política racial no Brasil", *Afro-Ásia*, Salvador, n. 17, pp. 173-86, 1996.

______. "Lembrando Lélia Gonzalez (1935-1994)". *Afro-Ásia*, Salvador, CEAO, n. 23, pp. 347-68, 2000.

BAKOS, Margaret Marchiori. *RS: Escravismo & abolição*. Porto Alegre: Mercado Aberto, 1982.

"BARBOSA the Innovator". Fifa, 30 jan. 2014. Disponível em: <www.fifa.com/news/barbosa-the-innovator-2267550>. Acesso em: 4 ago. 2020.

BARBOSA, Francisco de Assis. *A vida de Lima Barreto*. 11. ed. São Paulo, Rio de Janeiro, Belo Horizonte: Autêntica, 2017.

BARBOSA, João Alexandre. "Literatura e história: Aspectos da crítica de Machado de Assis". In: ______. *Alguma crítica*. Cotia: Ateliê, 2002. pp. 57-74.

BARBOSA, João Paulo. *O pós-abolição no Rio de Janeiro: Representações do negro na imprensa (1888-1910)*. Rio de Janeiro: Unirio, 2016. Dissertação (Mestrado em História).

BARBOSA, Lúcia Maria de Assunção; SILVA, Petronilha Beatriz Gonçalves; SILVÉRIO, Valter Roberto (Orgs.). *De preto a afrodescendente: Trajetos de pesquisa sobre relações étnico-raciais no Brasil*. São Carlos: EdUFSCar, 2003.

BARBOSA, Márcio (Org.). *Frente Negra Brasileira: Depoimentos. Entrevistas e textos de Márcio Barbosa*. São Paulo: Quilombhoje, 1998.

BARBOSA, Marialva Carlos. "Escravos letrados: Uma página (quase) esquecida". *Revista Compôs*, Brasília, v. 12, n. 1, pp. 2-19, 2009.

______. *Escravos e o mundo da comunicação: Oralidade, leitura e escrita no século XIX*. Rio de Janeiro: Mauad X, 2016.

BARBOSA, Muryatan Santana. "Guerreiro Ramos: O personalismo negro". *Tempo Social*, São Paulo, v. 18, n. 2, pp. 217-28, 2006.

______. "Pan-africanismo e anglofonia (1861-1945)". In: PEDROSA, Adriano; CARNEIRO, Amanda; MESQUITA, André (Orgs.). *Histórias afro-atlânticas*. São Paulo: MASP, 2018. pp. 449-56.

BARBOSA, Muryatan Santana; COSTA, Thayná Gonçalves dos Santos da. "Negritude e pan-africanismo no pensamento social brasileiro: A trajetória de Ironides Rodrigues (1923-1987)". *Revista Brasileira de Ciências Sociais*, São Paulo, v. 34, n. 100, e3410018, 2019.

BARBOSA, Silvia Maria Silva. *O poder de Zeferina no quilombo do Urubu: Uma reconstrução histórica político-social*. São Bernardo do Campo: Universidade Metodista de São Paulo, 2003. Dissertação (Mestrado em Ciências da Religião).

BARBOSA, Waldemar de Almeida. *Negros e quilombos em Minas Gerais*. Belo Horizonte: Imprensa Oficial, 1972.

BARDI, Pietro Maria. "Prefácio". In: ARAÚJO, Octávio. *Octávio Araújo: 20 anos depois*. São Paulo: MASP, 1972. p. 4.

______. *Maria Auxiliadora da Silva*. Turim: Giulio Bolaffi, 1977.

BARONCELLI, Nilcéia Cleide da Silva. *Mulheres compositoras*. São Paulo: Roswitha Kempf, 1987.

BARREIRA, João. *Arte portuguesa: Pintura*. Lisboa: Excelsior, s.d.

BARRERAS, Maria José Lanziotti. *Dario de Bittencourt (1901--1974): Uma incursão pela cultura política autoritária gaúcha*. Coleção História 21. Porto Alegre: EdiPUCRS, 1998.

BARRETO, Raquel de Andrade. "Aquela 'neguinha atrevida': Lélia Gonzalez e o movimento negro brasileiro". In: REIS, Daniel Aarão; FERREIRA, Jorge (Orgs.). *As esquerdas no Brasil*. Rio de Janeiro: Civilização Brasileira, 2007. pp. 451-78.

BARROS, Alice Vieira. "Auta de Souza e o problema da voz: Algumas considerações sobre a autoria feminina e o mito romântico do poeta-herói". *Anais do IX Seminário de Pesquisa Discente do Programa de Pós-Graduação em Estudos Literários: Literaturas e diálogos, sociedades e diferenças*. Belo Horizonte: UFMG, 2019.

BARROS, Hermenegildo de. *Grandes figuras da magistratura*. Rio de Janeiro: Imprensa Nacional, 1941.

______. *Memórias do juiz mais antigo do Brasil*. Rio de Janeiro: Imprensa Nacional, 1942.

BARROS, Miguel. "Discurso do representante da Frente Negra Pelotense". In: FREYRE, Gilberto (Org.). *Estudos Afro-Brasileiros*. Recife: Fundaj, 1988. pp. 269-71.

BARROS, Orlando de. *Corações de Chocolat: A história da Companhia Negra de Revistas (1926-27)*. Rio de Janeiro: Livre Expressão, 2005.

BARROS, Surya Aaronovich Pombo de. *Negrinhos que por ahi andão: A escolarização da população negra em São Paulo (1870-1920)*. São Paulo: USP, 2005. Dissertação (Mestrado em Educação).

______. "Escravos, libertos, filhos de africanos livres, não livres, pretos, ingênuos: Negros nas legislações educacionais do XIX". *Educação e Pesquisa*, São Paulo, v. 42, n. 3, pp. 591-605, jul./set. 2016.

______. *Universo letrado, educação e população negra na Parahyba do Norte (século XIX)*. São Paulo: USP, 2017. Tese (Doutorado em Educação).

______. "Graciliano Fontino Lordão: Um professor de cor na Parahyba do Norte". *Revista Brasileira de História da Educação*, Maringá, v. 18, e033, 2018.

BARROSO JUNIOR, Reinaldo dos Santos. "No turbilhão da diáspora africana: O estado do Maranhão e Piauí e as etnias africanas (1770-1800)". In: SOUZA FILHO, Benedito (Org.). *Entre dois mundos: escravidão e a diáspora africana*. São Luís: EDUFMA, 2013. pp. 83-114.

______. "As nações de Guiné para o Estado do Maranhão e Piauí (1770-1800)". In: CHAMBOULEYRON, Rafael; SOUZA JUNIOR, José Alves (Orgs.). *Novos olhares sobre a Amazônia Colonial*. Belém: Paka-Tatu, 2016. pp. 325-44.

BASTIDE, Roger. "A imprensa negra do estado de São Paulo". In: ______. *Estudos afro-brasileiros*. São Paulo: Perspectiva, 1973. pp. 129-56.

BASTIDE, Roger; FERNANDES, Florestan. *Brancos e negros em São Paulo: Ensaio sociológico sobre aspectos da formação, manifestações atuais e efeitos do preconceito de cor na sociedade paulistana*. 2. ed. São Paulo: Companhia Editora Nacional, 1959.

BASTOS, Othon. "Primórdios da psiquiatria no Brasil". *Revista de Psiquiatria do Rio Grande do Sul*, Porto Alegre, v. 29, n. 2, pp. 154-5, 2007.

BATALHA, Maria Cristina; ROCHA, Vanessa Massoni da (Orgs.). *África, Caribe e Américas: Histórias e narrativas entrecruzadas*. Rio de Janeiro: Dialogarts, 2018.

BATISTA, Marta Rossetti; MAGALHÃES, Fábio; ABRAMO, Radha. *Do modernismo à Bienal*. São Paulo: MAM, 1982.

BAXANDALL, Michael. *Padrões de intenção: A explicação histórica dos quadros*. São Paulo: Companhia das Letras, 2000.

BEATTIE, Peter M. *Tributo de sangue: Exército, honra, raça e nação no Brasil, 1864-1945*. São Paulo: Edusp, 2009.

BELLINI, Ligia. "Por amor e por interesse: a relação senhor-escravo em cartas de alforria". In: REIS, João José (Org.). *Escravidão e invenção da liberdade: Estudos sobre o negro no Brasil*. São Paulo: Brasiliense, 1988. pp. 73-86.

BENCHIMOL, Jaime Larry. *Pereira Passos: Um Haussmann tropical: A renovação urbana da cidade do Rio de Janeiro no início do século XX*. Rio de Janeiro: Secretaria Municipal de Cultura, Turismo e Esportes, 1990.

______. "Reforma urbana e Revolta da Vacina na cidade do Rio de Janeiro". In: FERREIRA, Jorge; DELGADO, Lucila de Almeida Neves. *Brasil Republicano*. Rio de Janeiro: Civilização Brasileira, 2003. (v. 1: O tempo do liberalismo excludente: Da Proclamação da República à Revolução de 1930.) pp. 231-85.

BERNARDO, André. "O legado de negros muçulmanos que se rebelaram na Bahia antes do fim da escravidão". BBC News Brasil, 9 maio 2018. Disponível em: <www.bbc.com/portuguese/brasil-44011770>. Acesso em: 4 ago. 2020.

BERNARDO, Teresinha. *Negras, mulheres e mães: Lembranças de Olga de Alaketu*. 2. ed. Mairiporã: Arole Cultural, 2019.

BERND, Zilá. "Oliveira Silveira". In: DUARTE, Eduardo de Assis (Org.). *Literatura e afrodescendência no Brasil: Antologia crítica*. Belo Horizonte: Ed. UFMG, 2011. (v. 2: Consolidação.)

BERTIN, Enidelce. *Os meias-caras: Africanos livres em São Paulo no século XIX*. Salto: Schoba, 2013.

BERUTE, Gabriel Santos. *Dos escravos que partem para os portos do sul: Características do tráfico negreiro do Rio Grande de São Pedro do Sul, c. 1790-c. 1825*. Porto Alegre: UFRGS, 2006. Dissertação (Mestrado em História).

BEVILÁCQUA, Adriana Magalhães. *Clementina, cadê você?*. Rio de Janeiro: Funarte, 1988.

BEVILACQUA, Juliana Ribeiro da Silva; SILVA, Renato Araújo da. *África em artes*. São Paulo: Museu Afro Brasil, 2015.

BEZERRA, Nielson Rosa. *Escravidão, farinha e comércio no recôncavo do Rio de Janeiro, século XIX*. Rio de Janeiro: APPH; Clio, 2011.

______. "The Trajectory of Mahoman Bardo Baquaqua in Brazil: Slavery, Freedom and Emancipation in the Atlantic World". In: BEZERRA, Nielson Rosa; ROCHA, Elaine Pereira (Orgs.). *Another Black Like Me: The Construction of Identities and Solidarity in the African Diaspora*. Cambridge: Cambridge Scholars Publishing, 2015. v. 1. pp. 159-73.

BEZERRA NETO, José Maia. "Os escravos, a imprensa e as ligas: Abolicionismo e relações raciais no ocaso da escravidão (Belém: 1883-1888)". In: COELHO, Wilma de Nazaré Baía; MAGALHÃES, Ana Del Tabor (Orgs.). *Educação para a diversidade: Olhares sobre a educação para as relações étnico-raciais*. Belo Horizonte: Mazza, 2010. pp. 167-206.

BICUDO, Virgínia Leone. *Atitudes raciais de pretos e mulatos em São Paulo*. Org. e pref. de Marcos Chor Maio. São Paulo: Sociologia e Política, 2010.

BIENAL INTERNACIONAL DE SÃO PAULO. *Catálogo das Salas Especiais da 23ª Bienal Internacional de São Paulo*. Org. e coord. de Nelson Aguilar. São Paulo: Fundação Bienal de São Paulo, 1996.

BIENAL INTERNACIONAL DE SÃO PAULO. *Catálogo geral dos participantes*. São Paulo: Fundação Bienal de São Paulo, 1996.

"BIOGRAFIA". Cartola. Disponível em: <www.cartola.org.br/cartola.html>. Acesso em: 4 ago. 2020.

"Biografia — Mestre Raimundo Irineu Serra". Santo Daime. Disponível em: <https://www.santodaime.org/site/religiao-da-floresta/mestre-irineu/biografiamestre>. Acesso em: 20 dez. 2020.

BISPO, Silvana Santos. *Feminismos em debate: Reflexões sobre a organização do movimento de mulheres negras em Salvador (1978-1997)*. Salvador: Ed. UFBA, 2011. Dissertação (Mestrado em Estudos Interdisciplinares sobre Mulher, Gênero e Feminismo).

BITTENCOURT, Adalzira. *Dicionário biobibliográfico de mulheres ilustres, notáveis e intelectuais do Brasil*. Rio de Janeiro: Pongetti, 1969-72, 3 v.

BITTENCOURT, Anna Ribeiro de Goes. *Longos serões do campo*. Rio de Janeiro: Nova Fronteira, 1992. 2 v.

BITTENCOURT-SAMPAIO, Sérgio. *Negras líricas: Duas intérpretes negras brasileiras na música de concerto (séc. XVIII-XX)*. Rio de Janeiro: 7Letras, 2008.

BITTENCOURT JUNIOR, Iosvaldyr Carvalho. "Os percursos do negro em Porto Alegre: Territorialidade negra urbana". In: PORTO ALEGRE. *Museu de percurso do negro em Porto Alegre*. Porto Alegre: Prefeitura Municipal, 2010. pp. 9-74.

BONGIOVANNI, Luca. "'Um grupo de aventureiros e chantagistas': A questão da estética das apresentações teatrais da Companhia Mulata Brasileira em Portugal — 1931". *Anais do XVI Encontro Regional de História da ANPUH-Rio*. Rio de Janeiro: ANPUH-Rio, 2014.

______. *Entre modernidades desarticuladas, tradições e nação: Uma análise dos textos autorais e das encenações da Companhia Negra de Revistas — Rio de Janeiro, 1926*. Seropédica: UFRRJ, 2015. Dissertação (Mestrado em História).

BORGES, Edson; MEDEIROS, Carlos Alberto; D'ADESKY, Jacques (Orgs.). *Racismo, preconceito e intolerância*. 7. ed. São Paulo: Atual, 2009.

BORGES, Rosane da Silva. "Mídia, racismos e representações do outro: Ligeiras reflexões em torno da imagem da mulher negra". In: BORGES, Roberto Carlos da Silva; BORGES, Rosane (Orgs.). *Mídia e racismo*. Rio de Janeiro: DP, 2012. pp. 180-205.

BOSI, Alfredo et al. *Machado de Assis*. São Paulo: Ática, 1982.

BOTELHO, André. *De olho em Mário de Andrade: Uma descoberta intelectual e sentimental do Brasil*. São Paulo: Claro Enigma, 2012.

BOTELHO, Denilson. *A pátria que quisera ter era um mito: História, literatura e política em Lima Barreto*. 2. ed. Rio de Janeiro: Prismas, 2017.

BOXER, Charles R. *A idade de ouro do Brasil: Dores de crescimento de uma sociedade colonial*. São Paulo: Nacional, 1963.

BRAGA, Sebastião. *O lendário Pixinguinha*. Niterói: Muiraquitã, 1995.

BRAGA, Sérgio Soares. "A bancada comunista na Assembleia Constituinte de 1946". *Princípios*, São Paulo, n. 46, pp. 23-9, ago./out. 1997.

BRAGA, Theodoro. *Artistas pintores no Brasil*. São Paulo: São Paulo Editora, 1942.

BRAGA-PINTO, César. "The Pleasures of Imitation: Gabriel Tarde, Oscar Wilde and João do Rio in Brazil's Long Fin de Siècle". *Comparative Literature Studies*, Urbana, v. 56, n. 1, pp. 153-89, 2019.

BRAGON, Ranier; SANTIAGO, Carlos Henrique. "Morre em MG, aos 129, a mulher mais velha do Brasil", *Folha de S.Paulo*, São Paulo, 14 jun. 2000.

BRANDÃO, Iram Rubem Pereira. *Entre o turíbulo e o punhal, o verbo da utopia: A trajetória sinuosa de José do Patrocínio do Império à República*. Vassouras: Universidade Severino Sombra, 2009. Dissertação (Mestrado em História).

BRANDÃO, Maria do Carmo; MOTTA, Roberto. "Adão e Badia: Carisma e tradição no Xangô de Pernambuco". In: SILVA, Vagner Gonçalves da (Org.). *Caminhos da alma: Memória afro-brasileira*. São Paulo: Selo Negro, 2002. pp. 49-87.

BRASIL, Eric. *Carnavais atlânticos: Cidadania e cultura negra no pós-abolição. Rio de Janeiro e Port-of-Spain, Trinidad (1838-1920)*. Niterói: UFF, 2016. Tese (Doutorado em História).

BRASIL em Veneza: Arthur Bispo do Rosário, Nuno Ramos. Curadoria de Nelson Aguilar. Texto de Lorenzo Mammì. São Paulo: Fundação Bienal de São Paulo, 1995.

"BRASIL: Vinte e cinco anos de impunidade alimentam as mortes cometidas pela polícia no Rio de Janeiro". Anistia Internacional, 15 jan. 2018. Disponível em: <https://anistia.org.br/noticias/brasil-vinte-e-cinco-anos-de-impunidade-alimentam-mortes-cometidas-pela-policia-rio-de-janeiro/>. Acesso em: 4 ago. 2020.

BRAZIL, T. K. (Org.); SANTANA JR., E. F.; SILVA, L. L. Casais e. "Juliano Moreira 1872-1933". Projeto Heróis da Saúde na Bahia. Disponível em: <www.bahiana.edu.br/herois/heroi.aspx?id=NA==>. Acesso em: 4 ago. 2020.

"BRÉSIL/BRASIL afro-brasileiro", *Revue Noire*, Lyon, n. 22, set./out./ nov. 1996.

BRETAS, Rodrigo José Ferreira. *Antônio Francisco Lisboa, o Aleijadinho*. Belo Horizonte: Itatiaia, 2002.

BRITO, Deise Santos de. *Um ator de fronteira: Uma análise da trajetória do ator Grande Otelo no teatro de revista brasileiro entre as décadas de 20 e 40*. São Paulo: ECA-USP, 2011. Dissertação (Mestrado em Teoria e Prática do Teatro).

BRITO, Iêda Marques. *Samba na cidade de São Paulo (1900-1930): Um exercício de resistência cultural*. São Paulo: FFLCH-USP, 1986. Dissertação (Mestrado em Sociologia).

BRITO, Jailton Lima. *A abolição na Bahia: Uma história política, 1870-1888*. Salvador: CEB, 2003.

BRITO, Luciana da Cruz. "Sem direitos, nem cidadania: Condição legal e agência de mulheres e homens africanos na Bahia do século XIX". *História Unisinos*, São Leopoldo, v. 14, n. 3, pp. 334-8, set./dez. 2010.

______. *Temores da África: Segurança, legislação e população africana na Bahia oitocentista*. Salvador: Ed. UFBA, 2016.

BROCA, José Brito. *A vida literária no Brasil: 1900*. 3. ed. Rio de Janeiro: José Olympio; Departamento de Cultura da Guanabara, 1975.

BROOKSHAW, David. *Raça e cor na literatura brasileira*. Porto Alegre: Mercado Aberto, 1983.

BRÜGGER, Silvia Maria Jardim. *Minas patriarcal: Família e sociedade (São João Del Rei — séculos XVIII e XIX)*. São Paulo: Annablume, 2007.

BUKAS-YAKABUUL, Badi; SILVA, Daniel B. Domingues da. "From beyond the Kwango: Tracing the Linguistic Origins of

Slaves Leaving Angola, 1811-1848". *Almanack*, Guarulhos, n. 12, pp. 34-43, jan./abr. 2016.

BURDICK, John. *Blessed Anastacia: Women, Race and Popular Christianity in Brazil*. Nova York: Routledge, 1998.

BURLAMAQUI, Annibal (Conde Zuma). *Ginástica nacional (capoeiragem) metodizada e regrada*. Rio de Janeiro: [s.n.], 1928.

BURROWES, Patricia. *O universo segundo Arthur Bispo do Rosário*. Apres. de Janice Caiafa. Rio de Janeiro: Ed. FGV, 1999.

BUTLER, Kim D. *Freedoms Given, Freedoms Won: Afro-Brazilians in Post-Abolition São Paulo and Salvador*. New Brunswick: Rutgers University, 1998.

CABRAL, Oswaldo Rodrigues. *Nossa Senhora do Desterro*. Florianópolis: Lunardelli, 1979. 2 v.

CABRAL, Sérgio. *As escolas de samba: O quê, quem, como, quando e por quê*. Rio de Janeiro: Fontana, 1974.

______. *Pixinguinha: Vida e obra*. São Paulo: Lumiar, 1997.

______. *Grande Otelo: Uma biografia*. São Paulo: Ed. 34, 2007.

CALAINHO, Daniela Buono. *Metrópole das mandingas: Religiosidade negra e Inquisição portuguesa no Antigo Regime*. Rio de Janeiro: Garamond, 2008.

CAMARGO, Oswaldo de. *O carro do êxito*. São Paulo: Martins, 1972. (2. ed.: São Paulo, Córrego, 2016).

______. *A razão da chama: Antologia de poetas negros brasileiros*. São Paulo: Edições GRD, 1986.

______. *Lino Guedes, seu tempo e seu perfil*. São Paulo: Ciclo Contínuo, 2016.

"CAMILA Maria da Conceição: Intérprete negra do século XIX". Mulher 500 Anos Atrás dos Panos, 25 set. 2012. Disponível em: <www.mulher500.org.br/camila-maria-da-conceicao-interprete-negra-do-seculo-xix/>. Acesso em: 4 ago. 2020.

CAMPOFIORITO, Quirino. *História da pintura brasileira no século XIX*. Pref. de Carlos Roberto Maciel Levy. Rio de Janeiro: Pinakotheke, 1983.

CAMPOI, Isabel. "Donas guerreiras — a presença feminina na Coluna Prestes: Um levantamento bibliográfico e documental". In: LAMB, Roberto; LEANDRO, José (Orgs.). *História e Cultura. Anais do V Encontro Regional de História*. Associação Nacional de História (ANPUH) — Núcleo Regional do Paraná. Ponta Grossa, 1997. pp. 199-210.

CAMPOS, Adriana Pereira; MOTTA, Kátia Sausen. "Escravo até prove-se o contrário: Petição do liberto Delfino à Câmara dos Deputados (1826)". In: CAMPOS, Adriana Pereira; SILVA, Gilvan Ventura da; MOTTA, Kátia Sausen da (Orgs.). *O espelho negro de uma nação: A África e sua importância na formação do Brasil*. Vitória: Edufes, 2019. pp. 141-58.

CAMPOS, Maria Consuelo Cunha. "Cruz e Sousa". In: DUARTE, Eduardo de Assis (Org.). *Literatura e afrodescendência no Brasil: Antologia crítica*. Belo Horizonte: Ed. UFMG, 2011. (v. 1: Precursores.)

CAMPOS, Paulo Fernando de Souza. "Enfermeiras da Legião Negra: Representações da enfermagem na Revolução Constitucionalista de 1932". *Faces de Eva: Estudos sobre a Mulher*, Lisboa, n. 33, pp. 53-65, 2015.

CAMPOS, Vera Felicidade de Almeida. *Mãe Stella de Oxóssi: Perfil de uma liderança religiosa*. Rio de Janeiro: Zahar, 2003.

CANDEIA FILHO, Antônio; ARAÚJO, Isnard. *Escola de samba, árvore que esqueceu a raiz*. Rio de Janeiro: Achiamé, 1977.

CAPELARI, Mauro Guilherme Maidana; AFONSO, Yedda Beatriz Gomes de Almeida Dysman da Cruz Seixas Singer; GONÇALVES, Andréa de Oliveira. "Alberto Guerreiro Ramos: Contribuições da redução sociológica para o campo científico da administração pública no Brasil". *RAM: Revista de Administração Mackenzie*, São Paulo, v. 15, n. 6, pp. 98-121, 2015.

CARATTI, Jônatas Marques. *O solo da liberdade: As trajetórias da preta Faustina e do pardo Anacleto pela fronteira rio-grandense em tempos do processo abolicionista uruguaio (1842-1862)*. São Leopoldo: Oikos; Ed. Unisinos, 2013.

CARDOSO, Ciro Flamarion S. *Escravo ou camponês? O protocampesinato negro nas Américas*. São Paulo: Brasiliense, 1987.

CARDOSO, Cláudia Pons. "Amefricanizando o feminismo: O pensamento de Lélia Gonzalez". *Estudos Feministas*, Florianópolis, v. 22, n. 3, pp. 965-86, set./dez. 2014.

CARDOSO, Edson Lopes. *Memória de Movimento Negro: Um testemunho sobre a formação do homem e do ativista contra o racismo*. São Paulo: USP, 2014. Tese (Doutorado em Educação).

CARDOSO, Fernando Henrique. *Capitalismo e escravidão no Brasil Meridional: O negro na sociedade escravocrata do Rio Grande do Sul*. Rio de Janeiro: Paz e Terra, 1977.

CARDOSO, Paulino de Jesus Francisco. *Negros em Desterro: Experiências das populações de origem africana em Florianópolis na segunda metade do século XIX*. Itajaí: Casa Aberta, 2008.

______. *A luta contra a apatia: Estudo sobre a instituição do movimento negro na cidade de São Paulo (1915-1931)*. Itajaí: Casa Aberta, 2012.

CARDOSO, Sylvio Tullio. *Dicionário biográfico de música popular*. Rio de Janeiro: Ed. do Autor, 1965.

CARDOSO Jr., Sebastião. "Jorge Babalaô". *Plural*, São Luís, n. 2, pp. 4-7, fev./mar. 2012.

CARNEIRO, Edison. *O Quilombo de Palmares*. 3. ed. Rio de Janeiro: Civilização Brasileira, 1966.

______. *Antologia do negro brasileiro*. Rio de Janeiro: Agir, 2005.

CARNEIRO, Júlia Dias. "Mulher, negra, favelada, Marielle Franco foi de 'cria da Maré' a símbolo de novas lutas políticas no Rio". BBC News Brasil, 15 mar. 2018.

CARNEIRO, Maria Elizabeth R. *Procura-se uma "Preta com muito bom leite, prendada e carinhosa": Uma cartografia das amas-de-leite na sociedade carioca, 1850-1888*. Brasília: ICH-UnB, 2006. Tese (Doutorado em História).

CARNEIRO, Maria Luiza Tucci. "Santidade e malefício: Um caso de possessão diabólica em Ourém (Brasil) no século XIX". *Revista de História das Ideias*, Coimbra, v. 8, n. 1, pp. 161-82, 1986.

CARNEIRO, Sueli. "Gênero, raça e ascensão social". *Estudos Feministas*, Florianópolis, v. 3, n. 2, pp. 544-52, 1995.

CARNEIRO, Sueli; SANTOS, Thereza. *Mulher negra*. São Paulo: Nobel; Conselho Estadual da Condição Feminina, 1985.

CARREIRA, Rosângela Aparecida Ribeiro. *A paratopia testemunho-documental e o discurso da negritude em* Vencidos e degenerados. São Paulo: PUC-SP, 2015. Tese (Doutorado em Língua Portuguesa).

"CARTAS Andradinas: Correspondência particular de José Bonifácio, Martim Francisco e Antônio Carlos dirigida a A. de M. Vasconcellos de Drummond". *Anais da Biblioteca Nacional*, Rio de Janeiro, v. 14 (1886-7), pp. 31-8, 1890.

CARVALHO, Anna Maria Fausto Monteiro de. *Mestre Valentim*. São Paulo: Cosac Naify, 1999.

CARVALHO, Bruno. *Cidade porosa: Dois séculos de história cultural do Rio de Janeiro*. São Paulo: Companhia das Letras, 2000.

CARVALHO, Daniela Vallandro de. *Fronteiras da liberdade: Experiências escravas de recrutamento, guerra e escravidão: Rio Grande de São Pedro, c. 1835-1850*. Rio de Janeiro: PPGHIS-UFRJ, 2013. Tese (Doutorado em História).

CARVALHO, Fábio Pereira de. *Vassouras: Comunidade escrava, conflitos e sociabilidade (1850-1888)*. Niterói: Eduff, 2017.

CARVALHO, Flávia Maria de. "Diáspora africana: Travessia atlântica e identidades recriadas nos espaços coloniais". *Mneme: Revista de Humanidades*, Natal, v. 11, n. 27, pp. 14-24, 2010.

CARVALHO, José Murilo de. *Os bestializados: O Rio de Janeiro e a República que não foi*. 3. ed. São Paulo: Companhia das Letras, 1987.

_____. "Introdução: Com o coração nos lábios" In: PATROCÍNIO, José do. *Campanha abolicionista: Coletânea de artigos*. Rio de Janeiro. Fundação Biblioteca Nacional; Departamento Nacional do Livro, 1996. pp. 9-18.

CARVALHO, Luiz Fernando. *Ismael Silva: Samba e resistência*. Rio de Janeiro: José Olympio, 1980.

CARVALHO, Luiza Fabiana Neitzke de; SABANY, Darlene Vilanova. "Barros, o Mulato: O pintor negro pelotense". *Revista Seminário de História da Arte*, Pelotas, v. 1, n. 8, 2019.

CARVALHO, Marcus Joaquim Maciel de. "O quilombo de Malunguinho, o rei das matas de Pernambuco". In: REIS, João José; GOMES, Flávio dos Santos (Orgs.). *Liberdade por um fio: História dos quilombos no Brasil*. São Paulo: Companhia das Letras, 1996. pp. 407-32.

_____. "Que crime é ser cismático? As transgressões de um pastor negro no Recife patriarcal, 1846". *Estudos Afro-Asiáticos*, Rio de Janeiro, n. 36, pp. 97-122, 2000.

_____. "De cativo a 'famoso artilheiro' na Confederação do Equador: O caso do africano Francisco, 1824-1828". *Varia História*, Belo Horizonte, n. 27, pp. 96-116, 2002.

CARVALHO, Maria Alice Rezende de. *O quinto século: André Rebouças e a construção do Brasil*. Rio de Janeiro: Revan, 1998.

CARVALHO, Maria Meire de. "Vivandeiras em marcha: A participação das mulheres na Coluna Prestes". *Revista de História*, Rio de Janeiro, v. 1, n. 11, pp. 78-82, 2006.

CASCUDO, Luís da Câmara. *Vaqueiros e cantadores*. Belo Horizonte: Itatiaia; São Paulo: Edusp, 1984.

CASSAB, Juliana. Trabalho, painel e livreto "Elas em contexto" — Painel temático desenvolvido para ocupar área interna da biblioteca da unidade SESC Ribeirão Preto em novembro de 2005 em homenagem ao Mês da Consciência Negra.

CASTELLUCCI, Aldrin Armstrong Silva. "Classe e cor na formação do Centro Operário da Bahia (1890-1930)". *Afro-Ásia*, Salvador, n. 41, pp. 85-131, 2010.

_____. "Muitos votantes e poucos eleitores: A difícil conquista da cidadania operária no Brasil Império (Salvador, 1850-1881)". *Varia História*, Belo Horizonte, v. 30, n. 52, pp. 184-206, 2014.

CASTELLUCCI, Aldrin Armstrong Silva. *Trabalhadores e política no Brasil: Do aprendizado do Império aos sucessos da Primeira República*. Salvador: Eduneb, 2015.

CASTELNAU-L'ESTOILE, Charlotte de. *Páscoa et ses Deux maris: Une esclave entre Angola, Brésil et Portugal au XVIIe siècle*. Paris: PUF, 2019.

_____. *Páscoa Vieira diante da Inquisição: Uma escrava entre Angola, Brasil e Portugal no século XVII*. São Paulo: Bazar do Tempo, 2020.

CASTILLO, Lisa Earl. *Entre a oralidade e a escrita: A etnografia nos candomblés da Bahia*. Salvador: Ed. UFBA, 2008.

_____. "Bamboxê Obitikô e a expansão do culto aos orixás (século XIX): Uma rede religiosa afroatlântica". *Tempo*, Niterói, v. 22, n. 39, pp. 126-53, 2016.

_____. "O terreiro do Gantois: Redes sociais e etnografia histórica no século XIX". *Revista de História*, São Paulo, n. 176, pp. 1-57, 2017.

CASTILLO, Lisa Earl; ALBUQUERQUE, Wlamyra; SAMPAIO, Gabriela dos Reis (Orgs.). *Barganhas e querelas da escravidão: Tráfico, alforria e liberdade (séculos XVIII e XIX)*. Salvador: Ed. UFBA, 2014.

CASTILLO, Lisa Earl; PARÉS, Luis Nicolau. "Marcelina da Silva e seu mundo: Novos dados para uma historiografia do candomblé ketu". *Afro-Ásia*, Salvador, n. 36, pp. 111-51, 2007.

CASTRO, Edna M. Ramos. *Negros do Trombetas: Etnicidade e história*. Belém: NAEA; UFPA, 1991.

CASTRO, Ruy. *Chega de saudade: A história e as histórias da bossa nova*. São Paulo: Companhia das Letras, 1990.

_____. *Estrela solitária*. São Paulo: Companhia das Letras, 1995.

CASTRO, Yeda Pessoa de. *A língua mina-jeje no Brasil: Um falar africano em Ouro Preto do século XVIII*. Belo Horizonte: Fundação João Pinheiro, 2002.

CAVALCANTE, José Dino Costa; PEREIRA, Paloma Veras. "O lugar dos excluídos em uma São Luís em ruínas: Um olhar sobre o romance *Vencidos e degenerados*". *Revista Interdisciplinar em Cultura e Sociedade*, São Luís, v. 3, n. 1, pp. 65-81, 2017.

CAVALCANTE, Luciana. *Dragão do Mar*. Fortaleza: Demócrito Rocha, 2002.

CAVALCANTE, Ygor Olinto Rocha. "'Fugido, ainda que sem motivo': Escravidão, liberdade e fugas escravas no Amazonas imperial (1850-1888)". In: SAMPAIO, Patrícia Melo (Org.). *O fim do silêncio: Presença negra na Amazônia*. Belém: Açaí; CNPq, 2011. pp. 41-72.

CAVALCANTE, Ygor Olinto Rocha; SAMPAIO, Patricia Melo. "Histórias de Joaquinas: mulheres, escravidão e liberdade (Brasil, Amazonas: séc. XIX)". *Afro-Ásia*, Salvador, n. 46, pp. 97-120, 2012.

CAVALCANTI, Nireu. "Crônicas do Rio colonial: A escrava da própria filha". *Jornal do Brasil*, Rio de Janeiro, 28 jun. 1999.

_____. "Crônicas do Rio colonial: A cabra do príncipe", *Jornal do Brasil*, Rio de Janeiro, 12 jul. 1999.

CERQUEIRA, Beatriz Lopes Jardim de. *"Você já viu aquela menina que tem um balanço diferente?": A vanguarda musical paulista dos anos 1980*. São Paulo: FFLCH-USP, 2005. Dissertação (Mestrado em História).

CERQUEIRA, Carlos Gutierrez. "Tebas: Vida e atuação na São Paulo colonial". Resgate — História e Arte II, 2019. Disponível em: <https//:sites.google.com/site/resgatehistoriaearte>. Acesso em: 4 ago. 2020.

CERQUEIRA, Ede C. Bispo. "Debates sobre assistência psiquiátrica na Sociedade Brasileira de Neurologia, Psiquiatria e Medicina Legal". *Anais do XVI Encontro Regional de História da ANPUH-Rio*. Rio de Janeiro, 2014.

CESAR, Rafael do Nascimento. "De Francisca a Chiquinha: O pioneirismo insuspeito de Chiquinha Gonzaga". *Tempo Social*, São Paulo, v. 30, n. 1, pp. 305-24, 2018.

CHAGAS, Luiz; TARANTINO, Monica (Orgs.). *Pretobrás: Por que que eu não pensei nisso antes? O livro de canções e histórias de Itamar Assumpção*. São Paulo: Ediouro, 2006.

CHALHOUB, Sidney. *Visões da liberdade: Uma história das últimas décadas da escravidão na corte*. São Paulo: Companhia das Letras, 1990.

______. *Cidade febril: Cortiços e epidemias na Corte imperial*. São Paulo: Companhia das Letras, 1996.

______. *Trabalho, lar e botequim: O cotidiano dos trabalhadores no Rio de Janeiro da belle époque*. 2. ed. Campinas: Ed. da Unicamp, 2001.

______. *Machado de Assis, historiador*. São Paulo: Companhia das Letras, 2003.

______. "Precariedade estrutural: O problema da liberdade no Brasil escravista (século XIX)". *História Social*, Campinas, n. 19, pp. 33-69, 2010.

______. *A força da escravidão: Ilegalidade e costume no Brasil oitocentista*. São Paulo: Companhia das Letras, 2012.

CHALHOUB, Sidney; NEVES, Margarida de Souza; PEREIRA, Leonardo Affonso de Miranda (Orgs.). *História em cousas miúdas: Capítulos de história social da crônica no Brasil*. Campinas: Ed. da Unicamp, 2005.

CHALHOUB, Sidney; PEREIRA, Leonardo Affonso de Miranda (Orgs.). *A história contada: Capítulos de história social da literatura no Brasil*. Rio de Janeiro: Nova Fronteira, 1998.

CHAMA Verequete. Direção: Rogério Parreira Luiz Arnaldo Campos, 2002. Documentário.

CHAMBOULEYRON, Rafael. "Escravos do Atlântico equatorial: Tráfico negreiro para o Estado do Maranhão e Pará (século XVII e início do século XVIII)". *Revista Brasileira de História*, São Paulo, v. 26, n. 52, pp. 79-114, 2006.

CHARLET, Eliane Cristina Soares. "A ilha dos Nheengaíbas: Alianças e conflitos nas vilas do Marajó (séc. XVIII e XIX)". In: COELHO, Mauro Cezar et al. (Orgs.). *Meandros da história: Trabalho e poder no Grão-Pará e Maranhão, séculos XVIII e XIX*. Belém: Unamaz, 2001. pp. 85-104.

CHIARELLI, Tadeu. *De Almeida Jr. a Almeida Jr.: A crítica de arte de Mário de Andrade*. São Paulo: ECA-USP, 1996. Tese (Doutorado em Artes Plásticas).

______. "Sidney Amaral: Entre a afirmação e a imolação". Arte! Brasileiros, 8 out. 2018. Disponível em: <https://artebrasileiros.com.br/arte/artigo/sidney-amaral-entre-a-afirmacao-e-a-imolacao/>. Acesso em: 4 ago. 2020.

"'CHOCADO', diz empresário julgado por arrastar e matar garota de programa". G1, 30 jun. 2016. Disponível em: <http://g1.globo.com/sp/ribeirao-preto-franca/noticia/2016/06/chocado-diz-empresario-julgado-por-arrastar-e-matar-garota-de-programa.html>. Acesso em: 4 ago. 2020.

CIRQUEIRA, Diogo Marçal. "Milton Santos: Um corpo estranho no paraíso". In: PINTO, Ana Flávia Magalhães; CHALHOUB, Sidney (Orgs.). *Pensadores negros — pensadoras negras: Brasil, séculos XIX e XX*. Belo Horizonte: Fino Traço, 2016. pp. 405-28.

CLARK, T. J. *Modernismos*. São Paulo: Cosac Naify, 2007.

"CLÁUDIA Silva Ferreira". Disponível em: <www.geledes.org.br/tag/claudia-silva-ferreira/>. Acesso em: 4 ago. 2020.

CLÁUDIO, Afonso. *Insurreição do Queimado: Episódio da história da província do Espírito Santo*. Vitória: Ed. da Fundação Ceciliano Abel de Almeida, 1979.

COLON, Leandro. "Primeiro negro do STF, Pedro Lessa sofria ataques de Epitácio Pessoa". *Folha de S.Paulo*, 1 jun. 2014.

"COMEÇA o julgamento do caso Nicole em Ribeirão Preto". *A Cidade*, Ribeirão Preto, 29 jun. 2016.

COMUNIDADE de Terreiro Ilê Axé Omiojúàró. Disponível em: <https://ileomiojuaro.com.br/>. Acesso em: 4 ago. 2020.

CONCEIÇÃO, Fernando. "Milton Santos: Ser intelectual e negro". In: SILVA, Maria Auxiliadora da; TOLEDO JR., Rubens de (Orgs.). *Encontro com o pensamento de Milton Santos: O homem e sua obra*. Salvador: Ed. UFBA, 2009, pp. 63-9.

CONCEIÇÃO, Miguel Luiz da. *"O aprendizado da liberdade": Educação de escravos, libertos e ingênuos na Bahia oitocentista*. Salvador: FFCH-UFBA, 2007. Dissertação (Mestrado em História).

CONDURU, Roberto. "Das casas às roças: Comunidades de candomblé no Rio de Janeiro desde o fim do século XIX". *Topoi*, Rio de Janeiro, v. 11, n. 21, pp. 178-203, 2010.

"CONHEÇA a história de José Maurício Nunes Garcia". Rádio EBC, 16 set. 2017. Caderno de Música. Disponível em: <http://radios.ebc.com.br/caderno-de-musica/2017/09/conheca-historia-de-jose-mauricio-nunes-garcia>. Acesso em: 4 ago. 2020.

CONRAD, Robert. *Os últimos anos da escravatura no Brasil, 1850-1888*. Rio de Janeiro: Civilização Brasileira, 1978.

"COPA 2010: Todos os brasileiros: 1950". *Folha de S.Paulo*, 2010. Disponível em: <http://feeds.folha.uol.com.br/especial/2010/copa/todos_os_brasileiros-1950.shtml>. Acesso em: 4 ago. 2020.

CORRÊA, Mariza. *As ilusões da liberdade: A Escola Nina Rodrigues e a antropologia no Brasil*. Bragança Paulista: Ed. da USP, 2000.

______. "Prefácio". In: LANDES, Ruth. *A cidade das mulheres*. Rio de Janeiro: Editora UFRJ, 2002.

CORREA, Sílvio Marcus de Souza. "Prazeres aristocráticos e lazeres burgueses de um príncipe negro na República Velha". *Anais do IV Encontro Escravidão e Liberdade no Brasil Meridional*, Curitiba, 2009.

CORREIA, William. "Lembrança de Barbosa do Maracanazo: Banquete em vão e agressor fujão", Terra, 29 jun. 2013. Disponível em: <www.terra.com.br/esportes/futebol/lembranca-de-barbosa-do-maracanazo-banquete-em-vao-e-agressor-fujao,5fbce160f4d8f310VgnCLD200000oec6eboaRCRD.html>. Acesso em: 4 ago. 2020.

COSTA, Didio Iratym Affonso da. *Marcílio Dias: Imperial-marinheiro*. Rio de Janeiro: Mundomar, 1943.

COSTA, Eduardo Alves. "Octávio Araújo". In: ARAÚJO, Octávio. *Octávio Araújo: 20 anos depois*. São Paulo: MASP, 1972. pp. 8-10.

COSTA, Emília Viotti da. *Coroas de glória, lágrimas de sangue: A rebelião dos escravos de Demerara em 1823*. São Paulo: Companhia das Letras, 1994.

COSTA, Haroldo. *Fala, crioulo*. Rio de Janeiro: Record, 1982.

COSTA, Iraci del Nero da. *Arraia-miúda: Um estudo sobre os não proprietários de escravos no Brasil*. São Paulo: MGSP, 1992.

COSTA, Iraci del Nero da; LUNA, Francisco Vidal. *Minas colonial: Economia & sociedade*. São Paulo: Fipe; Pioneira, 1982.

COSTA, João Paulo Alves. *Gênero, saberes e poder: O protagonismo de mulheres negras na organização política e social da comunidade remanescente de quilombos São José de Icatu-Mocajuba/Pará*. 2017. Cametá: UFPA, 2017. Dissertação (Mestrado em Educação e Cultura).

COSTA, Luis Felipe. "Colaboração nas entrelinhas: Do 'guia nativo' ao mateiro — A importância dos conhecimentos tradicionais para a pesquisa científica na Amazônia". *Anais da 32ª Reunião Brasileira de Antropologia*, 30 de outubro a 6 de novembro, 2020. Disponível em: <https://www.32rba.abant.org.br/arquivo/downloadpublic?q=YToyOntzOjY6InBhcmFtcyI7czozNToiYToxOntzOjEwOiJJRF9BUlFVSVZPIjtzOjQ6IjI5NTciO30iO3M6MToiaCI7czozMjoiMGQ4ZTljN2RlYWM1NDE2MjdkODNkZDgyMWY4YzNmM2MiO30%3D>. Acesso em: 20 dez. 2020.

COSTA, Rafael Maul de Carvalho. *Escravizados na liberdade: Abolição, classe e cidadania na Corte imperial*. Rio de Janeiro: Arquivo Geral da Cidade do Rio de Janeiro, 2014.

COSTA, Renata Jesus da. *Subjetividades femininas: Mulheres negras sob o olhar de Carolina Maria de Jesus, Maria Conceição Evaristo e Paulina Chiziane*. São Paulo: PUC-SP, 2007. Dissertação (Mestrado em História Social).

COSTA, Robson Pedrosa. "Um senhor de escravo em cativeiro: A trajetória de Nicolau de Souza, Pernambuco, 1812-1835". *Territórios e Fronteiras*, Cuiabá, v. 10, n. 1, 2017, pp. 47-66, 2017.

______. "Rufina: Uma escrava senhora de escravos em Pernambuco, 1853-1862". *Revista Brasileira de História*, São Paulo, v. 38, n. 79, pp. 109-30, 2018.

COSTA, Valéria Gomes. *É do dendê!: História e memórias urbanas da nação xambá no Recife (1950-1992)*. São Paulo: Annablume, 2009.

______. Òmnirá. *Os(as) libertos(as) da Costa d'África no Recife (1846-1890)*. São Paulo: Alameda, 2020.

______; GOMES, Flávio. "Procurando fortuna! Notícias sobre africanos e candomblés no Rio de Janeiro e no Recife oitocentista". In: ______. *Religiões negras no Brasil da escravidão à pós-emancipação*. São Paulo: Selo Negro, 2016, pp. 186-204.

COSTA E SILVA, Alberto da. "Um chefe africano em Porto Alegre". In: ______. *Um rio chamado Atlântico: A África no Brasil e o Brasil na África*. Rio de Janeiro: Nova Fronteira, 2003. pp. 167-76.

COSTA FILHO, Miguel. "Quilombos". *Estudos Sociais*, Rio de Janeiro, n. 7-11, 1960-1.

COUCEIRO, Luiz Alberto; TALENTO, Biaggio. *Edison Carneiro, o Mestre Antigo: Um estudo sobre a trajetória de um intelectual*. Salvador: Ed. da Assembleia Legislativa da Bahia, 2009.

COUTINHO, Afrânio; SOUSA, J. Galante de. *Enciclopédia de literatura brasileira*. São Paulo: Global, 2001.

COUTINHO, Eduardo Granja. *Velhas histórias, memórias futuras*. Rio de Janeiro: Ed. UERJ, 2002.

COWLING, Camillia. "O Fundo de Emancipação 'Livro de Ouro' e as mulheres escravizadas: Gênero, abolição e os significados da liberdade na Corte, anos 1880". In: XAVIER, Giovana; FARIAS, Juliana Barreto; GOMES, Flávio (Orgs.). *Mulheres negras no Brasil escravista e do pós-emancipação*. São Paulo: Selo Negro, 2012. pp. 214-27.

CPDOC-FGV. "Claudino José da Silva". Dicionário histórico-biográfico brasileiro. Disponível em: <www.fgv.br/cpdoc/acervo/dicionarios/verbete-biografico/claudino-jose-da-silva>. Acesso em: 14 maio 2020.

CRUZ, Mariléia dos Santos. "A produção da invisibilidade intelectual do professor negro Nascimento Moraes na história literária maranhense, no início do século XX", *Revista Brasileira de História*, São Paulo, v. 36, n. 73, pp. 209-30, 2016.

CRUZ, Ricardo Alexandre da. *Negros e educação: As trajetórias e estratégias de dois professores negros na Faculdade de Direito de São Paulo nos séculos XIX e XX*. São Paulo: PUC-SP, 2009. Dissertação (Mestrado em Educação).

CUNHA, Felipe Honorato da. *Um embaixador para a África: A missão de Raymundo de Souza Dantas a Gana (1961-1963)*. Brasília: IRBr, 2011. Dissertação (Mestrado em Diplomacia).

CUNHA, Maria Clementina Pereira. "Candeia e o anjo moreno". In: PINTO, Ana Flávia Magalhães; CHALHOUB, Sidney (Orgs.). *Pensadores negros — pensadoras negras: Brasil, séculos XIX e XX*. Belo Horizonte: Fino Traço, 2016. pp. 319-44.

______. *"Não tá sopa": Sambas e sambistas no Rio de Janeiro, de 1890 a 1930*. Campinas: Ed. da Unicamp, 2016. (Coleção Históri@ Illustrada, e-book).

CUNHA, Olívia Maria Gomes da; GOMES, Flávio dos Santos. "Introdução: Que cidadão? Retóricas da igualdade, cotidiano da diferença". In: ______ (Orgs.). *Quase-cidadão: Histórias e antropologias da pós-emancipação no Brasil*. Rio de Janeiro: Ed. FGV, 2007. pp. 7-19.

CUNHA, Vanessa Lima. "*Quilombo*: A voz do Teatro Experimental do Negro (Rio de Janeiro, 1940-1950)", *Cadernos de Clio*, Curitiba, n. 3, pp. 283-300, 2012.

CUNHA JR., Henrique. "Movimento de consciência negra na década de 1970". *Educação em Debate*, Fortaleza, ano 25, v. 2, pp. 47-54, 2003.

D'ADESKY, Jacques E. F. *Racismos e anti-racismos no Brasil: Pluralismo étnico e multiculturalismo*. Rio de Janeiro: Pallas, 2005.

______. "O duplo antirracismo da Constituição Federal de 1988". In: MONTEIRO, Geraldo Tadeu Moreira (Org.). *Estado, democracia e direito no Brasil: Trinta anos da Constituição Cidadã*. Rio de Janeiro: Gramma, 2018. pp. 609-30.

DAIBERT JR., Robert. *Isabel, a "Redentora" dos escravos: Uma história da princesa entre olhares negros e brancos (1846-1988)*. Bauru: Edusc, 2004.

DAMASCENO, Caetana. *Segredos da boa aparência: Da "cor" à "boa aparência" no mundo do trabalho carioca (1930-1950)*. Rio de Janeiro: Edur, 2011.

DAMASCENO, Karine Teixeira. "A invisibilidade das mulheres negras na documentação oficial — Feira de Santana, 1890-1920". *Sankofa*, São Paulo, v. 5, n. 9, pp. 7-25, 2012.

D'AMBROSIO, Oscar. *Os pincéis de Deus: Vida e obra do pintor naïf Waldomiro de Deus*. São Paulo: Ed. Unesp, 1999.

DANTAS, Carolina Vianna. *Manoel da Motta Monteiro Lopes: Um deputado negro na I República*. Rio de Janeiro: Programa Nacional de Apoio à Pesquisa Fundação Biblioteca Nacional-MinC, 2008.

DANTAS, Eugênia Maria. *Fotografia e Complexidade: A educação pelo olhar*. Natal: UFRN, 2003. Tese (Doutorado em Educação).

______. "Monteiro Lopes (1867-1910), um 'líder da raça negra' na capital da República". *Afro-Ásia*, Salvador, n. 41, pp. 168--209, 2010.

"DE CHOCOLAT". In: Enciclopédia Itaú Cultural de Arte e Cultura Brasileiras. Disponível em: <http://enciclopedia.itaucultural.org.br/pessoa429656/de-chocolat>. Acesso em: 4 ago. 2020.

DECANIO FILHO, Angelo A. *A herança de Mestre Pastinha*. Salvador: Ed. do Autor, 1997.

DEIAB, Rafaela de Andrade. *A mãe-preta na literatura brasileira: A ambiguidade como construção social (1880-1950)*. São Paulo: USP, 2006. Dissertação (Mestrado em Antropologia).

"DEPOIMENTO de Joel Zito Araújo sobre Zózimo Bulbul". *Revista Raça*, 6 nov. 2016.

"DIA da Mulher: Conheça Maria Odília Teixeira, a primeira médica negra do Brasil". Conselho Regional de Medicina do Estado da Bahia, 8 mar. 2019. Disponível em: <www.cremeb.org.br/index.php/noticias/dia-da-mulher-conheca-maria-odilia-teixeira-a-primeira-medica-negra--do-brasil/>. Acesso em: 4 ago. 2020.

DIAS, Adriana Gama de Araújo. *Em nome da cidade vencida: A São Luís republicana na obra de José do Nascimento Moraes, 1889-1920*. Natal: UFRN, 2011. Dissertação (Mestrado em História).

DIAS, Luciene de Oliveira. *"Não vê que neste mundo não tem cabaça": Espacialidades e identidades em Barra de Aroeira, Tocantins*. Brasília: UnB, 2011. Dissertação (Mestrado em Antropologia Social).

DIAS, Luis Sergio. *Da "Turma da Lira" ao cafajeste: A sobrevivência da capoeira no Rio de Janeiro na Primeira República*. Rio de Janeiro: UFRJ, 2000. Tese (Doutorado em História).

DIAS, Luiz Sergio. *Quem tem medo da capoeira? Rio de Janeiro, 1890-1904*. Rio de Janeiro: UFRJ, 1994. Dissertação (Mestrado em História).

DIAS, Maria Odila da Silva. "Nas fímbrias da escravidão urbana: Negras de tabuleiro e de ganho". *Estudos Econômicos*, São Paulo, v. 15, n. esp., pp. 167-80, 1985.

DIDI, Mestre. *Ancestralidade africana no Brasil: Mestre Didi, 80 anos*. Org. de Juana Elbein dos Santos. Salvador: SECNEB, 1997.

DIHL, Tuane Ludwig. *Plurais (in)visibilidades: Representações republicanas sobre o negro (jornal* A Federação *— RS, 1884-1903)*. São Leopoldo: Unisinos, 2017. Dissertação (Mestrado em História).

DIOGO, Luciana Martins. *Da sujeição à subjetivação: A literatura como espaço de construção da subjetividade, os casos das obras* Úrsula *e* A escrava *de Maria Firmina dos Reis*. São Paulo: USP, 2016. Dissertação (Mestrado em Estudos Brasileiros).

"DOM SILVÉRIO Gomes Pimenta: Biografia". Academia Brasileira de Letras. Disponível em: <www.academia.org.br/academicos/silverio-gomes-pimenta-dom/biografia>. Acesso em: 4 ago. 2020.

DOMINGUES, Petrônio José. "A cor na ribalta". *Ciência e Cultura*, Campinas, v. 63, n. 1, pp. 52-5, 2001.

______. "Os 'Pérolas Negras': A participação do negro na Revolução Constitucionalista de 1932". *Afro-Ásia*, Salvador, n. 29-30, pp. 199-245, 2003.

DOMINGUES, Petrônio José. *A insurgência de ébano: A história da Frente Negra Brasileira (1931-1937)*. São Paulo: USP, 2005. Tese (Doutorado em História).

______. "Frentenegrinas: Notas de um capítulo da participação feminina na luta antirracista no Brasil". *Cadernos Pagu*, Campinas, n. 28, pp. 346-74, 2007.

______. "Movimento negro brasileiro: Alguns apontamentos históricos". *Tempo*, Niterói, v. 12, n. 23, pp. 100-22, 2007.

______. *A nova abolição*. São Paulo: Selo Negro, 2008.

______. "O recinto sagrado: Educação e antirracismo no Brasil". *Cadernos de Pesquisa*, São Paulo, v. 39, n. 138, pp. 963--94, set./dez. 2009.

______. "Fios de Ariadne: O protagonismo negro no pós--abolição". *Anos 90*, Porto Alegre, v. 16, n. 30, pp. 215-50, dez. 2009.

______. "Lino Guedes: De filho de ex-escravo à 'elite de cor'". *Afro-Ásia*, Salvador, n. 41, pp. 133-66, 2010.

______. "Como se fosse bumerangue: Frente Negra Brasileira no circuito transatlântico". *Revista Brasileira de Ciências Sociais*, São Paulo, v. 28, n. 81, pp. 155-70, fev. 2013.

______. "'Vai ficar tudo preto': Monteiro Lopes e a cor na política". *Novos Estudos Cebrap*, São Paulo, n. 95, pp. 59-81, 2013.

______. "Cidadania por um fio: O associativismo negro no Rio de Janeiro (1888-1930)". *Revista Brasileira de História*, São Paulo, v. 34, n. 67, pp. 251-81, 2014.

______. "João Mulungu: A invenção de um herói afro-brasileiro". *História: Questões & Debates*, Curitiba, v. 63, n. 2, pp. 211-55, 2015.

______. "Minervino de Oliveira: Um negro comunista disputa a presidência do Brasil". *Lua Nova*, São Paulo, n. 101, pp. 13-51, 2017.

______. "Esta 'magnânima volição': A Federação dos Homens de Cor". *História*, São Paulo, v. 37, pp. 2-29, 2018.

______. "A redescoberta da África: O Grupo de Trabalho de Profissionais Liberais e Universitários Negros". *Acervo: Revista do Arquivo Nacional*, Rio de Janeiro, v. 33, n. 1, pp. 101-27, 2020.

DONGA e os primitivos. São Paulo: Abril, 1972. (Coleção História da Música Popular Brasileira.)

DORNAS FILHO, João. "As enforcadas de Sabará". *Investigações*, São Paulo, v. 3, n. 26, pp. 101-5, 1951.

DOURADO, Larissa Bagano. *Mulheres cativas na província da Paraíba do Norte: Tráfico interno e conquista da liberdade, 1850-1888*. João Pessoa: UFPB, 2017. Dissertação (Mestrado em História).

DRUMMOND, Antônio de Meneses Vasconcelos de. "Cartas sobre a África antiga e moderna". *Journal des Voyages, Découvertes et Navigations Modernes*, Paris, dez. 1826.

DRUMOND, Maurício. *Nações em jogo: Esporte e propaganda política em Vargas e Perón*. Rio de Janeiro: Apicuri, 2018.

DU BOIS, W. E. B. *As almas da gente negra*. Trad. de Heloisa Toller Gomes. Rio de Janeiro: Lacerda, 1999.

DUARTE, Eduardo de Assis (Org.). *Literatura afro-brasileira: 100 autores do século XVIII ao XXI*. Rio de Janeiro: Pallas, 2014.

______. *Literatura e afrodescendência no Brasil: Antologia crítica*. Belo Horizonte: Ed. UFMG, 2011. (v. 1: Precursores.)

______. "Maria Firmina dos Reis: Na contracorrente do escravismo, o negro como referência moral". In: PINTO, Ana Flávia Magalhães; CHALHOUB, Sidney (Orgs.). *Pensadores negros — pensadoras negras: Brasil, séculos XIX e XX*. Belo Horizonte: Fino Traço, 2016. pp. 41-59.

DUQUE, Gonzaga. *Contemporâneos: Pintores e escultores*. Rio de Janeiro: Tipografia Benedicto de Souza, 1929.

DURST, Rogério. *Madame Satã: Com o diabo no corpo*. São Paulo: Brasiliense, 1985.

"'É PRECISO ensinar o respeito necessário ao candomblé': Entrevista com Makota Valdina". Secretaria de Cultura do Estado da Bahia, 22 ago. 2013. Disponível em: <www.cultura.ba.gov.br/2013/08/6707/E-preciso-ensinar-o--respeito-necessario-ao-candomble-Entrevista-com--Makota-Valdina.html>. Acesso em: 4 ago. 2020.

"EDUARDO de Oliveira". Literafro, 24 jul. 2018. Disponível em: <www.letras.ufmg.br/literafro/autores/231-eduardo--de-oliveira>. Acesso em: 4 ago. 2020.

EDUARDO, Octávio da Costa. *The Negro in Northern Brazil: A Study in Acculturation*. Seattle: University of Washington, 1966.

EDWARDS, Elizabeth. "The Photographic 'Types': The Pursuit of Method". *Visual Anthropology*, Los Angeles, v. 3, n. 2-3, pp. 235-58, 1990.

ELMOR, Carime. "Mulheres lutam pelo reconhecimento de sua força de trabalho". *Tribuna de Minas*, Juiz de Fora, 7 mar. 2018. Disponível em: <https://tribunademinas.com.br/noticias/cidade/07-03-2018/mulheres-lutam-pelo--reconhecimento-de-sua-forca-de-trabalho.html>. Acesso em: 4 ago. 2020.

EMMANUEL Zamor. Apres. de Pietro Maria Bardi, Lisetta Levi e Ernestina Karman. São Paulo: MASP, 1985.

"EMPRESÁRIO que matou francana vai a júri popular". *Pop Mundi*, 10 jun. 2015. Disponível em: <www.popmundi.com.br/noticia/22987/Empresario-que-matou-garota--de-programa-vai-a-juri-popular>. Acesso em: 4 ago. 2020.

ENGEL, Magali. *Meretrizes e doutores: Saber médico e prostituição no Rio de Janeiro (1840-1890)*. São Paulo: Brasiliense, 1989.

ENGEMANN, Carlos. "De escravos dos padres a escravos do rei: A transição da administração da Fazenda de Santa Cruz e seu impacto na população e nas práticas sociais dos escravos (1759-1820)". In: ENGEMANN, Carlos; AMANTINO, Marcia (Orgs.). *Santa Cruz: De legado dos jesuítas a pérola da Coroa*. Rio de Janeiro: EdUERJ, 2013. pp. 167-86.

ENNES, Ernesto. *As Guerras nos Palmares: Subsídios para a sua história*. São Paulo: Companhia Editora Nacional, 1938.

ENTREVISTA de Neusa Santos Souza ao programa *Espelho*, por Lázaro Ramos e Sandra Almada, 2019. Disponível em: <www.youtube.com/watch?v=eugWGvhG480>. Acesso em: 4 ago. 2020.

ERMAKOFF, George (Org.). *O negro na fotografia brasileira do século XIX*. Rio de Janeiro: George Ermakoff; Casa Editorial, 2004.

ESCÓSSIA, Fernanda da. "A filha de ex-escrava que virou deputada e inspira o movimento negro no Brasil". BBC News Brasil, 28 de fevereiro de 2006. Disponível em: <www.bbc.com/portuguese/noticias/2016/02/160226_primeira_deputada_negra_fe_a>. Acesso em: 4 ago. 2020.

ESPÍNDOLA, Elizabete Maria. *Antonieta de Barros: Educação, gênero e mobilidade social em Florianópolis na primeira metade do século XX*. Belo Horizonte: UFMG, 2015. Tese (Doutorado em História).

ESSINGER, Silvio. "'Perdi a paciência, acho que hoje é tudo muito slow', diz Tony Tornado". *O Globo*, Rio de Janeiro, 17 jun. 2019.

ESTRADA, Luiz Gonzaga Duque. *A arte brasileira*. Campinas: Mercado das Letras, 1995.

EVARISTO, Conceição. *Literatura negra: Uma poética da nossa afro-brasilidade*. Rio de Janeiro: PUC-RJ, 1996. Dissertação (Mestrado em Letras).

______. "Gênero e etnia: Uma escre(vivência) de dupla face". In: MOREIRA, Nadilza Martins de Barros; SCHNEIDER, Liane (Orgs.). *Mulheres no mundo: Etnia, marginalidade e diáspora*. João Pessoa: Ed. da UFPB; Ideia, 2005. pp. 201-12.

______. "Carolina Maria de Jesus: Como gritar no *Quarto de despejo* que 'Black is beautiful'?". In: PINTO, Ana Flávia Magalhães; CHALHOUB, Sidney (Orgs.). *Pensadores negros — pensadoras negras: Brasil, séculos XIX e XX*. Belo Horizonte: Fino Traço, 2016. pp. 299-318.

FAÇANHA, Dayana. *Política e escravidão em José de Alencar: O tronco do ipê, Sênio e os debates em torno da emancipação (1870-1871)*. São Paulo: Alameda, 2017.

FALBO, Conrado Vito Rodrigues. *Beleléu e Pretobrás: Palavra, performance e personagens nas canções de Itamar Assumpção*. Recife: UFPE, 2009. Dissertação (Mestrado em Letras).

FALCI, Miridan Knox. "Mulheres do sertão nordestino". In: PRIORE, Mary Del (Org.). *História das mulheres no Brasil*. 7. ed. São Paulo: Contexto, 2004. pp. 241-77.

FARAGE, Nádia. *As muralhas dos sertões: Os povos indígenas no Rio Branco e a colonização*. Rio de Janeiro: Paz e Terra; Anpocs, 1991.

FARIA, Guilherme José Motta. "As escolas de samba e os movimentos negros nos anos 1960: Uma página em branco na historiografia brasileira". *Textos Escolhidos de Cultura e Arte Populares*, Rio de Janeiro, v. 11, n. 2, pp. 29-46, 2014.

FARIA, Patrícia de Souza. "Mestre Valentim". Biblioteca Nacional Digital. Disponível em: <http://bndigital.bn.br/?attachment_id=20488>. Acesso em: 3 dez. 2020.

FARIA, Sheila de Castro. "Mulheres forras: Riqueza e estigma social". *Tempo*, Rio de Janeiro, n. 9, pp. 65-92, 2000.

______. *Sinhás pretas, "damas mercadoras": As pretas minas nas cidades do Rio de Janeiro e de São João Del Rey (1700--1850)*. Niterói: UFF, 2004. Tese (Concurso para Professor Titular).

FARIAS, Cláudia Maria de. *Sonhos, lutas e conquistas: Projeção e emancipação social das mulheres brasileiras nos esportes, 1932-1979*. Niterói: UFF, 2012. Tese (Doutorado em História).

FARIAS, Eny Kleyde Vasconcelos. *Maria Felipa de Oliveira: Heroína da independência da Bahia*. Salvador: Quarteto, 2010.

FARIAS, Juliana Barreto. "De escrava a dona: A trajetória da africana mina Emília Soares do Patrocínio no Rio de Janeiro do século XIX". *LOCUS: Revista de História*, Juiz de Fora, v. 18, n. 2, pp. 13-40, 2013.

______. "Maria do Ó". In: GATES JR., Henry Louis; KNIGHT, Franklin W. (Org.). *The Dictionary of Caribbean and Afro-Latin American Biography*. Nova York: Oxford University Press, 2014. p. 120.

______. *Mercados minas: Africanos ocidentais na praça do Mercado do Rio de Janeiro (1830-1890)*. Rio de Janeiro: Prefeitura do Rio de Janeiro; Arquivo Geral da Cidade, 2015.

FARIAS, Juliana Barreto. "Mistérios da mandinga: As crônicas de Vagalume e as religiões africanas no Rio de Janeiro da Primeira República". In: COSTA, Valéria; GOMES, Flávio dos Santos (Orgs.). *Religiões negras no Brasil: Da escravidão à pós-emancipação*. São Paulo: Selo Negro, 2016. pp. 298-319.

______. "Ser escrava de ex-escravos: Ensino de história, historiografia e 'temas sensíveis'. In: XAVIER, Giovana (Org.). *Histórias da escravidão e do pós-abolição para as escolas*. Cruz das Almas; Belo Horizonte: Ed. UFRB; Fino Traço, 2016, pp. 213-29.

______. "No tabuleiro da Praça do Mercado". In: MAGALHÃES, Aline Montenegro et al. (Orgs.). *Misericórdia: Um bairro na paisagem do Rio de Janeiro*. Rio de Janeiro: Museu Histórico Nacional, 2017. pp. 79-84.

______. "'Diz a preta mina...': Cores e categorias sociais nos processos de divórcio abertos por africanas ocidentais, Rio de Janeiro, século XIX". *Estudos Ibero-Americanos*, Porto Alegre, v. 44, n. 3, pp. 470-83, 2018.

FARIAS, Juliana Barreto; GOMES, Flávio dos Santos; SOARES, Carlos Eugênio Libano; ARAÚJO, Carlos Eduardo Moreira de. *Cidades negras: Africanos, crioulos e espaços urbanos no Brasil escravista*. 2. ed. São Paulo: Alameda, 2006.

FARIAS, Márcio. *Clóvis Moura e o Brasil*. São Paulo: Dandara, 2019.

FARIAS, Marisa de Fátima Lomba de (Org.). *Relações de gênero: Dilemas e perspectivas*. Dourados: Ed. da UFGD, 2009.

FARIAS, Tom. *Carolina: Uma biografia*. Rio de Janeiro: Malê, 2018.

______. *José do Patrocínio: A pena da Abolição*. São Paulo: Kapulana, 2019.

FARIAS, Vanessa. "Enedina Alves Marques, a primeira engenheira negra do Brasil". Buildin, 21 mar. 2019. Disponível em: <www.buildin.com.br/enedina-alves-marques/>. Acesso em: 15 maio 2020.

FAUSTINO, Oswaldo. *A legião negra: A luta dos afro-brasileiros na Revolução Constitucionalista de 1932*. São Paulo: Selo Negro, 2011.

FAZENDA, José Vieira. "Antiqualhas e memórias do Rio de Janeiro". *Revista do IHGB*, Rio de Janeiro, v. 147, t. 93, 1927.

FENERICK, José Adriano. *Façanhas às próprias custas: A produção musical da vanguarda paulista (1979-2000)*. São Paulo: Annablume; Fapesp, 2007.

FERNANDES, Florestan. *A integração do negro na sociedade de classes*. 3. ed. São Paulo: Ática, 1978.

FERNANDES, Gonçalves. *Xangôs do Nordeste: Investigações sobre os cultos negro-fetichistas do Recife*. Rio de Janeiro: Civilização Brasileira, 1937.

FERNANDES, José Carlos. "Conheça a história da engenheira Enedina Alves Marques". *Gazeta do Povo*, Curitiba, 11 abr. 2014.

FERNANDEZ, Raffaella (Org.). *Carolina Maria de Jesus: Meu sonho é escrever...* São Paulo: Ciclo Contínuo, 2018.

"FERNANDO Góes". Literafro, 12 set. 2018. Disponível em: <www.letras.ufmg.br/literafro/autores/261-fernando-ferreira-goes>. Acesso em: 4 ago. 2020.

FERRARA, Miriam Nicolau. *A imprensa negra paulista (1915-1963)*. São Paulo: FFLCH-USP, 1986.

FERREIRA, Abilio (Org.). *Tebas: Um negro arquiteto na São Paulo escravocrata (abordagens)*. São Paulo: IDEA, 2018.

FERREIRA, Amanda Crispim. *Escrevivências, as lembranças afrofemininas como um lugar da memória afro-brasileira: Carolina Maria de Jesus, Conceição Evaristo e Geni Guimarães*. Belo Horizonte: UFMG, 2013. Dissertação (Mestrado em Teoria da Literatura).

FERREIRA, Élio. "Solano Trindade: O poeta do povo". In: PINTO, Ana Flávia Magalhães; CHALHOUB, Sidney (Orgs.). *Pensadores negros — pensadoras negras: Brasil, séculos XIX e XX*. Belo Horizonte: Fino Traço, 2016, pp. 345-70.

FERREIRA, Higor Figueira. "Mais que uma escola: A construção de um currículo para uma escola de meninos pretos e pardos na Corte". In: MAC CORD, Marcelo; ARAÚJO, Carlos Eduardo Moreira de; GOMES, Flávio dos Santos (Orgs.). *Rascunhos cativos: Educação, escolas e ensino no Brasil escravista*. Rio de Janeiro: 7Letras, 2017. pp. 214-32.

FERREIRA, Higor; GOMES, Flávio dos Santos; SILVA, Antônio Carlos Higino. "A 'decantada igualdade': Notas sobre cor, raça e cidadania no Brasil oitocentista". 2020. Mimeografado.

FERREIRA, Jackson. "'Por hoje se acaba a lida': Suicídio escravo na Bahia (1850-1888)". *Afro-Ásia*, Salvador, n. 31, pp. 197-234, 2004.

FERREIRA, Ligia Fonseca. "Luiz Gama por Luiz Gama: Carta a Lúcio de Mendonça". *Teresa: Revista de Literatura Brasileira*, São Paulo, n. 8-9, pp. 300-21, 2008.

______. *Com a palavra Luiz Gama: Poemas, artigos, cartas, máximas*. São Paulo: Imprensa Oficial do Estado de São Paulo, 2011.

______. "Ethos, poética e política nos escritos de Luiz Gama". *Revista Crioula*, São Paulo, USP, n. 12, pp. 1-20, nov. 2012.

FERREIRA, Luciana Viana. *A criação de enjeitados em Vila Rica: A permanência da caridade (1775-1850)*. Ouro Preto: UFOP, 2011. Dissertação (Mestrado em História).

FERREIRA, Lusirene Celestino França. *Nas asas da imprensa: A repercussão da abolição da escravatura na província do Ceará nos periódicos do Rio de Janeiro (1884-1885)*. São João del-Rei: UFSJ, 2010. Dissertação (Mestrado em História).

FERREIRA, Maria Cláudia Cardoso. "Negros clarins: Flashes da militância negra e um periódico paulista (1928-1930)". *Dia-logos*, Rio de Janeiro, ed. especial, pp. 85-91, 2004.

______. *Representações sociais e práticas políticas do movimento negro paulistano: As trajetórias de Correia Leite e Veiga dos Santos (1928-1937)*. Rio de Janeiro: UERJ, 2005. Dissertação (Mestrado em História).

FERREIRA, Mauro. "Jackson do Pandeiro, 'rei do ritmo' nascido há 100 anos, motiva musical de teatro e ano cultural na Paraíba". Blog do Mauro Ferreira, G1, 5 jan. 2019. Disponível em: <https://g1.globo.com/pop-arte/musica/blog/mauro-ferreira/post/2019/01/05/jackson-do-pandeiro-rei-do-ritmo-nascido-ha-100-anos-motiva-musical-de-teatro-e-ano-cultural-na-paraiba.ghtml>. Acesso em: 4 ago. 2020.

FERREIRA, Ricardo Alexandre. *Crimes em comum: Escravidão e liberdade sob a pena do Estado imperial brasileiro (1830-1888)*. São Paulo: Editora Unesp, 2011.

FERREIRA, Roquinaldo. "Atlantic Microhistories: Mobility, Personal Ties, and Slaving in the Black Atlantic World (Angola and Brazil)". In: NARO, Nancy Priscilla; ROCA, Roger Sansi; TREECE, David H. (Orgs.). *Cultures of the Lusophone Black Atlantic*. Nova York: Palgrave Macmillan, 2007. pp. 99-128.

FERREIRA JR., Neilton; RUBIO, Katia. "Among Identities, Claims and Resignifications: Memories of the Afro-Brazilian

Protagonism in the Olympic Sport by Soraia André". *Journal of Human Sport and Exercise*, Alicante, n. 3 (especial), pp. 301-15, 2019.

FERREIRA SOBRINHO, José Hilário. *"Catirina, minha nêga, tão querendo te vendê": Escravidão, tráfico e negócios no Ceará do século XIX (1850-1881)*. Fortaleza: Secult, 2011.

FERRETTI, Danilo J. Z. "A publicação de *A cabana do Pai Tomás* no Brasil". *Varia Historia*, Belo Horizonte, v. 33, n. 61, pp. 189-223, jan./abr. 2017.

FERRETTI, Mundicarmo. *Desceu na guma: O caboclo do tambor de mina em um terreiro de São Luís — A Casa Fanti-Ashanti*. São Luís: EDUFMA, 2000.

______. "Religiosidade do negro no final do século XIX e primeiras décadas do século XX: Pajelança e tambor de mina do Maranhão". In: COSTA, Valéria; GOMES, Flávio (Orgs.). *Religiões negras no Brasil: Da escravidão à pós-emancipação*. São Paulo: Selo Negro, 2016. pp. 280-97.

FERRETTI, Sergio Figueiredo. *Querebentã de Zomadônu: Etnografia da Casa das Minas*. São Luís: EDUFMA, 1985.

______. "Andresa e Dudu — Os jeje e os nagô: Apogeu e declínio de duas casas fundadoras do tambor de mina maranhense". In: SILVA, Vagner Gonçalves da (Org.). *Caminhos da alma: Memória afro-brasileira*. São Paulo: Selo Negro, 2002. pp. 12-47.

______. "Casa das Minas e Casa de Nagô: História do tambor de mina do Maranhão". In: COSTA, Valéria; GOMES, Flávio (Orgs.). *Religiões negras no Brasil: Da escravidão à pós-emancipação*. São Paulo: Selo Negro, 2016. pp. 78-93.

FERREZ, Gilberto. *Iconografia do Rio de Janeiro 1530-1890: Catálogo analítico*. Rio de Janeiro: Casa Jorge Editorial, 2000.

FIGUEIREDO, Aldrin Moura de. "Um Natal de negros: Esboço etnográfico sobre um ritual religioso num quilombo amazônico". *Revista de Antropologia*, São Paulo, v. 38, n. 2, pp. 207-38, 1995.

FIGUEIREDO, Fernanda Rodrigues de. *A mulher negra nos Cadernos Negros: Autoria e representações*. Belo Horizonte: UFMG, 2009. Dissertação (Mestrado em Estudos Literários).

FIGUEIREDO, Luciano R. A. *O avesso da memória: Cotidiano e trabalho da mulher em Minas Gerais no século XVIII*. Brasília: José Olympio; EdUnB, 1993.

FIGUEIREDO, Luciano Raposo de Almeida; MAGALDI, Ana Maria Bandeira de Mello. "Quitandas e quitutes: Um estudo sobre rebeldia e transgressão femininas numa sociedade colonial". *Cadernos de Pesquisa*, n. 54, pp. 50-61, 1985.

FITTIPALDI, Ciça. *Tereza Bicuda*. São Paulo: Scipione, 1988.

FLORENTINO, Manolo. "Aspectos sociodemográficos da presença dos escravos moçambicanos no Rio de Janeiro, c. 1790-c. 1850". In: FRAGOSO, João; FLORENTINO, Manolo; SAMPAIO, Antônio Carlos Jucá; CAMPOS, Adriana (Orgs.). *Nas rotas do império: Eixos mercantis, tráfico e relações sociais no mundo português*. Vitória: Edufes, 2014. pp. 177-224.

FLORES, Elio Chaves; DOMINGUES, Petrônio; ROCHA, Solange Pereira. "De poeta a patrono literário: Fragmentos da vida de Elyseu César (1871-1923)". *Anais do XXIX Simpósio Nacional de História — Contra os preconceitos: história e democracia*, Brasília, 2017, pp. 2-11.

FLORES, Elio Chaves; DOMINGUES, Petrônio; ROCHA, Solange Pereira. "Elyseu César e as *Algas* de um poeta negro". *Prâksis*, Novo Hamburgo, ano 16, n. 1, pp. 169-85, 2019.

FLORES, Mariana Flores da Cunha Thompson. "Os sedutores de escravos: A ação de sedutores nas fugas de escravos pela fronteira meridional do Brasil — 1845-1889". In: GRINBERG, Keila (Org.). *As fronteiras da escravidão e da liberdade no sul da América*. Rio de Janeiro: 7Letras, 2013. pp. 149-61.

FONSECA, Jair Tadeu da. "Cruz e Sousa: As expansibilidades do emparedado". *Aletria: Revista de Estudos de Literatura*, Belo Horizonte, v. 9, pp. 61-7, 2003.

FONSECA, Luís Anselmo da. *A escravidão, o clero e o abolicionismo*. Recife: Fundaj; Massangana, 1988. (Ed. fac-sim. de 1887).

FONSECA, Marcus Vinícius. *A educação dos negros: Uma nova face do processo de abolição da escravidão no Brasil*. Bragança Paulista: Edusf, 2002.

______. "A arte de construir o invisível: O negro na historiografia educacional brasileira". *Revista Brasileira de História da Educação*, Maringá, n. 13, pp. 11-50, 2007.

______. *População negra e educação: O perfil racial das escolas mineiras no século XIX*. Belo Horizonte: Mazza, 2009.

FONTANA, Celso Martins. "Os negros na Assembleia dos brancos". Monografia do curso de especialização em governo e Poder Legislativo (Pós-Graduação Lato Sensu). Convênio Alesp/ ILP-Unesp, 2005.

FONTÃO, Luciene. *Nos passos de Antonieta: Escrever uma vida*. Florianópolis: UFSC, 2010. Tese (Doutorado em Literatura).

FONTELES, Bené; BARJA, Wagner. *Rubem Valentim: Artista da luz*. São Paulo: Pinacoteca do Estado, 2001. (Catálogo de exposição).

FONTES, Edilza Joana de Oliveira. "Preferem-se portuguesas: Mercado de trabalho, racismo e relações de gênero em Belém do Pará". *Cadernos do Centro de Filosofia e Ciências Humanas*, Belém, v. 12, n. 1-2, pp. 67-84, 1993.

FOTO do acervo do Museu Afro Brasil, em que aparece Ovídio Pereira dos Santos. Museu Afro Brasil, 18 dez. 2019. Disponível em: <www.facebook.com/museuafrobrasil.oficial/photos/a.111125285587053/2861152733917614/?type=3>. Acesso em: 4 ago. 2020.

FRAGA FILHO, Walter. *Encruzilhadas da liberdade: Histórias de escravos e libertos na Bahia (1870-1910)*. Campinas: Ed. da Unicamp, 2006.

______. "Depois da liberdade: Tensão e conflito no pós-abolição, Bahia, 1888-1890". In: SANTOS, Ana Maria Carvalho dos; REIS, Isabel Cristina Ferreira dos (Orgs.). *História regional e local: Discussões e práticas*. Salvador: Quarteto, 2010. pp. 49-60.

FRAGOSO, D. Mauro Maia. "Antônio Teles: Escravo e mestre pintor setecentista, no mosteiro de São Bento do Rio de Janeiro". *RIHGB*, Rio de Janeiro, ano 174, n. 458, pp. 13-50, jan./mar. 2013.

FRAGOSO, João. "Efigênia Angola, Francisca Muniz forra parda, seus parceiros e senhores: Freguesias rurais do Rio de Janeiro, século XVIII. Uma contribuição metodológica para a história colonial". *Topoi*, Rio de Janeiro, v. 11, n. 21, pp. 74-106, jul./dez. 2010.

FRANÇA, João Baptista N. F. "Editorial: Psicanálise, ontem e hoje". *Revista Brasileira de Psicanálise*, São Paulo, v. 37, n. 4, 2003.

"FRANCISCO Lucrécio". In: Enciclopédia Itaú Cultural de Arte e Cultura Brasileiras. São Paulo: Itaú Cultural, 2020. Disponível em: <http://enciclopedia.itaucultural.org.br/

obra16245/francisco-lucrecio-fundador-da-frente-negra-brasileira>. Acesso em: 4 ago. 2020.

FRANCO, Jessica K. "A primeira engenheira do Brasil, que foi professora em São Mateus do Sul". *Gazeta Informativa*, São Mateus do Sul, 24 nov. 2017.

FRANCO, Vitor Hugo Monteiro. "Diversidade das famílias dos escravos da Ordem de São Bento: Uma análise sobre a legitimidade na Fazenda de Iguassú (Rio de Janeiro, 1817-1857)". *Anais do XXX Simpósio Nacional de História*, Recife, 2019.

FRANK, Zephyr L. *Entre ricos e pobres: O mundo de Antônio José Dutra no Rio de Janeiro oitocentista*. São Paulo: Annablume, 2012.

FRANTZ, Francisco J. "Tia Inácia no dia 24 completará 129 anos". *Gazeta de Santa Cruz*, Santa Cruz do Sul, 1 jun. 1954.

FRAZÃO, Dilva. "Biografia de José Maurício Nunes Garcia". eBiografia, 2012. Disponível em: <www.ebiografia.com/jose_mauricio_nunes_garcia/>. Acesso em: 4 ago. 2020.

______. "Biografia de Mestre Vitalino". eBiografia, 2016. Disponível em: <www.ebiografia.com/mestre_vitalino/>. Acesso em: 4 ago. 2020.

______. "André Rebouças, engenheiro e abolicionista brasileiro". eBiografia, 2018. Disponível em: <www.ebiografia.com/andre_reboucas>. Acesso em: 4 ago. 2020.

______. "Cruz e Sousa". eBiografia, 6 mar. 2020. Disponível em: <www.ebiografia.com/cruz_e_sousa/>. Acesso em: 4 ago. 2020.

FREIRE, Américo. "O social-trabalhismo do deputado federal Guerreiro Ramos". *Cadernos EBAPE.BR*, Rio de Janeiro, v. 13, pp. 631-8, 2015.

FREIRE, Jonis. "'Pertence à liberta Firmina, 9 de maio de 1888'; Relações de crédito na transição do trabalho escravo para o livre em uma região cafeeira — Zona da Mata mineira". In: GUIMARÃES, Carlos Gabriel et al. (Orgs.). *Crédito e descrédito: Relações sociais de empréstimos na América: Séculos XVIII ao XIX*. Niterói: Eduff, 2018. pp. 282-316.

______. *Escravidão e família escrava na Zona da Mata mineira oitocentista*. São Paulo: Alameda, 2014.

______; SECRETO, Maria Verônica (Orgs.). *Formas de liberdade: Gratidão, condicionalidade e incertezas no mundo escravista nas Américas (México, Cuba, Porto Rico, Santo Domingo, Caribe Francês, Brasil e Argentina)*. Rio de Janeiro: Mauad, 2018.

FREIRE, Laudelino. *Um século de pintura: Apontamentos para a história da pintura no Brasil de 1816-1916*. Rio de Janeiro: Fontana, 1983.

FREITAS, Adélia. *Chica Machado, um mito goiano*. Goiânia: Kelps, 2011.

FREITAS, Décio. *Insurreições escravas*. Porto Alegre: Movimento, 1976.

______. *Palmares: A guerra dos escravos*. 3. ed. Rio de Janeiro: Graal, 1981.

______. *República de Palmares: Pesquisa e comentários em documentos históricos do século XVII*. Maceió: Edufal, 2004.

FREITAS, Fernando Vieira de. "As negras quitandeiras no Rio de Janeiro do século XIX pré-republicano: Modernização urbana e conflito em torno do pequeno comércio de rua". *40º Encontro Anual da ANPOCS*. Caxambu, MG, 2016.

FREITAS, Gustavo. "'Chiclete com Banana' — Jackson do Pandeiro". Músicas Brasileiras, 3 jul. 2012. Disponível em: <https://musicasbrasileiras.wordpress.com/2012/07/03/chiclete-com-banana-jackson-do-pandeiro/>. Acesso em: 4 ago. 2020.

FREITAS, Joseania Miranda. *Uma coleção biográfica: Os mestres Pastinha, Bimba e Cobrinha Verde no Museu Afro Brasileiro da UFBA*. Salvador: Ed. UFBA, 2015.

FREITAS, Luís Oliveira. "Na contramão da história: Preconceito e protagonismo em Vencidos e degenerados, de Nascimento Moraes". *Cadernos Zygmunt Bauman*, São Luís, v. 8, n. 16, 2018.

FREITAS, Marcos Cezar de (Org.). *História social da infância no Brasil*. São Paulo: Cortez, 2006.

"FRENTE Negra Brasileira". Geledés, 14 dez. 2017. Disponível em: <www.geledes.org.br/frente-negra-brasileira-2/>. Acesso em: 4 ago. 2020.

"FRENTE Negra Brasileira". São Paulo: Quilombhoje. Disponível em: <www.quilombhoje.com.br/frentenegra/franciscolucrecio.htm>. Acesso em: 4 ago. 2020.

FREYRE, Gilberto. *Casa-grande & senzala: Formação da família brasileira sob o regime da economia patriarcal*. Rio de Janeiro: José Olympio, 1952.

FRIKEL, Protássio. "Dez anos de aculturação Tiriyó: Mudanças e problemas (1960-1970)". *Boletim MPEG*, Publicações Avulsas, Belém, n. 16, 1971.

FROTA, Lélia Coelho. "Eros e erosão na pintura de Maria Auxiliadora". In: *Mitopoética de 9 artistas brasileiros*. São Paulo: Fontana, 1975. pp. 99-112.

______. *Pequeno dicionário da arte do povo brasileiro: Século XX*. Rio de Janeiro: Aeroplano, 2005.

FUKS, Rebeca. "Biografia de Marielle Franco". eBiografia, 2019. Disponível em: <www.ebiografia.com/marielle_franco/>. Acesso em: 4 ago. 2020.

FUNARI, Pedro Paulo A. "Novas perspectivas abertas pela arqueologia na serra da Barriga". In: SCHWARCZ, Lilia Moritz; REIS, Letícia Vidor de Sousa (Orgs.). *Negras imagens: Escravidão e cultura no Brasil*. São Paulo: Edusp, 1996. pp. 139-51.

FUNES, Eurípedes. "'Nasci nas matas, nunca tive senhor': História e memória dos mocambos do baixo Amazonas". In: REIS, João José; GOMES, Flávio dos Santos (Orgs.). *Liberdade por um fio: História dos quilombos no Brasil*. São Paulo: Companhia das Letras, 1996. pp. 467-97.

______. "Família e mulher nos mocambos do Baixo Amazonas". *Estudos Cedhal*, São Paulo, v. 9, 1999, pp. 53-68.

FURTADO, Júnia Ferreira. *O livro da capa verde: O Regimento Diamantino de 1771 e a vida no Distrito Diamantino no período da Real Extração*. São Paulo: Annablume, 1996.

______. "Transitoriedade da vida, eternidade da morte: Ritos fúnebres de forros e livres nas Minas setecentistas". In: JANCSÓ, István; KANTOR, Iris (Orgs.). *Festa: Cultura e sociabilidade na América portuguesa*. São Paulo: Hucitec; Edusp; Fapesp; Imprensa Oficial, 2001. v. 1, pp. 397-416.

______. *Chica da Silva e o contratador dos diamantes: O outro lado do mito*. São Paulo: Companhia das Letras, 2003.

______. "O retorno como missão: O mulato Cipriano Pires Sardinha e a viagem ao Daomé". *Anais Eletrônicos do 14º Seminário Nacional de História da Ciência e da Tecnologia — 14º SNHCT*. Belo Horizonte: UFMG, 2014.

______. "The Eighteenth-Century Luso-Brazilian Journey to Dahomey: West Africa through a Scientific Lens". *Atlantic Studies*, Abingdon, v. 11, n. 2, pp. 256-76, 2014.

FURTADO, Tancredo A. *O Aleijadinho e a medicina*. Belo Horizonte: CEM-UFMG, 1970.

"GALERIA dos Mártires: Edmeia da Silva Eusébio". Irmandade dos Mártires, 15 jan. 2018. Disponível em: <http://irmandadedosmartires.blogspot.com/2018/01/galeria-dos-martires-edmeia-da-silva.html>. Acesso em: 4 ago. 2020.

GAMA, Elizabeth Castelano. "História e memória do candomblé no Rio de Janeiro: Novas perspectivas de análise". *Anais do III Encontro nacional do GT de História das Religiões e das Religiosidades* — ANPUH. Florianópolis, 2011.

______. *Mulato, homossexual e macumbeiro: Que rei é este? Trajetória de Joãozinho da Gomeia (1914-1971)*. Duque de Caxias: APPH-Clio, 2014.

GARCIA, Fábio. *Negras pretensões: A presença de intelectuais, músicos e poetas negros nos jornais de Florianópolis e Tijucas no início do século XX*. Florianópolis: Umbutu, 2007.

______. "Intelectuais negros no pós-abolição: Associativismo negro em Florianópolis (1915-1925)". *Anais do XXVI Simpósio Nacional de História* — ANPUH. São Paulo, 2011.

GELEDÉS. "Benjamim de Oliveira: O primeiro palhaço negro do Brasil", 6 dez. 2009. Disponível em: <www.geledes.org.br/benjamim-de-oliveira-o-primeiro-palhaco-negro-do-brasil/>. Acesso em: 14 maio 2020.

GIACOMINI, Sonia Maria. *Mulher e escrava: Uma introdução histórica ao estudo da mulher negra no Brasil*. Petrópolis: Vozes, 1988.

______. *A alma da festa: Família, etnicidade e projetos num clube social da Zona Norte do Rio de Janeiro, o Renascença Clube*. Belo Horizonte; Rio de Janeiro: Ed. UFMG; Iuperj, 2006.

GIL, Tiago; SIRTORI, Bruna. "Bom dia, padrinho: Espaço e parentesco na formação de redes entre cativos nos campos de Vacaria, 1778-1810". *Revista Eletrônica de História do Brasil*, Juiz de Fora, v. 10, n. 1, pp. 142-60, 2009.

GILROY, Paul. *O Atlântico Negro: Modernidade e dupla consciência*. São Paulo; Rio de Janeiro: Ed. 34; Universidade Candido Mendes, 2001.

GINO, Mariana. "Memórias da cidade: Uma praça e uma rua". *Laboratório de História das Experiências Religiosas* (LHER), Rio de Janeiro: UFRJ, 2016.

GIRÃO, Raimundo. *A abolição no Ceará*. Fortaleza: A. Batista Fontenele, 1956.

GLEDHILL, Sabrina. "Reflexões sobre retratos de Manuel Querino". *Saeculum*, João Pessoa, n. 25, pp. 131-40, 2011.

______. *Travessias no Atlântico negro: Reflexões sobre Booker T. Washington e Manuel R. Querino*. Birmingham: Funmilayo, 2018.

GLEDSON, John. *Por um novo Machado de Assis: Ensaios*. São Paulo: Companhia das Letras, 2006.

GODOI, Rodrigo Camargo de. *Um editor no Império: Francisco de Paula Brito (1809-1861)*. Campinas: Ed. da Unicamp, 2014.

______. "Cor e política no Segundo Reinado: O editor Paula Brito e o debate entre liberais e conservadores na imprensa do Rio de Janeiro (1840-1850)". In: PINTO, Ana Flávia Magalhães; CHALHOUB, Sidney (Orgs.). *Pensadores negros — pensadoras negras: Brasil, séculos XIX e XX*. Belo Horizonte: Fino Traço, 2016. pp. 17-40.

GODOY, Arnaldo Sampaio de Moraes. *Tobias Barreto: Uma biografia intelectual do insurreto sergipano e sua biblioteca com livros alemães no Brasil do século XIX*. Curitiba: Juruá, 2018.

GOÉS, José Roberto Pinto. "Queimado: Uma rebelião escrava na província do Espírito Santo". *Cadernos do Laboratório Interdisciplinar de Pesquisa em História Social*, Rio de Janeiro, UFRJ, v. 4, 1997, pp. 5-15, 1997.

GÓES, José Roberto; FLORENTINO, Manolo. "Aspectos da comunidade islamita negra do Rio de Janeiro no século XIX". *Trashumante: Revista Americana de Historia Social*, Medellín, n. 10, pp. 8-30, 2017.

GOLDSCHMIDT, Eliana Rea. "A carta de alforria na conquista da liberdade". *IDE*, São Paulo, v. 33, n. 50, pp. 114-25, 2010.

GOMBRICH, Ernst H. *Arte e ilusão: Um estudo da psicologia da representação pictórica*. São Paulo: Martins Fontes, 1995.

GOMES, Flávio dos Santos. "Jogando a rede, revendo as malhas: Fugas e fugitivos no Brasil escravista". *Tempo*, Niterói, v. 1, pp. 67-93, 1996.

______. *Negros e política (1888-1937)*. Rio de Janeiro: Zahar, 2005.

______. *Palmares: Escravidão e liberdade no Atlântico Sul*. São Paulo: Contexto, 2005.

______. "Abdias do Nascimento". In: PALMER, Colin (Org.). *Encyclopedia of African-American Culture and History*. Detroit: Macmillan Reference, 2006. v. 4, pp. 1577-8.

______ (Org.). *Mocambos de Palmares: Histórias e fontes (séculos XVI-XIX)*. Rio de Janeiro: 7Letras, 2011.

______. *Zumbi dos Palmares: Histórias, símbolos e memória social*. São Paulo: Claro Enigma, 2011.

______. "A demografia atlântica dos africanos no Rio de Janeiro, séculos XVII, XVIII e XIX: Algumas configurações a partir dos registros eclesiásticos". *Hist. cienc. saude-Manguinhos*, v. 19, pp. 81-106, 2012.

______. "Cidades como espaços atlânticos: Sobre biografias, diásporas, marinheiros e africanos". In: SANGLARD, Gisele; ARAÚJO, Carlos Eduardo Moreira de; SIQUEIRA, José Jorge (Orgs.). *História urbana: Memória, cultura e sociedade*. Rio de Janeiro: FGV, 2013. pp. 113-28.

______. "Africanos em São Luís: Séculos XIX e XX". CNPQ, 2020. Pesquisa e texto em andamento.

______. *Escravidão e pós-abolição no Rio de Janeiro*. 2020. Pesquisa e texto em andamento.

GOMES, Flávio dos Santos; DOMINGUES, Petrônio (Orgs.). *Experiências da emancipação: Biografias, instituições e movimentos sociais no pós-abolição (1890-1980)*. São Paulo: Selo Negro, 2011.

______. *Da nitidez e invisibilidade: Legados do pós-emancipação no Brasil*. Belo Horizonte: Fino Traço, 2013.

______. *Políticas da raça: Experiências e legados da abolição e da pós-emancipação no Brasil*. São Paulo: Selo Negro, 2014.

GOMES, Flávio dos Santos; SCHWARCZ, Lilia M. "Primeiras imagens das últimas memórias: Africanos no Rio de Janeiro, 1890-1920". 2020. Pesquisa em andamento.

GOMES, Janaina Damaceno. *Os segredos de Virgínia: Estudos de atitudes raciais em São Paulo (1945-1955)*. São Paulo: USP, 2013. Tese (Doutorado em Antropologia Social).

______. "Os segredos de Virgínia: Estudo de atitudes e preconceito de cor na São Paulo dos anos 1940-1950". In: PINTO, Ana Flávia Magalhães; CHALHOUB, Sidney (Orgs.). *Pensadores negros — pensadoras negras: Brasil, séculos XIX e XX*. Belo Horizonte: Fino Traço, 2016. pp. 241-60.

GOMES, Germana Guimarães. *"Insultos," "elogios" e "resistências": Participação de repentistas negros em cantorias do*

Nordeste (1870-1930). João Pessoa: UFPB, 2012. Dissertação (Mestrado em História).

GOMES, Luciano Costa. *Uma cidade negra: Escravidão, estrutura econômico-demográfica e diferenciação social na formação de Porto Alegre, 1772-1802*. Porto Alegre: UFRGS, 2012. Dissertação (Mestrado em História).

______. "Parentelas de escravos em Porto Alegre, últimas décadas do século XVIII". In: VII Encontro Escravidão e Liberdade no Brasil Meridional, 2015, Curitiba. *Anais do VII Encontro Escravidão e Liberdade no Brasil Meridional*, UFPR, 2015.

GOMES, Nilma Lino. *O Movimento Negro Educador: Saberes construídos nas lutas por emancipação*. Petrópolis: Vozes, 2017.

GOMES, Renato Cordeiro. *João do Rio: Vielas do vício, ruas da graça*. Rio de Janeiro: Relume Dumará, 1996. Série Perfis do Rio, n. 13.

GOMES, Rodrigo Cantos Savelli. *Samba no feminino: Transformações das relações de gênero no samba carioca nas três primeiras décadas do século XX*. Florianópolis: Udesc, 2011. Dissertação (Mestrado em Música).

______. "'Pelo telefone mandaram avisar que se questione essa tal história onde mulher não tá': A atuação de mulheres musicistas na constituição do samba da Pequena África do Rio de Janeiro no início do século XX". *Per Musi*, Belo Horizonte, n. 28, pp. 176-91, 2013.

GOMES, Tiago de Melo. "Negros contando (e fazendo) sua história: Alguns significados da trajetória da Companhia Negra de Revistas (1926)". *Estudos Afro-Asiáticos*, Rio de Janeiro, v. 23, n. 1, pp. 53-83, 2001.

______. "Para além da Casa da Tia Ciata: Outras experiências no universo cultural carioca, 1830-1930". *Afro-Ásia*, Salvador, n. 29-30, pp. 175-98, 2004.

GOMES JR., Guilherme Simões. *Palavra peregrina: O Barroco e o pensamento sobre artes e letras no Brasil*. São Paulo: Edusp; Educ, 1998.

GONÇALVES, Aline Najara da Silva. *Luiza Mahin entre ficção e história*. Salvador: Uneb, 2010. Dissertação (Mestrado em Estudo de Linguagens).

GONÇALVES, Andréa Lisly. *As margens da liberdade: Estudo sobre a prática de alforrias em Minas colonial e provincial*. Belo Horizonte: Fino Traço, 2011.

GONÇALVES, Juliana. "Vozes femininas da comunidade negra falam sobre a situação da mulher no Brasil". CEERT Centro de Estudos das Relações de Trabalho e Desigualdades, 31 ago. 2012. Disponível em: <https://ceert.org.br/noticias/genero-mulher/2774/vozes-femininas-da-comunidade-negra-falam-sobre-a-situacao-da-mulher-no-brasil>. Acesso em: 4 ago. 2020.

GONÇALVES, Marcos Augusto. *1922: A semana que não terminou*. São Paulo: Companhia das Letras, 2012.

GONÇALVES, Maurício R. "Ruth de Souza, a dama". In: COUTINHO, Angélica; GOMES, Breno Lira (Orgs.). *Pérola Negra: Ruth de Souza*. Rio de Janeiro: Centro Cultural Banco do Brasil, 2016. pp. 32-9.

GONDIM, Eunice Ribeiro. *Vida e obra de Paula Brito*. Rio de Janeiro: Brasiliana, 1965.

GONZALEZ, Lélia; HASENBALG, Carlos. *Lugar de negro*. Rio de Janeiro: Marco Zero, 1982.

GONDRA, José; SCHUELER, Alessandra. *Educação, poder e sociedade no Império Brasileiro*. São Paulo: Cortez, 2008.

GOULART, José Alípio. *Da fuga ao suicídio (aspectos de rebeldia dos escravos no Brasil)*. Rio de Janeiro: Conquista, 1972.

GOULART, Sandra Lucia. *As raízes culturais do Santo Daime*. São Paulo: FFLCH-USP, 1996. Dissertação (Mestrado em Antropologia Social).

GOULD, Stephen Jay. *A falsa medida do homem*. São Paulo: Martins Fontes, 2003.

GOUVÊA, Hilton. "História do primeiro fotógrafo negro do Seridó nordestino". *A União*, João Pessoa. Disponível em: <https://auniao.pb.gov.br/noticias/caderno_cultura/historia-do-primeiro-fotografo-negro-do-serido-nordestino>. Acesso em: 4 ago. 2020.

GRADEN, Dale T. "Uma lei... até de segurança pública: Resistência escrava, tensões sociais e o fim do tráfico internacional de escravos para o Brasil (1835-1856)". *Estudos Afro-Asiáticos*, Rio de Janeiro, n. 30, pp. 113-50, 1996.

GRAF, Márcia Elisa de Campos. *Imprensa periódica e escravidão no Paraná*. Curitiba: Secretaria de Estado da Cultura e do Esporte, 1981.

GRAHAM, Richard. "A família escrava no Brasil colonial". In: ______. *Escravismo, reforma e imperialismo*. São Paulo: Perspectiva, 1979. pp. 41-57.

GRAHAM, Sandra Lauderdale. *Caetana diz não: Histórias de mulheres da sociedade escravista brasileira*. São Paulo: Companhia das Letras, 2005.

______. "Uma certa liberdade". In: XAVIER, Giovana; FARIAS, Juliana Barreto; GOMES, Flávio (Orgs.). *Mulheres negras no Brasil escravista e do pós-emancipação*. São Paulo: Selo Negro, 2012. pp. 134-48.

GRAMMONT, Guiomar de. *Aleijadinho e o aeroplano: O paraíso barroco e a construção do herói nacional*. Rio de Janeiro: Civilização Brasileira, 2008.

GRANATO, Fernando. *João Cândido*. São Paulo: Selo Negro, 2010.

"GRANDE Otelo". Museu Afro Brasil. Disponível em: <www.museuafrobrasil.org.br/pesquisa/hist%C3%B3ria-e-mem%C3%B3ria/hist%C3%B3ria-e-mem%C3%B3ria/2014/07/17/grande-otelo>. Acesso em: 4 ago. 2020.

GRAVURA: Arte brasileira do século XX. Texto de Leon Kossovitch, Mayra Laudanna, Ricardo Resende. São Paulo: Itaú Cultural; Cosac Naify, 2000.

GREGÓRIO, Maria do Carmo. *Solano Trindade: O poeta das artes do povo*. Rio de Janeiro: CEAP, 2009.

GRIN, Monica. "Modernidade, identidade e suicídio: O 'judeu' Stefan Zweig e o 'mulato' Eduardo de Oliveira e Oliveira". In: GRIN, Monica; VIEIRA, Nelson H. (Orgs.). *Experiência cultural judaica no Brasil: Recepção, inclusão e ambivalência*. 1. ed. Rio de Janeiro: Topbooks, 2004. pp. 213-33.

GRINBERG, Keila. *Liberata: A lei da ambiguidade: As ações de liberdade da Corte de Apelação do Rio de Janeiro no século XIX*. Rio de Janeiro: Relume-Dumará, 1994.

______. *O fiador dos brasileiros: Cidadania, escravidão e direito civil no tempo de Antonio Pereira Rebouças*. Rio de Janeiro: Civilização Brasileira, 2002.

______. "Reescravização, direitos e justiça no Brasil do século XIX". In: LARA, Silvia Hunold; MENDONÇA, Joseli Maria Nunes (Orgs.). *Direitos e justiças no Brasil: Ensaios de história social*. Campinas: Ed. da Unicamp, 2006. pp. 101-28.

GUEDES, Roberto; PONTES, Caroline S. "Notícias do presídio de Caconda (1797): Moradores, escravatura, tutores e órfãos". In: PAIVA, Eduardo França; SANTOS, Vanicléia Silva (Orgs.). *África e Brasil no mundo moderno*. São Paulo; Belo Horizonte: Annablume; Ed. UFMG, 2013. pp. 153-80.

GUIMARÃES, Antônio Carlos Machado. *A "nova música" popular de São Paulo*. Campinas: Unicamp, 1985. Dissertação (Mestrado em Antropologia Social).

GUIMARÃES, Antonio Sérgio Alfredo; MACEDO, Márcio. "*Diário Trabalhista* e democracia racial negra dos anos 1940". *Dados*, Rio de Janeiro, v. 51, n. 1, pp. 143-82, 2008.

GUIMARÃES, Carlos Magno. "Os quilombos do Século do Ouro". *Revista do Departamento de História*, Belo Horizonte, n. 6, pp. 15-46, jul. 1988.

______. *Uma negação da ordem escravista: Quilombos em Minas Gerais no século XVIII*. São Paulo: Ícone, 1988.

______. "Quilombos e brecha camponesa: Minas Gerais (século XVIII)". *Varia Historia*, Belo Horizonte, v. 8, pp. 139-63, jul. 1989.

______. "O quilombo do Ambrósio: Lenda, documentos e arqueologia". In: Simpósio Gaúcho sobre a Escravidão Negra. *Estudos Ibero-Americanos*, Porto Alegre, v. 16, n. 1/2, pp. 161-74, 1990.

______. "Mineração, quilombos e Palmares: Minas Gerais no século XVIII". In: REIS, João José; GOMES, Flávio dos Santos (Orgs.). *Liberdade por um fio: História dos quilombos no Brasil*. São Paulo: Companhia das Letras, 1996. pp. 139-63.

GUIMARÃES, Carlos Magno; LANNA, Ana Lúcia Duarte. "Arqueologia de quilombos em Minas Gerais". *Pesquisas: Antropologia*, São Leopoldo, n. 31, pp. 147-64, 1980.

______; REIS, Liana Maria. "Agricultura e escravidão em Minas Gerais (1700-1750)". *Revista do Departamento de História*, Belo Horizonte, v. 1, n. 2, pp. 7-36, jun. 1986.

GUIMARÃES, Elione Silva. *Múltiplos viveres de afrodescendentes na escravidão e no pós-emancipação: família, trabalho, terra e conflito (Juiz de Fora — MG, 1828-1928)*. São Paulo; Juiz de Fora: Annablume; Funalfa, 2006.

______; GUIMARÃES, Valéria Alves. *Cotidianos da escravidão em Juiz de Fora*. Juiz de Fora: Funalfa, 2001.

GUIMARÃES, Hélio de Seixas. *O escritor que nos lê*. São Paulo: Ed. Unesp, 2017.

GUIMARÃES, Júlio Castañon; LINS, Vera (Orgs.). *Gonzaga Duque: Impressões de um amador: Textos esparsos de crítica (1882-1909)*. Rio de Janeiro: Fundação Casa de Rui Barbosa; UFMG, 2001.

GUIMARÃES, Valéria Lima. *O PCB cai no samba: Os comunistas e a cultura popular, 1945-1950*. Rio de Janeiro: Arquivo Público do Estado do Rio de Janeiro, 2009.

GULLAR, Ferreira. *Relâmpagos: Dizer o ver*. São Paulo: Cosac Naify, 2003.

GUSMÃO, Neusa Maria Mendes de. *Terra de pretos, terra de mulheres: Terra, mulher e raça num bairro rural negro*. Brasília: Fundação Palmares, 1996.

HALLEWELL, Laurence. "Paula Brito". In: ______. *O livro no Brasil: Sua história*. São Paulo: T. A. Queiroz; Edusp, 1985. pp. 79-81.

HAMEISTER, Martha Daisson. "O uso dos registros batismais para o estudo de hierarquias sociais no período de vigência da escravidão". In: XAVIER, Regina Célia Lima (Org.). *Escravidão e liberdade: Temas, problemas e perspectivas de análise*. São Paulo: Alameda, 2012. pp. 97-122.

HANCHARD, Michael George. *Orfeu e poder: Movimento negro no Rio de Janeiro e São Paulo (1945-1988)*. Rio de Janeiro: EdUERJ, 2001.

HARDMAN, Francisco Foot. *Trem-fantasma: A ferrovia Madeira-Mamoré e a modernidade na selva*. São Paulo: Companhia das Letras, 1988.

______; LEONARDI, Victor. *História da indústria e do trabalho no Brasil*. São Paulo: Global, 1982.

HASENBALG, Carlos. *Discriminação e desigualdades raciais no Brasil*. Rio de Janeiro: Graal, 1979.

HÉBRARD, Jean. "Esclavage et dénomination: Imposition et apropriation d'un nom chez les esclaves de la Bahia au XIXe siècle". *Cahiers du Brésil Contemporain*, Paris, n. 53-54, pp. 31-92, 2003.

HEIZER, Teixeira. *O jogo bruto das Copas do Mundo*. Rio de Janeiro: Mauad, 2001.

HIDALGO, Luciana. *Arthur Bispo do Rosário: O senhor do labirinto*. Rio de Janeiro: Rocco, 1996.

HILL, Pascoe Grenfell. *Cinquenta dias a bordo de um navio negreiro*. Rio de Janeiro: José Olympio, 2006.

HIRANO, Luis Felipe Kojima. "Circo-Teatro: Benjamim de Oliveira e a teatralidade circense no Brasil". *Ponto Urbe*, São Paulo, n. 2, 30 dez. 2008.

______. *Grande Otelo: Um intérprete do cinema e do racismo no Brasil (1917-1993)*. Belo Horizonte: Ed. UFMG, 2019.

HIRATA, Alessandro. "Hermenegildo de Barros: Ministro do Supremo Tribunal Federal". *Jornal Carta Forense*, São Paulo, 1 out. 2012.

HONORATO, Cláudio de Paula. *Valongo: O mercado de almas da praça carioca*. Curitiba: Appris, 2019.

HOOKS, Bell. *Black looks: Race and Representation*. Boston: South End, 1992.

HOWARD, Catherine V. "Pawana: A farsa dos 'visitantes' entre os waiwai da Amazônia setentrional". In: CASTRO, Eduardo Viveiros de; CUNHA, Manuela Carneiro da. *Amazônia: Etnologia e história indígena*. São Paulo: NHII/USP; Fapesp, 1993. pp. 229-64.

ÍNDICE DE VULNERABILIDADE JUVENIL À VIOLÊNCIA 2017. Brasília; São Paulo: Secretaria Nacional de Juventude da Presidência da República; Fórum Brasileiro de Segurança Pública; Unesco, 2017.

INSTITUTO MEMÓRIA DO PODER LEGISLATIVO DE MATO GROSSO. *Anais da Câmara Municipal de Cuiabá*.

IPEAFRO. Disponível em: <https://ipeafro.org.br/>. Acesso em: 4 ago. 2020.

IZECKSOHN, Vitor. *O cerne da discórdia: A Guerra do Paraguai e o núcleo profissional do Exército*. Rio de Janeiro: e-papers, 2002.

JACINTO, Cristiane Pinheiro Santos. *Laços & enlaces: Relações de intimidade de sujeitos escravizados. São Luís, século XIX*. São Luís: EDUFMA, 2008.

"JACKSON do Pandeiro. Rio de Janeiro: 1972. 1 dossiê fotográfico". Arquivo Nacional. Disponível em: <http://sian.an.gov.br/sianex/Consulta/login.asp>. Acesso em: 4 ago. 2020.

JACOBINAL, Ronaldo Ribeiro; GELMAN, Ester Aïda. "Juliano Moreira e a *Gazeta Medica da Bahia*". *Manguinhos: História, Ciências, Saúde*, Rio de Janeiro, v. 15, n. 4, pp. 1077-97, 2008.

"JAMELÃO". Museu Afro Brasi. Disponível em: <www.museuafrobrasil.org.br/pesquisa/história-e-memória/historia-e-memoria/2014/07/17/jamelão>. Acesso em: 4 ago. 2020.

JANCSÓ, István. *Na Bahia contra o império: História do ensaio de sedição na Bahia de 1798*. São Paulo: Hucitec, 1996.

JANOTTI, Maria de Lourdes; ROSA, Zita de Paula. "Memory of Slavery in Black Families of São Paulo, Brazil". In: BERTAUX, Daniel; THOMPSON, Paul (Orgs.). *Between Generations: Family Models, Myths, and Memories*. Oxford: Oxford University Press, 1993.

JEHA, Silvana. "Ganhar a vida: Uma história do barbeiro africano Antônio José Dutra e sua família, Rio de Janeiro, século XIX". *Revista de História*, São Paulo, n. 176, a03116, ePub 9 fev. 2017. Disponível em: <https://doi.org/10.11606/issn.2316-9141.rh.2017.114417>. Acesso em: 4 ago. 2020.

JESUS, Alexandro Silva de. *Identidade e representações no Brasil império: O caso do Divino Mestre (1846)*. Recife: UFPE, 2003. Dissertação (Mestrado em História).

JESUS, Maria Angela de. *Ruth de Souza: Estrela negra*. São Paulo: Imprensa Oficial, 2007. (Coleção Aplauso.)

JESUS, Matheus Gato de. *Negro, porém republicano: Investigações sobre a trajetória de Raul Astolfo Marques (1876-1918)*. São Paulo: USP, 2009. Dissertação (Mestrado em Sociologia).

______. "Astolfo Marques e as festas populares maranhenses". *Afro-Ásia*, Salvador, n. 48, pp. 337-60, 2013.

______. *Racismo e decadência: Sociedade, cultura e intelectuais em São Luís do Maranhão*. São Paulo: USP, 2013. Tese (Doutorado em Sociologia).

______. *O massacre dos libertos: Sobre raça e República no Brasil*. São Paulo: Perspectiva, 2020.

JESUS, Paulo César Oliveira de. *Mantendo o curso: Restrições, subterfúgios e comércio da escravatura na Bahia (1810-1817)*. Salvador: UFBA, 2017. Tese (Doutorado em História).

JESUS, Paulo César Oliveira de; GRADEN, Dale. "The Bella Miquelina Affair: The Transatlantic Slave Trade, British Suppression and One African's Quest for Liberty in the Bay of All Saints, Salvador, Brazil in 1848". *Atlantic Studies*, v. 14, n. 2, pp. 196-215, 2017.

"JOÃO Cândido". Museu Afro Brasil. Disponível em: <www.museuafrobrasil.org.br/pesquisa/hist%C3%B3ria-e-mem%C3%B3ria/historia-e-memoria/2014/07/17/jo%C3%A3o-c%C3%A2ndido>. Acesso em: 4 ago. 2020.

"JOÃO Cândido, o Almirante Negro da Revolta da Chibata". Geledés, 6 maio 2020. Disponível em: <https://www.geledes.org.br/joao-candido-o-almirante-negro-da-revolta-da-chibata/>. Acesso em: 30 nov. 2020.

"JOAQUIM Candido Soares de Meireles". Geledés, 21 jul. 2009. Disponível em: <www.geledes.org.br/joaquim-candido-soares-de-meireles/>. Acesso em: 4 ago. 2020.

JOHNSON III, Ollie A. "Representação racial e política no Brasil: Parlamentares negros no Congresso Nacional (1983-1999)". *Estudos Afro-Asiáticos*, Rio de Janeiro, n. 38, pp. 7-29, 2000.

JORGE, Fernando. *O Aleijadinho: Sua vida, sua obra, sua época, seu gênio*. São Paulo: Martins Fontes, 2006.

"JOSÉ Maurício, padre". Netsaber Biografias. Disponível em: <http://biografias.netsaber.com.br/biografia-689/biografia-de-jose-mauricio--padre>. Acesso em: 4 ago. 2020.

"JULIANO Moreira". Geledés, 21 jul. 2009. Disponível em: <www.geledes.org.br/juliano-moreira>. Acesso em: 4 ago. 2020.

JUNG, Roberto Rossi. *O príncipe negro*. Porto Alegre: Edigal, 2007.

JUNIOR, Audaci. "Cabruêra e Os Fulano apresentam o 'lado obscuro' de Jackson do Pandeiro". *Correio da Paraíba*, João Pessoa, 20 mar. 2018. Disponível em: <https://correiodaparaiba.com.br/cultura/show/cabruera-e-os-fulano-apresentam-o-lado-obscuro-de-jackson-do-pandeiro/>. Acesso em: 4 ago. 2020.

"JUSTIÇA transfere Pablo Russel para Penitenciária de Tremembé". *A Cidade*, Ribeirão Preto, 4 jul. 2016.

KARASCH, Mary C. "Anastacia and the Slave Women of Rio de Janeiro". In: LOVEJOY, Paul E. (Org.). *Africans in Bondage: Studies in Slavery and the Slave Trade*. Madison: University of Wisconsin, 1986. pp. 79-105.

______. *A vida dos escravos no Rio de Janeiro (1808-1850)*. São Paulo: Companhia das Letras, 2000.

KER, João. "Inspiração Madame Satã, presente". *Revista Híbrida*, n. 3. Disponível em: <https://revistahibrida.com.br/home/revista/edicao-3/>. Acesso em: 4 ago. 2020.

KERSTING, Eduardo. *Negros e a modernidade urbana em Porto Alegre: A colônia africana (1880-1920)*. Porto Alegre: UFRGS, 1998. Dissertação (Mestrado).

KOIFMAN, Fábio (Org.). *Presidentes do Brasil*. Rio de Janeiro: Ed. Rio, 2001.

KON, Noemi Moritz; BAPTISTA, Isildinha; CHNAIDERMAN, Miriam; SELAIBE, Mara. "Uma geografia particular: Entrevista com R. Zygouris". *Percurso: Revista de Psicanálise*, São Paulo, n. 16, 1 sem. 1996.

KON, Noemi Moritz; SILVA, Maria Lúcia da; ABUD, Cristiane Curi (Orgs.). *O racismo e o negro no Brasil: Questões para a psicanálise*. 2. ed. São Paulo: Perspectiva, 2017. v. 1.

KOSSOY, Boris. *Dicionário histórico-fotográfico brasileiro: Fotógrafos e ofício da fotografia no Brasil (1833-1910)*. São Paulo: Instituto Moreira Salles, 2002.

KOUTSOUKOS, Sandra Sofia Machado. "Amas na fotografia brasileira da segunda metade do século XIX". *Revista Studium*, Campinas, 2007. Disponível em: <www.studium.iar.unicamp.br/africanidades/koutsoukos/2.html>. Acesso em: 4 ago. 2020.

______. "À Vovó Vitorina, com afeto. Rio de Janeiro, cerca de 1870". In: XAVIER, Giovana; FARIAS, Juliana Barreto; GOMES, Flávio dos Santos (Orgs.). *Mulheres negras no Brasil escravista e do pós-emancipação*. São Paulo: Selo Negro, 2012. pp. 186-98.

KRAAY, Hendrik. "Escravidão, cidadania e recrutamento militar na Guerra do Paraguai". *Estudos Afro-Asiáticos*, Rio de Janeiro, n. 33, pp. 117-51, 1998.

KURY, Lorelai Brilhante; ABREU, Jean Luiz Neves; NOGUEIRA, André Luís. "Na saúde e na doença: enfermidades, saberes e práticas de cura nas medicinas do Brasil Colonial (séculos XVI-XVIII)". In: TEIXEIRA, Luiz Antônio; PIMENTA, Tânia Salgado; HOCHMAN, Gilberto (Orgs.). *História da saúde no Brasil*. São Paulo: Hucitec, 2018. pp. 27-66.

LAGNADO, Lisette. "Arthur Bispo do Rosário e a instituição". In: "Por que Duchamp? Leituras duchampianas por artistas e críticos brasileiros". Textos de Vitória Daniela Bousso, Tadeu Chiarelli, Maria Alice Milliet, Agnaldo Farias, Maria Izabel Branco Ribeiro, Paulo Herkenhoff, Celso Favaretto, Stella Teixeira de Barros, Lisette Lagnado, Angélica de Moraes. Trad. de Izabel Murat Burbridge. São Paulo: Itaú Cultural; Paço das Artes, 1999.

LAGO, Luiz Aranha Corrêa do. *Da escravidão ao trabalho livre: Brasil, 1550-1900*. São Paulo: Companhia das Letras, 2014.

LAMEGO, Alberto R. "O Carunkango". *Anuário Geográfico do Estado do Rio de Janeiro*, Rio de Janeiro, IBGE, n. 11, pp. 97-9, 1958.

LAPA, José Roberto do Amaral (Org.). *Livro da visitação do Santo Ofício da Inquisição ao Estado do Grão-Pará (1763-1769)*. Petrópolis: Vozes, 1978.

LARA, Silvia Hunold. Apres. "Biografia de Mahommah G. Baquaqua". *Revista Brasileira de História*, São Paulo, v. 8, n. 16, pp. 269-84, 1988.

______. *Campos da violência: Escravos e senhores na capitania do Rio de Janeiro, 1750-1808*. Rio de Janeiro: Paz e Terra, 1988.

______. "Blowin'in the Wind: E. P. Thompson e a experiência negra no Brasil". *Projeto História*, São Paulo, n. 12, pp. 43-56, out. 1995.

______. "Do singular ao plural: Palmares, capitães-do-mato e o governo dos escravos". In: REIS, João José; GOMES, Flávio dos Santos (Orgs.). *Liberdade por um fio: História dos quilombos no Brasil*. São Paulo: Companhia das Letras, 1996. pp. 81-109 e 139-63.

______. "Escravidão, cidadania e história do trabalho no Brasil". *Projeto História*, São Paulo, n. 16, pp. 43-56, fev. 1998.

______. "Linguagem, domínio senhorial e identidade étnica nas Minas Gerais de meados do século XVIII". In: BASTOS, Cristiana; ALMEIDA, Miguel Vale de; FELDMAN-BIANCO, Bela (Orgs.). *Trânsitos coloniais: Diálogos críticos luso-brasileiros*. Campinas: Ed. da Unicamp, 2002. pp. 205-26.

______. *Fragmentos setecentistas: Escravidão, cultura e poder na América Portuguesa*. São Paulo: Companhia das Letras, 2007. capítulo 2.

______. "Marronnage et pouvoir colonial: Palmares, Cucaú et les frontières de la liberté au Pernambouc à la fin du XVIIe siècle". *Annales*, Paris, v. 62, n. 3, pp. 639-62, 2007.

______. *Palmares & Cucaú: O aprendizado da dominação*. Campinas: IFCH-Unicamp, 2008. Tese inédita apresentada para o concurso de professor titular de História do Brasil.

______. "Quem eram os 'negros do Palmar'?". In: RIBEIRO, Gladys Sabina; FREIRE, Jonis; ABREU, Martha Campos; CHALHOUB, Sidney (Orgs.). *Escravidão e cultura afro-brasileira: Temas e problemas em torno da obra de Robert Slenes*. Campinas: Ed. da Unicamp, 2016. pp. 57-85.

______. "Uma mulher, dois maridos e novas dimensões da escravidão atlântica". *Afro-Ásia*, Salvador, n. 61, pp. 419-23, 2020.

LARA, Silvia Hunold; PACHECO, Gustavo (Orgs.). *Memória do jongo: As gravações históricas de Stanley J. Stein, Vassouras, 1949*. Rio de Janeiro: Folha Seca, 2007.

LATOUR, Bruno. *Jamais fomos modernos: Ensaios de antropologia simétrica*. São Paulo: Ed. 34, 1994.

LAURINDO Jr., Luiz Carlos. "Belém da belle époque, uma cidade negra: Facetas da escravidão urbana na capital do Pará (1871-1888)". In: VII Encontro Escravidão e Liberdade no Brasil Meridional, Curitiba: UFPR, 13-16 maio 2015. Anais completos do evento disponíveis em: <www.escravidaoeliberdade.com.br/>. Acesso em: 4 ago. 2020.

LAW, Robin; LOVEJOY, Paul (Orgs.). *The Biography of Mahommah Gardo Baquaqua: His Passage from Slavery to Freedom in Africa and America*. Princeton: Markus Wiener, 2001.

LEAL, Luiz Augusto Pinheiro. "Gladiadoras de saias: Mulheres capoeiras no norte do Brasil (1876 a 1912)". *Gênero na Amazônia*, Belém, v. 13, pp. 154-68, 2018.

LEAL, Maria das Graças de Andrade. *Manuel Querino entre letras e lutas — Bahia: 1851-1923*. São Paulo: Annablume, 2009.

______. "Manuel Querino: Um intelectual negro no contexto da pós-abolição na Bahia". In: GOMES, Flávio; DOMINGUES, Petrônio (Orgs.). *Experiências da emancipação: Biografias, instituições e movimentos sociais na pós-abolição (1890-1980)*. São Paulo: Selo Negro, 2011. pp. 63-82.

LEEUWEN, Alexandra Van. *A cantora Joaquina Lapinha: Sua contribuição para o repertório de soprano coloratura no período colonial brasileiro*. Campinas: Unicamp, 2009. Dissertação (Mestrado em Música).

LEITE, Ilka Boaventura (Org.). *Negros no Sul do Brasil: Invisibilidade e territorialidade*. Florianópolis: Letras Contemporâneas, 1996.

LEITE, José Correia. *...E disse o velho militante José Correia Leite: Depoimentos e artigos*. Org. e textos de Cuti. São Paulo: Secretaria Municipal de Cultura, 1992.

LEITE, José Roberto Teixeira (Org.). *Octávio Araújo: 10 anos de pintura*. São Paulo: Laborgraf, 1979.

______. *O Museu de Arte Sacra da Universidade Federal da Bahia*. Pref. de Pedro Moacir Maia; ed. de Pedro Moacir Maia. São Paulo: Banco Safra, 1987.

______. *Pintores negros do Oitocentos*. Ed. de Emanoel Araújo. São Paulo: MWM-IFK, 1988. (Coleção MWM-IFK.)

LEMINSKI, Paulo. "Cruz e Sousa: O negro branco". In: *Vida*. Porto Alegre: Sulina, 1990. pp. 13-68.

LEMOS, Maria Alzyra Brum. *Aleijadinho: Homem barroco, artista brasileiro*. Rio de Janeiro: Fundação Biblioteca Nacional: Garamond, 2008.

______; ALVES, Dirceu Martins. *Aleijadinho: Homem barroco, artista brasileiro*. Rio de Janeiro: Fundação Biblioteca Nacional; Garamond, 2008.

LEPERA, Micaela. "Empresário diz que não viu Nicole presa ao cinto do carro". *A Cidade*, Ribeirão Preto, 29 jun. 2016.

LESSA, Orígenes. *Inácio da Catingueira e Luís Gama: Dois poetas negros contra o racismo dos mestiços*. Rio de Janeiro: FCRB, 1982.

LEVIN, Orna Messer (Org.). *João do Rio: Antologia de contos*. São Paulo: Lazuli; Companhia Editora Nacional, 2010.

LEVINE, Robert M.; MEIHY, José Carlos Sebe Bom. *Cinderela negra: A saga de Carolina Maria de Jesus*. Rio de Janeiro: Ed. UFRJ, 1994.

LEVY, Carlos Roberto Maciel. *Exposições gerais da Academia Imperial e da Escola Nacional de Belas Artes*. Rio de Janeiro: Pinakotheke, 1990.

LEWIN, Linda. "Um conto de textos: Oralidade, história oral e insulto poético em 'O desafio de Romano e Inácio em Patos (1874)'". In: MARQUES, Ana Cláudia (Org.). *Conflitos, política e relações pessoais*. Fortaleza: UFCE; FUNCAP; CNPq-Pronex; Campinas: Pontes Editores, 2007. pp. 81-107.

LIBBY, Douglas Cole; PAIVA, Eduardo França. *A escravidão no Brasil: Relações sociais, acordos e conflitos*. 2. ed. São Paulo: Moderna, 2005.

"LIBERTEM Maria Águeda — Araucária". Museu Afroparanaense. Disponível em: <https://museuafroparanaense.wordpress.com/2016/02/24/libertem-maria-agueda/>. Acesso em: 4 ago. 2020.

LIMA, Ana Renata Rosário de. *Cabanagem: Uma revolta camponesa no Acará*. Belém: Prefeitura Municipal de Belém, 2004.
LIMA, Heloisa Pires. *A presença negra no circuito da Academia Imperial de Belas Artes do Rio de Janeiro: A década de 80 do século XIX*. São Paulo: USP, 2000. Dissertação (Mestrado em Antropologia).
LIMA, Henrique Espada. "Sob o domínio da precariedade: escravidão e os significados da liberdade de trabalho no século XIX". *Topoi*, Rio de Janeiro, v. 6, n. 11, pp. 289-326, jul./dez. 2005.
______. "No baú de Augusto Mina: O micro e o global na história do trabalho". *Topoi*, Rio de Janeiro, v. 16, n. 31, pp. 571-95, 2015.
LIMA, Ivana Stolze. *Cores, marcas e falas: sentidos da mestiçagem no Império do Brasil*. Rio de Janeiro: Arquivo Nacional, 2003.
______. "Escravidão e comunicação no mundo atlântico: Em torno da 'língua de Angola', século XVII". *História Unisinos*, São Leopoldo, v. 21, n. 1, pp. 109-21, 2017.
______. "A voz e a cruz de Rita: Africanas e comunicação na ordem escravista". *Revista Brasileira de História*, v. 38, n. 79, pp. 41-63, 2018.
LIMA, Jorge de. *Antologia poética*. Rio de Janeiro: Sabiá, 1969.
LIMA, Juliana Domingos de. "Qual o legado de Zózimo Bulbul para o cinema negro nacional". *Nexo Jornal*, 30 jan. 2019. Disponível em: <www.nexojornal.com.br/expresso/2019/01/30/Qual-o-legado-de-Z%C3%B3zimo-Bulbul-para-o-cinema-negro-nacional>. Acesso em: 4 ago. 2020.
LIMA, Lana Lage da Gama. *Rebeldia negra e abolicionismo*. Rio de Janeiro: Achiamé, 1980.
LIMA, Lourenço Moreira. *A Coluna Prestes, marchas e combates*. 3. ed. São Paulo: Alfa-Omega, 1979.
LIMA, Luiz Costa. *História, ficção, literatura*. São Paulo: Companhia das Letras, 2006.
LIMA, Márcia. "Introdução". In: GONZALEZ, Lélia. *Por um feminismo afro-latino-americano*. Org. de Flavia Rios e Márcia Lima. Rio de Janeiro: Zahar, 2020.
LIMA, Maria da Vitória Barbosa. "Práticas religiosas de curandeiros e feiticeiros negros na Paraíba do Norte oitocentista". In: COSTA, Valéria; GOMES, Flávio (Orgs.). *Religiões negras no Brasil: Da escravidão à pós-emancipação*. São Paulo: Selo Negro, 2016. pp. 266-79.
LIMA, Maria Roseane Corrêa Pinto. *Barbadianos negros e estrangeiros: Trabalho, racismo, identidade e memória em Belém de início do século XX*. Niterói: UFF, 2013. Tese (Doutorado em História).
LIMA, Marta Valéria de. *Barracão de Santa Bárbara em Porto Velho, RO: Mudanças e transformações das práticas rituais*. Recife: UFPE, 2000. Dissertação (Mestrado em Antropologia Cultural).
LIMA, Maria Vitória Barbosa. *Crime e castigo: A criminalidade escrava na Paraíba (1850-1888)*. Recife: UFPE, 2002. Dissertação (Mestrado em História).
LIMA, Maria Vitória Barbosa. *Liberdade interditada, liberdade reavida: Escravos e libertos na Paraíba escravista (século XIX)*. Recife: UFPE, 2010. Tese (Doutorado em História).
LIMA, Nelson. *Dando conta do recado: A dança afro no Rio de Janeiro e as suas influências*. Rio de Janeiro: UFRJ, 1995. Dissertação (Mestrado em Sociologia e Antropologia).
LIMA, Silvio Cezar de Souza. *O corpo escravo como objeto das práticas médicas no Rio de Janeiro (1830-1850)*. Rio de Janeiro: Casa de Oswaldo Cruz/Fiocruz, 2011. Tese (Doutorado em História das Ciências e da Saúde).
______. "Cruz Jobim e as doenças da classe pobre: O corpo escravo e a produção do conhecimento médico na primeira metade do século XIX". *Almanack*, Guarulhos, n. 22, pp. 250-78, 2019.
LIMA, Solange Martins Couceiro de. *O negro na televisão de São Paulo: Um estudo de relações raciais*. São Paulo: FFLCH-USP, 1983.
LIMA, Solimar Oliveira. *Triste pampa: Resistência e punição de escravos em fontes judiciárias no Rio Grande do Sul, 1818-1833*. Porto Alegre: EdiPUC-RS, 1998.
______. *Fazenda: Pecuária, agricultura e trabalho no Piauí escravista (séc. XVII-séc. XIX)*. Teresina: Ed. da UFPI, 2016.
LIMA, Valéria Alves Esteves. *Uma viagem com Debret*. Rio de Janeiro: Zahar, 2004.
"LINO Guedes". Literafro, 19 mar. 2020. Disponível em: <www.letras.ufmg.br/literafro/autores/642-lino-guedes>. Acesso em: 4 ago. 2020.
"LINO Guedes". Portal Afro. Disponível em: <www.portalafro.com.br/linoguedes.htm>. Acesso em: 8. out. 2018.
"LINO Guedes: Percursor da negritude na poesia brasileira". Fundação Cultural Palmares, 2 mar. 2007. Disponível em: <www.palmares.gov.br/?p=1892>. Acesso em: 4 ago. 2020.
LINS, Paulo. *Desde que o samba é samba*. São Paulo: Planeta, 2012.
LIRIO, Alba; PRAZERES FILHO, Heitor dos. *Heitor dos Prazeres: Sua arte e seu tempo*. Rio de Janeiro: ND Comunicação, 2004.
LOBO, Luiza. *Crítica sem juízo*. Rio de Janeiro: Francisco Alves, 1993.
LONER, Beatriz Ana. "A rede associativa negra em Pelotas e Rio Grande". In: SILVA, Gilberto Ferreira da; SANTOS, José Antônio dos; CARNEIRO, Luiz Carlos Cunha (Orgs.). *RS negro: Cartografias sobre a produção do conhecimento*. Porto Alegre: EdiPUC-RS, 2008. v. 1, pp. 246-61.
______. "Antônio: de Oliveira a Baobad". In: GOMES, Flávio dos Santos; DOMINGUES, Petrônio (Orgs.). *Experiências da emancipação: Biografias, instituições e movimentos sociais no pós-abolição (1890-1980)*. São Paulo: Selo Negro, 2011. pp. 109-36.
______. *Construção de classe: Operários de Pelotas e Rio Grande (1888-1930)*. 2. ed. rev. ampl. Pelotas: Ed. da UFPel, 2016.
LONER, Beatriz Ana; CUNHA FILHO, Miguel Angelo Vieira da; MONTEIRO, Ubirajara Soares. "De escravo a doutor: Euzébio de Queiroz Coutinho Barcellos". *Mundos do Trabalho*, Florianópolis, v. 5, n. 9, pp. 189-213, 2013.
LOPES, Aristeu Elisandro Machado. "Os aniversários da abolição da escravatura e a imprensa ilustrada do Rio de Janeiro (1890-1902)". *Topoi*, Rio de Janeiro, v. 17, n. 33, pp. 535-60, 2016.
LOPES, Beatriz. "*Tudo preto*: Diálogos e assimilações no teatro de revista". *Revista Intercâmbio dos Congressos Internacionais de Humanidades*, Brasília, n. 6, pp. 519-28, 2016.
LOPES, João Paulo. "Clio Negra para uma nação multicor: A escrita da história na imprensa negra 1926-1937". *Transversos: Revista de História*, Rio de Janeiro, n. 8, pp. 185-200, dez. 2016.
LOPES, Maria Aparecida de Oliveira. *História e memória do negro em São Paulo: Efemérides, símbolos e identidade*

(1945-1978). [S.l.]: FCL-Assis-Unesp, 2007. Tese (Doutorado em História).

LOPES, Nei. *O negro no Rio de Janeiro e sua tradição musical: Partido-alto, calango, chula e outras cantorias*. Rio de Janeiro: Pallas, 1992.

LOPES, Siméia de Nazaré. "Casas de negócios, tabernas e quintais: O controle social sobre os agentes do comércio no pós-Cabanagem". *Revista de Estudos Amazônicos*, Belém, v. 1, pp. 39-54, 2006.

______. *Zé Kéti: O samba sem senhor*. Rio de Janeiro: Nova Fronteira, 2000. (Coleção Perfis do Rio).

______. *Enciclopédia brasileira da diáspora africana*. São Paulo: Selo Negro, 2004.

______. *Dicionário literário afro-brasileiro*. Rio de Janeiro: Pallas, 2007.

______. *Afro-Brasil reluzente: 100 personalidades notáveis do século XX*. Rio de Janeiro: Nova Fronteira, 2019.

LOPES, Nei; SIMAS, Luiz Antônio. *Dicionário da história social do samba*. Rio de Janeiro, José Olympio, 2015.

LOPES, Noêmia Coutinho Pereira; SOUTO, Maria Generosa Ferreira. "Antônio Gonçalves Teixeira e Sousa: Uma fênix renascida pelo amor à literatura". *Revista Araticum*. Programa de Pós-graduação em Letras/Estudos Literários da Unimontes, Montes Claros, v. 8, n. 2, pp. 71-80, 2013.

LOPES, Siméia de Nazaré. "O 'reflorescimento' da economia no pós-Cabanagem". In: ACEVEDO MARIN, Rosa; COELHO, Mauro; QUEIROZ, Jonas Marçal; PRADO, Geraldo; GOMES, Flávio (Orgs.). *Meandros da História: Trabalho e poder no Pará e Maranhão séculos XVIII e XIX*. Belém: Unamaz, 2005. pp. 120-44.

LOPEZ, Telê Porto Ancona. *Macunaíma: O herói sem nenhum caráter*. Rio de Janeiro; São Paulo: Livros Técnicos e Científicos; Secretaria de Cultura, Ciência e Tecnologia, 1978.

LOVEJOY, Paul E. "Identidade e a miragem da etnicidade: A jornada de Mahommah Gardo Baquaqua para as Américas". *Afro-Ásia*, Salvador, n. 27, pp. 9-39, 2002.

______. "Autobiography and Memory: Gustavus Vassa, alias Olaudah Equiano, the African". *Slavery and Abolition*, Londres, v. 27, n. 3, pp. 317-47, 2006.

LUCAS, Fábio. *O núcleo e a periferia de Machado de Assis*. São Paulo: Manole, 2009.

LUCAS, Kadine Teixeira. *"Pelo Progresso do Paiz": Projetos para a educação de ingênuos na imprensa paulista em fins do século XIX*. São Paulo: PUC-SP, 2016. Dissertação (Mestrado em Educação). Não publicada.

LUCINDO, William Robson Soares. *Comemorações, cidadania e festas: O associativismo negro em Piracicaba e Campinas nas três primeiras décadas do século XX*. Campinas: Unicamp, 2020. Tese (Doutorado em História).

LUCRÉCIO, Francisco. "Memória histórica: A Frente Negra Brasileira". *Revista de Cultura Vozes*, São Paulo, v. 3, n. 83, pp. 332-42, 1989.

LUIZ, Janaílson Macedo. *Raça, cidadania e ditadura na Amazônia Oriental: Uma histórica participação negra na Guerrilha do Araguaia*. São Paulo: USP, 2018. Tese (Doutorado em andamento em História Social).

LUNA, Francisco Vidal; COSTA, Iraci del Nero da. "Devassa nas Minas Gerais: Observações sobre casos de concubinato". *Anais do Museu Paulista*. Separata. São Paulo: USP, 1982. t. 31, pp. 221-33.

LUNA, Luiz. *O negro na luta contra a escravidão*. Rio de Janeiro: Cátedra, 1976.

LYNCH, Christian Edward Cyril. "Teoria pós-colonial e pensamento brasileiro na obra de Guerreiro Ramos: O pensamento sociológico (1953-1955)". *Cadernos CRH*, Salvador, v. 28, n. 73, pp. 27-45, 2015.

MAC CORD, Marcelo. *O Rosário de d. Antonio: Irmandades negras, alianças e conflitos na história social do Recife, 1848-1872*. Recife: Editora Universitária UFPE, 2008.

______. *Artífices da cidadania: Mutualismo, educação e trabalho no Recife oitocentista*. Campinas: Ed. da Unicamp, 2012.

______. "Trabalho, política e distinção social em três organizações com gente preta e parda: Recife, década de 1840". *Revista Crítica Histórica*, Maceió, ano 3, n. 6, pp. 1-16, 2012.

______; BATALHA, Claudio H. M (Orgs.). *Organizar e proteger: Trabalhadores, associações e mutualismo no Brasil (séculos XIX e XX)*. Campinas: Ed. da Unicamp, 2015.

MACEDO, Algemira Mendes. *Maria Firmina dos Reis e Amélia Beviláqua na história da literatura brasileira: Representação, imagens e memórias do século XIX e XX*. Porto Alegre: PUC-RS, 2006. Tese (Doutorado em Teoria Literária).

MACEDO, Márcio. "Abdias do Nascimento: Teatro, revolta e quilombismo na organização do ativismo negro no Brasil". In: PINTO, Ana Flávia Magalhães; CHALHOUB, Sidney (Orgs.). *Pensadores negros — pensadoras negras: Brasil, séculos XIX e XX*. Belo Horizonte: Fino Traço, 2016. pp. 277-98.

MACÊDO, Sidiana; BEZERRA NETO, José Maia. "A quitanda de Joana e outras histórias: Os escravos e as práticas alimentares na Amazônia (séc. XIX)". *Histórica*, São Paulo, n. 38, 2009.

MACHADO, Humberto Fernandes. *Palavras e brados: José do Patrocínio e a imprensa abolicionista do Rio de Janeiro*. Niterói: Eduff, 2014.

MACHADO, Maria Helena Pereira Toledo. *Crime e escravidão: Trabalho, luta e resistência nas lavouras paulistas (1830-1888)*. São Paulo: Brasiliense, 1987.

______. *O plano e o pânico: Os movimentos sociais na década da abolição*. Rio de Janeiro: Editora UFRJ; São Paulo: Edusp, 1994.

______. "De rebeldes a fura-greves: As duas faces da experiência da liberdade dos quilombolas do Jabaquara na Santos pós-emancipação". In: CUNHA, Olívia Maria Gomes da; GOMES, Flávio dos Santos (Orgs.). *Quase-cidadão: Histórias e antropologias da pós-emancipação no Brasil*. Rio de Janeiro: Ed. FGV, 2007. pp. 241-82.

______. "Entre dois Beneditos: Histórias de amas de leite no acaso da escravidão". In: XAVIER, Giovana; FARIAS, Juliana Barreto; GOMES, Flávio (Orgs.). *Mulheres negras no Brasil escravista e do pós-emancipação*. São Paulo: Selo Negro, 2012. pp. 109-213.

______. "Maria Firmina dos Reis: Invisibilidade e presença de uma romancista negra no Brasil do século XIX ao XXI". In: REIS, Maria Firmina dos. *Úrsula*. Estabelecimento de texto de Maria Helena Pereira Toledo Machado. São Paulo: Penguin-Companhia das Letras, 2018. pp. 7-43.

MACHADO, Maria Helena P. T.; CASTILHO, Celso (Orgs.). *Tornando-se livre: Agentes históricos e lutas sociais no processo de abolição*. São Paulo: Edusp, 2015.

MACHADO, Maria Helena; GOMES, Flávio. "Eles ficaram 'embatucados': Seus escravos sabiam ler: Abolicionistas, senhores e cativos no alvorecer da liberdade. In: MAC CORD, Marcelo; ARAÚJO, Carlos Eduardo Moreira de; GOMES, Flávio dos Santos (Orgs.). *Rascunhos cativos: Educação, escolas e ensino no Brasil escravista*. Rio de Janeiro: 7Letras, 2017. pp. 253-83.

______. "Sociedade Pemba e revolta escrava na província do Espírito Santo, Itapemirim, 1860". 2020. Pesquisa e texto em andamento.

MACHADO, Myleide Meneses Oliveira; MACIEL, Josemar de Campos. "Territorialidade e biografia: Ao redor de Tia Eva". *Fronteiras: Revista de História*, Dourados, v. 19, n. 33, pp. 147-69, 2017.

MACHADO FILHO, Aires de Mata. *O negro e o garimpo em Minas Gerais*. Rio de Janeiro: José Olympio, 1943.

MACHADO, Rubens da Mota. "Através da imagem do barão escravista: Contribuições para a história agrária iguaçuana na segunda metade do oitocentos". In: NASCIMENTO, Álvaro Pereira; BEZERRA, Nielson Rosa (Org.). *De Iguassu à Baixada Fluminense: Histórias de um território*. Curitiba: Appris, 2019. pp. 105-25.

MACIEL, Cleber da Silva. *Discriminações raciais: Negros em Campinas (1888-1921)*. Campinas: Ed. da Unicamp, 1987.

MAESTRI, Mário. "Pampa negro: Quilombos no Rio Grande do Sul". In: REIS, João José; GOMES, Flávio dos Santos. *Liberdade por um fio: História dos quilombos no Brasil*. São Paulo: Companhia das Letras, 1996. pp. 291-331.

______. "RS: O quilombo rural de Manuel Padeiro". *Porto & Vírgula*, Porto Alegre, n. 11, pp. 54-72, 1995.

MAESTRI FILHO, Mário José. *Depoimentos de escravos brasileiros*. São Paulo: Ícone, 1988.

MAGALHÃES, Leila de Lima. "O Teatro Experimental do Negro: Ação artística, social e educacional". *Ensaio Geral*, Belém, ed. especial, v. 1, n. 1, pp. 129-37, 2010.

MAGALHÃES, Magna Lima. "Crônicas e notas: a imprensa hamburguense e o 13 de maio". *História Unisinos*, São Leopoldo, v. 12, n. 1, pp. 60-6, 2008.

MAGALHÃES, Mário. *Carlos Marighella: O guerrilheiro que incendiou o mundo*. São Paulo: Companhia das Letras, 2012.

MAGALHÃES JR., Raimundo. *A vida turbulenta de José do Patrocínio*. Rio de Janeiro: Sabiá, 1969.

MAGALHÃES JR., Raimundo. *A vida vertiginosa de João do Rio*. Rio de Janeiro: Civilização Brasileira; Brasília: Instituto Nacional do Livro, 1978.

MAIA, Clarissa Nunes. *Sambas, batuques, vozerias e farsas públicas: O controle social sobre os escravos em Pernambuco no século XIX (1850-1888)*. São Paulo: Annablume, 2008.

MAIA, Manuela Maria Alves; SILVA, Joselina da. "'Ao cair dos búzios': Conselhos do pai Joãozinho da Gomeia, num jornal dos anos quarenta". *Revista Faces da Academia*, Rio de Janeiro, v. 2, pp. 25-34, 2007.

MAIO, Marcos Chor. "A questão racial no pensamento de Guerreiro Ramos". In: MAIO, Marcos Chor; SANTOS, Ricardo Ventura (Orgs.). *Raça, ciência e sociedade*. Rio de Janeiro: Fiocruz; CCBB, 1996. pp. 179-94.

______. "Uma polêmica esquecida: Costa Pinto, Guerreiro Ramos e o tema das relações raciais". *Dados*, Rio de Janeiro, v. 40, n. 1, pp. 127-62, 1997.

MAIO, Marcos Chor. "Guerreiro Ramos interpela a Unesco: Ciências sociais, militância e antirracismo". *Cadernos CRH*, Salvador, v. 28, n. 73, pp. 77-90, 2015.

MALACHIAS, Rosângela. "A hora do show: O racismo pinta o seu rosto de preto". In: SOUZA, Edileuza Penha de (Org.). *Negritude, cinema e educação: Caminhos para a implementação da lei 10639/03*. v. 2. Belo Horizonte: Mazza, 2007. pp. 135-43.

MALATIAN, Teresa. "Clóvis Moura e a historiografia sobre a escravidão no Brasil: A recepção de *Rebeliões da senzala* no mundo acadêmico da Bahia". In: OLIVEIRA, Ueber José de; NASCIMENTO, Bruno César (Orgs.). *Entre o cânone e a margem: Intelectuais e pensamento político brasileiro*. Vitória: Milfontes, 2019. v. 1. pp. 159-78.

______. *O Cavaleiro Negro: Arlindo Veiga dos Santos e a Frente Negra Brasileira*. São Paulo: Alameda, 2015.

MALIN, Mauro. "Carlos Marighella". Dicionário Histórico-Biográfico Brasileiro. CPDOC-FGV. Disponível em: <www.fgv.br/cpdoc/acervo/dicionarios/verbete-biografico/marighella-carlos>. Acesso em: 4 ago. 2020.

MAMIGONIAN, Beatriz Galotti. "José Majojo e Francisco Moçambique, marinheiros das rotas atlânticas: Notas sobre a reconstituição de trajetórias da era da abolição". *Topoi*, Rio de Janeiro, v. 11, n. 20, pp. 75-91, 2010.

______. *Africanos livres: A abolição do tráfico de escravos no Brasil*. São Paulo: Companhia das Letras, 2017.

MARASCIULO, Marília. "Virgínia Leone Bicudo, a mulher que ajudou a implantar a psicanálise no Brasil". *Galileu*, São Paulo, 8 mar. 2019.

MARCOCCI, Giuseppe. "Escravos ameríndios e negros africanos: Uma história conectada. Teorias e modelos de discriminação no Império português (*c.* 1450-1650)". *Tempo*, Niterói, v. 16, n. 30, pp. 41-70, 2011.

MARCONDES, Marcos Antônio (Org.). *Enciclopédia da música brasileira: Erudita, folclórica, popular*. São Paulo: Art, 1977.

MARCONDES, Renato Leite; FALCI, Miridan Knox. "Escravidão e reprodução no Piauí: Oeiras e Teresina (1875)". *Texto para Discussão, Série Economia*, Ribeirão Preto, v. 26, 2001.

MARCUSSI, Alexandre Almeida. "Estratégias de mediação simbólica em um calundu colonial". *Revista de História*, São Paulo, n. 155, pp. 97-124, 2 sem. 2006.

______. *Cativeiro e cura: Experiências religiosas da escravidão atlântica nos calundus de Luzia Pinta, séculos XVII-XVIII*. São Paulo: USP, 2015. Tese (Doutorado em História).

MARINO, João (Coord.). *Tradição e ruptura: Síntese de arte e cultura brasileiras*. São Paulo: Fundação Bienal de São Paulo, 1984.

MÁRIO, Vandelir Camilo Neves Deolindo. *Políticas de memoricídio e genocídio da memória social afro-brasileira? A trajetória social e o testemunho do médico "mulato" dr. José Mauricio Nunes Garcia Júnior (1808-1884) e as etapas do seu esquecimento*. Rio de Janeiro: Unirio, 2019. Tese (Doutorado em andamento em Memória Social).

MARIZ, Vasco. *Vida musical*. Rio de Janeiro: Civilização Brasileira, 1996.

MARQUES, Daniel. "O palhaço negro que dançou a chula para o Marechal de Ferro". *Sala Preta*, São Paulo, v. 6, pp. 55-64, 2006.

MARQUES, Danilo Luiz. "Não teve bom comportamento e se tornou insubordinada: A luta por emancipação da africana livre Benedita, Maceió (1850-1861)". *Espaço Plural*, Mal. Cândido Rondon, ano XIV, n. 28, pp. 94-117, 2013.

MARQUES, Leonardo. "A participação norte-americana no tráfico transatlântico de escravos para os Estados Unidos, Cuba e Brasil". *História: Questões & Debates*, Curitiba, v. 52, n. 1, pp. 91-117, 2010.

MARQUES, Luiz. "O século XIX: O advento da Academia de Belas Artes e o novo estatuto do artista negro". In: ARAÚJO, Emanoel (Org.). *A mão afro-brasileira: Significado da contribuição artística e histórica*. São Paulo: Tenenge, 1988. pp. 133-43.

MARQUES, Xavier. *O sargento Pedro: Tradições da independência*. 2. ed. Salvador: Catilina, 1921.

MARQUESE, Rafael de Bivar. *Feitores do corpo: Missionários da mente, senhores, letrados e o controle dos escravos nas Américas, 1660-1860*. São Paulo: Companhia das Letras, 2004.

______; BERBEL, Marcia, Regina. "A ausência da raça: Escravidão, cidadania e ideologia pró-escravista nas Cortes de Lisboa e na Assembleia Constituinte do Rio de Janeiro (1821-1824)". In: CHAVES, Cláudia Maria das Graças; SILVEIRA, Marco Antônio (Orgs.). *Território, conflito e identidade*. Belo Horizonte: Argvmentvm, 2007. pp. 63-88.

MARTINELLI, Andréa; ANTUNES, Leda. "Quelly da Silva: O nome da travesti que foi assassinada e teve o coração arrancado". HuffPost Brasil, 22 jan. 2019. Disponível em: <www.huffpostbrasil.com/entry/travesti-coracao-campinas_br_5c47966fe4b025aa26bdf70f>. Acesso em: 4 ago. 2020.

MARTINS, Leda Maria. "Identidade e ruptura no teatro do negro". *Estudos Afro-Asiáticos*, Rio de Janeiro, n. 16, pp. 112-7, 1989.

MARTINS, Manoel de Jesus Barros. *Rachaduras Solarescas e Epigonismos Provincianos: Sociedade e cultura no Maranhão neo-ateniense: 1890-1930*. Recife: UFPE, 2002. Dissertação (Mestrado em História).

MARTINS, Robson; GOMES, Flávio. "Das itinerâncias: Terra, memória e trabalho no Sudeste escravista". 2018. Texto inédito.

MARTINS, Robson Luís Machado. *Os caminhos da liberdade: Abolicionistas, escravos e senhores na província do Espírito Santo, 1884-1888*. Campinas: Centro de Memória; Unicamp, 2005.

MARTINS, Rosilandes Cândida. "Sinuosidades e deslocamentos imaginários de Tereza Bicuda: de assombração colonial a garota rocker". Seminário de Cultura Visual, Faculdade de Artes Visuais — UFG/ CNPQ, 2009.

MARTINS, Sérgio da Silva, *Guia de direitos do brasileiro afrodescendente: Direito e legislação antirracista*. 2. ed. Brasília: Ministério da Justiça; Secretaria de Estado dos Direitos Humanos, 2001.

MASCELANI, Angela. "Do barro nasce um herói". *Revista de História da Biblioteca Nacional*, Rio de Janeiro, ano 4, n. 46, jul. 2009.

MATHEUS, Marcelo Santos. *A produção da diferença: Escravidão e desigualdade social ao sul do Império brasileiro (Bagé, c. 1820-c. 1870)*. Rio de Janeiro: UFRJ, 2016. Tese (Doutorado em História Social).

MATHEUS, Marcelo Santos. *Fronteiras da liberdade: Escravidão, hierarquia social e alforria no extremo sul do Império do Brasil*. São Leopoldo: Oikos; Ed. Unisinos, 2012.

MATTA, Iacy Maia. *Conspirações da "raça de cor": Escravidão, liberdade e tensões raciais em Santiago de Cuba (1864-1881)*. Campinas: Ed. da Unicamp, 2015.

MATTOS, Hebe Maria. *Escravidão e cidadania no Brasil monárquico*. Rio de Janeiro: Jorge Zahar, 2004.

______. "Henrique Dias: Expansão e limites da justiça distributiva no Império Português". In: NEVES, Guilherme Pereira das; VAINFAS, Ronaldo; SANTOS, Georgina Silva dos (Orgs.). *Retratos do Império: Trajetórias individuais no mundo português nos séculos XVI a XIX*. Niterói: Eduff, 2007. pp. 29-46.

______. "Da guerra preta às hierarquias de cor no Atlântico português". *Anais do XXIV Simpósio Nacional de História*, São Leopoldo, 2007. São Leopoldo: Unisinos, 2007. Disponível em: <http://snh2007.anpuh.org/resources/content/anais/Hebe%20Mattos.pdf>. Acesso em: 4 ago. 2020.

______. "Henrique Dias: Expansão e limites da justiça distributiva no Império Português". In: VAINFAS, Ronaldo; SANTOS, Georgina Silva dos; NEVES, Guilherme Pereira das (Orgs.). *Retratos do Império: Trajetórias individuais no mundo português nos séculos XVI a XIX*. Niterói: Eduff, 2007. pp. 29-46.

______. "Racialização e cidadania no Império do Brasil". In: CARVALHO, José Murilo; NEVES, Lúcia Maria Bastos Pereira das. *Repensando o Brasil do Oitocentos: Cidadania, política e liberdade*. Rio de Janeiro: Civilização Brasileira, 2009. pp. 349-92.

______. *Das cores do silêncio: Os significados da liberdade no Sudeste escravista. Brasil, século XIX*. 2. ed. Campinas: Ed. da Unicamp, 2013.

MATTOS, Marcelo Badaró. *Escravizados e livres: Experiências comuns na formação da classe trabalhadora carioca*. Rio de Janeiro: Bom Texto, 2008.

______. "*O PCB cai no samba: Os comunistas e a cultura popular, 1945-1955* (resenha)". *Perseu: História, Memória e Política*, São Paulo, n. 5, pp. 249-54, 2010.

MATTOS, Wilson Roberto de. *Negros contra a ordem: Astúcias, resistências e liberdades possíveis (Salvador-BA 1850-1888)*. Salvador: Eduneb; Ed. UFBA, 2008.

MATTOSO, Kátia M. de Queirós. "O filho da escrava (Em torno da Lei do Ventre Livre)". *Revista Brasileira de História*, São Paulo, v. 8, n. 16, pp. 37-55, mar./ago. 1988.

______. *Da Revolução dos Alfaiates à riqueza dos baianos no século XIX*. Salvador: Corrupio, 2004.

MAUAD, Ana Maria; RAMOS, Itan Cruz. "Fotografias de família e os itinerários da intimidade na história". *Acervo: Revista do Arquivo Nacional*, Rio de Janeiro, v. 30, n. 1, pp. 155-78, 2017.

MAUCH, Cláudia. *Colônia Africana: Criminalidade e controle social (Porto Alegre, 1888-1900)*. Porto Alegre: UFRGS, 1988. Dissertação (Mestrado em História).

MBEMBE, Achille. *On the Postcolony*. Cambridge: Harvard University Press, 2001.

MCCLINTOCK, Anne. *Couro imperial: Raça, gênero e sexualidade no embate colonial*. Campinas: Ed. da Unicamp, 2010.

MEDEIROS, Carlos Alberto. *Na lei e na raça: Legislação e relações raciais, Brasil-Estados Unidos*. Rio de Janeiro: DP&A, 2004.

MELLO Jr., Donato; GULLAR, Ferreira et al. *150 anos de pintura no Brasil: 1820/1970*. Rio de Janeiro: Colorama, 1989. (Coleção Sergio Fadel.)

MEMÓRIA, Padre Assis. *A tragédia da Serra Verde: Dos anais da escravatura*. Fortaleza: Tip. Minerva, 1918.

MENDES, Miriam Garcia. *A personagem negra no teatro brasileiro (entre 1838 e 1888)*. São Paulo: Ática, 1982.

MENDES, Valdeci Silva. *Antônio Amaro Ferreira, negro, enfermeiro do domínio de saberes e práticas no século XX em Mato Grosso: Contribuições para a educação das relações étnico-raciais*. Cuiabá: UFMT, 2019. Tese (Doutorado em Educação).

MENDONÇA, Joseli Maria Nunes. *Evaristo de Moraes: Tribuno da República*. Campinas: Ed. da Unicamp, 2007.

______. "Escravidão, africanos e afrodescendentes na 'cidade mais europeia do Brasil': Identidade, memória e história pública". *Tempos Históricos*, Marechal Cândido Rondon, v. 20, n. 1, pp. 218-40, 2016.

MENDONÇA, Liliane Campbell de. *A busca da liberdade através da Justiça e o papel dos advogados nesse processo: Juiz de Fora, segunda metade do século XIX*. Juiz de Fora: UFJF, 2015. Dissertação (Mestrado em História).

MENEGAT, Carla. *Domingos José de Almeida: O estadista da República Rio-Grandense (o casal José de Almeida e Bernardina Rodrigues Barcellos na Revolução Farroupilha)*. Curitiba: Instituto Memória, 2010.

MENEZES, Nilza. "Com feitiço e com fetiche: A trajetória do bairro de Mocambo em Porto Velho, Rondônia". *Antropológicas*, Recife, Série Ensaios, Núcleo de Religiões Populares, ano III, v. 8, 1998.

MENEZES NETO, Hélio Santos. *Entre o visível e o oculto: A construção do conceito de arte afro-brasileira*. São Paulo: USP, 2018. Dissertação (Mestrado em Antropologia Social).

MENNUCCI, Sud. *O precursor do abolicionismo no Brasil: Luiz Gama*. São Paulo: Nacional, 1938.

MERCEDES Baptista. In: "Enciclopédia Itaú Cultural de Arte e Cultura Brasileiras". São Paulo: Itaú Cultural, 2020. Disponível em: <http://enciclopedia.itaucultural.org.br/pessoa106837/mercedes-baptista>. Acesso em: 4 ago. 2020.

MÉRIAN, Jean-Yves. "Vencidos e degenerados: Um documento sociológico". In: NASCIMENTO MORAES, José do. *Vencidos e degenerados*. 4. ed. São Luís: Centro Cultural Nascimento Moraes, 2000.

MESQUITA, Érika. "O preconceito racial na obra de Clóvis Moura". In: ALMEIDA, Luiz Sávio de (Org.). *O negro no Brasil: Estudos em homenagem a Clóvis Moura*. Maceió: Edufal, 2003. pp. 161-86.

MESQUITA, Ivo. "Arthur Bispo do Rosário". *Galeria: Revista de Arte*, São Paulo, n. 17, p. 122, 1989.

MESTRE NENEL: *Bimba: Um século de capoeira regional*. Org. de Lia Stofoggia. Salvador: Ed. UFBA, 2018.

MESTRE PASTINHA, V. F. *Capoeira angola*. Salvador: Escola Gráfica N. S. de Loreto, 1964.

______. *Como eu penso?*. Salvador: Instituto Jair Moura, 2013.

METCALF, Alida. "The Entradas of Bahia of the Sixteenth Century". *Americas*, Cambridge, v. 61, n. 3, pp. 373-400, jan. 2005.

______. "Escravos milenaristas? A Santidade de Jaguaripe e a resistência escravista nas Américas". In: GOMES, Flávio dos Santos (Org.). *Mocambos de Palmares: História e fontes (séc. XVI-XIX)*. Rio de Janeiro: 7Letras, 2010. pp. 21-38.

"MESTRE Vitalino". In: Enciclopédia Itaú Cultural de Arte e Cultura Brasileiras. São Paulo: Itaú Cultural, 2020. Disponível em: <http://enciclopedia.itaucultural.org.br/evento530684/mestre-vitalino-1993-rio-de-janeiro-rj> Acesso em: 4 ago. 2020.

MIKI, Yuko. "Fugir para a escravidão: As geografias insurgentes dos quilombolas brasileiros, 1880-1881". In: DOMINGUES, Petrônio; GOMES, Flávio dos Santos. *Políticas da raça: Experiências e legados da abolição e da pós-emancipação no Brasil*. São Paulo: Selo Negro, 2014. pp. 35-68.

MILTON Santos. Site. Disponível em: <www.miltonsantos.com.br>. Acesso em: 4 ago. 2020.

MIRANDA, Claudia; GOMES, Flávio. "Jongo: O avô do samba". *Ciência Hoje das Crianças*, Rio de Janeiro, pp. 6-9, maio 2013.

MIRANDA, Clícea Maria Augusto de. *Guarda Negra da Redentora: Verso e reverso de uma combativa associação de libertos*. Rio de Janeiro: UERJ, 2006. Dissertação (Mestrado em História).

______. "Memórias e histórias da Guarda Negra: Verso e reverso de uma combativa organização de libertos". In: MACHADO, Maria Helena Pereira Toledo; CASTILHO, Celso Thomas (Orgs.). *Tornando-se livre: Agentes históricos e lutas sociais no processo de abolição*. São Paulo: Edusp, 2015. pp. 369-83.

MIRANDA, Fernanda. *Carolina Maria de Jesus: Literatura e cidade em dissenso*. São Paulo: Editora da Cidade, 2017.

MIRANDA, Rodrigo. *Um caminho de suor e letras: A militância negra em Campinas e a construção de uma comunidade imaginada nas páginas do* Getulino *(Campinas, 1923-1926)*. Campinas: IFCH-Unicamp, 2005. Dissertação (Mestrado em História).

MITCHELL, Michael. "Blacks and the abertura democrática". In: FONTAINE, Pierre-Michel (Org.). *Race, Class and Power in Brazil*. Los Angeles: Center for Afro-American Studies; UCLA, 1985.

MOLET, Claudia Daiane Garcia. "Chica Brincuda, a última a ficar nestas terras de escravo: Mulheres negras no Litoral Negro do Rio Grande do Sul". *Revista Mundos do Trabalho*, Florianópolis, v. 11, pp. 2-20, 2019.

MOLINA, Diego A. "Luiz Gama: A vida como prova inconcussa da história". *Estudos Avançados*, São Paulo, v. 32, n. 92, pp. 147-66, 2018.

MONSMA, Karl. "Linchamentos raciais no pós-abolição: Alguns casos excepcionais do Oeste paulista". In: GOMES, Flávio; DOMINGUES, Petrônio (Orgs.). *Políticas da raça: Experiências e legados da abolição e da pós-emancipação no Brasil*. São Paulo: Selo Negro, 2014. pp. 195-210.

______. *A reprodução do racismo: Fazendeiros, negros e imigrantes no Oeste Paulista, 1880-1914*. São Carlos: EdUFSCar, 2016.

MONTE, Carlos; VARGENS, João Baptista M. *A Velha Guarda da Portela*. Il. de Lan. Rio de Janeiro: Manati, 2001.

MONTEIRO, Antônio. *Notas sobre negros malês na Bahia*. Salvador: Ianamá, 1987.

MONTEIRO, Filipe Pinto. *O "racialista vacilante": Nina Rodrigues sob a luz de seus estudos sobre multidões*. Rio de Janeiro: Casa de Oswaldo Cruz; Fiocruz, 2016. Tese (Doutorado em História das Ciências e da Saúde).

MONTEIRO, Helene. *O ressurgimento do movimento negro no Rio de Janeiro na década de 1970*. Rio de Janeiro: UFRJ, 1991. Dissertação (Mestrado em História).

MONTEIRO, João. "Casa das Tias, Casa de Badia: Pré-ruína da memória africana do Recife". Patrimônio em Alerta!, 10 set. 2011. Disponível em: <http://patrimonioemalerta.blogspot.com/2011/09/casa-das-tias-casa-de-badia-pre-ruina.html>. Acesso em: 4 ago. 2020.

MONTEIRO, John M. "From Indian to Slave: Forced Native Labour and Colonial Society in São Paulo during the Seventeenth Century". *Slavery and Abolition*, Londres, v. 9, n. 2, pp. 105-27, 1988.

MONTEIRO, Marianna F. M. "Dança afro: Uma dança moderna brasileira". In: SIGRID, Nora; SPANGHERO, Maíra (Orgs.). *Húmus 4*. Caxias do Sul: Lorigraf, 2011. pp. 51-9.

MONTEIRO, Pedro Meira. *A queda do aventureiro: Aventura, cordialidade e os novos tempos em Raízes do Brasil*. Campinas: Ed. da Unicamp, 1999.

MONTEIRO, Rodrigo Borges; FONSECA, Maria Rachel Fróes da. "Joaquim Cândido Soares de Meirelles". Dicionário histórico-biográfico das ciências da saúde no Brasil (1832-1930). Disponível em: <www.dichistoriasaude.coc.fiocruz.br/iah/pt/verbetes/meirejocaso.htm>. Acesso em: 4 ago. 2020.

MORAES, Jomar. *Apontamentos de literatura maranhense*. São Luís: Sioge, 1976.

MORAES FILHO, Mello. *Festas e tradições populares do Brasil*. Brasília: Senado Federal, 2002.

MORAIS, Christianni Cardoso. "Ler e escrever: Habilidades de escravos e forros? Comarca do Rio das Mortes, Minas Gerais, 1731-1850". *Revista Brasileira de Educação*, Rio de Janeiro, v. 12, n. 36, pp. 493-504, 2007.

MORAIS, Frederico. "Construção branca: silêncio". In: VALENTIM, Rubem. *Mito e magia na arte de Rubem Valentim*. Brasília: Fundação Cultural do Distrito Federal, 1978.

MOREIRA, Ildeu de Castro. "O escravo do naturalista: O papel do conhecimento nativo nas viagens científicas do século XIX". *Ciência Hoje*, Rio de Janeiro, v. 31, n. 184, pp. 40-8, 2002.

MOREIRA, Maria Clara. "Mostra em SP celebra cem anos de Grande Otelo, o 'maior ator do Brasil'". *Folha de S.Paulo*, São Paulo, 7 out. 2015. Disponível em: <www1.folha.uol.com.br/ilustrada/2015/10/1691179-mostra-em-sp-celebra-cem-anos-de-grande-otelo-o-maior-ator-do-brasil.shtml>. Acesso em: 4 ago. 2020.

MOREIRA, Paulo Roberto Staudt. *Faces da liberdade, máscaras do cativeiro: Experiências de liberdade e escravidão percebidas através das cartas de alforria*. Porto Alegre: Arquivo Público do Estado; EDIPUC-RS, 1996.

______. "Joana Guedes, uma Mina de Jesus: trajetórias africanas do cativeiro a liberdade". *Nuevo Mundo Mundos Nuevos*, Paris, n. 5, 2005.

______. "Joana Mina, Marcelo Angola e Laura Crioula: Os parentes contra o cativeiro". In: SILVA, Gilberto Ferreira da; SANTOS, José Antônio dos; Carneiro, Luiz Carlos da Cunha (Orgs.). *RS negro: Cartografias sobre a produção do conhecimento*. Porto Alegre: EDIPUC-RS, 2008. pp. 46-62.

______. "'Um negro de clara sorte na terra e límpida estrela no céu': Inserções profissionais e associativas de um pardo nos Oitocentos". In: SCHMIDT, Benito Bisso (Org.). *Trabalho, justiça e direitos no Brasil: Pesquisa histórica e preservação das fontes*. São Leopoldo: Oikos, 2010. pp. 71-89.

______. "Fragmentos de um enredo: Nascimento, primeiras letras e outras vivências de uma criança parda numa vila fronteiriça (Aurélio Veríssimo de Bittencourt/ Jaguarão, século XIX)". In: PAIVA, Eduardo França; IVO, Isnara Pereira; MARTINS, Ilton César. *Escravidão, mestiçagens, populações e identidades culturais*. São Paulo: Annablume, 2010. pp. 115-38.

MOREIRA, Paulo Roberto Staudt. "O Aurélio era preto: Trabalho, associativismo e capital relacional na trajetória de um homem pardo no Brasil imperial e republicano". *Estudos Ibero-Americanos*, Porto Alegre, v. 40, n. 1, pp. 85-127, 2014.

______. *As biografias de Joana e Laura*. 2020. Texto inédito.

MOREIRA, Paulo Roberto Staudt; AL-ALAM, Caiuá Cardoso; PINTO, Natália Garcia. *Os calhambolas do general Manoel Padeiro: Práticas quilombolas na serra dos Tapes (RS, Pelotas, 1835)*. São Leopoldo: Oikos, 2013.

MOREIRA, Paulo Roberto Staudt; CAMPOS, Vanessa Gomes de. "'Evitar o circunlóquio e chamar-me pelo que sou, mulato ou negro': O professor e deputado Alcides de Freitas Cruz (1867-1916)". In: Instituto Histórico e Geográfico do Rio Grande do Sul; Memorial do Legislativo (Orgs.). *Alcides Cruz: Perfil parlamentar*. Porto Alegre: Assembleia Legislativa do Rio Grande do Sul, 2017. pp. 44-87.

MOREIRA, Paulo R. S.; MUGGE, Miquéias H. *Histórias de escravos e senhores em uma região de imigração europeia*. São Leopoldo: Oikos, 2014.

MOREL, Edmar. *Dragão do Mar: O jangadeiro da abolição*. Rio de Janeiro: Edições O Povo, 1949.

MOREL, Marco. *João Cândido: A luta pelos direitos humanos*. Brasília: Abravídeo, 2008.

MOREL, Marco; GOMES, Flávio dos Santos. "Trajetórias atlânticas: Dois brasileiros no Haiti no início dos Oitocentos". In: PESAVENTO, Sandra Jatahy (Org.). *História cultural: Experiências de pesquisa*. Porto Alegre: Ed. da UFRGS, 2003. pp. 37-64.

MORIM, Júlia. "Conceição das Crioulas (Comunidade Remanescente de Quilombo)". Pesquisa Escolar, Fundação Joaquim Nabuco, 7 maio 2014. Disponível em: <http://basilio.fundaj.gov.br/pesquisaescolar./index.php?option=com_content&view=article&id=1006:conceicao-das-crioulas&catid=38:letra-c&Itemid=1>. Acesso em: 4 ago. 2020.

MORITZ, Kon Noemi; SILVA, Maria Lúcia da; ABUD, Cristiane Curi (Orgs.). *O racismo e o negro no Brasil: Questões para a psicanálise*. 2. ed. São Paulo: Perspectiva, 2017. v. 1.

"MORRE no Rio o cantor Emílio Santiago". *O Globo*, 20 mar. 2013.

"MORRE o ator e cineasta Zózimo Bulbul, aos 75 anos". Geledés, 24 jan. 2013. Disponível em: <www.geledes.org.br/morre-o-ator-e-cineasta-zozimo-bulbul-aos-75-anos/>. Acesso em: 4 ago. 2020.

MOSTRA DO REDESCOBRIMENTO, 2000, SÃO PAULO, SP. *Arte afro-brasileira*. Curadoria de François Neyt, Catherine Vanderhaeghe, Kabengele Munanga, Marta Heloísa Leuba Salum. Trad. de Arnaldo Marques, Rachel McCorriston, Paulo Henriques Britto, John Norman. São Paulo: Associação Brasil 500 anos Artes Visuais; Fundação Bienal de São Paulo, 2000.

______. *Arte barroca*. Curadoria de Myriam Andrade Ribeiro de Oliveira; assistência de curadoria Fátima A. de S. Justiniano, Beatriz Ramos de Vasconcelos Coelho. Trad. de Marion Mayer, Eugênia Deheinzelin. São Paulo: Associação Brasil 500 anos Artes Visuais; Fundação Bienal de São Paulo, 2000.

MOSTRA DO REDESCOBRIMENTO, 2000, São Paulo, SP. *Imagens do inconsciente*. Curadoria de Nise da Silveira e Luiz Carlos Mello. Trad. de John Norman. São Paulo: Fundação

Bienal de São Paulo; Associação Brasil 500 Anos Artes Visuais, 2000.

MOTA, Isadora Moura. *O "vulcão" negro da Chapada: Rebelião escrava nos sertões diamantinos (Minas Gerais, 1864)*. Campinas: Unicamp, 2005. Dissertação (Mestrado em História).

______. "Martinha of Ourém: Slavery, Spirit Possession, and Popular Catholicism in Nineteenth-Century Brazil". Artigo inédito a ser publicado em 2021.

MOTT, Luiz. "Uma escrava do Piauí escreve uma carta". *Mensário do Arquivo Nacional*, Rio de Janeiro, v. 11, n. 5, pp. 3-21, 1980.

______. "Escravidão e homossexualidade". In: VAINFAS, Ronaldo (Org.). *História e sexualidade no Brasil*. Rio de Janeiro: Graal, 1986. pp. 19-40.

______. *Escravidão, homossexualidade e demonologia*. São Paulo: Ícone, 1988.

______. *O sexo proibido: Virgens, gays e escravos nas garras da Inquisição*. Campinas: Papirus, 1989.

______. *Rosa Egipcíaca: Uma santa africana no Brasil*. Rio de Janeiro: Bertrand Brasil, 1993.

______. "O calundu de Luzia Pinta: Sabará, 1739". *Revista do Instituto de Artes e Cultura*, Ouro Preto, n. 1, pp. 73-82, 1994.

______. *A Inquisição no Maranhão*. São Luís: EDUFMA, 1995.

______. *Homossexuais da Bahia: Dicionário biográfico (séculos XVI-XIX)*. Salvador: Grupo Gay da Bahia, 1999.

______. *Bahia: Inquisição & Sociedade*. Salvador: Ed. UFBA, 2010.

______. *A Inquisição em Sergipe*. São Cristóvão: Ed. UFS; Aracaju: IHGSE, 2013.

______. "Três sacerdotisas africanas no Brasil inquisitorial". In: COSTA, Valéria; GOMES, Flávio (Org.). *Religiões negras no Brasil da escravidão à pós-emancipação*. São Paulo: Selo Negro, 2016, pp. 59-77.

MOTT, Maria Lúcia de Barros. *Submissão e resistência: A mulher na luta contra a escravidão*. São Paulo: Contexto, 1988.

______. "Escritoras negras — resgatando nossa história". *Papéis Avulsos*, Rio de Janeiro, n. 13, 1989.

______. "Ser mãe: A escrava em face do aborto e do infanticídio". *Revista de História*, São Paulo, n. 120, pp. 85-96, 1989.

MOTTA, Márcia; GOMES, Flávio dos Santos. "Terras e territórios da liberdade: Notas de pesquisas sobre posseiros, camponeses negros e remanescentes de quilombos". In: CAMPOS, Adriana Pereira; SILVA, Gilvan Ventura da (Orgs.). *Da África ao Brasil: Itinerários históricos da cultura negra*. Vitória: Flor e Cultura, 2007. pp. 159-205.

MOTTA, Nelson. *Vale tudo: O som e a fúria de Tim Maia*. Rio de Janeiro: Objetiva, 2006.

MOTTA-MAUÉS, Maria Angelica. "Entre o branqueamento e a negritude: O TEN e o debate da questão racial". *Dionysos*, Rio de Janeiro, n. 28, pp. 90-101, 1988.

MOURA, Carlos Eugênio Marcondes de (Org.). *Somàvo: O amanhã nunca termina*. São Paulo: Empório de Produção, 2005.

MOURA, Christian Fernando dos Santos. *O Teatro Experimental do Negro: Estudo da personagem negra em duas peças encenadas (1947-1951)*. São Paulo: IA-Unesp, 2008. Dissertação (Mestrado em Artes).

MOURA, Clóvis. "O quilombo dos Palmares". In: ______. *Rebeliões da senzala: Quilombos, insurreições, guerrilhas*. Rio de Janeiro: Conquista, 1972. pp. 183-96.

MOURA, Clóvis. *O preconceito de cor na literatura de cordel: Tentativa de análise sociológica*. São Paulo: Resenha Universitária, 1976.

______. "Organizações negras". In: SINGER, Paul; BRANT, Vinicius Caldeira (Orgs.). *São Paulo: O povo em movimento*. Petrópolis: Vozes; São Paulo: Cebrap, 1980. pp. 143-75.

______. *Dicionário da escravidão negra no Brasil*. São Paulo: Edusp, 2004.

MOURA, Roberto. *Tia Ciata e a Pequena África no Rio de Janeiro*. Rio de Janeiro: Secretaria Municipal de Cultura, Turismo e Esportes; Departamento Geral de Documentação e Informação Cultural, Divisão de Editoração, 1983.

MÜLLER, Liane Susan. *"As contas do meu rosário são balas de artilharia": Irmandade, jornal e sociedades negras em Porto Alegre 1889-1920*. Porto Alegre: PUC-RS, 1999. Dissertação (Mestrado em História).

MÜLLER, Maria Lúcia Rodrigues. *Educadores & alunos negros na Primeira República*. Brasília: Ludens; Rio de Janeiro: Fundação Biblioteca Nacional, 2008.

MÜLLER, Ricardo Gaspar. "Identidade e cidadania: O Teatro Experimental do Negro". *Dionysos*, n. 28, pp. 11-53, 1988.

MUNANGA, Kabengele. "Arte afro-brasileira: O que é afinal?". In: AGUILAR, Nelson. *Mostra do Redescobrimento: Arte afro-brasileira (Afro-Brazilian Art)*. São Paulo: Fundação Bienal de São Paulo; Associação Brasil 500 Anos Artes Visuais, 2000. pp. 98-111.

______. *Rediscutindo a mestiçagem no Brasil: Identidade nacional versus identidade negra*. Belo Horizonte: Autêntica, 2004.

______. "Pan-africanismo, negritude e Teatro Experimental do Negro". *Ilha*, Florianópolis, v. 18, n. 1, pp. 107-20, 2016.

______; GOMES, Nilma Lino. *O negro no Brasil de hoje*. São Paulo: Global; Ação Educativa, 2006.

MUSEU AFRO BRASIL. "Benjamim de Oliveira". Disponível em: <www.museuafrobrasil.org.br/pesquisa/hist%C3%B3ria-e-mem%C3%B3ria/historia-e-memoria/2014/12/30/benjamim-de-oliveira>. Acesso em: 14 maio 2020.

MUSEU DO OURO/CPO-TEST — códice 2, Cf. 86v-91. Testamento de Bárbara Gomes de Abreu e Lima — Sabará, 12 jul. 1735.

MUYLAERT, Roberto. *Barbosa: Um gol silencia o Brasil*. São Paulo: Bússola, 2013.

NABOR JR. "Jackson do Pandeiro: Sua majestade, o rei do ritmo". O Menelick 2º Ato, maio 2010. Disponível em: <www.omenelick2ato.com/musicalidades/jackson-do-pandeiro>. Acesso em: 4 ago. 2020.

______. "Em nome do pai: Arquivos desconhecidos de uma história não revelada". Omenelick, jul. 2014. Disponível em: <www.omenelick2ato.com/historia-e-memoria/em-nome-do-pai>. Acesso em: 4 ago. 2020.

NAPOLEÃO, Antônio Carlos; ASSAF, Roberto. *Seleção brasileira: 90 anos, 1914-2004*. Rio de Janeiro: CBF; Mauad, 2004.

NASCIMENTO, Abdias do. *O negro revoltado*. Rio de Janeiro: GRD, 1968.

NASCIMENTO, Álvaro Pereira do. *João Cândido: O mestre sala dos mares*. Niterói: Eduff, 2020. Coleção Personagens do Pós-Abolição v. 6.

______. "O vaivém da memória: Marcílio Dias e João Cândido na história". In: CARVALHO, José Murilo de; NEVES, Lúcia Maria Bastos Pereira das (Orgs.). *Repensando o Brasil do Oitocentos: Cidadania, política e liberdade*. Rio de Janeiro: Civilização Brasileira, 2009. pp. 531-59.

NASCIMENTO, Álvaro Pereira do. "Trabalhadores negros e o 'paradigma da ausência': Contribuições à história social do trabalho no Brasil". *Estudos Históricos*, Rio de Janeiro, v. 29, n. 59, pp. 607-26, set./dez. 2016.

NASCIMENTO, Dorval do. "Representações de intelectuais em *Vencidos e degenerados*, de Nascimento Moraes". *Revista Outros Tempos*, São Luís, v. 9, n. 14, pp. 32-47, 2012.

NASCIMENTO, Elisa Larkin. *O sortilégio da cor: Identidade, raça e gênero no Brasil*. São Paulo: Summus; Selo Negro, 2003.

NASCIMENTO, Maria Ercilia do. *A estratégia da desigualdade: O movimento negro dos anos 70*. São Paulo: PUC-SP, 1989. Dissertação (Mestrado em História).

NASCIMENTO, Rômulo Luiz Xavier. *Palmares: Os escravos contra o poder colonial*. São Paulo: Terceiro Nome, 2014.

"NASCIMENTO Moraes". Literafro, 26 fev. 2019. Disponível em: <www.letras.ufmg.br/literafro/autores/339-nascimento-moraes>. Acesso em: 4 ago. 2020.

NAVA, Pedro. *Baú de ossos*. São Paulo: Companhia das Letras, 2012.

NAVAS-TORÍBIO, Luíza Garcia do Nascimento. *O negro na literatura maranhense*. São Luís: Academia Maranhense de Letras, 1990.

NAVES, Rodrigo. "Debret, o neoclassicismo e a escravidão". In: ______. *A forma difícil: Ensaios sobre arte brasileira*. São Paulo: Ática, 1996. pp. 41-75.

"NEGRA da Maré e socióloga, Marielle foi a 5ª vereadora mais votada do Rio". G1, 15 mar. 2018.

NEGRO, Antonio Luigi; GOMES, Flávio dos Santos. "Além de senzalas e fábricas: Uma história social do trabalho". *Tempo Social*, São Paulo, v. 18, n. 1, pp. 217-40, 2006.

NETO, Lira. *O inimigo do rei*. Ed. ilustrada. Rio de Janeiro: Globo, 2006.

NETO, Manoel dos Santos. *O negro no Maranhão*. São Luís: Clara Comunicação e Editora, 2004.

NETTO, Rangel Cerceau. "Famílias mestiças e as representações identitárias entre as maneiras de viver e as formas de pensar em Minas Gerais, no século XVIII". In: PAIVA, Eduardo França; AMANTINO, Marcia; IVO, Isnara Pereira (Orgs.). *Escravidão e mestiçagens: Ambientes, paisagens e espaços*. São Paulo: Annablume, 2011. v. 1, pp. 1-177.

NETTO, Rangel Cerceau; PAIVA, Eduardo França. "Uma mamaluca poderosa entre Itu e Pitangui no início do século XVIII". In: CATÃO, Leandro Pena (Org.). *Pitangui colonial: História e memória*. Belo Horizonte: Crisálida, 2011. pp. 1-154.

NOBRE, Carlos. *Mães de Acari: Uma história de luta contra a impunidade*. Rio de Janeiro: Relume-Dumará, 1994.

NÓBREGA, Cida; ECHEVERRIA, Regina. *Mãe Menininha do Gantois: Uma biografia*. Salvador: Corrupio; Ediouro, 2006.

NOGUEIRA, André Luís Lima. *Entre cirurgiões, tambores e ervas: Calunduzeiros e curadores ilegais em ação nas Minas Gerais (século XVIII)*. Rio de Janeiro: Garamond, 2016.

NOGUEIRA, Mara Genecy Centeno; PIMENTEL, Nábila Raiana Magno. "Da ameaça à esperança: Memórias e histórias sobre a primeira mãe de santo do município de Porto Velho". *Labirinto*, Porto Velho, ano X, n. 13, pp. 90-101, ago. 2010.

"NOVO Horizonte". USP — Imprensa Negra Paulista. Disponível em: <http://biton.uspnet.usp.br/imprensanegra/index.php/novo-horizonte/>. Acesso em: 4 ago. 2020.

NÚCLEO DE ESTUDOS AFRO-BRASILEIRO, INDÍGENA E DE FRONTEIRA MARIA DIMPINA LOBO DUARTE. Disponível em: <http://numdi.ifmt.edu.br/>. Acesso em: 4 ago. 2020.

NUNES, Benedito; PEREIRA, Ruy; PEREIRA, Soraia Reolon (Orgs.). *Dalcídio Jurandir: Romancista da Amazônia*. Belém: Secult; Rio de Janeiro: Fundação Casa de Rui Barbosa, 2006.

NUNES, Karla Leonora Dahse. "Sonhos, conquistas e desencantos: Excertos da vida de Antonieta de Barros". In: DOMINGUES, Petrônio; GOMES, Flávio dos Santos (Orgs.). *Experiências da emancipação: Biografias, instituições e movimentos sociais no pós-abolição (1890-1980)*. São Paulo: Selo Negro, 2011, pp. 203-24.

NUNES NETO, Francisco Antonio. "A configuração de um ícone de nacionalidade: As tias baianas no Rio de Janeiro". *Proa: Revista de Antropologia e Arte*, Campinas, v. 9, n. 1, pp. 44-73, 2019.

O LIBERAL. Belém, 4 fev. 1998. Entrevista com Elizena Roffy e Rita Andréa, fev. 2000.

O MUSEU de Arte da Bahia. Apresentação Sylvia Menezes de Athayde. [São Paulo]: Banco Safra, 1997.

"O PRETO das três coroas". *O Jornal*, Rio de Janeiro, 31 jan. 1929.

O UNIVERSO mágico do barroco brasileiro. Curadoria Emanoel Araújo. São Paulo: Sesi, 1998. Exposição realizada na Galeria de Arte do Sesi, no período de 30 mar. a 3 ago. 1998.

ODA, Ana Maria Galdini Raimundo. *Alienação mental e raça: A psicopatologia comparada dos negros e mestiços brasileiros na obra de Raimundo Nina Rodrigues*. Campinas: FCM-Unicamp, 2003. Tese (Doutorado em Psiquiatria).

______; DALGALARRONDO, Paulo. "Juliano Moreira: Um psiquiatra negro frente ao racismo científico". *Revista Brasileira de Psiquiatria*, São Paulo, v. 22, n. 4, pp. 178-9, 2000.

OLIVA, Fernando (Org.). *Rubem Valentim: Construções afro-atlânticas*. São Paulo: Masp, 2018.

OLIVEIRA, Anderson José Machado de. "Santos negros e negros devotos: A Irmandade Santo Elesbão e Santa Efigênia no Rio de Janeiro, século XIX". *Cativeiro e Liberdade*, Rio de Janeiro, ano 2, v. 4, jul./dez. 1996.

______. *Devoção negra: Santos pretos e catequese no Brasil colonial*. Rio de Janeiro: Quartet; Faperj, 2008.

OLIVEIRA, Ângela Pereira. *A racialização nas entrelinhas da imprensa negra: O caso* O Exemplo *e* A Alvorada *— 1920-1935*. Pelotas: UFPel, 2017. Dissertação (Mestrado em História).

OLIVEIRA, Eduardo de (Org.). *Quem é quem na negritude brasileira*. São Paulo: Congresso Nacional Afro-Brasileiro; Brasília: Secretaria Nacional de Direitos Humanos do Ministério da Justiça, 1998.

OLIVEIRA, Evaldo Ribeiro. *Narrativas de Thereza Santos: Contribuições para a educação das relações étnico-raciais*. São Carlos: UFSCar, 2008. Dissertação (Mestrado em Educação).

OLIVEIRA, Fábio Nogueira de. *Clóvis Moura: Trajetória intelectual, práxis e resistência negra*. Salvador: Eduneb, 2016.

______; RIOS, Flavia. "Consciência negra e socialismo: mobilização racial e redes socialistas na trajetória de Hamilton Cardoso (1953-1999)". *Contemporânea*, São Carlos, v. 4, n. 2, pp. 507-30, 2014.

OLIVEIRA, Fernanda. *Luciana Lealdina de Araújo e Maria Helena Vargas da Silveira: História de mulheres negras no pós-abolição do sul do Brasil*. Niterói: Eduff, 2020. Coleção Personagens do Pós-Abolição v. 2.

OLIVEIRA, Igor Fonsêca de. *"Por não querer servir ao seu senhor": Os quilombos volantes do vale do Cotinguiba (Sergipe Del Rei, século XIX)*. Pernambuco: UFPE, 2015. Tese (Doutorado em História).

OLIVEIRA, José Henrique Motta de. *Entre a macumba e o espiritismo: Uma análise comparativa das estratégias de legitimação durante o Estado Novo*. Rio de Janeiro: UFRJ, 2007. Dissertação (Mestrado em História Comparada).

OLIVEIRA, Laerte Fernandes de. *Em um porão de São Paulo: O Lira Paulistana e a produção alternativa*. São Paulo: Annablume; Fapesp, 2002.

OLIVEIRA, Lúcia Lippi. *Elite intelectual e debate político nos anos 30: Uma bibliografia comentada da Revolução de 1930*. Rio de Janeiro: Ed. FGV, 1980.

OLIVEIRA, Maria Inês Côrtes de. *O liberto: O seu mundo e os outros*. Salvador, 1790-1890. São Paulo: Corrupio; CNPq, 1988.

______. "Viver e morrer no meio dos seus. Nações e comunidades africanas na Bahia no século XIX", *Revista USP*, São Paulo, n. 28, pp. 174-93, 1995-6.

OLIVEIRA, Mariani Bandeira Cruz. "Caminhos e des(caminhos) em busca de liberdade: Damásia e Benedita nos registros judiciais da vila de Castro, na segunda metade do século XIX". *Anais do XXX Simpósio Nacional de História — História e o futuro da educação no Brasil*, ANPUH, 2019, Recife.

______. "Damásia, Quitéria e Felícia: Dos sonhos de liberdade e estratégias de resistência escrava na Villa de Castro (1850-1860)". *Anais do IX Encontro de Escravidão e Liberdade no Brasil Meridional*, 2019: Florianópolis: Edições do Bosque, 2019.

OLIVEIRA, Maybel Sulamita de. *O Teatro Experimental do Negro em meio à militância e a intelectualidade: Eventos programáticos realizados entre 1945 e 1950*. Rio de Janeiro: Unirio, 2018. Dissertação (Mestrado em História Social).

OLIVEIRA, Myriam Andrade Ribeiro de; SANTOS FILHO, Olinto Rodrigues dos; SANTOS, Antonio Fernando Batista dos. *O Aleijadinho e sua oficina: Catálogo das esculturas devocionais*. Rio de Janeiro: Capivara, 2002.

OLIVEIRA, Renata Saldanha. *Cativos julgados: Experiências sociais escravas de autonomia, sobrevivência e liberdade em Cachoeira do Sul na segunda metade do século XIX*. Santa Maria: UFSM, 2013. Dissertação (Mestrado em História).

OLIVEIRA, Silveira. "A evocação do 20 de novembro: As origens". In: GOMES, Flávio. *Mocambos de Palmares: Histórias e fontes (séculos XVI-XIX)*. Rio de Janeiro: 7Letras; Faperj, 2010. pp. 149-54.

OLIVEIRA, Vinicius Pereira. *De Manoel Congo a Manoel de Paula: Um africano ladino em terras meridionais*. Porto Alegre: EST, 2006.

OLIVEIRA FILHO, Arthur L. de; SILVA, Marília Trindade Barboza da. *Cartola: Os tempos idos*. Rio de Janeiro: Funarte, 1997.

OLIVEN, Ruben George. "A invisibilidade social e simbólica do negro no Rio Grande do Sul". In: LEITE, Ilka Boaventura (Org.). *Negros no Sul do Brasil: Invisibilidade e territorialidade*. Florianópolis: Letras Contemporâneas, 1996. pp. 13-32.

ORICO, Osvaldo. *O Tigre da Abolição*. [S.l.]: Gráfica Olímpica Editora, 1953.

OS GRUPOS: A DÉCADA DE 40. São Paulo: Museu Lasar Segall, 1977. (Ciclo de Exposições de Pintura Brasileira Contemporânea).

OSCAR, João. *Escravidão & engenhos: Campos, São João da Barra, Macaé, São Fidélis*. Rio de Janeiro: Achiamé, 1985.

OSÓRIO, Helen. "'Com a sua marca': Trajetórias e experiências de trabalhadores escravos e livres da pecuária no Brasil meridional". In: FORTES, Alexandre; LIMA, Henrique Espada; XAVIER, Regina Célia Lima; PETERSEN, Sílvia Regina Ferraz (Orgs.). *Cruzando fronteiras: Novos olhares sobre a história do trabalho*. São Paulo: Fundação Perseu Abramo, 2013. pp. 187-203.

"OSVALDÃO". Memórias da Ditadura. Disponível em: <http://memoriasdaditadura.org.br/biografias-da-resistencia/osvaldao/>. Acesso em: 4 ago. 2020.

OTSUKA, Alexandre Ferro. *Antônio Bento: Discurso e prática abolicionista na São Paulo da década de 1880*. São Paulo: USP, 2016. Dissertação (Mestrado em História Social).

OTT, Carlos. *A Escola bahiana de pintura: 1764-1850*. Ed. de Emanoel Araújo. São Paulo: MWM-IFK, 1982. (Coleção MWM-IFK).

PAEZZO, Sylvan. *Memórias de Madame Satã*. Rio de Janeiro: Lidador, 1973.

PAIVA, Andréa Lúcia da Silva de. "Quando os 'objetos' se tornam 'santos': Devoção e patrimônio em uma igreja no Centro do Rio de Janeiro". *Textos Escolhidos de Cultura e Arte Populares*, Rio de Janeiro, v. 11, n. 1, pp. 53-70, 2014.

PAIVA, Eduardo França. "Amuletos, práticas culturais e comércio internacional". *Anais do XX Simpósio Nacional de História — ANPUH*. Florianópolis: Associação Nacional de História; São Paulo: Humanitas; FFLCH-USP/ANPUH, 1999. pp. 995-1005.

______. "Mulheres de diversas 'qualidades' e seus testamentos na colonial, escravista e mestiça capitania das Minas Gerais". In: XAVIER, Giovana; FARIAS, Juliana Barreto; GOMES, Flávio (Orgs.). *Mulheres negras no Brasil escravista e do pós-emancipação*. São Paulo: Selo Negro, 2012. pp. 11-23.

PAIXÃO, Marcelo; GOMES, Flávio. "Histórias das diferenças e das desigualdades revisitadas: Notas sobre gênero, escravidão, raça e pós-emancipação". In: XAVIER, Giovana; FARIAS, Juliana Barreto; GOMES, Flávio (Orgs.). *Mulheres negras no Brasil escravista e do pós-emancipação*. São Paulo: Selo Negro, 2012. pp. 297-313.

PALMA, Rogerio da; TRUZZI, Oswaldo. "A dependência reconstruída: A trajetória do escravo Felício no Oeste Paulista (1847-1920)". *Revista Brasileira de Ciências Sociais*, São Paulo, v. 34, n. 99, e349908, 2018.

PALUMBO, Patricia. *Vozes do Brasil*. São Paulo: DBA, 2002. v. 1.

PANTOJA, Ana Renata do Rosário de Lima. *Cabanagem: Uma revolta camponesa no Acará*. Belém: Prefeitura Municipal de Belém, 2004.

PANTOJA, Ana Renata do Rosário de Lima. *Terra de revolta*. Belém: Imprensa Oficial do Estado do Pará, 2014.

PAPALI, Maria Aparecida C. R. *Escravos, libertos e órfãos: A construção da liberdade em Taubaté (1871-1895)*. São Paulo: Annablume, 2003.

PARÉS, Luis Nicolau. "Milicianos barbeiros e traficantes numa irmandade católica de africanos minas e jejes (Bahia, 1770-1830)". *Tempo*, Niterói, v. 20, pp. 1-32, 2014.

PARREIRAS, Antônio. *História de um pintor, contada por ele mesmo: Brasil-França: 1881-1936*. Apres. de Athayde Parreiras. Niterói: Diário Oficial, 1943.

PASSOS, Eridan. *José do Patrocínio*. Rio de Janeiro: Ed. do Autor, 2016.

PAULA, Gerdal José de. "Geraldo Filme: Um notável registro do samba paulistano". *Revista Música Brasileira*, Rio de Janeiro, 2012. Disponível em: <www.revistamusicabrasileira.com.br/memoria/geraldo-filme-um-notavel-registro-do-samba-paulistano>. Acesso em: 4 ago. 2020.

PAULA, Jeziel de. *1932: Imagens construindo a história*. Campinas: Ed. da Unicamp; Piracicaba: Editora Unimep, 1998.

"PAULO Silva". Academia Brasileira de Música. Disponível em: <www.abmusica.org.br/academico/%E2%80%8Bpaulo-silva/>. Acesso em: 4 ago. 2020.

PAVÃO, Jacira. Transcrição do processo-crime e pesquisa nos jornais. In: FERRETTI, Mundicarmo. *Pajelança do Maranhão no século XIX: O processo de Amélia Rosa*. São Luís: CMF; Fapema, 2004.

PEDRO, Alessandra. *Liberdade sob condição: Alforrias e política de domínio senhorial em Campinas, 1855-1871*. Campinas: Unicamp, 2009. Dissertação (Mestrado em História).

______. "Atentando contra a liberdade: Os senhores de escravos nas ações de manutenção de liberdade em Campinas, 1860-1888". In: *Anais do XXVI Simpósio Nacional de História*, 2011, São Paulo.

PEÇANHA, Celso. *Nilo Peçanha e a revolução brasileira*. Rio de Janeiro: Civilização Brasileira; 1969.

PEÇANHA, Nilo. *Economia e finanças: Campanha presidencial (1921-1922)*. Rio de Janeiro: Imprensa Nacional, 1922.

PEDROSA, Adriano; OLIVA, Fernando (Orgs. e curadoria). *Maria Auxiliadora: Vida cotidiana, pintura e resistência*. São Paulo: MASP, 2018.

PEDROSA, Adriano; SCHWARCZ, Lilia Moritz. *Histórias mestiças*. São Paulo: Instituto Tomie Ohtake; Rio de Janeiro: Cobogó, 2014.

PEDROZA, Antonia Márcia Nogueira. "Tramas do direito e da justiça local: A luta de Hypolita pela sua liberdade e de seus filhos em Crato (Ceará) e em Exu (Pernambuco) no século XIX". *Afro-Ásia*, Salvador, n. 51, pp. 137-76, 2015.

PEIXOTO, Rodrigo Corrêa Diniz. "Memória social da Guerrilha do Araguaia e da guerra que veio depois". *Boletim do Museu Paraense Emílio Goeldi*, Belém, v. 6, n. 3, pp. 479-99, 2011.

PENA, Eduardo Spiller. *Pajens da Casa Imperial: Jurisconsultos, escravidão e a lei de 1871*. Campinas: Ed. da Unicamp, 2001.

PERALTA, Antônio Carlos. *Um vento de fogo: Joãozinho da Gomeia, o homem do seu tempo*. Vassouras: Universidade de Vassouras, 2000. Dissertação (Mestrado em História).

PEREIRA, Amauri Mendes. *Trajetória e perspectivas do movimento negro brasileiro*. São Paulo: Nandyala, 2008.

PEREIRA, Amauri Mendes. *O mundo negro: Relações raciais e a constituição do movimento negro contemporâneo no Brasil*. Rio de Janeiro: Pallas; Faperj, 2013.

PEREIRA, Amauri Mendes; SILVA, Joselina da (Orgs.). *O movimento negro brasileiro: Escritos sobre os sentidos de democracia e justiça social no Brasil*. Belo Horizonte: Nandyala, 2009.

PEREIRA, Amauri Mendes; PEREIRA, Amilcar Araujo; ALBERTI, Verena. "Entrevista com Joel Rufino dos Santos". *Estudos Históricos*, Rio de Janeiro, v. 26, n. 52, pp. 491-518, 2013.

PEREIRA, Amilcar Araújo. *Paulo Silva: Um contraponto nas relações raciais no Brasil*. Niterói: Eduff, 2020. Coleção Personagens do Pós-Abolição v. 4.

PEREIRA, Arley. *Cartola: Semente de amor sei que sou, desde nascença*. Pref. de Elton Medeiros. 2. ed. rev. e ampl. São Paulo: SESC-SP, 2008.

PEREIRA, Cristiana Schettini. *"Que tenhas teu corpo": Uma história social da prostituição no Rio de Janeiro das primeiras décadas republicanas*. Campinas: Unicamp, 2002. Tese (Doutorado em História).

PEREIRA, Josenildo de Jesus. *As representações da escravatura na imprensa jornalística do Maranhão na década de 1880*. São Paulo: USP, 2007. Tese (Doutorado em História Social).

______. "'Vão-se os anéis e ficam os dedos': Escravidão, cotidiano e ideias abolicionistas no Maranhão do século XIX". In: GALVES, Marcelo Cheche; COSTA, Yuri (Orgs.). *O Maranhão oitocentista*. São Luís: Ed. da UEMA, 2015. pp. 303-33.

PEREIRA, Júlio César Medeiros da Silva. *À flor da terra: O Cemitério dos Pretos Novos no Rio de Janeiro*. Rio Janeiro: Prefeitura do Rio de Janeiro; Garamond, 2007.

PEREIRA, Leonardo Affonso de Miranda. *Footballmania: Uma história social do futebol no Rio de Janeiro, 1902-1938*. Rio de Janeiro: Nova Fronteira, 2000.

______. *As barricadas da Saúde: Vacina e protesto popular no Rio de Janeiro da Primeira República*. São Paulo: Fundação Perseu Abramo, 2002.

PEREIRA, Magnus Roberto de Mello. "Águeda disse não: A história de um martírio". In: *Libertem Maria Águeda!* Curitiba: Fundação Cultural de Curitiba, 2014. p. 13.

______. "Por que uma praça Maria Águeda em Araucária?". Informativo Centro Cultural Humaita, 2018. Disponível em: <https://informativocentroculturalhumaita.wordpress.com/2018/04/03/uma-praca-para-maria-agueda/>. Acesso em: 4 ago. 2020.

PEREIRA, Maria Apparecida Franco (Coord.). *História da mulher na história*. Santos: Leopoldianum, 1997.

PEREIRA, Matheus Serva. *Uma viagem possível: Da escravidão à cidadania. Quintino de Lacerda e as possibilidades de integração dos ex-escravos no Brasil*. Niterói: UFF, 2011. Dissertação (Mestrado em História).

PEREIRA, Nunes. *O sahiré e o marabaixo*. Recife: Fundaj; Massangana, 1989.

PEREIRA, Paloma Veras. *As relações de poder em uma cidade em ruínas: O lugar dos excluídos no romance* Vencidos e degenerados. São Luís: UFMA, 2018. Dissertação (Mestrado em Letras).

PEREIRA, Rodrigo. *Análise do espaço e da cultura material no extinto terreiro da Gomeia (Duque de Caxias/RJ): Um estudo etnoarqueológico*. Rio de Janeiro: UFRJ, 2019. Tese (Doutorado em Arqueologia).

PEREIRA, Vantuil. *Ao soberano Congresso: Direitos do cidadão na formação do Estado imperial brasileiro (1822-1831)*. São Paulo: Alameda, 2010.

PEREIRA, Zuleica Dantas. *O terreiro Oba Oganté: Parentesco, sucessão e poder*. Recife: CFCH-UFPE, 1994. Dissertação (Mestrado em Antropologia).

PERUSSATTO, Melina Kleinert. *Como se de ventre livre nascesse: Experiências de cativeiro, parentesco, emancipação e liberdade nos derradeiros anos da escravidão — Rio Pardo/ RS (c. 1860-c. 1888)*. São Leopoldo: Unisinos, 2010. Dissertação (Mestrado em História).

______. *Arautos da liberdade: Educação, trabalho e cidadania no pós-abolição a partir do jornal* O Exemplo *de Porto Alegre* (c. 1892-c. 1911). Porto Alegre: UFRGS, 2018. Tese (Doutorado em História).

PESSANHA, Andréa Santos. *Da abolição da escravatura à abolição da miséria: A vida e as ideias de André Rebouças*. Rio de Janeiro: Quartet; Belford Roxo: Uniabeu, 2005.

______. "Narrativas sobre a abolição: Republicanos e monarquistas em torno do 13 de Maio". In: GALVES, Cheche Marcelo; BEZERRA, Nielson Rosa; BORRALHO, José Henrique de Paula (Orgs.). *Pontos, contrapontos não desvendados: Os vários tecidos sociais de um Brasil oitocentista*. São Luís: Café e Lápis; UEMA, 2011. pp. 189-201.

______. "Geração de 1870: Nação e raça no contexto da abolição". *Revista UNIABEU*, Belford Roxo, v. 5, n. 9, pp. 13-23, 2012.

PESSI, Bruno Stelmach. *Entre o fim do tráfico e a abolição: A manutenção da escravidão em Pelotas, RS, na segunda metade do século XIX (1850-1884)*. São Paulo: USP, 2012. Dissertação (Mestrado em História Social).

PETTA, Renata Lemos. *A memória dos moradores do Araguaia sobre Osvaldão: Liderança, lute e resistência!*. São Paulo: USP, 2016. Dissertação (Mestrado em Mudança Social e Participação Política).

PICCININI, Walmor J. "Gustavo Kohler Riedel (1887-1934)". *Psychiatry On-Line Brazil*, v. 13, n. 2, 2008.

PIMENTEL, Nábila Raiana Magno. "Dona Esperança Rita da Silva: Uma mãe de santo na Estrada de Ferro Madeira-Mamoré". In: *Projeto Populações Afro-Amazônicas de Rondônia*. Relatório Parcial Pibic/ CNPq. Porto Velho: UNIR, 2010.

______. "Migração e religião: A vida de dona Esperança Rita da Silva e as transformações no cenário de Porto Velho, século XX". X Encontro Regional Sudeste de História Oral. Educação das sensibilidades: Violência, desafios contemporâneos. Campinas: Unicamp, 2013.

PINHEIRO, Claudio Costa. *Quereis ser escravo? Escravidão, saberes de dominação e trajetórias de vida na cidade do Rio de Janeiro, 1808-1865*. Rio de Janeiro: Museu Nacional, 1998. Dissertação (Mestrado em Antropologia Social).

PINHEIRO, Maria Cristina Luz. "O trabalho de crianças escravas na cidade de Salvador 1850-1888". *Afro-Ásia*, Salvador, n. 32, pp. 159-83, 2005.

PINHEIRO, Paulo César; PACHECO, Edil. *Afros e afoxés da Bahia*. [S.l.]: Polydor, 1988. LP.

PINTO, Ana Flávia Magalhães. *Imprensa negra no Brasil do século XIX*. São Paulo: Selo Negro, 2010.

______. *Fortes laços em linhas rotas: Literatos negros, racismo e cidadania na segunda metade do século XIX*. Campinas: Unicamp, 2014. Tese (Doutorado em História).

PINTO, Ana Flávia Magalhães. "Caminhos da cidadania: Trabalhadores de baixo prestígio e alistamento eleitoral na freguesia da Sé em São Paulo, 1890-1892". *Revista do Arquivo Geral da Cidade do Rio de Janeiro*, n. 9, pp. 143-58, 2015.

______. "Revisitando *O Exemplo*: A imprensa negra e os vários sentidos da liberdade". In: SILVA, Fernanda Oliveira da; PERUSSATTO, Melina Kleinert; WEIMER. Rodrigo de Azevedo; SILVA, Sarah Calvi Amaral (Orgs.). *Ciclo de debates sobre o jornal* O Exemplo: *Temas, problemas e perspectivas*. Porto Alegre: IHGRGS, 2015. pp. 19-24.

______. "José do Patrocínio: Abolição, racismo e uma pedra no caminho chamada Sílvio Romero". In: PINTO, Ana Flávia Magalhães; CHALHOUB, Sidney (Orgs.). *Pensadores negros — pensadoras negras: Brasil, séculos XIX e XX*. Belo Horizonte: Fino Traço, 2016. pp. 105-28.

______. *Escritos de liberdade: Literatos negros, racismo e cidadania no Brasil oitocentista*. Campinas: Ed. da Unicamp, 2018.

______. "Vicente de Souza: intersecções e confluências na trajetória de um abolicionista, republicano e socialista negro brasileiro". *Estudos Históricos*, Rio de Janeiro, v. 32, n. 66, pp. 267-86, 2019.

PINTO, Ana Flávia Magalhães; CHALHOUB, Sidney (Orgs.). *Pensadores negros — pensadoras negras: Brasil, séculos XIX e XX*. Belo Horizonte: Fino Traço, 2016.

PINTO, Ana Flávia Magalhães; FREITAS, Felipe da Silva. "Luiza Bairros, uma 'bem lembrada' entre nós 1953-2016". *Afro-Ásia*, Salvador, n. 55, pp. 215-76, 2017.

PINTO, Benedita Celeste de Moraes. *Filhas das matas: Práticas e saberes de mulheres quilombolas na Amazônia Tocantina*. Belém: Açaí, 2010.

______; COSTA, João Paulo Alves. "Mulheres quilombolas de Icatu: História, memória e protagonismo social da Amazônia Tocantina". In: OLIVEIRA, Mara Rita Duarte de; PINTO, Benedita Celeste de Moraes; COSTA, Gilcilene Dias (Orgs.). *Saberes culturais, educação e mediações pedagógicas*. Pará de Minas: Virtual Books, 2016. pp. 181-96.

PINTO, Elisabete Aparecida. *Etnicidade, gênero e educação: A trajetória de vida de Laudelina de Campos Mello*. São Paulo: Anita Garibaldi, 2015.

PINTO, Natália Garcia. *A bênção meu compadre: Experiências de parentesco, escravidão e liberdade em Pelotas, 1830-1850*. São Leopoldo: Unisinos, 2012. Dissertação (Mestrado em História).

PINTO, Regina Pahim. *O movimento negro em São Paulo: Luta e identidade*. Ponta Grossa: Ed. UEPG; São Paulo: Fundação Carlos Chagas, 2013.

PIOVESAN, Stefhanie. "'Escravo reprodutor' teve mais de 200 filhos e viveu 130 anos, afirma família". G1, 14 ago. 2016. Disponível em: <http://g1.globo.com/sp/sao-carlos-regiao/noticia/2016/08/escravo-reprodutor-pata-seca-teve-mais-de-200-filhos-e-viveu-130-anos.html>. Acesso em: 4 ago. 2020.

PIRATININGA JR., Luiz Gonzaga. *Dietário dos escravos de São Bento*. São Paulo: Hucitec, 1991.

PIRES, Antonio Liberac Cardoso Simões. *Bimba, Pastinha e Besouro de Mangangá: Três personagens da capoeira baiana*. Palmas; Goiânia: UFT; Grafset, 2002.

______. *A capoeira na Bahia de Todos os Santos*. Goiânia: UFT; Grafset, 2005.

PIRES, Antonio Liberac Cardoso Simões. *As associações de homens de cor e a imprensa negra paulista*. Belo Horizonte: Daliana; Brasília: MEC/ Secad; Palmas: Neab-UFT, 2006.

PIRES, Antônio Liberac Cardoso Simões; OLIVEIRA, Rosy (Orgs.). *Sociabilidades negras: Comunidades remanescentes, escravidão e cultura*. Belo Horizonte: Daliana, 2006.

PIROLA, Ricardo Figueiredo. *Senzala insurgente: Malungos, parentes e rebeldes nas fazendas de Campinas (1832)*. Campinas: Ed. da Unicamp, 2011.

PISANI, Josefina da Silva. "Antonieta de Barros". In: DUARTE, Eduardo de Assis (Org.). *Literatura e afrodescendência no Brasil: Antologia crítica*. Belo Horizonte: Editora UFMG, 2011. (v. 1: Precursores.)

"PIXINGUINHA". In: *Enciclopédia da música brasileira: Erudita, folclórica e popular*. 2. ed. São Paulo: Publifolha, 1998.

"PIXINGUINHA". Instituto Moreira Salles. Disponível em: <https://pixinguinha.com.br/vida/>. Acesso em: 4 ago. 2020.

POMPEU, Maria Joana Gomes. *Etnografia do Cunvidado: Trabalho e lazer de grupos familiares em Tomásia, Cametá-PA*. Belém: UFPA, 2001. Dissertação (Mestrado em Desenvolvimento Sustentável do Trópico Úmido).

PONTUAL, Roberto. *Dicionário das artes plásticas no Brasil*. Rio de Janeiro: Civilização Brasileira, 1969.

______. *Arte brasileira contemporânea: Coleção Gilberto Chateaubriand*. Apres. de Pereira Carneiro. Trad. de Florence Eleanor Irvine John Knox. Rio de Janeiro: Jornal do Brasil, 1976.

POOLE, Deborah. *Vision, Race and Modernity: A Visual Economy of the Andean Image World*. Princeton: Princeton University Press, 1997.

POPINIGIS, Fabiane. "Maria Mina e as disputas pelo mercado de trabalho em Desterro, século XIX". *Revista de História Comparada*, Rio de Janeiro, v. 7, n. 1, pp. 115-35, 2013.

POPONIGIS, Fabiane. "'Aos pés dos pretos e pretas quitandeiras': Experiências de trabalho e estratégias de vida em torno do primeiro mercado público do Desterro, 1840-1890". *Afro-Ásia*, Salvador, n. 46, pp. 193-226, 2012.

PORTELA, Bruna Marina. *Gentio da terra, gentio da Guiné: A transição da mão de obra escrava e administrada indígena para a escravidão africana (Capitania de São Paulo, 1697-1780)*. Curitiba: UFPR, 2014. Tese (Doutorado em História).

POZZANETO, Provino. "Como se fora de ventre-livre: Estudos sobre alforrias no Amazonas imperial", Programa de Iniciação Científica — PIBIC/CNPQ/UFAM, Relatório Final, ago. 2009. Disponível na Biblioteca Setorial do ICHL/UFAM.

PRANDI, Reginaldo (Org.). *Encantaria brasileira: O livro dos mestres, caboclos e encantados*. Rio de Janeiro: Pallas, 2001.

PRATT, Mary Louise. *Os olhos do império: Relatos de viagem e transculturação*. Bauru: Edusc, 1999.

PRESTES, Anita Leocádia. *A Coluna Prestes*. 3. ed. São Paulo: Brasiliense, 1991.

PRIORE, Mary Del. *Ao sul do corpo: Condição feminina, maternidades e mentalidades no Brasil Colônia*. Brasília: EdUnB; Rio de Janeiro: José Olympio, 1993.

PROCESSO criminal, n. 261, 1927 — Arquivo Nacional-RJ.

PROCURA-SE Irenice. Direção: Marco Escrivão, Thiago B. Mendonça. São Paulo, 2016. (25 min.). Curta-documentário.

"PROPOSIÇÃO: Projeto de lei número 205/2013". Câmara Municipal de Juiz de Fora, 2013. Disponível em: <www.camarajf.mg.gov.br/sal/textop.php?num=47501&sequencia=2>. Acesso em: 4 ago. 2020.

PRUDENTE, Celso Luiz (Org.). *Cinema negro: Algumas contribuições reflexivas para a compreensão da questão do afrodescendente na dinâmica sociocultural da imagem*. Mogi das Cruzes: Orion, 2015.

PRUDENTE, Celso Luiz; SILVA, Darcilene Célia (Orgs.). *A dimensão pedagógica do cinema negro: Aspectos de uma arte para afirmação ontológica do negro brasileiro: O olhar de Celso Prudente*. Curitiba: Prisma, 2018.

PUCCINI, Sérgio. "A voz e o microfone: Uma análise de *Partido alto*, documentário de Leon Hirszman". *Contemporanea*, Salvador, v. 17, n. 2, pp. 285-304, 2019.

QUEIROZ, Jonas Marçal. "História, mito e memória: O Cunani e outras repúblicas". In: GOMES, Flávio dos Santos (Org.). *Nas terras do cabo Norte: Fronteiras, colonização e escravidão na Guiana Brasileira — séculos XVIII e XIX*. Belém: Edufpa, 1999. v. 1, pp. 337-66.

QUEIROZ, Suely Robles Reis de. *Escravidão negra em São Paulo: Um estudo das tensões provocadas pelo escravismo no século XIX*. Rio de Janeiro: José Olympio, 1977.

QUILOMBO. Rio de Janeiro, p. 6, dez. de 1948 apud CUNHA, Vanessa Lima. "Quilombo: A voz do Teatro Experimental do Negro (Rio de Janeiro, 1940/1950)". *Cadernos de Clio*, Curitiba, n. 3, pp. 283-300, 2012.

QUINTÃO, Antonia Aparecida. *Irmandades negras: Outro espaço de resistência e luta (São Paulo: 1870-1890)*. São Paulo: Annablume, 2002.

______. *Lá vem o meu parente: As irmandades de pretos e pardos no Rio de Janeiro e em Pernambuco (século XVIII)*. São Paulo: Annablume; Fapesp, 2002.

RAFAEL, Ulisses Neves. "As mulheres nos xangôs das Alagoas". In: SCHUMAHER, Schuma (Org.). *Gogó de emas: A participação das mulheres na história do estado de Alagoas*. São Paulo: Imprensa Oficial, 2004. pp. 93-9.

______. *Xangô rezado baixo: Religião e política na Primeira República*. São Cristóvão: Ed. UFS; Maceió: Edufal, 2012.

RAMBELLI, Gilson. "Arqueologia de naufrágios e a proposta de estudo de um navio negreiro". *Revista de História da Arte e Arqueologia*, Campinas, n. 6, pp. 97-106, dez. 2006.

RAMOS, Ana Flávia Cernic. *As máscaras de Lélio: Política e humor nas crônicas de Machado de Assis (1883-1886)*. Campinas: Ed. da Unicamp, 2016.

RAMOS, Donald. "O quilombo e o sistema escravista em Minas Gerais do século XVIII". In: REIS, João José; GOMES, Flávio dos Santos. *Liberdade por um fio: História dos quilombos no Brasil*. São Paulo: Companhia das Letras, 1996. pp. 164-92.

"RAQUEL Trindade". Enciclopédia Itaú Cultural de Arte e Cultura Brasileiras. Disponível em: <http://enciclopedia.itaucultural.org.br/pessoa276957/raquel-trindade>. Acesso em: 4 ago. 2020.

RASCKE, Karla Leandro. "Imprensa negra e combate ao racismo (Florianópolis, 1914-1925)". *Tempo & Argumento*, Florianópolis, v. 10, n. 25, pp. 38-65, 2018.

RATTS, Alex. *Eu sou Atlântica: Sobre a trajetória de vida de Beatriz Nascimento*. São Paulo: Imprensa Oficial; Instituto Kuanza, 2007.

RATTS, Alex; GOMES, Bethânia et al. (Orgs.). *Todas (as) distâncias: Poemas, aforismos e ensaios de Beatriz Nascimento*. Salvador: Ogum's Toques Negros, 2015.

RATTS, Alex; RIOS, Flavia. *Lélia Gonzalez*. São Paulo: Selo Negro, 2010.

"RAUL Joviano do Amaral". Liteafro, 4 out. 2019. Disponível em: <www.letras.ufmg.br/literafro/autores/388-raul-joviano-do-amaral>. Acesso em: 4 ago. 2020.

"RAYMUNDO de Souza Dantas". Literafro UFMG, 31 jan. 2018. Disponível em: <www.letras.ufmg.br/literafro/autores/391-raymundo-de-souza-dantas>. Acesso em: 4 ago. 2020.

REALE, Miguel. "Pedro Lessa e a filosofia positiva em São Paulo". *Revista dos Tribunais*, São Paulo, v. 54, n. 62, pp. 12-61, 1959.

REBOUÇAS, André. *Diário e notas autobiográficas*. Org. de Ignácio José Veríssimo e Ana Flora Veríssimo. Rio de Janeiro: José Olympio, 1938.

RECENSEAMENTO do Rio de Janeiro (Distrito Federal): Realisado em 20 de setembro de 1906. Rio de Janeiro: Officina da Estatistica, 1907. Disponível em: <https://biblioteca.ibge.gov.br/visualizacao/livros/liv49678.pdf>. Acesso em: 4 ago. 2020.

REGINALDO, Lucilene. *Os rosários dos angolas: Irmandades negras, experiências escravas e identidades africanas na Bahia setecentista*. Campinas: Unicamp, 2005. Tese (Doutorado em História).

______. *Os rosários dos angolas: Irmandades de africanos e crioulos na Bahia setecentista*. São Paulo: Alameda; Fapesp, 2011.

REIS, Adriana Dantas. "Mulheres 'afrodescendentes' na Bahia: Gênero, cor e mobilidade social (1780-1830)". In: XAVIER, Giovana; FARIAS, Juliana Barreto; GOMES, Flávio (Orgs.). *Mulheres negras no Brasil escravista e do pós-emancipação*. São Paulo: Selo Negro, 2012. pp. 24-34.

REIS, Andressa Mercês Barbosa dos. *Zumbi: Historiografia e imagens*. Franca: Unesp, 2004. Dissertação (Mestrado em História).

REIS, Isabel Cristina Ferreira dos. "'Uma negra que fugio, e consta que já tem dous filhos': Fuga e família entre escravos na Bahia". *Afro-Ásia*, Salvador, n. 23, pp. 29-48, 1999.

______. *Histórias de vida familiar e afetiva de escravos na Bahia do século XIX*. Salvador: Ed. UFBA, 2001.

______. *A família negra no tempo da escravidão: Bahia, 1850-1888*. Campinas: IFCH-Unicamp, 2007. Tese (Doutorado em História Social).

REIS, João José (Org.). *Escravidão e invenção da liberdade: Estudos sobre o negro no Brasil*. São Paulo: Brasiliense, 1988.

______. "Identidade e diversidade étnica nas irmandades negras no tempo da escravidão". *Tempo*, Rio de Janeiro, v. 2, n. 3, pp. 199-242, 1997.

______. *Rebelião escrava no Brasil: A história do levante dos malês em 1835*. São Paulo: Companhia das Letras, 2003.

______. *Domingos Sodré, um sacerdote africano: Escravidão, liberdade e candomblé na Bahia do século XIX*. São Paulo: Companhia das Letras, 2008.

______. "Há duzentos anos: A revolta escrava de 1814 na Bahia". *Topoi*, Rio de Janeiro, v. 15, n. 28, pp. 68-115, 2014.

REIS, João José; AZEVEDO, Elciene (Orgs.). *Escravidão e suas sombras*. Salvador: Ed. UFBA, 2012.

REIS, João José; CARVALHO, Marcus Joaquim Maciel de; GOMES, Flávio dos Santos. *O alufá Rufino: Tráfico, escravidão e liberdade no Atlântico Negro (c. 1823-c. 1853)*. São Paulo: Companhia das Letras, 2010.

REIS, João José; GOMES, Flávio dos Santos (Orgs.). *Liberdade por um fio: História dos quilombos no Brasil*. São Paulo: Companhia das Letras, 2003.

REIS, João José; GOMES, Flávio dos Santos (Orgs.). "Repercussions of the Haitian Revolution in Brasil, 1791-1850". In: GEGGUS, David Patrick; FIERING, Norman (Orgs.). *The World of the Haitian Revolution*. Bloomington: Indiana University Press, 2009. pp. 284-313.

REIS, Letícia Vidor de Souza. *O mundo de pernas para o ar: A capoeira no Brasil*. São Paulo: Publisher Brasil; Fapesp, 1997.

REIS JR., José Maria dos. *História da pintura no Brasil*. Pref. de Oswaldo Teixeira. São Paulo: Leia, 1944.

"RELAÇÃO das casas habitadas por negros libertos, e que por se ajuntarem em algumas delas escravos, devem ser conhecidas das autoridades e vigiadas pela Polícia" [2 abr. 1835]. Arquivo Público do Estado do Maranhão, Guarda Municipal Permanente, 0331, Mapoteca 01, Gaveta 4.

RENASCENÇA Clube. Disponível em: <www.facebook.com/RenascencaClube/>. Acesso em: 4 ago. 2020.

REQUERIMENTO que a S. Exa. Fez Floriana Maria, parda forra assistente em casa de José Luís dos Reis sobre ser liberta como dele consta. In: APM, SC, cód. 186, fls. 40V.

RESENDE, Beatriz. *Lima Barreto e o Rio de Janeiro em fragmentos*. 2. ed. São Paulo, Rio de Janeiro, Belo Horizonte: Autêntica, 2016.

RESENDE, Leandro. *Cadê o Amarildo? O desaparecimento do pedreiro e o caso das UPPs*. Rio de Janeiro: Baioneta, 2019.

RESENDE, Maria Efigênia Lage de; VILLALTA, Luiz Carlos (Org.). *História de Minas Gerais*. Belo Horizonte: Autêntica, 2013. 2 v.

REVEL, Jacques (Org.). *Jogos de escalas: A experiência da microanálise*. Rio de Janeiro: FGV, 1998.

RIBEIRO, Alexandre Vieira. "Eram de Cabinda e de Molembo? Uma análise sobre as viagens negreiras do norte de Angola para a Bahia nas primeiras décadas do século XIX presentes no banco de dados The Trans-Atlantic Slave Trade". In: RIBEIRO, Alexandre; GEBARA, Alexsander; BITTENCOURT, Marcelo (Orgs.). *África passado e presente: II Encontro de Estudos Africanos da UFF*. Niterói: Eduff, 2010. pp. 65-73.

______. "Apontamentos sobre o tráfico de escravos entre Angola e Brasil". In: PAIVA, Eduardo França; SANTOS, Vanicléia Silva (Org.). *África e Brasil no mundo moderno*. São Paulo; Belo Horizonte: Annablume, 2012. pp. 29-47.

RIBEIRO, Christian Carlos Rodrigues. *O pensamento social de Clóvis Moura*. Campinas: Unicamp, 2020. Relatório de qualificação de Tese (Doutorado em Sociologia). Universidade Estadual de Campinas, 2020.

RIBEIRO, Elisandra Cantanhede; RIBEIRO, Elizania Cantanhede; SILVA, José Jonas Borges da. "Maria Aragão: Mulher negra de lutas". *Kwanissa*, São Luís, v. 1, n. 1, pp. 41-55, 2018.

RIBEIRO, João Luiz. *No meio das galinhas as baratas não têm razão: A lei de 10 de junho de 1835: Os escravos e a pena de morte no Império do Brasil (1822-1889)*. Rio de Janeiro: Renovar, 2005.

RIBEIRO, João Ubaldo. *Viva o povo brasileiro*. Rio de Janeiro: Nova Fronteira, 1984.

RIBEIRO, Rafaela Machado. *O negro e seu mundo: Vida e trabalho no pós-abolição em Campos dos Goytacazes (1883-1893)*. Campos: UENF, 2012. Dissertação (Mestrado em Sociologia Política).

RIBEIRO, Rafaela Machado; LEMOS, Carlos Eugênio Soares de. "Sobre um escravo que sabia ler e o princípio de uma suposta insurreição em Campos dos Goytacazes (1871-1877)". *História & Perspectivas*, Uberlândia, n. 59, pp. 98-113, 2019.

RIBEIRO, Wagner. Entrevista com Benedito Lima de Toledo. *Leituras da História*, São Paulo, n. 50, abr. 2012.

RIBEIRO NETO, Alexandre. "Acalanto: Ensinando as primeiras letras aos filhos dos libertos em Vassouras (1871-1910)". In: MAC CORD, Marcelo; ARAÚJO, Carlos Eduardo Moreira de; GOMES, Flávio dos Santos (Orgs.). *Rascunhos cativos: Educação, escolas e ensino no Brasil escravista*. Rio de Janeiro: 7Letras, 2017. pp. 179-95.

____. "Um levante por meio da escrita: A carta da Comissão de Libertos de Paty do Alferes para Rui Barbosa". *Revista Educação e Cultura Contemporânea*, Rio de Janeiro, v. 17, n. 49, pp. 151-75, 2020.

RIO, João do. *As religiões do Rio*. Rio de Janeiro: Nova Aguilar, 1976. (Coleção Biblioteca Manancial, n. 47.)

RIOS, Ana Lugão; MATTOS, Hebe. *Memórias do cativeiro: Família, trabalho e cidadania no pós-abolição*. Rio de Janeiro: Civilização Brasileira, 2005.

______. "O pós-abolição como problema histórico: Balanços e perspectivas". *Topoi*, Rio de Janeiro, v. 5, n. 8, pp. 170-98, jan./jun. 2004.

RIOS, Flavia. "A trajetória de Thereza Santos: Comunismo, raça e gênero durante o regime militar". *Plural*, São Paulo, v. 21, n. 1, pp. 73-95, 2014.

______; RATTS, Alex. "A perspectiva interseccional de Lélia Gonzalez". In: PINTO, Ana Flávia Magalhães; CHALHOUB, Sidney (Orgs.). *Pensadores negros — pensadoras negras: Brasil, séculos XIX e XX*. Belo Horizonte: Fino Traço, 2016. pp. 387-404.

RIOS, Iara Nancy A. "Juliano Moreira: Modernidade e civilização na Primeira República brasileira". *Bahia com História*, Salvador, n. 3, mar. 2016. Disponível em: <http://bahiacomhistoria.ba.gov.br/?artigos=artigo-juliano-moreira-modernidade-e-civilizacao-na-primeira-republica-brasileira>. Acesso em: 4 ago. 2020.

ROCHA, Karolina Fernandes. *Mensageiras da liberdade: Mulheres, abolicionismo e recrutamento militar (Província do Espírito Santo 1836-1888)*. Vitória: UFES, 2016. Dissertação (Mestrado em História).

ROCHA, Lauro Cornélio. *A exclusão do negro 1850-1888: Uma interpretação histórica das leis abolicionistas*. São Paulo: USP, 1999. Dissertação (Mestrado em História).

ROCHA, Mateus Ramalho. "Padres mestres e padres pregadores: Apontamentos histórico-descritivos sobre os estudos superiores no mosteiro de São Bento do Rio de Janeiro de 1590 a 1890". *Coletânea*, Rio de Janeiro, tomo I, pp. 12-54, 1990.

ROCHA, Saulo Moreno. *Esboços de uma biografia de musealização: O caso da Jangada Libertadora*. Rio de Janeiro: Programa de Pós-Graduação em Museologia e Patrimônio da Unirio; Museu de Astronomia e Ciências Afins (MAST), 2018. Dissertação (Mestrado em Museologia e Patrimônio).

ROCHA, Solange P. "Cardoso Vieira, um homem negro na composição das elites da Paraíba oitocentista: Biografia, memória e história". *Crítica Histórica*, Maceió, v. 3, n. 6, pp. 1-18, 2012.

______. "Mulheres escravizadas na Paraíba oitocentista: Trabalho, contradições e lutas por liberdade". In: XAVIER, Giovana; FARIAS, Juliana Barreto; GOMES, Flávio (Orgs.). *Mulheres negras no Brasil escravista e do pós-emancipação*. São Paulo: Selo Negro, 2012. pp. 84-97.

RODRIGUES, Gefferson Ramos. *Escravos, índios e soldados: Povo, política e revolta na América portuguesa do século XVIII (Pernambuco, Minas Gerais e Bahia)*. Niterói: UFF, 2015. Tese (Doutorado em História).

RODRIGUES, Jaime. *De costa a costa: Escravos, marinheiros e intermediários do tráfico negreiro de Angola ao Rio de Janeiro (1780-1860)*. São Paulo: Companhia das Letras, 2005.

RODRIGUES, João Carlos. *João do Rio: Uma biografia*. Rio de Janeiro: Topbooks, 1996.

RODRIGUES, Nina. "A Troia Negra: Erros e lacunas da história dos Palmares". *Revista do Instituto Archeologico, Geographico e Historico Pernambucano*, Recife, v. 11, n. 63, pp. 572-645, 1904.

RODRIGUES FILHO, Mário. *O negro no futebol brasileiro*. 2. ed. ampl. em forma definitiva. Rio de Janeiro: Civilização Brasileira, 1964.

ROMÃO, Jeruse (Org.). *História da educação do negro e outras histórias*. Brasília: Ministério da Educação; Secretaria de Educação Continuada, Alfabetização e Diversidade, 2005.

ROMERO, Silvio. *Cantos populares do Brasil*. Lisboa: Nova Livraria Internacional, 1883.

ROSA, Marcus Vinícius de Freitas. *Além da invisibilidade: História social do racismo em Porto Alegre durante o pós-abolição (1884-1918)*. Campinas: Unicamp, 2014. Tese (Doutorado em História).

______; SILVEIRA, Cássia Daiane Macedo da. "O voo de Ícaro: Arthur da Rocha e o mundo letrado na Porto Alegre do final do século XIX". In: PINTO, Ana Flávia Magalhães; CHALHOUB, Sidney (Orgs.). *Pensadores negros — pensadoras negras: Brasil, séculos XIX e XX*. Belo Horizonte: Fino Traço, 2016. pp. 145-64.

ROSCHEL, Renato. "Jackson do Pandeiro". Almanaque Música, *Folha de S.Paulo*, São Paulo. Disponível em: <http://almanaque.folha.uol.com.br/jacksondopandeiro.htm>. Acesso em: 4 ago. 2020.

______. "Jamelão". Almanaque Folha. Disponível em: <almanaque.folha.uol.com.br/jamelao.htm>. Acesso em: 4 ago. 2020.

ROSSI, Amanda; COSTA, Camilla. "Muito além da princesa Isabel, 6 brasileiros que lutaram pelo fim da escravidão no Brasil". BBC News Brasil, 13 maio 2020. Disponível em: <www.bbc.com/portuguese/brasil-44091469>. Acesso em: 4 ago. 2020.

ROSSI, Gustavo. "Uma família de cultura: Os Souza Carneiro na Salvador de inícios do século XX". *Lua Nova*, São Paulo, n. 85, pp. 81-131, 2012.

______. *O intelectual feiticeiro: Edison Carneiro e o campo de estudos das relações raciais no Brasil*. Campinas: Ed. da Unicamp, 2015.

RUBENS, Carlos. *Pequena história das artes plásticas no Brasil*. São Paulo: Nacional, 1941. (Brasiliana. Série 5ª: Biblioteca Pedagógica Brasileira, 198).

RUBIO, Katia. *Heróis olímpicos brasileiros*. São Paulo: Zouk, 2004.

______; VELOSO, Rafael Campos. "As mulheres no esporte brasileiro: Entre os campos de enfrentamento e a jornada heroica". *Revista USP*, São Paulo, n. 122, pp. 49-62, 2019.

RUSSELL-WOOD, A. J. R. *The Black Man in Slavery and Freedom in Colonial Brazil*. Londres: MacMillan, 1982.

"RUTH de Souza". In: Enciclopédia Itaú Cultural de Arte e Cultura Brasileiras. Disponível em: <http://enciclopedia.itaucultural.org.br/pessoa349507/ruth-de-souza>. Acesso em: 4 ago. 2020.

"RUTH Guimarães". Literafro, 7 jul. 2018. Disponível em: <www.letras.ufmg.br/literafro/autoras/434-ruth-guimaraes>. Acesso em: 4 ago. 2020.

SACRAMENTO, Flávio Márcio Cerqueira do. *De pardo infame a herói negro: O mestre alfaiate João de Deus do Nascimento*. Cachoeira: UFRB, 2016. Dissertação (Mestrado profissional em História da África, da Diáspora e dos Povos Indígenas).

SALLES, Vicente. *O negro na formação da sociedade paraense: Textos reunidos*. Belém: Paka-Tatu, 2004.

SAMPAIO, Gabriela dos Reis. *Juca Rosa: Um pai de santo na Corte imperial*. Rio de Janeiro: Arquivo Nacional, 2009.

SAMPAIO, Patrícia Melo. "Nas teias da fortuna: Acumulação mercantil e escravidão em Manaus, século XIX". *Mneme: Revista de Humanidades*, Caicó, v. 3, n. 6, pp. 49-70, 2002.

SAMYN, Henrique Marques. "Por uma releitura de Laura Santos". Letras Pretas, 8 maio 2018. Disponível em: <https://letraspretas.com/2018/05/08/por-uma-releitura-de-laura-santos/>. Acesso em: 4 ago. 2020.

______. "Por uma releitura de Laura Santos". Letras Pretas. Disponível em: <https://letraspretas.com/2018/05/08/por-uma-releitura-de-laura-santos/>. Acesso em: 4 ago. 2020.

SANDRONI, Carlos. *Feitiço decente: Transformações do samba no Rio de Janeiro (1917-1933)*. Rio de Janeiro: Jorge Zahar; Ed. UFRJ, 2001.

SANTANA, Aderivaldo Ramos de. "A extraordinária odisseia do comerciante Ijebu que foi escravo no Brasil e homem livre na França (1820-1842)". *Afro-Ásia*, Salvador, n. 57, pp. 9-53, 2018.

SANTANA, Carlos Augusto Alves. *Racismo, instrumentos legislativos e antirracismo: Uma história da trajetória de parlamentares negros no Congresso Nacional (1983-1991)*. Rio de Janeiro: UFRJ, 2018. Tese (Doutorado em História Comparada).

SANTANA, Isabel Almeida. "Escravidão e abolicionismo em Luís Anselmo da Fonseca: Reflexões e expectativas de um médico baiano em defesa da abolição". VIII Encontro Estadual de História. ANPUH-BA — Feira de Santana, 2016.

SANTANA, Ivo de. "Relações econômicas Brasil-África: A Câmara de Comércio Afro-Brasileira e a intermediação de negócios no mercado africano". *Estudos Afro-Asiáticos*, Rio de Janeiro, v. 25, n. 3, pp. 517-55, 2003.

SANTANA, Marcos. *Mãe Aninha de Afonjá: Um mito afro-baiano*. Salvador: Egba, 2006.

SANTANA FILHO, Élcior Ferreira de; FILUS, Cláudio (Coords.). *A escultura brasileira de 1920 a 1990: Perfil de uma identidade*. Curadoria de Emanoel Araújo, Sérgio Pizoli. Trad. de David Coles, Eloisa Marques, Daril Collard. São Paulo: Imprensa Oficial, 1997.

SANTIAGO, Silviano. *Machado*. São Paulo: Companhia das Letras, 2016.

SANTIAGO, Sindulfo. *Nilo Peçanha, uma época política*. Niterói: Ed. Sete, 1962.

SANTO, Spirito (Antônio José Espírito Santo). *Do samba ao Funk do Jorjão*. Rio de Janeiro: KBR, 2012.

______. "Entrevista com Maria Teresa, ex-escrava, em 1973". Geledés, 30 dez. 2014. Disponível em: <www.geledes.org.br/entrevista-com-maria-teresa-ex-escrava-em-1973/>. Acesso em: 4 ago. 2020.

SANTOS, Aderaldo Pereira dos. *Arma da educação: Cultura política, cidadania e antirracismo nas experiências do professor Hemetério José dos Santos*. Rio de Janeiro: UFRJ, 2019. Tese (Doutorado em Educação).

SANTOS, Adriana Monteiro. *O cotidiano da resistência escrava: São Luís do Maranhão (década de 1830)*. São Luís: UFMA, 2015. Dissertação (Mestrado em História Social).

SANTOS, André Carlos dos. *O crime compensa?: O preto Thomaz, seus crimes e a criminalidade escrava (1867-1871)*. Recife: UFPE, 2019. Tese (Doutorado em História).

SANTOS, Deoscóredes Maximiliano dos (Mestre Didi). *História de um terreiro nagô*. São Paulo: Carthago & Forte, 1994.

SANTOS, Flávio Gonçalves dos. "O movimento portuário de Salvador e as relações comerciais de objetos litúrgicos afro-brasileiros na segunda metade do século XIX". In: ______. *Portos e Cidades: Movimento portuário, Atlântico e diáspora africana*. Ilhéus: Editus; Ed. da UESC, 2011. pp. 179-96.

______. *Economia e cultura do candomblé na Bahia: O comércio de objetos litúrgicos afro-brasileiros — 1850-1937*. Ilhéus: Editus, 2013.

SANTOS, Francisco Martins dos. *História de Santos*. São Paulo: Emp. Gráfica Revista dos Tribunais, 1937. v. 2.

SANTOS, Gilca Ribeiro dos. "As contribuições pedagógicas de Ironides Rodrigues para o 'pensamento educacional' no Brasil, entre 1940 e 1960". *Anais da X Jornada do HISTEDBR: História da Educação: Intelectuais, memória e política*, Vitória da Conquista, v. 2, 2011.

______. *O pensamento educacional de Francisco Lucrécio e Ironides Rodrigues*. Uberlândia: UFU, 2013. Dissertação (Mestrado em Educação).

SANTOS, Helio. *A busca de um caminho para o Brasil: A trilha do círculo vicioso*. São Paulo: Senac, 2001.

SANTOS, Igor Bruno Cavalcante dos. *As famílias plurais e as contribuições para uma sociedade mestiça na comarca de Sabará (1720-1800)*. Mariana: UFOP, 2017. Dissertação (Mestrado em História).

SANTOS, Igor Gomes. *A horda heterogênea: Crime e criminalização de "comunidade volantes" na formação da nação, Bahia (1822-1853)*. Niterói: UFF, 2017. Tese (Doutorado em História).

SANTOS, Irene et al. (Orgs.). *Colonos e quilombolas: Memória fotográfica das colônias africanas de Porto Alegre*. Porto Alegre: Fumproarte; Prefeitura Municipal de Porto Alegre, 2010.

SANTOS, Isabel Silveira dos. *Abram-se as cortinas: Representações étnico-raciais de negros(as) e pedagogias abolicionistas no teatro de Arthur Rocha*. Canoas: Ulbra, 2009. Dissertação (Mestrado em Educação).

SANTOS, Ivair Augusto Alves dos. *Direitos humanos e as práticas de racismo*. Brasília: Edições Câmara, 2013.

SANTOS, Joel Rufino dos. "O movimento negro e a crise brasileira". *Política & Administração*, Rio de Janeiro, v. 2, n. 2, pp. 287-307, 1985.

______. *Zumbi*. São Paulo: Moderna, 1985.

SANTOS, José Antônio dos. *Raiou a Alvorada: Intelectuais negros e imprensa*. Pelotas: Ed. da UFPel, 2003.

_____. "Intelectuais negros e imprensa no Rio Grande do Sul: Uma contribuição ao pensamento social brasileiro". In: _____; SILVA, Gilberto Ferreira da; CARNEIRO, Luiz Carlos da Cunha (Orgs.). *RS negro: Cartografias sobre a produção do conhecimento*. Porto Alegre: EdiPUC-RS, 2008. pp. 83-99.

_____. "O curriculum vitae como vestígio do passado: Dario de Bittencourt (1901-1974): Uma eminência duplamente parda". *Anais do XI Encontro Estadual de História*. ANPUH, seção Rio Grande do Sul. Porto Alegre: UFRGS, 2008.

_____. *Prisioneiros da história: Trajetórias intelectuais na imprensa negra meridional*. Porto Alegre: PUC-RS, 2011. Tese (Doutorado em História).

_____. "1876-1928: Itinerários de um jornalista e burocrata negro". *Anais do XXVII Simpósio Nacional de História*. Natal: UFRN, 2013.

_____. "Imprensa negra: A voz e a vez da raça na história dos trabalhadores brasileiros". Disponível em: <www.ifch.unicamp.br/mundosdotrabalho/tex/josesantos.pdf>. Acesso em: 4 ago. 2020.

SANTOS, José Félix dos; NÓBREGA, Cida (Orgs.). *Mãe Senhora: Saudade e memória*. Salvador: Corrupio, 2000.

SANTOS, Jucimar Cerqueira dos. *Escolas noturnas para trabalhadores na Bahia (1870-1889)*. Salvador: UFBA, 2017. Dissertação (Mestrado em História).

_____; SANTOS, Mayara Priscilla de Jesus dos. "Da educação primária ao ensino superior: O desafio das mulheres de cor e trabalhadora para alcançar a educação escolar no Brasil entre o final do século XIX e início do século XX". *Canoa do Tempo*, Manaus, v. 11, n. 2, pp. 51-76, 2020.

SANTOS, Julio César Pereira dos. "'*Preto no branco*': *A trajetória do paraibano Elyseu Elias César no pós-abolição brasileiro (1871-1923)*. Recife: UFPE, 2019. Dissertação (Mestrado em História).

SANTOS, Katia. *Ivone Lara: A dona da melodia*. Rio de Janeiro: Garamond, 2011.

SANTOS, Luciany Aparecida Alves. "Inácio da Catingueira: A construção de um personagem negro na historiografia da literatura de cordel brasileira". *Cadernos Imbondeiro*, João Pessoa, v. 1, n. 1, pp. 1-8, 2010.

SANTOS, Lucimar Felisberto dos. *Cor, identidade e mobilidade social: Crioulos e africanos no Rio de Janeiro (1870-1888)*. Niterói: UFF, 2006. Dissertação (Mestrado em História Social).

_____. *A negação da herança social: Africanos e crioulos no âmbito de uma economia em expansão. Rio de Janeiro, 1870*. Salvador: Editora UFBA, 2013. Tese (Doutorado em História).

SANTOS, M. S. dos; SILVA, Renato Araújo da. "A trajetória do tipógrafo negro: Francisco de Paula Brito (1809-1861)". In: *Francisco de Paula Brito: 200 anos do primeiro editor brasileiro. O criador da Emp. Typ. Dous de Dezembro*. São Paulo: Imprensa Oficial; Museu Afro Brasil, 2010. pp. 38-41.

SANTOS, Maria Carolina. "Casa de Badia, a 'dama do carnaval', está esquecida e ameaçada". Marco Zero, 31 jan. 2020. Disponível em: <https://marcozero.org/casa-de-badia-a-dama-do-carnaval-esta-esquecida-e-ameacada/>. Acesso em: 4 ago. 2020.

SANTOS, Maria Janaina Silva dos. *Proteção social e território quilombola na Paraíba: História de luta e resistência no quilombo do Talhado*. João Pessoa: UFPB, 2015. Dissertação (Mestrado em Serviço Social).

SANTOS, Maria Rita. "Nascimento Moraes". In: DUARTE, Eduardo de Assis (Org.). *Literatura e afrodescendência no Brasil: Antologia crítica*. Belo Horizonte: Ed. UFMG, 2011. (v. 1: Precursores.)

SANTOS, Mário Ribeiro dos. *Trombones, tambores, repiques e ganzás: A festa das agremiações carnavalesca nas ruas do Recife (1930-1945)*. Recife: SESC Pernambuco, 2010.

SANTOS, Raquel Pinheiro dos. *Manoel Bomfim e Juliano Moreira: Aproximações e oposições ao racismo científico na Primeira República*. São Gonçalo: UERJ, 2014. Dissertação (Mestrado em História).

SANTOS, Ricardo Pinto dos. "Futebol e racismo no Brasil". *Revista do IHGB*, Rio de Janeiro, v. 439, pp. 131-48, 2008.

SANTOS, Sherol. *Apesar do cativeiro: Família escrava em Santo Antônio da Patrulha (1773-1824)*. São Leopoldo: Unisinos, 2009. Dissertação (Mestrado em História).

SANTOS, Thereza. *Malunga Thereza Santos: A história de vida de uma guerreira*. São Carlos: EdUFSCar, 2008.

SANTOS, Thiago Alberto Alves dos. *A liberdade e outras ilusões: A militância de Ismael Ribeiro dos Santos*. Salvador: UFBA, 2015. Dissertação (Mestrado em História).

SANTOS, Vanicleia Silva. *As bolsas de mandinga no espaço atlântico: Século XVII*. São Paulo: USP, 2008. Tese (Doutorado em História Social).

SANTOS, Wellington Barbosa dos. *Confederações abolicionistas no Maranhão na segunda metade do século XIX*. São Luís: Uema, 2008. Monografia (Licenciatura em História).

SANTOS, Ynaê Lopes dos. *Além da senzala: Arranjos escravos de moradia no Rio de Janeiro (1808-1850)*. São Paulo: Hucitec, 2010.

SANTOS, Ynaê Lopes dos. *Juliano Moreira: O médico negro na fundação da psiquiatria brasileira*. Niterói: Eduff, 2020. Coleção Personagens do Pós-Abolição v. 3.

SANTOS NETO, Manoel dos. *O negro no Maranhão*. São Luís: Clara Comunicação e Editora, 2004.

SARAIVA, Jacqueline. "Saiba quem era Marielle Franco, vereadora assassinada a tiros no Rio". *Estado de Minas*, Belo Horizonte, 15 mar. 2018.

SARAIVA, Luiz Fernando; FREIRE, Jonis. "Pertence à liberta Firmina, 9 de maio de 1888: Relações de crédito na transição do trabalho escravo para o livre em uma região cafeeira — Zona da Mata mineira". In: GUIMARÃES, Carlos Gabriel et al. (Orgs.). *Crédito & Descrédito: Relações Sociais de Empréstimos na América — séculos XVIII ao XIX*. Niterói: Eduff, 2018, pp. 282-316.

SCHUMAHER, Schuma; BRAZIL, Érico Vital (Orgs.). *Dicionário mulheres do Brasil: De 1500 até a atualidade. Biográfico e ilustrado*. Rio de Janeiro: Jorge Zahar, 2000.

_____. *Mulheres negras do Brasil*. Rio de Janeiro: REDEH (Rede de Desenvolvimento Humano), 2006.

SCHWARCZ, Lilia Moritz. *O espetáculo das raças: Cientistas, instituições e questão racial no Brasil, 1870-1930*. São Paulo: Companhia das Letras. 1993.

_____. *As barbas do imperador: D. Pedro II, um monarca nos trópicos*. São Paulo: Companhia das Letras, 1998.

SCHWARCZ, Lilia Moritz. "Dos males da dádiva: Sobre as ambiguidades no processo da abolição brasileira". In: CUNHA, Olívia Maria Gomes da; GOMES, Flávio dos Santos (Orgs.). *Quase-cidadão: Histórias e antropologias da pós-emancipação*. Rio de Janeiro: FGV, 2007. pp. 23-54.

______. "Lendo e agenciando imagens: O rei, a natureza e seus belos naturais". *Sociologia & Antropologia*, Rio de Janeiro, v. 4, n. 2, pp. 391-431, 2014.

______. *Lima Barreto: Triste visionário*. São Paulo: Companhia das Letras, 2017.

______. "A arte de despistar". In: PEDROSA, Adriano; OLIVA, Fernando (Orgs. e curadoria). *Maria Auxiliadora: Vida cotidiana, pintura e resistência*. São Paulo: Masp, 2018.

______. "Imagens da escravidão afro-atlântica: O outro do outro (século 16 ao 19)". In: PEDROSA, Adriano; CARNEIRO, Amanda; MESQUITA, André (Orgs.). *Histórias afro-atlânticas*. São Paulo: Masp, 2018. (v. 2: Antologia.)

SCHWARCZ, Lilia M.; GOMES, Flávio (Orgs.). *Dicionário da escravidão e liberdade*. São Paulo: Companhia das Letras, 2018.

SCHWARCZ, Lilia M.; MACHADO, Maria Helena P. T. (Orgs.). *Emancipação, inclusão e exclusão: Desafios do passado e do presente*. São Paulo: Edusp, 2018.

SCHWARCZ, Lilia Moritz; STUMPF, Lúcia. "Escravos de cá e de lá". In: PEDROSA, Adriano; CARNEIRO, Amanda; MESQUITA, André (Orgs.). *Histórias afro-atlânticas*. São Paulo: MASP, 2018. (v. 2 Antologia.) pp. 555-74.

SCHWARCZ, Lilia; MENEZES, Hélio. "Rubem Valentim: Arte como síntese". In: OLIVA, Fernando (Org.). *Rubem Valentim: Construções afro-atlânticas*. São Paulo: Masp, 2018. pp. 87-93.

SCHWARCZ; Lilia Moritz. *Nem preto nem branco, muito pelo contrário: Cor e raça na sociedade brasileira*. São Paulo: Companhia das Letras, 2013.

______. *Sobre o autoritarismo brasileiro*. São Paulo: Companhia das Letras, 2019.

SCHWARTZ, Stuart B. "Resistance and Accommodation in Eighteenth-Century Brazil: The Slaves View of Slavery". *Hispanic American Historical Review*, v. 57, n. 1, pp. 69-81, 1977.

______. "Mocambos, quilombos e Palmares: A resistência escrava no Brasil colonial". *Estudos Econômicos*, IPE-USP, São Paulo, v. 17, n. esp., pp. 61-88, 1987.

______. *Slaves, Peasants, and Rebels: Reconsidering Brazilian Slavery*. Urbana: University of Illinois Press, 1992.

______. "Repensando Palmares: Resistência escrava na colônia". In: ______. *Escravos, roceiros e rebeldes*. Bauru: Edusc, 2001. pp. 213-55.

______. "Tapanhuns, negros da terra e curibocas: Causas comuns e confrontos entre negros e indígenas". *Afro-Ásia*, Salvador, n. 29-30, pp. 13-40, 2003.

SCHWARZ, Roberto. *Um mestre na periferia do capitalismo: Machado de Assis*. São Paulo: Duas Cidades, 1990.

SECCHIN, Antonio Carlos; ALMEIDA, José Maurício Gomes de; SOUZA, Ronaldes de Melo e. *Machado de Assis: Uma revisão*. Rio de Janeiro: In-Fólio, 1998.

"SEÇÃO TEN". Ipeafro. Disponível em: <https://ipeafro.org.br/acoes/acervo-ipeafro/secao-ten/>. Acesso em: 4 ago. 2020.

SECRETO, Maria Verónica. *Fronteiras em movimento: História Comparada — Argentina e Brasil no século XIX*. Niterói: Eduff, 2012.

SEIXAS NETTO, A. "Rita-Maria". *Folclore: Boletim da Comissão Catarinense de Cultura*. Florianópolis, n. 34, pp. 29-30, 1981.

SEKULA, Allan. "The Body and the Archive". *October*, Cambridge, v. 39, pp. 3-64, 1986.

"SELMA Heloísa Artigas da Silva (Assassinato)". Movimento Gabriela Sou da Paz. Disponível em: <www.gabrielasoudapaz.org/site/>. Acesso em: 4 ago. 2020.

"SEMDH comunica o falecimento de Maria do Céu Ferreira da Silva". Geledés, 10 out. 2013. Disponível em: <www.geledes.org.br/semdh-comunica-o-falecimento-de-maria-ceu-ferreira-da-silva/>. Acesso em: 4 ago. 2020.

SEMOG, Éle. *Abdias Nascimento: O griot e as muralhas*. Rio de Janeiro: Pallas, 2006.

SENA, Sandra Catarina de. *"São quase todos pretos": Cotidiano e experiência da classe trabalhadora em Maceió pós-abolição*. Maceió: UFAL, 2019. Dissertação (Mestrado em História).

SENNA, Nelson de. "Duas enforcadas em Minas Gerais". *Annuario de Minas Geraes: Estatística, Historia, Chorographia, Finanças, Variedades, Biographia, Literatura e Indicações*, Belo Horizonte, n. 2, pp. 433-6, 1907.

"SERÁ candidato a vereador o prof. Geraldo Campos". *O Novo Horizonte*, São Paulo, n. 14, set. 1947.

SEVCENKO, Nicolau. *Orfeu extático na metrópole: São Paulo, sociedade e cultura nos frementes anos 20*. São Paulo: Companhia das Letras, 1998.

______. *A Revolta da Vacina: Mentes insanas em corpos rebeldes*. São Paulo: Scipione, 1999.

SFOGGIA, Lia; MESTRE NENEL (Orgs.). *Bimba: Um século de capoeira regional*. Salvador: Ed. UFBA, 2018.

"SIDNEY Amaral". In: Enciclopédia Itaú Cultural de Arte e Cultura Brasileiras. Disponível em: <https://enciclopedia.itaucultural.org.br/pessoa251377/sidney-amaral>. Acesso em: 4 ago. 2020.

SIEGEL, Micol. "Mães pretas, filhos cidadãos". In: CUNHA, Olivia Maria Gomes da; GOMES, Flávio dos Santos (Orgs.). *Quase cidadão: Histórias e antropologias da pós-emancipação no Brasil*. Rio de Janeiro: Ed. FGV, 2007. pp. 315-46.

SILVA, Adriana Maria Paulo da. *Aprender com perfeição e sem coação: Uma Escola para meninos pretos e pardos na Corte*. Brasília: Plano, 2000.

______. "A escola de Pretextato dos Passos e Silva: Questões a respeito das práticas de escolarização no mundo escravista". *Revista Brasileira de História da Educação*, Maringá, v. 2, n. 2, pp. 154-5, 2002.

SILVA, Alberto da Costa e. *Um rio chamado Atlântico: A África no Brasil e o Brasil na África*. Rio de Janeiro: Nova Fronteira, 2003.

______. "Comprando e vendendo Alcorões no Rio de Janeiro do século XIX". *Estudos Avançados*, São Paulo, v. 18, n. 50, pp. 285-94, 2004.

______. "Não se pode entender o Brasil sem conhecer a África". *Revista de História da Biblioteca Nacional*, Rio de Janeiro, ano 1, n. 1, pp. 52-7, jul. 2005.

SILVA, Alberto da Costa e. "Sem a África, o Brasil não existiria". *Revista de História da Biblioteca Nacional*, Rio de Janeiro, ano 1, n. 1, pp. 52-7, jul. 2005.

______. "Notícias da África". Civilizações Africanas, 7 jul. 2010. Disponível em: <http://civilizacoesafricanas.blogspot.

com/2010/07/noticias-da-africa.html>. Acesso em: 4 ago. 2020.

______. "José Bonifácio e o curso do Níger". *RIHGB*, Rio de Janeiro, ano 174, n. 460, pp. 253-80, 2013.

SILVA, Alexandra Lima da. "Pela liberdade e contra o preconceito de cor: A trajetória de Israel Soares". *Revista Eletrônica Documento/Monumento*, Cuiabá, v. 21, n. 1, pp. 1-17, 2017.

SILVA, Antônio Carlos Higino da. "Nas Docas do Imperador: Desafios de um projeto de modernização portuária no Brasil imperial". In: CHEVITARESE, André Leonardo; GOMES, Flávio dos Santos (Orgs.). *Dos artefatos e das margens*. Rio de Janeiro: 7Letras, 2018. pp. 7-26.

SILVA, Carlos Benedito Rodrigues da. *Da Terra das Primaveras à Ilha do Amor: Reggae, lazer e identidade cultural*. São Luís: Ed. da UFMA, 1995.

SILVA, Carlos Leonardo Bahiense da. "Fabricando o soldado, forjando o cidadão: O doutor Eduardo Augusto Pereira de Abreu, a Guerra do Paraguai e a educação física no Brasil". *Manguinhos: História, Ciências, Saúde*, Rio de Janeiro, v. 18, n. 2, pp. 337-54, 2011.

______. "Lancetas e bisturis em movimento: Cirurgia na Guerra do Paraguai (1864-1870)". In: PIMENTA, Tânia Salgado; GOMES, Flávio (Orgs.). *Escravidão, doenças e práticas de cura no Brasil*. Rio de Janeiro: Outras Letras, 2016. pp. 209-28.

SILVA, Célio. "Centenário de Grande Otelo é celebrado com mostra no Rio". G1, 17 nov. 2015. Disponível em: <http://g1.globo.com/rio-de-janeiro/noticia/2015/11/centenario-de-grande-otelo-e-celebrado-com-mostra-no-rio.html>. Acesso em: 4 ago. 2020.

SILVA, Cristina da Conceição; ROCHA, José Geraldo. "Um rei baiano reina em Duque de Caxias: O brilho de Joãozinho da Goméa em solo carioca". *Ciências Sociais e Religião*, Porto Alegre, ano 15, n. 18, pp. 77-88, jan./jun. 2013.

SILVA, Daniel B. Domingues da et al. "Using African Names to Identify the Origins of Captives in the Transatlantic Slave Trade: Crowd-Sourcing and the Registers of Liberated Africans, 1808-1862". *History in Africa*, Cambridge, v. 40, n. 1, pp. 165-91, 2013.

SILVA, Daniel Marques da. *O palhaço negro que dançou a chula para o Marechal de Ferro: Benjamim de Oliveira e a consolidação do circo-teatro no Brasil — mecanismos e estratégias artísticas como forma de integração social na Belle Époque carioca*. Rio de Janeiro: Unirio, 2004. Tese (Doutorado em Teatro).

______. "O palhaço negro que dançou a chula para o Marechal de Ferro". *Sala Preta*, São Paulo, n. 6, pp. 55-64, 2006.

SILVA, Denise Ferreira da. *O reverso do espelho: Cor e exclusão simbólica nas novelas de TV*. Rio de Janeiro: UFRJ, 1991. Dissertação (Mestrado em Sociologia).

SILVA, Eduardo. *Dom Obá d'África, o príncipe do povo: Vida, tempo e pensamento de um homem livre de cor*. São Paulo: Companhia das Letras, 1997.

SILVA, Erminia. *Circo-Teatro: Benjamim de Oliveira e a teatralidade circense no Brasil*. São Paulo: Altana, 2007.

SILVA, Fernanda Oliveira da. "Associativismo negro em terras sulinas: Das irmandades aos clubes para negros em Pelotas (1820-1943)". *Revista Thema*, Pelotas, v. 8, n. 2, pp. 29-37, 2013.

______. *As lutas políticas nos clubes negros: Culturas negras, racialização e cidadania na fronteira Brasil-Uruguai no pós-abolição (1870-1960)*. Porto Alegre: UFRGS, 2017. Tese (Doutorado em História).

______. "Clubes sociais negros: Um olhar sobre Pelotas". In: GASPAROTTO, Alessandra; MANKE, Lisiane Sias; ALTMAN, Lori (Orgs.). *Ações afirmativas e educação antirracista: Reflexões, propostas e ferramentas didáticas*. Francisco Beltrão: Calgan, 2018. pp. 40-3.

SILVA, Flávio. "'Pelo telefone' e a história do samba". *Revista Cultura*, Brasília, ano 8, 28 jan./jun. 1978.

SILVA, Gian Carlo de Melo. *Um só corpo, uma só carne: Casamento, cotidiano e mestiçagem no Recife colonial (1790-1800)*. Recife: Ed. Universitária UFPE, 2010.

SILVA, Gilberto Ferreira da; CARNEIRO, Luiz Carlos da Cunha (Orgs.). *RS negro: Cartografias sobre a produção do conhecimento*. Porto Alegre: EdiPUC-RS, 2008.

SILVA, Hélio. *Nilo Peçanha: 7º presidente do Brasil*. São Paulo: Ed. Três, 1983.

SILVA, Iraneide Soares da. *"É preta, é preto em todo canto da cidade: História e imprensa na São Luís/MA (1820-1850)*. Uberlândia: UFU, 2018. Dissertação (Mestrado em História).

SILVA, Jacinto da. *No tempo da escravidão: Experiências de senhores e escravos em Bragança Paulista (1871-1888)*. São Paulo: PUC-SP, 2009. pp. 103-8. Dissertação (Mestrado em História). Não publicada.

SILVA, Jackson Douglas Leal. *Trajetória do Teatro Experimental do Negro: Uma busca por novos caminhos comunicacionais*. Goiânia: UFG, 2018. Dissertação (Mestrado em Comunicação).

SILVA, João Amaro Monteiro da. "Ilê Ti Dudu: Memória negra do Recife". *Arrecifes: Revista do Conselho Municipal de Política Cultural*, v. 12, n. 31, nov. 2006.

______. Participação no Colóquio Internacional "Afro-identidades nas encruzilhadas: O gênio criativo africano e afro-diaspórico além da globalização e do século XXI", Ile-Ife: Universidade Obafemi Awolowo, 26 a 30 de agosto, 2013.

______. "Ilê Ti Dudu: Memória negra do Recife". In: COSTA, Valéria; Gomes, Flávio (Orgs.). *Religiões negras no Brasil: Da escravidão a pós-emancipação*. São Paulo: Selo Negro, 2016. pp. 320-31.

SILVA, Jônatas C. da. "Histórias de lutas negras: Memórias do surgimento do movimento negro na Bahia". In: REIS, João José (Org.). *Escravidão e invenção da liberdade: Estudos sobre o negro no Brasil*. São Paulo: Brasiliense, 1988. pp. 275-88.

SILVA, Jorge Anthonio e. *Arte e loucura: Arthur Bispo do Rosário*. São Paulo: Educ, 1998.

SILVA, Jorge da. *Direitos civis e relações raciais no Brasil*. Rio de Janeiro: Luam, 1994.

SILVA, José Bento Rosa da. *Do porão ao convés: Estivadores de Itajaí (SC) — Entre a memória e a história*. Recife: UFPE, 2001. Tese (Doutorado em História).

______. "A diáspora africana na foz do rio Itajaí (SC) nos séculos XVIII e XIX". *Estudos de Sociologia*, Recife, v. 2, n. 20, pp. 324-42, 2014.

SILVA, Joselina da. *Renascença, Lugar de negros no plural: Construções identitárias em um clube social de negros no Rio de Janeiro*. Rio de Janeiro: UERJ, 2001. Dissertação (Mestrado em Ciências Sociais).

______. "O negro baiano Pai Joãozinho da Gomeia: O candomblé de Duque de Caxias na mídia dos anos cinquenta". *Revista Magistro*, Duque de Caxias, v. 1, n. 1, pp. 38-53, 2010.

______. "Debates e reflexões de uma rede: A construção da União dos Homens de Cor". In: GOMES, Flávio dos Santos; DOMINGUES, Petrônio (Orgs.). *Experiências da emancipação: Biografias, instituições e movimentos sociais no pós-abolição (1890-1980)*. São Paulo: Selo Negro, 2011. pp. 225-48.

SILVA, Josenildo Pinheiro da. *A negritude e a camuflagem étnica em Auta de Souza: Uma reflexão sobre discurso, poder e identidade cultural*. São Paulo: Novas Edições Acadêmicas, 2015.

______; OLIVEIRA, Gleison Ruan Alexandre de. "Afrodescendência e afrobrasilidade em Auta de Souza". *Anais do V Encontro Nacional de Literatura Infanto juvenil e Ensino*, v. 1, Campina Grande, UFPB, 2014.

SILVA, Julio Claudio. *Uma estrela negra no teatro brasileiro: Relações raciais e de gênero nas memórias de Ruth de Souza (1945-1952)*. Manaus: UEA, 2017.

SILVA, Julio Romão da. *Luiz Gama e suas poesias satíricas*. Rio de Janeiro: Casa do Estudante do Brasil, 1954.

SILVA, Kalina Vanderlei. *Nas solidões vastas e assustadoras: A conquista do sertão de Pernambuco pelas vilas açucareiras nos séculos XVII e XVIII*. Recife: Cepe, 2010.

SILVA, Lívia Lima da. *A literatura fora do lugar: A constituição de poetas e escritores nos saraus das periferias de São Paulo*. São Paulo: USP, 2016. Dissertação (Mestrado em Estudos Culturais).

SILVA, Luara dos Santos. *"Etymologias preto": Hemetério José dos Santos e as questões raciais de seu tempo (1888-1920)*. Rio de Janeiro: Cefet, 2015. Dissertação (Mestrado em Relações Etnicorraciais).

SILVA, Lucas Scaravelli da. "Robson Silveira da Luz: Uma perspectiva histórica do encarceramento e genocídio do negro no Brasil". São Paulo: USP, 2020. Projeto de doutorado.

SILVA, Lúcia Helena Oliveira. "A pedagogia da liberdade ou as possibilidades de interpretação na ação de liberdade da escrava Maria". *Cadernos Pagu*, Campinas, n. 6-7, pp. 315--24, 1996.

______. *Paulistas afrodescendentes no Rio de Janeiro pós-abolição (1888-1926)*. São Paulo: Humanitas, 2016.

______. "Biografias e prosopografia: Onde começa e aonde acabam as histórias de militância, Benedito Evangelista, 1909-1940". In: OSÓRIO, Helen; XAVIER, Regina Célia Lima (Orgs.). *Do tráfico ao pós-abolição: Trabalho compulsório e livre e a luta por direitos sociais no Brasil*. São Leopoldo: Oikos, 2018, pp. 482-94.

SILVA, Lúcia Helena Oliveira; SILVA, Wilton Carlos Lima. "Deus te preteje: A identidade e sentimento na música de Itamar Assumpção". *Opsis*, Goiânia, v. 15, n. 1, pp. 257-70, 2015.

SILVA, Luiz (Cuti). "Luiz Gama: Uma trajetória além do seu tempo". *Estudos Afro-Asiáticos*, Rio de Janeiro, n. 16, pp. 59-69, 1989.

SILVA, Luiz Geraldo. "Negros patriotas: Raça e identidade social na formação do Estado-nação (Pernambuco, 1770--1830)". In: JANCSÓ, István (Org.). *Brasil: Formação do Estado e da nação*. São Paulo: Hucitec, 2003. pp. 497-520.

SILVA, Luiz Geraldo. "Gênese das milícias de pardos e pretos na América portuguesa: Pernambuco e Minas Gerais, séculos XVII e XVIII". *Revista de História*, São Paulo, n. 169, pp. 111-44, 2013.

SILVA, Luiz Geraldo. "Indivíduo e sociedade: Brás de Brito Souto e o processo de institucionalização das milícias de afrodescendentes livres e libertos na América portuguesa (1684--1768)". *Tempo*, Niterói, v. 23, n. 2, pp. 174-203, 2017.

SILVA, Maciel Henrique Carneiro da. "Delindra Maria de Pinho: Uma preta forra de honra no Recife da primeira metade do séc. XIX". *Afro-Ásia*, Salvador, n. 32, pp. 219-40, 2005.

______. *Pretas de honra: Vida e trabalho de domésticas e vendedoras no Recife do século XIX (1840-1870)*. Recife: Ed. Universitária UFPE, 2011.

SILVA, Mairton Celestino. "Em busca da liberdade: A condição escrava em Teresina na segunda metade do século XIX". *Anais do XXIII Simpósio Nacional de História*, Londrina, 2005. História: Guerra e paz; Londrina: Eduel, 2005.

______. *Batuque na rua dos negros: Escravidão e polícia na cidade de Teresina, século XIX*. Teresina: EdUFPI, 2014.

SILVA, Marcelo Fontenelle e. "Escalada da consagração e disputa pela memória: Itinerário político e homenagens a Maria Aragão a partir da redemocratização". *Revista Café com Sociologia*, São Luís, v. 6, n. 3, pp. 122-42, 2017.

SILVA, Maria Beatriz Nizza da. *História da família no Brasil colonial*. Rio de Janeiro: Nova Fronteira, 1998.

SILVA, Maria Celeste Gomes da; GOMES, Flávio dos Santos. "'A costa da Guiné é o remédio do Brasil': Senegâmbia, Maranhão e rotas do tráfico atlântico na América Portuguesa: Algumas aproximações". In: ALMEIDA, Suely Creusa Cordeiro de (Org.). *Histórias do mundo atlântico: Ibéria, América e África: Entre margens do XVI ao XXI*. Recife: Ed. UFPE, 2009. pp. 121-54.

SILVA, Maria Helena Nunes da. *O "príncipe" Custódio e a "religião" afro-gaúcha*, Recife: UFPE, 1999. Dissertação (Mestrado em Antropologia).

SILVA, Marília T. Barboza da; OLIVEIRA FILHO, Artur L. de. *Cartola: Os tempos idos*. Rio de Janeiro: Funarte, 1983.

SILVA, Marília T. Barboza da; SANTOS, Lygia. *Paulo da Portela: Traço de união entre duas culturas*. Rio de Janeiro: MEC; Funarte, 1989.

SILVA, Marinete dos Santos. "Clientes e circuitos da prostituição no Rio de Janeiro do século XIX". *Dimensões*, Vitória, n. 29, p. 374-91, 2012.

SILVA, Mário Augusto Medeiros da. "Reabilitando Virgínia Leone Bicudo". *Sociedade e Estado*, Brasília, v. 26, n. 2, pp. 435-45, 2011.

______. "Fazer história, fazer sentido: Associação Cultural do Negro (1954-1964)". *Lua Nova*, São Paulo, n. 85, pp. 227--73, 2012.

______. "Carolina Maria de Jesus e o associativismo político cultural negro nos anos 1960". In: ARRUDA, Aline Alves; BARROCA, Iara Christina Silva; TOLENTINO, Luana; MARRECO, Maria Inês (Orgs.). *Memorialismo e resistência: Estudos sobre Carolina Maria de Jesus*. Jundiaí: Paco, 2016. pp. 69-80.

SILVA, Mário Augusto Medeiros da. "Rastros do Cisne Preto: Lino Guedes, um escritor negro pelos jornais (1913-1969)". *Estudos Históricos*, Rio de Janeiro, v. 30, n. 62, pp. 597-622, 2017.

SILVA, Marley A. "Estimativas do tráfico de escravos no Grão--Pará (1617-1815)". In: PACHECO, Agenor Sarraf; SILVA, Jerônimo da Silva e (Orgs.). *Textos e fontes do Arquivo Público do Pará*. Belém: Imprensa Oficial do Estado, 2013. pp. 1-20.

SILVA, Petronilha Beatriz Gonçalves e. *Histórias de operários negros*. Porto Alegre: EST, 1987.

SILVA, Régia Agostinho da. *A escravidão no Maranhão: Maria Firmina dos Reis e as representações sobre escravidão e mulheres no Maranhão na segunda metade do século XIX*. São Paulo: USP, 2013. Tese (Doutorado em História Social).

______. "Entre poesias e crônicas: Falas sobre escravidão e abolição no Maranhão na segunda metade do século XIX". *Mnemosine*, Campina Grande, v. 5, n. 1, pp. 83-99, 2014.

SILVA, Ricardo Tadeu Caires. *Caminhos e descaminhos da abolição: Escravos, senhores e direitos nas últimas décadas da escravidão (Bahia, 1850-1888)*. Curitiba: UFPR, 2007. Tese (Doutorado em História).

SILVA, Rita de Cassia Santos. "Páscoa Vieira, uma escrava angolana: Do casamento arranjado ao tráfico atlântico". Texto inédito. V Encontro Internacional de Jovens Investigadores em História Moderna/ V International Meeting of Young Researchers in Early Modern History, V EJIHM. Coimbra, 2017.

______. *A vida desinquieta de Páscoa Vieira: Uma escrava nas malhas do Santo Ofício*. Alagoinhas: DEDC-Uneb, 2018. Dissertação (Mestrado em História).

SILVA, Tiago Cesar da; SILVA, Vanessa Faria e. "O outro lado da Abolição: O envolvimento dos maçons e dos negros no processo de emancipação do trabalho escravo". *Escritos*, Rio de Janeiro, ano 4, n. 4, pp. 319-39, 2010.

SILVA, Vagner Gonçalves da (Org.). *Caminhos da alma: Memória afro-brasileira*. São Paulo: Summus, 2002.

______. *Memória afro-brasileira: Caminhos da alma*. São Paulo: Selo Negro, 2002.

______; LODY, Raul. "Joãozinho da Gomeia: O lúdico e o sagrado na exaltação do candomblé". In: SILVA, Vagner Gonçalves da (Org.). *Caminhos da Alma: Memória afro-brasileira*. São Paulo: Selo Negro, 2002. pp. 153-81.

SILVA, Wellington Barbosa da. "'Vivemos sob o império do punhal do assassino...': Criminalidade e polícia no Recife do século XIX (1860-1889)". *Clio: Revista de Pesquisa Histórica*, Recife, v. 34, n. 1, pp. 96-119, 2016.

______. "Cidade, violência e medo: Ocaso do Recife oitocentista (1840-1880)". In: ARAÚJO, Bruno; GUIMARÃES, Janaína; SILVA, Lucas Victor (Orgs.). *História e contemporaneidade: Articulando espaços, produzindo conhecimentos*. Recife: Ed. Universitária da UFPE, 2016. pp. 257-75.

SILVA, Yara da. *Tia Carmem: Negra tradição da praça Onze*. Rio de Janeiro: Garamond, 2009.

SILVA JR., Hédio. *Direito de igualdade racial: Aspectos constitucionais, civis e penais*. São Paulo: Juarez de Oliveira, 2002.

SILVA JR., Carlos da; REIS, João José (Orgs.). *Atlântico de dor: Faces do tráfico de escravos*. Belo Horizonte: Fino Traço, 2016.

SILVA JR., Carlos Francisco da. "Ardras, minas e jejes, ou escravos de 'primeira reputação': Políticas africanas, tráfico negreiro e identidade étnica na Bahia do século XVIII". *Almanack*, Guarulhos, n. 12, pp. 6-33, 2016.

SILVA JR., Paulo Melgaço da. *Mercedes Baptista: A criação da identidade negra na dança*. Rio de Janeiro: Fundação Cultural Palmares, 2007.

SILVEIRA, Leandro Manhães. *Nas trilhas de sambistas e "povo de santo": Memórias, culturas e territórios negros no Rio de Janeiro (1905-1950)*. Niterói: UFF, 2012. Dissertação (Mestrado em História).

SILVEIRA, Oliveira. "Notícias sobre autores negros na literatura gaúcha". *Revista Porto & Vírgula*, Porto Alegre, n. 22, pp. 21-2, ago. 1995.

______. "Vinte de novembro: História e conteúdo". In: SILVA, Petronilha Beatriz Gonçalves e; SILVÉRIO, Valter Roberto. *Educação e ações afirmativas: Entre a injustiça simbólica e a injustiça econômica*. Brasília: MEC; Inep, 2003. pp. 21-42.

______. "A evocação do 20 de novembro: Origens". In: GOMES, Flávio dos Santos (Org.). *Mocambos de Palmares: Histórias e fontes (séculos XVI-XIX)*. Rio de Janeiro: 7Letras; Faperj, 2010. pp. 149-54.

SILVEIRA, Renato da. "Nação africana no Brasil escravista: Problemas teóricos e metodológicos". *Afro-Ásia*, Salvador, n. 38, pp. 245-301, 2008.

SIMÕES FILHO, Afrânio Mário. *Política de abastecimento na economia mercantil: O celeiro público da Bahia (1785-1866)*. Salvador: UFBA, 2001. Tese (Doutorado em História).

SIMONAL: Ninguém sabe o duro que dei. Direção: Claudio Manoel, Micael Langer e Calvito Leal, 2009. Documentário.

SIMONARD, Pedro. *A construção da tradição no jongo da Serrinha: Uma etnografia visual do seu processo de espetacularização*. Fortaleza: Edições UFC, 2013.

SIQUEIRA, José Jorge. "A redemocratização de 1945 e a emergência de uma nova consciência sobre a questão do negro no Brasil". Seminário idealizado e coord. por José Jorge Siqueira e publicação da coletânea de Maria Aparecida Andrade Salgueiro (Org.). *A República e a questão do negro no Brasil*. Rio de Janeiro: Editora do Museu da República, 2005. pp. 107-29.

______. "Os Congressos Afro-Brasileiros de 1934 e 1937 face ao I Congresso do Negro Brasileiro de 1950: Rupturas e impasses". *Augustus*, Rio de Janeiro, v. 10, n. 25, pp. 41-9, 2005.

______. *Entre Orfeu e Xangô: A emergência de uma nova consciência sobre a questão do negro no Brasil, 1944-1968*. Rio de Janeiro: Pallas, 2006.

SKINNER, Quentin. *Liberdade antes do liberalismo*. São Paulo: Ed. Unesp, 1999.

SKOLAUDE, Mateus Silva. "Identidade nacional e historicidade: O 1º Congresso Afro-Brasileiro de 1934". *Anais do XII Encontro Estadual de História ANPUH/ RS*. São Leopoldo: Oikos, 2014. pp. 200-10.

SLENES, Robert W. "O que Rui Barbosa não queimou: Novas fontes para o estudo da escravidão no século XIX". *Estudos Econômicos*, São Paulo, v. 13, n. 1, pp. 117-49, 1983.

______. "Histórias do Cafundó". In: VOGT, Carlos; FRY, Peter (com Robert Slenes). *Cafundó: A África no Brasil: Linguagem e sociedade*. São Paulo: Companhia das Letras; Campinas: Ed. da Unicamp, 1996. pp. 37-102.

SLENES, Robert W. "Senhores e subalternos no Oeste Paulista". In: ALENCASTRO, Luiz Felipe de (Org.). *História da vida privada no Brasil. Império: A Corte e a modernidade nacional*. São Paulo: Companhia das Letras, 1997. pp. 233-90.

SOARES, Carlos Eugênio Líbano; DOMINGUES, Cândido; SILVA JR., Carlos. *Africanos na cidade da Bahia: Tráfico negreiro, escravidão e identidade africana — século XVIII*. Belo Horizonte: Fino Traço, 2017.

SOARES, Carlos Eugênio Líbano; GOMES, Flávio dos Santos. "'Dizem as quitandeiras...': Ocupações urbanas e identidades étnicas em uma cidade escravista: Rio de Janeiro, século XIX". *Acervo*, Rio de Janeiro, v. 15, n. 1, pp. 3-16, 2002.

SOARES, Cecília Moreira. *Mulher negra na Bahia no século XIX*. Salvador: UFBA, 1994. Dissertação (Mestrado em História).

SOARES, Luiz Carlos. *Romeiras, ilhoas, polacas...: A prostituição no Rio de Janeiro do século XIX*. São Paulo: Ática, 1992.

______. *O "povo de Cam" na capital do Brasil: A escravidão urbana no Rio de Janeiro do século XIX*. Rio de Janeiro: Faperj; 7Letras, 2007.

SOARES, Mariza de Carvalho. "Histórias cruzadas: Os mahi setecentistas no Brasil e no Daomé". In: FLORENTINO, Manolo (Org.). *Tráfico, cativeiro e liberdade (Rio de Janeiro, séculos XVII-XIX)*. Rio de Janeiro: Civilização Brasileira, 2005. pp. 127-67.

______. "A biografia de Ignacio Monte, o escravo que virou rei". In: VAINFAS, Ronaldo; SANTOS, Georgina Silva dos; NEVES, Guilherme Pereira das (Orgs.). *Retratos do império: Trajetórias individuais no mundo português nos séculos XVI a XIX*. Niterói: Eduff, 2006. pp. 47-68.

______. *Diálogos makii de Francisco Alves de Souza: Manuscrito de uma congregação católica de africanos Mina, 1786*. São Paulo: Chão, 2019.

SOARES, Mariza de Carvalho; BEZERRA, Nielson (Orgs.). *Escravidão africana no Recôncavo da Guanabara (séculos XVII-XIX)*. Niterói: Eduff, 2011.

SODRÉ, Muniz. *Mestre Bimba: Corpo de mandinga*. Rio de Janeiro: Manati, 2002.

______. *Pensar nagô*. Petrópolis: Vozes, 2017.

______. *O terreiro e a cidade: A forma social negro-brasileira*. Petrópolis: Vozes, 1988.

SÔNEGO, Aline. *"Sob a condição que continue em nossa companhia": As décadas finais da escravidão e a transição para o trabalho livre em um município rio-grandense (Cachoeira, 1871/1889)*. Passo Fundo: UPF, 2011. Dissertação (Mestrado em História).

SONTAG, Susan. *Sobre a fotografia*. São Paulo: Companhia das Letras. 2004.

SOUSA, Jorge Prata de. "As condições sanitárias e higiênicas durante a Guerra do Paraguai, 1865-1870". In: NASCIMENTO, Dilene Raimundo do; CARVALHO, Diana Maul de (Orgs.). *Uma história brasileira das doenças*. Brasília: Paralelo 15, 2004. v. 1, pp. 52-75.

______. "Companhia de vacinação da varíola durante a guerra contra o Paraguai, 1865-1870". In: FRANCO, Sebastião Pimentel; NASCIMENTO, Dilene Raimundo do; SILVEIRA, Anny Jackeline Torres (Orgs.). *Uma história brasileira das doenças*. Belo Horizonte: Fino Traço, 2018. v. 8, pp. 235-51.

SOUZA, Alan de Carvalho. *Desordem senhorial no Vale Paraíba fluminense na primeira metade do século XIX. Paty do Alferes/Vassouras: Terras e escravos*. Vassouras: USS, 2011. Dissertação (Mestrado em História).

SOUZA, Edinélia Maria Oliveira. *Pós-abolição na Bahia: Hierarquias, lealdades e tensões em trajetórias de negros e mestiços de Nazaré das Farinhas e Santo Antonio de Jesus (1888-1930)*. Rio de Janeiro: UFRJ, 2012. Tese (Doutorado em História).

SOUZA, Flávia Fernandes. *Criados, escravos e empregados: O serviço doméstico e seus trabalhadores na construção da modernidade brasileira (cidade do Rio de Janeiro, 1850-1920)*. Niterói: UFF, 2017. Tese (Doutorado em História).

SOUZA, Florentina da Silva. *Afro-descendência em* Cadernos Negros *e* Jornal do MNU. Belo Horizonte: Autêntica, 2005.

SOUZA, Gilda de Mello e. *O tupi e o alaúde: Uma Interpretação de Macunaíma*. São Paulo: Duas Cidades, 1979.

______. "Pintura brasileira contemporânea: os precursores". In: *O baile das quatro artes*. São Paulo: Duas Cidades, 1980. pp. 223-47.

SOUZA, Gustavo Orsolon de. "Clóvis Moura e o livro *Rebeliões da senzala*: Um breve panorama sobre o debate da resistência escrava". *Temporalidades*, Belo Horizonte, v. 2, n. 2, pp. 76-9, 2011.

SOUZA, Jorge Victor de Araújo. *Monges negros: Trajetórias, cotidiano e sociabilidade dos beneditinos no Rio de Janeiro — século XVIII*. Rio de Janeiro: UFRJ, 2007. Dissertação (Mestrado em História).

SOUZA, Laura de Mello e. *Desclassificados do ouro: A pobreza mineira no século XVIII*. Rio de Janeiro: Graal, 1982.

______. "Violência e práticas culturais no cotidiano de uma expedição contra quilombolas — Minas Gerais, 1769". In: REIS, João José; GOMES, Flávio dos Santos (Orgs.). *Liberdade por um fio: História dos quilombos no Brasil*. São Paulo: Companhia das Letras, 1996. pp. 193-212.

SOUZA, Marina de Mello e. *Reis negros no Brasil escravista: História da festa de coroação de rei congo*. Belo Horizonte: Ed. UFMG, 2001.

______. "Reis do congo no Brasil, séculos XVIII e XIX". *Revista de História*, São Paulo, n. 152, pp. 79-98, 2005.

SOUZA, Marinaldo Fernando de. *Além da escola: Reflexões teórico-metodológicas com base na análise de práticas educativas alternativas descobertas em áreas rurais da região de São Carlos SP*. Araraquara: Unesp, 2016. Tese (Doutorado em Educação Escolar).

SOUZA, Mônica Lima e. *Entre margens: O retorno à África de libertos no Brasil, 1830-1870*. Niterói: UFF, 2008. Tese (Doutorado em História).

SOUZA, Mônica Dias de. "Escrava Anastácia e Pretos-velhos: a rebelião silenciosa da memória popular". In: SILVA, Vagner Gonçalves da (Org.). *Memória afro-brasileira: imaginário, cotidiano e poder*. São Paulo: Selo Negro, 2007, pp. 15-42.

SOUZA, Neusa Santos. *Tornar-se negro: As vicissitudes da identidade do negro brasileiro em ascensão social*. Rio de Janeiro: Graal, 1983.

SOUZA, Robério Santos. *Tudo pelo trabalho livre!: Trabalhadores e conflitos no pós-abolição (Bahia, 1892-1909)*. Salvador: Ed. UFBA; São Paulo: Fapesp, 2011.

______. *Trabalhadores dos trilhos: Imigrantes e nacionais livres, libertos e escravos na construção da primeira ferrovia baiana (1858-1863)*. Campinas: Ed. da Unicamp, 2015.

SOUZA, Vânia Rocha Fialho de Paiva e. "Conceição das Crioulas, Salgueiro (PE)". In: O'DWYER, Eliane Cantarino (Org.). *Quilombos: Identidade étnica e territorialidade*. Rio de Janeiro: FGV; ABA, 2002. pp. 109-40.

SOUZA FILHO, Benedito (Org.). *Entre dois mundos: Escravidão e a diáspora africana*. São Luís: EDUFMA, 2013.

SPANUDIS, Theon. *Construtivistas brasileiros*. São Paulo: Ed. do Autor, [1977].

STARLING, Heloisa M. *Ser republicano no Brasil Colônia: A história de uma tradição esquecida*. São Paulo: Companhia das Letras, 2018.

STEIN, Stanley J. *Vassouras, um município brasileiro do café, 1850-1900*. Rio de Janeiro: Nova Fronteira, 1990.

STUMPF, Lúcia Klück. *A terceira margem do rio: Mercado e sujeitos na pintura de história de Antônio Parreiras*. São Paulo: IEB-USP, 2014. Dissertação (Mestrado em Estudos Brasileiros).

STUMVOLL, Denise Bujes. *Fotografia e aproximações com a arte no início do século XX: Um olhar para as narrativas visuais de Lunara*. Porto Alegre: UFRGS, 2014. Dissertação (Mestrado em Artes Visuais).

______. "O protagonismo da cultura negra nas narrativas visuais de Lunara". In: XAVIER, Regina Célia Lima; BOHRER, Felipe Rodrigues. *Africanos, afrodescendentes: Imagens de Porto Alegre*. São Leopoldo: Oikos, 2018. pp. 55-70.

SWEENY, Robert. "Outras canções de liberdade: Uma crítica de 'Todas as montanhas atlânticas estremeceram'". *Revista Brasileira de História*, São Paulo, v. 8, n. 16, pp. 205-19, 1988. E réplica de Peter Linebaugh, pp. 221-31.

SWEET, James H. *Recriar África: Cultura, parentesco e religião no mundo afro-português (1441-1770)*. Lisboa: Edições 70, 2007.

______. "Mistaken Identities? Olaudah Equiano, Domingos Álvares, and the Methodological Challenges of Studying the African Diaspora". *The American Historical Review*, Washington, v. 114, n. 2, pp. 279-306, 2009.

SWEET, James H. *Domingos Álvares: African Healing, and the Intellectual History of the Atlantic World*. Chapel Hill: The University of North Carolina Press, 2011.

SYMANSKI, Luís Cláudio Pereira; GOMES, Flávio dos Santos. "Senzalas, crioulização e cultura material: Uma proposta de arqueologia histórica em fazendas escravistas, Campos dos Goytacazes, séculos XVIII e XIX". In: SCHWARCZ, Lilia M.; MACHADO, Maria Helena P. T. (Orgs.). *Emancipação, inclusão e exclusão: Desafios do passado e do presente*. São Paulo: Edusp, 2018. pp. 215-36.

TAMBASCIA, Christiano Key. "*O intelectual feiticeiro: Edison Carneiro e o campo de estudos das relações raciais no Brasil* (resenha)", *Tempo Social*, v. 30, n. 3, pp. 343-8, 2018.

TAUNAY, Afonso de E. *História do café no Brasil*. Rio de Janeiro: Departamento Nacional do Café, 1939. 11 v.

TAVARES, Luís Henrique Dias. *História da Bahia*. 10. ed. São Paulo: Ed. Unesp; Salvador: Ed. UFBA, 2001.

______. *Independência do Brasil na Bahia*. Salvador: Ed. UFBA, 2005.

______. *Sedição intentada na Bahia em 1798*. 2. ed. Salvador: Ed. UFBA, 2016.

TÁVOLA, Artur da. "Ruth de Souza, genial". *O Globo*, 13 mar. 1983.

"TEATRO Experimental do Negro". Enciclopédia Itaú Cultural Disponível em: <http://enciclopedia.itaucultural.org.br/grupo399330/teatro-experimental-do-negro>. Acesso em: 4 ago. 2020.

"TEIXEIRA e Sousa". In: *Enciclopédia Itaú Cultural de Arte e Cultura Brasileiras*. São Paulo: Itaú Cultural, 2020. Disponível em: <http://enciclopedia.itaucultural.org.br/pessoa217135/teixeira-e-sousa>. Acesso em: 4 ago. 2020.

TELLES, Lorena Féres da Silva. *Libertas entre sobrados: Mulheres negras e trabalho doméstico em São Paulo (1880-1920)*. São Paulo: Alameda, 2013.

TELLES, Lorena Féres da Silva. *Teresa Benguela e Felipa Crioula estavam grávidas: Maternidade e escravidão no Rio de Janeiro (1830-1888)*. São Paulo: USP, 2019. Tese (Doutorado em História Social).

TERRA, Paulo Cruz. "Trabalhadores escravizados e livres na legislação municipal (Rio de Janeiro, século XIX)". In: PESTANA, Marco Marques; COSTA, Rafael Maul de Carvalho; OLIVEIRA, Tiago Bernardon de (Orgs.). *Subalternos em movimento: Mobilização e enfrentamento à dominação no Brasil*. Rio de Janeiro: Consequência, 2017. pp. 85-98.

TERTO, Amauri. "Laudelina Campos de Melo, a heroína negra que lutou para garantir direitos às domésticas no Brasil". HuffPost Brasil, 12 nov. 2017. Disponível em: <www.huffpostbrasil.com/2017/11/12/laudelina-campos-de-melo-a-heroina-negra-que-lutou-para-garantir-direitos-as-domesticas-no-brasil_a_23273765/>. Acesso em: 4 ago. 2020.

THEODORO, Helena. *Mito e espiritualidade: Mulheres negras*. Rio de Janeiro: Pallas, 1996.

THORNTON, John. "Central African Names and African-American Naming Patterns". *The William and Mary Quarterly*, Williamsburg, v. 1, n. 4, pp. 273-74, 1993.

"TIM Maia". MPBnet. Disponível em: <www.mpbnet.com.br/musicos/tim.maia/>. Acesso em: 4 ago. 2020.

TINHORÃO, José Ramos. *História social da música popular brasileira*. São Paulo: Ed. 34, 1998.

TINOCO, Brígido. *A vida de Nilo Peçanha*. Rio de Janeiro: José Olympio, 1962.

TOLEDO, Benedito Lima de. Entrevista concedida à revista *Leituras da História*, em 2012.

TOLEDO, Marcelo. "Acusado de arrastar e matar prostituta em Ribeirão será julgado após 18 anos". *Folha de S.Paulo*, São Paulo, 22 jun. 2016.

______. "Condenado por morte de prostituta, empresário é solto após uma semana". *Folha de S.Paulo*, São Paulo, 6 jul. 2016.

TRAPP, Rafael Petry. "A sociologia negra de Eduardo de Oliveira e Oliveira". *Revista da ABPN*, Uberlândia, n. 10, pp. 193-221, 2018.

______. "'Nós somos brasileiros vivos': Iracema de Almeida, raça e educação profissional em São Paulo (década de 1970)". *Revista Coletivo Seconba*, Barreiras, v. 2, n. 1, pp. 87-98, 2018.

______. *O Elefante Negro: Eduardo de Oliveira e Oliveira, raça e pensamento social no Brasil (São Paulo, década de 1970)*. Niterói: UFF, 2018. Tese (Doutorado em História).

______. *Eduardo de Oliveira e Oliveira: Raça e pensamento social no Brasil*. São Paulo: Alameda, 2020.

TREIGHER, Thamiris. "Conheça a história de Enedina Marques, a primeira engenheira negra do Brasil". INBEC, 7 ago. 2018. Disponível em: <https://inbec.com.br/blog/conheca-historia-enedina-marques-primeira-engenheira-negra-brasil>. Acesso em: 15 maio 2020.

"TRIBUTO a Sebastiana Arruda". Geledés, 5 jul. 2013. Disponível em: <www.geledes.org.br/tributo-a-sebastiana-arruda/>. Acesso em: 4 ago. 2020.

TRIDIMENSIONALIDADE: Arte brasileira do século XX. Texto de Annateresa Fabris, Fernando Cocchiarale, Celso Favaretto, Tadeu Chiarelli e Frederico Morais. Apres. de Ricardo Ribenboim. Colaboração Annateresa Fabris e Tadeu Chiarelli. São Paulo: Itaú Cultural; Cosac Naify, 1999.

TRINDADE, Alexandro Dantas. *André Rebouças: Um engenheiro do Império*. São Paulo: Hucitec, 2011.

TUPINAMBÁ, Ary. *Viver amazônico*. Porto Velho: SECET-CEC, 1986.

"UBIRATAN Castro de Araújo". Literafro, 31 jan. 2018. Disponível em: <www.letras.ufmg.br/literafro/autores/433-ubiratan-castro-de-araujo>. Acesso em: 4 ago. 2020.

VAINFAS, Ronaldo. *A heresia dos índios: Catolicismo e rebeldia no Brasil Colonial*. São Paulo: Companhia das Letras, 1995.

VALENÇA, Rachel; VALENÇA, Suetônio. *Serra, Serrinha, Serrano: O império do samba*. Rio de Janeiro: José Olympio, 1981.

VALENTIM, Rubem. *31 objetos emblemáticos e relevos emblemas*. Texto de Flávio de Aquino, Mário Pedrosa, Theon Spanudis, Giulio Carlo Argan, Umbro Apollonio e Hugo Auler. Rio de Janeiro: MAM, 1970.

______. *Rubem Valentim: Artista da luz*. Curadoria de Bené Fonteles. Coord. de Regina Franco Viesi. São Paulo: Pinacoteca, 2001.

______. *Rubem Valentim: Exposição retrospectiva*. Brasília: Espaço Cultural Contemporâneo Venâncio, 2002.

VALIM, Patrícia. "Combates pela história da Conjuração Baiana de 1798: Ideias de crise e revolução no século XX". *História Social*, Campinas, n. 17, pp. 21-48, 2009.

______. "Da contestação à conversão: A punição exemplar dos réus da Conjuração Baiana de 1798". *Topoi*, Rio de Janeiro, v. 10, n. 18, pp. 14-23, 2009.

______. "Conjuração Baiana de 1798 e República Bahinense". In: SCHWARCZ, Lilia M.; STARLING, Heloisa M. (Orgs.). *Dicionário da República*. São Paulo: Companhia das Letras, 2019. pp. 53-9.

VALLADARES, Clarival do Prado. "Sobre o pioneirismo de Rubem Valentim na arte semiótica brasileira". In: FIGUEIREDO, Aline. *Artes plásticas no Centro-Oeste*. Cuiabá: UFMT/MACP, 1979. pp. 36-7.

______. *Aspectos da arte religiosa no Brasil: Bahia, Pernambuco, Paraíba*. Rio de Janeiro: Odebrecht, 1981.

______. "Agnaldo Manoel dos Santos: Origem e revelação de um escultor primitivo". *Afro-Ásia*, Salvador, n. 14, pp. 22-39, 1983.

______; TEIXEIRA, Cid; VALLADARES, Kátia do Prado. *Nordeste histórico e monumental*. Versão em inglês de James Mulholland. Pref. de Burle Marx. Salvador: Odebrecht, 1990. v. 4.

VALLE JR., Hedyl. "O julgamento de Barbosa". *Placar*, São Paulo, n. 4, p. 18, 10 abr. 1970.

VALLEJOS, Júlio Pinto. "Slave Control and Slave Resistance in Colonial Minas Gerais, 1700-1750". *Journal of Latin American Studies*, v. 17, parte I, pp. 1-34, maio 1985.

VARGAS, Eliseu Júnio Leite de. *Insurreição quilombola e ordem senhorial: Quilombo em Vassouras, no vale do Paraíba fluminense, em 1838*. Seropédica: UFRRJ, 2012. Dissertação (Mestrado em História).

VARGAS, Jonas Moreira. *"Os barões do charque e suas fortunas": Um estudo sobre as elites regionais brasileiras a partir de uma análise dos charqueadores de Pelotas (Rio Grande do Sul, século XIX)*. São Leopoldo: Oikos, 2016.

VÁRIOS AUTORES. "80 anos de seleção brasileira". *Placar*, Encarte, São Paulo, n. 1094, maio 1994.

VASCONCELLOS, Diogo de. *História antiga das Minas Gerais*. Belo Horizonte: Imprensa Official, 1904.

VASCONCELOS, Antão de. *Crimes célebres em Macaé*. Rio de Janeiro: B. Aguillo, 1911. pp. 41-61.

VASCONCELOS, Ary. *Panorama da música popular brasileira*. São Paulo: Martins, 1964. v. 1.

VASCONCELOS, Sylvio de. *Vida e obra de Antonio Francisco Lisboa, o Aleijadinho*. São Paulo: Nacional, 1979.

VELLOSO, Mônica Pimenta. "As tias baianas tomam conta do pedaço: Espaço e identidade cultural no Rio de Janeiro". *Estudos Históricos*, Rio de Janeiro, v. 3, n. 6, pp. 207-28, 1990.

VENÂNCIO, Renato Pinto. *Famílias abandonadas: Assistência à criança das camadas populares no Rio de Janeiro e em Salvador, séculos XVIII e XIX*. Campinas: Papirus, 1999.

VENTURA, Roberto. *Estilo tropical: História cultural e polêmicas literárias no Brasil*. São Paulo: Companhia das Letras, 1991.

VERGER, Pierre. *Fluxo e refluxo do tráfico de escravos entre o golfo do Benin e a Baía de Todos os Santos dos séculos XVIII a XIX*. São Paulo: Corrupio, 1987. [1. ed., 1968]

______. "Uma rainha africana mãe de santo em São Luís". *Revista USP*, São Paulo, n. 6, pp. 151-8, 1990.

______. *Notas sobre o culto aos orixás e voduns na Bahia de Todos os Santos, no Brasil, e na antiga Costa dos Escravos, na África*. São Paulo: Edusp, 1999. [1957]

VERGOLINO-HENRY, Anaíza; FIGUEIREDO, Arthur Napoleão. *A presença africana na Amazônia colonial: Uma notícia histórica*. Belém: Arquivo Público do Pará, 1990.

VERÍSSIMO, Ignácio José; VERÍSSIMO, Ana Flora (Orgs.). *Diário e notas autobiográficas de André Rebouças*. Rio de Janeiro: José Olympio, 1938.

VERZIGNASSE, Rogério. "Fama de vilão acompanha campineiro Barbosa até hoje". *Correio Popular*, Campinas, 22 jun. 2014.

VIANA, Elizabeth do Espírito Santo. *Relações raciais, gênero e movimentos sociais: O pensamento de Lélia Gonzalez 1970-1990*. Rio de Janeiro: UFRJ, 2007. Dissertação (Mestrado em História).

VIANA, Iamara da Silva; GOMES, Flávio dos Santos. "Do 'mercado imperfeito': Sobre corpos, africanos e médicos no Rio de Janeiro oitocentista". *Revista Maracanan*, Rio de Janeiro, v. 11, pp. 71-96, maio/ago. 2019.

______. "Para não 'cavilar os sentidos' ou 'sem designar cores': Narrativas, eventos e sujeitos no (do) ensino de história — breves comentários sobre racialização e cidadania no Brasil Império". *Revista Advir*, Rio de Janeiro, n. 39, 2019, pp. 46-54.

VIANA, Iamara da Silva; RIBEIRO NETO, Alexandre; GOMES, Flávio dos Santos. "Escritos insubordinados entre escravizados e libertos no Brasil". *Estudos Avançados*, São Paulo, v. 33, n. 96, pp. 155-77, 2019.

VIANA, Larissa. *O idioma da mestiçagem: As irmandades de pardos na América portuguesa*. Campinas: Ed. da Unicamp, 2007.

VIEIRA, Luiz Renato; ASSUNÇÃO, Matthias Rohrig. "Mitos, controvérsias e fatos: Construindo a história da capoeira". *Estudos Afro-Asiáticos*, Rio de Janeiro, n. 34, pp. 81-120, 1998.

VIEIRA, Nanah Sanches. *Trabalho da babá: Trajetórias corporais entre o afeto, o objeto e o abjeto*. Brasília: UnB, 2014. Dissertação (Mestrado em Sociologia).

VILLA, Carlos Eduardo Valencia. *Descrição microeconômica da produção da liberdade: Alforrias no Rio de Janeiro, 1840-*

-1871. Niterói: UFF, 2008. Dissertação (Mestrado em História Social).

______. *A economia dos negros livres no Rio de Janeiro e Richmond, 1840-1860*. Niterói: UFF, 2012. Tese (Doutorado em História Social).

VILLELA, Heloisa de Oliveira Santos. "A trajetória de um professor negro no Brasil escravocrata". In: OLIVEIRA, Iolanda de (Org.). *Relações raciais no contexto social, na educação e na saúde: Brasil, Cuba, Colômbia e África do Sul*. Rio de Janeiro; Niterói: Quartet; EdUFF, 2012, pp. 153-80.

VOLPATO, Luiza Rios Ricci. "Quilombos em Mato Grosso: Resistência negra em área de fronteira". In: REIS, João José; GOMES, Flávio dos Santos (Orgs.). *Liberdade por um fio: História dos quilombos no Brasil*. São Paulo: Companhia das Letras, 1996. pp. 222-6.

WAISELFISZ, Julio Jacobo. *Mortes matadas por arma de fogo: Mapa da violência 2015*. Brasília: Secretaria Geral da Presidência da República; Secretaria Nacional de Juventude; Secretaria de Políticas de Promoção da Igualdade Racial, 2015.

WEIMER, Rodrigo de Azevedo. *Os nomes da liberdade: Ex-escravos na serra gaúcha no pós-abolição*. São Leopoldo: Oikos, 2008.

______. *Felisberta e sua gente: Consciência histórica e racialização em uma família negra no pós-emancipação rio-grandense*. Rio de Janeiro: FGV, 2015.

______. *Os camponeses do Morro Alto. Família e trabalho no litoral norte do Rio Grande do Sul no pós-Abolição (1890-1930)*. Porto Alegre: Fundação de Economia e Estatística, 2016.

WILDBERGER, Arnold. *Os presidentes da província da Bahia, efetivos e interinos, 1824-1899*. Salvador: Typographia Beneditina, 1949.

"WILSON Tibério". Museu Afro Brasil. Disponível em: <www.museuafrobrasil.org.br/pesquisa/indice-biografico/lista-de-biografias/biografia/2017/07/03/wilson-tib%C3%A9rio>. Acesso em: 4 ago. 2020.

WISSENBACH, Maria Cristina Cortez. *Sonhos africanos, vivências ladinas: Escravos e forros em São Paulo (1850-1880)*. São Paulo: Hucitec, 1998.

______. "Cultura escrita e escravidão: Reflexões em torno das práticas e usos da escrita entre escravos no Brasil". In: XXV Reunião da ANPED. Relações Raciais/ Étnicas e Educação GT21. Caxambu, 2002.

______. "Procurações, escapulários e patuás: Os múltiplos significados da escrita entre escravos e forros na sociedade oitocentista brasileira". *Revista Brasileira de História da Educação*, Maringá, v. 4, pp. 103-22, jul./dez., 2002.

XAVIER, Giovana. "Conversando com minhas patrícias de cor: O pensamento feminino negro de Maria Nascimento no jornal *O Quilombo* (Rio de Janeiro, 1948-1950)". *Ciências & Letras*, Porto Alegre, pp. 319-32, 2008.

XAVIER, Giovana. *Brancas de almas negras? Beleza, racialização e cosmética na imprensa negra pós-emancipação (EUA, 1890-1930)*. Campinas: Unicamp, 2012. Tese (Doutorado em História).

______. "'Leitoras': gênero, raça, imagem e discurso em *O Menelik* (São Paulo, 1915-1916)". *Afro-Ásia*, Salvador, n. 46, pp. 163-91, 2012.

XAVIER, Giovana. "Esculpindo a 'Nova Mulher Negra': Feminilidade e respeitabilidade nos escritos de algumas representantes da raça nos EUA (1895-1904)". *Cadernos Pagu*, Campinas, n. 40, pp. 255-87, 2013.

______. "A hora da estrela: Maria de Lurdes Vale Nascimento e as 'amigas leitoras' do jornal *O Quilombo* (Rio de Janeiro, 1948-1950)". In: PINTO, Ana Flávia Magalhães; CHALHOUB, Sidney (Orgs.). *Pensadores negros — pensadoras negras: Brasil, séculos XIX e XX*. Belo Horizonte: Fino Traço, 2016. pp. 261-76.

______(Org.). *Histórias da escravidão e do pós-abolição para as escolas*. Cruz das Almas Ed. UFRB; Belo Horizonte: Fino Traço, 2016.

______. *Maria de Lourdes Vale Nascimento: Uma intelectual negra do pós-Abolição*. Niterói: Eduff, 2020. Coleção Personagens do Pós-Abolição, v. 5.

______ (Org.). *"A gente só sabe o final quando se encerra": Novas formas de ensinar e aprender*. Niterói: Eduff, 2020. Coleção Personagens do Pós-Abolição, v. 7.

______; FARIAS, Juliana Barreto; GOMES, Flávio dos Santos (Orgs.). *Mulheres negras no Brasil escravista e do pós-emancipação*. São Paulo: Selo Negro, 2012.

XAVIER, Patrícia Pereira. *Dragão do Mar: A construção do herói jangadeiro*. Fortaleza: Museu do Ceará, 2011.

XAVIER, Regina Célia Lima. *Religiosidade e escravidão, século XIX: Mestre Tito*. Porto Alegre: Ed. UFRGS, 2008.

______. "Raça, classe e cor: Debates em torno da construção de identidades no Rio Grande do Sul no pós-abolição". In: FORTES, Alexandre et al. (Orgs.). *Cruzando fronteiras: Novos olhares sobre a história do trabalho*. 1. ed. São Paulo: Fundação Perseu Abramo, 2013. pp. 103-31.

______; OSÓRIO, Helen (Orgs.). *Do tráfico ao pós-abolição: Trabalho compulsório e livre e a luta por direitos sociais no Brasil*. São Leopoldo: Oikos, 2018.

YSRAYL, Malachiyah Ben. "Os macuas e a revolta no navio negreiro na Bahia". Geledés, 13 jul. 2012. Disponível em: <www.geledes.org.br/os-macuas-e-revolta-navio-negreiro-na-bahia/>. Acesso em: 4 ago. 2020.

ZANINI, Walter (Coord.). *História geral da arte no Brasil*. São Paulo: Instituto Moreira Salles; Fundação Djalma Guimarães, 1983. v. 2.

ZÉ KETI. Enciclopédia Itaú Cultural, 2016. Disponível em: <https://enciclopedia.itaucultural.org.br/pessoa26387/ze-keti>. Acesso em: 4 ago. 2020.

ZEMELLA, Mafalda P. *O abastecimento da capitania das Minas Gerais no século XVIII*. São Paulo: Hucitec; Edusp, 1990.

"ZEZÉ Motta anuncia site de atores negros". Agência Brasil, 27 ago. 2002. Disponível em: <http://memoria.ebc.com.br/agenciabrasil/node/592915>. Acesso em: 4 ago. 2020.

ZIN, Rafael Balseiro. *Maria Firmina dos Reis: A trajetória intelectual de uma escritora afrodescendente no Brasil oitocentista*. São Paulo: PUC-SP, 2015. Dissertação (Mestrado em Ciências Sociais).

"ZÓZIMO Bulbul". Filmes no Cinema. Disponível em: <www.filmesnocinema.com.br/artistas/zozimo-bulbul>. Acesso em: 4 ago. 2020.

ZUBARÁN, Maria Angélica. "Comemorações da liberdade: Lugares de memórias negras diaspóricas". *Anos 90*, Porto Alegre, v. 15, n. 27, pp. 161-87, jul. 2008.

ZUBARÁN, Maria Angélica. "A reinvenção da abolição e dos abolicionistas no jornal *O Exemplo*: Representações e pedagogias culturais (1920-1930)". *Revista de Iniciação Científica da Ulbra*, Canoas, n. 12, pp. 129-40, 2014.

______. "História, acervo e protagonismo negro no jornal *O Exemplo* (1892-1930)". In: SILVA, Fernanda Oliveira da; PERUSSATTO, Melina Kleinert; WEIMER, Rodrigo; SILVA, Sarah Calvi Amaral (Orgs.). *Ciclo de debates sobre o jornal* O Exemplo: *Temas, problemas e perspectivas*. Porto Alegre: IHGRGS, 2015. pp. 7-18.

______; GUIZZO, Bianca Salazar. "Imprensa negra no Rio Grande do Sul: 'Raça' e gênero na campanha ao monumento da 'Mãe Preta' (1920-1930)". *Revista de História Regional*, Ponta Grossa, v. 20, n. 1, pp. 165-79, 2015.

ÍNDICE DE VERBETES

ÍNDICE REMISSIVO

CRÉDITOS DAS IMAGENS

p. 186: Acervo Maria da Glória Foohs
p. 246: Acervo Museu do Estado de Pernambuco/ Fundarpe
p. 448: Fundação Joaquim Nabuco
p. 460: Lunara (Luiz do Nascimento Ramos)/ Acervo Instituto Moreira Salles

As obras da capa (*Afra Joaquina Vieira Muniz*, acrílica sobre tela de algodão com moldura de madeira, 80 cm × 50 cm × 0,3 cm), da quarta capa (*Chico Rei*, óleo e folha de ouro sobre tela, 70 cm × 55 cm) e do caderno de imagens fazem parte do acervo da Pinacoteca de São Paulo e foram fotografadas por Filipe Berndt, exceto as das páginas 2, 6, 10, 25 (abaixo) e 31, cujas reproduções são dos próprios artistas.

ARTISTAS PARTICIPANTES

Amilton Santos (1977-), Santos, SP
Andressa Monique (1993-), Salvador, BA
Antonio Obá (1983-), Ceilândia, DF
Arjan Martins (1960-), Rio de Janeiro, RJ
Ayrson Heraclito (1968-), Macaúbas, BA
Bruno Baptistelli (1985-), São Paulo, SP
Castiel Vitorino (1996-), Vitória, ES
Dalton Paula (1982-), Brasília, DF
Daniel Lima (1973-), Natal, RN
Desali (1983-), Contagem, MG
Elian Almeida (1994-), Duque de Caxias, RJ
Hariel Revignet (1995-), Goiânia, GO
Heloisa Hariadne (1998-), São Paulo, SP
Igi Ayedun (1990-), São Paulo, SP
Jackeline Romio (1981-), São Paulo, SP
Jaime Lauriano (1985-), São Paulo, SP
Juliana dos Santos (1987-), São Paulo, SP
Kerolayne Kemblim (1995 [registro]; 1994 [suposta]), Manaus, AM
Kika Carvalho (1992-), Vitória, ES
Lidia Lisboa (1970-), Guaíra, PR
Marcelo D'Salete (1979-), São Paulo, SP
Mariana Rodrigues (1995-), Osasco, SP
Micaela Cyrino (1988-), São Paulo, SP
Michel CENA7 (1985-), São Paulo, SP
Moisés Patrício (1984-), São Paulo, SP
Mônica Ventura (1985-), São Paulo, SP
Mulambö (1995-), Saquarema, RJ
Nádia Taquary (1967-), Salvador, BA
Nathalia Ferreira (1994-), Jaboatão dos Guararapes, PE
Oga Mendonça (1979-), São Paulo, SP
Panmela Castro (1981-), Rio de Janeiro, RJ
Rebeca Carapiá (1988-), Salvador, BA
Renata Felinto (1978-), São Paulo, SP
Rodrigo Bueno (1967-), Campinas, SP
Sonia Gomes (1948-), Caetanópolis, MG
Tiago Sant'Ana (1990-), Santo Antônio de Jesus, BA

ESTA OBRA FOI COMPOSTA EM THEANTIQUA
E BAU OFFC BOLD E IMPRESSA PELA
GEOGRÁFICA EM OFSETE SOBRE PAPEL PÓLEN
SOFT DA SUZANO S.A. PARA A EDITORA
SCHWARCZ EM SETEMBRO DE 2021